Kursbuch Küche

STEFAN M. GERGELY KURT LANGBEIN CHRISTIAN SKALNIK

Planen & Einrichten

Küchen- & Kochgeräte

Einkauf & Lagerung

Garen & Geniessen

Kursbuch Küche

Mit 300 einfachen, schnellen, ernährungsbewussten, festtäglichen, üppigen, exotischen, regionalen, vegetarischen, jahreszeitlichen Rezepten und Menüs

von Marianne Kaltenbach

Kiepenheuer & Witsch

Lizenzausgabe für den Verlag Kiepenheuer & Witsch, Köln

Layout und Ausstattungsbetreuung Christian Guth
Zeichnungen Jan van der Hoeven, Ralph Münster
Fotos Studio Teubner
Umschlaggestaltung Rudolf Linn (unter Verwendung
einer Illustration von Jan van der Hoeven)
Satz und Lithoherstellung trend-Verlagstechnik, Wien
Druck und Bindearbeiten Mohndruck, Gütersloh
ISBN 3-462-02436-1

Redaktion:

Marianne Kaltenbach, *Luzern*

Friedrich-W. Ehlert, *Luzern*

Monika Radke, *Trier*

Inge Smolek, *Wien*

Zeichnungen:

Jan van der Hoeven, *Haarlem*

Ralph Münster, *München*

Layout und Ausstattungsbetreuung:

Christian Guth, *Wien und Hamburg*

Lektorat:

Erika Stegmann und Nikolaus Wolters, *Köln*

Susanne Spreitzer, *Wien*

Fachberatung:

Prof. Horst Pichert
INSTITUT FÜR HAUSHALTTECHNIK, TECHNISCHE UNIVERSITÄT, *München*

Maria Haider
VERBAND DER ELEKTRIZITÄTSWERKE ÖSTERREICHS, *Wien*

Harry Grieshaber
INNENARCHITEKT UND KÜCHENPLANER, *Hamburg*

ABSCHNITT 3: LEBENSMITTEL

ABSCHNITT 4: ZUBEREITEN

ABSCHNITT 5: PFIFFIGE REZEPTE

Die Küche

Planung

Einkauf

Gestaltung

PLANUNG

Ob eine Küche auch wirklich sinnvoll genutzt werden kann, hängt weniger von ihrer Größe als von einer bedarfsgerechten Einrichtung und Aufteilung ab. Eine gute, individuelle Küchenplanung erfordert zwar kurzfristig Zeit, kann aber langfristig viel Ärger ersparen.

Bis weit in die Neuzeit war die Feuerstelle das natürliche Zentrum des familiären Lebens. Vor allem die ländliche Bevölkerung versammelte sich wie selbstverständlich vor dem zum Heizen, Kochen und Räuchern verwendeten Kamin.

Erst zu Beginn dieses Jahrhunderts galt es plötzlich als schick, die Küche soweit wie möglich aus dem Alltag zu verdrängen. In den Villen des Bürgertums wurde die Kochwerkstatt ins Souterrain verlegt und nur noch als Arbeits- und Aufenthaltsraum für das Hauspersonal gesehen.

Mitte der 50er Jahre, als die ersten durchgeplanten Einbauküchen entwickelt wurden, verschwand auch in den Arbeiterwohnungen der Tisch aus der Küche. Der Tisch als Mittelpunkt, als Vorbereitungs-, Anrichte-, Eß- und Kommunikationszentrum behinderte den rationellen Arbeitsablauf. Schränke, Kredenzen und Kommoden wurden fortan durch gleich hohe Kästchen ersetzt, zu Küchenzeilen zusammengeschoben und mit einer Arbeitsplatte überdacht. Darauf ließen sich alle Vorbereitungs- und Anrichtearbeiten problemlos erledigen.

Das sparte vor allem Platz und ermöglichte den Architekten, Wohnungen auf kleinstem Grundriß zu planen. Den Hausfrauen wurde die Miniküche mit dem Argument, jetzt ginge die Küchenarbeit viel schneller von der Hand, schmackhaft gemacht.

Die Folgen wirken bis heute nach: In neun von zehn deutschen Haushalten wird in einer Küche gekocht, die von allen anderen Wohnbereichen und Zimmern abgetrennt ist.

Daß sich die Bedürfnisse inzwischen längst gewandelt haben und viele Menschen die Küche gerne wieder in den Mittelpunkt ihres Wohnalltages verlegt sehen würden, hat sich bei den meisten Architekten offenbar noch nicht herumgesprochen. Immer noch werden Wohnhäuser gebaut, in denen für die Küche nicht mehr als ein kleines, wenig attraktives Zimmerchen, meist noch dazu ohne Anbindung an den Eßraum (> Seite 47), vorgesehen ist. Das hat zwar möglicherweise den Vorteil, daß weniger schöne oder unaufgeräumte Küchen den Blicken von Besuchern verborgen bleiben und daß Kochgerüche nicht gleich die ganze Woh-

nung erfüllen – dafür handeln sich Benutzer von reinen Arbeitsküchen aber eine Menge Nachteile ein: Wer immer in der isolierten Kochwerkstatt zu tun hat, tut es allein, wer nicht mit Kochen oder Abwaschen beschäftigt ist, hält sich anderswo in der Wohnung oder im Haus auf.

Im Alltag eines Single-Haushaltes mag die erzwungene Trennung von Küche und Wohnraum noch erträglich sein. Spätestens wenn Gäste da sind, wird aber jedes nachzufüllende Glas, jede Bitte nach noch einem Kaffee und jeder abzuräumende Teller zum potentiellen Kommunikationskiller.

In Zwei- und Mehrpersonenhaushalten ist eine Küchen-Enklave überhaupt ein permanentes Ärgernis. Wer immer in der Küche zu tun hat, bleibt von allen anderen Ereignissen ausgeschlossen. Wann immer ein Kind ruft, muß die Küchenarbeit unterbrochen werden, der nach Hause kommende Partner kommt allenfalls für einen kurzen Gruß in die Kochwerkstatt und nimmt dann – mangels Sitzgelegenheit – im Wohnzimmer Platz, und wenn Gäste zu bewirten sind, tritt der oder die Kochende bestenfalls als Servierpersonal auf.

Essküche

In der Küche von einst stand mitten im Raum ein Tisch. Er war Mittelpunkt der Kochwerkstatt und wurde multifunktional genutzt – zum Vorbereiten der Speisen, zum Auswalzen von Teigen, zum Anrichten. Die ganze Familie nahm daran zum Essen Platz und blieb meist auch dann noch eine Zeitlang sitzen, wenn der letzte Teller leer gegessen war.

Als Arbeitsplatz hat der Küchentisch heute zu Recht ausgedient (> Die richtige Höhe zum Arbeiten, Seite 79). Als Kommunikationszentrum erlebt er aber gerade eine Renaissance. Weil immer weniger Küchenbenutzer einsam und vom übrigen Familienleben abgekoppelt vor sich hinkochen wollen, zählt zumindest ein kleiner Eßplatz heute wieder zum fixen Kücheninventar.

Der Platz dafür findet sich fast immer: In großen Küchen ist es meist kein Problem, Tisch oder Eckbank so aufzustellen, daß die Arbeitsabläufe nicht behindert werden. Selbst in kleinen Küchen, deren Grundriß nicht verändert werden kann, lassen sich zumeist Lösungen finden, die ein Minimum an Familienfreundlichkeit beim Kochen garantieren. Oft stellt sich bei einer Entrümpelungsaktion heraus, daß man Stauraum einsparen und auf diese Weise Platz für einen kleinen Tisch gewinnen kann: indem man beispielsweise diverse Kleingeräte (> Seite 144) oder das vielteilige, aber nur einmal im Jahr benutzte Service auslagert. Für Küchen, wo sich zusätzlicher Raum nicht mehr schaffen läßt, gibt es immer noch Notlösungen: Kleine Tische, die sich an die Wand klappen lassen, oder ein Bord, das bei Bedarf unter der Arbeitsplatte herausgezogen und wieder weggeschoben werden kann.

Imbisstresen/Bar

Imbißtresen oder Bars gelten zu Unrecht als Notlösungen für Küchen, die für einen Eßtisch zu klein sind. Normale Tische haben eine Höhe von 70, maximal 74 Zentimetern, was zwar ein bequemes Sitzen erlaubt – für die Kommunikation in der Küche allerdings ein Handicap darstellen kann.

Der Küchentisch wird nicht nur zum gemeinsamen Essen benutzt, wo alle gleich tief sitzen und auf gleicher Ebene miteinander kommunizieren können. Am Küchentisch nehmen die Familienmitglieder oder Gäste auch Platz, während der Koch oder die Köchin gerade eifrig werkt – und zwar im Stehen.

Zwischen Stehenden und Sitzenden kommt allerdings selten ein angenehmes Gespräch zustande. Barähnliche Konstruktionen haben diesen Nachteil nicht und erhöhen außerdem die Chance, in der Küche Gesellschaft zu bekommen. An einem Tisch wird nur Platz nehmen, wer vorhat zu bleiben – für eine schnellen Imbiß, zum Aufgaben machen oder um die Zeitung zu lesen. Ein Tresen animiert Familienmitglieder, die eigentlich nur kurz hereinschauen oder etwas holen wollten, viel öfter zum kurzen Anlehnen.

Eine erhöhte Bar, an einem in den Raum ragenden Schenkel der Küchenzeile (> G-Form, Seite 51), schirmt den Küchenbereich ab, die Unordnung nach dem Kochen oder ungespültes Geschirr bleiben verborgen.

▶ Bei Partys haben Küchenbars eine fast magnetische Anziehungskraft. Gäste, die keinen Stuhl mehr erwischen, können dort – fast wie im Stammlokal – stehend plaudern.

Für mehrere Personen oder ein ordentliches Menü sind Imbißtresen doch wohl zu klein.

Hoch-Sitze

Wenn die an der Hinterwand einer Küchenzeile verbreiterte Arbeitsplatte als Eß- oder Arbeitsplatz verwendet werden soll, sind normale Stühle um mindestens 15 Zentimeter zu tief. Abhilfe kann ein in dieser Höhe geplantes Podest vor der Küchenzeile schaffen. Problemlos ist die teilweise Anhebung des Bodens allerdings nur bei den wenigsten Küchengrundrissen möglich. Auf keinen Fall darf die Podestkante wichtige, oft frequentierte Wege kreuzen: Trägt man einen großen Topf oder ein Tablett, ist die Sichtfreiheit eingeschränkt: dann kann diese künstlich geschaffene Stufe zur Stolperfalle werden.

Besser und meist auch attraktiver ist die Verwendung von Barhockern. Um gemütlich an einem Tresen auf Arbeitsplattenhöhe sitzen zu können, braucht es Hocker mit einer Sitzhöhe von rund 60 Zentimetern und

Wieviel Platz braucht ein Tisch?

Form	Abmessungen in cm	Stühle	Platzbedarf in cm
Rund	Ø 90	4	250 x 250
Rund	Ø 120	4	280 x 280
Quadratisch	60 x 60	2	210 x 60
Quadratisch	80 x 80	4	240 x 240
Rechteckig	80 x 120	4	120 x 240
Rechteckig	80 x 160	5	180 x 240
Rechteckig	80 x 180	6	240 x 240
Tisch mit Eckbank	80 x 120	4–6	140 x 180

einer Fußstütze in zirka 15 Zentimeter Höhe. Einige Hersteller bieten solche Sitzgelegenheiten bereits an. Wenn sich kein passender finden läßt, können auch normalhohe Barhocker auf das richtige Maß zurechtgestutzt werden. Diese Sitze lassen sich nebenbei auch als ideale »Stehhilfe« direkt in der Küche verwenden.

Für Bars mit 100 bis 110 Zentimeter Höhe gibt es im Möbelhandel inzwischen ein breites Angebot an Barhockern, die mit einer Sitzhöhe zwischen 90 und 95 Zentimetern ein bequemes Sitzen ermöglichen.

Anbindung an Essraum

Wer keinen Platz für einen Eßtisch hat, sollte nach einer Möglichkeit suchen, die Küche und das Eßzimmer so nahe wie möglich zusammenzulegen. Das hält zumindestens die Wege beim Auftragen der Speisen und beim Abservieren der leeren Teller kurz. Bei großzügigeren Anbindungsvarianten können Räume entstehen, die von allen Familienmitgliedern universell genutzt werden können und dem Koch oder der Köchin ein Einsiedlerdasein bei der Küchenarbeit ersparen.

Durchreiche

Küche und Speisezimmer mit einer Durchreiche zu verbinden ist zu Recht aus der Mode gekommen. Meist reichte die kleine, fensterartige Öffnung in der Wand zwar zum Durchschieben eines Tabletts, kommunikationsfördernd wirkte die Verbindung aber allenfalls für den kurzen Moment, wo sich zwei seltsam gebückte Menschen die Utensilien für die Mittagstafel zureichten.

Raumteiler

Heute hat es sich durchgesetzt, die Küche gar nicht oder nur durch optische Raumteiler vom Eßplatz zu trennen. Der Vorteil zur Küche mit Eßplatz (> Seite 45) liegt auf der Hand: Ein kleiner Wandtisch oder Tresen reicht meist für den Alltag; wird jedoch ein opulentes Menü serviert und sind Gäste geladen, wird der Platz aber schnell zu klein. Eine Küche mit angeschlossenem Speisezimmer wirkt zudem meist wohnlicher als eine noch so schön eingerichtete Küche, ist geräumiger und wird deshalb auch vielseitiger genutzt.

In Summe wird durch diese – architektonisch großzügig wirkende – Lösung außerdem weniger Platz verbraucht, als eine Küche mit kleinem Eßplatz und ein zusätzliches Speisezimmer beanspruchen würden.

Eine Anbindung der Küche an den Eßraum ist in vielen Fällen mit überraschend wenig Aufwand realisierbar. Beim Neubau spart das Weglassen einer Zwischenwand nicht nur Kosten: Durch einen Raumteiler anstelle der Wand gewinnt man zusätzlichen Schrankraum. In Altbauten kann ein Statiker leicht prüfen, ob sich durch Wegreißen einer Zwischenwand eine großzügigere Raumaufteilung erreichen läßt.

Als Raumteiler kommt entweder die Küchenzeile selbst in Frage (> G-Form, Seite 51),

Raumteilung durch Schrankwand oder eine in den Raum ragende Küchenzeile

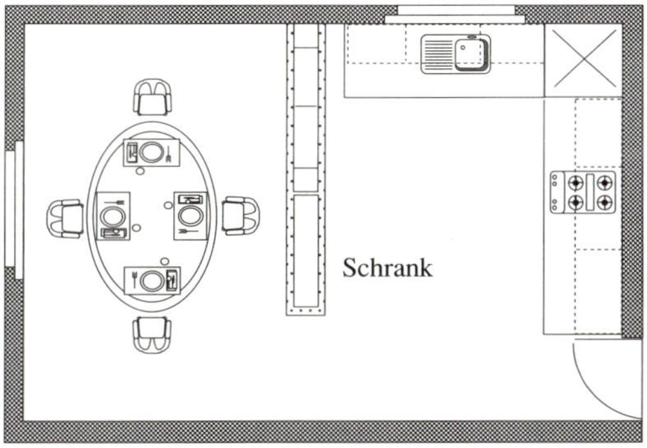

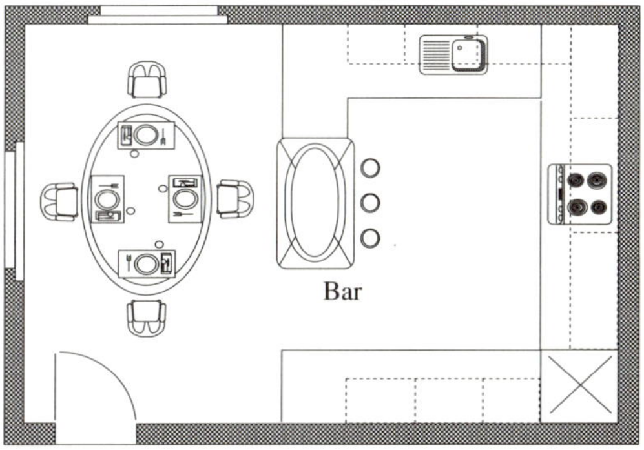

ein Regal, diverse Schränke oder Bartheken (> Seite 46) leisten genauso gute Dienste. Im Idealfall lassen sich Kästchen oder Schränke des Raumteilers sowohl von der Küchen- wie auch von der Eßzimmerseite öffnen. So kann gerade abgespültes Geschirr auf der einen Seite eingeräumt und beim Aufdecken auf der anderen Seite herausgenommen werden.

Schiebetür

Eine weniger offene – und deshalb architektonisch auch nicht ganz so großzügig wirkende – Lösung läßt sich durch den Einbau einer Schiebetür erreichen. Türstöcke können – auch wenn sie tragende Wände durchbrechen – in den meisten Fällen ohne allzugroßen Aufwand verbreitert werden. Gut geplante Schiebetüren verschwinden in der Wand oder hinter den Küchenschränken – dadurch erscheint der Küchen-Eßraum offen und als optische Einheit.

Wenn nach dem Essen die Teller abgeräumt sind – oder wenn der Eßtisch für andere Tätigkeiten, etwa eine Arbeitsbesprechung, genutzt wird – läßt sich die Küche durch einfaches Zuschieben der Türe leicht ausblenden.

Wohnküche

Die kompromißloseste Variante, die Küche in den gemeinsamen Alltag aller Mitbewohner zu integrieren, ist eine loftartige Zusammenlegung von Küche, Eßzimmer und Wohnbereich. Wer immer in der Küche zu tun hat – allein ist er dort nie. Egal, wo die Gäste Platz genommen haben – kein Gespräch muß unterbrochen werden, bloß weil die nächste Kanne Kaffee zu holen oder das benutzte Geschirr abzuräumen ist.

Das ganze Familiengeschehen spielt sich rund um die Küche ab. Das Kind, das am Eßtisch zeichnet oder Aufgaben macht, sitzt nur ein paar Schritte von der Mutter entfernt. Der Vater, der ein schnelles Abendbrot zubereitet, kann trotzdem – gemeinsam mit seiner Frau – die Nachrichten im Fernsehen verfolgen.

Solche Lösungen sind meist nur bei Neubauten realisierbar. Eine nachträgliche Zusammenlegung von so vielen Räumen scheitert meist an den Gesetzen der Statik.

▶ Die unvermeidlichen Küchengeräusche müssen auch im Wohnraum in Kauf genommen werden (> Schallschutz, Seite 49).

▶ Küchengerüche erfüllen praktisch den gesamten Wohnraum. Effiziente Dunstabzugsgeräte sind deshalb Voraussetzung (> Seite 71).

Single-Küche

Der Begriff Single-Küche, fast immer als Synonym für besonders kleine oder ausgefallen konzipierte Küchen verwendet, ist eigentlich irreführend. Die Größe einer Küche hängt schließlich nicht von einer Lebensform ab, sondern davon, wie oft und wofür sie genutzt wird. Gerade die Alleinlebenden zählen sehr oft zu den sozial Aktivsten unserer Gesellschaft, laden häufig Freunde ein und bewirten nicht selten auch größere Runden.

Dennoch zählt die Produktion von Miniküchen zu den wachsenden Zweigen innerhalb der Küchenindustrie: Zu den Hauptabnehmern zählen vor allem junge Menschen, die gerade aus der Wohnung der Eltern ausgezogen sind und den Großteil ihrer Freizeit außer Haus verbringen; Familien, wo mittags alle außer Haus essen und abends nur ein kleiner Imbiß zubereitet wird, und ältere Menschen, die nicht mehr für die ganze Familie kochen müssen. Daneben sorgen noch jene, die gelegentlich im Büro oder in einer selten genutzten Zweitwohnung kochen wollen, für steigende Umsatzzahlen.

Kochnische

Die traditionellste Form der Kleinküche ist eine Kochnische, wie sie in Einzimmerwohnungen oder den Kleinwohnungen der 50er Jahre oft zu finden ist. Da Breite und Tiefe der Wandnische meist vorgegeben sind, bleibt dem Gestalter nur, die einzelnen Arbeitsbereiche möglichst sinnvoll anzuordnen. Spüle und Herd sollten nach Möglichkeit jeweils 30 Zentimeter von der Wand weggerückt installiert werden, weil sonst nicht genügend Ellenbogenfreiheit beim Umrühren oder Geschirrspülen zur Verfügung steht. Als Arbeitsfläche bleibt – von den Distanzflächen zur Wand abgesehen – nur die vorhandene Distanz zwischen Spüle und Herd.

Schallschutz

Geräuschlose Küchen gibt es nicht: Selbst wenn gerade niemand mit Tellern und Töpfen klappert, sorgen Dunstabzug, Kühlschrank oder Geschirrspüler für einen mehr oder weniger großen Lärmpegel. In reinen Arbeitsküchen stört das weniger als in Küchen, die in den Mittelpunkt des Wohnalltages gerückt wurden. Deshalb empfiehlt es sich dort besonders, auf schallschluckende Maßnahmen zu achten:

- **Im Angebot der Kühlschrankhersteller finden sich eine Reihe besonders lärmarmer Geräte (> Seite 126). Den Thermostat nicht höher einzustellen als unbedingt notwendig, spart Strom und läßt das Aggregat weniger oft anspringen.**
- **Kühlschrank, Tiefkühler oder Geschirrspüler können in schallisolierende Spezialmatten eingepackt werden, ehe sie in die Unterschränke geschoben werden**
- **Bei Dunstabzugssystemen, die im Abluftprinzip (> Seite 71) arbeiten, kann das Gebläse auch an der Außenwand oder am Ende des Kamins angebracht werden.**
- **Bei großen Kühlschränken kann der Kompressorteil ausgebaut und in einem Nebenraum oder an der Außenmauer installiert werden.**
- **Schaumstoffgefütterte Kunststoffböden oder Holzarbeitsplatten sorgen für weniger Geklapper als harte Stahlarbeitsplatten oder Steinböden.**
- **Offene Regale schlucken mehr Schall als geschlossene Fronten, holzverkleidete Wände mehr als verputzte.**

Mobile Küche

Der aktuelle Trend bei den Miniküchen geht in Richtung kleiner, leicht transportabler und nach Möglichkeit ausbaufähiger Modelle. Angelehnt an die kombinierten Küchen früherer Tage (> Seite 66) werden keine durchgängigen Arbeitsflächen mit traditionellen Unter- und Oberschränken, sondern Einzelelemente angeboten. Arbeitstische mit eingebauter Spüle, Hochschränke, in die sich ein Kühlschrank einbauen läßt, und Rollwagen, ähnlich wie im Büro, lassen sich frei und variabel im Raum aufstellen und bei Bedarf erweitern. Da die Einzelteile nicht fix montiert sind, können diese mobilen Küchen bei einem Umzug so leicht abtransportiert werden wie ein Wohnzimmer. In der neuen Wohnung können die einzelnen Elemente neu gruppiert und so an jeden Raum angepaßt werden. Wenn sich die Lebensumstände ändern und die Ansprüche an die Küche steigen, lassen sich Arbeitsfläche und Stauraum jederzeit durch Nachkauf entsprechender Module an die neuen Bedürfnisse anpassen.

Sonderformen

Die kompakteste – und noch dazu mobilste – Küchenform sind rollbare Schränke, die auf- und auseinandergeklappt werden können. Minispüle, ein bis zwei Kochfelder und in einigen Ausführungen sogar ein Kleinstgeschirrspüler (> Seite 121) sind in diesem Schrankkoffer enthalten und bieten wenig Anspruchsvollen somit alles, was zur Herstellung kleiner Imbisse notwendig ist. In der kleinsten Ausführung sind diese originellen Möbel schon ab 90 Zentimeter Breite zu bekommen.

Noch weniger Grundfläche brauchen sogenannte Küchenbäume, an denen die einzelnen Arbeitsbereiche in Miniaturausführung rund um eine vom Boden bis zur Decke reichende Stange drapiert sind.

Mehr als Toast oder Rührei lassen sich in solchen Miniatur-Küchen ohne Arbeitsplatte kaum herstellen.

▶ Der Stauraum für Lebensmittelvorräte, Koch- und Eßgeschirr muß anderswo in der Wohnung gefunden werden.

▶ Die originellen Möbelstücke sind nicht ausbau- oder erweiterungsfähig.

▶ Bedingt durch die kleine Stückzahl und den höheren Preis für die Mini-Geräte sind solche Küchen vergleichsweise teuer.

Grundrisse

Sobald feststeht, wo im Haus oder in der Wohnung die Küche plaziert werden soll (> Die Lage in der Wohnung, Seite 51), wenn geklärt ist, welche Funktionen sie haben und mit welchen Räumen sie kombiniert werden soll, beginnt die eigentliche Planungsarbeit mit einem Grundriß.

Ob eine Küche sinnvoll genutzt werden kann, hängt dabei weniger von ihrer Größe als von der Aufteilung der einzelnen Elemente ab. Eine einfache Küchenzeile, in der sich alle notwendigen Arbeitsbereiche integrieren lassen (> Seite 50), läßt sich schon in einem Raum von drei mal eineinhalb Metern unterbringen. Wer mehr Platz zur Verfügung hat, sollte sich genau überlegen, wie und wofür er ihn nutzt.

Einen großen Raum rundum mit Möbeln und Geräten vollzustellen ist selten sinnvoll. Einerseits werden die einzelnen Arbeitsbereiche dadurch möglicherweise zu weit auseinandergezogen und der Koch oder die Köchin zum Zurücklegen unnötig weiter Strecken gezwungen, andererseits geht wertvoller Raum verloren, der sich besser zur Einrichtung eines Eßplatzes, einer Spielecke oder eines zusätzlichen Arbeitsbereiches nutzen ließe. Nicht zuletzt kosten Küchenkästchen, die nur zur Auffüllung vorhandenen Platzes dienen, unnötig Geld.

Um den bestmöglichen Grundriß für den jeweiligen Raum zu finden, kann es hilfreich sein, die Küche gedanklich in ihre einzelnen Funktionsbereiche zu zerlegen (> Was wohin, Seite 54). Die eigentliche Kernküche, wo vorbereitet, gekocht, gespült und Stauraum für die wichtigsten Lebensmittel, Geschirre und Werkzeuge vorgesehen wird, sollte dabei immer so klein wie möglich gehalten werden. Nur so ist sichergestellt, daß die meisten Dinge des täglichen Bedarfs immer in Reichweite bleiben und die permanenten Wege zwischen Herd, Spüle, Kühlschrank und Zubereitungsbereich kurz gehalten werden.

Was immer dann noch an Raum übrigbleibt, läßt sich zur Unterbringung der längerfristigen Vorräte und selten benutzter Gerätschaften und/oder zur Gestaltung an die Küche angeschlossener Lebensbereiche nutzen.

Einzeilige Küche

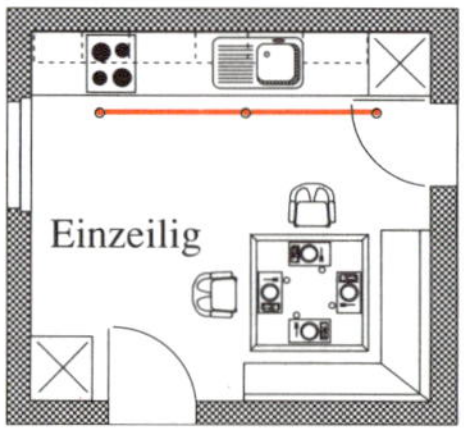

Eine einzeilige Küche ist schon auf einer Grundfläche von 4,5 Quadratmetern unterzubringen. Ab einer Raumlänge von 2,60 Metern lassen sich die Spüle, eine mindestens 60 Zentimeter breite Arbeitsfläche und der Herd sowie je 30 Zentimeter Abstellfläche am Anfang und Ende der Zeile einplanen. Ab 3,20 Meter bleibt auch noch Platz für einen Hochschrank. Um die Kästchen bequem öffnen zu können, sollte der Raum eine Mindestbreite von 1,20 Metern haben.

Zweizeilige Küche

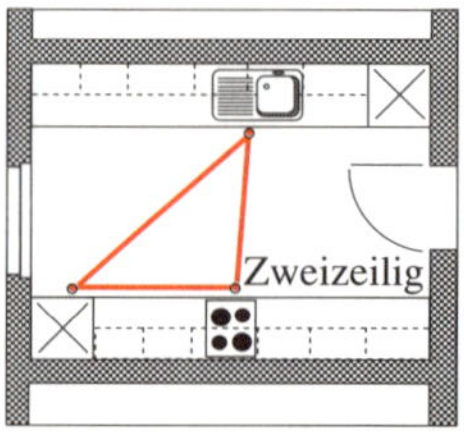

Für zweizeilige Küchen ist eine Raumbreite von mindestens 2,40 Metern notwenig, weil nur so zwischen den – je 60 Zentimeter tiefen – Küchenzeilen genügend Platz zum Bewegen und Bücken bleibt. Zweizeilige Küchen eignen sich für kleine, quadratische oder fast quadratische Räume. Herd und Spüle werden in den meisten Fällen nicht mehr an derselben Front, sondern an der jeweils gegenüberliegenden plaziert.

L-Form

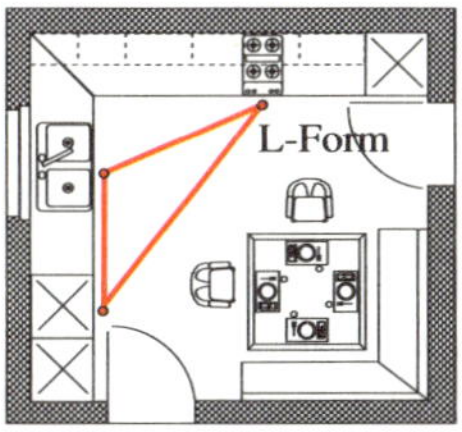

L-förmige Küchen eignen sich für lange, schmale ebenso wie für große Räume. Die Schenkel können – abhängig vom Raummaß und Platzbedarf – länger oder kürzer geplant werden.

Bei der Plazierung der einzelnen Arbeitszentren sollte darauf geachtet werden, daß die Wege zwischen den einzelnen Bereichen nicht zu lang werden. Mehr als sechs Meter sollte die gesamte Strecke zwischen Herd, Kühlschrank und Spüle nicht ausmachen (> Das Arbeitsdreieck, Seite 55).

In einem ausreichend großen Raum bietet die L-förmige Küche fast immer die Chance, einen Eßtisch aufzustellen, ohne daß die Wege des Arbeitsdreiecks dabei verstellt werden.

Der Nachteil einer solchen Küche ist, daß sich der Stauraum im Eck nur mit Hilfe besonders ausgestatteter Schränke nützen läßt.

U-Form

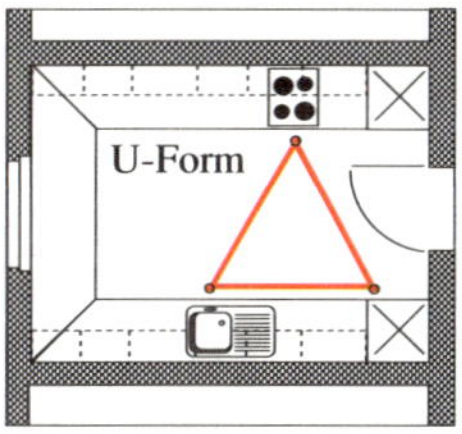

In der U-förmigen Küche stehen Möbel und Geräte an drei Wänden. Dadurch bietet sie ein Maximum an Stauraum und Arbeitsfläche. Obwohl sich dieser Küchentypus für kleine und große Räume gleich gut eignet, sollte darauf geachtet werden, daß die Kernarbeitsbereiche nahe genug beieinander bleiben. Wenn das berücksichtigt wird, bietet die U-förmige Küche arbeitstechnisch die besten Voraussetzungen. Wenn die Spüle an der einen, der Herd an der gegenüberliegenden Längsseite vorgesehen wird, liegt der Hauptarbeitsbereich meist genau unter dem Fenster.

G-Form

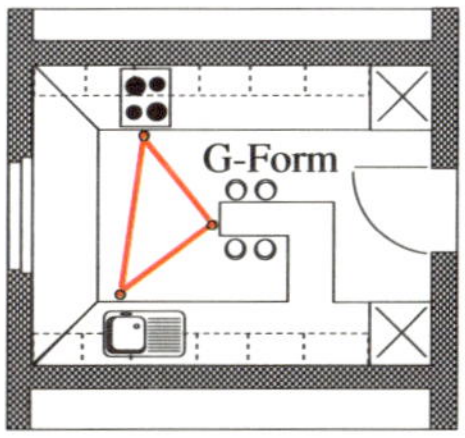

Die G-Form verkürzt in großen Räumen die Wege zwischen den an drei Wänden aufgebauten Küchenmöbeln durch einen in den Raum ragenden Winkel. In den meisten Fällen läßt sich dieser zusätzliche Schenkel als Eß- oder Imbißplatz nutzen.

Die Lage in der Wohnung

Was Häuserbauer schon vor dem Planzeichnen bedenken sollten:

- **Ein kurzer Weg von der Eingangstür macht das Hereinschleppen von schweren Einkaufstüten leichter.**
- **Wo es einen Garten gibt, sollte der auch von der Küche aus betreten werden können – um Gewürze oder selbstgezogenes Gemüse rasch holen zu können und Kontakt zu den spielenden Kindern zu halten.**
- **Egal, ob als reine Arbeitsküche (> Seite 49), als Eß- (> Seite 45) oder Wohnküche (> Seite 48) gestaltet, sollte die Kochstelle einen attraktiven Platz in der Wohnung bekommen. Helligkeit und schöne Aussicht sind in der Küche wichtiger als im Schlafzimmer oder Bad. Die Küche mit Balkon oder Terrasse ermöglicht auch das Arbeiten im Freien.**
- **Wenn der Eßplatz nicht ohnehin in die Küche integriert wird, sollte der Weg zum Speise- oder Wohnzimmer möglichst kurz gehalten werden.**
- **Wo ein eigener Hausarbeitsraum vorgesehen wird, sollte er möglichst nahe bei der Küche liegen. Beim Kochen gibt es immer wieder erzwungene Pausen, in denen sich kleinere Arbeiten erledigen lassen.**

Insellösungen

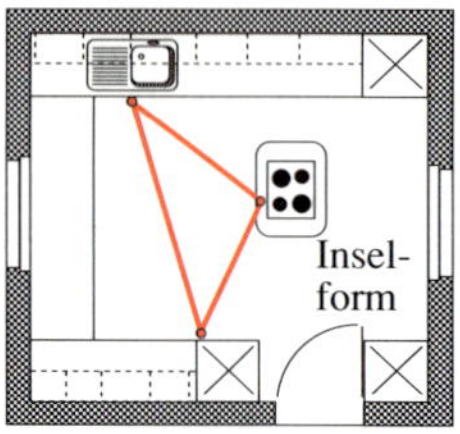

Das Prinzip haben schon unsere Urgroßmütter geschätzt: Eine Arbeitsfläche, zentral in der Küche plaziert, nützt nicht nur den Raum optimal, sondern erlaubt auch, praktisch mit einer Körperdrehung alle anderen Arbeitsbereiche in Griffweite zu haben.

Früher stand ein ganz normaler Tisch in der Küchenmitte, an dem gegessen, auf dem aber auch zubereitet und abgestellt wurde. Diese Lösung ist heute nicht mehr anzuraten, weil Essen und im Stehen arbeiten zwei unterschiedlich hohe Flächen erfordern (> Ergonomie, Seite 57).

Heute wird der Platz der früheren Allzweck-Tische von sogenannten Kücheninseln eingenommen. Wahlweise als Koch- oder Vorbereitungszentrum, seltener auch als Spülinsel gestaltet, gehört diese Variante nicht nur zu den optisch interessantesten, sondern auch zu den zweckmäßigsten.

Insellösungen sind freilich nur in relativ großen Küchen möglich. Ein relativ kleiner Inselblock, der aus einem quadratischen Kochfeld mit den Abmessungen 60 mal 60 Zentimetern und einer notwendigen Abstellfläche von 30 Zentimetern auf jeder Seite besteht, beansprucht allein schon rund einen Quadratmeter. Um ihn – und die ihn umgebenden Küchenzeilen – von allen Seiten uneingeschränkt nutzen zu können, muß an jeder Front ein Mindestabstand von 120 Zentimetern bleiben. In Summe gehen so für die kleinstmögliche Kücheninsel an die 11 Quadratmeter verloren.

Technische Vorgaben

In den meisten Räumen sind die Anschlüsse für Gas, Wasser und Strom bereits vorhanden. Selbst bei Neubauten gelingt es jedoch nicht immer, die Installationen so einzurichten, daß sie dann wirklich zum geplanten Aufbau der Küche passen.

Auch wenn sich Küchenplaner – schon aus Kostengründen – bei der Plazierung der einzelnen Geräte zunächst an den vorhandenen Anschlüssen orientieren, sollten Herd oder Spüle letztlich dort vorgesehen werden, wo sie wirklich gebraucht werden und am leichtesten zu erreichen sind.

Oft genügt es, die Zu- und Ableitungen zum gewünschten Standort zu verlängern. Die Rohre und Leitungen können dabei entweder im Sockel, in den Unterschränken, in verkleideten Nischen (> Seite 53) oder überhaupt hinter einer eigens eingezogenen zweiten Innenwand (> Seite 53) geführt werden.

Wenn das nicht geht, etwa weil bei zu weiten Wegen das notwendige Gefälle von Abflußleitungen nicht mehr gegeben ist, sind aufwendige Stemmarbeiten nicht zu vermeiden. Im Einzelfall bleibt abzuwägen, was vorzuziehen ist: der zeitlich begrenzte Ärger eines Umbaus oder der Frust, jahrelang in einer schlecht eingerichteten Küche zu arbeiten.

Bei Mietwohnungen muß freilich bedacht werden, daß der Hausbesitzer das Recht hat, seine Wohnung in genau dem Zustand zurückzubekommen, in dem er sie übergeben hat. Aufwendige Umbauarbeiten, die Verlegung von Installationen und die dadurch oft notwendige Auswechslung von Wandfliesen und Bodenbelägen müssen daher immer mit dem Vermieter abgestimmt werden. Getroffene Absprachen sollten immer auch schriftlich festgehalten werden.

Nischenverkleidung

Verkleidete Nischen sind die einfachste Möglichkeit, Rohre und andere Leitungen wandschonend zu verlängern. Eine Lattenkonstruktion, mit der die Wand zwischen Ober- und Unterschränken verkleidet wird, bietet nicht nur die Möglichkeit, Rohre und Leitungen elegant zu verstecken, sondern kann auch ein reizvoller Kontrast zur Oberfläche der Küchenmöbel sein. Genauso ist es möglich, eine zweite Arbeitsplatte auf das Maß der Nische zuzuschneiden und zwischen Ober- und Unterschränken zu montieren. Der Platz für die Rohre muß dann an der Plattenunterseite ausgefräst werden.

Wichtig ist in beiden Fällen, daß die Fuge zwischen Arbeitsplatte und Nischenabdeckung sorgfältig mit Silikon verfugt wird. Eindringendes Wasser würde das Holz zum Aufquellen bringen.

Zweite Innenwand

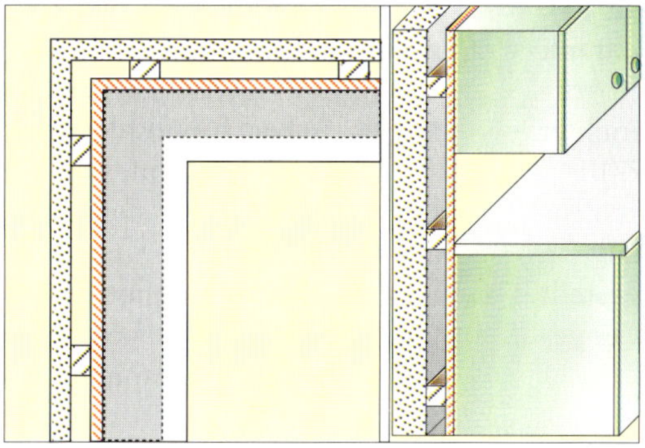

Wer sich Ärger mit dem Wohnungsbesitzer und das unvermeidliche Chaos beim Aufstemmen von Wänden ersparen will, kann seine Küche mit einer zweiten Innenhaut versehen. Die Konstruktion ist denkbar einfach und läßt sich mit ein wenig Geschick auch selbst errichten. Als zweite Innenwand eignen sich Rigips-Platten, Holzplatten oder -lamellen.

In dieser – zwischen zehn und 15 Zentimeter tiefen – Lattenrostkonstruktion lassen sich Rohre, Zu- und Ableitungen problemlos verlängern, und zwar ohne daß die Wände oder bereits vorhandene Fliesen zerstört werden müssen.

Heizung

Heizkörper werden aus wärmetechnischen Gründen so gut wie immer unter dem Fenster installiert. Wenn der Einbau flächenbündig mit der Wand, also in einer Nische erfolgte, kann der Heizkörper mit ganz normalen Unterschränken verstellt werden. In diesem Fall muß die Luftzirkulation allerdings durch Lüftungsschlitze im Sockelbereich und an der darüberliegenden Arbeitsplatte sichergestellt werden.

Heizungen, die von der Wand vorspringen, sind schwieriger in die Küchenzeile zu integrieren. Die ganze Küchenzeile um die Heizungstiefe nach vorne zu setzen, bedeutet einen Verlust von Raumtiefe und ist außerdem nur mit einer speziell angefertigten, extratiefen Arbeitsplatte möglich.

Zu lösen ist das Problem nur, indem für die Verbauung des Heizkörpers keine 60 Zentimeter tiefen Unterschränke, sondern – 30 bis 40 Zentimeter tiefe – Oberschränke verwendet werden. Die meisten Hersteller bieten diese Schränke in derselben Höhe wie die Unterschränke an, so daß ein Einbau unter der Arbeitsplatte kein Problem darstellt. Findet sich im Programm kein Oberschrank in passender Höhe, läßt sich ein etwas größerer mit geringem Aufwand zurechtschneiden.

Zwei Dinge sind bei einer geplanten Verbauung von Heizkörpern immer zu beachten:

▶ Die Wärmeregelung muß über ein vom Heizkörper getrenntes Bedienungselement möglich sein, und

▶ für gelegentliche Reparatur- oder Ablese-

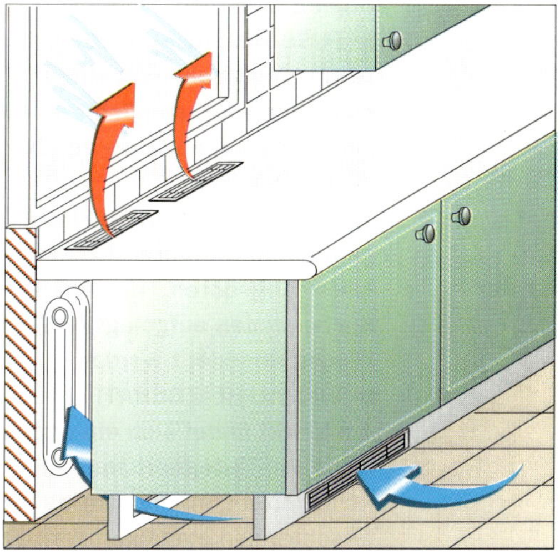

arbeiten muß eine möglichst unaufwendige Demontage der vorgestellten Schränke sichergestellt werden.

Was wohin?

Der wichtigste – und oft auch schwierigste – Schritt bei der Küchenplanung ist, festzulegen, wo und in welcher Reihenfolge die einzelnen Arbeitsbereiche angeordnet werden sollen. In die einzelnen Planungsschritte zerlegt, gliedert sich eine Küche in das Kochzentrum (> Seite 68), den Spülbereich (> Seite 73), das Vorratszentrum inklusive Kühlschrank (> Seite 82) und die Bereiche, an denen vorbereitet, geputzt, geknetet und angerichtet wird (> Vorbereitungszentrum, Seite 77).

Die Anordnung der einzelnen Arbeitszentren so aufeinander abzustimmen, daß ein möglichst effizienter Ablauf sichergestellt wird, ist nicht leicht – aber wichtig. Wer gezwungen ist, ständig kreuz und quer durch die Küche zu laufen, bringt es im Jahr auf etliche unnütz zurückgelegte Kilometer.

Wenn der Heizkörper stört

▶ In vielen Küchen wird die Heizung selten benutzt. Bei moderneren Heizungsanlagen lassen sich die einzelnen Heizkörper abmontieren. Eventuell verbleibende Zu- und Ableitungsrohre müssen in diesem Fall – am besten von ausgebildeten Installateuren – so verschlossen werden, daß sie auch nach langer Zeit nicht zu tropfen anfangen.

▶ FUSSBODENHEIZUNGEN
Wenn eine Küche neu eingerichtet oder generalsaniert wird, empfiehlt es sich, den Einbau einer Fußbodenheizung zu überlegen.

▶ HEIZFOLIEN
Für den nachträglichen Einbau in bereits fertige Küchen werden elektrisch betriebene Heizfolien angeboten, die auf den vorhandenen Küchenboden aufgelegt und mit extra-dünnen Fliesen überklebt werden.

▶ EINBAU-HEIZGERÄTE
Am Markt findet sich ein umfangreiches Sortiment von integrierbaren Elektro-, Gas- oder Kohleheizungen, die nahtlos zwischen den Unterschränken eingebaut werden können.

Die DIN-Norm

Laut Deutscher Industrie-Norm 18.022 wird eine moderne Küche folgendermaßen aufgebaut:

▶ Am Beginn steht die Spüle, 90 Zentimeter breit und mit zwei Becken ausgestattet.
▶ Daran schließt eine Arbeitsplatte an, mindestens 60 Zentimeter breit, zum Zubereiten und Abstellen von schmutzigem Geschirr.
▶ Danach folgt die Kochstelle, zwischen 60 und 100 Zentimeter breit und möglichst fugenlos in die Arbeitsplatte eingelassen.
▶ Den Abschluß bildet eine weitere Abstellfläche, die mindestens 30 Zentimeter breit sein soll, damit auch größere Töpfe darauf abgestellt werden können.

In der Summe ergibt das eine mindestens 2,40 Meter lange Küchenzeile, wobei Rechtshänder den obengenannten Aufbau von links, Linkshänder dagegen von rechts beginnend vorzunehmen haben. Laut DIN sollte irgendwo sonst in der Küche noch eine zweite Arbeits- und Abstellfläche von mindestens 120 Zentimeter Breite eingeplant werden.

In den 50er Jahren, als die DIN-Norm 18022 entwickelt wurde, machte der festgelegte Ablauf durchaus Sinn. Da kam die Hausfrau mit frischem Gemüse, Fleisch oder sonstigen Ingredienzen vom Markt, packte die Lebensmittel vor der Spüle aus, putzte, wusch und zerkleinerte die Zutaten gleich dort, um sie dann auf der Fläche zwischen Spüle und Herd weiterzuverarbeiten und schließlich auf den Herd zu stellen oder ins Backrohr zu schieben. Das schmutzige Kochgeschirr wurde dann wieder auf der zentralen Arbeitsfläche abgestellt und abschließend gewaschen.

Für die Küchenplaner von heute ist diese DIN-Norm immer noch ein Dogma. Auch wenn die Küchen von heute tendenziell wieder ein wenig größer geplant werden, eingerichtet werden sie sehr oft immer noch nach dem gleichen Schema. Dabei haben sich viele

Arbeitsabläufe seit den 50er Jahren grundlegend geändert. Wie sehr sich die heute noch geltende DIN-Norm an den Küchenbedürfnissen der 50er Jahre orientiert, läßt sich schon am fehlenden Vorrats- oder Kühlzentrum erkennen. Nach der Logik der Normplaner von anno dazumal müßte diese – heute zur Standardausrüstung gehörende – Zusatzeinrichtung am Anfang der Küchenzeile, also vor der Spüle, eingeplant werden. Für viele Arbeitsabläufe wäre das richtig plaziert: Das Fleisch wird aus dem Kühlschrank genommen, gewaschen, geschnitten, gewürzt oder paniert und dann auf dem Herd gebraten.

Was aber, wenn Tiefkühlgemüse aus dem Vorratsturm genommen und gleich in einen Topf auf den Herd soll? Dann müßte der Kühlturm gleich neben dem Herd stehen.

Wer kurz die alltäglichen Abläufe, die in der Summe die Küchenarbeit ausmachen, Revue passieren läßt, wird rasch feststellen, daß sich viele Beispiele finden lassen, die für einen Küchenaufbau nach DIN-Norm sprechen – und ebenso viele, die eine andere Anordnung der Geräte und Arbeitszentren nahelegen.

Das Arbeitsdreieck

Ein anderes, weit verbreitetes Prinzip der Küchenplanung stammt ebenfalls aus den frühen 50er Jahren. Nach dem Konzept des Arbeitsdreiecks sollen die drei Hauptfunktionsbereiche einer Küche – Spüle, Herd und Kühlschrank – in einem Dreieck angeordnet sein, wobei die Schenkel in Summe nicht länger als sechs bis acht Meter sein sollten.

Als Organisationsprinzip macht das Dreieckskonzept auch heute noch Sinn. Auch neuere Untersuchungen haben ergeben, daß sich die Küchenarbeit so am effizientesten gestalten läßt, die Wegstrecken so möglichst kurz gehalten werden können. Zum allesbestimmenden Dogma sollte aber auch das nicht werden. Jede Küche hat ihre Eigenarten, und es muß in jedem Einzelfall überlegt werden, ob die dreieckige Anordnung wirklich die beste Lösung darstellt oder der Raum nicht anders attraktiver zu gestalten ist. In einer Küche, in der sich Koch oder Köchin wohl fühlen, fallen ein paar Schritte und Minuten mehr pro Tag nicht so sehr ins Gewicht.

Bedarfsgerechte Planung

Für die Einrichtung einer wirklich bedarfsgerechten Küche können DIN-Normen und Standardschablonen bestenfalls als grobe Hilfsmittel zur ersten Orientierung verwendet werden. Viel mehr als ein erster Über-

Schlecht geplante Küche: 69 Minuten und 174 Meter für die Zubereitung einer Mahlzeit. Gut geplante Küche: 51 Minuten, 70 Meter

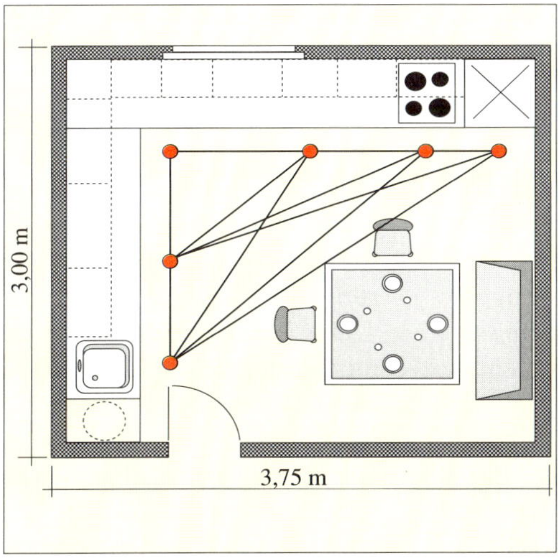

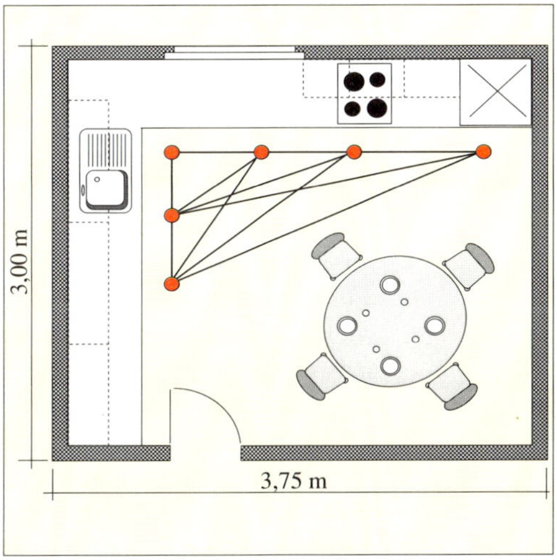

blick, was alles im vorhandenen Raum unterzubringen ist, läßt sich damit aber nicht gewinnen.

Welche Küchenform (> Grundrisse, Seite 50) gewählt wird, welche Geräte wohin sollen und wieviel Platz dazwischen als Arbeitsfläche vorgesehen werden muß, kann letztlich nur derjenige festlegen, der dann auch tatsächlich in der Küche arbeiten soll.

Zwar sollen auch in einer modernen Küche die Geräte so stehen, daß nicht ständig kreuz und quer durch den Raum gearbeitet werden muß, die strengen Maßstäbe früherer Tage dürfen heute aber zu Recht ein wenig freier gehandhabt werden. Seit den Pioniertagen der Küchenplanung haben sich viele Arbeitsabläufe geändert, die große Auswahl an Fertig- und Halbfertigprodukten ermöglicht ganz andere, rationellere Zubereitungsformen, und die neuen oder weiterentwickelten Geräte haben ebenfalls andere Bedienungsgesetze. Wer früher Mayonnaise brauchte, mußte die Ingredienzen, Geschirr und Rührgeräte aus der ganzen Küche zusammentragen und danach alles abwaschen – heute reicht ein Griff in den Kühlschrank.

Dazu kommt, daß die Küche in vielen Familien heute einen ganz anderen Stellenwert hat als früher. Wenn beide Eltern arbeiten und die Kinder in der Schule verköstigt werden, wird abends oft nur ein kleiner Imbiß für alle bereitet. In einer streng nach Vorschrift geplanten Küche lassen sich vielleicht ein paar Sekunden Arbeitszeit einsparen – viel wichtiger dürfte solchen Familien aber sein, daß schon beim Zubereiten alle zusammensitzen können, um die Ereignisse des Tages besprechen zu können. Und für jene, die mit Begeisterung und großem Aufwand ab und zu ein fulminantes, mehrgängiges Menü für eine größere Freundesrunde bereiten, ist die Effizienz einer Küche meist weniger wichtig als ein kreatives Ambiente, in dem sie sich wohl fühlen und ihre Kochkünste entfalten können.

Kurz: Wer die eigenen Bedürfnisse und die Anforderungen des Raumes in den Vordergrund stellt, wird mitunter das eine oder andere Planungsgesetz verletzen. Im Einzelfall sollte jeder überlegen, wofür und wie er seine Küche nutzt, ob der Arbeitsanfall so groß ist, daß tatsächlich jede Minute mehr zum Tragen kommt, oder ob andere Überlegungen Priorität haben: Wo öfter mehrere Familienmitglieder gemeinsam kochen, wird der Arbeitsablauf anders zu organisieren sein als in Küchen, die exklusiv genutzt werden. Mütter oder Väter, die ihren Nachwuchs während der Küchenarbeit im Auge behalten wollen, werden das Kochzentrum mit Blickrichtung ins Nebenzimmer plazieren, selbst wenn sie dafür täglich einige Schritte mehr laufen müssen. Und wer beim Essen die Aussicht in den Garten genießen will, wird den Küchentisch unters Fenster stellen, auch wenn die Spüle dadurch aus dem Arbeitsdreieck gerückt werden muß.

Sich selbst beobachten

Auch engagierte Küchenberater stellen bei ihrer Arbeit immer wieder eines fest: Die wenigsten Interessenten können ihre Bedürfnisse, Wünsche und Anforderungen an die neue Einrichtung wirklich artikulieren – entweder weil es die erste Küche ist und es daher an Erfahrungswerten fehlt, oder weil die Kunden so lange in der alten Küche gearbeitet haben, daß ihnen gar nicht mehr bewußt ist, was sie daran stört.

Gute, individuelle Küchenplanung braucht deshalb Zeit. Auch wenn alle Hersteller im Grunde sehr ähnliche Programme anbieten, gibt es bei Detaillösungen doch Unterschiede. Beim Streifzug durch Möbelhäuser und beim Studium von Prospekten und Einrichtungszeitschriften lassen sich viele Anregungen finden. Daneben kann es hilfreich sein, Freunde oder Nachbarn nach ihren Erfahrungen zu fragen.

Die wichtigste Vorbereitung für die Planung einer neuen Küche ist aber die Selbstbeobachtung beim Arbeiten. Es macht sich bezahlt, sich über einen längeren Zeitraum alle Handlungsabläufe und jede Störung derselben bewußt zu machen. Wer drei Wochen lang all die kleinen Ärgernisse des Küchenalltags protokolliert, wird den Küchenfachhändler oder -planer mit einer langen Liste an Verbesserungswünschen konfrontieren können (> Küchenprotokolle, Seite 57).

Ergonomie

Eigentlich ist es mehr als erstaunlich: In der Industrie, im Handel und im Dienstleistungsgewerbe werden sämtliche Arbeitsgeräte und -abläufe seit Jahrzehnten wie selbstverständlich einer gewissenhaften und detailreichen Prüfung unterzogen. Da wird jeder Handgriff vermessen, genormt und so aufeinander abgestimmt, daß am Ende eines Arbeitstages kein Meter zuviel zurückgelegt wurde.

Nur am Arbeitsplatz Küche, von seiner Verbreitung her der bedeutendste, gelten offenbar andere Gesetze. So durchgestylt und optisch beeindruckend die neuesten Schöpfungen der Küchenmöbelindustrie auch sein mögen, aus ergonomischer Sicht erfüllen die meisten nicht einmal die Mindestansprüche. Arbeitsplatten, die in der Regel zu tief sind (> Diktat der falschen Höhe, Seite 58), oder Unterschränke, die nur in extremer Bückstellung zugänglich sind (> Stauraum, Seite 79) lassen einen nicht nur rasch ermüden, sondern schädigen auf Dauer auch die Rückenmuskulatur und vor allem die Bandscheiben. Eine Untersuchung des Instituts für Arbeitswissenschaft an der Technischen Hochschule Darmstadt (Auftraggeber: Die Arbeitsgemeinschaft Moderne Küchen) hat gezeigt, wie klein der Spielraum für ein rückenschonendes Arbeiten in der Küche tatsächlich ist:

▶ Optimal arbeitet, wer senkrecht steht oder sich nicht mehr als sechs Grad nach vorne beugen muß.

▶ Das dauerhafte Vorbeugen bis zu 20 Grad aus der Senkrechten halten die Experten für gerade noch tolerabel.

▶ Wer durch die Kücheneinrichtung gezwungen wird, sich noch tiefer hinunterzubeugen, schädigt Rückgrat und Bandscheiben dagegen mit Sicherheit.

Küchenprotokolle

Um zu einer wirklich bedarfsgerechten Planung zu kommen, ist eine längerdauernde Selbstbeobachtung beim Arbeiten unerläßlich. Analysieren Sie selbstverständlich gewordene Handlungen und Arbeitsabläufe und machen Sie sich bewußt, wo und wann Sie sich gestört oder behindert fühlen.

▶ Überlegen Sie bei jedem Handgriff ganz bewußt, wie Sie ihn am liebsten ausführen würden und wann Sie der Aufbau Ihrer Küche zu anderen Abläufen zwingt. Die meisten Rechtshänder legen abgespültes Geschirr normalerweise nach links ab, Linkshänder machen es in der Regel umgekehrt.

▶ Wo gibt es störende Ecken oder Kanten, wo läuft man Gefahr, sich den Kopf anzuschlagen?

▶ Wann und bei welchen Gelegenheiten sorgen Kinder in der Küche für Ermahnungen und besorgtes Eingreifen? Wie oft müssen Sie die Küche verlassen, um nach den Kindern zu sehen?

▶ Wo fehlen Stecker oder Licht, wo arbeiten Sie in Ihrem eigenen Schatten?

▶ Welche Geräte sind bei welchen Tätigkeiten nicht rasch genug zur Hand?

▶ Wo reicht der Stauraum nicht aus, wie oft müssen Geräte oder andere Dinge beiseite geschoben werden?

▶ Wie oft müssen Sie sich bücken, um Sachen aus dem Kühlschrank zu holen oder Geschirr aus den Schränken zu kramen?

▶ Wie oft müssen Sie in den Keller oder in die Speisekammer gehen, wie oft reicht der Platz im Kühlschrank nicht?

▶ Gibt es Tätigkeiten, bei denen Sie immer wieder unbequem stehen oder Rückenschmerzen bekommen?

▶ Wo wird es eng, wenn sich zwei Leute gleichzeitig in der Küche zu schaffen machen?

▶ Wie oft müssen Sie einen oder mehrere Schritte zur Seite machen, weil die Dinge, die beim Herd, der Spüle oder im Vorbereitungszentrum benötigt werden, nicht zur Hand sind?

▶ Steht ein Tisch oder Stuhl im Weg?

Diktat der falschen Höhe

Deutsche Normküchen haben eine Arbeitshöhe von exakt 84 Zentimetern. Zwar bieten die meisten Hersteller inzwischen auch höhere Unterschränke an, aus ergonomischer Sicht sind aber auch diese noch fast alle zu tief. Ein Unterschrank mit 70 Zentimeter Höhe, dazu eine vier Zentimeter starke Arbeitsplatte und ein 15 Zentimeter hoher Sockel, stellt mit einer Arbeitshöhe von 89 Zentimetern schon eines der höheren Modelle dar. Ein Mensch mit 1,80 Meter Körpergröße braucht jedoch zum rückenschonenden Arbeiten eine Spüle, deren Oberkante 95 Zentimeter vom Boden entfernt ist (> Die richtige Arbeitshöhe, Seite 79).

Dazu kommt, daß die beinahe in allen Küchen vorhandene Arbeitsplatte – egal, auf welcher Höhe montiert – niemals allen Arbeitsbereichen gleichzeitig gerecht werden kann. Dem branchenüblichen Normdenken entsprechend orientieren sich die Architekten stets an der niedrigsten Einheit in der Küchenzeile. Beim Herd sind auch 84 Zentimeter oft noch sinnvoll. Weil dort noch die Höhe der Töpfe zur Arbeitsfläche dazugezählt werden muß, sollte das Kochzentrum die tiefste Stelle in der Küche sein. Die Spüle, wo hauptsächlich am Grunde des Beckens gearbeitet wird, sollte am höchsten liegen, zwischen diesen beiden Höhen sollten zwei Arbeitsplatten in unterschiedlicher Höhe angebracht werden
(> Die richtige Höhe für den Herd, Seite 70;
> Die richtige Höhe für die Spüle, Seite 74;
> Die richtige Arbeitshöhe, Seite 79;
> Die richtige Arbeitshöhe zum Sitzen, Seite 79).

Wege zur richtigen Höhe

Wie wichtig eine ergonomisch korrekte Anpassung der eigenen Küche ist, hängt sicher auch davon ab, wie intensiv sie genutzt wird. Da der Rücken bei immer mehr Menschen auch im Berufsleben arg strapaziert wird, sollten ihm aber auch jene, die keine täglichen Kochorgien feiern, zusätzliche Belastungen nach Möglichkeit ersparen.

Die breiter gewordene Produktpalette der Möbelindustrie bietet dazu heute immerhin schon einige Möglichkeiten:

- ▶ Wer die einzelnen Programme nicht nur unter optischen Kriterien vergleicht, wird Hersteller finden, die ihre Kästchen in unterschiedlichen Höhen anbieten.
- ▶ Bei den teureren Markenküchen (> Seite 63) sind die Unterkästen meist mit höhenverstellbaren Drehbeinen ausgestattet.
- ▶ Bei Unterkästen, die mit Schublade angeboten werden, läßt sich durch das Wegschneiden der oberen Etage ein kleineres Modul für einen abgesenkten Herdbereich herstellen. Wenn der Hersteller diesen Service nicht selbst anbietet, kann jeder Tischler damit beauftragt werden.
- ▶ Arbeitsbereiche, die höher als die übrige Küche liegen sollen, aber auch ganze Küchenzeilen können auf ein Podest oder einen gemauerten Sockel gestellt werden.
- ▶ Wenn die Küche schon montiert ist, können einzelne Arbeitsbereiche aber auch erhöht werden, indem Hackklötze aus Holz oder ein Marmorblock auf die Arbeitsplatte aufgelegt werden.

Küche für zwei

Wenn zwei unterschiedlich große Leute in der Küche arbeiten sollen, ist bei der Wahl der richtigen Arbeitshöhen ein Kompromiß notwendig. Beim Herd (> Seite 70) und den Vorbereitungsflächen (> Seite 79) läßt sich – wenn die Größenunterschiede nicht allzu groß sind – meist eine Höhe finden, die für beide akzeptabel ist. Am schwierigsten ist die Festlegung bei der Spüle (> Seite 74), weil dort schon wenige Zentimeter Abweichung vom Richtwert den Rücken erheblich belasten können.

Wo keine gemeinsame Höhe gefunden werden kann, entscheidet man aus naheliegenden Gründen zugunsten der kleineren Person: Ist die Arbeitsfläche zu tief, läßt sich, wenn auch unbequem, daran arbeiten, ist sie zu hoch, kann man sie überhaupt nicht nutzen.

Für Paare, die auf wirkliche Chancengleichheit in der Küche Wert legen, haben einige Küchenmöbelhersteller Spül- und Arbeitsmodule entwickelt, die sich auf Knopfdruck höher und tiefer stellen lassen.

Design und Dekor

Mit der Neuentdeckung der Küche als Lebensraum für alle Familienmitglieder hat die optische Gestaltung dieses Bereichs enorme Bedeutung erlangt. Den lieblos gestalteten, ausschließlich an ihrer Pflegeleichtigkeit gemessenen Einheitsküchenfronten vergangener Tage steht heute eine schier unüberschaubare Vielfalt an Farben, Oberflächenmaterialien und Gestaltungsmöglichkeiten gegenüber. Von der traditionellen Bauernküche bis zu Designerobjekten, die eher an das Interieur eines Raumschiffes erinnern, läßt sich für jede Geschmacksrichtung das Passende finden.

Von der Zweckmäßigkeit und unterschiedlichen Eignung diverser Materialien einmal abgesehen lassen sich Farben, Muster und Strukturen in fast beliebiger Kombination zusammenstellen.

Mit dieser Vielfalt richtig umzugehen, bedeutet immer einen schwierigen Balanceakt. Die Kombination von Werkstoffen oder Stilelementen kann einer Küche atmosphärische Spannung verleihen – zu viele oder falsche Kontraste können aber auch schon nach kurzer Zeit irritieren.

Sparsam und wohlüberlegt eingesetzt, können Muster eine optische Bereicherung sein, die Details hervorheben oder der Küche auf subtile Weise eine optische Lebendigkeit verleihen. Ein wahlloser, kunterbunter Wirrwarr dagegen hinterläßt ein unruhiges oder gar bedrückendes Gesamtbild.

Für Dekorationen, die sich an kurzfristigen Modetrends orientieren, ist die Küche ein denkbar ungeeigneter Ort. Da die durchschnittliche Lebensdauer einer neu eingerichteten Kochwerkstatt rund 15 Jahre beträgt, werden allzu zeitgeistige Einrichtungen oft schon wenige Jahre nach ihrer Anschaffung als deplaziert und als optisches Ärgernis empfunden.

Kleine Farbenlehre

WEISS

Weiß verleiht einer Küche optisch einen großzügigen und offenen Eindruck. Weiße oder sehr helle Küchenflächen geben das Tageslicht am natürlichsten wieder und ermöglichen so eine genaue Beurteilung von rohen oder auch gekochten Lebensmitteln; wohl nicht zuletzt deshalb, weil mit dieser Farbe Frische und Sauberkeit assoziiert wird, gehört sie im Küchenbereich zu den meistverwendeten.

GRAU

Großflächig wirkt es oft langweilig, in dunkleren Schattierungen sogar bedrückend. Sparsamer eingesetzt kann Grau allerdings für ein Flair subtiler Eleganz sorgen. Im Gegensatz zu pastelligen Tönen besitzt Grau die Fähigkeit, die Leuchtkraft kräftiger Farben zu intensivieren. So kommen andersfarbige Küchenoberflächen, aber auch frisches Obst oder Gemüse besser zur Geltung.

BLAU

Daß Blau – neben Weiß – zu den am häufigsten verwendeten Küchenfarben zählt, hat einen einfachen Grund: Der Glaube, daß diese Farbe Fliegen und anderes Getier auf natürliche Weise fernhalte, war jahrhundertelang fest verwurzelt. Großflächig verwendet können hellere Blautöne – vor allem in Räumen ohne direktes Sonnenlicht – extrem kühl wirken.

GELB

Gelb zählt – schon allein weil diese Farbe auf Insekten eine magische Anziehungskraft ausübt – nicht gerade zu den traditionellen Küchenfarben. Dabei können sonnengelbe Küchen eine wunderbar heitere Atmosphäre ausstrahlen. Außerdem sind Töne zwischen Hellgelb und Beige sowie weiche Ledertöne die ideale Ergänzung zu natürlichen Materialien.

Einkauf

Markenbewußtsein und Service fordern auch beim Küchenkauf ihren Preis. Häufig reichen aber auch Normküchen ohne einen bekannten Markennamen an die Qualität von Markenerzeugnissen heran. Wichtig ist in jedem Fall, zu wissen, was man wo und wie haben möchte.

Daß große Möbel- und Einrichtungshäuser meist billiger als spezialisierte Kücheneinrichter (> Das Küchenstudio, Seite 64) sind, liegt auf der Hand. Allerdings hat gerade der Kücheneinkauf im Großkaufhaus auch seine Schattenseiten. Eine gut eingerichtete und auf die individuellen Bedürfnisse abgestimmte Kücheneinrichtung setzt eine umfangreiche Planung und eingehende Beratung voraus – und die bieten die großen Einrichtungshäuser nur begrenzt.

Von Ausnahmen abgesehen, ist das Personal meist gerade mit dem vertraut, was in den Schauräumen angeboten wird. In der Regel wird ein großes Einrichtungshaus bemüht sein, so viele Hersteller wie möglich auszustellen, dem einzelnen Verkäufer ist es schon deshalb meist unmöglich, alle Programme wirklich bis ins letzte Detail kennenzulernen.

Außerdem wird sich die Bereitschaft, allzulange mit der Lösung komplizierter Probleme zu verbringen, schon deshalb in Grenzen halten, weil meistens der nächste, möglicherweise weniger anspruchsvolle Kunde bereits wartet.

Zur ersten Orientierung vor dem Kauf sind die großen Möbelhäuser allerdings ideal. Das dort ausgestellte breite Sortiment ermöglicht es, in relativ kurzer Zeit einen raschen Überblick über das vorhandene Angebot an Fertigküchen, billigeren Einbau- und teuren Markenküchen zu gewinnen.

Fertigküchen

Als Fertigküche wird eine komplett und fest gestaltete Küchenzeile bezeichnet. Die Kästchen, Schränke und Laden stammen immer von sogenannten No-name-Produzenten, die beim Vertrieb ihrer Massenware meist auf Werbung und aufwendige Marketingmaßnahmen verzichten und preislich daher weit unter den Markenherstellern (> Seite 63) liegen.

Ergänzt werden die Möbel in vielen Fällen durch bereits installierte Geräte, die zusammen mit den Möbeln in einem Pauschalarrangement angeboten werden.

Aus dieser Idee haben sich auch die sogenannten Singleküchen (> Seite 48) ent-

wickelt, die – zum Teil auf originelle Weise – auf kleinstem Raum eine voll konfektionierte Kochwerkstatt bieten.

Fertigküchen haben meist ein fantastisches Preis-Leistungs-Verhältnis. Durch den großen Einkauf können die Hersteller die Komplettküche oft zu einem Preis anbieten, der nur geringfügig über dem liegt, was etwa die Geräte, wenn man sie einzeln kauft, alleine kosten würden.

▶ Einige Anbieter von Fertigküchen verkaufen auch planbare Einbauküchen (> Seite 61) im selben Design. Auf diese Weise läßt sich die billige Fertigküche beliebig durch zusätzliche Kästchen, Eckschränke und Arbeitsplatten erweitern.

Da die Hersteller von fertigen Küchenzeilen ihre niedrigen Preise nur bei einer großen Stückzahl halten können, ist die Auswahl bei Materialien, Farbe, Design und Zubehör meist beschränkt.

▶ Die Schränke und Geräte sind fix installiert, die Küchenzeile läßt sich in ihrem Aufbau meist nicht verändern (> Bedarfsgerechte Planung, Seite 55).

▶ Fertigküchen setzen sich meist nur aus einfachen Schranktypen zusammen. Die Modelle bieten dem Käufer keinen Variationsspielraum für raffinierte Ecklösungen, verbaute Nischen (> Seite 53), ergonomisch richtig plazierte Backrohre (> Seite 68) oder Kühlschränke (> Seite 84).

▶ Die niedrigen Preise können Verkäufer von Fertigküchen nur dadurch erzielen, daß sie Herde, Geschirrspüler und Spülen en masse einkaufen. Aus naheliegenden Gründen greifen sie dabei oft zu billigeren Modellen.

▶ Bereits vorhandene und noch brauchbare Geräte können nicht weitergenutzt werden.

EINBAUKÜCHEN

Moderne Einbauküchen lassen sich nach den individuellen Bedürfnissen ihrer Benutzer zusammenstellen und an die Vorgaben des Raumes anpassen. Die Korpusse und Möbelteile, die von Modulküchenherstellern angeboten werden, sind zwar genormt, werden allerdings in einer derartigen Variationsbreite hergestellt, daß sich durch die geschickte Zusammenstellung verschieden breiter Teile praktisch jeder Raum naht- und lückenlos einrichten läßt.

Der Zwang zur Norm, dem sich mittlerweile so gut wie alle Hersteller – egal, ob sie No-name-Produkte oder exquisite Markenküchen herstellen – unterworfen haben, hat für die Endverbraucher eigentlich nur Vorteile gebracht:

▶ Da alle Produzenten ein genormtes Standardprogramm haben, kann die Planung der Küche (> Seite 44) unabhängig von der letztlich gewählten Küche erfolgen.

▶ Durch die Standardmaße ist garantiert, daß alle gängigen Elektrogeräte mit jeder beliebigen Küche kombinierbar bleiben.

▶ Letztlich hat die Festlegung von Standardmaßen den Herstellern billigere und rationellere Produktionsverfahren ermöglicht, ihre Kunden profitieren von den niedrigeren Preisen.

Vorsicht Kaufvertrag!

Was Sie vor dem Unterschreiben beachten sollten:

▶ Die Bitte, bei Abschluß eines Kaufvertrages das Geburtsdatum anzugeben, dient nicht – wie oft behauptet – statistischen Zwecken, sondern um eine Bonitätsauskunft einholen zu können.

▶ Ein »zirka« vor dem Liefertermin ist zu unbestimmt. Dadurch muß der Käufer selbst nach Ablauf der regulären Frist eine Nachfrist setzen. Bei einem genau angegebenen Liefertermin tritt der Verzug automatisch ein.

▶ Der Zusatz Lieferung »dringend« besagt gar nichts.

▶ Mündliche Absprachen und Zusicherungen, etwa über Sondermaße oder -ausstattungen, sollten immer auch schriftlich abgefaßt werden.

▶ Anzahlungen sind nicht nur ein zinsenloses Darlehen für den Verkäufer, sondern immer auch Risikokapital: Im Falle eines Konkurses gehen Vorauszahlungen als sogenannte »ungesicherte Forderungen« meist zu hundert Prozent verloren. Die Höhe, meist 20 bis 30 Prozent der Kaufsumme, ist zudem so gewählt, daß sie der im Fall eines Kaufrücktritts fälligen Schadenersatzforderung entspricht.

▶ Maßangaben oder Skizzen sollten immer in der Verantwortung des Verkäufers liegen. Stellt der Kunde Falschmaße zur Verfügung, hat er bei daraus resultierenden Reklamationen keine Forderungen an den Verkäufer zu stellen. Eine Kontrollpflicht für die vom Kunden zur Verfügung gestellten Maßangaben gibt es nicht.

▶ Wenn – etwa beim Kauf von Ausstellungsstücken – keine genaue Mängelliste erstellt wird, liegt die Beweislast für neue, etwa beim Transport entstandene Schäden beim Käufer.

▶ Mitunterzeichner des Kaufvertrages scheiden im Streitfall als Zeugen aus – sie sind dann Partei.

No-Name-Küchen

Früher boten die Hersteller von Massenküchen ihre Möbel meist nur in wenigen Standardbreiten und einfachster Machart an. Die Oberflächen bestanden aus billigsten Materialien, Sonderwünsche waren so gut wie unerfüllbar.

Heute sind die namenlosen Küchen weit besser als ihr Ruf. Mittlerweile bieten die meisten Hersteller neben den Billigst- und Billigmodellen auch solche an, die sich – vom fehlenden Markenetikett abgesehen – kaum noch von den Erzeugnissen der bekannten Küchenhersteller unterscheiden. Hochglanzlackierte Fronten sind dort ebenso zu bekommen wie Massivholzmöbel, Granitarbeitsplatten werden ebenso geliefert wie Edelstahlteile.

Die Produktpaletten sind in allen Preisklassen größer geworden: Von wirklich ausgefallenen Sonderwünschen abgesehen, haben auch die No-Name-Produzenten alle gängigen Maße und Sonderschränke im Programm.

Allerdings gelten beim Einkauf solcher Küchen andere Gesetze: Während die Verkäufer von teuren Markenküchen (> Das Küchenstudio, Seite 64) stets bemüht sind, alle denkmöglichen Sonderanfertigungen zu präsentieren, soviel Zubehör und Ausstattungsdetails wie möglich anzupreisen, und auch längere Zeit für das Finden ausgefallener Sonderlösungen investieren werden, machen die Verkäufer von Massenwaren ihr Geschäft damit, daß sie möglichst vielen Kunden möglichst oft das gleiche verkaufen. Sobald mehr als das Standardprogramm verlangt wird, neigen solche Händler dazu, voreilig abzuwinken – entweder weil ihnen der Aufwand zu groß ist oder einfach weil sie sehr viele Programme gleichzeitig verkaufen und deshalb nicht alle bis ins Detail kennen.

Auch wenn es sich um billigere Küchen handelt, macht es sich meist bezahlt, auf der Realisierung von Sonder- und Zusatzwünschen zu bestehen – in vielen Fällen finden genervte Verkäufer auch bei No-name-Produkten das passende Möbel im Programmkatalog.

Um wirklich alle Möglichkeiten eines Programmes kennenzulernen, empfiehlt es sich, den Verkäufer um eine Typenliste zu bitten. Dort sind neben den ganz normalen Kästchen auch alle Sondermodelle und Variationsmöglichkeiten beschrieben. Wenn sich der Möbelhändler überreden läßt, eine Kopie davon mit nach Hause zu geben, kann man dort in aller Ruhe die verschiedensten Varianten durchdenken.

Maß-nehmen

Egal, wo Sie Ihre Küchenmöbel kaufen, sollten Sie schon beim ersten Beratungsgespräch einen detaillierten Plan des einzurichtenden Raumes mitnehmen. Am besten eignet sich eine Skizze im Maßstab 1:20.

▶ Gehen Sie methodisch vor – am besten im Uhrzeigersinn.

▶ Beginnen Sie in einer Ecke, die Sie zuvor auf ihre Rechtwinkligkeit geprüft haben.

▶ Zeichnen Sie alle Fenster, Türen, Mauervorsprünge und feste Installationen ein. Bei beweglichen Teilen muß immer auch die Öffnungsrichtung, bei Heizkörpern auch der Sitz des Ventiles eingezeichnet werden.

▶ Für den Einrichter ist es wichtig zu wissen, wo sich Steckdosen, Schalter, Kaminöffnungen und sonstige Anschlüsse befinden. Wenn nötig, zeichnen Sie von der Wand eine eigene Aufriß-Skizze.

▶ Da die meisten Wände weder rechtwinklig noch senkrecht stehen, sollten Raummaße immer an mehreren Positionen gemessen werden.

▶ Bei Neubauten empfiehlt es sich, die exakten Maße erst zu nehmen, wenn der Fußboden fertig und die Wand verputzt ist.

Die wichtigsten Plan-Symbole:
Wasseranschluß (warm und kalt): 
Abwasser: 
Einfachsteckdose: 
Doppelsteckdose: 
Schalter: 
Herd: 

Markenküchen

Hersteller von Markenküchen verkaufen nicht nur qualitätsbewußt gefertigte Küchen, sondern dazu auch ihr Image und ihre Philosophie. Das hat seinen Preis: Grob gerechnet kostet eine durchschnittliche Markenküche – besonderes Zubehör und ausgefallene Detaillösungen noch nicht eingerechnet – rund ein Drittel mehr, als dieselbe Küche, aus den Modulen eines No-name-Produzenten zusammengesetzt, kosten würde.

Zum Teil erklären sich diese Preisunterschiede durch den höheren Standard in der Ausführung und Auswahl der verwendeten Materialien. Auch wenn es bei der Verarbeitung der Schrankelemente und der Qualität der Beschläge kaum Unterschiede zu den Billig-Küchen-Herstellern gibt, bei einigen – zum Teil nicht unwesentlichen – Details haben die Markenhersteller doch mehr zu bieten. So verbergen sich unter der glänzenden Lackfläche einer teuren Küche mit hoher Wahrscheinlichkeit mehr Schichten als unter der eines No-name-Produzenten.

Was außerdem preistreibend wirkt, ist ein Kundenservice, den die namenlosen Hersteller nicht bieten können. Neben der Vielzahl an Detaillösungen und Sonderausstattungen, mit denen die namhaften Produzenten um die Gunst ihrer Kunden wetteifern, sind Markenhersteller auch bemüht, selbst ausgefallenste Wünsche zu befriedigen. Sie – und ihre Lieferanten – sind es gewohnt, auch für knifflige Fragen Lösungen zu suchen und zu finden. Die meisten sind gerne bereit, auch aufwendige Änderungen durchzuführen. Egal, ob es um die Kombination verschiedener Materialien oder Programme, die Maßanfertigung einzelner Zusatzelemente oder das Nachlackieren von vorgezogenen Seitenfronten geht – auf Anfrage und gegen entsprechendes Entgelt ist alles machbar.

Obwohl die meisten großen Möbelhäuser neben ihrem Sortiment an Fertig- und Einbauküchen namenloser Provenienz inzwischen auch einige prestigeträchtige Markenküchen präsentieren, sollte, wer zur teureren Variante neigt, gut überlegen, wo er sie kauft. Wo penible Planung und umfassender Kundendienst nicht wirklich ernst genommen werden, können die Vorteile von Markenküchen nicht ausgeschöpft werden. Am Ende steht dann sehr oft eine teure Küche, die nicht mehr kann als billigere Modelle auch.

Küchenstudio

Küchenstudios verkaufen nicht nur Möbel und Geräte, sondern auch umfangreiche Planung und Beratung (> Woran man ein gutes Küchenstudio erkennt, Seite 64).

Allerdings gibt es meist ein Problem: Mehr als eine grobe Preisschätzung geben die meisten Küchenplaner vor der Unterzeichnung des Kaufvertrages – aus naheliegenden Gründen – nur ungern bekannt. Für die

Woran man ein gutes Küchenstudio erkennt

Küchenmöbelhändler kalkulieren meist mit recht ansehnlichen Gewinnspannen. Deshalb können die Kunden auch einiges von seriösen Unternehmern erwarten:

- **Der Schauraum, auch wenn er meist nicht sehr groß ist, vermittelt einen ersten Eindruck. Verkäufer, die bereit sind, individuelle Lösungen zu suchen, werden nicht nur Standardküchen, sondern auch einige gelungene Detaillösungen vorstellen.**
- **Beim ersten Vorgespräch läßt sich bereits erkennen, wie der Planer an seine Arbeit herangeht: Seriöse Küchenplaner werden sich genau nach den Lebensgewohnheiten der ganzen Familie erkundigen: Wer ist wann zu Hause? Wer kocht hauptsächlich, wer gelegentlich? Was und wie wird gekocht – aufwendige Menüs oder hauptsächlich Tiefkühlkost? Wer ißt wann? Wie oft werden Gäste bekocht? In weniger als einer Stunde läßt sich so ein Orientierungsgespräch kaum führen.**
- **Wenn ein Küchenstudio zu viele Marken führt, verlieren die Verkäufer oft den Überblick über die einzelnen Programme. Generell bieten die großen Hersteller – vom Design einmal abgesehen – ohnehin zu 90 Prozent das gleiche an. Bei Studios, die sich auf zwei, drei Marken spezialisieren, ist garantiert, daß die Verkäufer die Unterschiede bis ins Detail kennen und so am ehesten Lösungen für wirkliche Spezialprobleme finden.**
- **Auch wenn der Platz im Schauraum beschränkt ist, müßte ein Händler zumindest zahlreiche Kataloge und Proben der angebotenen Materialien anbieten können. Eine Präsentationsmappe, die bisherige Erfolge dokumentiert, dient nicht nur dem Nachweis von Fähigkeiten, sondern bietet auch etliche Anregungen für die eigene Planung.**
- **Wirklich ausgefallene Sonderwünsche lassen sich nicht immer aus dem Programmkatalog erfüllen. Händler, die es sich zur Aufgabe gemacht haben, für jedes Problem eine Lösung zu finden, arbeiten daher immer mit diversen Handwerkern zusammen, vom Schreiner über den Glaser bis zum Edelstahlspengler.**
- **Gute Küchenhändler bieten zumindest ein kleines Sortiment an einbaufähigen Geräten an und können diese auch vorführen.**
- **Zu einer kompletten Küchenplanung gehören auch Zubehör und Zusatzausstattung, wie Bodenbelag, Fliesen, Müllsammelsysteme oder Licht.**
- **Einbau und Aufstellung einer Küche sowie die Koordination der verschiedenen Handwerker sollte der Händler als Generalunternehmer übernehmen. So hat er allen Ärger und wird deshalb versuchen, ihn so gering wie möglich zu halten.**

Kunden wäre es verlockend, Planung und Beratung im Küchenstudio in Anspruch zu nehmen und die fertige Skizze ins nächste Möbelgroßkaufhaus zu tragen, das natürlich konsumentenfreundlicher kalkulieren kann.

Selbst bei teuren Markenküchen, die dort nur selten zu bekommen sind, ist es für Küchenplaner ein Risiko, dem potentiellen Kunden die komplette Planung und Kalkulation mitzugeben. Schließlich gibt es die gleiche Marke auch in anderen Studios, und dort wird es jedem Interessenten leichtfallen, einen besseren Preis auszuhandeln, weil die Planungsarbeit ja schon erledigt ist.

Sinnvoll ist es deshalb, ein Arrangement zu treffen, das beide Seiten zufriedenstellt. Wenn für Planung und Beratung ein eigener Preis ausgehandelt wird, kann der Händler sicher sein, daß seine Dienstleistung in jedem Fall honoriert wird. Er wird dann motivierter sein, sich mehr Zeit nehmen und bewußter planen. Der Kunde erhält am Ende nicht nur die komplette Planung, sondern auch eine detaillierte Preisliste mit, kann vergleichen und Konkurrenzangebote einholen. Egal, ob die Küche dann in diesem oder einem anderen Küchenstudio gekauft wird, die Planungskosten können vom Preis der Küche abgezogen werden.

Planung mit dem Computer

Auf den ersten Blick wirkt es verlockend: So schnell wie eine Kücheneinrichtung am Computer entworfen wird, kann ein Zeichner niemals planen. Auf Knopfdruck lassen sich Regale in geschlossene Kästchen verwandeln, die blaue Hochglanzfront durch Naturholz-Design ersetzen oder der ganze Kästchen- und Geräteaufbau spiegelverkehrt umdrehen. Das ganze in Farbe und noch dazu dreidimensional dargestellt, fasziniert Laien immer und verleitet nicht selten zum voreiligen Kauf.

Eine wirklich individuelle Planung, die auch auf Detailprobleme und Sonderanfor-

Besuch beim Küchenplaner

Wie Sie sich auf das erste Planungsgespräch vorbereiten sollten:

▶ Auf einem maßstabgetreuen Plan – am besten auf Millimeterpapier gezeichnet – sollten immer auch alle Höhenmaße (z. B. Tür- und Fensterhöhen) sowie sämtliche Anschlüsse und Installationen eingezeichnet sein (> Maßnehmen, Seite 63).

▶ Ein Foto von der alten Küche oder dem leeren Raum vermittelt ein Gefühl für seine Architektur und hilft, auf dem Plan vergessene Details zu ergänzen.

▶ Ein Grundriß der ganzen Wohnung gibt Aufschluß über Vergrößerungs- beziehungsweise Verkleinerungsmöglichkeiten der Küche.

▶ Um die richtige Art von Küche zu finden, muß der Familienrat schon vorher festgelegt haben, was alles in der Küche stattfinden soll: Wird dort nur gekocht (> Arbeitsküchen, Seite 49), auch gegessen (> Eßküche, Seite 45), oder soll dort auch gespielt und gearbeitet werden (Wohnküchen, Seite 48)?

▶ Bilder aus Zeitschriften oder Werbeprospekte vermitteln einen ersten Eindruck über den gewünschten Stil und können Gestaltungswünsche deutlich machen.

▶ Die genaue Erklärung, warum eine neue Küche angeschafft werden soll, ist oft schon der erste Schritt zu ihrer Verbesserung: Paßt das Design nicht mehr zum Lebensgefühl, haben praktische Gründe, wie etwa zu geringer Stauraum, für Unzufriedenheit gesorgt, hat sich die Familiensituation geändert?

▶ Vor dem Besuch beim Küchenplaner sollte eine Bestandsaufnahme der Elektrogeräte erfolgen: Welche Geräte sind vorhanden, welche können weiterbenutzt, was muß – jetzt oder in Zukunft – neu angeschafft werden?

▶ Um genügend Stauraum einplanen zu können, muß der Küchenplaner wissen, wieviel Geschirr vorhanden ist, welche externen Lagermöglichkeiten (Speisekammer, Keller) es gibt und was in der Küche sonst noch untergebracht werden soll (Besenkammer, Bügelautomat, Tiefkühltruhe).

▶ Wer sich vor der Planung überlegt, was die neue Küche maximal kosten darf, spart sich und dem Berater Zeit.

derungen Rücksicht nimmt, läßt sich mit dem Computer aber nicht machen. Jedem Programm sind Grenzen gesetzt – in der Regel ist das Planungsspektrum der High-Tech-Maschinen daher begrenzt.

Wirklich brauchbar ist der Computer deshalb erst, nachdem der Kücheneinrichter einen detaillierten Plan nach traditioneller Methode entworfen hat. Der Rechner läßt sich danach – etwa zur Kalkulation mehrerer Varianten – sinnvoll einsetzen.

Kombinierte Küchen

Nachdem die Modul-Einbauküche (> Seite 61) mit ihren genormten Küchenelementen und Einbaugeräten jahrzehntelang den Markt dominiert und in der Käufergunst ganz oben gestanden hat, zeichnet sich ein Trend zurück zur traditionellen Art der Kücheneinrichtung ab. Statt auf durchgängige, fugenlose Arbeitsflächen, unter denen alle Einrichtungsgegenstände paßgenau verschwinden, setzen die Liebhaber kombinierter Küchen auf die individuelle Zusammenstellung formschöner Einzelstücke, indem sie Anrichten, Kredenzen, Büffets, Schränke, Herde, Tische und andere Möbel einfach frei stehend im Raum verteilen. Besonders reizvoll kann dabei die Kombination von moderner Technik und altem Mobiliar wirken: So lassen sich etwa alte Kommoden oder Apothekerschränke effektvoll in eine moderne Küchenzeile integrieren oder alte Tische als Grundelement für den Einbau einer Spüle weiterverwenden.

Kombinierte Küchen können ein Gefühl altmodischer Häuslichkeit und Behaglichkeit vermitteln. Da sich moderne (Einbau-)Geräte und Küchenmöbel nur bedingt für eine frei stehende Aufstellung im Raum eignen, wird dieser Eindruck oft durch die Verwendung alter Einrichtungsgegenstände verstärkt.

▶ Die einzelnen Teile einer Kombinationsküche können leicht transportiert werden und lassen sich auch nach einem Umzug meist weiterverwenden.

▶ Eine individuell zusammengestellte Küche läßt sich durch immer neue Einrichtungsgegenstände ergänzen, in Details variieren oder – wenn man sich daran satt gesehen hat – komplett umstellen.

Einrichtungsgegenstände, die sich für eine frei stehende Aufstellung eignen, sind nicht immer leicht zu finden. Geräte, die sich so verwenden lassen und trotzdem dem heutigen Stand der Technik entsprechen, sind in den Programmen der großen Hersteller nur wenige aufgewiesen.

▶ Dem Zugewinn an Atmosphäre, die sich durch die Verwendung alter Herde, Spülen oder Kühlschränke erzielen läßt, steht meist ein Verlust an Komfort gegenüber.

▶ Frei stehende Möbel und Geräte, die zudem meist verschnörkelte Oberflächen haben, erzwingen einen deutlich höheren Aufwand beim Reinigen und Putzen.

Küchen nach Mass

Eine Küche nach Maß anfertigen zu lassen, galt lange Zeit als Inbegriff von Individualität und Luxus. Heute macht der Weg zum Tischler bei genauer Betrachtung nur in wirklichen Ausnahmefällen Sinn. Die Produktpaletten der Küchenmöbelhersteller sind so vielfältig geworden, daß sich damit – entsprechender Planungs- und Beratungsaufwand vorausgesetzt – auch ausgefallene Sonderwünsche und Spezialprobleme lösen lassen.

Was die Robustheit der Möbel anbelangt, sind selbst sogenannte No-Name-Produzenten (> Seite 62) kaum zu schlagen. Tischler, die es aufgrund ihrer Erfahrung schaffen, auch ohne die vielen Spezialmaschinen eine vergleichbar gute und dauerhafte Qualität zu bieten, sind rar und außerdem auch nicht gerade billig. Nicht wenige gelungene Details, etwa bei der Innenausstattung von Schränken oder bestimmte Auszugssysteme, werden zudem exklusiv für die großen Hersteller angefertigt und sind am freien Markt gar nicht zu bekommen.

Unsinnig ist der Einsatz eines Tischlers dann, wenn am Ende nichts anderes als eine konventionelle Küche entstehen soll. Wo wirklich individuelle Küchen gewünscht werden, gibt es dagegen ohnehin keine Alternative: Der Kücheneinbau in eine Dachschräge etwa läßt sich mit den Modulen aus dem Programmkatalog meist nicht bewerkstelligen, wer ausgefallene Materialien oder bestimmte Holzarten bevorzugt oder seine Küche kreisrund gestalten möchte, wird ebenfalls auf einen erfahrenen Handwerker zurückgreifen müssen.

Küchen selbst gebaut

Die ganze Küche komplett in Eigenregie zu errichten mag für Hobbyheimwerker eine kreative Herausforderung darstellen, wirklich sinnvoll ist es aber nur in Ausnahmefällen. Wer das Holz für die Kästchen ganz normal im Handel kaufen und zuschneiden lassen muß, erspart sich dabei kaum Geld, selbst wenn er die Arbeitszeit nicht mit kalkuliert. Die großen Küchenhersteller kaufen die Rohstoffe für ihre Produkte in derart riesigen Mengen ein, daß ein fertiges Kästchen oder ein Schrank kaum mehr kostet, als ein Hobbybastler alleine für das Material auslegen muß.

Die Qualität und Robustheit, wie sie Profihersteller mit ihren Spezialmaschinen und -geräten bieten können, läßt sich in Heimarbeitsverfahren garantiert nicht erreichen.

Die sinnvollste Heimwerkervariante ist daher, die Korpusse und Ladeninnenteile im Möbelfachhandel zu kaufen und mit selbstgemachten Accessoires zu ergänzen. Das tut der Schaffensfreude keinen wirklichen Abbruch, ermöglicht individuelle Gestaltung dort, wo sie dann auch wirklich zum Tragen kommt, und hilft unterm Strich Geld sparen.

Beschläge

Wirklich gute und stabile Scharniere, wie sie Profihersteller verwenden, sind im Eisenwarenladen ums Eck meist nicht zu bekommen.

Oft lassen sich aber die Beschläge aus der alten Küche zumindest teilweise wiederverwerten. Die meisten sind so stabil, daß sie auch dann noch problemlos funktionieren, wenn die Kästchen und Oberflächen längst die Anschaffung einer neuen Küche nahelegen.

Wer damit nicht auskommt, kann versuchen, im Branchentelefonbuch einen Beschlag-Hersteller zu finden. Allerdings sind es in ganz Europa nur ein paar wenige Firmen, von denen alle Küchenmöbelproduzenten ihre Scharniere und Laufschienen beziehen. Mit ein wenig Aufwand lassen sich die Adressen der großen Zulieferer auch bei einem Hersteller oder dessen Handelsvertreter erfragen.

Küchenrenovierung

Wer seine alte Küche selbst renovieren oder von professionellen Anbietern runderneuern lassen will, sollte vorher genau prüfen, welche Teile ersetzt werden müssen und wie hoch die Sanierungskosten am Ende sein werden. Meistens sind es die Kästchenfronten und Arbeitsplatten, die unansehnlich wirken und den Wunsch nach einer neuen Küche entstehen lassen. Diese Teile auszutauschen ist fast immer möglich – allerdings werden damit genau die teuersten Küchenteile ersetzt. Profis schätzen, daß die Generalsanierung einer Küche durchschnittlich rund 70 Prozent der Summe beansprucht, die eine neue Küche kosten würde.

GESTALTUNG

Eine durchdachte, sorgfältige Planung stellt die Grundvoraussetzung für eine effizient genutzte Küche dar. Das fängt beim Grundriß für das Haus und bei der optimalen Plazierung der Küche an und hört bei der detailverliebten Gestaltung jedes einzelnen Arbeitsbereiches auf.

KOCHZENTRUM

Für viele Küchenliebhaber ist das Kochzentrum der sinnlichste Platz der Kochwerkstatt. Dort wird in den Töpfen gerührt, abgeschmeckt und verfeinert. Am Herd entfalten die Gerichte zum ersten Mal ihr volles Aroma.

Die aufwendig gestalteten Herde (> Seite 94) und die optisch auffälligen Essen der Dunstabzüge tragen mit dazu bei, daß für viele der Arbeitsbereich rund um den Herd das eigentliche Zentrum der Küche darstellt. Küchenplaner, die dem Rechnung tragen wollen, werden das Kochzentrum an einer exponierten Stelle im Raum – etwa gegenüber der Tür oder an einer Kücheninsel – installieren.

Freilich sind bei der Wahl des richtigen Platzes einige technische Vorgaben zu berücksichtigen. Wieweit und wohin etwa ein Gasanschluß verlegt werden kann, muß ein Installateur prüfen, bei Elektroherden läßt sich das Kabel meist problemlos verlängern. Wer den Raum mit einem Abluftgerät (> Seite 71) von den Küchendämpfen befreien will, muß außerdem auf die Lage des Kamins oder die Entfernung zur Außenwand Rücksicht nehmen.

Die sonstigen Vorgaben sind eigentlich eine Selbstverständlichkeit: Keinesfalls darf der Herd direkt neben einer Wand oder an einen Hochschrank anschließend plaziert werden, da sonst nicht genügend Bewegungsfreiheit zum Umrühren bleibt. Neben der Kochmulde sollte an beiden Seiten eine mindestens 30 bis 40 Zentimeter breite Arbeitsplatte eingeplant werden, damit sich heiße Töpfe rasch vom Herd nehmen und ebenso rasch abstellen lassen. Über oder neben dem Herd sollte ein Minimum an Stellfläche vorgesehen werden, damit die Dinge des täglichen Kochbedarfs immer rasch zur Hand sind.

ERGONOMIE

Detaillierte Studien der »Arbeitsgemeinschaft Moderne Küche« haben ergeben, daß die üblicherweise am Herd verrichteten

Tätigkeiten und Handgriffe eine relativ große Toleranzbreite bei der Wahl der richtigen Höhe zulassen (> Die richtige Höhe für den Herd, Seite 70). Zumindest bei Personen, die größer als 1,65 Meter sind, läßt sich ein flächenbündiger Einbau auch bis zu einer Höhe von 92 Zentimetern vertreten.

Kochmulden

Aus ergonomischer Sicht sind die üblichen Kochmulden mit zwei hintereinander angeordneten Reihen von Kochfeldern schlicht unsinnig. Um an Töpfen und Pfannen in der hinteren Reihe hantieren zu können, werden Koch oder Köchin ständig zu unnatürlichen Körperhaltungen gezwungen. Von der notwendigen Rückenbeugung abgesehen, ermüden die notwendigerweise ausgestreckten Arme beim längeren Umrühren schnell; um einen kontrollierenden Blick auf das Gargut werfen zu können, muß man Kopf und Oberkörper außerdem den heißen Dämpfen aus den Töpfen der vorderen Reihe aussetzen.

Wer viel kocht, sollte deshalb die Anschaffung einer Kochmulde überlegen, auf der die vier Kochfelder nicht hintereinander, sondern nebeneinander angeordnet sind.

An langgestreckten Kochmulden läßt sich an allen vier Feldern gleich gut arbeiten.

▶ Hinter den Kochfeldern bleibt ausreichend Platz zum Einbau einer Nischenverkleidung (> Seite 53).

Der Einbau einer solchen Kochzone ist mit einem nicht unerheblichen Platzverlust verbunden.

▶ Langgestreckte Kochmulden sind im Handel schwer zu finden. Allerdings bieten inzwischen einige Hersteller Einzelkochfelder an, die sich beliebig – und in beliebiger Zahl – auf der Arbeitsplatte anordnen lassen.

▶ Dunstabzugshauben, die vier nebeneinanderliegende Kochfelder abdecken, werden ebenfalls kaum angeboten.

▶ Sondervarianten sind teurer als die in großer Stückzahl hergestellten Standardausführungen.

Tiefe Kochmulde

Herde, an denen intensiv gearbeitet wird, sollten – insbesondere wenn sie mit zwei hintereinanderliegenden Kochfeld-Reihen ausgestattet sind – auf eine ergonomisch akzeptable Höhe gesetzt werden. Technisch ist das bei jenen Geräten leicht machbar, bei denen Kochmulde und Backrohr getrennt montiert werden können (> Seite 96). Der Teil der Arbeitsplatte, in den die Kochmulde eingelassen wird, läßt sich – zwischen zwei Schränken montiert – auf jede beliebige Höhe absenken.

Nicht durchgehende Arbeitsplatten sind weniger pflegeleicht.
▶ Weil links und recht von den Kochfeldern jeweils 30 bis 40 Zentimeter Abstellfläche für Töpfe vorgesehen werden sollte, beansprucht das Kochzentrum in diesem Fall mehr Raum in der Küche.

Schön schräg

Den Herd 20 bis 25 Zentimeter über die Vorderkante der übrigen Küchenzeile vorzuziehen, stellt nicht nur eine optisch reizvolle Lösung dar, sondern bietet auch ergonomische Vorteile: Weil ein vorstehendes Kochzentrum auch von der Seite bedienbar ist, können zwei Personen gleichzeitig am Herd arbeiten, ohne einander zu behindern.

Wenn der Herd einfach als ganzer Block nach vorne gezogen wird, ist darauf zu achten, daß die aus der Küchenzeile ragenden Seitenwände mit dem Material der Frontseiten zusätzlich zu verkleiden sind. Schöner und zweckmäßiger sind Unterschränke, die das vorspringende Herd-Eck schräg zur restlichen Küchenzeile zurückführen.

Die durch das Hervorrücken zusätzlich gewonnene Arbeitstiefe ermöglicht den Einbau von Nischenschränken für Gewürze, Schneidemesser oder Schöpfkellen hinter dem Herd.

Den Herd vorzuziehen ist nur möglich, wenn ein mindestens 120 Zentimeter breiter Abstand zur gegenüberliegenden Küchenzeile oder Wand bleibt.
▶ Bei einem vorgezogenen Kochzentrum muß auch die Dunstabzugshaube vorgezogen werden.

Um die Ecke gedacht

Den Herd schräg in eine Raumecke gestellt zu planen, lockert die streng rechtwinkelige L-Form auf und macht das Kochzentrum

Die richtige Höhe für den Herd

Für die Kochfelder der vorderen Reihe und die Herdplatten, die alle Kochfelder in einer Reihe angeordnet haben, hält die »Arbeitsgemeinschaft Moderne Küche« folgende Höhenmaße für optimal oder wenigstens vertretbar:

Körpergröße in cm	optimale Höhe in cm	tolerable Höhe in cm
135	72	72–79
145	72–79	72–86
155	72–86	72–93
165	72–93	72–93
175	79–93	72–93
185	83–93	76–93
192	86–93	79–93
200	93	86–93

Für Herde, die mit konventionellen – d. h. zweireihigen – Kochfeldern ausgestattet sind, läßt sich innerhalb der üblichen Maße keine Höhe finden, die auch auf den hinteren Reihen ein ergonomisch optimales Arbeiten erlauben würde.

Körpergröße in cm	optimale Höhe in cm	tolerable Höhe in cm
135	–	–
145	–	72
155	–	72–86
165	–	72–93
175	–	72–93
185	–	76–93
192	–	79–93
200	–	86–93

zum optischen Mittelpunkt der Küche. Darüber hinaus erleichtert auch diese Lösung das Arbeiten am Herd: Von den links und rechts einzuplanenden Arbeitsflächen aus kann mit einer leichten Körperdrehung am Herd gearbeitet werden, ohne daß ein Schritt zur Seite getan werden muß.

Die Arbeitsflächen links und rechts vom Kochzentrum eingerechnet, muß ein Platzbedarf von rund zwei mal zwei Metern gerechnet werden.

Dunstabzug

In der Küche für gute Luft zu sorgen ist nicht immer leicht. Beim Kochen entstehen Wärme und Dampf, nicht alle Küchengerüche sind auf Dauer angenehm, und wo mit offener Flamme gekocht wird, verbraucht der Verbrennungsvorgang eine Menge Sauerstoff.

Da Küchenfenster schon allein aus Witterungsgründen nicht immer beliebig lange geöffnet werden können und die fettigen Dämpfe am besten direkt am Entstehungsort aufgefangen werden sollen, wird für die Kochwerkstatt ein zusätzliches Entlüftungssystem benötigt. Sich in der schier unüberschaubaren Vielfalt an Geräten zurechtzufinden ist schwierig. Mit Sicherheit gehören die formschönen Dunstabzugshauben und Essen mit zu den optisch prägenden Elementen einer Kücheneinrichtung, im Angebot finden sich aber auch extrem flache Modelle, die sich unauffällig unter die Oberschränke integrieren lassen.

Für die Funktionalität ist – neben der Leistung (> Seite 72) – die Wahl des passenden Konstruktionsprinzips entscheidend.

Umluft

Umluftgeräte haben keine Verbindung zur Außenluft, sondern saugen die Küchendämpfe bloß an, schleusen sie durch einen Fett- und einen Aktivkohlefilter (> Fettfilter, Seite 72) und geben die gereinigte Luft wieder in den Küchenraum ab. Das poröse Aktivkohlegranulat ist von einem Gewirr feiner Kanäle durchzogen, die pro Kubikzentimeter Granulat eine Gesamtoberfläche von 750 Quadratmetern ergeben. An diesen enormen Flächen können sich die Dunstpartikel beim Durchziehen absetzen, so daß Feuchtigkeit und Gerüche weitgehend absorbiert werden.

Bei Umluftgeräten muß kein Durchbruch durch Wand oder Decke ins Freie geschaffen werden. ▶ Da im Raum wenig bis gar kein Unterdruck entsteht, reicht ein Gerät mit geringerer Leistung aus (> Die richtige Leistung, Seite 72).

Die Wirkung von Umluftgeräten ist jener von Abluftgeräten unterlegen. ▶ Die Aktivkohlefilter müssen alle ein bis zwei Jahre ausgetauscht werden.

Abluft

Abluftgeräte saugen Rauch, Dampf, Kochdünste und Hitze an, schleusen sie durch den Fettfilter (> Seite 72) und befördern sie in einen Kaminschacht oder direkt ins Freie. Dazu ist ein Rohrleitungssystem, das durch Wand oder Decke führt, notwendig.

Abluftgeräte haben eine höhere Wirkung, da die verbrauchte Luft nicht nur umgewälzt, sondern ins Freie geblasen wird und daher zwangsläufig Frischluft aus den umliegenden Räumen nachströmt. ▶ Im Gegensatz zum Umluftgebläse beeinflußt ein Abluftgerät auch die Raumtemperatur, da die warme Luft ja ins Freie abgeleitet wird.

Für den Abluftbetrieb sind leistungsstärkere – und daher auch lautere – Geräte erforderlich (> Die richtige Leistung, Seite 72). ▶ Die Wirkung läßt mit der Länge der Ableitungsrohre drastisch nach. Als Faustregel gilt: Waagrechte Rohre dürfen nicht länger als sechs, einmalgebogene nicht länger als drei und Rohre mit zwei Biegungen nur noch 1,5 Meter lang sein.

▶ Abluftgeräte dürfen in Räumen, die mit einem Kohle- oder Ölherd beheizt werden, nicht betrieben werden, weil durch die Sogwirkung Rauch und Abgase aus dem Herd in den Küchenraum gezogen werden könnten.

Einmaleins der Luftzirkulation

Mit dem richtigen Entlüftungsgerät alleine ist es in der Küche noch nicht getan. Um einen kontinuierlichen Luftaustausch zu ermöglichen, muß auch die richtige Zufuhr frischer Luft garantiert sein. Die Fenster als alleinige Frischluftlieferanten scheiden aus, da sie zumindest in der kalten Jahreszeit kaum die ganze Zeit geöffnet bleiben können.

Auf dem Markt gibt es eine ganze Reihe von Be- und Entlüftungssystemen, die auch in der Küche eingesetzt werden können. Die meisten besitzen Jalousien- oder Gittersysteme, mit denen der Luftstrom reguliert werden kann. Wichtig ist, wo diese Luftschlitze an der Fenster- oder Türwand angebracht werden. Heiße Dämpfe haben die Tendenz, im Raum nach oben zu steigen. Um dem Ansauggerät entkommene Luftschwaden wieder nach unten zu bringen, müssen Entlüftungsgitter oder Mauerkästen so hoch wie möglich angebracht werden.

Die richtige Leistung

Um auch nach größeren Kochaktivitäten – spätestens eine Stunde nach dem Servieren – wieder saubere, fett- und geruchsfreie Luft in der Küche zu haben, müssen erstaunlich große Luftmassen umgewälzt werden. In kleineren Küchen muß dazu die zehn- bis zwölffache Menge der vorhandenen Innenluft ausgetauscht werden, in größeren Küchen reicht ein sechs- bis achtfacher Luftwechsel.

Die Leistung der angebotenen Geräte wird mit einer Fördermenge in Kubikmeter pro Stunde angegeben. Vor dem Kauf sollte daher das Raumvolumen der Küche relativ genau berechnet werden. Wenn die Wahl auf ein Abluftgerät (> Seite 71) fällt, ist außerdem noch auf folgende Besonderheit zu achten: Wenn in einem Raum Luft abgesaugt wird, entsteht immer ein Unterdruck. Der begünstigt zwar die Zufuhr von Frischluft aus den umliegenden Räumen und verhindert so weitgehend die Ausbreitung von Küchengerüchen in der ganzen Wohnung. Andererseits schmälert der Unterdruck aber die Leistung des Lüfters. Die Leistung eines Abluftgerätes sollte daher immer um 50 Prozent höher liegen als die errechnete notwendige Fördermenge.

Die richtige Höhe

Das Grundprinzip ist denkbar einfach: Je näher die Abzugshaube über dem Herd hängt, desto größer ist die luftverbessernde Wirkung. Um aber möglichst ungehindert in Töpfen und Pfannen hantieren zu können, ist ein Abstand von mindestens 65 Zentimetern zwischen Kochplatte und Entlüftungsgerät notwendig.

Daß dabei etliche Schwaden auch dem stärksten Ansauggerät entkommen, ist ärgerlich, um so mehr, als der freie Zugang zu den Kochgeschirren für maximal zehn Prozent der gesamten Kochzeit notwendig ist. Eine gelungene Lösung stellen Abzugsgeräte dar, die sich bedienungsfreundlich und ohne großen Kraftaufwand in der Höhe verstellen lassen. Für einen kontrollierenden Blick oder ein schnelles Umrühren werden sie nach oben geschoben, den Rest der Zeit fangen sie, nur wenige Zentimeter über den dampfenden Töpfen hängend, so gut wie alle störenden Dämpfe auf.

Entlüftung ohne Lärm

Auch wenn der Industrie hier in den letzten Jahrzehnten deutliche Verbesserungen gelungen sind – Entlüftungsgeräte, die ihren Dienst ohne merkbare Lärmbelästigung tun, gibt es immer noch nicht. Bei Umluftgeräten muß das in Kauf genommen werden. Wer Küchendämpfe und -gerüche dagegen mit dem Abluftverfahren ins Freie befördert, muß den lärmerzeugenden Ventilator nicht unbedingt über dem Herd anbringen, sondern kann ein etwas leistungsstärkeres Gerät auch jenseits der Außenmauer oder direkt am Dachauslaß anbringen.

Fettfilter

Um- und Abluftgeräte haben eines gemeinsam: Bevor sie die Küchenluft reinigen oder ins Freie blasen, wird diese durch einen Fettfilter geschleust. Beim derzeitigen Angebot haben Kunden – je nach Hersteller und Modell – die Wahl zwischen einem Vlies- oder einem Metallfilter. Bei einem Produktvergleich der Zeitschrift »test« schnitten die mit einem Vlies ausgestatteten Modelle eindeutig besser ab. Während die Metallfilter im Durchschnitt 56 Prozent der herumschwebenden Fettdämpfe auffingen, eliminierten die Vliesfilter im Schnitt 66 Prozent. Allerdings haben die textilen Auffangvorrichtungen einen entscheidenden Nachteil: Sie müssen, wenn sie einmal vom Fett gesättigt sind, weggeworfen werden, während die (teureren) Metallkassetten per Hand oder im Geschirrspüler gereinigt werden können und eine Lebensdauer von etwa vier bis fünf Jahren haben.

Spülzentrum

Trotz Geschirrspüler bleibt die Spüle der meistgenutzte Platz in der Küche. Rund 60 Prozent der Küchenarbeitszeit entfallen auf Tätigkeiten, die an oder rund um die Spüle geleistet werden: gelegentliches Abspülen von Hand, Waschen und Putzen von Obst oder Gemüse, Auffüllen von Töpfen und Ausgießen von Kochwasser. Dazu kommt, daß die Spüle wie kein anderes Küchenzentrum auch von den Familienmitgliedern genutzt wird, die mit der eigentlichen Küchentätigkeit nichts zu tun haben. Beim Anfeuchten eines Putzlappens, beim Füllen eines Wasserglases oder beim Händewaschen – insgesamt wird der Wasserhahn rund 70 mal pro Tag betätigt.

Bei der Küchenplanung nimmt die Spüle schon aus diesem Grund einen besonderen Stellenwert ein. Gerade an einem der attraktivsten Plätze – direkt unter dem Fenster – schafft der Einbau der Spüle allerdings oft Probleme. Viele Fensterbrüstungen sind so niedrig, daß sich die Fenster über der Spüle und den dahinter aufragenden Armaturen nicht mehr öffnen lassen. Im Fachhandel sind speziell für diesen Fall Hebelmischer-Armaturen erhältlich, die sich durch eine abnehmbare Handbrause auf bis zu neun Zentimeter schrumpfen lassen. Komfortabler – aber auch teurer – ist es, das Fenster so umzubauen, daß der untere Teil unbeweglich ist und nur der obere Teil geöffnet werden kann.

In keinem Fall darf die Spüle direkt an eine Wand oder einen Hochschrank anschließend plaziert werden. Wo nicht eine mindestens 30 Zentimeter breite Arbeitsplatte Distanz schafft, bleibt nicht genügend Bewegungsfreiheit.

Der flächenbündige Einbau des Spülbeckens sollte heute ohnehin selbstverständlich sein. Das sieht nicht nur besser aus, sondern reduziert auch den Pflegeaufwand erheblich: wo keine störenden Kanten und Erhebungen sind, können sich weder Schmutz noch Wasserreste sammeln.

Ergonomie

Die Spülen der herkömmlichen Küchen mit einer Arbeitshöhe von oft nur 84 Zentimetern sind bestenfalls für Personen bis zu einer Größe von 1,55 Metern akzeptabel. Da das abzuspülende Geschirr nicht auf der Höhe der Arbeitsplatte, sondern meist am Grunde des Beckens steht, werden größere Personen permanent zum Vorbeugen gezwungen. Berechnungen der „Arbeitsgemeinschaft Moderne Küchen" haben ergeben, daß gerade bei der Spüle bereits geringste Abweichungen von der empfohlenen Einbauhöhe zu erheblichen Einbußen beim Arbeitskomfort und zu gesundheitlichen Belastungen führen.

In jedem Fall ist es zweckmäßig, das Spülbecken so nah wie möglich an der Vorderkante der Arbeitsplatte einzubauen. Je weiter hinten es eingelassen wird, desto mehr wird der Rücken bei der Arbeit an der Spüle belastet.

Rechts oder links

Spülen mit zwei Becken können von Rechts- und Linkshändern gleich gut genutzt werden. Seit der Geschirrspüler (> Seite 120) als unverzichtbarer Bestandteil der Küche gilt, entscheiden sich viele Kücheneinrichter aus Platzspargründen für eine Ein-Becken-Spüle plus Abtropftasse, unter der ein Geschirrspüler problemlos unterzubringen ist. Ob die Abtropftasse rechts oder links vom Becken plaziert sein soll, hängt in erster Linie von der Arbeitsweise des Benutzers ab. Rechtshänder arbeiten in der Regel von rechts nach links: Das abzuspülende Glas wird mit der linken, Lappen oder Scheuerbürste mit der rechten Hand gehalten. Abgestellt wird dann nach links.

Bei Linkshändern gilt das gleiche seitenverkehrt – die Abtropftasse sollte deshalb rechts vom Becken angeordnet sein.

Materialkunde

Die Spüle muß im Küchenalltag einiges aushalten: Heiße Töpfe und Pfannen werden hier abgestellt, heißes und kaltes Wasser prasselt in kurzen Abständen auf sie nieder, nicht selten wird mit harten Gegenständen auf der Oberfläche herumgekratzt. Die Spüle wird gescheuert und muß Schläge durch aus der Hand gerutschtes Küchengeschirr aushalten.

Darüber hinaus muß die Spüle besonders pflegeleicht und ohne aufwendige Pflegeprozeduren mit wenigen Handgriffen auf Hochglanz zu bringen sein. Inzwischen genügen die meisten am Markt befindlichen Spülen-Materialien beiden Anforderungen.

Edelstahl

Edelstahl, das bekannteste und traditionelle Material, ist nahezu unverwüstlich. Die Legierung mit Chrom und Nickel garantiert, daß Spülen aus Edelstahl hitze- und säurebeständig, elastisch, hygienisch, schlagfest und relativ pflegeleicht sind. Das Problem, daß Wasserflecken nur durch ständiges Abwischen ver-

Die richtige Höhe für die Spüle

Als Mindesthöhe für die Oberkante des Spülbeckens empfiehlt die AMK folgende Werte:

Körpergröße in cm	Mindesthöhe in cm
135	75
140	75
145	80
150	80
155	80
160	85
165	85
170	85
175	90
180	95
185	95
190	95
195	100
200	105

mieden werden können, kann sich ersparen, wer eine leicht strukturierte Oberfläche wählt. Die unvermeidlichen Kratzer werden dadurch ebenfalls kaschiert.

Schwere Gegenstände, wie ein herunterfallender Druckkochtopf, überfordern die Elastizität des Materials und hinterlassen unschöne Dellen.

▶ Bei glatten Oberflächen hinterläßt jeder nicht weggewischte Wassertropfen sichtbare Spuren.

Keramik

Keramik ist hitze- und kältebeständig und gegen alle im Haushalt vorkommenden Säuren und Laugen resistent. Keramik ist mit einer extraharten und porenfreien Glasur überzogen und daher nicht nur schnitt- und kratzfest, sondern auch hygienisch völlig unbedenklich. Keramische Spülen sind in vielen Farben lieferbar und können deshalb passend zum restlichen Küchendekor gewählt werden.

Keramik ist wenig elastisch. Dünnwandige Gläser, mit Schwung abgestellt, sind deshalb ziemlich sprunggefährdet.

▶ Je nach Dicke der Oberflächenglasur sind auch Keramik-Spülen relativ schlag- und abriebfest. Wenn schwerere Töpfe oder Gegenstände ins Becken fallen, kann die Oberfläche aber irreparabel beschädigt werden.

Email

Email ist eine aus geschmolzenem Glas hergestellte Oberfläche, die porenfrei und deshalb höchst hygienisch ist. Die Methode der Emaillierung wurde im Lauf der Zeit so optimiert, daß heute auch die Herstellung relativ großer Email-Spülen möglich ist. Das Material ist hitze- und säurebeständig und in vielen Farben lieferbar.

Die Schlagfestigkeit von Email läßt – trotz laufend verbesserter Herstellungsverfahren – immer noch zu wünschen übrig. Bei stärkeren Schlägen ist die Gefahr von Absplitterungen immer noch gegeben, besonders anfällig dafür sind die Gefahrenzonen an den Kanten.

Corian

Corian besteht zu zwei Dritteln aus alabasterähnlichem Naturstein und zu einem Drittel aus Acryl. An Robustheit übertrifft der relativ neue Stoff sogar noch den Edelstahl: Corian ist stoß- und kratzfest, schmutz- und feuchtigkeitsabweisend und gegen Flecken jeglicher Art praktisch immun.

Am meisten werden an dem Material aber seine nahezu unbegrenzten Verarbeitungsmöglichkeiten geschätzt. Corian ist ein voll durchgefärbter Werkstoff, der in jeder beliebigen Farbgebung lieferbar ist. Das Material läßt sich wie hochwertiges Hartholz verarbeiten, sägen, feilen, fräsen, schleifen, hobeln und sogar verformen. Der Gestaltungsfreude sind damit kaum Grenzen gesetzt – was auch ausgefallene Spülenformen, etwa um die Ecke gehende Lösungen, ermöglicht. Corian ist eines der wenigen Materialien, die sich sowohl zur Herstellung von Spülen als auch von Arbeitsplatten eignen. Auf diese Weise läßt sich ein durchgängiges und einheitliches Küchenbild herstellen.

Im Vergleich zu anderen Spülen-Materialien ist Corian teuer.

Kunststoffe

Kunststoffe bieten nahezu unbegrenzte Möglichkeiten bei der Farbgestaltung und Formgebung. Säuren und Laugen, soweit im Haushalt gebräuchlich, können den gebräuchlichen Kunststoffarten nichts anhaben. In puncto

Elastizität und Bruchsicherheit sind Kunststoff-Spülen den anderen Materialien durchaus ebenbürtig.

Die eingeschränkte Hitzebeständigkeit kann bei Kunststoff-Spülen zum Problem werden. Je nach Grundmaterial und Produktionsverfahren geben die Hersteller Obergrenzen zwischen 150 und 250 Grad an. Im Normalfall reicht das auch: Töpfe werden meist nicht heißer als 100 Grad. Ein Druckkochtopf allerdings bringt es bereits auf knapp 140 Grad, eine stark erhitzte Pfanne kann 200 Grad heiß werden, und ein mit heißem Öl gefüllter Fritiertopf überschreitet sogar die 250-Grad-Grenze.

▶ In hellen Kunststoffspülen können ausgeschütteter Tee oder Kaffee unschöne Flecken hinterlassen. Sie verschwinden meist – aber leider nicht immer –, wenn die Kalkablagerungen, in denen sich die Farbpigmente festsetzen, mit Haushaltsessig beseitigt werden.

▶ Einige Kunststoffe lassen sich nicht mit herkömmlichen Haushaltsreinigern säubern, sondern zwingen zum Kauf von Spezialprodukten des Spülenherstellers.

▶ Nicht alle Kunststoff-Spülen sind wirklich kratzfest. Bei einigen sind Scheuersand und -schwämme tabu, bei manchen Ausführungen können schon flüssige Scheuermittel zu grob sein.

Geschirrspülmaschinen

Schon aus anschlußtechnischen Gründen sollten die automatischen Abwaschhilfen (Hand und Maschine im Vergleich, Seite 122) unmittelbar beim Spülzentrum eingeplant werden. Unterbaugeräte (> Seite 121) lassen sich problemlos direkt unter der Abtropftasse integrieren.

Direkt vor den Anschlüssen sollten Geschirrspülgeräte aber auf keinen Fall einge-

Spülen-Zubehör

RESTEAUSGUSS

Ein Extraausguß, meist zwischen den beiden Becken oder zwischen Becken und Abtropftasse eingearbeitet, dient der Hygiene und erspart jenen, die das frische Spülwasser frei von Tee- oder Kaffeeresten halten wollen, den Weg zur Toilette. Wenn der zusätzliche Ausguß nicht zu klein ist, kann er mit Hilfe von dazugekauften Einsatzkörben oder -sieben zum Waschen und Putzen von Gemüse oder Obst verwendet werden.

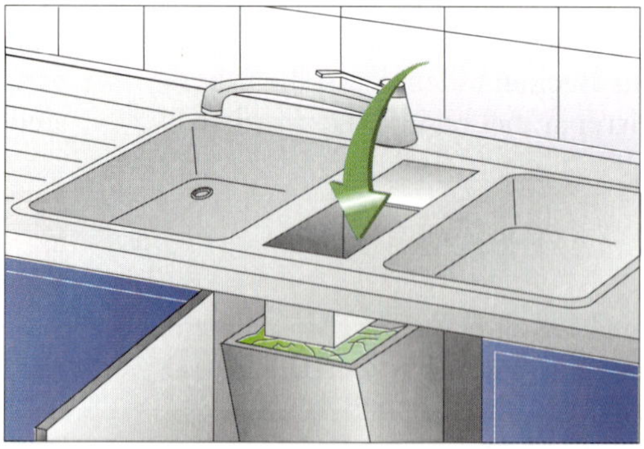

ABFALLSCHACHT

Ein Naßmüllschacht, zwischen oder neben den Spülbecken angebracht, läßt Kartoffelschalen und Gemüsereste direkt – und ohne lästiges Türöffnen und -schließen – in die grünen Kübel für den Kompost oder in die Biotonne rutschen. Wichtig ist ein Deckel, der den Abfallkanal auch wirklich geruchssicher verschließt (> Wohin mit dem Müll, Seite 90).

SCHNEIDBRETT

Schneidbretter, die genau auf das Becken oder die Abtropftasse passen, helfen die vorhandene Arbeitsfläche bei Bedarf zu vergrößern. Bei Spülen mit zwei Becken mag das gelegentlich praktisch sein. Wo nur ein Ausguß vorhanden ist, wird der zusätzliche Platz zum Gemüseputzen oder Fleischschneiden mit dem Nachteil erkauft, daß man jedesmal, wenn man ein paar Tropfen Wasser braucht, erst das ganze Tablett wegheben muß.

Auf jeden Fall sollte die Holzauflage mit seitlichen Griffmulden versehen sein, ohne die das schwere Brett unhandlich und nur um den Preis abgebrochener Fingernägel wegzuheben ist.

plant werden. Zum einen, weil die meisten Geräte so tief sind, daß für Strom- und Wasserarmaturen nicht genügend Platz bleibt, zum anderen, weil die Anschlüsse im Störfall leicht und sofort zugänglich sein müssen.

Geschirrspüler haben weit ausladende Türen. Um auch vollbeladene Wagen bequem herausnehmen und zurückschieben zu können, ist zusätzlicher Bewegungsraum nötig. Bei geöffneter Tür sollte der Abstand zur gegenüberliegenden Küchenzeile oder Wand zumindest einen Meter, besser aber 1,20 Meter betragen.

Bei einem Einbau in Raum- oder Möbelecken ist die Bedienbarkeit zumindest stark eingeschränkt.

Bei der Planung ist außerdem zu beachten:

▶ Das Gerät sollte möglichst nah beim Eßplatz stehen, um unnötige Wege beim Abservieren zu ersparen. Ein Abstellplatz für schmutziges Geschirr in Griffweite zum Geschirrspüler ist empfehlenswert.

▶ Fertig gespültes Geschirr muß ebenso leicht weggeräumt werden können. Geschirrschränke sollten daher in unmittelbarer Nähe eingeplant werden, eventuell als Oberschrank über dem Spülzentrum.

Hoch oder tief?

Daß Geschirrspüler so gut wie immer unter der Arbeitsplatte eingebaut werden, ist aus ergonomischer Sicht schade. Ein- und Ausräumen zwingen den Rücken noch öfter nach unten als am Boden stehende Kühlschränke.

Daß die Maschinen nicht – wie bei Kühlschränken heute üblich – hoch eingebaut werden, hängt hauptsächlich mit ihrer schwingungsintensiven Arbeitsweise zusammen. Selbst robust gebaute Hochschränke halten die dauernden Erschütterungen nur begrenzte Zeit aus. Wer auch beim Beschicken der automatischen Waschhilfen auf den Komfort einer aufrechten Arbeitshaltung nicht verzichten will, kann die Standardmöbel freilich ohne großen Aufwand selbst verstärken. Ein mit Beton ausgegossener oder mit Ziegelsteinen beschwerter Sockel reduziert die Schüttelfrequenz des Kastens erheblich und garantiert eine deutlich höhere Haltbarkeit.

Da ein Hochschrank unmittelbar neben der Spüle die Bewegungsfreiheit zu sehr einschränken würde, muß ein höher eingebauter Geschirrspüler mindestens eine Kästchenbreite von der Spüle weggerückt werden.

Als ideale Höhe, die ein rückenschonendes Bestücken beider Geschirrkörbe möglich macht, gelten 45 Zentimeter – vom Fußboden bis zur Unterkante des Geräts gemessen.

Vorbereitungszentrum

Das Vorbereitungszentrum eigens zu planen, halten selbst manche professionellen Küchenberater für überflüssig: Wenn Spüle und Herd ihren Platz gefunden haben, der Rest der Küchenzeilen mit Kästchen vollgestellt und mit einer Arbeitsplatte überdacht wurde, entsteht der Platz zum Gemüseputzen, Fleischschneiden oder Teigkneten ohnehin von selbst.

Ein Platz, an dem sich mit Freude arbeiten läßt, kann so höchstens zufällig entstehen. Besser ist es, sich vorher genau zu überlegen, wo man welche Tätigkeiten verrichten will, welche Geräte und Geschirre dazu gebraucht und deshalb in Reichweite untergebracht werden sollten (> Stauraum, Seite 79) und wie die einzelnen Arbeitsbereiche gestaltet werden müssen (> Nischennutzung, Seite 78). Da bei vielen Vorbereitungstätigkeiten relativ häufig Wasser gebraucht wird, bietet sich ein Vorbereitungsplatz neben der Spüle an. Genausogut kann das Gemüseputzen oder das Waschen des Fleisches aber auch auf einer Vorbereitungsinsel (> Seite 52) stattfinden, wenn dort ein zweiter Wasserhahn installiert wurde.

Wieviel Arbeitsfläche in einer Küche vorgesehen werden sollte, hängt weniger von der

Anzahl der zu bekochenden Personen als von der Arbeitsweise des Küchenbenutzers ab. Wer es gewohnt ist, benutztes Geschirr gleich wieder wegzuräumen, kann an derselben Stelle, an der gerade noch geschnitten oder geknetet wurde, auch die Teller zum Servieren anrichten.

NISCHENNUTZUNG

Küchenarbeitsplatten sind in der Regel 60 Zentimeter tief. Arbeitswissenschaftler haben aber herausgefunden, daß die allermeisten Küchenbenutzer beim Arbeiten höchstens die vordere Hälfte der vorhandenen Fläche nutzen. Den restlichen Platz zu nutzen schafft nicht nur zusätzlichen Stauraum, sondern bietet auch die Möglichkeit, Messer, Hacken, Schneebesen, aber auch Gewürze und Kleingeräte genau dort unterzubringen, wo sie gebraucht werden.

Die Küchenindustrie bietet dazu Nischenkästen an, die zwischen Ober- und Unterschrank eingeschoben werden können. Die meisten sind als offene Regale gestaltet, in denen kleine Schubladen oder Schütten für Mehl, Salz oder Brösel angebracht sind. Andere Modelle verbergen hinter einer herunterklappbaren Wand die Brotschneidemaschine, wieder andere sind mit Rolläden ausgestattet, hinter denen sich Geräte und Lebensmittel nach Beendigung der Arbeit verstecken lassen.

Wer seine Küche offener gestalten will, kann die Nischen auch durch die Montage diverser Aufhängesysteme nutzen. Im Fachhandel sind eine Menge Reling- und Gittersysteme zu finden, an denen sich vom Kochlöffel über den Messerblock bis zum Kochbuch alles anbringen läßt.

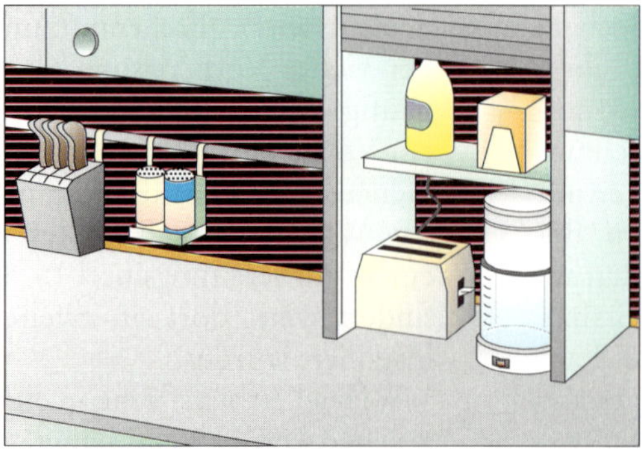

ERGONOMIE

Durchgehende Arbeitsplatten, egal in welcher Höhe angebracht, sind aus ergonomischer Sicht in jedem Fall falsch. Die optimale Arbeitshöhe hängt nämlich nicht nur von der Größe der arbeitenden Person ab, sondern auch von der Tätigkeit, die sie verrichtet.

Für schwerere Arbeiten, etwa das Kneten eines Teiges, sind tieferliegende Arbeitsplatten ideal, weil so durch den Oberkörper zusätzliche Kraft aufgebracht werden kann. Bei Feinarbeiten, bei denen man nahe an den zu bearbeitenden Gegenstand herangehen muß, würde eine tiefe Arbeitsplatte den Körper in eine rückenbelastende Beugehaltung zwingen. Als Faustregel gilt: Bei schweren Tätigkeiten sollte die Arbeitshöhe 20 bis 30 Zentimeter unter der Ellenbogenhöhe liegen. Leichtere Arbeiten lassen sich am bequemsten in einer Höhe verrichten, die zehn bis fünfzehn Zentimeter unter der des Ellenbogens liegt.

Um einen solchen Arbeitsplatz zu schaffen, muß nicht unbedingt die ganze Arbeitsplatte angehoben werden. Im Handel sind diverse Zusatzplatten aus Kunststoff, Marmor oder Holz erhältlich. Diese Schneid- oder Hackklötze werden einfach dort, wo sie gebraucht werden, auf die Hauptarbeitsplatte aufgelegt.

In jeder Küche sollten außerdem eine Sitzgelegenheit und ein Tisch oder eine Arbeitsplatte in der entsprechenden Höhe vorgesehen werden. Da auch die bequemste Stehhaltung mit der Zeit anstrengend wird, können längerdauernde Fein- und Vorbereitungsarbeiten so auch im Sitzen ausgeführt werden (Die richtige Arbeitshöhe, Seite 79). Wer auf die durchgehende Arbeitsplatte nicht verzichten möchte oder insgesamt zuwenig Platz für einen zweiten Arbeitsbereich hat, sollte wenigstens eine aus den Unterschränken herausziehbare Arbeitsplatte in Sitzhöhe installieren.

MATERIALKUNDE

Die Strapazen, die Küchenarbeitsplatten aushalten müssen, sind nicht zu unterschätzen: Scharfe Messer, heiße Töpfe, kochendes Wasser, Essig, Fett, Blut, Wein müssen sie möglichst unbeschadet überstehen. Sie sollten leicht zu reinigen sein und sich nicht zu schnell abnutzen.

Leider gibt es kein Material, das alle Ansprüche gleichermaßen erfüllt, das leicht zu verarbeiten ist und außerdem noch eine optische Bereicherung für die Küchengestaltung darstellt.

Außerdem eignen sich nicht alle Materialien gleich gut für die vielen Vorbereitungstätigkeiten, die auf ihnen durchgeführt werden sollen. Schneide- und Putzarbeiten lassen sich auf Holz angenehmer verrichten als auf einer Steinplatte, während beim Ausrollen eines Teiges Edelstahl oder Marmor vorzuziehen sind. Die Wahl der richtigen Arbeitsplatte bedeutet daher immer eine Suche nach einem Kompromiß.

KOMBINATIONEN

Freilich steht nirgendwo geschrieben, daß Küchenarbeitsplatten immer durchgängig aus einem Material gestaltet werden müssen. Kenner passen die Oberfläche verschiedener Bereiche ihres Vorbereitungszentrums den jeweiligen Bedürfnissen an. So kann etwa die Arbeitsfläche zwischen Herd und Spüle aus Corian (> Seite 80) gefertigt werden, das nicht nur besonders pflegeleicht und strapazierfähig ist, sondern sich auch einfach und genau für einen flächenbündigen Einbau zuschneiden läßt. Eine Holzplatte (> Seite 80) oder ein Hackklotz zum Fleisch- und Gemüseschneiden und ein weiterer Arbeitsbereich mit ganz glattem Untergrund, auf dem sich Teige und Knetmassen bearbeiten lassen, machen das Vorbereitungszentrum universell nutzbar und sorgen für optische Abwechslung in der Küche.

Zu den einzelnen Materialien > Tabelle, Seite 80.

Die richtige Arbeitshöhe

Abhängig von der Körpergröße, empfiehlt die „Arbeitsgemeinschaft Moderne Küche" folgende Höhen für die Hauptarbeitsplatte und den Sitz-Arbeitsplatz.

Körpergröße in cm	Arbeitshöhe in cm	Tischhöhe in cm
135	70–85	47–60
140	70–85	49–62
145	70–90	51–65
150	70–95	53–67
155	75–95	55–69
160	80–100	56–72
165	80–100	58–74
170	85–105	60–76
175	85–110	62–79
180	90–110	64–81
185	90–110	65–83
190	95–110	67–86
200	95–110	71–90

STAURAUM

Stau- und Stellflächen sind in den meisten Küchen Mangelware. Das liegt meistens weniger daran, daß die gesamte Küche zu klein ist, als vielmehr an einer wenig durchdachten Raumaufteilung. Während beim Herd oder der Spüle lange über die richtige Positionierung nachgedacht wird, schenkt man den Aufbewahrungsplätzen für Geräte und Lebensmittel oft weit weniger Aufmerksamkeit.

Das rächt sich mit Sicherheit: Möbelschränke, die Koch oder Köchin zwingen, das halbe Kücheninventar umzuräumen, wenn einmal ein Topf aus der hinteren Reihe benötigt wird, Lebensmittelschränke, in denen man kramen muß, ständig etwas ver-

Arbeitsfläche Material	Vorteile	Nachteile	Anmerkung
Holz	▶ Holz ist ein Werkstoff, der mit einer würdevollen Patina altert. Buche, Ahorn und Eschenholz sind robust, vertragen aber nicht allzuviel Wasser.	▶ Holzarbeitsflächen müssen regelmäßig versiegelt werden, da zuviel Flüssigkeit die Platte aufquellen kann. Feuchte Küchenwerkzeuge können unschöne Rostflecken hinterlassen. Holz, das nicht lang genug oder falsch gelagert wurde, kann sich verziehen.	▶ Eichenholz sollte auf keinen Fall im Bereich der Spüle eingesetzt werden, da stark färbende Gerbsäure austreten kann.
Marmor	▶ Marmor ist kalt und hart und eignet sich deshalb besonders zur Herstellung von Teigen. Arbeitsflächen aus Marmor wirken edel.	▶ Säuren, Alkohol, aber auch Zucker hinterlassen unschöne Flecken auf dem Material. Außerdem ist Marmor vergleichsweise teuer.	▶ Mit einer Feinpolitur versehen, behalten Marmorplatten länger ihr makelloses Aussehen. Ein eingelegter Marmorblock zum Teigkneten ist eine preiswerte Alternative zur durchgehenden Arbeitsplatte.
Granit	▶ Polierte Granitoberflächen sind nicht nur extrem strapazierfähig, sondern auch gegen Hitze und Flüssigkeiten aller Art resistent.	▶ Granit ist nicht gerade billig. Bei dickeren Platten werden die Unterschränke durch das Gewicht stark belastet.	▶ Gute Steinmetze stellen mittlerweile auch relativ dünne Granitplatten her. Dadurch werden sie nicht nur leichter, sondern auch wesentlich preisgünstiger.
Schiefer	▶ Schiefer ist preiswerter als Marmor oder Granit, fast so strapazierfähig und in interessanten Farbtönen zu haben. Das Material ist hitze- und wasserbeständig.	▶ Unbehandelte Flächen sind nicht wirklich kratzfest. Wenn Schiefer poliert wird, verliert die Platte ein gut Teil ihrer Ausstrahlung.	▶ Leichte Kratzer, aber auch Verfärbungen lassen sich mit Schleifpapier beseitigen.
Corian	▶ Corian ist extrem beständig gegen Verfärbungen und so porenlos glatt, daß sich selbst Nagellack problemlos entfernen läßt. Durch die Möglichkeit der fugenlosen Bearbeitung können Arbeitsfläche und Spüle durchgehend gestaltet werden.	▶ Corian ist teuer und kann nur von Fachleuten wirklich fugenlos verlegt werden. Trotz der vielfältigen Dekors wirken die meisten Arbeitsflächen künstlich.	▶ Flecken oder Kratzer können einfach und ohne Spuren zu hinterlassen ausgeschliffen werden. Außer Corian sind noch ähnliche Komposite-Materialen unter dem Namen Antium, Avonite oder Avron am Markt.
Fliesen	▶ Was Material und Dekor betrifft, bieten Fliesen die größte Auswahl. Von den Fugen abgesehen, sind sie pflegeleicht und relativ kratzfest.	▶ Unglasierte Kacheln können sich durch Fett oder Öl verfärben. Pfannen mit heißem Fritieröl können Fliesen zerspringen lassen.	▶ Der Fugenmörtel ist das größte Problem bei Fliesen-Arbeitsplatten: Flüssigkeit macht ihn locker, wasserabweisende Versiegelungen müssen ständig erneuert werden. Außerdem sind die Fugen ein Hygieneproblem.
Laminat	▶ Laminate sind mit Kunstharzen imprägnierte Papierschichten, die auf einer Holzträgerplatte aufgebracht werden. Solche Arbeitsflächen sind preiswert, leicht zu reinigen und relativ robust.	▶ Durch Fugen eingedrungene Feuchtigkeit kann die Beschichtung lösen. Extreme Hitze vertragen die meisten Ausführungen nicht ohne Spuren.	▶ Da Laminate nicht hundertprozentig kratz- und schnittfest sind, sollten matte oder leicht strukturierte Oberflächen gewählt werden.
Edelstahl	▶ Rostfreier Edelstahl verleiht der Küche einen professionellen Touch. Arbeitsflächen und Spüle können durchgehend gestaltet werden.	▶ Der Glanz läßt im Laufe der Zeit leider nach. Wasserflecken und kleine Dellen sind unvermeidlich. Da das Arbeiten auf Metall lärmintensiv ist, sollten darunter Dämmplatten angebracht werden.	▶ Ganz schlierenfrei läßt sich Edelstahl kaum reinigen, am besten geht es mit einem leicht ölgetränkten Tuch. Heißes Wasser hinterläßt weniger Flecken als kaltes.

schüttet und Vorräte eher zufällig und dann oft mit längst überzogenem Ablaufdatum findet, können den Küchenalltag zum permanenten Ärgernis machen.

Bedarfsaufnahme

Der wichtigste Schritt zur Erstellung eines Stauraumkonzeptes ist zunächst einmal eine penible Bestandsaufnahme. Dabei sollten nicht nur Töpfe, Serviceteile, Besteck und die diversen Kleingeräte gezählt, sondern gleich auch jedes einzelne Stück auf seinen tatsächlichen Gebrauchswert geprüft werden. Im Lauf der Jahre sammeln sich in den meisten Küchen Geschirr und elektrische Helfer an, die so gut wie nie benutzt werden und unnötig Platz verstellen (>Kleingeräte, Seite 144).

Wenn feststeht, was tatsächlich gebraucht wird, gilt es festzulegen, wo die einzelnen Teile sinnvollerweise untergebracht werden sollen. Nur Dinge, die tatsächlich täglich zur Hand genommen werden, verdienen einen Platz auf den wichtigsten und am leichtesten erreichbaren Stellflächen. Was ständig verfügbar sein muß, sollte zwischen Knie- und Augenhöhe ganz vorne in den Regalen untergebracht werden.

Was wo untergebracht wird, hängt hauptsächlich davon ab, welche Arbeitsbereiche über und unter den vorhandenen Schränken vorgesehen sind. Es macht wenig Sinn, Töpfe und Pfannen in einem Kasten unterzubringen, der vom Herd aus nicht erreichbar ist. Öl und Gewürze sollten dort bereitstehen, wo Salate und Saucen angerichtet werden, und wer beim Ausräumen des Geschirrspülers nicht fünfzigmal quer durch die Küche laufen will, wird die Geschirrschränke direkt darüber planen (> Nischennutzung, Seite 78).

Stauraum vergrößern

In vielen Küchen lassen sich zusätzliche Stauräume finden, die nicht nur das Gedränge in den Schränken mildern, sondern auch die Küchenarbeit erleichtern.

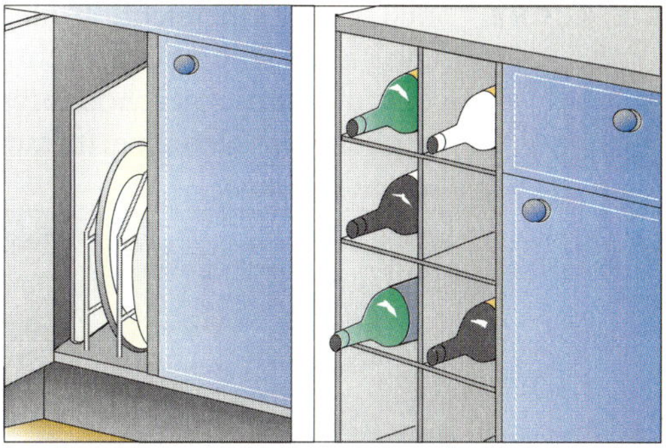

▶ Am Ende einer Küchenzeile bleibt oft ein schmaler Spalt, der üblicherweise mit einer Sichtblende kaschiert wird. Wer diese Blende mit einem Scharnier montiert, findet dahinter Platz zur Unterbringung von Backblechen, Tabletts oder großen Schneidebrettern. Eine andere Möglichkeit, den Zwischenraum sinnvoll zu nutzen, besteht darin, ein einfaches Fächersystem für Flaschen hineinzubauen.

▶ In den Sockelleisten der Unterschränke können auch nachträglich Schubladen eingebaut werden, in denen sich selten gebrauchte Gegenstände unterbringen lassen.

▶ Doppel-Besteckschubladen vergrößern nicht nur das Platzangebot, sondern schaffen auch mehr Übersicht. Einlegewannen, die halb so tief sind wie die Schublade, können vor- und zurückgeschoben werden und ermöglichen so den Zugriff auf die darunterliegende Ebene.

▶ Bei Schränken, in denen im vorderen Bereich nur flaches Geschirr untergebracht wird, lassen sich an der Innenseite der Tür zusätzliche Körbe montieren.

Ergonomie

Um sie optimal zu nutzen, müßten Abstellfächer dort montiert werden, wo in der Küche kein Platz ist: zwischen Ober- und Unterschrank, wo man mit etwa rechtwinklig gebeugten Armen am kraftvollsten zugreifen und überdies die gesamte Regaltiefe überblicken kann. In den oberen Bereichen der Unterschränke – und umgekehrt: in den unteren der Oberschränke – läßt sich noch halbwegs erträglich hantieren. Je weiter unten und je weiter oben Dinge verstaut werden, desto schwieriger ist es, sie ohne belastende Bück- oder Streckübung zu erreichen.

Aus Sicht der Ergonomen ist das weniger schlimm als etwa Arbeitsflächen, die in falscher Höhe geplant wurden. Für den Rücken ist es viel belastender, wenn er – etwa beim Schneiden – dauerhaft leicht gebeugt ist, als wenn er kurzzeitig für das Herausnehmen eines Topfes extrem gekrümmt wird.

Fest montierte Einlegeböden in den Unterschränken gelten bei modernen Küchenplanern dennoch zu Recht als verpönt. Unverrückbare Regale behindern nicht nur den Einblick in die darunterliegenden Fächer, sondern zwingen auch zum ständigen Umschlichten, wenn Gerätschaften aus den hinteren Reihen hervorgeholt werden müssen. Wesentlich komfortabler und rückenschonender sind Auszugssysteme, die ein Hervorrollen des gesamten Regalbrettes ermöglichen. So sind – egal in welcher Ebene – alle darin verstauten Geschirrteile oder Lebensmittel von oben mit einem Blick zu überschauen und ohne weiteres greifbar.

Das Vorrats-zentrum

Früher war die Vorratshaltung in der Küche eine logistische Herausforderung. Große Mengen von Lebensmitteln mußten dann verarbeitet werden, wenn sie verfügbar waren. Was konserviert werden konnte, wurde gelagert und als Vorrat für den Rest des Jahres aufbewahrt.

Heute sind Lebensmittel und Zutaten aus aller Welt das ganze Jahr über in den Regalen des Supermarktes gestapelt. Die meisten Haushalte kommen deshalb mit vergleichsweise wenig Stauraum für die Unterbringung von Lebensmitteln aus.

Ein Minimum an Vorräten muß dennoch untergebracht werden. Schließlich muß es auch dann reichen, wenn es im Büro einmal länger gedauert und der letzte Laden schon geschlossen hat; außerdem ist es beruhigend

Offene Küchen

Töpfe und Pfannen, Koch- und Schöpflöffel, Lebensmittel und Gewürze, die ständig gebraucht werden müssen, hinter Schranktüren zu verstauen kann Küchenbenutzer zu Rangierarbeitern machen. Wo ständig Schranktüren oder Schubladen geöffnet und wieder geschlossen werden müssen, relativiert sich der optische Vorteil einer stets aufgeräumten Küche: Die Küche ist nur noch für den schön, der nicht darin arbeiten muß.

Aktive Köche oder Köchinnen orientieren sich bei der Frage „Schrank oder Regal" mit gutem Grund an den Handwerksstuben früherer Tage. Schuh- oder Uhrmacher konnten dort einen halben Tag lang werken, ohne aufstehen zu müssen. Die Werkzeuge, die sie ständig brauchten, hatten sie in Griffweite rund um sich verteilt. Nur selten gebrauchte Geräte und größere Materialvorräte wurden im Magazin verstaut.

Küchen lassen sich ganz ähnlich organisieren: Alles, was nur gelegentlich gebraucht wird, sollte in Schränken verstaut und so vor allzu großer Staubablagerung geschützt werden. Dinge des täglichen Bedarfs, wie Standard-Kochtöpfe, Kochlöffel, Meßbecher, Messer, Gewürzstreuer oder Kochsieb, sollten offen – und damit stets greifbar – aufbewahrt werden.

Das ist nicht nur praktisch, sondern kann auch seine optischen Reize haben. Schönes Küchengerät darf sichtbar sein. Und eine Küche, die den Eindruck einer Kreativwerkstatt vermittelt, animiert mit Sicherheit mehr als die spiegelglatte Einheitsfront einer durchgehenden Schrankwand.

Leider sind in den wenigsten Normküchen Vorrichtungen zur offenen Unterbringung der diversen Küchenutensilien vorgesehen. Einige Hersteller bieten aber zum Beispiel herausziehbare Drahtkörbe an, die unter der Herdplatte – dort, wo üblicherweise das Backrohr ist – eingehängt werden. Mit einem einzigen Blick läßt sich so jederzeit der richtige Topf oder die passende Pfanne auswählen.

Für den Messer-Satz gibt es Magnetleisten, die sich an der Wand befestigen lassen, oder den flexibleren, weil umstellbaren Steck-Block.

Schöpfer, Kellen und Bratschaufeln, die am Ende des Stils fast immer ein umgebogenes Ende haben, lassen sich bequem an einer Reeling direkt über oder neben dem Herd aufhängen. Siebe, Köchlöffel, Reiben und Raspeln haben, wenn schon keine Hängeschlaufe vorhanden ist, in den meisten Fällen zumindest ein Öhr oder eine Drahtschlaufe. Ein Querstab oder ein Gitter, kombiniert mit einfachen S-Haken, wie sie in jedem Eisenwarenladen zu haben sind, ermöglicht, auch diese Geräte jederzeit giffbereit am richtigen Ort aufzuhängen. In großzügigen Küchen können selbst Töpfe und Pfannen auf diese Art untergebracht werden.

zu wissen, daß auch unerwartete Gäste zumindest mit einem kleinen Imbiß bewirtet werden können. Oft lohnt es sich, bestimmte Grundnahrungsmittel in größeren Mengen einzukaufen, weil Großpackungen billiger sind und auch die Zahl der Fahrten zum Supermarkt und den Anfall von Verpackungsmaterial reduzieren helfen.

Übersicht bewahren

Gerade beim Unterbringen von Lebensmitteln ist es wichtig, auf besondere Übersichtlichkeit zu achten. Tiefe Regale oder Schränke, in denen Dosen, Packungen und Flaschen weit nach hinten geschoben und dort vergessen werden können, sind für die Vorratshaltung ungeeignet. Wo nicht auf einen Blick zu sehen ist, was gelagert wurde, tauchen die Produkte nicht selten erst dann wieder auf, wenn sich ihre Zubereitung nicht mehr lohnt.

Lebensmittel sollten daher ausschließlich in Unterschränken mit Auszugssystem (> Stauraum, Ergonomie, Seite 82) gelagert werden: Die herausziehbaren Laden oder Container bieten Übersicht auf einen Blick und lassen sich leicht – und vor allem von oben – ein- und ausräumen. Daneben setzen sich sogenannte Apothekerschränke durch – meist 30 Zentimeter schmale Hochschränke, bei denen die ganze Front samt den dahinterliegenden Regalen herausgezogen wird.

Eigene Vorratsschränke, wie sie in besseren Küchenprogrammen angeboten werden, sind nicht nur mit einer Vielzahl an herausziehbaren Laden, Körben und Boxen ausgestattet, sondern verfügen auch über eine elektronische Steuerung für die Licht-, Temperatur- und Belüftungsregulierung.

Der Kühlschrank

In modernen Küchen gilt der Kühlschrank als das Vorratszentrum schlechthin. Zur kurzfristigen Aufbewahrung leicht verderblicher Waren oder zur Kühlung von Getränken macht das auch Sinn. Allerdings hat die Beschränkung auf die elektronisch gekühlte Mini-Vorratskammer auch ihre Nachteile: Größere Vorräte können dort nicht untergebracht werden. Und nicht alle Lebensmittel, die dort üblicherweise gelagert werden, erhalten im Kühlschrank die optimale Temperatur (> Kühlschränke, Seite 126).

Die Speisekammer

Als die optimale Art der Vorratshaltung wird eine frühere Selbstverständlichkeit in jeder Küche gerade wiederentdeckt: Die Speisekammer hält Kurzvorräte, die täglich in kleinen Mengen gebraucht werden, bei einer Raumtemperatur von rund 15 Grad auf ideale Weise frisch. Die Speisen stehen im Dunkeln oder zumindest Halbdunkeln, sind der frischen Luft ausgesetzt und erhalten dadurch mehr Luftfeuchtigkeit als im Kühlschrank. Mit genügend Abstand zur Wärme der Küche und ohne die Kälte des Kühlschranks können viele Lebensmittel dort in Ruhe reifen. Für Lebensmittel, die durch Kälte ihr Aroma verlieren, wie zum Beispiel Süßspeisen, oder Produkte, die kurzfristig reifen müssen, wie Käse, Tomaten oder Obst, ist die Speisekammer der ideale Aufbewahrungsort. Butter bleibt bei dieser Temperatur frisch und streichfähig.

In Wohnungen läßt sich der Platz für eine begehbare Speisekammer oft nicht finden, Hausbesitzer dagegen können auch den nachträglichen Einbau einer solchen Mini-Lagerhalle überlegen. Der ideale Ort liegt an der sonnenabgewandten Seite des Hauses. Wenn der Raum mit Steinfliesen oder Schiefer ausgekleidet wird, bietet er auch im Sommer genug Kühle zur längerfristigen Lagerung von Obst, Gemüse, Wildbret, Schinken, Wurst oder Einmachgut.

Der Keller

Der Keller mit Temperaturen um die zehn bis zwölf Grad Celsius ist für licht-, kälte- oder hitzeempfindliche Lebensmittel der ideale Aufbewahrungsort. Die Lagerung ist einfach und billig. Selbst ein Stromausfall ist hier keine Katastrophe. Kartoffeln, die meisten Gemüsesorten, in Alkohol, Essig oder Öl Eingelegtes, aber auch Eier und selbstgemachte Marmeladen halten sich im Keller mit seiner konstanten Temperatur und Luftfeuchtigkeit am besten. Für die Lagerung von Weinen gibt es ohnehin keine wirkliche Alternative (> Seite 138).

Boden

Küchenböden werden zwangsläufig arg strapaziert. Verschüttete Flüssigkeiten, mitunter auch heiße, muß der Belag ebenso aushalten wie herunterfallende scharfe Gegenstände. Die Abnutzung unterliegt zudem in der Küche eigenen Gesetzen: Während der Boden in anderen Zimmern überall gleichmäßig strapaziert wird, werden in der Küche die Bereiche vor den Arbeitszentren viel intensiver begangen als die in der Mitte des Raumes. Neben optischen Überlegungen spielen deshalb bei der Auswahl die Strapazierfähigkeit des Materials, die Pflegeleichtigkeit und seine Robustheit gegen Wasser, Säuren und andere Flüssigkeiten eine besondere Rolle.

Vor dem Kauf sollte bedacht werden, daß sich der Bodenbelag wie kein anderer Einrichtungsgegenstand dazu eignet, verschiedene Räume optisch zu trennen oder zu verbinden. Vom Wohn- oder Eßzimmer durchgehend verlegte Böden verschmelzen die Küche mit dem Rest der Wohnung zu einer optischen Einheit und lassen kleine Küchen größer erscheinen.

Materialkunde

> Tabelle, Seite 86

Wände

Küchenwände werden durch Hitze, Dampf und Feuchtigkeit strapaziert und sollten deshalb robust und pflegeleicht sein. Vor allem gilt das für die Bereiche hinter der Spüle,

Boden Material	Vorteile	Nachteile	Anmerkung
Holz	▶ Holz erhält im Lauf der Jahre eine würdevolle Patina. Die Sinnlichkeit des Materials harmoniert mit rustikalen Küchen und stellt einen reizvollen Kontrast zu kühlen, modernen Küchen dar.	▶ Holz ist nicht besonders strapazierfähig. Essig und andere Säuren hinterlassen unschöne Spuren. Weil das Material „arbeitet", sollte in der Küche nur dickes Parkett verwendet werden.	▶ Holzböden sollten zum Schutz gegen Wasser versiegelt werden. Beschädigte Stellen lassen sich oft ausbessern, indem heißes Wasser in die Kerbe gegossen und das Holz so zum Aufquellen gebracht wird.
Teppich	▶ Ein Teppichbelag hält den Boden warm und wirkt schalldämmend. Kleine Küchen wirken großzügiger, wenn der Belag vom Wohnraum durchgehend verlegt wird.	▶ Auch wenn es heute schon besonders strapazierfähige Teppichböden gibt – einen umgeschütteten Suppentopf verträgt keiner.	▶ Teppiche sind schwer zu reinigen, was besonders in der Küche, wo Brösel und verschüttete Flüssigkeiten zum Alltag gehören, schwer wiegt.
Fliesen	▶ Das Material ist kratz-, säure- und hitzefest und eignet sich hervorragend zum Verlegen einer Fußbodenheizung. Was Farben, Dekor- und Musterauswahl betrifft, ist das Angebot schier unbegrenzt.	▶ Auch küchengeeignete Fliesen sind nur bedingt stoßfest. Rutschfeste Beläge sind teurer als Linoleum oder Vinyl.	▶ Einige Böden lassen sich mit einer Versiegelung zusätzlich schützen, allerdings kann sich dabei die Farbe der Fliesen ändern. Unglasierte Fliesen können mit Leinöl und Wachs behandelt werden.
Ziegel	▶ Ziegel lassen sich in zahllosen Mustern verlegen und sorgen für eine warme Atmosphäre in der Küche. Der Belag ist auch dann rutschfest, wenn Flüssigkeiten verschüttet wurden.	▶ Flüssigkeiten können in das poröse Material leicht einsickern. Klinker werden bei höheren Temperaturen gebrannt und sind wasserabweisender.	▶ Poröse Ziegel sollten nur auf feuchtigkeitsisoliertem Untergrund verlegt werden. Eine Versiegelung ist schwer aufzutragen und verändert den Charakter des Materials.
Marmor	▶ Das Material besticht durch seine elegante Ausstrahlung, ist hart, stoß- und kratzfest. Zur Verlegung einer Fußbodenheizung eignen sich Marmorböden hervorragend.	▶ Marmor ist nicht rutschfest, verfärbt sich durch eindringende Flüssigkeiten und gehört außerdem zu den teuersten Bodenbelägen.	▶ Scharfe Reinigungsmittel werden dem Material schaden. Am besten eignet sich Schmierseife zur Pflege.
Terrakotta	▶ Unglasierte Terrakottaböden sorgen für eine warme, heimelige Atmosphäre. Nach etwa einem Jahr entsteht eine schöne Patina mit verhaltenem Glanz.	▶ Kies oder Sand, der von draußen hereingetragen wird, wirkt auf den Boden wie Schleifpapier.	▶ Terrakottaböden sind nicht leicht zu pflegen. Am besten eignet sich Wasser mit einem leicht öligen Spezialzusatz.
Schiefer	▶ Das Material ist strapazierfähig und verfärbt sich nicht. Schiefer kann rauh belassen oder feingeschliffen verlegt werden.	▶ Unpolierte Schieferböden sehen zwar besser aus, sind aber nicht besonders kratzfest.	▶ Da Schiefer, im Gegensatz zu Marmor, wasserabweisend ist, bedarf es nicht unbedingt einer Versiegelung, die den Charakter verändern würde.
Terrazzo	▶ Die Mischung aus Zement und Natursteinkörnern ist besonders pflegeleicht, robust und rutschfest. Durch eine Einfärbung des Zements lassen sich interessante Effekte erzielen.	▶ Durchgängige Flächen müssen gegossen und geschliffen werden. Als Fliesen verlegt, verliert der Boden etwas an Charme.	▶ Zur Reinigung eignet sich heiße Seifenlauge am besten.
Granit	▶ Granit ist besonders robust und kann weder durch Wasser noch durch Hitze beschädigt werden. Das Material eignet sich auch zur Verlegung einer Fußbodenheizung.	▶ Das Material ist teuer, schwer, kalt und – außer in Fliesenform – schwer zu verlegen.	▶ Polierte Oberflächen sind als Bodenbelag wegen der Rutschgefahr ungeeignet. Wenn nicht überhaupt eine matte Oberfläche gewählt wird, sollte der Boden zumindest entlang der Laufflächen abgemeißelt werden.

Boden Material	Vorteile	Nachteile	Anmerkung
Linoleum	▶ Der klassische Fußbodenbelag ist robust, wasserfest, antistatisch und bakterienfeindlich. Das in umweltfreundlichen Verfahren hergestellte Linoleum hält den Fußboden warm.	▶ Der klassische Charme von Linoleumböden ist nicht jedermanns Geschmack. Scharfe Gegenstände – etwa herabfallende Messer – verträgt das Material nicht.	▶ Linoleumböden sind besonders pflegeleicht: In der Regel reicht fegen und feucht wischen. Eine gelegentliche Politur verhilft zu neuem Glanz.
Vinyl	▶ Der preiswerte Kunststoff ist wasser- und schmutzabweisend, hitze- und säurefest. Die in vielen Breiten erhältlichen Rollen ermöglichen eine fugenlose Verlegung. Die Auswahl an Farben und Mustern ist fast unbegrenzt. Besonders dünne Ausführungen lassen sich einfach über den alten Belag legen.	▶ Nicht alle Vinylböden sind rutschfest. Scharfe Gegenstände, aber auch Stuhlbeine können Schäden hinterlassen.	▶ Bei hochwertigen Böden können auch verschiedenfarbige Bahnen oder eingeschnittene Muster fugenlos verlegt werden.
Kork	▶ Kork ist wärmedämmend und besonders schallschluckend. Im Laufe der Zeit erhält der Belag eine reizvolle Patina.	▶ Kork ist nicht besonders strapazierfähig. Die Farbpalette ist auf die natürlichen Farben des Materials begrenzt.	▶ Kork muß zum Schutz gegen Flecken versiegelt werden, wodurch das Material einiges an Ausstrahlung verliert.
Stahl	▶ Warzenbleche oder Edelstahlfolien sorgen für interessante optische Effekte. Wasser, Hitze, Säuren und Schmutz können dem Belag nichts anhaben. Auf mattgeschliffenen Belägen sind auch Kratzer kein Problem.	▶ Stahlböden sind teuer, nicht rutschfest und alles andere als schallschluckend. Die Kälte des Materials erlaubt eine Verlegung nur über einer Fußbodenheizung.	▶ Durch chemische Behandlung lassen sich interessante Farbschattierungen erzielen.

dem Herd und dem Vorbereitungszentrum. Während an den weniger belasteten Wänden normaler Putz, Farbanstrich oder Tapete ausreichen, sollten die Nischen zwischen Ober- und Unterschränken mit einem abwaschbaren, im Herdbereich auch hitzebeständigen Belag verkleidet sein (> Materialkunde, Seite 86).

Die Farb- und Materialwahl bei der Gestaltung der Wände kann einen erheblichen Beitrag zum Gesamteindruck einer Küche leisten. In einfachem Weiß gestrichene Küchen strahlen Frische und Sauberkeit aus, sind dezent und bringen die Küchenmöbel am besten zur Geltung. Andersherum lassen sich durch die Betonung einzelner Wände besondere Effekte erzielen: Wenn die Küche insgesamt hell und unauffällig gestaltet ist, vermittelt eine effektvoll mit kräftigen Farben bemalte Wand ein zusätzliches Gefühl von Tiefe und Räumlichkeit.

Putz

Putz ist einfach aufzutragen und stellt eine preiswerte und strapazierfähige Oberfläche dar. Mit Metallstaub oder Farbpulver lassen sich interessante Marmoreffekte erzielen. Stroh oder Sägemehl, in den feuchten Putz gerieben, verleihen der Wand zusätzliche Struktur und einen rustikaleren Charakter.

Farbe

Farbanstriche sind preiswert, einfach herzustellen und jederzeit zu ändern. Wer bei der Einrichtung noch unentschlossen ist, kann die Wände zunächst einfach weiß streichen und im Lauf der Zeit ein Farbschema entwickeln, das ihm zusagt.

Einfache Wandfarben sind leider nicht sehr strapazierfähig und für die Küche ungeeignet. Unter den Dispersions- und Lackfarben eignen sich vor allem jene der Kategorien „Eierschalenglanz", „Glänzend" und „Hochglänzend", da diese Öl enthalten und deshalb leichter abwischbar sind.

Tapeten

Tapeten werden heute in ähnlicher Vielfalt angeboten wie Textilien. Auf Vinylbasis hergestellte Sorten sind wasser- und dampfbeständig und können daher ohne Bedenken auch in der Küche eingesetzt werden.

Sorten, die aufgrund einer transparenten Kunststoffbeschichtung abwaschbar sind, besitzen eine angenehm matte Oberfläche, sind aber leider nicht so strapazierfähig wie Vinyltapeten.

Geklebt werden sollten Küchentapeten immer mit einem Kleber, der einen Fungizidzusatz besitzt, damit sich kein Schimmel unter der Wandverkleidung ansammeln kann.

Holz

Wandverkleidungen aus Holz verleihen jeder Küche eine warme Atmosphäre und kontrastieren oft besonders reizvoll mit den ultramodernen Geräten und Designs. Nut- und-Feder-Holzverkleidungen sind leicht anzubringen, wirken wärme- und schalldämpfend und sind außerdem die einfachste Möglichkeit, abgenutzte und unansehnlich gewordene Küchenwände zu renovieren.

Hinter den Arbeitsbereichen sollten Holzwände immer zum Schutz gegen Feuchtigkeit versiegelt werden, hinter der Kochmulde ist eine Verkleidung mit Metallplatten oder anderem feuerfestem Material sinnvoll.

Fliesen

Fliesen gehören zu der am häufigsten verwendeten Küchenwandverkleidung. Die Vielfalt an Farben, Oberflächen und Materialien bietet die größte Bandbreite an Gestaltungsmöglichkeiten.

Unglasierte Fliesen lassen sich mit Wachsemulsion oder Acryllack leicht versiegeln, reines Wachs aufzutragen ist mühsamer, intensiviert aber die Farben und sorgt mit der Zeit für eine schöne Patina.

Da Fliesen nicht wirklich stoßfest sind, sollten beim Einkauf immer ein Paar Ersatzkacheln zusätzlich gekauft werden, da auch längerfristig lieferbare Sorten von Partie zu Partie oft erhebliche Farbunterschiede aufweisen.

Beleuchtung

Tageslicht ist immer noch die beste Beleuchtung. Leider werden Küchen traditionsgemäß an der weniger attraktiven Seite des Hauses geplant. Wichtig ist, daß die Wohnräume hell und sonnendurchflutet sind – für die Küche halten viele auch ein nordseitig oder am Lichthof gelegenes Fenster für ausreichend. Wer neu baut, sollte sich vor der Planung genau überlegen, zu welcher Tageszeit die Küche hauptsächlich benutzt wird und nach welcher Himmelsrichtung der Raum daher angelegt werden soll. Kleiner als ein Achtel bis ein Sechstel der Zimmergrundfläche sollten die Fenster auf keinen Fall geplant werden.

Da die Küche aber ein Arbeitsplatz ist, der von frühmorgens bis zum Mitternachtsimbiß genutzt wird, sind zusätzliche Beleuch-

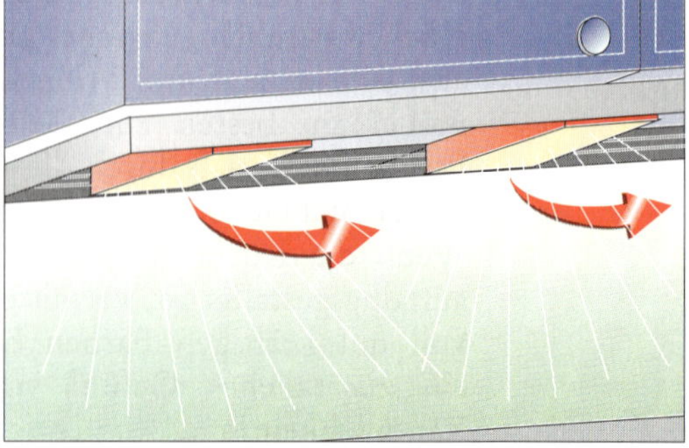

tungskörper unerläßlich. Solange der große Tisch in der Mitter des Raumes stand, reichte eine zentrale Deckenbeleuchtung völlig aus. Heute, wo die meisten Arbeiten an einem an der Wand stehenden Möbel mit dem Gesicht zur Wand erledigt werden, sorgt die Deckenlampe aber allenfalls für Schlagschatten. Moderne Küchen sollten daher zumindest an den Hauptarbeitsbereichen in den Nischen über eigene Beleuchtungskörper verfügen. Wo das nicht der Fall ist, lassen sich auch im Nachhinein Lichtschienen mit verschiebbaren Lampen installieren.

Leuchtstoffröhren

Leuchtstoffröhren verbrauchen wenig Strom und bieten eine hohe Lichtausbeute.

▶ Mit einer Lebensdauer von rund 8000 Stunden halten die gasgefüllten Röhren rund doppelt so lange wie Halogenlampen und achtmal so lange wie normale Glühlampen.

▶ Leuchtstoffröhren strahlen keine Wärme ab.

Die langen, röhrenförmigen Beleuchtungskörper sind alles andere als dekorativ.

▶ Das helle Licht beansprucht die Augen stark. Ohne Lichtblenden sind Leuchtstoffröhren in den Nischen nicht zu verwenden.

▶ Nach längerem Gebrauch tritt bei den meisten Produkten ein enervierendes Summen auf.

Glühlampen

Glühlampen verbreiten ein angenehmes, weiches Licht.

▶ Zur individuellen Einstellung der Helligkeit reicht ein einfacher Dimmer.

▶ Im Vergleich zu Leuchtstoffröhren verbrauchen Glühlampen mehr Energie und besitzen eine kürzere Lebensdauer.

Halogenlampen

Halogenlampen geben ein sauberes Licht, das Farben und Struktur der Küchenmöbel und Lebensmittel unverfälscht wiedergibt.

▶ Die modernen Lampen sind in einer Vielzahl von dekorativen Fassungen zu bekommen.

▶ Die kleinen Lämpchen lassen sich problemlos in Regale oder die Unterseite von Oberschränken integrieren.

▶ Halogenlampen halten viermal länger als konventionelle Glühbirnen.

Von speziellen Kaltlicht-Halogenlampen abgesehen, strahlen diese Lampen die meiste Hitze ab und lassen sich schon nach wenigen Minuten Gebrauch nicht mehr berühren.

▶ Die kleinen Lämpchen sind sehr zerbrechlich und müssen deshalb besonders pfleglich behandelt werden.

Schalter

In einer gut ausgestatteten Küche sollten die Beleuchtungskörper über jedem Arbeitsbereich einzeln an- und auszuschalten sein. Das spart nicht nur Strom, sondern läßt auch unterschiedliche Stimmungen im Raum entstehen. Genutzt werden solche Einzelschalter freilich nur dann, wenn sie auch direkt beim jeweiligen Arbeitsbereich installiert wurden.

Praktisch ist die Einrichtung eines Zentralschalters neben der Tür, mit dem beim Verlassen der Küche alle separaten Lichtinseln auf einmal ausgeschaltet werden können.

▶ Bei Küchen, die mehrere Eingänge haben, empfiehlt sich die Installation eines Wechselschalters.

▶ Dimmer ermöglichen die individuelle Einstellung der Lichtstärke.

▶ Schalter, die in Ellbogenhöhe angebracht sind, können auch dann bedient werden, wenn die Hände voll Kuchenteig sind oder ein schweres Tablett tragen müssen.

Wohin mit dem Müll?

Im Durchschnitt produziert jeder Bundesbürger pro Tag einen Kilo Müll. Der Großteil davon fällt in der Küche an: Verpackungsmaterial, Speisereste, Obst- und Gemüseschalen, Konservendosen, Glas- und Plastikflaschen.

Das alles in einen Eimer zu werfen und diesen regelmäßig zur nächsten Mülltonne zu bringen, geht heute nicht mehr. Obwohl die Recycling-Systeme bisher nirgendwo wirklich perfekt funktionieren, bestehen die meisten Kommunen inzwischen auf getrennter Abfallsammlung. Kompromißlos durchgeführt, bedeutet das eine Menge zusätzlich notwendigen Stauraums. Je ein eigener Behälter für Altmetall, Papier, Kunststoff, Milch- und Getränkeverpackungen, Weiß- und Buntglas, organischen Abfall und Textilien können selbst in mittelgroßen Küchen ein ernsthaftes Platzproblem darstellen.

Die Küchenmöbelindustrie bietet mittlerweile eine Reihe von Trennsystemen an, die zum Großteil auch nachträglich eingebaut werden können. Die Palette reicht dabei vom klassischen Kübel, der in drei bis fünf Sektionen unterteilt ist, über mehrfächrige Auszugssysteme bis hin zu eigenen Schränken, in denen jede Abfallsorte eine eigene Lade zugewiesen bekommt.

Welches System in Frage kommt, hängt vom verfügbaren Raum und den anfallenden Müllmengen ab. Sinnvoll sind Auszugssysteme, bei denen der Platz für jede Sektion nach eigenen Wünschen aufgeteilt und bei Bedarf verändert werden kann. Wichtig ist, darauf zu achten, daß

- ▶ jeder einzelne Behälter separat herausgenommen und zum Entleeren gebracht werden kann,
- ▶ der Einwurf in jeden Teilbereich möglich ist, ohne daß mit schmutzigen Händen erst Deckel abgenommen werden müssen.

Sicherheitseinrichtungen

Sicherheitsfragen in der Küche werden traditionellerweise immer nur unter dem Kinderaspekt gesehen. Empirisch läßt sich diese Sorge um die Kleinsten aber nicht begründen: Ältere Menschen verletzen sich – verhältnismäßig gesehen – im Haushalt nicht nur wesentlich öfter, sondern meist auch schwerer. Wer Kinder schrittweise mit all den Küchengeräten und Gegenständen vertraut macht und sie unter Aufsicht ihre eigenen Erfahrungen sammeln läßt, spart sich nicht nur viele Ermahnungen und Verbote, sondern kann die Küchentüre auch bald unversperrt lassen.

Rutsch- und Sturzgefahr

Die häufigste Ursache von Haushaltsunfällen sind Stürze – und davon passieren die meisten in der Küche. Glatte, nicht rutschfeste Böden in Verbindung mit Wasser oder anderen verschütteten Flüssigkeiten stellen eine Gefahr dar, die oft unterschätzt wird. Wer schon bei der Auswahl der Bodenbeläge (> Seite 86) zu solchen mit strukturierten Oberflächen greift, kann sich manche Beule oder Schlimmeres ersparen.

Außerdem sollte in Küchen, deren Schränke höher sind als die Reichweite ihrer Benutzer, immer eine geeignete Steighilfe vorhanden sein. Im Handel sind sicherheitsgeprüfte Leitern in verschiedenen Höhen erhältlich. Bei einer Reihe von Küchenmodellen ist eine Minileiter mit Blende zum Einschieben in die Sockelleiste vorgesehen (> Stauraum vergrößern, Seite 81).

Gefahrenquelle Herd

Die vermehrte Nutzung von Elektroherden hat die Brandgefahr in der Küche stark reduziert. Allerdings empfiehlt es sich auch bei Kochstellen ohne offene Flamme, in unmittelbarer Umgebung keine leicht brennbaren Dinge herumliegen zu lassen.

Auf Kinder übt der Herd mit seinen vielen Schaltern und Knöpfen, den Flammen oder intensivroten Elektrokochfeldern zwangsläufig eine große Faszination aus. Solange Kleinkinder im Haus sind, sollte daher darauf geachtet werden, daß unter oder neben dem Herd keine Laden herausgezogen und als Steighilfe verwendet werden können. Zwei- bis Dreijährigen kann man die Gefahren begreiflich machen, indem man sie die Hitze behutsam spüren läßt.

Bei modernen Herden läßt sich die Schalterblende von der Kochmulde trennen und unabhängig davon auf der Arbeitsfläche oder noch höher montieren.

Zum Schutz gegen heruntergezogene Töpfe oder Pfannen gibt es im Küchenfachhandel eine Reihe von Sicherheitsgittern, -blenden oder -relings. Normalerweise reicht es auch, wenn darauf geachtet wird, daß keine Pfannenstiele über den Rand des Herdes hinausragen. Weitere Tips > Herd, Seite 106.

Putzmittel

Putzmittel, Waschpulver für den Geschirrspüler und sonstige Haushaltschemikalien sollten immer für Kinder unerreichbar aufbewahrt werden. Sicherer als die diversen Päckchen und Flaschen in das oberste Regal des Hochschrankes zu verbannen, ist die Unterbringung in abschließbaren Schränken, Schubladen oder Putzmittelkörben. Noch sicherer ist es, auf die aggressivsten Putzhilfen ganz zu verzichten.

Elektrogeräte

Gerade in der Küche gibt es einige Elektrogeräte, die Kindern gefährlich werden können. Mixer, Rührmaschinen, Toaster oder elektrische Messer sollten nach ihrer Verwendung daher immer ausgesteckt werden. Daß Steckdosen in Haushalten mit Kleinkindern gesichert werden sollten, gilt nicht nur für die Küche.

Wer ganz sicher gehen will, kann sich vom Elektriker einen Zentralschalter einbauen lassen, mit dem sich sämtliche Stromkreise beim Verlassen der Küche mit einem Griff lahmlegen lassen. Wer diesen Schalter außerhalb der Kinderreichweite montiert, braucht sich auch keine Sorgen zu machen, wenn die Kinder allein und unbeaufsichtigt in der Küche bleiben.

KÜCHEN-
GERÄTE

DER HERD

MIKROWELLENGERÄTE

GESCHIRRSPÜLMASCHINEN

KÜHL- UND GEFRIERGERÄTE

KLEINGERÄTE

GESCHIRR

DER HERD

Mit der simplen Kochstelle haben die modernen Herde nur noch wenig gemein. Die zahlenmäßig dominierenden Elektroherde haben sich zu aufwendigen Multifunktionsgeräten gemausert. Für die fachgerechte Bedienung der teuren Stücke ist allerdings fast eine eigene Ausbildung notwendig.

Die Geschichte des Kochens ohne gefährliches Feuer ist noch sehr jung. Noch vor 150 Jahren mußte am Morgen die Glut vom Vortag wieder neu entfacht werden. Bis in unser Jahrhundert hat sich die einfachste Form des Herdes erhalten, die offene Feuerstelle in der »Rauchkuchl« – der Rauch der Feuerstelle auf dem Boden zog einfach über eine Öffnung an der Küchendecke ab.

Früher machte man auf einem Mauerblock gleich mehrere, verschieden starke Feuer, um darauf zu kochen. Der Kamin verbesserte die Luft erheblich. Das Kochen selbst veränderte sich aber erst mit der Erfindung des geschlossenen Herdes im 18. Jahrhundert. Der große Suppenkessel und der Grillspieß oder der Feuerhaken verloren an Bedeutung. Statt dessen kamen kleinere Kochtöpfe und Pfannen in Gebrauch, die zu den neuen Herden paßten. Endlich konnte keine Gefahr mehr von dem funkensprühenden Feuer ausgehen.

»Sparherd« und »Kochmaschine« wurden diese eisernen Geräte genannt. Das Feuer brannte auf Rosten im Inneren des Herdes und wurde gezielt zu Feuerlöchern geleitet, in die das Geschirr eingehängt wurde. Ein System von Herdringen erlaubte die Anpassung an verschiedene Topfgrößen.

Fast zur gleichen Zeit kam der Gasherd auf. Im Jahr 1830 wurde in England zum ersten Mal auf einer Gasflamme gekocht. Erst in den zwanziger Jahren konnte sich der Gasherd als Alternative etablieren, als in den Städten ein flächendeckendes Gasnetz installiert worden war. Nunmehr war die offene Flamme per Knopfdrehung regulierbar.

Zu gleicher Zeit kündigte sich ein noch größerer Fortschritt der Küchentechnologie an: Bei der Weltausstellung 1893 in Chicago wurde der erste elektrisch beheizte Küchenherd vorgestellt.

1919 wurde in fünfzig Berliner Haushalten die Praxistauglichkeit der Elektroherde geprüft. Seit den dreißiger Jahren begann die Industrie massiv für den Elektroherd zu werben. Heute wird in vier von fünf Haushalten der alten Bundesrepublik und in Österreich elektrisch gekocht und gebacken. In den neuen Bundesländern stehen in zwei von fünf Haushalten Elektroherde.

Verwirrende Vielfalt

Allein in den alten Bundesländern werden jährlich 1,4 Millionen neue Herde gekauft. In den neuen Bundesländern werden 150.000 pro Jahr angeschafft. Es gibt kein Küchengerät, das in einer größeren Variationsbreite angeboten wird als der Küchenherd. Auch die Preiskategorien sind entsprechend breit gestreut, was einen Vergleich nahezu unmöglich macht. Selbst Testmagazine mußten von dem Ansinnen, Herde in vergleichbare Kategorien einzuteilen, absehen. Die Orientierung fällt den KäuferInnen meistens schwer.

Bei den Gasherden (> Kochen mit Gas, Seite 98) gibt es vergleichsweise geringe Unterschiede in der Bauform. Hier kann die Entscheidung nach Handhabung, Design und nicht zuletzt nach dem Preis fallen.

Schwieriger ist es bei den Elektroherden, die in den letzten Jahren eine stürmische Entwicklung hinter sich haben. Hier reicht das Angebot vom einfachen Herd mit gußeisernen Kochplatten und einem Backofen mit Ober- und Unterhitze bis hin zu den »Alleskönnern«, die in einem Gerät viele verschiedene Beheizungsarten kombiniert haben.

Kochfelder aus Glaskeramik (> Seite 105), die konventionell, mit Halogenstrahlern (> Seite 107) oder sogar mit Hilfe von Induktion (> Seite 107) beheizt werden können, haben sich heute durchgesetzt.

Backöfen können mit Ober- und Unterhitze (> Seite 109), Umluftbetrieb (> Seite 109), Mikrowelle (> Seite 109), Grill (> Seite 109), aber auch mit einem Dampfsystem (> Seite 109) ausgestattet sein. Komplettiert wird das Angebot durch unterschiedliche Selbstreinigungssysteme (> Seite 111), welche die Pflege der Geräte erleichtern sollen.

Zunehmend kommen Geräte auf den Markt, die umfangreiche Sicherheitsvorrichtungen (> Seite 106) besitzen, damit Unfälle vermieden werden können.

Einzelne Hersteller folgen dem Trend zum Umweltschutz und bieten »Energiespar-Herde« an. Diese haben eine verstärkte Wärmedämmung und verzichten auf Sichtfenster, um Wärmeverluste zu vermeiden. Außerdem haben diese Modelle keine Backraumbeleuchtung.

Checkliste beim Einkauf

Bei der Wahl des richtigen Gerätes müssen viele Faktoren berücksichtigt werden:

- ▶ Wieviel Platz darf der Herd einnehmen?
- ▶ Wie häufig und wie aufwendig soll mit dem Herd gekocht werden? Wird viel Kuchen oder häufig Brot gebacken? Sollen die Ernteerträge aus dem Garten verarbeitet werden?
- ▶ Wie anspruchsvoll sollen Ausstattung und Design sein?
- ▶ Wieviel Geld darf für den Kauf des Herdes ausgegeben werden?
- ▶ Soll das Gerät ökologischen Ansprüchen genügen und sparsam mit der Energie umgehen?
- ▶ Soll der Herd auch kindersicher sein?

Standherde

Jeder vierte Herd in deutschen Haushalten steht noch auf einem eigenen Sockel. Die genormte Größe der Standherde paßt zu den gängigen Abmessungen der Küchenunterschränke.

Standherde können auf einfache Weise frei aufgestellt oder in eine Nische zwischen zwei Unterschränken eingeschoben werden. Ein eigenes Möbelteil für den Einbau des Herdes ist nicht notwendig – das erspart Geld und Material.

▶ Wer in seiner Küche nur wenig Platz für einen Herd erübrigen kann (mehr als ein Drittel der deutschen Haushalte haben Küchen von acht Quadratmetern und kleiner), ist mit einem 45 Zentimeter schmalen Standherd gut bedient. Er nützt den knappen Raum besser aus als ein Einbauherd in einem Umbauschrank.

Die Arbeitsflächen des Standherdes und der Küchenmöbel schließen nicht bündig ab. Verunreinigungen können deshalb leicht in den Spalt zwischen Gerät und den benachbarten Möbeln gelangen.

▶ Zum Hantieren beim Backofen muß man sich unweigerlich bücken. Diese Haltung ist arbeitstechnisch ungünstiger, als wenn der Backofen in einen Hochschrank eingebaut ist (> Seite 68).

▶ Der Standherd kann nicht auf individuelle Bedürfnisse – zum Beispiel durch den kombinierten Einbau von Backofen und Mikrowellengerät (> Seite 114) im Griffbereich – abgestimmt werden.

Preis und Wert

Die Preise liegen zwischen 500 bis 1500 DM für einfache Standherde mit drei Normalkochplatten (> Seite 104), einer Schnellkochplatte (> Seite 104) und einem Backofen mit klassischer Ober- und Unterhitze. Diese Herde erfüllen alle Funktionen, die von einem Universalgerät erwartet werden. Die Qualitätsunterschiede sind gering: Die gußeisernen Kochplatten aller Modelle etwa stammen von einem einzigen Hersteller.

Praktische Prüfungen haben ergeben, daß die Unterschiede sowohl untereinander als auch im Vergleich mit anderen Herdtypen relativ gering sind. »Die Back- und Bratergebnisse dieser einfachen Geräte brauchen sich hinter denen der gehobenen Kategorie mit mehr Ausstattung wahrlich nicht zu verstecken«, urteilt der österreichische Verein für Konsumenteninformation über diese Geräte.

Es kann zwar im Backofen nur eine Ebene beschickt werden, und es gibt wenig Variationsmöglichkeiten, dafür kann aber auch nur wenig falsch gemacht werden.

Wer mehr technischen Aufwand und Komfort haben will, muß tiefer in die Tasche greifen: Standherde der mittleren Preisklasse, ausgestattet mit zusätzlicher Umluft (> Seite 109), einer Grilleinrichtung (> Seite 109) und einer Bratautomatik (> Seite 110), sowie Backöfen mit Reinigungshilfen und selbstreinigende Backöfen (> Selbstreinigung, Seite 111) kosten um die 2000 DM. Modelle, die mit mehreren Zusatzfunktionen (Mikrowelle, > Seite 109) und pyrolytischer Selbstreinigung (> Seite 111) ausgestattet sind, kommen in der Standherdversion auf mehr als 3000 DM.

Unterbau- und Einbauherde

Geteilte Elektroherde gibt es in mehreren Versionen:

▶ Der Unterbauherd unterscheidet sich vom Standherd nur dadurch, daß er keine Kochstellen hat. Er paßt genau unter eine durchgehende Arbeitsplatte, in die eine Einbauherdmulde (oder ein Glaskeramik-Kochfeld) eingepaßt und an die Schalterblende des Unterbauherdes angeschlossen wird.

▶ Der Einbauherd wird im Gegensatz zum Unterbauherd erst mit einem geeigneten Umbauschrank gebrauchsfähig. Der Einbauherd unterscheidet sich nur durch das Fehlen von Sockel und Geschirrlade vom Unterbauherd. In beiden Fällen sind Schalter und Kontrolleuchten auf derselben Schalterblende angebracht. Einbaubackofen und Einbaukochfläche oder -mulde (mit Gas oder elektrisch beheizt) können aber auch völlig getrennt voneinander eingebaut werden.

Drei von vier gekauften Küchenherden sind Einbaugeräte, weil sie sich optisch besser in die Küche einfügen. Fast 60 Prozent werden mit einem Glaskeramik-Kochfeld kombiniert.

Weil die Arbeitsfläche lückenlos abschließt, entsteht kein Spalt zwischen Gerät und Möbeln, die Reinigung ist daher einfach.

Zum Weiterlesen

Hans-Jörg Bullinger, Johannes J. Solf und Elfriede Stübler: Die arbeitsgerechte Küche. Verlag Eugen Ulmer, Stuttgart

▶ Der Einbaubackofen kann getrennt vom Kochfeld mit Schaltkasten auch in einen Hochschrank als Einzel- oder Doppelbackofen oder in Kombination mit einem Mikrowellengerät (> Seite 114) oder Dampfgarer (> Seite 111) eingebaut werden.

▶ Der Schaltkasten kann auch in Augenhöhe montiert werden. Das schützt die Schalterknebel vor Verschmutzungen, und die Einstellungen können mit einem Blick leicht kontrolliert werden. Für kleine Kinder sind die Bedienungselemente außer Reichweite.

Giftige Dämpfe beim ersten Anheizen

Bevor mit dem Kochen im Backofen begonnen werden kann, muß das Gerät erst einmal leer aufgeheizt werden. Häufig entsteht dabei ein beißender Geruch. Ein Grund für die unerwünschte Geruchsbelästigung: Formaldehyd dampft aus den Isoliermaterialien. Das Reizgas Formaldehyd steht im Verdacht, Krebs auslösen zu können. Es empfiehlt sich daher, während dieses ersten Aufheizens die Fenster zu öffnen, damit die Dämpfe ins Freie abziehen können, und den Raum zu verlassen. Eine Dauerbelastung der Küchenluft durch entweichendes Formaldehyd muß nicht befürchtet werden. Schon nach einer Stunde Hitzeeinwirkung lassen Geruch und Belastung deutlich nach. Auf jeden Fall sollte so lange aufgeheizt werden, bis das Gas nicht mehr zu riechen ist.

Fortschrittliche Hersteller haben die Produktion auf formaldehydfreie Dämm-Materialien, wie zum Beispiel Phenol-Harze, umgestellt. Bei weniger umweltfreundlich ausgestatteten Herden kann es bei der ersten Inbetriebnahme noch zu Konzentrationen von Formaldehyd in der Raumluft kommen, die den erlaubten Richtwert des Bundesgesundheitsamts überschreiten.

Häufig ist es nicht möglich, vor dem Kauf zu erfahren, ob der gewünschte Herd mit einer alten oder neuen Wärmedämmung ausgestattet ist. Trotzdem sollten KundInnen nicht müde werden, danach zu fragen. Gutes Verkaufspersonal sollte darüber Bescheid wissen. Manche Hersteller weisen neuerdings in ihren Prospekten extra auf formaldehydfreie Isolierung hin.

Einbauherde sind teurer als Stand- oder Unterbauherde.

▶ Zum erhöhten Gerätepreis der Einbauherde kommen noch die Anschaffungskosten für die Einbaumöbel.

Tischgeräte

Tischgeräte gibt es als Einzel- oder Doppelkochstellen, als Tischbacköfen ohne Kochstellen oder auch als voll funktionsfähige Tischherde. Sie werden an die Steckdose angeschlossen.

Kochen mit Gas

Nur 3,8 der zehn Millionen deutschen Haushalte, die ans Erdgasnetz angeschlossen sind, nutzen die preiswerteste und sensibelste Art der Nahrungszubereitung auf der Gasflamme.

Die direkte Umwandlung der Primärenergie Gas in Wärme schont die Umwelt: Für eine Kilowattstunde elektrische Endenergie im Haushalt werden 2,7 Kilowattstunden Primärenergie im Kraftwerk benötigt. Der Elektroherd verwertet so nur 20 Prozent des Primärenergie-Einsatzes, der Gasherd hingegen 55 Prozent. In diesen Zahlen sind obendrein die zum Teil erheblichen Verluste beim Stromtransport nicht berücksichtigt. Weil die Gasflammen jedoch beträchtliche Mengen an Stickoxiden und anderen Schadstoffen abgeben, sollten sie nur in Küchen mit einer Grundfläche von mehr als acht Quadratmetern und einer guten Belüftung eingesetzt werden (> Der sichere Umgang mit Gas, Seite 100).

Gasherde können mit allen gebräuchlichen Gasarten betrieben werden. Weil für den Betrieb mit Stadtgas oder Flüssiggas lediglich ein Austausch der Düsen oder eine Justierung durch einen Installateur notwendig sind, werden die Geräte »Allgasherde« genannt.

Die Wärme läßt sich stufenlos regulieren. Das ist besonders für das Garen im Schnellkochtopf (> Seite 183) günstig.

▶ Keine Nachwärme: Das Kochgut reagiert sofort auf Einstellungsänderungen. Nach dem Abschalten ist die Hitze sofort weg – der Topf kann auf der Kochstelle stehen bleiben.

▶ Erdgas ist preiswert. Eine Kilowattstunde Gas kostet weniger als ein Drittel einer Kilowattstunde Strom (ein Kubikmeter Gas entspricht etwa zehn Kilowattstunden).

Offene Flammen sind gefährlich. Brenner und Brennerabdeckung bleiben auch nach dem Abschalten längere Zeit heiß.

▶ Die Verbrennungsprodukte können gesundheitsschädlich sein (> Der sichere Umgang mit Gas, Seite 100).

▶ Gasgeräte lassen sich nur mühsam sauberhalten: Brenner und Roste widersetzen sich den Putzversuchen erfolgreich.

▶ Die Wärme des Flammenkranzes kann den Topfboden ungleichmäßig erhitzen. Beim Kochen und Dünsten ist das kein Nachteil. Beim Backen von Pfannkuchen zum Beispiel kann es jedoch zu unregelmäßiger Bräunung kommen. Damit solche Gerichte nicht stellenweise anbrennen, empfiehlt sich Kochgeschirr mit dickwandigem Boden (> Geschirr, Seite 176).

▶ Das Wärmeangebot ist bei geringen Mengen auch mit kleinster Flamme zu groß. Deshalb ist viel Flüssigkeit für den Wärmeausgleich nötig.

Das Angebot

Die Auswahl an Gasherden ist deutlich geringer als bei Elektroherden (> Kochen mit Strom, Seite 102). Auch die Unterschiede in Technik und Ausstattung sind weniger groß. Es gibt Stand- und Einbauherde (> Seite 96) in 50 und 60 Zentimeter breiter Ausführung.

Prinzipiell läßt sich in einer Küche auch eine Gaseinbaukochmulde mit einem Elektrobackofen mit seinen vielen Möglichkeiten kombinieren. Diese Kombination kann auch ein guter Kompromiß sein, wenn die Steigleitung in einem älteren Haus für einen Gasherd zu schwach ausgelegt ist. Für eine Gaskochmulde ist der Gasdruck häufig noch ausreichend.

Eine sinnvolle Einrichtung beim Gasstandherd ist ein zentraler Absperrhahn am Gerät, der die Gaszufuhr für den Herd unterbricht. Einige Gasherde sind zusätzlich mit einem Elektrogrill ausgestattet.

Preis und Wert

Gasherde sind mit Preisen um die 1000 DM teurer als Elektroherde. Der Grund könnte in der kleineren Produktionsstückzahl liegen.

Modelle mit Glaskeramik-Kochfeld kosten dreimal soviel wie herkömmliche Gasherde.

Wer die Energiearten lieber kombiniert, bekommt eine Gaseinbaukochmulde für etwa 600 DM und kauft sich einen komfortableren Elektro-Einbaubackofen (> Seite 108) dazu. Wesentlich teurer ist das Gas-Glaskeramik-Kochfeld mit rund 2000 DM. Bei beiden Varianten sind Hahnblende und Anschlußteil im Preis enthalten.

Gaskochstellen

Gaskochstellen können mit zwei, drei oder vier unterschiedlich großen Brennerköpfen ausgestattet sein.

Starkbrenner haben eine Leistung von 2700 Watt und heizen große Mengen von Nahrungsmittel besonders rasch auf.

Normalbrenner arbeiten mit 1750 Watt und sind die Alleskönner des Gasherdes.

Für empfindliche Speisen und kleine

Kochgeschirre ist der Sparbrenner mit 1050 Watt Heizleistung gedacht.

In modernen Gaskochstellen ist eine Zündautomatik eingebaut – was ein Hantieren mit Gasanzündern oder Streichhölzern überflüssig macht. Die Gasflamme wird mit einem Hochspannungsfunken entfacht. Dieser kann mit Strom oder ohne elektrische Energie mit Piezokristallen erzeugt werden.

Eine Zündsicherung (meist mit Thermoelement, Spule und Gasventil) sorgt dafür, daß die Gaszufuhr automatisch geschlossen wird, wenn überlaufende Speisen oder starker Luftzug die Flammen ersticken. Andernfalls könnte giftiges (Stadtgas) oder explosives (alle Gasarten) Gas ausströmen und zu schweren Unfällen führen (> Der sichere Umgang mit Gas, Seite 100).

Energiesparend kochen mit Gas

▶ Das Kochgeschirr sollte rund zwei Zentimeter größer sein als der äußerste Flammenkranz bei großer Stellung. Flammen, die über den Topfboden schlagen, verursachen neben der Verbrennungsgefahr große Energieverluste.

▶ Die Speisen nicht bei großer Flamme unnötig sprudelnd kochen lassen, sondern besser rechtzeitig vor dem Sieden zurückdrehen.

▶ Den zum Kochgeschirr passenden Brenner wählen.

▶ Besser breites flaches Kochgeschirr verwenden als schmale hohe Töpfe.

Der sichere Umgang mit Gas

Gaskochgeräte dürfen nicht zum Heizen verwendet werden, weil bei der Verbrennung von Gas giftiges Kohlenmonoxid in die Raumluft gelangt. Dieses geruchlose Gas verdrängt, wenn es eingeatmet wird, den lebensnotwendigen Sauerstoff aus dem Blut. Der Mensch erstickt »von innen«.

Kohlenmonoxid entsteht bei der unvollständigen Verbrennung von Gas, wenn die Flamme nicht genügend Sauerstoff bekommt. Auch im normalen Betrieb sammeln sich in der Küchenluft bis zu zehn Mikrogramm Kohlenmonoxid pro Kubikmeter. Diese Konzentration wird als unbedenklich eingestuft. Rauchen kann die Belastung mit dem giftigen Gas aber erheblich erhöhen.

Wird der Backofen viel benutzt, kann sich Stickstoffdioxid in der Luft anreichern. Die Konzentration kann höher werden als die Luftbelastung in Ballungsgebieten (bis zu 400 Mikrogramm pro Kubikmeter). Fachleute sprechen sogar vom »Küchen-Smog«. Ab einer Durchschnittsbelastung von 150 Mikrogramm kann es zu Atembeschwerden kommen.

Deshalb muß die Küche, in der ein Gasherd installiert werden soll, mehr als 20 Kubikmeter Rauminhalt haben. Das ist bei 2,50 Metern Raumhöhe eine acht Quadratmeter große Küche. Außerdem muß sie über Fenster oder Tür direkt ins Freie belüftbar sein. Ansonsten darf laut Gesetz kein Gasherd benutzt werden.

Das geruchlose Erdgas wird aus Sicherheitsgünden mit einem Duftstoff versetzt. Diese »Odoration« läßt das Gas nach faulen Eiern »duften«.

Alle im Handel erhältlichen Gasgeräte entsprechen den Sicherheitsanforderungen des »Deutschen Vereins des Gas- und Wasserfaches« (DVGW). Sie müssen eine Zündsicherung (> Seite 100) haben, damit Gas nicht unbemerkt ausströmen kann. Schon geringe Mengen unverbranntes Gas können durch den unangenehmen Geruch erschnuppert werden. Giftig ist Erdgas zwar nicht – das war nur beim kohlenmonoxidhaltigen Stadtgas der Fall –, trotzdem kann es gefährlich werden. Denn ab einer Konzentration von 5 bis 15 Prozent wird das Gas-Luft-Gemisch explosiv. Der spezielle Geruch kann aber weit unterhalb dieser Grenze wahrgenommen werden.

Bei Gasgeruch: Die Fenster öffnen, damit das Gasgemisch erst gar nicht die gefährliche Konzentration erreicht. Keinen elektrischen Schalter betätigen, kein Feuerzeug oder Zündholz anzünden. Das zuständige Gasversorgungsunternehmen muß sofort verständigt werden.

Reinigung

Rost und Brenner sind meist nur mit Mühe von eingebrannten Verschmutzungen zu befreien. Nur wenige Modelle besitzen geteilte Roste, die ins Geschirrspülgerät passen.

Beim Edelstahlrost kommt es mit der Zeit zu unschönen Verfärbungen, die nicht mehr entfernbar sind.

»Selbstreinigende Brennerdeckel« verglühen schon während des Kochens eventuelle Verschmutzungen. Bleiben dann immer noch unschöne Flecken von großflächigen Verunreinigungen, muß nachgereinigt werden, indem man die Kochstelle so lange bei kleiner Flamme brennen läßt, bis die Verschmutzungen zur Gänze verschwelt sind.

Gas-Glaskeramik-Kochfläche

Gaskochflächen mit Glaskeramik haben den entscheidenden Nachteil der Gasgeräte entschärft: die offene Flamme. Unter der Glaskeramikfläche sind spezielle Brenner mit einem ausgeklügelten Belüftungs- und Ableitungssystem untergebracht. So kann die Flamme unter der Oberfläche verschwinden, ohne an Sauerstoffmangel zu ersticken. Zwei oder drei Gas-Infrarot-Strahlungsbrenner sind unter dem durchsichtigen und hitzefesten Material (> Glaskeramik-Kochfelder, Seite 105) angebracht. Eine spezielle Flammenüberwachung steuert die Gaszufuhr des Strahlungsbrenners.

Die Strahlungswärme kann ungehindert durch die Kochfläche hindurch. Die Abgaswärme wird im hinteren Bereich der Kochfläche als Fortkoch- oder Warmhaltezone genützt.

Die Nutzung der Abwärme spart Gas. Mit nur einem Brenner kann im vorderen Teil ein Topf erhitzt, und im hinteren Teil der Kochfläche in einem zweiten Topf fertiggegart werden.

▶ Die glatte Fläche der Glaskeramik ist leichter zu reinigen als die Roste und Brenner der herkömmlichen Gaskochstellen (> Die richtige Pflege, Seite 106).

▶ Die neue Generation von Gasherden kommt mit rund 18 Prozent weniger Energie aus als Modelle aus den Jahren vor 1978.

Der Wirkungsgrad bei Gas-Glaskeramik-Kochflächen ist geringer als bei offenen Gasbrennern.

▶ Die Kochstellen sind weniger sensibel regulierbar.

▶ Nach dem Abschalten bleibt die Kochzone längere Zeit heiß. Die Nachwärme muß wie beim Elektroherd richtig genutzt werden.

Der Gasbackofen

An der Bodenplatte des Gasbackofens ist ein gerader, U- oder ringförmig gebogener Gasbrenner eingebaut. Aus einer Reihe von kleinen Öffnungen strömt das Gas aus, das meist elektrisch gezündet werden kann.

Ein Thermostat reguliert die Gaszufuhr und hält die Temperatur konstant. Die Merkzahlen auf dem Schaltknebel von 1 bis 8 stehen für Backofentemperaturen von 140°C bis 300 Grad Celsius (> Gasbackofen: Temperaturbereich der Schaltstufen, Seite 101).

Kein Vorheizen nötig.

▶ Der Backofen heizt mit voller Stärke auf, dann drosselt der Thermostat die Gaszufuhr.

▶ Im Gasbackofen entsteht durch das Verbrennen von Gas Wasserdampf, so daß eine feuchte Garhitze entsteht. Die Speisen gelingen besonders saftig.

Gasbackofen: Temperaturbereiche der Schaltstufen

Gasbackofen mit Umluftbetrieb

Ein Ventilator an der Rückwand verteilt bei diesen Geräten die Hitze gleichmäßig.

Die gleichmäßige Wärmeverteilung ermöglicht das gleichzeitige Garen auf drei Ebenen. Das spart Zeit und Energie.

▶ Durch die gute Wärmeübertragung kann die Gartemperatur bis zu 30 Grad niedriger gewählt werden als beim konventionellen Betrieb.

▶ Die zirkulierende Luft verhindert, daß Duft- und Geschmackstoffe auf andere Speisen übertragen werden.

Gas-Infrarot-Strahlungsgrill

Eine Platte aus Metallgitter oder Stahl deckt hier einen Gasbrenner an der Decke des Backofens ab und wird auf 800 Grad Celsius aufgeheizt. Die Platte glüht rot auf und gibt dadurch intensive Hitzestrahlung an das Grillgut ab.

Warnung vor Zusatzgeräten

Manchmal werden zum Gasherd Zusatzgeräte angeboten, die den Sicherheitsbestimmungen nicht genügen. Sie können Kohlenmonoxidvergiftungen auslösen. Vor der Verwendung dieser im Handel frei erhältlichen Produkte muß gewarnt werden:

▶ Ein eisernes kegelförmiges Zusatzgerät, das über die Gasflamme gestellt wird und einen zusätzlichen Wärmeeffekt haben soll. Es ist erwiesen, daß sich sofort Kohlenmonoxid bildet, sobald der Kegel über der Gasflamme entsteht, auch wenn genügend Luft vorhanden ist.

▶ Einen ähnlichen Effekt können auch die sogenannten Reisdünstplatten haben, die zwischen Gasflamme und Kochgeschirr gelegt werden, um eine gleichmäßigere Wärmeverteilung zu erzielen.

Das Gas-Center

Das Gas-Center vereint in der Küche mehrere Funktionen in einem 60 Zentimeter breiten Gerät. Es ist ein voll funktionstüchtiger Herd, eine Etagen- oder Zentralheizung und stellt Warmwasser bereit.

Drei Varianten gibt es:

▶ Kochstellen und Backofen mit Gas beheizt,

▶ Gußkochstellen und Elektrobackofen mit Ober- und Unterhitze und Grillsteckdose,

▶ Gaskochstellen und Elektrobackofen.

Eine Wohnung oder ein kleines Einfamilienhaus bis zu 120 Quadratmetern Wohnfläche kann mit dem Heizungsteil des Gas-Centers wie mit einer Gasetagenheizung beheizt werden.

Kochen mit Strom

In vier von fünf Haushalten der alten Bundesrepublik wird elektrisch gekocht und gebacken. In den neuen Bundesländern sind es nur zwei von fünf.

Die Vielfalt der Elektroherde ist enorm. Schwarzes oder Ganzmetall-Styling liegen voll im Trend.

Die einfachen Ausführungen aus Email oder Nirosta sind mit Gußkochplatten (> Seite 104) bestückt. Immer stärker setzen sich jedoch Kochflächen aus Glaskeramik (> Seite 105) durch. Unterschiedliche Beheizungstechnologien und Spezialfunktionen wie »automatische Topferkennung« (> Seite 106) oder Restwärmeanzeige (> Seite 106) komplettieren das Angebot.

Ein Ziel der Geräteentwicklung ist es, eine ähnlich unmittelbare Reaktion der Elektrokochstellen wie beim Gasbrenner (> Gasherd, Seite 98) zu erzielen. Erste Erfolge sind bei der Lichtkochstelle (> Seite 107) und beim Induktionsherd (> Seite 107) zu verzeichnen.

Der elektrische Strom ist eine »saubere« Energieform. In der Küche wird Strom ohne Abgase und feste Verbrennungsrückstände wie Ruß in Wärme umgewandelt. Die Umweltbelastung entsteht jedoch bei der Stromerzeugung.

▶ Wärme wird ohne offene Flammen erzeugt.

▶ Keine Smogbelastung in der Küche durch Verbrennung.

▶ Automatikschaltungen befreien von der Überwachung des Kochvorgangs.

▶ Elektroherde sind leichter zu reinigen.

▶ Zum gleichen Preis erhält man mehr Luxus als beim etwas spartanischen Gasherd.

Mit rund 400 Kilowattstunden beansprucht der Elektroherd Jahr für Jahr ein Achtel des gesamten Strombedarfs eines Haushalts. Zwei Drittel der elektrischen Energie werden im Durchschnitt an den Kochstellen verbraucht, der Rest beim Backen und Braten im Backofen.

▶ Nur 40 Prozent der ursprünglich eingesetzten Energie gelangt in Form von Strom bis zum Verbraucher. Der Rest geht bei Energiegewinnung, Umwandlung und Transport verloren.

▶ Die aufwendige Technik moderner Elektroherde ist teuer.

Automatisch kochen

Durch den automatischen Temperaturregler muß hier nicht mehr per Hand auf eine geringere Stufe zurückgeschaltet werden. Die Ankochautomatik oder -elektronik schaltet entweder nach einer vorgegebenen Zeit (zeitgesteuerte Ankochautomatik) oder nach Erreichen einer vorgegebenen Temperatur (temperaturgeregelte Ankochautomatik) selbsttätig auf die vorgewählte Fortkochstufe.

Die Unterschiede der verschiedenen technischen Lösungen liegen vor allem in der Handhabung.

Bei High-Tech-Geräten mit elektronischer Kochstellen- oder Backofensteuerung können individuelle Garprogramme programmiert werden.

Der Kochvorgang muß nicht bis zum Zurückschalten beaufsichtigt werden.

▶ Durch die Automatik kann stromsparender gekocht werden.

Vorgegebene Koch- und Bratprogramme entsprechen nicht unbedingt den eigenen Kochgewohnheiten. Außerdem sind sie davon abhängig, was und wieviel auf einmal gegart wird.

▶ Für geringe Mengen ist die Ankochautomatik meist nicht geeignet, weil das Programm zu spät zurückschaltet.

Zeitabhängige Automatik

Nach dem raschen Aufheizen auf höchster Kennzahl schalten Kochstelle oder Backofen nach einer bestimmten Zeit auf eine vorgewählte, niedrigere Stellung zurück. Diese Zeit kann vom Gerät fest vorgegeben sein oder individuell eingestellt beziehungsweise programmiert werden.

Die Automatik wird zu Beginn des Kochvorgangs eingeschaltet. Das kann durch Überdrehen des Schalterknebels über die höchste Kennzahl hinaus (9 oder 12) auf »A« oder durch kurzes Ziehen des Schaltknebels geschehen.

Zeitabhängige Ankochautomatik

▶ Bei den Kochstufen 4 bis 8 heizt die Automatik vier bis acht Minuten lang voll auf und reduziert dann die Leistung. Das Gerät schaltet jedoch völlig unabhängig von der Kochmenge – nur im Idealfall stimmt der Zeitpunkt des Rückschaltens.

▶ Bei einem anderen System wird die Ankochautomatik durch Ziehen des Knebels eingeschaltet. Dem Kochbereich sind sechs und dem Bratbereich drei verschieden lange Ankochzeiten zugeordnet.

▶ Bei einer weiteren Bauart vergrößert ein elektronisches Schaltteil die eingestellte Leistung für neuneinhalb Minuten auf das Fünffache. Dieses System arbeitet genauer, weil die Anlochleistung der Gargutmenge angepaßt wird.

▶ Die Aufheizzeit kann bei manchen Modellen eingegeben werden. Die Merkziffern auf dem Schalterknebel entsprechen in diesem Fall nicht nur der Heizleistung, sondern auch der Minutenzahl eins bis zwölf. Zuerst wird die Zeit eingestellt, also Merkzahl 5 für fünf Minuten Aufheizen. Danach wird der Schaltknebel kurz gezogen und auf die danach gewünschte Stellung gestellt.

▶ Die elektronische Kochstellensteuerung ermöglicht eine individuelle Programmierung. Eigene Kochprogramme können abgespeichert, abgerufen und auch verändert werden. Außerdem sind häufig benötigte Kochprogramme gespeichert. Ein Display informiert jederzeit über die Eingabedaten.

Temperaturabhängige Automatik

Temperaturabhängige Automatikschaltungen gibt es nur im Backofen.

Ein Temperaturfühler kontrolliert dabei den Kochvorgang. Sobald die eingestellte Hitze erreicht ist, wird die Heizleistung reduziert. Die Qualität dieser Steuerungsart hängt von der Genauigkeit der Hitzeerfassung ab.

Kochplatten aus Gusseisen

Gußeisenkochplatten geben die Hitze durch engen Kontakt mit dem Kochgeschirr weiter. Eingelassene elektrische Heizspiralen erzeugen die Wärme. Der verchromte oder schwarze Ring um die Platte verhindert, daß Flüssigkeit zu den Heizelementen dringen kann.

Herde mit den robusten und langlebigen Gußeisen-Kochplatten sind die einfachste und preiswerteste Lösung.

Der Energiebedarf ist beim Ankochen um fünf bis zehn Prozent höher als bei Glaskeramik-Kochfeldern (> Seite 105), weil die massive Eisenplatte miterwärmt werden muß.

▶ Man sieht es der Gußeisenplatte nicht an, ob sie heiß ist.

▶ Die aus der Kochmulde hochragenden Kochplatten erschweren das Verschieben der Töpfe und Pfannen. Das Geschirr kann leicht kippen.

▶ Sonderformen, etwa ovale Gußeisenplatten für größere Töpfe oder Bratpfannen, werden nicht angeboten.

Pflege

Gußkochplatten müssen regelmäßig gesäubert und vor Rost geschützt werden. Durch Feuchtigkeit verursachter Rost wird abgeschmirgelt und die Platte mit Öl behandelt. Es gibt auch spezielle schwärzende Pflegemittel, die das Rosten der eisernen Flächen verhindern und für eine tiefe Schwärze sorgen. Den Edelstahlring regelmäßig von eingebrannten Verschmutzungen befreien und mit Edelstahlpflegemittel behandeln.

Normalkochplatten

Die runden gußeisernen Kochplatten sind genormt und haben je nach Größe 2000, 1500 und 1000 Watt Heizleistung (22, 18 und 14,5 Zentimeter Durchmesser).

Für das schnelle Ankochen wird zunächst auf maximale Leistung geschaltet. Kurz bevor das Kochgut siedet, muß auf eine geringere Stufe zurückgeschaltet werden.

Schnellkochplatten (Blitzkochplatten)

Der Blitzkochplatte stehen bei Maximalstellung 500 Watt Heizleistung mehr zur Verfügung als der Normalkochplatte. Das verkürzt die Aufheizzeit, ohne den Energiebedarf zu erhöhen, weil zwar mehr Leistung, aber nur für kurze Zeit benötigt wird. Die anderen Einstellungsstufen sind gleich. Bei einer vorgegebenen Temperatur wird durch einen Begrenzer ausgeschaltet.

Glaskeramik-Kochfelder

Zwei Drittel aller verkauften Einbauherde sind bereits mit der vier Millimeter dünnen, glatten, ebenen Platte aus Glaskeramik ausgestattet.

Energiesparen beim Kochen

Rund ein Fünftel der zum Kochen benötigten Energie läßt sich auch ohne aufwendige Technik einsparen, wenn einige Grundsätze befolgt werden:

▶ Nur Kochgeschirr mit ebenem Boden und gut sitzendem Deckel verwenden: verbeulte oder verschmutzte Kochtöpfe können fast doppelt so viel Energie verbrauchen. Der unnötige Mehrverbrauch kann im Jahr einige hundert Kilowattstunden Strom betragen (> Geschirr, Seite 176).

▶ Der Durchmesser des Kochgeschirrs darf nicht kleiner sein als der beheizte Bereich der Kochstelle.

▶ Die Nachwärme von Kochplatten und -zonen nutzen (fünf bis zehn Minuten lang).

▶ Automatikkochstellen bestimmungsgemäß verwenden.

▶ Normal- und Schnellkochstellen rechtzeitig auf Fortkochleistung schalten – noch bevor das Gericht zu sieden beginnt (> Seite 104).

▶ Der Deckel gehört auf den Topf. Kochen ohne Deckel kann den Energiebedarf verdreifachen.

▶ Nur so viel Leistung einschalten, daß die Speise eben siedet und nicht wie wild brodelt.

▶ Sparsam Wasser zugeben. Zuviel Flüssigkeit beim Garen von Gemüse und Kartoffeln braucht unnötig viel Energie, schadet dem Geschmack und laugt Vitamine und Mineralstoffe aus.

▶ Wenn möglich, den Schnellkochtopf (> Seite 183) verwenden.

▶ Das Mikrowellengerät nur bei kleinen Mengen einsetzen.

Die Qualität ist bei allen Markenprodukten gleich. Ein einziger Hersteller, die Mainzer Schott-Glaswerke, produziert die unter der Markenbezeichnung »Ceran®« bekannten Platten und beliefert die Haushaltsgeräteproduzenten. Die Unterschiede der Glaskeramik-Kochfelder beschränken sich daher auf die darunterliegende Heiz- und Regeltechnik.

Einzige Ausnahme: eine Weiterentwicklung der herkömmlichen Glaskeramik mit dem Namen »Robax«, die in Geräten mit Pure-Halogen-Kochzonen (> Seite 107) eingebaut ist. Sie läßt wesentlich mehr Strahlungsenergie durch als die herkömmliche Glaskeramik, die anfangs vier Fünftel der Hitze absorbiert und über Wärmeleitung an das Geschirr weitergibt. Robax ist hingegen laut Hersteller für 80 Prozent der erzeugten Strahlungsenergie durchlässig.

Für Kochzonen gibt es im Gegensatz zu den Gußkochplatten (> Seite 104) keine Norm. Gleich große Kochzonen haben je nach Hersteller unterschiedliche Heizleistungen. Auch eine Einteilung in Normal- und Schnellkochzonen ist nicht möglich, weil der Überhitzungsschutz die Leistung begrenzt.

Zweikreiskochzonen können für große und kleine sowie bei manchen Geräten ovale Kochgeschirre die passende Heizfläche bieten.

Warmhaltezonen werden mit 125 oder 150 Watt Leistung beheizt und sind mittels Berührungssensoren auf der Kochfläche schaltbar.

Glaskeramik-Kochfelder benötigen um fünf bis zehn Prozent weniger Energie als Gußeisenkochplatten, was darauf zurückzuführen ist, daß die Glaskeramik weniger Wärme speichert und besser regelbar ist.

▶ Das Kochgeschirr läßt sich leicht verschieben und kann nicht kippen.

▶ Die Reinigung ist einfach (> Die richtige Pflege der Glaskeramik, Seite 106).

▶ Die kalte Kochfläche kann als zusätzlicher Arbeitsplatz genutzt werden.

Die Glaskeramikplatte kann bei punktueller Belastung zerbrechen, etwa durch einen spitzen oder kantigen Gegenstand. Die Sicherheitsprüfung garantiert, daß die Platte das Herabfallen eines 1,8 Kilogramm schweren Topfes aus 15 Zentimetern Höhe aushält.

Steht die Platte unter Spannung, kann sie auch ein leichterer Gegenstand, zum Beispiel ein Gewürzfläschchen vom Regal, beschädigen. Der Ersatz der zerbrochenen Glaskeramikplatte kann mehrere hundert DM kosten. Der Schaden ist meist nicht durch die Glasschadenversicherung der Haushaltsversicherung gedeckt.

▶ Bereits vom Gemüseputzen zurückgebliebene Sandkörnchen zum Beispiel zerkratzen die glatte Fläche der Glaskeramik.

Preis und Wert

Glaskeramik-Kochfelder gehören zu den anspruchsvollen Produkten. Im Vergleich zu den (ihre Funktion souverän erfüllenden) Kochmulden kosten sie das Zwei- bis Dreifache, also zwischen 700 und 1200 DM.

Kochflächen mit Halogenbeheizung (> Seite 106), Topferkennung (> Seite 106) und Autofocus (> Seite 106) kosten noch einmal um rund 1000 DM mehr.

Die richtige Pflege der Glaskeramik

Speisereste und Fettspritzer können sich leicht an der heißen Oberfläche der Glaskeramik festbrennen. Deshalb müssen Ver-

Sicherheitseinrichtungen

Der Herd ist eine Hauptgefahrenquelle im Haushalt. Vor allem für Kinder sind die duftenden Kochtöpfe verführerisch.

▶ Ein Herdschutzgitter kann verhindern, daß Kinder den heißen Kochtopf von der Kochstelle ziehen und sich verbrühen. Meist ist es als Extra-Zubehör erhältlich, in manchen Herden ist das Schutzgitter bereits integriert. Wenn nicht gekocht wird, verschwindet es in der Herdmulde, vor dem Kochen wird es durch leichten Druck aus seiner Versenkung geholt.

▶ Restwärmeanzeige: Kontrollichter im Kochfeld zeigen an, wenn eine Kochzone eine Temperatur von mehr als 50 Grad Celsius hat.

▶ Versenkbare Schaltknebel können versenkt oder hinter einer Klappblende versteckt werden, sobald sie nicht mehr gebraucht werden.

▶ Die elektronische Einschaltsicherung verhindert, daß Kinder unbeabsichtigt eine Kochstelle einschalten können. Kurze Zeit bevor die erste Kochzone eingeschaltet wird, muß die elektronische Einschaltsicherung betätigt werden. Nach drei Stunden legt die Einschaltsicherung alle Kochzonen wieder still, bis sie neuerlich betätigt wird. Der Vorteil: Die elektronische Einschaltsicherung muß vor jedem Kochen aktiv betätigt werden und kann nicht aus Bequemlichkeit umgangen werden.

▶ Die Kindersicherung bewahrt Kinder vor Inbetriebnahme des Elektroherdes. Die Stromzufuhr wird nach dem Kochen mit einem Schalter, der nur mit einer Münze zu drehen ist, unterbrochen. Die Effizienz dieser Sicherheitseinrichtung ist aber von der konsequenten Anwendung abhängig.

▶ Die »Topferkennung« verhindert, daß eine Strahlungskochzone (> Seite 107) beheizt wird, solange kein metallisches Geschirr oder ein zu kleines Geschirr darauf steht. Sie dient somit nicht nur der Sicherheit, sondern hilft auch Energie zu sparen. Für nichtmetallisches Geschirr kann die Topferkennung für einen Kochvorgang abgestellt werden. Danach ist sie wieder aktiv. Die Topferkennung schaltet zudem eine Kochzone ab, die ungewöhnlich lange eingeschaltet bleibt. Je nach Schalterstellung unterbricht sie die Stromzufuhr nach einer (höchste Schalterstellung) oder zehn (niedrigste Schalterstellung) Stunden.

▶ Die Sensoren des Autofocus in der Kochzone erkennen die Größe des Kochgeschirrs und schalten automatisch die jeweils passende Heizfläche einer Zweikreis-Kochzone (> Seite 105) ein.

Kochsysteme im Vergleich	Eigenschaften/Technik	Vorteile	Nachteile
Strahlungs-Heizkörper (Infrarot-Kochzone)	▶ Die Strahlungshitze wird mit elektrischen Heizwendeln aus Nickel-Eisendraht erzeugt, die unter der Glaskeramik glühend aufleuchten.	▶ Strahlungsheizkörper sind die gängigste und preiswerteste Beheizungsart von Glaskeramik-Kochzonen. Gute Wärmeverteilung.	▶ Reagiert träge auf Einstellungsänderungen. Die Kochstelle bleibt nach dem Abschalten lange heiß. Nur Kochgeschirr mit ebenem Boden nimmt die Wärme optimal auf.
Halogen-Kochzone (Halogen-Quarzstrahler, Infrarot-Quarzstrahler, Lichtkochzone	▶ Die Wärmestrahlung der Halogenlampe kann die Glaskeramik mit wenig Verlusten durchdringen. Unmittelbar nach dem Einschalten leuchtet das intensive, helle bis dunkelrote Licht der über 2000°C heißen Lampe auf. 60 Prozent der zugeführten Energie können als Wärme genutzt werden. Meist drei, selten vier stabförmige Halogenstrahler als Dreieck oder parallel angeordnet. Neu sind kreisförmige Halogenlampen.	▶ Reagiert besonders rasch auf Einstellungsänderungen Kurze Ankochzeiten. Verbraucht bei kurzen Kochzeiten und kleinen Gerichten weniger Energie als herkömmliche Strahlungsheizkörper. Funktioniert auch bei Kochgeschirr mit unebenem Boden gut. Das grelle Halogenlicht erhöht die Sicherheit, weil sofort sichtbar wird, wenn die Kochstelle eingeschaltet ist.	▶ Halogenkochfelder sind teurer als konventionelle. Ob sich die Mehrkosten von 300 Mark pro Lichtkochzone lohnen, ist fraglich. Bei größeren Mengen verliert der Energiespareffekt durch die kürzeren Ankochzeiten an Bedeutung.
»Pure Halogen«	▶ Eine spezielle Glaskeramik läßt besonders viel Strahlung durch. 70 Prozent der eingesetzten Energie können genutzt werden.	▶ Besserer Wirkungsgrad als die herkömmliche Halogenbeheizung. Reagiert rasch auf Einstellungsänderungen. Gleichförmigere Wärmeverteilung als bei konventioneller Halogenbeheizung.	▶ Kochfelder mit »Pure Halogen«-Kochzonen sind wesentlich teurer als andere Heizsysteme.
Induktionskochzone (»Das kalte Kochen«)	▶ Die Wärme wird durch ein elektromagnetisches Feld im Boden des Kochgeschirrs erzeugt. Wird ein geeigneter Topf auf die Kochzone gestellt, entstehen durch die auftretenden elektromagnetischen Wechselfelder Wirbelströme im Metall (»Skineffekt«), die den Topfboden erwärmen. Vier Fünftel der elektrischen Energie können für das Erhitzen genutzt werden, nur ein Fünftel geht durch Umwandlungsverluste verloren.	▶ Beim Ankochen um bis zu 50 Prozent geringerer Energieverbrauch als bei Strahlungs-Kochstellen. Keine Leerlaufverluste, keine Verluste durch Nachwärme. Die Kochzone selbst erhitzt sich nur indirekt über den Topfboden. Kein Energieverbrauch, sobald der Topf von der eingeschalteten Kochstelle genommen wird. Reagiert besonders schnell auf Änderungen der Leistungszufuhr. Der Durchmesser des Topfbodens darf auch kleiner als die Kochzone sein. Auch ein verbeulter Topfboden beeinträchtigt die Funktion nicht. Ein Sicherheitssystem verhindert, daß andere metallische Gegenstände (Messer) erhitzt werden.	▶ Die Fortkocheigenschaften sind ungünstig. Induktionskochzonen sind mit Preisen von rund 3000 Mark teuer. Die gesparten Energiekosten können ihre größeren Anschaffungkosten nicht ausgleichen. Effizienz und Energieeinsparung wirken sich nur beim Zubereiten von kleinen Mengen aus. Beim Betrieb rauscht das Kühlgebläse. Der Transformator brummt mit Netzfrequenz (50 Hertz), sobald die Kochzone auf Leistung schaltet. Nur magnetisierbares Kochgeschirr ist geeignet, das sind emaillierter Stahl, Gußeisen und Edelstahlgeschirr mit speziellem Boden.
Duokochzone	▶ Die Duokochzone ist eine Kombination von Strahlungsheizkörper und Halogenstrahler in nur einer Kochzone. 60 Prozent der zugeführten Energie können als Wärme genutzt werden.	▶ Vereint die Vorteile von Strahlungsheizkörpern als auch die der Halogenstrahler.	▶ Nur Geschirr mit ebenem Boden verwendbar. Träge Reaktion und Nachwärme. Gibt es nur als Einkreis-Kochzonen.

schmutzungen vor dem nächsten Erhitzen wieder entfernt werden. Am besten lassen sich grobe Verunreinigungen mit einem Glasschaber (erhältlich im Fachhandel) von der noch warmen Kochzone entfernen. Aggressive Grill- und Backofenreiniger oder scheuernde Putzmittel und Schwämme mit rauhem Vlies sind ungeeignet, weil sie die Kochfläche zerkratzen können.

Für die tägliche Reinigung des kalten Kochfeldes genügt ein mit Spülmittel oder feuchtem Reinigungsmittel angefeuchtetes Schwammtuch.

Zuckerhaltige Verunreinigungen können bei großer Hitze das Material der Kochfläche dauerhaft beschädigen. Deshalb müssen Spritzer von zuckerhaltigen Speisen unverzüglich weggewischt oder -geschabt werden. Beim üblichen Kochen entstehen allerdings nicht so hohe Temperaturen auf den Kochzonen. Nur wenn kein Topf auf der beheizten Kochzone steht, kann die Temperatur über den kritischen Bereich bis zu 500 Grad Celsius steigen.

Die teuren, silikonhaltigen Spezialpflegemittel für Glaskeramik-Kochflächen sind nicht unbedingt notwendig. Die Glaskeramikplatte läßt sich auch so sauberhalten. Tests haben gezeigt, daß sie, regelmäßig verwendet, Schäden durch Zucker vorbeugen können und die tägliche Reinigung ein wenig erleichtern.

Der Elektro-backofen

Der Backofen ist heute eines der vielseitigsten Geräte. Das Angebot an verschiedenen Bauformen ist groß. Es reicht vom einfachen Backofen mit Ober- und Unterhitze bis zum selbstreinigenden Alleskönner mit integrierter Mikrowelle oder integriertem Dampfgarsystem. Ein Preisvergleich bei den vielen Kombinationsmöglichkeiten fällt zunehmend schwerer. Besser ist es, sich vor dem Kauf genau zu überlegen, welche Funktionen wirklich benötigt werden, und erst dann die Preise zu vergleichen.

Preis und Wert

Gute Koch- und Backergebnisse lassen sich im einfachen Backofen ebenso erzielen wie im Luxusmodell. Mit übersichtlichen Geräten mit einigen wenigen sinnvollen Variationsmöglichkeiten erzielen die meisten BenutzerInnen befriedigendere Resultate als mit luxuriösen Alleskönnern.

Deshalb sollte vor dem Kauf genau überlegt werden, wie versiert Hausmann oder -frau beim Kochen tatsächlich sind und wieviel Zeit für das Kochen am eigenen Herd aufgewendet werden kann. Für gelegentliches Ausprobieren neuer Rezepte genügt zumeist ein einfacher Backofen. Sollen aber viele Personen täglich verköstigt werden, kann sich ein teurer und komfortabler Herd sehr wohl rentieren. Ein solches High-Tech-Gerät ist hinsichtlich Temperaturverteilung, Gardauer, Energiebedarf und Arbeitsergebnis den konventionellen Backöfen überlegen.

Ein Backofen mit integrierter Mikrowelle ist eine teure Anschaffung, die sich nur lohnt, wenn sie auch häufig genutzt wird.

Herde mit Umluftsystem kosten 300 DM mehr als Ober-/Unterhitze-Herde.

Für weitere Zusatzfunktionen steigt der Preis bis auf das Siebenfache. Nach oben hin sind fast keine Grenzen gesetzt.

Ausstattung

▶ Einschubauflagen für das Einschieben von Backblechen und Rosten, die abnehmbar sind, erleichtern die Reinigung.

▶ Roste und Bleche auf Teleskopschienen sind einzeln beweglich und können nicht herauskippen.

▶ Der Backwagen hat Backbleche und Roste an der Tür befestigt. Das Gerät wird dann von oben oder von der Seite bedient. Allerdings muß man die oberen Bleche erst einmal beiseite stellen, bevor man an das unterste gelangt. Praktischer ist ein von vorne bedienbarer Teleskopauszug.

▶ Unten angeschlagene Türen sind die bessere Wahl. An seitlich angeschlagenen Türen

Backsysteme im Vergleich	**Technik**	**Vorteile**	**Nachteile**
Ober- und Unterhitze	▶ Heizelemente sind unter dem Backofenboden und an der Decke angeordnet und getrennt schaltbar. Leistung: 2000 bis 3000 Watt Temperatur: 50°C bis 275°C	▶ Abstimmung von Ober- und Unterhitze kann sehr genau erfolgen: Backblech im oberen Bereich – stärkere Oberhitze, Backblech im unteren Drittel – stärkere Unterhitze.	▶ Backen und Braten ist nur auf einer Ebene möglich. Verschmutzungen können wegen der nötigen großen Hitze stärker einbrennen.
Umluft- (Heißluft-) system **kombiniert mit Ober- und Unterhitze**	▶ Die von einem Ringheizkörper erhitzte Luft wird durch einen Ventilator verteilt. Bei einigen Modellen kann der Ventilator auch ausschließlich die Wärme der Ober- und Unterhitze verteilen.	▶ Effizientere Wärmeübertragung. Kein Vorheizen nötig. Gleichzeitiges Garen auf mehreren Ebenen möglich.	▶ Meist bekommt beim Garen in mehreren Ebenen die unterste zu wenig Hitze ab. Schwache Bräunung von Kuchen und Braten. Biskuitteig verliert zuviel Feuchtigkeit.
Grilleinrichtung **kann mit allen anderen Heizsystemen kombiniert sein**	▶ Strahlungsheizkörper: fix eingebaut oder an einer speziellen Steckdose in der Backofenrückwand einzustecken.	▶ Bei regelbarer Leistung energiesparendes Grillen bei geschlossener Backofentür möglich. Große Grillfläche.	▶ Backofen verschmutzt beim Grillen am Spieß stark. Verschmutzungen brennen bei Grilltemperaturen stark ein.
Integrierte Mikrowelle **kombiniert mit Ober-/Unterhitze und/ oder Umluftbeheizung und Grill**	▶ Zusätzlich zur Backofenbeheizung kann die Mikrowelle zugeschaltet werden. Die Grenze zu Mikrowellen-Kombinationsgeräten (> Seite 118) ist fließend.	▶ Gardauer verringert sich um ein bis zwei Drittel. Grillen+Mikrowelle: große Fleischstücke in halber Zeit gar. Umluft+Mikrowelle: für Aufläufe und Kuchen. Ober-/Unterhitze + Mikrowelle für Kuchen und große Braten.	▶ Messungen haben ergeben, daß beim haushaltsmäßigen Gebrauch keine erheblichen Einsparungen festzustellen sind. Die Speisen können stärker austrocknen.
Multigarer (integriertes Dampfgarsystem mit Druck) **kombiniert mit Ober-/ Unterhitze, Umluftbeheizung und Grill**	▶ Ein Dampferzeuger mit Leitungsanschluß erzeugt Dampf, die Backofentür läßt sich druckfest verriegeln. Elektronische Regelung von Temperatur, Dampf und Zeit. Nach der Garzeit werden Speisen automatisch warmgehalten. Fester Anschluß für Wasserzu- und -ablauf.	▶ Dampffunktion mit und ohne Druck möglich, alle Beheizungsarten sind kombinierbar. Rasches und bequemes Garen mit Überdruck. Gute Qualität der Speisen, auch zum Auftauen tiefgefrorener Lebensmittel und Aufwärmen von Tellergerichten geeignet. Geringster Energiebedarf von allen Systemen.	▶ Hoher Wasserverbrauch, vor allem für das Rückkühlen des Geräts. Kochgut während des Garens nicht zugänglich. Kosten ein Vielfaches einfacher Backöfen. Chemikalieneinsatz für das von Zeit zu Zeit nötige Entkalken.
Dampfstoß (integriertes Dampfgarsystem ohne Druck) **kombiniert mit Ober-/ Unterhitze, Umluftbeheizung und Grill**	▶ Wasser wird in einen Vorratsbehälter gefüllt. Das Gerät verdampft es und leitet es in den Backofen. Dampfbetrieb in drei Stufen regelbar. Bei manchen Geräten kann der Dampf mittels einer Sonde in einen speziellen Glastopf oder direkt ins Fleisch geführt werden.	▶ Gleichzeitiges Garen von Kartoffeln und verschiedenem Gemüse im Serviergeschirr mit Dampffunktion möglich. Kombiniert mit Backofenbeheizung gelingen Kuchen und Aufläufe besonders saftig. Durch den Zusatz von Dampf können auch Teigwaren, Reis- und Grießgerichte zubereitet werden.	▶ Einfüllen von Wasser in die kleine »Schublade« des Geräts verlangt eine ruhige Hand. Regelmäßiges Entkalken mit einer säurehaltigen Flüssigkeit nötig. Kein Garen mit Überdruck möglich.

verbrennt man sich leicht, und sie verschmutzen leichter.

▶ Ein Ringkatalysator um Ringheizkörper und Ventilator der Umluftbeheizung kann Fettgeruchspartikel aus der Backofenluft entfernen.

▶ Der »Backraumteiler« verringert den beheizten Rauminhalt großer Backöfen bei Bedarf um ein Drittel. Das ist ein beheizter Zwischenboden, der eingeschoben und an der Rückwand des Backofens angeschlossen werden kann. Dabei wird die fest installierte Backofenunterhitze automatisch abgeschaltet. Untersuchungen der Versuchsstelle der Elektrizitätswerke Österreichs haben allerdings gezeigt, daß die Energieeinsparung gering ist (maximal 15 Prozent).

Grillmöglichkeiten im Backofen

UMLUFTGRILLEN

Beim Umluftgrillen werden Grill und Ventilator gleichzeitig oder abwechselnd eingeschaltet. Drehspießeinrichtung und Motor sind nicht nötig: Das Grillgut wird einfach auf den Rost gelegt. Die Strahlungswärme bewirkt die Bräunung, der Umluftbetrieb eine gleichmäßige Wärmeverteilung. Weil die Wärme von allen Seiten kommt, muß es auf dem Rost entweder gar nicht oder nur einmal gewendet werden. Beim Umluftgrillen können auch mehrere große Fleischstücke oder Hähnchen gleichzeitig gegrillt werden. Durch die geschlossene Tür geht kaum Wärme verloren.

GRILLEN BEI OFFENER BACKOFENTÜR

Bei herkömmlichen, nicht regelbaren Grilleinrichtungen muß die Backofentür ein Stück weit offenbleiben, damit entstehende Dämpfe oder Rauch ungehindert abziehen können und das Grillgut vor übermäßiger Hitze geschützt wird.

GRILLEN BEI GESCHLOSSENER BACKOFENTÜR

Nur wenn die Temperatur des Grillheizkörpers im Backofen geregelt werden kann, ist energiesparendes Grillen bei geschlossener Backofentür möglich. Der Backofen muß außerdem so gebaut sein, daß die beim Garen freiwerdenden Dämpfe abgeleitet werden.

GRILLEN AM SPIESS

An einer Seiten- oder an der Rückwand ist ein Motor eingebaut, der einen großen Grillspieß langsam drehen kann. Durch die langsame Drehung kann die Strahlungshitze auch bei großen Fleischstücken von allen Seiten einwirken.

Automatisches Garen

Bei Geräten der gehobenen Preisklasse müssen die Garvorgänge nicht mehr überwacht werden. Eine Automatik steuert die Backofenfunktionen.

▶ Bei elektronischen Garprogrammen übernehmen Mikroprozessoren die Leistungs- und Temperaturregelung und die der Schaltuhr. Ein Display erleichtert die Programmeingabe und gibt während des Garens fortlaufend Auskunft über die jeweils eingesetzte Mikrowellenleistung, Heizart und Temperatur sowie die gewählte Automatikfunktion.

▶ Die einfachere Bratautomatik ist eine Kombination von Temperatur- und Zeitschaltautomatik. Die meisten Geräte mit einer Bratautomatik beginnen mit etwa 250 Grad Celsius zum raschen Anbraten und schalten dann auf eine geringere Temperatur zum Fertiggaren zurück.

▶ Ein Bratenthermometer ist ein spießförmiger Temperaturfühler, der – in die Mitte des Bratenstücks gestochen – die Kerntemperatur erfaßt. BenutzerInnen stellen nur die gewünschte Kerntemperatur, die Beheizungsart und die Backofentemperatur ein. Beim Erreichen der eingestellten Temperatur schaltet die Beheizung automatisch ab, und es ertönt ein akustisches Signal. So kann Fleisch auf den Punkt genau gegart werden. Allerdings braucht es bei den meisten, als Zubehör zu den Geräten angebotenen Bratenthermometern etwas Erfahrung dazu, weil sie häufig sehr ungenau messen. Die Temperaturerfassung ist vor allem bei Lebensmitteln problematisch, die sehr verschiedenartig strukturiert sind. Die Spitze des Thermometers darf zum Beispiel den Knochen eines Bratens nicht berühren.

Sicherheit

▶ Kippsicherungen, Teleskopschienen oder ein Backwagen verhindern, daß Backbleche und Fettpfannen nach vorne kippen können.
▶ Mehrfachverglasung und Metallbedampfung senken die Temperatur der Backofentür. Manche Geräte belüften diesen Bereich zusätzlich. Die Backofentür wird nicht heißer als handwarm.
▶ Ein spezieller Verriegelungsschalter verschließt die Backofentür vor neugierigen Kinderhänden.

Der Dampfgarer

Der Dampfgarer besteht im wesentlichen aus einem runden Garraum aus Edelstahl und einem druckdicht verriegelbaren Deckel – ähnlich einem umgekippten Schnellkochtopf (> Seite 183). Er wird ebenso wie ein Einbaubackofen in einen Hoch- oder Umbauschrank eingebaut. Die Lebensmittel werden beim Dampfgaren auf mehreren Ebenen gleichzeitig in speziellen Edelstahlschalen mit unterschiedlicher Größe eingeschoben.

Reinigungssysteme im Vergleich	Eigenschaften	Vorteile	Nachteile
Katalytische Selbstreinigung	▶ Ein Katalysator bewirkt zusammen mit Luftsauerstoff und hohen Temperaturen die Oxydation von fetthaltigen Verschmutzungen. Ein eigenes Reinigungsprogramm, das bei manchen Geräten zuschaltbar ist, ist meist nicht nötig. Je nach Verschmutzungsgrad dauert dieser Vorgang eineinhalb bis zwei Stunden und braucht 1,5 bis 2 Kilowattstunden Strom.	▶ Der Preis für die katalytische Selbstreinigung ist gegenüber der pyrolytischen Selbstreinigung gering. Der Backofen muß für die Reinigung nicht extra aufgeheizt werden, Verschmutzungen oxidieren bei Temperaturen über 200°C während des Garvorgangs von selbst.	▶ Bei großflächigen Verschmutzungen ist die Wirkung nicht ausreichend. Beseitigt wird lediglich Fett. Säure- oder zuckerhaltiger Schmutz bleibt. Scharfe Reinigungsmittel, Bürsten oder Scheuerschwämme und Backofensprays beschädigen das Material. Das Spezialemail nützt sich ab, läßt sich aber nachrüsten.
Pyrolytische Selbstreinigung	▶ Bei der Pyrolyse werden alle Verunreinigungen bei Temperaturen um 500°C verschwelt. Das geschieht in einem eigenen, mindestens drei Stunden dauernden Reinigungsprogramm. Die hohen Temperaturen erfordern eine besondere Ausrüstung der Geräte mit verstärkter Wärmedämmung, besonderer Türdichtung und -verriegelung und einer Gehäusekühlung mit einem Ventilator.	▶ Die für die Pyrolyse unumgängliche gute Wärmedämmung spart im Kochbetrieb sieben bis 19 Prozent Strom. Die pyrolytische Selbstreinigung entfernt jeden Schmutz. Übrig bleibt nur Asche, die sich leicht entfernen läßt. Die besonders starke Wärmedämmung verringert den Energiebedarf beim Garen soweit, daß der Mehrverbrauch an Strom meist nicht ins Gewicht fällt.	▶ Die pyrolytische Reinigung, die mit sehr hohen Temperaturen arbeitet, braucht lange. Der Stromverbrauch für einen dreistündigen Reinigungsvorgang liegt bei sechs Kilowattstunden. Geräte mit pyrolytischer Selbstreinigung sind wegen der erforderlichen Sicherheitsmaßnahmen um rund 400 DM teurer.
Clean Emaille	▶ Clean Emaille sind feinporig und glatt. Verunreinigungen können in das Material, aus dem die Innenwände des Backofens sowie Backbleche, Fettpfanne und Spritzschutzblech gefertigt sind, nicht eindringen.	▶ Reste von Bratensaft, Teigmischungen und Kuchenbelägen lassen sich mit einem feuchten Schwamm wegwischen. Eingebrannte Verschmutzungen können mit einem Rasierklingenschaber weggekratzt werden. Aggressive chemische Reinigungsmittel sind unnötig.	▶ Backöfen mit dem Spezialemail sind teuer. Für die Reinigung muß regelmäßig mit Schwamm und Schaber im häufig nicht gut zugänglichen Backofen hantiert werden. Das Email kann durch zu harte Scheuerschwämme zerkratzt werden.

Im Unterschied zum Multigarer (> Seite 109) kann im Dampfgarer ausschließlich mit Dampf gekocht werden. Der Dampfgarer kann also keinesfalls den Backofen ersetzen, sondern lediglich ergänzen.

Der Garprozeß läuft völlig automatisch ab. Die Bedienung ist deshalb sehr einfach, und auch die Handhabung ist beträchtlich komfortabler als beim Dampfdruckkochtopf auf dem Herd.

▶ Der Garraum von acht Litern ist besonders groß. Dadurch können vor allem große Mengen relativ energiegünstig und zeitsparend gegart werden. Aus diesem Grund eignet sich der Dampfgarer auch besonders für größere Haushalte.

▶ Für große Mengen, zum Beispiel für zwei Kilogramm Kartoffeln, benötigt der Dampfgarer im Vergleich zum Garen auf der Kochstelle nicht einmal die halbe Zeit.

▶ Der Geschmack von im Dampfgarer gegarten Speisen ist besonders gut. Der Eigengeschmack von Gemüse bleibt nahezu vollkommen erhalten.

▶ Das Dampfgaren ist eine besonders schonende Garmethode. Die Lebensmittel werden bei diesem Garverfahren nahezu nicht ausgelaugt und bewahren den Gehalt an wasserlöslichen Vitaminen und Mineralstoffen weitgehend.

▶ Der Dampfgarer ist gut geeignet für das Zubereiten ganzer Menüs in einem Garvorgang.

▶ Besonders geeignet ist er auch für die Diätküche und für die schonende Zubereitung von Babygemüse.

▶ Durch die zahlreichen Sicherheitsvorrichtungen bietet er außerdem große Sicherheit und wenig böse Überraschungen beim Kochen.

Der Dampfgarer allein kostet je nach Größe und Ausführung zwischen 3000 bis 4000 DM. Er ist aber kein Ersatz für den Backofen, sondern sollte lediglich als Ergänzung dazu betrachtet werden, da nur mit Dampf gekocht werden kann.

▶ Der Dampfgarer braucht viel Platz und benötigt einen festen Kaltwasser- und Abwasseranschluß.

▶ Problematisch für die Umwelt ist auch das beigepackte Entkalkungsmittel.

▶ Für kleine Mengen verbraucht der Dampfgarer vergleichsweise am meisten Strom von allen Garsystemen. Den Zeitvorteil des Druckkochens erzielt man mit Hilfe des Schnellkochtopfes (> Seite 183).

▶ Für kleine Haushalte ist der Dampfgarer zu teuer und lohnt daher nicht.

Umweltschonend backen

Backöfen neuer Generation gehen mit der elektrischen Energie recht sparsam um. Dazu haben die verbesserte Wärmedämmung und das Kombigaren mit Umluft und Mikrowelle beigetragen.

Die Art der Beheizung ist für den Energieverbrauch wenig maßgebend. Unterschiede gibt es dagegen bei den verschiedenen Markenprodukten. KäuferInnen können sich an den in der Produktdeklaration angegebenen Normwerten orientieren: Niedrige Verbrauchswerte für Backöfen für einmal Aufheizen und eine Betriebsstunde betragen rund 0,74 Kilowattstunden. Der Durchschnitt liegt bei 1,2 Kilowattstunden.

Die größten Einsparungen können durch bewußte Handhabung erzielt werden:

▶ Den Backofen nur vorheizen, wenn es für ein bestimmtes Gericht nötig ist (etwa Biskuitroulade).

▶ Möglichst auf das Öffnen der Backofentür verzichten. Das Begießen kann bei Braten, die weniger als 90 Minuten brauchen, entfallen.

▶ Das Garen auf mehreren Ebenen nutzen. Es ist möglich, ganze Menüs auf einmal im Backofen zu garen. Dabei können Automatikprogramme samt Zeitschalter optimal genutzt werden. Weil keine Aufsicht notwendig ist, kann das vorbereitete Menü sogar in Abwesenheit kochen.

▶ Bei Betriebszeiten von mehr als 40 Minuten sollte die Nachwärme (bis zu zehn Minuten) genützt werden.

▶ Für geringere Mengen ist ein Backraumteiler (> Seite 110) eine vertretbare Alternative.

Adressen für die Beratung

▶ Bei den Verbraucherzentralen ist die nächstgelegene Beratungsstelle zu erfragen:
Baden-Württemberg: Paulinenstraße 47, 70178 Stuttgart, Telefon: (0711) 66 91-0
Bayern: Mozartstraße 9, 80336 München, Telefon: (089) 53 98 70
Brandenburg: Hegelallee 6-8 Haus 9, 14467 Potsdam, Telefon: (0331) 35 38 81
Land Bremen: Obernstraße 38/42, 28195 Bremen, Telefon: (0421) 32 08 34
Hamburg: Große Bleichen 23, 20354 Hamburg, Telefon: (040) 35 00 14 85
Hessen: Berliner Straße 27, 60311 Frankfurt/Main, Telefon: (069) 28 07 01
Mecklenburg/Vorpommern: Strandstraße 98, 18055 Rostock, Telefon (0381) 3 12 85
Niedersachsen: Herrenstraße 14, 30159 Hannover, Telefon: (0511) 9 11 96.0
Nordrhein-Westfalen: Mintropstraße 27, 40215 Düsseldorf, Telefon: (0211) 38 09-0
Rheinland-Pfalz: Große Langgasse 16, 55116 Mainz, Telefon: (06131) 28 48-0
Saarland: Hohenzollernstraße 11, 66117 Saarbrücken, Telefon: (0681) 5 20 49
Sachsen: Burgstraße 2, 04109 Leipzig, Telefon: (0341) 29 14 41
Sachsen-Anhalt: Am Steintor 14/15, 06112 Halle, Telefon: (0345) 5 00 83-16
Schleswig-Holstein: Bergstraße 24, 24103 Kiel, Telefon: (0431) 5 12 86
Thüringen: Wilhelm-Külz-Straße 26, 99084 Erfurt, Telefon: (0361) 6 46 13 12

▶ Beim Verbraucherservice der Stiftung Warentest in Berlin können KonsumentInnen telefonische Auskünfte über getestete Geräte erhalten. Telefon: (030) 26 23 14

▶ Beratungen zu Gas- und Elektrohaushaltsgeräten gibt es bei über 600 örtlichen Gas- und/oder Elektrizitätsversorgungsstellen. Viele davon haben die Geräte ausgestellt oder führen Versuchs- und Lehrküchen, in denen Kurse für KonsumentInnen angeboten werden. Adresse und Telefonnummer der nächstgelegenen Beratungsstelle oder die Standorte von 50 Beratungsbussen vermitteln:

▶ Bundesverband der Deutschen Gas- und Wasserwirtschaft e.V. Josef-Wirmer-Straße 1, 53123 Bonn, Telefon: (0228) 25 98 0.

▶ Hauptberatungsstelle für Elektrizitätsanwendung (HEA) e.V., Am Hauptbahnhof 12, 60329 Frankfurt am Main, Telefon: (069) 25 619-0.

Wien

▶ Wienstrom – Beratungszentrum (Computerberatung), Mariahilfer Straße 41-43, 1060 Wien, Telefon: (0222) 587 53 50

▶ Beratungsstelle des Vereins für Konsumenteninformation, Mariahilfer Straße 81, 1060 Wien, Telefon: (0222) 587 86 86

▶ Umweltberatung der VHS Favoriten, Ada-Christen-Gasse 2B/6/11,1100 Wien, Telefon: (0222) 68 77 68

▶ Umweltberatung der VHS Floridsdorf, Galvanigasse 17, 1210 Wien, Telefon: (0222) 30 41 24

▶ Umweltberatung der VHS Hietzing, Speisinger Straße 19, 1130 Wien, Telefon: (0222) 804 84 66

▶ Umweltberatung der VHS Penzing, Rottstraße 3/2, 1140 Wien, Telefon: (0222) 911 35 52

▶ Beratungszentrum Wiener Gaswerke, Mariahilfer Straße 63, 1060 Wien, Telefon (0222) 588880

Niederösterreich

▶ EVN Energie-Versorgung Niederösterreich Aktiengesellschaft, Johann-Steinböck-Straße 1, 2344 Maria Enzersdorf am Gebirge, Telefon: (02236) 200-2264

▶ Umweltberatung NÖ Mitte, Schießstattring 25, 3100 St. Pölten, Telefon: (02742) 61 486

▶ Umweltberatung NÖ Süd, Herzog-Leopold-Straße 23, 2700 Wr. Neustadt, Telefon: (02622) 26 950

Oberösterreich

▶ Beratungsstelle des Vereins für Konsumenteninformation, Weingartshoferstraße 2, 4020 Linz, Telefon: (0732) 541 66

▶ Beratungsstelle der Oberösterreichischen Kraftwerke AG (OKA), Böhmerwaldstraße 3, 4020 Linz, Telefon: (0732) 6593-3562

▶ Umweltberatung Linz, Hessenplatz 8, 4020 Linz, Telefon: (0732) 78 34 77

Salzburg

▶ Salzburger Aktiengesellschaft für Energiewirtschaft (SAFE), Schwarzstraße 44, 5020 Salzburg, Telefon: (0662) 8884-2431

▶ Salzburger Stadtwerke Aktiengesellschaft, Roseggerstraße 2, 5021 Salzburg, Telefon: (0662) 4480-2000

Tirol

▶ Beratungsstelle des Vereins für Konsumenteninformation, Lieberstraße 1, 6020 Innsbruck, Telefon: (0512) 58 68 78

▶ Tiroler Wasserkraftwerke AG (TIWAG), Landhausplatz 2, 6010 Innsbruck, Telefon: (0512) 506-2364

▶ Umweltberatung Innsbruck, Müllerstraße 26, 6020 Innsbruck, Telefon: (0512) 57 56 56

Vorarlberg

▶ Vorarlberger Kraftwerke Aktiengesellschaft, Weidachstraße 6, 6900 Bregenz, Telefon: (05574) 31581-2560

Steiermark

▶ Beratungsstelle des Vereins für Konsumenteninformation, Kosakengasse 8, 8020 Graz, Telefon: (0316) 91 57 57

▶ Steirische Wasserkraft- und Elektrizitäts-Aktiengesellschaft (STEWEAG), Leonhardgürtel 10, 8010 Graz, Telefon: (0316) 387-2140

Kärnten

▶ Kärntner Elektrizitäts-Aktiengesellschaft (KELAG), Arnulfplatz 2, 9020 Klagenfurt, Telefon: (0463) 525-1399, 1247

▶ Stadtwerke Klagenfurt, St. Veiter Straße 31, 9020 Klagenfurt, Telefon: (0463) 521-793

Burgenland

▶ Beratungsstelle des Vereins für Konsumenteninformation, Esterházystraße 24a, 7000 Eisenstadt, Telefon: (0 26 82) 620 09

▶ Burgenländische Elektrizitätswirtschafts-Aktiengesellschaft (BEWAG), Kasernenstraße 9, 7000 Eisenstadt, Telefon: (02682) 603-26

Mikrowellen-geräte

Der Boom bei den Mikrowellengeräten ist Zeichen für die geänderten Lebensgewohnheiten der Menschen. Die zunehmende Zahl der Singles und der Wunsch von KonsumentInnen, mit wenig Zeitaufwand eine vollwertige Mahlzeit auf den Tisch zu bringen, haben zum Durchbruch der Mikrowellengeräte beigetragen.

In 37 Prozent der westdeutschen Haushalte steht bereits ein Mikrowellenherd. Jeder zweite davon ist ein kompaktes Sologerät mit einer Leistung von 500 bis 700 Watt ohne zusätzliche Extras. Auch in den neuen Bundesländern entwickelt sich die »Schnelle Welle« zum Renner. 1991 besaßen gerade fünf Prozent der Haushalte ein Mikrowellengerät, 1992 waren es schon zehn. An diesem Boom konnten auch die immer wieder geäußerten Befürchtungen, das Garen mit Mikrowelle könnte gesundheitsschädlich sein (> Seite 117), nichts ändern.

Im Mikrowellengerät können Speisen ohne spezielles Kochgeschirr zubereitet, erwärmt oder aufgetaut werden. Zum Auftauen und Erwärmen genügt der Eßteller – der lästige Abwasch verringert sich. Übersehen wird freilich häufig, daß die Mikrowelle den Herd nicht ersetzen, sondern nur ergänzen kann. Mit einer zusätzlichen Beheizung wird er jedoch zum vollwertigen Backofen.

In letzter Zeit läßt sich ein deutlicher Trend zu aufwendigeren Modellen feststellen. Zusatzbeheizungen sollen den entscheidenden Nachteil der Mikrowelle – die fehlende Bräunung – wettmachen. Für gelegentliches Auftauen und Erwärmen von Lebensmitteln reicht ein einfaches, preiswertes Gerät. Die Stromersparnis von einigen Kilowattstunden fällt nur dann ins Gewicht, wenn das Gerät täglich mindestens einmal genutzt wird.

Zeitsparen

Bei kleinen Mengen (bis zu einem halben Kilo) kann mit dem Solomikrowellengerät Zeit gespart werden.

Als Faustregel gilt: doppelte Menge – doppelte Zeit, halbe Menge – halbe Zeit.

Beispiele, bis zu welcher Menge der Mikrowellenherd schneller arbeitet als andere Gargeräte:

Garen von Gemüse .... bis 900 Gramm
Garen von Tiefkühlgemüse ... bis 350 Gramm
Erwärmen von Milch .... bis 450 Milliliter

Auch die Form des Lebensmittels oder Geschirrs spielt eine Rolle: Flaches und Niederes wird rascher heiß als Schmales und Hohes.

Je größer die Ausgangsleistung, desto schneller wärmen die Mikrowellen die Lebensmittel. Unter 600 Watt ist die Zeitersparnis aber gering.

Energiesparen

Für den Energiebedarf gilt: Je kleiner die Portion, desto wirtschaftlicher kann im Mikrowellengerät im Vergleich zu anderen Kochstellen erwärmt werden.

Beispiele, bis zu welcher Menge das Mikrowellengerät energiesparender arbeitet als herkömmliche Kochstellen:
Garen von Gemüse .... bis 400 Gramm
Garen von Tiefkühlgemüse bis 200 Gramm
Erwärmen von Milch .... bis 300 Milliliter

Der Energiebedarf ist unabhängig davon, ob ein Glas Milch in einem einfachen Sologerät erwärmt wird oder in einem Gerät mit besonders hoher Leistung, weil im Mikrowellengerät der Garraum nicht miterwärmt werden muß.

Tips zum Kauf

Vor dem Kauf sollten grundsätzliche Überlegungen angestellt werden:

▶ Wo hat das Mikrowellengerät Platz in der Küche?

▶ Wofür soll die Mikrowelle hauptsächlich verwendet werden? Zum Garen oder nur zum Auftauen oder Erwärmen?

▶ Wie viele Personen sollen gleichzeitig verköstigt werden?

Die bei den Produkten angegebenen Werte benennen das Garraumvolumen und können leicht irreführen. Viel wichtiger als ein großer Rauminhalt ist eine große Stellfläche. Es empfiehlt sich, vor dem Kauf auszuprobieren, ob die im Haushalt vorhandenen mikrowellentauglichen Servierplatten und Teller (kein Edelstahl- oder Silbergeschirr und kein Porzellangeschirr mit Goldrand) im gewünschten Gerät Platz haben. Das erspart die nachträgliche Anschaffung von Mikrowellengeschirr (> Seite 184).

Die Hersteller bieten zunehmend Geräte mit sehr hohen Ausgangsleistungen bis zu 1200 Watt an. Die Wellen sollen möglichst gleichmäßig im Garraum verteilt werden. Das geschieht am besten mit dem »Doppelverteilersystem«, also Wellenverteiler und Drehteller (> Wie der Mikrowellenherd funktioniert, Seite 116). Auch die »Zweifacheinspeisung« bringt gute Ergebnisse.

WIE DER MIKRO-WELLENHERD FUNKTIONIERT

Die Mikrowellen werden im Sender, dem sogenannten Magnetron, erzeugt und über eine Antenne in den Garraum geleitet.

Die Mikrowellen sollen möglichst gleichmäßig im Garraum verteilt werden. Das kann mit einem sogenannten Wobbler, einem Reflektorflügel oder einer rotierenden Antenne erzielt werden, die die Wellen »verrühren« und sie in andere Richtungen lenken. Manche Geräte haben zwei Eintrittsstellen für die Mikrowellen. Alle diese Systeme bringen gleichwertige Ergebnisse. Günstig ist die Kombination mit einem Drehteller, der das Gargut langsam im Mikrowellenfeld dreht.

Der Nachteil des Drehtellers: Ein Teil des Innenraumes bleibt ungenutzt, oder der Drehteller kann sich verklemmen. Bei manchen Geräten läßt sich die Bewegung des Drehtellers ausschalten und wahlweise der gesamte Innenraum nutzen, weil ein zusätzlicher Wobbler eingebaut ist. In diesem Fall sind auch eckige Gefäße verwendbar.

Die Einschaltzeit kann entweder über einen mechanischen Zeitschalter (einfache Bedienung, aber bei kurzen Zeiten etwas ungenau) oder über eine elektronische Zeituhr sekundengenau eingestellt werden.

ELEKTRONISCHE STEUERUNG

Geräte mit elektronischer Steuerung haben feste Programmabläufe gespeichert:

▶ Bei der Gewichtsautomatik werden Betriebsart (Garen oder Auftauen) und Gewicht des Nahrungsmittels eingegeben. Das Gerät bestimmt die nötige Garzeit selbst. Form und Struktur des Lebensmittels bleiben dabei unberücksichtigt.

▶ Ein Feuchtigkeitsfühler mißt den vom Gargut ausgehenden Wasserdampf und errechnet daraus die notwendige Gardauer.

Zusätzliche Ausstattungen können sein:

▶ Ein Etagenrost, mit dem auf zwei Ebenen gleichzeitig gegart werden kann. Der Zeitgewinn geht jedoch verloren, weil in der oberen Ebene nur 60 Prozent und unten nur 40 Prozent der Leistung zur Verfügung stehen.

▶ Ein Speisenthermometer, das die Temperatur im Inneren des Lebensmittels mißt und automatisch abschaltet, sobald die vorgewählte Wärme erreicht ist.

STARK, STÄRKER, AM STÄRKSTEN

In den vergangenen Jahren läßt sich ein Trend zu Geräten mit zunehmend hohen Leistungen feststellen. Rekordverdächtige Ausgangsleistungen von bis zu 1200 Watt sind aber weder notwendig noch günstig. Im Gegenteil: Die Folge ist, daß für den notwendi-

Umrechnungstabelle für Garzeiten

In Kochbüchern wird die Garzeit meist für die häufigste Geräteausgangsleistung von 600 Watt angegeben. Diese Gardauer verändert sich aber bei höherer oder geringerer Leistungsaufnahme. Vor allem bei sehr kurzen Garzeiten fallen die unterschiedlichen Zeitspannen ins Gewicht. Umrechnungstabellen helfen bei der richtigen Wahl der Zeit.

850 Watt	800 Watt	750 Watt	700 Watt	650 Watt	600 Watt	500 Watt
23 s	25 s	**27 s**	30 s	**33 s**	35 s	**40 s**
40 s	45 s	**50 s**	60 s	**1min 10 s**	1 1/4 min	**1 1/2 min**
1 1/4min	1 1/2min	**1 3/4 min**	2 min	**2 1/4 min**	2 1/2 min	**3 min**
2 3/4 min	3 1/2 min	**3 3/4 min**	4 min	**4 1/4 min**	4 1/2 min	**5 min**
3 3/4 min	4 min	**4 1/2 min**	5 min	**5 1/2 min**	6 min	**7 min**
7 1/2 min	8 min	**8 1/2 min**	9 min	**9 1/2min**	10 min	**12 min**
11 min	11 1/2 min	**12 min**	13 min	**14 min**	15 1/2 min	**17 min**
14 1/2 min	15 min	**27 min**	30 min	**32 min**	35 min	**40 min**
30 min	35 min	**37 min**	40 min	**42 min**	48 min	**60 min**

gen Temperaturausgleich im Lebensmittel zuwenig Zeit bleibt. Dadurch kann es zu Überhitzungen und ungenügend gegarten Stellen kommen (> Gesundheitsrisiken, Seite 117). 600 bis 700 Watt reichen völlig aus.

Günstig ist eine Auftaustufe, die mit verminderter Leistung von 120 bis 200 Watt arbeitet und verhindert, daß die Lebensmittel an manchen Stellen schon garen, während andere Stellen noch gefroren sind.

Einfluss auf Lebensmittel

Wissenschaftliche Untersuchungen haben bis heute keine unerwünschten Wirkungen an Nahrungsmitteln ergeben. Nähr- und Mineralstoffe sowie der Vitamingehalt bleiben im gleichen Maß erhalten wie beim konventionellen Garen.

Doch es empfiehlt sich, einige Grundregeln einzuhalten:

▶ Die Kraft der Mikrowellen reicht nur, um ein Stück weit ins Lebensmittel einzudringen. Beim Fleisch sind das höchstens 2,5 Zentimeter. Deshalb ist es günstiger, das Fleisch nur kurz mit hoher Leistung zu bestrahlen und danach mit nur 200 bis 300 Watt weiterzugaren. Die erwärmten Randschichten ermöglichen, daß die Mikrowellen tiefer eindringen können. Daher ist die Kombination von Mikrowellenstrahlung mit anderen Beheizungsarten günstig.

▶ Das Innere von größeren Stücken wird bei Sologeräten ausschließlich durch Wärmeleitung heiß. Größere Fleischstücke benötigen deshalb sogenannte Ausgleichszeiten, das sind Zeitspannen ohne Bestrahlung, in denen sich die Wärme gleichmäßig im Nahrungsmittel verteilen kann. Je nach Größe, Struktur und Form des Garguts muß nach dem Abschalten bis zu einem Zehntel der Garzeit gewartet werden. Große dicke Stücke von fester Beschaffenheit benötigen mehr Ausgleichszeit als kleine Mengen von wäßriger Konsistenz.

▶ Bei stark gesalzenen Speisen halbiert sich die Eindringtiefe der Mikrowellen. Sie sollten daher öfters umgerührt werden, um eine gleichmäßige Erwärmung zu erreichen.

Gesundheitsrisiken

Zwei Sicherheitseinrichtungen sorgen dafür, daß das Magnetron augenblicklich abschaltet, sobald die Tür geöffnet wird. Durch die Metallwände des Gerätes können die Mikrowellen nicht nach außen dringen. Ein Metallochgitter schirmt auch das Sichtfenster vor den Wellen ab.

Frequenzbereich der Mikrowelle

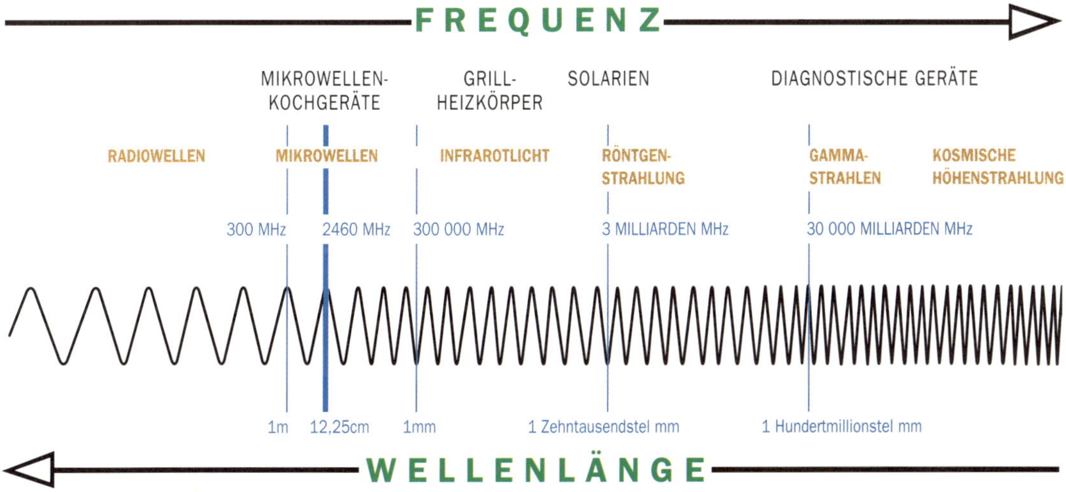

Leckstrahlung

Ganz dicht ist kein Mikrowellengerät. Eine kleine Menge Mikrowellenenergie kann durch Türfuge und Sichtfenster trotz aller Dichtungsmaßnahmen austreten.

Um diese Leckstrahlung hat sich eine heftige Debatte entwickelt, weil Mikrowellenstrahlung prinzipiell auch auf Menschen wirken könnte. Gefährdet sind vor allem die Augen. Die Erwärmung könnte Linse und Netzhaut schädigen. Deshalb wurde ein gesetzlicher Höchstwert für die Leckstrahlung festgesetzt. Er beträgt fünf Milliwatt pro Quadratzentimeter, gemessen in fünf Zentimetern Abstand, und wird von den Geräteherstellern weit unterschritten. Die Leckstrahlung verringert sich zudem mit dem Abstand und ist in 50 Zentimeter Entfernung unter der Nachweisgrenze.

Selbst alte Geräte sind nach einer Untersuchung des Bundesamtes für Strahlenschutz in Berlin und Wissenschaftlern der Technischen Universität München ausreichend dicht. Sie prüften insgesamt die Leckraten von mehr als 200 Geräten, die bis zu 18 Jahre alt waren.

Vorsicht ist am Platz, wenn ein Gerät herabgefallen ist und dadurch beschädigt worden sein könnte. Dann empfiehlt es sich, das Gerät vom Kundendienst auf Lecks überprüfen zu lassen.

Kritiker bemängeln, daß der derzeit gültige Grenzwert zu hoch angesetzt sei, und verweisen auf Tierversuche, bei denen Veränderungen im Kalziumstoffwechsel der Zellen und Mißbildungen bei Küken festgestellt worden sind. Sie nehmen an, daß die Mikrowellenbestrahlung nicht nur Wärmeschäden an Haut und Augen verursachen, sondern auch andere Wirkungen haben kann. So werden Reizbarkeit, Kreislauf- und Herzstörungen sowie Nervenleiden damit in Zusammenhang gebracht.

Ungeklärt erscheint auch die Frage, ob Mikrowellenstrahlung Krebs auslösen kann. Neueste Untersuchungen schließen das nicht aus. Experten sind jedoch der Ansicht, daß der Umgang mit dem Mikrowellengerät nicht zu gesundheitlichen Schädigungen führt.

Bautypen von Mikrowellengeräten

Gerätetyp	Ausstattung	Vorteile	Nachteile
Sologeräte	▶ Sologeräte gibt es in unterschiedlicher Größe. Drehteller oder Wobbler verteilen die Mikrowellen im Garraum. Leistung von 600 bis 700 Watt sind ausreichend – angeboten werden Geräte bis 1200 Watt.	▶ Kleine Portionen können zeit- und energiesparend aufgetaut, erwärmt und zubereitet werden. Preiswerte Geräte. Geringer Aufwand für das Geschirr. Keine Verbrennungsgefahr. Geringe Verschmutzung, daher leichte Reinigung.	▶ Nicht zum Backen geeignet. Ohne Zusatzeinrichtungen keine Bräunung möglich. Mehrere Portionen müssen nacheinander zubereitet werden. Bei größeren Mengen hoher Energiebedarf. Eier und Würstchen können platzen und Flüssigkeiten aus dem Glas spritzen (> Siedeverzug, Seite 119).
Kombinationsgeräte	▶ Kombinationsgeräte haben zusätzlich zur Mikrowelle Ober- und Unterhitze, Grill oder Umluftbeheizung. Manche Geräte haben ein Speisenthermometer.	▶ Backen und Braten in kombiniertem Betrieb möglich. Ein Braten ist in zwei Drittel der üblichen Bratzeit gar. Die Mikrowellen dringen tiefer in das Fleisch ein, geringere Keimgefahr (> Seite 119).	▶ Geräte mit kombinierter Beheizung sind um rund 300 DM teurer als Sologeräte. Nur backofenfestes Geschirr verwendbar. Verschmutzungen können einbrennen.

Vorsichtsmassnahmen

▶ Kinder nicht direkt ins Sichtfenster schauen lassen, solange das Gerät läuft. Die Augen sind besonders gefährdet.
▶ Mindestens zehn Zentimeter Abstand halten, wenn das Gerät in Betrieb ist. Die elektromagnetische Strahlung verringert sich mit der Entfernung.
▶ Darauf achten, daß Türdichtungen nicht verschmutzt sind.

Hot Spots

»Hot Spots«, besonders heiße Stellen im Lebensmittel, können entstehen, wenn mit zu hoher Leistungsstufe gearbeitet wird. Die Wärme kann sich nicht schnell genug verteilen, was zu einer örtlichen Überhitzung führen kann.

Babybreie und Fläschchenmilch sollten deshalb immer umgerührt und gekostet werden, bevor man das Baby damit füttert. Die Hamburger Verbraucherzentrale empfiehlt, Babykost sicherheitshalber nicht im Mikrowellengerät zu erwärmen, damit sich das Baby keinesfalls an den »Hot Spots« verbrennen und nicht Bauchschmerzen bekommen kann, weil bei zu niedrigen Temperaturen die Erreger nicht abgetötet wurden.

Keimgefahr

Es genügt nicht, Speisen auf Eßtemperatur (60 bis 65 Grad Celsius) zu erwärmen. In diesem Temperaturbereich werden krankmachende Keime nicht abgetötet. Deshalb ist es notwendig, die Speisen an allen Stellen auf 70 bis 80 Grad Cesius (> Bratenthermometer, Seite 110) zu erhitzen. Erst dann ist eine gesundheitliche Gefährdung durch Keime ausgeschlossen. Die dazu notwendigen Wartezeiten bremsen die »Schnelle Welle«.

Besondere Vorsicht ist bei Geflügel und Fisch angebracht: Es sollte zehn Minuten lang auf einer Temperatur von 70 bis 80 Grad Celsius gehalten werden, damit zum Beispiel Salmonellen keinesfalls überleben können.

Siedeverzug

Flüssigkeit kann sich beim Erhitzen im Mikrowellengerät ganz unerwartet verhalten. Sie kann längst sieden, ohne zu sprudeln. Die kleinste Erschütterung beim Herausnehmen des Gefäßes bringt die kochendheiße Flüssigkeit zum schlagartigen Überkochen. Dieses Sprudeln und Spritzen durch Siedeverzug kommt vor allem bei schon mehrfach erhitzten, gasarmen Flüssigkeiten vor und kann zu schlimmen Verbrühungen führen.

Was tun?
▶ Möglichst frisches Wasser verwenden,
▶ einen Löffel ins Gefäß stellen. Der Löffel regt die Dampfbildung an, darf aber nie die Innenwände des Gerätes berühren, weil sonst Funken sprühen.

Überdruck

Werden fest verschlossene Gefäße im Mikrowellengerät erwärmt, entsteht im Inneren gefährlicher Überdruck – das Gefäß könnte platzen oder der heiße Inhalt beim Öffnen herausspritzen. Auch Babykostgläser dürfen nur ohne Deckel in die Mikrowelle. Abdeckfolien sollten mit einer Nadel mehrmals durchstochen werden, damit kein Überdruck entsteht. Aus demselben Grund sind Lebensmittel mit fester Schale nicht für die Mikrowelle geeignet. Würstchen, Tomaten und Eier können platzen, wenn der Innendruck durch die Hitze steigt.

Tips zur Entsorgung

Altgeräte, bei denen das Sichtfenster kaputtgegangen ist, können zu einer Gefahr für spielende Kinder werden. Wird solch ein defektes Gerät in Betrieb genommen, kann das zu lebensgefährlichen Verbrennungen führen. Deshalb sollte das Netzkabel immer abgeschnitten werden, bevor das Gerät entsorgt wird, damit es keinesfalls mehr in Betrieb genommen werden kann. Besser wäre eine geregelte Zurücknahme durch die Erzeugerfirma.

GESCHIRRSPÜL-MASCHINEN

Die modernen Geschirrspülmaschinen verbrauchen deutlich weniger Wasser und Energie als ihre Vorgänger. Selbst ein Mensch, der die gleiche Menge Geschirr von Hand spült, belastet die Umwelt mehr. Voraussetzung ist allerdings, die Maschine voll zu beladen.

Die erste serienreife Geschirrspülmaschine wurde 1929 vorgestellt. Heute steht in 37 Prozent der westdeutschen Haushalte ein Geschirrspüler, in den neuen Bundesländern waren es 1992 erst zwei Prozent. In 57 von hundert Mehrpersonenhaushalten erleichtert der Geschirrspüler die Reinigungsprozedur. Lediglich neun Prozent der Singlehaushalte wollen auf diese Bequemlichkeit nicht verzichten. Weil moderne Geräte mit 35 Prozent weniger elektrische Energie auskommen und weniger als halbsoviel Wasser verbrauchen als noch vor einigen Jahren, hat sich die Umweltverträglichkeit erheblich verbessert (> Umweltbelastung durch Geschirrspüler, Seite 122). Auch die für das maschinelle Spülen notwendigen chemischen Reinigungsmittel und das Salz für die Enthärtungsanlage (> Seite 124) werden in geringeren Mengen benötigt als bei älteren Modellen.

Hygienisch sauberes Geschirr durch höhere Wassertemperatur und häufigen Wasserwechsel. Das Abtrocknen mit unhygienischen Geschirrtüchern erübrigt sich.

▶ Schmutziges Geschirr kann in den Spüler geräumt werden und verstellt nicht die Arbeitsflächen.

▶ Eine Stunde täglich muß im Schnitt für eine vierköpfige Familie mit der Hand gespült werden. Der Geschirrspüler ist in 15 Minuten ein- und ausgeräumt.

▶ Wirbelsäule und Hände werden geschont.

▶ Der Geschirrspüler verbraucht in der Regel weniger Energie und Wasser als das Spülen von Hand (> Umwelt, Seite 122).

Der Geschirrspüler verursacht höhere Kosten (> Hand und Maschine im Vergleich, Seite 122).

▶ Für das Spülen in der Maschine sind aggressivere Reinigungsmittel nötig als für das Spülen von Hand.

▶ Der Geschirrspüler arbeitet recht lautstark. Selbst die leisesten unter den Maschinen kommen noch auf Radiolautstärke.

▶ In kleinen Haushalten wird mehr Geschirr benötigt, damit gewartet werden kann, bis das Gerät voll beladen ist.

▶ Nicht alle Geschirrarten sind für das maschinelle Spülen geeignet (> Geeignet – ungeeignet, Seite 186).

Scheinbare Vielfalt

Bei genauerem Hinsehen entpuppen sich viele unterschiedlich aussehenden Geräte als weitgehend baugleich. Die Unterschiede beschränken sich auf unbedeutende Details wie zum Beispiel das Design der Bedienblende. Trotzdem betragen die Preisunterschiede bis zu tausend DM. Tests von Verbraucherorganisationen zeigen, daß alle Geräte – ob Luxus- oder einfache Ausführung mit wenigen Programmen – das Geschirr hinreichend reinigen.

Angeboten werden Stand-, Unterbau- und Einbaumodelle mit 60 oder 45 Zentimeter Breite und 12 bis 14, bei der schmäleren Variante acht Maßgedecken Fassungsvermögen. Es gibt auch kleine Modelle, die man auf den Tisch stellen kann, deren Energie- und Wasserverbrauch aber vergleichsweise sehr hoch ist.

Generell sind Geräte mit mehr Programmen, Sicherheitseinrichtungen, sparsamem Energie- und Wassereinsatz sowie geringerem Betriebsgeräusch teurer. Weil damit aber auch Stromkosten gespart werden, amortisieren sich die nahezu doppelt so hohen Preise in nur fünf Jahren.

Vergleichsweise teuer sind die Platzsparmodelle mit 45 Zentimetern Breite. Sie kosten etwa gleich viel wie die 60 Zentimeter breiten Normalgeräte und entsprechen in Technik und Reinigungsleistung den Großen, allerdings sind die Reinigungskosten pro Maßgedeck höher.

Die meisten Geräte verfügen über fünf bis sechs Spülprogramme, manche sogar über acht. Eine so große Vielfalt ist aber in der Regel gar nicht notwendig, weil nur selten Geschirr von nur einer Sorte für eine volle Beladung anfällt.

Sinnvolle Bauarten

Sinnvoll sind Geräte

▶ mit vier Spülprogrammen, eines davon sollte mit geringerer Temperatur von 50 bis 55 Grad Celsius für sensibleres und wenig verschmutztes Geschirr arbeiten,

▶ mit Anzeigen, wann Klarspüler und Wasserenthärter nachzufüllen sind,

▶ mit einem Wasserschutzsystem (zum Beispiel »Aqua stop«),

▶ mit Trockengehschutz, der verhindert,

daß die Heizung eingeschaltet wird, bevor die vorgesehene Wassermenge eingelaufen ist,

▶ mit Überhitzungsschutz. Dieser verhindert entweder, daß die Heizung eingeschaltet wird, solange kein Wasser im Gerät ist, oder schaltet über ein Sicherheitsthermostat bei Überhitzung (80 bis 91 Grad Celsius) ab,

▶ mit zeitlicher Vorwahl: Die Maschine wäscht (wenn das Betriebsgeräusch niemanden stört) in den Nachtstunden mit dem preisgünstigeren Nachtstrom.

Umweltbelastung durch Geschirrspüler

Bei der Reinigung des Geschirrs spielen Temperatur, Zeit, Mechanik und Chemie eine wesentliche Rolle. Beim Spülen mit der Hand ist der wichtigste Faktor die Mechanik: Durch Reiben wird fest anhaftender Schmutz entfernt. Weil das im Geschirrspüler nicht möglich ist, muß hier die weniger intensive mechanische Reinigung durch einen größeren Aufwand an Zeit, Wärme und Chemie ausgeglichen werden.

Vergleiche bescheinigen den Geschirrspülern trotzdem Umweltfreundlichkeit. Denn nur das Spülen mit der Hand ist ähnlich sparsam wie die Maschine (> Hand und Maschine im Vergleich, Seite 122). Das gilt aber nur, wenn der Geschirrspüler ausschließlich voll beladen eingeschaltet wird. Ab einer Haushaltsgröße von vier Personen fällt genügend schmutziges Geschirr an, um das Gerät fast täglich zu füllen. Singles oder Paare können sich mehr Geschirr zulegen, damit sie zuwarten können, bis die Maschine voll beladen ist.

Hand und Maschine im Vergleich

Die sparsamsten Spülmaschinen für 12 Maßgedecke benötigen nicht mehr als 1,4 bis 1,5 Kilowattstunden elektrischer Energie und 19 bis 21 Liter Wasser.

Das Abwaschen per Hand einer gleich großen Geschirrmenge erfordert rund 40 Liter Wasser und bei Erhitzung des Wassers mit Strom, etwa 2,6 Kilowattstunden.

Die meisten Geräte benötigen pro Spülprogramm 25 Gramm Reinigungsmittel. Im Sparprogramm nur 15 Gramm, das entspricht einem gehäuften Eßlöffel voll.

Daß nicht alle Geräte so sparsam arbeiten, liegt auf der Hand. Es werden auch solche angeboten, die 35 Liter Wasser für eine Füllung in den Abfluß schicken und einen Strombedarf von 2,1 Kilowattstunden haben.

Wie groß der Unterschied ist, läßt sich bei den anfallenden Kosten zeigen. Sparsame Stand- und Unterbaugeräte verursachen in 15 Jahren durchschnittlich 2035 bis 2145 DM Betriebskosten bei fünf wöchentlichen Spülgängen mit 65 Grad Celsius und einem Preis von 0,30 DM pro Kilowattstunde Strom und fünf DM pro Kubikmeter Wasser. Vollgefüllt arbeiten jene Geschirrspüler besonders günstig, die 14 statt 12 Maßgedecke fassen.

Geräte mit mittlerem bis hohem Strom- und Wasserverbrauch, das sind die meisten der erhältlichen Modelle, kosten für 15 Jahre Betrieb 2293 bis 3139 DM, also bis zum Dreifachen der modernen Sparmodelle.

Auch schmale Geräte sind nur bedingt sparsamer. Von den Schmalbaumodellen mit geringerem Nutzinhalt erwartet man auch entsprechend niedrigere Verbrauchswerte. Die Bestmarken (0,9 bis 1,1 Kilowattstunden) liegen bei einem Wasserbedarf von 16 bis 17 Litern.

Auch hier spiegeln sich in den Kosten die Unterschiede wider: Für das Spülen in den meisten derzeit erhältlichen Modelle muß man mit zirka 1670 DM innerhalb von 15 Jahren rechnen, die sparsamsten kommen mit 1365 DM aus, es gibt aber auch noch Geräte zu kaufen, die volle 2519 DM für das Reinigen von nur acht Maßgedecken in dieser Zeit kosten. Bei allen Gerätetypen kommen dazu noch die Anschaffungskosten, die bei den kleinen allerdings nicht geringer sind als bei den großen.

Nur wer sehr sparsam mit der Hand abwäscht, schafft die gleiche Menge Geschirr mit einem annähernd geringen Strom- und Wasserverbrauch In 15 Jahren kommt der Abwasch mit der Hand auch auf 2062 Mark.

Energie und Wasser

Die Sparsamen unter den 60 Zentimeter breiten Maschinen reinigen mit 1,4 bis 1,5 Kilowattstunden und 19 bis 21 Litern Wasser zwölf bis 14 Maßgedecke sauber.

Besonders energiersparend sind Geschirrspüler mit Wärmetauscher: Die heiße Spüllauge gibt einen Teil ihrer Wärme an den Wasservorrat für den nächsten Spülgang ab und heizt es vor.

Unter den energiesparenden Geschirrspülern sind diejenigen, die 14 statt 12 Maßgedecke fassen, die sparsamsten.

45 Zentimeter breite Geräte benötigen nur unwesentlich weniger Strom als die breiteren Geräte, reinigen damit aber nur sieben bis acht Maßgedecke. Besonders sparsame verbrauchen 0,9 bis 1,1 Kilowattstunden und 16 bis 17 Liter Wasser (> Wie findet man sparsame Haushaltsgeräte, Seite 133).

Wer genügend Platz für eine breite Maschine hat, sollte abwägen, ob mit einem größeren Geschirrvorrat nicht auch eine größere Maschine ausgelastet werden könnte, zumal der Kostenvergleich für die größeren Maschinen günstiger ausfällt.

Die Kosten für einen Abwasch mit der Hand von einer Geschirrspülerfüllung

Handspülen	Menge pro Spülgang	Preis pro Einheit	Kosten in DM
Strom	1,5 kWh	0,30 DM/kWh	0,45
Wasser	30 Liter	5 DM/m³	0,15
Spülmittel	5 Milliliter	3,20 DM/Liter	0,02
Preis pro Spülprogramm			**0,62**

Die Kosten für eine Geschirrspülerfüllung mit 12 Maßgedecken

Maschinspülen – Normalprogramm	Menge pro Spülgang	Preis pro Einheit	Kosten in DM
Strom	1,6 kWh	0,3 DM/kWh	0,48
Wasser	22 Liter	5 DM/m³	0,11
Reiniger	25 Gramm	4 DM/kg	0,10
Klarspüler	3 Milliliter	9,35 DM/l	0,03
Salz	30 Gramm	1 DM/kg	0,03
Preis pro Spülprogramm			**0,75**

Diese Berechnung gilt für die meisten erhältlichen Geräte. Die besten derzeit erhältlichen Geschirrspüler kommen mit nur 0,69 DM pro Spülprogramm aus.

Warmwasseranschluss

Zusätzliche Energie kann einsparen, wer seinen Geschirrspüler nicht an das Kaltwasser, sondern an die Warmwasserleitung anschließt. Wenn das Warmwasser mit Sonnenenergie, Gas oder Öl relativ umweltschonend erwärmt wird, ist es ökologisch und wirtschaftlich günstig, den Geschirrspüler mit bis zu 60 Grad Celsius warmem Wasser zu versorgen. Der Weg des Warmwassers sollte aber nicht länger als vier Meter sein, weil sonst zuviel Wärme verlorengeht. Das kann mit einem Meßbecher überprüft werden: Bis warmes Wasser aus der Leitung kommt, sollte nicht mehr als ein Liter kaltes Wasser zufließen.

Bei Geräten mit Wärmerückgewinnung (> Energie und Wasser, Seite 123) ist ein Warmwasseranschluß nicht sinnvoll.

Reiniger

Herkömmliche Reiniger für Geschirrspüler enthalten stark alkalische Metasilikate, Phosphate, Chlorträger als Bleichmittel, nichtionische Tenside, Soda und Duftstoffe. Die neueren Kompaktreiniger in den deutlich kleineren Packungen entlasten die Umwelt, weil sie weniger alkalisch sind und auf Phosphate und Chlor verzichten. Als Ersatz enthalten sie Bleichmittel auf Sauerstoffbasis und Enzyme, die Stärke und Eiweißverschmutzungen besser entfernen. Die Dosiermenge hat sich dadurch von 40 Gramm auf 20 Gramm für das Normalprogramm verringert. Im Schonprogramm sind nur 10 bis 15 Gramm Reiniger notwendig.

Umweltbewußte KonsumentInnen sollten stets selbst ausprobieren, mit welcher geringsten Dosis Reiniger das Geschirr ausreichend sauber wird. Die Angaben auf den Packungen sind unzureichend und beziehen sich meist auf weniger sparsame Gerätetypen. Die sogenannten »Tabs«, Reiniger in Tablettenform, sind in herkömmlicher und in moderner Zusammensetzung erhältlich. Der Vorteil liegt in der leichteren Dosierbarkeit. Der Nachteil dabei ist aber, daß sich die Dosis nicht verringern läßt, auch wenn die Maschine wenig Wasser benötigt.

Ursachen für Spülprobleme

Wenn matte, farblose Beläge auf Tellern zurückbleiben, die schwer abzuwischen sind,

- **wurde zu wenig Klarspülmittel verwendet,**
- **funktioniert der Enthärter nicht.**

Wenn körnige, grieß- oder sandartige Rückstände in Geschirrvertiefungen bleiben,

- **wird ein Sprüharm von Geschirr oder Besteck blockiert und kann sich nicht drehen,**
- **sind die Wasserdüsen des Sprüharms verstopft,**
- **war das Geschirr ungünstig eingeräumt, so daß sich Geschirrteile gegenseitig überdeckten,**
- **ist das Sieb durch Speisereste oder verklumpten Reiniger verstopft, die Lauge kann nicht restlos abfließen.**

Wenn sich weiße Beläge zeigen,

- **wurde zuwenig Klarspüler verwendet,**
- **war zuwenig Salz im Vorratsbehälter.**

Wenn tropfen- oder streifenförmige Rückstände auf dem Glas bleiben,

- **fehlt Klarspüler,**
- **gibt die Dosiereinrichtung zuwenig Klarspüler ab,**
- **war der Verschlußdeckel des Salzbehälters nicht ganz geschlossen.**

Alle Gläser werden mit der Zeit durch das heiße Wasser korrodiert. Es werden haarfeine Trübungen sichtbar, die sich zunehmend ausbreiten. Manche Glashersteller garantieren die Spülmaschineneignung ihrer Gläser für tausend Spülprogramme. Für den täglichen Gebrauch ist es günstig, preiswerte Gläser anzuschaffen und niedrige Spültemperaturen zu wählen.

Klarspüler

Rund drei Kubikzentimeter Klarspüler werden im letzten Spülgang automatisch zugegeben. Die Oberflächenspannung des Wassers wird herabgesetzt, dadurch fließt das Wasser besser ab und hinterläßt kaum Flecken am Geschirr.

Der flüssige Klarspüler enthält Tenside, organische Säuren (meist Zitronensäure), Lösungsvermittler und Wasser. Nach dem Trocknen bleiben Rückstände der Tenside am Geschirr (ein Milligramm pro Quadratmeter), die bei der nächsten Mahlzeit mit aufgenommen werden. Die derart von einer Person jährlich verzehrte Tensidmenge macht jedoch nur 0,1 Gramm aus. An der Universität Bonn wurde herausgefunden, daß die im Klarspüler (und auch im Handspülmittel) enthaltenen Substanzen sich nicht im Körper anreichern, sondern ausgeschieden werden.

Ein Klarspüler ist freilich nicht unbedingt nötig. Essig oder Zitronensäure statt des Klarspülers haben allerdings keinen Nutzen. Wenn notwendig, kann man die restlichen Tropfen mit einem frischen Geschirrtuch abwischen.

Regeneriersalz

Wasser ist kalkhaltig und kann nach dem Trocknen auf dem Geschirr sichtbare Ablagerungen bilden. Deshalb sind in Geschirrspülmaschinen Enthärtungsanlagen (Ionenaustauscher) eingebaut. Das Regeneriersalz ergänzt die dabei benötigten Ionen. Deshalb muß in die Enthärtungsanlage meist Salz nachgefüllt werden. Bevor das zur Routine wird, sollte aber in jedem Fall beim zuständigen Wasserwerk der Härtegrad des Wassers erfragt werden.

Denn in Gegenden mit weichem Wasser ist kein Salz nötig: Wird ein herkömmlicher Reiniger verwendet, muß erst ab einer Wasserhärte von 15°dH (deutsche Härtegrade) Salz zugegeben werden, bei phosphatfreien Reinigern bereits ab 7°dH (> Härtebereiche des Wassers, Seite 125).

Trocknen

Das Geschirr trocknet bei sehr vielen Geräten einfach durch die Eigenwärme, die es durch das heiße Spülen mitbekommen hat. Andere Modelle unterstützen das Trocknen mit einem eigenen Heizkörper oder mit einem Ventilator, der die feuchte Luft aus dem Innenraum des Spülers abführt. Das hat den Nachteil, daß zusätzlich Energie verbraucht wird.

Bei Geschirrspülern mit Wärmetauscher kondensiert der entstehende Dampf am Wärmetauscher. Das ist ein doppelwandiger Behälter, in den ein Wasservorrat für den nächsten Spülgang fließt. Die heiße Spüllauge gibt einen Teil ihrer Wärme an dieses Wasser ab und heizt es vor. Auf diese Weise wird ein Teil der eingesetzten Energie zurückgewonnen. Bis zu 50 Grad Celsius kann das vorgewärmte Wasser erreichen – es benötigt dann weniger elektrische Energie zum Aufheizen auf 65 Grad Celsius. Am Ende des Programmablaufs beschleunigt das kalte Wasser im Behälter das Trocknen des Geschirrs: Der entstehende Dampf kondensiert an der Rückwand des Behälters und läuft als Wasser ab.

Beim energiesparenden »aktiven Kondensationssystem« ohne Zusatzbeheizung wird der Dampf über einen Kondensationskanal an der Behälterdecke zu einem Gebläse geleitet. Gleichzeitig wird warme, trockene Luft aus dem Motorraum angesaugt und mit trockener Außenluft vermischt.

Härtebereiche des Wassers

Härtegrad: 1°dH (deutscher Härtegrad) entspricht 10 Milligramm Kalk pro Liter Wasser

Härtebereich	Definition	°dH (deutsche Härtegrade)
I	weich	bis 7
II	mittel	mehr als 7 bis 14
III	hart	mehr als 14 bis 21
IV	sehr hart	mehr als 21

Schutz vor Überschwemmungen

Die Hersteller von Geräten mit integriertem Wasserschutzsystem garantieren Sicherheit vor Wasserschäden. Bei einem trotzdem auftretenden Schaden übernehmen die Hersteller die Kosten auch, wenn das Einlaufventil nach dem Spülen nicht geschlossen wurde. Die einzige Voraussetzung für die Schadensübernahme durch den Hersteller ist eine vorschriftsmäßige Installation des Geräts.

Das integrierte Wasserschutzsystem funktioniert stromunabhängig und schützt vor Wasserschäden durch Leckagen, Überlaufen des Gerätes und Undichtheiten am Zu- und Ablaufschlauch. Dafür sorgen:

▶ Das elektrische Sicherheitsventil: Das eigentliche Einlaßventil sitzt beim »Aqua stop«-System nicht mehr im Gerät selbst, sondern direkt am Wasserhahn. Der Vorteil: der Zulaufschlauch steht nicht mehr unter Druck. Das Elektrische Einlaßventil garantiert auch Schutz bei Schäden am Zulaufschlauch.

▶ Ein Hüllschlauch umgibt Zu- und Ablaufschlauch. Sollte Wasser auslaufen, sammelt es sich in der Bodenwanne des Geräts.

▶ Die Bodenwanne mit Schwimmer: Tritt an irgendeiner Stelle im Gerät eine Undichtheit auf oder versagt der Wasserstopp des Niveauschalters, sammelt sich das auslaufende Wasser in der Bodenwanne des Gerätes. Dort ist ein Schwimmer eingebaut, der ab einer bestimmten Höhe das Schutzventil für die Wasserzufuhr schließt.

KÜHL- UND GEFRIERGERÄTE

Kühlgeräte sind umweltfreundlicher geworden. Sie brauchen weniger Energie und kommen schon ohne FCKW als Kältemittel und in der Isolierung aus. Was bleibt, sind die Probleme bei der Entsorgung der Altgeräte mit den langlebigen Chemikalien in ihrer Blechhülle.

Ein 180-Liter-Dreistern-Kühlschrank, gekauft 1975, benötigte je hundert Liter Nutzinhalt rund 0,61 Kilowattstunden pro Tag. Nach achtjährigem Gebrauch wurde er gegen ein moderneres Kühlgerät ausgetauscht. Der Kühlschrank derselben Marke in ähnlicher Größe des Baujahres 1983 verbrauchte nur mehr 0,38 Kilowattstunden je hundert Liter Nutzinhalt, bei gleicher Umgebung und entsprechender Benutzung. Auch als das Gerät älter wurde, erhöhte sich der Strombedarf des Kühlschranks nicht.

Die Anstrengungen der Industrie, sparsamere Geräte zu bauen, zeigen zunehmend Früchte. Neue Dreistern-Kühlschränke verbrauchen heute bis zu 40 Prozent weniger elektrische Energie als die Veteranen des Baujahres 1978.

Über drei Millionen Kühlgeräte werden in Deutschland jährlich abgesetzt. Fast in jedem der insgesamt 34 Millionen Haushalte steht zumindest ein Gerät – häufig sind es zwei: In sieben von zehn Haushalten ist ein Gefriergerät für die Vorratshaltung vorhanden.

Fast zehn Prozent des im Haushalt verbrauchten Stroms entfällt auf den Betrieb von Kühl- und Gefriergeräten.

Nicht nur die Bauart, sondern auch der richtige Umgang mit dem Gerät bringt Energieeinsparungen mit sich. Untersuchungen haben gezeigt, daß ein Kühlgerät deutlich mehr Strom verbraucht, wenn warme Speisen zum Abkühlen in den Kühlschrank gestellt werden. Andererseits wird auch Energie gespart, wenn Tiefgekühltes zum langsamen Auftauen in den Kühlschrank gelegt wird.

Gefriergeräte erfreuen sich zunehmender Beliebtheit: Je größer der Haushalt, desto eher wird an die Anschaffung eines Gefriergerätes gedacht. Neun von zehn Vier- und Mehrpersonenhaushalten haben die Möglichkeit, größere Vorräte einzufrieren. Aber nur in 40 Prozent der Singlehaushalte steht ein Gefriergerät. Fachleute meinen, daß in Zukunft auch Kleinhaushalte verstärkt Gefriergeräte anschaffen werden. Dazu tragen der Trend zum Singlehaushalt und die damit verbundene Änderung der Lebensweise bei. In Zukunft werden wohl noch mehr Fertigmenüs (> Seite 436) aus dem Gefriergerät im Mikrowellengerät (> Seite 114) gewärmt werden.

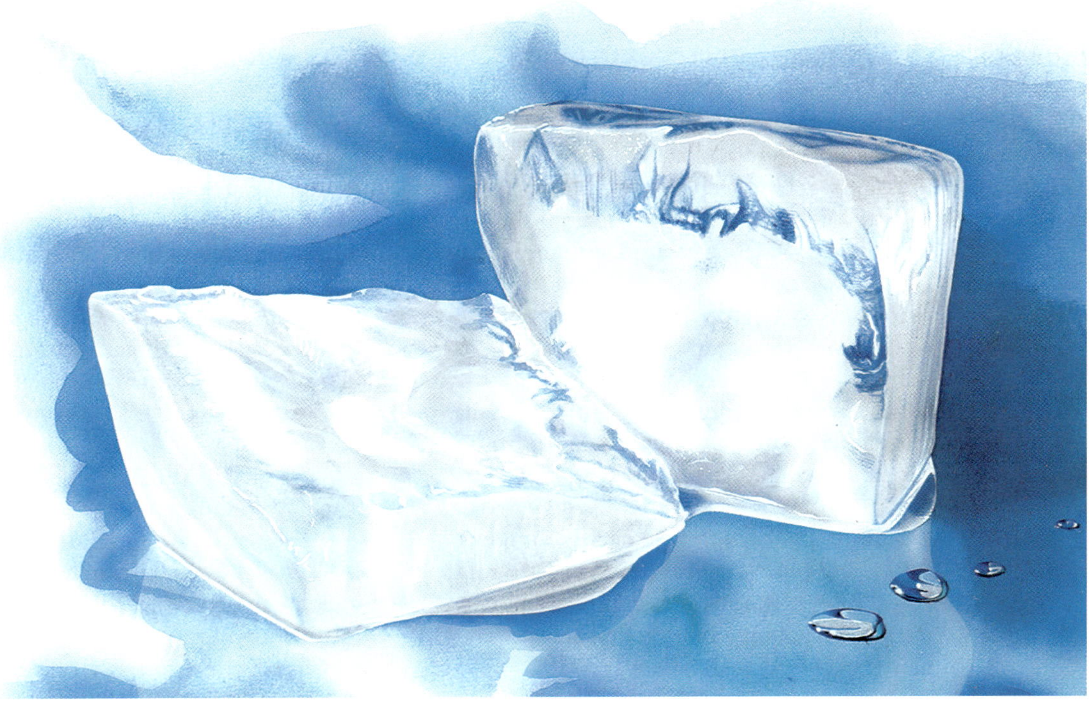

Verwirrende Vielfalt

Unter 1600 verschiedenen Kühl- und Gefriergerätemodellen können die KonsumentInnen wählen. Das ungeheure Angebot reicht vom einfachen Kühlschrank mit und ohne Tiefkühlfach (> Seite 135) für den kleinen Haushalt, platzsparenden Kühl-Gefrierkombinationen (> Seite 143) bis zu aufwendigen Mehrzonenkühlschränken (> Seite 136) mit bis zu fünf verschiedenen Temperatur- und Klimazonen für die optimale Lagerung unterschiedlicher Lebensmittel.

Getränkespender (> Seite 136), denen ohne Öffnen der Gerätetür gekühlte Limonaden entnommen werden können, und spezielle Eiswürfelbereiter (> Seite 136) sind mögliche Extras.

Komplettiert wird das Angebot durch verschiedenste Gefriergeräte – vom integrierbaren Schrank, bei dem sich kein Reif ansetzt, bis zur supergedämmten Gefriertruhe (> Seite 141) für umfangreiche Vorratshaltung.

Alle Kühl- und Gefrierschränke werden als Standgeräte und als Unterbaumodelle angeboten (sie werden unter eine durchgehende Arbeitsplatte geschoben) sowie als Einbaugerät.

Als Kühl- oder Gefrierbox werden kleine Geräte bezeichnet, die auf der Arbeitsfläche aufgestellt werden können.

Bei allen Geräten ist bei der Aufstellung darauf zu achten, daß die Lüftungsschlitze freibleiben, damit ein einwandfreier Betrieb des Kältesystems ermöglicht wird.

Die Größe von Kühl- und Gefriergeräten wird beschrieben

- ▶ durch die Angabe der Außenmaße des Gerätes, daraus ergibt sich der sogenannte Bruttoinhalt.
- ▶ durch den Nutzinhalt: Das ist der für die Lagerung von Lebensmitteln tatsächlich nutzbare Innenraum, angegeben in Litern.

Kühltechnik

In Kühl- und Gefriergeräten wird ein Kältemittel im Kreislauf geführt. Beim Verdampfen entzieht es dem Inneren des Kühlschranks Wärme. Danach wird es wieder verflüssigt, um beim neuerlichen Verdunsten weitere Wärme abzuführen.

Kompressionssystem

Alle herkömmlichen Kühl- und Gefriergeräte für den Haushalt kühlen mit dem Kompressionssystem. Dabei nimmt flüssiges Kältemittel (FCKW, FKW, Propan/Butan) im Verdampfer Wärme auf und verdampft. Der Dampf wird in einem Rohrsystem zum Kompressor (Verdichter) geleitet, der das Kältemittel verdichtet und den Druck erhöht. Von dort wird das Kältemittel in den Kondensator geleitet. Dort gibt das Kühlmittel die Wärme an die Umgebung ab und verflüssigt sich. Auf dem Weg zum Verdampfer passiert es ein Drosselorgan, wo das Kältemittel auf Hochdruck gebracht wird.

In Gang gehalten wird der Kreislauf durch einen Elektromotor, der sich je nach Thermostateinstellung häufiger oder weniger häufig ein- und ausschaltet.

No-frost-System (Umluftkältesystem)

Bei allen herkömmlichen Kompressionskühlgeräten bildet sich an der kältesten Stelle, dem Verdampfer, eine Reifschicht, die regelmäßig abgetaut werden muß.

Beim No-frost-System befindet sich der Verdampfer in einem eigenen Gehäuseteil zwischen Kühl- und Gefrierbereich, und ein Ventilator verteilt die kalte Luft. Durch die räumliche Trennung bleibt der Innenraum des Kühlgerätes eisfrei. Eine elektronische Steuerung ermöglicht die getrennte Regelung der Kühlbereiche über sich öffnende und schließende Klappen. Das am Verdampfer entstehende Eis wird automatisch alle sieben bis zehn Stunden durch eine Zusatzbeheizung abgetaut.

Kein Abtauen notwendig, weil sich kein Reif an den Innenwänden und am Gefriergut anlegt.

▶ Die Kälte verteilt sich im Innnenraum gleichmäßig. Beim Einräumen der Lebensmittel muß nicht auf Zonen größerer und geringerer Kälte geachtet werden.

▶ Sollen Lebensmittel oder Getränke besonders rasch abgekühlt werden, kann das Gebläse auf Dauerbetrieb gestellt werden.

▶ Die Kühltemperatur bleibt auch dann konstant, wenn die Gerätetür häufig geöffnet wird. Sobald die Tür offen ist, steht der Ventilator still. Nach dem Schließen wird die noch warme, frisch eingeströmte Luft rasch gekühlt.

Die Qual bei der Wahl eines Kühlgerätes	**Wenn es im Haushalt bereits ein Gefriergerät (Truhe oder Schrank) gibt:**	**▶ Kühlschrank ohne Verdampferfach wählen, das spart bis zu 30 Prozent Energie.**
	Wenn nur gelegentlich fertige Tiefkühlware für kurze Zeit gelagert werden soll:	**▶ Kühlgerät mit [*]-, [**]- oder [***]-Gefrierfach wählen.**
	Für einen Singlehaushalt:	**▶ Kühlgerät mit [***]-Gefrierfach und 120 Liter Nutzinhalt günstig.**
	Für den Zweipersonenhaushalt, in dem gelegentlich selbst eingefroren und gefrorene Fertigkost gelagert werden soll:	**▶ Kühl-Gefrierkombination mit 150 Liter Kühlteil und 100 bis 160 Liter Gefrierteil. Eventuell Mehrzonenkühlgerät günstig.**
	Für den Mehrpersonenhaushalt:	**▶ Pro Person mindestens 60 Liter Nutzinhalt für das Kühlgerät vorsehen.**
	Wenn vorwiegend fertige Tiefkühlkost gelagert und nur gelegentlich eingefroren werden soll:	**▶ Pro Person 50 bis 80 Liter Nutzinhalt im Gefriergerät vorsehen.**
	Wenn ausgesprochene Vorratswirtschaft betrieben werden soll:	**▶ Pro Person 100 bis 130 Liter Nutzinhalt im Gefriergerät wählen.**
	Wenn in einem Mehrpersonenhaushalt wenig Zeit für den Einkauf bleibt:	**▶ Mehrzonenkühlgerät und Tiefkühltruhe günstig.**

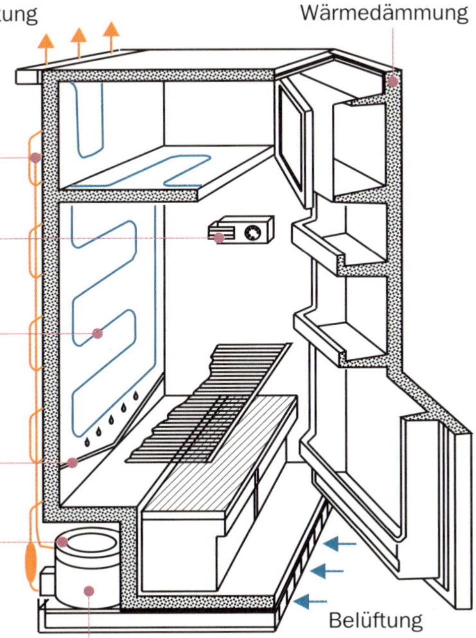

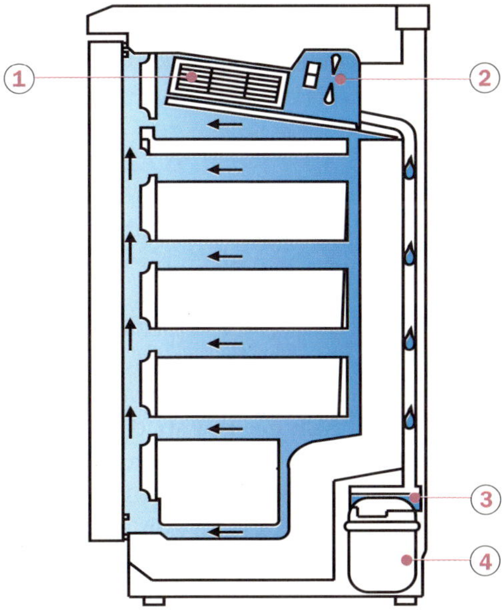

(1) Verdampfer
(2) Ventilator
(3) Tauwasserverdunstungsgerät
(4) Verdichter

Ein um bis zu 30 Prozent größerer Energiebedarf: Besonders sparsame herkömmliche Geräte belasten das Energiekonto in zehn Jahren lediglich mit rund 800 DM. In der gleichen Zeit brauchen No-froster bereits für 1000 DM Strom aus der Leitung. Neuere Bauweisen ohne Zusatzbeheizung für das Enteisen haben laut Herstellerangaben diesen Nachteil entschärfen können.

▶ Höherer Materialeinsatz.
▶ Fast ständiges Laufgeräusch.

Absorptionssystem

Absorberkühlschränke gibt es nur als Spezialkühlboxen. Sie werden als Bar-, Hotel-, Auto- und Campingkühlschränke angeboten. Das System beruht auf der Reaktionsfähigkeit von Ammoniak und Wasser.

Der Vorteil ist der lautlose Betrieb, weil das Kältemittel (Ammoniak) auch ohne motorischen Antrieb im Kreislauf bleibt, der Nachteil ist der fast doppelt so hohe Energieverbrauch gegenüber dem Kompressionssystem. Die Beheizung kann mit Strom oder Gas erfolgen.

Klimaklassen

Kühlgeräte dürfen weder in zu heißer noch in zu kühler Umgebung aufgestellt sein. In den Produktinformationen der Prospekte finden sich Angaben, für welchen Klimabereich die einzelnen Geräte ausgelegt sind.

»N« .... normal
Umgebungstemperatur +16°C bis 32°C
»SN« .... erweitertes normal
Umgebungstemperatur +10°C bis 32°C
»ST« .... Subtropen
Umgebungstemperatur +18°C bis 38°C
»T« .... Tropen
Umgebungstemperatur +18°C bis 43°C

Die in Deutschland erhältlichen Geräte sind für die Klimaklassen »N« und »SN« ausgelegt. Unter +16 Grad Celsius oder über 32 Grad Celsius sollte die Temperatur in dem

Raum, in dem das Kühlgerät steht, allerdings nicht längere Zeit absinken beziehungsweise ansteigen, andernfalls funktioniert die Temperaturregelung der Geräte nicht einwandfrei.

KÄLTEMITTEL

70 bis 300 Gramm Kältemittel zirkulieren im Kühlkreislauf, bis vor kurzem bestand es fast ausschließlich aus Fluorchlorkohlenwasserstoff (FCKW) R 12 (Difluordichlormethan). Diese Substanz ist für die Zerstörung der Ozonschicht mitverantwortlich. Ab 1.1.1995 ist deshalb der Einsatz der in Haushaltskühlgeräten verwendeten Fluorchlorkohlenwasserstoffe mit der Abkürzung R 11 und R 12 verboten.

Als Ersatz kommen in Frage:

▶ Der Fluorkohlenwasserstoff (FKW) R 134a (Tetrafluorethan). Diese Substanz enthält kein Chlor, das den Ozonabbau bewirkt. Allerdings tragen Fluorkohlenwasserstoffe zum Treibhauseffekt bei (> Die FCKW-Geschichte, Seite 131) – und sind deshalb ebenfalls problematisch. Fachleute sehen R134a nur als Zwischenlösung an.

▶ Ein Gemisch aus Propan und Butan oder Isobutan. Diese Kohlenwasserstoffe schädigen weder die Ozonschicht, noch sind sie für den Treibhauseffekt relevant. Der Nachteil: Die Kohlenwasserstoffe sind brennbar. Das erfordert besondere sicherheitstechnische Vorkehrungen bei Produktion und Entsorgung der Geräte.

WÄRMEDÄMMUNG

Der Beschluß, aus der FCKW-Technologie auszusteigen, hat auch auf das Dämmaterial für Kühl- und Gefriergeräte Einfluß. Die bisher übliche Isolierung bestand aus einem Polyurethan-Hartschaum, der mit dem Fluorchlorkohlenwasserstoff R 11 aufgeschäumt wurde. Die ausgezeichneten Dämmeigenschaften dieses Materials haben entscheidend zur Senkung des Energiebedarfs moderner Kühlgeräte beigetragen.

Aufgrund der bekannten Umweltprobleme sind die Hersteller dazu übergegangen, den FCKW-Anteil in der Isolierung zu verringern. Dadurch hat sich die Dämmwirkung um rund fünf Prozent verschlechtert, die Geräte haben wieder einen etwas höheren Energiebedarf.

In den derzeit angebotenen Geräten finden sich zunehmend alternative Isolierungen:

▶ Viele Hersteller verwenden zum Aufschäumen des Polyurethanschaums den auch als Kältemittel eingesetzten Fluorkohlenwasserstoff R 134a. Diese Substanz (FKW) verstärkt jedoch den Treibhauseffekt.

▶ Seit 1990 wird für FCKW-freie Kühlgeräte Pentan zum Aufschäumen des Hartschaums verwendet. Bei gleicher Isolierdicke verbrauchen diese Geräte gleich viel Energie wie die FCKW-reduzierten. Diese Kühlgeräte werden als FCKW- und FKW-frei bezeichnet.

▶ Manche Hersteller verwenden Polystyrol (Styropor) mit Pentan, Kolendioxid oder Luft geschäumt. Styropor hat nur halb soviel Wärmedämmung wie Polyurethan-Hartschaum mit FCKW. Der Energieverbrauch dieser Geräte ist daher höher.

Vakuumisolation

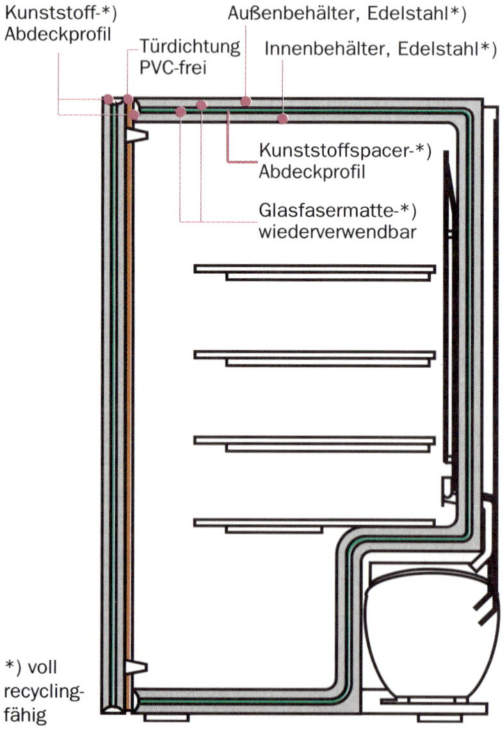

DIE FCKW-GESCHICHTE

In den 60er Jahren haben Chemiker eine nahezu ideale Substanzgruppe für die Kühlgeräteindustrie entwickelt. Fluorchlorkohlenwasserstoffe oder abgekürzt FCKW sind billig, ungiftig und nicht brennbar (»Sicherheitskältemittel«). FCKW werden als Kältemittel im Kühlkreislauf von Haushaltskältegeräten verwendet (R 12). Mit FCKW wird der Polyurethan-Hartschaum der Isolierung aufgeschäumt (R 11). Dank der ausgezeichneten Dämmwirkung kann der Energiebedarf von Kühl- und Gefriergeräten drastisch gesenkt werden.

Seit den 80er Jahren jedoch wurde beobachtet: Die langlebigen FCKW zerstören die Ozonschicht der Erde. Sie sind zu 17 Prozent am vom Menschen verursachten Treibhauseffekt in der Lufthülle der Erde beteiligt. Der Gehalt an FCKW nimmt dort jedes Jahr um rund fünf Prozent zu.

Stoff	Chemische Formel	relat. Treibhauspotential bez. auf CO_2
Kohlendioxid	CO_2	1
Methan	CH_4	3
Distickstoffoxid	N_2O	240
R 11 (zum Aufschäumen)	$CFCl_3$	8.600
R 12 (Kältemittel)	CF_2Cl_2	18.000

Die relativen Treibhauspotentiale im Vergleich zum wichtigsten Treibhausgas, dem Kohlendioxid:

▶ 1987: Beschluß zum Ausstieg aus der FCKW-Produktion im Montrealer Protokoll. Zu dieser Zeit ist kein geeigneter Ersatz verfügbar.

▶ Mai 1989: Die deutsche »FCKW-Halon-Verbotsverordnung« verbietet sogenannte vollhalogenierte FCKW ab 1995. Nicht erfaßt werden die als Ersatz angesehenen Fluorkohlenwasserstoffe (FKW) wie R 143a.

▶ 1989: Die Kühltechniker verringern den Anteil des FCKW im Kühlkreislauf und ersetzen die Hälfte der im Dämmstoff enthaltenen FCKW durch Kohlendioxid.

▶ Sommer 1992: Ein ostdeutscher Hersteller kündigt die Produktion des ersten FCKW- und FKW-freien Kühlgeräts an. Die Konkurrenz äußert schwere Bedenken: Das Kältemittel sei gefährlich, weil brennbar, die Dämmung wesentlich schlechter als herkömmliche Hartschäume. Durch den höheren Stromverbrauch würde der Treibhauseffekt angeheizt.

▶ März 1993: Die Produktion für das von Greenpeace unterstützte ostdeutsche Kühlgerät mit der Styropordämmung und Propan/Butan als Kältemischung läuft an.

▶ Bald darauf werben auch andere Kühlgerätehersteller mit dem Hinweis »FCKW-frei«. Erst bei näherem Hinsehen finden KäuferInnen den einschränkenden Zusatz »im Dämmstoff«.

▶ 1993: Ein tatsächlich FCKW-freier Kühlschrank der Geräteindustrie wird serienmäßig hergestellt. Statt FCKW kreist FKW zur Kühlung. In der Isolierung ist der Kohlenwasserstoff Pentan.

▶ Erneut heftige Kritik: Die FKW zerstörten zwar nicht die Ozonschicht, heizen aber den Treibhauseffekt zehnmal mehr an als die FCKW.

▶ Noch 1993 gibt es die ersten FCKW- und FKW-freien Kühlschränke zu kaufen. Sie erhalten als erste Haushaltsgeräte den »Blauen Engel«.

▶ 1994 haben die führenden Hersteller die gesamte Produktion auf FCKW-freie Geräte umgestellt.

Weil alle bekannten Alternativen zu FCKW-haltigen Hartschäumen schlechtere Isoliereigenschaften aufweisen, wird intensiv an neuen Techniken geforscht. In Entwicklung sind:

▶ Die Vakuumisolation ohne Schaumdämmung: Zwei Schichten aus Edelstahl werden durch eine Vakuumschicht isoliert. Vorteile: dünne Wandstärken und dadurch Platzgewinn im Geräteinneren, halbierter Energiebedarf, lange Haltbarkeit, recyclingfähig.

▶ Vakuumpaneele: Sie bestehen aus gepreßter Kieselsäure in Plattenform, die im Vakuum in gasdichte Folien eingeschweißt wurden. Die Platten werden danach in Polyurethan eingeschäumt.

ENERGIEBEDARF

Im Gegensatz zu anderen Hausgeräten sind Kühl- und Gefriergeräte ständig im Einsatz. Deshalb fällt der Energieverbrauch besonders ins Gewicht. In den letzten Jahren jedoch konnte der Energiebedarf der Kühlgeräte entscheidend gesenkt werden. Geräte mit besonders dicker Isolierung (häufig von den Herstellern als Jumbo- oder Superenergiespargeräte bezeichnet) benötigen lediglich knapp die Hälfte an Strom im Vergleich zu herkömmlichen Geräten.

Es empfiehlt sich, die von den Herstellern angegebenen Normverbrauchswerte zu vergleichen. Noch immer sind Geräte mit sehr

Unterschiede bei Energiebedarf und Betriebskosten

Geräteart und Größe	sparsamer Verbrauch in kWh pro Tag	durchschnittlicher Verbrauch in kWh pro Tag	sehr hoher Verbrauch in kWh pro Tag	Gesparte Stromkosten in 15 Jahren durch Normalgerät gegenüber Durchschnitt (in DM):	Gesparte Stromkosten in 15 Jahren durch Spargerät gegenüber Durchschnitt (in DM):
Kühlschrank ohne Sternefach, 100–182 Liter	0,35	0,70	0,90	**575**	**903**
Kühlschrank ohne Sternefach, 186–390 Liter	0,28	0,87	2,90	**969**	**4303**
Kühlschrank mit *-Fach, 115–170 Liter**	0,50	0,86	1,30	**591**	**1314**
Kühlschrank mit *-Fach, 175–289 Liter**	0,93	1,11	1,44	**296**	**839**
Kühl-Gefrierkombination, 168–250 Liter	1,00	1,42	2,20	**690**	**1971**
Kühl-Gefrierkombination, 251–400 Liter	0,86	1,61	3,00	**1232**	**3515**
Gefrierschrank, 62–135 Liter	0,65	1,06	1,50	**673**	**1396**
Gefrierschrank, 120–454 Liter	0,60	1,19	2,30	**969**	**2792**
Gefriertruhe, 200–300 Liter	0,50	0,97	2,20	**772**	**2792**

hohem Energieverbrauch – häufig als billige Sonderangebote – erhältlich.

Der Normstromverbrauch ist aus der Produktinformation (meist auf den letzten Seiten von Geräteprospekten) ersichtlich. Es wird sowohl der Stromverbrauch pro Tag (24 Stunden) angegeben als auch der durchschnittliche Monatsverbrauch.

Ein Beispiel: Tischkühlschränke ohne Sternefach gibt es mit einem Energiebedarf von 0,35 Kilowattstunden pro Tag, es werden aber auch Geräte mit einem Verbrauch von 0,90 Kilowattstunden angeboten. Die meisten Geräte liegen bei einem mittleren Verbrauch von 0,70 Kilowattstunden. Umgerechnet auf eine 15jährige Betriebsdauer ergeben sich gegenüber dem mittleren Verbrauchswert Einsparungen von 575 DM Stromkosten (> Unterschiede bei Energiebedarf und bei Betriebskosten, Seite 132), gegenüber den »verschwenderischen« Geräten sogar 903 DM (bei einem mittleren Strompreis von 0,30 DM pro Kilowattstunde). Diese Unterschiede in den zu erwartenden Betriebskosten machen ein Mehrfaches des Kaufpreises aus. Der Kauf eines sparsamen Gerätes lohnt also den Mehrpreis von rund 300 DM auf jeden Fall.

Trotzdem ist es nicht wirtschaftlich, ein älteres, noch gut funktionierendes Kühlgerät durch einen neuen Energiesparer auszutauschen. Die geringeren Betriebskosten reichen nicht aus, um den Austausch wirtschaftlich zu machen. Außerdem müssen die Umweltbelastungen mit berücksichtigt werden, die durch Produktion und Transport des neuen Gerätes sowie durch Entsorgung des Altgerätes verursacht werden.

Wie findet man sparsame Haushaltsgeräte?

Eine Liste der energiesparenden Kühl- und Gefriergeräte mit genauen Firmen- und Typenangaben (neben Waschmaschinen, Trocknern und Spülmaschinen) kann angefordert werden beim Hessischen Ministerium für Umwelt, Energie und Bundesangelegenheiten, Mainzer Straße 80, 65189 Wiesbaden. Der Anforderung des Faltblattes sollte ein adressierter und mit zwei DM frankierter Umschlag beigefügt sein.
Viele Städte und Energieversorgungsunternehmen sowie die Verbraucherberatung in Nordrhein-Westfalen haben das Faltblatt ebenfalls aufliegen (> Adressen für die Beratung, Seite 113).

Pflege

Die meisten Kühlgeräte müssen regelmäßig abgetaut und gereinigt werden. Das geschieht am besten dann, wenn das Gerät wenig beladen ist.

- ▶ Die Ablauföffnung der Tropfrinne in der Rückwand des Kühlraumes von Rückständen säubern, damit sie sich nicht verstopft. Sonst kann es sein, daß sich das Tauwasser in den Innenraum ergießt.
- ▶ Essigwasser beseitigt unangenehme Gerüche. Auch eine Tasse Milch, in das Kühlgerät gestellt, hilft. Um Geruchsbildung zu vermeiden, Nahrungsmittel nicht offen lagern, sondern zudecken.
- ▶ Lüftungsschlitze unbedingt freihalten und vom Staub befreien.
- ▶ Türdichtungen reinigen. Verunreinigungen können bewirken, daß die Türe nicht mehr dicht abschließt.
- ▶ Soll das Gerät für längere Zeit ausgeschaltet werden (zum Beispiel während eines längeren Urlaubs), Gerätetür offenlassen, damit sich keine Gerüche bilden können.

Abtauen

Jahrelang wurde von der Fachwelt empfohlen, Kühl- und Gefriergeräte bei einer Reifdicke von zwei bis drei Millimetern abzutauen, um Strom zu sparen.

Praxisversuche aus den letzten Jahren haben aber gezeigt, daß der Reifansatz bis zu zwölf Millimetern keinen meßbaren Einfluß auf den Stromverbrauch zeigt.

Abtauen ist also erst ab einem Reifansatz von einem Zentimeter Dicke nötig.

▶ Automatisches Abtauen: Hier taut der Reifansatz während der Schaltpausen des Kompressors. Das Tauwasser fließt über eine Ablaufrinne nach außen ab und verdunstet durch die Abwärme des Kühlschranks.

▶ Teilautomatisches Abtauen: wird über einen Schalter von Hand eingeleitet. Das Tauwasser sammelt sich in einer Schale, die von Hand entleert werden muß. Nach Beendigung des Abtauvorganges schaltet sich das Gerät automatisch wieder ein. Das teilautomatische Abtauen ist nicht vorteilhaft, weil das Gerät nach dem Abtauen gereinigt und getrocknet werden sollte.

▶ Gefriergeräte normaler Bauart und das Verdampferfach mit ***- und * ***-Kennzeichnung können nur von Hand abgetaut werden. Die Lebensmittel entnehmen und in eine Kühlbox geben oder in Zeitungspapier einwickeln. Das Gerät ausschalten und die Tür öffnen. Schneller taut der Reifansatz ab, wenn man ein Gefäß mit warmem Wasser hineinstellt. Nach dem Abtauen Innenraum reinigen und trockenreiben.

Was wohin? **Weil kalte Luft schwerer ist als warme, zirkuliert die Luft im Kühlraum. Die kalte Luft sinkt vom Verdampfer oben oder an der Rückwand ab, wird beim Abkühlen der Lebensmittel wärmer und steigt an den Wänden und an der Innentür wieder hoch. So entstehen unterschiedlich kühle Bereiche.**

▶ Fisch, Fleisch und Fleischwaren lagern am besten an den kältesten Stellen unter dem Verdampferfach (> Seite 135) oder an der Hinterwand. Besonders kühl ist es im unteren Bereich des Kühlraumes, und zwar auf der Glasplatte über dem Obst- und Gemüsefach.

▶ Milch, Milchprodukte, Käse, geräucherte Fleischwaren und fertige Speisen können an beliebiger Stelle im Kühlschrank eingeräumt werden.

▶ Eier, Butter und Getränke lagern am besten in den Ablagen der Gerätetür.

▶ Kälteempfindliches Gemüse wie Salat, Kohlgemüse und Pilze sowie heimisches Obst gehören in die Obst- und Gemüseschalen im untersten Bereich des Kühlschranks. Hier sind die Temperaturen am höchsten, und die Feuchtigkeit bleibt im Fach unter der Glasplatte erhalten. In Kühlgeräten mit »dynamischem Kühlen« oder No-frost-Technik ist die Kälte gleichmäßig im Gerät verteilt, und es ist unerheblich, an welcher Stelle die Lebensmittel gelagert werden. In Mehrzonenkältegeräten hingegen gibt es drei oder vier verschiedene Kälte- und Klimazonen. Bei diesen Geräten ist genau darauf zu achten, wo für die einzelnen Nahrungsmittel die günstigsten Lagerbedingungen herrschen (> Mehrzonenkühlgeräte, Seite 136).

Entsorgung

Jährlich müssen in Deutschland rund 2 Millionen Kühlschränke und 650.000 Gefrierschränke entsorgt werden. Der Gehalt von umweltschädigenden Substanzen in Kühlgeräten erfordert eine besondere Behandlung. FCKW als Kältemittel (> Die FCKW-Geschichte, Seite 131) und in der Isolierung (> Seite 130) dürfen wegen ihrer ozonschädigenden und Treibhauswirkung nicht ins Freie entweichen.

Auch das im Verdichter enthaltene Öl gilt als Sondermüll, da es mit der Zeit eine bestimmte Menge des Kältemittels R 12 (> Seite 130) aufgenommen hat.

Ausgediente Kühl- und Gefriergeräte sollten möglichst unbeschädigt zum Verwertungsbetrieb gelangen. Aus einem lecken Kühlkreislauf könnte FCKW in die Atmosphäre entweichen.

Beim Entsorger wird das Kältemittel abgesaugt, in Flaschen oder Kartuschen gefüllt und an die chemische Industrie zum Recycling weitergeleitet.

Die Fluorchlorkohlenwasserstoffe im Dämmaterial könnten beim Zerkleinern des Materials aufgefangen und abgefüllt werden. Allerdings nur wenige Entsorgungsanlagen besitzen als Pilotprojekte die dafür erforderliche Technologie.

Kühlgeräte

Nur die Lagerung bei tiefen Temperaturen macht viele Lebensmittel ausreichend haltbar. Bei etwa 4,5 Grad Celsius vermehren sich Fäulnisbakterien nur mehr langsam – der Verderb der Lebensmittel wird gebremst. Ein Kühlschrankthermometer zeigt, ob die notwendigen tiefen Temperaturen tatsächlich erreicht werden.

Kühlgeräte gibt es als Tischgerät (Standgerät), als kleine Kühlbox, die auf eine Arbeitsfläche gestellt werden kann, oder als Einbaugerät. Einbaukühlschränke können mit einer Dekorplatte dem Design der Küche angepaßt oder als integrierfähige Geräte mit einer Möbeltür versehen werden.

Arbeitstechnisch günstig ist der Einbau in bequemer Greifhöhe. Stellt sich die Entscheidung, ob der Backofen (> Seiten 101, 108) oder der Kühlschrank hochgestellt werden soll, dann hat der Kühlschrank die Priorität. Der Grund: Der Kühlschrank wird sehr viel häufiger geöffnet als der Backofen.

Kennzeichnung mit Sternen

Die meisten Kühlgeräte haben einen plattenförmigen Verdampfer in der Rückwand eingeschäumt. Damit werden Temperaturen zwischen 0 und 10 Grad Celsius im Innenraum erreicht. Durch die Ausstattung mit einem zusätzlichen U- oder ringförmigen Verdampfer, der mit einer Klappe oder einer Tür verschlossen werden kann, entsteht ein Fach mit einem zusätzlichen Temperaturbereich. Je nach Leistung werden in diesem Verdampferfach 0 bis –18 Grad Celsius erreicht. Es handelt sich dabei also nicht um ein Gefrierfach, weil die erreichbaren Temperaturen in vielen Fällen nicht niedrig genug sind, um Lebensmittel einzufrieren; allerdings kann man bereits gefrorene Lebensmittel im Verdampferfach vorübergehend lagern.

Je nach Nutzungsart besteht die Wahl zwischen:

▶ Kühlgeräten ohne Verdampferfach, wenn bereits ein Gefriergerät im Haushalt ist. Der Verzicht auf das kleine Verdampferfach spart je 100 Liter Nutzinhalt bis zu einem Fünftel des Stroms, den ein vergleichbares Gerät mit Tiefkühlfach verbraucht. Außerdem bringt er ein Plus an Stellraum im Kühlschrank.

▶ Kühlgeräten mit einem Verdampferfach. Eine Kennzeichnung mit Sternen beschreibt, welche Mindesttemperatur im Verdampferfach erreicht werden kann (> Mindesttemperaturen von Verdampferfächern, Seite 135).

Die Temperatur in [*]- bis [***]-Fächern hängt von der Thermostateinstellung des Kühlteils ab. Wollte man genügend tiefe Temperaturen zum Einfrieren im Verdampferfach erzielen, würde der übrige Teil des Kühlschranks unnötig stark abgekühlt. Auch im Dreisternefach darf keine frische Ware eingefroren, sondern nur Tiefkühlkost gelagert werden, obwohl bei –18 Grad Celsius ideale Lagertemperaturen erzielbar sind. Der Grund: keine Möglichkeit zum Schockfrosten.

Mindesttemperaturen im Verdampferfach

Kennzeichnung	Mindesttemperatur	Lagerdauer	Verwendung
–	0°C	–	Eiswürfelherstellung
[*]	–6°C	max. 1 Woche	kurze Lagerung von Gefrorenem
[**]	–12°C	max. 3 Wochen	Lagerung gefrorener Lebensmittel
[***] (Tiefkühlgerät)	–18°C	je nach Lebensmittelart mehrere Monate	Lagerung gefrorener Lebensmittel
* [***] (Gefriergerät)	–18°C	je nach Lebensmittelart mehrere Monate	Einfrieren geringer Mengen und langfristige Lagerung

Kühlschränke mit einem ✱✱✱✱-Fach (Kühl-Gefrierkombinationen mit kleinem oben angeordnetem Gefrierteil) sind für Haushalte richtig, in denen nur gelegentlich etwas Fleisch und Gemüse eingefroren werden oder einige Päckchen Tiefkühlkost vorrätig sein sollen.

Ausstattung

▶ Glasablagen sind günstiger als die üblichen Drahtroste, weil Flaschen und schmale Gläser nicht so leicht kippen können.
▶ Günstig sind Geräte mit Frischezone (> Seite 138), wo Temperaturen zwischen 0 bis 3 Grad Celsius herrschen. Manche Lebensmittel sind bei diesen tiefen Temperaturen länger haltbar.
▶ Getränkespender sollen das häufige Öffnen der Kühlschranktür (und damit Energieverluste) unnötig machen: Zwei Getränkeflaschen stehen »kopfüber« in der Gerätetür und können von außen über einen Zapfhahn entleert werden.

Mehrzonen-Kühlgeräte

Mehrzonengeräte bieten für jede Lebensmittelart die optimalen Lagerbedingungen. Der Kühlteil der Stand- oder Einbaukühlzentren ist in verschiedene Klima- und Kältezonen unterteilt.

Die als Kühlzentren oder Frischecenter bezeichneten großen Geräte mit vier Klimazonen funktionieren nach dem No-frost-System (> Seite 128). Die elektronische Steuerung ermöglicht es, die Kaltluftströme für jede Klimazone über elektromotorisch bewegte Klappen getrennt und exakt zu regulieren, obwohl die Geräte nur einen Kältekreislauf haben.

Vierzonengeräte kosten das Dreifache einfacher Standkühlschränke und sind damit die kostspieligsten Haushaltskühlgeräte überhaupt. Ob die Vorteile der Geräte dem stolzen Preis gerecht werden, ist zu bezweifeln. Gute Kühl-Gefrierkombinationen sind für den halben Preis zu bekommen und verbrauchen weniger Energie.

Mögliche Zusatzausstattungen von Geräten der Luxusklasse sind Eiswürfel- und Eiswasserbereiter sowie Getränkespender (> Seite 136). Eiswürfelbereiter stellen auf Tastendruck frische Eiswürfel her, die direkt ins Glas fallen. Innerhalb von 24 Stunden können bis zu 2,5 Kilogramm Eiswürfel hergestellt werden. Außerdem kann auf Wunsch zerkleinertes Eis, sogenanntes »crushed ice«, entnommen werden. Geräte mit dieser Spezialfunktion müssen an die Wasserleitung angeschlossen werden.

Ersetzt Speisekammer oder Keller.
▶ Bietet fein abgestimmte Lagerbedingungen für die unterschiedlichen Lebensmittel.
▶ Frischekühlfächer bieten den KonsumentInnen, was im gewerblichen Bereich längst praktiziert wird: Kühlen bei 0 Grad Celsius und hoher Luftfeuchtigkeit wie im Kühlhaus.
▶ Obst und Gemüse bleiben länger knackig und behalten ihren Nährwert, Fleisch, Wurst, Milch und Milchprodukte bleiben länger frisch.
▶ Die Gerätehersteller geben an, daß sich Lebensmittel in der Frischezone fast doppelt so lange halten wie im konventionellen Kühlschrank.
▶ Getränke können in der Nullgradzone rasch gekühlt werden, ohne daß sie gefrieren.

Höherer Stromverbrauch durch die No-frost-Technik (> Seite 128).
▶ Die Temperatur steigt im Gefrierteil während der Auftauzeiten des No-frost-Systems um bis zu zwei Grad an.
▶ Frischezentren gehören zu den teuersten Kühlgeräten.
▶ Die aufwendige Inneneinrichtung verkleinert den Nutzinhalt erheblich. Im ungünstigsten Fall bleiben nur 35 Prozent des gesamten Gerätevolumens für die Lagerung der Nahrungsmittel.

Bauformen Kühl-Gefriergeräte	Geräteart	Beschreibung	Vorteile	Nachteile
	Kühl-Gefrierkombination mit **einem Kühlaggregat**	▶ Gerät mit zwei Türen, Gefrierteil kann sich oben (kleinere Gerätetür) oder unten (große Gerätetür) befinden.	▶ Gefrierteil größer als in herkömmlichen Kühlschränken mit eigener Tür. Preisgünstig.	▶ Temperaturen in Gefrier- und Kühlteil können meist nur gemeinsam geregelt werden, für größere Vorräte im Gefrierteil nicht geeignet.
	Kühl-Gefrierkombination mit **zwei Kühlaggregaten**	▶ Gerät mit zwei Türen, im unteren Bereich Gefrierschrank	▶ Für jeden Bereich kann die Temperatur getrennt eingestellt werden. Mit Kontrollanzeige.	▶ Bei Geräten mit größerem Gefrierbereich liegen die oberen Fächer des Kühlteils nicht mehr im günstigen Griffbereich.
	Kühl-Gefrierkombination mit **No-frost-System**	▶ Gerät mit zwei oder drei Türen, No-frost-Technik (> Seite 128), manche Geräte mit Frischefach	▶ Taut nicht nur Kühlteil, sondern auch Gefrierteil automatisch ab. Gebläse sorgt für gleichmäßige Temperaturverteilung.	▶ Höherer Energiebedarf als bei vergleichbaren Kühl-Gefrierkombinationen mit herkömmlicher Kühltechnik.
	Gefrierschrank	▶ Gerät mit einer Tür. Innenraum durch Schubladen oder Fächer mit Klappen unterteilt. Meist mehrere Vorgefrierfächer.	▶ Für Vorratshaltung in größerem Maßstab geeignet. Geringer Platzbedarf. Übersichtliche Vorratshaltung.	▶ Höherer Energiebedarf als bei Gefriertruhen. Sperriges Gefriergut paßt nicht in die Fächer oder Schubladen.
	Gefriertruhe	▶ Truhe mit Deckel in den Größen zwischen 115 und 585 Litern Nutzinhalt. Vorgefrierfach.	▶ Für Vorratshaltung in größerem Maßstab Auch für sperriges Gefriergut geeignet. geringerer Energiebedarf als Gefrierschrank.	▶ Großer Platzbedarf. Unübersichtliche und umständliche Handhabung.
	Mehrzonenkühlgeräte	▶ Kühlschrank mit bis zu fünf Klimazonen, mit mehreren Türen und manchmal Frontauszug. No-frost-Technik.	▶ Kein Abtauen notwendig. Mehrere Feuchtigkeitszonen im Kühlteil. Mehrere Temperaturzonen im Kühlteil.	▶ Bis zu 30 Prozent höherer Stromverbrauch gegenüber herkömmlichen Geräten. Nicht für größere Vorratshaltung im Gefrierteil.

▶ Der Gefrierteil ist recht klein geraten. Die 50 bis 70 Liter Nutzinhalt des Gefrierbereichs ist für Familien nicht ausreichend. Größere Haushalte brauchen neben dem teuren Kühlzentrum ein zusätzliches Gefriergerät.

▶ Die Stiftung Warentest hat festgestellt, daß sich der Gefrierbereich bei Stromausfall schon in 10 bis 14 Stunden auf –9 Grad Celsius erwärmt. Konventionelle Geräte geben dem Besitzer bis zu 30 Stunden Zeit, die Störung zu beheben.

Kellerzone

Acht bis zwölf Grad Celsius sind die vorherrschenden Temperaturen in der Kellerzone. In diesem Fach oder Auszug sollen Lebensmittel gelagert werden, die nicht so stark gekühlt werden sollen: Getränke, Wein, Käse, Eier, kälteempfindliches Obst und Gemüse, wie Avocados, Papayas, Passionsfrüchte, Ananas, Mandarinen, Bananen, Auberginen, Melonen, Gurken, Paprika, Kartoffeln und Obst und Gemüse zum Nachreifen. Butter bleibt streichfähig.

Frischefach (0°C-Zone, Kaltraum, Frischkühlfach)

Bei Temperaturen nahe dem Gefrierpunkt kommt das Bakterienwachstum fast zum Stillstand. Deshalb ist der Temperaturbereich von null bis drei Grad Celsius für viele leicht verderbliche Lebensmittel ideal.

Das Frischefach wird durch eine Spezialmembran in zwei Bereiche mit unterschiedlichen Klimabedingungen unterteilt.

▶ Das trockene Frischefach: Mit 50 Prozent Luftfeuchtigkeit ist es in diesem Bereich so trocken wie in jedem herkömmlichen Kühlschrank. Damit Lebensmittel ihre Feuchtigkeit nicht verlieren, müssen sie gut verpackt oder zugedeckt werden.

In die trockene Nullgradzone gehören: frischer Fisch, Meeresfrüchte, Fleisch, Wurstwaren, Geflügel, Milch und Milchprodukte und Hartkäse sowie nicht kälteempfindliches Obst.

▶ Das Frischefach mit 90 Prozent Luftfeuchtigkeit: Hohe Luftfeuchtigkeit trocknet Lebensmittel nicht aus. Sie stellt sich aber nur dann ein, wenn der Bereich voll beladen ist mit Lebensmitteln, die Feuchtigkeit abgeben. Aus diesem Grund dürfen diese auch keinesfalls verpackt werden.

In die feuchte Frischhaltezone gehören: Blattsalate, Blumenkohl, Pilze, vollreife Tomaten, Fleisch und angeschnittene Wurst, Innereien, Braten, gekochter Schinken.

Spezialkühlgeräte für Wein-, Obst- und Gemüselagerung

84 bis 288 Flaschen Rot- und Weißwein können in speziellen Umluftkühlschränken gelagert werden. Diese Schränke besitzen zwei unterschiedlich temperierte Bereiche:

8 bis 14 Grad Celsius für Weißwein und 14 bis 18 Grad Celsius für Rotweine.

Die Luftfeuchtigkeit kann beeinflußt werden durch einen Ventilator, der bei Bedarf Frischluft zuführt. Die Innentür ist ohne Ablagen und Fächer. Je nachdem, ob Wein, Obst, Gemüse oder Bier im Faß in dem Gerät gelagert werden sollen, unterscheidet sich die Innenausstattung dieser Spezialgeräte.

Gefriergeräte

Wie groß Gefriergeräte sein sollen, hängt nicht nur von der Haushaltsgröße ab. Vielmehr ist die notwendige Größe davon abhängig, ob etwa Gemüse und Obst aus dem eigenen Garten verarbeitet werden soll.

Als Richtwerte können gelten:

▶ Wenn hauptsächlich Tiefkühlkost gelagert und nur gelegentlich Lebensmittel selbst eingefroren werden: 50 bis 80 Liter Nutzinhalt pro Kopf.

▶ Bei ausgesprochener Vorratswirtschaft sind 100 bis 130 Liter pro ständig zu verköstigender Person sinnvoll.

Zu groß sollte das Gefriergerät aber nicht dimensioniert sein, weil ungenutzter Raum unnötig Strom verbraucht. 100 Liter leerer Nutzraum in einer Gefriertruhe verbrauchen im Jahr bis zu 200 Kilowattstunden elektrischer Energie.

Statt ein 400 Liter großes Gefriergerät zu kaufen, ist es besser, zwei kleinere Geräte anzuschaffen. Das hat den Vorteil, daß ein Gerät stillgelegt werden kann, wenn die Vorräte geringer werden.

Gefriervermögen

Das Gefriervermögen eines Gerätes bestimmt die Menge an Lebensmitteln, die innerhalb von 24 Stunden eingefroren werden kann. Laut DIN-Norm darf das Gefriervermögen fünf Kilogramm je hundert Liter Nutzinhalt nicht unterschreiten. Der für das jeweilige Gerät gültige Wert ist in der Produktdeklaration zu finden.

Nach 24 Stunden ist das Gefriergut durchgefroren.

Ausstattung

Jedes Gefriergerät sollte eine Kontroll- und/oder Warneinrichtung haben, die über den ordnungsgemäßen Betriebszustand informiert. Trotzdem haben billigere Geräte häufig keinerlei Anzeige und lassen die BenutzerInnen im unklaren darüber, ob die Temperatur der Lebensmittel ausreichend niedrig ist.

Mögliche Einrichtungen sind:

▶ Die Kontrollampel: Drei verschiedenfarbige Lampen geben über den Betriebszustand des Geräts Auskunft.

Grün .... Einwandfreier Betrieb
Gelb .... Das Gerät arbeitet im Dauerlauf (Superfrost)
Rot .... Die Temperatur im Innenraum ist zu hoch

▶ Die Temperaturanzeige: Die Temperatur läßt sich entweder an einer analogen Skala im Gefrierraum oder an der digitalen Anzeige in Grad Celsius an der Bedienleiste ablesen. Letzteres hat den Vorteil, daß die Temperatur ohne Türöffnen kontrolliert werden kann. Außerdem gibt die genaue Gradangabe Auskunft, wie stark sich das Gefriergut im Störungsfall schon erwärmt hat.

Fehlt eine Temperaturanzeige, sollte ein Thermometer in das Gefriergerät gelegt werden.

▶ Das akustische Warnsignal: Das Gerät kann sich lautstark hörbar machen, wenn die Tür länger als 30 Sekunden offensteht. Das Signal kann auch abgestellt werden, solange man das Gerät beschickt oder umpackt. Manche Geräte zeigen mit einem Summton an, wenn die Temperatur im Innenraum zu sehr ansteigt.

▶ Frost- oder Power-Control: Sie zeigt an, ob die Temperatur im Gefriergerät während der Abwesenheit unzulässig hoch angestiegen ist. Die Frostkontrolle besteht aus einem teilweise mit einer gefärbten Flüssigkeit gefüllten Behälter. Sobald die Flüssigkeit gefroren ist, wird der Behälter umgedreht, so daß die erstarrte Flüssigkeit sich in der oberen Hälfte befindet. Steigt die Temperatur über den zulässigen Bereich, schmilzt die Flüssigkeit und rinnt nach unten.

Energiebedarf

Gefriertruhen sind sparsamer als Gefrierschränke.

Der Vergleich lohnt sich: Jede zusätzliche halbe Kilowattstunde Stromverbrauch pro Tag schlägt in der Zeit von fünfzehn Jahren mit 821 DM zu Buche (bei einem Strompreis von 0,30 DM pro Kilowattstunde).

Wie sparsam sollen Gefriergeräte sein?

Verbrauchswerte je 100 Liter Nutzinhalt in 24 Stunden

	Gefriertruhe	Gefrierschrank
niedrig	0,19 kWh	0,30 kWh
noch akzeptabel	0,35 kWh	0,6 kWh

Die Mehrkosten für eine bessere Isolierung machen sich durch den geringeren Stromverbrauch nach rund drei Jahren bezahlt.

In der Produktdeklaration ist der Stromverbrauch des Gerätes pro 24 Stunden angegeben. Für den Vergleich von Geräten unterschiedlicher Größe ist es nützlich, den Stromverbrauch auf 100 Liter zurückzurechnen:

$$\frac{\text{Stromverbrauch}}{\text{Nutzinhalt}} \text{ mal } 100 = \text{kWh pro } 100 \text{ Liter}$$

Energiesparend kühlen und gefrieren

Durch bewußten Umgang mit dem Kühlgerät kann Energie eingespart werden:

▶ Kältegeräte an einem kühlen Ort aufstellen, möglichst nicht neben Herd oder Backofen, sondern besser im Keller oder Flur. 20 statt 25 Grad Celsius Raumtemperatur sparen 45 Prozent des Energiebedarfs. Bei nur 16 Grad Celsius Umgebungstemperatur benötigt ein Kühlgerät um weitere 30 Prozent weniger Strom.

▶ Den Kühlschrank nicht zu kalt einstellen. Fünf Grad Celsius im Kühlteil sind ausreichend.

▶ Tiefkühlprodukte frühzeitig herausnehmen und im Kühlschrank auftauen lassen. Das spart Kühlenergie im Kühlschrank.

▶ Jedes Öffnen der Gerätetür bedeutet Kälteverlust. Ordnung halten erspart langes Suchen bei geöffneter Tür.

▶ Keine warmen Speisen in den Kühlschrank stellen. Nur Lebensmittel mit Zimmertemperatur dürfen in das Gerät. Warme Gerichte zum raschen Abkühlen ins kalte Wasserbad stellen und erst dann in den Kühlschrank.

▶ Nur bei Bedarf abtauen. Zweimal jährlich sollte das Gerät aber gereinigt werden.

▶ Nahrungsmittel, die eingefroren werden sollen, im Kühlschrank vorkühlen.

▶ Den Superschalter (Dauerbetrieb) nur betätigen, wenn besonders große Mengen, und zwar mehr als die Hälfte des Gefriervermögens, auf einmal eingefroren werden sollen.

▶ Auch bei hochsommerlichen Temperaturen den Regler nicht auf Maximum stellen. Das Gerät läuft sonst ohne Unterbrechung und könnte vorzeitig defekt werden.

Ein Beispiel:
Gefrierschrank mit 208 Liter Nutzinhalt, Verbrauch laut Produktdeklaration 1,00 kWh pro 24 Stunden.

$$1{,}00 : 208 = 4{,}8$$
$$4{,}8 \text{ mal } 100 = 0{,}48$$

Der Gefrierschrank hat einen Verbrauch von 0,48 Kilowattstunden pro 100 Liter und 24 Stunden.

In der Praxis weicht der Stromverbrauch jedoch von den Normwerten ab. Wie hoch er tatsächlich ist, hängt von der Umgebungstemperatur, der Belüftung, der Einstellung der Lagertemperatur, aber auch von der Menge und Häufigkeit der Beladung ab und davon, wie oft und wie lang das Gefriergerät geöffnet wird.

Der Gefrierschrank

Gefrierschränke gibt es als Standgeräte mit 50 bis 310 Liter Nutzraum. Einbaugeräte haben 55 bis 155 Liter und Unterbaugeräte 90 bis 115 Liter Nutzraum.

Je besser das Gefriergerät isoliert ist, desto länger hält es im Störfall das Gefriergut kalt (die Tür nicht öffnen!). Kritisch wird es für Lebensmittel ab einer Temperatur von –9 Grad Celsius. Wie lange es dauert, bis dieser Bereich erreicht wird, hängt von der Isolierung ab. Bei manchen Geräten hat man 32 Stunden Zeit für die Behebung der Störung, bei anderen ist das Gefriergut bereits nach 11 bis 13 Stunden zu warm. Der Grenzwert findet sich in der Produktinformation im Prospekt unter »Lagerzeit bei Störung«.

Die einzelnen Ebenen des Gefrierschranks sind durch Gitterkörbe oder Kunststoff-Schubladen unterteilt. Kunststoffladen halten die Kälte besser im Gerät, wenn die Tür geöffnet wird. Günstig ist es, wenn zwischen den Körben Begrenzungsflächen sind. Sie können ausfließendes Gefriergut zurückhalten, wenn der Strom ausfällt oder das Gerät defekt ist.

Zum Einfrieren gibt es ein eigenes Vorgefrierfach, oder das Gerät hat mehrere waagrechte Verdampferplatten, die es möglich machen, in mehreren Ebenen gleichzeitig einzufrieren.

Die unter den phantasiereichen Bezeichnungen wie Öko-super, Energiespar-Gefrierschrank oder Economic-super angepriesenen Geräte haben eine dickere Dämmschicht von sieben bis zehn Zentimetern und eine verbesserte Kühltechnologie. Sie kosten zwar um einige hundert DM mehr als herkömmliche Schränke, der Mehrpreis für die energiesparende Version lohnt aber in Hinsicht auf den geringen Stromverbrauch.

Standgeräte mit No-frost-Technik (> Seite 128) sind noch einmal um 300 DM teurer.

Ob diese bequeme Technik den Mehrpreis lohnt, ist fraglich, zumal diese Geräte auch noch bis zu 30 Prozent mehr Energie benötigen.

Gefrierschränke lassen sich auch in kleinen Küchen platzsparend unterbringen.

▶ In Küchenzeilen integrierbar.

▶ In den Fächern oder Laden kann leicht Ordnung gehalten werden. Das Gefriergut ist übersichtlich und leicht zugänglich.

Gefrierschränke sind teurer als Truhen gleicher Größe (Die Gefriertruhe, Seite 141).

▶ Trotz gleichen Nutzinhalts kann in Gefrierschränken weniger untergebracht werden, weil die Schubladen viel Raum wegnehmen.

▶ Der Stromverbrauch (> Energiebedarf, Seite 132) ist höher als bei den Truhen.

Zum Weiterlesen

»ABC der Elektrokühlung«, Energie-Verlag Heidelberg

»ABC des Einfrierens«, Energie-Verlag Heidelberg

»Gefrierkost, Tiefkühlkost von A–Z«, Herausgegeben vom Auswertungs- und Informationsdienst für Ernährung, Landwirtschaft und Forsten (AID) e.V. 53131Bonn 2, Postfach 20 01 53

Ausstattung

Je nach Preislage haben Gefrierschränke unterschiedliche Ausstattungsdetails:

▶ Innenventilatoren können das Temperaturgefälle (die oberen Fächer sind wärmer als die unteren) im Gerät ausgleichen.

▶ Mit der Schnellgefriereinrichtung kann das Gerät auf Dauerbetrieb geschaltet werden, um eine Kältereserve vor dem Einfrieren anzulegen.

▶ Umluftkältesystem (No-frost-Technik).

▶ Eine Teilbetriebisolationsplatte kann den unbenutzten Teil des Gefrierschranks abisolieren, wenn nur wenig Gefriergut gelagert wird. Auch das Kühlen von Leerraum verbraucht Energie (> Seite 140).

Die Gefriertruhe

Gefriertruhen gibt es von 115 bis 585 Litern Nutzinhalt. Die Entscheidung für oder gegen eine Gefriertruhe fällt meist auf Grund der Aufstellsituation. Wer genügend Platz in der Küche (oder zumindest im Keller) hat, wählt die sparsamere und geräumigere Truhe.

Auch Gefriertruhen gibt es in der supergedämmten Energiesparversion, was den Energieverbrauch der ohnehin mit dem Strom knausrig umgehenden Truhen noch weiter senkt (> Seite 132). Die Mehrkosten von wenigen hundert DM für Truhen mit verstärkter Wärmedämmung werden durch die kleinere Stromrechnung mehr als ausgeglichen.

Die Ausstattung der Gefriertruhen ist ähnlich wie die der Gefrierschränke. Kontrollanzeigen (> Seite 139) finden sich auf einer Bedienblende ebenso wie akustische Warneinrichtungen (> Seite 139). Es gibt Innenbeleuchtung, Tauwasserablauf und eine Dauerlaufschaltung.

Einige Geräte haben eine spezielle Energiesparschaltung. Sie kann betätigt werden, wenn die Gefriertruhe nur zur Hälfte (bis zu einer bestimmten Markierung) beladen ist.

Der kälteste Bereich von –35 Grad Celsius befindet sich unmittelbar am Verdampfer an den Seitenwänden. Durch eine Trennwand ist ein Vorgefrierfach vom übrigen Lagerraum abgeteilt.

Gefriertruhen bieten um zehn bis 20 Prozent mehr Nutzraum als vergleichbare Gefrierschränke. Je 100 Liter Nutzinhalt können in der Truhe zwischen 40 und 70 Kilogramm Ware gelagert werden.

▶ Gefriertruhen kosten vergleichsweise weniger und arbeiten energiesparender.

Gefriertruhen brauchen viel Platz.

▶ Sie sind weniger übersichtlich zu handhaben.

▶ Das Beschicken und Herausnehmen von Gefriergut ist umständlicher als im Gefrierschrank. Einhänge- und Einstellkörbe entschärfen das Problem. Sie müssen aber auch erst herausgenommen werden, wenn man tieferliegendes Gefriergut entnehmen will.

Einfrieren praktisch

Bei –18 Grad Celsius oder darunter sind Lebensmittel für längere Zeit haltbar. Für Krisenzeiten ist die Gefrierlagerung aber nicht geeignet, weil es zu Stromausfällen kommen könnte. Damit Aussehen, Nährwert und Geschmack der Nahrungsmittel erhalten bleiben, müssen einige Grundregeln beim Einfrieren beachtet werden.

ROHWARE

Obst und Gemüse sollen möglichst erntefrisch, unbeschädigt und reif sein. Nicht alle Sorten können ohne Qualitätsverluste eingefroren werden. Von grünen Bohnen, Spinat und Erdbeeren gibt es spezielle für das Einfrieren geeignete Sorten. Rindfleisch und das Fleisch von Wild soll abgehangen sein, bevor es gefriergelagert wird, Schweinefleisch soll schlachtfrisch sein.

VORBEREITEN

▶ Obst und Gemüse waschen, entstielen oder entkernen, putzen oder schälen und eventuell in Stücke schneiden.

▶ Blanchieren (> Seite 489): Erbsen, grüne Bohnen, Spinat, Paprika und Karotten werden ein bis fünf Minuten in kochendes Salzwasser gelegt. Das Blanchieren tötet Mikroorganismen ab, die zum Verderb des Lebensmittels führen würden und vermindert die Wirkung von Enzymen. Einfrieren unblanchierter Rohware: Gemüse verholzen, verlieren die Farbe und bauen mehr Vitamin C ab.

▶ Abkühlen mindestens auf Zimmertemperatur: Gegartes am besten im kalten Wasserbad, blanchiertes Gemüse in Eiswasser abkühlen.

▶ Fleisch kann in Schnitzel oder in Würfel geschnitten oder in einem Stück bis höchstens zweieinhalb Kilogramm eingefroren werden. Die Teile sollten aber nicht höher als zehn Zentimeter sein.

▶ Abtrocknen: Gemüse, Obst und Fleisch mit Küchenkrepp trockentupfen.

VERPACKEN

Das Gefriergut sollte in kleine flache Portionen aufgeteilt werden, dann frieren die Nahrungsmittel rascher durch. Gut verpackt trocknen Nahrungsmittel nicht aus und können weder Geschmack verlieren noch Gerüche annehmen. Verpackungen:

▶ Polyäthylenfolie oder Alufolie extrastark für Fleisch, Geflügel, Fisch, große Backwaren, Teige, Butter, Käse, Wurst und Aufschnitt.

▶ Polyäthylenschlauch und -beutel sind zusätzlich für Obst, Gemüse, Kleingebäck und Brot geeignet.

▶ Gefrierkochbeutel für Fertiggerichte. Die Speisen können gleich im Beutel im Wasserbad oder in der Mikrowelle erhitzt werden.

▶ Alubehälter mit Deckel und Kuchenformen aus Alufolie für Fleisch, Wurst, Fisch, Käse, Gemüse, Kuchen, Pasteten und Fertiggerichte.

▶ Kunststoffbehälter aus schlagfestem Polystyrol oder Polyäthylen für Suppen, Fertiggerichte, Obst in Zuckerlösung, breiiges Gefriergut, Milch und Sahne. Nicht ganz vollfüllen, weil sich das Gefriergut ausdehnt.

KÜHL-GEFRIER-KOMBINATIONEN

Kühl-Gefrierkombinationen sind die platzsparende Symbiose zwischen Kühlschrank und Gefrierschrank, die übereinander zu einem Gerät vereint sind. Selten sind die beiden Teile nebeneinander als Unterbaugerät kombiniert.

Kühl-Gefrierkombinationen mit nur einem Kälteaggregat sind bereits unter tausend DM erhältlich und gehören zu den preiswertesten Kühlgeräten. Die deutlich teureren Kombinationen mit zwei Aggregaten sind aber vorteilhafter, weil deren Kühl- und Gefrierteil getrennt geschaltet werden können.

Wer sich das regelmäßige Abtauen sparen will, muß tiefer in die Tasche greifen. No-frost-Geräte kosten fast doppelt so viel wie die preiswertesten, von der Stiftung Warentest mit »gut« beurteilten Geräte. Neben den hohen Anschaffungskosten ergeben sich in 15 Jahren wegen des höheren Energiebedarfs Betriebskosten, die teilweise sogar noch über dem Kaufpreis liegen. Wie bei allen Kühlgeräten gilt aber auch hier: Energiespargeräte bringen die Mehrkosten von 500 DM durch die geringeren Stromkosten wieder herein.

Kühlgefrierkombinationen gibt es in drei Varianten (> Bauformen Kühl- und Gefriergeräte, Seite 137):

▶ Mit nur einem Kühlaggregat für Kühl- und Gefrierbereich: Das Aggregat schaltet aufgrund der Temperatur in Gefrier- und Kühlteil. Bei den meisten Geräten dieser Bauart lassen sich die Temperaturen der beiden Bereiche nicht getrennt regeln. Das ist vor allem dann unangenehm, wenn größere Mengen an Lebensmitteln eingefroren werden. Ist es im Gefrierteil richtig kalt, herrschen im Kühlteil hingegen zu niedrige Temperaturen.

▶ Mit zwei getrennten Kühlaggregaten: Zwei Kühlaggregate ermöglichen die getrennte Temperaturregelung von Kühl- und Gefrierbereich. Sie können auch unabhängig voneinander betrieben werden. Während eines längeren Urlaubs kann der Kühlteil abgeschaltet werden, der Gefrierbereich bleibt in Betrieb.

▶ Mit No-frost-Technik (> Seite 128): Durch die trockene Kaltluft der No-frost-Technik bildet sich kein Eis. Dadurch erübrigt sich auch das Abtauen. Anschaffungskosten und Energiebedarf sind allerdings wiederum höher als bei konventionellen Geräten.

▶ Hartglasbehälter mit Kunststoffdeckel für Obst in Zuckerlösung und Kompott. Nicht ganz vollfüllen.

GEFRIEREN, LAGERN

Je rascher Nahrungsmittel gefroren werden können, desto besser erhält sich die Qualität und desto länger sind sie haltbar.

Temperaturschwankungen auch innerhalb des optimalen Bereichs von –35 bis –18 Grad Celsius (etwa durch Einschalten der Schnellgefriereinrichtung bei stark beladenem Gerät) verringern die Qualität des Lagerguts.

Frische und gefrorene Waren sollten sich nicht berühren, weil sonst das Gefriergut stellenweise antaut.

In der Bedienungsanleitung des Gefriergerätes sind die maximalen Lagerzeiten der Lebensmittel angeführt. Eine Buchführung erleichtert den Überblick.

AUFTAUEN

Wo immer möglich, sollte Tiefgekühltes ohne vorheriges Auftauen zubereitet werden.

▶ Backwaren werden in der Verpackung aufgetaut, damit sie nicht austrocknen.

▶ Fertiggerichte können ohne Auf- oder Antauen auf der Kochstelle, in kochendem Wasser, im Backofen, im Dampfgarer oder im Mikrowellengerät erhitzt werden.

▶ Fleisch, Backwaren und Teige sollten im Kühlschrank aufgetaut werden, damit sich Keime nicht vermehren können.

Kleingeräte

Elektrische Kleingeräte können so manche Arbeit in der Küche entscheidend erleichtern. Manche von ihnen sind überflüssig – sie verschwenden nur Platz im Küchenschrank. Gute Kombinationsgeräte sind jedoch sowohl für die Umwelt als auch für die eigene Geldbörse günstig.

Kleingeräte sind die Spezialisten unter den Haushaltsgeräten. Die beheizbaren unter ihnen sollen Arbeiten, die auch auf dem Herd (> Seite 94) möglich wären, vereinfachen. Geräte, die Wasser aufheizen, wie Kaffeemaschine, Wasser- oder Eierkocher, benötigen zudem weniger Energie als jede Kochstelle. Dazu kommen noch die Maschinen zum Rühren, Kneten, Schnitzeln, Hacken, Mahlen und vieles mehr. Die Industrie bringt immer neue Varianten auf den Markt, die auch gerne als Geschenkartikel verwendet werden. Der Spaß an Fondue- oder Racletteparties läßt jedoch meist rasch nach, die modischen Geräte bleiben im Schrank verstaut.

Bei soviel Vorzügen verliert fast jeder den Überblick: Der Gerätepark wächst sich zum Platzproblem in kleinen Küchen aus. Eine Untersuchung hat ergeben, daß jeder zweite Haushalt über 16 derartige Kleingeräte oder mehr verfügt. Nur wenige davon werden aber regelmäßig genutzt.

Küchenkleingeräte lohnen ihre Anschaffung nur, wenn sie häufig betrieben werden. Es ist jedoch nahezu unmöglich, alle Küchenkleingeräte stets griffbereit zu haben, wie das für eine sinnvolle Nutzung notwendig wäre.

Im Durchschnitt benötigt jeder elektrische Küchenhelfer 25 Zentimeter Platz auf der Arbeitsfläche. Bei durchschnittlich vorhandenen 16 Kleingeräten ergibt sich allein für diesen Gerätepark eine nötige Stellfläche von vier Metern. Übereinandergestapelt und gut verstaut, harren die Maschinen aber vergeblich ihrer Bestimmung. Anfangs noch häufig hervorgeholt, geraten sie in Vergessenheit und verstauben schließlich im Keller oder landen im Müll.

Zu den Geräten, die erhebliche Erleichterungen bei der Küchenarbeit bringen und auch häufig verwendet werden, gehören Kaffeemaschine, Wasserkocher, Küchenmaschine und Handrührgerät.

Ökonomisch und ökologisch vertretbar sind gut durchdachte Kombinationsgeräte: Ein Grundgerät mit ausdauerndem Motor betreibt viele Aufsätze und Zusatzgeräte für die notwendigen Rühr-, Knet, Hack-, Schnitzel- und Reibarbeiten. Es hat seinen festen Platz auf der Arbeitsfläche und ist immer einsatzbereit.

Für die Herstellung dieser Universalisten werden weniger Energie und Rohstoffe benötigt als für mehrere Sologeräte.

Kaffee- und Teemaschinen

Eine Kaffeemaschine steht fast in jedem westdeutschen Haushalt. Das dunkle aufmunternde Getränk ist denn auch eines der beliebtesten Getränke. In den neuen Bundesländern haben dagegen erst sechs von zehn Haushalten eine elektrische Kaffeemaschine.

Alle fünf bis sieben Jahre wird in der Regel eine neue Maschine angeschafft. Meist ist die alte zwar noch funktionstüchtig, aber durch den häufigen Gebrauch unansehnlich geworden, oder es wird eine komfortablere Kaffeemaschine gewünscht.

Filterautomaten

Trotz der Beliebtheit der Filterautomaten: Das volle Aroma entwickelt sich nur, wenn das feine Kaffeemehl von Hand gebrüht wird. Daß die Automaten diese Qualität nicht erreichen, liegt unter anderem an der Temperatur des Wassers. Optimal ist eine Temperatur knapp unter 100 Grad Celsius. Die Kaffeeautomaten arbeiten nur mit 88 bis 92 Grad Celsius heißem Wasser, einige sogar nur mit 82 Grad Celsius.

Das System von herkömmlichen Kaffeemaschinen entspricht dem der Handfilterung: Das Wasser aus dem Frischwasserbehälter wird erhitzt, steigt auf und tropft auf das Kaffeemehl im Filter. Das heiße Wasser nimmt die Wirk- und Aromastoffe auf und läuft in die Kanne darunter. In sechs bis neun Minuten sind sechs Tassen Kaffee durchgelaufen. Ein Problem sind dabei allerdings die Mengenangaben auf den Glaskannen oder auf der Meßsäule des Wasserbehälters, weil die verwendeten Kaffeetassen sehr unterschiedlich groß sind. In der Praxis muß man die erforderliche Einfüllmenge an Wasser erst durch Probieren ermitteln.

Spezielle Brühsysteme

An Versuchen, die Qualität des Filterautomatenkaffees durch neue Brühsysteme zu verbessern, fehlt es nicht. Es gibt Geräte, die das Wasser mit erhöhtem Druck durch das Kaffeemehl drücken. Weniger als zwei Tassen lassen sich damit aber nicht zubereiten (weil weniger Wasser nicht genügend Druck aufbauen kann), die Maschine ist umständlich in der Handhabung. Tester fanden den Kaffee »wenig aromatisch«.

Andere Hersteller versuchen es mit einem Schwallsystem, bei dem das Wasser nicht tropfenweise in den Filter gelangt, sondern, wie beim Brühen mit der Hand, in größerem Schwall.

Es gibt sehr hübsche Modelle, bei denen der Frischwasserbehälter säulenförmig über dem Filter angeordnet ist. Das Wasser wird darin aufgeheizt und sickert relativ rasch durch den gefüllten Filter in die Kanne darunter. Dieses System scheint auf den ersten Blick dem Filtern von Hand ähnlich zu sein, aber das Wasser fließt zu rasch durch. Der Kaffee schmeckt auch nicht besser als von guten herkömmlichen Automaten. Dafür kann das ganze, sehr dekorative Gerät vom Netzkabel gelöst und auf den Frühstückstisch gestellt werden.

Auch ein Sprühsystem, bei dem das aufgeheizte Wasser nicht tropft, sondern zu Beginn wie eine Dusche auf das Kaffeemehl niedergeht und erst dann strahlförmig nachgießt, bringt keine überzeugend bessere Kaffeequalität als das herkömmliche Verfahren.

Wird in einer größeren Maschine nur eine Tasse Kaffee zubereitet, läßt das Ergebnis ebenfalls zu wünschen übrig. Daran ändert auch die sogenannte »Aromaschaltung« mancher Geräte meist nichts. Sie bewirkt, daß das Wasser langsamer durch den Kaffeefilter läuft.

Filterautomaten mit Thermoskanne

Die Warmhalteplatte der Kaffeemaschine braucht rund 80 Watt, nach 45 Minuten ist vom Aroma des auf Temperatur gehaltenen Getränkes aber nicht mehr viel übrig. Ein Filterautomat mit Thermoskanne kann den Kaffee ohne Energiebedarf über zwei Stunden warmhalten.

Filter: Papier oder Gold

Filtertüten aus Papier sind in genormten Größen erhältlich. Bis vor einigen Jahren waren nur weiße Papierfilter zu bekommen. Das blütenweiße Filterpapier kann jedoch Dioxin enthalten, das bei der bisher üblichen Chlorbleiche entsteht. Dioxin könnte beim Filtern (in äußerst geringen Mengen) auch in den Kaffee gelangen.

Deshalb sollten die überall erhältlichen ungebleichten braunen Kaffeefilter bevorzugt werden. Eine Alternative sind Dauerfilter aus goldfarbenem mikrofeinem Edelstahlgewebe oder aus Nylon, die bei einigen Modellen bei der Grundausstattung dabei sind oder als Sonderzubehör gekauft werden können.

Keine Papierfilter nötig.

▶ Keine zusätzlichen Ausgaben für den Nachkauf von Papierfiltern.

▶ Der Dauerfilter ist immer da.

Entgegen den Angaben der Hersteller halten Dauerfilter meist nicht länger als ein Jahr. Das hauchdünne Metall kann leicht versehentlich durchstoßen werden – der Filter ist dann unbrauchbar.

▶ Nach jedem Gebrauch muß der Dauerfilter unter viel fließendem Wasser abgespült werden. Die Kosten für Energie- und Wasserverbrauch durch die Reinigung kommen zum Anschaffungspreis dazu.

▶ Wenn feines Kaffeemehl verwendet wird, muß man den Filter zusätzlich mit einem Pinsel oder Schwamm von Kaffeesudresten befreien, damit das Kaffeearoma bei der nächsten Zubereitung nicht beeinträchtigt wird.

Es gibt diese Geräte in ebenso großer Vielfalt mit allen möglichen Ausstattungsmerkmalen: Schwenk-, Fix- und Hängefilter, Nachtropfstopper, Aromaschalter, als Duogerät für die gleichzeitige Zubereitung von Kaffee und Tee. Die Warmhaltekannen fassen ein oder eineinhalb Liter Kaffee.

Kaum teurer als Kaffeemaschinen mit Glaskannen.

▶ Nach zwei Stunden ist bei den meisten Geräten der Kaffee noch so heiß wie frisch gebrüht.

▶ Das Aroma bleibt besser erhalten als in der Glaskanne auf der Warmhalteplatte.

Nach drei Stunden ist auch in der Thermoskanne vom ursprünglichen Aroma nicht mehr viel da.

▶ Die Reinigung der Thermoskanne ist schwieriger als die der Glaskanne, weil die Öffnung meist sehr klein ist.

▶ Die Thermoskanne darf nicht im Geschirrspüler gereinigt werden.

Teezubereitung

Zu vielen Kaffeeautomaten gibt es eigene Teefilter mit Stopper. Das sind trichterförmige Filter aus Glas oder Kunststoff, die mit Teeblättern gefüllt in die Kanne eingehängt werden.

Weil das Wasser aus dem Automaten nicht kochendheiß ist, läßt die Qualität des Tees zu wünschen übrig.

Besser sind spezielle Teeautomaten. Das Wasser wird stärker aufgeheizt als in der Kaffeemaschine, fließt über die Teeblätter in einen Ziehbehälter, wo der Tee bis zu 15 Minuten lang quellen kann. Danach öffnet sich ein Ventil am Ziehbehälter, und der fertige Aufguß fließt in eine Warmhaltekanne. Mit einem Rädchen (Zeitschaltuhr) ist die Zeitspanne, bis sich das Ventil öffnet, von zwei bis fünfzehn Minuten einstellbar.

Damit der Tee das gewohnte Aroma bekommt, sollte eine größere Menge Teeblätter als beim Aufgießen mit der Hand genommen werden.

Checkliste für den Kauf

▶ Der Kaffeeautomat sollte mehr als 1000 Watt Leistung haben, damit das Wasser schon zu Beginn des Brühvorganges heiß genug ist.
▶ Das Gerät sollte mit einem Tropfschutzsystem ausgerüstet sein, das den Filterablauf verschließt, sobald die Kaffeekanne abgenommen wird. Kaffee kann dann bereits entnommen werden, wenn noch nicht das gesamte Wasser durchgelaufen ist.
▶ Ein abnehmbarer Frischwasserbehälter ist günstig, weil er das Einfüllen von Wasser und die Reinigung erleichtert.
▶ Überprüfen, ob das Gerät leicht zu reinigen ist.

Espresso und Capuccino

Zu einem aromatischen italienischen Espresso gehört die spezielle besonders dunkel geröstete Espressomischung, die mitunter doppelt so teuer ist wie herkömmlicher Kaffee.
Für eine kleine Tasse des dunklen Getränks wird nicht mehr Kaffeepulver benötigt als für einen normalen Kaffee, dafür aber weniger Wasser verwendet. Der Kaffee sollte feiner gemahlen sein als der für den Filterkaffee. Zu grob gemahlener Kaffee ergibt nicht das typische feinporige »Schäumchen«, die »Crema«.
Herkömmliche Kaffeemühlen (> Seite 169) mahlen für den Espresso nicht fein genug. Zu diesem Zweck gibt es Spezialmühlen. Günstig sind Espressomaschinen, bei denen die gerade benötigte Kaffeeportion von einer eingebauten Mühle vollautomatisch frisch gemahlen wird.
Espressokaffee ist besonders bekömmlich: In nur 30 Sekunden drückt die Maschine das heiße Wasser durch das Kaffeemehl. In dieser kurzen Zeit werden nur 60 Prozent des im Kaffeemehl enthaltenen Koffeins gelöst (> Seite 402). Auch andere magenbelastende Röststoffe wie ätherische Öle und Gerbstoffe gelangen nicht in das Getränk.
Für den italienischen Capuccino ist außerdem eine Dampfdüse zum Aufschäumen der Milch nötig. Das Aufschäumen ist allerdings bei den meisten Maschinen eine Kunst. Kommt zu viel Feuchtigkeit aus der Dampfdüse, wird die Milch zu sehr verdünnt, und es bildet sich zuwenig Schaum.

Espressomaschinen

Für den Espresso wird 90 bis 95 Grad Celsius heißes Wasser unter Druck durch ein feines, mit feinem Kaffeemehl gefülltes Sieb gepreßt. Durch den Druck werden Schwebeteile des Kaffees frei, die den typischen Geschmack des Espresso ausmachen.

Für das richtige Aroma darf das Wasser weder zu schnell noch zu langsam durch den Kaffee gedrückt werden. Im ersten Fall werden nicht genügend Aromastoffe aus dem Kaffeemehl gelöst, im zweiten Fall gelangen unerwünschte Bitterstoffe in das Getränk. Das Wasser darf auch nicht kochen, weil dann zu viele Bitterstoffe gelöst werden.

Espressomaschinen für den Haushalt arbeiten nach verschiedenen Systemen (> Die Systeme von Espressomaschinen, Seite 149).

Alternative Methoden

Kaffee läßt sich mit wenig Aufwand auch von Hand filtern. Dazu ist nur eine Kanne mit einem Filteraufsatz notwendig. Wasser kann im Teekessel auf der Kochstelle (> Herd, Seite 94), im Mikrowellengerät (> Seite 114) oder in einem elektrischen Wasserkocher (> Seite 149) erhitzt werden. Das Kaffeemehl zuerst mit wenig heißem Wasser anquellen lassen, dann den Filteraufsatz vollfüllen. Regelmäßig nachgießen, bis die gewünschte Kaffeemenge durchgelaufen ist.

Dekorativ und funktionell sind die sogenannten Filterkannen aus Edelstahl und Glas. Das Kaffeepulver wird in die Glaskanne gegeben, mit heißem Wasser aufgegossen und fünf Minuten ziehen gelassen. Dann wird ein

Metallsieb an einem Schaft hinuntergedrückt und damit der Satz abgefiltert.

Wie ein Uhrglas aus Leichtmetall sind Espressokannen geformt. Im unteren Teil wird Wasser eingefüllt und ein Siebeinsatz mit feinem Kaffeemehl eingehängt. Darauf wird der obere Kannenteil fest angeschraubt. So vorbereitet wird die Espressokanne auf einer Kochstelle erhitzt. Der entstehende Dampf nimmt die Aromastoffe des Kaffeemehls auf und kondensiert im oberen Kannenteil zu Kaffee. Sobald der Kaffee aus dem »Rauchfang« in die Kanne sprudelt, wird die Kanne von der Kochstelle genommen. Dieser Espresso ist stark. Die Aluminiumkannen sind für normale Kochstellen zu klein (Energieverluste) und verlieren bald ihr glanzvolles Äußeres – nicht aber ihre Funktionsfähigkeit.

Eierkocher

Zum Aufheizen von Wasser braucht die Kochstelle mehr Energie als das elektrische Spezial-Kleingerät. Im Eierkocher wird nur sehr wenig Wasser gebraucht. Je nachdem, wie viele Eier auf einmal gekocht werden sollen und wie hart diese werden sollen, wird eine bestimmte Menge Wasser in eine antihaftbeschichtete Schale gefüllt, die gepiekten Eier werden in die Halterung gesetzt, der Deckel aufgelegt und das Gerät eingeschaltet. Die Eier garen im Dampf des kochenden Wassers.

Die Dosierung der Flüssigkeit muß sehr genau erfolgen. Das Gerät schaltet sich automatisch ab, sobald alles Wasser verdampft ist und meldet das Garzeitende mit einem Summton.

Bei Modellen mit stufenloser elektronischer Regelung ist das Wasserabmessen überflüssig. Der Härtegrad kann von weich bis hartgekocht vorgewählt werden.

Eierkocher sind in den Größen für vier, sechs oder sieben Eier erhältlich.

Wasserkocher

Wasserkocher sind Gefäße in Kannen- oder Kesselform. Die Heizschlangen können im Topfboden sein oder als Tauchsieder im Gefäß. Es gibt sie in zwei Größen mit einem Fassungsvermögen von einem oder eindreiviertel Liter.

Die Systeme von Espressomaschinen

Art	Arbeitsweise	Beurteilung
Schleuderverfahren	▶ Das aufgeheizte Wasser wird mit einer Zentrifugalpumpe durch das Kaffeepulver geschleudert.	▶ Macht einen aromatischen Espresso mit einer schönen »Crema«. Preiswert. Kein Dampfrohr zum Aufschäumen der Milch.
Boilerverfahren	▶ Der notwendige Druck wird durch Erwärmung des Wassers erzeugt. Der Dampfdruck preßt das heiße Wasser durch das Kaffeepulver.	▶ Das Wasser wird zu heiß und laugt den Kaffee zu stark aus. Der Druck reicht nicht für eine schöne »Crema«. Mittlere Preislage um 160 Mark. Dampfrohr, Aufschäumen der Milch nur während des Espressobrühens möglich.
Pumpen-Thermoblocksystem	▶ Funktioniert nach dem Prinzip des Durchlauferhitzers. Eine Hochleistungspumpe erzeugt den Druck. Es wird jeweils nur so viel Wasser erhitzt, als gerade benötigt wird.	▶ Espressoqualität ist modellspezifisch unterschiedlich. Bei allen Geräten dieses Systems bildet sich eine schöne »Crema«. Dampfrohr zum Aufschäumen der Milch und zum Entnehmen heißen Teewassers.

Überall, wo im Haushalt rasch kochendes Wasser benötigt wird – zum Aufgießen von Kaffee oder Tee genauso wie für die Zubereitung von Babykost –, kann der Wasserkocher energiesparend verwendet werden. Er benötigt weniger Energie zum Aufheizen der gleichen Wassermenge als die Herdkochstelle mit Gas oder Strom.

Verriegelbarer Sicherheitsdeckel, Wasserstandsanzeige und herausnehmbarer Kalkfilter sind mögliche Ausstattungsdetails der 1000 bis 2000 Watt starken Geräte.

Eine Menge von vier Tassen Wasser bringen Wasserkocher (Expreßkocher, Heißwasserbereiter) in knapp drei Minuten energiesparend zum Kochen. Selbst das Mikrowellengerät erhitzt die gleiche Menge Wasser langsamer und mit mehr Strom.

▶ Auch für sehr kleine Mengen Wasser verwendbar.

▶ Eine Dampfstopautomatik schaltet das Gerät selbsttätig ab.

Vollgefüllte Topfkocher sind durch die seitliche Griffanordnung nur mit viel Kraft hochzuheben.

▶ Hartes Wasser wird anfangs in allen Wasserkochern trüb und wolkig. Das gibt sich in der Regel nach einigen Kochvorgängen. Nur in Behältern aus dem Kunststoff Polypropylen trübt sich das Wasser auch nach fünfzig Kochvorgängen noch ein. Wer in einer Gegend mit besonders hartem Wasser (> Härtebereiche des Wassers, Seite 125) wohnt, sollte beim Kauf Geräte aus Edelstahl oder dem Kunststoff Acetal bevorzugen.

Elektrische Grillgeräte

Die starke Hitze beim Grillen sorgt dafür, daß sich die Poren von Fleisch und Fisch rasch schließen, wodurch Saftigkeit und Eigengeschmack erhalten bleiben (> Seiten 507, 533).

Grilleinbaumulden

Grilleinbaumulden werden in die Arbeitsfläche der Küche eingelassen. Die meist 30 Zentimeter breiten Geräte, die einzeln oder mit anderen Modul-Kochflächen kombiniert eingebaut werden können, bestehen aus einem Grillheizkörper, der über einer Edelstahlwanne montiert ist, und dem Grillrost.

Die Wanne unter dem Grillheizkörper kann mit Wasser oder Lavasteinen gefüllt sein, die das herabtropfende Fett auffangen.

Neben die Grilleinbaumulde kann ein Tisch-Dunstabzug (> Seite 71) montiert werden, der die Grillschwaden direkt absaugt.

Plattengrillgeräte

Plattengrillgeräte sind für die schnelle Küche, für die Zubereitung von Toasts und für das gemeinsame Grillen mit Gästen bei Tisch geeignet. Das Grillgut wird zwischen zwei, meist antihaftbeschichteten (> beschichtete Pfannen, Seite 182) oder gußeisernen Grillplatten gegart.

Checkliste für den Kauf

Ein guter Plattengrill

▶ hat Griffe, die so groß sind, daß man sich nicht an den heißen Platten verbrennt,

▶ läßt sich so auseinanderklappen, daß aus den beiden Grillplatten eine durchgehende »Partygrill«-Fläche entsteht, auf der jeder Fleisch selbst zubereiten kann,

▶ kann auch mit zusätzlichen Waffeleisen bestückt werden,

▶ läßt sich platzsparend hochkant verstauen.

Rasche Zubereitung von flachen Fleischstücken, Fisch, Würstchen und Toasts, weil die Hitze von zwei Seiten gleichzeitig wirkt.

▶ Kein Wenden des Grillgutes notwendig.

▶ Die handlichen Grillplatten lassen sich

nach dem Abkühlen abnehmen und im Geschirrspülgerät reinigen.

Sowohl an dem aufsteigenden Dampf als auch an den heißen Platten kann man sich verbrennen.

▶ Große Fleischstücke und Hähnchen lassen sich darin nicht zubereiten.

▶ Bei manchen Geräten fließen Fett und Fleischsaft nicht rasch genug ab. Das Grillgut schmort im eigenen Saft und wird nicht knusprig.

Partygrillgeräte

Partygrillgeräte werden mit einer oder zwei beheizten Flächen in den unterschiedlichsten Varianten angeboten:

»Raclette-Grillgeräte« haben kleine Pfännchen zum Grillen und Überbacken mit Käse.

»Barbecue-Grillgeräte« genannt werden Geräte mit offenem Rohrheizkörper und Grillrost über einer Edelstahlwanne. In die Grillwanne können Lavasteine oder auch Wasser eingefüllt werden. Das Wasser fängt herabtropfendes Fett und Fleischsaft auf und verhindert weitgehend, daß das herabtropfende Fett raucht. Wenn Fett direkt auf den glühenden Heizkörper tropft, entstehen dennoch krebserregende Benzpyrene.

»Steingrillgeräte« beheizen eine Natursteinplatte aus Dolomit oder Vulkangestein. Das Grillen auf Stein ist eine besonders fettarme Art der Zubereitung, die an eine jahrhundertealte chinesische Tradition anknüpft.

»Pizza-Grillgeräte« haben eine keramische Kuppel zum Überstülpen mit vier halbrunden Öffnungen zum Einlegen und Entnehmen von Pizza- und Grillhäppchen.

Toaster

Acht von zehn Haushalten besitzen einen Toaster. Jedes Jahr gehen in Gesamtdeutschland rund drei Millionen über den Ladentisch.

Langschlitztoaster sind herkömmlichen Doppelschlitztoastern vorzuziehen, weil sie keine problematischen Stoffe in die Luft abgeben (> Gesundheitsschädliche Dämpfe, Seite 151). Nach dem Kauf eines Doppelschlitztoasters sollte das Gerät zehnmal im Freien aufgeheizt werden, bevor es im Gebäudeinneren zum Brotrösten verwendet wird.

Der Bräunungsgrad kann bei allen Modellen stufenlos eingestellt werden. Je aufwendiger die Technologie, desto genauer treffen die Geräte den gewünschten Röstgrad. Preisgünstige Modelle arbeiten mit einem einfachen Bimetall-Regler, teurere mit der genaueren Zeitelektronik. Relativ neu sind aufwendige Infrarotsensoren, welche die Wärmestrahlung messen, die vom Brot ausgeht. Auf diese Weise kann das Gerät den Feuchtigkeitsgrad und die Stärke der eingelegten Brotscheiben berücksichtigen.

Gesundheitsschädliche Dämpfe bei Toastern

Farbrikneue Doppelschlitztoaster verdampfen von ihren Isolierplatten die verschiedensten bedenklichen Chemikalien: Phthalate (Weichmacher) wie das krebsverdächtige Di(ethylhexyl)phthalat (DEHP), hautreizende Benzolabkömmlinge, schleimhautschädigende Verbindungen wie 2-Butoxyethanol, Benzaldehyd und Methylpentanon, ferner allergieauslösende Aldehyde (auch Formaldehyd).

Schuld an den Ausdünstungen, so hat eine Untersuchung der Stiftung Warentest ergeben, sind die Isolierplatten aus Micanit. Dieses Material besteht aus gemahlenem Glimmergestein, das mit Silikonharz verklebt und gepreßt wird. Bei herkömmlichen Toastern sind die dünnen Heizdrähte in regelmäßigen Abständen über diese Glimmerplatte gewickelt. Bei den Langschlitztoastern ist auf beiden Seiten je ein zentimeterdicker Keramikstab sichtbar. Bei diesen Geräten wurden keine bedenklichen Dämpfe festgestellt.

Die Schadstoffausdünstung der billigeren Parallelschlitztoaster ist aber nur von geringer Dauer. Nach zehnmal Aufheizen haben sich die Substanzen verflüchtigt.

Damit Innenräume und ihre Bewohner nicht unnötig belastet werden, empfehlen die Tester, neue Geräte zehnmal im Freien anzuheizen, bis der »Neugeruch« verschwunden ist.

Checkliste für den Kauf

Ein gutes Gerät sollte
- ▶ rundum wärmeisoliert sein. Anderenfalls erreichen Außenwände und Boden mehr als 200 Grad Celsius;
- ▶ einen breiten Röstschacht haben, der auch halbe Brötchen oder Baguettes aufnimmt. Zwei Metallbacken halten auch dünnere Brotscheiben genau in der Mitte, damit beide Seiten gleich goldgelb geröstet werden;
- ▶ eine herausziehbare Krümelschublade haben, damit nicht das ganze Gerät zum Entleeren umgedreht werden muß;
- ▶ das Brot nach dem Toasten mindestens drei Zentimeter aus dem Schacht herausheben, damit es ohne Verbrennungsgefahr entnommen werden kann;
- ▶ einen Aufsatz zum Aufbacken von Brötchen dabeihaben;
- ▶ rutschfest stehen.

Dörrgeräte

Dörrgeräte haben im Boden oder im Deckel eine milde Wärmequelle eingebaut. Bei vielen Modellen wird die Warmluft von einem Ventilator verteilt. Dazwischen liegt ein Stapel von Sieben, in die das gesäuberte, abgetupfte und eventuell in Scheiben geschnittene Dörrgut eingelegt wird.

Die elektrischen Geräte zum Trocknen von Obst und Gemüse sollten regelbar sein,

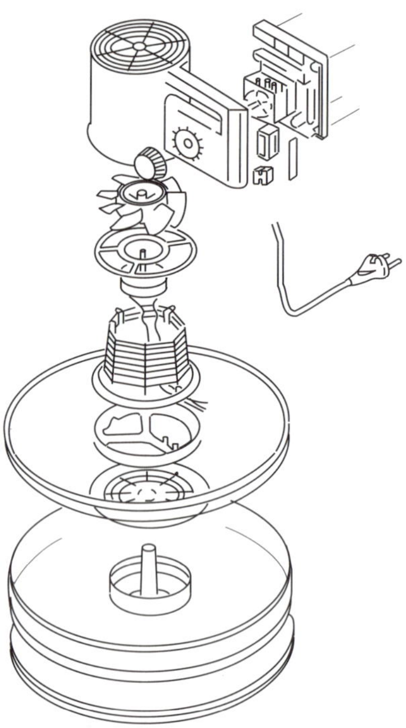

weil verschiedene Sorten unterschiedliche Trockentemperaturen benötigen.

Die Anschaffung lohnt sich nur, wenn viel Obst und viele Kräuter aus dem eigenen Garten anfallen.

Die Praxis

Gut zum Dörren geeignet sind Äpfel, Pflaumen, Aprikosen, Pilze und Weintrauben (> Seiten 272, 278). Nur reife Produkte dürfen zum Trocknen verwendet werden. Faule und schimmelige Früchte sind ungeeignet.

Toaster-systeme

Bauart	Merkmale	Die Praxis
Doppelschlitz-Toaster	▶ Zwei parallel angeordnete Röstkammern. Beheizung: Herkömmliche Heizdrähte auf Glimmertafeln. Automatischer Brotauswurf oder Sandwichzangen. Brötchenaufsatz.	▶ Rösten von zwei Toastbrotscheiben und Brötchen (nur mit Brötchenaufsatz) möglich. Neugekaufte Geräte setzen beim ersten Aufheizen gefährliche Stoffe frei (> Seite 151).
Langschlitz-Toaster	▶ Eine längere und breitere Röstkammer. Beheizung: Keramikstäbe mit Aluminiumreflektoren. Brötchenaufsatz.	▶ Rösten von langen Normalbrotschnitten, halbierten Baguettes und Brötchen möglich. Keine Ausdünstungen von gesundheitsgefährdenden Substanzen.

Die Dörrflächen des mehrstöckigen Gerätes sollten nicht zu dicht belegt werden, damit die warme Luft gut zirkulieren kann. Weil manche Geräte in den verschiedenen Ebenen ungleichmäßig trocknen, sollten die Dörrsiebe ab und zu umgruppiert werden.

Der Trockenvorgang ist beendet, wenn sich beim Zusammendrücken das Obst oder das Gemüse nicht mehr feucht anfühlen. Apfelringe sind in einigen Stunden so trocken, daß sie nicht mehr verderben, Birnen benötigen zum Dörren einige Tage.

Richtig gedörrte Kräuter sind brüchig und rascheln, wenn sie auf dem Sieb bewegt werden. Obst jedoch soll elastisch bleiben. Kräuter sollen völlig durchgetrocknet sein und zwischen den Fingern zerbröseln.

Für die Aufbewahrung der getrockneten Vorräte sind luftdicht schließende Behälter empfehlenswert. In Leinensäckchen kann das Dörrgut verstauben oder Feuchtigkeit aufnehmen.

Joghurtgeräte

Viele bevorzugen selbstgemachten Joghurt, weil er intensiver schmeckt als industriell hergestellter oder weil Rohmilch vom nahen Bauernhof verarbeitet werden kann.

Bei 42 bis 53 Grad Celsius wird mit Joghurt oder Bioferment verrührte Milch in vier bis sechs Stunden zum schmackhaften Milchprodukt.

Im Joghurtbereiter läßt sich in sechs bis acht Portionsgläsern ein Liter Milch verarbeiten. Die mit Milch und etwas Joghurt gefüllten Gläser werden in das mit 12 bis 25 Watt elektrisch beheizte Gerät gestellt und zugedeckt. Ein Thermostat hält die gewünschte Temperatur konstant, und eine Kontrolleuchte zeigt das Ende der Joghurtreifung an.

Wer selbstgemachten Joghurt genießen will, braucht freilich für die Zubereitung kein eigenes Gerät. Er gelingt auch im Backofen, wenn er auf die niederste Stufe (50 Grad Celsius) eingestellt wird.

Eismaschinen

Das Prinzip der Eisherstellung ist einfach: Damit aus flüssigen Rohstoffen schmackhaftes Speiseeis entsteht, müssen die verwendeten Zutaten gut gerührt und gleichzeitig gefrostet werden. Die Masse friert an den eiskalten Wänden des Kühlbehälters der Eismaschine an, von wo sie ein motorbetriebenes Rührelement abschabt und mit der restlichen Masse vermengt. Stellt man die Grundmasse ohne zu rühren ins Gefriergerät, wird das Eis hart und fest.

Keine der Haushaltseismaschinen liefert ähnlich zartes und cremiges Eis wie professionelle Geräte. Zwei Drittel der angebotenen Modelle werden ihrer Aufgabe nach dem Urteil des Österreichischen Vereins für Konsumentenschutz nur »weniger zufriedenstellend« gerecht.

Zwei Systeme führen zu guten Ergebnissen:

▶ Eismaschinen mit Kühlelement. Der doppelwandige Behälter, in dem das Eis gerührt wird, enthält eine spezielle Kühlflüssigkeit und muß vor der Zubereitung von Speiseeis 18 bis 24 Stunden lang ins Gefriergerät (> Seite 138).

Mit diesen Eismaschinen kann nur ein Liter Eis pro Tag hergestellt werden, weil dann das Kühlelement wieder gefroren werden muß. Zusatzkühlelemente sind allerdings erhältlich.

▶ Eismaschinen mit einem eigenen Kühlsystem. Diese halbprofessionellen Geräte liefern die beste Eisqualität. Sie sind unabhängig von einem Gefriergerät zu betreiben und können pro Stunde zwei Sorten Eis (jeweils ein bis eineinhalb Liter) bereiten. Allerdings kosten die bis zu 15 Kilogramm schweren Geräte das Fünf- bis Sechsfache von Eismaschinen mit Kühlelement. Der Kauf lohnt sich daher nur, wenn sehr häufig Eis zubereitet wird.

Wer für die Eiszubereitung ohne eigene Eismaschine auskommen will, kann eine Edelstahlrührschüssel in ein passendes Gefäß stellen, in das zuvor zerkleinerte Eiswürfel und Salz schichtweise eingefüllt wurden. Diese Salz-Eis-Mischung sorgt für die nötige Kühlung. Die erforderlichen Zutaten werden in die Edelstahlrührschüssel gegeben und von Hand gerührt. Nach 20 bis 30 Minuten ist das hausgemachte Gefrorene fertig.

Selbstgefertigtes Eis schmeckt übrigens nur in frischem Zustand wirklich gut. Schon nach wenigen Stunden Aufbewahrung im Gefriergerät entstehen unerwünschte Eiskristalle.

Der Umgang mit dem Fritierfett

Wie oft man Fritierfett benutzen kann, hängt von der Temperatur, der Erhitzungsdauer, der Art des Fritiergutes und vom verwendeten Fett ab. Es sollte nicht öfter als viermal verwendet werden, keinesfalls aber öfter als zehnmal. Außerdem muß es nach spätestens sechs Monaten ersetzt werden, unabhängig davon, wie oft es verwendet wurde.

Nach dem Fritieren von Fisch ist es nicht möglich, später noch Süßspeisen im selben Fett zu garen.

WANN DAS FETT AUSGEWECHSELT WERDEN MUSS:

- **wenn sich das Fett dunkel verfärbt hat,**
- **wenn das Fett schon bei 160 bis 170 Grad Celsius raucht,**
- **wenn das Fett stark schäumt,**
- **wenn der Geruch stechend und der Geschmack tranig und kratzend wird.**

Das Fett muß vollständig erneuert werden. Fett nur wieder aufzufüllen ist nutzlos, weil das verdorbene Fett das frische sehr rasch verdirbt.

Fett sollte nicht in die Toilette oder in den Ausguß der Spüle entsorgt werden, weil Fett Abflüsse und Rohre verstopft sowie die Kläranlage überfordert.

Gebrauchtes Fritieröl kann in alten Öldosen oder -flaschen gesammelt werden und bei einer Fettschmelze (im Branchenbuch unter »Öle und Fette« zu finden) oder bei einer Ölsammelstelle abgegeben werden (wo es solche Deponien gibt, erfährt man bei der Gemeindeverwaltung).

Warmhalteplatten

Elektrische Warmhalteplatten sollen Speisen bei Tisch warm halten. Dazu wird ein Speicherelement im Gerät mit 850 bis 1300 Watt einige Minuten lang aufgeheizt. Danach kann das bei Tisch störende Netzkabel entfernt werden. Die Warmhalteplatte kühlt nur langsam wieder ab.

Der Nachteil liegt in der Sperrigkeit der Geräte, die viel Stellplatz im Schrank benötigen.

Als stromlose Alternative bieten sich Warmhalteplatten an, die mit ein oder zwei brennenden Kerzen den Teekessel oder die Anrichteplatte ebensogut und stimmungsvoll auf Temperatur halten.

Fritiergeräte

Ein eigenes Fritiergerät ist für das schwimmende Ausbacken in Fett nicht notwendig. Für gelegentliches Fritieren reicht ein Topf mit einem Drahteinsatz auf der Kochstelle. Außerdem ist das Fritieren aus ernährungsphysiologischer Sicht ungünstig (> Seite 198). Die Lebensmittel nehmen viel Fett auf.

Thermostat und Überhitzungsschutz verhindern ein Überhitzen des Fettes (> Seite 155).

- Alle Fritiergeräte sind standsicher.
- Der typische Geruch nach heißem Fett wird verringert.
- Das Absenken des Gargutes bei geschlossenem Deckel verhindert Verbrühungen durch heiße Fettspritzer.

Fritieren benötigt viel teures Fett, das nach mehrmaligem Gebrauch als Sondermüll entsorgt werden muß.

- Die Aufheizzeiten können beträchtlich sein. Auch zwischen den einzelnen Fritiergängen muß immer wieder gewartet werden, bis das Fett wieder heiß genug ist. Das kann sieben bis 15 Minuten dauern.

- Fritiergeräte gehören mit 1,8 bis 4,9 Kilo (ohne Fritieröl!) zu den Schwergewichten in der Küche und beanspruchen daher einen festen Platz auf der meist begrenzten Arbeitsfläche.
- Um das Öl aus dem Gerät zu entleeren, muß das schwere Gerät meist angehoben und vorsichtig gekippt werden. Nur wenige Geräte haben eine Einrichtung zum Ablassen des Öls.

Das Angebot

Fritiergeräte gibt es in mehrern Größen. In Geräten mit eineinhalb Liter Fassungsvermögen können nur kleine Mengen zubereitet werden, zum Beispiel eine Portion Pommes frites von 200 Gramm in einem Arbeitsgang.

Mittlere Geräte mit bis zu 2,5 Liter Öl Inhalt fassen bereits zwei Portionen Pommes. Große Geräte garen vier Portionen Kartoffelstäbchen auf einmal.

Geräte mit hoher Leistung heizen das Fett besonders rasch auf. Die Fritierdauer ist aber unabhängig von der Heizleistung.

Das Fritieren von 400 Gramm Pommes benötigt etwa eine halbe Kilowattstunde Strom. Schmackhafte Pommes lassen sich in allen Geräten herstellen, urteilte die Stiftung Warentest. Und auch im Energieverbrauch gibt es kaum Unterschiede.

Dunstfilter

Ein Faservlies- und Aktivkohlefilter hält den typischen Fettdunst und Fritiergeruch zurück. Sobald der Deckel aber geöffnet wird, können Fettschwaden in die Küchenluft entweichen.

Ein Farbwechsel zeigt bei manchen Modellen an, wann der Filter gesättigt ist und gewechselt werden muß.

Die Wirkung läßt mit längerer Fritierdauer deutlich nach. Ab einer Menge von 800 Gramm Pommes riecht es mit Filter ebenso stark nach heißem Fett wie ohne.

Fettfilter

Mit dem Fettfilter wird gebrauchtes Öl von Mehl- und Panierrückständen gereinigt. Dazu muß das Öl nach jedem Fritiervorgang ausgeleert werden und in die gereinigte Friteuse zurückgefüllt werden.

Viele verzichten auf diese aufwendige und zeitraubende Prozedur. Im jedesmal dunkler werdenden ungefilterten Fritieröl entstehen jedoch gesundheitsschädliche Substanzen.

Neuere Geräte haben ein Filtersystem, bei dem das Fett nicht jedesmal aus dem Gerät entleert werden muß. Ein eng an der Innenwand anliegender feinmaschiger Metallfilter hält die Krümel zurück. Nach dem Fritieren wird der Filter samt Krümeln aus dem Fett gehoben und gereinigt.

Sicherheitsvorrichtungen

Thermostat und Überhitzungsschutz schützen doppelt davor, daß das Fett zu heiß wird und sich entzünden kann.

Eine wärmegedämmte Kunststoffummantelung verhindert, daß sich das Gerät außen zu stark erhitzt. Gut isolierte Geräte erreichen außen höchstens 55 Grad Celsius, ohne Isolierung sind es 100 Grad Celsius und mehr.

Checkliste für den Kauf

- Das Fritiergerät muß kipp- und rutschsicher sein, der Deckel gut verschließbar.
- Eine automatische Deckelöffnung verhindert, daß man sich an den heißen Schwaden die Finger verbrennt.
- Das Fritiergut muß auch dann noch zum Abtropfen über die Friteuse gehängt werden können, wenn die maximale Fettmenge eingefüllt ist. Bei manchen Geräten hängt dann der Korb noch teilweise im Fett.
- Den Wechsel des Geruchsfilters sollte man sich im Geschäft vorführen lassen. Bei manchen Modellen ist das sehr umständlich.

▶ Es ist günstig, wenn Teile des Gerätes im Geschirrspüler gereinigt werden können.
▶ Ein Sichtfenster im Deckel ermöglicht die Überwachung des Garvorgangs ohne spritzendes Fett und störende Dunstschwaden. Die Sichtfenster sind so gebaut, daß sie nicht beschlagen können.
▶ Rechteckige Friteusen lassen sich platzsparender verstauen als kreisrunde. In längliche, ovale Fritiergeräte paßt auch ein ganzer Fisch.

Handrührgeräte

Ein Handrührgerät gehört zur Basisausstattung eines Haushalts. In neun von zehn Haushalten findet sich so ein »elektrischer Kochlöffel«. Es ist auch dann eine sinnvolle Anschaffung, wenn bereits eine große Küchenmaschine (> Seite 157) vorhanden ist, weil kleine Mengen mit wenig Aufwand bearbeitet werden können.

Zu leistungsstarken Geräten gibt es verschiedenstes Zubehör, das aus dem Handrührgerät eine kleine Küchenmaschine macht: Rührschüsselständer, Stabmixer (> Seite 160), Schnitzelwerk, Zitruspresse, Dosenöffner oder Kartoffelschäler. Wirklich sinnvoll von all diesen Zusätzen ist nur der Mixstab.

In Tests von Verbraucherorganisationen für »gut« befundene Geräte gehören fast immer zur oberen Preisklasse.

Das Handrührgerät ist klein, handlich und schnell betriebsbereit.
▶ Die Quirle und Knethaken sind leicht zu reinigen und spülmaschinengeeignet.
▶ Selbst leistungsstarke Geräte brauchen wenig Strom: auch bei intensiver Nutzung weniger als zehn Kilowattstunden im Jahr.
▶ Niedrige Anschaffungskosten.

▶ Für größere Mengen weniger geeignet.
▶ Manche Geräte (mit Kurzzeitbetrieb) benötigen schon nach fünf bis zehn Minuten eine Abkühlpause.

Checkliste für den Kauf

▶ Hat das Handgerät Drahtquirle? Flachbandquirle erzielen weniger flaumige Resultate.
▶ Sind die Quirle und Knethaken lang genug, damit sie in die Rührschüsseln passen? Es gibt auch sehr kurze.
▶ Sind die Knethaken gegenläufig gewendelt, damit der Teig nicht daran hochklettern kann?
▶ Ist zum Unterheben empfindlicher Zutaten ein Momentschalter vorhanden?
▶ Ist auf einen Blick erkennbar, wo die beiden Quirle eingesteckt werden müssen? Eine deutliche Farbmarkierung ist eine gute Lösung, noch besser ist es, wenn sie gar nicht falsch eingesteckt werden können.

Kabellose Geräte (Akkugeräte)

Einige der elektrischen Küchenhelfer werden auch als netzunabhängige Akkugeräte angeboten. Handrührgeräte, Stabmixer (> Seite 160), elektrische Küchenmesser (> Seite 163) und Dosenöffner (> Seite 165) mit aufladbaren Batterien können für etwa zehn Minuten Betriebsdauer Energie speichern. Stabmixer und Handrührgeräte sind weniger leistungsfähig als die entsprechenden Geräte mit Netzkabel.

Die gespeicherte Energie verringert sich auch dann, wenn das Gerät gerade nicht benutzt wird. Bei Überbeanspruchung kommt es zur Tiefentladung des Nickel-Blei-Akkumulators, die sich nicht mehr beheben läßt. Einmal kaputt, werden kabellose Geräte zum Sondermüll: Im untrennbar mit dem Gerät verschweißten Akkumulator ist hochgiftiges Cadmium enthalten.

Küchen-maschinen

Wer nicht nur Kuchenteig in größeren Mengen rühren, sondern auch Gemüse und Obst zerkleinern oder Nüsse reiben will, benötigt eine Küchenmaschine. Es gibt sie in zwei Varianten:

▶ Große Standküchenmaschinen: Sie benötigen einen festen Platz auf der Arbeitsplatte und Stauraum für die vielen Zusatzgeräte im Küchenschrank. Sie sind in der Regel sehr leistungsfähig und besonders geeignet für Großfamilien, Hobbybäcker und Haushalte mit ausgeprägter Vorratswirtschaft. Für kleinere Lebensmittelmengen ist der Aufwand für das Zusammenstellen und die Reinigung zu groß. Mit zumindest rund 500 DM samt Durchlaufschnitzler muß gerechnet werden.

▶ Kompaktküchenmaschinen: Sie eignen sich für Haushalte, in denen viel Rohkost und Fleisch zerkleinert, dafür aber weniger Kuchen zubereitet werden. Die Kompakten sind für kleinere Lebensmittelmengen ausgelegt und mit etwa 200 DM Anschaffungskosten wesentlich billiger als die großen Standküchenmaschinen.

Standküchen-maschinen

Ursprünglich für die Großküche gedacht, um größere Teigmengen leichter rühren und kneten zu können, wurden Standküchenmaschinen durch zahlreiche Sonderzubehörteile zu Alleskönnern der Haushaltsküche.

Die Einsatzbereiche sind vielfältig: Die Geräte können rühren, schlagen, kneten, unterheben, schneiden, raspeln, hacken, schnitzeln, reiben, pressen, pürieren, passieren, mixen, entsaften, schälen und mahlen. Sie sind unschlagbar beim Kneten von Teigen. Auch größere Mengen schaffen die Geräte spielend. Kleinere Haushalte schöpfen die Möglichkeiten und Kapazität einer Standküchenmaschine nicht aus.

Zur Grundausstattung gehört der Motorblock, eine Rührschüssel sowie Knet- und Rührwerkzeug. Meist zusätzlich zu bezahlen sind die Erweiterungsgeräte. Je nach Modell können das sein: Reib-, Schneid- und Schnitzelwerk, Mixer, Fleischwolf, Zitruspresse, Getreidemühle, Kartoffelschälmaschine, Saftzentrifuge und Eismaschine.

Vor dem Kauf sollte genau überlegt werden, welche Funktionen häufig gebraucht werden. Weil die angebotenen Geräte nicht alle Funktionen gleich gut ausführen, lohnt es sich, eine entsprechende Beratung, etwa bei Verbraucherorganisationen, aufzusuchen (> Adressen für die Beratung, Seite 113).

Auch die Preise der angebotenen Maschinen sind bei ähnlicher Leistung sehr unterschiedlich. Weil die Grundausstattungen der Modelle sehr unterschiedlich sind, lohnt es, den Gesamtpreis der gewünschten Zusammenstellung zu vergleichen. Das zuerst billig erscheinende Gerät könnte sich auf diese Weise als das teurere entpuppen.

Kraft- und Zeitersparnis bei der Verarbeitung größerer Mengen oder schwerer Teigmassen.

▶ Sehr gute Arbeitsergebnisse.

▶ Vielseitiger Einsatz durch umfangreiches Zubehör.

▶ Standküchenmaschinen müssen nicht beaufsichtigt werden.

Manche der Vor- und Aufsätze sind recht unhandlich und umständlich zu bedienen.

▶ Küchenmaschinen sind so laut wie Staubsauger.

▶ Die Reinigung von Schüsseln, Deckeln und Werkzeugen ist oft schwierig wegen der vielen Rillen, Grate und Kanten.

▶ Bei fast allen erhältlichen Modellen hat die Stiftung Warentest Sicherheitsmängel festgestellt – vor allem bei den Mixeraufsätzen.

Küchenmaschinen im Vergleich	Handrührgerät mit Zusätzen	Kompaktküchenmaschinen	Standküchenmaschinen
Kosten	▶ 50 bis 100 DM für die Grundausstattung. ▶ Mit Mixstab, Schnitzelwerk und Ständer mit Rührschüssel bis 200 DM. ▶ Erweiterung möglich.	▶ 150 bis 250 DM für die Grundausstattung (Zerkleinern, Mixen, Schneiden). ▶ 300 bis 400 DM für die erweiterte Ausstattung mit Zitruspresse, Entsafter, Getreidemühle. ▶ Erweiterung möglich.	▶ 250 bis 450 DM für die Grundausstattung mit Rührwerk und Mixaufsatz. ▶ 450 bis 700 DM für die erweiterte Ausstattung mit Schnitzelwerk, Fleischwolf und Getreidemühle. ▶ Erweiterung möglich.
Wo einsetzbar und wo zu verstauen?	▶ Überall, wo eine Steckdose ist. Bei Wandhalterung stets griffbereit	▶ Auf der Arbeitsplatte einsetzbar. Fester Standplatz günstig, aber nicht unbedingt notwendig. Kann auch im Küchenschrank verstaut werden.	▶ Unbedingt fester Stand- und Arbeitsplatz nötig. Zusatzgeräte oder Zubehör griffbereit im Küchenschrank darüber oder darunter.
Wie lange darf das Gerät laufen?	▶ Meist nicht mehr als 10 bis 15 Minuten, bei stärkeren Geräten Dauerbetrieb möglich.	▶ Betrieb nur kurze Zeit notwendig. Bei manchen Geräten Dauerbetrieb möglich.	▶ Keine Einschränkungen.
Welche Mengen können verarbeitet werden?	▶ Kleine und mittlere Mengen (zwischen 1/2 und einem Kilo).	▶ Kleine und mittlere Mengen (bis ein Kilogramm Teig).	▶ Kleine und große Mengen werden gleich gut bewältigt.
Wo liegen Stärken und Schwächen?	▶ Sehr gut geeignet zum Sahne schlagen und Teig rühren, weniger gut für sehr schwere Teige.	▶ Gut zum Zerkleinern, Schneiden, Zerhacken, Mixen, zum Kneten nur bedingt geeignet. Sahne und Schnee werden nicht locker genug.	▶ Gut für alle Arbeiten.
Zeitersparnis	▶ Beim Rühren und Kneten groß, weil rasch zur Hand und leicht zu reinigen. Schnitzelwerk muß erst zusammengesetzt werden.	▶ Bei allen Arbeiten groß: Es ist wenig Zubehör nötig, und das Gerät ist leicht zu reinigen.	▶ Bei kleineren Mengen gering, weil Rüsten und Reinigen zeitaufwendig. Bei Verarbeitung mittlerer und großer Mengen wird viel Zeit gespart.
Empfehlenswert	▶ Für jeden Haushalt, auch als Zweitgerät für große Haushalte.	▶ Für kleinere und mittlere Haushalte, für Haushalte mit Baby.	▶ Für größere Haushalte ab vier Personen, für Haushalte mit ausgeprägter Vorratswirtschaft, bei Vollkornernährung oder vegetarischer Kost.

Kompaktküchenmaschinen

Kompaktküchenmaschinen sind nur für Ein- bis Zweipersonenhaushalte empfehlenswert. Für mehr Personen reicht das Fassungsvermögen der kleinen Rührschüssel nicht.

Auf einen Motorblock wird eine Kunststoff-Rührschüssel aufgesetzt, in der ein großes gebogenes Schlagmesser rührt, schlägt, hackt, zerkleinert und püriert. Dazu gibt es eine Reihe von Schneid- und Raspelscheiben, die Obst und Gemüse unterschiedlich groß zerkleinern können. Günstig sind Maschinen mit einem Deckel mit Auswerfer, weil damit auch größere Mengen geraspelt und geschnitten werden können.

Einige Modelle sind zusätzlich mit einem Schlagbesen oder Rühreinsatz ausgerüstet, damit auch Eiweiß und Sahne luftig geschlagen werden können, was mit dem Schlagmesser nicht möglich ist. Außerdem können Entsafter (> Seite 173) und Zitruspressen (> Seite 172) als Zubehör gekauft werden.

Wer an die Anschaffung einer Kompaktküchenmaschine denkt, sollte genau kalkulieren, ob sich der Kauf des Geräts rentiert. Für den Zweipersonenhaushalt genügt in der Regel ein Handrührgerät mit einem Mixstab. Nur wenn häufig Obst und Gemüse zerkleinert werden, sind die Kompakten für kleinere Haushalte günstig. Ein Handrührgerät (> Seite 156) können sie nicht ersetzen. Wer gerne und viel Kuchen oder Brot bäckt, kauft sich besser eine Standküchenmaschine.

Stärken und Schwächen der Kompakten

Kompaktküchenmaschinen führen die verschiedenen Arbeiten in sehr unterschiedlicher Qualität aus:

▶ Hefeteig kneten: Manche Rührschüsseln reichen gerade für 500 Gramm Mehl – das ergibt etwa ein kleines Brot. Das Gerät darf nicht aus den Augen gelassen werden, weil es wandert.

▶ Backpulverrührteig, Mürbeteig bereiten: Gutes Ergebnis für »Gelegenheitsbäcker«.

▶ Teig für Biskuitroulade rühren: Kein gutes Ergebnis zu erzielen. Der gebackene Teig läßt sich kaum zusammenrollen.

▶ Rohes Fleisch zerhacken: Entsehntes Fleisch kann zusammen mit den Gewürzen zerkleinert werden. Es ist schwierig, die Dauer der Arbeitszeit vorzugeben, soll der Fleischbrei die richtige Konsistenz haben. Das ist mit dem Fleischwolf der Standküchenmaschine (> Seite 157) leichter zu erzielen.

▶ Hacken von Kräutern: Am besten gemeinsam mit anderen zu verarbeitenden Lebensmitteln. Größere Mengen trockener Kräuter lassen sich nicht so gut verarbeiten. Es entstehen unterschiedlich große Stücke.

▶ Pürieren und mixen: Sehr gut werden Mayonnaisen und Saucen. Kräuter, Gewürze, Zwiebeln, Eier und Öl können auf einmal und sehr rasch verarbeitet werden.

▶ Schneiden, Schnitzeln, Raspeln: Kraut und Zwiebeln geraten zu grob. Alles andere funktioniert gut.

▶ Reiben: Nüsse, Brot und Käse lassen sich fast gar nicht reiben, weil größere Teilchen zwischen Reibscheibe und Behälter durchfallen. Mit dem Schlagmesser wird ebenfalls ein schlechtes Ergebnis erzielt.

Die Preise für die Kompakten sind deutlich geringer als die der Standküchenmaschinen.

▶ Sie sind einfach aufgebaut und leicht zusammenzusetzen.

▶ Sie sind bei wenigen Zubehörteilen vielseitig einsetzbar. Allerdings ist das Arbeitsergebnis je nach Einsatzart mehr oder weniger zufriedenstellend.

Das scharfe Messer kann beim Einsetzen und Herausnehmen tiefe Wunden verursachen.

▶ Kompaktküchenmaschinen wandern und vibrieren stark, wenn schwere Teige geknetet oder Fleisch zerhackt wird.

▶ Manche Modelle arbeiten sehr laut.

▶ Je nach Modell können nur 300 bis 500 Gramm Mehl zu einem Teig verarbeitet werden.

▶ Bei allen Maschinen, die keine Quirle haben, werden Eischnee und Schlagsahne nicht locker und luftig. Nur Modelle mit auswechselbaren Rührbesen oder Schlagscheiben bewältigen diese Aufgabe.

▶ Saucen und Suppen können zwar sehr gut püriert werden. Ein Stabmixer (> Seite 160) leistet gleiches, aber mit weniger Aufwand.

Stabmixer, Mixer und Zerkleinerer

Stabmixer, Mixer und Zerkleinerer mixen und pürieren alle nach demselben Prinzip: Ein Messerkreuz zerschlägt durch sehr schnelles Drehen die Lebensmittel. Während beim Mixer und Zerkleinerer das Messer in einem mehr oder weniger großen Becher eingebaut sind, befindet sich beim Stabmixer das Messer am Ende eines nach unten hin offenen Stabs. Dadurch kann mit dem Stabmixer auch direkt am Herd im Kochtopf gearbeitet werden, die Speisen müssen nicht erst umständlich umgeleert werden.

Küchenmesser

Hochwertige Messer sollen scharf, stabil und korrosionsbeständig sowie sicher in der Anwendung sein. Das Angebot an Messern ist groß und verwirrend, die Preisunterschiede betragen weit mehr als hundert DM vom Bil-

Stabmixer, Mixer und Zerkleinerer im Vergleich

Geräte-Typ	Eigenschaften	Vorteile	Nachteile
Stabmixer	▶ Das Schlagmesser befindet sich am freien Ende des Mixstabs. Als Sologerät oder als Zusatzgerät zum Handrührgerät erhältlich. Momentschalter. Zusatzscheiben zum Rühren und Schlagen erhältlich. Für kleine bis mittlere Mengen geeignet. Günstig als Zusatzgerät zum Handrührer.	▶ Mit Wandhalterung jederzeit handlich und griffbereit. Direkt am Herd in jedem hochwandigen Gefäß verwendbar. Auch in heißen Saucen und Suppen einsetzbar. Sehr gut für gekochte und weiche Lebensmittel geeignet. Weniger gut für Nüsse und Schokolade.	▶ Das schnelle rotierende Messer kann bei unsachgemäßer Handhabung Verletzungen verursachen. Sahne- oder Schneeschlagen mit Zusatzscheiben bringt nur mäßig zufriedenstellende Arbeitsergebnisse.
Mixer	▶ Beim Standmixer oder Mixbecher zur Küchenmaschine ist das Schlagmesser in einen großen Becher mit Deckel eingebaut. Für 1/2 bis 1 Liter.	▶ Sehr gut für gekochte weiche und harte Lebensmittel geeignet. Für zähe Lebensmittel (Käse) nicht geeignet.	▶ Zerkleinert nur im Mixbecher des Gerätes. Heiße Speisen müssen in Mixbecher umgefüllt werden.
Zerkleinerer	▶ Sologerät. Auf dem Motorblock sitzt eine kleine Plastikschale mit dem Schlagmesser. Wird durch Druck auf den meist durchsichtigen Deckel eingeschaltet. Schnitzelwerk und Mixaufsatz als Zusatzgeräte erhältlich.	▶ Gut für feste Nahrungsmittel, wie Zwiebel, Kräuter, Gemüse, sehnenfreies Fleisch, Mandeln, Nüsse. Günstig, wenn häufig kleine Mengen zerkleinert werden sollen, allerdings nur, wenn das Gerät relativ schwere Gerät nicht verräumt wurde.	▶ Schwerer und unhandlicher als Stabmixer. Nur für sehr kleine Mengen geeignet. Nicht für heiße Lebensmittel. Für weiche Lebensmittel nicht geeignet.

ligstmesser bis zum teuren geschmiedeten oder Keramik-Profimesser. Die Chancen, daß ein teures Messer die Qualitätsansprüche erfüllt, sind zwar größer, unter den preiswerten Modellen finden sich aber auch brauchbare Messer. Der Preis allein ist ein schlechter Anhaltspunkt für die Kaufentscheidung.

Material und Verarbeitung

Fast alle Messer sind aus rostfreiem Stahl gefertigt und korrosionsbeständig. Qualitativ hochwertige geschmiedete Messer sind an der massiven Verdickung zwischen Klinge und Griff, dem sogenannten Kropf, erkennbar. Billige Messer mit Klingen, die aus gewalztem Stahl gestanzt sind, haben keine solche Verdickung. Bei sorgfältiger Verarbeitung können sie auch von guter Qualität sein, die Klingen aber sind weniger fest.

Ein gutes Messer hat einen dicken Rücken (mindestens ein Millimeter) und verjüngt sich zur Schneide hin gleichmäßig. Billige Messer haben nur eine knapp angeschliffene Schneide, die rasch abstumpft. Das Problem dabei: Diese Messer lassen sich kaum nach-

Geflügel- und Küchenscheren

KÜCHENSCHEREN

Eine arbeitsgerechte Schere hat ein körpergerechtes »Auge« für den Daumen. Das zweite »Auge« muß Platz für Zeige- und Mittelfinger bieten, damit auch Hartes kraftvoll geschnitten werden kann, ohne daß der Druck der Augenringe auf den Fingern schmerzt.

Für Links- und Rechtshänder erhältlich.

Schraubenverbindungen sind besser als Nieten, weil sie sich wieder festziehen lassen, wenn sich das Gelenk lockert.

GEFLÜGELSCHEREN

Die Griffe einer guten Geflügelschere sollten nach außen gebogen sein, damit alle Finger gleichzeitig die volle Kraft ausüben können. Die Geflügelschere wirkt wie eine Zange, die beim Tranchieren von Geflügel große Widerstände beim Durchtrennen der Knochen oder Gelenke überwinden muß.

Die wichtigsten Küchenmesser

Gemüsemesser zum Schneiden, Putzen und Zurichten, Klingenlänge neun Zentimeter

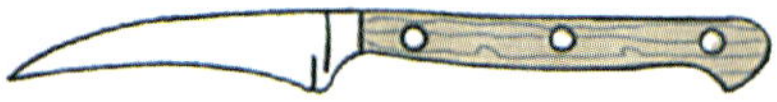

Schälmesser mit gebogener Spitze und kurzer Klinge zum Obst- und Gemüseschälen

Hackmesser zum Kleinschneiden mit 15 bis 26 Zentimeter langer Klinge

Schinkenmesser zum Schneiden von Fleisch mit Kruste in verschiedenen Größen

Tomatenmesser mit Wellschliff und Gabelspitze

Brotmesser mit Wellenschliff, Klingenlänge ungefähr 20 Zentimeter

Buntmesser mit geriffelten Schnittflächen zum Garnieren

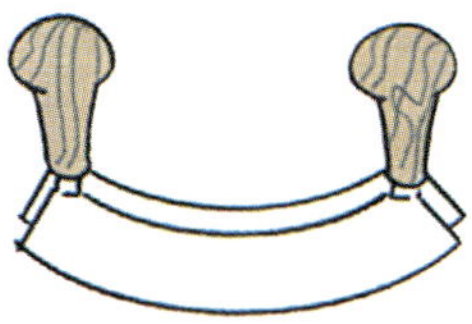

Wiegemesser für Kräuter

schleifen. Auch wird häufig an Material gespart: Zu dünne Klingen können sich verbiegen.

Klinge und Griff müssen fugenlos miteinander verbunden sein, damit sich in den Ritzen nicht Schmutz ansammeln kann. Eine Griffmulde mit Fingerschutz verringert die Verletzungsgefahr beim Schneiden.

Noch nicht lange auf dem Markt sind Messer mit blütenweißer Klinge, die nie nachgeschliffen werden müssen. Sie bestehen aus einer speziellen Keramik, die aus Silizium-, Aluminium- und Zirkoniumoxidpulver gesintert ist. Das aus der Weltraumforschung stammende leichte Material ist fast so hart wie Diamant.

Der Nachteil des nur von einem japanischen Hersteller gefertigten kostspieligen Materials ist seine Sprödheit. Die Klinge darf nicht auf Steinböden fallen oder zum Aufhebeln von Dosen benutzt werden.

So bleiben Messer scharf

Neue Messer sind fast immer scharf. Je nach Qualität stumpfen sie aber mehr oder weniger schnell ab.

Die einfachste und effektivste Methode, ein gutes Messer nicht abstumpfen zu lassen, ist das Abziehen der Klinge an einem Wetzstahl. Vor jeder Schneidearbeit wird das Messer zehnmal über den angerauten Stahl gezogen.

Messerhaltung

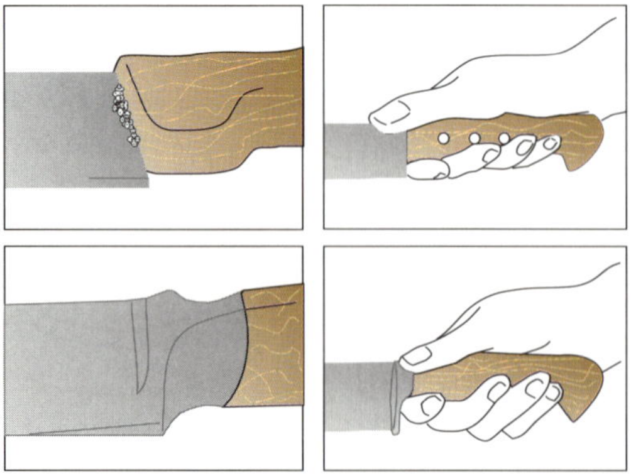

Der Umgang mit dem Wetzstahl sieht schwieriger aus, als er tatsächlich ist:

- Die Schneide im spitzen Winkel zum Wetzstahl halten.
- Zuerst die eine Seite der Klinge in Griffnähe an den Stahl ansetzen und vom Körper wegziehen. Dann mit der anderen Klingenseite genauso verfahren. Fünf- bis zehnmal wiederholen.
- Anschließend das Messer von eventuell anhaftenden Metallteilchen reinigen. Der magnetische Wetzstahl hält die abgewetzten Metallspäne fest. Damit die Rauhigkeit erhalten bleibt, sollten von Zeit zu Zeit die feinen Riefen mit Spülmittel und Bürste gereinigt werden.

Messer mit Wellenschliff sollten immer vom Fachmann nachgeschliffen werden.

Besser als in einer Schublade werden Messer an einer Magnetleiste oder in einem Messerblock aufbewahrt. Das vermeidet Verletzungen und unschöne Kratzer auf den Klingen.

Schneidbretter

Schneidbretter aus Kunststoff sind hygienischer als althergebrachte Holzbretter, in deren rauher Oberfläche sich Speisereste und Bakterien ansammeln können. Es ist vor allem beim Zurichten rohen Geflügels wichtig, daß das Arbeitsbrett wieder hygienisch sauber wird, damit Salmonellen nicht überleben können.

Weiße Kunststoffschneidbretter sind spülmaschinenfest, leicht zu reinigen und nehmen keine Feuchtigkeit auf. Die völlig glatte Oberfläche nimmt weder Geruch noch Geschmack auf.

Das Material (eine spezielle Art von Polyäthylen) schont scharfe Klingen. Ausführungen mit Saugnäpfen können beim Schneiden nicht verrutschen.

Für das Schneiden von saftigen Braten sind Kunststoffbretter mit Saftrille günstig. Die weißen Kunststoffplatten eignen sich auch für die Zubereitung von Süßspeisen.

Allesschneider

Mit dem Allesschneider können nicht nur Brot, sondern auch Wurst, Käse und Gemüse in Scheiben geschnitten werden.

Die Schnittdicke läßt sich zwischen null und 15 Millimeter stufenlos einstellen, einzelne Geräte können sogar 25 oder 30 Millimeter dicke Scheiben herunterschneiden. Drehknöpfe zum Einstellen sind handlicher und exakter zu bedienen als Hebel oder Stellräder.

Wie lange das Gerät arbeiten darf, hängt davon ab, für welche Belastungszeit es ausgelegt ist: In der Bedienungsanleitung oder am Gerät steht die Kurzformel KB samt einer Zahl, welche die maximal erlaubte Arbeitszeitspanne angibt.

Zum Reinigen muß das Rundmesser abgenommen werden. Günstig ist es, wenn Restehalter und Kunststoffschlitten aus spülmaschinengeeignetem Kunststoff sind.

Müheloses Schneiden von Brot, Käse, Wurst und Gemüse. Auch harte Wurst läßt sich gut schneiden.

- Immer betriebsbereit auf der Arbeitsfläche.
- Leichte Reinigung.

Mit dem Zackenschliffmesser können weiche Wurstwaren oder Roastbeef nicht perfekt dünn geschnitten werden. Bei manchen Modellen gibt es deshalb zusätzlich ein glattes Schinkenmesser.

- Die meisten Allesschneider sind zu laut.
- Für Tiefgefrorenes sind sie nicht geeignet.

Messerschleifen

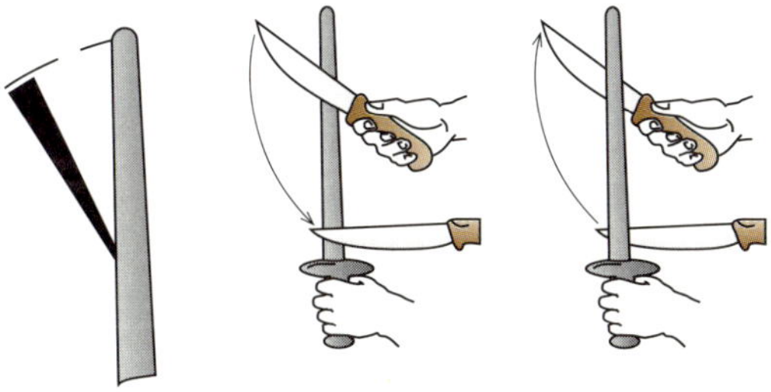

Sicherheit

- Nach dem Schneiden die Schnittstärke immer auf »Null« stellen.
- Eine Extraabdeckung für das Messer ist eine sinnvolle Sicherheitsvorrichtung.
- Spezialhalterungen für das Messer erlauben den Ein- und Ausbau, ohne daß man das scharfe Rundmesser direkt berühren muß. Vorher unbedingt den Netzstecker ziehen.
- Bei kleinem Schnittgut immer den Restehalter verwenden.
- Vor dem Kauf überlegen, ob eine »rechtsbündige« oder »linksbündige« Maschine als handlicher empfunden wird.
- Wenn Kinder im Haus sind, ein Gerät mit Kindersicherung wählen. Konsequent den Netzstecker ziehen und die Schneidstellung auf »Null« stellen, wenn das Gerät nicht gebraucht wird.

Elektrische Küchenmesser

Nur wenige Lebensmittel (Orangen, Tomaten und frischgebackene Kuchen) können mit den von einem Motor gegenläufig hin- und herbewegten Klingen leichter und schneller geschnitten werden als mit einem guten Küchenmesser von Hand (> Seite 160). Wer nicht auf elektrische Hilfe verzichten will, schneidet härtere Lebensmittel besser mit einem Allesschneider (> Seite 163).

Die beiden 15 bis 20 Zentimeter langen Klingen bewegen sich rund 2000mal pro Minute gegeneinander und schärfen sich dabei selbst. Viele Modelle sind mit einem zweiten, speziellen grobzahnigen Messer für das Schneiden von Tiefkühlkost ausgestattet. Die glashart gefrorenen Lebensmittel lassen sich aber nur mit viel Kraft und sägenden Bewegungen teilen. Die Folge der groben Zahnung: Es fliegen die Späne. Besser ist es, Gefriergut in kleineren Portionen einzufrieren oder erst nach dem Auftauen zu teilen.

Sehr gut geeignet ist das Elektromesser für weiche Wurstsorten, Braten aller Art, gekochtes Fleisch, Kuchen, Torten und Ananas.

▶ Empfehlenswert für Personen, die wenig Kraft in den Händen haben.

Für Brot und harte Wurstsorten ist das Elektromesser nicht geeignet. An der harten Kruste des Brotes kann das Messer abrutschen, der Wecken wird beim Schneiden zusammengedrückt.

▶ Gefrorenes läßt sich nur mit Mühe teilen, obwohl es spezielle Messer mit grober Zahnung gibt.

▶ Die sich bewegenden Messer sind gefährlich und nur mit großer Vorsicht zu handhaben.

▶ Elektrische Küchenmesser sind so laut wie Staubsauger.

Sicherheit

▶ Ein Fingerschutz an den Messern soll vor Verletzungen an den äußerst scharfen Messern schützen. Bei manchen der angebotenen Modelle ist er zu klein geraten, oder er fehlt überhaupt.

▶ Die scharfen Messer nur in der Schutzhülle lagern.

▶ Immer den Netzstecker ziehen, bevor die Klingen eingesetzt oder entfernt werden.

▶ Kinder sollten von dem Gerät strikt ferngehalten werden.

▶ Gerät und Messer getrennt aufbewahren.

▶ Darauf achten, daß das Stromkabel nicht unter die arbeitenden Klingen gerät.

▶ Ein dickes Brett unterlegen – Messer schneiden Kerben in Holz und Kunststoff.

Per Hand betriebene Dosenöffner

System	System und Arbeitsweise	Praxis
Zangendosenöffner 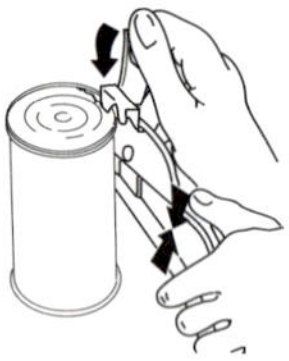	▶ Der Dosenrand wird mit einer Zange erfaßt und mit dem Drehhebel geöffnet.	▶ Arbeitstechnisch günstig, weil beide Hände an einem Werkzeug arbeiten. Beste mechanische Lösung.
Wanddosenöffner 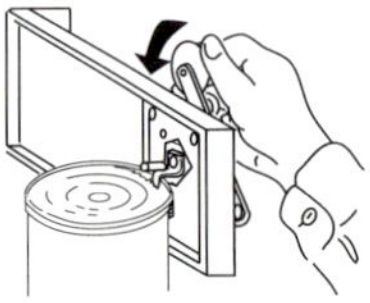	▶ Die Dose wird durch ein Hebelsystem festgehalten und mittels einer Handdrehkurbel mit einem scharfen Schneidrad geöffnet.	▶ Geringe Verletzungsgefahr. Lohnt aber nur bei häufiger Verwendung.
Drehgriffdosenöffner 	▶ Der Öffner wird durch Drehen einer großen Flügelmutter weiterbewegt. Die zweite Hand hält die Dose.	▶ Arbeitstechnisch ungünstig, weil eine Hand am Werkzeug hantiert und die andere die Dose festhält. Beide Hände können leicht abrutschen und dabei Schnittverletzungen erleiden.
Hebeldosenöffner 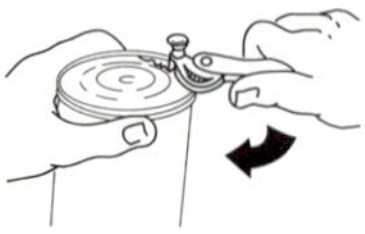	▶ Bei diesen Geräten muß das Schneidmesser in das Metall gedrückt oder geschlagen werden, der Vortrieb funktioniert durch Hebelwirkung.	▶ Ohne Werkzeug (Hammer) ist das Schneidmesser fast nicht in die Dose zu bringen. Wegen der hohen Verletzungsgefahr ist davon abzuraten.

Dosenöffner

Dosenöffnen ist mit den meisten üblichen Handgeräten eine mühsame und gefährliche Arbeit. Man kann leicht abrutschen und sich am Zahnrad, Schneidemesser oder am scharfen Dosendeckel verletzen.

Elektrische Dosenöffner (> Seite 165) können sehr hilfreich für ältere oder kranke Menschen sein, die wenig Kraft in den Händen haben. Ansonsten lohnt die Anschaffung nur, wenn sehr viele Dosen – etwa für ein Haustier – geöffnet werden müssen.

Elektrische Dosenöffner

Mit dem elektrischen Dosenöffner soll das Aufschneiden des Dosendeckels mühe- und gefahrlos möglich sein: Die Dose wird in den Schneidemechanismus eingehängt, ein Transportrad treibt die Dose an. Dabei braucht die Blechbüchse nicht festgehalten zu werden. Der abgetrennte Deckel wird durch einen Magneten angehoben, damit er nicht in das Füllgut eintaucht.

Elektrische Dosenöffner gibt es als Wand-, Stand- oder Handgeräte oder als Zusatzgeräte zu Küchenmaschinen (> Seite 157).

- Fest an der Wand montierte Modelle sind jederzeit einsatzbereit, können nicht kippen und haben häufig zusätzlich eine Einrichtung zum Messer- und Scherenschärfen.
- Standgeräte können bei schweren Dosen leicht umkippen.
- Handgeräte gibt es auch in kabelloser Ausführung. Mit einer Aufladung des Akkus können sie 20 Dosen öffnen. Manche Handgeräte lasten mit 600 Gramm Gewicht recht schwer in der Hand.

Bei allen Bautypen ist das Einhängen der Dose in den Schneidemechanismus schwierig. Egal, ob das Gerät mit Schneidemesser oder -rad arbeitet, beides läßt sich nur mit viel Anstrengung ins Blech drücken. Für kleine Dosen mit engem Radius sind Schneidemesser günstiger, weil die großen Schneideräder nicht so enge Kurven nehmen können.

Elektrische Getreidemühlen

Mühelos und schnell, so verspricht die Industrie, soll frisches gesundes Vollkornmehl mit elektrischen Getreidemühlen für den Hausgebrauch herstellbar sein. In sieben Prozent der westdeutschen Haushalte steht heute bereits eine elektrische Getreidemühle.

Ein Vergleich mit den üblichen Preisen für Mehl ergibt, daß mindestens fünf Kilogramm Getreide pro Woche verarbeitet werden müßten, damit die Anschaffungskosten sich lohnen. Aber wirtschaftliche Überlegungen dürften für viele Menschen wohl eher hinter der Überzeugung zurücktreten, mit selbst hergestelltem frischem Mehl oder Schrot einen wichtigen Beitrag für die Gesundheit zu tun. Zu beachten ist dabei aber, daß das Getreide sehr gut gereinigt sein muß (> Seite 204).

Das Angebot

Die elektrischen Geräte werden in teurem Holzkleid oder einfachem Plastikgehäuse angeboten. Das Herz jeder Mühle, das Mahlwerk, kann grundsätzlich verschieden aufgebaut sein. Die meisten Geräte arbeiten mit einem Kegelmahlwerk, daneben behaupten sich noch Scheibenmahlwerke (> Wie Getreidemühlen funktionieren, Seite 166).

Stein, Stahl oder Keramik

Der natürliche Stein hat das Flair des Ursprünglichen. Mahlkegel oder Scheibe werden aus dem gewachsenen Stein geschnitten, zum Beispiel aus Granitfelsen, die Oberfläche wird angerauht und mit Mahlkanten versehen. Natursteine haben sich auf dem Markt nicht durchsetzen können, weil sie zu teuer sind und außerdem den Nachteil haben, sich schnell abzunützen. Sie müssen öfters nachgeschliffen werden.

Künstliche Mühlsteine versprechen ähnlich flockiges und feines Vollkornmehl wie die Natursteine und sind langlebiger. Sie können durch Gießen oder Brennen hergestellt werden: Hauptbestandteil beider Varianten sind Mineraliensplitter. Beim Gebrauch schleift sich das Bindemittel ab, so daß immer neue scharfe Kanten der Mineralkristalle überstehen. Kunststeinmahlwerke schleifen sich also von selbst.

Mahlwerke aus Keramikmaterial mit Mineralsplittern sind eine neuere Entwicklung. Sie sind noch härter und haben einen geringeren Abrieb.

Die größte Mahlleistung zum geringsten Preis bieten Mahlwerke aus Stahl.

Der einzige Nachteil der stählernen Mahlwerke ist, daß sie die Getreidekörner weniger mahlen als zerschneiden, so daß selbst in der feinsten Einstellungsstufe Mehl mit grießartiger Struktur entsteht. Der Abrieb ist gegenüber dem Steinmahlwerk gering.

Die Vorteile: Geräte mit Stahlmahlwerk sind preiswert, sie nehmen auch feuchtes Mahlgut nicht übel, und es können auch Ölsaaten, Leinsamen oder Mohn damit bearbeitet werden. Das ist bei Steinmahlwerken (mit Ausnahme von Keramik) nicht möglich, weil sich die Oberfläche des Mahlwerks verklebt.

Die Qual der Wahl

Tests deutscher und österreichischer Verbraucherorganisationen zeigen, daß fast jedes Gerät den einen oder anderen Schwachpunkt

Wie Getreidemühlen funktionieren

Geräte mit Scheibenmahlwerk funktionieren so, wie man sich üblicherweise Mühlen vorstellt: Das Mahlgut wird zwischen zwei Mühlsteinen fein zerrieben. Eine Scheibe steht fest, die andere dreht sich und mahlt aus Getreide durch

Druck und Reibung Mehl. Wie fein das Mehl wird, hängt nur davon ab, wie eng die beiden Mahlflächen eingestellt werden. Geräte mit Scheibenmahlwerken sind meist recht schwergewichtig und haben eine geringere Leistungsfähigkeit als Mühlen mit Kegelmahlwerk.

Das Kegelmahlwerk besteht aus zwei ineinandergesetzten Kegeln. Der äußere Kegelring ist feststehend, der innere Kegel wird gedreht. Das Getreide wird durch Druck- und Schneidwirkung zerkleinert. Mühlen mit Kegelmahlwerk sind in der Regel kleiner, kompakter und weniger schwer

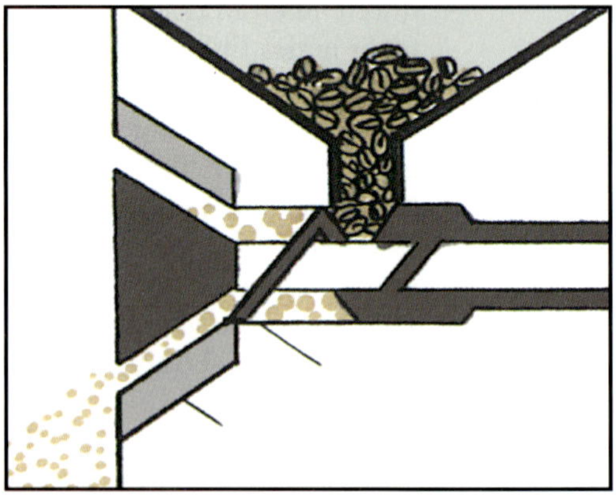

als die klassischen »Mühlstein«-Mühlen. Wie bei einem Fleischwolf drückt eine Transportspirale das Getreide zwischen die beiden Kegel.

Beide Systeme können entweder mit einem elektrischen Motor angetrieben oder mit einer Handkurbel durch viel Muskelkraft in Bewegung gesetzt werden.

hat. Um so wichtiger ist es, sich schon vor dem Kauf darüber im klaren zu sein, wofür die Mühle angeschafft werden soll.

Wer sich nur ab und zu ein paar Eßlöffel voll Getreide fürs morgendliche Müsli schroten will, ist mit einer handbetriebenen Mühle (> Handmühlen, Seite 168) gut bedient.

Soll jedoch regelmäßig Gebäck und Brot aus frischem Vollkornmehl hergestellt werden, ist zweifellos ein Elektrogerät praktischer. Elektrische Getreidemühlen kosten zwischen 200 und 1400 DM.

Große prestigeträchtige Mühlen mit hölzernem Gehäuse sind ein beliebter Geschenkartikel. Doch die stattlichen Geräte müssen an einem fixen Platz funktionsbereit stehen. Mit einem Gewicht von bis zu 30 Kilo sind sie viel zu schwer, um ständig auf- und abgebaut oder hin- und hergetragen zu werden.

Welches Mahlwerk gewählt werden soll, hängt davon ab, wofür das Gerät hauptsächlich dienen soll. Steinmahlwerke liefern feineres, flockiges Mehl, das für Feingebäck besonders geeignet ist.

Stahl- und Keramikwerke können auch als Mohn- und Ölsaatenmühle verwendet werden. Steinmahlwerke eignen sich dafür nicht, da die Steinkegel oder -scheiben leicht verschmieren.

Der richtige Umgang mit Korn und Mehl

Getreide, wie Weizen, Roggen, Hafer oder Gerste, muß absolut trocken sein, bevor es in die Mühle gelangt. Frisch geerntetes Getreide kann für den Mahlvorgang noch zu viel Feuchtigkeit enthalten. Das ist leicht daran zu erkennen, wenn sich ein Korn mit einem Löffel zerdrücken läßt, ohne zu zerspringen. Frisches oder zu feuchtes Getreide trocknet bei Zimmertemperatur binnen zwei bis drei Wochen. Bei Zimmertemperatur und bei einer Luftfeuchtigkeit von nur 40 bis 50 Prozent läßt sich Getreide auch gut in Stoff- oder Papiersäcken oder in einem offenen Karton lagern (> Seite 204).

Schmutz, Steinchen und Fremdsamen müssen unbedingt vor dem Mahlvorgang entfernt werden. Diese etwas mühsame, aber nicht schwierige Arbeit ist vor allem dann notwendig, wenn das Getreide direkt vom Bauern bezogen wird. Wenn man also nicht bereits vorgereinigtes Getreide aus einem Mühlenbetrieb verwendet, wie sie zahlreiche Reformhäuser und Naturkostläden anbieten, müssen schädliche Unkrautsamen und das wieder häufiger vorkommende äußerst gefährliche Mutterkorn (eine Pilzkrankheit des Getreides, > Seite 202) aus dem Getreide mit der Hand aussortiert werden.

Sand knirscht beim Genuß von Müsli oder Brot unangenehm zwischen den Zähnen und muß ebenfalls entfernt werden. Ein feines Sieb von einem Millimeter ist dafür notwendig.

Getreidemahlen praktisch

Vorsicht

Steinmühlen sollten nie ohne Mahlgut betrieben werden, weil das Mahlwerk beschädigt werden könnte. Auch Steinchen im Getreide können schaden.

Reinigung

Kleinere Modelle mit Stahl- oder Keramikmahlwerk sind in der Regel leicht zu zerlegen und zu reinigen. Transportrohr, Transportspirale und Mahlwerk lassen sich mit wenigen Handgriffen abmontieren und säubern. Steinkegelmahlwerke sind zwar auch leicht zugänglich, aber trotzdem schwerer zu reinigen. Bei den großen Standmühlen mit Holzdesign erschwert der sperrige Aufbau die Reinigungsbemühungen.

Restmengen in der Maschine

Manche Geräte neigen dazu, eine gewisse Restmenge im Gehäuse zu verstecken. Sie müssen dann mühsam mit einem feinen Pinsel wieder davon befreit werden. Nur bei täglichem Gebrauch kann man auf diese mühsame Prozedur verzichten. Wer nur ab und zu Getreide schrotet, sollte handlichere Modelle vorziehen.

Mehlqualität

Nicht jedes Gerät arbeitet in jeder Feinstufe gleich gut. Manche schroten besonders gut bei gröberer Einstellung, andere Modelle sind bei der Herstellung ganz feinen Mehls unschlagbar. Unangenehm ist es, was auch vorkommt, wenn die Feinheit des Mahlgutes sehr uneinheitlich wird und feines Mehl nur mit Hilfe eines Mehlsiebs erzielbar ist.

Lärm

Lärmempfindliche Menschen sollten sich vor dem Kauf die Maschine im Vollbetrieb vorführen lassen, denn manche verursachen ohrenbetäubenden Lärm.

Zusatzgeräte tun's auch

Wer eine Küchenmaschine (> Seite 157) besitzt, kann sich erkundigen, ob es nicht eine Getreidemühle als Zusatzgerät gibt. Dieses ist erheblich billiger als eine ganze Mühle.

Das Problem der Hitzeentwicklung

Bei jeder Reibung entsteht Wärme. Hitze ist aber der Qualität des Getreideprodukts abträglich. Eiweißbestandteile und manche Vitamine dürfen nicht zu großer Hitze ausgesetzt werden, weil sie sich sonst ungünstig verändern und ihre Wirkung verlieren. Wird das sogenannte Klebereiweiß bereits in der Mühle zu sehr erhitzt, leidet die Backfähigkeit des Mehls. Pflanzliches Eiweiß verliert bei Temperaturen über 55 Grad Celsius seine Elastizität, es gerinnt und wird spröde. Die Folge bei der Verarbeitung: Der Teig bleibt »sitzen«. Vollwertgurus halten aber bereits eine Erwärmung über 41 Grad Celsius für qualitätsmindernd.

Daß die Diskussion über zu hohe Temperaturen zwischen den Mühlsteinen berechtigt ist, zeigen Messungen der tatsächlich erreichten Werte. Wenn sich Kegel oder Scheiben zu schnell drehen, kann die Quecksilbersäule manchmal auch bis 62 Grad Celsius hochklettern. Vor allem Steinmahlwerke neigen in der feinsten Mahlstufe zur Überhitzung.

Weil sich Stein und Stahl im Laufe der Zeit abnützen, gelangen unweigerlich geringe Mengen des Materialabriebs in den Getreideschrot oder das Mehl. Magnesitzement, wie er bei Kunststeinen verwendet wird, besteht aus natürlichen Mineralstoffen und Wasser und ist gesundheitlich unbedenklich. Und auch die Spuren feinsten Stahlstaubs können der Bekömmlichkeit des Vollwertmehls nicht schaden.

Handmühlen

Geringe Mengen Getreide lassen sich auch mit einer Handmühle schroten. Erhältlich sind eine ganze Reihe solcher Geräte mit Kurbel, die freilich schweißtreibend sein können. Die Mühlen müssen zwischen den Schenkeln oder sonst irgendwie gehalten oder an der Tischplatte festgeklemmt werden. Moderne Einbauküchen »wie aus einem Guß« bieten häufig keine Tischplatte, die für solche Klemmvorrichtungen geeignet ist.

Die Mahlwerke sind gleich gebaut wie die der elektrischen Geräte (> Wie Getreidemühlen funktionieren, Seite 166). Größere Mengen Mehl zu mahlen ist jedoch kraft- und zeitraubend.

Korn-quetschen

Zwischen 100 und 150 Gramm Hafer lassen sich mit einer Kornquetsche pro Minute zu Flocken verarbeiten. Dafür muß man die Handkurbel 80mal drehen. Aber es gibt auch schon elektrisch betriebene Geräte.

Bei einigen der Handapparate (in der Preisklasse zwischen 80 und 190 DM) und der elektrischen Quetschen (zwischen 100 und 650 DM) besteht das Mahlwerk aus einer Walze und einem Anpreßkeil (aus Stahl) oder aber aus zwei Quetschwalzen, durch die die Körner gepreßt werden.

Industriell gefertigte Getreideflocken werden mit Dampf hitzebehandelt, wodurch ein Teil der Vitamine verlorengeht. Selbstgefertigte Flocken, gleich nach dem Quetschen genossen, haben diese Einbußen nicht.

Nicht nur Haferkörner können zu Flocken zerdrückt werden. Die Flocken aus anderen Getreidearten können zu saftigen Bratlingen, Brot oder Keksen weiterverarbeitet werden.

Ein weiteres Plus der neuen Haushaltgeräte ist, daß sich auch Ölsaaten verarbeiten lassen, wie Sonnenblumenkerne, Mohn oder Sesam, aber auch Gewürze.

Zur Herstellung von Getreideflocken müssen die Körner – mit Ausnahme des Hafers – kurz angefeuchtet werden, damit sie beim Zerdrücken nicht brechen. Kurz in einem Sieb durchspülen und danach drei Stunden quellen lassen. Bevor man die Körner in die Quetsche stopft, sollten sie etwas trockengetupft werden.

Kaffeemühlen

Nur frisch gemahlener Kaffee (> Seite 400) entwickelt als Aufgußgetränk sein volles Aroma. Selbst die ganzen gerösteten Bohnen büßen beim Lagern einen Teil des Geschmacks ein, weil flüchtige Substanzen, wie ätherische Öle, verdampfen. Das Problem verschärft sich, wenn die Bohnen zu feinem Kaffeemehl vermahlen sind. Ist das Kaffeemehl nicht vakuumverpackt, verflüchtigt sich das Aroma binnen weniger Tage.

Deshalb bevorzugen Kaffeekenner frisch gemahlenen Kaffee für die Zubereitung des anregenden Getränks.

Für den Haushalt stehen zwei grundsätzlich verschiedene Systeme zur Auswahl: anspruchsvolle Mahlwerkmühlen und preiswerte Schlagwerkmühlen.

Kaffeemahlen mit Mahlwerkmühlen

Vorsicht

Bevor die Einstellung bei Mahlwerkmühlen von »grob« auf »fein« umgestellt wird, soll-

Schlagwerk- und Mahlwerkmühlen im Vergleich

Gerätetyp	Eigenschaften	Vorteile	Nachteile
Schlagwerkmühlen	▶ Schlagwerkmühlen zerschlagen die spröden Kaffeebohnen mit einem Messerkreuz, das sich 10.000- bis 15.000mal in der Minute dreht. Je länger die Maschine arbeitet, desto feiner wird das Kaffeemehl. Nach einer Minute Betriebszeit muß der Motor wieder Pause machen.	▶ 30 bis 50 Gramm Kaffee sind in 30 Sekunden gleichmäßig zerkleinert. Leicht zu reinigen. Gerät arbeitet nur, solange Momentschalter gedrückt bleibt. Betrieb nur möglich, wenn Deckel aufgesetzt ist. Um rund 30 DM billiger als Mahlwerkmühlen.	▶ Zu langes Mahlen schadet dem Kaffeearoma durch zu starke Hitzeentwicklung. Der Feinheitsgrad ist nicht einstellbar. Ungleichmäßiges Mahlergebnis. Mit halber Füllmenge schlechtere Ergebnisse. Kurzzeitbetrieb eine Minute.
Mahlwerkmühlen	▶ Mahlwerkkaffeemühlen arbeiten nach demselben Prinzip wie Uromas alte – noch immer erhältliche – Handkaffeemühle. Die gerösteten Kaffeebohnen werden im Mahlkranz zwischen zwei Scheiben zerrieben.	▶ Das Kaffeepulver wird nicht erhitzt. Feinheitsgrad einstellbar von »fein« bis »grob«. Mühle arbeitet selbständig. Geräte mit Dosiervorrichtung und Vorratsbehälter mahlen automatisch die gewünschte Kaffeemenge. Der Mahlerfolg ist unabhängig von der Menge.	▶ Schlechter zu reinigen als Schlagwerkmühle. Im Gerät zurückbleibende Kaffeereste können das Aroma mindern. Lautstark. Teurer als Schlagwerksmühlen (ab 60 DM). Kurzzeitbetrieb fünf Minuten entspricht dem einmaligen Durchlauf der Höchstmenge.

Handliche Küchenhelfer

Allzweckreibe
Gibt es in verschiedenen Ausführungen, in Metall oder aus Kunststoff mit kleinen, scharfen Messern. Die gängigste Bauart hat zwischen einem groben und feinen Raspelfeld ein Messer zum Blättrigschneiden von Gemüse.
Es gibt aber auch Geräte, mit mehreren Messern hintereinander oder mit ausschließlich feiner oder grober Raspel.
Allzweckreiben aus Kunststoff haben auswechselbare Einsätze und einen Restehalter als Fingerschutz.

Bratengabel
Bratengabeln haben zwei lange Zinken und dienen zum Heben von großen gegarten Fleischstücken. Zwei verschieden große Bratengabeln sind günstig.

Bratenschaufel
Gibt es aus Leichtmetall, Kunststoff und antihaftbeschichtetem Metall. Letztere sind speziell für beschichtetes Geschirr gedacht. Auch Kunststoffbratenschaufeln sind dafür geeignet. Leichtmetallschaufeln sind besonders lange haltbar, allerdings sind sie nur für robustes Geschirr geeignet. Hinterlassen auf hellem Email graue Streifen. Ungelochte Schaufeln mit langem (Holz-) Stiel werden zum Rühren im Wok eingesetzt.

Bridiernadel
Große »Näh«nadel zum Binden von Geflügel oder Schließen von gefüllten Braten.
Geflügel kann auch mit einem Bindfaden zusammengebunden werden, manchmal sind auch kleine Metallspieße als Ersatz möglich.

Dosenöffner (> Seite 164)

Durchschlagsieb aus Edelstahl
Festes Sieb zum Seihen von Nudeln und Gemüse mit Stehrand. Das Material läßt sich leicht reinigen – auch in der Maschine.

Eisportionierer
Gibt es in Kunststoff- und Edelstahlausführung. Ein Hebelmechanismus hebt die geformte Eiskugel aus der Halbkugel des Eisportionierers heraus.
Der Portionierer gleitet leichter durchs Speiseeis, wenn er vorher in heißem Wasser erwärmt wird.

Fleischwolf
Eine Handkurbel treibt eine Förderschnecke an, die das Hackfleischgut gegen eine gelochte Eisenscheibe drückt. Ein Messerkreuz schneidet die hineingedrückten Teilchen entlang der Lochscheibe ab, sie quellen nach außen und werden in einer Schüssel gesammelt.
Das Gerät muß an einer Tischplatte festgeklemmt werden.

Gabel > Bratengabel

Glasiergitter
Rechteckiges oder kreisrundes Metallgitter, auf das glasierte Torten, Kuchen und Kleingebäck zum Abtropfen gelegt werden.

Gummispatel
Spachtel aus Gummi oder Kunststoff mit Griff ersetzen die Finger beim Ausputzen von Rührschüsseln. Ebenso wie grifflose Teigkarten können sie auch zum Verstreichen des Teiges auf dem Blech verwendet werden.

Hobel > Spätzlehobel

Holzspatel
Zum Rühren und Wenden in antihaftbeschichtetem Geschirr (> Seite 182), damit die empfindliche Kunststoffschicht nicht zerkratzt wird.

Kartoffelausstecher
Das Gerät hat an beiden Seiten eines Handgriffs zwei verschieden große halbkugelförmige Metallhohlkugeln. Damit können aus großen Kartoffeln, aber auch aus Obst (Melonen) Kugeln ausgeschnitten werden.

Kartoffelpresse
Für die Herstellung von Kartoffelschnee oder -teig (> Zubereiten, Seite 470) werden heiße Kartoffeln durch die Kartoffelpresse gedrückt. Sie werden in den gelochten Teil eingelegt und mit einem Hebel kraftvoll durch die Löcher befördert.

Kartoffelstampfer
Der Stampfer besteht aus festen Metallschlingen an einem langen Griff. Damit werden gekochte Kartoffeln direkt im Topf zu Brei zerstampft. Der Griff sollte eine Handbreit höher sein als der verwendete Topf. Kartoffelbrei wird mit dem Handrührgerät besonders flaumig.

Knoblauchpresse
Sie funktioniert wie die Kartoffelpresse. Der gelochte Behälter hat gerade für eine ungeschälte Knoblauchzehe Platz, die durch die feinen Löcher getrieben wird. Mit der Schale lassen sich die Reste leichter entfernen.
Feiner wird Knoblauch, wenn er mit dem Messer und etwas Salz auf einem Kunststoffbrettchen (> Seite 162) zerdrückt wird.

Kochlöffel
Kochlöffel sind aus Holz oder Plastik erhältlich. Beide Materialien werden durch längeren Gebrauch unansehnlich und sollten häufig erneuert werden. Es gibt sie in vielen verschiedenen Größen, auch mit Loch in der Löffelmulde zum Rühren von Teigen.
Es sollten mehrere verschiedene Kochlöffel vorhanden sein, dabei einer nur für das Zwiebelrösten, ein besonders großer ausschließlich für die Zubereitung von Konfitüren.

Lochtülle > Spritzsack

Löffel > Eisportionierer, Kochlöffel, Schaumlöffel, Schöpflöffel

Mehlsieb
Das ist ein kleines Sieb. Durch Hin- und Herschwenken wird ein »Rührer« betätigt, der Mehl oder Puderzucker durch das Sieb streift.

Messer Küchenmesser (> Seite 160)

Mühle Kornmühlen (> Seite 165)

Muskatnußreibe
Kleine feine Reibe zum frischen Reiben von Muskatnuß. Gibt es in Ganzmetallausführung. Ein andere Metallreibe ist in einem Kunststoffrahmen eingelassen, in dem auch die Muskatnuß Platz findet.

Nadel > Bridiernadel, Spicknadel

Nudelrolle > Wellholz

Palette
Universell einsetzbares Werkzeug:
Zum Wenden von Omelettes in der Pfanne, zum Abheben, zum Abkratzen, zum Einstreichen und zum Tortenheben.

Passiermaschine (Flotte Lotte)
Das Gerät hat meist drei auswechselbare Lochscheiben. Eine Handkurbel führt ein S-förmiges Metallstück über die Passierscheiben, wodurch Obst oder Gemüse durch die Löcher der Einsätze

gedrückt werden. Eine Springfeder sorgt für den nötigen Druck.
Der Einsatz mit der größten Lochung kann als Spätzlesieb verwendet werden.
Das preiswerte Gerät besteht aus mehrere Teilen, die auseinandergenommen und leicht gereinigt werden können.

Presse > Kartoffelpresse, Knoblauchpresse, Zitruspresse (> Seite 172)

Quetsche Kornquetschen (> Seite 168)

Reibe > Allzweckreibe, Muskatnußreibe, Schnitzelgerät

Sahneapparat
Frische Sahne wird in die Aluminiumflasche gefüllt, der Siphon aufgeschraubt. Aus einer Gaskapsel wird Stickstoffdioxid in die Flasche gepreßt. Über ein Ventil kann nun die durch das Gas aufgeschlagene Sahne entnommen werden. Im Kühlschrank hält sich die Schlagsahne im Sahneapparat einige Tage lang.

Schäler > Sparschäler

Schaufel > Bratenschaufel

Schaumlöffel
Gute Schaumlöffel haben einen langen Stiel und einen weiten, flachen Löffel.
Schaumlöffel mit einem weitmaschigen Drahtgeflecht sind zum Herausheben von Fritiergut aus dem heißen Fett. Sehr feinmaschige Schaumlöffel dienen zum Abheben des Schaums von Suppen und Fleischsud.
Zum Herausheben von Klößen aus dem Kochwasser mit stärkerer Krümmung des Löffels.
Am leichtesten zu reinigen sind Modelle aus Edelstahl.

Schere Küchenscheren (> Seite 161)

Schneerädchen
Dieses handbetriebene Gerät hat zwei Quirle, die über eine Kurbel angetrieben werden.
Eine Zahnradübersetzung treibt die Quirle bei einer Kurbeldrehung zu fünf Umdrehungen an.

Schneeruten (Schneebesen)
Günstig sind Schneeruten mit stabilem Ganzmetallgriff, der Rutendraht muß dicht mit dem Griff abschließen, damit sich keine Speisereste ansammeln können.
Kunststoffgriffe haben eine geringe Lebensdauer.
Es sind verschiedene Formen erhältlich:
- ballonförmig weite Drahtschlingen zum Aufschlagen von Eischnee und Sahne,
- weniger bauchige, längliche Drahtschlingen zum Rühren von leichten Teigen,
- wenige in einer Ebene angeordnete Drahtschlingen zum Rühren von Saucen.

Schneidbrett Schneidbretter (> Seite 162)

Schneidewerkzeug > Dosenöffner (> Seite 164), Fleischwolf, Kartoffelausstecher, Sparschäler

Schnitzelgerät
Das kurbelbetriebene Schnitzelgerät arbeitet nach dem Durchlaufprinzip. Verschiedene trommel- oder scheibenförmige Reib- und Schneideinsätze reiben, raspeln und schnitzeln.
Das für kleine Mengen sehr handliche Gerät wird an einer Tischplatte festgeklemmt, oder ein Saugfuß hält es auf einer glatten Tischplatte fest.

Schöpflöffel
Schöpflöffel werden in mehreren Größen in der Küche gebraucht. Sie sollten jeweils aus einem Stück gefertigt sein und einen handlichen Griff mit abgerundeten Rändern haben.
Besonders flache oder schaufelförmige Schöpflöffel werden für das Rühren und Herausheben von Gargut im Wok (> Seite 179) verwendet.

Sieb > Durchschlagsieb, Mehlsieb, Spitzsieb, Trommelsieb, Passiermaschine

Sparschäler
Schälwerkzeuge gibt es in den verschiedensten Ausführungen. Besonders schnell (immer vom Körper weg) arbeitet es sich mit solchen, bei denen die Klinge quer zum Griff angeordnet ist. Manche haben Einrichtungen zum Entfernen der »Augen« bei Kartoffeln, andere wiederum können auch zum Ausstechen des Kerngehäuses von Äpfeln verwendet werden.

Spatel (Spachtel) > Holzspatel, Gummispatel

Spätzlehobel
Das ist ein gelochter Metallstreifen, der quer über einen Topf mit siedendem Wasser gelegt wird.
Ein Teigeinfüllstutzen läuft auf kleinen Rollen hin und her. Durch diese Bewegung wird der Spätzleteig in die Löcher gedrückt, die sehr gleichmäßig geformten Spätzle (> Seite 588) fallen direkt in das Salzwasser.
Diese Art der Zubereitung geht wesentlich rascher als die herkömmliche mit Nockerlbrett und Messer.

Spicknadel
Diese Nadel ist ideal, um Fleisch mit gut gekühlten Speck- oder Schinkenstreifen, aber auch Gemüse zu spicken. Statt eines Öhrs hat die Nadel einen Klemmechanismus zum Festhalten der Streifen.

Spitzsieb
Das ist ein nach unten spitz zulaufendes Sieb.
Es gibt verschiedene Größen aus Edelstahl mit langen Griffen. Mit einem entsprechenden Stößel aus Holz kann es zum Passieren von gekochtem Obst und Gemüse verwendet werden. Leicht zu reinigen, auch in der Spülmaschine.

Spritzsack
Mit dem Spritzsack können beispielsweise Cremes, Schlagsahne oder Kroketten geformt werden. In die offene Spitze der kunststoffbeschichteten kochfesten Tüte wird eine Tülle gegeben.
Lochtüllen haben glatte, runde Öffnungen verschiedener Größe, Sterntüllen verschieden große gezackte Öffnungen. Die Größe wird durch eine Nummer angegeben.

Sterntülle > Spritzsack

Trommelsieb
Besteht aus einem Holzreifen und einem feinmaschigen Draht- oder Kunststoffsieb. Mit einem Holzpilz oder wesentlich rascher mit dem Passierstab des Handrührgerätes werden gekochtes Gemüse oder Obst durch die feinen Löcher gedrückt.
Es kann auch als Mehlsieb verwendet werden.
Trommelsiebe sind schwer zu reinigen, weil sich zwischen Maschennetz und Reifen Speisereste ansammeln.

Waage Küchenwaagen (> Seite 175)

Wellholz (Nudelrolle)
Zum Ausrollen von Teig. Es gibt sie in Holz- oder Kunststoffausführung. Das Wellholz läßt sich leichter über den Teig führen, wenn der Durchmesser der Rolle nicht zu klein ist und die Griffe beweglich angebracht sind.

te das Mahlwerk gereinigt werden, weil sonst das Mahlwerk durch noch vorhandene grobe Körnchen blockiert werden könnte.

Reinigung

Mühlen mit Schlagwerk sind leichter zu reinigen, wenn der Behälter aus Metall und nicht aus Kunststoff ist.

Das Mahlwerk von Mahlwerksmühlen wird am besten mit einem feinen Kunststoffpinsel gesäubert.

Feineinstellung (> Seite 402)

»Fein«: Die Körnung für Filterkaffee beträgt unter 0,4 Millimeter. Für Espressozubereitung sollte der Kaffee noch feiner gemahlen sein. Dafür gibt es spezielle Geräte.

»Grob«: Die Körnung liegt zwischen 0,63 und 1,0 Millimeter.

Je nach Geschmack sind auch Zwischenstufen möglich.

Dosierung mit Tücken

Die Dosiervorrichtung arbeitet mit einer Zeitschaltuhr: Wieviel Kaffee gemahlen wird, hängt von der eingestellten Zeit ab. Es braucht einige Erfahrung, um genau zu wissen, bei welcher Einstellung die richtige Menge Kaffee fein gemahlen wird. Erschwerend ist, daß die Mengen je nach Feinheitsgrad unterschiedlich sind: Je feiner die Einstellung, desto langsamer durchlaufen die Bohnen die Maschine.

Zitruspressen

Wer häufig Zitronen- und Orangensaft bereitet, ist mit einer elektrischen Zitruspresse gut beraten. Die meisten dieser Geräte sind klein und handlich und passen in jeden Küchenschrank. Eine elektrische Zitruspresse hervorzuholen ist kaum mehr Aufwand als das Bereitstellen einer – manchmal recht großen – Handpresse. Auch im Preis besteht kaum ein Unterschied zu guten Handzitruspressen.

Das Prinzip ist bei allen gleich: Die halbierte Frucht wird auf einen gerippten Preßkegel gedrückt. Bei Handgeräten ohne mechanischen Antrieb muß das Fruchtstück gedreht werden, bei elektrischen Geräten und solchen mit einer Handkurbel rotiert hingegen der Preßkegel, die Fruchthälfte muß nur daraufgedrückt werden. Eine Auffangrille hält die Rückstände zurück, der Saft rinnt in eine Auffangschale.

Handzitruspressen

Es gibt sie in Edelstahl-, Kunststoff-, Glas- und Keramikausführung.

Aufwendigere Modelle mit Kurbel sind für größere Mengen besser geeignet. Mit der einen Hand hält man eine Fruchthälfte und preßt sie auf den Kegel, mit der anderen dreht man die Kurbel, die den Preßkegel in Drehung versetzt.

Es gibt aber auch Handzitruspressen mit Hebel: Indem man den Hebel niederdrückt, senkt sich eine konisch geformte Schale auf die halbierte Frucht und preßt sie auf den Kegel.

Elektrische Zitruspressen

Mit der elektrischen Zitruspresse läßt sich ein Kilo Früchte in nur drei bis vier Minuten auspressen. Ob der Preßkegel dabei ständig die Richtung wechselt oder sich nur in eine Richtung dreht, beeinflußt die Saftausbeute nicht. Das Gerät wird durch den Druck auf den Preßkegel zum Laufen gebracht und stoppt, sobald der Anpreßdruck wegfällt.

Kleine Geräte wiegen nicht mehr als ein halbes Kilo, größere bis 1,8 Kilo. Alle Ausführungen sind aus Kunststoff. Der Saft rinnt in einen abnehmbaren Saftbehälter, selten direkt in ein daruntergestelltes Glas. Preßkegel und Auffangrinne sind in der Regel eine Einheit.

Zitruspressen praktisch

▶ Günstig sind verschieden große Preßkegel, damit eine kleine Zitrone genausogut ausgepreßt werden kann wie eine große Grapefruit. Stumpfe Kegel bei kleinen Früchten bringen weniger Saft und benötigen viel Andruckkraft.
▶ Manche elektrischen Zitruspressen sind auf Kurzzeitbetrieb ausgelegt. Sollen regelmäßig große Saftmengen hergestellt werden, sollte ein Gerät gewählt werden, bei dem Dauerbetrieb möglich ist.
▶ Preßkegel mit Griffen lassen sich abnehmen, ohne daß die Finger in den Fruchtrückständen beschmutzt werden.
▶ Alle Geräte – die einfachen wie die komplizierten – lassen sich problemlos reinigen, solange die Rückstände noch frisch sind.

Saftzentrifugen (Entsafter)

Elektrische Saftzentrifugen sind für die Verarbeitung kleiner Obst- und Gemüsemengen geeignet. Gekühlt hält sich der besonders aromatische Saft zwei Tage frisch. Der Kauf einer Zentrifuge lohnt aber nur, wenn die Ernte aus dem eigenen Garten verarbeitet werden soll. Zum Entsaften größerer Mengen von Beeren- und Steinobst zur Vorratshaltung ist ein Dampfentsafter (> Seite 174) geeigneter.

Weiche Beerenfrüchte sind für die Zentrifugen weniger geeignet, es entsteht leicht Mus. Dafür entsaften die Maschinen sehr gut härtere Sorten wie Rote Bete, Sellerie, Karotten, halbierte Äpfel und Birnen.

Alle Zentrifugen arbeiten nach demselben Prinzip: Obst und Gemüse werden mit einer feinen scharfen Raspel zerkleinert. Die zerfaserten Teilchen werden durch die schnelle Drehung an die Wand der Siebtrommel gedrückt. Der Saft wird durch die Fliehkraft der Zentrifuge herausgeschleudert und fließt in ein bereitgestelltes Gefäß. Übrig bleiben die festen Fruchtreste, der Trester (> Bautypen von Saftzentrifugen, > Seite 173).

Saftzentrifugieren praktisch

Vorsicht
Obst oder Gemüse darf nur mit dem Stopfer

Bautypen von Saftzentrifugen

Bauart	Eigenschaften	Vorteile	Nachteile
Saftzentrifuge ohne automatischen Tresterauswurf	▶ Besteht aus einem rotierenden zylinderförmigen Siebkorb; an der Innenwand befindet sich ein gelochter Plastikring. Dieser dient zum leichteren Entfernen der Fruchtrückstände (Trester).	▶ Gute Saftausbeute Weniger laut als Saftzentrifugen mit automatischem Tresterauswurf.	▶ Schon nach dem Entsaften von 1,5 bis 2,5 Kilogramm Obst und/oder Gemüse müssen diese Geräte auseinandergenommen und vom Trester befreit werden.
Saftzentrifuge mit automatischem Tresterauswurf	▶ Der feinporige Siebkorb ist nicht zylindrisch, sondern konisch gebaut. Durch die schnelle Drehung wird der Trester nach oben hin transportiert, bis er in einen seitlich angeordneten Behälter geschleudert wird.	▶ Bis zu fünf Kilogramm Obst und/oder Gemüse können ohne Unterbrechung entsaftet werden. Der Tresterbehälter kann bei den meisten Modellen abgenommen und entleert werden.	▶ Geringere Saftausbeute als bei Geräten ohne Tresterauswurf. Manche Geräte haben einen integrierten Tresterbehälter. Ist er voll, muß die Maschine zum Entleeren geöffnet werden.

eingefüllt werden. Schlanke Hände könnten sonst bis zur scharfen Raspel gelangen.

Reinigung

Es empfiehlt sich, Saftzentrifugen umgehend nach dem Gebrauch zu reinigen, da sonst die Fruchtrückstände fest mit dem Sieb verkleben. Die Einzelteile lassen sich ohnehin nur mühsam reinigen. Für das Reinigen des Trestersiebs bewähren sich (neue) Zahnbürsten.

Arbeitszeit

Aus einem Kilo Äpfel können in nur drei Minuten 0,5 bis 0,7 Liter Apfelsaft gepreßt werden. Wenn man die Vorbereitungsarbeiten, wie Obst waschen und in Stücke schneiden, zum Entsaften, Entleeren und Reinigen hinzuzählt, ist das Entsaften von Obst und Gemüse eine zeitaufwendige Angelegenheit.

Geräte, die dauernd betrieben werden können, sind günstiger als Geräte mit zeitlicher Beschränkung.

Lärm

Die meisten Saftzentrifugen arbeiten sehr lautstark. Es empfiehlt sich, vor dem Kauf die Geräuschentwicklung des Gerätes zu testen.

DAMPF-ENTSAFTER

Früchte lassen sich auch nach dem »Saunaprinzip« entsaften: Dampf entzieht bis zu sieben Kilo zerkleinertem Obst dünnflüssigen Saft.

Der Dampfentsafter erinnert an einen sehr großen Topf in mehreren Teilen: Ganz unten ist der Wassertopf, in den knapp zwei Liter Wasser eingefüllt werden. Der heiße Dampf steigt nach oben in den Fruchtkorb, wo er aus den Früchten den Saft herausdrückt. Der Saft sammelt sich in einem Behälter zwischen Wasser- und Fruchttopf. Von dort führt ein Ablaufschlauch nach außen. Das ganze System wird mit einem Deckel verschlossen.

Es gibt elektrisch beheizte Dampfentsafter, die meisten Modelle werden aber auf der Kochstelle aufgeheizt. Die Saftausbeute ist ähnlich groß wie bei der Zentrifuge. Aus fünf Kilogramm Äpfel können 2,5 Liter Saft gewonnen werden. Weintrauben und Tomaten sind noch ergiebiger.

Für die Verarbeitung von großen Mengen Obst geeignet.

▶ Die heiße Flüssigkeit kann über einen Hahn ohne weitere Behandlung in saubere Flaschen abgefüllt werden.

▶ Werden saure Früchte entsaftet, kann in den Obstbehälter Zucker zugegeben werden.

▶ Der Dampfentsafter ist für weiche Beerenfrüchte, aber auch für Äpfel und Birnen geeignet.

Der gewonnene Saft ist klar und schmeckt weniger aromatisch als aus der elektrischen Saftzentrifuge, weil der Dampf den Saft etwas verdünnt.

▶ Der Arbeits- und Zeitaufwand ist für größere Mengen beträchtlich. Vier bis sieben Kilo penibel zerkleinertes Obst benötigen mehr als eine Stunde zum Entsaften. Dazu kommen die Vorbereitung des Obstes und das Reinigen der Flaschen.

DAMPFENTSAFTEN IM SCHNELLKOCHTOPF

Auch große Schnellkochtöpfe (> Seite 183) von 4,5 bis zehn Liter Inhalt können anstelle eines Dampfentsafters verwendet werden. Die dafür nötigen Einsätze (mit und ohne Lochung) fassen zwischen ein und drei Kilo Obst und sind häufig beim Schnellkochtopf beigepackt oder können nachgekauft werden.

Obst oder Gemüse wird gewaschen, zerkleinert, mit Schalen, Kernen und Stielen in den gelochten Einsatz (Siebeinsatz) gegeben. Über das zerkleinerte Kochgut wird bei Obst Zucker, bei Gemüse Salz gestreut.

Der gefüllte Siebeinsatz wird auf den ungelochten Einsatz gestellt, der als Saftauffangschale dient. Beides zusammen kommt in den mit Wasser gefüllten Schnellkochtopf. Der Deckel wird aufgesetzt und das Ventil auf Schnellstufe II eingestellt. Sobald der nötige Druck aufgebaut ist, dauert es je nach Obstsorte zwölf bis 25 Minuten, bis aller Saft aus den Früchten getrieben ist.

Danach den Topf abkühlen lassen, bis der Druck wieder gefallen ist. Der im ungelochten Einsatz gesammelte Saft kann direkt in sterilisierte Flaschen eingefüllt und verschlossen werden.

Durch den hermetischen Luftabschluß werden die Vitamine geschont.

Waagen

Ob analog oder digital, ob mechanisch oder elektronisch – alle erhältlichen Küchenwaagen erfüllen ihre Funktion anstandslos. Die Unterschiede beschränken sich auf Ausstattungsdetails, Handhabung, maximale Belastbarkeit und den Preis.

Wer Diätkost zubereiten und auch kleine Mengen genau abwiegen muß, greift besser zu einer elektronischen Waage, deren Meßgenauigkeit einstellbar ist.

Mechanische Waagen

Mechanische Küchenwaagen sind preiswert und langlebig – und für den üblichen Gebrauch ausreichend genau. Sie umfassen einerseits Laufgewichtwaagen und andererseits Analogwaagen.
Die Laufgewichtswaage ist die klassische Küchenwaage der letzten 30 Jahre, bei der zwei Gewichte auf einer Schiene mit Skaleneinteilung verschoben werden, bis ein Gleichgewicht eintritt und das Gewicht des Wiegegutes abgelesen werden kann.

Laufgewichtswaagen gibt es bis maximal zehn und bis maximal 20 Kilo Tragkraft. Die Skaleneinteilung (10 Gramm) ist für den normalen Gebrauch ausreichend genau.

Die Analogwaagen sind Federwaagen, die das Gewicht mit einem Zeiger auf einer Zahlenskala anzeigen. Außerdem kann die Waagschale (eine runde Kunststoffschüssel) gleich als Rührschüssel verwendet werden.

Analogwaagen sind leicht und einfach zu verstauen. Wandgeräte sind jederzeit einsatzbereit, haben aber meist eine kleinere Waagschale. Die meisten der preiswerten Analogwaagen können mit bis zu zwei Kilogramm belastet werden und haben eine Skaleneinteilung von 10 oder (ungünstiger) 20 Gramm.

Als Diätwaagen werden Analogwaagen bezeichnet, deren Meßgenauigkeit bei zwei oder fünf Gramm liegt. Sie sind nur mit einem Höchstgewicht von 250 Gramm belastbar.

Elektronische Waagen (Digitalwaagen)

Elektronische Waagen zeigen das Gewicht grammgenau als Zahlenwert auf einem Display an. Die batteriebetriebenen Geräte sind erheblich teurer als mechanische Waagen, dafür aber komfortabler, und sie erleichtern die Zubereitung von Diätkost. Die zulässige Höchstlast beträgt je nach Modell ein bis 2,5 Kilo, selten bis zu vier Kilo. Elektronische Küchenwaagen sind ideal als Zuwiegewaagen verwendbar, wobei die Anzeige vor der Zugabe des jeweils nächsten Wiegegutes wieder auf Null gestellt wird. Manche Modelle zeigen am Ende auch das Gesamtgewicht an.

Es gibt auch Digitalwaagen, die als Diätwaagen verwendet werden können, weil man die Meßeinteilung von fünf auf zwei Gramm umschalten kann.

Tip **Für das Betreiben von Digitalwaagen eignen sich billige Zink-Kohle-Batterien am besten. Immer den kompletten Satz austauschen.**

Geschirr

Für nahezu jede Garmethode gibt es spezielles Kochgeschirr. Zu große Vielfalt ist für den Haushalt aber nicht unbedingt notwendig. Auch mit wenigen Töpfen, Kasserollen und Pfannen können ausgefallene Gerichte zubereitet werden. Wichtiger als die Anzahl der Töpfe ist deren optimale Abstimmung zum Gargerät.

Bis vor wenigen Jahren zählte emailliertes Kochgeschirr zum Standard fast jeden Haushalts. Heute haben sich die glänzenden Edelstahlkochtöpfe in den Küchen durchgesetzt. Daneben behaupten sich nach wie vor Aluminium, Stahlemail, aber auch Glaskeramik, feuerfestes Glas und Gußeisengeschirre.

Form und Material sind entscheidend für den Erfolg beim Kochen. Für die Zubereitung von Crêpes (> Seite 697) ist eine Eisenpfanne mit flachen kurzen Seitenwänden günstig, der große Schmortopf für Eintopfgerichte, der Dämpfer für schonend zu garendes Gemüse. Wer Zeit und Energie sparen will, setzt auf den Schnellkochtopf.

Auch wenn es mit speziellen Kochgeräten vielfach einfacher ist, das bestmögliche Ergebnis zu erzielen – unbedingt notwendig sind sie nicht. Auch in einer guten Allzweckpfanne oder in einer Kasserolle lassen sich die meisten Gerichte zur Zufriedenheit zubereiten. Wer aber gerne kocht und genügend Platz in der Küche hat, wird auch Freude an einigem speziellen Kochgeschirr haben.

Kochgeschirr

Der Boden von Kochgeschirren darf nicht völlig plan sein, damit der Topf nicht zum Tänzer auf der ebenen Kochfläche wird und die Wärme nach außen verlorengeht. Vielmehr sollte er etwas (ungefähr 0,3 Millimeter) nach innen gewölbt sein: Beim Erhitzen dehnt er sich aus und liegt dann fest auf der Kochfläche auf.

Zu große Wölbung nach innen bewirkt allerdings, daß sich der Topfboden noch weiter nach innen wölbt, wodurch der Luftspalt zwischen Gefäßboden und Kochstelle zu groß und die Wärme schlecht weitergeleitet wird.

Bei Emailtöpfen muß diese Vorkrümmung etwas größer sein als bei Edelstahltöpfen mit Kompensböden (> Edelstahlgeschirr, Seite 177). Damit sich der Boden nicht verziehen kann, sollte er beim Emailgeschirr zwei bis drei Millimeter dick sein, bei Edelstahlgeschirr vier bis sechs Millimeter.

Der Deckel sollte für wasser- und fettarmes Garen dicht abschließen. Innenliegende Deckel können bei starkem Kochen leicht

klappern. Steckdeckel schließen meist dichter ab, sind aber für die Spülmaschine (> Seite 120) weniger gut geeignet, da im Deckelrand Wasser zurückbleibt. Günstig sind Glasdeckel, weil beim Sichtkochen auf unnötiges Deckelanheben verzichtet werden kann und auf diese Weise einiges an Energie gespart wird.

Die Griffe sollten wärmebeständig sein, aber nicht heiß werden. Auch bei kleinen Töpfen und Kasserollen dürfen sie nicht zu klein sein, damit sie gut angefaßt werden können. Manche Hersteller kennzeichnen hitzebeständige Kunststoffgriffe mit dem Hinweis »backofenfest bis 280 Grad Celsius«.

Edelstahlgeschirr

Chromnickelstahl leitet die Wärme fünfzehnmal schlechter als Aluminium. Um diesen Nachteil auszugleichen, werden Edelstahlgeschirre mit Mehrschichtenböden (auch Kompens- oder Sandwichböden genannt) versehen: In den Edelstahlboden wird eine gut leitende Scheibe aus Aluminium oder Kupfer eingelegt.

Es gibt auch Edelstahlgeschirre mit aufgegossenem und plangedrehtem Aluminiumboden. Diese Art ist an den Rillen im Topfboden zu erkennen. Plangedrehte Aluböden sind sowohl kalt als auch heiß fast vollkommen eben, also nicht nach innen gewölbt.

Das Material ist unbegrenzt haltbar, stoß-, schlag- und säurefest.
▶ Es kann auch mit farbigem Dekor versehen sein.
▶ Lange Lebensdauer.
▶ Der Topfboden bleibt auch bei langjähriger Benutzung eben.

Herkömmliches Edelstahlgeschirr ist nicht magnetisch und daher für die Induktionskochstelle (> Seite 107) nicht geeignet. Neuerdings werden aber spezielle Edelstahltöpfe mit ferrithaltigem Boden für Induktionskochstellen angeboten.
▶ Das im Edelstahl enthaltene Nickel kann durch stark saure Lebensmittel herausgelöst werden (> Allergiegefahr, Seite 178).
▶ Höherer Anschaffungspreis als Emailgeschirr.

STAHLEMAILGESCHIRR

Eine dunkle Emaillierung ist weniger empfindlich und überträgt die Wärme besser. Emailgeschirr benötigt keinen Schichtenboden, weil Stahl im Vergleich zu Edelstahl Hitze nicht nur schneller, sondern auch gleichmäßiger leitet. Emailgeschirr besteht aus Stahl, der durch einen glasharten, glatten und porenfreien Emailüberzug vor Korrosion und chemischen Einflüssen geschützt ist.

Der Rand des Geschirrs ist ein wichtiges Qualitätsmerkmal:

▶ Hochwertiges Emailgeschirr hat eine absolut hygienische und fugenlos angefügte Randverchromung.
▶ Die meisten Emailtöpfe haben einen aufgeklemmtem Edelstahl-Abdeckring, der die teilweise von Email freigebliebene Stahlkante abdecken und vor Rost und Stoßbelastungen schützen soll. Der Nachteil des Abdeckrings: Er schließt nicht fugenlos ab. Mit der Zeit können sich Wasser und Speisereste darin absetzen, wodurch sich der Abdeckring zunehmend lockern kann. Rostnester sind die Folge und Bakterienfelder, die auch bei täglichem Kochen nicht abgetötet werden. Der Edelstahlring sollte deshalb zusätzlich versiegelt sein.

Emailgeschirr ist preisgünstig.
▶ Die glatte Oberfläche ist leicht zu reinigen.
▶ Die dünne Emailschicht beeinträchtigt die Wärmeleitfähigkeit des Topfbodens nicht.
▶ Gut für alle Arten von Kochstellen (> Seite 107), auch für das Kochen mit Induktion (> Seite 107) geeignet.

Email ist nicht schlagfest. Wenn das Geschirr herunterfällt, kann die Emailschicht abplatzen. Abgeschlagenes Emailgeschirr sollte nicht mehr verwendet werden, weil sonst scharfe Emailsplitter in das Essen gelangen könnten.

Allergiegefahr

Zehn Prozent Nickel machen den Edelstahl von Kochgeschirren besonders korrosionsbeständig. Aber das grau glänzende Schwermetall in der Legierung wird zunehmend für die Entstehung von Allergien verantwortlich gemacht.
In den letzten Jahren haben allergische Erkrankungen gegen Nickel enorm zugenommen. Bereits jede achte Frau und jeder 20. Mann sind in Mitteleuropa gegen Nickel sensibilisiert. Tendenz steigend.
Umstritten ist, ob der Nickelanteil im beliebten Edelstahlgeschirr zu einer Erhöhung der Allergieanfälligkeit führt. Wahrscheinlich reagiert ein Teil der Betroffenen nicht nur auf Nickel in Modeschmuck mit einem Hautekzem, sondern auch auf Nickel, das mit dem Essen aufgenommen wird. Säurehaltige Speisen sind jedenfalls imstande, das Schwermetall aus dem Geschirrmaterial herauszulösen. Nach einer Untersuchung des eco-Umweltlabors in Köln können Rhabarber, Spinat oder Tomaten – längere Zeit in einem Edelstahlkochtopf gegart – Nickel aufnehmen. Diese Tests haben ergeben, daß etwa so große Nickelmengen ins Essen gelangen können, wie von Medizinern für den sogenannten »Provokationstest« verabreicht werden, um eine Nickelallergie diagnostizieren zu können.
Die deutsche Gesellschaft für Ernährung rät daher Allergikern, vorsichtshalber auf Edelstahlkochtöpfe zu verzichten.
Kochgeschirre aus Glas oder Glaskeramik sowie emailliertem Stahl sind für die Betroffenen sicher die bessere Alternative.

GUSSEISENGESCHIRR

Gußeisen ist hart und druckfest, aber auch spröde und stoßempfindlich. Gutes Gußgeschirr mit plangedrehtem Boden ist an den feinen konzentrischen Rillen an der Bodenunterseite erkennbar.

Häufig ist die poröse Oberfläche mit einer pflegeleichten schwarzen Emailschicht überzogen, die aber die speziellen Eigenschaften von Gußeisen nicht verändert.

Gußeisen speichert viel Wärme und gibt sie gleichmäßig an das Gargut weiter. Scharf anbraten und mit

Omelettepfanne – Poêle lyonnaise

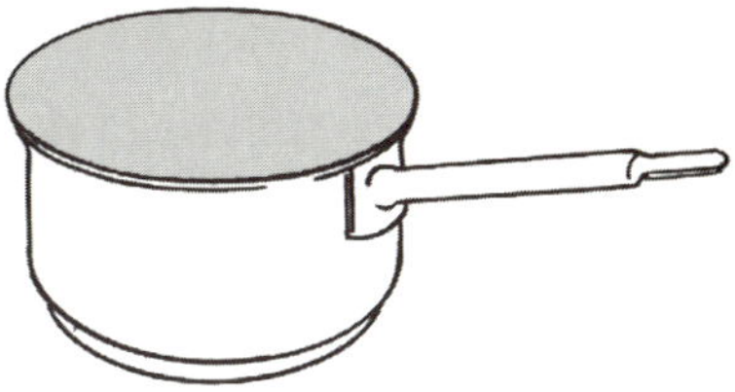

Stielkasserolle – Casserole

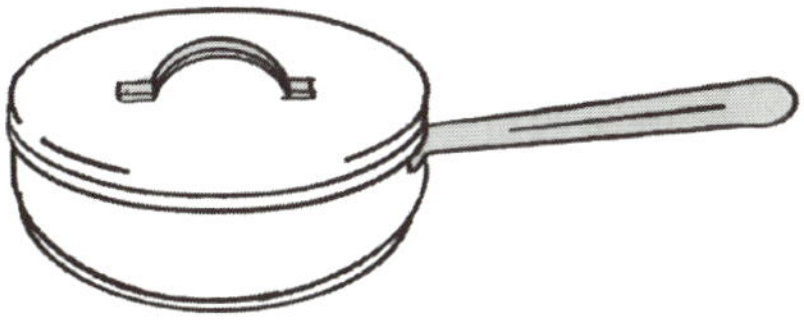

Flachkasserolle mit Stiel – Sauteuse

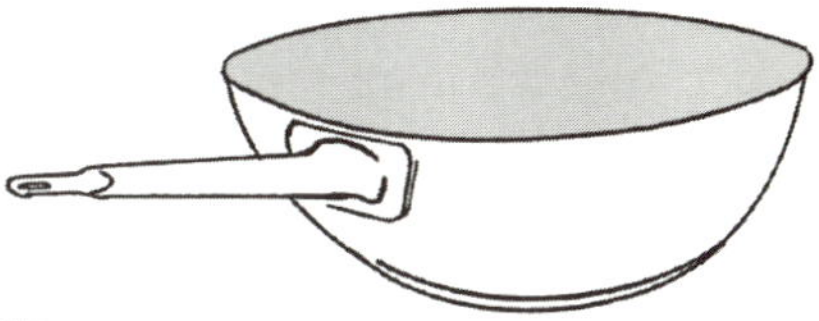

Schwenkkasserolle mit Stiel – Sauteuse

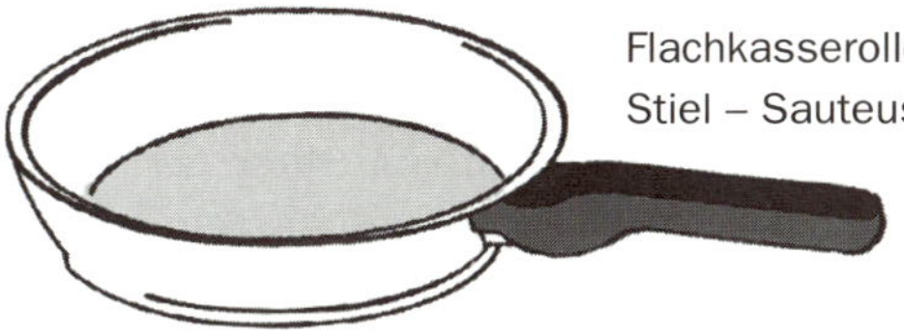

Bratpfanne – Poêle à frire

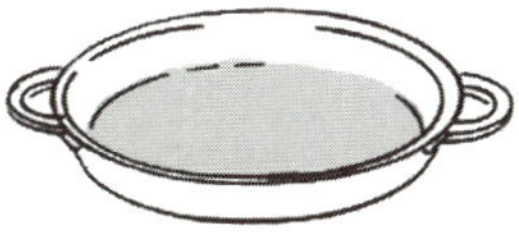

Eierpfännchen

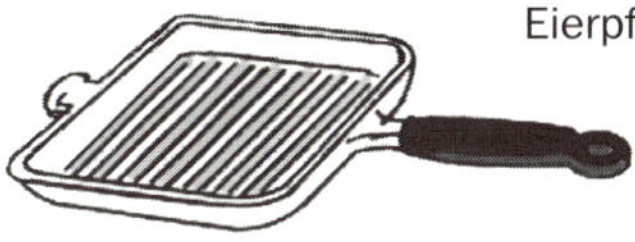

Grillpfanne

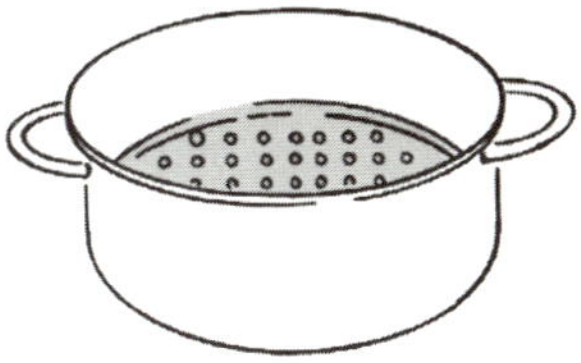

Dämpfer

Henkelkasserolle flach – Casserole plate

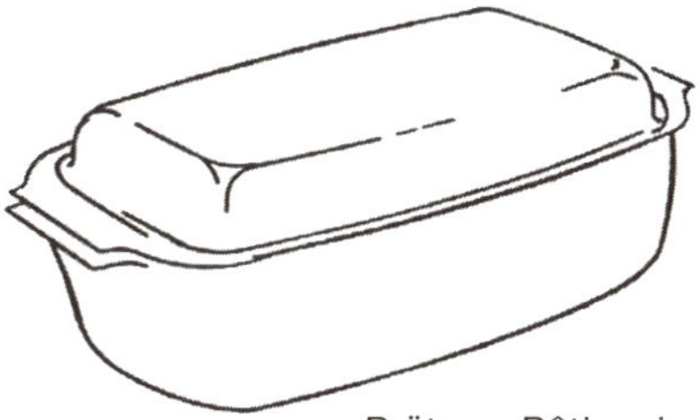

Bräter – Rôtissoire

Halbhoher Kochtopf – Marmite basse

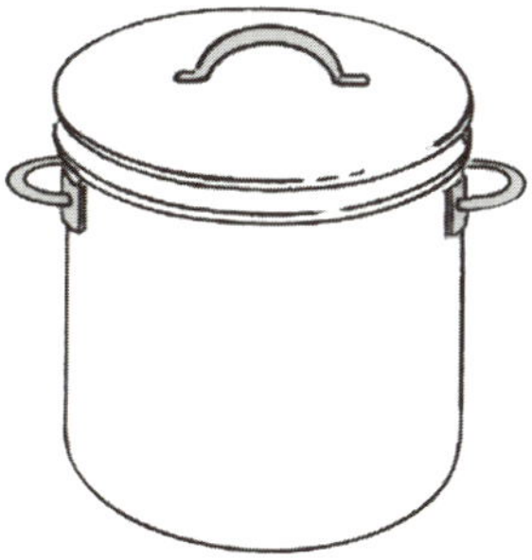

Hoher Kochtopf – Marmite

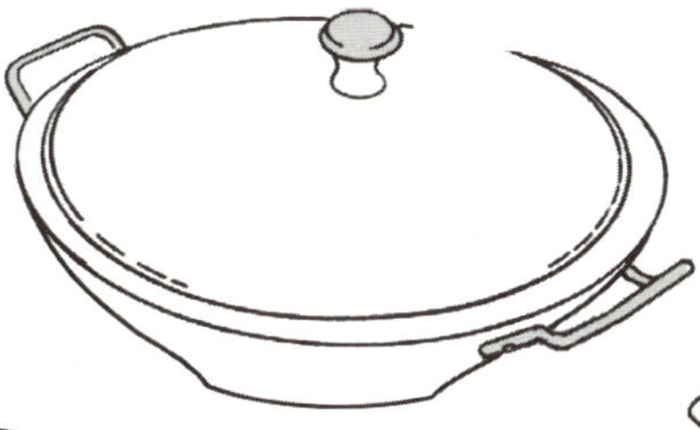

Wok

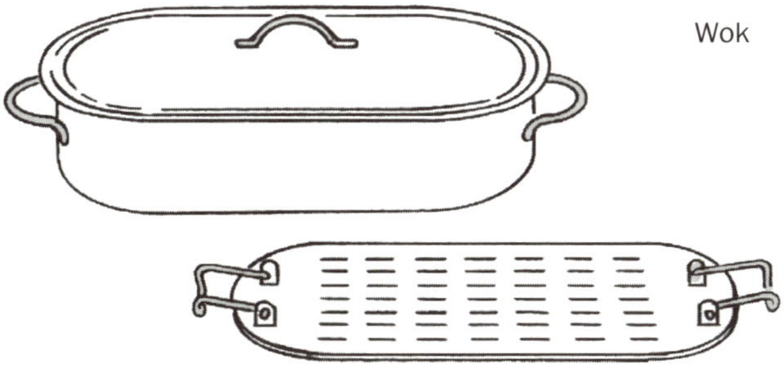

Fischwanne mit Einsatz – Poissonnière

Braisière

Edelstahlrand und Randverchromung

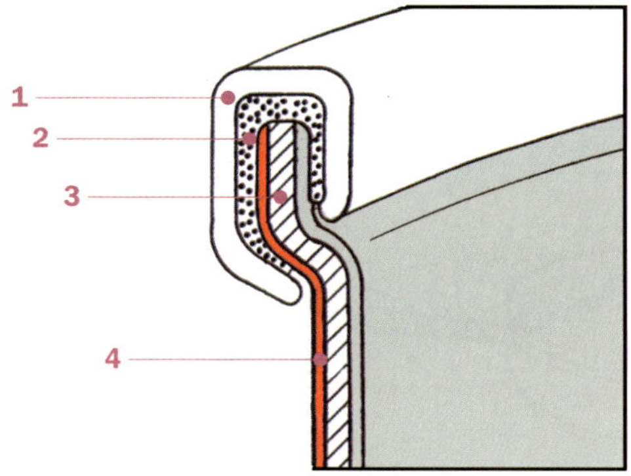

1 Metall-Abdeckring aufgeklemmt
2 Bakterien-Befall, Rost, Schmutz
3 Stahl
4 Email

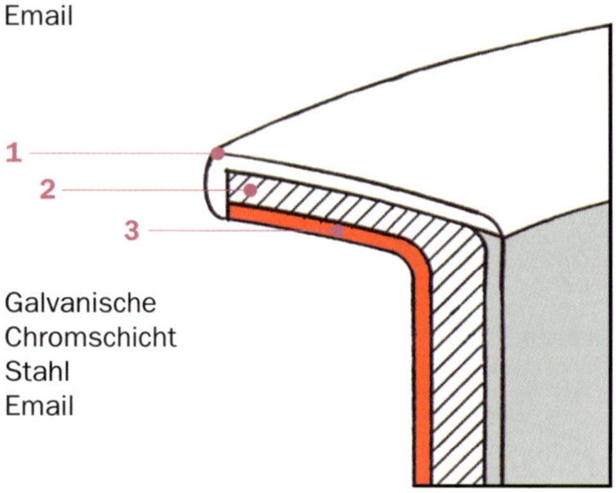

1 Galvanische Chromschicht
2 Stahl
3 Email

schwacher Hitze weiterbruzzeln ergibt die für Gußgeschirre typische knusprige, goldbraune Kruste.

▶ Geeignet für die Induktion (> Seite 107).

▶ Gegen Rost widerstandsfähiger als Stahl.

Gußeisengeschirr ist sehr schwer und daher für Glaskeramik-Kochfelder (> Seite 105) wenig geeignet.

▶ Das Material kann beim Fallen springen.

▶ Es ist gegen scharfen Temperaturwechsel empfindlich.

▶ Gußeisen ohne Emaillierung kann rosten.

Eisengeschirr

Eisenpfannen gehören zu den Spezialisten in der Küche. Sie sind zum Braten von Kartoffeln (> Rösti, Seite 468), Fisch, Fleisch sowie für Eierkuchen und Crêpes (> Seite 697) besonders gut geeignet, nicht jedoch für Speisen mit Sauce.

Eisenpfannen dürfen nicht gespült, sondern nur trocken ausgewischt werden – dann bleibt darin auch nichts kleben.

Um Verunreinigungen zu entfernen, sollte die Eisenpfanne von Zeit zu Zeit ausgebrannt werden: Pfanne mit viel Salz trocken erhitzen und ausreiben. Einfetten ist bei häufigem Gebrauch nicht nötig – die Fettsäuren von Speisefetten können dem Material schaden.

Die Speisen dürfen nur kurz in diesen Pfannen bleiben, weil sie sonst den Eisengeschmack annehmen. Säure greift das Material an.

Weissblechwaren

Weißblech ist mit einem Zinnüberzug ausgewalztes Eisenblech, das für Kuchen- und Puddingformen, Backbleche, Ausstechformen, Siebe, Reiben und Dosen verwendet wird. Weißblechwaren haben ungeschützte Falzkanten und Schnittkanten, die mit der Zeit rosten können.

Bei verzinnten Waren wurden die bereits fertig geformten Blechgegenstände mit Zinn überzogen. Das schützende Metall überzieht auch Falzkanten, Schnittkanten und Lötstellen.

Aluminiumgeschirr

Unbehandeltes reines Aluminium wird für Kochgeschirre nur noch selten (Campinggeschirr) verwendet. Heute werden schwerere Aluminium-Mangan- oder Aluminium-Magnesium-Legierungen für Töpfe und Pfannen bevorzugt. Diese Materialien sind formstabil und auch für Elektroherde geeignet. Aluminiumgeschirr kommt meist eloxiert (elektrolytisch behandelt), emailliert oder lackiert in den Handel, die Innenseiten sind häufig mit einer Antihaftbeschichtung (> Seite 182) versehen.

Aluminium ist besonders wärmeleitfähig.
▶ Preiswertes und leichtes Geschirr.

Aluminium in organischen Verbindugnen steht im Verdacht, an der Auslösung der Alzheimer-Krankheit, die zu schwerem Gedächtnis- und Persönlichkeitsverlust führt, beteiligt zu sein. Deshalb sollte sehr saures Gemüse und Obst nicht in unbeschichteten Aluminiumgeschirren gekocht werden, weil die schützende Aluminiumoxidschicht durch starke Säuren gelöst werden kann.

▶ Leichtes Alugeschirr ist nur für Gaskochstellen geeignet, weil es sich verziehen kann.

Kupfergeschirr

Kupfer ist ein sehr guter Wärmeleiter und daher für das Kochen hervorragend geeignet. Viele Profiköche bevorzugen das teure Material.

Weil das Metall durch Säure angegriffen wird und sich giftiger Grünspan bilden kann, sind Kupfergeräte, die mit Speisen in

Glas, Glaskeramik, Porzellan oder Keramik

Material	Geschirrarten	Vorteile	Nachteile
feuerfestes Glas	Bräter, Auflaufformen, Töpfe, Backformen	▶ Temperaturbeständig, gute Wärmespeicherung. Leicht zu reinigen, vor allem für den Backofen geeignet, für Mikrowelle geeignet. Sichtkochen.	▶ Griffe werden heiß. Hoher Energieverbrauch durch die schlechte Wärmeleitung auf der Kochstelle. Nicht auf Automatikkochstellen und offene Flamme (nur mit Drahtuntersatz) zu stellen.
Glaskeramik	Töpfe, Pfannen, Bräter	▶ Widersteht extremsten Temperaturschwankungen (zwischen minus 40 und plus 500 Grad Celsius), auch direkt auf die Flamme zu stellen. Sichtkochen. Gutes Wärmehaltevermögen. Wasserarmes und fettloses Garen möglich. Für Mikrowelle geeignet. Leicht zu reinigen.	▶ Energieverbrauch auf der Kochstelle höher als bei metallischen Geschirren. Griffe werden sehr heiß.
Keramik und Porzellan	Auflaufformen, Backformen, Kasserollen	▶ Temperaturbeständig, gute Wärmespeicherung. Leicht zu reinigen. Vor allem für den Backofen geeignet. Für Mikrowelle geeignet.	▶ Nicht alle Geschirre halten Temperaturwechsel aus. Auf der Kochzone energetisch ungünstig wegen geringer Wärmeleitfähigkeit. Nicht für Schmorgerichte geeignet.
Ton unglasiert	Bräter (Römertopf), Töpfe	▶ Porös. Das Geschirr wird vor dem Gebrauch mit Wasser vollgesogen, der im Backofen entstehende Dampf hält die Speisen saftig.	▶ Nur für den Backofen geeignet. Nicht für Kochstellen geeignet. Energiebedarf höher, weil das Wasser verdunstet werden muß. Verträgt keine größeren Temperaturunterschiede.

Berührung kommen, innen verzinnt oder mit Edelstahl ausgekleidet.

Kupfergeschirr wird für den Haushalt meist als Fondue- und Flambiergeschirr angeboten.

Geschirr mit Antihaftbeschichtung

Der Kunststoff Polytetrafluorethylen (PTFE) hat die Eigenschaft, daß andere Materialien nicht an ihm haftenbleiben. Mit diesem Material beschichtetes Geschirr ist unter den Handelsnamen Silverstone, Teflon 2, Greblon, Bekadur und Hostaflon bekannt. PTFE ist eine synthetisch hergestellte Fluorkohlenwasserstoffverbindung, die sehr hitzebeständig und nicht brennbar ist.

Mit einer Antihaftschicht werden Pfannen, Backformen, Grillplatten und Raclettepfännchen versehen.

Die Preise für beschichtete Pfannen sind sehr unterschiedlich. Laut Stiftung Warentest »sehr gute« Pfannen sind schon für weniger als 30 DM erhältlich, es gibt aber auch Pfannen um weit über hundert DM.

Der Umgang mit beschichtetem Geschirr

Die empfindliche Antihaftbeschichtung wird geschont, wenn

▶ Pfannenwender aus Holz oder Plastik verwendet werden,

▶ nicht mit dem Messer in der Pfanne geschnitten wird,

▶ die Pfanne nicht auf höchster Stufe aufgeheizt wird; mittlere Temperaturen sind ausreichend,

▶ Scheuersand, Stahlwolle und kratzende Schwämme ferngehalten werden,

▶ man die Pfanne niemals leer auf der heißen Kochzone stehen läßt. Überhitzte Antihaftbeschichtungen verfärben und zersetzen sich und verlieren die speziellen Eigenschaften,

▶ die Pfanne nicht im Geschirrspüler gereinigt wird, wie manche Hersteller empfehlen. Wasser mit Spülmittel genügt für die Reinigung,

▶ die Beschichtung ab und zu mit Speiseöl eingefettet wird.

Antihaftbeschichtete Geschirre eignen sich besonders für die fettarme Zubereitung von Speisen, die zum Ankleben neigen, wie Eier, Omeletts oder Fisch.

▶ Es kann im Geschirrspüler (> Seite 120) gereinigt werden. Allerdings sollten Pfannen nach dem Spülen eingefettet werden, da der aggressive Reiniger das notwendige Fett vollständig entfernt.

▶ Leicht zu reinigen.

Die Antihaftbeschichtung hat nur eine geringe Lebensdauer.

▶ Bei Überhitzung über 260 Grad Celsius läßt die Antihaftwirkung nach. Beim Kochen und Braten auf der Kochstelle wird diese Grenze normalerweise nicht überschritten. Eine voll eingeschaltete Kochstelle kann aber in 10 bis 15 Minuten eine leere Pfanne auf über 400 Grad Celsius aufheizen. Bei dieser Hitze verbrennt die Beschichtung. Aus diesem Grund auf der besonders heißen Gasflamme antihaftbeschichtetes Geschirr niemals leer aufheizen.

▶ Nicht für Induktionskochstellen (> Seite 107) geeignet.

Sicherheit

Bei Temperaturen über 300 Grad Celsius beginnt die Beschichtung zu verdampfen. Bei normalem Kochbetrieb werden Pfannen nie so heiß. Untersuchungen haben ergeben, daß im Haushalt keine gesundheitsschädigenden Konzentrationen an giftigen Gasen entstehen können.

Nur wenn irrtümlich eine Pfanne auf der heißen Kochstelle vergessen wird, können bis zu 500 Grad Celsius erreicht werden, so daß die Beschichtung verdampft. Die leere Pfanne sollte auf der Elektrokochstelle nicht länger als drei bis vier Minuten, auf dem Gasherd nicht länger als zwei Minuten auf höchster Stellung erhitzt werden.

Auch mitgegessene abgekratzte oder abgeblätterte Teilchen sind nicht gesundheitsschädlich.

Der Schnellkochtopf

Schnellkochtöpfe erzeugen einen Druck von 0,2 bis 0,9 bar. Bei diesem Überdruck siedet Wasser nicht bei 100 Grad Celsius, sondern erst zwischen 104 Grad Celsius und 119 Grad Celsius. Dadurch werden Lebensmittel schneller und energiesparender gar.

Es lassen sich darin Suppen, Eintöpfe, Fleisch- Wild- und Geflügelgerichte, Hülsenfrüchte, Gemüse, Getreidegerichte, Puddings im Wasserbad, Desserts und Kompotte bereiten. Es kann damit auch eingekocht und entsaftet (> Dampfentsaften mit dem Schnellkochtopf, Seite 174), Tiefkühlkost aufgetaut und Babyfläschchen und -utensilien sterilisiert werden.

Im Handel sind Schnellkochtöpfe mit einem Fassungsvermögen von 1,8 bis 12 Liter erhältlich. Als Ergänzung werden dazu passende Schnellbratpfannen angeboten, auf die jeweils derselbe Deckel wie der des Kochtopfes paßt.

Der Nenninhalt ist dem Nutzinhalt nicht gleichzusetzen, da die Schnellkochtöpfe nur zu zwei Drittel gefüllt werden dürfen, bei schäumenden oder quellenden Speisen nur zur Hälfte.

Es gibt Schnellkochtöpfe aus Edelstahl, Leichtmetall und Stahlemail. In der Qualität unterscheiden sich die Modelle wenig – dafür aber im Preis um bis zu hundert Prozent. KonsumentInnen können sich daher beim Kauf hauptsächlich am Preis orientieren und sollten sich vergewissern, daß Gummidichtungen und Ventile ohne großen Aufwand nachzubekommen sind.

Die richtige Größe:

- Für Singles und Zweipersonenhaushalte: 3 bis 4,5 Liter.
- Für Vierpersonenhaushalte: 4,5 bis 6 Liter.
- Für Haushalte mit sechs und mehr Personen gibt es 6- bis 10-Liter-Töpfe. Diese werden auch zum Einlegen und Entsaften benötigt.

Zeit- und Energiesparen

Bis zu 70 Prozent der Garzeit kann das Kochen mit dem Schnellkochtopf einsparen.

Wirklich viel Energie läßt sich im Drucktopf nur bei Speisen sparen, die lange zum Garen benötigen. Für eine Mahlzeit für vier Personen werden mit herkömmlichem Geschirr 1,5 Kilowattstunden Strom verbraucht, mit dem Schnellkochtopf höchstens eine Kilowattstunde.

Im Vergleich mit dem Mikrowellengerät gewinnt der Schnellkochtopf mit zunehmender Kochmenge an Vorteil.

Schnellkochen praktisch

Beim Federdruckventil zeigt die Markierung am Gar-Anzeigestift des Ventils an, wenn der

Die Wahl des richtigen Geschirrs

Geschirrart	Mikrowelle	Ober- und Unterhitze	Grill	Umluft	Kombinierter Betrieb
Feuerfestes Glas	+	+	+	+	+
Porzellan	+	–	–	–	–
Glaskeramik	+	+	+	+	+
Keramik	+	+	–	+	+
Ton	–	+	–	+	+
Backformen aus Weißblech	–	+	+	+	+
Papier, Pappe	+	–	–	–	–
Kunststoff hitzebeständig	+	+ bis 200°C	–	+ bis 200°C	+ bis 200°C

nötige Druck erreicht ist. Er wird durch den Druck im Topf nach oben gedrückt. Die meisten Hersteller verwenden Federventile, mit denen unter verschieden hohen Drücken gekocht werden kann. Mit einem zusätzlichen Regler kann die gewünschte Kochstufe eingestellt werden.

Es ist günstig, die Kochstelle rechtzeitig abzuschalten und mit der Nachwärme fertigzugaren. Die Zeit bis zum Druckabfall zählt als Garzeit.

Bei Gerichten mit kurzen Garzeiten sollte der Druck im Topf rasch auf »normal« gesenkt werden:

▶ Durch Betätigen des Öffnungsschiebers oder des Kochreglers oder durch Anheben des Gewichtsventils entweicht der Dampf nach außen.

▶ Durch Abkühlen unter fließendem kaltem Wasser kondensiert der Dampf.

MIKROWELLEN-GESCHIRR

Die Anschaffung von speziellem Mikrowellengeschirr ist meist unnötig. Viele der im Haushalt vorhandenen Gefäße, Platten und Teller sind auch im Mikrowellengerät (> Seite 114) verwendbar. Dazu gehören spülmaschinenfeste Schüsseln und Teller aus Porzellan, Glas, Glaskeramik und Keramik. Sie dürfen aber keine Metallverzierungen aufweisen, weil es sonst in der Mikrowelle zur Funkenbildung kommen kann.

Ein einfacher Test zeigt, ob das Geschirr für das Mikrowellengerät geeignet ist: Das leere Probegefäß sowie ein Glas Wasser ins Gerät stellen und den Mikrowellenherd eine Minute lang auf höchste Leistung schalten (das Glas Wasser sorgt dafür, daß das Mikrowellengerät nicht »leer läuft«). Das Probegefäß ist geeignet, wenn sich der Boden nach dieser Zeitspanne höchstens lauwarm anfühlt. Bei Kunststoffgefäßen sollte dieser Test aber nicht durchgeführt werden: Ungeeignetes Plastik könnte nach dieser Zeit bereits geschmolzen sein.

Deckel und Abdeckhauben dürfen nicht ganz dicht aufsitzen. Zum Abdecken eignen sich auch Teller und Folien, die das Gargut nicht berühren sollten.

▶ Glas- und Keramikgeschirr sollte auch stärkere Temperaturwechsel aushalten können. Steingut muß rundum glasiert sein (auch der Boden), weil das poröse Material Wasser aufnehmen könnte, das sich dann im Mikrowellengerät erhitzt und das Gefäß zum Springen bringen kann.

▶ Unbeschichtete Papp- und Papiergefäße können zum Auftauen von Brot und Gebäck verwendet werden. Zum Garen sind sie nicht geeignet, weil sie sich entzünden können.

▶ Soll in Kunststoffgeschirren gegart werden, muß es bis 200 Grad Celsius hitzebeständig sein. Zum Auftauen oder Erwärmen können auch Tiefkühlbehälter aus Kunststoff verwendet werden, die nur 95 Grad Celsius aushalten. Es gibt Geschirrserien, in denen sowohl eingefroren als auch gegart werden kann. Häufig sind sie mit zwei Deckeln ausgestattet – mit einem dichtschließenden für das Einfrieren und einem lockersitzenden für das Auftauen.

▶ Metallgeschirr ist für das Mikrowellengerät nicht geeignet, weil die Mikrowellen Metalle nicht durchdringen können. Mit Alufolie können aber heikle Lebensmittelteile (Hähnchenbeine) vor dem Überhitzen

Vergleich der Systeme	Garen von 600 Gramm Ragout	im Schnellkochtopf	in der Mikrowelle	im herkömmlichen Topf
	Zeit (in Minuten)	10	50	90
	Energie (in Kilowattstunden)	0,37	0,92	0,43

geschützt werden. Die Folie darf dabei aber nicht zu nahe an die Innenwand des Gerätes geraten, weil es sonst zum Funkenschlag infolge von Spannungsüberschlägen kommen könnte. Spezielle Eier- und Würstchenkocher für das Mikrowellengerät schirmen das Gargut mit Metall ab. Die Strahlen erwärmen lediglich das Wasser. Dadurch wird ein Platzen des Garguts vermieden (> Überdruck, Seite 119).

Bräunungsgeschirr

Weil Mikrowellengeräte (> Seite 114) ohne Zusatzbeheizung keine gleichmäßige Bräunung erzielen, wird im Fachhandel spezielles Bräunungsgeschirr angeboten. Eine Spezialglasur mit Metalloxid bewirkt, daß sich das Geschirr bei Bestrahlung aufheizt. Das leere Bräunungsgeschirr wird fünf bis acht Minuten lang im Gerät bei höchster Einstellung erhitzt und erst dann mit Gargut belegt. Die gespeicherte Hitze reicht allerdings nur zum Bräunen einer Seite. Sollten beide Seiten gebräunt werden, muß man das Bräunungsgeschirr neuerlich leer aufheizen und dann mit dem Gargut belegen.

Der Kauf von Bräunungsgeschirr lohnt nicht. Es ist teuer, aufwendig in der Handhabung, bringt nur mäßige Ergebnisse, benötigt viel Energie und verringert den Zeitgewinn durch die Mikrowelle.

Keramikarten	Kennzeichen	Vorteile	Nachteile
Porzellan	▶ 50% Kaolin, 25% Feldspat, 25% Quarz, bei 900°C und 1300°C zweimal gebrannt, weißer Scherben, am hellen Klang erkennbar.	▶ Dichter Scherben. Kann kein Wasser aufnehmen. Hart, widerstandsfähig, zart durchscheinend.	▶ Muß vor Druck und Stoß geschützt werden. Teuer.
Bone-China-Porzellan, Steinzeug	Zusätzlich Knochenasche beigegeben. Aus weniger wertvollem grauem oder bräunlichem Ton, bei 1200°C gebrannt. Heller Scherben.	▶ Besonders weiß, durchscheinend und glänzend. Hart und widerstandsfähig. Nicht stoß- und schlagempfindlich. Dichter Scherben.	▶ Teuerste Qualität. Nicht durchscheinend. Empfindlich gegen raschen Temperaturwechsel.
Vitro-Porzellan (Vitrous China)	▶ Weißes Feinsteinzeug.	▶ Hohe Bruch- und Kantenfestigkeit. Farbenreiche Unterglasurdekore.	▶ Empfindlich gegen raschen Temperaturwechsel.
Steingut	▶ Zweimal bei 1000°C gebrannt, aus weißem bis gelbem Ton. Am dunklen Klang erkennbar, nicht lichtdurchlässig.	▶ Leichter als Steinzeug. Preiswertes Geschirr, häufig in rustikalen Formen, für Eßgeschirr, Schüsseln, Fondueteller, Milchtöpfe. Weil die Brenntemperatur niedriger ist, kann es bunt bemalt werden.	▶ Poröser, undichter Scherben, stoß- und schlagempfindlich. Dickwandiger als Steinzeug. Bei Temperaturwechsel entstehen Haarrisse.
Irdengut (Töpferware)	▶ Irdengut wird meist auf der Töpferscheibe aus gewöhnlichem Ton geformt und einmal bei 900°C gebrannt.	▶ Farbiger Scherben, für Schalen und Krüge. Glasur macht Gefäße dicht.	▶ Poröser, nicht dichter Scherben. Leicht zerbrechlich, stoß- und schlagempfindlich.

Speisegeschirr

Die Qualität von Porzellan und Keramikgeschirren ist von der Güte des verwendeten Materials und von der Art der Glasur abhängig. Die Glasur wird bei Porzellan mit höheren Temperaturen aufgebrannt als bei Stein- oder Irdengut.

Die bei geringen Temperaturen eingebrannten Glasuren von Steingut enthalten Blei, gelbe bis rote Glasuren zudem das hochgiftige Kadmium. Die Säuren von Sauerkraut, Salatmarinade, Joghurt, Sauermilch, Fruchtsäften, kohlensäurehaltigen Getränken, Kompott und Wein greifen schlecht glasierte Ware an und können Schwermetalle herauslösen. Die giftigen Schwermetalle Blei und Kadmium sind, über die Nahrung aufgenommen, schwer wieder abbaubar und sammeln sich in Leber, Nieren und Knochenmark an. Weißes Geschirr enthält weniger Blei als buntes.

Dekore, die unter der Glasur eingebrannt sind, sind haltbarer als Aufglasurdekore, die erst nachträglich bei nur 800 Grad Celsius eingebrannt werden. Die meisten Dekore auf Steinzeug und Porzellan werden unter oder in die Glasur gebrannt. Geschirre mit Aufglasurdekor – dazu gehören auch die meisten Goldverzierungen – sind nicht spülmaschinenfest und sollten von Hand gereinigt werden. Aufglasurdekore sind spürbar, wenn man mit dem Finger über die Oberfläche streicht. Neuerdings ist auch Geschirr erhältlich, bei dem das Golddekor bei 1200 Grad Celsius eingebrannt wird und dadurch auch dem maschinellen Spülen standhält.

Beim Kauf eines ganzen Speiseservice sollten sich die KäuferInnen vergewissern, daß der Nachkauf von Einzelstücken für einige Jahre garantiert wird.

geeignet – ungeeignet

FÜR GESCHIRRSPÜLER GEEIGNET

▶ Glas: mit der Zeit verlieren alle Gläser ihren Glanz und bekommen Trübungen (> Spülprobleme, Seite 124). Niedrige Spültemperaturen und so wenig Reinigungsmittel wie möglich verzögern die Korrosion.

▶ Porzellan und Keramik mit Unterglasurdekor (> Seite 186).

▶ Härtbare Kunststoffe (Duroplaste): Die Oberfläche kann aber im Lauf der Zeit den Glanz verlieren, bei Geschirrspülern mit Heizkörper im Innenraum nicht in den unteren Geschirrkorb geben.

▶ Holz: Kochlöffel, Schneidbretter, alle einfachen, nicht geleimten Teile aus unbehandeltem Holz.

▶ Besteck: Edelstahl- und moderne Silberbestecke sind uneingeschränkt spülmaschinengeeignet.

▶ Eloxiertes, emailliertes oder lackiertes Aluminiumgeschirr.

▶ Email- und Edelstahlgeschirr.

▶ Gußeisengeschirr mit einer Schutzschicht.

▶ Antihaftbeschichtetes Geschirr. Weil Fett im Geschirrspüler vollständig entfernt wird, die Beschichtung nach der Reinigung mit Speiseöl einfetten.

▶ Kochgeschirr aus feuerfestem Glas und Glaskeramik.

FÜR GESCHIRRSPÜLER NICHT GEEIGNET

▶ Gläser mit Farbdekoren, tief eingeschliffenen Verzierungen und Goldrand. Außerdem mundgeblasene Gläser und solche mit geschliffenem Rand.

▶ Porzellan und Keramik mit Aufglasurdekor (> Seite 186) und nicht deklariert spülmaschinengeeignetem Goldrand.

▶ Nicht härtbare Kunststoffe (Thermoplaste), wenn sie nicht ausdrücklich als »spülmaschinengeeignet« deklariert sind.

▶ Polierte und lackierte Holzgegenstände, Bestecke mit Holzgriffen; kunststoffbeschichtete Küchenbrettchen quellen auf und werden wellig.

▶ Alte Besteckteile, die mit Kitt zusammengefügt sind.

▶ Aluminiumgeschirr ohne spezielle Beschichtung.

▶ Gußeisengeschirr ohne Schutzschicht.

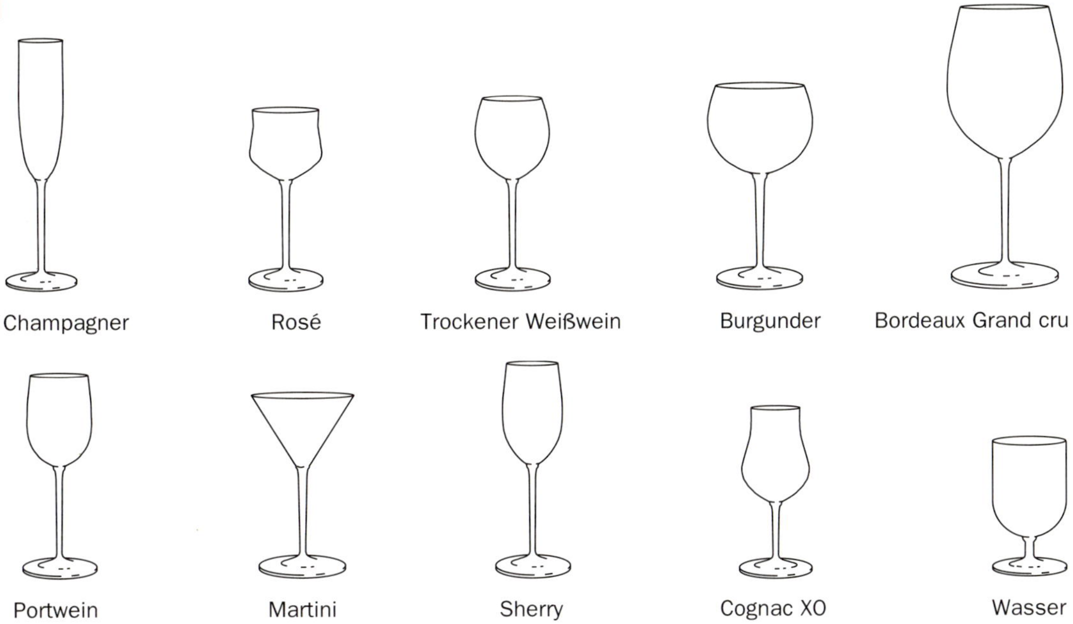

Alle keramischen Werkstoffe bestehen hauptsächlich aus Ton oder Kaolin (Porzellanerde), Feldspat und Quarz. Je nach der Feinheit des Materials und der Art der Verarbeitung werden daraus Irdengut oder Tonware, Steingut, Steinzeug und Porzellan hergestellt (> Keramikarten, Seite 185).

Je härter und je weniger porös der »Scherben« ist, desto haltbarer ist das Material. »Scherben« wird die geformte und gebrannte Tonmasse genannt. Je poröser diese ist, desto weniger hart und stoßfest ist das Geschirr.

Trinkgläser

Glas besticht durch seine vollkommene Transparenz, seine Glätte, die typische Lichtbrechung und die Möglichkeit der effektvollen Überlagerung von Farben. Es ist leicht zu reinigen und nimmt auch nach langem Gebrauch weder Geruch noch Geschmack an. Säuren (außer Flußsäure) und Laugen können ihm nichts anhaben. Glas ist hart, aber leicht zerbrechlich. Weil es Wärme schlecht leitet, ist es gegen Temperaturunterschiede empfindlich.

Gute mundgeblasene Gläser sind am hellen Klang erkennbar. Der geschliffene Rand sollte vollkommen glatt sein, wenn mit dem Finger darübergestrichen wird. Gläser sollten vorsichtig von Hand gespült und mit einem nichtfasernden Tuch getrocknet und poliert werden. Kurz vor dem Gebrauch gute Gläser noch einmal trocken wischen.

Luftblasen im Glas deuten auf zweite Wahl hin – für den Alltag ist es aber gut zu gebrauchen. Besonders reiche Musterung kann blasiges Glas verdecken.

Billige Massenware aus Preßglas ist meist dickwandiger, hat einen wulstigen Rand und kann ohne Bedenken in der Maschine gespült werden.

Glas ist eine Schmelze von Quarzsand, Kalk (Marmor oder Kreide) und Natron oder Kali (Soda oder Pottasche). Wird Soda durch Pottasche ersetzt, entsteht das höherschmelzende Kaliglas (böhmisches Glas), ein dünnes, klingendes und sehr reines Kristallglas für gute Gläser. Wird Soda durch Bleimonoxid ersetzt, entsteht dickes, schweres und weiches Bleiglas mit hohem Lichtbrechungsvermögen, das sich sehr gut schleifen läßt (Bleikristallglas).

Das Zusammenschmelzen erfolgt im Glasofen bei 1500 Grad Celsius.

Trinkgläser können auf verschiedene Art verziert werden:

▶ Preßmuster entstehen beim Formen.

▶ Schleifen mit Sandsteinscheiben. Manchmal werden vorgepreßte Muster nur nachgeschliffen. Bei Bleikristall muß dies angegeben sein. Es ist gekennzeichnet als »handgeschliffen«, »nachgeschliffen« oder »gepreßt«.

▶ Gravur: Mit einem zarten Kupferrädchen werden feine Linien eingeschnitten.

▶ Mattierung kann durch Sandblastechnik oder Ätzen mit Flußsäure entstehen.

▶ Färben des Glases durch Schwermetalloxide: Eisen ergibt grünes oder braunes Flaschenglas, Kupfer blaugrünes oder rotes, Kobalt blaues, Chrom grünes bis gelbes Glas und Rubinglas enthält Gold.

▶ Farbdekore auf Gläsern sind grundsätzlich in Aufglasurtechnik angebracht.

▶ Golddekore: Glanzgold bildet auf preiswerten Gläsern nach dem Auftragen eine sehr dünne Schicht. Poliergold (metallisches Gold) bildet eine dickere Auflage und ist deshalb widerstandsfähiger.

Für verschiedene Arten von Getränken sind unterschiedliche Formen erhältlich. Wer Spaß an stilvollem Genießen hat, kann unter vielen verschiedenen Glasformen wählen. Meist werden aber einige wenige Gläser genügen: Rot- und Weißweinglas, Biertulpe, Sektflöte und Wasserglas.

Essbestecke

Ein gutes Eßbesteck sollte nicht nur funktionell, sondern auch dekoratives Element eines schön gedeckten Tisches sein.

Die meisten Haushaltsbestecke sind aus Stahl gefertigt. Edelstahl rostfrei ist ein korrosions- und anlaufbeständiger, geruchs- und geschmacksneutraler Werkstoff.

Für besondere Anlässe sind auch versilberte, aus gediegenem Silber gefertigte oder vergoldete Bestecke erhältlich.

Stahlbestecke

Stahlbestecke können aus Chrom- und/oder Chromnickelstahl gefertigt sein.

Für alle nichtschneidenden Teile eines hochwertigen Besteckes wird Chromnickelstahl mit acht oder zehnprozentigem Nickelanteil (Edelstahl 18/10 oder 18/8) verwendet. Nur die Messerklinge sollte aus gehärtetem Chromstahl sein, weil Chromnickelstahl zu weich für bleibende Schärfe ist (> Stahl ist nicht gleich Stahl, Seite 188).

Bei vielen Bestecken ist eine feine Schweißnaht zwischen Heft und Klinge sichtbar – ein Zeichen dafür, daß die beiden Messerteile aus verschiedenen Werkstoffen gefertigt und zusammengefügt sind. Es gibt aber auch Techniken, mit denen die beiden

Stahl ist nicht gleich Stahl

Stahlbesteck aus:	Eigenschaften	Vorteile	Nachteile
Chromstahl (enthält 12 bis 18 Prozent Chrom)	▶ Magnetisch. Wenn sorgfältig verarbeitet, gute Bestecke für den Alltag.	▶ Besonders hart, deshalb für Messerklingen besonders geeignet.	▶ Rostet durch Einwirkung intensiver Speisesäuren, Bezeichung »rostfrei« eigentlich irreführend.
Chromnickelstahl (Edelstahl 18/10 oder 18/8) (> Seite 188)	▶ Nicht magnetisch, hoch glänzend durch Mangan in der Legierung. Hochwertige Bestecke, nur die Messerklingen sollten aus Chromstahl bestehen.	▶ Gegenüber Säuren unempfindlicher als Chromstahl; besonders widerstandsfähig gegen Korrosion.	▶ Für Messerklingen zu weich, werden trotz Wellenschliffs rasch stumpf. Material hinterläßt graue Striche auf Porzellan.

Teile ohne sichtbare Naht verschweißt werden können. Dann zeigen nur die magnetischen Eigenschaften an, welche Materialien verarbeitet wurden.

Checkliste für den Kauf

Sichtbare Verarbeitungsfehler können sein:
▶ Scharfe Gratreste vom Stanzen. An diesen Stellen besteht Verletzungsgefahr.
▶ Bei der Gabel ein kantiger Übergang von Zinke zu Zinke. Dieser zeugt von mangelnder Sorgfalt und läßt sich schlechter reinigen.
▶ Dünnes Material bei gestanzten Gabeln und Löffeln, das sich bei Belastung leicht durchbiegt.
▶ Unsauber verschliffene Ränder. Läßt sich überprüfen, indem man mit dem Finger entlang der Löffel- und Gabelränder fährt.
▶ Ein zu großer Spalt zwischen Heft und Klinge, in dem sich Schmutz ansammeln kann.

Besteckpflege

Bald nach dem Essen von Hand gereinigtes Besteck kann nicht korrodieren.
Probleme kann es geben, wenn beschmutztes Besteck bis zum nächsten Spülgang längere Zeit in der Maschine bleibt. Saure Speisereste, wie Obstsäuren und Senf, können regenbogenfarbene Flecken verursachen, die aber mit einem Metallreiniger wieder entfernt werden können. Schlimmere Schäden können durch aggressive Reiniger und hohe Spültemperaturen entstehen. Erste Angriffe auf das Metall zeigen sich durch Lochfraß: punktförmige Rostangriffe, die nicht entfernbar sind.
Für jede Art von Besteck ist die Aufbewahrung im Besteckeinbau schonender als in Besteckkästen, wo sie durch das Übereinanderlegen zerkratzt werden können.
Neue Silber-, versilberte oder vergoldete Bestecke können im Geschirrspülgerät (> Seite 120) gereinigt werden. Besonders schonend werden heikle Bestecke in Geschirrspülern mit Besteckschubladen gereinigt. Bei älteren Silbermessern sind die Klingen mit einem Kitt im Heft verklebt, der sich in der Spülmaschine auswaschen kann. Sie sollten nicht maschinell gespült werden.
Angelaufenes Silber wird mit einem Silberputzmittel wieder hellglänzend. Eine bewährte Blitzmethode: Etwas Alufolie ins Spülbecken legen, Salz und heißes Wasser darauf und Silberbesteck einlegen. Nach einigen Minuten Besteck abspülen und abtrocknen.

Versilberte und vergoldete Bestecke

Auf ein Neusilber- (Alpaka, aus 65 Prozent Kupfer, 23 Prozent Zink und 12 Prozent Nickel) oder Edelstahlbesteck wird eine dünne, sehr haltbare Schicht Silber oder Gold aufgebracht. Es gibt sehr unterschiedliche Qualitäten. Gutes versilbertes Besteck trägt einen Stempelaufdruck mit einer Zahl und ist sehr lange haltbar.

Der Stempelaufdruck »90« oder »100« bedeutet, daß auf 24 Besteckteile 90 oder 100 Gramm Silber aufgetragen worden sind.

Eine Vergoldung kann auf Edelstahl- oder Silberbestecke aufgebracht werden. Sie ist sehr widerstandsfähig und läuft nicht an. Je nach dem Goldgehalt der Legierung wird sie gekennzeichnet: 333 (entspricht 8 Karat), 585 (14 Karat) oder 750 (18 Karat) Teile Gold auf 1000 Teile.

Silberbestecke

Die meisten Silberbestecke bestehen aus einer Legierung mit 800 oder 835 Teilen auf 1000 Teile Silber. Sterlingsilber wird die Legierung aus 925 Teilen Silber bezeichnet, das einen um 25 Prozent höheren Preis hat als 800er Silber.

Das für Bestecke schon seit vielen Jahrhunderten geschätzte Material hat den Nachteil, daß es leicht anläuft und dadurch matt und fleckig wird. Silber, das mit Lebensmitteln in Kontakt kommt, wird nicht mit einem Anlaufschutzlack versehen.

LEBENS-
MITTEL

Warenkunde

Einkauf

Lagerung

Zubereitung

Gesundheit

Gut und gesund essen

Getreide und Mahlprodukte

Gemüse

Hülsenfrüchte

Kartoffeln

Pilze

Obst und Nüsse

Milch und Milchprodukte

Eier

Fleisch

Fische und Krustentiere

Fette und Öle

Alles, was süss macht

Alkoholfreie Getränke

Kaffee, Kakao und Tee

Alkoholische Getränke

Würzmittel und Gewürze

Fertiggerichte

GUT UND GESUND ESSEN

Gesunde Ernährung kann durchaus gut schmecken, sie soll es auch. Um mit Lust und Vernunft zu essen, muß man freilich mit ein paar Klischees aufräumen. Außerdem gibt es zur Auswahl, Zusammenstellung und Zubereitung ausgewogener Kost einige Grundregeln, die jeder kennen sollte.

»Was gut schmeckt, kann nicht gesund sein.« Dieser Glaube ist ebenso tief verwurzelt wie die Abneigung gegen Spinat oder Rote-Bete-Salat, die viele Kinder essen müssen, »weil sie so gesund sind.« Die meisten Kochbücher ignorieren dieses Vorurteil und konzentrieren sich auf die Gaumenfreuden.

Aber auch die konservativen Ernährungswissenschaftler machen es in der Regel falsch, sie reduzieren Essen auf Ernährung: Für sie sind eine bestimmte Menge an Vitaminen und Mineralstoffen nötig, aus, basta. Die Ernährung sollte zu 55 Prozent aus Kohlenhydraten bestehen, die Fette dagegen dürften nur »30 Prozent der Energiezufuhr« ausmachen. Daß sich solche Angaben in der Küchenpraxis nicht umsetzen lassen, scheint ihnen ebenso gleichgültig zu sein wie der Umstand, daß das Essen auch schmecken soll.

Dabei ist es gar nicht richtig, daß eine gesundheitlich wertvolle Kost weniger gut schmecken muß: Alles, was gut schmeckt, ist auch gesund – sofern die Menge stimmt. Umgekehrt macht nichts krank, weder eine Speckschwarte noch der Schnaps – wenn nur das rechte Maß nicht überschritten wird.

Genausowenig gibt es ein Lebensmittel, das für sich alleine »gesund« wäre. Es kommt vielmehr darauf an, was wir in Summe essen und trinken. Dafür ist die praktisch sinnvollste Richtschnur: Vielseitig und mit Maß genießen.

Die zahllosen in Büchern und Zeitschriften angepriesenen Diätkuren sind nur scheinbar ein Ausweg – denn die meisten von ihnen empfehlen eine einseitige Kost. Aber niemandem gelingt es, auf Dauer nur Brot oder nur Fleisch oder nur Sauerkraut zu essen. Solche Ratschläge mögen zwar einfach klingen und sind meist mit tollen Versprechungen garniert – auf die Dauer sind sie wirkungslos.

ESSEN UND TRINKEN IST MEHR ALS ERNÄHRUNG

»Von jedem etwas und alles in Maßen« – diese Alternative hat den Vorzug, daß sie die Lust am Essen erhält. Denn Essen und Trin-

ken sind viel mehr als das bloße Schlucken von Nährstoffen in »bedarfsgerechten Mengen«, wie uns die Ernährungswissenschaftler vorschreiben. Würden wir uns darauf beschränken, könnten wir uns die Mühe des Einkaufens und Zubereitens sparen und nur genau abgewogene Tabletten und Konzentrate zu uns nehmen – für jeden Gourmet eine grauenhafte Vorstellung.

Essen und Trinken sollten nicht nur den Körper, sondern auch den Geist und die Seele ansprechen. Sie können das Wohlbefinden steigern (oder auch das Gegenteil tun). In jedem Kulturkreis sind gemeinsame Mahlzeiten zudem der Mittelpunkt in den Beziehungen von Familie und Freundeskreis.

Geschmack versus Bekömmlichkeit

Wie unterschiedlich unsere Assoziationen zu den Begriffen Ernährung einerseits und Essen und Trinken andererseits sind, belegt eine umfangreiche Befragung: Beim Essen legt fast die Hälfte der Deutschen vor allem Wert auf den Geschmack. Dagegen landen Gesundheit, Bekömmlichkeit, gemütliche Atmosphäre und Sattwerden mit durchschnittlich rund zehn Prozent der Nennungen abgeschlagen auf den hinteren Plätzen.

Ganz anders bei der Frage nach der Ernährung. Auch hier führt zwar nach wie vor der gute Geschmack, allerdings nur noch knapp halb so oft genannt. Es folgen dann aber Begriffe wie fettarm, vitaminreich, nicht dickmachend, vollwertig und ballaststoffreich. Diese Schlagwörter hat jedermann oft und oft gelesen, man weiß auch ungefähr, was gemeint ist. Aber die Begriffe werden nicht mit Leben erfüllt, weil viele Menschen nur geringe oder gar unzutreffende Vorstellungen haben, welche Lebensmittel fettarm, vitaminreich und ballaststoffreich sind. So gelten beispielsweise Kartoffeln als Dickmacher – sind es aber nicht (> Seite 264).

Essen und Trinken sprechen also vorwiegend den Bauch und die Gefühle an, Ernährung dagegen zielt auf den Verstand. Nur wenn man beides verbinden kann, wird daraus gutes und gesundes Essen. Und weil es ständig mehr eßbare Waren und immer wieder neue Lebensmittel gibt, wird ein bißchen Köpfchen bei der Auswahl und Zubereitung immer wichtiger. Der Instinkt allein genügt nicht; in Zeiten des Mangels mag er ausreichen, heute ist er überfordert. In den Kapiteln der Warenkunde sind dazu alle praktisch wichtigen Ratschläge zu finden.

Vielseitig, aber nicht zuviel

Es gibt kein einzelnes Lebensmittel, das so optimal zusammengesetzt ist, daß man sich ausschließlich davon ausreichend ernähren könnte. Die einzige Ausnahme ist – wenngleich nur für einen kurzen Zeitraum – die Muttermilch. Sie enthält für Neugeborene alle Nährstoffe in ausgewogener Mischung, muß aber schon bald mit Beikost ergänzt werden, um Mängel zu verhüten.

Auch in jedem anderen Lebensabschnitt bewirkt einseitiges Essen über einen längeren Zeitraum immer einen Mangel. Dabei kommt es nicht darauf an, welches Lebensmittel bevorzugt wird: Ausschließlich Fleisch zu essen ist ebenso ungesund wie nur Getreide, nur Milch oder nur rohes Gemüse (> Seite 224).

Um den täglichen Speiseplan exakt auf die Bedarfsdeckung mit allen notwendigen Nährstoffen abzustimmen, wären umfangreiche Berechnungen erforderlich. Aber in der Praxis geht es auch viel einfacher: Man teilt die Lebensmittel gedanklich in Gruppen. Am wichtigsten sind die drei Gruppen pflanzlicher Lebensmittel:

- ▶ Getreide, Getreideprodukte und Kartoffeln,
- ▶ Gemüse und Hülsenfrüchte sowie
- ▶ Obst.

Das restliche Sortiment besteht aus den Gruppen Getränke, Milch und Milchprodukte, Fleisch, Fisch und Eier sowie Fette und Öle.

Gut und gesund essen

Als Grundregel gilt dann: Täglich sollten mehrere Lebensmittel aus jeder Gruppe verzehrt werden, mit einem Schwergewicht auf den pflanzlichen Produkten. Je mehr Abwechslung innerhalb der einzelnen Gruppen, desto besser.

Wieviel im Einzelfall notwendig ist, steht in keiner Tabelle – es reicht ein Blick auf die Waage. Weder Übergewicht noch Untergewicht sind gesundheitlich empfehlenswert. Als Richtschnur gilt das Normalgewicht in Kilogramm – es entspricht der Körpergröße in Zentimetern minus 100. Das Normalgewicht bei einer Größe von 175 Zentimetern beträgt demnach 75 Kilogramm.

Auch die Zubereitung der Lebensmittel sollte nicht immer dieselbe sein. Vor allem ist wichtig, mit Fett sparsam umzugehen. Also nicht abwechselnd Pommes frites, Kroketten und Bratkartoffeln als Beilage reichen, sondern einmal Salzkartoffeln, dann Naturreis oder Pellkartoffeln. Und wenn die Kinder unbedingt Pommes frites wollen, dann gibt es schließlich auch fettarme Varianten der Zubereitung (> Seite 198).

Energie tanken

Wir kaufen Lebensmittel – und nicht Nährstoffe oder gar Energie ein. Dennoch kann der Bedarf nur an letzteren angegeben werden, denn die Vielzahl an Lebensmitteln würde Empfehlungen, die über bloße Anhaltspunkte hinausgehen, unmöglich machen.

Der Mensch braucht Energie: Sie ist der Motor unseres Stoffwechsels, ohne sie entfalten die Muskeln keine Kraft. Die Höhe des Energiebedarfs, gemessen in Kalorien oder Joule, hängt von zahlreichen Faktoren ab – der Vererbung, dem Alter, dem Geschlecht und vor allem der körperlichen Bewegung.

Unser Alter können wir aber ebensowenig beeinflussen wie unsere Gene. Dagegen kann jeder Sport betreiben, so viel die Freizeit hergibt – oder aber den ganzen Abend untätig vor dem Fernsehapparat sitzen.

Kalorien-Richtwerte

Zum Energiebedarf gibt es folgende Richtwerte: Ein männlicher Durchschnittserwachsener mit leichter körperlicher Tätigkeit braucht etwa 2.600 Kilokalorien pro Tag, eine Durchschnittsfrau nur 2.200 kcal (in erster Linie, weil sie im Mittel weniger wiegt). Zu diesen Werten rechnet man »Zuschläge« je nach Schwere der Arbeit: 600 kcal für eine aktive Verkäuferin oder einen Autoschlosser (man zählt sie zu den Mittelschwerarbeitern), 1200 kcal für Schwerarbeiter wie Maurer oder Zimmerleute und 1600 kcal für Waldarbeiter, Hochofenarbeiter und Hochleistungssportler.

Den höchsten Energiebedarf von allen Al-

Beispiel für eine abwechslungsreiche Auswahl von Lebensmitteln

Lebensmittelgruppe	Empfehlung
Getreide, Getreideprodukte, Kartoffeln	5–7 Scheiben Brot (200-350 g) 1 Portion Reis oder Nudeln (75–90 g roh, 150–200 g gekocht) oder 1 Portion Kartoffeln (4-5 mittelgroße)
Gemüse, Hülsenfrüchte	mindestens 200 g Gemüse und 75 g Salat
Obst	mindestens 1–2 Stück oder 200–250 g
Getränk	1 1/2 l Flüssigkeit
Milch, Milchprodukte	1/4 l Milch und 2 Scheiben Käse
Fisch, Fleisch, Wurst und Eier	sollten nicht täglich gegessen werden: pro Woche genügen eine Portion Fisch (à 150 g), drei Portionen Fleisch oder Wurst (max. 150 g) und drei bis vier Eier

tersgruppen haben Jugendliche. Je älter wir werden, um so niedriger ist der durchschnittliche Energiebedarf.

Alle Energieangaben können aber nur Anhaltspunkte geben, denn die individuellen Schwankungen sind groß. Wichtiger als alle Tabellen und Zahlen – und viel praktischer in der Durchführung – ist deshalb regelmäßiges Wiegen. Wer ständig zunimmt, ißt und trinkt zuviel – gleichgültig, ob der ermittelte Energieverbrauch mit irgendwelchen Tabellenwerten übereinstimmt oder nicht.

Zu den Rezepten in diesem Buch wird auch der Energiegehalt angegeben (> ab Seite 584); auf diese Weise kann jeder seinen Speiseplan individuell zusammenstellen.

Essen im Dreistundentakt

Der Streß im täglichen Berufsleben nimmt laufend zu. Man hat kaum mehr Zeit zum Mittagessen, allenfalls wird rasch ein Brötchen oder eine Wurst heruntergeschlungen. Zum Ausgleich völlert man dann abends, was das Zeug hält.

Wenige große und fette Hauptmahlzeiten belasten aber die Verdauungsorgane. Ölsardinen oder ein fetter Schweinebraten können bis zu acht Stunden im Magen liegen.

Besser ist das Essen im Dreistundentakt, das bedeutet: Kleinere Portionen zu den Hauptmahlzeiten und zusätzlich jeweils eine Kleinigkeit am Vormittag und Nachmittag. Zwischenmahlzeiten nennen Ernährungswissenschaftler diese Snacks, die nur etwa zehn bis fünfzehn Prozent der täglichen Energiemenge liefern sollen. Üppige Sahnetorten und fette Bratwurst sind nicht gemeint – sondern ein Stück Obst, ein Becher Joghurt oder ein Müsli-Riegel, ein Milchmixgetränk, Fruchtsaft, ein kleines Stück Kuchen, eine Tasse Suppe oder ein mit magerem Aufschnitt belegtes Brot.

Kein Mensch ist von morgens bis abends in Hochform. Seine Leistungsfähigkeit unterliegt vielmehr einem Biorhythmus: Vormittags steigt sie an, fällt am Mittag in ein Tief und nimmt im Verlauf des Nachmittags und frühen Abends wieder zu. Wenn es auch individuelle Schwankungen dieser Kurve gibt, so läßt sich diese Gesetzmäßigkeit prinzipiell sowohl bei Morgenmenschen als auch bei Morgenmuffeln feststellen.

Mehrere kleinere Mahlzeiten am Tag beeinflussen den Biorhythmus positiv. Denn sie sorgen für eine gleichmäßige Zufuhr von Blutzucker, und das ist eine der wichtigsten Voraussetzungen für gutes Konzentrationsvermögen. Am besten wirkt ein kleiner Energienachschub auf dem Leistungsgipfel, denn der bremst die Talfahrt ab.

Auch wer mit Übergewicht zu kämpfen hat, ist mit der Regel »Weniger essen, dafür öfter« gut beraten. Heißhunger kommt so gar nicht erst auf, und die Anfälligkeit gegenüber kalorienreichen »Gelüsten« und Naschen beim Kochen läßt sich leichter zügeln. Große Portionen dagegen trainieren den Körper, den Energieüberschuß in den Fettdepots zu lagern, und vergrößern damit das Gewichtsproblem.

Ständiges Essen zwischendurch ist freilich genausowenig empfehlenswert wie jeden Abend ein opulentes Fünf-Gänge-Menü. Wer dauernd irgend etwas im Mund hat, verliert das Gefühl, »satt« zu sein. Unkontrolliertes Essen liefert oft mehr Kalorien als eine Hauptmahlzeit, selbst dann, wenn man subjektiv meint, »nichts Richtiges« gegessen zu haben.

Mehr Vollkornprodukte

Die Müller wurden gefeiert, als es ihnen gelang, aus Getreide feines weißes Mehl herzustellen (> Seite 202). Denn es ist nicht nur für alle Brot- und Kuchenarten geeignet, sondern auch fast unbegrenzt haltbar.

Gut und gesund essen

Dieser technische Fortschritt hat Schattenseiten: Die Nachfrage nach Lebensmitteln aus dem vollen Korn ging stark zurück und damit auch die Versorgung mit wertvollen Inhaltsstoffen, wie Vitamin B1, Stärke, pflanzlichem Eiweiß, Ballast- und einigen Mineralstoffen. Denn einige von ihnen stecken bevorzugt in den Randschichten des Getreidekorns, die bei der Herstellung von weißem Mehl abgetrennt werden.

Gleichzeitig sank auch das Image von Brot und mit ihm der Verbrauch. Fleisch, Wurst, Käse und Eier verdrängten das Brot. Die Folge: mehr Fett, Cholesterin und tierisches Eiweiß, als dem Körper guttut.

Vorteile von Vollkornprodukten

Eines der wichtigsten Argumente für ganze Körner ist ihr hoher Gehalt an Ballaststoffen. Getreide ist mit Abstand der bedeutendste Lieferant. Ballaststoffe sind zwar für den Menschen unverdaulich, sie erfüllen gleichwohl wichtige Aufgaben: Sie

- **regen zum Kauen an und verhindern zu schnelles Essen,**
- **sättigen anhaltender, weil sie – im positiven Sinne – länger im Magen liegen, und**
- **quellen mit viel Flüssigkeit im Darm auf, beschleunigen dadurch die Verdauung, verhindern Verstopfung und vermutlich auch bösartige Darmerkrankungen.**

Zu einem gesunden und schmackhaften Speiseplan gehören also:

- **Täglich Brot, am besten aus dem vollen Korn gebacken (> Seite 214),**
- **Vollkornmehl statt weißem Mehl (> Seite 212) für Kuchen, Backwaren und zum Kochen in der Küche,**
- **Vollkornnudeln statt heller Teigwaren,**
- **Naturreis statt weißem Reis (> Seite 210),**
- **öfter ein Müsli aus Vollkornflocken oder geschrotetem eingeweichtem Getreide zum Frühstück oder als Zwischenmahlzeit (> Seite 219),**
- **mehr Mut zu wiederentdeckten Getreidegerichten, etwa aus Grünkern (> Seite 449), Hirse (> Seite 208), Hafer (> Seite 207) oder auch Buchweizen (> Seite 206).**

Reichlich Gemüse, Kartoffeln und Obst

Weil Fleisch in der Wertschätzung der Lebensmittel ganz oben steht, werden automatisch die billigen Kartoffeln, das Gemüse und das Obst an den Tellerrand gedrängt.

Aber gerade die bunte Vielfalt aus dem Obst- und Gemüsekorb, ergänzt durch die Palette der – zu Unrecht fast vergessenen – Hülsenfrüchte, ermöglicht erst eine schöne Abwechslung in Geschmack, Farbe und Form der Speisen. Außerdem enthalten Gemüse, Kartoffeln und Obst zahlreiche Vitamine und Mineralstoffe, vor allem Vitamin C, Folsäure und Kalium. Diese Wirkstoffe sind in Fleisch, Fisch und Eiern gar nicht oder nur in geringer Menge enthalten. Obendrein sind Kartoffeln und Gemüse vorteilhaft, weil sie sehr nährstoffreich, gleichzeitig aber fett- und damit kalorienarm sind. Solche Lebensmittel sind bei niedrigem Energieverbrauch (wenig körperliche Arbeit, viel Sitzen und hohe Anforderungen an die Konzentration) notwendig, um die Versorgung mit allen Nährstoffen zu sichern. Außerdem sättigen sie gut und liefern wichtige Ballaststoffe.

Beilage Fleisch

Kartoffeln und Gemüse können ohne geschmackliche Einschränkungen das Hauptgewicht einer Mahlzeit bilden, eine kleine Portion Fleisch kann zur »Beilage« werden: Pro Tag sollte ein Erwachsener mindestens 200 Gramm Gemüse, eine etwa ebenso schwere Portion Kartoffeln (oder Reis oder Nudeln) sowie ebensoviel Obst essen. In der Praxis kommt oft weniger auf den Teller: Ein richtiges Steak hat 200 bis 250 Gramm, das Gemüse dazu wiegt meist nicht mal die Hälfte. Aber ein kleines, saftiges Medaillon vom Rindsfilet mit 100 Gramm tut's auch, zumal eine doppelt so schwere

Beilage aus Gemüse und Kartoffeln nachhaltiger sättigt.

Das breite Angebot an Obst und Gemüse muß nur entsprechend genutzt werden (> Rezepte ab Seite 488). Allzuoft erschöpft sich das Repertoire, besonders beim Gemüse, in wenigen, immer wiederkehrenden Arten. Langeweile beim Essen ist die Folge, und wenig später wird Gemüse überhaupt abgelehnt.

Nicht im Fett schwimmen

Zuviel Fett im Essen ist unser größtes Ernährungsproblem. Mit 70 bis 80 Gramm am Tag kommt ein Erwachsener aus bei leichter körperlicher Tätigkeit, wie sie heute die Regel ist. Tatsächlich werden aber zwischen 95 und 125 Gramm Fett gegessen. Das sind im Durchschnitt 40 Gramm zuviel. 40 Gramm Fette stecken in 90 Gramm Salami, 130 Gramm Emmentaler oder vier Eßlöffel Öl.

Mit zunehmendem Alter wird das Verhältnis zwischen Ist und Soll immer schlechter: Laut Statistik essen die 65jährigen doppelt soviel Fett wie nötig wäre.

Bei derart großen Diskrepanzen ist klar, daß Abhilfe nicht bloß durch weniger Butter oder Margarine auf dem Brot zu schaffen ist. Man muß beim sichtbaren und beim sogenannten versteckten Fett gleichzeitig ansetzen. Beim sichtbaren Fett ist das Sparen relativ einfach, denn jedermann sieht, ob er Brote dick streicht, viel Öl zum Braten verwendet, häufig fritiert oder reichlich Butter zum Gemüse gibt. Das sichtbare Fett macht aber nicht einmal ein Drittel des gesamten Fettverzehrs aus.

Verstecktes Fett

Wichtiger ist deshalb das Fett, das sich in Fleisch- und Wurstwaren sowie fetten Milchprodukten »versteckt«. Sehr fette pflanzliche Produkte wie Nüsse und Kartoffelchips spielen dagegen eine geringere Rolle. Auch in vielen Süßigkeiten und Kuchen kommen neben Zucker größere Mengen Fett vor und sorgen für geballte Kalorienladungen.

Mit Fett sparsam umgehen heißt also in der Praxis:

- Fettreiche Süßigkeiten und Knabbereien in Maßen genießen. Magere Wurstarten, Schinken, fettarme Käsesorten, Quark, Milch und Joghurt bevorzugen. Die Fettgehalte von Milchprodukten sind auf der Verpackung stets angegeben, bei Wurstwaren sollte man den Verkäufer fragen oder auf die oft ausgehängten Informationsplakate achten.
- Fettarme Zubereitungsmethoden wählen: Dünsten, Dämpfen und Grillen (> ab Seite 444), Braten in beschichteten Pfannen oder ohne Fettzugabe im Backofen oder im Bräter (> Seite 179). Gemüse ohne Fett dünsten und erst am Ende der Garzeit etwas Fett zum Abschmecken hinzugeben. Nur selten fritieren und panieren, denn dabei werden auch die magersten Lebensmittel fettreich.
- Saucen und Suppen vor dem Essen durch Abschöpfen entfetten (das Fett einer Suppe kann man auch an der Oberfläche mit einer Serviette abtupfen); Salatsaucen mit Joghurt, saurer Sahne oder wenig Öl anmachen. Mayonnaise mit Joghurt leichter machen.
- Butter und Margarine nur dünn aufs Brot streichen. Eventuell Halbfettprodukte nehmen (> Seite 386). Sogenannte »fettreduzierte« Produkte sind aber kein Allheilmittel (> Seite 386).

Eiweiss richtig kombinieren

Eiweiß, auch Protein genannt, ist der wichtigste Aufbaustoff des Körpers. In allen Zellen, Muskeln, in den meisten Hormonen und Enzymen und vielen anderen Substanzen im Stoffwechsel kommt er vor. Das Eiweiß der Lebensmittel wird von Magen und Darm in seine Bausteine zerlegt (Fachausdruck: Aminosäuren). Aus ihnen baut der Organismus dann die Vielfalt der menschlichen Eiweißsubstanzen auf.

Die wichtigsten Eiweißlieferanten vom Tier sind Fleisch, Milchprodukte, Fisch und natürlich auch Eier.

Bei den pflanzlichen Lebensmitteln stehen Brot und andere Getreideprodukte an der Spitze, gefolgt von Kartoffeln, Hülsenfrüchten und einigen Gemüsearten. Gerechnet auf hundert Gramm enthalten sie aber in der Regel weniger Eiweiß als tierische Produkte, und ihr Eiweiß ist auch nicht ganz so hochwertig.

Vor diesem Hintergrund scheint nicht sofort einsichtig, wieso die Ernährungswissenschaftler mehr pflanzliches Eiweiß empfehlen. Das läßt sich aber dadurch erklären, daß Gemüse, Obst und Hülsenfrüchte viele Vitamine, Mineralstoffe und Ballaststoffe sowie – anders als die meisten tierischen Lebensmittel – nur wenig Fett, kein Cholesterin und weniger Purine enthalten (Purine sind Substanzen, die Gicht auslösen können).

Die weit verbreitete Angst um eine ausreichende Versorgung mit Eiweiß stammt noch aus Zeiten, in denen Hunger ein tägliches Thema war. Heute ist sie, zumindest in Mitteleuropa, völlig unbegründet. Denn mit 50 bis 60 Gramm Eiweiß am Tag ist ein Erwachsener ausreichend versorgt. Durchschnittlich essen wir aber zwischen 80 und 100 Gramm, also fast das Doppelte. Eine ausreichende Eiweißmenge ist schon enthalten in vier Scheiben Brot, ein bis zwei Scheiben Käse, einem Viertelliter Milch plus hundert Gramm Fleisch.

Wie immer beim Essen kommt es auch bei der Eiweißversorgung auf die richtige Mischung an. Pflanzliche und tierische Lebensmittel ergänzen einander, die Eiweißqualität vor allem der Pflanzen wird dadurch besser: Einige ganz einfache Gerichte mit sehr günstiger Eiweißzusammensetzung:

- ▶ Pellkartoffeln mit Quark,
- ▶ Kartoffeln mit Rührei,
- ▶ Müsli aus Getreideflocken mit Milch, Joghurt oder Dickmilch,
- ▶ Vollkornbrot mit Käse,
- ▶ Getreidebratlinge, Linseneintopf mit Brot,
- ▶ Bohnensuppe mit Quarkdessert,
- ▶ Pfannkuchen mit Salat.

Viel trinken, aber das Richtige

Nur drei bis vier Tage hält der Mensch ohne zu trinken aus, hungern können wir je nach Fettreserven wochen- oder gar monatelang. Wasser hält den Flüssigkeitshaushalt aufrecht, verteilt alle Nährstoffe gleichmäßig bis in den kleinsten Winkel aller Gefäße, scheidet die Endprodukte des Stoffwechsels aus, reguliert die Temperatur und bildet den wichtigsten Baustoff unseres Körpers.

Jeder Erwachsene braucht mindestens ein bis eineinhalb Liter Flüssigkeit pro Tag. Bei großer Hitze, starker Anstrengung und fiebrigen Erkrankungen ist sogar die doppelte Menge notwendig. Der Durst ist für den Bedarf aber kein zuverlässiges Signal. Selbst wenn er völlig ausbleibt, sollte man trinken. Das gilt mit zunehmendem Alter ganz besonders, denn dann läßt das Durstgefühl nach, die notwendige Flüssigkeitsmenge nimmt aber sogar noch zu. Auch beim Bergwandern oder bei längeren Flügen hat man oft keinen Durst, obwohl man sehr viel Wasser braucht.

Als Durstlöscher am besten geeignet sind kalorienfreie Getränke, denn sie sind auch in größeren Mengen kein Problem für die Figur. Mineralwasser (> Seite 395) und Leitungswasser sind genauso gut wie ungesüßte Früchte- oder Kräutertees. Vorsicht ist bei Heilkräutertees angezeigt: Sie sollten ohne ärztliche Empfehlung nicht über eine längere Zeit getrunken werden, da sie meist pharmakologisch wirksame Substanzen enthalten, die im Übermaß schaden können.

Zuckerwässer und Alkoholisches

Limonaden und Cola-Getränke enthalten sehr viel Zucker und sind daher schlechte Durstlöscher – zwei Liter decken bereits ein Drittel des täglichen Energiebedarfs von Erwachsenen. Light-Getränke sind zwar durch den Austausch von Zucker gegen Süßstoffe (nahezu) energiefrei. Sie schmecken aber sehr süß und tragen zu einer hohen »Süßschwelle« bei, das heißt zur Gewöhnung an sehr süße Getränke und Speisen.

Literweise Frucht- und Gemüsesäfte sind trotz ihres Gesundheitsimages auch keine Patentlösung gegen den Durst. Da sie reichlich Zucker enthalten, können sie der Energiebilanz schaden und löschen den Durst schlecht. Der Zucker ist zwar von Natur aus darin (und nicht wie bei Limonaden künstlich zugesetzt), die Mengen sind jedoch mit rund zehn Prozent nahezu identisch. Mit Mineral- oder Trinkwasser verdünnte Säfte sind besser zum Durstlöschen geeignet.

Bier, das sogenannte flüssige Brot, und andere Alkoholika sind in erster Linie Genußmittel. Nur damit den Durst zu löschen, wäre des Guten deutlich zuviel: Als Obergrenze gelten 60 Gramm Alkohol pro Tag für Männer; Frauen vertragen in der Regel nur die Hälfte ohne dauerhafte Schäden (> Seite 414). 60 Gramm Alkohol sind enthalten in etwa 1,6 Liter Bier oder fünf Achtelliter Wein oder sieben Gläsern Schnaps. Wer ständig und mehr trinkt, gilt als Alkoholiker und schädigt Magen, Leber und Gehirn.

Schadstoffe überall – was tun?

Schadstoffe in Lebensmitteln sorgen regelmäßig für Schlagzeilen in den Medien; zuweilen entsteht der Eindruck, es handle sich dabei um das wichtigste Ernährungsproblem. Aber selbst kritische Fachleute bestreiten nicht, daß beim Essen die Auswahl und Menge ungleich wichtiger sind als die Schadstoffe.

Dennoch sind Düngemittel, giftige Schädlingsbekämpfungsmittel und die allgemeine Unweltverschmutzung ein gravierendes Problem. Jeder kann zur Verbesserung beitragen, indem er Lebensmittel von ökologisch orientierten Bauern kauft. Das ist zwar kein Allheilmittel, denn auch biologisch erzeugte Waren enthalten Schadstoffe, die überall in der Umwelt vorhanden sind. Aber man unterstützt damit eine Wirtschaftsweise, die unter größtmöglicher Schonung von Ressourcen arbeitet. Für die Umwelt ist das zweifellos ein Vorteil – auch wenn die so erzeugten Lebensmittel nicht per se gesünder sind als konventionelle.

Abgesehen davon gibt es aber sehr wohl einzelne Lebensmittel, die häufig stark belastet sind: Pilze und Innereien beispielsweise (> Seite 276 und 351); sie sollte man in der Küche sparsam einsetzen.

Neues Essverhalten einüben

Der erste Schritt zur Korrektur falscher Eßgewohnheiten heißt: »Erkenne dich selbst«. Was mache ich falsch? Woher kommt mein Übergewicht? Warum esse (und trinke) ich zuviel? Wieviel möchte ich überhaupt wiegen und warum?

Das beste Hilfsmittel für den Anfang ist, ein paar Tage lang alles aufzuschreiben, was man gegessen und getrunken hat und warum. War es wirklich immer nur der Hunger, oder war es Langeweile, Streß oder einfach eine bestimmte Situation, bei der man eben zu essen gewöhnt ist, wie etwa Fernsehen?

Viele Menschen essen hastig und lesen dabei Zeitung oder sehen fern. Ihnen hilft es in aller Regel, wenn sie bewußter wahrnehmen, was auf dem Teller ist. Es nützt nichts, wenn man bloß angeblich »verbotene« Lebensmittel meidet. Weit wirksamer ist es, langsam und mit Genuß kleinere Portionen zu essen.

Auch die oft geübte Diätpraxis, eine Hauptmahlzeit einfach auszulassen, bringt wenig – man verschiebt den Heißhunger nur auf später. Wenn man mehrere kleine Mahlzeiten über den Tag verteilt, kommt jener Heißhunger erst gar nicht auf, der viele Menschen zum unkontrollierten Vielessen verleitet.

Eine Gewichtsabnahme von einem halben bis einem Kilogramm pro Woche ist vollkommen ausreichend. Sie schont den Stoffwechsel und verhindert ständiges Magenknurren.

Gefährliche Versprechungen

Unbehagen mit der modernen Industriegesellschaft, in der sich viele Bürger von Giften umgeben wähnen, in der man sich leicht »ausgeliefert« fühlt, läßt eine wachsende Gruppe von Menschen an der heutigen Ernährungsweise zweifeln.

Auf diesem Nährboden wachsen viele vernünftige alternative Kostformen, aber noch mehr Irrlehren. Ihre Botschaften sind meist einfach und häufig ohne jede naturwissenschaftliche Grundlage. Das fördert einerseits ihre Verbreitung und macht es andererseits sehr schwer, die vielversprechenden Thesen durch rationale Argumente zu entkräften.

Makrobiotik

Die Makrobiotik beispielsweise ist eine Kostform, die, wenn sie streng befolgt wird, gesundheitsschädlich ist. Es gibt für die Makrobioten zehn Stufen für die Zusammenstellung der Speisen. Je höher die Stufe, desto weniger Lebensmittelgruppen sind erlaubt. Im Extremfall, also auf der höchsten Stufe, setzt sich die Kost nur noch aus Getreideprodukten zusammen. Getränke sind drastisch einzuschränken, auf bearbeitete Lebensmittel muß völlig verzichtet werden.

Ärzte und Ernährungswissenschafter raten dringend ab, die höheren Stufen der Makrobiotik zu befolgen: Die einseitige Ernährung durch Getreideprodukte führt unausweichlich zu schweren Mangelerscheinungen. Besonders Kinder sind gefährdet, denn dem Essen fehlen zahlreiche für das Wachstum notwendige Stoffe.

Haysche Trennkost

Auch die Haysche Trennkost soll angeblich Diabetes, Nierenerkrankungen u.a. heilen (was jeder Grundlage entbehrt). Sie wird unter verschiedenen Bezeichnungen immer wieder neu angepriesen und ist derzeit als »Fit for life« aktuell. Ihre Befürworter verlangen, man müsse eiweißhaltige von kohlenhydrathaltigen Lebensmitteln bei den Mahlzeiten trennen, weil die Verdauungsenzyme des menschlichen Organismus angeblich nicht in der Lage seien, verschiedene Nährstoffe nebeneinander zu verarbeiten.

Der größte Teil der Lebensmittel besteht jedoch keinesfalls nur aus einem Nährstoff, sondern aus einem Gemisch von Fetten, Eiweiß, Kohlenhydraten, Vitaminen und Mineralstoffen. Im Magen und im Dünndarm wird dieses Gemisch – entgegen der Hayschen Lehre – zu kleineren Bausteinen abgebaut, die der Körper dann im Stoffwechsel weiter verwendet.

Die Haysche Trennkost bringt für den Gesunden zwar keine unmittelbaren Nachteile, ist aber überflüssig. Komplikationen kann es jedoch für Kranke geben, wenn sie im Vertrauen auf die Wirksamkeit der Diät auf andere Behandlungsmaßnahmen verzichten.

Leere Lehren

Es gibt kaum ein Lebensmittel, das noch nicht als ideales Mittel zum Abnehmen angepriesen worden wäre: Einmal ist die Milchdiät an der Reihe, dann wieder die Brotdiät; auch die Eierdiät, Sauerkrautdiät, Steakdiät, Nudeldiät, Obstdiät oder die Kartoffeldiät – alle sind sie schon einmal dagewesen.

Zahlreiche Vorschriften zum Abspecken nehmen eine Einteilung in »erlaubte« und »verbotene« Lebensmittel vor. Im Endeffekt resultiert daraus eine mehr oder weniger unausgewogene Kost.

Abnehmen hat jedoch als notwendige, aber nicht hinreichende Voraussetzung: weniger Nahrungszufuhr oder mehr Energieverbrennung oder beides. Mißtrauen ist daher bei jeder Diätempfehlung angebracht, die »erlaubte« Nahrungsmittel oder Getränke in beliebiger Form gestattet, wenn nur die »verbotenen« gemieden werden.

Getreide und Mahlprodukte

Lange Zeit erfreute sich das feine weiße Mehl höchster Beliebtheit. Seit kurzem aber entdecken Gourmets und Gesundheitsbewußte immer neue Varianten von schmackhaftem Brot und Gebäck, das aus vollem Korn gebacken ist. Auch Getreidekörner lassen sich zu sehr wohlschmeckenden Gerichten zubereiten.

Getreide und Getreideprodukte aus Mais, Hafer, Reis, Weizen und Gerste kommen in neuer großer Vielfalt wieder zu Ehren. Der Fachausdruck für die ganze Körnerpracht heißt Zerealien und erinnert an die römische Göttin Ceres, die Beschützerin des pflanzlichen Wachstums. Zahlreiche Varianten von Brot und Gebäck werden angeboten, die aus vollem Korn gebacken und mit Kernen von Sonnenblumen, Kürbis oder Nüssen angereichert sind. Sie schmecken ganz vorzüglich und tragen ganz wesentlich zu einer vollwertigen Ernährung bei (> Seite 197).

Dem steht freilich eine historisch tief verwurzelte Vorliebe für weißes Mehl entgegen: Schon bei den alten Römern war Brot feinster Qualität jenes, das »sine pondere« ist, also ohne Schwere. Der römische Mediziner Galenus Galen, Leibarzt von Kaiser Mark Aurel und Sportarzt für Gladiatoren, teilte im zweiten Jahrhundert nach Christus das Mehl in vier Arten: in »bestes weißes«, zweitklassiges, in Vollmehl und schließlich »Kleie-Brot« aus Mühlenrückständen, das der armen Bevölkerung zugedacht war.

Weißes Mehl war also ursprünglich ein Privileg der Reichen. Erst die Einführung von Walzenmühlen gegen Ende des 19. Jahrhunderts machte es für jedermann erschwinglich.

Das »neue« Mehl gewann man, indem das Rohgut – anders als bei den alten Mühlsteinen – durch hintereinandergereihte Walzen langsam zerkleinert wurde. Das Mahlgut wurde beständig gesiebt und dabei von Schalenteilen und dem Keimling befreit. Zurück blieb nur das feine, weiße Mehl.

Dieses war wesentlich besser haltbar als Vollkornmehl, weil ihm die Keime entzogen waren (daher der Name »Auszugsmehl«); der Keimling enthält viel Fett, das rasch ranzig wird.

Bezieht man Getreide direkt vom Erzeuger oder aus eigenem Anbau, sollte es vor der Verwendung unbedingt »verlesen«, also gereinigt werden. Besonders sorgfältig muß man dabei auf einen Befall mit Mutterkorn achten: Mutterkorn ist ein kornförmiges, blaugraues Gebilde, das der Pilz (Claviceps purpurea) in der Ähre an Stelle eines normalen Kornes ausbildet. Es

enthält hochgiftige Alkaloide, die eine Verengung der Blutgefäße verursachen und zu schweren Durchblutungsstörungen führen können.

Besonders häufig findet sich Mutterkorn in feuchten Erntejahren auf Roggen, aber auch auf Weizen, Hirse und Hafer. Der Befall ist unabhängig von der Anbauform: Getreide aus konventionellem und biologischem Anbau ist gleichermaßen betroffen.

Bei ungereinigtem Getreide ist daher genaues Durchsehen der Körner vor dem Verspeisen oder dem Vermahlen wichtig. Dabei sollten auch Staub, gröbere Verunreinigungen wie kleine Steinchen und Unkrautsamen beseitigt werden. Ohne spezielle technische Vorrichtungen ist eine gründliche Reinigung allerdings sehr aufwendig. Daher ist Getreide vorzuziehen, das in einer Mühle professionell gereinigt wurde.

Getreide ist wegen seines geringen Feuchtigkeitsgehalts wenig anfällig gegen Verderb. Bei trockener Lagerung und Temperaturen von etwa 20 Grad Celsius hält es sich mindestens zwei Jahre, der fetthaltigere Hafer ein Jahr. Am besten bewahrt man es in einem belüfteten Speiseschrank oder, noch besser, in einem luftigen Vorratsraum auf (> Seite 82). Die Ausschöpfung der maximalen Lagerzeit ist aber nicht empfehlenswert, da sich der Geschmack etwas verändern kann und die Aufbewahrungsbedingungen im Haushalt meistens nicht optimal sind.

Empfindlich ist Getreide gegen hohe Luftfeuchtigkeit, die zum Beispiel durch Kochdämpfe oder durch Schwitzwasser in Plastikverpackungen entsteht. Außerdem sollte es nicht in Nachbarschaft stark riechender Lebensmittel aufbewahrt werden, weil es Fremdgerüche annehmen kann. In feuchter Luft schimmelt Getreide, dabei bilden sich krebserregende Pilzgifte. Daher sollte verschimmeltes Getreide auf keinen Fall verzehrt werden.

Über Jahrtausende war Getreide für den überwiegenden Teil der Erdbevölkerung das Grundnahrungsmittel schlechthin. In den industrialisierten Ländern ist der Getreidekonsum seit Anfang des Jahrhunderts stark zurückgegangen. Körnerkost galt und gilt zum Teil immer noch als Speise der armen Leute.

Erst in den letzten Jahren besinnt man sich auf das wertvolle Korn und die Vielzahl von Produkten, die man daraus herstellen kann. Neue, schmackhafte Varianten von Brot und Gebäck erfreuen sich zunehmender Beliebt-

Tips für die Getreideküche

Das Einweichen von Getreide verkürzt die Garzeit. Die Körner werden deshalb in der zweieinhalb- bis dreifachen Menge Wasser über Nacht im Kühlschrank eingeweicht und anschließend in derselben Flüssigkeit gekocht. Aus hygienischen Gründen sollte man das Gefäß mit den eingeweichten Körnern immer kühl stellen, damit sich unerwünschte Bakterien nicht vermehren. Gemüsebrühe statt Wasser verbessert den Geschmack ebenso wie

- **kräftiges Würzen, zum Beispiel mit Knoblauch, Lorbeer, Soja-Sauce oder Kräutern wie Oregano, Majoran, Thymian oder Liebstöckel,**
- **trockenes Erhitzen im Backofen, wodurch die Körner gleichzeitig leichter verdaulich werden.**

DIE GARZEITEN FÜR VORGEWEICHTE GETREIDEKÖRNER:

- **Gerste .... 40 Minuten**
- **Weizen .... 40–50 Minuten**
- **Dinkel .... 40–50 Minuten**
- **Hafer .... 40–50 Minuten**
- **Roggen .... 90 Minuten**

Hinweis: Im Schnellkochtopf (> Seite 183) verringern sich die Garzeiten um etwa die Hälfte.

Hirse, Buchweizen und Reis kann man auch ohne Vorbereitung kochen. Hirse wird in 30 Minuten gar. Sie sollte vorher gründlich mit heißem Wasser gewaschen werden, um Reste von Keimöl zu beseitigen, die leicht bitter werden. Hirse wird übrigens auch weich, wenn man sie in Milch kocht. Buchweizen braucht nur 20 Minuten, um weich zu werden. Längere Garzeiten machen ihn pappig.

heit. Getreide kann fast ideal einen Ausgleich für die Ernährungsfehler der Industriebürger schaffen. Denn es ist reich an Stärke und Ballaststoffen, enthält viel pflanzliches Eiweiß, kaum Fett und praktisch keinen Zucker.

Getreide auf dem Teller, sei es in Form von Müsli, Getreidegerichten oder Keimlingen, ist aus gesundheitlichen Gründen empfehlenswert: Zwei- bis dreimal pro Woche können solche Gerichte durchaus die Hauptmahlzeit bilden. Im Austausch zu Fleisch, fetten Milchprodukten und Wurst wird dadurch das derzeit ungünstige Verhältnis zwischen Fett, Eiweiß und Kohlenhydraten verbessert und für eine bessere Versorgung mit Ballaststoffen, einigen Mineralstoffen und den B-Vitaminen gesorgt, die im Getreide besonders reichlich vorkommen.

Die verschiedenen Getreidearten unterscheiden sich in ihren Inhaltsstoffen nur unwesentlich. Es kommt deshalb nicht auf die Art, sondern vielmehr auf die Menge und natürlich – schon aus kulinarischen Gesichtspunkten – auf eine möglichst große Abwechslung an. Denn nicht alle Getreidearten eignen sich für alle Speisen gleich gut.

Brot und Gebäck enthalten übrigens oft viel Salz – nicht selten mehr, als geschmacklich erforderlich wäre: Ein Prozent Salz reicht aus. Wer an hohem Blutdruck leidet, sollte beim Bäcker nach salzarmen Sorten fragen.

Behutsamer Umstieg

Mehr Körner und Vollkornprodukte auf den Tisch zu bringen, bedeutet fast immer eine erhebliche Umstellung des alten, oft zu ballaststoffarmen Speiseplans. Um Unverträglichkeiten zu verhindern, sind zwei Tips wichtig:

▶ Den Getreideanteil im Essen nur langsam steigern. Am Anfang eventuell auf feines Vollkornmehl ausweichen und nicht gleich ganze Körner oder sehr grobes Schrot verwenden.

▶ Alle Getreidespeisen grundsätzlich sehr gut kauen. Das schließt die Inhaltsstoffe besser auf und steigert die Bekömmlichkeit.

Amaranth

Amaranth war das Korn der Inkas in Südamerika, Grundnahrungsmittel und wichtige Opfergabe für die Götter gleichermaßen. Heute gerät das Getreide sogar in den Hauptanbauländern Mexiko und Peru langsam in Vergessenheit, obwohl die Anbaubedingungen in den hochgelegenen Andentälern sogar ohne chemische Hilfsmittel günstig sind. Jetzt kommt neue Nachfrage aus den USA und Europa, die den Bauern zwar neue Absatzmärkte bringt; sie werden damit aber vom Export abhängig. Vom ökologischen Standpunkt aus sind auch die langen Transportwege problematisch.

Amaranth ist eine Art Blattgemüse, seine Haltbarkeit ist daher beschränkt. Sofern man es überhaupt erhält, sollte Amaranth bald verbraucht werden.

Amaranth hat einen nussigen Geschmack und eignet sich in Kombination mit anderen Getreidearten zum Backen von Brot und Gebäck, Waffeln, außerdem als Müsli oder als glutenfreies Bindemittel für Soßen und Suppen. Probleme gibt es noch beim Vermahlen der 1,5 mm kleinen Samen. Gute Dienste leistet bei kleinen Mengen eine Kaffeemühle.

Von allen Getreidearten hat Amaranth die ausgewogenste Zusammensetzung an Eiweiß. Von praktischer Bedeutung ist ihr hoher Gehalt an Lysin, einem Eiweißbaustein, der in anderen Getreidearten nur sehr wenig vorkommt und der Grund für die relativ schlechtere Qualität des Eiweißes aus dem vollen Korn ist. Vegetarier, besonders diejenigen, die auf alle tierischen Lebensmittel verzichten (Veganer), finden in Amaranth eine gesunde Bereicherung ihres Speisezettels.

Da dem Inkakorn auch das Klebereiweiß fehlt, können es auch Zöliakie-Kranke essen, die die meisten einheimischen Getreidearten nicht vertragen. Sogar Allergiker schätzen Amaranth als verträgliche Alternative. Da das Getreide bei uns noch relativ unbekannt ist, gibt es bisher auch keine Allergien dagegen, was aber nicht heißt, daß Amaranth grundsätzlich keine Allergien auslösen kann.

Buchweizen

Obwohl Buchweizen gar kein Getreide, sondern ein Knöterichgewächs und damit ein enger Verwandter von Sauerampfer und Rhabarber ist, läßt er sich wie Getreide verwenden. Zum Backen eignet sich Buchweizen allerdings nicht.

Sein kräftiger, leicht bitterer Geschmack verleiht den Speisen eine ganz typische Note, die freilich nicht jedermanns Sache ist.

Buchweizen-Körner sehen aus wie eine Miniaturausgabe von Bucheckern und sind von einer ungenießbaren Fruchtschale umgeben. Wird diese Schale vor dem Vermahlen nicht entfernt, hat das Mehl grau-braune Stippen und ruft ein unangenehmes rauhes Mundgefühl und einen deutlich bitteren Geschmack hervor. Gutes Buchweizenmehl wird daher aus geschälten Körnern hergestellt und zeigt eine gleichmäßige Farbe ohne dunkle Flecken. Es ist besonders ergiebig, denn es nimmt sehr viel Wasser auf.

Buchweizenpfannkuchen sind eine Spezialität als russische Blinis (> Seite 669), bretonische Crêpes oder, ganz bodenständig, als norddeutsche Pfannkuchen mit Sirup oder Preiselbeeren.

Schadstoffe im Getreide

Die Bundesanstalt für Getreide-, Kartoffel- und Fettforschung in Detmold untersucht seit 1975 Getreide auf Rückstände und Verunreinigungen. Festgestellt wurde dabei in den letzten Jahren ein Rückgang bei Pflanzenschutzmitteln: Rund 90 Prozent der Weizenproben aus den alten Bundesländern und 73 Prozent aus den neuen Bundesländern haben derzeit keine nachweisbaren Rückstände. Für Roggen waren die entsprechenden Zahlen 85 und 54 Prozent. Wo Rückstände gemessen wurden, lagen die Belastungswerte in der Regel unter den gesetzlich zulässigen Höchstwerten.

Einen besonders starken Rückgang zeigten in den letzten Jahren erfreulicherweise die langlebigen Chlorkohlenwasserstoffe wie Lindan, HCB, DDT. In den neuen Untersuchungen schöpfen sie im Durchschnitt nur noch etwa 2 Prozent der Toleranzgrenzen aus. Die niedrigen Mengen dieser Stoffe stammen meist aus der allgemeinen Belastung der Biosphäre und nicht aus der direkten Anwendung auf dem Feld. Deshalb finden sich auch keine Unterschiede zwischen Getreide aus konventionellem und biologischem Anbau.

Die durchschnittlichen Gehalte von Blei und Kadmium, den wichtigsten Vertretern der Schwermetalle, haben sich dagegen in den letzten 12 Jahren nicht verändert. Roggen weist in der Regel eine etwas höhere Bleibelastung als Weizen auf, beim Kadmium ist es umgekehrt. Da sich Blei auf der Oberfläche des Getreidekorns ablagert, kann es durch Reinigung weitgehend entfernt werden. Kadmium wird dagegen über die Wurzel aus dem Boden aufgenommen, steckt im Korn drin und kann daher nicht entfernt werden. Leider finden sich beim Weizen in etwa 5 bis 10 Prozent der untersuchten Proben Überschreitungen des Richtwerts für Kadmium, bei Roggen gibt es keine derartigen Befunde. Bei stark kadmiumreichen Böden, wie in der Nähe bestimmter Industrieanlagen oder bei Verwendung schwermetallreichen Klärschlamms, findet man allerdings auch im Roggen nennenswerte Rückstände.

Ein Vergleich von Getreide aus konventionellem und biologischem Anbau bringt auf Basis der derzeitigen Datenlage keine Unterschiede bei der Schadstoffbelastung. Dennoch hat Getreide aus biologischem Anbau natürlich Vorteile, wenn man die gesamtökologische Situation – und nicht nur Daten für Rückstände und Verunreinigungen – vergleicht.

DINKEL

Dinkel, eine alte Weizenart, hat einen feinwürzigen Geschmack und läßt sich sowohl als ganzes Korn für Getreidegerichte als auch zum Brotbacken gut verwenden. Da Dinkel viel Wasser bindet, hält er Backwaren lange frisch. Auch bei der Herstellung von Teigwaren profitiert man von der guten Wasserbindung.

Früher wurde Dinkel besonders in Süddeutschland häufig angebaut. Städtenamen wie Dinkelsbühl erinnern noch heute daran. Nach und nach verdrängte der Weizen den Dinkel, denn er ist leichter zu bearbeiten und bringt höhere Erträge.

Die süddeutschen Spätzle werden mit Dinkelmehl ganz besonders gut. Auch Backwaren werden dank Dinkelmehl sehr aromatisch. Für den Gaumen bietet Dinkel willkommene Abwechslung als »Grünkern« – das sind die noch grünen Dinkelkörner, wenn sie im halbreifen Zustand geerntet und danach bei ca. 120 Grad Celsius einige Stunden über Buchenholzfeuer geröstet werden: Sie schmecken herzhaft würzig, besonders in pikanten Getreidegerichten wie Bratlingen, Aufläufen und Suppen.

Schmackhafte Gerichte für Ernährungsbewußte sind Dinkelcrêpes mit Pilzfüllung (> Seite 611) und Grünkernsuppe (> Seite 604).

In letzter Zeit erfährt Dinkel eine Renaissance, weil er als besonders gesund gilt. In der analytischen Zusammensetzung unterscheidet sich Dinkel jedoch kaum von anderen Getreidearten. Die Ballaststoffwerte sind sogar etwas niedriger, weil Dinkel vor dem Verzehr von seinen Spelzen befreit werden muß. Aus ernährungsmedizinischer Sicht gibt es also keinen Grund, Dinkel statt Weizen zu empfehlen.

GERSTE

Gerste wird heute fast nur noch zum Bierbrauen genutzt. Gleichwohl zählt sie zu den frühen Kulturpflanzen des Menschen, vermutlich weil sie an den Boden kaum Ansprüche stellt und rasch heranwäschst.

Gerstenkörner eignen sich gut für Aufläufe, Bratlinge und in Form von Flocken auch als Müsli (> Seite 219).

Da Gerste kein lockeres Brot liefert, hat sie für die Bäckerei kaum Bedeutung und wird allenfalls vermischt mit anderen Mehlarten verbacken. Wie vielfältig sich die Gerste jedoch verwenden läßt, zeigt sich an zwei Veredelungsprodukten: Gerste ist Grundlage für Malzkaffee und für Malt-Whiskey.

Ein einfaches, aber schmackhaftes Gericht ist Gerstensuppe (> Seite 448). Gerstenflocken kann man sehr gut zu Plätzchen zubereiten (> Seite 608).

Das Korn der Gerste ist fest mit den Spelzen verwachsen, die ungenießbar sind, weshalb die Gerste geschält werden muß. Meistens werden die Körner auch noch poliert und geschliffen. Der Nährwert der so hergestellten Graupen (Ö: Rollgerste) ist geringer als der des ganzen Korns.

HAFER

Hafer hat von allen Getreidearten den mildesten Geschmack und wird deshalb nicht nur von Kindern besonders gern gegessen. Leichtes Rösten verbessert das Aroma zusätzlich, Hafer schmeckt dann leicht nussig.

Zum Brotbacken eignet sich Hafer nicht; dafür kann man ihn aber gut in Form von ganzen Körnern, als Grütze oder auch in Form von Flocken für eine Vielzahl von Speisen wie für Müsli, Brei, Risotto, Suppen, Knödel und Süßspeisen verwenden.

Für die Diätkost ist Hafer ein wichtiger und unentbehrlicher Bestandteil, weil er reich an schleimbildenden Ballaststoffen ist. Schon seit langem wird er deshalb auch als Hausmittel zur Förderung der Verdauung und gegen Magenverstimmungen eingesetzt. Ein ganz neues Einsatzgebiet zeigten Untersuchungen der letzten Jahre: Die Haferkleie hilft, den erhöhten Cholesterinspiegel zu senken.

HIRSE

Hirse schmeckt feinwürzig und mundet am besten, wenn das Getreide möglichst frisch ist. Leichtes Rösten vor der Weiterverarbeitung ergibt einen angenehmen Geschmack.

Bei uns zunehmend beliebte Hirsegerichte sind russische Piroggen, arabisches Couscous und Taboulé (pikanter Hirsesalat mit Gemüse, > Seite 760).

Zum Brotbacken eignet sich Hirse nicht. Die kleinen Körner bleiben hart und geschmacklos, wie man es von manchen Mehrkornbroten kennt.

Wie man Getreide zum Keimen bringt

Zusätzliche Abwechslung in die Getreideküche bringen Keimlinge. Man kann sie gut für Müslis, Salate, aber auch als Beigabe zu Quarkspeisen, Soßen oder Suppen verwenden; auch als Zutat zum Backen sind sie geeignet. Die Keime lassen sich ohne viel Aufwand aus Weizen, Gerste, Hafer, Roggen und Reis ziehen. Durch den Keimvorgang nimmt der Vitamingehalt zu, so daß sie vor allem im Winter eine Bereicherung für den Speisezettel sein können.

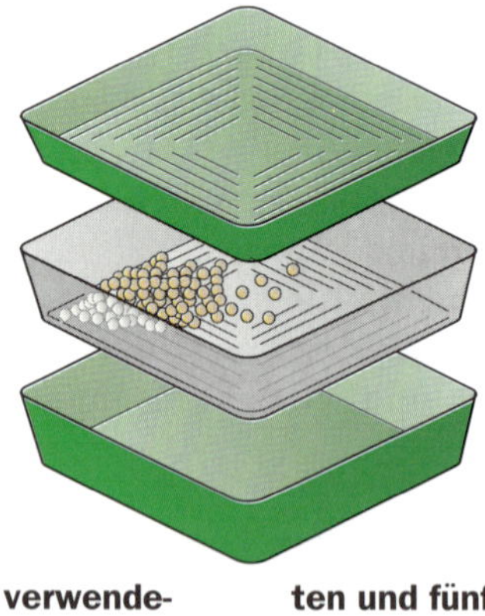

Zum Keimen eignen sich am besten frische Samen. Vorbehandeltes Getreide oder Saatgut darf nicht verwendet werden. Am hygienischsten ist das Keimen in speziellen Keimapparaten oder, einfacher und billiger, in einem Einmachglas. Alle verwendeten Geräte müssen sehr sauber sein, um ein gutes Ergebnis zu erzielen.

1. Tag. Die Körner werden gewaschen und über Nacht in dem Glas in der doppelten Menge Wasser eingeweicht. Das Glas mit etwas Gaze und einem Gummiring verschließen.

2. Tag. Am Morgen werden die Körner herausgenommen, mit fließendem Wasser gespült, wieder in das leere Glas gefüllt, und das Glas wird verschlossen. Samen, die nicht gequollen sind, können aussortiert werden. Dann stellt man das Glas schräg, so daß Restwasser abtropfen und Luftsauerstoff eindringen kann. Es darf keinesfalls luftdicht verschlossen werden, denn beim Keimen entstehen Gase. Die besten Keimbedingungen sind an einem hellen, warmen Platz, aber nicht in Heizungsnähe oder im direkten Sonnenlicht.

Das Spülen und Belüften wird an den nächsten Tagen morgens und abends wiederholt. Je nach Getreidesorte sind die Keimlinge zwischen dem dritten und fünften Tag fertig. Der Geschmack ist dann mild und etwas süßlich. Wartet man noch länger ab, werden sie bitter. Vor dem Verzehr sollten Keimlinge kurz mit kochendem Wasser übergossen werden, um eiweißabbauende Inhaltsstoffe abzutöten.

Langes Aufbewahren schadet dem Geschmack und dem Vitamingehalt der Keime. Deshalb nicht zu viele Körner auf einmal keimen lassen.

Hirse eignet sich – ähnlich wie Reis – gut für süße oder pikante Getreidegerichte (Aufläufe, Suppen, Pudding, Brei). Gute Kombinationen gibt es mit sauren oder süßsauren und orientalisch gewürzten Beilagen.

Vor dem Verspeisen müssen die ungenießbaren Spelzen und die Fruchtschale entfernt werden. Meist wird Hirse in dieser Form in den Lebensmittelläden angeboten. Es ist wegen des Arbeitsaufwandes nicht zu empfehlen, Hirse direkt vom Bauernhof zu kaufen. Hirse ist auch in Grießform erhältlich.

Die Körner sind von einer sehr harten Schale umgeben, die Hirse im Extremfall mehrere Jahre lagerfähig macht. Wird Hirse jedoch mehrere Monate lang gelagert, werden die Körner bitter.

Wichtig bei der Zubereitung zu Hause ist die richtige Wassermenge: Hirse mit der doppelten Menge Wasser ergibt eine körnige Beilage, mit der dreifachen Menge einen groben Brei in der Beschaffenheit von Kartoffelpüree und mit der vierfachen Wassermenge eine Suppe, die bei längerem Stehen noch nachdickt.

Wenig bekannt, aber wohlschmeckend ist »Hirsotto«, welches wie Risotto zubereitet wird (> Seite 454).

Mais

Roher Mais kommt fast ausschließlich in Form von Zuckermais in den Handel und wird wie Gemüse zubereitet und gegessen. Deutlich härter und weniger süß ist der Körnermais (auch Feldmais genannt): Er dient als Rohstoff für Mehl, Grieß (z.B. für Polenta), für Speisestärke zum Binden, Öl, Speisewürze, Corn-flakes und oft auch – anstatt Gerste – zum Bierbrauen. Auch die Maiskörner, die zum Selbermahlen angeboten werden, gehören zu dieser vielseitigen Sorte.

Mais läßt sich nicht zu Brot, sondern nur zu Fladen, wie etwa den mexikanischen Tortillas, verbacken. Popcorn stellt man aus einer dritten Art her, dem sogenannten Puffmais.

Aufgrund des relativ hohen Fettgehalts hält sich das Mehl aus dem vollen Maiskorn höchstens drei bis vier Monate, bevor es ranzig wird.

Polentagerichte sind eine Delikatesse, sie sind leider zu wenig verbreitet. Polentaschnitten ergeben eine herrliche Beilage zu südlichen und rustikalen Saucengerichten.

Rezepte mit Mais: Polenta« (> Seite 459), Polentaschnitten (> Seite 650), Maispizza (> Seite 592) und Maisflammeri mit Himbeersauce (> Seite 707).

Mais enthält relativ viel Fett. Da ihm das Klebereiweiß fehlt, ist er ein wichtiges Getreide für Menschen mit Zöliakie, die diese Substanz nicht vertragen und deshalb auf Weizen und viele andere Getreidearten verzichten müssen.

Quinoa

Quinoa wird in den Anden und neuerdings auch in der Schweiz angebaut. Die dreieckigen Blätter lassen sich wie Spinat verwenden und sind reich an Kohlenhydraten und Eiweiß. Quinoa-Samen schmecken bitter und sind für die Verdauungsorgane schädlich, weshalb man nicht zuviel davon essen sollte.

Quinoa, auch Reismelde oder Reisspinat genannt, ähnelt in Größe und Farbe der Hirse. Heute gewinnt dank der Nachfrage im Naturkostbereich der industrialisierten Länder der Anbau wieder mehr Bedeutung.

Quinoa-Samen sind bei uns selten erhältlich. Gelegentlich bekommt man Quinoa-Flocken. Die Farbe der Samen variiert von gelb bis dunkelbraun oder gefleckt, sagt aber nichts über die Qualität aus.

Die bei uns im Handel angebotenen Quinoa-Körner sind bereits entbittert. Sie lassen sich für alle Reis-Rezepte verwenden, nehmen aber mehr Wasser als Reis auf und sind schneller gar. Beim Kochen werden sie leicht durchscheinend gelblich, und der Keimling in Form eines charakteristischen weißen Rings wird sichtbar. Quinoa-Mehl ist kleberarm und eignet sich zum Backen nur bei Zusatz von mindestens einem Viertel Weizenmehl. Derartige Mischbrote, auch als Toastbrot, sind bereits im Handel.

Die Zusammensetzung von Quinoa ähnelt dem der einheimischen Getreidearten. Problematische Inhaltsstoffe sind die sogenannten Saponine, die sich seifenartig unter Schaumbildung im Wasser lösen und stark bitter schmecken. Sie müssen entweder durch Abschleifen der äußeren Hülle des Korns oder durch Abwaschen entfernt werden.

Reis

Neben Weizen und Mais ist der Reis das wichtigste Getreide der Erde. Zum guten Gedeihen braucht es beim Wachsen »nasse Füße«, also einen sehr feuchten Boden. Weltweit gibt es über 8000 Sorten. Bei uns wird Reis jedoch nicht nach Sorten, sondern nach der Form und dem Umfang der Bearbeitung gehandelt.

Langkorn- oder Patnareis

Diese Reisart ist hart und glasig, bleibt beim Kochen körnig und locker und eignet sich für Beilagen und Salate. Rundkornreis dagegen kocht sehr weich und wird überwiegend für Risotto, süße Reisspeisen und Suppen verwendet, weil er klebriger ist als Langkornreis.

Naturreis

Er wird auch Vollkornreis genannt und bleibt beim Kochen besonders körnig, quillt aber weniger stark auf und beansprucht die doppelte Kochzeit.

Parboiled Reis

Für diejenigen, die zwar den höheren Vitamingehalt von Naturreis schätzen, seine dunklere Farbe aber ablehnen, ist der sogenannte Parboiled Reis ideal. Er wird vor dem Schälen mit Dampfdruck behandelt, wodurch etwa 80 Prozent der wertvollen Inhaltsstoffe in das Innere des Korns getrieben werden. Erst danach wird er geschält. Parboiled Reis ist roh leicht gelblich, wird beim Kochen aber weiß und ist sehr ergiebig. Er zerfällt nicht beim Zubereiten, gibt keine Stärke ab und ist daher nicht gut für Risotto geeignet.

Vor dem Essen müssen vom Reis die strohigen Spelzen entfernt werden. Das Korn enthält dann noch den Keimling und ist von der Samenschale, dem sogenannten Silberhäutchen umgeben. In dieser Form ist Reis als Braunreis oder Naturreis erhältlich. Wird das Silberhäutchen abgeschliffen und der Keimling entfernt, erhält man den üblichen Weißreis.

Neben der Art der Verarbeitung ist beim Reis auch der Bruchanteil ein Qualitätskriterium. Spitzenreis enthält höchstens fünf Prozent, Standardreis höchstens 15 Prozent, Haushaltsreis maximal 25 Prozent und Haushaltsreis mit erhöhtem Bruchanteil sogar bis zu 40 Prozent zerbrochene Reiskörner. Je höher der Bruchanteil ist, desto mehr Stärke tritt beim Kochen aus und desto mehr klebt der Reis.

Reis kann man auf zahlreiche Arten zubereiten. Die wichtigsten Rezepte sind gekochter Reis (> Seite 452), Quellreis (> Seite 451), wilder Reis (> Seite 455) und Risotto (> Seite 454). Als exotische Zubereitungen sind Basmatireis (> Seite 456), Kreolenreis (> Seite 452), Parfümreis (> Seite 456) und Pilawreis (> Seite 453) zu empfehlen. Interessante Varianten sind ferner Essigreis und Klebreis (> Seite 457).

Zur Verwertung von Resten eignen sich Rezepte wie bunter gebratener Reis (> Seite 625) vorzüglich.

Unpolierter Reis enthält etwa doppelt soviel Ballaststoffe und Mineralstoffe und deutlich mehr Vitamine als polierter Reis und ist daher aus gesundheitlicher Sicht besser.

Spezielle Reissorten

Der schwarze Wildreis, auch Indianerreis genannt, ist botanisch eigentlich ein Grassamen, der Reis genannt wird, weil er unter ähnlichen Bedingungen wie dieser wächst. Wegen des angenehm nussigen Geschmacks eignen sich die tannennadelähnlichen Samen gut als Beilage für besonders feine Fleisch- und Fischgerichte. Wildreis wird immer ungeschält zubereitet. Er braucht zum Garen etwa 45 Minuten. Die Körner müssen aufgeplatzt sein, aber noch Biß haben. Wegen des geringen Fettgehaltes hält er sich besser als Naturreis.

Ein Feinschmecker-Tip ist Basmati-Reis, der beim Kochen ein süßliches Aroma entwickelt. Gute Qualität erkennt man an der perlweißen Farbe der geschliffenen Körner, die gleich lang sein müssen und keinen Staub aufweisen dürfen. Beim Kochen quellen die Körner auf die dreifache Größe auf und kleben nicht zusammen. Im Handel gibt es Basmati-Reis auch als Parboiled Reis und vermischt mit Wildreis.

Noch recht neu auf dem Markt ist auch der thailändische Duftreis, der ein jasminähnliches Aroma hat und besonders gut zu gegrilltem Fleisch und Fisch sowie zu exotischen Gemüsegerichten paßt.

Für diese »Exoten« muß man jedoch mindestens doppelt so tief in die Tasche greifen wie für eine gute Standardsorte.

Speziell für Risotto eignen sich Sorten von Rundkornreis, zum Beispiel Arborio, Vialone und Carnaroli; sie werden schön weich, behalten innen aber dennoch einen bißfesten Kern. Für Süßspeisen eignet sich Camolino oder Griginario sehr gut.

Roggen

Roggen hat einen würzigen Geschmack. Man sollte sich nicht an der etwas ungewöhnlichen grünlichen Farbe stoßen. Er läßt sich ebenso gut wie Weizen zu Getreidegerichten und Müsli verarbeiten oder zum Keimen bringen (> Seite 208).

Das längliche Korn enthält kein Klebereiweiß und braucht daher beim Backen die Säure des Sauerteigs für eine lockere Krume.

Das fertige Roggenbrot enthält mehr Feuchtigkeit, ist würziger und länger haltbar als Weizenbrot. Mit Butter und geräuchertem Rohschinken oder Räucherlachs belegtes Roggenbrot ist eine Delikatesse; dazu paßt am besten frische, kühle Milch.

Roggen ist reich an Ballaststoffen; dasselbe gilt für Vollkornbrot und Knäckebrot aus Roggen. In feuchten Erntejahren findet sich auf Roggen aber häufig giftiges Mutterkorn (> Seite 202), weshalb man beim Einkauf von ungereinigtem Roggen auf einen Befall achten sollte.

Weizen

Weizen hat einen angenehmen, leicht nussigen Geschmack. Die Körner eignen sich deshalb gerade für den Einstieg in die Getreideküche, zum Beispiel für Müsli, für Getreidegerichte und für Bratlinge (Getreidelaibchen). Man kann sie auch gut keimen lassen (> Seite 208).

Aus Weizen läßt sich lockeres Brot backen, aus Hafer, Hirse, Buchweizen oder Mais dagegen kann man nur Brei kochen oder allenfalls Fladen herstellen. Ursache der guten Backfähigkeit des Weizenmehls ist das sogenannte Klebereiweiß: Es nimmt Wasser auf, quillt auf und bildet ein festes Teiggerüst, das beim Backen für luftige Poren und eine feste Krume sorgt. Weizenmehl eignet sich für alle Arten von Gebäck, ist Rohstoff für Teigwaren (> Seite 222), für Speisestärke und für Kaffee-Ersatz. Das alles ist wahrscheinlich auch der Grund, warum fast ein Drittel der Weltgetreideernte auf Weizen entfallen.

Aus Weizen lassen sich schmackhafte, gesunde Speisen zubereiten. Vorzüglich mundet beispielsweise Weizenschrot mit Sauermilch und Beeren oder Vollkornravioli aus Weizenvollmehl (> Seite 613).

Über den Gehalt an Energie und wichtigen Inhaltsstoffen von Weizen und Weizenmehl informiert die Tabelle auf Seite 213, über Schadstoffe der Kasten auf Seite 206.

Beim Weizenbrot kommt es vor allem darauf an, welches Mehl verwendet wurde. Zur Unterscheidung dient die sogenannte Typenzahl. Je mehr Schlenanteile das Mehl enthält, das heißt je dunkler es ist, um so mehr Vitamine, Ballast- und Mineralstoffe sind drin.

Mahlprodukte

Ganze Getreidekörner werden in den meisten Haushalten nur selten verwendet. In der Regel nimmt man mehr oder weniger zerkleinerte Körner zum Backen oder Kochen sowie zum Binden von Saucen, Herstellen von Flammeris und anderem.

Ein wichtiges Merkmal ist der Ausmahlungsgrad, den man auf der Verpackung an der sogenannten Typenzahl erkennt. Sie gibt an, wieviel Mineralstoffe in dem Mehl enthalten sind: Type 405 beispielsweise bedeutet, daß in 100 Gramm Mehl 405 Milligramm Mineralstoffe enthalten sind. Dieses sehr helle Mehl besteht also fast nur mehr aus dem – relativ mineralstoffarmen – Mehlkörper des Getreidekorns.

▶ Schrot besteht aus grob bis fein zerkleinerten Körnern und wird vor allem für die Herstellung von Brot und Gebäck verwendet. Vollkornschrot enthält auch den Keimling.

▶ Grieß hat deutlich sichtbare kleine Kornteilchen und wird für Suppen, Pudding oder Flammeri verwendet; Maisgrieß ist der Rohstoff für Polenta, Hartweizengrieß ergibt besonders gute Teigwaren (> Seite 222). Man kann aus Grieß auch schmackhafte Klöße zubereiten (> Seite 479).

▶ Dunst, auch Feingrieß genannt, hat nur eine leichte Körnung und wird manchmal auch als griffiges Mehl bezeichnet, das gut Wasser aufnimmt und für Sandmassen sowie Quark- und Knödelteige geeignet ist. Man verwendet ihn auch für Hefegebäck und Strudel.

▶ Mehl, die feinste Mahlstufe mit kaum wahrnehmbarer Körnung, fühlt sich zwischen den Fingern ganz glatt an.

▶ Stärkemehl ist ebenfalls mehlfein. Es wird aus dem Inneren des Korns von Weizen, Reis und Mais gewonnen. Das im Korn enthaltene Eiweiß löst man heraus, so daß die reine Stärke übrigbleibt. Sie wird zum Binden von Suppen, Saucen und Cremes und beim Backen zur Verfeinerung der Krume verwendet.

Helle Mehle sind sehr neutral im Geschmack und eignen sich für alle Zubereitungsarten. Vollkornmehle dagegen haben meist einen leicht nussigen Geschmack und sind, gerade wenn man mit der Verwendung erst beginnt, am besten für pikantes Gebäck oder in Getreidegerichten verwendbar.

Mehltypen gibt es nur für Weizen, Roggen und Dinkel. Die selteneren Getreidearten werden im Handel meistens als Vollkornmehle angeboten. Ungenießbare Spelzen und Fruchtschale werden vor der Vermahlung entfernt. Sehr grob geschrotete oder gebrochene Körner nennt man Grütze. Man macht sie hauptsächlich aus Gerste, Hafer, Buchweizen und Weizen und verwendet sie für Suppen, zu Brei oder in einigen ganz speziellen Wurstarten.

Beim Mehleinkauf sollte man auf die gewünschte Mehltype (> Seite 212) und das Mindesthaltbarkeitsdatum achten. Überlagertes Mehl schmeckt muffig und bitter.

Reine Vollkornprodukte, bei denen nach der Säuberung vor der Vermahlung nichts entfernt wurde, haben auf der Verpackung keine Typenzahl (> Seite 212). Sie sind sowohl als Mehl und Grieß als auch als grober Schrot im Handel. Denn das ganze Korn läßt sich selbstverständlich in allen Feinheitsstufen vermahlen, ohne die Zusammensetzung zu verändern.

Je heller das Mehl, das heißt je niedriger die Typenzahl (> Seite 212), desto länger hält es sich. Helle Mehle bestehen überwiegend aus Stärke und enthalten kaum Fett, das im Laufe der Zeit ranzig werden könnte. Denn der fetthaltige Keimling wird vor dem Mahlen entfernt. Sie halten sich etwa ein halbes Jahr in der Verkaufsverpackung.

Im Handel angebotenes Vollkornmehl hält sich in der geschlossenen Verpackung mindestens ebensolange. Das liegt aber nicht, wie oft vermutet wird, an der Zugabe von Konservierungsstoffen, sondern am geringen Feuchtigkeitsgehalt: Schädlichen Mikroorganismen fehlt damit das lebensnotwendige Wasser. Getreide für Vollkornmehl enthält weniger als 12 Prozent Wasser, üblicherweise sind es mindestens 14 bis 16 Prozent.

Angebrochene Verpackungen müssen in jedem Falle stets gut verschlossen werden, damit das Mehl keine Fremdgerüche aufnimmt. Mehl und Schrot sind wegen ihrer großen Oberfläche empfindlicher als ganze Körner. (Über die Lagerung von Getreide informiert Seite 204.)

Wer sein Getreide selbst mahlt, muß – abhängig von der Charge – immer wieder mit leichten Abweichungen, zum Beispiel in der Backfähigkeit, der Wasseraufnahme (und damit der Haltbarkeit) und auch im Geschmack rechnen (> Getreidemühlen, Seite 165).

Im Haushalt selbstgemahlenes Mehl muß

Weizenmehltypen im Vergleich

	Eiweiß g	Fett g	Kohlenhydrate g	Ballaststoffe g	Vitamin B1 mg	Kalzium mg	Eisen mg
Weizen, ganzes Korn	11,4	**2,0**	60,2	**9,6**	0,48	**44**	3,3
Weizenmehl Type 1700	11,7	**2,0**	60,4	**9,2**	0,47	**40**	3,0
Weizenmehl Type 1050	11,6	**1,8**	67,0	**5,2**	0,43	**18**	2,8
Weizenmehl Type 405	10,6	**1,0**	72,0	**3,2**	0,06	**15**	2,0

Hinweis: Es gibt noch zahlreiche andere Mehltypen, die hier angegebenen sind nur typische Beispiele. Die Typenzahl wird in Deutschland und Österreich auf der Verpackung angegeben, in der Schweiz dagegen nicht.
Die Typenzahl ist ein Maß für den Ausmahlungsgrad. Sie gibt an, wieviel Mineralstoffe in diesem Mehl enthalten sind: Type 405 bedeutet, daß in 100 Gramm Mehl rund 405 Milligramm Mineralstoffe sind. Dieses sehr helle Mehl besteht fast nur aus dem relativ mineralstoffarmen Mehlkörper des Getreidekorns.

aber nicht sofort verbraucht werden. Nach Untersuchungen der Bundesforschungsanstalt für Getreideverarbeitung kann es bis zu vier Wochen ohne wesentliche Verluste an Vitaminen und Enzymaktivitäten gelagert werden. Voraussetzungen sind kühle und trockene Lagerung des verwendeten Getreides und Aufbewahrung des fertigen Mehls bei möglichst gleichmäßigen Temperaturen von nicht mehr als 20 Grad ohne große Luftfeuchtigkeit durch Kochdämpfe und ähnliches; Mehl wird am besten in hermetisch verschlossenen Gläsern oder Dosen aufbewahrt.

Die Lagerung im Kühlschrank behindert zwar die Entwicklung von Schädlingen, erhöht aber die Luftfeuchtigkeit und verkürzt die Haltbarkeit. Eine Ausschöpfung der maximalen Lagerfähigkeit ist nicht anzuraten, weil man nicht immer über optimale Aufbewahrungsbedingungen verfügt, aber für einige Tage auf Vorrat kann man Mehl oder Schrot im Haushalt herstellen und sich dadurch die Arbeit erleichtern.

Ein Tip zum Testen, ob Vollkornmehl noch gut ist:

Es darf beim Übergießen mit kaltem Wasser nicht ranzig schmecken und beim Übergießen mit heißem Wasser nicht muffig riechen.

Vermahlt man das volle Korn, so sind darin, unabhängig vom Feinheitsgrad des Mehles, alle Inhaltsstoffe des Getreides enthalten. Je mehr Randschichten vorher abgetrennt werden, desto geringer ist der Wirkstoffgehalt, am niedrigsten beim hellen Auszugsmehl der Type 405 (> Seite 213). Es enthält nur noch ein Drittel des Kalzium- und Ballaststoffgehaltes und nur ein Viertel bis ein Fünftel der Anteile von Vitamin B1 aus dem vollen Korn.

Trotz der geringeren Wirkstoffgehalte wäre es übertrieben, das helle Mehl generell als »schlechtes« Lebensmittel zu verteufeln. Der Wert einer gesunden Kost basiert stets auf der sinnvollen Zusammenstellung von Lebensmitteln und nicht auf den Eigenschaften eines einzelnen Bestandteils.

Das Verhältnis der Nährstoffe in hellen Mehlen ist – im Vergleich zu vielen anderen Lebensmitteln – immer noch günstig: viel Stärke, wenig Fett und relativ viel pflanzliches Eiweiß. Und noch etwas: Der Ballaststoffgehalt im hellen Mehl ist zwar um zwei Drittel geringer als der im ganzen Korn, aber höher als in fast allen Gemüse- und Obstarten. Denn im Mehlkörper sind noch rund 30 Prozent der Ballaststoffe des Getreidekorns enthalten.

Da sich viele Schadstoffe in den Randschichten des Getreidekorns anreichern, enthalten Vollkornmehle in aller Regel mehr Schadstoffe als Auszugsmehl. Dennoch sind Vollkornmehle und andere Vollkornprodukte empfehlenswert, denn ihr hoher Gehalt an Mineralstoffen und Vitaminen gleicht diesen Nachteil wieder aus.

Für die Bekömmlichkeit ist weniger die Frage Vollkorn- oder Auszugsmehl als vielmehr der Feinheitsgrad des Mehls entscheidend: Grobe Schrote sind immer schlechter verträglich als feine Mehle. Für Kinder, Menschen mit empfindlichem Magen und Ältere ist feines Vollkornmehl deshalb besser. Gut kauen ist aber in jedem Fall empfehlenswert.

Brot und Gebäck

Mit durchschnittlich vier bis fünf Scheiben Brot und einem Brötchen täglich sind die Deutschen keine großen Brotesser. Aber das Dickmacher-Image des Brotes schwindet, und damit wachsen die Chancen, die Attraktivität von Brot und Gebäck weiter zu steigern – so wie es aus gesundheitlicher Sicht wünschenswert ist.

Wichtigstes Brotgetreide bei uns ist der Weizen. Daneben spielt nur noch Roggen mengenmäßig eine größere Rolle. Alle anderen Getreidearten werden nur in geringeren Mengen als Bestandteile von Mehrkornbroten oder anderen Spezialbroten eingesetzt, weil sie allein nicht backfähig sind.

Die Vielfalt des Brotsortiments – Schätzungen gehen von 200 Sorten aus – teilt man je nach dem Mischungsverhältnis von Roggen und Weizen in vier Grundtypen:

- Weizenbrot mit mindestens 90 Prozent Weizenmehl. Der Rest kann aus Roggen- oder anderen Mehlen bestehen.
- Weizenmischbrot mit mehr als 50 und weniger als 90 Prozent Weizenmehl. Meist wird es mit Roggenmehl gemischt.
- Roggenmischbrot mit mehr als 50 und weniger als 90 Prozent Roggenmehl.
- Roggenbrot mit mindestens 90 Prozent Roggenmehl.

Für Roggenbrötchen gibt es keine einheitliche Zusammensetzung. Meistens enthalten sie nur zwischen 30 und 50 Prozent Roggen und damit bedeutend weniger als Roggenbrot. Mit einem Zusatz von Zuckerkulör, Malzmehl oder anderem wird das Brötchen dunkler und täuscht dann einen höheren Roggenanteil vor.

Als Triebmittel wird je nach Zusammensetzung des Brotteiges Hefe und/oder Sauerteig verwendet. Für Teige, die nur oder überwiegend aus Weizen bestehen, reicht Hefe als Lockerungsmittel aus, um ein voluminöses Brot zu erzielen. Roggen enthält weniger Klebereiweiß und braucht Sauerteig, um ein gelockertes und gut kaufähiges, saftiges Brot zu ergeben. Ohne diese Teigsäuerung wäre Roggenbrot feucht, sehr glitschig und hätte große Hohlräume. Sauerteig wirkt sich auch positiv auf den Geschmack und die Beschaffenheit bei Weizenbroten aus: Er verbessert den Zusammenhalt der Krume und damit die Schneidbarkeit und die Kaubarkeit. Außerdem macht er das Gebäck saftiger und aromatischer. Solche Brote sucht man beim Bäcker leider oft vergeblich.

Einen besonders kräftigen Geschmack und eine lange Haltbarkeit haben Vollkornbrote. Sie enthalten alle Bestandteile des ungeschälten Korns, einschließlich Keimling, Schale und Randschichten und werden überwiegend, aber durchaus nicht immer aus Roggen gebacken.

Beim Einkauf sollte man sich nicht an Phantasienamen orientieren, sondern nach der Zusammensetzung des Brotes fragen (> Spezial- und Bio-Brote, Seite 215). Abwechslung ist auch beim Brot gefragt. Wer einen kräftigen Geschmack liebt, sollte Sauerteigbrote bevorzugen. Sie sind besonders aromatisch, saftig und halten sich länger. Brot aus echtem Sauerteig schmeckt kräf-

Spezial- und Bio-Brote

Im Handel werden zahlreiche Spezialbrote angeboten. Sie unterscheiden sich im Anteil von Weizen und Roggen sowie durch

- **die Beigabe anderer Getreidearten (Mais, Hirse, Hafer),**
- **Zutaten von Milchprodukten wie Buttermilch, Molke oder Quark,**
- **die besondere Teigführung oder besondere Backverfahren (Pumpernickel, Knäckebrot, Steinofenbrot) und**
- **in manchen Fällen durch einen veränderten Nährwert (mehr Eiweiß, Ballaststoffe, weniger Energie).**

Die Qualität dieser Brote ist nicht besser als die der Standardsorten, sie erweitern jedoch das Sortiment und die Abwechslung.

Für »Bio«-Brot gibt es keine genauen Regelungen über die Zusammensetzung. Meist werden aber folgende Grundsätze befolgt:

- **Das Getreide stammt aus kontrolliertem biologischem Anbau.**
- **Es wird nur Vollkornmehl oder Vollkornschrot verwendet.**
- **Es werden nur Sauerteig für Roggenvollkornmehle oder aus vergorenem Honig hergestelltes Backferment für Weizenvollkornmehle, aber keine gezüchteten Hefearten eingesetzt.**
- **Statt gehärteter Fette (d.h. die meisten Margarinesorten) wird Butter verwendet.**
- **Zum Süßen nimmt man Honig statt Zucker.**
- **Es wird auf Konservierungsstoffe verzichtet.**
- **Das Brot wird meist unverpackt angeboten.**

Durch den Verzicht auf Bäckerhefe sind Bio-Weizenvollkornbrote weniger locker als die konventionellen Verwandten. Bei Roggenbroten gibt es in der Lockerung und der Volumenausbeute keine Unterschiede.

tiger als Brote mit Fertigsauer, der zur Verkürzung der Gärzeit heute oft eingesetzt wird, denn das längere Gären sorgt für die vermehrte Bildung der typischen Aromastoffe.

Die Farbe ist jedenfalls kein zuverlässiges Zeichen für die Zusammensetzung: Vollkornbrot muß durchaus nicht sehr dunkel sein. Auch die Farbunterschiede zwischen Roggen- und Weizenvollkornbrot sind sehr gering. Beim Einkauf sollte man deshalb unbedingt nach der Zusammensetzung fragen.

Vollkornbrot ist auch nicht immer körnig. Verwendet man zum Backen feines Vollkornmehl, so ist auch die Brotkrume fein. Helle Brotsorten mit Zugabe von einigen Getreidekörnern, Leinsamen oder Sonnenblumenkernen können dagegen Drei-, Vier- oder Mehrkornbrote heißen, sie sind aber keine Vollkornbrote.

Oft enthalten Brot und Gebäck weniger Vollkorngetreide, als es den Anschein hat: Sogenannte Mehrkornbrote beispielsweise können nur auf der Oberfläche mit ein paar Körnern verziert sein, ansonst aber aus normalem Mehl bestehen. Es empfiehlt sich daher, beim Bäcker gezielt danach zu fragen, ob ein Brot aus vollem Korn ist oder ob es sich nur um ein helles Mischbrot mit ein paar Alibikörnern handelt.

Nicht alle Qualitätskriterien für Brot kann der Konsument vor dem Einkauf beurteilen. Oft muß man sich auf die Auskunft des Verkäufers oder auf die Packungsaufschrift verlassen. Den Geschmack und Geruch kann man erst zu Hause testen.

Brot und Gebäck sollten möglichst häufig frisch eingekauft werden. Besonders Brötchen verlieren innerhalb weniger Stunden nach dem Backen die Rösche, also die knackige Kruste, ein wichtiges Qualitätskriterium. Gebäck mit weicher Kruste (Rosinenbrötchen, Brioche), das mit Fett und Zucker gebacken wird, hält sich dagegen mehrere Tage. Roggenhaltige Brote, Brote mit hohen Schrotanteilen und solchen, die mit Sauerteig gebacken wurden, behalten ihre Frische am längsten.

Richtwerte für die durchschnittliche Haltbarkeit:

Weizenbrote	1–2 Tage
Weizentoastbrot	7–8 Tage
Weizenmischbrot	3–4 Tage
Roggenmischbrot	4–5 Tage
Roggenbrot	6–7 Tage
Roggenschrotbrot	8–9 Tage

Zur Lagerung von Brot eignen sich entweder Brottöpfe oder ungelochte Plastikbeutel. Brottöpfe aus Keramik, Ton oder Kunststoff müssen gut schließen, damit das Brot nicht austrocknet; der Boden sollte eine gerippte

Wie erkennt man gut gebackenes Brot?

Ob das Brot gut gebacken ist, läßt sich an einigen Merkmalen erkennen, die auch bei offiziellen Qualitätsprüfungen beurteilt werden:

▶ Wie sieht das Innere des Brotes aus, die sogenannte Krume? Die Poren sollten gleichmäßig sein, ohne größere Hohlräume.

▶ Das Brot sollte weder klitschig noch mit Wasserstreifen durchzogen sein.

▶ Wenn man mit dem Finger auf die Krume drückt und es bleibt eine Vertiefung zurück, ist der Teig zu feucht.

▶ Besonders bei Vollkornbrot kommt es vor, daß das Brotinnere zu trocken und krümelig ist.

▶ Mehlklumpen sollten in einem gut gebackenen Brot nicht vorkommen.

▶ Das Brot sollte gleichmäßig gebräunt sein. Sehr dunkle, fast schwarze Kruste täuscht oft Rustikalität vor, ist aber ein Zeichen zu hoher Backtemperatur oder zu langen Backens und macht das Brot hart und trocken.

Die Qualität von Kleingebäck wie Brötchen ist meist schwerer zu beurteilen. Das Brötchengewicht ist dafür unerheblich, ebenso wie das Volumen. Kleineres Gebäck ist meistens aromatischer und auch in den Krumeneigenschaften besser. Zu große Brötchen haben oft ein schlecht schneidbares Inneres und lassen sich auch nicht so gut kauen. Verlängert der Hersteller die Gärzeiten des Teiges, bleiben die Brötchen kleiner und aromatischer. Auch längere Backzeiten sind für die Qualität besser.

Tips zum Brotbacken

Weizenmehl ist wegen seines hohen Klebergehaltes am vielseitigsten zum Backen zu verwenden. Alle anderen Getreidearten enthalten weniger oder gar kein gerüstbildendes Eiweiß. Diese Mehlsorten können nur für Fladen und Kleingebäck oder in Mischungen mit Weizenmehl verwendet werden. Reiner Hafer gibt ein schweres, feuchtes Brot, reines Maismehl ein flaches, sehr bröseliges Gebäck. In Rezeptangaben können deshalb nicht alle Mehlsorten gegeneinander ausgetauscht werden. Auswechseln lassen sich die Zumischungen von Hirse, Mais, Hafer und Gerste, wenn der Weizenanteil gleich bleibt.

Zur Herstellung von Weizenbrot macht man zunächst einen Vorteig aus fünf Eßlöffeln Mehl, 20 Gramm Hefe, einer Prise Zucker und drei Achtel Liter lauwarmem Wasser; nach einer halben Stunde gibt man ein halbes Kilogramm Weizenmehl hinzu und läßt den Teig nochmals für 30 Minuten gehen. Anschließend wird der Teig für 40 bis 50 Minuten bei 200 Grad Celsius gebacken.

Das Weizenmehl kann bis zu einem Drittel auch gegen Roggenmehl ausgetauscht werden. Wer Vollkornmehl verwendet, sollte den Schrot vorher einweichen, weil er beim Backen dem Teig sonst Wasser entzieht; außerdem braucht der Teig aus Vollkornmehl etwas mehr Wasser. Im Einzelfall hilft nur Ausprobieren, denn auch die Angaben in Backbüchern schwanken zwischen 5 und 30 Prozent Flüssigkeitszugabe. Eventuell ist ein zusätzliches Ei von Vorteil.

Bei Schrot ist die Wasseraufnahme insgesamt geringer und dauert länger. Die Krume bleibt immer fester und dichter. Läßt man den Teig nach dem Anrühren etwas rasten, quillt die Getreidestärke mehr auf, die Backeigenschaften und die Beschaffenheit des fertigen Produktes verbessern sich.

Bei jeder Typenzahl gilt: Je feiner das Mehl, desto besser und schneller nimmt es Flüssigkeit auf und desto lockerer wird der Teig. Die Zugabe von Schrot und groben Flocken darf deshalb nicht zu hoch sein (nicht mehr als etwa ein Viertel der Gesamtmenge), da sonst die Struktur verändert und das fertige Gebäck sehr bröckelig wird.

Der Feinheitsgrad ist besonders dann zu beachten, wenn man selbst Getreide mahlt (> Seite 167). Die Feineinstellung der Haushaltsgetreidemühlen ist nur selten exakt, und ein einziger Mahlvorgang ergibt kein einheitliches Mahlgut. Enthält das fertige Mehl zu viele grobe Partikel, müssen sie vor dem Backen je nach Rezept abgesiebt und anderweitig verwendet werden. Das gilt vor allem für Biskuit- und Mürbeteige (> Seiten 578, 581), die durch zu viel Kleiebestandteile trocken und brüchig werden.

Oberfläche haben, weil das Brot sonst »schwitzt« und leichter schimmelt. Die alte Weisheit »Brot muß atmen« gilt heute als falsch. Sie stammt aus einer Zeit, in der Küche und Lagerräume kühler und feuchter waren – Bedingungen, die die Haltbarkeit von Brot positiv beeinflussen.

Alle Brotbehälter müssen wöchentlich gereinigt werden, um Schimmelbefall zu verhüten. Wirksamer als Spül- oder Scheuermittel ist heißes Essigwasser (ein Teil Essig, neun Teile Wasser), denn Schimmelpilze vertragen keine Säure. Herumliegende Brotkrümel fördern den Verderb.

Der Kühlschrank ist zur Brotlagerung nur eine Notlösung, denn darin wird Brot am schnellsten altbacken, selbst wenn es in einer Plastiktüte liegt. Besonders empfindlich sind Weizenbrote. An sehr schwülen Tagen kann das Verschimmeln im Kühlschrank verzögert werden. Roggenbrote verkraften diese Lagerung am besten.

In luftdichter Folie verpackt eignet sich Brot gut zum Einfrieren; Weißbrot taut ebenso wie andere Brotsorten am besten in der Verpackung auf, gefrorene Scheiben kann man auch toasten. Brötchen sollte man aufbacken. Wenn man die Oberfläche anfeuchtet, läßt sich ein Abblättern der Kruste teilweise verhindern.

Am besten erhalten bleibt die Qualität, wenn es sehr frisch eingefroren wird und schnell –18 Grad Celsius erreicht. Dann hält es sich mindestens ein halbes Jahr.

Aus altbackenem Brot lassen sich viele leckere Gerichte zubereiten, zum Beispiel Toskanischer Brotsalat (> Seite 627), Brotsuppe nach Tessiner Art (> Seite 632), Eierrösti (in Butter gebratene Brotscheiben, mit Eierguß zu einem Pfannkuchen gebacken) und Apfelrösti (in Butter gebackene Brot- und Apfelscheiben mit Zimtzucker).

Aus Halbfertigbrötchen kann man recht schmackhaftes Gebäck machen. Sie bestehen aus Weizenmehl (zum Teil auch Vollkorn), Hefe, Wasser und Salz. In einigen Fällen werden allerdings Aromastoffe zugesetzt. Halbfertigbrötchen halten sich tiefgekühlt ungefähr sechs Monate.

Brot ist ein wichtiges Grundnahrungsmittel, das uns im Durchschnitt 55 Prozent der täglich aufgenommenen Stärke, 25 Prozent des Proteins, 35 Prozent der Ballaststoffe, 30 Prozent des Eisen sowie 20 Prozent der Energie, der B-Vitamine, aber nur 4 Prozent des Fetts liefert. Es ist also weit mehr als nur eine preiswerte Kohlenhydratquelle.

Vollkornbrot ist besonders reich an wichtigen Inhaltsstoffen, besonders an Vitaminen der B-Gruppe, Mineralstoffen und Ballaststoffen. Der Inhaltsstoff Phytinsäure ist in Vollkornbroten in höherer Menge enthalten als im Weißbrot; er vermindert die Aufnahme wichtiger Mineralstoffe wie Zink, Eisen und Kalzium in den Körper. Da aber die insgesamt enthaltene Menge an Mineralstoffen in Vollkornbroten erheblich höher ist als bei hellen Sorten, ergibt sich im Endeffekt kein gesundheitliches Problem. Durch die Gärung bei der Sauerteigbereitung wird die Phytinsäure übrigens weitgehend abgebaut und die Mineralstoffausnutzung deutlich verbessert.

Da Getreide im allgemeinen wenig schadstoffbelastet ist (> Seite 206), kann man Brot unbedenklich genießen. Zwar sind die Schwermetallgehalte in Vollkornbroten etwas höher als diejenigen in Weißmehlerzeugnissen, liegen aber weit unterhalb gesundheitsgefährdender Mengen und sind kein Anlaß, auf Vollkornbrote zu verzichten. Vergleichende Analysen zwischen »konventionellen« und »Bio«-Broten brachten allerdings keine Unterschiede in der Zusammensetzung oder dem Rückstandsgehalt.

Problematisch kann verschimmeltes Brot sein. Der Schimmelpilz entwickelt einen Giftstoff, der beim Menschen Leberkrebs auslösen kann. Der Schimmelrasen breitet sich zuerst auf der Oberfläche aus und wächst dann keilförmig in das Brot ein. Stark verschimmeltes Brot muß deshalb völlig weggeworfen werden. Ist nur eine kleinere Stelle befallen, sollte sie großzügig ausgeschnitten werden.

Je feuchter das Brot ist, desto leichter wächst Schimmel darauf. Deshalb ist Schnittbrot grundsätzlich anfälliger als das durch eine trockene Kruste geschützte Ganzbrot. Als

Konservierungsstoff sind aus diesem Grunde nur für Schnittbrot maximal zwei Gramm Sorbinsäure je Kilogramm erlaubt. Diese Substanz gilt als unbedenklich, da sie auch in der Natur vorkommt und im Körper wie ein Fettbestandteil abgebaut wird. Die Verwendung von Sorbinsäure geht aber stark zurück. Zur Schimmelverhütung wird Schnittbrot heute meistens pasteurisiert, das heißt in der geschlossenen Verpackung noch einmal erhitzt. Dabei wird in Kauf genommen, daß das Brot etwas trockener wird.

Noch recht neu auf dem Markt ist kochsalzvermindertes Brot. Das ist deshalb wichtig, weil Brot der mengenmäßig wichtigste Salzlieferant unserer Nahrung ist und viele Menschen, vor allem Bluthochdruckkranke, den Salzverbrauch einschränken sollten. Salzarmes Brot wird als »natriumreduziertes Brot« bezeichnet und enthält mit höchstens 250 Milligramm Natrium in 100 Gramm etwa die Hälfte der üblichen Menge. Salzarmes Brot kann man natürlich auch selbst backen (> Seite 217).

Müsli

Das klassische Müsli des Schweizer Arztes Max Bircher-Benner bestand aus in Wasser eingeweichten Haferflocken, etwas Zitronensaft, Joghurt oder Milch, etwas Honig und viel frisch geriebenem Apfel. Die große Produktpalette, die uns heute zur Verfügung steht, eröffnet uns mehr Abwechslungsmöglichkeiten, als Bircher sie zu seiner Zeit hatte.

Unter einem Müsli versteht man heute, anders als zu Zeiten Bircher-Benners, Mischungen von verschiedenen Getreideprodukten mit einer mehr oder wenig üppigen Zugabe von Nüssen, Ölsaaten (z.B. Leinsamen, Sonnenblumenkerne, Sesamsaat), Trockenobst, eventuell einem Süßungsmittel oder Schokoladestückchen. Ihre Zusammensetzung ist rechtlich nicht festgelegt und schwankt deshalb stark. Bei Untersuchungen wurden Getreideanteile zwischen 50,6 und 92,9 Prozent, Ölsaaten zwischen null und 33,5 Prozent, Nüsse und Mandeln zwischen null und 14,6 Prozent und Trockenfrüchte von 5,6 bis 17,4 Prozent gefunden.

Crunchy ist eine Müsli-Variante, bei der Flocken (> Seite 220), Nüsse, Ölsamen, Trockenfrüchte, eventuell Honig mit Öl vermischt und in heißer Luft geröstet werden.

Da Müsli vor allem eine Getreidespeise ist, sollten die Körnerprodukte auch den Hauptanteil ausmachen, das heißt in der Zutatenliste ganz am Anfang stehen. Ein Beispiel: Vollkornflocken aus Hafer, Weizen, Gerste und Roggen, ungeschwefelte Rosinen und Korinthen, geröstete Haselnüsse, geröstete Sonnenblumenkerne.

Süßungsmittel können sich unter einer Vielzahl von Namen verstecken. Je weiter vorn sie in der Zutatenliste aufgeführt sind, desto süßer ist das Müsli. Dabei ist der Zuckeranteil des Trockenobstes noch gar nicht berücksichtig. Außer Zucker können zum Beispiel Traubenzucker (Glukose), Fruchtzucker (Fruktose), Rohzucker, Ahornzucker, Glucosesirup oder Honig zugesetzt werden.

Ganz wichtig für den Erhalt der Qualität ist die richtige Lagerung. Die größten Fehler: zu warm und zu feucht. Müsli und alle anderen Zerealien lieben es kühl (am besten um 15 Grad Celsius), trocken, hermetisch in einer Dose oder in einem Glas abgeschlossen und lichtgeschützt. Dann halten sich trockene Mischungen mehrere Wochen. In den Kühlschrank gehören sie nicht, denn dort entwickelt sich Kondenswasser, das den Verderb fördert. Auch die Klarsichtverpackungen sind wegen des fehlenden Luftaustausches nicht günstig.

Kein Patentrezept gibt es gegen Schädlinge. Das gilt sowohl für Produkte aus konventioneller als auch für die aus biologischer Erzeugung. Wird das Müsli zu warm gelagert, schlüpfen aus den Eiern die Würmchen, meist Mehlmotten aus. Beim Einkauf könnte man sie zwar sehen, nicht jedoch die kleinen Eier. Es hilft also nur der Kauf nicht allzu großer Mengen, die man bald verbrauchen kann, kühle Lagerung und der Blick auf das Mindesthaltbarkeitsdatum.

Ohne viel Aufwand kann man sich eine Mischung nach persönlichem Geschmack selbst zusammenstellen (> Rezept, Seite 605). Die Basis sollte aus Vollkornflocken bestehen. Damit bekommt man alle wichtigen Inhaltsstoffe im Naturverbund und kann auch den unterschiedlichen Geschmack der Getreidearten am besten vergleichen: Weizen ist ein bißchen süßlich und nussig, Roggen und Gerste eher von kräftigem Geschmack, Hirse fein würzig und Buchweizen etwas bitter.

Für Müslis und Frischkornbrei weicht man das Getreide in einem gut abgedeckten Gefäß am besten über Nacht im Kühlschrank ein. Bei höheren Temperaturen und unter Lufteinfluß können sich Schimmelpilze und andere Mikroorganismen in dem nährstoffreichen Brei sonst stark anreichern. Nimmt man Sauermilchprodukte statt Wasser, so verzögert sich die Keimentwicklung ein wenig. Sie müssen aber ebenfalls kalt stehen.

Das hausgemachte Müsli sollte aus gesundheitlichen Gründen zu mindestens 2/3 bis 3/4 aus Getreideflocken bestehen, eventuell mit ein paar Corn-flakes dazwischen, der Rest etwa zur Hälfte aus Nüssen, Mandeln oder Sonnenblumenkernen, Leinsamen und zur Hälfte aus Trockenfrüchten. Auf letztere kann man aber auch gut verzichten, wenn man vor dem Essen frisches Obst hinzufügt. Geeignet sind alle Obstarten, am besten diejenigen, die gerade frisch angeboten werden. Ein geriebener Apfel macht das Müsli schön locker und verbessert auch die Bekömmlichkeit. Übergossen wird das ganze mit Fruchtsaft oder einem Milchprodukt. Milch, Joghurt oder auch angerührter Quark sind zur Ergänzung besser als Fruchtsaft. Die Art des Milchproduktes richtet sich nach der gewünschten Konsistenz – eher breiig oder eher suppig. Süßen sollte man sparsam, egal, ob mit Zucker, Honig, Ahornsirup oder anderen Süßungsmitteln.

Müsli ist reich an Stärke, Ballaststoffen, Vitaminen (besonders Vitamin B1) und Mineralstoffen. Sein Vorteil liegt in der optimalen Ergänzung mit Milchprodukten und Obst. Dadurch sind Müsli und andere Getreidegerichte sowohl als Frühstück als auch als Zwischenmahlzeit empfehlenswert. Auch für einige Diäten sind sie empfehlenswert. Zuckerkranken helfen sie, den Blutzuckerspiegel gleichmäßiger zu halten.

Müslis mit reichlich Nüssen, Trockenobst, Sesam und anderem weichen im Nährstoffgehalt allerdings erheblich vom Getreide pur ab. Zuviel Ölsaaten (Leinsamen, Sesam, Sonnenblumenkerne u.a.) und Nüsse machen Müslis sehr fett, zuviel Süßungsmittel, Schokolade und Trockenfrüchte bringen reichlich Zucker. Im Extremfall fanden sich in Fertigprodukten über 30 Prozent Zucker. Dadurch schwinden die Vorteile der Körnerspeise gegenüber einem Standardfrühstück.

Corn-flakes

Corn-flakes werden aus Mais (amerikanisch: corn) hergestellt. Nach der Entfernung des fetthaltigen Keimlings wird das grob geschrotete Maiskorn mit Malz, Zucker und Salz aromatisiert und anschließend unter Druck gekocht. Dabei karamelisiert der Zucker und bildet die typische Farbe. Nach dem Trocknen und Dämpfen werden die Maisbruchstücke zu flachen Flokken gewalzt und in einem Röstofen knusprig geröstet. Flakes stellt man vorwiegend aus Mais, aber auch aus aus Roggen und Hafer her.

Flocken

Flocken gibt es heute von allen Getreidearten und auch von Buchweizen. Vielfach sind sowohl Vollkornflocken mit allen Inhaltsstoffen des vollen Korns im Angebot als auch solche, bei denen vor dem Dämpfen und Quetschen der

Keimling und auch ein Teil der Randschichten entfernt wurde. Von allen Zerealien sind Flocken am wenigsten bearbeitet.

Die Flockengröße sagt nichts über die Qualität aus. Kleinere Flocken werden aus geschnittenen Körnern hergestellt und können auch Vollkornprodukte sein. Instantflocken bestehen meist aus gepreßtem Vollkornmehl, das sich in Flüssigkeit sofort fein verteilt.

Haferflocken sind die mit Abstand beliebtesten Getreideprodukte. Da Hafer das fettreichste Getreide ist, sind sie besonders anfällig für das Ranzigwerden. Das Dämpfen der Körner vor dem Walzen zerstört die im Keimling vorhandenen fettzersetzenden Enzyme und läßt das typische nußartige Aroma entstehen.

Beim Einkauf sollte man Produkte aus ungesüßtem Vollkorn bevorzugen. Sie sind aus mehreren Gründen vorteilhaft: Der Eigengeschmack der Getreidearten und Früchte kommt besser zur Geltung. Es kann ganz nach Geschmack gesüßt werden. Oft reicht reifes Obst zum Süßen schon aus. Die Produkte können vielfältiger verwendet werden, reine Flockenmischungen zum Beispiel auch zum Backen von Kuchen und Brot, zum Herstellen von Süßspeisen und Aufläufen, für Bratlinge und Suppen.

Bei fertigen Mischungen informiert ein Blick auf die Zutatenliste über die wichtigsten Bestandteile und deren Mengenverhältnis. Die Liste enthält alle Bestandteile in absteigender Reihenfolge des Gewichtsanteils; das heißt die mengenmäßig wichtigste Zutat steht ganz vorn.

Flocken aus eigener Herstellung sind nur etwas für Enthusiasten mit viel Zeit (> Kornquetschen, Seite 168). Sie sind im Gegensatz zu den käuflichen Produkten, die immer gedämpft werden, völlig unbehandelt, aber nicht lange lagerfähig. Das rohe Getreide ist außerdem uneingeweicht oft schwer verdaulich.

Die meisten Flocken sind besser verdaulich, wenn man sie vor dem Essen einweicht. Sie weisen – wie alle Getreideprodukte – nur eine geringe Belastung mit Verunreinigungen und Rückständen auf. Betrachtet man allein diesen Aspekt und nicht die gesamte »ökologische Verträglichkeit«, so ist es gleichgültig, ob man auf Produkte aus konventioneller Erzeugung oder aus biologischem Anbau zurückgreift. Wichtiger als das Anbauverfahren ist die günstige Zusammensetzung des Produkts.

Bei allen Vollkornprodukten mit reichlich Ballaststoffen ist wichtig: Langsam und gründlich kauen, um Unverträglichkeiten zu verhindern, und viel trinken! Denn Ballaststoffe binden Wasser im Verdauungstrakt und fördern dadurch die Verdauung. Steht zu wenig Flüssigkeit zur Verfügung, kann sich ein trockener Pfropf bilden, der die entgegengesetzte Wirkung hat.

Kleie

Haferkleie wird aus den Randschichten, dem Keimling und den äußeren Schichten des Mehlkörpers gewonnen, Weizenkleie dagegen ausschließlich aus den Randschichten des Korns. Die Zusammensetzung der Kleie hängt daher von der Getreideart ab.

Weizenkleie ist nahezu geschmacklos und kann verschiedenen Speisen zur Anreicherung mit Ballaststoffen beigegeben werden. Zur Geschmacksverbesserung wird Kleie auch geröstet und einigen Müslis beigegeben.

Grundsätzlich sollten nur als Speisekleie eingestufte Produkte eingekauft werden (ungereinigte Kleie eignet sich nur als Tierfutter).

Haferkleie wurde in den letzten Jahren besonders aktuell, denn aufgrund neuerer Untersuchungen hilft sie, erhöhte Cholesterinspiegel zu senken. Dafür sind jedoch nach den bisherigen wissenschaftlichen Ergebnissen recht große Mengen (rund 50 bis 60 Gramm/Tag) erforderlich. Verantwortlich dafür ist eine Substanz namens Beta-Glukan, ein spezieller Ballaststoff, der in größeren Mengen nur im Hafer vorkommt.

Weizenkleie fördert zwar ebenso wie Haferkleie die Verdauung, hat aber keinen Einfluß auf die Blutfette.

Da die Randschichten des Korns am ehesten schadstoffgefährdet sind, ist es nicht überraschend, daß in Speisekleie höhere Gehalte an Verunreinigungen gemessen wurden als in Flocken aus dem vollen Korn, bei denen es einen »Verdünnungseffekt« gibt. Dennoch muß von einem Verspeisen von Kleie in geringen Mengen aus gesundheitlicher Sicht nicht abgeraten werden.

Kleie sollte keinesfalls in größeren Mengen gegessen werden, ohne sehr reichlich zu trinken. Stehen viel Vollkornprodukte, Gemüse und Obst auf dem Speisezettel, ist Kleie ohnehin überflüssig.

TEIGWAREN (PASTA)

Feiner Weizengrieß und Wasser, eventuell noch Eier: das sind die einzigen Zutaten, die man für die Herstellung von Nudeln braucht. Sie sind also reine Naturprodukte ohne irgendwelche Zusätze. Ein wichtiges Unterscheidungsmerkmal ist aber die Art des verwendeten Weizens.

Die besten Nudeln sind aus Hartweizen, das ist nicht nur in Italien, sondern auch bei uns unbestritten. Der sogenannte Durumweizen ist stärkearm, sehr eiweißreich und verbindet sich dadurch besonders glatt mit Wasser. Die Nudeln bleiben beim Kochen fester, gehen gut auf und geben nur wenig Masse an das Kochwasser ab. Außerdem ist Hartweizen von Natur aus gelber und verleiht den Teigwaren deshalb auch ohne Eizusatz eine ansprechende Farbe.

Man kann aber auch aus Brotweizen gute Teigwaren herstellen. Da dieser Weichweizen eiweißärmer und stärkereicher ist, gibt man dem Teig Eier zu, damit die fertigen Nudeln nicht zu weich kochen. Das Lezithin des Eis wirkt emulgierend und verhindert das Abkochen der Stärke. Die Anzahl der Eier ist bei diesen Nudelsorten ein Qualitätskriterium: Je mehr Eier enthalten sind, um so voller und kräftiger ist der Geschmack, um so kräftiger gelb ist die Farbe und desto zarter wird die Konsistenz der Nudeln nach dem Kochen.

Vollkornnudeln werden aus dem vollen Korn hergestellt. Es kann sowohl Hart- als auch Weichweizen verwendet werden. Charakteristisch ist die braune, manchmal etwas ungleichmäßige Farbe und der kräftige, nussige Geschmack. Meistens brauchen sie eine etwas längere Garzeit. In vielen Fällen sind sie eifrei, generell aber wirkstoff- und ballaststoffreicher als die hellen Verwandten.

Neu im Angebot sind Teigwaren aus oder mit anderen Getreidearten. So gibt es Roggennudeln aus reinem hochausgemahlenem Roggenmehl; sie schmecken kernig und herzhaft; ferner werden Hirsenudeln aus Hartweizen und einer Beimischung von 60 Prozent Hirse angeboten, die besonders schnell gar werden. Sojanudeln sind eiweißreicher als die üblichen Sorten, unterscheiden sich im Geschmack aber kaum von ihnen.

Glasnudeln sind der Exot unter den Teigwaren und haben kaum Eigengeschmack – sie werden vorwiegend der Optik wegen verwendet. Sie nehmen aber den Geschmack anderer Zutaten gut auf. Erzeugt werden sie aus reiner Stärke von Soja- oder Mungobohnen, Reis, Weizen oder Kartoffeln. Glasnudeln sind vorgedämpft und anschließend getrocknet, und müssen nur etwa drei Minuten bis zur fertigen glasig-schlüpfrigen Konsistenz kochen.

Teigwaren haben sich von einem einfachen Lebensmittel schon fast zu einem Prestigeobjekt beim Einkauf entwickelt. Entsprechend groß sind die Preisdifferenzen: Von weniger als fünf bis über 20 DM kann man für ein Kilogramm auf den Ladentisch legen. Am teuersten sind die blanchierten, fertig verpackten Nudeln, die nur noch eine halbe Minute in kochendem Wasser fertiggegart werden müssen.

Wer die Möglichkeit hat, in seiner Umgebung frische, lose angebotene Teigwaren zu kaufen, die meist auch schon etwas getrocknet sind, sollte sie nutzen. Sie schmecken oft besser als die verpackten. Allerdings nur, wenn sie aus einwandfreien Zutaten frisch hergestellt wurden. Denn diese Nudeln sind kaum getrocknet und halten sich nicht lange. Tagesangebote sollte man wahrnehmen und zu Hause möglichst schnell zubereiten.

Bei fertig verpackten Nudeln informiert ein Blick auf die Zutatenliste über die verwendete Weizenart und die Anzahl der Eier. Meistens wird pasteurisiertes Vollei, seltener Trockenei verwendet (weshalb die Angst vor Salmonellen unbegründet ist).

Über die Zahl der Eier in Nudeln gibt die Kennzeichnung Auskunft: »Eiernudeln« enthalten mindestens 2 1/4 Eier auf 1 Kilogramm Grieß, Eiernudeln »mit hohem Eigehalt« mindestens 4 und Eiernudeln »mit sehr hohem Eigehalt« mindestens 6 Eier je Kilogramm. Teigwaren dürfen nicht in durchsichtiges gelbes Material verpackt sein, damit die Farbe keinen höheren Eigehalt vortäuscht als tatsächlich darin enthalten ist. Auch das Färben von Nudeln ist aus diesem Grund verboten.

Die bunten Nudeln fallen nicht unter dieses Verbot. Helle Nudeln werden durch kleine Mengen Tomaten, Spinat, Safranfäden, Kräuter oder andere Gemüse auf natürliche Weise gefärbt. Der Geschmack wird dadurch weniger verändert als die Optik. Wer Nudeln selber macht, kann neue Variationen erproben und aus einem Grundrezept (> Seite 485) eine ganze Farbpalette herstellen.

Teigwaren müssen trocken, luftig, gleichmäßig temperiert und getrennt von stark riechenden Lebensmitteln aufbewahrt werden.

Nudeln brauchen zum Kochen viel Flüssigkeit. Man rechnet etwa 1 Liter je 100 Gramm Rohgewicht. Etwas Öl im Kochwasser verhindert das Zusammenkleben und Überkochen. Ganz entscheidend ist die Kochzeit. Pasta muß al dente sein, das heißt noch Biß und in der Mitte noch einen weißen Punkt haben, sonst verliert sie an Aussehen und Geschmack. Die auf der Packung angegebene Kochzeit ist deshalb nur ein Anhaltspunkt. Am sichersten ist es, vor der angegebenen Garzeit eine Nudel herauszunehmen und zu kosten.

Wer Nudeln selbst herstellen möchte, kann sich entweder Hartweizengrieß besorgen oder mit Mehl und Eiern arbeiten (> Seite 485).

Kulinarische Abwechslung kann man übrigens auch erreichen, wenn man altbekannte Nudelrezepte (> Seite 484) einmal mit anderen Sorten ausprobiert: Spaghetti Bolognese beispielsweise mit Vollkornnudeln, Lasagne mit Spinatnudelblättern oder Aufläufe mit Kräuternudeln. Auch Käsespätzle mit Dinkelnudeln schmecken vorzüglich.

Optisch ansprechend sind Gerichte wie gelbe Nudeln (> Seite 485), schwarze Nudeln (> Seite 487) und rote Nudeln (> Seite 487). Für Ernährungsbewußte sind Vollkornnudeln mit Gemüse (> Seite 607) zu empfehlen.

Fernöstlich zubereitet schmecken feine schmale Nudeln (es müssen nicht Glasnudeln sein). Dazu lassen sich Gerichte aus einem Wok (> Seite 179) mit pfannengerührten Gemüsen, kleingeschnittenem Fleisch oder Fisch, Sojasauce, eventuell auch geriebenem Ingwer und mit wenig Maisstärke gebundenen Saucen servieren. Solche Zubereitungen eignen sich sehr gut zur Verwertung von Resten.

Die schnelle Garzeit und die ständige Verfügbarkeit machen Teigwaren fast zu einem Convenience-Produkt – einem Lebensmittel mit eingebauter Dienstleistung. Sie passen aufgrund ihrer Zusammensetzung aus nur wenigen, kaum veränderten Rohstoffen dennoch gut in den Trend der gesundheitsbewußten Ernährung und haben sogar noch ernährungsphysiologische Vorzüge. Denn Nudeln sind reich an Stärke, enthalten pflanzliches Eiweiß, fast kein Fett und je nach Sorte sogar mehr oder weniger Vitamine, Mineral- und Ballaststoffe.

Wer bei den Zutaten nicht allzu üppig zulangt, auf sehr fette Soßen verzichtet und sich eine große Portion Salat zum Nudelschmaus gönnt, hat neben dem kulinarischen Genuß auch noch eine gesundheitlich wertvolle Mahlzeit.

GEMÜSE

Daß Gemüse immer noch so wenig beliebt ist, liegt wohl daran, daß es jahrzehntelang in den Küchen eher verunstaltet denn geschmackvoll zubereitet wurde. Dabei bietet die Vielfalt an Formen und Geschmacksnuancen viele Chancen zur Belebung des kulinarischen Alltags.

Gemüse fristet in vielen Haushalten ein Schattendasein als wenig geliebte Beilage oder Zuspeise. Es genießt nicht das hohe Ansehen des Fleisches und hat im Gegensatz zu Kartoffeln, Nudeln oder Klößen nicht einmal den Vorzug, nachhaltig satt zu machen.

Die Hälfte der insgesamt verzehrten Gemüsemenge entfällt auf nicht einmal zehn Arten: Tomaten, Zwiebeln, Weiß- und Rotkohl, Gurken, Möhren, Blumenkohl, Kopfsalat und Bohnen. Das ist erstaunlich, bietet der Handel doch zahlreiche andere Gemüse aus nah und fern an – mit einer Vielfalt an Farben, Formen und Geschmacksnuancen wie keine andere Lebensmittelgruppe.

In der Gastronomie werden Frische und Farbigkeit inzwischen groß geschrieben, die angebotenen Gemüse dienen freilich nicht selten bloß als Dekoration. Mit etwas Geschick kann man allerdings viel mehr bieten als einfallslose Gemüseplatten mit Ei oder diverse Salatvariationen. Anregungen dazu geben die folgenden Seiten und die Rezepte ab Seite 488.

EINKAUF

Es ist entscheidend für den kulinarischen Wert, daß das Gemüse knackig-frisch ist und nicht seit Stunden in der Sonne auf dem Markt liegt. Außerdem sollte es so bald wie möglich zubereitet werden. Dabei gilt, daß mittelgroße Gemüsesorten oft besser haltbar sind als sehr große.

Eine Vielzahl von Gemüsearten bekommt man heute das ganze Jahr über. Wenn sie in unseren Breiten keine Freilandsaison haben, werden sie unter Folie oder im Treibhaus angebaut, aus dem europäischen Ausland oder aus Übersee importiert.

In den meisten Fällen hat Gemüse aus dem Freiland mehr Geschmack, mehr wertvolle Inhaltsstoffe und ist auch deutlich preiswerter als die Glashausware. Selbst wenn man sich beim Einkauf nach der Saison richtet, ist die Auswahl immer noch sehr groß, vorausgesetzt, man nutzt das Angebot und versteift sich nicht das ganze Jahr über auf Tomaten und Salatgurken, um dann im Winter über das fehlende Aroma zu klagen. Sogar bei

Blattsalaten gibt es im Winterhalbjahr frische Ware; es muß also nicht immer der nitratreiche Kopfsalat sein. Die Tabelle auf Seite 237 gibt Anhaltspunkte über Monate mit reichlichem Angebot.

Zur Beurteilung von Gemüse sind verbindliche Qualitätsnormen der Europäischen Union wichtig, die auf allen Handelsstufen bei der Ein- und Ausfuhr angegeben werden müssen. Einige Gemüsearten können auch mit deutschen Handelsklassen ausgezeichnet sein. Beide Normen beziehen sich vor allem auf äußere Merkmale wie Gewicht, Größe, Makellosigkeit der Schale, geben aber keine direkte Auskunft über innere Werte wie Reife, Vitamingehalt oder Geschmack.

Man muß daher nicht immer die Güteklasse Extra kaufen. In vielen Fällen reichen Klasse I oder II aus, sofern man sich die Frische beim Einkauf genau ansieht.

Lagerung

Um Gemüse richtig zu lagern, muß man auf Temperatur und Luftfeuchtigkeit achten: Optimal sind für die meisten Gemüsearten Temperaturen zwischen null und einem Grad Celsius und eine Luftfeuchtigkeit von 90 Prozent. In den herkömmlichen Kühlschränken ist die Luft in der Regel viel zu trocken, das Gemüse welkt schnell. Es gibt allerdings auch Geräte mit Spezialfächern, in denen die Luftfeuchtigkeit optimal ist (> Seite 138).

Wer kein derartiges Gerät hat, sollte Gemüse in einen Plastikbeutel verpacken und an die kälteste Stelle des Kühlschranks legen. Die Temperatur muß unbedingt mit einem Thermometer kontrolliert werden, denn eine gute Verpackung bei zu hoher Temperatur verlängert nicht die Haltbarkeit, sondern fördert die Fäulnis.

Kälteempfindliche Gemüsearten dagegen, zum Beispiel Tomaten, Gurken, Paprika, Spargel, Zucchini und Auberginen, brauchen Temperaturen zwischen 5 und 14 Grad Celsius. Nur sie sollten im Gemüsefach des Kühlschranks lagern, anderem Gemüse ist es dort zu warm.

Haltbarkeit

Gemüse ist – genauso wie Obst – sehr empfindlich gegen Austrocknen und Verwelken. Nur wirklich frisches Gemüse sollte zu Hause überhaupt noch gelagert werden. Wurzel- und Kohlgemüse ist dabei natürlich weniger sensibel als Blattgemüse, das bei Zimmertemperatur bereits innerhalb eines Tages ein Viertel seines Vitamin C-Gehaltes einbüßt.

Immerhin gibt es Verfahren, Gemüse haltbar zu machen, vor allem das Tiefgefrieren und das Einkochen. Über Vor- und Nachteile informiert der Kasten auf Seite 231.

Zubereitung

Die wichtigsten Inhaltsstoffe des Gemüses sind Vitamine und Mineralstoffe. Beide sind empfindlich gegen Auslaugen in Wasser, Vitamine zusätzlich gegen Sauerstoff und Hitze.

Gemüse wird deshalb stets nur kurz gewaschen und nie gewässert. Dünsten in wenig Wasser in einem gut schließenden Topf ist neben dem Dämpfen das Garverfahren, das die Nährstoffe am wirksamsten schont. Gemüse sollte bißfest sein, breiig gekochtes Gemüse der Vergangenheit angehören. Rezepte in Kochbüchern sollte man sich kritisch ansehen, denn die angegebenen Kochzeiten sind oft viel zu lang. Beim Garen im Dampfdrucktopf kommt es sogar auf jede halbe Minute an. Ohne Kurzzeitwecker kann niemand sicher sein, doch nur Gemüsepüree zu produzieren. Viele Gemüsearten können aufgefrischt werden, indem ein Teil der Menge vor dem Servieren roh und gut zerkleinert unter das Gegarte gemischt wird.

Bei Salaten ist die Frische noch wichtiger als bei anderem Gemüse. Sie werden nach dem Putzen kurz gewaschen und anschließend trocken geschleudert oder abgetupft, um die Marinade (> Seite 572) nicht zu verwässern. Zugefügtes Wasser hat in einer Salatsoße gar nichts zu suchen. Bis auf wenige Ausnahmen fallen Blattsalate sehr schnell zusammen und dürfen erst kurz vor dem Servieren mariniert werden. Reste lassen sich nicht aufheben.

Gesundheit

Gemüse liegt derzeit im Trend der gesundheitsbewußten Ernährung, und das Angebot war wohl noch nie so reichhaltig. Dennoch sagt die Statistik, daß wir von den täglich empfohlenen 250 Gramm Gemüse noch weit entfernt sind: Nur 160 Gramm im Durchschnitt konsumiert jeder Deutsche, und darin sind Konserven und andere Gemüseprodukte schon einbezogen.

Immerhin haben Salate enorm an Bedeutung gewonnen. Sie gelten geradezu als Markenzeichen für den Speiseplan jedes Gesundheitsbewußten. Die wachsende Beliebtheit liegt aber sicher auch an der problemlosen Zubereitung. Auch Ungeübte und Berufstätige, die wenig Freizeit haben, können mit ein bißchen Phantasie und verschiedenen Sorten Essig, Öl und Kräutern aus den vielen Blattgemüsearten immer wieder einen neuen Salat anrichten. Reisen in Mittelmeerländer haben hier viel Anregung gebracht.

Betrachtet man die ernährungsphysiologische Seite dieser Entwicklung, so ist jedoch der Trend weg vom warmen Gemüse eher zu bedauern. Gekochtes Gemüse liefert mit Abstand mehr Vitamine, Mineralstoffe und Ballaststoffe als Salate, weil die letzteren nur beim Vitamin C die Nase vorn haben. Obwohl durch die Hitzeeinwirkung bei der Zubereitung von Gemüse Inhaltsstoffe verlorengehen, ist die verbliebene Menge immer noch höher als im Salat. Bei einigen Gemüsearten, etwa bei Kohl und Möhren, ist die Ausnutzung vieler Nährstoffe im gekochten Zustand sogar besser als im rohen. Deshalb ist auch beim Gemüse ein Mittelweg am besten: Generell mehr Gemüse essen, viel Abwechslung anstreben, häufiger einmal Gemüse kochen und täglich, auch zu kalten Mahlzeiten am Abend, einen Rohkostsalat auf den Tisch bringen.

Amaranth

> Seite 205

Artischocken

Artischocken werden im ganzen Mittelmeerraum angebaut und sind das ganze Jahr über erhältlich. Bei uns gelten sie als Luxusgemüse. Verwendet werden die Blütenköpfe, die wie Kiefernzapfen aussehen. Sie sind rundlich, zuweilen zylinderförmig und von violetter oder grüner Farbe. Eine Artischocke wiegt zwischen 140 und 450 Gramm. Artischocken schmecken leicht bitter, etwas ähnlich der Sellerie.

Die beste Qualität bekommt man im Spätherbst und im späten Frühjahr. Artischocken aus deutscher Erzeugung gibt es in geringer Menge von August bis Oktober. Sehr schmackhaft und ergiebig sind große grüne Sorten mit breitem Blütenboden, etwa die Artischocke von Laon (sie kommt aus der Bretagne). Sorten mit spitzen Köpfen und schmalem Blütenboden, beispielsweise die Pariser Violette, kann man auch roh essen.

Artischocken trocknen schnell aus und haben dann bräunliche Blattspitzen. Selbst bei null Grad Celsius und hoher Luftfeuchtigkeit halten sie höchstens drei Wochen.

Beim Putzen der Artischocken sollte man die Schnittflächen mit Zitronensaft bestreichen, damit sie sich nicht verfärben.

Artischocken werden meist gegart gegessen. Entweder kocht man sie im ganzen, taucht die Blattenden in eine pikante Soße und ißt zum

Schluß den Boden, oder man bereitet den Boden separat als Vorspeise, als Salat, gefüllt oder gebraten zu (> Rezept für gebratene Artischockenböden auf Seite 490). Man kann Artischockenböden auch glasieren (> Seite 494).

Vor der Zubereitung muß das Heu (der Flaum am Blütenboden) entfernt werden. Nie Aluminiumtöpfe verwenden, denn darin werden sie grauschwarz!

Tip: Artischocken sollten beim Kochen mit Wasser bedeckt werden.

Den Artischocken wird eine wohltuende Wirkung auf Magen und Leber nachgesagt. Sie enthalten ferner die Substanz Inulin, die beim Kochen zu Fruchtzucker abgebaut wird, weshalb Diabetiker Artischocken problemlos essen dürfen.

AUBERGINEN
(Ö: MELANZANE)

Auberginen werden oft auch Eierfrüchte genannt, weil die ursprünglichen Sorten hühnereigroß, gelb oder weiß waren und nicht – wie heute üblich – keulenförmig und auberginefarben. Die Früchte werden bis zu 30 Zentimeter lang und wiegen etwa ein Kilogramm.

Das Fruchtfleisch ist etwas schwammig, mit kleinen milchigen Kernen, die man essen kann. Es schmeckt eher neutral mit einem leicht bitteren Ton.

Auberginen werden vor allem in Italien und Südfrankreich angebaut. Deutsche und holländische Auberginen stammen in der Regel aus Glashäusern oder Folientunnels.

Reife Auberginen haben eine matte Schale und geben auf Druck leicht nach. Violette Farbe ist dagegen ein Zeichen von Überreife; solche Auberginen sollten nicht gekauft werden, denn sie sind innen oft stark schwammig. Kleine Früchte sind in der Regel weniger bitter als große.

Unreife Früchte können bei Zimmertemperatur nachreifen. Lagerung im Kühlschrank macht die Schale fleckig. Bei etwa zehn Grad Celsius halten Auberginen bis zu zehn Tage lang.

Reife Auberginen schmecken im gegarten Zustand am besten, denn erst dann entwickeln sie ihr typisches Aroma, insbesondere wenn sie mit Olivenöl oder Butter zubereitet werden (in gekochtem Wasser zubereitet haben sie fast keinen Eigengeschmack). Man kann Auberginen dünsten, kochen, glasieren (> Seiten 492, 494), schmoren (> Seite 496) oder fritieren (> Seite 493); sie sollten kräftig gewürzt werden, da sie nur wenig Eigengeschmack haben. Der letztere hat allerdings eine bittere Komponente, die nicht immer erwünscht ist. Durch Einsalzen der Scheiben kann man Auberginen entbittern. Aber weil die austretende Flüssigkeit auch wertvolle Inhaltsstoffe enthält, ist das nicht erstrebenswert. Besser ist es, kleine Exemplare zu kaufen, die weniger bitter sind.

Schälen sollte man nur sehr große Auberginen, denn die Haut enthält viele Bitterstoffe. Die Haut läßt sich leicht abziehen, wenn man die Frucht einige Minuten in heißes Wasser legt.

Auberginen enthalten viel Wasser, aber im Vergleich zu anderem Gemüse weniger Vitamine und Mineralstoffe. Dafür sind sie kalorienarm (freilich nur dann, wenn man sie ohne Fett zubereitet). Sie sind für Diabetiker sehr gut geeignet.

BATAVIASALAT

Bataviasalat ist ein französischer Verwandter des Eissalats (> Seite 233). Er schmeckt würziger als Kopfsalat, ist knackig, aber nicht ganz so fest wie der Eissalat. Die Kopfbildung ähnelt eher dem Kopfsalat. Die Farbe wechselt auch innerhalb eines Kopfes von verschiedenen Grün- bis zu Rotgrüntönen und macht den Salat optisch sehr attraktiv. Er hält sich länger als Kopfsalat. Gelagert wird er am besten bei null Grad Celsius.

Bleichsellerie

> Sellerie, Seite 252

Blumenkohl (Ö: Karfiol)

Blumenkohl wird auf der ganzen Welt angebaut. Die Saison für heimische Früchte dauert von Ende Mai bis in den Oktober hinein. In Süddeutschland überwiegen die Frühjahr- und Herbstsorten, im Norden dagegen die Sommersorten.

Aus dem Ausland kommen auch farbige Blumenkohlsorten zu uns auf den Markt. Sie schmecken oft etwas intensiver als die heimischen, lassen sich aber genauso zubereiten. Besonders attraktiv ist der Romanesco, eine hellgrüne Sorte, dessen Röschen wie kleine Türme aussehen und den man am schönsten im ganzen serviert.

Am beliebtesten und teuersten sind die ganz weißen Köpfe, die man nur dann erhält, wenn die umgebenden Blätter die Köpfe völlig vor dem Sonnenlicht schützen. Sobald die Blume Licht bekommt, wird sie gelblicher. Die Farbe ist aber kein Kriterium für Geschmack oder Qualität, man kann durchaus gelbliche, preiswertere Köpfe kaufen, die sogar etwas länger halten.

Die Frische erkennt man an der fest geschlossenen Blume, der gleichmäßigen Wölbung ohne Buckel, der feinkörnigen, nicht grießigen Oberfläche, die noch keine Blütenknospen haben darf, und an dem angenehmen Geruch des Kohlstrunks.

Da die Ernte stark witterungsabhängig ist, schwanken die Preise auch während der Saison extrem. Blumenkohl sollte man deshalb spontan einkaufen und ganz frisch verarbeiten, am besten mit den zarten, die Blume umgebenden Blätter.

Vor der Zubereitung kann man Blumenkohl eine halbe Stunde leicht gesalzen in Wasser legen, um Kleintiere aus den Röschen herauszulocken. Die Kochzeit für Blumenkohl beträgt etwa 20 Minuten, im Dampfdrucktopf vier bis sechs Minuten, unzerteilt etwa doppelt so lange. Ausändische Sorten unterscheiden sich in der Zubereitung nicht von den heimischen. Blumenkohl schmeckt vorzüglich in Butter gedünstet, gedämpft (> Seite 491), als Suppe oder als Auflauf. Blumenkohl läßt sich auch gut füllen. Ausgezeichnet schmeckt lauwarmer Blumenkohlsalat an einer Sauerrahmsalatsauce.

Blumenkohl ist von allen Kohlarten der am besten verträgliche und wird deshalb auch – aber längst nicht nur – bei Diäten geschätzt. Kohlköpfe verlieren mit zunehmender Größe an Eiweiß, Vitaminen und Carotin.

Bohnen (Ö: Fisolen)

Bohnen zählen in frischem Zustand zum Gemüse, die getrockneten Samen zu den Hülsenfrüchten (> Seite 260). Leider hat die Konserve die frische Ware fast vom Markt verdrängt. Zwar haben Bohnen in Konserven keine schlechtere Qualität, aber der Geschmack frischer Bohnen ist besser.

Es lohnt in der Freilandsaison – von Juni bis August – frische Ware zu kaufen; die Zubereitung ist heute einfacher als früher, weil alle angebotenen Sorten fadenlos sind und wenig Putzarbeit machen. Außerhalb der Saison sind tiefgefrorene Bohnen recht schmackhaft (> Seite 231).

Man unterscheidet verschiedene Bohnensorten: Buschbohnen wachsen, wie schon der Name sagt, an niedrigen Büschen; man nennt sie auch Fisolen. Im Geschmack sind Stangenbohnen besser; da sie länger als Buschbohnen sind, werden sie oft in Stücke geschnitten verarbeitet (als sogenannte Schnippelbohnen).

Besonders feine grüne Bohnen sind die Haricot verts und die Keniabohnen mit extrem dünnen Hülsen. Da sie an der Innenwand eine pergamentartige Haut bilden, die mit zunehmendem Alter zäher wird, müssen sie jung gepflückt werden. Etwas dicker sind Prinzeß- und Delikateßbohnen.

Zu erwähnen sind ferner rote Kidney-Bohnen; sie sind mehlig und haben einen süßlichen Geschmack. Kidney-Bohnen werden für Chili con carne (> Seite 714) verwendet.

Frische Bohnen müssen knackig sein und beim Durchbrechen eine glatte, feuchte Schnittstelle haben. Feuchtigkeit auf der Oberfläche führt zu unansehnlichen Rostflecken und läßt das Gemüse schnell faulen.

Bohnen halten sich nur kurze Zeit frisch; schon nach ein, zwei Tagen werden sie faul und fleckig. Es hilft auch nichts, sie mit Wasser zu besprengen. In der warmen Jahreszeit sollten Bohnen am besten sofort nach dem Einkauf verarbeitet werden.

Bohnen dürfen nie roh verzehrt werden, denn sie enthalten einen giftigen Eiweißstoff, der erst durch Kochen oder durch milchsaure Gärung beim Einsalzen zerstört wird.

Bohnen kann man gut dünsten (> Seite 492). Bekannt und beliebt ist die Bohnensuppe, die in zahlreichen unterschiedlichen Rezepten zubereitet wird. Als Beilage zu feinen Fleischgerichten eignen sich am besten Haricot verts, Kenia- und Prinzeßbohnen. Als Beilage zu einfachen Gerichten wie Frikadellen oder für Eintöpfe sind Wachsbohnen oder Buschbohnen zu empfehlen. Sehr schmackhaft sind Gerichte wie Türkische Bohnen mit Lammfleisch (> Seite 590).

Tip: Besonders gut schmecken Bohnen, wenn man beim Garen etwas Bohnenkraut zugibt.

Bohnen sind reich an Vitaminen und Mineralstoffen und außerdem leicht verdaulich. Sie dürfen allerdings nicht roh verzehrt werden.

Brokkoli

Brokkoli, der grüne Verwandte des Blumenkohls, schmeckt intensiver und ist sehr viel vitaminreicher als der weiße. Die beste Qualität kommt im Juni/Juli und Mitte September auf den Markt. Die einzelnen Sorten unterscheiden sich durch verschiedene Anbauzeiten; so gibt es Winterbrokkoli, der im Frühjahr viele kleine Blumen trägt, und Sommerbrokkoli.

Die kleinen »Köpfe« müssen fest geschlossen und dunkelgrün sein, eventuell einen leichten Violettschimmer zeigen. Sind die Knospen locker, leicht gelblich oder gar mit gelben kleinen Blüten besetzt, ist er zu spät geerntet und/oder überlagert worden. Besonders im Sommer ist darauf zu achten.

Brokkoli ist transportempfindlich und sollte bei etwa null Grad Celsius aufbewahrt werden. Bei dieser

Temperatur und hoher Feuchtigkeit ist er bis zu zwei Wochen haltbar, im Kühlschrank dagegen nur ein paar Tage. Empfehlenswert ist es, den Brokkoli in Haushaltsfolie zu wickeln.

Brokkoli ist eine Delikatesse, von der man sowohl die Röschen als auch die Stiele essen kann. Die Kochzeit ist fast um die Hälfte kürzer als beim Blumenkohl, in der Regel dauert sie 10 bis 15 Minuten. Längeres Garen verschlechtert den Geschmack und die Farbe. Sehr dicke Stengel sollte man etwas schälen, in Scheibchen schneiden und einige Minuten vor den Röschen ins Kochwasser geben, damit alles gleichzeitig gar wird. Für eine schnelle Zubereitung eignet sich das Dämpfen von Brokkoli (> Seite 491). Für Ernährungsbewußte ist Brokkolisuppe (> Seite 624) zu empfehlen, sie eignet sich auch zur Verwertung von Resten.

Chicorée (Salatzichorie, Brüsseler Endivie)

Chicorée steht im gesamten Winterhalbjahr als frisches Salatgemüse zur Verfügung. Die Stangen werden in völliger Dunkelheit aus Wurzeln getrieben und behalten aus diesem Grund auch ihre weiße Farbe. Typisch für Chicorée ist der leicht bittere Geschmack, der sich sehr gut mit dem Obst des Winters und auch mit Nüssen verträgt. Bei den neuen Sorten kann auch der Strunk mitverwendet werden, da er kaum mehr Bitterstoffe enthält.

Frisch, tiefgekühlt oder aus der Dose?

Die Frage ist nicht so einfach zu beantworten, wie es auf den ersten Blick scheint: Natürlich schmeckt frisches Gemüse am besten – vorausgesetzt freilich, es ist wirklich frisch und liegt nicht schon stundenlang in der Sommerhitze auf dem Markt und hat lange Transportwege hinter sich.

Im Winter ist frisches Gemüse nur in beschränkter Vielfalt erhältlich; in der kalten Jahreszeit ist tiefgekühltes Gemüse daher eine bessere Lösung, als gar keines zu essen. Tiefkühlware kann man durchaus in größeren Mengen kaufen – wegen der Schockfrostung ist es kein Problem, Teilmengen aus der Verpackung zu entnehmen. Das tiefgekühlte Gemüse sollte aber nicht schon weiter verarbeitet sein, denn dann hat man die Möglichkeit, es möglichst vielseitig selbst zuzubereiten.

Im Prinzip kann man Gemüse auch im Haushalt tiefgefrieren, aber das kommt meist teurer, und die Qualität von Geschmack und Konsistenz sind nach dem Auftauen oft geringer als bei industriell tiefgekühlter Ware. Zum Tiefgefrieren geeignet sind: Blumenkohl, Brokkoli, Bohnen, Erbsen, Grünkohl, Kohlrabi, Mais, Möhren, Paprika, Porree, Rosenkohl, Schwarzwurzel, Spargel und Spinat.

Aber auch die Konserven sind besser als ihr Ruf: Sie lassen sich ohne Kosten für die Tiefkühlung lagern, sind haltbar und jederzeit verfügbar, auch dann, wenn man gerade keine Zeit zum Einkaufen hat. Wer Konserven kauft, sollte nicht nur auf die Größe der Dose achten, sondern vor allem die Gemüseeinwaage vergleichen: Billige Konserven enthalten oft sehr viel Aufgußflüssigkeit. Außerdem ist Gemüse aus Konserven immer schon gar und meist ziemlich weich. Unter diesem Aspekt ist frische oder tiefgekühlte Ware deutlich überlegen, denn sie ist roh oder fast roh und läßt sich daher bißfest kochen.

So bleibt noch die Frage offen, ob das Tiefkühlen den Vitamingehalt beeinträchtigt. Dazu gibt es zahlreiche Untersuchungen, die keinen eindeutigen Schluß zulassen: In einigen Fällen lag der Vitamingehalt in der Frischware höher, in anderen in der Tiefkühlkost; Dosengemüse ist generell im Nachteil. Als Fazit kann man sagen, daß tiefgekühltes Gemüse und Gemüse aus der Dose nur eine Ergänzung zu Frischware oder außerhalb der Erntesaison darstellen kann.

Neu auf dem Markt ist Chicorée mit roten Blatträndern. Er schmeckt wie seine gelblichen Verwandten roh am besten, kann aber auch als Gemüse gedünstet werden; eine weitere wohlschmeckende Variante ist auch mit Schinken und Käse überbackener Chicorée.

Grüne Ränder sind ein Zeichen von schlechter Qualität, sie bedeuten, daß der Chicorée einen zu bitteren Geschmack hat. Auch Ware mit rotbraunen Flecken sollte man möglichst meiden; die Flecken kommen von Verletzungen des Gewebes durch Stöße.

Die wasserreichen Stangen sind sehr empfindlich. Bei unsanfter Behandlung verfärben sich die Druckstellen relativ rasch in unansehnliche braune Flecken. Längere Lagerung führt zu eingetrockneten, rötlichen Schnittstellen. Bei normaler Raumbeleuchtung werden die gelben Ränder des Gemüses schon nach wenigen Stunden grün und bitter.

Chicorée eignet sich am besten als pikanter Teil von Salatmischungen. Die äußeren Blätter sollten entfernt werden. Die inneren lassen sich sehr gut von Hand in verschiedene Dippsaucen tauchen; auf diese Weise zubereiteter Chicorée paßt ausgezeichnet zu einem Aperitif und auch auf ein kaltes Buffet.

Die Blätter ergeben, gefüllt mit einer Mischung aus Roquefort, Butter und Walnüssen, ein vorzügliches Gericht. Für festliche Menüs eignet sich Chicoréesuppe mit Garnelen.

Man kann Chicorée auch kochen oder dünsten (> Seite 492). Vorsicht bei Eisenkochgeschirr: Es verfärbt das weiße Gemüse schwarz.

In Belgien und Nordfrankreich dünstet man Chicorée in Butter ohne Zugabe von Flüssigkeit (außer eventuell einem Eßlöffel Portwein). Ergänzt durch wenig Sahne und im Ofen überbacken wird daraus ein leckeres Gratin.

Chinakohl

Chinakohl wird seit Anfang des Jahrhunderts auch in Deutschland und Österreich angebaut. Er bildet keinen festen Strunk, die Blätter schließen sich während des Wachsens von allein zu einem losen Kopf zusammen, der nahezu ohne Abfall verwendet werden kann.

Chinakohl hat einen zarten, kohlartigen Geschmack. Man unterscheidet langköpfige und runde Sorten; die letzteren haben stärker gekräuselte Blätter. Eine moderne Züchtung ist der schmackhafte Japankohl.

Die Köpfe sollen frisch aussehen sowie fest und geschlossen sein. Angewelkte oberste Blattspitzen und eine dunkle Schnittstelle sind Zeichen mangelnder Frische und falscher Lagerung.

Frische Ware sollte man zu Hause in Folie einwickeln, damit sie nicht welk wird. Sie hält sich im Kühlschrank einige Tage lang.

Dank seines sehr milden Geschmacks kann Chinakohl sowohl süß als auch pikant zubereitet werden, am besten roh als Salat. In sechs bis zehn Minuten läßt er sich aber auch dämpfen und als Beilage für Eintopf, Suppe oder als Füllung verwenden. Da Chinakohl nicht bläht, ist er auch bei empfindlichem Magen gut verträglich.

Eichblattsalat

Eichblattsalat hat regelmäßig gezackte, rötlichgrüne Blätter (daher der Name). Er ist empfindlich und fällt schnell zusammen; man kann ihn durch Besprühen mit

Wasser frisch halten. Eichblattsalat schmeckt leicht nussig, enthält keine Bitterstoffe und verträgt sich gut mit anderen Salatsorten, nicht jedoch mit starken Gewürzen wie Paprika und Zwiebeln.

EISSALAT (Ö: BUMMERLSALAT)

Der knackige Eissalat ist – trotz seines Namens – ein Sommersalat. Die Köpfe, etwa dreimal so schwer wie ein Kopfsalat, sind ähnlich wie beim Weißkohl fest geschlossen und deshalb »natursauber«.

Die Farbe der Blätter ist abhängig von der Sorte und von der Belichtung. Je mehr Sonne er erhält, desto heller ist der Salat.

Freilandware kommt meist aus dem Süden, Eissalat aus der Bretagne oder den Niederlanden wird unter Glas oder Folie gezogen.

Die Köpfe sollen fest und geschlossen sein. Die Schnittfläche des Strunks läßt Rückschlüsse auf die Frische zu (er kann aber auch nachgeschnitten sein).

Der größte Vorteil von Eissalat ist neben seiner Ergiebigkeit die lange Haltbarkeit. Gut verpackt hält er sich bis zu drei Wochen, sogar angeschnitten noch eine Woche im Kühlschrank. Auch in der Marinade fällt er nicht zusammen, so daß er sich gut vorbereiten läßt.

Eissalat ist besonders knackig und zum rohen Verzehr vorzüglich geeignet. Man kann ihn in Stücken anrichten, muß also nicht jedes Blatt einzeln von außen entfernen. Dieser Salat schmeckt vorzüglich, wenn man ihn mit einer leichten Cocktailsauce und Walnußkernen serviert.

ENDIVIEN

Endivien werden geschätzt von Liebhabern leicht herber, würzig-bitterer Salatgenüsse. Hauptangebotszeiten von Endivien aus dem Freiland sind Herbst und Winter, wenn das Angebot an Kopfsalaten zurückgeht. Die Außenblätter der etwa 500 Gramm schweren Köpfe sind grün, das Innere ist dagegen hellgelb, weil es durch das Zusammenbinden der Deckblätter ohne Licht herangewachsen ist.

Nach dem Aussehen unterscheidet man zwei Endivienarten: die glatte Endivie oder Escariol und die Krause Endivie, besser bekannt unter dem Namen Frisée oder Krauskopf, ein sehr dekorativer Salat, besonders in Mischungen mit anderem Blattgemüse.

Frische Endivien dürfen nur an den Außenblättern braune Spitzen haben, das gelbe Herz darf keinesfalls braun sein: Die Schnittstelle des Strunks sollte frisch aussehen.

In ein feuchtes Tuch gewickelt, halten sich Endivien im Gemüsefach zwei bis drei Tage. Der Frisée sollte möglichst frisch verbraucht werden.

Endivien lassen sich besonders vielseitig zubereiten, denn sie vertragen sich mit herzhaften und mit süßen Zutaten wie Apfelsinen und Äpfeln. Der bittere Strunk sollte, außer wenn der Geschmack erwünscht ist, weggeschnitten werden. Der Abfall beim Putzen beträgt rund ein Drittel.

Besonders gut schmeckt Endiviensalat, wenn man ihn mit fein geschnittenem Magerspeck serviert, der mit Brotwürfeln in Butter geröstet wurde. Geschmacklich paßt Nußöl sehr gut dazu.

Ein typisches provenzalisches Gericht ist Endiviensalat an Senfsauce (> Seite 683).

Erbsen

Frische Erbsen sind eine Seltenheit auf dem Markt, denn 95 Prozent der Ernte gehen in die Verarbeitung. Das süßliche Gemüse ist aber frisch eine Delikatesse, das gilt besonders für die jungen Markerbsen und die Zuckererbsen (Zuckerschoten), die mit den zarten Hülsen gegessen werden, denn diese enthalten keine ungenießbare Pergamentschicht. Petit Pois sind feine, ausgeschälte Zuckererbsen. Die Saison für heimische Frischware dauert von Juni bis August.

Schadstoffe im Gemüse

Die Lebensmittelüberwachung findet bei etwa drei Viertel des einheimischen und etwa der Hälfte des importierten Gemüses keine nennenswerten Rückstände: Bei weniger als fünf Prozent werden die gesetzlich festgelegten Höchstwerte überschritten. In dieser Gruppe finden sich besonders häufig solche Gemüsearten, die außerhalb der Freilandsaison im Gewächshaus angebaut werden. Auch hier gilt wie beim Geschmack und beim Preis die Empfehlung: Gemüse saisongerecht einkaufen und Ware vom Feld bevorzugen.

Aufgrund der Analysenergebnisse läßt sich keine Gemüseart nennen, die man aufgrund der Rückstandsgehalte meiden sollte. Das gilt sowohl für den konventionellen als auch für den biologischen Anbau. Biologisch erzeugtes Gemüse ist nicht per se besser als das übrige Angebot. Vor allem Rückstände an Nitrat und Schwermetallen finden sich in allen Gemüsearten gleichermaßen, denn sie sind abhängig vom Standort und von klimatischen Gegebenheiten. Ein Teil der Schadstoffe – vor allem Blei – gelangt in erster Linie durch verschmutzte Luft auf die Blätter. Diese Kontamination kann durch Abwaschen zum großen Teil entfernt werden. In vielen Fällen ist es daher zweckmäßig, die äußeren Blätter vor der Zubereitung abzulösen und zum Abfall zu geben. Schadstoffe wie Kadmium, die durch die Wurzeln in die Pflanze aufgenommen werden, können auf diese Weise freilich nicht beseitigt werden.

Die Hülsen der Erbsen sollen glatt und ohne Flecken sein. Die Korngröße ist kein Merkmal für Geschmack und Zartheit. Zu spät geerntete Erbsen werden mehlig, weil sich der Zucker in Stärke verwandelt (am besten im Geschäft kosten!). Die Schoten sehen dann aus, als wären sie mit Mehl bestäubt. Auch bei längerer Lagerung führt das Nachreifen zu einer Umwandlung von Zucker in Stärke und beeinträchtigt den Geschmack.

Erbsen sollen kühl und trocken lagern. Sie halten sich nur wenige Tage lang frisch. Daher am besten gleich nach dem Einkauf verbrauchen. Trockenerbsen kann man als Vorrat für den Winter einlagern. Sie eignen sich für Suppe oder Püree.

Erbsen werden meist in Salzwasser gedünstet (> Seite 492). Zuckererbsen (Zuckerschoten) können mit der Hülle verzehrt werden. Sie eignen sich gut für Mischgemüse als Beilage zu Fleisch, aber auch als Risotto und für Suppen. Mit Butter gedünstet schmecken sie vorzüglich. Für Vegetarier sind Gerichte wie Erbsenflan mit Gemüse empfehlenswert.

Tip für ein einfaches Erbsengericht: Zarte, grüne Erbsen blanchieren (> Seite 489) und das Wasser abgießen. Etwas Zucker mit wenig Butter und ein bis zwei Eßlöffel Wasser knapp weichkochen. Vor dem Anrichten mit frischer gehackter Pfefferminze mischen.

Feldsalat (Ö: Vogerlsalat, CH: Nüsslisalat)

Feldsalat ist frosthart und kann deshalb den ganzen Winter über frisch vom Feld geerntet werden. Man bekommt den teuren, nussig schmeckenden Wintersalat in zwei Sorten:

als ganze kleinblättrige Pflanzen, bei denen vor der Zubereitung nur die Wurzel entfernt werden muß, und als lose, größere Blätter, die einzeln gepflückt werden und deshalb noch teurer sind.

Feldsalat ist sehr empfindlich, welkt schnell und muß ganz frisch verzehrt werden. Vergilbte, welke Ware sollte man nicht kaufen.

Bei zu dichter Packung welken die Blätter schnell. Man kann ihn angefeuchtet und geputzt in Plastikbeuteln im Gemüsefach einige Tage frisch halten.

Feldsalat ist im Winter ein vorzügliches Frischgemüse, das am besten mit einer Essig-Öl-Marinade gereicht wird (> Seite 572). Pro Portion rechnet man mit etwa 30 bis 40 Gramm. Er läßt sich auch gut mit anderen Salaten kombinieren oder als Dekoration von Fleischgerichten einsetzen. Zum Feldsalat paßt eine französische Salatsauce mit wenig Senf und Knoblauch sehr gut. Man kann ihn mit Vierteln von hartgekochten Eiern ergänzen. Feldsalat enthält Vitamin C, Carotin und besonders viel Eisen.

FENCHEL (GEMÜSEFENCHEL)

Fenchel hat einen anis-ähnlichen Geschmack, der nicht von jedermann geschätzt wird. Liebhaber bringen die feinen weißlich-grünen Knollen aber sowohl in dünne Scheibchen geschnitten als Salat oder sogar zum Dippen in Soßen oder gegart als aromatisches Gemüse auf den Tisch.

Zum Rohessen eignen sich besonders die großen Bologneser Fenchel, zum Garen die kleineren, zarten Florentiner Sorten, die einen stärker ausgeprägten Geschmack haben.

Fenchelknollen müssen fest und weiß sein und dürfen keine braunen Druckstellen haben, die schnell faulen und die ganze Knolle verderben. Das zarte Fenchelgrün in der Mitte, das man zum Würzen verwenden sollte, ist ebenso ein Zeichen von Frische wie das pralle, knackige Gewebe. Denn zu lange oder falsch gelagerter Fenchel trocknet schnell aus und wird zäh und strähnig.

Im Kühlschrank ist Fenchel bis zu zwei Wochen haltbar; er wird am besten in Folien verpackt, damit er nicht austrocknet. In Scheiben geschnitten und blanchiert eignet er sich auch zum Tiefgefrieren.

Fenchel kann zerkleinert oder geraspelt als Salat (> Seite 572) gereicht werden, am besten zusammen mit Erbsen, Zuckermais, Karotten und Gurken. Er paßt aber auch zu Obst, zum Beispiel Orangen. Das Fenchelgrün eignet sich als Würze für Fleisch- und Fischspeisen. Vorzüglich schmeckt Fenchelgratin (> Seite 641).

Fenchelknollen kann man dünsten, kochen oder schmoren. Mit etwas Sahne püriert ergeben sie feine Suppen. Fenchelknollen sind eine wohlschmeckende Beilage zu Fleisch und Fisch.

Tip: Die hohlen, gekochten Blätter samt Stiel kann man mit Ragout oder Risotto-Resten füllen.

Fenchel galt früher als Heilpflanze. Der eigentümliche Geschmack kommt von ätherischen Ölen. Fenchel enthält Zucker, Stärke, Eiweiß und die Mineralstoffe Kalzium, Phosphor und Eisen.

FISOLEN

> Bohnen, Seite 229

FRISÉE

> Endivien, Seite 233

Gemüse-fenchel

> Fenchel, Seite 235

Grünkohl (Winterkohl)

Grünkohl ist eine norddeutsche Spezialität. Er hält Frost aus und kann deshalb den ganzen Winter geerntet werden. Die krausen großen Blätter sind bei frühen Sorten meist hellgrün, bei späteren Sorten dunkelgrün und stärker gekraust. Frost und Temperaturen nahe dem Gefrierpunkt machen den Kohl leichter verdaulich und den Geschmack abgerundeter und milder, denn ein Teil der Stärke wandelt sich in Zucker um.

Die beste Qualität bekommt man von Dezember bis Februar. Die Blätter sollten frisch und grün aussehen. Das Angebot an frischem Grünkohl geht allerdings zurück, denn die Zubereitung ist relativ arbeitsaufwendig.

Grünkohl ist im Gemüsefach etwa eine Woche lang haltbar. Er ist besonders gut zum Einfrieren geeignet (vorher blanchieren und zerkleinern; > Seite 489).

Die Blätter werden blanchiert, grob gehackt und erst dann gekocht und gedünstet, meist zusammen mit geräuchertem Fleisch und Mettwurst. In Norddeutschland gibt es als Spezialität »Kohl und Pinkel«; Pinkel ist eine geräucherte, würzige Wurst.

Grünkohl enthält viel Karotin und hat nach Paprika den höchsten Vitamin-C-Gehalt aller Gemüse. Außerdem enthält er hochwertiges Eiweiß. Zu langes Kochen zerstört die Vitamine und macht aus Grünkohl Braunkohl.

Gurken

Gurken sind heute dank Gewächshauskulturen ganzjährig zu haben. Sie sollten aber vor allem im Sommer gegessen werden, denn der Geschmack der wasserreichen, kalorienarmen Früchte aus dem Freiland ist bedeutend besser als bei Glashausware. Bitterstoffe enthalten heutige Sorten nicht mehr.

Man unterscheidet Salat- und Einlegegurken, von jedem Typ gibt es verschiedene Sorten. Neuerdings werden auch Minigurken aus dem Freiland angeboten mit besonders gutem, leicht süßlichem Aroma und in der richtigen Größe für kleinere Haushalte.

Nur noch in wenigen Haushalten werden Gurken eingelegt. Der überwiegende Anteil der eingelegten Gurken wird industriell hergestellt. Man unterscheidet in Essig eingelegte kleine Traubengurken (Cornichons), etwas größere ungeschält mit Essig und Kräutern eingelegte Delikateßgurken sowie Senfgurken, die in einer Mischung aus Essig, Senfkörnern und Gewürzen haltbar gemacht sind.

Reife Früchte haben eine glatte, gleichmäßig gefärbte Schale. Hellere Farbflecken sind ein Zeichen von Überreife.

Beschädigte Ware verdirbt rasch. Im Gemüsefach sollte man Gurken nicht länger als zwei Tage lagern. Gurken nicht zusammen mit Obst oder Tomaten lagern, da letztere Äthylengas bilden, welches Gurken rasch gelb werden läßt.

Freilandgurken können ungeschält verwendet, Ware aus dem Treibhaus sollte geschält werden, weil im Treibhaus oft mehr Chemikalien gegen Pilz-

Wann Gemüse wirklich frisch ist

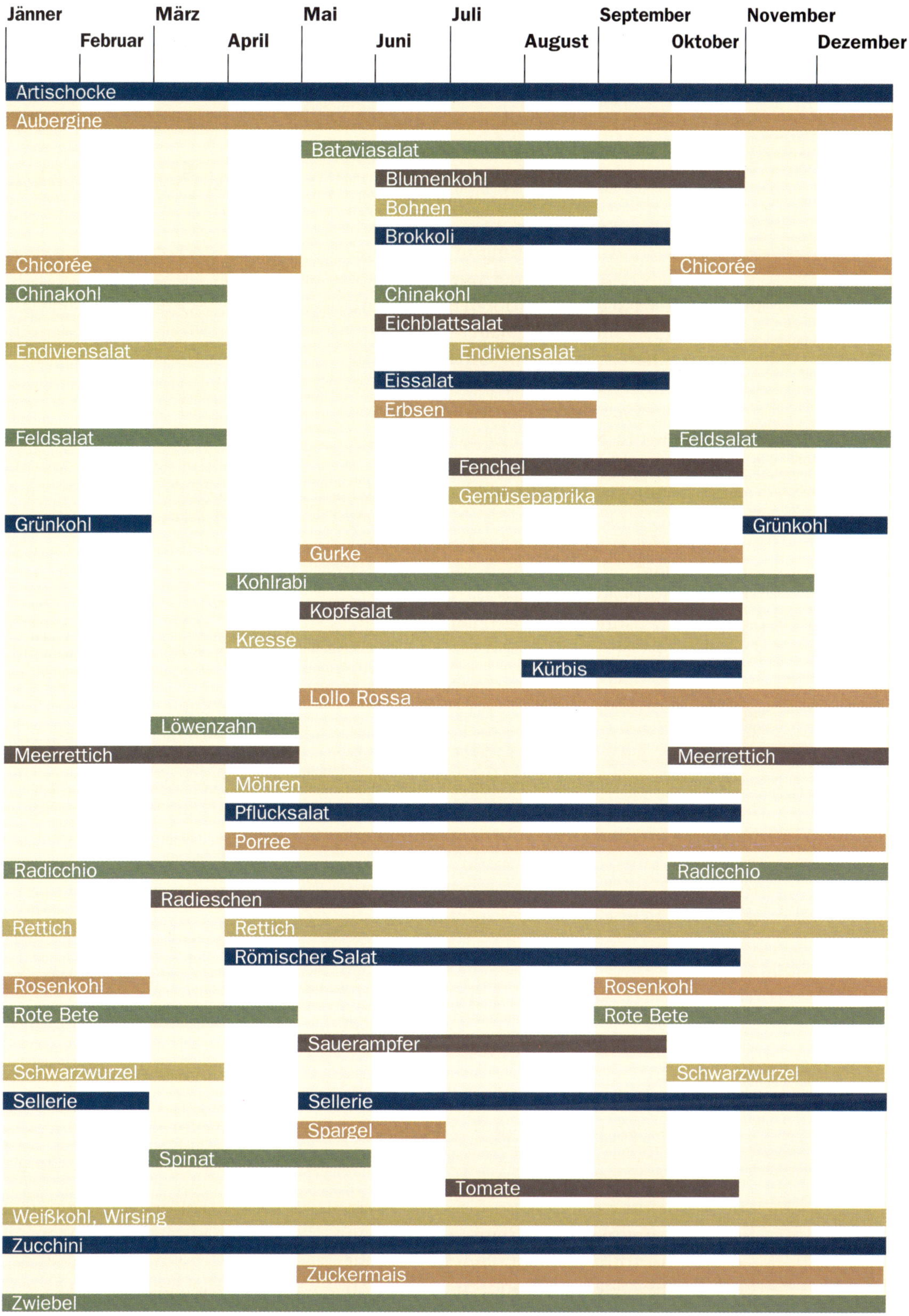

befall verwendet werden, die sich auf der Schale absetzen können.

Salatgurken eignen sich, wie schon der Name sagt, am besten für Salat, vor allem wegen des reichlichen Fruchtfleisches (> Seite 586). Man kann sie auch in Scheiben geschnitten roh aufs Butterbrot legen.

Ein knackiger Salat entsteht, wenn man die Gurken nach dem Schälen mit einem Kartoffelschäler in Längsrichtung in ganz dünne, schmale Streifen schneidet, mit wenig Salz mischt und nach dem Abtropfen mit Joghurt und durchgepreßtem Knoblauch serviert.

Schmackhaft sind auch Gurkensuppen und Kaltschalen mit Gurken. Ein typisches griechisches Gericht ist Gurken mit Knoblauchjoghurt (> Seite 688). Man kann Gurken auch gut dünsten (> Seite 492).

Zum Schmoren (> Seite 496) und Füllen eignen sich die nur mittelgroßen Schälgurken am besten. Sie kommen im Spätsommer und Herbst vom Feld und werden auch zu Senfgurken verarbeitet.

Süß-saure Gurken sind ein beliebtes fernöstliches Gericht.

Gurken enthalten zwar sehr viel Wasser, sind aber dennoch reich an Vitaminen und Mineralstoffen. Sie sind wassertreibend und besitzen einen dem Insulin verwandten Wirkstoff, der für Diabetiker vorteilhaft ist. Gurken enthalten außerdem eine Substanz, die die Durchblutung der Haut fördert, weshalb sie auch in der Hautpflege eingesetzt werden.

Karotten

> Möhren, Seite 243

Kerbelrübe

Die Kerbelrübe erinnert im Geschmack an Kastanien und wird zubereitet, indem man sie wie Kartoffeln kocht. Sie wird nicht großflächig angebaut, sondern wächst in Kleingärten sowie in feuchten Wäldern und an Flußufern. Die Ernte beginnt im Juli, genußreif sind Kerbelrüben allerdings erst nach mehreren Wochen Lagerung.

Knoblauch

Knoblauch ist weniger ein Gemüse als ein Gewürz: Oft genügt es schon, eine Salatschüssel mit einer gequetschten Zehe auszureiben. Besonders mild im Geschmack ist der frische Grünknoblauch im Frühjahr.

Die Knoblauchzehen bestehen aus einem markigen Fleisch; der charakteristische, beißende Geschmack kommt von einem ätherischen Öl, das stark schwefelhaltig ist.

In den Mittelmeerländern wird kräftig mit Knoblauch gewürzt, im Norden eher sparsam.

Die Knollen müssen beim Einkauf prall und mit fleckenloser trockener Außenhaut, je nach Sorte reinweiß oder rosa, sein. Intensiver Geruch ist ein Mangel und zeigt verletztes Fruchtfleisch an.

Die späten Sorten sind aber bedeutend besser lagerfähig als die frühen.

Knoblauch wird fein gehackt, durch eine Knoblauchpresse (> Seite 170) getrieben oder mit der Gabel zerdrückt. Kochen, Dünsten oder vorsichtiges Braten ist für Knoblauch am besten, zu heißes Fett macht ihn bitter. Statt Knoblauch kann man auch Knoblauchpulver oder Knoblauchsalz verwenden. Einfach zuzubereiten sind Knoblauchcroûtons (> Seite 592).

Tip: Seinen etwas aggressiven Geschmack verliert Knoblauch, wenn man ganze, ungeschälte Knollen quer in zwei Hälften schneidet, die Schnittflächen kurz in etwas Olivenöl anziehen läßt und die halben Knollen in Gerichten, wie Frikassee, Eintopf oder Fischragout, weichgart. Dann schmeckt der Knoblauch nussig mild.

Knoblauch hilft bei Magen- und Darmbeschwerden. Bei regelmäßigem Genuß kann er außerdem gegen Herz-Kreislauferkrankungen vorbeugend wirken. Knoblauchgeruch wird durch den Mund und durch die Haut ausgeschieden.

Knollensellerie

> Sellerie, Seite 252

Kohl

> Blumenkohl, Chinakohl, Grünkohl, Kohlrabi, Rosenkohl, Rotkohl, Spitzkohl, Weißkohl, Wirsing.

Kohlrabi

Kohlrabi wird fast nur im deutschen Sprachraum angebaut und gegessen. Von April bis weit in den Herbst hinein ist er ein beliebtes Gemüse mit feinem, ein wenig kohlartigem Geschmack. Im Frühjahr kommen der Treibhauskohlrabi, meist helle Sorten, auf den Markt. Sie sind besonders zart und mild, müssen aber schnell zubereitet und gegessen werden. Kohlrabi aus dem Freiland werden sowohl mit heller als auch mit violetter Schale angeboten. Im Herbst sind sie besonders preiswert. Die dunklen Knollen sind meistens würziger im Geschmack, lassen sich gut füllen und besser lagern.

Am besten schmecken acht bis zehn Zentimeter dicke Knollen, die noch nicht ganz ausgewachsen sind. Frische Kohlrabi sind prall und fest, zeigen am unteren Ende kein Verholzen und haben grünes, unvergilbtes Blattwerk. Ein besonderer Qualitätsmangel von Kohlrabi ist das Verholzen. Es wird gefördert durch heißes Wetter, große Trockenheit, zu lange Lagerung und kann auch nach der Ernte noch auftreten. Helle Freilandsorten sind besonders anfällig.

Die Blätter des Kohlrabi verwelken rasch. Die Knolle der frühen Sorten selbst hält sich im Gemüsefach des Kühlschranks eine Woche lang. Die späten Sorten kann man für einige Wochen einlagern, freilich ohne Blatt und Wurzeln.

Die Knollen können roh und gegart verzehrt werden, die Herzblätter sollten immer mitverwendet werden. Da Kohlrabi relativ viel Nitrat enthalten und dies im Randbereich konzentriert ist, sollte man die Knollen stets etwas dicker schälen.

Kohlrabi schmecken geschmort (> Seite 496) oder glasiert (> Seite 494) vorzüglich. Man kann aus Kohlrabi auch Rohkost zubereiten (> Seite 606).

In der biochemischen Zusammensetzung ist Kohlrabi dem Blumenkohl ähnlich (> Seite 229). Die Blätter enthalten mehr wertvolle Inhaltsstoffe als die Knolle; sie sollten daher mitgegessen werden.

Kohlrübe

> Rübe, Seite 250

Kopfsalat (Grüner Salat, Ö: Häuptelsalat)

Nach wie vor kommt in erster Linie der Kopfsalat auf unseren Tisch, auch wenn er mittlerweile zahlreiche Konkurrenten bekommen hat. Jeweils spezielle Sorten kommen im Winter aus dem Treibhaus, im Sommer vom Freiland.

Wintersalat ist zarter, kleiner und hat nur sehr lockere Köpfe. Schon das Waschen unter einem harten Wasserstrahl zerstört das Gewebe. Freilandware ist robuster und besser haltbar. Die Köpfe sind schwerer und die Blätter fester. Die grünen Außenblätter sind vitaminreicher als die hellen inneren. Dennoch sollte man die äußersten Blätter entfernen, da sie auch am meisten Schadstoffe enthalten können.

Die neuen roten Kopfsalatsorten sind auch aus dem Freiland sehr zart und empfindlich und müssen ganz frisch verbraucht werden. In der Sonne verlieren sie stündlich zwei Prozent des Gewichtes und bis zu vier Prozent ihrer wichtigen Inhaltsstoffe.

Ein wichtiges Zeichen für Frische ist bei allen Salaten der helle Anschnitt des Strunkes, der schon bald nach der Ernte braun, später schwarz wird.

Kopfsalat ist druckempfindlich, daher achtgeben beim Transport. Man sollte ihn nicht in die pralle Sonne stellen, sonst welkt er schnell. Wenn man die Blätter leicht mit Wasser besprüht oder in feuchtes Papier hüllt, kann man ihn im Kühlschrank ein paar Tage frisch halten.

Kopfsalat wird zumeist roh gegessen. Bei allen Sorten sollte man die Außenblätter entfernen (wegen allfälligen Spritzmitteln, vor allem bei Salat aus Unterglasanbau). Nach dem Waschen sollte der Kopfsalat sofort abgetropft und getrocknet werden.
Tip: Schön anzusehen ist Kopfsalat, wenn man ihn mit anderen Salatblättern in unterschiedlichen Grüntönen mischt und mit fein gehobeltem Parmesankäse (> Seite 325) bestreut. Sehr gut schmeckt Kopfsalat mit Orangen-Joghurtsauce (> Seite 702).

Trotz des ganzjährigen Angebots sollte Kopfsalat vorwiegend als Sommergemüse gegessen werden, denn er schmeckt aus dem Freiland würziger und enthält zu dieser Zeit bedeutend weniger Nitrat (> Seite 244). Diese Stickstoffverbindung kommt von Natur aus besonders reichlich in Kopfsalat vor und ist besonders im Winter, bedingt durch die geringere Sonneneinstrahlung, stärker konzentriert. Der Gehalt läßt sich etwas vermindern, wenn man die Blattrippen vor der Zubereitung entfernt. Wässern ist dagegen nicht ratsam.

Kren

> Meerrettich, Seite 242

Kresse (Gartenkresse)

Kresse hat einen würzigen Geschmack, der etwas an Rettich erinnert. Sie wirkt appetitanregend. Kresse keimt schnell – im Sommer sind die Pflanzen schon nach sechs Tagen erntereif. Man kann sie problemlos auf dem Fensterbrett züchten.

Im Handel werden meist die jungen Keimpflanzen angeboten. Sie sollten frisch und ohne Erdteilchen sein.

Geschnittene Kresse sollte sofort verbraucht werden. Man kann sie aufs Butter- oder Käsebrot streuen oder zu Mischsalat geben. Sie eignet sich gut zum Verfeinern von Suppen und Saucen sowie zu Kartoffelgerichten. Kresse sollte immer erst kurz vor dem Essen den Speisen zugegeben werden.

Kürbis

Kürbis ist eine typische Hausgartenpflanze, die bis zu einem halben Meter Durchmesser erreichen kann. Sein Karotingehalt färbt das zarte, saftige Fleisch orange. Es schmeckt am besten, wenn die Frucht an der Pflanze voll ausreift und erst nach dem ersten Frost geerntet wird.

Kürbis aus inländischem Anbau ist von September bis November erhältlich. Er sollte keine braunen Flecken und einen Stiel haben.

Bei kühler und trockener Aufbewahrung hält Kürbis bis ins Frühjahr hinein. Wenn die Schale noch nicht hart ist, sollte er zunächst bei Zimmertemperatur nachreifen und erst dann bei etwa zehn Grad gelagert werden.

Man kann Kürbis süß-sauer einlegen, aber auch zu Gemüse (> Seite 488), Chutney oder Suppe verarbeiten. Eine aparte Note bekommt Kürbissuppe durch wenig geriebenen Ingwer, Curry oder Zimt.

Kleine Exemplare lassen sich füllen und im ganzen kochen. Trockene Kürbiskerne lassen sich gut knabbern oder als Füllung für Teige verwenden. Sie enthalten ein grünliches Öl, das in Ungarn und in der Steiermark gepreßt und als Delikatesse (Kernöl genannt) zu Salat und Weichkäse gereicht wird.

Tip: Gut schmecken auch mit gewürztem Kürbispüree gefüllte Ravioli.

Das Fruchtfleisch des Speisekürbis ist kalorienarm und wirkt harntreibend. Reife Kürbiskerne sind ein Mittel gegen Bandwürmer.

Löwenzahn

Löwenzahn gedeiht am besten auf stark gedüngten Wiesen und Weiden. Man kann die jungen Blätter sammeln und als Salat anrichten, ältere Blätter am besten ähnlich wie Spinat zubereiten. Typisch für Löwenzahn ist der leicht bittere Geschmack, den man nicht durch Wässern vermindern sollte. Die angebotenen Kultursorten enthalten weniger Bitterstoffe und haben breitere Blätter. Läßt man sie im Dunklen austreiben, entsteht gebleichter hellgrüner Löwenzahn, der kaum noch bitter schmeckt. Frische Blätter erkennt man an dem milchigen Saft, der aus den Schnittstellen austritt. Löwenzahnsalat schmeckt hervorragend mit gerösteten Speckwürfeln oder Brotcroutons mit Knoblauch (> Seite 592) an einer einfachen Sauce aus Essig und Öl serviert.

Lollo rossa

Lollo rossa gehört zu den Schnittsalaten, ist aber etwas robuster als diese. Die stark gekrausten rötlichen Blätter sind nicht nur dekorativ, sondern schmecken auch gut und halten sich einige Tage knackig-frisch. Als Lollo bionda ist auch eine gelbgrüne Varian-

te auf dem Markt. Das Gewicht pro Stück schwankt zwischen 150 und 250 Gramm.
Lollo rossa sollte keine welken Blätter haben. Wenn man mit der Hand leicht darüber streicht, sollten die Blattenden genügend Widerstand bieten.
Der Salat sollte kühl und feucht, gegebenenfalls auch im Gemüsefach aufbewahrt werden. Man kann ihn mit Wasser besprühen, das hält ihn länger frisch.
Lollo rossa schmeckt am besten roh als Salat. Dank seiner roten Farbe macht er Mischsalate sehr dekorativ.
Die Inhaltsstoffe der Kopfsalatarten sind recht ähnlich, der Vitamingehalt ist bei Salaten, die keinen Kopf bilden, jedoch gleichmäßig verteilt.

Mangold

Mangold ist ein fast vergessenes, aber sehr schmackhaftes Gemüse, das den ganzen Sommer über frisch auf dem Markt ist. Es gibt Blatt- oder Schnittmangold mit schmalen Blattstielen und breiten dunkelgrünen Blättern, der wie Spinat zubereitet werden kann, aber würziger schmeckt. Die zweite Mangoldart ist der Stielmangold mit langen, breiten Blattstielen und weniger Blättern.
Die Blätter sollten jung und nicht größer als 10 bis 15 Zentimeter lang sein, denn alte Exemplare schmecken bitter.
Mangold sollte möglichst frisch verzehrt werden, denn bei der Lagerung verliert er rasch an Vitaminen. Die jungen Blätter werden schnell welk. Stielmangold sollte nicht trocken gelagert werden, sonst werden die Stiele schnell zäh.
Man bereitet Stielmangold am besten nach Spargel- oder Schwarzwurzelrezepten zu (> Seiten 251, 252). Blattmangold läßt sich genauso wie Spinat verwenden (> Seite 253).
Stielmangold schmeckt vorzüglich mit einer Käsesahnesauce. Man kann ihn auch überbacken.
Mangold ist reich an Eiweiß, Phosphor, Kalium und Vitaminen der B-Gruppe.

Meerrettich (Ö: Kren)

Meerrettich ist wie der Knoblauch eher ein Würzmittel als ein Gemüse. Von Oktober bis April kommen die bräunlichen Wurzeln frisch auf den Markt.

Meerrettich soll etwa vier bis sechs Zentimeter dick und unverzweigt sein und weißes, unverholztes Fruchtfleisch haben. Da er leicht austrocknet, wird er manchmal vor dem Verkauf mehrere Stunden gewässert. Diese Wurzeln sollte man nicht kaufen, denn dadurch leiden die Haltbarkeit und auch der Geschmack.

Zu Hause hält sich der scharfe Meerrettich ungewaschen im kühlen Keller mehrere Monate, im Kühlschrank auch gewaschen, aber gut verpackt bis zu vier Wochen.

Man reibt von der Meerrettichstange immer nur so viel, wie gerade nötig ist. Meerrettich verliert schnell an Schärfe und wird bei längerem Stehenlassen braun, selbst wenn man Zitronensaft daruntermischt. Beim Garen geht wie bei der Konservierung viel Aroma verloren. Meerrettich kann mit Butter oder Sahne gemischt oder zu Saucen (> Seite 572 und 748) verarbeitet werden. Ein beliebte Beilage zu Tafelspitz ist Apfelkren (Apfelmus mit geriebenem Meerrettich vermischt). Meerrettichsahne schmeckt ausgezeichnet zu po-

chiertem oder geräuchertem Lachs oder zu gekochtem Hühnerfleisch.
Die Volksmedizin schreibt dem Meerrettich übrigens eine fiebersenkende Wirkung zu.

MELONEN

> Seite 302

MÖHREN (Ö: KAROTTEN)

Möhren (Mohrrüben) sind das meistverzehrte Wurzelgemüse. Die kurzen stumpfen Sorten heißen Karotten. Sie werden in großem Umfang zu Konserven verarbeitet. Die Saison eröffnen im Frühjahr die saftigen und sehr zuckerreichen Bundmöhren, die roh geknabbert am besten schmecken. Ab Juni werden Möhren aus dem Freiland geerntet.

Möhren sollten sauber und von gleichmäßiger Farbe sein. Eine breite Rinde ist ebenso ein Qualitätsmerkmal wie die intensive orange Farbe, die mit dem Gehalt an Carotin parallel geht. Das Blattgrün muß frisch aussehen und kann feingehackt mitverwendet werden.

Frühmöhren vertragen nur einige Tage Lagerung. Herbst- und Wintersorten dagegen lassen sich gut über den Winter im kühlen Keller lagern.

Das Grün schneidet man gleich nach dem Einkauf ab, denn es entzieht den Wurzeln Wasser. Die Sommermöhren sind fester in der Struktur und weniger süß, lassen sich aber auch noch roh verarbeiten. Sie werden meist als Waschmöhren, ohne Laub und gereinigt angeboten und sollten bald verzehrt werden.

Am besten werden Möhren als Gemüsebeilage gegart oder in Suppen und Eintöpfen verwendet. Man kann Möhren dünsten (> Seite 492) und glasieren (> Seite 494). Vorzüglich schmeckt beispielsweise Möhrensuppe. Möhren lassen sich gut zu Saft und Rohkost (> Seite 606) verarbeiten. Empfehlenswert ist auch Möhrensalat mit Walnüssen (> Seite 706).

Tip: Junge Möhren munden vorzüglich, wenn man sie in einer leichten Sahnesauce mit einem Schuß trockenen Wermut serviert.

Mohrrüben zeichnen sich durch einen hohen Gehalt an Karotin (Provitamin A) aus, das vor allem in der Rinde und weniger im Herz der Wurzel sitzt. Die Ausnutzung dieser wichtigen Vorstufe von Vitamin A ist nur bei gegarten Möhren optimal. Aus roh geknabberten Wurzeln wird es kaum verwertet, etwas besser nur aus fein geraspelter Rohkost. Herbst- und Wintersorten haben einen höheren Gehalt an Ballaststoffen und weniger Wasser.

OKRA (ESSBARER EIBISCH)

Okra sind in den Mittelmeerländern ein beliebtes Gemüse. Die bohnenlangen, fingerdicken grünen Schoten sind bei der Ernte unreif, zart und knackig. Die weißen Kerne kann man mitessen. Okra ißt man roh als Salat, gedünstet (> Seite 492) oder gekocht als Gemüse, in Suppe oder Eintopf. Besonders gut harmonieren sie mit Tomaten. Beim Kochen sondern sie einen milchigen Schleim ab, den man als Bindemittel verwendet. Oder man blanchiert die Schoten fünf Minuten, gießt das milchige Kochwasser ab, schreckt sie ab und setzt sie in frischem Wasser auf. Okra müssen kräftig gewürzt werden.

Oliven

Oliven sind aus der mediterranen Küche nicht wegzudenken. Grüne Oliven werden unreif geerntet und nach einer Gärung in Salzlauge mit Gewürzen eingelegt. Schwarze Früchte werden vollreif geerntet. Der Geschmack hängt vor allem von der Beschaffenheit des Bodens ab, auf dem sie gewachsen sind. Auf vielen Märkten und in Delikatessengeschäften kann man heute verschiedene Sorten lose kaufen und meist auch vorher probieren. Vorzüglich schmecken die zartschaligen kleinen Manzanilla-Oliven mit haselnußartigem Aroma und die doppelt so großen fleischigen Queens, die meistens gefüllt werden. Sehr aromatisch sind die kleinen hellgrünen Ascola tenera und die würzigen Nocellara Etnea (von den Ätna-Hängen) aus Italien. Griechenland ist bekannt für die schwarzen Calamato, eine Eßolive, die für den griechischen Salat typisch ist. Auch in Südfrankreich gibt es sehr gute Sorten, die besten kommen aus der Gegend von Nizza. Eßoliven sind generell weniger fetthaltig als Öloliven, grüne Früchte wiederum nur etwa ein Drittel so fett wie die ausgereiften schwarzen.

Paksoi (Pak-Choi)

Paksoi ist eine neue Kohlart aus dem Fernen Osten, die eine gewisse Ähnlichkeit mit Chinakohl und Stengelmangold hat. Er bildet jedoch keine Köpfe wie der Chinakohl, und seine weißen breiten Stiele sind saftiger und würziger. Die Blattrippen ißt man als Salat, kann sie aber auch zusammen mit den grünen Blättern wie Spinat oder Mangold als Gemüse kochen. Starkes Würzen überdeckt den Eigengeschmack. In Asien dient Paksoi zur Herstellung von »Sauerkraut«.

Wie gefährlich ist Nitrat?

Nitrat ist ein notwendiger Nährstoff für das Wachstum der Pflanzen. Beim Menschen können aus der an sich »ungiftigen« Mischung jedoch Nitrosamine entstehen, die im Tierversuch extrem krebserregend wirken. Die Bedeutung dieser Ergebnisse für den Menschen wird noch diskutiert. Vorsichtshalber sollte jedoch die Menge an Nitrat, dem Ausgangsprodukt der Reaktionskette, im Essen gering sein. In Säften reichert sich Nitrat ganz besonders an. Extreme Werte wurden zum Beispiel in Rote-Beete-Säften gefunden. Sie sollen deshalb – entgegen mancher Diätempfehlungen – nicht in größeren Mengen getrunken werden.

Beeinflussen läßt sich die Menge nur zu einem Teil durch die Düngung. Ausschlaggebender sind oft die Sorte, die Art des Bodens, der Erntezeitpunkt, die Länge der Belichtung u.a. So ist Kopfsalat im Winter aus dem Treibhaus immer nitratreicher als die Sommerware aus dem Freiland. Schwankungen um das Zehnfache können bei einer Gemüseart durchaus vorkommen. Für besonders nitratreiche Gemüsearten (Kopfsalat, Spinat, Rote Bete) hat der Gesetzgeber deshalb Höchstwerte festgelegt.

So kann man sich vor zuviel Nitrat aus Gemüse schützen:

- **Am wichtigsten ist viel Abwechslung auf dem Teller, damit sich nitratarme und nitratreiche Sorten ausgleichen.**
- **Nicht zu lange und zu warm lagern und nicht lange warmhalten, denn dabei bildet sich aus Nitrat Nitrit. Nur frisches Gemüse verwenden und Reste schnell abkühlen, bei Bedarf erneut erwärmen.**
- **Blattrippen bei Spinat und Salat, äußere Blätter bei Kohl entfernen und Kohlrabi etwas großzügiger schälen. In diesen Pflanzenteilen findet sich besonders viel Nitrat.**
- **Nitratreiche Gemüsearten kurz blanchieren.**

Paprika

Gemüsepaprika kommt nur im Spätsommer aus dem Freiland und wird sonst meist unter Folie oder Glas gezogen. Die Farbe der Schoten ist abhängig von der Reife: Paprika macht sozusagen verschiedene Farbstadien durch. Grüne Früchte sind nicht voll ausgereift, sie schmecken leicht bitter, enthalten am wenigsten Vitamin C und werden auch bei der Nachreife nur teilweise rot. Gelb ist bei manchen Schoten ein Zwischenstadium zwischen grün und rot. Sie schmecken süßlich-mild und eignen sich vor allem für den Frischverzehr.

Am fruchtigsten, aromatischsten und vitaminreichsten sind jedoch zweifelsohne die roten, voll ausgereiften Paprikaschoten. Ganz neu auf dem Markt sind auch grünschwarze Früchte, die beim Garen jedoch deutlich heller werden.

Frische Paprika müssen eine glatte, glänzende Haut haben, die keine Runzeln aufweist.

Paprika sollten nicht zu kalt gelagert werden, gehören also am besten ins Gemüsefach; sie trocknen freilich bald aus und werden runzlig – daher sollten sie möglichst bald verbraucht oder zumindest in Folienbeutel gesteckt werden. Paprika ist besonders anfällig gegen Schimmel, vor allem an Druckstellen, wo die Außenhaut verletzt ist.

Man kann Gemüsepraprika roh, als Salat und gekocht essen. Er eignet sich gut zur Mischung mit anderem Gemüse und für Eintopfgerichte. Paprika läßt sich leicht enthäuten, wenn man ihn kurz mit heißem Wasser überbrüht oder im Backofen grillt, bis die Haut braune Blasen bekommt. Auf diese Weise bleiben Paprikaschoten sehr schmackhaft und sind gleichzeitig bekömmlicher.

Mit Gemüsepaprika kann man verschiedene delikate Gerichte zubereiten – von der Ratatouille über gefüllte Paprikaschoten (> Seite 497) bis zu pikanten Geflügel- oder Fleischgerichten.

Sehr gut schmecken auch Suppen und Saucen aus gelben oder roten Paprikaschoten, die man beispielsweise mit Jakobsmuscheln zubereitet. Eine beliebte Beilage aus Paprika ist beispielsweise Peperonata.

Gemüsepaprika ist das an Vitamin C reichste Gemüse. Er regt sowohl den Appetit als auch die Verdauung an; manche Menschen vertragen ihn allerdings schlecht, sie bekommen nach dem Verzehr von Paprika Aufstoßen oder Sodbrennen. Die Bekömmlichkeit läßt sich allerdings verbessern, wenn man die Haut kurz mit kochendem Wasser überbrüht und dann abzieht.

Paradeiser

> Tomaten, Seite 254

Pastinaken

Pastinaken sehen aus wie zu groß geratene Petersilienwurzeln. Bei zu viel Wärme wird das Gewebe pelzig und schwammig. Die Wurzeln sollten nicht größer als etwa 20 Zentimeter sein und höchstens 300 Gramm wiegen. Größere Exemplare sind zäh und weniger schmackhaft. Pastinaken schmecken am besten in Gemüsemischungen; sie lassen sich aber auch ausgezeichnet für Pürees und Eintöpfe verwenden, zum Beispiel im berühmten Pot au feu.

Pflücksalat

Pflück- und Schnittsalat sind vorwiegend Gemüse für den eigenen Garten, die ersten Salate des Jahres. Sie bilden keinen Kopf, sondern mit grünen oder rötlichen Blättern besetzte Stengel oder aufrechtstehende Blätter, die je nach Bedarf immer wieder nachgepflückt werden können.
Pflücksalat schmeckt nur, wenn er nicht zu groß und vor allem noch ganz frisch ist. Deshalb ist langer Transport nicht ratsam.
Pflücksalat läßt sich im Plastikbeutel höchstens zwei, drei Tage lagern. Am besten verzehrt man ihn gleich nach der Ernte.
Die Blätter sollten frisch zubereitet werden, weil sie rasch welken (> Kopfsalat, Seite 240).

Porree (Lauch)

Porree ist wegen seines zwiebelähnlichen Geschmacks sowohl als Gewürz als auch als Gemüse geeignet. Der erste Lauch kommt im Frühjahr aus Folienkulturen. Er hat nur dünne Schäfte, ist sehr empfindlich gegen Druck und läßt sich frisch wie Frühlingszwiebeln verwenden. Ab Juni gibt es die zarten Sommersorten, die sehr schnell garen, aber auch roh gut schmecken. Der preiswerte Herbst- und Winterporree hat eine härtere Struktur, eignet sich vor allem zum Dünsten als Gemüse und läßt sich auch gut lagern. Der Anteil der weißen Schäfte an der Porreestange ist nicht sorten-, sondern anbaubedingt: Je höher die Erde beim Wachsen angehäufelt wird, desto weißer bleibt der Lauch.

Für die Qualität entscheidend sind Länge und Dicke des Schaftes. Die Blattspitzen sollen frisch und fest sein, die Basis des Schaftes sollte keine zwiebelartige Verdickung aufweisen.

Porree sollte nicht zusammengedrückt lagern, weil er so nach wenigen Stunden zu faulen beginnt. Im Gemüsefach ist er knapp eine Woche haltbar.

Den zarten Sommerlauch kann man gut roh essen. Gedünstet eignet sich Porree als Beilage zu Fleischgerichten und für Suppen (> Seite 558). Zum Tiefgefrieren wird Porree mit kochendem Wasser blanchiert, mit eiskaltem Wasser abgeschreckt, getrocknet und dann gefrostet.

Zarte Lauchstangen lassen sich wie Spargel kochen (> Seite 253) und mit einer Sauce servieren. Man kann sie auch zu Würsten oder Kochfleisch reichen.

Tip: Sehr gut sind »Lauchquiches«. Kleingeschnittener Lauch wird in etwas Weißwein gedünstet, mit Käsesahnesauce gebunden, in kleine Teigtorten gefüllt und gebacken.

Porree enthält reichlich Mineralstoffe und schwefelhaltige Substanzen, die infektionshemmend wirken. Er fördert die Tätigkeit von Galle und Nieren.

Portulak

Portulak ist ein wenig bekanntes Blattgemüse. Die fleischigen grünen eiförmigen Blätter können das ganze Jahr über zwei- bis dreimal von der krautigen Pflanze geerntet werden. Verwendet wird Portulak zusammen mit Kopfsalat, Tomaten und Gurken als Salat, in Kräutersoßen oder, ganz kurz gegart, wie Spinat als Gemüse.

Quinoa (Reisspinat)

Quinoa wird in den Anden und neuerdings auch in der Schweiz angebaut. Die dreieckigen Blätter lassen sich wie Spinat verwenden und sind reich an Kohlenhydraten und Eiweiß. Quinoa wird auch als eine Art Getreide verwendet (> Seite 209).

Radicchio

Radicchio ist ein Verwandter von Endivie und Chicorée. Die kleinen dunkel-roten Salatköpfe sind je nach Sorte meist ziemlich bitter und werden vor allem in Mischsalaten, seltener pur verwendet. Radicchio ist von Oktober bis Mai im Handel und als Wintergemüse sehr empfehlenswert.

Die Blätter sollten sauber und nicht welk aussehen und keine braunen Stellen haben.

Unbeschädigte Ware ist bei kühler Lagerung einige Wochen haltbar. Er sollte flach und nicht zu feucht liegen, sonst wird er faul.

Es empfiehlt sich, von den weißen Blattrippen bereits vor der Zubereitung möglichst viel herauszuschneiden, denn darin sitzen die meisten Bitterstoffe. Wässern ist keine gute Lösung, denn dadurch werden wertvolle Inhaltsstoffe ausgelaugt. Eine reizvolle Alternative ist die Kombination mit Obst als pikanter Geschmacksausgleich zwischen süß und herb.

Radicchio enthält Phosphor, Kalium, Vitamin C und Provitamin A. In den roten Teilen des Blattes ist ein Bitterstoff enthalten, der früher als Magenmittel geschätzt wurde.

Radieschen

Radieschen sind heute das ganze Jahr am Markt, weil sie in relativ kurzer Zeit unter Folie oder im Treibhaus heranwachsen. Ware aus dem Freiland ist aber fast immer schärfer im Geschmack. Die Farbe, ob rot, rosa, weiß oder rot-weiß gestreift, ist sortenabhängig und kein Qualitäts- oder Reifekriterium.

Radieschen müssen sauber und dürfen nicht geplatzt sein. Kräftig grünes Laub ist ein Zeichen von Frische. Man sollte es nach dem Einkauf sofort entfernen, denn es entzieht den Wurzeln Wasser und läßt sie schneller altern. Im Frühjahr sollte man kleinere Radieschen kaufen, im Sommer sind auch die gößeren Exemplare von guter Qualität.

Nach mehrtägiger Lagerung werden Radieschen pelzig und schwammig, beim Drücken fühlen sie sich weich an. Frühjahrssorten zeigen diesen Fehler besonders schnell, das gilt auch für »Eiszapfen« genannte Sorte, die kleinen Rettichen ähnelt.

Radieschen werden am besten roh verzehrt, für einen Salat werden sie in Scheiben geschnitten oder geraspelt. Gesalzen schmecken sie vorzüglich auf Butterbrot. Beim Kochen verblaßt die rote Farbe.

Rauke (Rukola, Rucola)

Rauke (Rukola) ist ein einjähriges Kraut, dessen Blätter etwas an Radieschen erinnern. Verzehrt werden die kräftig bis scharf, leicht nussig schmeckenden jungen Blätter, ältere Blätter werden bitter und zäh. Rauken eignen sich zusammen mit anderem Wildgemüse als Salat oder, etwa zehn Minuten gekocht, als würziges Gemüse. Vorzüglich schmeckt Rauke, wenn man sie mit gutem Olivenöl und wenig Balsamicoessig (> Seite 428) anmacht. Man kann auch Tomaten dazu mischen.

Rettich

Rettich ist der größere, schärfer schmeckende Verwandte des Radieschens, der fast ganzjährig im Freien geerntet werden kann. Im Frühjahr gibt es weiße und rosa Mairettiche, ab Juli weiße Sommer- und Herbstrettiche, ab Oktober schwarze und violette Herbstrettiche. Nur die dunklen Sorten müssen geschält werden, bei den übrigen reicht vor dem Rohverzehr gründliches Abbürsten. Sommer- und Herbstware ist meist kräftiger im Geschmack und hat festeres Fleisch.

Rettich sollte gerade gewachsen und nicht geplatzt sein. Ob ein Rettich verholzt ist, läßt sich sehr schlecht erkennen. Wenn er mit den Blättern vermarktet wird, ist das ein Zeichen von Frische. Generell sollte man Wurzeln mit einem Durchmesser von mehr als fünf bis sieben Zentimeter nicht kaufen, denn sehr dicke Rüben sind oft holzig. Auf dem Markt gibt es auch japanische Sorten (in Japan ist Rettich ein vielverzehrtes Gemüse), die sich zwar besser lagern lassen als die einheimischen, aber viel weniger Geschmack haben.

Rettich sollte kühl und nicht trocken lagern. Sommersorten halten maximal zwei Wochen, Herbstsorten dagegen einige Monate lang.

Rettich wird zum Essen in dünne Scheiben geschnitten. Salzen sollte man ihn nur sparsam. Zwar entzieht Salz der Wurzel viel Wasser und macht sie dadurch weniger zäh, aber es geht auch viel Geschmack verloren.

In Süddeutschland gibt es Rettichschneider, die den Rettich hauchdünn und attraktiv erscheinen lassen. Er paßt sehr gut zu Bier und Brezen.

Rettich ist reich an Kohlenhydraten, Eiweiß sowie wertvollen Vitaminen, insbesondere Vitamin C und B. Er fördert den Appetit und regt die Verdauungssäfte an. Mit Honig angemachter Rettichsaft wirkt gegen Husten und Bronchitis.

Römischer Salat (Romana, Ö: Kochsalat)

Römischer Salat ist eine Salatvariante für den Herbst. Die länglichen Köpfe mit den kräftigen grünen Blättern haben einen herzhaften, leicht herben Geschmack und erinnern in ihrer Struktur etwas an Wirsing. Die Innenblätter sind hellgelb und dick, aber trotzdem zart. Manchmal wird der Romana auch als Sommer-Endivie angeboten, obwohl er mit dieser Salatfamilie nicht verwandt ist. Mit kräftigen Marinaden – etwa aus Joghurt (> Seite 573) mit Blauschimmelkäse oder Marinade mit Senf (> Seite 683), Meerrettich oder Knoblauch – eignet sich der Romana als Salat, er kann aber auch kurz gegart als Gemüse ähnlich wie Spinat serviert werden (> Seite 253).

Rosenkohl (Ö: Kohlsprossen)

Rosenkohl ist winterhart bis minus 12 Grad Celsius und braucht sogar etwas Frost, um durch die Umwandlung von Stärke zu Zucker den Geschmack zu verfeinern und die Bekömmlichkeit zu verbessern. Sein hoher Gehalt an Vitaminen und Mineralstoffen macht ihn zu einem wertvollen Wintergemüse, das auch durch Einfrieren kaum an Qualität einbüßt. Die kleinen Röschen müssen frisch gegessen werden, weil sie sehr schnell austrocknen und Vitamine verlieren.

Frischer Rosenkohl hat fest geschlossene Röschen mit – sortenbedingt – hell- oder dunkelgrünen Hüllblättern. Vergilbte Deckblätter sind ein Zeichen von zu langer oder falscher Lagerung.

Nicht über null Grad Celsius lagern. Die abgetrennten Röschen sollten so schnell wie möglich verbraucht werden. Rosenkohl ist gut geeignet zum Tiefgefrieren (vorher putzen und mit kochendem Wasser blanchieren).

Auch bei frischer Ware muß mit etwa einem Fünftel an Abfall gerechnet werden. Rosenkohl sollte nur bißfest gegart werden, etwas Milch mildert den Kohlgeschmack.

Sehr schmackhaft wird Rosenkohl, wenn man ihn auf einem Sieb über Dampf gart. Er schmeckt auch gut gedünstet mit Speckwürfeln oder als Beilage zu Wildgerichten, gemischt mit gekochten Kastanien.

Rosenkohl ist reich an Vitamin C und Vitaminen der B-Gruppe sowie Phosphor, Magnesium und Eisen. Wichtiges Feingemüse für den Herbst.

Rote Bete (Ö: Rote Rübe, CH: Rande)

Die Rote Bete (Rote Rübe) hat einen angenehmen süß-säuerlichen Geschmack. Sie gilt als sehr gesundes und »blutbildendes« Gemüse. Ihr Eisengehalt ist jedoch trotz der roten Farbe nicht höher als der vieler anderer Gemüsearten.

Rote Bete ist das ganze Jahr über auf dem Markt zu finden. Die Hauptsaison ist Oktober.

Gute Rote Bete sind nicht zu groß, ohne Seitenwurzeln, eventuell mit frischem Laub und unverletzter Schale, da sie sonst leicht ausbluten.

Rote Bete kann gut gelagert werden, am besten im Keller in Kisten, die mit feuchtem Sand bedeckt sind. Die ideale Temperatur ist zwei Grad Celsius. Frost schadet der Roten Bete, höhere Temperaturen lassen die Rüben leicht austreiben.

Rote Rüben werden meistens gekocht (am besten im Schnellkochtopf, > Seite 183) oder süß-sauer eingelegt. Ihr Geschmack kommt aber auch roh im Salat gut zur Geltung; man kann ihn zusammen mit Äpfeln und Nüssen zubereiten, vor allem im Winter ist das eine Abwechslung bei der Rohkost.

Rote Bete ist von Natur aus Nitratsammler und sollte daher nicht zu häufig in größeren Mengen verzehrt und auch nicht von Kleinkindern gegessen werden. Das gilt für Rote Bete-Saft noch mehr als für das Gemüse, denn dort findet sich Nitrat stark konzentriert.

Rotkohl
(Ö: Rot-, Blaukraut)

Rotkohl hat im Vergleich zum Weißkohl meist kleinere und festere Köpfe. Früher Rotkohl, der ab Juni geerntet wird und oft noch nicht voll ausgewachsene Köpfe hat, ist zart und besonders roh für Salate geeignet. Herbst- und Winterware hat eine festere Struktur und schmeckt am besten gedünstet als Gemüse.

Die äußeren Blätter sind von Natur aus mehr oder weniger bewachst. Fehlt diese Wachsschicht, wurden die Köpfe im Geschäft bereits nachgeputzt.

Rotkohl sorgfältig behandeln, denn beschädigte Blätter faulen schnell. Frühe Sorten sind nur begrenzt lagerfähig, Herbst- und Wintersorten halten bei einer Temperatur knapp über dem Gefrierpunkt einige Monate lang.

Vor der Zubereitung müssen die Hüllblätter auf jeden Fall entfernt werden, denn sie sind hart und außerdem die »Schadstoff-Fänger« des Kohlkopfs. Am besten schmeckt Rotkohl in etwas Rotwein mit Äpfeln gekocht, mit etwas Dill und einem Schuß Essig bekommt er eine besondere Geschmacksnote. Eine delikate Beilage ist Rotkraut.

Rotkohl hat eine blähende Wirkung. Sie wird durch eine Lockerung des Zellgefüges stark vermindert, wenn man den blanchierten Kohl kurz einfriert.

Rüben

Rüben sind zu Unrecht in Vergessenheit geraten. Sie gelten als Arme-Leute-Essen, erinnern an Kriegszeiten oder werden gar nur als Viehfutter angesehen. Dabei sind einige Arten sehr schmackhaft und verdienen einen festen Platz im Gemüsekorb.

Steckrüben (Kohlrüben) ähneln im Geschmack herbsüßen Möhren. Ihr gelbliches Fleisch hat einen hohen Gehalt an Karotin und ist das kalorienärmste aller Wurzelarten. Das Wintergemüse ist am besten, wenn der Durchmesser der Knollen etwa acht bis zwölf Zentimeter beträgt. Sie schmecken in herzhaften Eintöpfen, aber auch gekocht, gedünstet oder geschmort als Beilage.

Ein zartes Frühjahrsgemüse sind dagegen die kugeligen, weißfleischigen Mairüben, die nicht größer als eine Kinderfaust sein sollten, wenn sie als Beilage gekocht werden.

Als Delikatesse gelten die Teltower Rübchen, die ursprünglich nur auf den sandigen Böden der Mark Brandenburg südlich von Berlin angebaut wurden. Die kleinen, oben abgeplatteten Rüben haben zartes, weißes Fleisch und schmecken etwas süßlich. Unterstrichen wird dieses Aroma, wenn man sie glasiert oder gratiniert.

Stielmus (Rübstiel) ist eine niederrheinische Spezialität. Die Pflanze bildet keine Rüben, verwendet wird das saftige, junge, grüne Rübenblatt. Man kann es roh als Salat wie Endivien anmachen oder wie Spinat und Mangold kurz dünsten. Hauptangebotszeit ist April bis Juni.

SALAT

> Bataviasalat, Chicorée, Eichblattsalat, Eissalat, Endivien, Feldsalat, Kopfsalat, Lollo rossa, Löwenzahn, Mangold, Pflücksalat, Radicchio, Römischer Salat.

SAUERAMPFER

Sauerampfer kann man von März bis September auf feuchten ungedüngten Wiesen sammeln. Gelegentlich findet man die grünen, säuerlich-würzigen Blätter aber auch im Handel. Verwendet werden nur die jungen zarten Blätter (etwa fünf bis sieben Zentimeter groß), denn ältere Blätter sind bitter. Das Kraut wird zum Würzen von Saucen (z.B. der Frankfurter Grünen Sauce), Eierspeisen, Fischgerichten, Salaten und für Suppe verwendet. Besonders aromatisch schmeckt der Sauerampfer, wenn man die zerkleinerten Blätter kurz in Butter andünstet. Kochen zerstört den typischen Geschmack.

SAUERKRAUT

Ein großer Teil der gesamten Weißkohlernte wird zu Sauerkraut verarbeitet. Es entsteht nach vier bis sechs Wochen aus dem gehobelten Kohl, dem nur etwas Salz und Gewürze zugegeben wurden, durch die Umwandlung von Stärke und Zucker in Milchsäure. Diese sogenannte milchsaure Gärung macht den Weißkohl haltbar, lockert das Gewebe und fördert die Bekömmlichkeit. Außerdem ist Sauerkraut wegen seines Gehaltes an Ballaststoffen ein »Darmputzer« und enthält größere Mengen Vitamin C. Einen schmackhaften, bekömmlichen Salat ergibt rohes Sauerkraut, wenn man es mit feingeschnittenen Äpfeln, Kräutern und gehackten Nüssen mischt. Zur Verwertung von Resten ist Sauerkrautgratin empfehlenswert (> Seite 621).

SCHWARZWURZELN

Schwarzwurzeln gelten als der Spargel des Winters, sind aber kräftiger im Geschmack und nährstoffreicher. Die langen, außen dunklen Wurzeln kommen von Oktober bis zum Frühjahr auf den Markt.

Schwarzwurzeln sollten möglichst dick, gerade, ohne Seitentriebe und mit unverletzter Schale sein. Schalenschäden lassen die Wurzeln schnell austrocknen, denn an diesen Stellen tritt der milchige Saft aus, der ein Zeichen von Frische ist.

Man kann Schwarzwurzeln gut im Keller oder in einem kühlen Raum lagern. Im Gemüsefach halten sie nur einige Tage.

Schwarzwurzeln werden meist gekocht verzehrt, man kann sie auch fritieren (> Seite 493) und glasieren (> Seite 494). Sie werden am besten unter fließendem Wasser geschält (Gummihandschuhe anziehen, der Saft färbt stark und ist klebrig) und anschließend in Zitronenwasser gelegt, damit sie die weiße Farbe behalten. Einfacher geht es, wenn man sie, ähnlich wie Rote Bete, in Wasser mit Essig und Salz etwa 20 Minuten kocht und anschließend die Haut abzieht. Schwarzwurzeln schmecken gut mit Butter und Kräutern, an Kerbelrahmsauce, als Suppe (> Seite 626) oder durch Teig gezogen und schwimmend ausgebacken.

SELLERIE (Ö: ZELLER)

Sellerie schmeckt ausgesprochen würzig. Er ist als Schnittsellerie erhältlich, der als Würzkraut ähnlich wie die Petersilie verwendet wird: Er wird am besten frisch ans Essen gegeben, denn beim Trocknen und Mitkochen verliert er beträchtlich an Aroma.

Knollensellerie kommt ab Mai aus dem Treibhaus auf den Markt, hat kleine Knollen von mindestens drei Zentimeter Durchmesser und wird meist als Suppeneinlage verwendet. Freilandware gibt es ab Juli. Die noch nicht ausgewachsenen Knollen mit frischen grünen Blättern sind sehr aromatisch und lassen sich mit dem Laub sowohl feingeraspelt roh als Salat oder als Gemüse verwenden.

Späte Sorten kommen als Herbstsellerie auf den Markt und sind am besten zum Garen geeignet.

Bleichsellerie (Stangensellerie) ist in Deutschland zu Unrecht wenig bekannt. Das feine Gemüse schmeckt milder als die Knollen und ist sowohl in roher Form als auch gedünstet vielseitig zu verwenden.

Die Qualität von Knollensellerie erkennt man an den Blättern, die frisch aussehen sollten. Die Knollen dürfen keine fauligen Stellen haben.

Herbstsellerie hat meist keine Blätter mehr, damit fehlt ihm ein wichtiger Indikator für die Frische. Die späten Knollen müssen eine gesunde trockene Schale und festes Gewebe haben.

Bleichsellerie sollte keine Flecken haben. Die Stangen müssen je nach Sorte hell oder mittelgrün, aber immer knackig sein und frische Blätter besitzen. Ist das Grün schon welk, werden die Stangen zäh. Dünne Stangen sind dickeren vorzuziehen.

Knollensellerie kann man in einem frostfreien Keller einige Wochen lang lagern. Bleichsellerie ist stoßempfindlich und hält sich im Kühlschrank ungefähr zwei Wochen (in Plastikbeutel geben).

Junge Sellerieknollen schmecken gut als roher Salat (> Seite 700). Man kann sie auch geschält oder ungeschält kochen oder glasieren (> Seite 494). Eine Delikatesse sind Selleriescheiben, die wie Schnitzel gebraten werden. Selleriescheiben lassen sich auch mit Mettwurst bestreichen, zusammensetzen und dünsten. Vorzüglich schmeckt Sellerie-Piccata (> Seite 709).

Herbstsellerie gart man am besten. Etwas Essig oder Zitronensaft im Kochwasser verhindert die Schwarzfärbung des weißen Fleisches. Bleichsellerie schmeckt roh sehr gut, als Salat, zum Dippen in verschiedene kalte Saucen oder auch als gesunde Knabberei. Kurz gedünstet geben sie ein aromatisches, leicht verdauliches Gemüse oder eine Einlage für Suppen (> Seite 492). Nur sehr dicke Exemplare müssen am unteren Ende geschält werden, sonst reicht es, sie an beiden Enden etwas abzuschälen.

Die Blätter enthalten mehr Vitamin C als die Knollen.

SPARGEL

Spargel ist ein typisches Saisongemüse, frisch auf dem Markt im Frühjahr, aus einheimischer Erzeugung etwa ab Mitte Mai und traditionsgemäß nur bis Johanni, am 24. Juni. Die verschiedenen Farben des frischen Spargels sind anbaubedingt. Völlig weiß bleibt er nur, wenn er vollständig von Erde bedeckt in den Hügelbeeten heranwächst und gestochen wird. Sobald der Sproß aus der Erde bricht, verfärbt er sich durch den Einfluß des Lichtes violett, blau und schließlich grün. Die Färbung ist kein Qualitätsmangel. In

Frankreich wird diese Art des Spargels sogar bevorzugt, weil er etwas kräftiger schmeckt. Läßt man Spargel völlig über der Erde wachsen, wird er grün wie jede andere Gemüseart. Grünspargel schmeckt würziger als Bleichspargel.

Gute Qualität und Frische bei Spargel erkennt man so: Er knistert beim Aneinanderreiben, läßt sich leicht brechen und zeigt eine pralle, glatte Schnittfläche. Die Köpfe sind fest geschlossen; schon geöffnete Schuppenblätter sind ein Zeichen von zu spätem Stechen. Die Stangen dürfen nicht zu dünn (sonst ist der Abfallanteil sehr hoch), nicht holzig und nicht zu sehr verbogen sein. Eine starke Krümmung weist auf einen zu schweren Boden.

Spargel der Handelsklasse Extra muß rein weiß, gerade, mit fest geschlossenen Köpfen und mindestens 12 Millimetern Durchmesser sein. Über den Geschmack geben die Handelsklassen freilich keine Auskunft.

Frische, einwandfreie Ware kann im Kühlschrank einige Tage aufbewahrt werden. Er eignet sich gut zum Tiefgefrieren.

Spargel muß gewaschen, darf aber nicht gewässert werden, denn dadurch nimmt er bis zu zehn Prozent an Gewicht zu. Aus den Schuppen am Kopf läßt sich dann Wasser herausdrücken, die Stangen verfärben sich gelblich und riechen muffig, zeigen Flecken und knistern nicht mehr.

Weißer Spargel wird geschält und das holzige Ende abgeschnitten. Die Stangen werden in Salzwasser etwa eine Viertelstunde gekocht und sollten dabei aufrecht stehen (Spargel kann zu diesem Zweck auch gebündelt werden).

Grünspargel braucht nicht geschält zu werden und ist schon in 10 bis 15 Minuten gar.

Spargel kann beispielsweise mit Haselnüssen zu einem wohlschmeckenden Salat zubereitet werden. Gekochter Spargel wird mit Butter, Brösel oder mit Saucen serviert (> Seite 495). Zur Verwertung von Resten ist Spargelflan zu empfehlen.

Spargel ist kalorienarm und für Diabetiker gut geeignet. Am vitaminreichsten sind die Sproßspitzen sowie der grüne Spargel.

SPINAT

Spinat wird vorwiegend gefroren eingekauft, frische Ware ist aber geschmackvoller. Besonders gut ist der zarte Frühjahrsspinat, das erste Frischgemüse, der sich auch roh für Salate eignet. Herbstware hat gröbere, größere Blätter, die meist auch dunkler in der Farbe sind. Je älter die Blätter sind, desto bitterer schmecken sie.

Frischer Spinat darf keine welken oder gelben Blätter haben und nicht zu dicht gepackt sein, denn durch die Entwicklung von Eigenwärme verdirbt er besonders schnell.

Spinat ist zum Lagern schlecht geeignet. Selbst unter besten Bedingungen – bei ein Grad Celsius und hoher Feuchtigkeit – hält er nicht länger als eine Woche. Dafür eignet er sich gut zum Tiefgefrieren.

Spinat als Beilage zu Fisch und Fleisch kann man schmackhaft zubereiten, indem man ihn dünstet (> Seite 492). Mit Sahne püriert ergibt er ein wohlschmeckendes Rahmsüppchen. Für Soufflé, Omelette oder Aufläufe nimmt man größere Blätter, mit Hackfleisch gefüllt und gedünstet, oder fein zerkleinert in Getreidebratlingen.

Dem relativ hohen Gehalt an Mineralstoffen (überdurchschnittlich eisenreich ist er nicht) – und einigen Vitaminen steht leider reichlich Nitrat gegenüber, das Spinat in den Zellen ansammelt. In Deutschland sind deshalb Höchstmengen für Nitrat nicht nur für Säuglingsnahrung, sondern seit 1993 für das gesamte Angebot festgelegt. In der Küche läßt sich der Nitratanteil vermindern, wenn man Spinat kurz blanchiert und das Wasser weggießt und durch Entfernen der nitratreichen Blattrippen, besonders für die Salatzubereitung.

Spitzkohl

Eine besonders feine Weißkohlart ist der Spitzkohl. Die spitz zulaufenden grünen Köpfe sind im Frühjahr die erste Kohlart auf dem Markt. Er ist sehr zart und knackig, hat einen milden Kohlgeschmack, ist recht leicht verdaulich und wird beim Kochen sehr schnell weich. Zusammen mit dem frühen Weißkohl schmeckt Spitzkohl von allen Kappessorten am besten, gut eignet er sich für Salate und Rohkost oder kurz gedünstet als feines Gemüse. Die festeren Herbstsorten sollte man dagegen am besten dünsten, als Gemüse, für Kohlrouladen, im Eintopf oder in Suppe.

Tomaten
(Ö: Paradeiser)

Tomaten sind meist makellos anzusehen, der Geschmack läßt dagegen oft zu wünschen übrig. Dafür sind weniger Sorte und Düngung entscheidend, sondern vor allem die Lichteinwirkung: Tomaten, die im Sommer im Freiland geerntet werden, enthalten in aller Regel mehr Zucker und Fruchtsäuren und schmecken deutlich besser als die Glashausfrüchte. Trotz des ganzjährigen Angebots sollte man sie deshalb als Sommergemüse ansehen und Ware mit kurzen Transportwegen bevorzugen, weil sie am ehesten am Stock voll ausreifen konnte. Kleinere Tomaten sind oft aromatischer als große.

Importierte Früchte müssen meistens noch bei Zimmertemperatur nachreifen. Das ist auch bei Tomaten aus der Eigenerzeugung möglich. Lagerung im Kühlschrank verhindert das Nachreifen und führt zu starken Aromaverlusten, denn Tomaten sind kälteempfindlich. Im Winterhalbjahr sind für Suppen, Soßen u.a. geschälte Tomaten aus der Dose besser als die aromaschwachen frischen Früchte.

Neben den runden »normalen« Tomaten gibt es am Markt großfruchtige Fleischtomaten mit weniger Kernen und mehr Fruchtfleisch. Ihr Geschmack ist jedoch oft auch nicht besser als bei den kleineren.

Am aromatischsten, aber sehr teuer sind die Kirsch- oder Cocktailtomaten, die in der Größe am ehesten der Ursprungstomate nahekommen. Bisher ist es den Züchtern nicht gelungen, den guten Geschmack auch in die größeren Varianten zu übertragen. Sonnengereifte längliche und ovale Tomaten aus Frankreich und Italien (Roma-, San-Marzano-, Peretti-Tomaten) gehören zu den geschmackvollsten Tomaten.

Tomaten sollen unbeschädigt, sauber und fest sein. Verhärtungen nahe dem Stielansatz sind ein Zeichen von minderer Qualität. Die kranken Stellen sind grün oder gelb gefärbt.

Tomaten kann man bei Temperaturen bis zu 30 Grad Celsius nachreifen lassen. Sie sind kälteempfindlich und sollten daher nicht im Kühlschrank aufbewahrt werden.

Tomaten schmecken gut in rohem Zustand, auf dem Butterbrot oder als Salat (> Seite 596); dieser kann mit Basilikum, Schafkäse oder auf italienische Art mit Mozzarelle und Rukola zubereitet werden. Tomaten ergeben eine wohlschmekkende Suppe und lassen sich auch gut dünsten (> Seite 492). Sehr beliebt ist auch Tomaten-Quarkkuchen (> Seite 760). Tomatenmark erhält man durch Passieren von reifen, geschälten Tomaten, denen anschließend ein großer Teil des Saftes entzogen wird. Ketchup ist Tomatenmark, das angereichert mit Salz, Zucker, Essig, Zwiebeln und Gewürzen einen süß-säuerlichen Geschmack erhält.

Tomaten sind relativ kalorienarm. Die wohlschmeckendsten Sorten enthalten auch die meisten Fruchtsäuren und Vitamine.

Grüne Tomaten dürfen nicht verzehrt werden, denn sie enthalten das giftige Solanin. Wenn sie nicht mehr nachreifen, kann man Marmelade daraus machen oder sie süßsauer einlegen. Auch von dieser Sauerkonserve sollte man jedoch nur wenig essen. Der grüne Stengelansatz ist vor dem Verzehr immer zu entfernen.

Weisskohl (Ö: Weisskraut)

> auch Sauerkraut, Seite 251

Dem Weißkohl verdanken die Deutschen ihren englischen Spitznamen Krauts, obwohl er längst nicht mehr das beliebteste Gemüse ist. Dabei hätte es das ganzjährig verfügbare Gemüse dank der vielfältigen Verwendung und des Gehaltes an Vitaminen und Mineralstoffen verdient, häufiger auf den Tisch zu kommen.

Frische Weißkohlköpfe müssen glänzend und gesund sein und dürfen keine Fraß- oder Schlagstellen aufweisen. Sommersorten haben meistens lockerere Köpfe und sind grüner als die festen, gelblich-weißen Herbstsorten, die sich im Keller wochenlang lagern lassen. Frisch vom Feld ist Weißkohl meistens von zwei bis drei Hüllblätter umgeben. Kommt er aus dem Lager, ist er nachgeputzt und gelangt ohne Deckblätter in den Verkauf.

Weißkohl ist gut zum Lagern geeignet. Dauerkohl (so werden Weißkohlsorten bezeichnet, die ab Mitte September im Handel sind) bleibt monatelang frisch, Spitzkohl (> Seite 254) dagegen nur eine Woche lang. Angeschnittene Köpfe kann man ins Gemüsefach geben, wenn man die Schnittfläche bedeckt.

Die frühen Sorten schmecken am besten roh. Sehr populär sind Krautsalate. In der Küche kann man den Weißkohl zu gefüllten Rouladen verarbeiten. Sauerkraut > Seite 251.

Weißkohl hat mehr Vitamin C als die anderen Kohlarten. Die blähende Wirkung läßt sich durch Einfrieren vermindern.

Wirsing

Wirsing hat einen sehr lockeren Kopf, der sich nach oben wie eine Blüte öffnet. Der Frühjahrswirsing ist sehr zart, kocht schnell weich und hat einen sehr milden Kohlgeschmack. Auch der September-Kohl ist noch von relativ zarter Struktur. Die dunkelgrünen Herbstsorten haben meist derbere Blätter und fester geschlossene Köpfe.

Die Farbe der Köpfe ist kein Qualitätskriterium, sondern erntezeitabhängig: Der erste Wirsing im Frühjahr ist hellgrün mit goldgelben Innenblättern. Zu lange Stiele der einzelnen, oft bewachsten Blätter sind jedoch ein Qualitätsmangel.

Wirsing hat von allen Kopfkohlarten die kürzeste Lagerzeit. Herbstsorten halten sich bei kühlen Temperaturen aber dennoch mehrere Wochen.

September-Kohl ist im Geschmack kräftig und daher gut geeignet für deftige Speisen mit etwas längerer Kochzeit, wie beispielsweise Kohlrouladen, als ganzer Kopf gefüllt mit einer Hackfleischmasse und mit Käse überbacken oder in Gemüseeintöpfen wie Pot au Feu oder Irish Stew). Man kann Wirsing auch schmoren (> Seite 496).

Im ernährungsphysiologischen Wert unterscheidet sich Wirsing kaum von den anderen Kohlarten.

ZICHORIE

> Chicorée, Seite 231

ZUCCHINI

Zucchini ähneln im Aussehen den Gurken, sind aber weniger saftig und aromatisch. Bevorzugt werden sollten kleine Früchte von höchstens 15 bis 20 Zentimeter Größe. Sie haben den zartesten Geschmack, weiche Kerne und können ungeschält gegart und roh als Salat gegessen werden.

Die Früchte sollten höchstens leicht gebogen sein, mit Stiel versehen sein sowie fest und frisch aussehen.

Zucchini sind im Gemüsefach etwa zwei Wochen haltbar. Zu kalte Lagerung läßt Zucchini weich werden.

Größere Zucchini müssen geschält und am besten auch entkernt werden, denn Schale und Kerne sind hart. Sie eignen sich nur noch zum Dünsten (> Seite 492), Schmoren (> Seite 496) und Füllen, zerfallen aber leicht und schmecken auch fader. Besonders attraktiv sehen die orangefarbenen Zucchini-Blüten aus, die gefüllt oder gebacken auch gegessen werden können. Als Beilage schmecken zarte Zucchini am besten, wenn man sie ungeschält in dünne Scheiben oder Stäbchen schneidet und bei mittlerer Hitze unter mehrmaligem Wenden in Olivenöl oder Butterschmalz anziehen läßt, ohne daß dabei Saft austritt.

Tip: Roher Zucchinisalat wird am besten mit Basilikum gewürzt (> Seite 630).

Zucchini enthalten reichlich Eisen, Provitamin A und Vitamin C und sind leicht verdaulich.

ZUCKERMAIS

Zuckermais ist eine andere Sorte als der gewöhnliche Futtermais. Er wird früher reif, hat zartere Kolben und sehr zuckerreiche Körner. Geerntet wird im milchreifen Zustand, das heißt, die Körner müssen beim Eindrücken einen milchigen Saft abgeben. Das ist neben dem braunen »Bart« im Geschäft ein Zeichen von Frische und richtiger Reife (der Bart beim Mais sind die braunen Fäden, die oben als Büschel herauswachsen). Direkt nach der Ernte beginnt bereits der Abbau des Zuckers zu Stärke. Schon nach 6 Tagen ist der süße Geschmack verloren. Höhere Temperaturen beschleunigen diesen Prozeß. In der Wärme verlieren die Körner in zwei Stunden bis zur Hälfte ihres Zuckergehaltes. Die Kolben müssen deshalb ganz frisch verarbeitet werden. Am besten kocht man sie in leicht gezuckertem Wasser. Salz macht die Schalen der Körner hart. Wenn man Zuckermais grillen möchte, sollten die Kolben vorher blanchiert werden, sonst bleiben die Körner hart. Man serviert sie mit gesalzener Butter, die man auf den kleinen Kolben schmelzen läßt.

ZWIEBELN

Zwiebeln haben neben Knoblauch und Rettich angeblich schon den Pyramidenbauern zu Kraft verholfen. Heute sind sie nach den Tomaten das meistverzehrte Gemüse. Am gebräuchlichsten sind die scharfen Haushaltszwiebeln mit hellgelben bis weißlichen Schalen. Kleine dunkle Zwiebeln sind meist schärfer als große helle. Milder im Geschmack sind die dekorativen roten Zwiebeln. Sie schmecken vor allem roh vorzüglich.

Nicht zum Würzen, sondern als aromatisches Gemüse sind die dicken Gemüsezwiebeln geeignet. Sie haben ein mildes, leicht süßliches Fleisch. Sie eignen sich gut zum Füllen, aber auch zum Schmoren und sogar als Salatgemüse.

Frühlingszwiebeln gibt es den ganzen Sommer über. Sie ähneln mit ihren weißen Verdickungen und dem frischen grünen Laub dem Babylauch, ihre Blätter sind aber hohl. Frühlingszwiebeln sollte man ganz frisch zum Würzen verwenden, damit ihr Geschmack erhalten bleibt.

Lauchzwiebeln gibt es das ganze Jahr über, teilweise aus Glashäusern. Sie bilden oft keine richtigen Zwiebeln aus, sondern haben nur eine weiße, leicht verdickte Endung.

Den feinsten Zwiebelgeschmack haben die milden Schalotten, die wie beim Knoblauch zu mehreren Knollen unter einer silbergrauen oder rosa Hülle stecken. Schalotten bekommt man frisch in den Monaten Juli und August.

Besonders schmackhaft, zugleich süßlich und mild-scharf, sind rote Gemüsezwiebeln, die man aber nur selten bekommt. Man sollte sie wegen des feinen Geschmacks roh genießen.

Perlzwiebeln werden nur selten angeboten und haben einen besonders feinen Geschmack. Meist erhält man sie sauer in Essig eingelegt oder als Mixed Pickles.

Normale Haushaltszwiebeln werden nicht nach Sorten verkauft; neuerdings gibt es aber Markenware, die etwas teurer, aber länger lagerfähig ist, weil die Zwiebeln gut abgetrocknet sind.

Gute Zwiebeln sind unbeschädigt, sauber und trocken; vor allem die Außenhäute und der Stengel sollten vollkommen trocken sein.

Zwiebeln müssen außen mindestens zwei getrocknete Häute haben, damit sie lagerfähig sind. Für eine längere Lagerung eignen sich aber nur die braunen Sorten. Gequetschte Stellen faulen schnell und stecken gesunde Knollen an. Frühlingszwiebeln dürfen deshalb nicht mit Gummi oder Band eingeschnürt werden; sie sind außerdem nur ein bis zwei Tage haltbar. Schalotten dagegen kann man mehrere Wochen aufbewahren. Man sollte sie aber nicht aufgeschnitten lagern.

Zwiebeln sind ein äußerst vielseitiges Gewürz und können roh, gebraten, geschmort (> Seite 496), glasiert (> Seite 494) oder gekocht verwendet werden. Berühmt ist die französische Zwiebelsuppe. Vorzüglich schmeckt auch Zwiebelkuchen. Zwiebelsauce eignet sich gut als Beilage für Fleisch. Auch für Salate läßt sich die Zwiebel gut verwenden (> Zitrussalat mit Zwiebeln, Seite 610).

Zwiebeln sollten grundsätzlich erst kurz vor dem Essen geschält und zerkleinert werden. Dazu nimmt man ein scharfes Messer, das nicht zu klein ist. Beim Zerkleinern im Mixer oder Zerhacker werden Zwiebeln schnell bitter. Gleiches passiert auch beim Einfrieren, deshalb vorsichtig Würzen von Speisen, die eingefroren werden sollen.

Gemüsezwiebeln werden bei uns noch recht wenig verwendet; sie sind aber sehr gut für Gemüsebeilagen oder roh als Salat geeignet, auch für Zwiebelkuchen und Zwiebelsuppen. Man erhält sie vor allem im Sommer.

Zwiebel enthalten viel Zucker. Der beißende Geruch kommt von schwefelhaltigen ätherischen Ölen. Sie regen Appetit und Verdauung an und üben außerdem eine keimhemmende Wirkung auf Mundhöhle und Verdauungsorgane aus.

Hülsenfrüchte

Es ist an der Zeit, daß Linsen, Erbsen und Bohnen wieder in Mode kommen: Sie lassen sich sehr vielseitig und zu wohlschmeckenden Gerichten zubereiten. Der Gesundheitswert von Hülsenfrüchten ist hoch – dabei sind sie sogar relativ preiswert im Einkauf.

Mit Hülsenfrüchten kann man nicht nur schmackhafte Gerichte zubereiten, sondern sie sind auch wegen ihres Nährwerts zu empfehlen. Den heimischen Böden tut es zudem gut, wenn vermehrt Hülsenfrüchte angebaut werden: In ihren Wurzeln leben Knöllchenbakterien, die den Stickstoff aus der Luft binden. Das macht eine zusätzliche Düngung der Felder überflüssig – weshalb Hülsenfrüchte gut in eine Fruchtfolge mit Getreide passen, das dem Boden den lebenswichtigen Stickstoff entzieht.

Warenkunde

Unter Hülsenfrüchten versteht man gewöhnlich die getrockneten Samen von Schmetterlingsblütlern. Sie bestehen aus einer Hülse, auch Schote genannt, und den Samen. Bei der Reifung teilt sich die Hülse und gibt die Samen frei.

Im unreifen grünen Zustand gelten einige Hülsenfrüchte, zum Beispiel Erbsen und Bohnen, als Gemüse, das sich vorzüglich als Beilage eignet, wenn man es einige Minuten blanchiert (> Seite 489).

Einkauf

Gute Hülsenfrüchte sollen sauber sein sowie glänzend aussehen. Kreisrunde Löcher und dunkelscheinende Stellen sind Qualitätsmängel. Matte, runzelige Ware weist auf Überlagerung hin; sie wird beim Kochen nicht mehr weich. Man erkennt sie auch daran, daß sie im Wasser obenauf schwimmt. Das Alter von getrockneten Hülsenfrüchten erkennt man am Mindesthaltbarkeitsdatum.

Lagerung

In getrocknetem Zustand sind alle Hülsenfrüchte sehr lange lagerfähig. Man muß sie aber trocken, luftig und dunkel aufbewahren. Dennoch sollten sie nach maximal einem Jahr verbraucht sein, sonst leidet die Qualität. Auch dann sind sie keimfähig.

Zubereitung

Ungeschälte Hülsenfrüchte brauchen eine wesentlich längere Garzeit als geschälte. Außer-

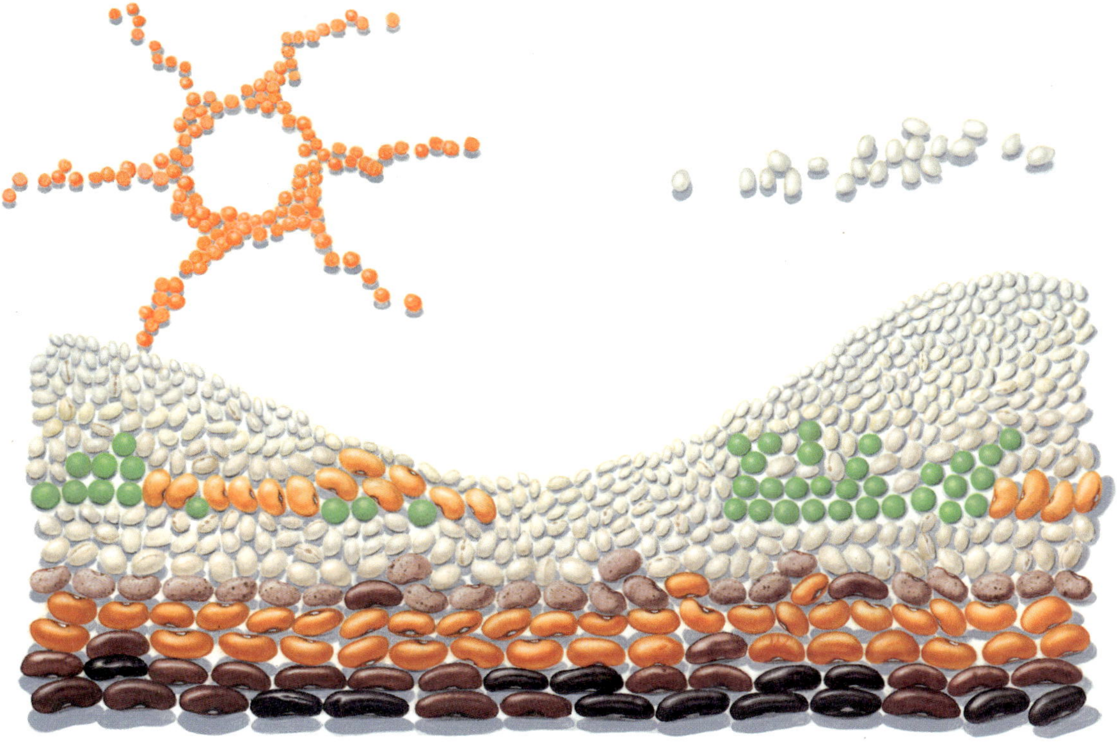

dem ist zu bedenken, daß die getrockneten Samen – mit Ausnahme von Linsen – über Nacht eingeweicht werden sollten. Alternativ dazu kann man sie auch zwei Minuten in Wasser kochen und dann eine Stunde einweichen. Die an der Oberfläche schwimmenden Samen entfernen, denn sie schmecken nicht.

Zum Garen verwendet man am besten das Einweichwasser, weil es wertvolle Nährstoffe enthält. Eine bis maximal zwei Stunden brauchen die Erbsen, Linsen und Bohnen, bis sie weich sind. Ohne Einweichzeit ist die Garzeit deutlich länger.

Hülsenfrüchte kann man auch keimen lassen: Ihr Vitamingehalt nimmt dabei zu, und sie werden besser bekömmlich. Der Gehalt an blähenden Kohlenhydraten vermindert sich um bis zu 80 Prozent. Zum Keimen eignen sich Linsen, Erbsen, Kichererbsen, Soja- und Mungobohnen (Arbeitsanleitung wie bei Getreidekeimen, > Seite 208). Hülsenfrucht-Keimlinge (Ausnahmen Linsen, Mungobohnen) sollten vor dem Verzehr kurz blanchiert oder zumindest mit kochendem Wasser übergossen werden, um die Keimbelastung zu verringern und von Natur aus enthaltene schädliche Stoffe zu inaktivieren.

Gesundheit

Hülsenfrüchte sollten nie roh gegessen werden. Sie enthalten Eiweißstoffe, die zu einem Zusammenklumpen der roten Blutkörperchen führen und die Verdauung blockieren. Beides wird durch Hitze inaktiviert.

Ansonst entspricht die Zusammensetzung der Hülsenfrüchte allen Anforderungen an ein gesundes und schmackhaftes Lebensmittel: Sie sind reich an Eiweiß, Stärke, Vitaminen (A, B1, B2) und Mineralstoffen (z.B. Kalzium, Eisen, Zink) sowie arm an Fett.

Hülsenfrüchte sind reich an Ballaststoffen, die bei Zuckerkranken für eine Verbesserung der Stoffwechsellage sorgen, weil sie den Blutzuckerspiegel nach dem Essen nur langsam ansteigen lassen. Außerdem scheinen sie den Cholesterinspiegel zu senken. Ihr Energiegehalt pro Portion ist recht gering, der Sättigungswert jedoch groß, so daß sie selbst in einer Reduktionskost vertreten sein dürfen. Der einzige negative Punkt ist ihre schwere Verdaulichkeit.

Kräftige Würzungen vertragen Gerichte aus

Wachtelbohne

Mungo-Bohne

Schwarze Augenbohne

Kidney

Borlotti-Bohnen

Borlotti klein

Hülsenfrüchten gut: Muskatnuß, Rosmarin, Lorbeer, Knoblauch, Zitronenschale und würzige Öle passen dazu. Heimische Linsen mögen auch »süße« Säure zum Abrunden. Ein Schuß Essig und etwas Zukker oder das Kochen mit getrockneten Aprikosen oder Zwetschgen kann die Gerichte verfeinern.

Bohnen

Sie sind die variantenreichste Gruppe der Hülsenfrüchte. Es gibt sie in zahlreichen Formen und Größen, die sich auch im Geschmack und in den Kocheigenschaften unterscheiden. Bestimmte Bohnensorten sind deshalb für bestimmte Speisen besonders empfehlenswert (siehe unter Zubereitung).

Gute Bohnen sollen ganz und sauber sein sowie glänzend aussehen. Kreisrunde Löcher und dunkelscheinende Stellen sind Qualitätsmängel.

Trockene Bohnen sind bis zu zwei Jahre lang haltbar. Im Einzelfall ist das Mindesthaltbarkeitsdatum auf der Verpackung zu beachten.

Augenbohnen, auch Chinabohnen genannt, sind weiß mit einem kleinen schwarzen Fleck. Sie kochen weich, nehmen das Aroma etwa von Rauchfleisch oder Kräutern gut auf und eignen sich für Eintopf.

Rötliche Borlotti-Bohnen aus Italien sind ebenso wie weiße Perlbohnen besonders gut geeignet für Salate, weil sie weich werden und dennoch ihre Form behalten.

Rote, mehlige Kidney-Bohnen brauchen zur Ergänzung ihres leicht süßlichen, der Eßkastanie ähnelnden Geschmacks eine scharfe Beigabe wie im Chili con carne.

Die olivgrünen Mung-Bohnen (auch Mungo-Bohnen genannt) passen gut in den Eintopf und eignen sich wegen ihres aromatischen Geschmacks auch zum Keimen.

Puffbohnen, auch Dicke Bohnen oder Pferdebohnen genannt, sind eine heimische Bohnenart mit sehr großen, weißgrünen Samen. Sie können sowohl frisch als Gemüse als auch getrocknet für Suppen, Salate und Pürees zubereitet werden.

Wachtelbohnen lassen sich wie weiße Bohnen verwenden, schmecken ähnlich, kochen aber fester.

Weiße Bohnen kochen sehr weich und machen Eintöpfe und Suppen ohne weitere Bindemittel sämig. Im allgemeinen kochen weiße Bohnensorten weicher als bunte und sind deshalb für Suppen und Pürees besser geeignet als für Salate und als Gemüse.

Aus den reifen, trockenen Hülsen (ohne Samen) kann man einen Tee mit harntreibender Wirkung bereiten.

Erbsen

Die beliebtesten Hülsenfrüchte sind Erbsen. Sie kommen als getrocknete gelbe und grüne Samen in den Handel, werden auch Palerbsen oder Schalerbsen genannt. Ihr hoher Stärkeanteil verleiht ihnen einen mehligen Geschmack. Die Schalenfarbe ist abhängig von der Bodenbeschaffenheit und der Sonneneinstrahlung.

Die größten Erbsen mit einem Durchmesser von mindestens siebeneinhalb Millimeter nennt man Viktoria-Erbsen. Daneben gibt es die Bezeichnungen »extra dick«, »normalkörnig« und »klein«.

Am preiswertesten sind Splittererbsen, auch Spalt- oder Krackererbsen genannt. Sie entstehen beim Schälen durch das Auseinanderfallen der zwei Samenhälften. Ihr Ernährungswert ist genauso hoch wie jener der ganzen Samen, auch im Geschmack ist praktisch kein Unterschied zu merken.

Eine Delikatesse sind die grauen Kapuzinererbsen; eine spezielle Sorte hat sogar blaue Hülsen. Die Farbe der Erbsen ist allerdings kein Qualitätsmerkmal.

Je stärkereicher die Erbsen sind, desto mehliger und zarter werden sie beim Kochen. Größere Samen sind stärkereicher und deshalb für Hülsenfruchtspeisen ergiebiger; wenn man Erbsen dagegen als Gemüse verwendet, spielt der Sortengeschmack eine größere Rolle.
Geschälte Erbsen, die man in jedem Supermarkt kaufen kann, eignen sich vor allem für Pürees oder auch für sämige Eintöpfe. Sie haben meist einen süßlichen Geschmack.

Erbsen sollten kühl und dunkel gelagert werden. Über die mögliche Zeitspanne gibt das auf der Verpackung angegebene Mindesthaltbarkeitsdatum Auskunft. Geschälte Erbsen sollten höchstens sechs Monate lagern.

Die Schale des Samenkorns ist unverdaulich. Daher werden Trockenerbsen meist geschält, geschliffen und poliert, um sie besser verdaulich zu machen. Wer einen empfindlichen Magen hat, sollte keine Gerichte mit ungeschälten Erbsen essen.

Kichererbsen

Kichererbsen sind die haselnußgroßen exotischen Verwandten der heimischen Erbsen und stammen aus Mexiko, Spanien und dem Mittleren Osten. Im Zuge der Vollwertküche wurden sie bei uns bekannt und beliebt. Man kann sie zu Eintopf, Püree oder Suppe verwenden, als Beilage zu Fleisch oder vermischt mit Sesammus als Brotaufstrich. Gekochte Kichererbsen, in einer Pfanne mit etwas Öl wie Nüsse geröstet, sind ein beliebtes Knabberzeug.

Linsen

Linsen werden nach der Farbe und vor allem nach der Größe (zwischen vier und sieben Millimeter Durchmesser) unterschieden. Es gibt Riesenlinsen, Tellerlinsen und Mittellinsen. Die typischen Geschmacksstoffe sitzen in der Schale. Bei kleineren Früchten ist der Schalenanteil relativ größer, daher sind sie im Aroma besser. Am besten schmecken kleine Zuckerlinsen.

Nach der Ernte sind Linsen hell- bis olivgrün. Sie dunkeln im Laufe der Zeit nach. Sehr dunkle Linsen sind alt. Daneben gibt es schmackhafte rote Linsen, die vor allem aus dem Orient und aus Frankreich kommen. Mit ihrer lila Schale und dem leuchtend orangefarbenen Kern werten die sehr kleinen Samen Speisen auch optisch auf.

Größere Samen sind teurer als die kleineren – obwohl die letzteren besser schmecken. Daher sollte man die kleinen Sorten kaufen. Ihr Alter erkennt man an der Farbe: Je länger die Linsen lagern, desto brauner werden sie. Dunkle Linsen sind nicht ungenießbar, werden aber schlechter weich.

Getrocknete Linsen sind, kühl und trocken aufbewahrt, viele Jahre lang haltbar.

Linsen werden am besten zu Suppe oder Brei verarbeitet. Man braucht sie vor dem Kochen nicht in Wasser einzuweichen, nur ältere Samen sollten eingeweicht werden. Linsenmehl kann auch als Beigabe zu Suppen verwendet werden. Ein schmackhaftes Gericht ist Linseneintopf mit Putenbrust (> Seite 616).

> Seite 259

Soja

Sojabohnen können genauso wie andere Hülsenfrüchte verwendet werden. In Asien gibt es zahlreiche verschiedene Sorten, von gelber, grüner, brauner oder schwarzer Farbe. Am weitesten verbreitet sind die hellen, gelben Sojabohnen und die grünen Samen, auch Mingobohnen genannt.

Bei kühler und trockener Aufbewahrung sind die ausgereiften Samen der Sojabohnen jahrelang haltbar. Die grünreifen Hülsen dagegen halten im Kühlschrank nur einige Tage lang.

Sojabohnen können prinzipiell genauso zubereitet werden wie andere Hülsenfrüchte. Sie müssen aber vorher entbittert werden: kalt waschen, mit sehr heißem Wasser übergießen, 15 Minuten stehen lassen, Wasser abgießen und noch einmal mit kaltem Wasser spülen.

Gekochte Sojabohnen können zu Brei, Grieß oder einer hackfleischähnlichen Masse verarbeitet werden und statt Weizengrieß oder als Zugabe zu Hackfleisch und zu pflanzlichen Brotaufstrichen verwendet werden.

Sojabohnen enthalten fast doppelt soviel Eiweiß, wesentlich mehr Fett (mit einem hohen Gehalt an mehrfach ungesättigten Fettsäuren), aber deutlich weniger Stärke als andere Hülsenfrüchte.

Ihr Eiweiß ist von allen pflanzlichen Lebensmitteln das hochwertigste und entspricht in etwa demjenigen in Fleisch, Milch oder Eiern. Der Proteingehalt ist deshalb auch für Vegetarier der wichtigste Pluspunkt der Sojabohnen, denn er wertet eine pflanzliche Kost auf.

Sojaprodukte sind cholesterinfrei und relativ fettarm. In viel Fett gebratene Sojalaibchen sind aber gegenüber üblichen Frikadellen keine Verbesserung der Fettbilanz! Gichtkranke müssen beim Verzehr von Soja genauso vorsichtig sein wie bei den übrigen Hülsenfrüchten, denn der Gehalt an dem gichtauslösenden Stoff Purin ist sehr hoch. Eine übliche Portion pro Woche ist jedoch tolerabel. Tofu enthält übrigens weniger Purin als die ganzen Bohnen.

Fermentierte Sojabohnen

Asiatische Sojaprodukte werden meist aus fermentierten Sojabohnen gewonnen. Für Sojasoße zum Beispiel vergärt man Soja, Salz und Wasser mit Milchsäurebakterien. Erst nach einem Reifungsprozeß von bis zu fünf Jahren ist die Sauce verzehrfertig. Man unterscheidet drei Grundarten: Süße Sojasauce, helle Sauce, die mild und aromatisch, hauptsächlich für helles Fleisch und zartes Gemüse geeignet ist, und dunkle Sauce, mit Zuckercouleur gefärbt und kräftiger im Geschmack für herzhafte Gerichte.

Natto, Tempeh

Weitere fermentierte Sojaprodukte sind Natto (japanisches Würzmittel) und Tempeh, ein pilzartig riechender weißer Kuchen, der zum Braten und Backen geeignet ist, und – eine Ausnahme bei pflanzlichen Lebensmitteln – durch die Fermentierung der Bakterien auch Vitamin B12 enthält. Dieses Vitamin ist sonst nur in tierischen Produkten vorhanden. Vegetarier sind damit oft nur unzureichend versorgt.

Soja-Drinks

Soja-Drinks werden hergestellt, indem man feingemahlene helle Sojabohnen mit heißem Wasser versetzt und auspreßt. In asiatischen Ländern werden diese Getränke anstelle von Kuhmilch genossen. In der EU ist die Bezeichnung Sojamilch für dieses Getränk verboten, um Verwechslungen mit Milchprodukten zu verhindern. Für Milchallergiker sind die Soja-Drinks eine Alternative, nicht jedoch für Säuglinge. Für sie gibt es spezielle Sojanahrung.

Sojamehl, Sojaflocken

Sojamehl und -flocken mit unterschiedlich hohem Fettgehalt sowie Sojaeiweißkonzentrate (mind. 70 Prozent Eiweiß) und -isolate (mind. 90 Prozent Eiweiß) werden industriell aus den ganzen Bohnen gewonnen. Nur ein geringer Teil wird als Sojamehl (entfettet oder vollfett) oder Sojamark verkauft oder zur Herstellung von Nudeln oder Säuglingsnahrung verwendet. Hauptsächlich finden die Sojaerzeugnisse Verwendung als Lebensmittelzutat, zum Beispiel in Backwaren, Süßwaren, Milchersatzprodukten, Wurstwaren, Soßen, Desserts und Light-Produkten.

Miso (Sojapaste)

Miso (Sojapaste) entsteht aus vergorenen, gesalzenen und gekochten Sojabohnen sowie Weizen oder Reis. Nach der Farbe unterscheidet man rötliche (aka miso) und weiße (shiro miso) Miso, die es auch in Dosen gibt. Verwendet wird die Paste als Suppeneinlage und zum Würzen von Fleisch, Fisch und Gemüse.

Sojaöl

> Seite 385.

Tofu

Tofu gewinnt man aus eingeweichten, pürierten Sojabohnen nach Zugabe von Kalziumsulfat, Bittersalz oder Zitronensäure; dadurch gerinnt die Masse ähnlich wie Quark und kann abgepreßt werden. Tofu ist geschmacksneutral und gut für süße und pikante Speisen. Seidentofu ist cremig weich und eignet sich für Puddings und Cremes, japanischer Tofu ist mittelfest, die chinesische Sorte fest. Tofu läßt sich braten, kochen, backen, grillen, als Suppeneinlage verwenden und ist geräuchert und fertig gebraten (Dow foo pok) im Handel.

KARTOFFELN

Kartoffeln sind mehr als bloß eine Beilage; sie lassen sich sehr vielseitig verwenden. Außerdem machen sie – entgegen der landläufigen Meinung – nicht dick. Neuerdings kommen auch exotische Sorten auf den Markt, die noch mehr Abwechslung bringen.

Kartoffeln sind in den letzten Jahrzehnten nicht nur bildlich gesehen an den Tellerrand gerutscht und haben üppigen Fleischportionen Platz machen müssen. Im Durchschnitt bringen wir es heute gerade noch auf etwa hundert Gramm pro Tag; das entspricht nur noch einem Zehntel jener Kartoffelmenge, die einst von unseren Urgroßeltern gegessen wurde.

Wie viele andere pflanzliche Lebensmittel haben Kartoffeln mit steigendem Wohlstand an Beliebtheit verloren. Der Erdapfel scheint aber – im Gegensatz zu Gemüse und Obst – ein ganz besonders schlechtes Image zu haben. Das rührt nicht zuletzt daher, daß er gleich unter zwei Vorurteilen zu leiden hat: Er zählt zum »Arme-Leute-Essen«, und er macht angeblich dick. Beides ist falsch.

Kartoffeln waren ursprünglich in Südamerika beheimatet und bei den spanischen Eroberern wegen des guten Geschmacks sehr beliebt. Sie importierten Kartoffeln nach Europa, wo sich die Knollenfrüchte langsam zu einem Grundnahrungsmittel entwickelten, das besonders in armen Gegenden Brei, Mus und Suppe aus Getreide ablöste. So kam die Kartoffel zeitweise in den Ruf als Armen- und Notspeise. Dennoch hat kein anderes importiertes Lebensmittel – außer dem Kaffee – das Eßverhalten so nachhaltig und weitreichend verändert wie die Kartoffel: Durch sie war man nicht mehr länger ausschließlich vom Getreide abhängig; der Kartoffelanbau ermöglichte zudem hohe Erträge auf relativ geringer Fläche; Kartoffeln waren außerdem schnell und sehr abwechslungsreich zuzubereiten. Der Erdapfel wurde zu einer Frucht mit kulinarischem Reiz, wie nicht zuletzt die zahlreichen Rezepte in alten deutschen Kochbüchern zeigen.

Die Erdbirnen oder Erdtrüffeln, wie sie früher genannt wurden, sind auch keine Dickmacher. Dieses Urteil stammt aus einer Zeit, in der man stärkehaltige Lebensmittel für besonders dickmachend hielt. Stärke ist jedoch unser wichtigster Energielieferant und macht zudem auch noch satt – und das mit der Hälfte der Kalorien, die Fett aufzuweisen hat.

Auf den Geschmack kommt es an

Glaubt man Umfragen, so sind der Geschmack und die richtige Kocheigenschaft noch vor dem Preis die wichtigsten Kaufkriterien für Kartoffeln. Wenn die Unzufriedenheit über die gekaufte Ware gleichwohl groß ist, so ist daran durchweg nicht die mangelnde Qualität der Erdäpfel schuld, sondern fehlendes Know-how beim Auswählen.

Manche Kartoffeln schmecken eher neutral, andere dagegen kräftig. Die Auswahl hängt davon ab, wozu sie gebraucht werden (> »Der Kochtyp«, Seite 267). Kräftig schmeckende Sorten können durchaus mehr sein als notwendige Unterlage für Soßen oder unbeachtete Beilage. Ein privater Kartoffeltest, bei dem kleine Mengen mehrerer Sorten und Kochtypen ohne geschmacksüberdeckende Zutaten verglichen werden, kann den individuellen Blick schärfen.

Grundsätzlich sind Kartoffeln nach dem Reifezeitpunkt, der Sorte und dem Kochverhalten zu unterscheiden.

Die Reifezeit

Der Reifezeitpunkt ist entscheidend für den Wassergehalt, die Schalenfestigkeit, die Zusammensetzung und die Haltbarkeit der Kartoffel. Man unterscheidet Frühkartoffeln (Ö: Heurige), mittelfrühe Kartoffeln und Spätkartoffeln.

Frühkartoffeln (Ö: Heurige)

Speisefrühkartoffeln werden in Deutschland ab Anfang Juni vorwiegend in der Pfalz, in Baden und am Niederrhein geerntet. Zuvor kommt bereits Ware aus Frankreich, Italien, Spanien und sogar Ägypten auf den Markt. Die ersten frischen Kartoffeln des Jahres gelten als Delikatesse wegen des feinen Geschmacks und der zarten Schale. Man schält sie am besten gar nicht, sondern bürstet sie vor dem Kochen nur gründlich unter Wasser ab.

Frühkartoffeln haben einen sehr hohen Wassergehalt und sind dadurch ausgesprochen kalorienarm. Beim Kochen bleiben alle Sorten bis auf wenige Ausnahmen fest. Sie müssen bald verbraucht werden, denn sie werden sehr leicht schrumpelig und grün, keimen aus und verlieren an Qualität.

Sehr frühe und frühe Sorten: Berber, Carola, Gloria, Hela, Saskia, Sieglinde.

Mittelfrühe Kartoffeln

Mittelfrühe Sorten nennt man alle Kartoffeln, die in unseren Breiten ab dem 10. August geerntet werden. Sie sind bereits fester in der Schale und weniger wasserhaltig. Bei guten Bedingungen sind sie etwa bis Ende des Jahres haltbar. Am besten lagern lassen sich Erdäpfel, die nach dem 10. September geerntet wurden. Die deutschen Hauptanbaugebiete liegen in Niedersachsen, Nordrhein-Westfalen, Bayern und in den neuen Bundesländern.

Kartoffeln, die zu dieser Gruppe gehören, sind vielseitiger verwendbar als die Speisefrühkartoffeln. Der Kochtyp ist ganz entscheidend. Der größte Teil der deutschen Qualitätskartoffeln wird in diesem Zeitraum geerntet.

Mittelfrühe Sorten: Clivia, Grandifolia, Granola, Grata, Hansa, Irmgard, Nicola.

Was bringen Markenkartoffeln?

Markenkartoffeln erkennt man an Verpackung, insbesondere an speziellen Bezeichnungen und Symbolen. Die bekanntesten Marken sind Ackergold, Terra Nova und Pfanni Das Beste. Der Geschmack variiert natürlich, denn Marke ist nicht gleichbedeutend mit Sorte. Auch bei Markenkartoffeln muß man daher die richtige Sorte auswählen (sie ist auf der Verpackung angegeben).
Für Markenkartoffeln kommen nur besonders geschmacksintensive Sorten in Frage, die in sogenanntem integriertem Anbau mit vorgeschriebenen Bodenproben und Feldkontrollen heranwachsen. Für den zusätzlichen Aufwand bekommt der Bauer Qualitätszuschläge. Für Produktion und Vertrieb werden Lizenzen vergeben und Betriebskontrollen durchgeführt.
Auch alle anderen am Markt angebotenen Kartoffeln müssen gesund, ganz, sauber, fest und sortenrein sein. Je nach Handelsklasse (Extra oder I) sind Toleranzen festgelegt für den Anteil an fremden Bestandteilen, wie Erde, losen Keimen, Oberflächenschorf, und für den Anteil an faulen und nicht qualitätsgerechten Knollen sowie an Knollen anderer fremder Sorten. Außerdem müssen die Kartoffeln nach Größe sortiert sein.
Wer aber darüber hinausgehende Ansprüche an seine Erdäpfel stellt und bereit ist, etwas mehr Geld dafür auszugeben, sollte auf Markenkartoffeln zurückgreifen.

Spätkartoffeln

Mittelspäte bis sehr späte Sorten kommen als letzte im Herbst aus dem Boden. Sie sind zur längerfristigen Bevorratung am besten geeignet. Sie sind sehr gut ausgereift, haben festes Fruchtfleisch und eine feste, trockene Schale. Da die Einkellerung in den letzten Jahren zurückgegangen ist, haben diese Sorten an Bedeutung verloren. Wer über entsprechende Lagermöglichkeiten verfügt, ist damit jedoch gut bedient und kann sich bis zum März des nächsten Jahres einen Vorrat anlegen (> Lagerung, Seite 268).

Mittelspäte bis sehr späte Sorten: Aula, Datura, Monza.

Die Sorte

An Speisekartoffeln sind ein gutes Dutzend Sorten bundesweit im Angebot (siehe oben), etwa 25 weitere Sorten haben zusätzlich regionale Bedeutung. Sie alle unterscheiden sich im Aussehen der Schale und des Fleisches und vor allem im Geschmack.

Das gesamte Kartoffelsortiment besteht zur Zeit aus 132 Sorten mit verschiedenen Reifezeiten und Eigenschaften, und noch immer wird in speziellen Kartoffelzuchtbetrieben an neuen Sorten gearbeitet, die den Anforderungen des Marktes besser entsprechen sollen.

Als Verbraucher findet man aber nur einen kleinen Bruchteil der Sortenvielfalt im

Handel. Viele Sorten sind reine Wirtschaftskartoffeln, die für spezielle verarbeitungstechnische Anforderungen gezüchtet wurden. Sie dienen zum Beispiel der Herstellung von Kartoffelprodukten, Kartoffelstärken, verschiedenen Zuckerarten, Essig und Alkohol.

Der Kochtyp

Der sogenannte Kochtyp findet sich auf der Verpackung und ist ganz entscheidend für das Gelingen von Kartoffelgerichten, denn nicht jede Kartoffel ist für jede Speise geeignet. So ist es ganz typisch, daß in Süddeutschland, wo Kartoffelknödel, -teig und -püree beliebt sind, vorwiegend mehligkochende Erdäpfel bevorzugt werden, in Norddeutschland dagegen zu 75 Prozent festkochende und vorwiegend festkochende Sorten auf den Tisch kommen:

▶ »Festkochende« (Ö: speckige) Kartoffeln haben festes, kerniges Fleisch, das beim Kochen seine feste Struktur behält und eine glatte feuchte Schnittfläche zeigt. Sie sind besonders geeignet für Gerichte, bei denen die geschnittenen Kartoffeln die Form behalten sollen, zum Beispiel für Salate (> Seite 467), Bratkartoffeln (> Seite 467), Gratins (> Seite 464) und Pellkartoffeln (Ö: in der Schale gekochte Kartoffeln) mit Biß. Auf der Verpackung steht manchmal zusätzlich das Wort »Salatware«.

Sorten: Hansa, Nicola, Selma, Sieglinde.

▶ »Vorwiegend festkochende« Kartoffeln sind nach dem Kochen »mittelfest« und springen kaum auf. Sie sind am vielseitigsten zu verwenden und eignen sich sowohl als Beilage für Gerichte mit Soßen als auch als Pell-, Brat- und Grillkartoffeln.

Sorten: Clivia, Grandifolia, Granola, Grata, Hela, Quarta, Ulla.

▶ Mehligkochende Kartoffeln haben einen höheren Stärkeanteil als die übrigen Kochtypen und finden sich vor allem bei den später reifenden Sorten. Sie kochen sehr locker und trocken und lassen sich sehr gut zu Pürees (> Seite 470), Klößen (> Seite 474), Eintöpfen und Suppen sowie als mehlige Salzkartoffeln zubereiten.

Sorten: Aula, Datura, Irmgard, Monza, Bintje.

In jedem Haushalt sollten zumindest Kartoffeln in zwei Kochtypen vorhanden sein, damit die Knollen zum jeweiligen Rezept passen. Nur falls dies gar nicht möglich ist, behilft man sich mit dem Mittelweg, den vorwiegend festkochenden Sorten.

Einkauf

Gewaschene Kartoffeln sollten besser nicht gekauft werden, weil diese meist trockener sind – auch wenn die so angebotenen Knollen vielleicht appetitlicher aussehen als die leicht schmutzigen nebenan im Regal.

Oft leidet die Qualität von Kartoffeln unter der marktgerechten Präsentation: Beleuchtete Verkaufsregale, lichtdurchlässige Folienverpackungen und Lagerung von Kartoffeln, Gemüse und Obst in Verkaufsregalen dicht nebeneinander vermindern die Qualität: Die Kartoffeln werden grün, keimen aus und verlieren an Geschmack.

Ein guter Händler bietet seine Ware so an:

▶ Er packt sie ab in lichtdichte Tüten, am besten aus Papier oder Pappe.

▶ Er bietet sie getrennt von Obst und Gemüse an (Obst und Gemüse geben das Gas Äthylen ab, welches die Keimung der Kartoffeln fördert).

▶ Die Kartoffeln sollten durch trockenes Bürsten gereinigt sein und keine Keime oder grünen Stellen aufweisen.

▶ Er sollte die Kartoffeln aus einer separaten, kühlen (zehn Grad Celsius) »Kartoffelbox« heraus verkaufen und die Verbraucher auf die Vorteile dieser Lagermöglichkeit hinweisen.

Folienbeutel sind als Verpackung für Kartoffeln schlecht geeignet, denn sie schwitzen darin, werden feucht und schimmeln sehr leicht. Außerdem sind sie dem Licht ausgesetzt und werden dadurch schneller grün.

Auch eingefärbte Folien sind lichtdurchlässig. Für eine längere Aufbewahrung sind Folien deshalb nicht gedacht. Schon im Geschäft sollte der Inhalt der Packung kritisch auf Feuchtigkeit, schwarze Stellen und Schimmel geprüft und die Kartoffeln zu Hause sofort in einen luftigen Korb oder Karton umgefüllt und an einem dunklen, kühlen Ort aufbewahrt werden.

Die Qualität von Kartoffeln hängt auch stark vom Anbau ab. Wichtig sind ein Standort auf guten, lockeren Böden, geeignete Sorten sowie genau abgestimmte Düngung. Die Ernte muß zu einem Zeitpunkt erfolgen, in dem die Schale schon ausreichend fest ist. Über diese Bedingungen kann sich der Konsument nur durch ein Gespräch mit dem Erzeuger informieren.

Die meisten Kartoffeln werden aber im Geschäft oder auf dem Markt bei Händlern gekauft, die vom Anbau wenig oder gar nichts wissen. Wer auf Nummer Sicher gehen will, sollte sich daher die Kartoffeln ab Hof oder über einen Direktvermarkter besorgen oder Markenkartoffeln in gehobener Qualität kaufen (> Seite 266).

Schadstoffe in Kartoffeln

Über die Schadstoffsituation bei Kartoffeln liegen recht genaue Angaben vor. In über 90 bis 95 Prozent der Kartoffelproben finden sich keine nachweisbaren Rückstände. Eher selten werden solche von Keimhemmungsmitteln gefunden, die zur längeren Konservierung angewendet werden. Für die Gesundheit bedeutsamer ist ein natürlicher Inhaltsstoff von Nachtschattengewächsen (zu denen auch die Kartoffel gehört): das Solanin. Es kann Kopf- und Halsschmerzen, Erbrechen, Magenschleimhautentzündungen, Durchfall und Krämpfe auslösen. In frischen Kartoffeln ist Solanin nur in geringen, ungefährlichen Mengen enthalten. Es bildet sich jedoch verstärkt in den grünen Stellen, die bei zu heller Lagerung der Kartoffeln entstehen. Diese grünen Partien sind vor der Zubereitung der Knollen unbedingt abzuschneiden, ganz grüne Kartoffeln sind wegzuwerfen. Denn Solanin wird beim Kochen nicht zerstört und geht auch nur zum Teil in das Kochwasser über.

Bei stark grünen Kartoffeln können schon Mengen zwischen 250 und 500 Gramm je nach individueller Empfindlichkeit zu Beschwerden führen. Kartoffeln gehören zwar zu den nitratärmeren Pflanzen. Aber weil in der Regel mehr Kartoffeln gegessen werden als nitratreiche Gemüsearten, wie Rettich oder Spinat, kommt dieser Stickstoffverbindung doch eine Bedeutung zu. Deshalb dürfen qualitativ hochwertige Kartoffeln, wie sie im Rahmen von Markenprogrammen angeboten werden, höchstens 150 Milligramm Nitrat je Kilogramm enthalten.

Lagerung

Kartoffeln sind »lebende« Gemüse. Sie verändern sich deshalb während der Lagerung und können die Ausgangsqualität nur unter günstigen Bedingungen beibehalten. Wer im eigenen Haushalt nicht dafür sorgen kann, sollte die Erdäpfel lieber in kleineren Mengen frisch einkaufen, auch wenn der Preis dafür etwas höher ist.

So lagern Kartoffeln richtig:

- Der Lagerraum muß trocken und kühl, aber frostfrei sein. Die günstigste Lagertemperatur liegt zwischen vier und acht Grad Celsius. Je wärmer es ist, desto schneller keimen die Knollen und verlieren an Vitamin C.
- Schon bei Temperaturen unter drei Grad Celsius beginnt die Stärke zu verzuckern. Erfrorene Kartoffeln schmecken deshalb süßlich, sind aber nicht gesundheitsschädlich. Diese Veränderung läßt sich auch bei tiefgefrorenen Kartoffeln feststellen, die zu langsam kalt geworden sind und praktisch auf dem Weg in die große Kälte nicht sofort gefroren, sondern erfroren und verzuckert sind.
- Kartoffeln müssen dunkel lagern, damit das Grünwerden verhindert oder zumindest verzögert wird. Wenn der Keller zu hell ist, mit Papier und Säcken, nicht aber mit Plastikfolien abdecken.
- Die Schütthöhe darf höchstens 40 Zentimeter betragen, da die Kartoffeln sonst

Druckstellen bekommen. Lattenroste nicht auf den Boden stellen, damit Luft von unten heran kann, weil die Kartoffeln sonst schneller faulen.

▶ Bewegung fördert das Auskeimen. Deshalb Kartoffeln am besten von oben nehmen. Spezielle Kartoffelkisten, die vom Fachhandel angepriesen werden, haben den Nachteil, daß die Knollen unten aus einer Lade entnommen werden und die anderen nachrutschen. Keime immer erst kurz vor dem Verzehr entfernen. Keimhemmungsmittel, wenn überhaupt, nur für die Menge verwenden, die etwa ab Januar verbraucht wird.

▶ Kartoffeln sollten nicht direkt neben Obst und Gemüse lagern, weil sich die Reifungsvorgänge ungünstig beeinflussen.

Zum Einkellern sind folgende Sorten gut geeignet: Aula, Clivia, Datura, Grandifolia, Granola, Grata, Hansa und Monza. Dagegen sollten die Sorten Carola, Gloria und Hela möglichst bald verbraucht werden. Einige Wochen lang haltbar sind die Sorten Berber, Irmgard, Saskia und Sieglinde.

Zubereitung

Für Kartoffeln gibt es eine große Anzahl verschiedener Zubereitungsarten, die ab Seite 446 näher beschrieben sind. Generell gilt, daß sich das Waschen von Kartoffeln stark qualitätsmindernd auswirkt. Kartoffeln sind zwar sehr wasserreich im Inneren, reagieren aber auf einen äußeren Wasserfilm sehr empfindlich. Die in der Schale natürlich vorkommenden Mikroorganismen werden durch Feuchtigkeit aktiviert und führen schnell zu Fäulnis.

Nur wenn innerhalb von 24 Stunden nach dem Waschen die Schale wieder völlig getrocknet ist, läßt sich das Faulen wirksam verhindern.

Für Eintöpfe eignen sich am besten die Sorten Aula, Datura, Irmgard und Monza. Vorwiegend festkochende Kartoffeln, wie beispielsweise die mittelfrühen Sorten Clivia, Grandifolia, Granola oder Grata, nimmt man für Beilagen und Bratkartoffeln.

Salzkartoffeln lassen sich gut aus der frühen Sorte Berber zubereiten. Für Pürees

Tips für die Kartoffelküche

Für Salz- und Dampfkartoffeln (> Seite 470) braucht man erste Qualität, denn ihr Geschmack wird nicht durch Saucen, fettreiche Zubereitung oder kräftige Röststoffe überdeckt.

Für saucenreiche Gerichte sind mehlige Sorten am besten. Sie können aber im Kochwasser stark auseinanderfallen. Besser in Form bleiben sie beim Dämpfen, dann nehmen sie jedoch kein Salz aus dem Kochwasser auf.

Für Kartoffelpürees (> Seite 470) eignen sich nur mehlige Sorten. Sie müssen ganz frisch gekocht sein, damit die Stärke noch nicht abgebunden hat, sonst wird der Brei zäh und glasig. Am besten drückt man die Kartoffeln durch eine Presse und rührt dann heiße Milch mit dem Schneebesen oder per Hand darunter, bis das Püree weiß und locker ist. Mit dem Mixer und der Küchenmaschine sollte man nur sehr kurz rühren, aber selbst dann wird das Püree weniger locker als beim Rühren mit dem Schneebesen.

Rohe Kartoffeln, zum Beispiel für Klöße oder Puffer, werden durch den Luftsauerstoff schnell braun und müssen direkt vor der Zubereitung gerieben werden.

Für Kartoffelklöße und -knödel sind die späten mehligen Sorten (z. B. Aula) besonders gut. Denn sie enthalten viel Stärke, die beim Garen für eine gute Bindung sorgt. Große Knollen enthalten relativ mehr Stärke als kleine.

Rohe Kartoffeln reibt man in ein sauberes Küchentuch, das in einer Schüssel liegt. Das Geriebene wird anschließend ausgedrückt. Das stärkehaltige Kartoffelwasser tropft dabei in die Schüssel, die Stärke setzt sich nach kurzem Stehenlassen ab. Sie wird der Kartoffelmasse für Klöße und Puffer wieder zugesetzt.

Für Kartoffelpuffer nimmt man große, mehlig kochende oder vorwiegend festkochende Sorten, die nicht frisch geerntet sein sollten. Die Kartoffeln werden ebenso wie für rohe Klöße gerieben und ausgedrückt, dann mit der abgesetzten Stärke, wenig Mehl und geschlagenem Ei (bei pikanten Puffern außerdem mit Petersilie und Zwiebeln) vermischt, gewürzt und löffelweise in heißem Fett gebacken.

dagegen sind in erster Linie die Sorten Aula, Datura, Irmgard und Monza zu empfehlen.

Kartoffelsalat (> Seite 467) schmeckt am besten aus den Sorten Gloria, Hansa, Nicola oder Sieglinde. Für Gratins passen am ehesten die Sorten Hansa, Nicola und Sieglinde.

Gesundheit

Kartoffeln zählen zu unseren wichtigsten Stärkelieferanten. Gleichzeitig enthalten sie zwar wenig, aber sehr hochwertiges Eiweiß und fast kein Fett – vorausgesetzt, man ißt die Erdäpfel »natur« und fettarm als Salz-, Pell-, Grillkartoffeln oder Kartoffelklöße. Fritierte Kroketten und Pommes frites dagegen sind sehr fettreich (> Seite 270).

Besonders wertvoll ist außerdem der hohe Kaliumgehalt der Kartoffeln. Dieser Mineralstoff ist der notwendige Gegenspieler zum Natrium und kommt im Gegensatz zum Salz in unserem Essen oft zu wenig vor. Auch der Vitamin-C-Gehalt der Erdäpfel ist beachtlich, wenn er auch bei längerer Lagerung abnimmt. Da gerade die stärkereichen Lebensmittel auf dem modernen Speisezettel oft zu kurz kommen, empfehlen Ernährungswissenschaftler, der vielseitigen Knolle wieder mehr Ehre zukommen zu lassen (Rezepte, > Seite 459).

Die fetten Lieblinge

Pommes frites sind die beliebtesten Kartoffelprodukte. Sie werden meist aus der holländischen Sorte Bintje hergestellt. Der Fettgehalt der rohen, vorfritierten Pommes frites beträgt sechs bis acht Prozent. Werden sie im Haushalt erneut fritiert, bringen die Stäbchen 14 bis 15 Prozent Fett auf die Waage. Zum Vergleich: Kartoffeln pur enthalten Fett nur in Spuren von weniger als 1 Gramm in 100 Gramm. Vorgefertigte Pommes frites sollten deshalb ohne weitere Fettzugabe im Backofen oder in der beschichteten Pfanne fertig zubereitet werden; sie schmecken dann genauso gut.

Knabberprodukte aus Kartoffeln, allen voran Chips, entstehen aus dünnen rohen Kartoffelscheiben, die fritiert werden und daher bis zu 40 Prozent Fett enthalten. Selbst die heute angebotenen Light-Varianten sind immer noch ein relativ fettes Vergnügen.

Exoten – mal was anderes

Immer mehr Verwandte der Kartoffel und der einheimischen Getreidearten drängen in unsere Märkte. Teilweise sind es Rohprodukte, die in ihren Ursprungsländern zu den Grundnahrungsmitteln gehören und nur bei uns einen exotischen Touch haben. Oder es sind ganz einfach einheimische Pflanzen, die längst vergessen waren und jetzt wiederentdeckt wurden.

Selten sind diese Lebensmittel im Geschmack oder in der Zusammensetzung besser als das übliche Angebot. Aber sie bieten Abwechlung, die freilich meist teuer bezahlt werden muß. Dabei ist die Qualität bei der Auswahl nicht außer acht zu lassen. Zumindest gleichwertig sollte sie im Vergleich zum übrigen Sortiment sein, auch dann, wenn man durch den Kauf ein Stückchen Entwicklungshilfe mitfinanzieren will.

Bataten

Die Batate oder Süßkartoffel ist die Knolle eines Windengewächses, das in allen tropischen und subtropischen Ländern als Grundnahrungsmittel verzehrt wird und bis zu 1,5 Kilogramm wiegt.

Bataten sollten sauber aussehen und unbeschädigt sein. Die Farbe der Rinde – purpurrot, bräunlich oder gelblich – gibt keinen Aufschluß über die Qualität.

Batate-Knollen sind leicht verderblich. Am besten werden sie in dunklen, trockenen und kühlen Räumen gelagert. Temperaturen unter fünf Grad Celsius sind allerdings schädlich.

In ihren Heimatländern wird die Süßkartoffel wie unsere Erdäpfel zubereitet. Sie kann auch zu einer Art Brot verbacken und zur Stärkegewinnung genutzt werden.

Wegen ihres Gehaltes an Trauben-, Frucht- und Rübenzucker schmekken Bataten ausgesprochen süß – ähnlich wie unsere heimischen Knollen, wenn sie erfroren sind.

TOPINAMBUR

Der Topinambur ist als Korbblütler ein Verwandter der Artischocke und der Sonnenblume, der aus Südamerika nach Europa kam. Die Erdartischocken werden etwa zehn bis fünfzehn Zentimeter lang und vier bis fünf Zentimeter dick.

Die Knollen sollten hellbraun bis violett sein. Die dünne, nicht verkorkende Schale kann das innen liegende Fleisch durchschimmern lassen.

Die Knollen sind winterhart und können bis zum Frühjahr immer frisch ausgegraben werden. Da sie sich nach der Ernte nicht lange halten, sind sie im Handel selten anzutreffen. Leicht welke Knollen kann man auffrischen, indem man sie in kaltes Wasser legt.

Topinambur kann, dünn geschält, sowohl roh als auch gekocht gegessen werden. Roh erinnert sein leicht nussiger Geschmack ein wenig an Kohlrabi, gekocht schmeckt Topinambur etwas süßlich. Man kann ihn dünsten, braten, zu Suppen oder Gemüsegerichten verarbeiten.

Für die Diabetes-Diät ist Topinambur aufgrund seines Gehaltes an Insulin günstig. Diese stärkeähnliche Substanz kann deshalb auch von Diabetikern gegessen werden.

Kartoffelsorten

Sorte	Kochtyp	Lagerung	Eignung
Aula	mehligkochend	gut zum Einkellern	Püree, Knödel, Eintopf
Berber	vorwiegend festk.	einige Wochen	Salzkartoffeln
Carola	vorwiegend festk.	sofort verbrauchen	Pellkartoffeln
Clivia	vorwiegend festk.	zum Einkellern	Beilagen, Bratkartoffeln
Datura	mehligkochend	gut zum Einkellern	Pürees, Knödel, Eintöpfe
Gloria	vorwiegend festk.	sofort verbrauchen	Salat, Pellkartoffeln
Grandifolia	vorwiegend festk.	zum Einkellern	Beilagen, Bratkartoffeln
Granola	vorwiegend festk.	zum Einkellern	Beilagen, Bratkartoffeln
Grata	vorwiegend festk.	zum Einkellern	Beilagen, Bratkartoffeln
Hansa	festkochend	zum Einkellern	Salate, Bratkartoffeln,
Hela	vorwiegend festk.	sofort verbrauchen	Beilagen, Bratkartoffeln
Irmgard	mehligkochend	einige Wochen	Pürees, Knödel, Eintöpfe
Monza	mehligkochend	gut zum Einkellern	Pürees, Knödel, Eintöpfe
Nicola	festkochend	zum Einkellern	Salate, Bratkartoffeln, Gratins
Saskia	vorwiegend festk.	einige Wochen	Beilagen, Bratkartoffeln
Sieglinde	festkochend	einige Wochen	Salate, Bratkartoffeln, Gratins

Pilze

Liebhaber schätzen den unverwechselbaren Geschmack frischer Steinpilze oder der gelben Pfifferlinge. Die begehrten Trüffeln sind für viele Gourmets das Nonplusultra aller Genüsse. Wenn man's richtig macht, lassen sich auch Pilze gut einfrieren.

Weltweit gibt es schätzungsweise 35.000 bis 100.000 Pilzarten. Die meisten von ihnen sind mikroskopisch klein, wie Schimmelpilze oder Hefepilze. Aber auch die Wald- und Wiesenpilze sind mit rund 2500 Sorten eine ansehnliche Gruppe.

Nur einige Pilze sind genießbar. Es gibt zahlreiche giftige Arten, die lebensgefährliche Erkrankungen auslösen können. Andere Pilze haben halluzinogene Wirkungen. So kochte man in Europa im Mittelalter aus Pilzen allerlei Zaubertränke; irgendwie schienen die Pflanzen mit dem Teufel im Bunde zu sein: Nicht selten findet man im Wald kreisförmige Anordnungen von Pilzen; früher hießen sie »Hexenringe«. Heute wissen wir, daß Pilze aus einem ringförmigen Fadengeflecht, dem Mycel, herauswachsen.

Trotz allen Fortschritts lassen sich nur wenige Pilze züchten. Die meisten müssen weiterhin im Wald gesammelt werden und sind daher entsprechend teuer. Das Angebot ist auf wenige Monate im Jahr beschränkt. So findet man die feinen, leider oft madigen Steinpilze von Juni bis Anfang September, die trichterförmigen gelben Pfifferlinge (Ö: Eierschwammerl) von Juni bis Oktober und die Parasolpilze von Juli bis November. In der übrigen Zeit bieten frische Zuchtpilze eine brauchbare Alternative. Denn konservierte oder tiefgekühlte Pilze sind im Aroma deutlich schwächer als frische. Getrocknete Pilze schmecken zwar intensiv, sind aber meist zäh; sie lassen sich aber gut zum Aromatisieren von Suppen und Saucen verwenden.

Einkauf

Pilzeinkauf ist Vertrauenssache. Am besten läßt sich die Qualität beurteilen, wenn die Ware lose und nicht in Plastikschälchen angeboten wird. Pilze sollen trocken und beim Brechen knackig sein. Die Oberfläche darf keine Druckstellen aufweisen. Achten sollte man ferner auf eine etwa einheitliche Größe, die ein Maß für das Entwicklungsstadium ist.

Festgelegte Güteeigenschaften, Größensortierungen und Handelsklassen gibt es nur bei Kulturchampignons. Bei allen übrigen frischen Pilzen schreibt der Gesetzgeber nur

vor, daß sie nicht überreif, alt oder schimmelig und nicht zu wässrig sein dürfen.

Sowohl bei den verpackten als auch bei den lose angebotenen Pilzen muß das Herkunftsland genannt werden. Pilze aus der näheren Umgebung sind wegen der kürzeren Transportwege auf jeden Fall zu bevorzugen.

Frische Pilze haben einen unvergleichbar besseren Geschmack als konservierte Ware. Aufgrund ihres hohen Wassergehaltes sind sie aber sehr empfindlich und leicht verderblich. Im Handel findet man deshalb oft kleine, unreife Pilze mit wenig Aroma, die gut aussehen und länger zu lagern sind. Ausgereifte, größere Pilze haben allerdings ein würzigeres Aroma.

Kleine Schmutzspuren sind übrigens ein positives Zeichen: Das Waschen verschlechtert die Qualität und verkürzt die Lagerfähigkeit.

Neben der Qualität der Rohware ist die richtige Lagerung nach der Ernte entscheidend. Die wichtigsten Fehler, auf die man beim Einkauf achten sollte: Zugluft läßt Pilze gelb, fleckig und trocken werden, hohe Luftfeuchtigkeit und Wärme machen sie schmierig und direkte Sonnenbestrahlung schwarz und trocken.

Lagerung

Farbveränderungen zeigen sich mit zunehmendem Alter besonders bei den weißen Kulturstämmen des Champignons. Zu naß geerntete Shii-Take verfärben sich dunkelgrau. Große Wasserverluste machen die Pilze weich und verkürzen die Haltbarkeit. Ohne ausreichende Kühlung verlieren sie bereits nach wenigen Tagen Lagerung bis zu einem Viertel ihres Gewichts.

Ausgetrocknete Champignons sind weich, und die Hüte reißen auf, so daß die Blätter sichtbar werden. Bei Austernpilzen bilden sich tiefe strahlenförmige Einrisse am Hut. Einpacken in Folie hemmt zwar die Verdunstung, fördert aber das Verschimmeln.

Pilze trocknen und tiefgefrieren

Will man einen Vorrat selbst gesammelter Pilze für längere Zeit anlegen, eignen sich Trocknen und Einfrieren am besten. Am einfachsten trocknet man Pilze in einem luftigen, warmen Raum, zum Beispiel auf dem Boden oder im Heizungsraum, entweder in Scheiben geschnitten oder im ganzen auf eine Schnur gezogen. Sie sollten vorher nicht gewaschen, sondern nur sauber geputzt werden. Beim Trocknen im Backofen darf die Temperatur nicht über 50 Grad steigen; der Wasserdampf muß durch die leicht geöffnete Backofentür entweichen können. Dann sind die Pilze nach ein bis zwei Stunden fertig getrocknet.

Die Anschaffung eines Dörrapparates (> Seite 152) lohnt nur, wenn man größere Mengen trocknet und ihn auch für Obst und Gemüse nutzt. Nach dem Auskühlen bewahrt man die Pilze gut verschlossen und kühl in Gläsern oder Dosen auf. Vor der Verwendung werden sie mindestens eine Stunde in warmem Wasser eingeweicht, damit sich das Aroma entfalten kann. Das Einweichwasser immer mitkochen. Getrocknete Pilze, beispielsweise Shii-Take, sind außerdem ein gutes Würzmittel. 90 Gramm getrocknete Pilze entsprechen etwa einem halben Kilo Frischware.

Vor dem Einfrieren müssen Pilze drei bis vier Minuten lang in kochendem Wasser blanchiert werden, damit sie während des Kälteschlafs die Farbe und die Konsistenz behalten. Sie lassen sich dann etwa sechs bis zehn Monate bei minus 18 Grad Celsius aufheben. Am wenigsten Saft verlieren Pilze, wenn man sie unaufgetaut zum Kochen verwendet. Das Einfrieren von gekauften frischen Champignons lohnt sich kaum. Die Qualität der Tiefkühlware im Handel ist durch die schnelle Ernte und die hohe Gefriergeschwindigkeit in der Industrie besser als beim Selbermachen. Der Geschmack ist nicht mit frischen Pilzen vergleichbar, aber besser als bei Konserven.

Zum Weiterlesen

Ewald Gerhardt:
Pilze
BLV-Verlag, München 1992
Kosmos-Pilzführer, Knaurs Pilzkunde

Zubereitung

Die meisten Pilze entfalten ihren Wohlgeschmack erst beim Erhitzen. Nur Champignons, Austernpilze und Steinpilze können auch roh, zum Beispiel in dünne Scheiben geschnitten, in einem Salat gegessen werden. Alle anderen Arten schmecken roh nicht gut, und – noch erheblich wichtiger – sie können auch schaden. Pilze enthalten Substanzen (Hämolysine), die die roten Blutkörperchen zerstören. Sie werden beim Erhitzen inaktiviert. Außerdem können Wildpilze Eier des Fuchsbandwurmes enthalten, die durch Hitze ebenfalls zerstört werden.

Vor der Zubereitung müssen Pilze sauber geputzt und gereinigt werden, entweder mit einem Pinsel oder mit einem feuchten Küchentuch. Waschen sollte man sie nur, wenn sie sehr schmutzig sind, und auch dann nur kurz, denn sie saugen schnell Wasser auf und werden dann zäh. Pfifferlinge eventuell vor dem Dünsten kurz überbrühen, alle anderen Pilze kann man roh, in Stücke geschnitten dünsten oder braten. Sie sollten dabei wenig Saft verlieren und nicht stark bräunen, da sie sonst austrocknen und viel von ihrem Aroma verlieren. Salzen immer erst nach dem Garen.

Die alte Weisheit, wonach Gerichte mit frischen Pilzen nicht wieder aufgewärmt werden dürfen, gilt heute im Zeitalter des Kühlschranks nicht mehr. Will man Reste von Pilzgerichten aufbewahren, so sollten diese aber möglichst rasch abgekühlt, zugedeckt im Kühlschrank aufbewahrt und auf mindestens 70 Grad Celsius wieder aufgewärmt werden; dabei leidet allerdings der Geschmack erheblich.

Gesundheit

Der Eiweißgehalt von Pilzen ist weder besonders hoch, noch ist das Eiweiß von guter Qualität. Sie enthalten Vitamine und Mineralstoffe, deren Anteil aber für die

Trüffeln – die schwarzen Diamanten

Schon die alten Römer schätzten den schwarzen Diamanten der Küche als Delikatesse. An dieser Wertschätzung hat sich bis heute nichts geändert. In einer Zeit, in der sich fast jeder den Luxus von Lachs, Kaviar und Austern leisten kann, sind die Trüffeln beinahe das letzte Refugium für Gourmets und prestigebewußte Verbraucher geworden: Bis zu 3000 DM je Kilogramm kostet der Genuß, je nach Sorte und Qualität. Kein Wunder, daß die Trüffel vorwiegend zum Würzen und Abrunden von Speisen und nicht als Speisepilz im eigentlichen Sinne verwendet wird.

Trüffeln sind kartoffelähnliche, nuß- bis faustgroße Knollen mit derber schwarzer bis brauner Rinde. Sie wachsen bis zu 30 Zentimeter unter der Erde, vorwiegend in der Umgebung von Eichen, wo diese Pilze jede weitere Vegetation verhindern und »verbrannte Erde« hervorrufen. Trotz dieser Kennzeichen sind sie schwer zu finden. Man braucht geschulte tierische Helfer mit guten Spürnasen: Im Elsaß und in Deutschland (Wesergebirge und Baden) werden Hunde eingesetzt, in Italien und Frankreich Schweine. Das Borstenvieh ist ganz versessen auf die schwarzen Knollen. Bei erfolgreicher Suche verhindert nur eine schnelle Portion Mais als Belohnung, daß die Kostbarkeit in den Schweinemagen statt in den Sammelkorb wandert.

Frische Trüffeln sind nur selten zu bekommen. Man kann sie aber direkt beim Erzeuger in Frankreich bestellen. Konserven gibt es zu 25, 50 oder 100 Gramm, in denen der Pilz gebürstet (brossées), in Stücken (morceaux) oder geschält (pelées) angeboten wird. Sie halten jedoch keinem Vergleich mit frischen Trüffeln stand.

Von allen Pilzen haben Trüffeln den würzigsten Geschmack und das intensivste Aroma. Die Spitzensorte ist die schwarze, innen marmorierte Trüffel aus dem südfranzösischen Périgord, wo in guten Jahren bis zu 150 Tonnen geerntet werden. Auf dem Trüffelmarkt in Périgueux kann man von November bis März das Kilogramm sogar für »nur« 300 DM erstehen. Aus dem norditalienischen Piemont kommt die zweite begehrte Trüffelsorte: innen gelblichweiß, mit leichtem Knoblauchgeruch und nicht ganz so würzig wie die schwarzen Verwandten. Immer noch teuer, aber weniger aromatisch sind Sommertrüffeln, afrikanische und weiße Trüffeln aus verschiedenen Herkunftsländern.

In der Küche verwendet man die Trüffel nach dem Schälen vor allem zum Würzen von Gänseleber, Pasteten, Ragouts und Saucen. Man kann sie auch zum Spicken von Fleisch und Bries nehmen, in dem man einige dünne Scheibchen beispielsweise unter die Brusthaut von Geflügel gibt, oder man verfeinert frische Kartoffeln oder selbstgemachte Nudeln mit hauchdünn gehobelten Trüffeln. Aus den Schalen lassen sich noch Fond oder Essenz zum Würzen kochen, hartgekochte Eier parfümieren oder, vermischt mit etwas Salz, ein Würzmittel für gebratenes Fleisch, Geflügel und Saucen herstellen.

Deckung des täglichen Bedarfs unbedeutend ist. Für Menschen mit empfindlichem Magen sind Pilze nicht unbedingt zu empfehlen, weil sie viel Chitin (eine hornartige Masse) enthalten. Daher sind Pilze schwer verdaulich und als Abendmahlzeit oft unverträglich.

Schadstoffe in Pilzen

Wildwachsende Pilze enthalten meist Schwermetalle. Sie speichern besonders Kadmium, das in größeren Mengen für den Menschen giftig ist. Hohe Kadmiumwerte findet man in wildwachsenden Champignons, in Maronen- und Rotfußröhrling und teilweise auch in Steinpilzen. Birken- und Butterpilze sind dagegen relativ wenig belastet. Wer häufig Pilze ißt, sollte bei großen, älteren Exemplaren die Huthaut abziehen und die Lamellen- oder Röhrenschicht entfernen, denn darin reichern sich die Schwermetalle an. Pilze in der Nähe von stark befahrenen Straßen sollten nicht gesammelt werden.

Das deutsche Bundesgesundheitsamt empfiehlt deshalb: Erwachsene sollten pro Woche nicht mehr als 200 bis 250 Gramm Wildpilze essen, also ein bis zwei übliche Mahlzeiten; Kinder entsprechend weniger. Gegen einen gelegentlichen Verzehr auch größerer Mengen bestehen keine Bedenken. Zuchtpilze enthalten wie alle übrigen Gemüsearten nur wenig Kadmium.

Neben Wildbret sind Waldpilze die einzigen Lebensmittel, die von der Reaktorkatastrophe von Tschernobyl her immer noch eine erhöhte Strahlenbelastung aufweisen. Sie speichern vor allem Cäsium in erheblich größeren Mengen als andere Gemüse, einige Arten (z.B. Maronenröhrling, Kahler Krempling) sind sogar ausgesprochene Cäsiumsammler. Vor übermäßigem Genuß selbstgesammelter Pilze wird deshalb weiterhin gewarnt.

Haltbar durch Bestrahlung?

Immer wieder wird vermutet, daß importierte Pilze durch radioaktive Bestrahlung haltbar gemacht wurden, besonders dann, wenn die Champignons lange fest bleiben und ihre weiße Farbe behalten. Eindeutige Nachweismethoden für das in Deutschland und Österreich verbotene Verfahren gibt es für Pilze nicht. Das für Obst und Gemüse zuständige Zentralbüro der Niederlande (CBT) entgegnete auf einen entsprechenden Verdacht, daß es aufgrund einer Verordnung des Landwirtschaftsministers seit 1988 verboten ist, Obst und Gemüse zu bestrahlen und in den Handel zu bringen.

Tips für Waldläufer

- **Grundsätzlich nur Pilze sammeln und essen, die man sicher kennt. Oft sehen giftige und ungiftige Arten einander sehr ähnlich.**
- **Rund 800 Pilzberatungsstellen in Deutschland geben Auskunft, wenn man Fragen hat. Die Anschriften erfährt man bei den örtlichen Stadt- und Gemeindeverwaltungen.**
- **Der Geschmack ist kein sicheres Kennzeichen für Giftpilze, auch nicht der Geruch, der Milchsaft, die Verfärbung beim Anschneiden oder das Anlaufen eines Silberlöffels bei Berührung.**
- **Einige Pilze, zum Beispiel Lorcheln oder Hallimasch, sind roh giftig, gekocht aber genießbar und sogar wohlschmeckend.**
- **Die meisten Todesfälle werden durch weiße und grüne Knollenblätterpilze verursacht, weil sie dem Anis-Champignon und dem Braunen Waldchampignon ähneln. Schon Kostproben sind lebensgefährlich. Erst zehn bis vierzehn Stunden nach dem Verzehr kommt es zu Beschwerden (heftige Leibschmerzen und plötzliche Brechdurchfälle). Dann muß sofort der Arzt aufgesucht werden.**
- **Speisepilze vorsichtig aus dem Boden drehen, das Erdloch wieder zumachen. Groben Schmutz sofort entfernen.**
- **Sammelbehälter müssen luftdurchlässig sein. Spankörbe sind am besten, Plastiktüten völlig ungeeignet, denn bei Luftabschluß »ersticken« die Pilze und werden unansehnlich.**
- **Das Sammelgut zu Hause sofort ausbreiten und noch am selben Tag, spätestens jedoch am Tag darauf verarbeiten.**

Die wichtigsten Speisepilze	Name	Eigenschaften	Geschmack	Verwendung
	Austernpilz	▶ Ist weiß, gelb bis bläulich, grau oder braun. Kleine Exemplare sind in der Qualität vorzuziehen; beim Einkauf sollen sie sich fest anfühlen.	▶ Saftiges, mild-aromatisches Fleisch mit einem feinen Wildgeschmack.	▶ Gut als Beilage, können aber auch wie Schnitzelfleisch paniert werden.
	Champignon	▶ Der Hut junger Champignons ist fest und geschlossen. Öffnet sich mit zunehmender Reife und bei längerer Lagerung.	▶ Reife Champignons haben einen würzigen Geschmack. Das beste Aroma haben die braunen oder Crème-Champignons mit hellbraunem Hut.	▶ Champignons kann man kochen, dünsten, schmoren und grillen.
	Morchel	▶ Es gibt Rundmorcheln und Spitzmorcheln. Frische Ware muß vor der Verarbeitung gut gewaschen werden, da sie in der Regel sehr sandig ist.	▶ Schmecken sehr aromatisch. Getrocknet gut zum Würzen.	▶ Morcheln kann man in Butter sautieren und mit Kräutern würzen; in brauner Sauce passen sie gut zu Fleischgerichten.
	Pfifferling (Eierschwamm, Dotterpilz)	▶ Typische dottergelbe Farbe, gedeiht von Juli bis September. Zum Trocknen und Tiefgefrieren nicht gut geeignet, weil sie bitter werden.	▶ Duften angenehm, schmecken mild, mit einer würzigen, an Pfeffer erinnernden Note.	▶ Vorzügliche Beilage zu Wildgerichten. Gut geeignet für Saucen und mit Rührei.
	Shii-Take	▶ Sein weißes Fleisch ist fester als beim Champignon. Ältere Pilze bekommen bei Berührung rotbraune Flecken, die sich grau bis bräunlich verfärben.	▶ Schmeckt sehr aromatisch. Schon kleinere Mengen verbessern Champignongerichte.	▶ Eignet sich für fernöstliche Gerichte, am besten für Eintöpfe. Verliert beim Zubereiten nur wenig Wasser; langes Garen macht ihn hart.
	Steinpilz (Herrenpilz)	▶ Steinpilze sind von Juni bis Oktober erhältlich. Junge Pilze haben einen hellbraunen Hut, ältere sind dunkelbraun.	▶ Schmeckt mild und leicht nussig. Sehr nahrhaft.	▶ Steinpilze sollten frisch genossen werden, am besten gedünstet mit Kräutern oder in Rahmsauce. Gut als Beilage zu Fleisch und Wild.

Obst und Nüsse

Heimische und exotische Früchte und Nüsse sind nicht nur wertvolle Vitaminspender, sondern bereichern die Küche mit einer Vielfalt an geschmacklichen und farblichen Nuancen. Obst gibt jeder Jahreszeit ihr eigenes Gepräge und bringt daher zu jeder Saison genug Abwechslung.

Früher schmückte Obst, präsentiert in kostbaren Tafelaufsätzen, die Tische der Noblen und Reichen. Auch heute noch ist die Höhe des Obstverzehrs ein Gradmesser für den Wohlstand eines Landes – die Deutschen beispielsweise können sich mit über 120 Kilogramm pro Person und Jahr beachtlich viel leisten.

In letzter Zeit besinnen sich die Obstbauern wieder auf alte, regionaltypische Sorten und versuchen, traditionelle Obstgärten zu bewahren und neue anzulegen. Bei einer Fahrt über Land lohnt es sich, an den Hinweisschildern bei Bauernhöfen stehenzubleiben und je nach Jahreszeit Äpfel, Birnen, Kirschen oder Pfirsiche einzukaufen. Die Früchte sind zwar oft kleiner und nicht ganz so schön, entschädigen dafür aber mit besonders viel Geschmack.

Darüber hinaus sind die Früchte wegen ihres Vitaminreichtums zum Inbegriff moderner, gesunder Ernährung geworden. Dieser Trend wird akzentuiert durch ein wachsendes Angebot an exotischen Früchten.

Einkauf

Heute sind sehr viele Obstarten das ganze Jahr über verfügbar. Verbesserte Transport- und Kühlbedingungen haben den Überfluß möglich gemacht – manche Früchte können durch den Einsatz moderner Technik überhaupt erst eingeführt, zur Reife gebracht und verkauft werden.

Saisonale Unterschiede in der Qualität gibt es dennoch: So müssen Erdbeeren, die man im Winter kauft, über Tausende von Kilometern transportiert werden; sie werden in unreifem Zustand geerntet und »erröten« erst während des Transports und der Lagerung – häufig mit Hilfe von chemischen Zusätzen. Da ist es kein Wunder, daß sie wäßriger und weniger fruchtig schmecken als Beeren, die in vollreifem Zustand gepflückt werden.

Die Herkunft von Obst muß in Deutschland – auch bei offener Ware – deklariert werden; man braucht also nur auf die Schilder zu schauen, wenn man keine Importware will.

Im allgemeinen ist das Obst dann am besten, wenn es Hochsaison hat, entweder in

unseren Landen oder im Ausland (> Wann Obst wirklich frisch ist, Seite 298).

Vor allem Hobbyköche, die auf Marmeladen und anderes Selbsthergestelltes stolz sind, sollten nach Jahreszeit einkaufen und für nicht »zeitgleiche« Mischungen die frühere Obstart zur späteren Verwendung ohne Zucker einfrieren.

Haltbarkeit

Alle Früchte sind in guter Qualität nur kurz lagerfähig. Wegen des hohen Gehaltes an Wasser und Zucker schimmeln sie schnell und verlieren den Biß. Auch die Verluste an Vitamin C können ein Drittel innerhalb einer Wochen betragen und nehmen mit steigender Lagertemperatur rasch zu. Obstkörbchen in der Wohnung sind zwar dekorativ, der Qualität der Früchte aber nicht förderlich.

Im Kühlschrank halten sich Beerenobst nur ein bis zwei Tage, Steinobst etwa zwei bis drei Tage und reife Zitrusfrüchte bis maximal zehn Tage. Winteräpfel dagegen halten bei kühler Lagerung (um 12 Grad Celsius) in einem dunklen, feuchten Raum drei bis fünf Monate lang, im Kühlschrank dagegen nur zwei, drei Wochen, weil es dort zu hell und zu trocken ist.

Lagerung

Wichtig für die sachgerechte Aufbewahrung ist in den meisten Fällen eine möglichst hohe Luftfeuchtigkeit, damit das Obst nicht austrocknet. Schwitzen dürfen die Früchte jedoch nicht, sonst schimmeln sie leicht.

In der Praxis empfiehlt es sich, lagerfähiges Obst im Keller oder in Folienbeuteln aufzubewahren. Für längerfristiges Aufbewahren sind Einkochen und Einfrieren geeignet, allerdings nicht bei jeder Obstart. Beim Einkochen gehen mehr Inhaltsstoffe verloren als im Kälteschlaf, außerdem wird das Obst weicher und verliert mehr an Form und Farbe. Bei Steinobst dagegen, zum Beispiel bei Kirschen oder Mirabellen, entwickelt sich das Aroma durch die Hitze beim Einkochen besser als bei der Kältekonservierung.

Zubereitung

Vor dem Verzehr sollte das unzerkleinerte Obst kurz, aber gründlich gewaschen werden. Das ist besonders wichtig bei Früchten mit rauher, pelziger Oberfläche und kleinbeerigem glattem Obst, wie Johannisbeeren.

Rückstände in Obst und Nüssen

Die Belastung mit Rückständen ist nach Untersuchungen der Lebensmittelüberwachung sehr unterschiedlich. Bundesweit repräsentative Ergebnisse gibt es bislang nur für wenige Obstarten. Sie machen deutlich, daß es unabhängig vom Anbauverfahren durch gute landwirtschaftliche Praxis möglich ist, rückstandsfreie Ware zu erzeugen. In etwa der Hälfte der Proben finden die Analytiker keine Schadstoffgehalte, bei den übrigen liegen sie deutlich unter den geltenden gesetzlichen Höchstgrenzen. Überschreitungen kommen in etwa fünf Prozent der Proben vor, häufig in Importen.

Generell sind in Früchten der Saison weniger Rückstände zu erwarten als in Obst, das im Treibhaus gezogen worden und anfälliger gegen Pilze, Verunkrautung, tierische Schädlinge und anderes ist. Treibhausware kann man nicht generell am Äußeren erkennen. Das beste Unterscheidungsmerkmal ist, ob die Früchte in der Saison oder außerhalb angeboten werden.

Bei exotischen Früchten finden sich ebenfalls oft höhere Schadstoffgehalte, bedingt durch die Anwendung von bei uns nicht zugelassenen Substanzen, sorgloseren Umgang mit Chemikalien oder durch Mittel, die den langen Transportweg überstehen helfen sollen.

Ölhaltige Samen und Nüsse (insbesondere Paranüsse und Pistazien) können Aflatoxine enthalten, die Leberschäden und Krebs auslösen. Das Gift wird von Schimmelpilzen gebildet. Verschimmelte Nüsse sollten daher keinesfalls gegessen werden. Alle Nüsse unterliegen der Kontrolle nach der Aflatoxin-Verordnung.

Bei zweifelhafter Herkunft ist Schälen ratsam. Neben Staub und Schmutz entfernt man so auch einen Teil der Rückstände und Verunreinigungen, zum Beispiel Blei, von der Oberfläche. Schalenbehandlungsmittel von Zitrusfrüchten werden dabei jedoch nicht beseitigt (was nur dann bedeutsam ist, wenn die Schale verarbeitet wird, etwa zu Marmelade).

Braunfaule Stellen müssen immer entfernt werden, auch wenn man das Obst zu Marmelade, Saft oder Kompott verarbeiten will. Denn sie können Schimmelpilze und andere Gifte enthalten, die auch beim Erhitzen nicht zerstört werden.

Gesundheit

Mindestens 200 Gramm Obst pro Tag sind empfehlenswert, am besten roh und möglichst der Saison entsprechend. Denn dann ist es am besten: Der Geschmack und das Aroma sind optimal ausgeprägt, die wertvollen Inhaltsstoffe sind besonders reichlich vorhanden, und die Schadstoffgehalte sind am geringsten, weil Obst aus dem Freiland weniger anfällig gegen pflanzliche und tierische Verderbniserreger ist.

Wenn auch wohl kaum jemand nur wegen des Nährstoffgehaltes zu Früchten greift, so tragen doch einige ihrer Inhaltsstoffe wesentlich dazu bei, unsere Versorgung mit Vitaminen zu sichern. Am bekanntesten und wichtigsten ist das Vitamin C: Etwa ein Viertel der insgesamt täglich konsumierten Dosis liefern einheimisches Frischobst und Südfrüchte. Andere darin enthaltene Vitamine sind von minderer Bedeutung.

Auch ein weiterer Inhaltsstoff des Obstes ist bedeutsam: Beta-Karotin, eine gelb-orangefarbene Substanz, aus der der Körper das lebensnotwendige Vitamin A produziert. Es scheint neben anderen Vitaminen bei der Vorbeugung gegen verschiedene Krebsarten zu helfen. Obst ist neben Gemüse die wichtigste Quelle für Beta-Karotin, besonders reichlich vorhanden in Aprikosen, Beerenobst, Pfirsichen, Kirschen und Mango – Krebsvorbeugung auf schmackhafte Art.

Von den Mineralstoffen in den Früchten hat Kalium die größte Bedeutung. Dieser Gegenspieler des Natriums bei der Regulation des Wasser- und Salzhaushaltes im Körper kommt im Speiseplan oft zu wenig vor. Mit Obst kann hier ein wichtiger Ausgleich geschaffen werden. Alle übrigen Inhaltsstoffe, wie die verschiedenen Zuckerarten, Fruchtsäuren, Aromastoffe und der Gelierstoff Pektin, tragen zur guten Verträglichkeit und dem erfrischenden Geschmack des Obstes bei.

Nüsse

Warenkunde

Nüsse werden vom Menschen seit jeher gegessen. Sagen und Mythen weisen ihnen Symbolcharakter zu – als Sinnbild für Fruchtbarkeit, Jugend und Kindersegen.

Heute sind Nüsse zum Knabbern sehr beliebt. Vegetarier schätzen sie wegen ihres Gehaltes an Eiweiß und Nährstoffen. In den vergangenen 20 Jahren hat sich der Verbrauch in Deutschland verdoppelt.

Einkauf

Die meisten Nüsse werden im Herbst geerntet und meist bis etwa Ende Februar angeboten. Man sollte sie in diesem Zeitraum kaufen und, wenn man für den Sommer einen Vorrat anlegen will, tiefgefrieren.

(> Cashew-Nüsse, Erdnüsse, Haselnüsse, Kokosnüsse, Mandeln, Walnüsse.)

Haltbarkeit

Ganze Nüsse sind etwa ein Jahr lang haltbar. In zerkleinertem Zustand sollte man sie innerhalb von einigen Wochen verbrauchen.

Lagerung

Nüsse sollten an einem trockenen und kühlen Ort gelagert werden. Sie eignen sich gut zum Einfrieren.

Zubereitung

Nüsse kann man sehr vielseitig zubereiten. Sie verleihen zahlreichen Speisen eine besondere geschmackliche Nuance. Vorzüglich schmecken zerkleinerte Nüsse in Müslis, Aufläufen, Obstgerichten und in Salaten.

Aus Nüssen kann man auch Mus und Cremes machen (in der Industrie wird daraus Marzipan und Nougat hergestellt). Die Nüsse werden geknackt, die Schalen entfernt, schonend geröstet und in speziellen Nußmühlen gepreßt. Nußmus eignet sich gut als Brotaufstrich, als Zutat in Desserts und Backwaren sowie als Grundlage für Saucen.

Gesundheit

Nüsse enthalten 50 bis 70 Prozent Fett und sind daher sehr kalorienreich. Am fettreichsten sind Pekannüsse, Paranüsse und Hasel- sowie Walnüsse. Vergleichsweise wenig Fett haben Cashew-Nüsse, Kokos und Erdnüsse.

10 bis 20 Prozent des Gewichtes entfällt auf Eiweiß. Vorteilhaft ist der hohe Anteil an B-Vitaminen, Vitamin E, Kalzium, Magnesium und Eisen. Über unerwünschte Inhaltsstoffe informiert der Kasten auf Seite 280.

Ananas

Die Königin der Südfrüchte entfaltet nur als reife Frischfrucht ihr volles Aroma, konserviert bleibt davon nur noch die starke Süße. Die Ananas wird entweder im Freiland oder im Gewächshaus angebaut. Leuchtend rote Früchte kommen von den Azoren. Sie sind bereits nach neun Monaten reif, aber sehr empfindlich und nicht gut haltbar. Ein bis eineinhalb Jahre bis zur Reife brauchen die robusteren Freilandsorten. Bei der Ernte in unreifem Zustand sind sie noch grün und reifen später nach. Dann werden sie je nach Herkunft und Sorte gelblich bis rötlich.

Ausgeprägte Schuppen der Schale weisen auf eine aromatische Frucht hin. Läßt sich ein inneres Blütenblatt leicht herausziehen, ist die Ananas reif. Außerdem duftet sie dann intensiv und gibt auf leichten Fingerdruck nach.

Reife Ware ist bei sieben Grad Celsius und hoher Luftfeuchtigkeit etwa zwei Wochen lang haltbar. Lagerung im Kühlschrank bewirkt schwarze Flecken im Fruchtfleisch.

Ananas sollten vorzugsweise frisch zubereitet werden. Zerlegen kann man die Frucht auf zwei Arten: Entweder man schneidet das obere Ende mit dem Stielansatz ab und teilt die Frucht dann in zwei Zentimeter dicke Scheiben, sticht die ungenießbare, verholzte Mitte heraus und schneidet den Rand ab. Oder man viertelt die Frucht der Länge nach; auch dann sollte man von jedem Viertel den inneren Teil entfernen und die Frucht mit einem scharfen Messer schälen. Dann kann man noch die geschälten Teile quer in Scheiben schneiden.

Frische Ananas ergibt mit Kiwi (> Seite 299) ein einfaches, schnell zubereitetes Dessert. Eingelegte Ananas sind ein beliebtes indonesisches Gericht. Die Ananas eignet sich auch gut für Kompotte, Konfitüren oder für Getränke (zum Beispiel für eine Ananas-Bowle).

Das Ananasferment Bromelin fördert die Eiweißverdauung, hat aber keinen Einfluß bei Reduktionskuren und kommt nur in frischen Früchten vor.

Ananas-kirschen

> Kap-Stachelbeeren, Seite 297

Annonen

> Cherimoyas, Seite 291

Äpfel

Apfelbäume sind spalterbig, das heißt, sie spalten sich bei der Aussaat in ihren Eigenschaften auf: Aus jedem Samen entsteht eine neue Sorte. Nicht selten sind die Nachkommen der Sämlinge wertlos, doch dann und wann sind einzelne wohlschmeckende, großfrüchtige Varianten dabei.

Auf diese Weise ist eine beinahe unübersehbare Fülle von regional unterschiedlichen Apfelsorten entstanden. Jedoch die Züchtung auf Masse bedeutete für viele alte Apfelsorten das wirtschaftliche Ende. Die meisten wurden in den letzten Jahrzehnten durch einige wenige Sorten verdrängt, die optisch schön aussehen, aber im Geschmack oft keine Spitzenqualität bieten. Typische Beispiele dafür sind Granny Smith und der Golden Delicious, dessen Verkauf leicht rückläufig ist. Aber mit etwas Mühe lassen sich auf Märkten und in Obstgeschäften durchaus noch schmackhafte Sorten finden, die sich entweder besonders gut zum Rohessen, zum Kuchenbacken oder sogar für aromatische Bratäpfel eignen.

Je nach Reifezeitpunkt unterscheidet man Sommer-, Herbst- und Wintersorten. Die Äpfel der ersten beiden Gruppen schmecken am besten frisch vom Baum und sind nicht lange haltbar. Winteräpfel entwickeln dagegen das beste Aroma erst einige Wochen nach dem Pflücken und eignen sich gut für einen Vorrat.

Alle unten angeführten Sorten gibt es aus dem Inland, viele von ihnen werden aber nur in einzelnen Regionen angebaut. Zusätzliche Einfuhren kommen vor allem aus Südtirol, manchmal aus den Niederlanden, Belgien oder Spanien. Aber das sind dann in der Regel keine speziellen Sorten, sondern solche, die auch bei uns verbreitet sind.

Gut ausgereifte, kühle Äpfel werden nach Sorten getrennt in große Folienbeutel eingelegt und nach einem Temperaturausgleich (sonst schwitzt das Obst) verschlossen. Die höhere Luftfeuchtigkeit in der Tüte verhindert das Verschrumpeln, die Anreicherung von Kohlensäure durch das Atmen der Äpfel verzögert die Reifung. Die günstigste Lagertemperatur liegt bei acht bis zwölf Grad Celsius. Ist es wärmer, sticht man die Beutel mit einer Nadel mehrmals ein.

Nach dem Öffnen der Beutel muß das Obst vor dem Verspeisen einige Stunden ausdünsten und sollte innerhalb von zehn bis vierzehn Tagen aufgegessen werden.

Geeignet für die Folienlagerung sind späte Apfelsorten wie Jonathan, Jonagold, Red Delicious, Gloster, Cox Orange, Boskop, Elstar und Freiherr von Berlepsch.

Dank der modernen Lagertechnik (kühl und/oder mit einem höheren Gehalt an Kohlendioxid, das die Reifung verzögert) können einheimische Äpfel heute bis etwa April/Mai des Folgejahres ihre gute Qualität bewahren. Danach füllen zahlreiche Obstalternativen die »Apfelpause«, so daß man auf die teuren Überseeimporte, etwa aus Neuseeland, gut verzichten kann.

Die meisten Äpfel werden frisch gegessen. Die Früchte eignen sich aber auch gut für Salate (etwa Apfel-Selleriesalat, > Seite 700, oder Waldorfsalat, > Seite 749), für Strudel (> Seite 757), Kuchen (> Seite 766) und Schnitten (> Seite 631). Äpfel können auch gedämpft und mit Quark gefüllt (> Seite 623), karamelisiert und mit Vanillesauce serviert, zu Sahneäpfeln (> Seite 705) oder Apfelpudding (> Seite 728) zu-

Die Apfelsorten

Name	Kennzeichen	Eignung
Alkmene	▶ kleine bis mittelgroße Herbstsorte, schmeckt aromatisch	▶ sehr guter Tafelapfel zum Frischverzehr, für Mus wenig geeignet
Altländer Pfannkuchenapfel	▶ mittelgroßer Herbstapfel mit glatter, harter Schale, schmeckt saftig-säuerlich	▶ läßt sich gut zu Mus und Saft verarbeiten. Dauersorte
Ananasrenette	▶ eher kleine Wintersorte mit hervorragendem spritzig-säuerlichem Aroma	▶ eignet sich zum Frischessen ebenso wie für Mus, Kompott und Saft
Berlepsch	▶ kleiner Winterapfel mit saftigem, säuerlichem Fleisch, enthält viel Vitamin C	▶ sehr gut zum Rohessen und als Bratapfel, gut zum Backen und für Mus
Berner Rosenapfel	▶ karminrote mittelgroße Herbstsorte, saftig, zartes Aroma	▶ ist ideal als roter Weihnachtsapfel, auch zum Verarbeiten geeignet
Boikenapfel	▶ große Dauersorte, frisch säuerlich, ohne prägnantes Aroma	▶ kann von Februar bis März frisch gegessen oder auch gut als Mus, Saft und Dörrobst verarbeitet werden
Boskoop	▶ großer, herb-säuerlich schmeckender Winterapfel; rauhe, matte Schale, reich an Vitamin C	▶ sehr guter Tafelapfel ab Dezember, auch bestens für jede Verarbeitung geeignet
Carola (Kalco)	▶ mittelgroße Herbstsorte, sehr saftig, süß und leicht säuerlich	▶ sollte frisch genossen werden, läßt sich gut als Mus und für Apfelstücke verwerten
Clivia	▶ kleiner Winterapfel, sehr aromatisch, ähnlich dem Cox-Orange-Apfel	▶ gut zum Frischessen, für Mus wenig geeignet
Cox Orange	▶ mittelgroße Herbstsorte, saftiges Fleisch mit süß-aromatischem Geschmack	▶ herausragender Tafelapfel, aber auch zum Backen sehr gut geeignet
Elstar	▶ mittelgroßer Apfel mit roter Schale, saftig, säuerlich schmeckendes Fleisch	▶ sehr gut zum Rohessen im Herbst
Gascoynes	▶ scharlachroter, großer, leuchtend roter Tafelapfel, leicht parfümiertes Aroma	▶ sollte nicht lange gelagert werden, für Kompott und Mus geeignet
Gelber Bellefleur	▶ rötlichgelbe Wintersorte, fein aromatisch	▶ beim Transport empfindlich, kann frisch gegessen oder verarbeitet werden
Glockenapfel	▶ mittelgroß, wenig saftiges Fleisch mit herb-säuerlichem Geschmack	▶ am besten ab Februar zum Rohessen, gut zu verarbeiten

Name	Kennzeichen	Eignung
Gloster	▶ große saftige Früchte mit roter Schale	▶ genußreif ab November, zum Rohessen und für Mus
Golden Delicious	▶ gelb bis goldgelb gefärbt, schmeckt aromatisch	▶ guter Tafelapfel
Goldparmäne	▶ klein bis mittelgroßer Herbstapfel mit knackigem, nußartigem Fleisch	▶ am besten ab Oktober als Tafelapfel verwenden, gut zur Verarbeitung geeignet
Granny Smith	▶ festes Fleisch, schmeckt fein säuerlich	▶ guter Tafelapfel
Gravensteiner	▶ gelb-grün oder rot gefärbt, hat knackiges Fruchtfleisch	▶ am besten zum Rohessen im Sommer, ergibt auch ein wohlschmeckendes Mus
Idared	▶ mittelgroße Wintersorte, hell- bis dunkelrote Schale,schmeckt feinsäuerlich	▶ sehr guter Tafelapfel ab Februar, läßt sich gut verarbeiten
Ingrid Marie	▶ mittelgroßer Herbstapfel mit mürbem, manchmal etwas trockenem Fleisch	▶ gut geeignet für Kuchen und zum Rohessen
James Grieve	▶ beliebter Sommerapfel schmeckt frisch saftig, wird später mürbe, sehr aromatisch	▶ gut zum Rohessen, später sehr gut für Kuchen, Mus und Bratapfel
Jonagold	▶ sehr große Früchte mit süß-saftigem Fleisch, sehr aromatisch	▶ sehr gut zum Rohessen im Herbst, auch für Mus und Kompott
Jonathan	▶ dunkelrot gestreift mit bräunlichem Ton	▶ guter Tafelapfel, wegen der Farbe als Weihnachtsapfel begehrt
Klarapfel	▶ grüner, feinsäuerlicher Sommerapfel	▶ sollte frisch verzehrt werden, da er schnell mehlig wird
Lodi	▶ weißlich grün und leicht gerötet, schmeckt mild säuerlich	▶ guter Frühapfel zum Rohessen
Luisenapfel	▶ mittelgroße Herbstsorte. sehr saftig, mild säuerlich	▶ erstklassig zum frischen Verzehr, sehr druckempfindlich
McIntosh	▶ mittelgroße Herbstsorte, sehr saftig, wenig säuerlich	▶ zum Rohessen, sehr gut für Saft geeignet
Red Delicious	▶ dunkelrot und kräftig gerippt, schmeckt süß, leicht parfümiert	▶ gut als Tafelapfel geeignet
Starking	▶ unregelmäßig geformter Winterapfel, schmeckt süß und wenig säuerlich	▶ guter Tafelapfel, ähnlich wie Red Delicious

bereitet werden. Schmackhaft sind Äpfel nach amerikanischer Art, Apfelmuscreme mit Sultaninen und Nüssen sowie Äpfel in Apfelwein mit Kefirgelee (> Seite 611).

Beim Einkochen werden Äpfel leicht braun. Sie eignen sich auch zum Einfrieren nicht besonders gut.

Most- und Wirtschaftsäpfel haben einen hohen Gehalt an Säure und ein festes Fleisch; sie werden zu Saft, Mus, Gelee, Sirup, Essig und Most bzw. Apfelwein verarbeitet.

Der Vitamingehalt von Äpfeln schwankt nicht nur von Sorte zu Sorte erheblich, sondern ist auch von Klima und Standort abhängig. Als Richtwert kann man sagen, daß die Sorten Berlepsch, Idared und Boskop sehr reich an Vitamin C sind (ungefähr 30 Milligramm pro 100 Gramm); Starking, Gloster, Granny Smith und Jonathan dagegen enthalten nur einen Bruchteil davon an Vitamin C.

APFELSINEN (ORANGEN)

Nach der Angebotszeit unterscheidet man bei uns Winter- und Sommerorangen. Winterorangen kommen von November bis Mai/Juni auf den Markt und stellen im Winter neben Äpfeln und Bananen die wichtigste Obstart. Besonders gut im Geschmack sind die kernlosen Navelorangen in verschiedenen Sorten, deren Charakteristikum eine kleine Tochterfrucht am Blütenansatz ist. Sie sind sehr saftig und leicht zu schälen. Besonders große Orangen mit dickerer Schale, aber gutem Geschmack sind die Shamouti, die aus Israel unter dem Markennamen Jaffa importiert werden.

Blutorangen haben einen herberen, kräftigeren Geschmack als die orangefarbenen Sorten. Sie sind manchmal im Fruchtfleisch nur unregelmäßig gefärbt. Das mindert die Qualität jedoch nicht, sondern ist bedingt durch die Sonneneinstrahlung am Baum, durch den Erntezeitpunkt und andere Faktoren.

Je nach Sorte können Schale und Fleisch oder nur das Innere rot gefärbt sein. Sommerorangen stammen aus Südamerika oder Südafrika, werden aber kaum für den Frischverzehr verkauft. Der größte Teil wird zu Fruchtsaft verarbeitet, denn viele Sommersorten sind sehr kernreich.

Die kleineren Früchte, wie Mandarinen, Clementinen und deren Verwandte, haben den Orangen in letzter Zeit ein wenig den Rang abgelaufen, weil sie sich leichter schälen lassen.

Die Schalenfarbe sagt bei Apfelsinen nur wenig über die Reife aus. Gleichmäßig orangefarben werden sie nur dann, wenn die Nachttemperaturen im Anbauland nahe dem Gefrierpunkt lagen. Ist es dagegen deutlich wärmer, bildet sich in der Schale Chlorophyll, das grünliche Flecken oder ein nur schwaches Orange hervorruft.

Die Schale von Zitrusfrüchten darf nicht schrumpelig sein und keine braunen Verfärbungen aufweisen, die auf zu lange Lagerung bei trockenen Bedingungen hinweisen.

Apfelsinen haben von Natur aus eine Wachsschicht auf der Schale und glänzen deshalb. Oft wird diese jedoch vor dem Versand entfernt und zum besseren Schutz vor Verderb durch eine künstliche Wachsschicht ersetzt. Diese Früchte glänzen meist sehr stark, denn auch die Poren sind mit Wachs überzogen.

Apfelsinen sollten immer erst in reifem Zustand geerntet werden, nur dann haben sie ihr volles Aroma, sie reifen nach der Ernte kaum nach. Eine Schalenbehandlung als Schutz vor Fäulnis und Verdunstungsverlusten erkennt man am Zusatz »gewachst«. Der Hinweis »unbehandelt« findet sich dagegen selten, obwohl vor allem bei Früchten aus dem Mittelmeerraum in der ersten Hälfte der Wintersaison keine Konservierung mehr angewandt wird.

Orangen werden am besten bei zwei bis fünf Grad Celsius und hoher Luftfeuchtigkeit gelagert; sie halten unten günstigen Umständen einige Wochen. Bei trockener Aufbewahrung werden sie allerdings schnell faul.

Vor dem Verzehr oder der Zubereitung die Schale mit einem scharfen Messer einritzen und dann abziehen. Apfelsinen eignen sich hervorragend für Obstsalate und Süßspeisen, aber auch als Dekoration für Fleischgerichte, etwa als Orangensauce zu Wildhasenterrine (> Seite 727). Beliebt sind außerdem Orangensaft und Orangenmarmelade.

Schalenbehandlungsmittel von Zitrusfrüchten werden durch Waschen nicht beseitigt. Wer Zitrusschalen zum Kochen verwenden will, sollte deshalb entweder unbehandelte Ware oder fertig verpackte, abgeriebene Schale kaufen.

Apfelsinen (Orangen) sind die wichtigste und variantenreichste Zitrusfruchtart und unser Hauptlieferant von Vitamin C in den Wintermonaten: In 100 Gramm sind 50 Milligramm und damit fast ein ganzer Tagesbedarf enthalten (zum Vergleich: sehr Vitamin-C-reiche Äpfel enthalten 30 Milligramm, Kartoffeln 17 Milligramm Vitamin C).

Aprikosen

Für die richtige Reife brauchen Aprikosen (Ö: Marillen, CH: Barillen) ein Weinklima mit viel Wärme. Sie werden daher in Regionen wie Rheinhessen und in der Wachau erzeugt. Die meisten Einfuhren kommen aus den Mittelmeerländern, weil der Anbau in Deutschland oft unter Spätfrösten leidet.

Gute Aprikosen sind gelb oder intensiv orange gefärbt und haben ein saftiges Fleisch. Wasserreiche Früchte sind nicht zu empfehlen, weil sie nur schwach aromatisch schmecken.

Gut steinlösend und haltbar ist die Sorte »Ungarische Beste«, die ab Juli im Handel erhältlich ist. Sehr saftig und leicht säuerlich schmeckt die Sorte »Aprikose von Nancy«.

Bei Aufbewahrung um den Gefrierpunkt sind Aprikosen höchstens drei Wochen haltbar.

Da die Früchte auch ausgereift zwar sehr aromatisch, aber nur wenig saftig sind, werden sie vor allem zu Kompott (> Seite 586), Marmelade, Likör, aber auch zu Trockenfrüchten verarbeitet. In der Wärme entfaltet sich ihr Aroma am besten. Einkochen ist deshalb besser als Einfrieren.

Von allen Obstarten enthalten Aprikosen am meisten Karotin, eine Vorstufe von Vitamin A.

Avocados

Avocados werden aus Nord- und Südamerika sowie aus Afrika importiert, manchmal kommen sie auch aus Mittelmeerländern, vor allem aus Spanien. Die Frucht ist je nach Sorte hell- bis dunkelgrün und oft etwas runzlig. Hartschalige Sorten überstehen den Transport am besten. Das weißliche oder grüne Fleisch schmeckt nußartig und leicht süßlich. Der Kern ist ungenießbar.

Avocados sind erst dann richtig reif, wenn sie sich auf Fingerdruck weich anfühlen und die Schale fast schwarz geworden ist. Ist die Schale noch grün, kann man sie einige Tage lang nachreifen lassen.

Bei hoher Luftfeuchtigkeit und einer Temperatur um zwölf Grad Celsius sind reife Früchte eine Woche lang haltbar.

Das leicht nussige Fruchtfleisch läßt sich süß und pikant zu Brotaufstrichen, Salaten und Saucen verarbeiten. Man kann die Frucht auch in zwei Hälften teilen, den Kern herausnehmen und beispielsweise mit Shrimps in pikanter Sauce füllen.

Die birnenförmige Avocado ist eine besondere Frucht, denn sie enthält über 25 Prozent Fett und ist deshalb im Vergleich zu anderen Obstsorten relativ kalorienreich. Die Avocado enthält ein Öl, das dem Olivenöl recht ähnlich ist (> Seite 385). Außerdem ist sie reich an Kalzium, Kalium und Eisen. Ein schmackhaftes Gericht ist Geflügel-Avocadosalat (> Seite 640).

Bananen

Nach dem Apfel ist die Banane in Deutschland die beliebteste Obstart. Eingeführt wurde sie bislang vorwiegend aus Lateinamerika (sogenannte Dollar-Bananen). Eine neue EG-Marktordnung hat diese Einfuhren ab dem Jahr 1993 kontingentiert, um Bananen aus der EU (vor allem Spanien) sowie den mit der EU assoziierten AKP-Staaten (69 Entwicklungsländer Afrikas, der Karibik und des Pazifik) zu fördern. Da die Hektarerträge dort niedriger sind, sind die Bananenpreise seitdem kräftig angestiegen. EU- und AKP-Früchte sind etwas kleiner als die lateinamerikanischen und reifen deshalb schneller aus, ihr Geschmack ist aber im wesentlichen gleich.

Kochbananen (auch Mehlbananen genannt) werden unreif gegessen und als Brei oder ähnlich wie Bratkartoffeln zubereitet. Sie haben kein ausgeprägtes Aroma.

Rote Bananen sind Verwandte des gelben Obstes mit ähnlichem Geschmack und rötlichem Fruchtfleisch.

Baby-Bananen sind auf Kleinfrüchtigkeit gezüchtet und haben einen besonders intensiven Geschmack. Sowohl frisch als auch konserviert angeboten, werden sie vor allem für Desserts verwendet.

Bananen werden immer grünreif geerntet, da sie sonst rasch mehlig werden und faulen. Erst nach der Ernte beginnt in der Frucht die Umwandlung der Stärke in Zucker. Der künstliche Reifungsprozeß wird unter genau gesteuerten Klimabedingungen in speziellen Bananenreifereien in Deutschland durchgeführt. Von der Ernte bis zum Verkauf dauert es rund 20 bis 24 Tage.

Kleine dunkle Schalenflecke sind ein Zeichen der Reife; die Bananen sollten aber nicht über große Flächen braun aussehen, denn dann sind sie überreif und schmecken nicht mehr so gut. Überreife Bananen werden außerdem schnell mehlig.

Man kann auch unreife, grüne Bananen kaufen und bei Zimmertemperatur nachreifen lassen; im Geschmack sind sie aber dann in der Regel weniger gut als gewerblich gereifte Früchte.

Bananen werden in der Regel nicht nach Sorten angeboten, sondern nach Marken wie Dole und Chiquita. Die Unterschiede sind eine Frage des individuellen Geschmacks.

Im Kühlschrank werden Bananen grau und unansehnlich. Sie sollten bei Zimmertemperatur lagern; dabei reifen sie nach. Daher ist es ratsam, beim Einkauf zu überlegen, wann die Bananen verbraucht werden.

Die meisten Bananen werden roh verzehrt, man kann sie auch gut zu Salaten und mit Rahm oder Joghurt zu einem wohlschmeckenden Brei verarbeiten. Für Bananenmilch nimmt man am besten vollreife Bananen mit leicht braunen Punkten.

Bananen schmecken vorzüglich gegrillt und mit Zimt gewürzt (> Seite 699), gebacken auf indonesische Art, mit Rum-Schokoladencreme serviert (> Seite 693) oder flambiert (> Seite 739).

Bananen sind sehr reich an Kalium und leicht verdaulich. Sie enthalten viele Ballaststoffe, aber nur wenig Kochsalz und sind daher für Schonkost empfehlenswert.

Die Birnensorten

Name	Kennzeichen	Eignung
Alexander Lukas	▶ große Frucht, saftig und schwach säuerlich	▶ geeignet zum Rohessen und für Mus, druckempfindlich
Boscs Flaschenbirne	▶ rauhe Schale, oft zimtbraune Schale, feines Aroma	▶ gut für Frischverzehr oder Dörrfrüchte
Clapps Liebling	▶ gefleckte Schale, gelblich weißes Fleisch, schmeckt saftig-süß	▶ gut geeignet zum Rohessen und für Konserven
Edelcrassane	▶ dicke, derbe Schale, butterweiches Fleisch mit feiner Säure	▶ ausgezeichnete Tafelbirne, gut für Kompott
Elsa	▶ weißes, feinkörniges Fleisch mit sortentypischem Aroma	▶ feinwürzige Tafelbirne, gut für Kompott und Saft
Gellerts Butterbirne	▶ dichte, mit Rost überzogene Schalenpunkte, sehr saftig	▶ aromatische Tafelbirne, gut für Dörrfrüchte und Saft
Gute Luise	▶ grünlich-gelbe Schale, sehr saftig und aromatisch	▶ Spitzensorte zum Rohgenießen und zur Verarbeitung
Dr. Jules Guyot	▶ gelbgrüne Frucht, mäßig süß, Aroma nicht sehr ausgeprägt	▶ im Sommer zum Rohessen, gut geeignet für Saft, transportfest
Passa Crassana	▶ graugrüne Schale mit roten Linien, weinsäuerlicher Geschmack	▶ hervorragende Winterbirne
Williams Christ	▶ bräunlichrot und fleckig, kräftig süß und würzig	▶ Spitzensorte zum Rohessen und für Kompott
Vereinsdechantsbirne	▶ gelbe, manchmal leicht gerötete Frucht, saftig, edles Aroma	▶ sehr gut für Frischverzehr, anfällig für Druckstellen

BARILLEN

> Aprikosen, Seite 287

BIRNEN

Reife Birnen schmecken deutlich süßer als Äpfel, denn sie enthalten relativ viel Zucker, aber wenig Fruchtsäure. Da Birnen sehr saftig und damit nur schlecht lagerfähig sind, eignen sie sich nur für den Frischverzehr, entfalten ihr Aroma aber auch sehr gut bei der Konservierung in Dosen. Die manchmal vorkommenden sandkorngroßen Steinzellen können eine Sorteneigentümlichkeit sein oder auf Unreife hinweisen.

Aus Frankreich kommen bereits im Juli »Dr. Jules Guyot« und Butterbirnen, aus Italien die Sorte »Abate Fetel«. Besonders aromatische Sorten aus dem Inland sind ab Juli »Clapps Liebling«, im August die berühmte »Williams-Christ-Birne« und im Herbst die Sorten »Köstliche von Charneux«, »Gellerts Butterbirne«, »Alexander Lukas«, »Vereinsdechantsbirne« oder »Gute Luise«.

Die einzelnen Birnensorten unterscheiden sich im Geschmack erheblich – die Auswahl ist daher eine Frage der persönlichen Vorliebe (> Die Birnensorten, Seite 289).

Birnen sind nur begrenzt lagerfähig, denn sie verderben schnell und werden teigig. Die späten Birnensorten halten sich etwas besser als die frühen.

Birnen sollten nur hauchdünn geschält werden, damit die dicht unter der Schale liegenden Geschmacks- und Inhaltsstoffe nicht verlorengehen. Birnen werden am besten roh oder als Kompott verzehrt. Eine Delikatesse sind Birnenjalousien (> Seite 627) und Birnenköpfchen (> Seite 642).

Birnensaft schmeckt sehr süß und wird deshalb gerne mit Apfelsaft gemischt. Williams-Christ-Birnen ergeben außerdem einen herausragenden Edelbrand (> Seite 424).

Birnen enthalten wenig Säure und viel Süße. Unter den Mineralstoffen ist vor allem ein beachtlicher Gehalt an Kalium zu erwähnen (mit entwässernder Wirkung).

Blaubeeren

> Heidelbeeren, Seite 295

Brombeeren

Wie bei Heidelbeeren gibt es auch bei Brombeeren Wildfrüchte und Kulutursorten. Wilde Beeren sind meist nur klein bis mittelgroß, aber sehr aromatisch. Wenn sie sich leicht vom Stamm lösen, sind sie reif.

Wilde Brombeeren werden in Osteuropa, manchmal auch im Bayrischen Wald

Genormtes Obst

Für eine ganze Reihe von Obstarten gibt es Qualitätsnormen auf EU-Ebene und deutsche Handelsklassen. Sie regeln das Angebot, die Aufmachung, Kennzeichnung und Verpackung. Zweck und Ziel dieser amtlichen Einstufungen sollen eine Qualitätsverbesserung der Produkte, die Förderung der Marktübersicht und des Absatzes sowie die Aufklärung des Verbrauchers über die Qualitätsstufen der Lebensmittel sein. Diese Normen beziehen sich jedoch vor allem auf äußere Merkmale wie Gewicht, Größe, Makellosigkeit der Schale und geben keine direkte Auskunft über innere Werte, wie Reife, Vitamingehalt oder Geschmack.

Es gelten derzeit EU-Qualitätsnormen für Äpfel, Birnen und andere Obstsorten sowie deutsche Handelsklassen für verschiedene Beerenfrüchte. Da verschiedene Qualitätsklassen immer auch zu unterschiedlichen Preisen gehandelt werden, sollte sich der Einkauf am Verwendungszweck orientieren: Für den Frischverzehr die Handelsklasse Extra (höchste Qualität) oder I (hochwertige Qualität), für die Verarbeitung reicht meistens auch die Handelsklasse II (gute Ware) aus, denn auch hier muß das angebotene Obst gesund und weitgehend fehlerfrei sein, kann aber in Form und Größe stärker von der Norm abweichen.

Die gezielte Züchtung auf eine bestimmte Farbe, eine glatte Oberfläche oder auf eine etwas härtere Schale, die eine maschinelle Ernte erst möglich macht, vernachlässigt sehr häufig den Geschmack und den Gehalt an Vitaminen – zumal die letzteren Kriterien für die Einstufung in Qualitätsnormen nicht maßgeblich sind. So haben Bananen, die im Erzeugerland grün geerntet und nach dem Transport in Reifekammern gelagert wurden, bereits eine schön gelbe Farbe, wenn sie auf den Markt kommen, aber das Fruchtfleisch ist noch nicht vollreif. Unreif geerntete Williams-Christ-Birnen bekommen bei der Lagerung bei etwa null Grad Celsius die für reifes Obst typische gelbe Farbe, aber das Fruchtfleisch bleibt hart und praktisch ungenießbar.

Eine sortentypische Größe, Ausfärbung und Form zeigen auch nicht in jedem Falle den entsprechenden Gehalt an wertvollen Inhaltsstoffen an. Umgekehrt kann allerdings von einer schorfigen Oberfläche und aus unregelmäßiger Größensortierung nicht automatisch auf höhere innere Werte geschlossen werden.

und in der Oberpfalz gesammelt. Auch in den Dünen der Nordseestrände gibt es Brombeersträucher. Sie werden dort angepflanzt, weil sie relativ anspruchslos sind und um Dünen auf Dauer zu bepflanzen und zu sichern.

Die größeren Kulturbrombeeren haben weniger Geschmack. Am besten sind die Sorten, die ab Mitte August auf den Markt kommen. Brombeeren müssen grundsätzlich voll ausgereift und glänzend schwarz sein, damit alle Nähr- und Geschmackstoffe optimal entwickelt sind.

Brombeeren sind bei kühler Lagerung (null bis zwei Grad Celsius) nur einige Tage haltbar. Reife Brombeeren schimmeln leicht, sind aber gut geeignet zum Tiefkühlen.

Frische Brombeeren schmecken hervorragend, auch in einer Mischung mit anderen Waldbeeren. Sie ergeben sehr aromatische Gelees, Konfitüren und Füllungen.

Unter den Beerenfrüchten sind vor allem die Brombeeren sehr reich an Karotin.

Cashew-Nüsse

Cashew-Nüsse haben weiße Kerne mit leicht süßlichem, mandelartigem Aroma. Sie werden aus Indien und Südamerika importiert und sind fein geröstet und gesalzen eine Delikatesse.

Die Kerne sollen unversehrt sein. Sie können weiß, gelbgrau oder bräunlich gefärbt sein.

Im Vakuum verpackt gut lagerfähig (siehe Angabe des Mindesthaltbarkeitsdatums).

Cashew-Nüsse werden gerne zu alkoholischen Getränken gereicht und sind auch zur Dekoration von Speisen gut geeignet. Man kann sie auch Salaten beimischen. Einige fernöstlicher Gerichte werden mit Cashew-Nüssen zubereitet.

Cashew-Nüsse sind reich an Mineralstoffen und Vitamin E.

Cherimoyas (Annonen)

Die Cherimoya schmeckt sahneartig weich, ähnlich wie eine Mischung aus Vanille und Banane. Cherimoyas (Annonen) haben das beste Aroma, wenn sie in Höhenlagen angebaut werden. Daher sind Früchte aus den Anden in Peru und Ecuador im allgemeinen besser als solche aus Israel, Mexiko oder Kalifornien. Die Früchte werden unreif geerntet und müssen bei rund fünfzehn Grad Celsius (also nicht im Kühlschrank) nachreifen.

Gute Früchte müssen sich weich anfühlen, und die Schale sollte schwärzlich sein.

Das helle süße Fruchtfleisch kann roh ausgelöffelt oder zu Fruchtsalat verwendet werden. Man kann die Frucht auch der Länge nach schneiden und die schwarzen Kerne entfernen; diese sind ungenießbar. Cherimoyas eignen sich gut zur Mischung mit anderen Früchten und für Fruchtgetränke.

Clementinen

> Mandarinen, Seite 300

Clementinen sind ähnlich den Mandarinen (> Seite 300), haben eine glatte, glänzende Schale, die sich nicht leicht ablösen läßt. Das Fruchtfleisch enthält wenige Kerne und ist sehr saftig, süß und aromatisch. Clementinen sind zwischen November und Februar erhältlich.

Datteln

Datteln sind im frischen Zustand kaum erhältlich, da sie wegen ihres hohen Zuckergehaltes leicht gären. Kleine Mengen werden tiefgefroren importiert und vor dem Verkauf aufgetaut. Getrocknet sind sie sehr lange haltbar. Gegen Ungezieferbefall werden sie meist begast und erhitzt. Zu bevorzugen sind daher Naturdatteln. Als beste Sorte gilt die hellbraune Königsdattel aus Tunesien, Algerien und Marokko.

Datteln können pur verzehrt werden, eignen sich aber auch für Kompott. Mit Marzipan gefüllt, schmecken sie ausgezeichnet.

Ebereschen

Die orangefarbenen Beeren der Eberesche, im Volksmund auch Vogelbeeren genannt, reifen im Spätherbst in vielen Parks. Sie sind sehr reich an Vitamin C, sollten aber roh nur in geringen Mengen gegessen werden, weil sie sonst Durchfall hervorrufen. Besonders aromatisch und vitaminreich sind die Früchte der Mährischen Eberesche, die in Osteuropa auch gezüchtet wird.

Ebereschenbeeren schmecken und bitterherb. Sie eignen sich gut für Mus, Marmelade oder Sirup, auch in Mischung mit anderen Wildfrüchten. Aus vergorenen Vogelbeeren kann man einen kräftig herben Edelbrand destillieren.

Erdbeeren

Hauptangebotszeit für einheimische Erdbeeren sind die Monate Juni und Juli. Die Tendenz geht aber zu einer ganzjährigen Versorgung durch Importe aus den Mittelmeerländern.

Unübertroffen im Geschmack sind die kleinen Walderdbeeren. Sie sind aber nur selten am Markt, und zum Selbersammeln braucht man viel Geduld.

Gerade bei Erdbeeren trügt oft der schöne Schein: Die Größe der Frucht und ihre Farbe sagen häufig nichts über Geschmack und Aroma aus. Im allgemeinen sind kleinere Beeren von dunkler Farbe besser als große Beeren, die im Inneren oft nicht ausgereift sind. Außerdem müssen die Früchte für weitere Transporte vor der Vollreife geerntet werden – dadurch sind sie aromaärmer.

Da Sortenbezeichnungen im Handel nicht üblich sind, bleibt zur Sicherheit nur die Geschmacksprobe. Am besten sucht man sich in den Sommermonaten einen ortsnahen Erzeuger oder pflückt den Eigenbedarf direkt auf dem Feld, um gutes Aroma und Frische zu sichern. Außerhalb der Inlandssaison ist es besser, auf tiefgekühlte Ware zurückzugreifen.

Nach höchstens ein bis zwei Tagen müssen Erdbeeren verbraucht sein, denn sie verschimmeln schnell. Manche Sorten sind gut zum Tiefgefrieren geeignet (man sollte diesbezüglich den Händler fragen).

Am besten frisch genießen, mit saurer Sahne oder Sahne und etwas Puderzucker mischen. Gut geeignet zur Herstellung von Marmelade. Zum Einkochen für Kompott eignen sich die späteren, gut ausgereiften Sorten am besten.

Erdbeeren passen gut zu Kiwis (> Rezept auf Seite 595). Gemeinsam mit Ananas läßt sich ein köstliches Dessert herstellen (> Erdbeersorbet mit Ananas, Seite 664). Sie können auch mit Mascarponecreme serviert (> Seite 664) oder zu Erdbeer-Joghurt-Eis zubereitet werden.

Erdbeeren enthalten reichlich Fruchtsäuren, Vitamine und Mineralstoffe, vor allem Eisen. Manche Menschen sind allerdings auf Erdbeeren allergisch und bekommen Bläschen auf der Haut.

Erdnüsse

Erdnüsse gehören eigentlich zu den Hülsenfrüchten. Gute Qualität erkennt man an der hellen, trockenen Schale. Das Aroma verbessert sich noch, wenn man die geschälten Kerne bei 175 Grad im Backofen für 20 Minuten röstet.

Erdnüsse sind reich an Eiweiß und Öl, das viel Linolsäure enthält. Sie enthalten auch Vitamin K (es fördert die Blutgerinnung).

Esskastanien

> Maronen, Seite 301

Feigen

Reife Feigen haben eine gelblich-violette Schale, die sich mit der Zeit dunkler verfärbt. Dann sind die Früchte aromatischer, haben aber meist einen weißen Belag aus auskristallisiertem Zucker. Weiche, saftige Früchte mit feiner, weicher Haut sind am besten. Sie verderben aber sehr schnell. Getrocknete Naturalfeigen sind länger haltbar und relativ wenig behandelt. Besonders gut sind Smyrna-Feigen aus der Türkei. Feigen eignen sich als Rohkost und fördern die Verdauung. Auch Feigenkompott schmeckt vorzüglich.

Granatäpfel

Granatäpfel kommen ganzjährig aus den Mittelmeerländern. Frisch sind sie nur, wenn die ledrige, orangerote Schale glänzt. Gegessen wird das Fruchtfleisch rund um die zahlreichen Kerne, die bei frischen Früchten mitverzehrt werden. Aus dem Fruchtsaft macht man Grenadinesirup für Mixgetränke. Er verursacht auf der Kleidung Flecken, die wegen des hohen Gerbsäuregehaltes kaum mehr zu entfernen sind.

Grapefruits

Aus einer Kreuzung von Apfelsine und Pampelmuse entstanden Grapefruits. Sie werden in jenen Gegenden bevorzugt angebaut, in denen auch andere Zitrusfrüchte gedeihen. Der überwiegende Teil der weltweiten Produktion kommt allerdings aus den Vereinigten Staaten. Bei uns sind Grapefruits praktisch das ganze Jahr über erhältlich.

Grapefruits haben saftiges, herb-säuerliches Fruchtfleisch mit einem leicht bitteren Ton. Es gibt zahlreiche Sorten, die sich nach Größe, Aroma und Farbe des Fruchtfleisches unterscheiden.

Große Grapefruits sind besonders saftig. Mit zunehmender Lagerung verbessert sich ihr Aroma, und der

Geschmack wird etwas milder. Auch die Schale läßt sich leichter lösen. Früchte aus tropischen Gebieten weisen häufiger Schalenfehler auf, die die Qualität jedoch nicht schmälern. Importe aus Israel, Marokko und Südamerika schmecken mild. Wer sehr aromatische Grapefruits bevorzugt, die kaum bitter sind, sollte die rosa Sorten wählen.

Grapefruits sind haltbarer als Orangen und Zitronen. Die beste Temperatur ist um zehn Grad Celsius (also nicht in den Kühlschrank geben).

Grapefruits schmecken am besten frisch. Sie passen gut zu Obstsalaten mit anderen Zitrusfrüchten. Man zerteilt sie, indem man die Frucht quer halbiert und zunächst die Kerne entfernt. Dann legt man die Teile auf einen Teller und trennt mit einem scharfen, spitzen Messer die einzelnen Kammern des Fruchtfleisches voneinander ab. Jetzt kann man entlang der Innenseite der Schale einen Schnitt führen, der das Fleisch von der Schale trennt. Am besten eignet sich dazu ein speziell gekrümmtes Grapefruitmesser.

Tips: Ein delikates Dessert ist beispielsweise Grapefruit-Sorbet mit Sanddornmark. Grapefruitschaum paßt vorzüglich zu Lachsforelle.

Die gelben runden Früchte mit dem herben Geschmack enthalten viel Vitamin C und wirken überdies verdauungsfördernd.

Guave

Die Guave ist ungefähr so groß wie eine Zitrone. Sie duftet sehr intensiv. Ihr Geschmack erinnert an eine Mischung aus Quitte, Birne und Feige. Nach dem Schälen verzehrt man das Fruchtfleisch roh oder in Desserts. Besonders wohlschmeckende Guaven kommen aus Guatemala und Costa Rica. Sie können ungeschält gegessen werden. Guaven gehören zu den Vitamin-C-reichsten Früchten.

Hagebutten

Hagebutten, die Scheinfrüchte einiger Rosenarten, sind wilde Früchte, die in der Regel erst nach dem ersten Frost gepflückt werden. Sie sind roh nicht genießbar. Nach dem Entfernen der Kerne lassen sich daraus wohlschmeckende Marmelade, Mus, Sauce, Wein, Likör und Tee herstellen. Ihr Vitamin-C-Gehalt übertrifft sogar den der Zitrusfrüchte bei weitem; der Vitamingehalt in Marmelade ist um so niedriger, je länger die Früchte erhitzt wurden, im Endeffekt bleiben jedoch immer noch beachtliche Mengen übrig.

Haselnüsse

Haselnüsse werden vor allem aus den Mittelmeerländern importiert. Es gibt sie in zwei Sorten: rundliche Zellernüsse und länglich-walzenförmige Lambertnüsse, die geschmacklich besser sind. Nüsse der neuen Ernte haben eine helle Schale.

Die heimische Produktion ist nicht annähernd in der Lage, die Nachfrage zu decken. Heimische Haselnüsse werden meist mit der Schale gehandelt. Importware wird meist geschält und nach Durchmesser sortiert angeboten. Je nach Herkunft sind die Haselnüsse in Größe, Form und Geschmack verschieden: Aus der Türkei kommen recht schmackhafte Levantiner, aus Katanien runde Sizilhaselnüsse, aus Frankreich die sehr aromareiche »Fertile de Contard«.

Haselnußkerne sind bei rund fünf Grad Celsius einige Wochen lagerfähig. Ungeschält halten sie wesentlich länger. Bei höheren Temperaturen werden sie allerdings schnell ranzig. Feuchte Kerne können leicht schimmeln.

Frische Haselnüsse passen gut zu Salaten, zum Beispiel zu Spargelsalat, aber auch zu Fruchtcremes (> Seite 597). Zum Backen und für die Verarbeitung sind die dünnschaligen Nüsse aus der Türkei besonders empfehlenswert. Zum Enthäuten legt man sie bei mittlerer Hitze für zehn Minuten in den Backofen.

Wie die anderen Nüsse sind auch Haselnüsse sehr fett- und eiweißreich. Dieser Umstand wiegt schwerer als die erfreuliche Tatsache, daß sie auch wertvolle Vitamine und Mineralstoffe enthalten.

HEIDELBEEREN (BLAUBEEREN)

Wilde Heidelbeeren gedeihen in Nadelwäldern und Heidelandschaften, vorzugsweise im Bayrischen Wald und in der Oberpfalz. In jüngster Zeit kommen immer mehr Kulturheidelbeeren auf den Markt, die deutlich größer und nicht so dunkel gefärbt sind.

Das meiste Aroma besitzen die Waldheidelbeeren. Wer sie nicht selbst sammeln möchte (oder kann), kauft im Handel meist Ware aus Osteuropa, seltener aus Frankreich. Da das Angebot meist nur klein ist, kommen zunehmend Kulturheidelbeeren, etwa aus der Lüneburger Heide, auf den Markt. Die Beeren sind zwar größer, besser haltbar und transportfähig, haben aber meist weniger Aroma als die wilden Verwandten.

Blaubeeren sind sehr druckempfindlich und müssen schnell verzehrt oder verarbeitet werden, damit sie nicht schimmeln oder bitter werden. Aufbewahren sollte man sie, wenn überhaupt, an der kältesten Stelle des Kühlschranks. Heidelbeeren kann man gut einfrieren.

Heidelbeeren schmecken vorzüglich frisch, mit etwas Zucker und Milch, Joghurt oder Sahne angerührt. Man kann aus Heidelbeeren auch aromatische Kompotte, Säfte und Marmeladen zubereiten.

Bei Kulturheidelbeeren sitzt der blaue Farbstoff nur in der Schale und löst sich erst beim Kochen heraus. Saft und Fruchtfleisch sind farblos, süßer als bei Waldheidelbeeren und gelieren sehr gut zu Marmelade oder Gelee. Sehr schmackhaft ist beispielsweise Heidelbeercreme mit Nüssen (> Seite 597) und Heidelbeerkompott (> Seite 703).

Heidelbeeren enthalten wertvolle Fruchtsäuren, Mineralstoffe und Vitamine. Getrocknete Früchte werden auch als Mittel gegen Durchfall empfohlen.

HIMBEEREN

Himbeeren haben ein besonders feines Aroma. Das gilt besonders für die kleinfrüchtigen Waldhimbeeren, die in Osteuropa gewerblich gesammelt werden, aber auch noch für die größeren Gartenhimbeeren. Sie kommen von Juni bis September auf den Markt.

Zu bevorzugen sind Waldhimbeeren, falls man sie bekommt. Frische Beeren sind aromatischer (am besten beim Händler kosten!). Von den kultivierten Sorten schmecken die Sorten Zefa, Himbostar und Glen Glova sehr aromatisch.

Alle Himbeeren sind außerordentlich druckempfindlich und müssen frisch gegessen werden. Mit zunehmendem Alter werden sie dunkler und weich und verlieren ihren Glanz. Zum Einfrieren sind sie sehr gut geeignet. Da Himbeeren häufig Maden enthalten, ist das Vorfrieren auf einem Blech empfehlenswert: Die Früchte, wenn nötig, waschen und trockentupfen, dann auf ein Backblech legen, so daß sie nicht aneinanderstoßen, und in das Gefriergerät stellen. Nach etwa einer Stunde die vorgefrorenen Himbeeren in einen Plastikbeutel geben und gut verschließen.

Dadurch werden die Maden entfernt, und außerdem kleben die Früchte nicht zusammen.

Himbeeren eignen sich – außer zum Rohgenuß – gut für Eiscreme, Pudding, Rote Grütze und Marmelade. Ein einfaches Gericht ist Himbeeren mit Käsecreme (> Seite 591). Vorzüglich duftet und schmeckt auch Himbeerbrand.

Himbeeren sind reich an Zucker, Zitronensäure, Pektin, Mineralsalzen, wie Kalium, Kalzium und Phosphor sowie an Vitaminen (vor allem Vitamin C und Vitamine der B-Gruppe). Himbeeren werden oft zu Saftkuren eingesetzt.

HOLUNDERBEEREN (Ö: HOLLERBEEREN)

Holunderbeeren wachsen in Dolden an wild vorkommenden hohen Büschen. Die Blütenstände, in Ausbackteig getaucht, sind als Hollerküchle ein beliebtes Dessert. Die herb-süßen Beeren reifen im August und werden zu Saft (ein bewährtes Hausmittel gegen Erkältungen), Marmelade, Kompott und Likör verarbeitet. Unreife Beeren sind giftig. Man darf sie aber nicht mit dem giftigen, roten Traubenholunder verwechseln: Holunder hat blauschwarze Beeren in lockeren Dolden, Traubenholunder ist etwas kleiner und hat korallenrote Beeren an ovalen Rispen.

JOHANNISBEEREN (Ö: RIBISEL)

Es gibt rote, schwarze und gelblich-weiße Johannisbeeren, die sich im Geschmack deutlich unterscheiden. Die roten Sorten sind am säuerlichsten, am wenigsten transportempfindlich und deshalb fast ausschließlich im Handel zu finden.

Schwarze Johannisbeeren sind für den Frischverzehr meist zu herb, sie werden vor allem für Säfte und Marmeladen verwendet. Sehr aromatisch und süßer als andere Sorten sind die weißen Johannisbeeren.

Die Beeren sollten frisch aussehen und unbeschädigt sein. Reife Johannisbeeren haben einen eigentümlichen, typischen Duft. Inlandsware ist im Juli und August erhältlich.

Johannisbeeren sind leicht verderblich. Am besten kann man sie bei etwa ein Grad Celsius aufbewahren. Die Beeren schimmeln leicht.

Alle Johannisbeersorten sind besonders gut geeignet zur Herstellung von Marmelade, Sauce (> Seite 571) und Gelee, auch in Mischung mit anderen Obstarten, denn sie enthalten sehr viel Pektin, den wichtigsten Gelierstoff, und können den Mangel an Pektin bei anderen Früchten ausgleichen. Marmelade aus weißen Johannisbeeren wird nach einiger Zeit rötlich.

Tip: Ein delikates Gericht für festliche Anlässe ist Johannisbeer-Joghurt-Charlotte (> Seite 638).

Von allen Beerenobstarten haben schwarze Johannisbeeren den höchsten Gehalt an Vitamin C. Sie sind außerdem reich an Ballaststoffen und Fruchtsäuren und fördern dadurch die Verdauung.

KAKI

Kaki erinnern in Form und Farbe an Tomaten. Sie schmecken nur in ganz reifem Zustand, wenn der hohe Gerbstoffgehalt abgebaut ist. Dann fühlen sie sich weich an, und die glänzende Schale ist oft schon etwas fleckig. Vor dem Verzehr wird sie abgezogen. Der Geschmack ähnelt dem von Pfirsichen, einige Sorten schmecken leicht nach Vanille. Sie enthalten besonders viel Karotin.

KAP-STACHELBEEREN (ANANASKIRSCHEN)

Kap-Stachelbeeren kommen im ersten Halbjahr aus Übersee. Sie sehen wie die einheimische Lampionpflanze aus, jede Beere ist einzeln »verpackt«. In dieser Hülle sollte man sie zum Dekorieren auch belassen, aber sorgfältig auf Schimmelbefall achten. Nur vollreif sind die Beeren gelb bis orangefarben, süß und aromatisch. Unreife Früchte schmecken sehr sauer.

KARAMBOLEN (BAUMSTACHELBEEREN, STERNFRÜCHTE)

Karambolen (Sternfrüchte) sind vor allem zum Verzieren von Desserts, Torten und anderen Speisen beliebt. Sie können jedoch auch frisch wie ein Apfel gegessen werden. Besonders aromatisch sind etwas größere, goldgelbe Früchte, die leicht nach Jasmin duften. Reif sind die Früchte erst, wenn das durch die dünne Haut scheinende Fruchtfleisch bernsteinfarbig ist.

KIRSCHEN

Auf dem Markt finden sich Süßkirschen und Sauerkirschen (Ö: Weichseln) mit unterschiedlichen Schalen- und Fruchtsaftfarben. Für den Frischverzehr eignen sich Süßkirschen am besten. Einheimische Sorten gibt es bereits ab Ende Mai: tiefrote Knorpelkirschen mit festem Fleisch und weichfleischige Herzkirschen, die sehr transportempfindlich sind. Sauerkirschen sind weichfleischig mit färbendem Saft.

Da es vielfach regionaltypische Sorten gibt, sollte man beim Einkauf auf kurze Wege zwischen Erzeugung und Verbrauch achten. Dann sind die empfindlichen Früchte ausgereift und aromatisch. Die edelste Kirschensorte ist »Königin Hortense«.

Bei null bis zwei Grad Celsius und hoher Luftfeuchtigkeit halten Süßkirschen höchstens zwei Wochen, Sauerkirschen maximal zehn Tage. Sie eignen sich aber gut zum Tiefgefrieren.

Wann Obst wirklich frisch ist

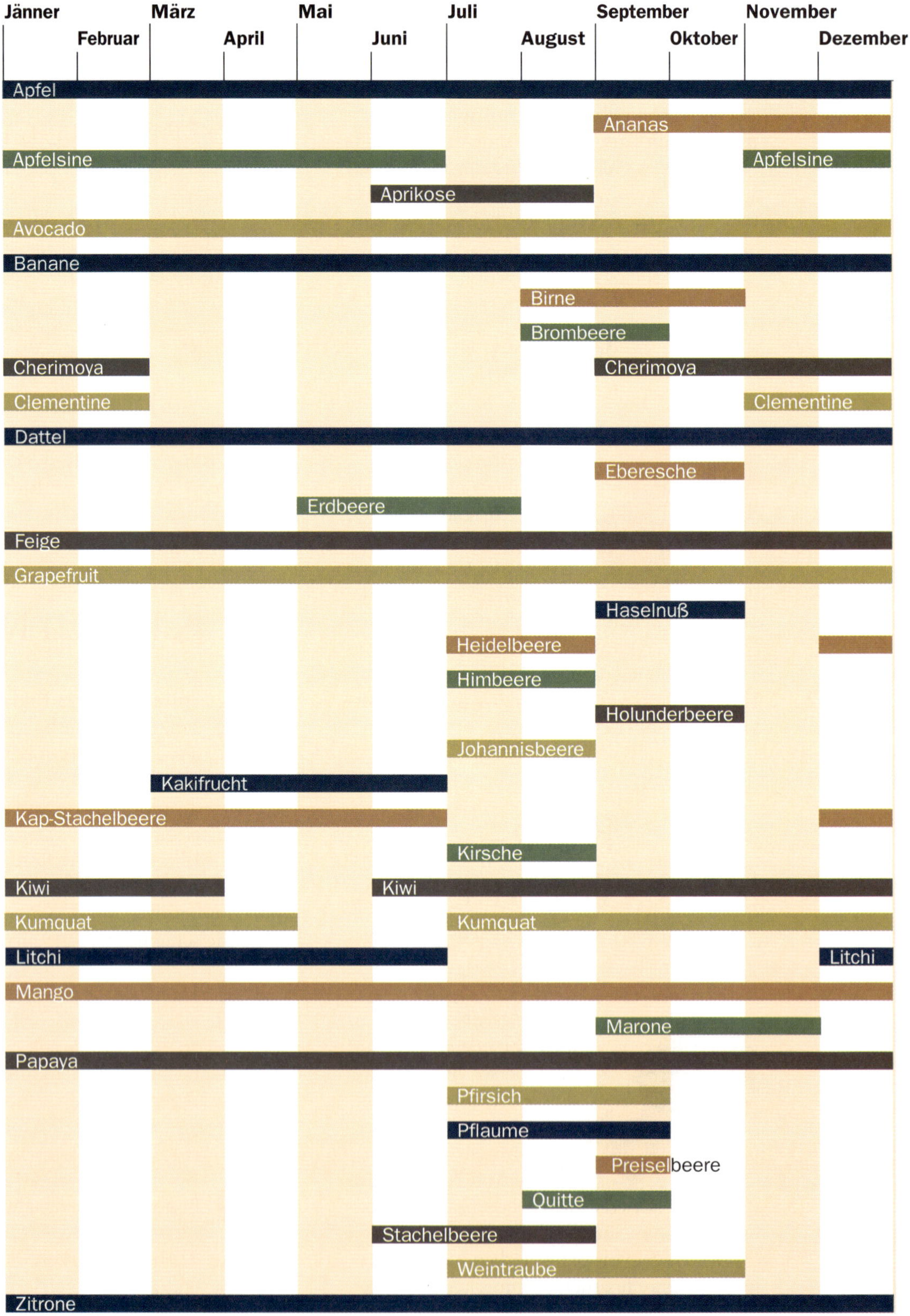

Süßkirschen werden am besten frisch gegessen. Sauerkirschen sind typische Verarbeitungsfrüchte, die beim Einkochen ihr volles Aroma entwickeln. Für Kompott und Saft sind Morellen als Sorten mit dunklem Fleisch und färbendem Saft empfehlenswert (bekannteste Sorte: Schattenmorelle).

Kirschen sind reich an Vitaminen der B-Gruppe und an Vitamin C. Die Kerne enthalten giftige Blausäure und sollten nicht gegessen werden.

Kiwi

Kiwis werden – je nach Jahreszeit – vorwiegend aus Neuseeland oder aus Italien eingeführt. Die bedeutendste Sorte ist »Hayward«; man erkennt sie an der relativ großen Frucht mit einer bräunlich grünen, filzigen Haut.

Wenn sich die Kiwis leicht eindrücken lassen, sind sie reif und schmackhaft. Zum Nachreifen legt man sie am besten gemeinsam mit Äpfeln in eine Plastiktüte. Im Kühlschrank sind sie sogar einige Wochen lang haltbar.

Die von einer rauhen Schale umgebenen Früchte sollten vor dem Verzehr geschält werden; man kann sie auch halbieren und das Fruchtfleisch dann mit einem Löffel auslösen (das geht am besten bei vollreifen Früchten). Zusammen mit Milchprodukten und Gelatine entwickeln Kiwis einen bitteren Geschmack. Er läßt sich vermeiden, wenn man die geschälten Früchte mit heißem Wasser übergießt, kurz durchziehen läßt und danach weiterverarbeitet.

Kiwis passen im Aroma gut zu Stachelbeeren und Melonen; man kann sie auch zu einer feinaromatischen Bowle verarbeiten. Vorzüglich schmeckt Orangen-Kiwigratin (> Seite 709).

Kiwis enthalten doppelt soviel Vitamin C wie Apfelsinen; sie sind auch reich an Vitamin E und Kalium.

Kokosnüsse

Kokosnüsse gehören zu den wichtigsten tropischen Früchten. Sie gedeihen am besten in Küstenregionen. Die Steinfrüchte werden bis zu drei Kilogramm schwer. Die Schale ist sehr hart. Die Früchte selbst sind mit einer wäßrigen Flüssigkeit gefüllt, die auch Kokosmilch genannt wird (sie wird in den Tropen als süß-säuerlich schmeckendes Erfrischungsgetränk gereicht).

Im Inneren der Frucht befindet sich das Samenfleisch, das getrocknet wird (Kopra) und zur Gewinnung von Kokosfett dient. Kokosfett schmeckt nußartig. Es verträgt hohe Temperaturen und wird deshalb zum Fritieren und Braten verwendet.

Die Reife erkennt man durch Schütteln der Frucht: Wenn man dabei das Kokoswasser glucksen hört, sind sie gerade recht. Mit zunehmender Reife schmeckt die Flüssigkeit seifig.

Kokosnüsse sollten kühl gelagert und bald verbraucht werden, weil sie sonst seifig werden.

Der Kern der Kokosnuß hat drei »Augen«, die man vor dem Öffnen suchen muß. In zwei von ihnen schlägt man Nägel, so daß durch das eine Auge das Kokoswasser ausfließen kann, während durch das zweite Auge Luft ins innere der Frucht nachströmen kann.

Die entleerte Frucht zerschlägt man mit einem Hammer. Das darin enthaltene Fruchtfleisch kann man schneiden oder raspeln. Im Handel sind auch Kokosflocken erhältlich, die gut zu Ananas-Salat passen und auch beim Panieren von Fleisch oder Fisch zugegeben werden können.

Kokoswasser enthält Kohlenhydrate, wenig Eiweiß, aber kein Fett. Das Fruchtfleisch dagegen ist allerdings sehr fettreich.

Kumquats

Kumquats sind die kleinsten Zitrusfrüchte, pflaumengroß und nur etwa 15 Gramm schwer. Die leicht säuerlichen Früchte werden mit der süß schmeckenden Schale gegessen. Obwohl die Außenhaut nicht behandelt wird, sollte man sie vor dem Verzehr waschen. Kumquats gibt es im Winter frisch, das ganze Jahr über in Zuckersirup eingelegt für Desserts, Torten, zum Garnieren oder für Getränke.

Limetten

Wer eine feinere Säure liebt, nimmt statt Zitronen die grünen bis grüngelben Limetten. Ihr grünliches Fruchtfleisch ist erheblich saftiger als das der Zitronen, kernlos, etwas milder im Geschmack und aromatischer. Da sie nur eine dünne Schale haben, trocknen sie jedoch leicht aus und lassen sich nicht lange lagern.

Litchi

Litchi sind in China eine altbekannte Obstart. Zu uns kommen sie aus Afrika oder Asien, entweder frisch oder als Kompott in Dosen. Die pflaumengroßen Früchte sind reif, wenn ihre pickelige Schale braunrot ist. Ihr Geschmack erinnert ein wenig an Sauerkirschen mit einer leichten Muskatnote. Hellrote Litchi reifen nicht nach und sind wenig aromatisch.

Mandarinen

Mit Mandarinen, einem Sammelbegriff für verschiedene Arten und Zuchtformen, wird die Zitrussaison bei uns eröffnet. Sie sind kleiner als Orangen und früher reif. Charakteristisch ist die lose anhaftende, oft noch leicht grünfleckige Schale, die sich leicht schälen läßt, der sehr süße, etwas säurearme Geschmack und zahlreiche Kerne. Den Züchtern ist es jedoch gelungen, kernlose und ähnlich kleine Früchte zu gewinnen. Die meisten von ihnen sind zwar sehr süß, enthalten aber wenig Säure und schmecken dadurch weniger aromatisch als Apfelsinen.

Die Schale darf nicht schrumpelig sein und keine braunen Verfärbungen haben. Grünliche Stellen sind kein Zeichen mangelnder Qualität. Die bekannten »Satsumas« schmecken süß, aber etwas fade. Die kleinen »Tangerinen« wiederum sind sehr süß und wenig saftig.

Sehr wohlschmeckend sind die dunkelorangefarbenen Clementinen (> Seite 292), oft werden sie mit frischen grünen Blättern verkauft.

Mandarinen sind im Kühlschrank gut lagerfähig. Zum Einfrieren sind sie nicht gut geeignet.

Mandarinen ißt man am besten roh oder in Obstsalaten (> Seite 633). Wohlschmeckend ist auch Mandarinen-Marmelade. Die Schalen sind reich an aromatischen Ölen, die auch bei der Herstellung von Parfums verwendet werden.

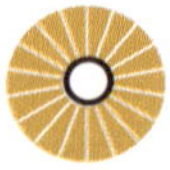

Mandarinen sind reich an Kalium und Provitamin A; der Gehalt an Vitamin C ist bei Mandarinen geringer als bei Apfelsinen.

Mandeln

Mandeln der neuen Ernte gibt es ab Mitte August auf dem Markt. Man unterscheidet süße Mandeln und Bittermandeln. Die ersteren werden häufig mit schwefliger Säure geschönt, um ihre Schale weicher und heller zu machen (das ist gesundheitlich kein Problem). Die geschälten Samen müssen trocken und kühl aufbewahrt werden, sonst werden sie weich, fast gummiartig und leicht ranzig. Mandeln werden für Backwaren und Marzipan verwendet. Gebrannte Mandeln sind eine Köstlichkeit.

Bittermandeln werden in sehr kleinen Mengen zum Würzen verwendet. Die giftige Blausäure, die sie enthalten, verflüchtigt sich beim Kochen und Backen. Die Kerne enthalten auch das aromatische Bittermandelöl.

Mangos

Mangos können pflaumen- bis melonengroß werden, die Farbe variiert von grüngelb über orange bis rot. Die grünlich-braunen Früchte schmecken meist besonders süß, die roten etwas saurer. Geerntet werden Mangos noch etwas unreif, da sonst das Fruchtfleisch um den Kern herum geliert. Man kann sie bei Zimmertemperatur nachreifen lassen. Dann geben sie auf Fingerdruck leicht nach, riechen angenehm und haben oft kleine Schalenflecke. Den leichten Terpentingeschmack verlieren die Früchte, wenn sie vor dem Verzehr kurz im Kühlschrank liegen. Für die längere Lagerung ist es dort zu kalt. Mangos haben den höchsten Karotin-Gehalt aller Obstarten (> Seite 281).

Es ist etwas schwierig, das Fruchtfleisch von dem großen Kern zu lösen. Man kann die ungeschälte Frucht längs durchschneiden, rings um den Kern herum das Fleisch herausschneiden und dann auslöffeln. Man kann aber auch die Haut abziehen und das Fruchtfleisch vorsichtig vom Kern abtrennen.

Im Handel erhältlich ist auch die sehr wohlschmeckende Mango-Pulpe in Dosen; sie eignet sich gut für Mischfruchtsäfte und Saucen, die vorzüglich zu asiatischen Gerichten passen. Eine Delikatesse ist Mango-Cremeeis.

Maracuja

> Passionsfrucht, Seite 304

Marillen

> Aprikosen, Seite 287

Maronen

Maronen (Eßkastanien) sind mit den bei uns heimischen Kastanien nicht verwandt. Sie werden aus den Mittelmeerländern importiert und wachsen in Deutschland nur in sehr geschützten Lagen.

Gute Maronen erkennt man an der glänzenden rotbraunen Schale; sie ist ein Zeichen der Frische. Qualitativ am besten sind die ei- oder herzförmigen Maronen mit einer flachen dreieckigen Unterseite. Sie schmecken kräftig und angenehm sahnig, vor allem wenn man sie röstet.

Gewöhnliche Eßkastanien sind größer, rundlich, einseitig abgeflacht und nicht so schmackhaft wie Maronen.

Maronen müssen kühl gelagert und bald gegessen werden, sonst beginnen sie zu keimen und schmecken muffig.

Vor der Zubereitung wird die Schale mit einem spitzen Messer kreuzweise eingeschnitten, dann wird die Frucht einige Minuten lang gekocht; danach läßt sich die Schale leicht entfernen.

Maronen verwendet man als Füllung von großem Geflügel (Pute, Gans), glasiert als Beilage zu Fleisch (> Seite 494) oder püriert mit Sahne und etwas Alkohol als wohlschmeckendes Dessert.

Sehr aromatisch sind auch gebratene Maronen, die an kalten Wintertagen auf der Straße angeboten werden.

Maronen sind reich an Kohlenhydraten sowie an Vitamin E und Eisen. Außerdem enthalten sie die wertvolle Linolsäure.

Melonen

Man unterscheidet Zucker- und Wassermelonen. Zuckermelonen werden in verschiedenen Sorten angeboten: Am besten im Geschmack sind die Cantaloup-Melonen mit stark wulstiger blau-grauer Schale und aprikosenfarbenem, süßem und sehr aromatischem Fruchtfleisch. Sie sind sehr empfindlich und müssen spätestens eine Woche nach der Ernte verzehrt sein. Besonders begehrt unter den Kantalup-Melonen ist die Charentais-Melone aus Frankreich. Die hellgrüne dünne Schale mit deutlichen Furchen umschließt würzigsüßes, orangefarbenes Fleisch mit starkem Duft.

Netzmelonen haben ihren Namen von der charakteristischen Netzstruktur der rauhen grünlichen Schale. Das hellgrüne oder aprikosenfarbene Fruchtfleisch ist sehr aromatisch und ebenfalls zum baldigen Verzehr bestimmt. Eine besonders gute Sorte der Netzmelonen sind die Galia-Melonen. Leuchtend gelb in der Schale sind die Honigmelonen, die in reifem Zustand aromatisch duften. Das Fruchtfleisch ist immer sehr süß.

Wassermelonen sind deutlich weniger aromatisch als Zuckermelonen. Dank ihres hohen Wasser- und Zuckergehaltes sind sie aber im Sommer als Durstlöscher beliebt. Reife Früchte klingen beim Anklopfen mit dem Finger hohl.

Zuckermelonen sind reif, wenn die dem Stiel gegenüberliegende Seite auf leichten Fingerdruck etwas nachgibt. Reife Zuckermelonen duften stark, im Aroma erinnert der Duft oft an Ananas. Die Farbe ist kein Kennzeichen für den Reifegrad.

Reife Melonen sind bei Temperaturen zwischen fünf und zehn Grad Celsius höchstens zwei Wochen haltbar. Harte, unreife Ware kann man zuerst im Kühlschrank und später bei Zimmertemperatur nachreifen lassen. Reife Melonen produzieren Äthylengas, welches die Reifung anderer Früchte und Gemüse beschleunigt (daher getrennt oder im Folienbeutel aufbewahren).

Melonen genießt man am besten roh oder in Fruchtsalaten. Zuckermelonen passen sehr gut zu Schinken (> Seite 753), am besten zu hauchdünn geschnittenem Parmaschinken. Melonen lassen sich auch gut als Salat zubereiten (> Seite 759). Wassermelonen sind in erster Linie erfrischend und für Obstsalat geeignet.

Wassermelonen enthalten Bitterstoffe, die Durchfall auslösen können. Daher sollten überreife Früchte nicht oder nur in kleinen Mengen gegessen werden.

Mirabellen

> Pflaumen, Seite 304

Nektarinen

Nektarinen sind Kreuzungen zwischen Pfirsich und Pflaume. Sie werden wegen ihrer glatten Haut geschätzt und vor allem frisch verzehrt. Es sind über 40 Sorten bekannt; manche schmecken süßlich-aromatisch, andere mehr säuerlich. Nektarinen gedeihen am besten im Mittelmeerraum; ein bedeutendes Erzeugerland ist Isreal.

Orangen

> Apfelsinen, Seite 286

Pampelmusen

In der Umgangssprache werden fälschlicherweise Grapefruit und Pampelmuse als Namen für dieselbe Frucht gebraucht. Echte Pampelmusen sind jedoch im Handel sehr selten erhältlich. Sie sind mit einem Gewicht bis zu sechs Kilogramm und einem Durchmesser bis zu 25 Zentimeter die größten Zitrusfrüchte überhaupt, meist aber weniger aromatisch als Grapefruit. Unter der dicken pappigen Schale liegt, je nach Sorte, gelblich-grünes oder rotes Fruchtfleisch, das süß-säuerlich und nur leicht bitter schmeckt. Aus Malaysia gibt es auch Sorten mit süßem Geschmack und rotem Saft.

Papayas

Papayas können grün und unreif als Gemüse, gelbgrün bis gelb und reif als Obst gegessen werden. Das Fruchtfleisch ist druckempfindlich und sehr süß, aber etwas fade, denn es fehlt die Säure. Die Kerne sind ungenießbar. Früchte mit rötlichem Fleisch schmecken besser als gelbfleischige. Papayas enthalten das Enzym Papain, das sich als Fleischzartmacher eignet; es wird in Deutschland allerdings kaum eingesetzt; in den Tropen wird frisches Fleisch mit der unreifen Papaya gekocht oder in Blätter des Papaya-Baumes eingewickelt. Das Verfahren ist nicht zu empfehlen, weil minderwertiges Fleisch dadurch mürbe wird und den Anschein einer höheren Qualität erweckt.

Paranüsse

Paranüsse werden in erster Linie aus Brasilien importiert. Sie sind dreikantig und dunkelbraun mit Runzeln. Der Kern ist fast weiß und schmeckt nuß- und mandelartig. Sie kommen auch geschält in den Handel und sollten kühl und trocken (sofern sie nicht luftdicht verpackt sind) aufbewahrt werden. Paranüsse eignen sich gut zum Knabbern in Mischungen mit anderen Nüssen, aber auch zum Verfeinern von Backwaren.

Passionsfrüchte

Passionsfrüchte (Maracujas) sind pflaumen- bis apfelgroß, sie haben eine dicke Schale, je nach Sorte gelb, rot oder dunkelbraun. Der Geschmack ist aber erst dann voll und süß, wenn die Haut der Früchte während der ersten Woche nach der Ernte einschrumpft und faltig wird. Gegessen wird das Innere der Frucht mit den zahlreichen Kernen, jedoch nicht die Schale. Passionsfrüchte liefern den bekannten Maracujasaft.

Pekannüsse

Pekannüsse sind länglicher als Walnüsse und haben eine dünne, glatte Schale. Der Kern ist zart wohlschmeckend und sehr fettreich. Man sollte sie kühl und trocken aufbewahren, damit sie nicht ranzig werden. Pekannüsse kann man zum Knabbern essen, aber auch zerkleinert oder gemahlen zu Süßspeisen geben. Zum Backen sind sie gut geeignet, weil sie dem Aroma von Kuchen eine zart würzige Note geben.

Pfirsiche

Ab Mitte Mai kommen die ersten Pfirsiche aus Spanien, danach vorwiegend aus Italien und Griechenland. Frühe Sorten sind meist weißfleischig, ihr Kern läßt sich nur schlecht lösen, ihr Aroma ist relativ flach. Geschmacklich bedeutend besser sind die gelbfleischigen Sorten, die ab Juli zu haben sind.

Reife Früchte erkennt man am besten beim leichten Eindrücken der Schale. Reife Früchte duften intensiver als unreife. Gelbfleischige Früchte sehen auch von außen goldgelb aus, weißfleischige sind deutlich blasser, manchmal grünlich.

Da Pfirsiche sehr druckempfindlich sind, werden sie meist hart und grün geerntet. Man kauft deshalb am besten Früchte, die unter kontrollierten Bedingungen nachgereift und meist aromareicher sind. Besonders schmackhaft sind Weinbergpfirsiche, die manchmal in Weingegenden angebaut und verkauft werden.

Reife Pfirsiche verderben rasch. Sie sollten bei Temperaturen von etwa ein Grad Celsius aufbewahrt werden. Späte Sorten sind besser haltbar.

Pfirsiche schmecken frisch ganz vorzüglich. Eine indonesische Delikatesse sind Mandelpfirsiche. Pfirsiche eignen sich aber auch für Kompott, Marmelade und Likör. Pfirsichmark mit Sekt – in Italien als »Bellini« bekannt – ergibt einen erlesenen, feinaromatisch-prickelnden Aperitif.

Pfirsiche enthalten sehr viel Provitamin A, aber auch andere Vitamine und Mineralstoffe. Die Früchte sind arm an Ballaststoffen und haben eine leicht abführende Wirkung.

Pflaumen (Zwetschgen)

Pflaumen, Zwetschgen (Ö: Zwetschken), Mirabellen und Renekloden (Ö: Ringlotten) sind botanisch eng verwandt. Im Aussehen, Geschmack und auch in der Verwendbarkeit unterscheiden sie sich jedoch erheblich. Pflaumen und Zwetschgen haben einen weißlichen Duftfilm aus wachsartigen Ausscheidungen der Schale, die vor dem Austrocknen schützen. Er sollte beim Kauf noch vorhanden sein und erst zu Hause mit warmem Wasser abgewaschen werden. Pflaumen haben meist rötliches, sehr weiches und süßes Fruchtfleisch. Außer zum Rohessen eignen sie sich vor allem für Kompott und Mus, denn sie zerfallen rasch beim Kochen.

Die länglicheren Zwetschgen enthalten weniger Wasser und mehr Zucker als Pflaumen, der Stein läßt sich gut lösen. Sie sind deshalb gut zum Belegen von Kuchen. Besonders bekannt sind die Bühler Zwetschgen. Renekloden (Reineclauden, Ringlotten) entwickeln ihr Aroma am besten beim Einkochen und sind deshalb für Kompott empfehlenswert. Frisch sind sie oft sehr säuerlich, der Kern läßt sich nur schlecht herausnehmen. Die kirschgroßen gelben Mirabellen sind sehr süß und schmecken roh und gekocht gleich gut.

Alle Pflaumenarten entwickeln ihr volles Aroma nur, wenn sie gut ausgereift sind, sonst schmecken sie sauer und sind hart und trocken. Heimische Früchte werden zwischen Juli und Oktober geerntet. Die Früchte sollten glatt und unbeschädigt sein. Pflaumen aus dem eigenen Garten sind häufig von Würmern befallen (das erkennt man an kleinen Löchern in der Haut).

Die Früchte sollten möglichst wenig berührt werden, um den schützenden Wachsfilm nicht zu beschädigen. Im Kühlschrank halten sie besser, wenn man sie mit Ölpapier bedeckt. Am haltbarsten sind Hauszwetschgen.

Zum Rohessen sind frühe Sorten und Pflaumen besser geeignet als Zwetschgen. Sie werden zu Mus (Ö: Powidl), als Kuchenbelag und Zwetschgenknödel verarbeitet. Hervorragend schmecken auch Mirabellen im Rumtopf und Zwetschgengeist. Trockenobst wird meist aus Pflaumen oder Zwetschgen hergestellt. Damit sie nicht zusammenkleben, werden die Früchte mit etwas Öl behandelt.

Wegen ihres hohen Ballaststoffgehaltes regen Pflaumenfrüchte – frisch oder getrocknet – die Verdauung an.

Pinienkerne (Pignolien)

Pinienkerne werden aus dem Mittelmeerraum importiert; die beste Qualität kommt aus der Toskana. Sie sind länglich geformt und leicht gelblich. Pinienkerne schmecken ölig und leicht süß-säuerlich. Sie werden auch unter der Bezeichnung »Pignoli« vermarktet. Pinienkerne eignen sich gut zum geschmacklichen Verfeinern von Backwaren und Salaten und zum Garnieren von Fleisch- und Reisgerichten.

Pistazien

Pistazien sind mit den Cashew-Nüssen (> Seite 291) verwandt und haben eine harte, ovale Schale mit einer scharfen Kante. Reife Pistazien springen auf und lassen sich daher leicht schälen. Der hellgrüne Kern hat einen vorzüglichen, nußartigen Geschmack. Besonders große Sorten kommen aus Syrien (Aleppo-Nüsse).

Pistazien kommen getrocknet und gesalzen das ganze Jahr über in den Handel und sind eine energiereiche Delikatesse zum Knabbern (bei der man einfach nicht aufhören kann). Wegen des Ölgehalts werden sie rasch ranzig und sollten daher kühl und trocken gelagert werden. Fein gehackt eignen sich Pistazien gut zum Verfeinern von Kuchen und Müsli.

Pomelos

Mit bis zu 2,5 Kilogramm Gewicht ist die Pomelo, eine Kreuzung aus Pampelmuse und Grapefruit, eine der größten Zitrusfrüchte. Unter der sehr dicken grobporigen Schale steckt hellgelbes Fleisch. Je schrumpeliger die Schale, desto besser schmecken sie. Besonders aromatisch im Geschmack sind rosa Pomelos mit weißem bis leicht rötlichem Fleisch. Vor dem Verzehr sollte man die weiße, bittere Außenhaut der einzelnen Segmente entfernen.

Preiselbeeren

Preiselbeeren haben für den Frischverzehr wegen ihres herben Geschmacks keine Bedeutung. Erst beim Kochen entwickeln sie ihr volles Aroma in Marmelade, Kompott, auch in Mischung mit anderen Obstarten, und werden dann vor allem als Beilage für Desserts, Kuchen, aber auch für Fleisch-, besonders für Wildgerichte geschätzt. Die amerikanische Variante der Beeren mit Namen Cranberry kann im Gegensatz zu den einheimischen Verwandten auch gezüchtet werden. Die etwas größeren Beeren werden auch meist zu Kompott verkocht und sind, zusammen mit Truthahnbraten, das traditionelle Erntedankfest-Essen. Beide Beerenarten haben einen eingebauten Schimmelschutz: Sie enthalten von Natur aus Benzoesäure, eine Substanz, die in einigen anderen Lebensmitteln als Konservierungsstoff verwendet wird.

Quitten

Von September bis November sind die Quitten reif. Reife Früchte sind gelb und haben einen zitronenähnlichen Duft und schmecken sehr herb. Sie werden meist nicht roh gegessen, sondern gekocht, weil sie erst dann ihr Aroma entfalten. Besonders gut sind die birnenförmigen Quitten mit hellrotem Saft und weichem Fruchtfleisch. Sie enthalten relativ viel Vitamin C und vor allem reichlich Pektin, den wichtigsten Gelierstoff. Quitten eignen sich deshalb besonders gut für Marmelade und Gelee, aber auch für Mus, Konfekt und Backwaren.

Rambutan

Rambutan sind Verwandte der Litchi (> Seite 300). Sie haben süß-säuerliches weißes Fruchtfleisch und einen dunklen Kern. Die Schale ist jedoch behaart. Wird sie unansehnlich, trocknen die Früchte aus. Die Tropenfrüchte müssen frisch verzehrt werden, am besten gekühlt als Dessert, zu Eis oder in Sekt.

Renekloden

(Reineclauden, Ö: Ringlotten)
> Pflaumen, Seite 304

Ribisel

> Johannisbeeren, Seite 296

Rosinen

Rosinen ist der Sammelname für getrocknete Weinbeeren verschiedener Sorten. Sie sind besonders aromatisch, wenn sie im Freien und am besten langsam im Schatten getrocknet werden. Helle Sorten werden danach oft mit schwefelhaltiger Säure gebleicht, um die gewünschte Farbe zu erhalten und die Haltbarkeit zu verlängern. Diese Behandlung ist an der Bezeichnung »geschwefelt« zu erkennen. Außerdem werden die Trockenfrüchte oft mit Öl behandelt, damit sie nicht zusammenkleben. Durch Waschen mit warmem Wasser lassen sich beide Zusätze entfernen.

Die normalen in Päckchen angebotenen Rosinen sind meist »Sultaninen«, oft aus Kalifornien importiert.

Unbehandelte Rosinen sind zu bevorzugen; man erkennt sie am Zusatz »naturell«. Es sind verschiedene Sorten am Markt:

Korinthen sind entstielte, getrocknete rote Weinbeeren, die immer ungeschwefelt sind und fast ausschließlich aus Griechenland kommen. Besonders gut sind Vostizza-Korinthen vom Golf von Korinth, die im Schatten getrocknet werden.

Sultaninen sind die kernlosen, hellen und sehr aromatischen Beeren der Sultana-Traube. Am süßesten schmecken die türkischen und griechischen Früchte, vor allem aus Kreta (Candia-Sultaninen) und vom Peloponnes. Kalifornische Sultaninen werden besonders schonend behandelt und nicht geschwefelt.

Traubenrosinen hängen auch im getrockneten Zustand noch an der Rebe. Die großen Beeren enthalten immer Kerne und können aus blauen oder hellen Trauben gewonnen werden. Von den verschiedenen Qualitätsklassen ist »Impériaux« die beste.

Rosinen sollten kühl und trocken gelagert werden. Dann halten sie einige Monate lang. Achtung auf Befall von Maden.

Rosinen ergänzen Obstsalat und Süßspeisen durch ihr traubiges, wohlschmeckendes Aroma. Sie werden oft auch zum Verfeinern von Backwaren, Brot und Weihnachtsstollen eingesetzt. Korinthen bleiben beim Backen fest.

Sanddorn

Die orangegelb bis roten, würzigen Sanddornbeeren sind extrem Vitamin-C-reich, rote Sorten aus den Bergregionen noch mehr als die größeren Beeren aus Küstengebieten. Früh in der Reife geerntet (ab Mitte August) sind sie besonders aromatisch. Zum Rohgenuß sind sie nicht geeignet, ergeben aber einen sehr guten Saft, Marmelade, Gelee und Sirup.

Schlehen

Schlehen wachsen im Herbst an dornigen Hecken. Erst nach einem kräftigen Frost werden die Beeren weich und milder im Geschmack. Roh sind sie ungenießbar, ihr Aroma entwickelt sich erst beim Erhitzen. In Mischmarmeladen und -säften, in

Gelee und Mark, aber auch als Schlehenlikör und Schlehengeist werden die Wildfrüchte verwendet.

Stachelbeeren

Abhängig von der Sorte und weniger vom Reifezustand sind Stachelbeeren gelblich, grün, hellbraun oder rot. Je reifer sie sind, desto geringer ist ihr Gehalt an Fruchtsäuren, und desto süßer werden sie. Die vielen kleinen Kerne sind eßbar. Rote Sorten sind für den Rohverzehr am schmackhaftesten. Für die Herstellung von Marmelade oder Kompott nimmt man dagegen am besten die noch leicht unreifen Beeren. Sie gelieren besonders gut, brauchen allerdings einen höheren Zuckerzusatz. Helle Beeren bräunen bei der Verarbeitung nach, ein Schönheitsfehler, den man mit etwas Zitronensaft oder Vitamin-C-Zugabe vermindern kann.

Sternfrüchte

> Karambolen, Seite 297

Walnüsse

Walnüsse guter Qualität kommen vor allem aus Kalifornien und aus den Mittelmeerländern. Da ihr natürlicher Gerbsäuregehalt die Schale dunkel färbt, werden sie nach dem Waschen meist mit Schwefelverbindungen gebleicht. Deutsche Nüsse werden auch unbehandelt auf dem Markt angeboten und sehen oft weniger ansehnlich aus. Der Geschmack ist stärker von der Sorte abhängig als von der Herkunft.

Nichtgeschwefelte Ware ist vorzuziehen, auch wenn die Schale dann manchmal dunkel aussieht (man erkennt sie an der Bezeichnung »naturell«). Walnüsse dürfen nicht ranzig oder schimmelig sein. Der Anteil an hohlen Früchten (»tauben Nüssen«) sollte möglichst gering sein.

Wegen ihres hohen Gehalts an Öl sind Walnüsse nicht lange lagerfähig. Sie sollen luftig, kühl und trocken aufbewahrt werden. Walnüsse sind auch in der Schale sehr geruchsempfindlich, daher getrennt von anderen Waren lagern.

Die Haut um den Nußkern läßt sich leicht abziehen, wenn man die Kerne mit kochendem Wasser überbrüht und dann abschreckt. Walnüsse eignen sich gut für knuspriges Brot oder zerkleinert für Obstsalate Cremes, Eis und Waldorfsalat (> Seite 749). Walnüsse können auch glaciert werden. Walnußöl ist eine Delikatesse zum Würzen von Salaten und rundet zart schmeckenden Weichkäse gut ab.

Weintrauben

Tafeltrauben sind auf den internationalen Märkten eine der wichtigsten Obstarten, Deutschland ist der größte Einkäufer. Nur etwa zehn Prozent der Traubenwelternte entfällt auf Tafeltrauben, der größte Teil davon sind weiße Sorten. Farbe, Form und Dichte der Beeren sind sortenspezifisch.

Weintrauben müssen am Stock ganz ausreifen, denn sie reifen nicht nach. In der ersten Jahreshälfte kommen sie von weither, vor allem aus Südafrika, Chile und Argentinien; man sollte daher besser bis August warten, dann ist ein reichhaltiges Angebot aus Frankreich, Italien, Griechenland und Spanien am Markt. Um die Weihnachtszeit gibt es auch Glashaustrauben aus Belgien und den Niederlanden. Die vorwiegend blauen Trauben sind meist sehr aufwendig verpackt und entsprechend teuer.

Als Datteltrauben bezeichnet man Traubensorten, deren große Beeren die Form einer kleinen Dattel haben und in der Traube nicht so fest beieinander hängen. Sie haben eine relativ feste Schale und sind dadurch weniger transportempfindlich. Die bekannteste Sorte heißt Regina. Muskattrauben sind der Rohstoff für Marsala, Port- und Samoswein, sie werden aber auch als weiße und blaube Tafeltrauben mit einem charakteristischen muskatartigen Duft angeboten.

Frische Trauben erkennt man an einem weißlichen Belag auf der Oberfläche, auch »Nebeltau« oder »Duftfilm« genannt. Er entsteht nicht durch Spritzmittel, sondern als Kondensniederschlag auf den kalten Beeren, wenn die Luftfeuchtigkeit der Nacht tagsüber verdunstet. Die Trauben sollten unbeschädigt und ohne faule Beeren sein.

Unversehrte Trauben lagert man am besten im Kühlschrank. Man sollte dabei allerdings auf Fruchtfäule (Botrytis) achten.

Der weißliche Belag auf den Beeren sollte vor dem Verzehr mit warmem Wasser (zusammen mit etwaigen Rückständen von Pflanzenbehandlungsmitteln) abgewaschen werden. Trauben eignen sich vorzüglich für Salate, als Belag für Kuchen und als schmackhafte Dekoration zu Käse.

Weintrauben enthalten reichlich Traubenzucker sowie die Mineralstoffe Eisen, Kalium und Phosphor und die Vitamine B und C.

Zitronen

Zitronen sind bei uns ganzjährig frisch auf dem Markt. Sie werden nicht nach Sorten, sondern nach Herkunftsland gehandelt. Große geschmackliche Unterschiede gibt es dabei nicht. Zitronen aus den Mittelmeerländern werden häufig unbehandelt angeboten. Anders als Apfelsinen werden Zitronen noch unreif und grün geerntet, sobald sie eine bestimmte Größe haben, und reifen dann im Lager oder auch zu Hause in kühlen Räumen (nicht im Kühlschrank) nach.

Wenn die Schale gleichmäßig glänzt, sind die Zitronen reif, auch wenn die Schale noch grüngelb ist. Sorten mit dünnen, glatten Schalen sind besonders saftig.

Zitronen kann man kühl und luftig aufbewahren. Auch im Kühlschrank halten sie sich gut.

Zitronen sind außerordentlich vielseitig einsetzbar. Für Salatsaucen, Cremes und Torten ebenso wie zu Marmeladen und Saft (> Zitruspressen, Seite 172). Außerdem kann man sie zum Würzen von Backwaren und Desserts verwenden. Die Schale enthält ein intensiv duftendes Öl, das zum Aromatisieren von Süßwaren und Getränken eingesetzt wird (nur unbehandelte Früchte nehmen!).

Zitronen sind reich an Vitamin C und schmecken wegen des hohen Gehalts an Zitronensäure sehr sauer. Der Saft regt den Appetit an.

Zwetschgen

> Pflaumen, Seite 304

Milch und Milchprodukte

Milch ist weit mehr als ein wohlschmeckendes, flüssiges Lebensmittel für jedes Lebensalter. Sie bildet die Basis für eine Vielfalt von Milchprodukten, ohne die es in der Küche (fast) nicht geht. Milch, Käse, Butter und Sahne helfen beim Verfeinern der Speisen und können so manches Malheur in der Küche ungeschehen machen.

Milch bedeutet in der Umgangssprache und im rechtlichen Sinne immer Kuhmilch. In den letzten Jahren bringen Schaf- und Ziegenmilch aber Abwechslung ins sogenannte weiße Sortiment, vor allem in Form von Käsespezialitäten (> Seite 318) oder als schmackhafter Joghurt (> Seite 317).

Fast unübersehbar ist die Vielfalt an Produkten aus saurer Milch – sie sind ideal für leichte Zwischenmahlzeiten, als Dessert und zur Bereicherung des Frühstücks. Auch zum Kochen und Verfeinern von Speisen leisten sie wertvolle Dienste. Mit einem kritischen Blick auf die Verpackung läßt sich die beste Qualität ohne Problem herausfinden (> Seite 315).

Schafsmilch eignet sich besonders gut zur Herstellung von Joghurt und Käse. Beim Dickwerden sondert sie keine Molke ab, so daß sowohl Joghurt als auch Quark cremiger und vollmundiger werden. Jeder Griechenland-Urlauber hat das beim Verkosten schon selbst festgestellt.

Für Feinschmecker unverzichtbar sind auch die Käseprodukte. Sie bieten eine reichliche Palette vom milden Frischkäse über würzige Produkte mit Blauschimmel oder Rotschmiere bis zum geschmacklich unverwechselbaren Parmiggiano.

Der Käse ist übrigens eine der ältesten und im Grunde »natürlichsten« Konserven: Weil Milch nicht lange haltbar ist, stellen Menschen Käse her, seit sie Kühe als Haustiere halten (> Seite 321). In südlichen Regionen schützte die Verarbeitung zu Käse vor dem schnellen Verderb, im Norden wiederum schuf sie einen idealen Vorrat für karge Winterzeiten.

Milch

Warenkunde

Trinkmilch gibt es mit unterschiedlichem Fettgehalt, der auf der Verpackung angegeben ist. Es gibt

▶ Vollmilch mit 3,5 Prozent Fett oder mit natürlichem Fettgehalt von mindestens 3,5 Prozent,

▶ teilentrahmte (fettarme) Milch mit 1,5 bis 1,8 Prozent Fett und

▶ entrahmte Milch (Magermilch) mit höchstens 0,3 Prozent Fett.

Je mehr Fett die Milch enthält, desto vollmundiger ist der Geschmack; viele Aromastoffe sind fettlöslich und gehen daher mit der Entfernung von Fett verloren. Wem Vollmilch zu fettig schmeckt (manche empfinden sie sogar als »schleimig«), sollte lieber 1,5 prozentige Milch kaufen.

Wie die Milch keimfrei wird

In Deutschland wird etwa die Hälfte der Trinkmilch pasteurisiert, die andere Hälfte ultrahocherhitzt. Unter Pasteurisierung versteht man ein Erhitzen auf 72 bis 75 Grad Celsius für höchstens eine halbe Minute. Damit werden krankmachende Keime, die in der Milch enthalten sein könnten, entfernt. Die Vitamine und das Milcheiweiß werden nur geringfügig verändert. Pasteurisierte Milch hält sich etwa vier bis sechs Tage lang, danach schmeckt sie sauer oder bitter. Ultrahocherhitzte Milch (H-Milch) wird etwa eine Sekunde lang auf sehr hohe Temperaturen (135 bis 155 Grad Celsius) gebracht. Dadurch sterben alle vermehrungsfähigen Keime ab, und die Milch wird mindestens sechs Wochen lang haltbar. Die Vitaminverluste sind höher als bei der Pasteurisierung, aber immer noch geringer als beim Abkochen im Haushalt.

Kritische Verbraucher behaupten, ultrahocherhitzte Milch sei »tot« (> Ist Rohmilch besser?, Seite 312). Das ist insofern richtig, als alle Keime abgetötet sind. Vom Gesichtspunkt der Lebensmittelhygiene ist das ein Vorteil. Er ist abzuwägen gegen den Verlust an Nährstoffen beim Erhitzen; dieser ist nicht nennenswert – auch ultrahocherhitzte Milch enthält noch genügend Vitamine. Freilich schmeckt sie anders: Der sogenannte Kochgeschmack tritt immer dann auf, wenn Milch über hundert Grad erhitzt wird (wodurch sich Milcheiweiß und Milchzucker verändern), also auch beim Abkochen zu Hause.

An der handelsüblichen Milch wird ferner bekrittelt, daß sich der Rahm nicht an der Oberfläche absetzt, so wie man es bei Milch direkt vom Bauernhof beobachten kann. Das erklärt sich dadurch, daß die Milch in den Molkereien homogenisiert wird; dabei werden die Fettkügelchen so weit zerkleinert, daß sie sich nicht mehr absetzen. Die meisten Lebensmitteltechnologen werten das als Vorzug, denn wenn sich beim Stehenlassen von Milch nach ein, zwei Tagen der leichtere Rahm von der Magermilch einmal abgesetzt hat, kann man die ursprüngliche feine Fettverteilung durch bloßes Schütteln nicht mehr wiederherstellen.

Dennoch sind viele Verbraucher überzeugt, Rohmilch schmecke besser als pasteurisierte – ein Unterschied, der sich bei Blindverkostungen aber nicht belegen ließ. Der Geschmack hängt mindestens ebenso sehr von der Fütterung der Kühe ab wie von der Verarbeitung.

Im Karton oder in der Flasche?

Auseinandersetzungen gibt es auch zur Verpackung von Milch: Ökologisch motivierte Verbraucher setzen auf Mehrwegflaschen aus Glas, deshalb füllen viele Molkereien heute sowohl in Glasflaschen als auch in Kartons ab. Welche Verpackungsart ökologisch verträglicher ist, wird von Experten allerdings unterschiedlich beurteilt: Je öfter eine Flasche wiederverwertet wird, desto besser ist das Ergebnis der Öko-Bilanz. Tatsächlich schwankt die Umlaufzahl der Mehrwegflaschen in weiten Grenzen (zwischen 7- und 35mal; im Schnitt wird jede Flasche rund 20mal neu befüllt). Je mehr Eiweißreste in den Flaschen zurückbleiben, um so mehr Chemikalien werden für das Waschen benötigt. Daher sollten leere Flaschen vor der Rückgabe immer mit kaltem Wasser gut ausgespült werden.

Von der Verpackungsfrage abgesehen, gibt es allerdings noch andere Argumente für die Flaschenmilch: In der Regel wird sie mit einer besseren Qualität befüllt. Diese »Premiummilch« unterliegt strengeren Hygienevorschriften, wird getrennt erfaßt und bearbeitet und kommt oft aus einer eng eingegrenzten Region mit besonders gutem Milchvieh innerhalb des gesamten Molkerei-Einzugsgebietes.

Ist Rohmilch besser?

Aus der Sicht der Ernährungswissenschaft ist Rohmilch nicht generell besser als die im Handel angebotene Trinkmilch, denn es lassen sich kaum Unterschiede im Nährstoffgehalt zwischen völlig unbehandelter und pasteurisierter Milch feststellen. Wer dennoch Rohmilch trinken möchte, sollte sich von der Gesundheit der Kühe und der einwandfreien Kühlung überzeugen und auch den Transportweg in die Kaufentscheidung einbeziehen: Zwanzig Kilometer Fahrtstrecke für einige Liter Milch sind ökologisch kaum vertretbar. Für Säuglinge ist Rohmilch unbedingt abzukochen, denn ihr Organismus ist bedeutend empfindlicher gegenüber Keimen in der Nahrung. Viele Menschen haben bereits vergessen, daß Tuberkulose noch vor wenigen Jahrzehnten eine weit verbreitete Infektionskrankheit war und daß es meist rohe Milch war, die Tuberkelbazillen von befallenen Kühen auf den Menschen übertrug. Bis vor kurzem galt die Tuberkulose bei Tier und Mensch als weitgehend ausgestorben; neuerdings tritt sie jedoch wieder häufiger auf. Daher wehren sich die meisten Hygiene-Fachleute weiterhin gegen den Genuß von Rohmilch. Die Tuberkulose könnte sich dadurch, so wird argumentiert, weiter ausbreiten. Eine – wenngleich geringe – Gefahr, von dieser schweren Krankheit befallen zu werden, wiege schwerer als der Glaube von Bio-Freaks, daß naturbelassene rohe Milch gesünder sei.

Der Verkauf von Rohmilch direkt vom Bauern wird daher in Deutschland weiterhin stark beschränkt: Die Abgabe an Endverbraucher ist nur nach strenger Kontrolle und in geringen Mengen erlaubt. Da Rohmilch sehr schnell sauer wird, muß sie in ein bis zwei Tagen verbraucht und darf nicht weit transportiert werden. Sie eignet sich aber gut zum Herstellen von Sauer- und Dickmilch.

Im Handel erhältliche Rohmilch wird dagegen von einer Molkerei eingesammelt, gekühlt und verpackt. Sie ist als »Vorzugsmilch« gekennzeichnet und muß für den Verbrauch spätestens vier Tage nach der Gewinnung gekennzeichnet sein. Sie stammt aus besonders streng kontrollierten Beständen.

Die Bauern bekommen wegen der höheren Anforderungen und Risiken pro Liter etwa 0,5 bis 1,5 Pfennig mehr als üblich. Deshalb kostet Flaschenmilch im Handel meistens mehr als Milch im Karton.

Einkauf

Milchprodukte sollten frisch eingekauft und bald verbraucht werden. Die beste Qualität haben unpasteurisierte Vorzugsmilch (die schwer zu bekommen ist, > Seite 312) und schonend pasteurisierte Premiummilch. Normal pasteurisierte Milch ist in Zusammensetzung und Geschmack der Rohmilch sehr ähnlich und sollte in der Küche vorwiegend verwendet werden. Nur wer Milch auf Vorrat benötigt, sollte H-Milch kaufen. Ihre längere Haltbarkeit beruht lediglich auf der Hitzeeinwirkung (und nicht auf dem Zusatz von Konservierungsstoffen). Die Art der Erhitzung – pasteurisiert oder ultrahocherhitzt – erkennt man ebenso wie den Fettgehalt an den Angaben auf der Packung.

Lagerung

Pasteurisierte Milch sollte sowohl im Geschäft als auch zu Hause stets gekühlt bei höchstens sieben Grad Celsius aufbewahrt werden. H-Milch darf ungekühlt angeboten werden, für Geschmack und Inhaltsstoffe ist es aber besser, wenn sie im Kühlschrank lagert. Angebrochene Verpackungen müssen auf jeden Fall in den Kühlschrank. Aufgeblähte Deckel und Packungen weisen auf einen Verderb hin.

Milch nimmt wie alle Milchprodukte sehr leicht fremden Geruch und Geschmack an – sowohl im Kühlschrank als auch bei der Lagerung im Gefriergerät – und verändert unter Lichteinfluß ihr Aroma. Daher gut verpacken und stets im Dunkeln stehen lassen, besser noch: in braun getönten Flaschen kaufen.

Mit Milch kochen

▶ Milch und Rahm verfeinern und runden den Geschmack der Speisen ab. Meistens reichen dazu kleine Mengen aus, damit die Speisen nicht unnötig fett- und energiereich werden.

▶ Zu scharf oder leicht bitter geratene Saucen lassen sich mit etwas Milch, Rahm oder Schlagsahne retten.

▶ Beizen mit Milch, Sauermilch oder Buttermilch mildert den kräftigen Eigengeschmack von Wild-, Hammel-, Kaninchenfleisch und Nieren, wenn man sie einige Tage darin durchziehen läßt.

▶ Rinder- oder Schweineleber wird zarter, wenn sie vor der Zubereitung einige Stunden in Milch lag.

▶ Salzheringe verlieren die Schärfe und den strengen Geruch, wenn sie in Milch oder Sauermilch eingelegt werden.

▶ Ein Zusatz von Milch beim Garen von Kochfisch vermindert den Geruch und macht den Fisch zarter.

▶ Kartoffelbrei wird besonders vollmundig, wenn er mit heißer Milch und einem kleinen Stückchen Butter aufgeschlagen wird.

▶ Mayonnaise und fettreiche Salatsaucen lassen sich mit Joghurt oder Sauermilch strecken und schmackhafter machen.

Gesundheit

Milch enthält alle lebenswichtigen Nährstoffe – schließlich ist sie für den Menschen und alle Säugetiere in der ersten Zeit nach der Geburt die einzige Nahrungsquelle.

Das Milcheiweiß ist besonders hochwertig. Milchprodukte in Kombination mit pflanzlichen Lebensmitteln wie Getreide oder Hülsenfrüchte werten deshalb das pflanzliche Protein auf und sichern auch dann eine ausreichende Versorgung, wenn wenig oder gar kein Fleisch gegessen wird.

Wie alle übrigen Eiweißstoffe kann aber auch Milcheiweiß Allergien auslösen: Zwei bis sieben Prozent aller Kleinkinder leiden unter einer Milchallergie, die sich aber nach einigen Jahren meist wieder verliert. Bei Erwachsenen sind Kuhmilchallergien daher selten. Sie betreffen oft nur ganz bestimmte Eiweißbestandteile der Milch, so daß Käse oder Sauermilchprodukte in der Regel vertragen werden. Der Ersatz von Kuhmilch durch Ziegen-, Schaf- oder Stutenmilch ist keine universelle Lösung für Allergiker. Es muß im Einzelfall in Rücksprache mit dem Arzt getestet werden, ob diese Milcharten, und wenn ja, in welcher Form, vertragen werden.

Die leichte Süße der Milch kommt vom Milchzucker (auch Laktose genannt). Allergien auf Milchzucker treten bei Erwachsenen auf, denen ein bestimmtes Enzym für den Abbau von Laktose fehlt.

Das Fett der Milch ist sehr leicht verdaulich. Milch enthält zwar Cholesterin, aber die Mengen sind für Gesunde selbst bei reichlicherem Verzehr von Milchprodukten unproblematisch. Menschen mit Fettstoffwechselstörungen sollten jedoch fettarme Milchprodukte bevorzugen und beim Streichfett auf Pflanzenmargarine ausweichen.

Schließlich enthält die Milch eine Reihe von B-Vitaminen sowie reichlich Kalzium, Phosphor und Kalium. Ein Liter Milch deckt 150 Prozent des täglichen Bedarfs an Kalzium, 120 Prozent an Phosphor und 75 Prozent an Kalium. Ohne Milch kann der Kalziumbedarf nur sehr schwer gedeckt werden, denn pflanzliche Lebensmittel enthalten nur wenig Kalzium, das zudem schlechter verwertet wird.

Die Milch anderer Tierarten unterscheidet sich von Kuhmilch in ihrer Zusammensetzung, was sich sowohl im Geschmack als auch bei der Verarbeitung, etwa zu Käse oder Joghurt, bemerkbar macht. Bei der Ziegenmilch sind Fett und Eiweiß chemisch anders aufgebaut: Daher riecht Kuhmilch beim Verderb ranzig, Ziegenmilch dagegen »nach Bock«. Das Eiweiß in der Ziegenmilch gerinnt feiner als das der Kuh und ist deshalb sehr leicht verdaulich.

Im Gegensatz zu anderen Milcharten enthält Ziegenmilch nur wenig Karotin. Diese orangefarbene Vorstufe des Vitamin A färbt bei der Verwendung von Kuhmilch den Käse normalerweise mehr oder weniger gelblich. Ziegenkäse dagegen ist – unabhängig vom Reifestadium – immer weiß.

In der Schafsmilch ist der Fett- und Eiweißgehalt fast doppelt so hoch wie bei Kuh- und Ziegenmilch. Das Fett ist genau wie in der Ziegenmilch sehr fein verteilt, so daß sich auch beim Stehenlassen, anders als bei der Kuhmilch, kein Rahm absetzt. Dank der feinen Fettverteilung und der günstigen Eiweißzusammensetzung sind beide Milcharten besser verdaulich als Kuhmilch.

Schadstoffe in der Milch

Verunreinigungen gelangen meist über das Futter in die Milch. Überprüfungen der Futtermittel sind deshalb eine wesentliche Voraussetzung für gute Qualität. Das gilt sowohl für das hofeigene Futter als auch für importierte Kraftfuttermittel, in denen immer wieder schädliche Rückstände gefunden wurden.

Chlorierte Kohlenwasserstoffe aus Pflanzenschutz- und Schädlingsbekämpfungsmittel finden sich in der Regel nur in geringen Konzentrationen in der Milch. Ebenso wie die Gehalte an polychlorierten Biphenylen sind diese Mengen ein Indiz für die praktisch überall vorhandene Grundbelastung der Umwelt. Aus diesem Grund findet man in Milch aus alternativer Erzeugung nicht weniger Schadstoffe als in konventioneller Milch aus derselben Region.

Auch mikrobielle Belastungen können unter Umständen aus dem Futter kommen. Anfällig für Schimmelpilze sind Futtermittel mit Erdnüssen, Kokosnüssen oder Baumwollsaat. Sie unterliegen deshalb einer besonderen Kontrolle.

Milch enthält unter Umständen auch Reste von Antibiotika, die der Kuh verabreicht wurden. Sie beeinträchtigen die Herstellung von Käse, Butter und Sauermilchprodukten.

Für Schwermetalle wirkt der Stoffwechsel der Kuh dagegen wie ein Filter: Blei und Kadmium werden in der Leber und der Niere abgefangen und gelangen kaum in die Milch. Daher enthält Milch weit weniger Schwermetalle als andere tierische Lebensmittel.

Butter

> Seite 380

Produkte aus saurer Milch

Warenkunde

Alle gesäuerten Milchprodukte entstehen durch »Fermentation«, bei der Mikroorganismen die Milch zum Gerinnen und Dickwerden bringen. Der Prozeß wird von allein durch die überall in der Luft vorhandenen Milchsäurebakterien eingeleitet, sobald man Milch offen stehen läßt. Heute wird die Fermentation durch die Zugabe genau festgelegter Mikroorganismen (sogenannter Reinkulturen) gesteuert, die je nach Sorte Kefir, Joghurt oder ein anderes Produkt entstehen lassen.

Der Geschmack variiert von mild bis stark säuerlich, je nachdem, welche Mikroorganismenart verwendet wurde und wie lange das Produkt gereift ist. Kälte verzögert die Säuerung oder bricht den Vorgang ab. Besonders beliebt sind derzeit die mild gesäuerten Produkte, die einen hohen Anteil an »rechtsdrehender« Milchsäure besitzen (> Seite 317).

Einkauf

Sauermilch, Joghurt, Kefir und Buttermilch gibt es in zwei Qualitätsstufen, als »Standardsorten« und als »Gruppenerzeugnisse«. Standardsorten heißen immer »Joghurt« oder »Kefir«, Gruppenerzeugnisse dagegen oft »Joghurterzeugnis« oder so ähnlich.

An die Standardsorten werden besonders hohe Qualitätsanforderungen gestellt, sie sind daher vorzuziehen. So dürfen sie nach der Säuerung der Milch nicht mehr erhitzt werden und enthalten deshalb lebende Mikroorganismen. Diese Milchprodukte dürfen keine Stärke, Speisegelatine oder andere Verdickungsmittel enthalten.

Bei Gruppenerzeugnissen dagegen wird die Haltbarkeit durch eine Wärmebehandlung nach der Säuerung verlängert; sie enthalten meist auch Verdickungsmittel. Wer häufiger einkaufen geht und auf die längere Haltbarkeit nicht angewiesen ist, kann auf Produkte dieser Qualitätsstufe verzichten.

Bei Joghurt und Sauermilch gibt es sämigflüssige und stichfeste Produkte. Dieser Unterschied hängt nicht von Zusatzstoffen, sondern von der Herstellungsweise ab: Säuert die Milch nach dem Einfüllen in den Becher, bleibt sie fest und kann gelöffelt werden. Wird die Milch dagegen in großen Tanks »dickgelegt«, muß sie vor dem Abfüllen gerührt werden und bleibt anschließend im Becher flüssig. Im Verzeichnis der Zutaten finden sich dann entweder Stärke, Gelatine oder eines der übrigen zugelassenen Verdickungsmittel, die in höheren Mengen eine Konsistenz wie beim Pudding ergeben.

Ebenso wie Trinkmilch gibt es auch Joghurt zunehmend in Glasverpackungen. Aus ökologischen Gründen sollte man die größeren Gebinde mit 500 Gramm Inhalt bevorzugen, denn diese Gläser sind Pfandverpackungen und landen nicht wie die kleineren Portionsgläschen im Altglascontainer. Am wenigsten Abfall entsteht natürlich beim Selbermachen (> Sauermilch und Joghurt – selbst gemacht, Seite 316).

Lagerung

Gesäuerte Milchprodukte, die nicht wärmebehandelt wurden (Packungsaufschrift beachten!), halten sich im Kühlschrank in geschlossener Verpackung mindestens zwei Wochen, wärmebehandelte oder ultrahocherhitzte Erzeugnisse länger. Bei zu langer Lagerung werden Sauermilchprodukte bitter und schimmeln. Sie dürfen dann nicht mehr verzehrt werden.

Beim Einfrieren verlieren Joghurt und saure Sahne ihre Struktur und werden nach dem Auftauen flockig. Der Geschmack ist zwar nicht verändert, sie lassen sich aber nur noch zur Speisenzubereitung verwenden.

Zubereitung

Sauermilchprodukte dienen in erster Linie zum »Abschmecken« und zum Verfeinern. Dazu ist nicht immer die fetteste Variante

Sauermilch und Joghurt – selbst gemacht

Rohmilch dickt von alleine, wenn sie in einer Schüssel über Nacht bei Raumtemperatur stehen bleibt. Denn Milchsäurebakterien finden sich überall in der Luft. Alle anderen Milchsorten brauchen als »Starter« einige Löffel Buttermilch oder Sauermilch.

Das Säuern funktioniert jedenfalls mit jeder Milch und ergibt eine wohlschmeckende Flüssigkeit.

Die Herstellung von Joghurt ist etwas schwieriger, weil dafür nur bestimmte Keime geeignet sind und eine gewisse Temperatur nötig ist. Zum Ansetzen verwendet man abgekochte und auf etwa 40 bis 45 Grad Celsius abgekühlte Milch. H-Milch kann man zimmerwarm direkt aus der Verpackung benutzen, denn sie enthält keine Keime mehr, die die Joghurt-Kulturen stören könnten. Die Milch wird entweder mit zwei bis drei Löffeln gekauftem Joghurt oder solchem aus der letzten Heimproduktion verrührt, oder man fügt im Handel erhältliche fertige Joghurt-Starterkulturen hinzu. Nach dem Abfüllen in Portionsgefäße braucht der Joghurt in einem Joghurtbereiter mit Thermostat oder – schlechter zu steuern – in einer mit Styropor isolierten Kiste, etwa zwölf Stunden, bis er fertig ist. Häufig setzt sich allerdings auf dem fertigen Produkt etwas flüssige Molke ab.

Der Joghurt gelingt nur dann, wenn sehr sauber gearbeitet wird. »Fremde« Keime können die Säuerung stören und sowohl den Geschmack als auch den Geruch und die Beschaffenheit verändern. Selbstgemachter Joghurt säuert bei längerem Stehenlassen nach und sollte bald verbraucht werden.

notwendig. Ohne Abstriche für den Genuß lassen sich beim Kochen Fett und damit Kalorien sparen.

Gesäuerte Produkte mit höherem Fettgehalt lassen sich in heißen Speisen besser verarbeiten, weil das Eiweiß nicht so leicht ausflockt. Bei fettärmeren Produkten, etwa bei saurer Sahne, verhindert man das Ausflocken, indem man den Rahm mit etwas Mehl anrührt und dann die Speise damit bindet.

Einige Sauermilchprodukte können es beim Fettgehalt durchaus mit Schlagsahne aufnehmen, auch wenn sie dank ihres »leichten« Images oft unterschätzt werden. Zum Vergleich: »Sahne« enthält zwischen 25 und 29 Prozent Fett, »Schlagsahne« mindestens 30 Prozent Fett und die »Schlagsahne extra« mindestens 35 Prozent Fett. Je fetter die süße Sahne, desto leichter und fester läßt sie sich schlagen. Man wählt sie deshalb am besten je nach Verwendunszweck aus: Wenn es nur auf den Geschmack ankommt, reicht die magere Variante, zum Steifschlagen ist die fettere Sorte besser.

Gesundheit

Sauermilchprodukte unterscheiden sich vor allem im Fettgehalt. Die am häufigsten verwendeten Sauermilchprodukte und ihr Fettgehalt:

- ▶ Joghurt mit 0,3 Prozent, 1,5 Prozent, 3,5 Prozent und nur selten mit 10 Prozent Fett,
- ▶ Saure Sahne mit mindestens 10 Prozent Fett,
- ▶ Schmand, ein löffelfester Sauerrahm mit mindestens 20 Prozent Fett,
- ▶ Crème fraîche mit mindestens 30 Prozent Fett, manchmal auch mit Dickungsmitteln und bis zu 15 Prozent Zucker,
- ▶ Crème double mit mindestens 40 Prozent Fett.

Alle Produkte aus saurer Milch sind besonders gut bekömmlich, denn die darin enthaltene Milchsäure fördert die Verdauung, indem sie das Eiweiß sehr feinflockig gerinnen läßt und es leichter abbaubar macht. Außerdem verbessert Milchsäure die Aufnahme von Kalzium aus der Nahrung.

Ältere Menschen vertragen saure Milchprodukte oft besser als die süßen Varianten. Denn in ihrem Magen fehlt häufig die Magensäure, die für die feine Gerinnung des Proteins notwendig ist. Bei Sauermilch ist das Eiweiß dagegen schon »vorverdaut«. Säuglinge im ersten Lebensjahr sollten dagegen noch keine Sauermilchprodukte essen. Im Handel erhältliche Milchpräparate sind für sie am besten, auch auf Kuhmilch sollten sie nach Empfehlungen von Kinderärzten vorsichtshalber noch verzichten.

Milchsäure kommt aufgrund ihrer chemischen Struktur in zwei verschiedenen Formen vor. Sie drehen die Ebene des polarisierten Lichtes in verschiedene Richtungen und werden deshalb als rechts- und linksdrehend bezeichnet. Säugetiere wie der Mensch bilden im Stoffwechsel rechtsdrehende Milchsäure, die wir auch besonders leicht weiter verwerten können. Linksdrehende Milchsäure ist dagegen die typische Variante in den Mikroorganismen, die Joghurt, Käse und Sauerkraut fermentieren. Auch diese Milchsäure können wir abbauen, wenngleich langsamer als die rechtsdrehende Form. Dennoch ist eine Anhäufung und eine »Übersäuerung« des Blutes bei Gesunden durch »linksdrehende« Milchsäure nicht zu befürchten. Spezialprodukte mit einem hohen Gehalt an rechtsdrehender Milchsäure sind deshalb aus gesundheitlicher Sicht unnötig.

Joghurt

Joghurt wird in Deutschland fast ausschließlich aus Kuhmilch hergestellt. Häufig wird die Milch vor dem Fermentieren um etwa 20 Prozent eingedickt, damit der Joghurt fester wird und sich nicht so leicht Molke absetzt. Beim Schafjoghurt ist dieser Vorgang unnötig, weil er die Flüssigkeit wegen des hohen Fettgehaltes besser bindet. Als »Bioghurt« bezeichnet man ein joghurtähnliches Produkt, das mit einer Mischung aus Joghurt- und Sauermilchkulturen hergestellt ist. Sein Geschmack ist besonders mild.

Zu bevorzugen sind Produkte, die frei von Konservierungsmitteln sind. Im Joghurt sind diese zwar grundsätzlich verboten, aber die Fruchtzubereitung in Fruchtjoghurt darf konserviert und mit Aromastoffen und Bindemitteln (meist Pektin oder Gelatine, um eine Entmischung zu verhindern) versetzt werden. Viele – allerdings meist teurere – Joghurtarten kommen ohne diese Hilfen aus.

> Seite 315

Joghurt kann man für zahlreiche wohlschmeckende Desserts verwenden: Für Joghurteis, Joghurtsauce, Zitronen-Joghurt-Eis (> Seite 593) oder auch Joghurtcreme mit Orangen (> Seite 614). Joghurt paßt aber auch gut zu Salatsauce (> Seite 573) und ist als Marinade vielseitig einsetzbar (> Quark-Joghurt-Marinade auf Seite 573, Joghurt-Kräuter-Marinade auf Seite 574).

Bioghurt enthält mehr rechtsdrehende Milchsäure als klassischer Joghurt. Daß er deshalb gesünder sein soll, ist umstritten (> Seite 317).

Kefir

Kefir wird in seiner Heimat, dem Kaukasus, aus Stutenmilch hergestellt. Bei uns wird er aus Kuhmilch gewonnen; die Mikroorganismen zum Fermentieren – eine komplexe Mischung aus mehreren Bakterien- und Hefearten – sind allerdings denen im Kaukasus ähnlich. Sie lassen neben Milchsäure auch Kohlensäure und mindestens 0,05 Prozent Alkohol entstehen – eine Besonderheit unter allen Sauermilchprodukten. Die Kohlensäure macht den Kefir spritzig und besonders erfrischend.

Im Gegensatz zu anderen Sauermilchprodukten ist es beim Kefir kein Nachteil, wenn sich der Deckel des Kefirbechers nach oben wölbt; der Vorgang dokumentiert lediglich, daß die Mikroorganismen noch an der Arbeit sind.

Kefir eignet sich wegen seines Gehalts an Kohlensäure gut für Mixgetränke. Er kann aber auch kalte Suppen, Saucen und Desserts vefeinern.

Kefir enthält deutlich weniger Laktose als Milch und ist deshalb für Menschen, die Laktose nicht vertragen, besser verträglich. Der Gehalt an B-Vitaminen ist höher als in der Milch. Meldungen aus dem Kaukasus über besonders gesundheitsfördernde Eigenschaften von Kefir konnten in wissenschaftlichen Untersuchungen bisher nicht bestätigt werden; außerdem dürfte sich der in Deutschland industriell hergestellte Kefir in der Zusammensetzung von Produkten im Kaukasus unterscheiden.

Buttermilch

Buttermilch wurde früher bei der Verbutterung von Milch gewonnen; heute entsteht sie meist durch Zusatz von Milchsäurekulturen zur Milch.

Die beste Qualitätsstufe ist »Reine Buttermilch«, die keine Zusätze enthält und manchmal nur leicht eingedickt wird. Lautet die Bezeichnung dagegen »Buttermilch«, dürfen bis zu 10 Prozent Wasser oder 15 Prozent Magermilch zugesetzt sein.

> Seite 315

Aus Buttermilch kann man schmackhafte leichte Mixgetränke bereiten. Vorzüglich munden auch Kaltschalen oder Desserts mit Buttermilch.

Buttermilch enthält fast kein Fett, ist aber sehr eiweißreich. Wer auf die Kalorien achtet, sollte das Zutatenverzeichnis lesen, denn manchmal wird etwas Sahne zugesetzt.

Käse

Warenkunde

Weltweit gibt es heute an die viertausend verschiedene Käsesorten. Der überwiegende Teil wird aus Kuhmilch hergestellt. Für viele regionale Käsespezialitäten braucht man jedoch Schaf- und Ziegenmilch, in seltenen Fällen sogar Büffelmilch.

Zahlreiche kleine Käsereien sind in den vergangenen Jahren der EU-Agrarpolitik zum Opfer gefallen. Denn infolge der Subventionen wurde die Herstellung von Käse für die Molkereien unrentabel. Der überwiegende Teil von Käse wird heute von spezialisierten Industriebetrieben erzeugt.

Für die meisten Käsearten wird die Milch pasteurisiert. Nur bei wenigen Sorten verwendet man bei uns Rohmilch, zum Beispiel bei Emmentaler oder Bergkäse. Rohmilchkäse ist im Geschmack nicht generell besser als solcher aus erhitzter Milch, denn bei der Qualität kommt es auf viele Produktionsfaktoren an.

Die Milch wird entweder durch das Enzym Lab aus dem Kälbermagen, durch Milchsäurebakterien oder eine Mischung daraus »dickgelegt«. Der stark gestiegene Käsekonsum hat zu einer Verknappung von Lab geführt. Abhilfe versucht man zu schaffen durch die gentechnische Herstellung von Chymosin, dem wichtigsten Bestandteil des Lab-Enzyms. In einigen Ländern ist seine Verwendung bereits erlaubt, unter anderem in der Schweiz. Der Konsument hat jedoch keine Möglichkeit, diesen Zusatz durch eine Kennzeichnung festzustellen. In Geschmack und Aussehen ist der Käse dem Käse aus natürlicher Produktion gleich.

Je mehr Molkenflüssigkeit aus der geronnenen Milch abgepreßt wird, desto fester wird der fertige Käse. Auch die Lochbildung hängt davon ab: Stark gepreßter Käse hat später eine gleichmäßige, homogene Masse ohne Luftlöcher. Bei schwachem Pressen bleiben in der Käsemasse Lufteinschlüsse zurück, die schlitzförmige Löcher ergeben, wie etwa im Tilsiter. Die üblichen runden Löcher entstehen, wenn Mikroorganismen während der Reifung Gase bilden. Art und Größe der Löcher sind spezifisch für die einzelnen Keime und auch ein Qualitätskriterium: Die Löcher sollen gleichmäßig rund und ohne »Tränen« (> Seite 320) sein.

Hartkäse

Die Reifezeit dieser Käse liegt zwischen einigen Monaten und drei Jahren. Ihr Wassergehalt ist sehr niedrig, der Salzgehalt häufig recht hoch. Einige Arten sind so trocken, daß sie gerieben verwendet werden. Durch die lange Reifung haben sie meist einen sehr ausgeprägten, pikanten Geschmack und eignen sich auch für die Warme Küche sehr gut. Wegen des hohen Fettgehaltes schmelzen sie gut beim Überbacken, in Saucen und in Suppen (Ausnahmen sind Parmesan und Pecorino aus Schafmilch).

Wichtige Sorten: Emmentaler (oder andere Bergkäse), Chester, Parmesan, Greyerzer (Gruyère).

Schnittkäse

Zu dieser Gruppe zählen die meisten Käsesorten des Angebots. Sie haben eine Reifezeit von ein bis zwei Monaten und sind saftiger und geschmeidiger als Hartkäse. Vielfach gibt es sie in verschiedenen Reifestufen zu kaufen. Je länger die Reifezeit, desto trockener und geschmackvoller (und meist auch teurer) wird der Käse. Ein Mindesthaltbarkeitsdatum ist bei offenem Verkauf deshalb nicht üblich.

Wichtige Sorten: Gouda, Edamer, Tilsiter, Butterkäse, Bierkäse, Esrom, Blau- und Grünschimmelkäse, Trappistenkäse.

Weichkäse

Diese Sorten haben den höchsten Wassergehalt, sind nicht lange haltbar und verschimmeln leicht. Da sie im Gegensatz zu Hart- und Schnittkäse von außen nach innen reifen, erkennt man unreife Weichkäse an ihrem weißen, bröckeligen Inneren. Ihnen fehlt dann das Aroma, und sie reifen auch zu Hause nicht mehr richtig nach. Bei durchgereiftem Weichkäse wird der Teig mit zunehmendem Alter flüssiger, die Rinde bräunlicher und der Geschmack immer würziger. Ein Haltbarkeitsdatum läßt sich deshalb auch hier nicht angeben. Im allgemeinen sind Weichkäse mit weißer Schimmelbildung milder im Geschmack als Sorten mit Rotschmiererinde und feuchter Oberfläche.

Wichtige Sorten: Camembert, Brie, Doppelschimmelkäse (mit Blau- und Weißschimmel), Limburger, Romadur.

Frischkäse

Frischkäse wie Quark, Doppelrahmfrischkäse oder Hüttenkäse werden ohne Reifung möglichst frisch verzehrt. Sie sind meist um so cremiger, je fetter sie sind. Aber auch das Herstellungsverfahren hat auf die Beschaffenheit einen entscheidenden Einfluß. Es lohnt sich deshalb, die Konsistenz von Quark mit demselben Fettgehalt verschiedener Molkereien zu vergleichen.

Sauermilchkäse

Eine ganz besondere Käseart, zu der viele regionale Spezialitäten gehören, sind die Sauermilchkäse. Sie entstehen aus gereiftem Quark und haben wegen des hohen Anteils an gesäuerter Molke einen sehr pikanten Geschmack, aber nur ganz wenig Fett.

Einkauf

Der Einkauf von Käse ist – ähnlich wie bei Fleisch und Fisch – Vertrauenssache. Denn der Verbraucher kann in der Regel nicht erkennen, ob ein Produkt den Angaben auf der Verpackung entspricht und ob es hygienisch einwandfrei ist.

Dennoch gibt es ein paar Merkmale, auf die man beim Käsekauf jedenfalls achten sollte: Guter Käse hat

- einen feinen Teig,
- ein reines Aroma,
- eine gut gepflegte Rinde und
- regelmäßige Löcher.

Manchmal findet man im Käse kleine, weißliche Körner, den sogenannten Salzstein; er tritt im Teig und in den Lochwandungen auf und ist etwa beim Emmentaler ein Anzeichen für weitgehende Ausreifung. Auf den Geschmack hat Salzstein keinen wesentlichen Einfluß.

In ausgereiftem und überreifem Käse treten auch Salzwassertropfen (»Tränen«) auf. Für manche Liebhaber sind solche Produkte eine Delikatesse.

Käse wird am besten im Stück eingekauft, damit er sein typisches Aroma besser entfalten kann und nicht so schnell austrocknet. Da Käse in verschiedenen Reifungsstadien gegessen wird, wird nur bei den verpackten Standardsorten (z.B. Gouda, Tilsiter, Edamer) ein Mindesthaltbarkeitsdatum angegeben.

Wer beim Käse auf Qualität achtet und das Besondere liebt, wird in einem Fachgeschäft oder in den großen Fachabteilungen der Supermärkte am besten bedient.

Daneben lohnt es sich aber auch, auf Märkten oder bei bäuerlichen Erzeugern nach regionalen Spezialitäten Ausschau zu halten. Bäuerlich erzeugter Schafskäse hat von Mai bis November Saison. In dieser Zeit gibt es auch Schafsfrischkäse, Schichtkäse und in Kräuteröl eingelegten Schafskäse von einheimischen Schafen. Deutscher Ziegenkäse kommt oft von kleinen Betrieben in Schleswig-Holstein, in der Lüneburger Heide und in Bayern.

Bekannter sind die Ziegenkäsespezialitäten aus Frankreich und Spanien. In Frankreich werden reine Ziegenkäse typischerweise in Form von Pyramiden oder Zylindern hergestellt und oft in Holzkohlenasche gewälzt. Während der Reife verliert sich das tiefe Schwarz und geht in Grau über. Bekannte französische Ziegenkäsearten, die oft nur in eng begrenzten Regionen hergestellt werden dürfen, sind Chabichou, Crottin, Saint Maure und Banon, ein Ziegenfrischkäse.

Abwechslung für Käseliebhaber bieten die würzigen Sauermilchkäse, die einen ausgeprägt pikanten Geschmack haben. Selbst der ursprünglich bäuerliche Kochkäse, der aus Quark mit verschiedenen Gewürzen durch Erhitzung hergestellt wird, gewinnt wieder an Beliebtheit.

Pikante Käsearten sind meist auch die Rotschmierearten wie Romadur oder Limburger. Zu ihnen gehört auch der Vacherin Mont d'Or, der vor einigen Jahren wegen der Listerien-Vergiftungen für einen Käseskandal sorgte. Die französische Regierung hat jetzt die radioaktive Bestrahlung dieser Käsesorte zugelassen, um weiteren Vergiftungen vorzubeugen; fraglich ist, ob so ein Produkt dann noch als naturbelassen gelten kann.

Rotschmierekäse sollten, wie viele andere gereifte Käsesorten auch, ohne Rinde verzehrt werden. Sie beeinträchtigt den Geschmack und kann schädliche Mikroorganismen enthalten.

Lagerung

Käse muß kühl, verpackt und lichtgeschützt aufbewahrt werden, damit er nicht austrocknet und das Aroma behält. Aber er braucht

Die ersten Käsemacher

Schon in der jüngeren Altsteinzeit, also vor rund 120.000 Jahren, hatten unsere Vorfahren erste Kenntnisse über die Zubereitung von Käse; sie dürften in der Lage gewesen sein, Milch durch Beigabe bestimmter Fermente zu verändern, wobei in erster Linie vermutlich gegorene Milch entstand.

Die Hirtenvölker pflegten die auf diese Weise entstandenen Milchprodukte in gegerbten Lederschläuchen aus getrockneten Tierhäuten aufzubewahren. Dokumentarisch belegt ist auch die Aufbewahrung in den Mägen und Gedärmen geschlachteter Tiere. Das ist übrigens eine wesentliche Erklärung für die Entdeckung des Lab-Ferments: Bewahrt man Milch etwa in einem Kälbermagen auf, so gerinnt die Milch, und es entsteht eine weiche, streichfähige Masse, aus der man als erfrischendes Nebenprodukt auch noch die Molke abschöpfen kann.

Die älteste bekannte Darstellung der Milchverarbeitung – zu sehen im British Museum in London – zeigt Kühe, die von hockenden Männern gemolken werden. Sie wird dann abgeseiht und in einem spitz zulaufenden irdenen Topf zu einer Art von Quark verarbeitet. Der in Kalkstein gehauene Fries schmückte vor rund 5000 Jahren den Tempel der sumerischen Muttergöttin.

Der älteste Käse der Welt ist zweifellos der aus Sauermilch gewonnene Quark. Die Hirtenvölker Zentralasiens erzeugten ihn durch Erhitzung von gesäuerter Milch. Im Sommer dienten frische Sauermilch und Quark als Nahrung, für die Wintermonate trocknete man den Quark entweder in granulierter Form oder formte aus dem bröseligen, von der Molke abgetrennten Bruch kleine Handkäse, die bisweilen auch geräuchert wurden.

Nach einem durchaus ähnlichen Prinzip werden heute noch verschiedene Sauermilchkäse in den Österreichischen und Schweizer Alpen hergestellt, und nicht sehr viel anders dürften wohl auch die Käse der Jungsteinzeit entstanden sein.

Die Kasan-Tataren pflegten übrigens den Käsebruch mit Nußkernen und in Zucker gekochten Orangenschalen zu versetzen – die geschmackliche Verfeinerung von Käse, wie sie heute vor allem in der Schmelzkäseherstellung gebräuchlich ist, blickt also ebenfalls auf eine lange Tradition zurück.

In Europa begann die Entwicklung der Käsekultur in den Klöstern. Die Mönche veredelten die traditionellen ländlichen Käse und entwickelten komplizierte Verfahren zur Herstellung spezieller Sorten, die als Geheimnis streng gehütet wurden. Den mittelalterlichen Mönchen verdanken wir wohlschmeckende Sorten wie Saint-Paulin, Livarot, Brie, den Parmesan mit Safran; aus Belgien sind die Trappistenkäse bekannt, unter ihnen der Roquefort. Der Orden der Templer war für den Géromé und den Munster bekannt.

Luft zum Atmen, denn Käse ist ein lebendiges Lebensmittel, das sich auch nach der Fertigstellung immer noch verändert. In Plastikfolie schmeckt er deshalb schnell »erstickt«. Wer eine besonders feine Nase hat, riecht beim Käse sogar die Kunststofffolie, in die er nach dem Abschneiden vom Stück meist verpackt wird.

Wenn man Kunststoffolie verwendet, sollte sie lebensmittelecht sein (das erkennt man an dem Symbol Messer und Gabel gekreuzt); Schnittflächen sollten jedenfalls mit Kunststoff- oder Alufolie abgedeckt werden. In Papier, auch in gewachstem, trocknet Käse leicht aus.

Deshalb Käse immer sofort nach dem Einkauf auspacken und am besten unter eine Käseglocke oder in einen Behälter aus Glas oder Porzellan legen. Ideal aufgehoben ist er in einer kühlen Speisekammer bei etwa zwölf Grad Celsius. Weichkäse kann man verpackt im Gemüsefach des Kühlschranks nachreifen lassen. Im Kühlschrank ist es – außer für Frischkäse und Schmelzkäse – zu kalt. Mindestens eine Stunde vor dem Verzehr muß der Käse deshalb zum Akklimatisieren heraus, damit sich das Aroma besser entfalten kann.

Verschimmelter Käse in der Theke ist ein Zeichen mangelnder Pflege, kommt aber besonders in der warmen Jahreszeit oft vor. Denn nicht jeder Schimmel ist eine Kultursorte, und auch Schimmelkäse kann selbstverständlich verschimmeln (und damit verderben). Bei Hart-, Schnitt- und Weichkäse sind die verschimmelten Stellen großzügig abzuschneiden. Verschimmelter Quark muß vollständig weggeworfen werden: Wegen des hohen Wassergehaltes verbreiten sich die Schimmelpilze unsichtbar im ganzen Quarkbecher, selbst wenn sie nur an einer Stelle der Oberfläche zu sehen sind.

Hart- und Schnittkäse halten sich am Stück im Kühlschrank etwa zwei Wochen, Scheiben höchstens zwei bis drei Tage, denn sie trocknen sehr leicht aus. Käse mit Rotschmiere verlieren bei längerer Lagerung ihr Aroma und sollten bald verzehrt werden. Gleiches gilt für Weichkäse.

Das Fett im Käse

Alle Käsearten werden in gesetzlich festgelegte Fettgehaltsstufen eingeteilt. Ihre Angabe ist sowohl bei verpackter als auch bei loser Ware Pflicht.

Der Fettgehalt wird jedoch nicht in absoluten Zahlen, sondern als Fett in der Trockenmasse, abgekürzt F.i.Tr., angegeben. Denn da sich während der Reifung, im Geschäft oder im eigenen Haushalt, der Wassergehalt des Käses durch Austrocknen stetig vermindert, kann sich auch der Fettgehalt bezogen auf das Gewicht verändern. Die Trockenmasse dagegen bleibt über die gesamte Reifezeit unverändert.

Als Faustregel gilt: Bei Schnittkäse entspricht der absolute Fettgehalt etwa der Hälfte des Wertes in der Trockenmasse.

Unterschieden werden acht Fettgehaltsstufen, die von der fettesten Variante, der Doppelrahmstufe, bis zur Magerstufe reicht, die nur noch weniger als zehn Prozent Fett in der Trockenmasse enthält.

Viele Hersteller sind bereits dazu übergegangen, neben dem gesetzlich vorgeschriebenen F.i.Tr. auch den ungefähren absoluten Fettgehalt je 100 Gramm anzugeben. Dadurch kann man beim Einkaufen besser vergleichen, z.B. zwischen Gouda mit 40 Prozent F.i.Tr. und etwa 20 Gramm Fett absolut und Quark mit 40 Prozent F.i.Tr. und – wegen des hohen Wassergehaltes – nur etwa 10 Gramm Fett.

Käse tiefgefrieren

Am ehesten zum Einfrieren geeignet sind fettreiche Hart- und Schnittkäsesorten und geriebener Käse, der nach dem Auftauen zum Kochen verwendet wird. Im übrigen sollte man Käse besser nicht tiefgefrieren, denn er verliert dabei immer an Aroma, meist ändert sich auch die Konsistenz. Käse-Scheiben werden zum Beispiel sehr leicht bröckelig. Grundsätzlich muß Käse luftdicht verpackt eingefroren und auch in dieser Verpackung aufgetaut werden, damit keine Feuchtigkeit verlorengehen kann.

Für die Zubereitung von und mit Käse gibt es eine Unzahl verschiedener Rezepte. Im folgenden daher nur einige Grundsätze, welche Käsesorten sich wofür besser eignen:

Zum Überschmelzen von Fleisch, Gratins und Gemüse nimmt man am besten Scheiben vom Greyerzer (Gruyère), alten Gouda oder Emmentaler, als milde Variante ist auch der Tilsiter geeignet.

Für Käsekuchen, Soufflés und Käseschnitten eignen sich Mischungen aus Reibkäse, zum Beispiel Greyerzer (Gruyère) mit Sbrinz oder Emmentaler, oder eine Mischung der letzteren.

Zum Würzen von Suppen und Saucen und zum Überstreuen sind kräftige Würzkäse, etwa Blauschimmelkäse, am besten geeignet, aber nur solche, die keine Fäden ziehen, wie etwa Sbrinz. Sind Käsefäden gewünscht, nimmt man Emmentaler oder Greyerzer (Gruyère).

Käsesalat bereitet man mit Emmentaler und Greyerzer (Gruyère) zu, für pikante Mischungen ist beispielsweise der Appenzeller gut geeignet.

Für Fondues wird häufig eine Mischung aus zwei Drittel Greyerzer (Gruyère) und einem Drittel Vacherin bevorzugt.

Wer dem Käse im Rahmen eines Buffets oder einer Menüfolge zu mehr Ansehen verhelfen will, sollte auf der Käseplatte möglichst viele Geschmacksvariationen anbieten. Man beginnt mit der mildesten Sorte und geht dann zu pikanterem Käse über.

Zwei Vorschläge:

Frischkäse, Weißschimmelkäse, würzige oder milde Hartkäse, Rotschmierekäse, Grün- oder Blauschimmelkäse, Ziegenkäse, oder:

Milde Weichkäse, kräftige Weichkäse, marmorierte Käse mit Grün- oder Blauschimmel, milde halbfeste Schnittkäse, Hartkäse und Ziegenkäse.

Sehr süßes Obst, wie Ananas, Mandarinen oder Kirschen, harmoniert zum Käsearoma ebenso schlecht wie Zwiebeln oder Mixed Pickles. Gut geeignet sind hingegen Äpfel, Birnen oder Trauben, aber auch Walnüsse passen gut dazu.

Tips für Käse-Rezepte: Makkaroni mit Blauschimmelkäse (> Seite 701), Emmentaler Zwiebel-Käserösti (> Seite 629), Pfannkuchenrollen mit Fontinakäse (> Seite 697), Käseschnitten (> Seite 595), Frischkäsemousse mit Kräutern (> Seite 738) und Käsenocken (> Seite 483).

Käse ist »konzentrierte Milch« und damit besonders reich an wertvollen Milchinhaltsstoffen wie Eiweiß und Kalzium. Nur in den Sauermilchkäsen und im Frischkäse (Quark, Hüttenkäse) ist relativ wenig Kalzium enthalten, denn es fließt bei der Herstellung mit der Molke ab.

Je nach Sorte enthält Käse unterschiedlich viel Fett (> Kasten, Seite 322). Fett enthält viele Kalorien, aber auch viele Aromastoffe. Fettarme Käse sind deshalb selten so geschmackvoll wie ihre fetteren Verwandten. Wichtige Ausnahme: Sauermilchkäse sind Magerkäse, aufgrund der Reifung aber dennoch sehr pikant.

Wer nicht nur fettarmen Harzer Käse essen und seine Energiebilanz dennoch nicht zu sehr strapazieren will, genießt Käse am bestem im Stück zu trockenem frischem Weißbrot oder herzhaftem Schwarzbrot. Bei geschmacklich neutralem Weißbrot kommt der Käsegeschmack unverfälschter zur Geltung als bei Käsescheiben auf dick gebuttertem Brot.

Milchzucker ist aufgrund der Reifung im Käse nur noch in Spuren enthalten. Käse ist deshalb für Menschen, die Laktose nicht vertragen (> Seite 314), eine wichtige Kalziumquelle. Menschen mit hohem Blutdruck sollten auf den Salzgehalt im Käse achten: Salz erfüllt bei der Herstellung zwar wichtige Aufgaben, kann aber dennoch sehr unterschiedlich dosiert sein. Ungesalzen sind alle Quarkarten, wenig Salz enthält meist der Hüttenkäse. Bei den anderen Sorten hilft nur das Ausprobieren.

Zum Weiterlesen

Heinrich Mair-Waldburg, Friedrich Ehlert, Christian Teubner: Das große Buch vom Käse. Edition Teubner, Verlag Gräfe und Unzer, München 1990

Kleine Käsekunde

Name	Merkmale
Appenzeller	Halbharter Schnittkäse aus dem Kanton Appenzell, Laibe mit fester Rinde und gelblich-graubrauner Schmiere. Aromatischer Geruch, die Löcher sind kleiner als beim Emmentaler.
Bergkäse	Rohmilchkäse, ist an der Oberfläche gereift, in der Herstellung ähnlich dem Emmentaler. Normaler Bergkäse ist 3 Monate gereift, 6 Monate alter Käse schmeckt würzig-intensiver.
Bierkäse	Halbfester Schnittkäse, wurde ursprünglich im Allgäu hergestellt. Er wird auch Weißlacker genannt, weil die Oberfläche von einer weißgelben lackartigen Schmiere überzogen ist. Schmeckt pikant, in Bayern ißt man ihn zum Bier.
Brie	Wird in Tortenform aus Kuhmilch hergestellt und hat einen weißen Schimmelrasen. In der Herstellung ähnlich dem Camembert. Sollte gut reifen, so daß er fast »fließt«. Die besten Sorten sind Brie de Coulommiers, Brie de Melun und Brie de Meaux.
Butterkäse	Halbfester Schnittkäse mit fester, trockener Haut und gelblichem weichem Teig, wird in Stangen oder Laiben angeboten. Schmeckt sehr mild und ausgewogen. Gute Sorten sind Doret, Rival, steirischer und Murecker Butterkäse.
Camembert	In kleinen Laiben von 125 bis 280 Gramm Gewicht geformt, gleichmäßige Schimmelpilzflora, wird aus Kuhmilch hergestellt. Charakteristischer, an Champignons erinnernder Geschmack, wird im Laufe der Reifung kräftiger. Wenn die Ränder der Rinde leicht bräunlich sind, ist das ein Zeichen von Reife.
Cheddar	Kuhmilch-Hartkäse aus der englischen Grafschaft Somerset, wird in Zylinderform angeboten. Schmilzt auf der Zunge. Manche Cheddarkäse sind gefärbt, damit sie älter und reifer wirken.
Chester	Kuhmilch-Hartkäse aus der englischen Grafschaft Cheshire, wie der Cheddar zu Zylindern geformt. Schmilzt auf der Zunge; wird in der Küche meist gerieben verwendet.
Chèvre	Bezeichnung für Ziegenkäse aus Frankreich. Es gibt ihn rund, quadratisch oder pyramidenförmig. Pikant und aromatisch im Geschmack; bekannte Sorten: Cavécou, Chabichou, Charolles, Saint-Loup und Sainte-Maure.
Edamer	Schnittkäse, der in Stangenform oder in Kugeln von mindestens 1700 Gramm und mit einer roten Paraffinschicht auf den Markt kommt. Milder, leicht süßlicher Geschmack. Der Käseteig ist weniger hart als beim Gouda. Edamer sollte zwei bis vier Monate reifen.
Emmentaler	Hartkäse aus Rohmilch, der aus dem Kanton Bern stammt. Wird auch in Deutschland und Österreich hergestellt. Die optimale Reifungszeit beträgt 6 Monate. Schmeckt pikant und leicht bitter; in den kirschengroßen Löchern können sich Wassertropfen (»Tränen«) bilden. Paßt gut zu Zwiebel-Käserösti (> Seite 629).

Name	Merkmale
Esrom	Schnittkäse, kommt aus Dänemark, ist mit Rotschmierkulturen gereift und etwas löchrig.Kräftig und aromatisch, die Rinde kann gegessen werden.
Fontina	Schnittkäse aus dem Aosta-Tal. Linsengroße Löcher, weißer bis strohfarbener Teig. Würziger, angenehm-süßlicher Geruch. Schmilzt leicht und zieht Fäden. Gut für Käsesuppe und für Pfannkuchenrollen (> Seite 697).
Gorgonzola	Käse aus Kuhmilch; wird mit Grünschimmelbakterien erzeugt. Zylindrische Laibe mit bis zu 13 Kilogramm Gewicht. Schmeckt weicher und milder als der Roquefort. Benötigt Reifezeit von 50–60 Tagen.
Gouda	Buttergelber Schnittkäse mit spärlicher, weniger als erbsengroßer Lochung. Geruch und Geschmack sind bei jüngeren Käsen leicht säuerlich bis etwas süßlich. Reifer Gouda schmeckt herber, pikanter und leicht nußartig.
Grana padano	Italienischer Reib- und Hartkäse aus Kuhmilch. Die Körnung sieht kristallin aus. Je älter er ist, desto besser schmeckt er – 24 Monate sind bei altem Grana das mindeste. Als Reibkäse und Begleiter zu guten Rotweinen geeignet.
Greyerzer, Gruyère	Hartkäse aus Kuhmilch, der in der Schweiz bzw. in Frankreich erzeugt wird. Leicht pikanter, dem Emmentaler ähnlicher Geschmack. Wird für Käsefondue verwendet.
Limburger	Ursprünglich ein belgischer Rotschmierkäse aus Kuhmilch, der heute in vielen Ländern erzeugt wird. Riecht stark und schmeckt pikant, die Oberfläche ist etwas schmierig.
Livarot	In Holzspanschachteln abgepackter Kuhmilchkäse, der zwei bis vier Monate reift.
	Man erkennt ihn an der orange-rot-farbenen Rinde, auf der man das Muster der Binsenmatten sieht, auf denen der Käse reift. Würzig-aromatischer Geschmack, für Liebhaber von strengem Käse.
Maroilles	Der klassische Rotschmierkäse aus Kuhmilch wird in quadratischer Form angeboten.Kräftiger, würzig-rezenter Geschmack. Reifen Maroilles erkennt man an der goldgelben Teigfarbe. Wichtige Marken sind Baguettes d'Avesnes, Gris de Lille, Monceau oder Vieux Puant.
Mozzarella	Wird traditionell aus Büffelmilch hergestellt, industriell hergestellte Produkte sind oft aus Kuhmilch. Leicht säuerliches Aroma. Läßt sich leicht schmelzen. Gut für Pizza geeignet (> Seite 593).
Munster	Häufig auch als Munster Géromé oder auch als Jéromé bezeichnet. Traditionell ein Rotschmier-Kuhmilchkäse aus Rohmilch, er wird auch in Deutschland hergestellt. Schmeckt pikant-aromatisch mit leicht säuerlichem Ton. Junger Munster ist weich und geschmeidig, der reife Käse fließt.
Parmesan (Parmigiano Reggiano)	Hartkäse aus Parma, wird aus entrahmter Kuhmilch erzeugt und zu zylindrischen Laiben von mindestens 24 kg Gewicht verarbeitet. Würziger Begleiter edler Rotweine; Qualität je nach Alter: »fresco« (1 Jahr), »vecchio« (2 Jahre) »stravecchio« (3 Jahre).
Pecorino	Sehr harter Käse aus Italien, der vorwiegend aus Schafsmilch hergestellt wird. Wird mit dem Alter immer aromatischer. Es gibt ihn mit und ohne Pfeffer. Eignet sich gut zum Reiben und Überbacken.
Pont l'Évêque	Rotschmierkäse aus der Normandie. Quadratisch geformt, mit rotbraunem Schimmel überzogen. Sehr aromatisch mit leicht nussigem Geschmack.

Kleine Käse-kunde

Name	Merkmale	Name	Merkmale
Provolone	Italienischer Reibkäse mit einem Fettgehalt von 45 % F.i.Tr. Wird in den Qualitäten »dolce« und »picante« angeboten. Paßt gut zu Teigwaren.	Stilton	Cremiger, mit blauen Adern durchwachsener britischer Käse; 6 bis 8 kg schwere Laibe, aus denen man flache Tortenstücke schneidet. In Tontöpfen mit Portwein aufgefüllt, ist der Stilton eine Delikatesse.
Reblochon	Aus kuhwarmer, unpasteurisierter Milch erzeugter Rotschmierkäse. Vollmundige Würze mit einem deutlichen Nußton. Unreifer Reblochon ist blaßgelb und schnittfest, mit zunehmender Reife fließt er.	Taleggio	Weichkäse, wird in quadratischen Stücken von 1,7 bis 2,2 Kilogramm angeboten. Schmilzt auf der Zunge wie Butter, schmeckt außen eher süß und aromatisch, gegen den Kern hin säuerlich.
Ricotta	Italienischer Käse aus Schafsmilch (Ricotta di pecora) oder Kuhmilch (Ricotta vacca), wird häufig mit Quark verwechselt. Gut zum Füllen geeignet. Es gibt die Geschmacksrichtungen »dolce« (ungesalzen), »moliterno« (gesalzen und getrocknet) sowie »tipo forte« (gesalzen und gereift).	Tête de Moine	Halbfester, fetter Käse aus Kuhmilch. Die Flachseite des Laibes wird wie ein Deckel abgeschnitten, mit einem Rädchen abgeschabt und zur Lagerung wieder aufgesetzt. Milder und würziger Geschmack.
Romadur	Weichkäse aus Schafsmilch, der ursprünglich in den Pyrenäen hergestellt wurde. Allgäuer Romadur ist aus Kuhmilch. Schmeckt mild-pikant, milder als Limburger Käse.	Tilsiter	Kuhmilch-Schnittkäse mit Schmiere. Stammt aus der Molkerei Milchbude in Tilsit. Leicht herber bis pikanter Geschmack, der auch leicht säuerlich sein kann, aber niemals sauer sein darf. Wird gelegentlich mit Kümmel angeboten.
Roquefort	Aus roher Schafsmilch in der Languedoc mit Hilfe von Penicillium Roqueforti erzeugt und auf Eichenholzregalen in Höhlen mindestens vier Monate lang gereift. Sehr würzig und kräftig im Geschmack. Bei etwa ein Grad Celsius fünf bis zehn Monate haltbar.	Trappistenkäse	Belgischer Schnittkäse aus Kuhmilch, der heute auch in anderen Ländern hergestellt wird. Die besten Sorten sind Port-du-Salut und Saint-Paulin.
Sbrinz	Schweizer Hartkäse aus vollfetter roher Kuhmilch. Die Rinde ist gelbbraun. Schmeckt herzhaft pikant. Sbrinz wird gewöhnlich in hauchdünne Späne gehobelt (daher wird er auch Hobelkäse genannt).	Vacherin	Gehaltreicher Schweizer Weichkäse, der in einem Gebinde aus Tannenrinde oder Tannenholz reift. Ist im Geschmack nicht mehr der alte, denn nach Todesfällen durch Listerien im Vacherin wurden alle Bakterienkulturen vernichtet.

Farbstoffe

Einige Käsearten dürfen wie die Butter mit Karotin gefärbt werden, und zur Verhütung von Schimmelbildung auf der Rinde ist bei Hart- und Schnittkäse auch der Wirkstoff Natamycin erlaubt. Er darf nur in so geringen Mengen aufgetragen werden, daß er höchstens fünf Millimeter in den Käse eindringt (das heißt, wer kein Natamycin im Käse haben will, sollte zur Vorsicht die Rinde großzügig ausschneiden).

Zusatzstoffe und Schadstoffe

Am meisten Zusatzstoffe finden sich im Schmelzkäse. Denn um das Fadenziehen und Verklumpen der geschmolzenen Käsemasse zu verhindern, braucht man Schmelzsalze (Salze der Zitronen- und Phosphorsäure). Konservierungsstoffe sind dagegen verboten. Sie sind auch nicht nötig, denn Schmelzkäse ist länger haltbar als andere Käsearten.

In manchen Fällen finden sich im Käse Rückstände an Nitrat; es wird zugefügt, um die Bildung von »unkontrollierten Löchern« im Käse zu verhindern. Sie entstehen im Käse, dessen Milch von mit Silage gefütterten Kühen stammt. Silage-Futter enthält Keime, die Gase produzieren. Auf diese Weise kommt es zur sogenannten Spätblähung von Käse. Kleine Mengen Nitrat verhindern die Aktivität dieses Bakteriums. Während der Käsereifung baut sich Nitrat weitgehend ab. Im Endprodukt finden sich noch vier bis sechs Milligramm pro 100 Gramm, eine im Verhältnis zu anderen Lebensmitteln allerdings sehr kleine Nitratmenge.

Was man zu Käse trinkt

Aus verschiedenen Weinsorten und den dazu passenden Käsen lassen sich unvergleichliche geschmackliche Harmonien erzielen. Eine unsachgemäße Kombination dagegen kann den gegenteiligen Effekt erzielen. So überdeckt ein besonders körper- und bukettreicher Wein jeden Käse, der nicht genügend geschmackliche Struktur besitzt.

Aber es gibt auch Käse, der zu Bier oder Most paßt. Auch kaum mineralisiertes, geschmacksneutrales Mineralwasser ist geeignet, weil es den Käse von anderweitigen Geschmackseindrücken frei läßt. Selbst der Tee kann mit Käse harmonieren, Kaffee – vor allem gezuckerter – dagegen nicht. Die Kombination mit Limonaden ist ebenfalls nicht empfehlenswert.

Sauermilchkäse harmonieren mit Wein eher schlecht. Besser ist es, sie mit Bier oder Most zu begleiten, auch ein klarer Obstbrand schadet nicht. Wer dennoch Wein zum Sauermilchkäse bevorzugt, ist mit einem einfachen Schoppenwein am besten beraten.

Zu Frischkäse passen leichte, säurebetonte Weißweine, etwa ein Welschriesling. Milde Schnittkäse harmonieren mit leichten Rotweinen, aber auch Riesling oder Rosé, Bier oder Most passen dazu.

Zu milden, womöglich noch etwas topfigen Weißschimmelkäsen, wie Camembert oder Brie, ebenso wie zu Schafs- oder Ziegenfrischkäse, passen leichte Rotweine sehr gut.

Junge, nicht voll ausgereifte Hartkäse begleitet man gut mit einem trockenen Gelben Muskateller oder Traminer. Auch unkomplizierte Rotweine harmonieren damit.

Dagegen trinkt man zu reifem Hartkäse, wie Emmentaler, Bergkäse, Parmesan oder Pecorino, am besten kräftige, ausdrucksvolle Rotweine, die im kleinen Eichenfaß ausgebaut sind, beispielsweise aus dem Piemont, der Toskana oder aus Bordeaux.

Reife Weißschimmelkäse und Rotschmierkäse harmonieren sehr gut mit Prädikatsweinen, etwa einer kräftigen weißen Spätlese. Ebenfalls zu empfehlen sind wuchtige, alkoholreiche Rotweine wie Chateauneuf-du-Pape oder Nebbiolo; er sollte nicht zu facettenreich sein, denn sonst würde er vom Käse überdeckt.

Bei Blau- und Grünschimmelkäse ist es eine Frage des persönlichen Geschmacks, ob man dazu große Rotweine oder Süßweine trinkt. Unter den letzteren sind jedenfalls Beerenauslesen oder Eiswein am besten geeignet.

Eier

Eier gehören zu den wertvollsten Lebensmitteln. Gleichwohl sind sie die einzigen Nahrungsmittel, die seit dem Zweiten Weltkrieg billiger geworden sind. Möglich gemacht haben's Zuchtbetriebe mit riesigen Legebatterien. Sind Eier aus Freilandhaltung besser?

Zum Thema »Ei« fällt den meisten zuerst das obligate kernweiche Frühstücksei ein. Eier sind aber weit mehr: Ohne sie kann man in der Küche praktisch nicht auskommen – sie binden Flüssigkeit, legieren Suppen und machen kremig, um nur einige Beispiele zu nennen.

Daher ist es wichtig, gute Qualität zu bekommen. An diesem Punkt scheiden sich die Geister: Mit nahezu religiösem Eifer werden bestimmte Produktionsmethoden verteidigt und andere verdammt. So wollen Tierschützer und kritische Verbraucher die intensive Käfighaltung am liebsten verboten wissen. Nur »glückliche Hühner«, die frei am Bauernhof herumlaufen dürfen, würden schmackhafte Eier legen, die noch dazu frei von den gefährlichen Salmonellen wären (> Seite 332).

Zumindest aus der Sicht der artgerechten Tierhaltung sind Betriebe am besten, die nur ein paar Dutzend Legehennen im Freiland mit genügend Auslauf halten. Sie wären aber nicht annähernd in der Lage, den gigantischen Jahresbedarf von 20 Milliarden Eiern allein in Deutschland zu decken.

Dabei ist zu bedenken, daß die Vorfahren unserer hochgezüchteten Hennen in freier Wildbahn nur zwei Dutzend Eier pro Jahr legten. Heute gibt es Tiere, die 300 Stück und mehr schaffen.

Eier gehören auch aus diesem Grund zu den wenigen Lebensmitteln, die in den letzten Jahrzehnten deutlich billiger geworden sind: 20 bis 25 Pfennig pro Stück zahlt man heute genauso wie – trotz viel geringerer Kaufkraft – im Jahr 1950.

Damals waren Hühnereier übrigens nicht das ganze Jahr über verfügbar: Über viele Wochen mußte man sich ohne Kühlung mit konservierten Eiern behelfen, die sicher kein kulinarischer Genuß mehr waren – daher die Freude auf frische Ostereier und ihre traditionelle Wertschätzung.

Die Chinesen haben aus der Notlösung der Konservierung sogar eine Delikatesse gemacht. Sie legen Eier in rote Erde, Lauge, Holzkohlenasche, Reisschalen, Kalk und Wasser ein. Das Endprodukt sind Eier mit braun-geliertem Weißei und festem grau-grünem Dotter – für die Chinesen ein kulinarischer Leckerbissen, für viele andere einfach »faule Eier«.

Warenkunde

»Eier« ohne weiteren Zusatz sind immer Hühnereier. Andere Arten müssen genau benannt werden. Wer tiefer in die Tasche greifen möchte, bekommt mit Eiern von Enten, Gänsen oder Wachteln in der Küche mehr optische Abwechslung und meist auch einen intensiveren Geschmack. In der biochemischen Zusammensetzung unterscheiden sie sich kaum von Hühnereiern und sind auch nicht besser als das Hühnerprodukt.

Enteneier

Enteneier sind etwa so groß wie Hühnereier und schmecken etwas kräftiger. Im Handel werden sie selten angeboten; am besten kauft man sie direkt vom Erzeuger oder auf Bauernmärkten. Da sie sehr häufig mit Salmonellen verseucht sind, dürfen sie nur hartgekocht und keinesfalls roh für Mayonnaise, Eis, Pudding und ähnliche Speisen verwendet werden. Enteneier sollen grundsätzlich mindestens zehn Minuten lang kochen oder in Backofenhitze durchbacken.

Gänseeier

Gänseeier werden bis zu 200 Gramm schwer und schmecken sehr intensiv. Auch sie sind oft von Salmonellen befallen, weshalb dieselben Vorsichtsmaßnahmen (langes Kochen) wie für Enteneier gelten.

Wachteleier

Wachteleier sind wegen ihrer gefleckten Schale sehr dekorativ und geschmacklich etwas intensiver als Hühnereier. Man verwendet sie am besten zum Garnieren und für Salate. In Gelee eingelegt, sind sie eigenständige Gerichte. Die Eier sind nur halb so groß wie Hühnereier und stammen meistens aus japanischen Zuchtfarmen. Wachteleier sind so teuer, daß ihre Vorteile in Summe nicht gerechtfertigt erscheinen.

Eier von anderen Vögeln

Perlhuhn-, Fasan-, Kiebitz- oder Möweneier gibt es frisch oder eingelegt in manchen Delikatessengeschäften. Sie werden meist als Vorspeise gereicht. Kiebitzeier dürfen in

Deutschland nicht gesammelt werden (stehen unter Naturschutz), Möweneier nur bis zum 15. Juni. Sie sollten mindestens acht Minuten kochen und kalt aufgesetzt werden.

Einkauf

Die Direktvermarktung von Eiern spielt in Deutschland eine große Rolle: Fast ein Drittel aller Eier werden entweder ab Hof, auf den örtlichen Märkten oder an der Haustür verkauft. Man kennt seinen »Eiermann« und die Qualität seiner Ware. Am besten läßt sich die Eiqualität natürlich beurteilen, wenn man auf einem Bauernhof beim Erzeuger einkauft und Hühnerhaltung, Auslauf und Futter in Augenschein nehmen kann.

Gute Eier erkennt man schon an der Schale: Sie muß sauber, unverletzt und eben sein. Beschädigte Eier verderben schneller, weil Bakterien leichter eindringen können.

Aber leider kann man einem Ei von außen nicht ansehen, ob es mit Salmonellen verseucht ist. Auch wenn man Eier aus biologischer Landwirtschaft wählt und dafür etwa 10 Pfennig pro Stück mehr zahlt, ist damit keine Keimfreiheit garantiert.

Die Farbe von Eiern ist kein Zeichen von Qualität, sondern abhängig von der Hühnerrasse. Allerdings haben braune Eier meist eine festere Schale und zerbrechen nicht so leicht.

Wie frisch ein Ei ist, zeigt die Schwimm-

Eier und Tierschutz

Ob Eier von freilaufenden Hühnern schmackhafter und gegenüber solchen aus Legebatterien weniger von Salmonellen befallen sind, ist umstritten, weil wissenschaftliche Untersuchungen zu teilweise widersprüchlichen Resultaten kommen. Eier aus Legebatterien sind chemisch-analytisch nicht von Eiern aus Freilandhaltung zu unterscheiden. Entscheidenden Einfluß hat das Futter, und das kann bei beiden Haltungsformen besser oder schlechter sein.

Salmonellen findet man in Eiern gleich welcher Herkunft. Der Einkauf beim Bio-Bauern bietet diesbezüglich keinen sicheren Schutz.

Die sogenannte Bodenhaltung ist gegenüber Käfigen mit automatischer Entmistung im Nachteil: Letztere gewährleisten die räumliche Trennung der Tiere von ihren Exkrementen. Unter guten hygienischen Bedingungen (die man in Legebatterien freilich nicht immer antrifft) sind daher Erkrankungen von Tieren und Betreuern seltener als bei Bodenhaltung.

Legebatterien sind keine artgerechte Tierhaltung. Vom Standpunkt des Tierschutzes ist daher die Freilandhaltung vorzuziehen.

RICHTLINIEN FÜR DIE HALTUNGSFORM

▶ Freilandhaltung: Die Hühner haben tagsüber uneingeschränkten Zugang zu einem Auslauf im Freien. Die Auslauffläche ist zum größten Teil bewachsen. Pro Huhn stehen mindestens 10 Quadratmeter zur Verfügung (Bestandsdichte 1000 Hühner/Hektar); zum Vergleich: Bei Käfighaltung sind mindestens 450 Quadratzentimeter pro Huhn vorgeschrieben.

▶ Intensive Auslaufhaltung: Die Bedingungen entsprechen denen der Freilandhaltung, allerdings müssen pro Huhn nur 2,5 Quadratmeter zur Verfügung stehen.

▶ Bodenhaltung: Die Bestandsdichte darf höchstens sieben Hühner pro Quadratmeter Stallfläche betragen. Mindestens ein Drittel dieser Fläche muß mit Streumaterial wie Stroh, Holzspänen, Sand oder Torf bedeckt sein, ein ausreichender Platz muß für die Ausscheidungen der Hühner vorhanden sein. Die Eier werden in Nestern abgelegt.

Übrigens: Scharreleier, die meist aus den Niederlanden importiert werden, stammen nicht von Mistkratzern, die im Freien leben. So werden Eier aus Bodenhaltung bezeichnet.

▶ Volierenhaltung: Hierbei wird durch den Einbau von Sitzstangen nicht nur die Grundfläche, sondern auch die Höhe des Stalles genutzt. Die Bestandsdichte darf höchstens 25 Hühner pro Quadratmeter Stallbodenfläche betragen. Das Innere des Gebäudes ist mit Sitzstangen ausgestattet, von denen jedem Huhn mindestens 15 Zentimeter zur Verfügung stehen müssen. In der Regel stehen auch Nester zur Eiablage zur Verfügung.

probe: Ein frisch gelegtes Ei liegt in einem Wasserglas flach am Boden, ein sieben Tage altes hebt sich mit dem stumpfen Ende hoch, und nach zwei bis drei Wochen steht das Ei fast senkrecht im Glas. Die Ursache ist eine Luftkammer am stumpfen Ende des Eies. Sie wächst mit steigendem Alter des Eies und darf in der Güteklasse A im Alter von sieben Tagen höchstens sechs Millimeter groß sein.

Ein frisches Ei hat beim Aufschlagen außerdem ein stark gewölbtes Dotter. Es ist von einer dickflüssigen Eiweißschicht umgeben, die auf einer dünnflüssigeren schwimmt.

Die Farbe des Dotters sagt nichts über Geschmack, Aufzucht der Hennen oder Inhaltsstoffe aus. Sie ist abhängig von der Fütterung und kann durch Paprika, Blütenextrakte, Mais oder synthetische Farbstoffe verändert werden. Fischig schmeckt ein Ei bereits, wenn mehr als ein Prozent Fischmehl im Futter sind, die Ursache können aber auch Inhaltsstoffe von Rapsschrot oder abgestandenes Trinkwasser sein.

Auf die Kennzeichnung achten

Seit Dezember 1993 müssen Eier in der gesamten EU mit dem Mindesthaltbarkeitsdatum gekennzeichnet sein. Diese Regelung ersetzt das vor diesem Zeitpunkt verbindliche Abpackdatum, mit dem die Verbraucher in der Praxis wenig anfangen konnten.

Das Datum der Mindesthaltbarkeit muß auf der Verpackung aufgedruckt sein, zusätzlich kann es auf dem Ei stehen. Bei loser Abgabe ist die Angabe des Mindesthaltbarkeitsdatums auf einem Schild an dem Verkaufsstand verbindlich. In Deutschland ist ferner die Angabe Vorschrift, ab welchem Tag die Eier gekühlt aufzubewahren sind.

Darüber hinaus kann das Legedatum oder das empfohlene Verkaufsdatum deklariert werden (das letztere entspricht etwa dem Mindesthaltbarkeitsdatum, wenn man sieben Tage Lagerung zu Hause kalkuliert). Wird das Legedatum angegeben, müssen die Packstellen Buch führen über die Anlieferer und die gelieferten Mengen; Die Erzeuger müssen Aufzeichnungen führen über den Tag des Aufstallens, das Alter der Hennen beim Aufstallen, die Zahl der Legehennen und die tägliche Eiererzeugung.

Möglich ist auch die Angabe der Haltungsform der Hennen (> Seite 330). Aus Gründen des Tierschutzes sind Eier aus Freilandhaltung vorzuziehen.

Für den Einkauf ist auch die sogenannte Güteklasse wichtig: Güteklasse A heißt, es müssen bestimmte Qualitätskriterien erfüllt sein (die Schale muß sauber und unverletzt, darf aber nicht gereinigt sein; die Luftkammer darf sechs Millimeter nicht überschreiten; Eiklar und Eidotter müssen frei von Einlagerungen sein, die Eier außerdem frisch riechen).

Die beste Qualität haben Eier der Klasse »extra«; sie müssen in kürzeren Abständen vom Erzeuger abgeholt, das heißt schneller verpackt werden als andere Eier.

Klasse B dagegen sind Eier zweiter Qualität, die teilweise verschmutzt sind; sie werden mit einem roten Stempel gekennzeichnet und sollten nicht gekauft werden (sie kommen in der Regel ohnehin nicht in den Einzelhandel und werden zur Verarbeitung an die Industrie abgegeben).

Darüber hinaus gibt es gesetzlich festgelegte Gewichtsklassen, die vor allem bei der Zubereitung von Bedeutung sind (> Seite 332).

Für Eier gibt es außerdem ein CMA-Gütezeichen; es setzt eine noch bessere Qualität als bei der Klasse »extra« sowie zusätzliche Kontrollen der Erzeuger und der Packstellen voraus. Das CMA-Gütezeichen (»Markenqualität aus deutschen Landen«) wird nur für heimische Ware vergeben, die man an der »2« als erster Ziffer der Packstellennummer erkennt.

Lagerung

Bei frisch gelegten Eiern dauert es etwa drei Tage, bis sich der typische Geschmack entwickelt. Er hält sich dann bei kühler Lagerung (am besten im Kühlschrank) etwa vierzehn Tage fast unverändert. Mit zunehmendem Alter kann sich allerdings die Keimzahl erhöhen.

Wenn Eier mit einem Verkaufsdatum versehen sind, sollten sie ab diesem Zeitpunkt zu Hause nicht länger als sieben Tage aufbewahrt werden.

Eier sind bei kühler Lagerung vier bis sechs Wochen lang haltbar, man hat nur bei Eiern mit Legedatum die Gewißheit, daß man nicht von vornherein alte Eier kauft und diese zu lange lagert.

Eier nehmen leicht Fremdgerüche auf; daher sollten sie nicht in der Nähe von Essig, Öl, Gewürzen, Südfrüchten oder Sauerkraut liegen.

ZUBEREITUNG

Für die Verarbeitung von Eiern ist es wichtig, die richtigen Gewichtsklassen auszuwählen: Zum Backen und Kochen reichen mittelgroße Eier, das Frühstücksei darf auch etwas fülliger sein.

Die schwersten Eier sind die der Klasse 1 mit einem Gewicht von 70 Gramm und mehr, die Eier der Klasse 2 wiegen 65 bis unter 70 Gramm, die weiteren Gewichtsklassen zählen jeweils 5 Gramm weniger. Bei Rezeptangaben sind fast immer Eier der Gewichtsklasse 3 oder 4 gemeint.

Die Eignung zum Zubereiten verändert

Schutz vor Salmonellen

Sowohl in Europa als auch in den USA nehmen Salmonelleninfektionen laufend zu. Seit einigen Jahren tritt vermehrt eine neue Salmonellenart (Salmonella enteriditis) auf, die sich in Tieren, insbesondere in Geflügel, aber auch im Menschen sehr schnell vermehrt. Schale und Inneres der Eier gehören zu den besonders häufig befallenen Lebensmitteln. Denn die Salmonellen wandern von den Eileitern der Hennen direkt in die Eier oder werden durch Kotreste übertragen. Erhitzen auf mindestens 70 Grad Celsius tötet Salmonellen ab, Temperaturen unter 10 Grad Celsius hindern sie lediglich im Wachstum. Besonders gefährdet sind Speisen mit rohen oder kaum erhitzten Eiern: Mayonnaise und damit zubereitete Gerichte, Sauce Hollandaise, Desserts (z.B. Cremes, Tiramisu), Backwarenfüllungen, Speiseeis, aber auch weichgekochte Eier, Rührei und Spiegelei.

Für industriell hergestellte Lebensmittel werden vorwiegend Trockenei oder pasteurisiertes Ei verwendet, die keine Salmonellen mehr enthalten. Größere Gefahren liegen daher im privaten Haushalt und in der Gemeinschaftsverpflegung, besonders während der warmen Jahreszeit. Auf EU-Ebene wird an neuen Vorschriften zur Sanierung der Tierbestände und zur Verbesserung der Hygiene gearbeitet. Der Bundesgesundheitsminister hat bis zu einer gemeinschaftlichen Regelung eine Dringlichkeitsverordnung erlassen, um die Infektionsgefahr zu verringern. So dürfen Hühnereier nicht Temperaturen von über 18 Grad Celsius und direkter Sonnenbestrahlung ausgesetzt werden, sind spätestens nach 18 Tagen bei fünf bis acht Grad Celsius zu lagern, Ei oder Verpackung sind außerdem mit dem Legedatum zu kennzeichnen oder mit einem Hinweis, an welchem Tag und Monat die Kühlung einsetzen muß.

Im privaten Haushalt lassen sich Infektionen durch Eier verhindern, wenn man sich an folgende Vorsichtsmaßnahmen hält:

- **Eier grundsätzlich im Kühlschrank bei einer Temperatur von maximal 6 Grad Celsius und nicht länger als acht bis zehn Tage lagern.**
- **Für Eierspeisen höchstens 21 Tage alte (ab Legedatum) oder 10 Tage alte (ab Verpackungsdatum) Eier verwenden.**
- **Frühstückseier vor dem Kochen Zimmertemperatur annehmen lassen, mindestens 4 Minuten kochen und erst nach weiteren 5 Minuten essen, wenn sich die Innentemperatur auf 60 bis 70 Grad Celsius erhöht hat.**
- **Rühreier gut durcherhitzen.**
- **Spiegeleier am besten von beiden Seiten anbraten oder so lange erhitzen, bis auch das Eigelb gestockt ist. Wenn das Eiklar schon fest ist, beträgt die Temperatur auf der Dotteroberfläche erst 35 Grad.**
- **Für Speisen mit rohen Eiern nur ganz frische Ware verwenden, Reste gut kühlen und höchstens bis zum nächsten Tag aufheben.**

sich auch mit dem Alter: Zum Pochieren nimmt man am besten frische Eier; dagegen lassen sich einen Tag alte Eier nicht zu Schnee schlagen.

Beim Aufschlagen von Eiern sollte man sicherheitshalber daran schnuppern: Schlecht riechende »Stroheier« sollte man wegwerfen.

Tips

▶ Eierspeisen sollen bei höchstens 60 bis 70 Grad Celsius stocken und vor dem Garen nicht schaumig geschlagen werden, sonst werden sie trocken.

▶ Eier dürfen nur etwa zehn Minuten lang kochen, damit sie keinen graublauen Rand bekommen, der nicht schädlich, aber unansehnlich ist. Zum »Parfümieren« kocht man sie in Brühe oder Kräuterwasser. Gekochte Eier sollten grundsätzlich in kaltem Wasser abgeschreckt werden, dann bröckeln sie weniger.

▶ Eiklar zum Schneeschlagen darf nicht zu kalt sein. Ein Spritzer Zitronensaft oder etwas Salz machen es fester. Am besten läßt sich Eiklar mit Zucker aufschlagen; für salzige Speisen kann man auch etwas Speisestärke beim Aufschlagen hinzufügen. Der Schneebesen oder der Rührbesen der Küchenmaschine bringen mehr Volumen als der Handmixer.

▶ Ein hoher Anteil an Eiklar macht Gebäck sehr locker und trockener, ein hoher Dotteranteil fest und saftiger.

▶ Eier binden beim Erwärmen Flüssigkeit. Faustregel: Ein ganzes Ei kann die gleiche bis doppelte Flüssigkeitsmenge binden. Ein Eigelb hat etwa dieselbe Bindefähigkeit wie ein Teelöffel (5 Gramm) Weizenmehl.

▶ Das Legieren (Binden) mit Ei verleiht den Speisen einen feinen, samtweichen Geschmack. Dabei wird nur Eigelb verwendet. Für einen Liter Suppe benötigt man ein Eigelb und ein Zehntelliter Sahne, für einen Liter weiße Sauce zwei bis vier Eigelb und zwei Zehntelliter Sahne. Beim Legieren von Suppen darf die Flüssigkeit nach der Eizugabe nicht mehr kochen, sonst gerinnt das Eiweiß.

▶ Bei Cremes immer erst Zucker und Fett schaumig schlagen und dann Eigelb zufügen; bei Mayonnaise umgekehrt zuerst Eigelb mit den übrigen Zutaten verrühren und Fett danach tropfenweise beigeben.

Gesundheit

Eier sorgten in den Massenmedien schon oft für negative Schlagzeilen: Sie enthalten reichlich Cholesterin und häufig genug auch Salmonellen, die in größeren Mengen krank machen und im Extremfall sogar zum Tode führen können. Beides ist richtig, dennoch sollte nicht vergessen werden, daß Eier wichtige Lieferanten zahlreicher Nährstoffe, gut bekömmlich und dazu noch preiswert sind.

Die wichtigsten Inhaltsstoffe sind das Eiweiß, eine Vielzahl von Vitaminen (vorwiegend im Eigelb) und Mineralstoffe. Das Weiße vom Ei hat von allen Lebensmitteln die günstigste Zusammensetzung. Schon in einem einzigen Ei sind bis auf zwei Ausnahmen alle lebensnotwendigen Eiweißbausteine in der täglich benötigten Menge enthalten. Wer auf Fleisch, Wurst und Fisch verzichtet, kann deshalb mit Eiern ebenso wie mit Milchprodukten pflanzliche Lebensmittel aufwerten.

Nur im Eidotter ist auch Fett enthalten. Deshalb muß man Eier vorsichtig trennen, denn schon geringe Dotter- und damit Fettspuren stören beim Schneeschlagen.

Da Cholesterin eine fettlösliche Substanz ist, kommt auch sie nur im Eigelb vor. Ein einziges Dotter enthält bereits so viel davon, wie wir täglich höchstens essen sollten. Besonders Menschen mit einem erhöhten Cholesterinspiegel, für die ein höheres Risiko auf Herz-Kreislauferkrankungen besteht, sollten nur wenig Eier essen. Vorbeugend gilt auch für Gesunde die Empfehlung: Drei bis vier Eier pro Woche sind genug.

Übrigens: Cholesterinarme Eier gibt es nicht – weder durch Haltungs- oder Fütterungsmaßnahmen noch durch gezielte Zuchtauswahl der Hühner läßt sich die Cholesterinmenge nennenswert verändern. Nur bei hoher Legeleistung ist der Cholesteringehalt pro Ei etwas vermindert.

Fleisch

Für die meisten Gourmets steht gutes Fleisch im Mittelpunkt einer Mahlzeit. Aber wie erkennt man gutes Fleisch? Müssen Liebhaber von Fleisch beunruhigt sein, weil es angeblich ungesund ist? Die meisten Nachteile kann man durch sorgfältigen Einkauf und sachgerechte Zubereitung vermeiden.

Fast jeder kann es sich heute leisten, nach Herzenslust Fleisch einzukaufen – und fast jedermann tut es auch. Büroangestellte essen, als ob sie Holzfäller wären und entsprechend viel Kraft tanken müßten. Diese Entwicklung ist eine vergleichsweise junge: Noch zur Jahrhundertwende waren Fleischgerichte festlichen Anlässen vorbehalten: Die Generation der Großeltern freute sich auf den sprichwörtlichen »Sonntagsbraten«. Fleisch war außerdem ein Privileg reicher Leute. So dokumentieren ernährungshistorische Untersuchungen, daß Taglöhner Ende des vergangenen Jahrhunderts weniger als ein Zehntel der Fleischmenge aßen, die die städtische Oberschicht verzehrte.

Der quantitativen Zunahme sind in den letzten Jahren deutliche Verschiebungen auf dem Fleischmarkt gefolgt: Es wird mehr Geflügel gekauft, vor allem Pute (Truthahn) und Huhn. Kalbfleisch dagegen geht schlechter; offenbar haben die Verbraucher auf die weithin publizierten Hormonskandale sensibel reagiert. Der Trend zum Geflügel erklärt sich außerdem durch den niedrigen Preis sowie die einfachere und schnellere Zubereitung im Vergleich zum Rind. Innereien dagegen kommen aus der Mode, vermutlich auch deshalb, weil sie häufig mit schädlichen Schwermetallen angereichert sind (> Seite 353).

Der Trend geht außerdem zu kleineren Portionen und zu besserer Qualität. Damit lassen sich Genuß, ein abwechslungsreicher Speisezettel und die Forderungen einer gesunden Ernährung verbinden. In Summe scheint also das unkontrollierte Schlemmen der Nachkriegsgeneration einer Besinnung auf das Maßvolle zu weichen.

Der Trend zum Markenfleisch

Hormonskandale und auch Meldungen über zum Teil katastrophale hygienische Bedingungen bei der Fleischerzeugung und -verarbeitung erschütterten das Vertrauen der Verbraucher. Sie sind verunsichert: Die Qualität von Fleisch ist von außen nun mal nicht oder nur teilweise erkennbar. Aus diesen Gründen schließen sich immer mehr Bauern

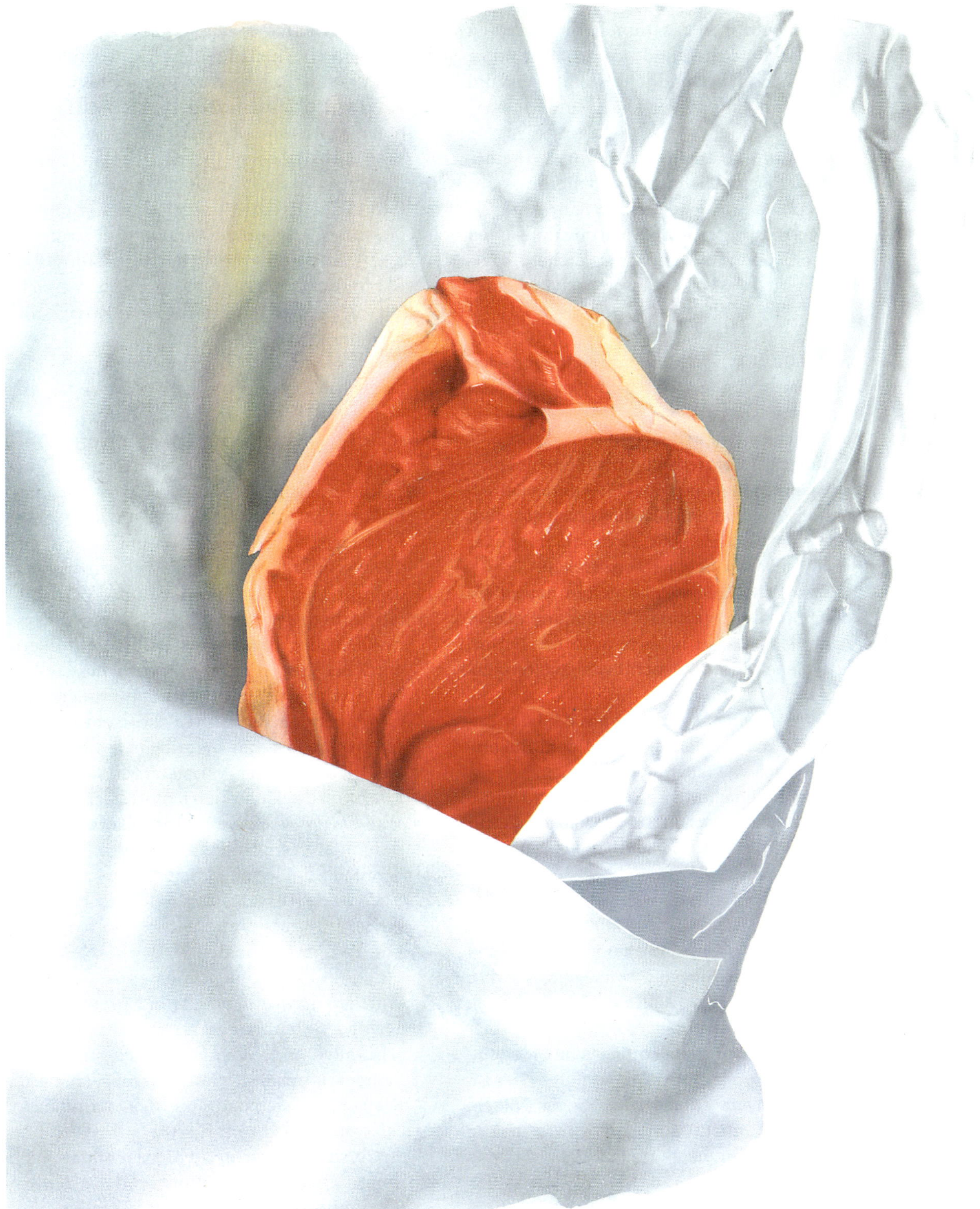

zu Kooperationen zusammen, die auch den Handel einbeziehen und beaufsichtigen. Sie einigen sich auf verbindliche Richtlinien zum Beispiel für Haltung, Fütterung und Schlachtung der Tiere.

Die Produkte erkennt man durch eine besondere Kennzeichnung, Symbole oder Markennamen. Viele Marken haben nur eine begrenzte regionale Bedeutung und lassen sich schwer miteinander vergleichen. Teilweise wird das Markenfleisch nach besonderen Richtlinien erzeugt, teilweise lediglich aus dem »normalen« Fleisch aussortiert.

Markenfleisch muß nicht aus biologischer Landwirtschaft stammen. Bio-Fleisch kommt meist von kontrollierten Höfen des organisch-biologischen (Marke Bioland) oder biologisch-dynamischen (Marke Demeter) Landbaus. Es wird unter genau definierten Haltungsbedingungen erzeugt; dazu gehören Bestandsobergrenzen, ein geschlossener ökologischer Kreislauf sowie der Verzicht auf zugekaufte Futtermittel und Zusatzstoffe in der Fütterung.

Die Centrale Marketingorganisation der deutschen Agrarwirtschaft (CMA) hat für mehrere Fleischarten das Prüfsiegel »Deutsches Qualitätsfleisch aus kontrollierter Aufzucht« mit genauen Qualitäts- und Prüfbestimmungen geschaffen. Es ist die erste bundesweit gültige Initiative. Mit dem CMA-Prüfsiegel wird nur Fleisch mit einer überdurchschnittlichen Qualität gekennzeichnet, das auf allen Produktions- und Vermarktungsstufen geprüft wurde. Ob diese Kontrolle in der Praxis lückenlos funktioniert, wird sich erst in der Zukunft herausstellen. Im Ansatz sind die Prüfbestimmungen der CMA jedoch sicher ein Fortschritt. Beispielsweise beginnt beim Schwein die Auswahl bereits bei der Aufzucht: Mindestens ein Elternteil des Zuchttieres muß streßresistent sein. Das ist wichtig, weil streßanfällige Tiere minderwertiges Fleisch liefern, das sogenannte PSE-Fleisch (< Seite 342).

Spezielle Vorschriften gelten für Haltung, Fütterung und gesundheitliche Versorgung. Die Temperatur in den Ställen sowie Belüftung und Feuchtigkeit müssen so optimiert sein, daß der Keimgehalt der Luft möglichst gering ist – damit die Tiere möglichst wenig erkranken und in der Folge nicht mit Medikamenten behandelt werden müssen, deren Rückstände sich dann im Fleisch finden.

Kontrollen durch Vertragstierärzte und Analysen von Urin, im Verdachtsfall auch von Kot, sollen gewährleisten, daß ab einem bestimmten Lebendgewicht keine Medikamente verabreicht wurden.

Auch der Transport ist geregelt, beispiels-

Worauf es bei Markenfleisch ankommt

Um die Qualität von Markenfleisch beurteilen zu können, sollte man sich beim Fleischer oder beim Bauern erkundigen. Einige konkrete Fragen können weiterhelfen:

- **Erfolgt die Kontrolle durch außenstehende, unabhängige Personen oder bloß durch Selbstkontrolle? Selbstkontrolle klingt zwar gut, aber wenn's um viel Geld geht, sind viele Hersteller geneigt, über Mängel hinwegzusehen.**
- **Für welche Teilbereiche gelten besondere Vorschriften? Artgerechte Tierhaltung alleine reicht nicht aus, es müssen auch das Futter, die Hygiene und die Schlachtbedingungen stimmen.**
- **Gibt es Höchstgrenzen für die Zahl der Tiere pro Hektar Weidefläche? Auf dem Bauernhof läßt sich das leicht nachprüfen.**
- **Welche Vorschriften gelten für das Tierfutter? Vom ökologischen Standpunkt ist Futter vorzuziehen, das ausschließlich vom eigenen Betrieb kommt.**
- **Wachstumsförderer, wie etwa Hormone, bringen vor allem in der Kälbermast wirtschaftliche Vorteile, sind aber problematische Hilfsmittel. Wenn jemand behauptet, sie würden nicht eingesetzt, sollte man genau nachfragen, wie das kontrolliert wird.**
- **Transport und Schlachtung sind wesentliche Elemente auf dem Weg zu guter Fleischqualität. Wenn Markenfleisch in einem Schlachthof zerlegt wurde, der auch andere Ware verarbeitet, besteht die Gefahr, daß das Fleisch verwechselt wird.**
- **Zur Sicherheit sollte man auch nach Kontrollen auf Rückstände an Tierarzneimitteln im Fleisch und vor allem nach der Hygiene fragen.**

weise ist eine ausreichende Standfläche auf den Transportfahrzeugen vorgeschrieben, damit für die Tiere kein Streß entsteht.

Jedes Schlachtunternehmen muß daher seinen Betrieb von einer Expertenkommission abnehmen lassen, wenn es in das CMA-Prüfsiegel-Verfahren aufgenommen werden will. Nach der Schlachtung wird an jeder Schlachthälfte die Qualität überprüft.

Damit das Fleisch ohne Qualitätsverluste in den Handel gelangt, müssen Teilstücke mit Knochenbrüchen ausgesondert werden; dasselbe gilt für Fleisch mit überhöhter Keimzahl. Für Lagerung und Transport ist eine ausreichende Kühlung verbindlich.

Auch Verkaufsräume, in denen Prüfsiegel-Fleisch angeboten wird, müssen hinsichtlich Kühleinrichtungen und Hygiene besonderen Anforderungen entsprechen.

Der Vorteil des CMA-Programms liegt darin, daß die Kontrolle alle Stationen von der Aufzucht bis zur Ladentheke umfaßt und daß das Prüfsiegel bundesweit gilt. In vielen Regionen gibt es darüber hinaus weitere Markenprogramme, die aber meist nur eine geringe Verbreitung haben.

Gutes Fleisch erkennt man an Farbe, Fett und Konsistenz: Junge Tiere haben bei allen Tierarten eine hellere Fleischfarbe als ältere. Schmackhafte Fleischgerichte erhält man am besten mit den nicht ganz mageren Stücken: So sollte Rindfleisch marmoriert, das heißt von feinen Fettadern durchzogen sein; beim Schwein sind die leicht fettdurchzogenen Stücke schmackhafter als die extrem mageren Schinken. Denn Fett ist ein wichtiger Träger von Aromastoffen und macht das Fleisch außerdem saftig. Zugesetztes Bratfett gleicht die fehlende Marmorierung nicht aus.

Die wichtigsten Einkaufstips:

▶ Ein trockener Anschnitt des Fleisches weist auf ein gutes Safthaltevermögen hin. Schnitzel und Koteletts, die Saft lassen, sollte man liegen lassen.

▶ Wenn das Fleisch sehr weich ist, dann ist es fast immer auch wäßrig; solche Ware sollte man nicht kaufen.

▶ Frischer Ware ist generell der Vorzug zu geben. In den Supermärkten wird Fleisch oft abgepackt angeboten, was den Nachteil hat, daß damit mehr Verpackungsmaterial anfällt.

Bei verpacktem Fleisch sollte man unbedingt auf das Datum der Abpackung achten (nähere Angaben zur optimalen Reifezeit von Fleisch > Seite 338). Wenn das Fleisch in der Verpackung im Wasser schwimmt oder die Unterlage aus Zellstoff mit Fleischsaft getränkt ist, ist man gut beraten, etwas anderes zu kaufen.

▶ Das Fleisch von jungen Tieren, wie Kalb oder Lamm, ist meist sehr feinfaserig. Jungbullenfleisch und Kuhfleisch ist gröber in der Struktur als das von Ochsen. Grobfaseriges Fleisch ist meistens zäher und benötigt längere Garzeiten. Zum Kurzbraten ist es nicht geeignet, zum Braten oder Kochen schon.

▶ Wegen des hohen Energiebedarfs, den die Kühlung beansprucht, sollte man tiefgekühltes Fleisch nur kaufen, wenn keine frische Ware erhältlich ist. Tiefgekühltes Fleisch weist außerdem nicht selten Frostbrand auf; damit sind Veränderungen im Fleischgewebe gemeint, die entstehen, wenn Eiskristalle verdampfen und Luft in die entstehenden Hohlräume eindringt, oder wenn die Verpackungsfolie löchrig ist. Das Fleisch wird dadurch zäh und verliert seinen Geschmack. Das kann auch passieren, wenn man Fleisch, Geflügel oder Wild selbst einfriert (> Seite 339).

Gefrorenes Fleisch hat auch den Nachteil, daß es nach dem Auftauen rasch verbraucht werden sollte (im Handel erhältliches aufgetautes Fleisch erkennt man an dem Zusatz: »Aufgetautes Fleisch, zum sofortigen Verbrauch bestimmt«). Fleisch verliert beim Auftauen viel Zellflüssigkeit und kann beim Zubereiten zäh und trocken werden. Aufgetautes rohes Fleisch sollte man nicht wieder einfrieren, weil die Qualität darunter leidet.

Die Einhaltung der Kühlkette ist für gute Qualität unerläßlich. Man sollte daher überprüfen, ob das Fleisch in der Theke gut gekühlt ist. Vor allem in Supermärkten und Lebensmittelabteilungen von Warenhäusern sind, wie eine Untersuchung der Verbraucherzentrale Hamburg im September 1993 zeigte, die Tiefkühltruhen mangelhaft: Nur 48 Prozent der untersuchten Tiefkühltruhen waren einwandfrei, die anderen waren entweder verschmutzt, die Temperatur war zu hoch, oder es fehlte das vorgeschriebene Thermometer.

Fleisch sollte vor der Zubereitung reifen. Bei diesem »Abhängen« verändert sich die Struktur des Fleisches – es wird zarter –, und das Fleischaroma entwickelt sich. Die Reifedauer ist abhängig von der Tierart: Rindfleisch braucht gut eine Woche, Kalb- und Lammfleisch vier bis sieben Tage, Schweinefleisch dagegen nur zwei bis drei Tage.

Die Reife des Fleisches kann man beim Einkauf kaum erkennen. Das Mindesthaltbarkeitsdatum ist sowohl bei verpacktem frischem als auch bei tiefgekühltem Fleisch eine wichtige Einkaufshilfe. Obwohl das Fleisch nach Ablauf dieses Datums nicht automatisch schlecht ist, sollte man es dennoch besser innerhalb der angegebenen Frist verbrauchen. Kritische Experten sind außerdem der Meinung, daß die Mindesthaltbarkeitsspannen oft zu lang bemessen sind, vor allem in den großen Supermärkten. Daher sollte man vor dem Einkauf die Daten auf der Verpackung lesen und Waren, die schon kurz vor Ablauf der Frist stehen, sicherheitshalber liegen lassen.

Laut Gesetz sind abgepackte Fleischwaren mit einem abgelaufenen Mindesthaltbarkeitsdatum noch genießbar und dürfen auch im Handel angeboten werden; sie unterliegen allerdings einer erhöhten Sorgfaltspflicht durch den Händler und sollten außerdem besonders kenntlich gemacht werden, damit der Käufer weiß, daß er die Ware sofort verbrauchen soll.

Merkmale eines guten Fleischers

Fleischqualität ist abhängig von der Fütterung, der Haltung, dem Alter, dem Geschlecht, der Schlachtung und der Reife. Die meisten dieser Kriterien kann der Verbraucher nicht erkennen. Auch Merkmale wie Safthaltevermögen, Zartheit und Geschmack sieht man dem Fleisch in der Theke nicht an.

Deshalb ist es wichtig, den richtigen Fleischer auszuwählen: Fachbetriebe werden zum Teil noch von einer Familie mit wenigen Hilfskräften geführt. Sie leiden zunehmend unter der Konkurrenz von großen Handelsketten, die Fleisch zum Teil sehr preisgünstig anbieten. Aber auch in Supermärkten gibt es gut geführte Fleischtheken mit qualitativ guter Ware.

Die Wahl des Fleischers sollte nach folgenden Kriterien erfolgen:

- **Der Fleischer muß für jede Fleischart über den Schlachtzeitpunkt – und damit über den Reifezustand – Auskunft geben können.**
- **Gute Fleischer wissen auch, ob Fleisch beispielsweise vom Ochsen oder von der Kuh und von welcher Rasse das Schweinefleisch stammt. Sie sollten auch über die Herkunft des Fleisches Auskunft geben können.**
- **Wer ein Stück auf Wunsch anders zerteilt als üblich oder etwa Rindfleisch zur Zubereitung von Tafelspitz beschaffen kann, versteht sein Handwerk.**
- **Viele Fleischer bereiten Hackfleisch »auf Vorrat«, zuweilen wird dabei minderwertiges Material verwendet. Gute Fleischer stellen Hackfleisch frisch her, am besten vor den Augen des Käufers.**
- **Jeder Fleischer braucht Hilfskräfte, die über die Qualität von Fleisch oft nicht ausreichend Bescheid wissen (Seite 334). Das ist auch kein Problem. Aber eine Fachkraft – entweder der Meister selbst oder ein geschulter Vertreter – sollte regelmäßig zur Beratung anwesend sein.**
- **Fast ein Drittel der Fleischer schlachtet noch selbst. Bei einem guten Fachbetrieb ist das ein Vorteil, denn dann weiß der Verkäufer zuverlässig, was er anbietet, und kann zum Beispiel auch über seine Wurstwaren genaue Auskunft geben.**
- **Sogenannte Rotlichtlampen dagegen täuschen den Verbraucher, weil graues, altes Fleisch in diesem Licht »schön gefärbt« aussieht.**
- **Wenn ein Fleischer Markenfleisch anbietet, so spricht das für sein Qualitätsbewußtsein (> Seite 334).**

Im Juli 1993 trat eine EU-Richtlinie in Kraft, wonach leicht verderbliche Lebensmittel mit dem sogenannten Verbrauchsdatum versehen sein müssen. Sie dürfen nach Ablauf dieser Frist nicht mehr verkauft werden. In Deutschland wird diese Richtlinie für frisches Fleisch und Hackfleisch (Ö: Faschiertes) angewendet.

Je fettreicher das Fleisch ist, desto kürzer ist seine Haltbarkeit. Das gilt auch bei Tiefgefrierware. Denn selbst bei Temperaturen von unter minus zwanzig Grad geht der Fettabbau weiter, das Fleisch wird ranzig. Tiefgefrorenes Fleisch muß stets gut verpackt sein, da es sonst austrocknet und das Ranzigwerden beschleunigt wird. Diese trockenen Stellen, die sich bei undichten Verpackungen häufig finden, nennt man Gefrierbrand. Sie sind ein Qualitätsmangel und weisen, ebenso wie Schnee in der Plastikfolie, auf schlechte Lagerbedingungen hin.

Kurzfristige Lagerung

Fleisch verdirbt bei fünf Grad Celsius etwa zweimal, bei zehn Grad Celsius fünfmal und bei zwanzig Grad Celsius zehnmal schneller als bei null Grad Celsius. Deshalb den Kühlschrank auf null bis vier Grad Celsius einstellen (mit Thermometer kontrollieren und Fleisch möglichst dicht ans Verdampferfach legen. In den meisten Haushaltskühlschränken liegen die Temperaturen höher, oft nur deshalb, weil der Thermostat falsch eingestellt ist (Seite 135).

Fleisch selbst einfrieren und auftauen

Frisches Fleisch hat sicher den höchsten Genußwert. Aber wenn eine längerfristige Lagerung notwendig ist oder wenn man am Bauernhof größere Mengen, etwa ein halbes, zerlegtes Schwein erstanden hat, dann ist das Einfrieren für Geschmack, Inhaltstoffe und Struktur des Fleisches eine gute Alternative.

Wesentlich für die Erhaltung der Fleischqualität sind vor dem Einfrieren ausreichendes Abhängen, gutes, möglichst luftdichtes Verpacken und dann ein schnelles Einfrieren. Die einzelnen Portionen sollten nicht größer als 2,5 Kilogramm sein, und das Gefriervermögen von etwa fünf bis sieben Kilogramm je 100 Liter Nutzinhalt des Gerätes darf nicht überschritten werden, damit alles rasch durchfriert (> Kühlgeräte, Seite 126).

Wird zuviel auf einmal eingefroren, läuft beim Auftauen aus dem zerstörten Gewebe sehr viel Fleischsaft aus.

Anhaltspunkte für Lagerzeiten: mageres Fleisch 6 bis maximal 9 Monate, fettes Fleisch und zubereitete Fleischspeisen etwa 3 Monate.

Das Auftauen größerer tiefgefrorener Fleischstücke und Geflügel im Kühlschrank bei fünf bis zehn Grad Celsius ist das hygienisch sicherste Verfahren. Zweitbestes Verfahren ist das Erwärmen im Mikrowellengerät. Das Auftauen bei Raumtemperaturen von 18 bis 20 Grad Celsius ist problematisch, weil sich bei diesen Bedingungen Keime rasch vermehren. Am besten läßt man Fleischstücke nur antauen und bereitet sie sofort zu. Lediglich Geflügel muß vor der Verarbeitung vollständig aufgetaut sein. Achtgeben, daß das Geflügel gut durchgegart ist (das an den Knochen haftende Fleisch darf keinesfalls rosa sein).

Pökeln und Räuchern

Seit alters her wird Fleisch durch Zusatz von Kochsalz, Pökelsalz oder durch Räuchern haltbar gemacht. Reines Kochsalz verwendet man dann, wenn das zu konservierende Produkt keine Eigenfarbe besitzt, wie beispielsweise Speck oder Därme.

Das Pökeln dagegen liefert Produkte, die eine der natürlichen Fleischfarbe ähnliche und kochfeste Farbe aufweisen. Das Fleisch wird dabei mit Nitritpökelsalz behandelt. Eine Überdosierung erkennt man daran, daß die Wurst versalzen ist. Zu stark gepökeltes Fleisch ist außerdem trocken und fasrig, weil durch das Salz zuviel Wasser entzogen wurde. Je nach Pökelart und Pökeldauer ergeben sich Wasserverluste bis zu 50 Prozent.

Vorsicht: Aus dem Nitrit des Pökelsalzes können im Verdauungstrakt des Menschen Nitrosamine gebildet werden, die als krebserregend eingestuft werden. Daher sollten gepökelte Waren nur ab und zu genossen und auch nicht gegrillt werden, denn durch hohe Temperaturen werden mehr Nitrosamine gebildet.

Gepökeltes Fleisch wird teilweise für längere Zeit luftgetrocknet und unter Umständen kalt geräuchert. Dabei entstehen zum Rohgenuß geeignete haltbare Fleischwaren, wie roher Schinken, durchwachsener Speck, Schinkenspeck und Knochenschinken. Regionale Spezialitäten sind Westfälischer Schinken, in Bayern und Österreich Bauerngeselchtes.

Gepökeltes Fleisch kann aber auch auf etwa siebzig Grad Celsius erhitzt werden, und man erhält gekochten Schinken (Hinter-, Vorder und Formschinken, > Seite 363).

In manchen Regionen wird das Fleisch vor dem Kochen noch heiß geräuchert oder in kaltem Rauch durchgebraten; dabei wird dem Fleisch zehn bis vierzig Prozent Wasser entzogen. Der Rauch wirkt durch seinen Gehalt an bestimmten organischen Stoffen keimhemmend. Selchwaren und Bratspeck bekommt man in guter Qualität in ländlichen Regionen der Alpen.

Tips zur Zubereitung:
Schwein > Seite 334, Rind > Seite 348, Lamm > Seite 351, Geflügel > Seite 356 und Wild > Seite 358.

Die Ernährungsphysiologen schätzen am Fleisch, daß es reich an hochwertigem Eiweiß ist und daß dieses Eiweiß außerdem eine sehr ausgewogene Zusammensetzung aufweist. Darüber hinaus ist es generell, unabhängig von der Tierart, leicht verdaulich. Maßvoller Konsum von Fleisch liefert also alles, was der menschliche Körper zum Aufbau seiner eigenen Eiweißstoffe braucht.

Die meisten Menschen essen Fleisch wegen seines Geschmacks: Ein saftiges Steak oder eine rosa gebratene Ente bescheren, als Mittelpunkt einer Festmahlzeit serviert, Lob und Anerkennung.

Häufig wird allerdings eingewendet, daß Fleisch viel Fett enthalte und daher ungesund sei. Diese Behauptung ist derzeit nicht mehr aufrechtzuerhalten: Neue Untersuchungen der Bundesanstalt für Fleischforschung in Kulmbach ermittelten als Durchschnitt einen Fettgehalt des Frischfleisches von 8,6 Prozent, das ist wesentlich weniger als in den verbreiteten Kalorientabellen angegeben.

Beim Fleisch kommt es ganz entscheidend auf die Auswahl des Teilstücks und auf die Zubereitung an, wenn man etwas Fettarmes kochen will (> Seite 198). Ob es vom Rind, vom Lamm oder Schwein ist, spielt dagegen keine so große Rolle.

Bei unseren Kostgewohnheiten fällt der Fettgehalt der Wurst oft mehr ins Gewicht als der des Fleisches. Denn über 40 Prozent des Fleischkonsums sind Fleischwaren. Und schon für die »durchschnittliche« Wurst ermittelten die Wissenschaftler einen Fettgehalt von 24,3 Prozent.

Neben dem Eiweiß- und Fettanteil sind im Fleisch besonders die B-Vitamine wichtig: So enthalten 200 Gramm Schweinefleisch nahezu den gesamten Tagesbedarf an Vitamin B 1; Fleisch von der Schweinelende hat fast dreimal soviel Vitamin B 1 wie Roggenkorn. Fleisch von Rind und Kalb liefert wesentlich weniger von diesem für das Nervensystem wichtigen Vitamin, ist aber immer noch eine gute Quelle für die Vitamine der B-Gruppe. Dafür enthält Rindfleisch mehr Eisen als Schweinefleisch. Beide sind für die Deckung des Bedarfs an diesem Mineralstoff wichtig – zumal Eisen aus Fleisch bedeutend besser verwertet wird als das aus pflanzlichen Lebensmitteln (die Verdauungsorgane können das in tierischen Produkten enthaltene Eisen leichter aufnehmen).

Die Inhaltsstoffe Cholesterin und Purine können sich dagegen negativ auswirken, wenn man täglich eine große Portion Fleisch ißt: Sie führen bei Menschen mit entspre-

Vom Bullengott zur Fleischmaschine

Nach der ägyptischen Mythologie, berichtet der US-Autor Jeremy Rifkin, habe ein Mondstrahl die Kuh geschwängert, die den Bullengott Apis hervorbrachte. Er wurde zum Symbol für Kampfesmut und Stärke. Fortan mußten die Priester einem Bullen dienen. Die schönsten Frauen wurden ihm nackt vorgeführt, um seine Kraft zu stimulieren. Nach Ablauf des Jahres wurde der Bulle rituell geschlachtet, einbalsamiert und wie ein König in einem Monument begraben.

Auch die Höhlenmalereien in Lascaux, das goldene Kalb der Hebräer, der kretische Minotaurus oder der gehörnte Dionysos erinnern an die kultische Bedeutung des Bullen.

Erst die Neuzeit hat die alten Götter vom Thron gestürzt.

Heute werden die Bullen kastriert, um ihr Temperament zu dämpfen. Rinder sind gewissermaßen zu Fleischmaschinen geworden, die im übrigen sehr viel Energie verbrauchen.

Eine erste Ausweitung der Viehwirtschaft begann in Europa bereits im 16. Jahrhundert. Nach den dunklen Jahrhunderten der Pest waren Arbeitskräfte knapp, die Fürsten mußten ihren Untertanen mehr Fleisch zubilligen, damit sie ihre Ländereien bestellen konnten. Inzwischen hatten die Spanier mit ihren Eroberungszügen nach Westen auch die ersten Viehherden nach Amerika gebracht. Diese verbreiteten sich bald bis nach Argentinien.

Eines Tages kam die Nachricht, im amerikanischen Mittelwesten gebe es unermeßliche Weidegründe. Reiche Europäer transferierten ihr Kapital nach Amerika, um sich ihren Anteil an dem erhofften Wachstumsmarkt zu sichern. Der plötzliche Geldfluß beschleunigte den Aufschwung Amerikas, die Regionen des Neuen Kontinents wurden immer schneller besiedelt.

Nach und nach verstärkte sich auch in Europa der Konzentrationsprozeß in der Viehwirtschaft. Er hinterläßt seine Spuren in der Umwelt: Bei der Verdauung der enormen Nahrungsmengen entwickeln die Tiere soviel Gase, daß sie inzwischen zu einem nicht unerheblichen Teil zum Treibhauseffekt beitragen. Dazu kommt, daß viele Betriebe die Pflanzenernte von zehnmal soviel Land, wie sie selber besitzen, an Tiere verfüttern; die anfallenden Güllemengen müssen sie dann auf einem Zehntel der ökologisch sinnvollen Fläche loswerden.

Wer dagegen Fleisch von ökologisch orientierten Bauernhöfen kauft, die ihre Produkte häufig unter einem Markenzeichen vertreiben (> Seite 336), unterstützt den längst fälligen Prozeß zur Neubesinnung auf das Wesentliche: Denn Freilandrinder leben nicht nur gesünder, die artgerechte Tierhaltung ist auch ökologisch sinnvoller.

chender Veranlagung nach und nach zu Fettstoffwechselstörungen und Gicht, beides Risikofaktoren für die Entstehung von Herz-Kreislauf-Erkrankungen. In diesen Fällen ist besondere Sparsamkeit bei Fleisch und vor allem bei Wurst angezeigt.

Zwei- bis dreimal pro Woche Fleisch ist daher aus ernährungsmedizinischer Sicht genug. Die Portionen sollten nicht mehr als 150 Gramm wiegen. Bei der Wurst sparen und fettarme Sorten wie Aspikwürste oder Bierschinken (Ö: Krakauer) bevorzugen.

Zwischen den einzelnen Fleischarten gibt es kaum Unterschiede: Schweinefleisch ist im Durchschnitt nicht cholesterin- oder purinreicher als Rindfleisch oder Geflügel. Mageres Fleisch enthält genausoviel Cholesterin wie fette Teile, denn Cholesterin ist ein Baustein der Zellwände und kein Fett. Innereien, besonders Hirn, sind daher aufgrund ihres Zellreichtums ganz besonders cholesterinreich.

Rückstände im Fleisch

Die Lebensmittelüberwachung findet bei Kontrollen immer wieder Stoffe mit pharmakologischer Wirkung, Hormone oder Verunreinigungen im Fleisch. Ursachen sind zum Beispiel die mißbräuchliche Verwendung von Tierarzneimitteln, die Nichteinhaltung von vorgeschriebenen Wartezeiten, kontaminiertes Futter, aber auch überall in der Umwelt vorhandene Substanzen wie PCB (Polychlorierte Biphenyle), die sich im Fettgewebe anreichern.

Die Dosierung von Tierarzneimitteln und vorgeschriebene Wartezeiten vor der Schlachtung (damit die Wirkstoffe abgebaut werden) sind in der Praxis kaum kontrollierbar. Über das Ausmaß illegaler Anwendungen gibt es keine Schätzungen. Die Zahl der positiven Befunde bei Rückständen von Antibiotika liegt bei allen Schlachttieren bei etwa drei Prozent. Der graue Markt scheint außerdem von den offenen Grenzen der EU zu profitieren. Dennoch kann man sagen, daß Fleisch in der Regel arm an Rückständen ist; massive Belastung mit Rückständen ist die Ausnahme.

Die illegale Anwendung von Hormonen spielt lediglich bei Kälbern eine Rolle; mit Hilfe von Hormonzugaben läßt sich pro Tier ein Mehrertrag von 50 bis 100 DM erzielen.

Das Problem bei den Rückständen: Weder der Fleischer noch der Verbraucher können dem Fleisch ansehen, ob es kontaminiert ist. Daher greifen immer mehr Konsumenten zu Markenfleisch, dessen Produzent rigide Kontrollen der Rückstände garantieren kann (> Seite 336).

Schweine-fleisch

Das Schweinefleisch ist und bleibt die Lieblingsspeise der Deutschen: Von den insgesamt rund 67 Kilogramm Fleisch, die jeder im Durchschnitt pro Jahr ißt, entfallen etwas über 40 Kilogramm auf das Schweinefleisch.

Dennoch hat sich im Lauf der Zeit an der Fleischqualität viel geändert: Bis vor rund dreißig Jahren wurde in Mitteleuropa der Typ des Fettschweins gezüchtet, das in der Lage war, große Mengen von Futter zu verwerten, das heißt, rasch Gewicht, vor allem Fett, zuzulegen.

Später verlangten die Verbraucher zunehmend zartes Fleisch mit möglichst wenig Fett. Deshalb wurden magere, lang gebaute Schweine gezüchtet; sie besitzen mehr Rippenpaare als früher und zum Teil weit vorquellende Schultern.

Diese Züchtungen hatten allerdings eine hohe Streßanfälligkeit zur Folge – was sich auch in der Fleischqualität negativ bemerkbar machte (und noch immer macht): Vor allem die mageren Teilstücke streßanfälliger Schweine sind blaß, weich und wäßrig (im Fachjargon heißt dieses Fleisch PSE-Fleisch, P steht für pale [blaß], S für soft

Teilstücke des Schweins

Teilstück	Beschreibung	Eignung
Oberschale 	▶ Teilstück des Hinterviertels, fleischig und von einer dünnen Fettschicht bedeckt.	▶ Gut zum Kurzbraten, Kochen und Pökeln. Eignet sich gut für Schnitzel und auch im ganzen zum Braten.
Schinkenspeck 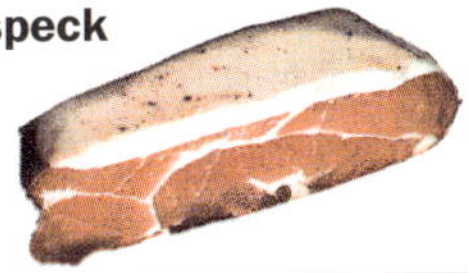	▶ Teilstück der Keule, auch als preiswerte Sorte von rohem Schinken angeboten.	▶ Gut zum Braten im ganzen, wird oft gepökelt und gekocht.
Nuß 	▶ Teilstück des Hinterviertels, von einer Sehne durchzogen, aber dennoch zart.	▶ Ist als Braten gut geeignet. Man kann sie auch kochen und pökeln. Gut für Fondue.
Kotelett (Karree) 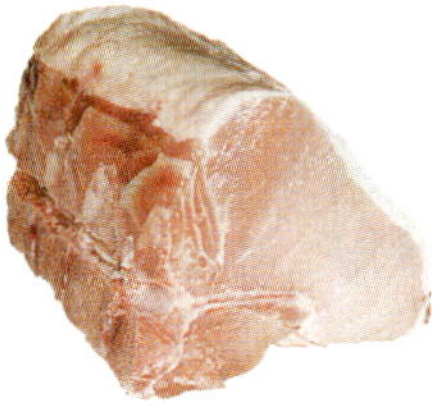	▶ Teil des Schweinerückens. Aus der Mitte des Kotelettstranges – ab der 3. Rippe im Brustbereich – schneidet man die sogenannten Stielkoteletts (Karree, Karbonade). Koteletts aus dem Lendenbereich heißen Filet- oder Lummerkoteletts.	▶ Kann im ganzen gebraten werden. Gut für Koteletts und Steaks. Spezialitäten sind Kasseler Rippenspeer und Lachsschinken. Stielkoteletts eignen sich im Stück zum Braten, seltener zum Kochen; in Scheiben oder ausgelöst als Schmetterlingsschnitzel zum Kurzbraten.
Filet (Lende, Ö: Jungfernbraten) 	▶ Das zarteste Teilstück ist das Filet, auch Lende genannt. Feine Fleischfasern, sehr mager.	▶ Als ganzes oder in Medaillons geschnitten zum Kurzbraten geeignet, für Fleisch-Fondues oder Spießchen.
Nacken (Hals oder Kamm, Ö: Schopf) 	▶ Sehr saftiges Fleisch, das mit Fettadern und Bindegewebe durchzogen ist. Der gepökelte Nacken heißt Kasseler Nacken.	▶ Zum Kurzbraten oder Grillen, als Rollbraten oder für Gulasch und Schmorgerichte (> Seite 510).
Schulter (Bug) 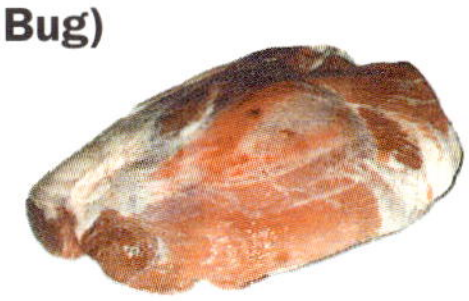	▶ Wird auch als Vorderschinken bezeichnet und ist sehr preiswert. Das Fleisch wird oft »wie gewachsen« mit Knochen und Schwarte angeboten.	▶ Zum Braten und Schmoren entweder im Stück oder als Rollbraten, Gulasch, für Geschnetzeltes, Schweinepfeffer und Frikassee. Magere Teile gut für Hackfleisch.
Brustspitze (dicke Rippe) 	▶ Etwas grobfaseriges Fleisch. Brustrippen zum Grillen nennt man Spareribs.	▶ Vor allem zum Kochen und für Eintopf (> Seite 715), auch zum Füllen und Schmoren geeignet.
Schweinebauch, Schweinsfüße, Rückenspeck 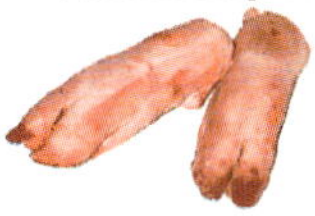 	▶ Schweinebauch wird mit oder ohne Knochen angeboten. Schweinsfüße haben viel Bindegewebe (läßt eine Brühe gelieren). Rückenspeck ist die Fettauflage des Schweinerückens.	▶ Gut für Eintöpfe und zum Kochen (> Seite 508), magere Stücke zum Grillen. Schweinsfüße nur für Sülze geeignet, Rückenspeck zum Bardieren (mit Speckscheiben belegen) und Spicken.

[weich, schwammig] und E für exsudative [wäßrig]).

Besonders streßanfällig ist die Piétrain-Rasse; die Tiere sind kurz, breit und tiefrumpfig gebaut und bilden ungewöhnlich viel Schinken aus. Viel robuster ist das Edelschwein, das man an den Stehohren erkennt. Es ist ein hervorragender Futterverwerter und in den Ostländern stark verbreitet. In Westdeutschland stellt es gegenwärtig nur einige Prozent der Population.

Wenig streßanfällig ist auch das »Deutsche Landschwein«, das man an weißen Borsten und weißer Haut erkennt. Diese Rasse ist auf den deutschen Bauernhöfen überwiegend anzutreffen.

Auch die auf mageres Fleisch abzielende Züchtung ist nicht mehr populär. Es setzt sich wiederum die – unseren Großmüttern wohlbekannte – Einsicht durch, daß Fett ein wesentlicher Träger von Aromastoffen ist, daß man also durch einen höheren Fettanteil ein schmackhafteres Fleisch erhält, das überdies in der Pfanne kaum schrumpft.

Diese Einsicht scheint zwar dem Rat der Ernährungswissenschaftler zu widersprechen, daß weniger Fett gegessen werden soll; sie ist aber dennoch akzeptabel, wenn insgesamt weniger Fleisch gegessen und fettarm zubereitet wird. Außerdem ist es kein Problem, fette Stücke wegzuschneiden. Es muß nicht alles gegessen werden, was auf den Teller kommt.

Gutes Schweinefleisch soll von feinen Fettadern durchzogen sein. Dünne Fettränder verhindern, daß Saft austritt. Gute Qualität ist feinfaserig, trocken und von hellroter Farbe; das Fett sollte fest und weiß sein.

Ein trockener Anschnitt des Fleisches weist auf ein gutes Safthaltevermögen hin. Das ist besonders bei den mageren Teilen vom Schwein wichtig. Schnitzel und Koteletts, die im Fleischsaft schwimmen, sollte man liegen lassen. Sie werden auch bei vorsichtigster Zubereitung sehr schnell trocken und schmecken fade.

Fleisch aus biologischem Anbau ist vor allem wegen der besseren Fütterung besonders schmackhaft. Gute Fleischqualität gewährleisten meist auch Produkte, die mit dem CMA-Prüfsiegel gekennzeichnet sind (> Seite 336). Für Schweinefleisch gilt dabei, daß die Ferkel zumindest von einem Elternteil stammen, der nicht streßanfällig ist. Die Futtermittel dürfen nur geringe Mengen (höchstens drei Prozent) Fischmehl enthalten; ab einem Lebendgewicht von 40 Kilogramm sind der Einsatz von Wachstumsförderern und Medikamenten verboten. Erschöpfte Tiere dürfen nicht verladen werden.

Minderwertiges PSE-Fleisch (> Seite 342) dagegen schmeckt fade und büßt bei der Zubereitung stark an Gewicht ein. Es sollte daher nicht gekauft werden.

Es ist empfehlenswert, Schweinefleisch so rasch wie möglich zu verbrauchen – es muß nicht wie Rindfleisch zuerst »abhängen«, um zu reifen. Am besten schmeckt Schweinefleisch zwei, drei Tage nach der Schlachtung.

Kurzbratstücke (> Seite 501) sind heute besonders beliebt. Ihre Zubereitung geht sehr rasch und verlangt kaum Kochkenntnisse. Deshalb gibt es in vielen Fleischereien nur noch die wertvolleren Teilstücke. Da sie nur etwas über die Hälfte des Schlachtgewichtes ausmachen, sind sie entsprechend teuer. Aus den preiswerten Teilen läßt sich jedoch auch etwas Gutes machen.

Für die einzelnen Garverfahren eignen sich:

▶ Im Backofen braten (> Seite 500): Keule, Karree, Filet, Bug, Eisbein (Ö: Stelze).

▶ Auf dem Herd braten (> Seite 500): Schnitzel aus Oberschale oder Nuß, Koteletts.

▶ Zum Grillen (> Seite 507): Keule, Koteletts, Karree, Filet, Schulter.

Achtung: Gepökeltes Fleisch sollte man nicht grillen, weil sich dabei krebserregende Nitrosamine bilden können.

▶ Zum Schmoren (> Seite 510): Eisbein (Ö: Stelze), Schulter, Schinken, Dicke Rippe, Nacken.

▶ Zum Kochen (> Seite 508): Eisbein (Ö: Stelze), Schulter, Bruststpitze und Bauch.

Aus Schweinefleisch lassen sich zahlreiche Speisen zubereiten, die man problemlos wieder aufwärmen kann, wie zum Beispiel Szekeler Gulasch (> Seite 712), Eintopf aus Schweinefleisch und Gemüse (> Seite 715) oder Ragout nach Bologneser Art (> Seite 717).

Von den ausländischen Zubereitungen sind besonders wohlschmeckend süß-saures Schweinefleisch, italienischer Schweinsbraten in Milch und Schweinsbacken mit Dörrzwetschgen.

Schweinefleisch hat kein gutes Renommé. Rational ist das kaum zu begründen, denn es unterscheidet sich in der Zusammensetzung kaum von anderen Fleischsorten. Schweinefleisch stammt heute ausschließlich von jungen Tieren, die im Alter von sechs bis sieben Monaten geschlachtet werden. Neue Analysen zeigen, daß der Fettgehalt niedriger ist, als in den verbreiteten Nährwerttabellen angegeben wird. So enthält Schweinefilet nur rund zwei Prozent Fett.

Fettgehalte einiger Fleischteile vom Schwein:

Teilstück	Fettgehalt
Nuß	1,3
Schnitzelfleisch	1,9
Filet	2,0
Kotelett	5,2
Kamm	9,6
Schulter	9,7
Eisbein (Ö: Stelze)	12,2
Bauchfleisch	29,0

(Angaben in g/100 g Rohgewicht)

Eine Besonderheit beim Schweinefleisch ist sein hoher Gehalt an Vitamin B1, das vor allem für den Stoffwechsel der Nerven und beim Abbau von Zucker und Stärke wichtig ist. Er macht es – neben den Getreideprodukten – zu dem mit Abstand wichtigsten Lieferanten dieses Vitamins: Eine Portion von 150 Gramm deckt bereits zwei Drittel des Tagesbedarfs.

Rindfleisch

Fast die Hälfte des Rindfleisches kommt in Deutschland von sogenannten Jungbullen; sie werden im Alter von 18 bis 22 Monaten geschlachtet und liefern sehr mageres Fleisch. Relativ grobfaserig dagegen ist Kuhfleisch, das etwa ein Drittel das Marktes ausmacht. Junge Kühe, die noch nicht gekalbt haben, heißen Färsen (Ö: Kalbin). Ihr Fleisch ist feinfaserig und kräftig rot.

Jungmastrinder beiderlei Geschlechts werden bis zu einem Schlachtgewicht von 250 Kilogramm gemästet und liefern sehr zartes, gut marmoriertes Fleisch.

Ochsenfleisch dagegen zeichnet sich durch einen sehr kräftigen Geschmack aus. Es kommt in der Regel erst nach zwei bis drei Weidemastperioden auf den Markt.

Gutes Rindfleisch hat eine sattrote Farbe, einen frischen Fleischgeruch und eine feinfasrige, marmorierte Struktur. Es sollte dem Fingerdruck nachgeben, die Eindrücke müssen sich aber rasch wieder ausgleichen.

Wenn man Rindfleisch anschneidet, sollte es eine gewisse Festigkeit zeigen, die Schnittstellen sollen glänzen.

Bei der Auswahl von Rindfleisch kommt es auch auf die Rasse an: In Deutschland wird vorwiegend das sogenannte Zweinutzungsrind gezüchtet, das sowohl als Milch- als auch als Fleischlieferant dient. Zunehmend werden die Rinder in Mutterkuhhaltung gezogen, wobei die Milch nur der Aufzucht ihrer Kälber dient; die Fleischqualität wird dadurch deutlich besser.

Im Handel muß allerdings nicht gekennzeichnet sein, von welcher Tierart das Rindfleisch stammt. Die Beratung im Fachgeschäft oder das Vertrauen auf ein entsprechendes Markenprogramm sind deshalb die einzigen Wege für eine genauere Information – der Fleischer sollte darüber informieren können (Seite 338).

Teilstücke vom Rind

Name	Beschreibung	Eignung
Roastbeef (Rostbraten, Ö: Beiried), Rückenstück des Hinterviertels 	▶ Zartes und wertvolles Fleisch. Sollte gut abgehangen und fein marmoriert sein, damit es aromatisch und mürbe schmeckt. Wird mit oder ohne Knochen angeboten.	▶ Gut zum Kurzbraten. Aus der Hüfte – manchmal flaches Roastbeef genannt – lassen sich saftige Rumpsteaks zubereiten. Mit Kräuterkruste gebraten ist das Roastbeef eine Delikatesse.
Filet (Lende, Ö: Jungfernbraten, Lungenbraten) 	▶ Zartestes und teuerstes Teilstück, liegt an der Innenseite des Roastbeefs. Das Filetsteak aus der Mitte ist besonders gut, aber teurer als die Filetspitzen. Chateaubriand ist ein doppeltes Steak aus dem breiten Filet.	▶ Wird entweder im ganzen gebraten oder zu Steaks verarbeitet; Filetspitze wird als Fonduefleisch, zu Minutengulasch, für Boeuf Stroganoff oder Filet Mignon verwendet. Tournedos aus dem schmalen Filetstück am besten mit Speck umwickelt garen.
Hochrippe (Hohe Rippe, Rippenstück, Zwischenrippenstück, Ö: Rostbraten) 	▶ Schließt an das Roastbeef in Richtung Kopf an. Sehr aromatisches, saftiges, von feinen Fettäderchen durchzogenes Teilstück. Wird meist als Zwischenrippenstück (Entrecôte) angeboten; nach amerikanischem Zuschnitt unterscheidet man Rib-Eye-Steaks (mit dem von Fett umgebenen »Auge«) sowie Prime-Rib-Steaks.	▶ Eignet sich gut zum Braten und Grillen sowie als Rostbraten. Ergibt die klassischen am Knochen gegarten Steaks, die je nach Schnittführung unterschiedlich bezeichnet werden.
Oberschale 	▶ Teilstück des Hinterviertels. Mageres und zartes Fleisch.	▶ Sehr gut zum Braten und Schmoren, für sehr große Rouladen, sehr gut für Tatar.
Unterschale (Schwanzstück, Frikandeau, Bodenschlegel, Ö: Beinscherzel) 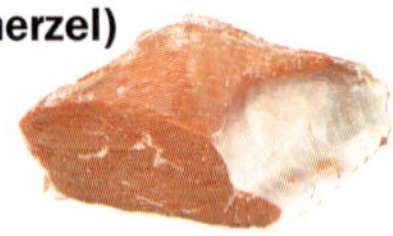	▶ Teilstück des Hinterviertels. Etwas grobfasriger als die Oberschale, aber auch mager.	▶ Zum Braten und Schmoren sowie für Rouladen und Gulasch geeignet.
Tafelspitz (Hüftdeckel) 	▶ Hochwertiges Ende der Unterschale mit flach zulaufender Spitze.	▶ Das klassische Teilstück des Rindes zum Kochen in Brühe, ergibt ein sehr saftiges Gericht.
Blume (Hüfte, Rose) 	▶ Teilstück des Hinterviertels. Saftig und mit lockerer, zarter Struktur.	▶ Eignet sich für Schmorbraten, aber auch zum Kurzbraten (Hüftsteak) und ergibt kleine, aber sehr zarte Rouladen.

Name	Beschreibung	Eignung
Kugel (Kopfstück, Maus, Nuß, Ö: Zapfen) 	▶ Fettarmer Teil des Hinterviertels mit zartem Fleisch.	▶ Gut für Rouladen und zum Schmoren. Läßt sich auch im ganzen als großer Braten zubereiten.
Hinterhesse, Vorderhesse (Ö: Wadschunken) 	▶ Hoher Anteil an Sehnen und Knochen. Auch mit dem Knochen durchgesägt als Beinscheiben erhältlich.	▶ Gut für preiswertes Gulasch, Beinscheiben eignen sich für Suppenfleisch, auch zum Schmoren.
Ochsenschwanz (Ö: Ochsenschlepp) 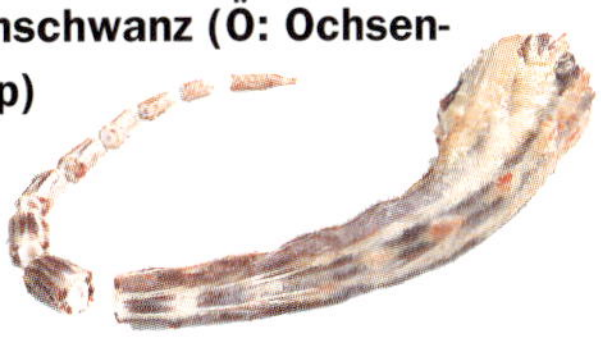	▶ Kerniges, aromatisches Fleisch. Reich an Bindegewebe (gut zum Gelieren).	▶ Der dickere Teil ist gut für Ragouts, der dünnere und die Spitze verleihen Saucen und Suppen Geschmack und gute Bindung.
Bug (Schulter) 	▶ Teil des Vorderviertels, besteht aus Dickem Bugstück (Ö: Dicke Schulter), dem wertvollsten Teilstück mit zartem Fleisch und dem Falschen Filet (Ö: Mageres Meisel, ähnlich wie Filet, nur kleiner und sehnenreicher). Weniger wertvoll ist der Schaufeldeckel.	▶ Bugstück und Falsches Filet eignen sich zum Schmoren, für Ragout, Gulasch und kleine Rouladen sowie zum Einlegen für Sauerbraten. Der Schaufeldeckel ist im Handel als Kochfleisch und entsehnt auch als Rollbraten erhältlich.
Kamm (Nacken, Hals, Ö: Tristel), Fehlrippe (Dicke Rippe) 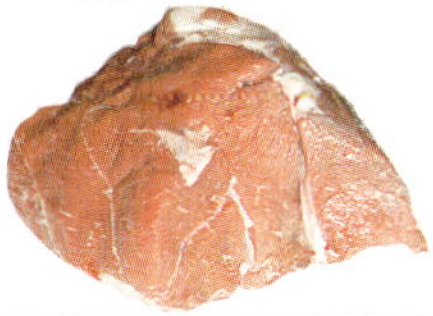	▶ Grobfasrig und mit Fett durchzogen. Kräftiger Geschmack.	▶ Gut für Suppen, Eintöpfe, zum Kochen und Schmoren.
Brust und Rippen 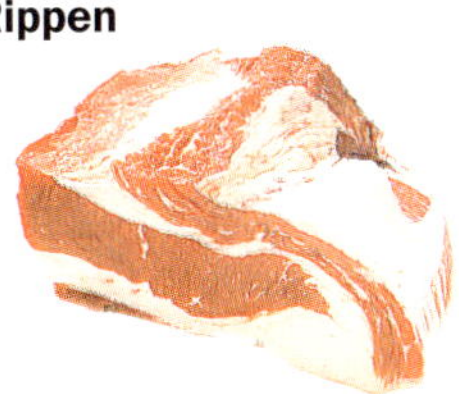	▶ Man unterscheidet den mit Fett durchzogenen Brustkern (Ö: Dickes Kugerl) und die fleischige Brustspitze. In regelmäßigen Abständen von Rippe durchzogene Stücke heißen Leiterfleisch.	▶ Die Teilstücke sind gut zum Kochen, für Suppen und zum Pökeln geeignet. Vor allem die Brustspitze ergibt ein preiswertes Kochfleisch. Die gekochte Brust schmeckt gut mit Meerrettichsauce.
Spannrippe (Ö: Beinfleisch), Knochendünnung, Fleischdünnung 	▶ Teile des Rinderbauches, viel Knochen, Fett und Bindegewebe.	▶ Zum Kochen und für Eintöpfe. Kräftiger Geschmack.

Die beste Qualität bringen Rinderrassen, die ausschließlich für die Fleischgewinnung gezüchtet werden: Am bekanntesten sind Angus, Charolais, Limousin und Hereford, die außer in der Direktvermarktung gelegentlich auch schon in guten Fleischereien zu finden sind.

Die Aufzucht dieser Rassen ist relativ teuer, und die erzielbaren Preise sind meist nicht hoch genug, weshalb sie nur etwa zehn Prozent des heutigen Angebotes stellen. Aber für Feinschmecker ist ein Steak vom Angus-Rind oder vom schottischen Hochlandrind natürlich etwas Besonderes – für ein Festessen sollte man sich diesen Luxus durchaus leisten (> Seite 634).

Rindfleisch zum Kurzbraten muß mindestens 14 Tage abhängen, Stücke zum Kochen fünf bis sechs Tage. Während dieses Vorgangs bildet sich Milchsäure, die das Bindegewebe lockert und Aromastoffe entwickelt. Das Fleisch wird mürber, der Geschmack typischer.

Im Kühlschrank kann man Rindfleisch bei zwei bis sechs Grad bis zu fünf Tage lang aufheben. Eine fehlende Reife läßt sich dabei allerdings nicht mehr nachholen, denn es muß das ganze Rind »im Stück« reifen. Da eine hohe Luftfeuchtigkeit das Abtrocknen der Oberfläche und Farbveränderungen verhindert, ist das Verpacken in Polyäthylenbeutel empfehlenswert.

Zum Braten und Schmoren eignen sich viele der preiswerten Stücke. Für bindegewebereiches Fleisch ist eher Kochen empfehlenswert. Langes »Köcheln« knapp unter dem Siedepunkt macht das Fleisch zart und saftig.

Für die einzelnen Garmethoden sind geeignet:

▶ Zum Braten im Backofen (> Seite 500): Hochrippe, Roastbeef, Filet, Dickes Bugstück.
▶ Zum Braten auf dem Herd und zum Grillen (> Rosa gebratenes Rinderfilet, Seite 503, Gegrilltes T-Bone-Steak, Seite 508): Filet, Rumpsteak, Zwischenrippenstück, Kotelett.
▶ Zum Schmoren (Geschmortes Rindfleisch mit Zwiebel, Geschmorter Sauerbraten Seite 511): Schwanzstück, Bugstück, Hals, Nacken, Falsches Filet.
▶ Zum Kochen (> Gekochtes Leiterfleisch, Seite 509): Tafelspitz, Hals, Bugstück, Falsches Filet (Ö: Mageres Meisel), Brustspitze, Beinscheiben, Fehlrippe (Hinteres Ausgelöstes).

Typische Suppenrezepte sind Rinderbrühe (> Seite 548) und Ochsenschwanzsuppe mit Sherry (> Seite 594).

Delikate ausländische Zubereitungsarten sind beispielsweise Indonesisches Rindsfilet in Ingwersauce, süß-saure Fleischbällchen, Sukiyaki (> Seite 675), Rindsfilet Stroganow (> Seite 671) und Rindseintopf nach Art der Camargue.

Rindfleisch ist im allgemeinen recht mager. Die Fettgehalte in den herkömmlichen Nährwerttabellen sind durchweg zu hoch – neue Züchtungen haben die Werte deutlich gesenkt. Am magersten ist das Teilstück aus der Hüfte. Rindfleisch enthält übrigens ansehnliche Mengen des Vitamins B12, das unter anderem für die Blutbildung notwendig ist.

Fettgehalte einiger Fleischteile vom Rind:

Teilstück	Fettgehalt
Hüfte	2,0
Roulade	3,1
Filet (Lungenbraten)	4,0
Roastbeef	4,5
Dicke Schulter	5,4
Rostbraten	8,1
Hals	8,9
Tafelspitz	9,3

(Angaben in g/100 g Rohgewicht)

Kalbfleisch

Kalbfleisch ist zart, fettarm und leicht verdaulich, hat aber kein ausgeprägtes Aroma. Als Kalbfleisch kommen heute höchstens vier Monate alte

Teilstücke vom Kalb

Teilstück	Beschreibung	Eignung
Keule 	▶ Besteht aus Oberschale, Frikandeau, Großer und Kleiner Nuß. Die kleine Nuß ist das zarteste Teilstück.	▶ Gut zum Braten im ganzen, auch zum Kurzbraten und für Geschnetzeltes. Aus der Oberschale werden die besten Schnitzel geschnitten.
Rücken 	▶ Besteht aus Koteletts, Filet und eingewachsener Niere. Das ausgelöste Kotelettstück ergibt zusammen mit der eingewachsenen Niere, einem Teil des Filets und des Bauchlappens den Kalbsnierenbraten.	▶ Geeignet für Koteletts oder – wenn die Knochen herausgelöst werden – für Steaks (> Seite 731). Der ganze Rücken junger Tiere ergibt einen vorzüglichen Festtagsbraten.
Filet 	▶ Sehr zartes Fleisch. Liegt unter dem Nierenstück.	▶ Wird entweder im ganzen gebraten oder in Medaillons geschnitten und ganz kurz gebraten.
Hals (Nacken) 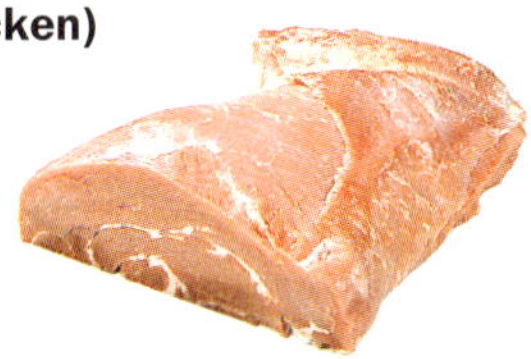	▶ Leicht mit Fett und Sehnen durchzogenes Stück, aromatisch und saftig.	▶ Zum Kochen und Schmoren, für Ragouts, Gulasch und Frikassee, aber auch als Rollbraten.
Schulter (Bug) 	▶ Mageres Fleisch; wird meist ohne Knochen angeboten, in der Qualität mit Keulenfleisch vergleichbar.	▶ Zum Braten und Schmoren oder für Geschnetzeltes. Auch für Steaks und Rollbraten.
Dünnung (Bauch, Ö: Wammerl) und Brust 	▶ Preiswerte Teile, die Brust schmeckt aromatisch und saftig.	▶ Meist als Rollbraten oder als Ragout im Handel. Gut zum Kochen und Schmoren. Besonders schmackhaft ist gefüllte Kalbsbrust.
Haxe 	▶ Mageres Fleisch mit einem Knochenanteil von fast einem Drittel. Die hinteren Haxen sind größer.	▶ In Scheiben oder im ganzen zum Braten, Grillen, Schmoren (> Seiten 500, 507, 510).

Tiere auf den Markt. Im Rahmen der Erzeugung von Qualitätsfleisch gibt es zunehmend wieder Fleisch aus Mutterkuhhaltung. Diese Kälber werden natürlich ernährt und bekommen keine Milchaustauscher oder sonstige Milchfütterung.

Gutes Kalbfleisch sollte rosa bis hellrot sein. Es ist genauso leicht bekömmlich wie das – durch Mangelernährung erzeugbare – weiße Fleisch. Die helle Farbe ist ein Zeichen von Eisenarmut.

Kalbfleisch muß nicht wie Rindfleisch reifen. Frische Ware kann höchstens eine Woche lang im Kühlschrank gelagert werden. Sie sollte ausgebeint und portioniert sein.

Kalbfleisch kann im Prinzip ähnlich wie Rindfleisch zubereitet werden. Da es wenig Eigengeschmack besitzt, sollte man mit Salz und Gewürzen sparsam umgehen. Kalbfleisch wird, da es sehr mager ist, leicht trocken und sollte daher vorsichtig gegart werden (> Seite 505).

Zum Braten im Ofen: Keule, ganzer Rücken, Schulter.

Zum Grillen geeignet: Kotelett, Filet (Lungenbraten), Schulter, Haxe.

Zum Schmoren geeignet: Hals, Schulter, Haxe, Dünnung und Brust.

Zum Kochen geeignet: Dünnung und Brust.

Wohlschmeckende Gerichte sind gedünstete Kalbsmedaillons (> Seite 505) und glacierte Kalbshaxe (> Seite 503). Wenig Zeit benötigt die Zubereitung von Kalbsrückensteaks (> Seite 501). Für festliche Anlässe sind Kalbskoteletts zu empfehlen (> Seite 738).

Kalbfleisch, sogar das von Mastkälbern, ist sehr fettarm und diesbezüglich mit Hühnerfleisch, mit Schnitzel vom Schwein oder mit der Oberschale vom Rind vergleichbar. Es wird auch für Schonkost empfohlen.

Teilstücke vom Lamm

Teilstück	Beschreibung	Eignung
Keule 	▶ Bei kleinen Tieren fast immer im ganzen angeboten, bei größeren aufgeteilt in Ober- und Unterschale, Nuß und Blume.	▶ Zum Kurzbraten als Steaks, am schmackhaftesten im ganzen langsam im Ofen gebraten, gelegentlich auch gepökelt.
Rücken 	▶ Der wertvollste Teil ist das Lammfilet, es wird meist mit einem Rückenkotelett angeboten.	▶ Rücken von kleinen Tieren im ganzen braten, bei größeren in Scheiben als Koteletts oder als Chops und Nüßchen.
Kamm (Hals) 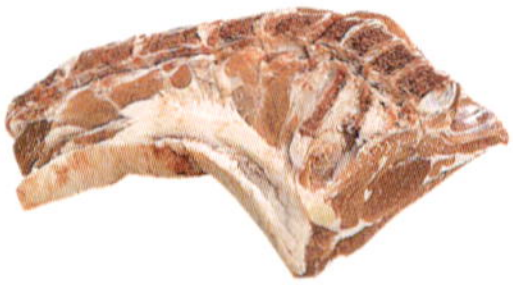	▶ Preiswertere, sehnen- und knochenreichere Stücke, saftiges Fleisch.	▶ Ausgelöst gut zum Schmoren für Ragouts, Stews und als Gulasch.
Bug (Schulter) 	▶ Saftiges, sehr zartes Fleisch, wird am Stück, gerollt oder in Würfeln angeboten.	▶ Zum Braten, für Schmorgerichte, Eintopf, Suppe und Hackfleisch.
Brust 	▶ Fettester Teil des Lamms, kräftiges, durchwachsenes Fleisch.	▶ Als Kochfleisch, für Eintopf oder gefüllt als Braten.

Lammfleisch

Früher litt Lammfleisch unter dem schlechten Image strengriechenden alten Schaf- und Hammelfleisches. Heute kommen fast ausschließlich junge Lämmer mit zartem, magerem und sehr aromatischem Fleisch in den Handel.

Angeboten werden vor allem Mastlämmer, die nicht älter als zwölf Monate sind. Milchlämmer (höchstens sechs Monate alt) gibt es selten, meistens zu Ostern. Daneben gibt es Schaf- und Hammelfleisch.

Die Unterschiede erkennt man an der Farbe: Milchlämmer haben helles Fleisch, Mastlämmer sind zartrosa, Hammelfleisch dagegen ist dunkelrot. Relativ grobfaserig ist das Fleisch von Schafen.

Junge Lämmer werden auch in tiefgefrorenem Zustand aus Neuseeland importiert, aus Irland kommen bisweilen frische Lämmer. Manche Gourmets schwören auf diese Produkte, doch sollte man sich fragen, ob sich der Bedarf nicht genausogut aus dem Inland decken läßt, und nach regionalen Angeboten in guter Qualität Ausschau halten.

Gutes Lammfleisch sollte leicht marmoriert sein und nur einen dünnen, aber gleichmäßigen Fettrand aufweisen. Wenn Lammfleisch gut abgehangen ist (etwa eine Woche), besitzt es eine kräftige Farbe. Keule, Schulter und Rücken sollten möglichst vollfleischig sein.

Frische Lämmer stammen meist aus Deutschland, seltener aus Irland. Gute Einkaufsquellen sind oft griechische und türkische Geschäfte, weil in diesen Ländern traditionell viel Lamm gegessen und deshalb auf eine gute Qualität geachtet wird.

Die beste Qualität haben spezielle Rassen, vor allem das Merinofleischschaf, das Deutsche Texelschaf, Suffolk und die Heidschnucken. Lämmer kann man auch direkt beim Bauern kaufen; dann sollte man sich nach der Rasse erkundigen und das Fleisch gleich bedarfsgerecht portionieren lassen.

Bevor Lamm zubereitet wird, muß erst die pergamentartige Haut abgezogen werden. Das Fleisch selbst hat einen ausgeprägten Eigengeschmack, den man mit Kräutern, wie Thymian, Rosmarin, Salbei, Oregano, Estragon oder Wacholder verfeinern kann. Ungewohntere Geschmacksnuancen erzielt man mit Minze – wie es die Briten lieben – oder mit Ingwer, Zimt oder Curry. Lammfleisch läßt sich auch gut in Buttermilch oder in einer Rotweinmarinade beizen.

Lammfleisch sollte stets heiß serviert werden, denn das Fett erstarrt bereits bei 30 bis 50 Grad Celsius und schmeckt dann unangenehm stark nach Schaf. Überschüssiges Fett am besten nach der Zubereitung gleich wegschneiden. Der starke Eigengeschmack überdeckt sonst das feine Aroma des zarten Fleisches.

Eine festliche Speise ist Lammkeule mit Rosmarin gewürzt (> Seite 743). Als Gericht, das man wieder aufwärmen kann, empfiehlt sich Lammeintopf mit weißen Bohnen (> Seite 713). Einfach zuzubereiten sind Türkische Bohnen mit Lammfleisch (> Seite 590).

Das Fleisch ist reich an Vitamin B 12; magere Portionen sind nicht fettreicher als Hühnerfleisch (> Seite 353)

Innereien

Innereien wie Leber, Nieren oder Kutteln sind preiswerter als Fleisch. Sie sollten nur gegessen werden, wenn sie von jungen Tieren stammen. Mit steigendem Alter verlieren Innereien ihre Zartheit. Außerdem nimmt der Gehalt an Schwermetallen in Nieren und Leber zu (> Seite 353).

Innereien	Teilstück	Beschreibung	Eignung
	Bries (Milch, Bröschen)	▶ Wachstumsdrüse, bildet sich mit dem Älterwerden zurück, sie gibt es daher nur von jungen Tieren wie Lamm und Kalb. Kalbsbries ist eine Delikatesse.	▶ Vor der Zubereitung ausreichend wässern, damit Blutreste herausgespült werden, dann kurz überbrühen und die Haut abziehen. Gut zum Kochen, Dünsten, Schmoren und Braten.
	Hirn	▶ Leicht verdaulich, hoher Anteil an Mineralstoffen, aber auch reich an Cholesterin. Meist wird Kalbshirn verwendet.	▶ Hirn sollte so rasch wie möglich zubereitet werden. Vor dem Garen 30 Minuten wässern und Blutreste entfernen. Gut zum Braten und Kochen.
	Leber	▶ Je jünger die Leber, um so zarter schmeckt sie und um so weniger Schadstoffe enthält sie. Am besten kauft man Kalbsleber. Frische Leber erkennt man an glatten, feuchten Anschnittstellen.	▶ Leber sollte schonend und möglichst kurz gegart werden: Dünsten ist besser als grillen. Gut geeignet für Pasteten.
	Nieren	▶ Ausgeprägter Eigengeschmack. Reich an Nährstoffen (und leider auch an Schadstoffen). Daher: Nieren von jungen Tieren kaufen. Besonders zart sind Kalbsnieren.	▶ Vor der Zubereitung gut waschen. Schweinenieren vor der Zubereitung in Milch einlegen. In nicht zu dünne Scheiben schneiden, damit sie nicht hart werden. Gut zum Braten und Schmoren (für Ragouts).
	Herz	▶ Feinfasriges Muskelfleisch. In den Herzkammern sollten sich keine Blutrückstände befinden.	▶ Läßt sich in Scheiben schneiden, kurzbraten oder grillen. Auch zum Schmoren und Füllen geeignet.
	Lunge (Ö: Beuschel)	▶ Typische Gerichte sind Lungenstrudel, Haschee und »Wiener Beuschel«. Meist wird Kalbslunge verwendet.	▶ Am besten zum Kochen (die Lunge beschweren, damit sie nicht auf der Oberfläche schwimmt).
	Zunge	▶ Wird frisch geräuchert oder gepökelt angeboten. Der zarteste Teil ist das dicke Stück.	▶ Kochzeit bis zu 3 Stunden. Gekochte Zunge kann warm oder kalt gegessen werden. Eignet sich gut als Beilage zu Artischoken und Pilzen.
	Kutteln	▶ Eßbarer Teil des Pansen von Kalb und Rind. In Baden-Württemberg regionale Spezialitäten.	▶ Sollten gut gesäubert, blanchiert und gekocht werden (so kann man sie auch kaufen).
	Milz	▶ Meist wird Rindermilz verwendet. Diese Innerei wird zur Herstellung einiger Wurstsorten verwendet.	▶ Die Haut sollte nicht gegessen werden. Daher vor der Zubereitung das Fleisch herausschaben. Eignet sich gut für Suppeneinlagen.

Frischer Einkauf ist bei Innereien ganz besonders wichtig. Sie sollten spätestens zwölf Stunden nach der Schlachtung zubereitet werden.

Frische Innereien sollten grundsätzlich nicht gelagert werden. Zum Einfrieren sind sie aber geeignet (> Seite 339).

> Tabelle Seite 352. Eine Delikatesse ist Kalbsleber mit Äpfeln auf Toast (> Seite 597). Als einfaches Gericht aus Innereien sind Leberspätzle zu empfehlen (> Seite 588).

Innereien enthalten zwar hochwertiges Eiweiß, wenig Fett, reichlich Eisen sowie Vitamin A, B1 und B2. Leider sind aber gerade Leber und Niere aufgrund ihrer Aufgaben im Organismus – sie entgiften Stoffwechselabbauprodukte und Schadstoffe und scheiden sie aus – stärker mit Rückständen, zum Beispiel mit Schwermetallen, belastet. Daher sollte man Leber höchstens einmal die Woche, Niere höchstens alle drei Wochen einmal essen. Kalbs- und Schweine-Innereien sind meist weniger belastet als diejenigen von Rindern, weil die Tiere jünger geschlachtet werden.

Hausgeflügel

Hühnerfleisch wurde früher vorwiegend im Winterhalbjahr gegessen; heute ist es durch gezielte Aufzucht in Farmen das ganze Jahr über verfügbar. Die mageren Geflügelarten sind besonders in der warmen Jahreszeit gut geeignet, weil sie fettarm und damit leicht verdaulich sind.

Pute und Huhn gewinnen zusehends an Beliebtheit. Das gilt vor allem für die arbeitssparenden Teilstücke, die sich für kleine Haushalte besonders gut eignen.

Die fetteren Verwandten Gans und Ente dagegen sind typische Festtagsbraten. Sie werden zu bestimmten Jahreszeiten bevorzugt gegessen, zum Beispiel die Martinsgans (> Rezepte ab Seite 512).

Hühner

Wenn ein Fleischer eine Poularde oder ein Suppenhuhn anbietet, so ist die Wahl dieser Bezeichnungen nicht seiner Laune überlassen; die Bezeichnungsvorschriften sind in Deutschland in einer verbindlichen Verordnung für Geflügel geregelt (ausgenommen sind Küken, Perlhühner und Tauben sowie der Ab-Hof-Verkauf). Die wichtigsten Definitionen:

- Brathähnchen sind männliche oder weibliche Tiere, die vor der Geschlechtsreife geschlachtet werden. Sie sind dabei etwa fünf Wochen alt.
- Die »Poularde« ist ein Brathähnchen mit über 1200 Gramm Gewicht.
- Ein »junger Hahn« ist ein Brathähnchen mit mindestens 1800 Gramm Gewicht; junge Hähne sind oft etwas fettreicher.
- Suppenhühner sind nach zwölf bis fünfzehn Legemonaten geschlachtete Tiere, die man an einem verknöcherten Brustbeinfortsatz erkennt. Das Fleisch ist meist etwas zäher und wird leicht trocken.

Ferner werden sogenannte Markenhähnchen angeboten; sie müssen in der EU der Handelsklasse A entsprechen, das heißt vollfleischig mit einwandfrei gerupfter und gereinigter Haut sein sowie geringen Fettansatz und nur kleine Verletzungen der Haut haben.

Enten

Junge Enten sind Tiere mit einem Alter von acht bis zehn Wochen, deren Brustbeinfortsatz noch nicht verknöchert ist. Enten, die nach der Geschlechtsreife geschlachtet werden, findet man nur selten im Handel. Gezüchtet wird in Deutschland vorwiegend die Peking-Ente, die als »Ente« gekennzeichnet ist; daneben gibt es auch »Flugenten«, die ebenso wie Peking-Enten Nachfahren der Wildente sind.

Als »Junge Enten« bezeichnete Tiere sind sieben Wochen alt, haben fettarmes, zartes Fleisch mit einer gleichmäßigen Fettabdeckung und einem Bratgewicht von 1,8 bis 2,5 Kilogramm.

Bei Flugenten ist die Fettabdeckung geringer, die Flugmuskeln sind kräftiger ausgeprägt, und der Anteil an Brustfleisch ist höher. Junge Flugenten (bis zu zehn Wochen alt) sind schmackhafter.

Vorsicht vor Salmonellen

Immer wieder, vor allem in den Sommermonaten, kommt es zu Vergiftungen durch Salmonellen, die im schlimmsten Falle tödlich enden. Man kann sie verhindern, wenn man über Wachstum und Vermehrung dieser Mikroorganismen Bescheid weiß:

- **Salmonellen vermehren sich bei Temperaturen zwischen 10 und 40 Grad Celsius optimal, deshalb ist eine lückenlose Kühlung besonders wichtig.**
- **Lebensmittel, die häufig Salmonellen enthalten, also vor allem Geflügel, Wild, Hackfleisch, getrennt von anderen Lebensmitteln aufbewahren und zubereiten.**
- **Tiefgefrorenes Geflügel enthält aufgrund des Kühlverfahrens häufiger Salmonellen als frisches. Zum Auftauen stets aus der Folie nehmen, das Auftauwasser weggießen und alle benutzten Geräte sorgfältig reinigen.**
- **Geflügel und Fleisch immer gut durchbraten, Hackfleisch noch am Tag der Herstellung verbrauchen. Geflügel muß auch an den Knochen die rote Farbe verlieren.**
- **Speisen in der Mikrowelle immer gleichmäßig auf eine Temperatur von mindestens 70 Grad Celsius erhitzen. Zeiten für das Garen, Erwärmen und den Temperaturausgleich einhalten.**
- **Bei Küchenarbeiten auf Sauberkeit achten. Vor und während der Küchenarbeit möglichst oft die Hände mit warmem Wasser und Seife waschen.**

Gänse

Gänse haben im Gegensatz zu Hühner dunkles Fleisch. Werden sie vor der ersten Federreife mit etwa zwölf Wochen geschlachtet, bezeichnet man sie als Frühmastgänse. Nach der Federreife heißen sie Junge Gänse.

Sehr problematisch ist das Stopfen der Enten oder Gänse, also das mehr oder minder gewaltsame Mästen. Die Tiere werden dabei regelrecht krank, sie bilden eine sogenannte Fettleber aus. Bei Feinschmeckern ist Gänsestopfleber gleichwohl sehr beliebt. Unter dem Gesichtspunkt artgerechter Tierhaltung ist dieses Produkt allerdings abzulehnen. In Deutschland ist die Erzeugung von Stopfleber verboten.

Puten

Puter und Pute, auch Truthahn oder Turkey genannt, liefern ein wohlschmeckendes, mageres Fleisch. Im Handel finden sich Junge Puten (früher Baby-Puter genannt), die etwa zehn Wochen alt sind und ein Bratgewicht von zwei bis sechs Kilogramm haben.

Ferner kann man zerlegte Tiere kaufen: Das Fleisch der Oberschenkel ist dunkler und saftiger als Brustfleisch und das Fleisch-Knochen-Verhältnis besser als bei Unterschenkeln.

Spezialitäten

- Perlhühner sind etwa sechs Monate alte 1 bis 1,3 Kilogramm schwere Hennen und Hähne einer speziellen Haushuhnart, deren dunkles Fleisch im Geschmack an Fasan erinnert. Junge Tiere erkennt man an der biegsamen Brustbeinspitze. Das Fleisch ist sehr zart mit feiner Struktur, die Fleischausbeute hoch.
- Stubenküken sind bis vier Wochen alte Hühnchen mit etwa 300 Gramm. Sie werden meist gefüllt, gebraten oder gegrillt.

▶ Tauben werden als bis zehn Wochen alte Vögel angeboten und zeichnen sich durch zartes, weißes Fleisch aus. Sie kommen meist aus Frankreich, Italien und Ungarn und werden wie Stubenküken zubereitet (> Seite 521).

Geflügel ist leicht verderblich. Daher sollte beim Einkauf nur frische Ware ausgewählt werden. Das ist freilich oft leichter gesagt als getan. Untersuchungen zufolge ist vor allem vorverpacktes Geflügel aus dem Kühltresen von Selbstbedienungsläden am ehesten verdorben – obwohl aufgedruckte Prüfnummern Unbedenklichkeit vortäuschen.

Allgemein gilt: Je höher das Gewicht des Tieres, um so höher ist der Anteil an wertvollen Teilstücken und um so höher ist der Fleischanteil.

Geflügel wird teilweise ausgenommen (mit Herz, Leber, Lungen, Muskelmagen, Kopf und Nieren), »bratfertig« oder »mit Innereien«, »grillfertig« oder »ohne Innereien« angeboten. Bei der erstgenannten Variante kommt es vor, daß mehrere Hälse beigelegt sind, aber beispielsweise die Leber fehlt. Daher stets überprüfen, was man kauft.

Zunehmend werden Geflügelteile angeboten, gefroren oder frisch. Zum Teil sind sie schon fertig gewürzt und vorpaniert und lassen nur noch wenig Spielraum für Kreativität beim Kochen.

Vorsicht bei Tiefkühlware

Geflügelproben aus der Tiefkühltruhe weisen häufig Gefrierbrand auf – dieser lagerbedingte Fehler tritt auch bei Waren auf, die als »landfrisch« oder »extrafrisch« angepriesen werden.

Seit 1990 allerdings gibt es ein Kühlverfahren, bei dem Geflügel nicht mehr in kaltem Wasser, sondern mit null Grad Celsius kalter Luft gekühlt wird, die zur Erzeugung von Verdunstungskälte zusätzlich mit Nebel durchsetzt ist. Die Anwendung dieses Verfahrens erkennt man an einem blauen Dreieck auf der Verpackung mit der Aufschrift »Garantiert Spezial-Einzel-Kühlung«. Der Vorteil: das Austrocknen und damit die Verfärbung der Haut wird so verhindert und die Aufnahme von Wasser stark reduziert.

Tips für besondere Qualität

Unter den Hühnern besitzen die Bresse-Hühner vorzügliche Qualität; sie stammen aus der französischen Region Bresse und werden ausschließlich mit Naturfutter ernährt. Der Züchter benötigt eine Lizenz. Die Produkte erkennt man an einem blau-weißen Gütesiegel. Mitunter erhält man am Markt auch Bresse-Tauben.

Aus Belgien gibt es auch die qualitativ hochwertige Poularde »des Bruxelles«, aus Holland die Poularde »de Houdan«. In jüngster Zeit bieten in Deutschland kleine bäuerliche Erzeuger ähnliche hochwertige Hühnerrassen an.

Empfehlenswert sind auch Kapaune, das sind kastrierte männliche Hähnchen: Sie vereinen den kräftigen Geschmack der männlichen mit dem des zarten Fleisches der weiblichen Tiere.

Speziell gefütterte Tiere aus Auslauf- oder Freilandhaltung schmecken ebenfalls vorzüglich. Daher sollte man nachsehen, ob die Haltungsform gekennzeichnet ist (es gibt »extensive Bodenhaltung«, »Auslaufhaltung«, »bäuerliche Auslaufhaltung« und »bäuerliche Freilandhaltung«). Vorteilhaft ist es auch, wenn die Art des Futters gekennzeichnet wird (zum Beispiel Maishähnchen oder Hafermastgans).

Bei den Enten sind in erster Linie Tiere mit dem Gütesiegel »Deutsche Markenente« zu empfehlen, oder französische Barbarie-Enten.

Gänse aus Freilandhaltung haben zartes Fleisch und schmecken deutlich besser als solche aus intensiver Tierhaltung. Man kauft sie am besten direkt vom Bauernhof.

Frischgeflügel sollte wegen der Salmonellengefahr (> Seite 354) höchstens eine Woche gelagert werden; wenn man es im Handel kauft, erkennt man die mögliche Lagerdauer am Aufdruck »verbrauchen bis ...« Da eine hohe Luftfeuchtigkeit das Abtrocknen der Oberfläche und Farbveränderungen verhindert, ist das Verpacken in Polyäthylenbeuteln empfehlenswert.

Richtig auftauen

Tiefgekühltes Geflügel taut man so auf: Zuerst die Verpackung entfernen und wegwerfen. Das Geflügel in einen Siebeinsatz legen und zugedeckt zum langsamen Auftauen in den Kühlschrank oder in die Mikrowelle geben. Nicht bei Zimmertemperatur auftauen lassen. Auftauwasser weggießen. Alle Gegenstände gründlich reinigen (> Salmonellengefahr, Seite 354).

Geflügel kann man braten, dünsten, schmoren. Besonders schmackhaft wird es im Tontopf und in der Bratfolie. Auch gefülltes Geflügel ist eine Delikatesse.

Geflügel sollten vor dem Garen »dressiert« werden (das Tier so zusammenbinden, daß Flügel und Keulen nicht am Körper anliegen).

Masthähnchen eignen sich gut zum Grillen (> Gegrilltes Stubenküken, Seite 521).

Junge Hühner, Truthähne und Perlhühner sind auch gut zum Poêlieren (> Poêlierte Poularde, Seite 524).

Das Garen ist für Gänse und Enten zu empfehlen (> Junge Ente in der Salzkruste, Seite 520).

Die Brust von Puten nimmt man für Schnitzel und Steaks. Putenfleisch eignet sich auch vorzüglich für Rollbraten.

Hähnchen und Puten eignen sich gut zum Füllen (> Seite 517). Eine gebackene Delikatesse ist Wiener Backhuhn (> Seite 518) oder auch gebackene Entenbrüste (> Seite 519). Ausländische Zubereitungsarten sind indonesisch mariniertes Hähnchen, thailändische Geflügelsuppe, Hähnchen mit Chili und chinesisches Hühnchen in Gewürzsud.

Wichtig ist, vor der Zubereitung die Zahl der Portionen festzulegen. Hinweise gibt die folgende Tabelle.

Für wieviel Personen reicht ein Vogel:

Vogelart	Gewicht (g)	Zahl der Portionen
1 Hähnchen	700–1200	2–3
1 Stubenküken	400–600	1–2
1 Suppenhuhn	1000–2000	2–4
1 Pute (jung)	2500–3500	5–7
1 Ente	1500–2500	3–5
1 Flugente	1500–3000	3–6
1 Gans	3000–4000	6–8
1 Perlhuhn	1000–1300	3–4
1 Fasan	700–1200	2–3
1 Taube	300–400	1
2 Wachteln	220–260	1

Hervorzuheben sind der hohe Eiweiß- und der niedrige Fettgehalt. Geflügelfleisch ist reich an wertvollen ungesättigten Fettsäuren. Wer auf den Cholesteringehalt achten muß, sollte die Haut nicht essen.

Wildgeflügel

Der Fasan gehört zu den Wildhühnern, sein Fleisch schmeckt aromatisch und kräftig. Jagdzeit ist vom 1. Oktober bis zum 15. Januar. Fasane werden aber auch in Freigehegen gezüchtet und sind daher das ganze Jahr über erhältlich. Sie sind oft etwas fetter als die wilden Verwandten und schmecken auch nicht so gut.

Wachteln sind mit etwa 120 Gramm die kleinsten Wildhühner. Sie kommen meist aus Zuchtfarmen in Frankreich und Norditalien.

Wildenten, oft auch als Stockenten bezeichnet, schmecken würziger und sind magerer als Hausenten.

Schnepfen sind Zugvögel mit einem charakteristischen langen, gebogenen Schnabel. Sie haben ein ausgeprägtes, feines Aroma und sind, weil das Angebot gering ist, sehr teuer. Eine seltene Delikatesse ist »Schnepfendreck«, der aus Teilen der Innereien besteht.

Die beste Qualität haben junge Tiere: Junge Fasane erkannt man am weichen Brustbein; der Sporn am Ständer (Fuß) ist stumpf und kegelförmig, bei älteren Tieren ist der Sporn hingegen spitz und lang.

Junge Rebhühner erkennt man an den gelblichen Ständern, die äußeren Schwingfedern sind spitz, und das Brustbein ist biegsam.

Bei jungen Wildenten läßt sich die Luftröhre leicht eindrücken; ihre Schwimmhäute lassen sich einreißen. Wenn sie im ersten Herbst geschossen werden, sind sie besonders schmackhaft.

> Seite 356

Junges Wildgeflügel sollte am besten gebraten werden. Ältere Tiere kann man auch für Terrinen und Pasteten gut verwenden (> Wildhasenterrine mit Orangensauce, Seite 727). Ältere Rebhühner – mit dunkelgrauen Beinen und gerundeten Flügelspitzen – sollten vor dem Garen zwei Tage mariniert werden.

Wachteln ergeben, zumal sie von Natur aus klein sind, gefüllt sehr würzig-schmackhafte Gerichte.

> Seite 356

Zum Weiterlesen

Olgierd Kujawski:
Das große Buch vom Wild.
Edition Teubner, Verlag Gräfe und Unzer, München 1992

WILD

Reh ist wohl das beliebteste Wildbret; das Fleisch ist dunkelrot gefärbt und bei weiblichen Tieren in der Regel feinfaseriger. Vor allem während der Brunftzeit im Herbst haben männliche Tiere einen ausgeprägten Geschlechtsgeruch.

Weibliches Rehwild wird je nach Alter unterschiedlich bezeichnet: Im ersten Jahr als Rickenkitz, im zweiten als Schmalreh; Ricke sind mehrjährige Tiere. Männliches Rehwild heißt im ersten Lebensjahr Bockkitz, im zweiten Spießer, ältere Tiere werden Böcke genannt. Die beste Qualität haben Schmalreh und Spießer.

▶ Nicht ganz so zart, aber sehr schmackhaft ist Fleisch vom Rotwild (Oberbegriff für Hirsche).

▶ Damwild hat rotbraunes Fleisch, das dem des Rehs ähnelt. Es ist zarter, aber auch fettdurchwachsener als das Fleisch vom Hirschen.

▶ Wildschweine bezeichnet man auch als Schwarzwild. Besonders zart ist das Fleisch der Frischlinge (höchstens ein Jahr alt).

▶ Hasen und Wildkaninchen werden als Ganzes oder zerlegt in Rücken und Keulen verkauft. Hasen, die noch kein Jahr alt sind und noch einen Flaum am Bauchfell haben, schmecken am besten.

Fleisch von Wildkaninchen ist zartrot gefärbt und hat ein süßliches Aroma, das sich deutlich von Hasenfleisch unterscheidet.

Frisches Wildfleisch gibt es meist nur in spezialisierten Geschäften während der Jagdzeit (> Seite 358). Da Wild sehr fettarm ist, läßt es sich aber gut tiefgefrieren und ist dann unabhängig von der Jahreszeit verfügbar. Der »Kälteschlaf« hat zudem den Vorteil, daß die Struktur des Fleisches gelockert wird, es wird mürbe.

Rotwildfleisch sollte dunkel- bis schwarzbraun sein; nur bei jungen Tieren bis zum Alter von drei Jahren ist es zart und schmackhaft. Während der Brunftzeit von September bis Oktober sollte man es nicht kaufen, da es einen ausgeprägten Geschlechtsgeruch hat.

Damwild ist im Handel nur selten zu haben. Sein Fett kann weißlich bis graugelb sein. Die Farbe ist allerdings kein Qualitätsmerkmal.

Wildschweine ergeben nur von jungen Tieren zartes Fleisch. Am besten schmecken Frischlinge, die erst ein Jahr alt sind.

Hasen schmecken am besten, wenn sie bis zu acht Monate alt sind. Das Fleisch ist dann braunrot, das Fett honig- bis wachsfarben. Fett älterer Tiere erkennt man an der rötlichen bis braungelben Farbe. Bei der Lagerung entwickelt es einen ranzigen Geruch. Wald- und Berghasen schmecken besser als Feld- und Moorhasen.

Das Fleisch von jungen Hasen ist hellrot, bei älteren Tieren dunkelrot. Junge Hasen erkennt man daran, daß sich die Löffel und das Fell an den Innenseiten der Keulen leicht einreißen lassen.

Früher war der »Hautgout« ein Charakteristikum von Wild. Heute weiß man, das es nur scheinbar ein Qualitätskriterium ist, weil der Hautgout auf einer Zersetzung von Fleischeiweiß beruht und daher kein Zeichen guter Qualität ist. Denn er tritt vor allem dann auf, wenn das Wild nach dem Ausnehmen nicht schnell genug auskühlt und auch danach nicht kalt genug gelagert wird.

Wildfleisch sollte acht bis zehn Tage abhängen, damit es zart wird. Die beste Temperatur ist um null Grad Celsius.

Wegen des geringen Fettgehaltes ist Wildfleisch gut zum Einfrieren geeignet. Bei minus 18 Grad Celsius hält es sich etwa ein Jahr, fettere Stücke neun Monate.

Wildfett sollte aber, wenn möglich, vor der Lagerung vom Fleisch abgetrennt werden, da es oft einen unangenehmen Eigengeschmack hat. Zu lange Lagerung macht Wildfleisch ledrig und trocken.

Keulen und Rücken von Rehen, Hirschen, Wildschweinen, Hasen und Kaninchen müssen vor dem Braten gehäutet werden. Man schneidet die sehnige Haut flach ein und löst sie vorsichtig ab. Die fest mit dem Fleisch verbundene sehnige blaue Haut muß nicht unbedingt entfernt werden.

Wildfleisch sollte stets durchgegart werden, denn Krankheitserreger werden erst durch hohe Temperaturen bis in den Fleischkern hinein abgetötet. Die Fleischreifung, bei der das Fleisch leicht säuert, bewirkt nur ei-

Die Jagdzeiten von Wild

Die unten angeführten Jagdzeiten sind im Bundesjagdgesetz festgelegt. Die einzelnen Länder dürfen sie aus Gründen der Hege allenfalls verkürzen oder aufheben, aber nicht verlängern.

Wildart	Jagdzeit
▶ Rotwild	
Kälber	1.8.–28.2.
Schmaltiere (weibliche Tiere)	1.6.–31.1.
Hirsche und Alttiere	1.8.–31.1.
▶ Damwild	
Kälber	1.9.–28.2.
Schmaltiere	1.7.–31.1.
Hirsche und Alttiere	1.9.–31.1.
▶ Rehwild	
Kitze	1.9.–28.2.
Ricken	1.9.–31.1.
Böcke	16.5.–15.10.
▶ Schwarzwild	16.6.–31.1.
▶ Feldhasen	1.10.–15.1.
▶ Rebhühner	1.9.–15.12.
▶ Fasane	1.10.–15.1.
▶ Stockenten	1.9.–15.1.
▶ alle übrigen Wildenten	1.10.–15.1.

ne unzureichende Abtötung von Keimen; sie können sich auch noch Stunden nach dem Tod des Tieres vermehren.

Wild, das bei einer Treibjagd erlegt wurde, hat kaum mehr Zuckervorräte in den Muskeln und säuert daher beim Reifen nur wenig. Da bei der Zubereitung in der Regel nicht bekannt ist, auf welche Weise das Tier getötet wurde, sollte Wild immer eine Kerntemperatur von 80 Grad Celsius erreichen.

Das Beizen von Wild macht das Fleisch mürber. Das ist besonders wichtig bei älteren Tieren. Die Säure der Beize lockert das Bindegewebe und verbessert gleichzeitig die Wasserbindefähigkeit des Fleisches. Dieses Wasser wird während des Garens nur zum Teil abgegeben und erhöht noch im fertigen Fleisch die Zartheit.

Geeignet sind Beizen aus Essig, Rotwein oder Buttermilch. Die Rotweinbeize dringt am besten in das Fleisch ein und lockert es dadurch nachhaltiger.

Zum Abmildern des charakteristischen Wildgeschmacks kann man das Fleisch vor der Zubereitung mehrere Stunden in Milch oder Buttermilch legen.

Da Wildfleisch sehr fettarm ist, trocknet es leicht aus. Daher wird es häufig gespickt. Spicken kann man Wildfleisch sowohl vor als auch nach dem Einfrieren. Gespickte Braten halten sich im Kälteschlaf wegen des höheren Fettgehaltes nur ein bis drei Monate lang.

Zur Schonung der Fleischstruktur ist auch das Bardieren, das heißt das Belegen mit Speckscheiben während des Garens, empfehlenswerter als das Spicken. Das Bardieren verhindert ein zu starkes Verkrusten der Fleischoberfläche.

Gebraten schmecken vom Reh besonders Rücken und Keule vorzüglich (> Rehrücken mit Maiskroketten, Seite 637). Aus den preiswerteren Stücken Schulter, Hals, Brust und Vorderläufen kann man auch Schmorfleisch, Wildpfeffer (Gulasch) oder Pasteten zubereiten.

Jüngeres Rotwild bis zu zwei Jahren alt eignet sich gut zu Braten, Steaks oder Rouladen. Ältere Tiere mit festerem Fleisch sind besser für Ragouts, Terrinen und Suppen.

Wildkaninchenfleisch hat eine kürzere Garzeit als Hasenfleisch und ist außerdem vielseitiger verwendbar.

Wildfleisch ist nicht gesünder als das Fleisch anderer Schlachttiere. Zwar ist es im allgemeinen recht mager, aber auch die mageren Teilstücke von Schwein, Rind und Geflügel enthalten nur zwei bis vier Prozent Fett.

»Wild« aus Gehegen ist immer etwas fetter als das Fleisch wildlebender Artgenossen. Der Gehalt an Mineralstoffen und Vitaminen ist mit dem von anderen Tieren vergleichbar.

Je nach Region kann Wild aber auch durchaus höhere Gehalte an Schadstoffen aufweisen. Besonders betroffen sind die Innereien der Tiere, da sie Schwermetall anreichern. Sie sollten deshalb nicht oder nur sehr sparsam gegessen werden. Wild kann auch Reste radioaktiver Bestrahlung – eine Folge des Reaktorunfalls von Tschernobyl – enthalten.

Hackfleisch (Ö: Faschiertes)

Es gibt Hackfleisch von Rind und Schwein, aber auch von Lamm und Kalb, sowie Mischungen daraus. Hackfleisch von Wild und Geflügel darf wegen des Salmonellenrisikos nicht verkauft werden.

Vorgeschrieben sind außerdem Höchstfettgehalte: 20 Prozent bei Rind, 35 Prozent bei Schwein und 30 Prozent bei einem Gemisch. Tartar (Schabefleisch) darf höchstens 6 Prozent Fett enthalten.

Im Angebot ist auch Thüringer Mett (Hackepeter), das neben Fleisch nur Salz, Zwiebeln und Gewürze, aber kein Pökelsalz enthalten darf.

Hackfleisch verdirbt wegen seiner großen Oberfläche sehr schnell. Es darf deshalb nur am Tag seiner Herstellung verkauft werden. Bei verpacktem Hackfleisch ist daher das Verbrauchsdatum mit dem Herstellungs- (und Einkaufs-)tag identisch.

Am besten läßt man es vom Fleischer frisch herstellen, dann ist die Gefahr einer Salmonelleninfektion am geringsten.

Die Lagerdauer von Hackfleisch sollte bei zwei bis sechs Grad Celsius nur sechs bis höchstens acht Stunden betragen.

Hackfleisch sollte grundsätzlich gut durchgegart werden. Es eignet sich für Frikadellen, Braten, zum Füllen von Teigtaschen und Gemüse (Paprika, Kohlrabi, Gemüsezwiebel, Zucchini, große Champignonköpfe, Auberginen). Ein einfaches Gericht mit Hackfleisch ist Fleischtorte.

Hackfleisch ist eher neutral im Geschmack, deshalb kann man es auch vielseitig würzen: Beispielsweise mit Möhren, Lauch, Kapern, Sardellen und Rote Bete, mit Tomaten, Mais, Oliven, Peperoni, Rosinen und Mandeln (nordamerikanisch), oder etwas exotischer mit Backobst, Pinien und Pistazien (arabisch).

Zur Abwechslung kann man Hackfleisch auch in verschiedenen Panaden zubereiten. Dafür eignen sich Sesam, Pinienkerne, Kokosraspeln oder gehobelte Mandeln.

Wurst und Schinken

Deutschland ist ebenso wie sein Nachbar Österreich ein Wurstland. Von der Bedeutung der Wurst zeugen Aussprüche wie »Mir ist alles Wurst« oder »Heute gibt's keine Extrawurst«. Aus den Zutaten Fleisch, Salz und Gewürzen, unter Umständen unter Beigabe von Wasser oder Milch, werden zur Zeit mehr als tausend Wurstsorten hergestellt.

Ein großes Problem bei den Würsten ist allerdings, daß man ihnen die Qualität nicht ohne weiteres ansieht. Eine gute Orientierungshilfe gibt die Qualitätsprüfung durch die Deutsche Landwirtschafts-Gesellschaft (DLG), die für alle Arten von Würsten Prüfschemata ausgearbeitet hat.

Die Prüfung ist überwiegend eine Sinnenprüfung. Geschulte Personen können dabei oft mehr erkennen als empfindliche Analyseautomaten. Wenn ein Produkt in der Theke mit einem DLG-Preis (Großer, Silberner oder Bronzener Preis) angepriesen wird, so ist das als wichtiger Vorzug zu werten.

Die Namen aller Preisträger und aller prämiierter Erzeugnisse werden übrigens durch die DLG veröffentlicht (das Verzeichnis ist bei der DLG erhältlich, Adresse: Eschborner Landstraße 122, 60489 Frankfurt/Main). Die Preise werden unter Vorbehalt vergeben und können bei nachträglich festgestellten Verstößen zurückgefordert, die betreffenden Betriebe von einer weiteren Teilnahme an dem Programm ausgeschlossen werden.

Die Zusammensetzung der einzelnen Sorten ist im Lebensmittelbuch genau geregelt. Dort steht, wieviel Fleisch, Fett, Wasser und gegebenfalls welche weiteren Zutaten und wieviel Pökelsalz verwendet werden dürfen. Pökelsalz ist Kochsalz mit einem geringen Anteil an Pökelstoff (Nitrit), der der Wurst ein rötliches Aussehen verleiht und das Wachstum von Mikroorganismen hemmt.

Der Zusatz von Soja ist in Deutschland bisher noch verboten, obwohl aus anderen EU-Ländern bereits Wurstwaren mit dieser Beimischung eingeführt werden dürfen.

Bei Würsten gilt: Je geringer der Fettanteil und je besser die Zutaten, desto höher ist die Qualität (und meist auch der Preis). Spitzenqualität (»Delikateß, extra, fein, Gold« und ähnliche Bezeichnungen) muß besonders viel mageres Fleisch enthalten.

Mittlere Qualität darf Fleisch wie gewachsen und außer Speck auch anderes Fettgewebe, aber keine Schwarten enthalten. Bezeichnungen wie Guts-, Bauern- oder Hausmacherwurst weisen meist auf eine bessere als mittlere Qualität hin.

Einfache Qualität kann bis zu zehn Prozent Schwarten und Sehnen enthalten.

Ganze Würste sollen kühl und in einem dunklem Raum aufbewahrt werden. Wenn die Luft zu feucht ist, schimmeln die Würste, ist die Luftfeuchtigkeit dagegen zu niedrig, trocknen sie rasch aus.

Rohwurst und Schinken werden meist aufgeschnitten aufs Brot gelegt oder zu einer Aufschnittplatte zubereitet. Sie paßt zu rustikalen Buffets und sollte mit Salaten und eingelegtem Gemüse garniert werden. Die Scheiben sollten nicht zu dick und erst kurz vor dem Auftischen geschnitten werden.

Rohwürste

Rohwürste bestehen aus rohem Fleisch, Speckwürfeln unterschiedlicher Größe, Gewürzen und maximal zwei Prozent Zucker. Bei der Herstellung spielen Mikroorganismen eine wichtige Rolle: Sie sorgen für die Reifung. Je länger die Reifung, um so mehr Aroma und um so weniger Wasser hat die Wurst. Räuchern und Trocknen an der Luft verlängern die Haltbarkeit und beeinflussen den Geschmack.

Deutsche Rohwürste sind meist geräuchert und oft wenig getrocknet; sie sind daher weich, enthalten viel Fleischsaft, schmekken saftiger und sind weicher als italienische oder französische Rohwürste, die überwiegend an der Luft getrocknet werden.

Bekannteste Sorten sind Salami, Cervelatwurst, ungarische und italienische Salami mit einem weißen Schimmelpilzbelag und die streichfähigen Rohwürste Teewurst und Streichmettwurst.

Fehlerhafte Rohwurst erkennt man an einem

- grauen Rand, der durch zu kühle Lagerung oder durch Lichteinfluß entsteht,
- ranzigen Geschmack. Entsteht durch Fettverderb, wenn die Rauchtemperatur zu hoch war, oder durch zu helle, warme oder lange Lagerung,
- stichigen Geschmack, bedingt durch Bakterien, die sich bei falscher Verarbeitung und Lagerung vermehren.

Rohwürste sind im ganzen maximal ein halbes Jahr lagerfähig, Streichmettwurst nur drei Wochen lang. Grill- und Bratwürste sollten, wenn sie nicht hitzebehandelt wurden, nicht gelagert, sondern am besten frisch verbraucht werden. Gegebenenfalls in einem kühlen Raum aufbewahren, aber nicht bei normaler Zimmertemperatur herumliegen lassen.

Man kann die Würste mit ausreichendem Abstand an Stangen aufhängen oder sofort einfrieren. Gefrorene Würste schmecken aber nach dem Auftauen nicht mehr so gut.

Der Fettgehalt ist mit mindestens 40 Prozent besonders hoch. Rohwürste sollten daher nicht im Übermaß genossen werden.

Brühwürste

Brühwürste sind die Spitzenreiter im Verzehr. Sie enthalten fein zerkleinertes rohes Fleisch, Speck, Gewürze, Trinkwasser und zum Teil Mehlzusätze; im Gegensatz zur landläufigen Meinung bestehen sie keinesfalls nur aus Speck, Mehl und Wasser. Sie werden nach dem Füllen erhitzt, so daß kein rohes Fleisch im Endprodukt ist. Manchmal werden sie auch geräuchert, dadurch sind sie länger haltbar.

Bekannte Sorten sind Fleischwurst (Ö: Extrawurst), Würstchen, Bierschinken (Ö: Krakauer), Lyoner und Leberkäse.

Fehlerhafte Brühwurst erkennt man so:

▶ Die Schnittfläche ist grau verfärbt (und damit nicht mehr frisch).

▶ Sülze setzt sich ab. Dies ist ein Zeichen für schlechte Bindung in der Wurstmasse, es handelt sich um schlechte Fleischqualität.

▶ Grünliche Flecken im Wurstanschnitt weisen auf Bakterien hin. Sie führen auch zum »Schmierigwerden« der Wurst.

▶ Faltenbildung und Schrumpfung entsteht durch falsche Behandlung nach dem Brühen und bei zu langer, zu trockener Lagerung.

▶ Grauer Kern zeigt, daß altes Pökelsalz verwendet wurde oder die Lagerung feuchtwarm war.

▶ Saurer Geschmack entsteht durch Bakterien; schuld ist fehlerhafte Erzeugung.

Brühwürste sind im Kühlschrank drei bis vier Tage haltbar. Vor allem wenn sie angeschnitten sind, sollten sie bald gegessen werden, sonst werden sie an der Oberfläche schmierig.

Der Fettgehalt liegt zwischen 15 und 30 Prozent, meist bei 25 Prozent, ist also deutlich niedriger als bei Rohwurst. Inzwischen gibt es zahlreiche Brühwürste in »leichten« Varianten (> Seite 362).

Kochwürste

Kochwürste werden regional unter sehr unterschiedlichen Bezeichnungen angeboten. Generell gilt, daß sie aus vorgekochtem Fleisch, Fett und Innereien hergestellt werden. Nach der Mischung der Zutaten werden sie erneut erhitzt und teilweise geräuchert. Zu dieser Gruppe zählen Leberwurst, Blutwurst und die Sülzwürste.

Fehlerhafte Kochwurst erkennt man:

▶ an Fettabsonderungen innerhalb der Wursthülle, eine Folge hohen Fettgehalts und schlechter Verteilung des Fetts,

▶ an nicht ausreichender Schnittfestigkeit. Ursachen sind zu weich gekochtes Material oder bakterielle Zersetzung,

▶ an mattem Anschnitt, er weist auf die Verarbeitung von Rinderblut hin.

Kochwürste können im Kühlschrank gelagert und sollten möglichst bald verbraucht werden. Die Haltbarkeit beträgt zwei bis drei, allenfalls vier Tage, sofern die Wurst leicht geräuchert ist (zum Beispiel Leberwurst). Fette Würste sollten, wenn sie tiefgefroren werden, nicht länger als einen Monat aufbewahrt werden; Blut- und Leberwurst wird leicht griesig, Sülzwürste sind zum Tiefgefrieren nicht geeignet.

Bei Kochwürsten variiert der Fettgehalt je nach den Zutaten erheblich und kann zwischen 40 Prozent bei Leberwurst und nur ein Prozent bei mageren Sülzwürsten liegen. Wer mit Fett sparsam umgehen will, sollte daher die Zutatenliste genau lesen.

Fettreduzierte Würste

Als Alternative zu fettreichen Sorten gibt es seit einigen Jahren ein wachsendes Angebot an fettarmen und fettreduzierten Wurstwaren. Während es in Österreich bereits genaue Bestimmungen über den Fettgehalt von Leichtwurst (maximal 15 Prozent Fett) und Superleichtwurst (maximal 10 Prozent Fett) sowie über die sonstigen erlaubten Zutaten gibt, schreibt die Nährwert-Kennzeichnungs-Verordnung in Deutschland lediglich eine Fettreduktion um 40 Prozent im Vergleich zum herkömmlichen Erzeugnis und keinen absoluten Fettgehalt vor. Bei verpackter Ware ist oft der Fettgehalt angegeben. Ein guter Fleischer (> Seite 338) sollte in jedem Falle Bescheid geben können.

Schinken

Die Schinken-Palette erreicht nicht ganz den Sortenreichtum der Wurst. Ausgangsprodukt ist fast immer der Schinken des Schweines (> Seite 343). In wenigen Fällen wird auch Schulterfleisch (> Seite 343) verwendet.

Rohe Schinken werden durch Einsalzen, eventuell unter Zugabe von Pökelsalz (> Pökeln, Seite 339), und durch Räuchern oder Lufttrocknen haltbar gemacht.

Geschmack und Geruch sind aber wichtiger als lange Haltbarkeit. Deshalb sind geringere Salzkonzentrationen und kürzere Räucherzeiten als früher vertretbar. Schließlich gibt es heute auch bessere Möglichkeiten zur Lagerung und Kühlung – was aber nichts daran ändert, daß Schinken generell nicht besonders lange haltbar ist. Schinken aus Teilstücken des Schweineschinkens (Schinkenspeck, Schwarzwälder Schinken) ist durch die größere Abtrocknung meist fester in der Konsistenz und schmeckt rauchiger.

Vom Schinken gibt es sehr schmackhafte Spezialitäten. Die wichtigsten sind:

- ▶ Westfälischer Schinken, wird über Buchenholzrauch geräuchert.
- ▶ Schwarzwälder Schinken bekommt sein würziges Aroma durch Kalträucherung über Tannenreisig.
- ▶ Ardennen-Schinken aus der Eifel und aus Belgien ist mild gesalzen und über Wacholder geräuchert.
- ▶ Nußschinken wird aus der Nuß des Schinkens geschnitten und nur zwei bis drei Tage sehr mild geräuchert.
- ▶ Lachsschinken besteht aus dem ausgelösten Kotelettstrang, der in Pökellake eingelegt, kurz warmgeräuchert und mit Speck umwickelt wird.
- ▶ Bündner Fleisch ist leicht gepökeltes und drei bis sechs Monate luftgetrocknetes Rindfleisch aus der Oberschale.
- ▶ Osso collo ist ausgelöstes, gepökeltes und geräuchertes Nackenfleisch vom Schwein.
- ▶ Die italienischen Schinkenspezialitäten wie San-Daniele- und Parma-Schinken läßt man nach dem Pökeln und Waschen bis zu eineinhalb Jahren in der Luft trocknen und räuchert sie nicht. Dadurch entwickeln sie ein ganz anderes Aroma als der einheimische Schinken.

Roher Schinken muß eine intensiv rote Farbe und festes weißes Fett haben. Er sollte nicht stark salzig, sondern mild und würzig-aromatisch schmecken. Längere Räucherzeiten bei niedrigen Temperaturen sind für die Aromaausbildung am besten; kaltgeräuchert sind zum Beispiel Produkte vom Bauernhof, auch der sogenannte Schwarzwälder Schinken (geschützte Herkunftsbezeichnung) wird so erzeugt.

Die beste Qualität hat der Schinken aus dem Hinterteil des Schweines, der eigentliche »Kochschinken«. Vorderschinken (Ö: Preßschulter) wird zwar genauso zubereitet, besteht aber aus Schulterfleisch, das fettreicher und grobfaseriger ist.

Weniger hochwertig ist der sogenannte Formschinken. Er entsteht, wenn sich mehrere kleine Fleischstücke in faßähnlichen Behältern zusammen mit Lake lange Zeit bewegen und durch die gelockerte Muskulatur nach dem Kochen zusammenhalten. Er muß als »Formschinken, aus Fleischstücken zusammengefügt« gekennzeichnet werden, um eine Verwechslung mit dem wertvolleren Hinter- und Vorderschinken auszuschließen.

Schwarze, rußende Oberflächen entstehen durch unsachgemäßes Räuchern und können bis zum Hundertfachen der erlaubten Menge Benzpyren, einem krebserregenden Kohlenwasserstoff, enthalten.

Gekochter Schinken kann im Kühlschrank bis zu vier Tagen aufbewahrt werden. Roher Schinken hält sich länger (je trockener, um so länger – bis zu zwei Wochen). Ganze Stücke vom rohen Schinken halten sich auch gut in einer kühlen Speisekammer. Der Geschmack bleibt dann besser erhalten als beim Einfrieren.

Fische und Krustentiere

Aus Fischen und Krustentieren werden, wenn man sie mit Phantasie zubereitet, echte Delikatessen. In der Vielfalt übertreffen sie sogar die Fleischgerichte. Fisch ist außerdem ein biologisch hochwertiges, gut verträgliches Lebensmittel.

Fische spielten im Laufe der Zeit eine sehr wechselhafte Rolle auf dem Speisezettel. Früher waren sie in manchen Regionen ein Grundnahrungsmittel: An der See war der billige Hering die wichtigste Eiweißquelle, und auch in einem typischen Binnenland wie Österreich standen Fische aus Flüssen und Seen reichlich zur Verfügung.

Auch die zahlreichen Fastentage ließen die Kunst der Fischzubereitung blühen. Ende des 18. Jahrhunderts ging – mit dem Schwinden der Fischwirtschaft und der Bedeutung des Fastens – das Wissen um die Zubereitung von Fischen zum großen Teil verloren. Heute wird im Durchschnitt weniger als eine Fischmahlzeit pro Woche gegessen, und nur noch wenige Fischarten und Zubereitungsmöglichkeiten sind bekannt.

Ernährungswissenschaftler und Mediziner dagegen empfehlen, mehr Fisch zu essen. Die Gastronomie scheint ihrem Ruf als erste gefolgt zu sein: Fischgerichte finden sich immer häufiger auf den Speisekarten. In gehobenen Restaurants besteht bereits die Hälfte der Bestellungen aus Hauptgerichten mit Fisch.

Warenkunde

Beliebt sind neben einigen Mittelmeerfischen wie Wolfsbarsch und Seeteufel vor allem die delikaten Seefische aus dem Atlantik und heimische Süßwasserfische, wie Forelle, Karpfen, Zander, Hecht oder Saibling, die aus bäuerlichen Teichwirtschaften frisch zur Verfügung stehen.

Früher hieß es, Wassergetier solle man in Monaten ohne »R« (also in der warmen Jahreszeit) nicht essen; der Ratschlag stammt aus einer Zeit, in der die Kühlmöglichkeiten nur sehr begrenzt waren und der leichtverderbliche Fisch Ursache für zahlreiche Eiweißvergiftungen war. Heute zählen Fische und die meisten anderen Meerestiere das ganze Jahr über zu den kulinarischen und gleichzeitig gesunden Highlights des Speisezettels.

Seefische

Seefische werden heute – dank guter Kühlmöglichkeiten – im ganzen Land feilgeboten. Da viele von ihnen sehr groß sind, findet man

sie meist schon filetiert oder küchenfertig in Scheiben geschnitten. Dadurch fällt weniger Abfall an, der nur die Transportkosten erhöhen würde, denn Kopf, Flossen und Gräten sind in der Küche kaum verwertbar. Allenfalls kann man aus Gräten von Seezunge oder Steinbutt Fonds und Saucen zubereiten.

Am häufigsten gekauft werden Seelachs, Kabeljau und Rotbarsch, gefolgt von Makrele, Thunfisch und Scholle. Sie sind deshalb auch in jedem Fischgeschäft und in vielen Fischabteilungen guter Supermärkte regelmäßig frisch zu bekommen. Am gesamten Fischverzehr macht die Frischware aber nur etwa 12 Prozent aus.

Mehr als doppelt so groß ist der Anteil der Tiefkühlware. Die für die Tiefkühlung vorgesehenen Fische werden zum großen Teil bereits auf See zerlegt und fertig gefrostet, um Qualitätsverluste bei den langen Fangreisen zu verhindern. Der überwiegende Fischanteil wird in Deutschland in Form von Fischprodukten in Dosen, Gläsern etc. gegessen.

Fischstäbchen, meist aus Kabeljau erzeugt, sind kein kulinarischer Genuß. Überdies enthalten sie mehr Fett und weniger Eiweiß als der frische Kabeljau. Allenfalls sind Fischstäbchen eine Alternative für Kinder, damit sie überhaupt Fisch essen. Viele Kinder mögen meistens nur den Fischgeruch nicht, doch diesen kann man bei geeigneter Zubereitung von frischem Fisch in Grenzen halten.

Süsswasserfische

Süßwasserfische haben ein zartes, wohlschmeckendes Fleisch, das sich vielfältig zubereiten läßt. Es lohnt sich, nach einer Bezugsquelle für frischen Fisch in der Umgebung des Wohnortes Ausschau zu halten. Denn das Tiefgefrieren bekommt Süßwasserfischen meist schlecht. Vielfach gibt es Teichwirtschaften oder Binnenfischer mit regionaler Bedeutung, die ihr Angebot oft ab Hof vermarkten und manchmal auch frische Räucherware anbieten. Auskünfte über Bezugsquellen erteilen die Landwirtschaftskammern oder -ämter.

Fisch aus der Dose oder aus dem Glas

Über ein Drittel des gesamten Fischverzehrs entfällt in Deutschland auf Produkte der Fischverarbeitung. Beim Einkauf ist darauf zu achten, ob es sich um Fischvollkonserven oder Marinaden handelt. Denn davon hängen die Aufbewahrung zu Hause und damit die Haltbarkeit ganz entscheidend ab:

- ▶ Fischvollkonserven werden in Dosen nur durch Erhitzen ohne Zusatz von Konservierungsmitteln haltbar gemacht. Man erkennt sie leicht: Die Blechdosen sind oft mit Papier umwickelt oder stecken in einer Pappschachtel, z.B. Heringsfilet in Tomatensauce, sie stehen nicht in der Kühltruhe und haben ein Mindesthaltbarkeitsdatum von einem Jahr.
- ▶ Marinaden oder Fischhalbkonserven sind nicht durch Hitze, sondern durch Säuern, eventuell mit Zusatz von Konservierungsstoffen konserviert. Sie sind nur wenige Wochen haltbar und müssen sowohl im Handel als auch zu Hause unbedingt gekühlt werden. Die bekanntesten Halbkonserven werden aus Hering gemacht: Bismarckhering (Ö: Russen), Rollmops (Rollhering), Bratfisch, eingelegte Heringe.
- ▶ Eine Besonderheit sind Fischprodukte, die durch die Tätigkeit von Mikroorganismen mit Hilfe von Salz, Zucker und Gewürzmischungen reifen (fermentiert werden) und einen ganz speziellen, oft süßsauren Geschmack erhalten. Dazu gehören Sardellenfilets aus einer dem Hering verwandten Fischart und die sogenannten Anchosen, fermentierte Heringe oder Sprotten, die Anchovisfilets und Appetitsild.

Schalen- und Krustentiere

Schalen- und Krustentiere sind ganz besonders empfindlich gegen Verderb. Sie müssen deshalb lebend eingekauft und frisch verarbeitet werden. Eine zu lange Lagerung im Bassin vermindert die Fleischqualität. Lebendfrische Krustentiere erkennt man daran, daß sie bei Berührung sofort den Schwanz krümmen. Achtung: Zu lange Kochzeiten machen das Fleisch zäh, trocken und faserig.

Eine Delikatesse sind Austern und Muscheln. Bei der Zubereitung muß man aufpassen, denn verdorbene Muscheln können schwere Vergiftungen hervorrufen. Nur lebende Muscheln dürfen als frische Ware angeboten werden: Die beiden Schalenhälften müssen fest zusammenhalten und dürfen sich erst beim Kochen öffnen. Muscheln, die nach dem Kochen geschlossen bleiben, unbedingt wegwerfen. Das Fleisch darf nur nach Seewasser riechen und keinesfalls weichlich und grau aussehen.

Einkauf

Frischer Fisch hat den besten Geschmack und läßt sich am vielfältigsten zubereiten. Die beste Qualität bekommt man – außer in Fisch- oder Delikateßgeschäften – an den Frischfischtheken der großen Supermärkte. Sie bieten die Ware oft schon am Tag nach dem Fang oder der Anlandung an.

Wer am Meer oder an einem See wohnt, kann auch von den ortsansässigen Fischern frische Ware beziehen. Im Binnenland lohnt es sich, in der Umgebung nach Teichwirtschaften Ausschau zu halten; dort gibt's in der Regel Frischfisch – wenngleich nicht zu jeder Jahreszeit.

Grundsätzlich richtet sich das Angebot immer nach dem aktuellen Fang, und den kann niemand genau voraussagen. Deshalb schwanken auch die Preise sehr stark. Wer den Einkauf für eine Fischmahlzeit plant, sollte deshalb immer mehrere Varianten einplanen und erst vor Ort aus dem aktuellen Angebot das Passende heraussuchen.

Wie erkennt man guten frischen Fisch?

▶ Fischfilets müssen festes, glattes Muskelfleisch haben, die Oberfläche darf nicht verfärbt sein. Sie werden meist ohne Haut angeboten; wenn die Haut mit dabei ist, sollte sie glänzend sein. Der Geruch muß frisch sein – nicht fischig. Frischer Fisch darf höchstens entfernt an die See und keinesfalls an Ammoniak erinnern.

▶ Ganze Fische haben – wenn sie frisch sind – leicht vorstehende klare Augen mit durchsichtiger Hornhaut. Die Kiemen sind leuchtend rot und unverschleimt, die Schuppen liegen fest an und sind glatt. Gutes Fischfleisch ist fest, auf Druck bleiben keine Einbuchtungen zurück.

Wann Fisch besonders gut schmeckt

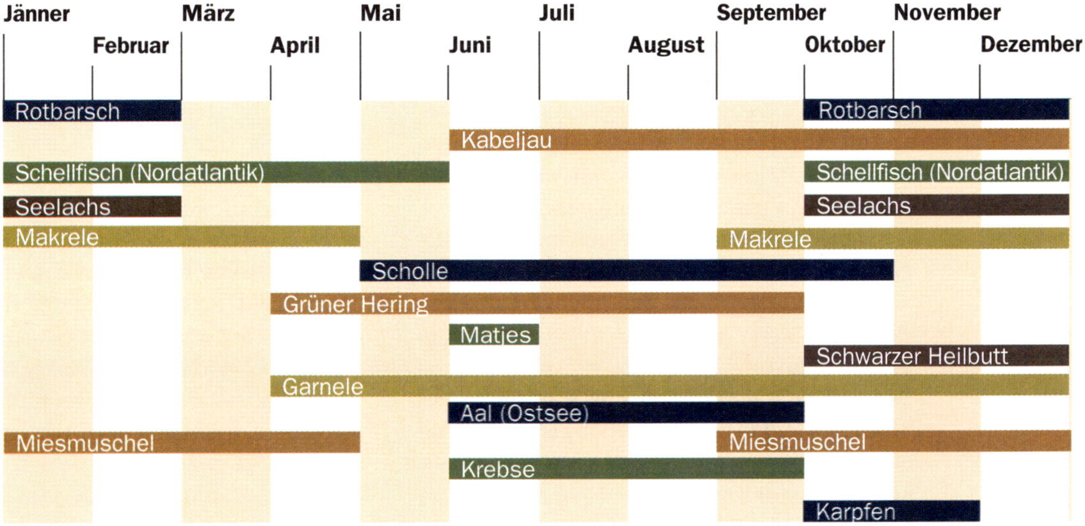

▶ Einige Fischarten, wie beispielsweise Forellen, Schleie und Karpfen, haben einen schleimigen Überzug auf der Haut. Das ist kein Mangel, sondern ein Zeichen von Frische.
▶ Fischkauf ist stets Vertrauenssache. Bedauerlicherweise sind die Qualitätsklassen für Fisch an den Verkaufstheken nicht ausgewiesen (obwohl die Händler, wenn sie bei Auktionen einkaufen, darüber informiert sind). Ein guter Verkäufer sollte aber darüber Auskunft geben können.
▶ Unabhängig davon kann man die Qualität eines Fischhändlers an einigen Merkmalen objektiv ermessen: Frischer Fisch sollte im Geschäft immer auf reichlich Eis lagern, damit eine ausreichende Kühlung gesichert ist und keine Saftverluste (und damit Qualitätseinbußen) eintreten. Ein guter Händler muß den Fisch ferner fachmännisch ausnehmen können und, je nach Bedarf, Schuppen und die Rücken- und Bauchflossen entfernen. Er muß auch die aktuell besten Fischarten empfehlen und sich bemühen, auf Bestellung bestimmte Fische zu besorgen.
▶ Jedes Geschäft hat bestimmte Anlieferungstage; wenn man sie kennt und berücksichtigt, bekommt man am ehesten wirklich frische Ware. Oft wird zu Anfang oder in der Mitte der Woche geliefert. Der traditionelle Freitag muß nicht der beste Tag sein.
▶ In bestimmten Monaten schmecken einzelne Arten ganz besonders gut, vor allem dann, wenn die Fische zu diesen Zeiten ein reichliches Nahrungsangebot haben oder die Wassertemperatur für ihr Gedeihen besonders gut ist. Der Fischhändler sollte konkrete Empfehlungen geben (> Wann Fisch besonders gut schmeckt, Seite 367).

Schadstoffe im Fisch

Schwermetalle, besonders Quecksilber, finden sich insbesondere in Raubfischen, wie dem Thunfisch. Vor allem ältere Tiere, die üblicherweise zu Konserven verarbeitet werden, sind gelegentlich stark kontaminiert, denn Quecksilber reichert sich im Laufe des Lebens im Körper an. Es gibt aber beim Einkauf keine Möglichkeit, den Quecksilbergehalt einer Thunfischkonserve einzuschätzen. Zum Schutz des Verbrauchers wurde ein Quecksilberhöchstwert von 1 Milligramm je Kilogramm Fisch und 0,5 Milligramm je Kilogramm Krusten- und Schalentiere (eßbarer Anteil) festgelegt.
Tintenfische reichern Kadmium, ein weiteres Schwermetall, in den Innereien an. Sie müssen deshalb vor der Zubereitung ganz besonders sorgfältig entfernt werden.
Vorsicht ist angebracht bei Fischen, die in Küstennähe oder nahe der Einmündung von Flüssen gefangen wurden; sie weisen oft überhöhte Gehalte an chlorierten Kohlenwasserstoffen auf. Beim Einkaufen sollte man sich deshalb nach dem Fanggebiet erkundigen.
Auch bei Flußfischen gilt: Wenn man nicht genau weiß, woher sie stammen, sollte man besser nicht kaufen. Fische aus Teichwirtschaften dagegen sind in aller Regel kaum mit Schadstoffen belastet.
Der größte Teil der Seefische wird heute auf hoher See fernab der Zivilisation gefangen. Verunreinigungen mit chlorierten Kohlenwasserstoffen oder polychlorierten Biphenylen (PCB) gibt es dort nicht oder nur in winzigen Mengen.

Frisch oder Tiefgefroren?

Frischer Fisch schmeckt besser als tiefgefrorener – vorausgesetzt, er ist wirklich fangfrisch. Die meisten Süßwasserfische sind ohne große Probleme frisch zu bekommen; manche Seefische dagegen, die in monatelangen Reisen auf der Hochsee gefangen werden, können in einwandfreier Qualität und ausreichenden Mengen nur tiefgefroren angelandet werden. Die Fische werden sofort nach dem Fang an Bord der Fabrikschiffe zerlegt, filetiert und tiefgefroren. Da Seefische eine festere Struktur als die meisten Süßwasserfische haben und zudem sehr fettarm sind, leiden sie unter dieser Behandlung relativ wenig. Das gleiche gilt für Tintenfische, große Garnelen und Kaisergranat (Scampi).

Beim Einkauf von tiefgefrorener Ware sollte man unverarbeitete Filets bevorzugen, die weder gewürzt noch paniert oder mit anderen Zutaten kombiniert sind. Damit erhält man sich am besten die Möglichkeiten zu eigener Kreativität beim Kochen. Beim Auftauen ist darauf zu achten, daß der Fisch im Kühlschrank abgedeckt ist und langsam auftaut. Danach sollte man ihn sofort zubereiten. Ein nochmaliges Einfrieren der rohen Ware ist keinesfalls zu empfehlen – auch nicht für fertige Gerichte.

Lagerung

Frische Fische, Schalen- oder Krustentiere sollten erst am Tag des Verzehrs eingekauft werden, denn sie verderben sehr leicht und verlieren außerdem schnell an Geschmack. Läßt sich dennoch eine kurzfristige Lagerung nicht vermeiden, muß Fisch zu Hause sofort aus dem Einwickelpapier herausgenommen und am besten in einer Glas- oder Porzellanschüssel (kein Kunststoff) mit Klarsichtfolie abgedeckt in den Kühlschrank gegeben werden. Zusätzlich kann man eine umgedrehte Untertasse in die Schüssel legen, damit sich die austretende Flüssigkeit darunter sammelt und der Fisch trocken liegt. Spätestens am Tag nach dem Einkauf müssen Fische, Schalen- und Krustentiere verzehrt werden.

Räucherfisch lagert am besten in einer kühlen Speisekammer. Der Kühlschrank ist die zweitbeste Lösung. In diesem Fall sollte man den Fisch zumindest eine Stunde vor dem Essen aus dem Kühlschrank nehmen, damit sich das Aroma entfalten kann. Nach ein bis zwei Tagen verliert auch Geräuchertes an Geschmack.

Tiefgefrorener Fisch hält sich bei minus 18 Grad Celsius im Gefriergerät drei bis fünf Monate (> Seite 368). Fette Fische leiden mehr unter dem Kälteschlaf, sie können schon nach zwei Monaten ranzig sein. Auf See schockgefrosteter Fisch erhält seine Qualität recht gut. Im Haushaltsgefriergerät ist dagegen die Gefriergeschwindigkeit nicht hoch genug, so daß der Fisch sowohl beim Einfrieren als auch beim Auftauen stark leidet. Im Haushalt sollte frischer Fisch deshalb am besten gar nicht eingefroren werden.

Zubereitung

Pro Portion rechnet man 150 bis 200 Gramm Fischfilet oder 250 bis 300 Gramm bei ganzen, kleineren Fischen (zum Beispiel Forellen oder Felchen). Bei größeren Fischen liefern Kopf und Flossen einen hohen Anteil an Abfall, daher sind bei diesen 300 bis 400 Gramm Rohgewicht pro Portion zu kalkulieren (gilt zum Beispiel für Seeteufel, Rotbarsch oder Wolfsbarsch). Bei Krustentieren wie ungeschältem Kaisergranat (Scampi) braucht man für eine Hauptspeise pro Person 200 bis 300 Gramm, 6 bis 12 Austern oder etwa ein halbes Kilogramm Miesmuscheln.

Daß Fischgerichte bei vielen Menschen nicht beliebt sind, liegt zum guten Teil an eintönigen Rezepturen. Mit etwas Phantasie läßt sich das leicht ändern: Das Kapitel ab Seite 526 bringt schmackhafte Beispiele für Fischvariationen, vom schonenden Garziehen und im Dampf Garen bis zum Dünsten und in der Folie Garen.

Grundsätzlich sind bei der Zubereitung einige Regeln zu beachten:

▶ Zum Grillen eignen sich nur kräftige Fische mit festem Fleisch, wie zum Beispiel Aal, Hering, Makrele, Forelle, Seeteufel, Sardinen oder Thunfischsteaks. Keinesfalls dürfen sie verkohlte Spuren von Grillstäben aufweisen. Ganze Fische grillt man am besten in speziellen Grillkörben, oft werden Filets auch in extrastarker Alufolie gegrillt.

▶ Fische mit feinem Geschmack, zum Beispiel Heilbutt, Steinbutt, Zander oder Schellfisch, sind zum Braten und Ausbacken zu schade, denn die scharfen Röststoffe überdecken das Aroma und machen die Mahlzeit außerdem schwerer verdaulich.

▶ Fisch sollte immer so kurz wie möglich garen, damit er nicht trocken wird. Er ist gar, wenn das Fleisch milchig-weiß und nicht mehr glasig ist und sich die Haut leicht abheben läßt. Bei ganzen Fischen lassen sich dann die Rückenflosse und die seitlichen Gräten leicht herausziehen.

▶ Zu hohe Temperaturen beim Kochen

und Braten sind schädlich. Kochen sollte man knapp unter dem Siedepunkt; Garziehen ist besser. Anbraten sollte man Fisch in heißem Fett, dann auf mittlere Hitze reduzieren, und das nicht zu lange, sonst wird das Fleisch trocken. Denn das feine Fischeiweiß verliert durch starke Hitze seine Wasserbindungsfähigkeit. Auch der Geschmack leidet.

▶ Salz entzieht dem Gewebe Wasser, macht das Fischfleisch trocken und die Oberfläche naß, so daß es im Fett spritzt. Fisch sollte deshalb immer erst kurz vor der Zubereitung gesalzen werden. Zitronensaft oder Essig bindet aufgrund der Säure den Fischgeruch, erhält die Farbe und festigt das Fleisch.

Pro und contra Aquakulturen

Bereits fünf Prozent des jährlichen Weltfischkonsums stammen heute aus der Intensivfischzucht – Krustentiere kommen aus Garnelenfarmen in Thailand und Indonesien, Lachse aus Netzgehegen in norwegischen Fjorden, und in Zukunft will man auch Heilbutt züchten.

Die Befürworter argumentieren, daß der Bedarf an Speisefischen ständig steige und die Weltmeere bald »ausgefischt« wären. Daher seien Aquakulturen in der Zukunft notwendig. Die Gegner verweisen darauf, daß unsachgemäße Bewirtschaftung von Aquakulturen zu erhöhtem Schadstoffgehalt führe. Es würden dem Wasser Hormone für besseres Wachstum beigegeben sowie Antibiotika zur Vorbeugung von Infektionen. Die Rückstände verblieben sowohl im Fischgewebe als auch im Wasser. Überdies lebten zu viele Fische auf zu engem Raum.

So sind hunderttausend junge Lachse in einem einzigen Süßwasserbecken keine Seltenheit. Dann sperrt man sie in Käfige, die ins Meer versenkt werden. Dem Futter wird ein roter Farbstoff beigemengt, der das Fleisch der Fische schön lachsrot macht. Die Intensivzucht führte dazu, daß Lachs laufend billiger wurde. Daher stieg der Verbrauch im vergangenen Jahrzehnt auf das Fünffache.

Fische aus Aquakulturen enthalten oft auch Moschus-Xylol, das ist ein künstlicher Duftstoff, der den schlechten Geschmack des Futters überdecken soll und im Verdacht steht, krebserregend zu sein. In ausländischen Regenbogenforellen wurde diese Substanz in hohen Mengen gefunden.

Gesundheit

Ernährungswissenschaftler und Mediziner empfehlen mindestens einmal pro Woche eine Fischmahlzeit – also weit häufiger, als es zur Zeit der Fall ist. Fisch ist ein hochwertiges, gut verträgliches Lebensmittel. Er wird sehr schnell verdaut, weil er fast kein Bindegewebe enthält. Als Laie merkt man das daran, daß Fisch im Gegensatz zu Fleisch beim Garen leicht auseinanderfällt (und deshalb à la minute zubereitet werden muß). Warmhalten vertragen Fischgerichte nicht.

Fisch sättigt meist nicht so anhaltend wie Fleisch. Das bedeutet aber nicht, daß er weniger wertvolle Nährstoffe enthält als andere tierischen Lebensmittel wie Ei, Milch und Fleisch. Im Gegenteil: Der Eiweißgehalt von Fisch liegt je nach Sorte zwischen 13 und 20 Prozent und ist besonders hochwertig. 200 Gramm Fischfilet decken bereits den halben Tagesbedarf an Protein. Besonders wichtig ist außerdem der Gehalt an den Vitaminen A und D sowie einigen B-Vitaminen.

Seefisch ist von allen Lebensmitteln die einzig nennenswerte Quelle für das Spurenelement Jod. Es ist für die Funktion der Schilddrüse lebensnotwendig. Bei Jodmangel entsteht ein Kropf. Heute wird dieser Mangel durch die Jodierung von Speisesalz teilweise ausgeglichen. Immerhin sichern 200 Gramm Seefisch den Jodbedarf für zwei bis drei Tage. Auch Krustentiere sind relativ jodreich.

Wer auf seine Figur und den Energiegehalt des Essens achtet, ist mit den meisten Fischen sehr gut bedient. Die wichtigsten Speisefische sind mit weniger als zwei Gramm Fett in 100 Gramm ausgesprochen mager; das gilt für Schellfisch, Scholle, Kabeljau, Hecht, Zander. Im Mittelfeld (bis fünf Gramm Fett), aber immer noch mit mageren Fleischteilen vergleichbar, liegen Steinbutt, Forelle, Karpfen (ungemästet), Schleie, Rotbarsch und Steinbutt. Zu den kalorienreichen Fischen mit bis zu 25 Prozent Fett gehören Lachs, große Forellen, Makrele, Thunfisch, Hering und Aal.

Das Fett der Fische hat aber einen besonderen Vorzug: Es enthält je nach Sorte zwischen 0,3 und 3 Prozent sogenannte Omega-3-Fettsäuren, am reichlichsten in den Kaltwasserfischen Makrele, Hering, Lachs und Thunfisch. Diese mehrfach ungesättigten Fettsäuren schützen die Eskimos – trotz ihres hohen Konsums an relativ fetten Fischen – vor Herzinfarkt. Eine unkontrollierte Einnahme von Fischölkapseln lehnen die meisten Experten dagegen ab. Denn natürlich muß auch die übrige Ernährungsweise ausgewogen sein, damit die Anti-Herzinfarkt-Fettsäuren wirken können.

Schalen- und Krustentiere haben ebenfalls gesundheitliche Vorteile: Sie sind sehr fettarm und eiweißreich. Ihr hoher Cholesteringehalt (besonders in Austern) ist – weil nur wenig von diesen Meerestieren verzehrt wird – ohne praktische Bedeutung.

Seefische und Krustentiere

Aal

Der Aal ist ein Wanderfisch, der wie der Lachs im Salz- und Süßwasser vorkommt. Besonders schmackhaft sind spitzköpfige Aalsorten. Vier Fünftel des gesamten Angebotes kommt geräuchert auf den Markt. Räucherware sollte frisch und nicht zu groß sein.

Junge Aale grillt man im ganzen, größere in Stücken.

Aal ist sehr fettreich und schwer verdaulich.

Angler

> Seeteufel, Seite 378

Austern

Die Austern unterscheiden sich in der Intensität des Geschmacks sowie im »Biß«. Flache Austern mit einer geraden und einer leicht gewölbten Schale werden nach Größe und Gewicht sortiert angeboten.

Berühmte Sorten: Belons, Marennes, Creuses (Frankreich), Imperiales (Holland), Limfjords (Dänemark), Blue Points (Virginia), Colchester und Whitstable (England).

Tiefe Austern mit stärker gewölbten Schalen sind etwas preiswerter und werden in Teichen gezogen (Huitres de parc, Fines de Claires oder Speciales de claires).

Austern eignen sich am besten zum rohen Verzehr. Eine Delikatesse sind Austern in Champagnersauce (> Seite 536). Sie können auch pochiert und gegrillt (> Seite 533) werden.

Bei einer Temperatur nahe dem Gefrierpunkt sind sie eine Woche haltbar. Geöffnete Tiere sollte man nicht essen.

Barsch

> Rotbarsch, Seite 376, Seebarsch, Seite 378

Blaufelchen

> Saibling, Seite 377

Crab meat

> Nordseekrabben, Seite 376

Dornhai (Steinaal)

Der Dornhai ist ein schmaler, langer Fisch, der bei uns nur selten als Frischfisch auf den Markt kommt. Bekannt sind dagegen seine geräucherten Bauchlappen, die Schillerlokken. In England wird er zu Fish & Chips verarbeitet.

Dornhai ist gut zum Fritieren und Räuchern geeignet.

Er hat ein schmackhaftes Fleisch. Das Rückenstück ist sehr saftig.

Dorsch

> Kabeljau, Seite 374

Flusskrebs

Der Flußkrebs gilt als der Hummer des Süßwassers, er wird bis zu 25 Zentimter lang. Am schmackhaftesten sind die Edelkrebse. Früher war er in Deutschlands Binnengewässern sehr häufig, heute wird er fast ausschließlich aus Südosteuropa eingeführt.

Flußkrebs eignet sich gut zum Kochen, für warme und kalte Speisen. Lebende Tiere sollte man sofort in kochendem Wasser töten.

Fogosch

> Zander, Seite 379

Forelle

> Regenbogenforelle, Seite 376,
> Seeforelle, Seite 378

Garnelen (Krevetten, Shrimps)

Die kleinen Meereskrabben mit langem Schwanz kommen fast aussschließlich tiefgefroren oder in Dosen in den Handel. Es gibt Langostinos (chilenisches Krebsfleisch), Tiefseegarnelen (auch Grönland- oder Norweger-Garnelen, Shrimps und Coronas genannt), Riesengarnelen (King-Prawns, Gambas oder Shrimps).

Gut für Hors-d'oeuvres und für Suppen.

Garnelen haben ein wohlschmeckendes, aber leicht verderbliches Fleisch.

Garnelen kann man grillen (> Seite 110), schmoren, in Suppen einlegen oder zur Abrundung von Fischgerichten verwenden (> Paella mit Fisch und Garnelen, Seite 678). Vorzüglich schmecken Garnelen mit Papayasalat (> Seite 649) oder Kokosgarnelen (> Seite 537). Mit Gemüse ergeben sie ein delikates Pfannengericht (> Garnelen-Gemüsepfanne, Seite 544).

Glattbutt

Der Glattbutt kommt aus dem Atlantischen Ozean, der Ostsee und dem Mittelmeer. Er ist mit dem Steinbutt verwandt (> Seite 379) und hat kleine Schuppen.

Zum Sieden, Pochieren oder Braten ist Glattbutt gut geeignet. Er ist billiger als Steinbutt.

Goldbarsch

> Rotbarsch Seite 376

Goldbutt

> Scholle, Seite 377

Hecht

Der Hecht hat mageres, festes und aromatisches Fleisch, das bei älteren Fischen mit mehr als 2,5 Kilogramm Gewicht leicht trocken wird. Er schmeckt am besten von September bis Januar.

Junge Fische sind zum Kochen, Dünsten und Pochieren geeignet, ältere für Füllungen und Farce.

Hechte sind von Gabelgräten durchsetzt, die man einzeln herausziehen sollte.

Heilbutt

Der weiße Plattfisch wird bis zu vier Meter lang, häufiger im Angebot ist der Schwarze Heilbutt (dieser ist einen Meter groß und etwas fetter). Der Heilbutt kommt meist in Scheiben (Karbonaden) ins Geschäft; häufig ist er auch als sehr feine Räucherware erhältlich, deren Fleisch zarter als geräucherter Kabeljau oder Rotbarsch ist.

Das weiße zarte Fleisch bewahrt den feinen Geschmack am besten beim Dünsten.

Heilbutt hat einen relativ hohen Fettgehalt. Er sollte vorsichtig gegart werden, sonst wird das Fleisch trocken.

Hering

Eine Delikatesse sind im Frühjahr die Matjes, junge fettreiche Heringe, die noch nicht gelaicht haben und mild gesalzen sind. Schottischer Hering ergibt den schmackhaften Bückling. Kronsardinen sind kleine Heringe aus dem Skagerak.

Hering eignet sich sehr gut zum Braten, Grillen, Marinieren und Räuchern. Er weist einen sehr hohen Nährwert auf. »Heringsmilch« (Sperma männlicher Heringe) schmeckt vorzüglich.

Hummer

Der Hummer ist ein zehnfüßiger Meeres-Krebs mit wuchtigen Scheren. Meist kommt er aus Norwegen, Schottland, Kanada oder den USA. Den berühmten »Helgoländer Hummer« gibt es kaum noch. Hummer schmeckt am besten, wenn er klein ist, das heißt, nur etwa 500 bis 800 Gramm wiegt. Eine besondere Delikatesse ist Corail (Hummerrogen).

Hummer schmeckt am besten gekocht, als Hummer Thermidor oder als Cocktail. Man kann ihn auch grillen (> Seite 540).

Zum Knacken und Auslösen dieses Krebses benötigt man Hummerzange und Hummergabel.

Jakobsmuschel (St. Jakobsmuschel, Pilgermuschel)

Die Jakobsmuschel ist ein besonders schmackhaftes Schalentier aus dem Atlantik und dem Mittelmeer. Gegessen wird lediglich das zarte, weiße Fleisch, manchmal auch der rötliche Rogen (Corail). Jakobsmuscheln werden entweder frisch, bereits ausgelöst und pochiert oder auch tiefgefroren angeboten.

Jakobsmuscheln kann man in Weißwein dünsten, braten (> Seite 538), in der Schale gratinieren oder grillen. Vorzüglich schmeckt auch Salat von Jakobsmuscheln (> Seite 539).

Die beste Qualität bekommt man von Oktober bis März.

Kabeljau (Dorsch)

Der Kabeljau wird als Jungfisch Dorsch genannt, er hat festes weißes, sehr mageres Fleisch. Kabeljau ist auch die Grundlage für die Herstellung von Fischstäbchen. Früher war er in Nord- und Südeuropa getrocknet als »Stockfisch«, getrocknet und gesalzen als »Klippfisch« von Bedeutung.

Ein einfaches und schmackhaftes Gericht ist Dorschfilet in Bierteig. Dorsch ist für Steaks geeignet, er schmeckt auch geräuchert und getrocknet sehr gut.

Das Fleisch ist relativ mager. Aus der Leber wird Vitamin-D-reicher Lebertran gewonnen.

Kaisergranat

> Scampi, Seite 377

Karpfen

Der Karpfen wird aus Teichwirtschaften ganzjährig angeboten, aber am schmackhaftesten ist er im Herbst und Winter. Am weitesten verbreitet sind Spiegelkarpfen mit wenigen, großen Schuppen (Spiegel genannt) und feinerem Fleisch als die üblichen Schuppenkarpfen. Karpfen ist relativ unempfindlich gegen Schmutz und Mangel an Sauerstoff, daher wird er oft für die Intensiv-Fischzucht verwendet.

Karpfen eignet sich gut zum »blau« Zubereiten (> Seite 526), Backen und Schmoren. Er hat ein weiches, relativ fettarmes Fleisch. Beste Qualität liefern Tiere unter zwei Kilogramm.

Kaviar

Kaviar ist eine begehrte Luxusspeise. Manche Sorten erzielen horrende Preise. Als Kaviar bezeichnet man die Fischeier (»Rogen«) der Weibchen verschiedener Störarten. Sie werden zur Konservierung eingesalzen. Heute sind Rußland und der Iran die Hauptlieferanten.

Kaviar schmeckt kühl am besten. Er sollte deshalb erst einige Minuten vor dem Genuß aus dem Kühlschrank herausgenommen werden. Kaviar darf nicht mit Metall in Berührung kommen, sonst bekommt er einen fischigen Geschmack. Geeignet sind Löffel aus Horn, Schildpatt oder Perlmutt. Die Bezeichnung Malossol-Kaviar bedeutet lediglich »wenig Salz«. Er ist mit 2,5 bis fünf Prozent ganz mild gesalzen.

▶ Beluga-Stör: Begehrtester Kaviar. Die Körner sind besonders groß und daher empfindlich. Je größer das Korn und je heller die Farbe, desto höher der Preis. Der Beluga-Stör kann bis zu 1200 Kilogramm schwer werden und zehn bis fünfzehn Kilogramm Kaviar enthalten.

▶ Osietra-Kaviar: Kommt in einer ganzen Farbpalette von schwarz über stahlgrau bis zu verschiedenen Brauntönen vor. Das Korn ist wesentlich fester als das des Beluga und hält sich auch in einer geöffneten Dose länger.

▶ Sevruga-Kaviar: Besonders aromatisch. Die Körner sind kleiner als der Osietra und haben eine zarte Haut. Eine Kreuzung zwischen Sevruga und Osietra heißt Schipp. Er ähnelt im Aussehen dem Osietra, im Geschmack dem Sevruga.

▶ Keta-Kaviar: Stammt nicht vom Stör, sondern von verschiedenen Lachsarten. Der großkörnige Rogen ist rot und wird – wie echter Kaviar – in Gläsern angeboten.

▶ Seeforellen-Kaviar: Leicht rötlich, aber die Körner sind fester, und der Geschmack ist feiner als beim Keta-Kaviar.

▶ Deutscher Kaviar: Schwarz oder rot gefärbter, stark gesalzener Rogen des Seehasen, einem Fisch aus dem Nordatlantik. Dieser Kaviarersatz ist im Geschmack nicht mit echtem Kaviar zu vergleichen und eignet sich am besten zu Dekorationszwecken.

▶ Preßkaviar: Aus überreifem Kaviar und zerdrückten Eiern aller drei Störarten hergestellt. Er ist sehr intensiv im Geschmack und eignet sich für Speisen, bei denen das Aussehen der Körner weniger wichtig ist.

Krabben

> Nordseekrabben, Seite 376

Krabbenstäbchen

Als neues Produkt werden in der Gastronomie und auch in Fischgeschäften Krabbenstäbchen (crab-sticks) angeboten. Sie bestehen jedoch nicht aus Krustentieren. Wichtigster Grundstoff ist Surimi, eine exotisch klingende Bezeichnung für zerkleinertes, mit Wasser gewaschenes Fischmuskelfleisch ohne Faserstruktur. Dieser Fischbrei wird mit Stärke, Eiklar und Geschmacksstoffen versetzt und durch Düsen zu dünnen Fasern versponnen.

Zur Herstellung von Ersatzprodukten für Krebsfleisch und Hummerschwänze geeignet. Die Verwendung von Surimi statt Fisch oder Krebsfleisch muß auf der Verpackung dieser Produkte deklariert sein.

Krevetten

> Garnelen, Seite 372

Lachs

Lachs wird vor allem aus Schottland, Irland und Norwegen geliefert. Der kanadische Lachs hat dunkelrot gefärbtes Fleisch mit kurzen Fasern. Heller sind Lachse aus Norwegen und Schottland. Norwegischer Lachs kommt oft aus Aquakulturen; die Fleischqualität kann durch schlechte Wasserqualität und Futterzusätze leiden (> Seite 370).

Gut schmeckt er auch roh mariniert, mit Saucen pochiert oder zu Terrinen verarbeitet. Vorzüglich mundet Graved Lachs (mit Salz, Zucker und Dill gebeizt). Eine Delikatesse sind Lachsmedaillons in Weißweinsauce (> Seite 530). Räucherlachs serviert man am besten mit saurer Sahne (> Seite 598).

Als festliches Gericht ist Räucherlachsmousse mit Meerrettichsauce (> Seite 636) oder Lachsscheiben im Blätterteig (> Seite 641) zu empfehlen. Lachsfilet, auf japanische Art zubereitet, ergibt vorzügliches Sashimi (> Seite 674).

Langusten

Charakteristisch sind die langen Fühler, die den Körper überragen. Frische, noch lebende Langusten müssen einen gekrümmten Schwanz haben. Das Fleisch ist wohlschmeckend, mitunter etwas trocken. Langusten gibt es auch tiefgefroren.

Zubereitung wie beim Hummer (> Seite 373). Eine Delikatesse ist gegrillte Languste (> Seite 541).

Von den Langusten ist nur der Hinterleib eßbar.

Lotte de mer

> Seeteufel, Seite 378

Loup de mer

> Seebarsch, Seite 378

Makrele

Die Makrele wird selten als Frischfisch angeboten, weil sie nur wenig haltbar ist. Das leicht rötliche Fleisch schmeckt sehr intensiv. Es gibt Atlantische, Pazifische und Mittelmeermakrelen. Kleine Exemplare schmecken besser. Am besten zum Räuchern und Einlegen in Öl geeignet.

Zum Weiterlesen

Marianne Kaltenbach: Meine Fischküche. Hallwag Verlag, Bern und Stuttgart 1985

Die Makrele hat einen hohen Fettgehalt und ist reich an an Omega-3-Fettsäuren.

Merlan

> Wittling, Seite 379

Miesmuschel (Pfahlmuschel)

Miesmuscheln werden von September bis April angeboten. Man züchtet sie in ausgedehnten Muschelkulturen sowohl in der Nordsee und der Ostsee als auch in Atlantik und Mittelmeer. Deutsche, dänische und holländische Muscheln sind relativ klein und preiswert, aus Frankreich kommen besonders aromatische Sorten und aus Spanien größere, gelbe Muscheln.

Gut waschen und bürsten und dann fünf Minuten kochen oder dünsten. Auch zum Marinieren.

Offene Muscheln sind tot und müssen ausgesondert werden.

Nordseekrabben

Nordseekrabben, auch Granat genannt, haben kurze Schwänze und sind eine Spezialität der deutschen Nordseeküste, die vorwiegend im Sommerhalbjahr gefangen wird. Gleich nach dem Fang werden sie an Bord der Fischkutter gekocht und kommen frisch als ganze Tiere oder ausgepult, aber auch tiefgefroren auf den Markt. Crab meat ist eingedostes Fleisch von Steinkrabben und Kurzschwanzkrebsen verschiedener Arten (zum Beispiel Kamtschatka-Krabben oder Königskrabben).

Krabben sind für Cocktails und Salat, aber auch als Suppeneinlage und für Kroketten geeignet.

Bis zu sechs Zentimeter lange Tiere munden am besten.

Pfahlmuschel

> Miesmuschel, Seite 376

Pilgermuschel

> Jakobsmuschel, Seite 373

Regenbogenforelle

Die Regenbogenforelle wird häufig gezüchtet, ist robust und wächst bei guter Fütterung schnell. Sie kommt aus heimischer Zucht oft lebend auf den Markt. Die Qualität der Forelle ist abhängig von der Wassergüte und vom Futter (karotinhaltiges läßt sie »erröten«). Die Fische sollten nicht zu lange im Verkaufsbassin sein.

Forellen sind zum »blau« Kochen (> Seite 526), Pochieren und Braten geeignet.

Am besten schmecken wilde Bachforellen (selten zu bekommen).

Renken

> Saibling, Seite 377

Rotbarsch (Goldbarsch)

Der Rotbarsch wird hauptsächlich bei Grönland und im Nordatlantik gefangen. Festes, leicht rosafarbenes Fleisch. Er kommt gefroren und frisch in den Handel, ganze Fische sind kaum im Angebot. Die Schuppen sind sehr hart, daher am besten filetiert einkaufen.

Rotbarsch ist gut zum Dünsten, Braten in

Butter sowie für Auflauf oder Gulasch geeignet. Sehr schmackhaft ist er auch in Folie gegart (> Seite 531). Das Fleisch ist fest und relativ fett.

Saibling (CH: Rötel)

Der Saibling ist ein naher Verwandter der Forelle; er zeichnet sich durch ein sehr wohlschmeckendes Fleisch aus. Es gibt Seesaibling (er hat feines, lachsfarbenes Fleisch), wohlschmeckenden Bachsaibling (dieser ist allerdings selten zu bekommen) und Wandersaibling (kommt in Küstengewässern vor). Verwandte des Saiblings mit etwas weniger gutem Fleisch sind Renken (aus oberbayrischen Seen) oder Blaufelchen (aus dem Bodensee und den Vulkanseen der Eifel).

Saibling kann gekocht, in Butter gebraten oder pochiert werden.

Er ist ein sehr schmackhafter Fisch, wenn er aus kaltem und sehr sauberem Wasser kommt.

Scampi (Kaisergranat)

Der Scampi ist ein kleiner Verwandter des Hummers, der nur etwa 20 Zentimeter groß wird. Die Kaisergranatschwänze sind meistens in Konserven oder tiefgefroren erhältlich, als frische Ware werden sie hingegen eher selten angeboten. Um das Vortäuschen einer höheren Qualität zu vermeiden, sind Namen wie »Tiefseehummer« oder »Langustenschwänze« nicht zulässig.

Scampi eignet sich zum Pochieren, Fritieren und Grillen (> Seite 533) als auch zum Sautieren; außerdem ergibt Scampi in Cocktailsauce eine sehr beliebte Vorspeise.

Schellfisch

Der Schellfisch ähnelt dem Kabeljau, ist aber feiner im Geschmack. Man bekommt ihn meist in Scheiben oder großen Stücken. Eine Delikatesse ist Smoked Haddock (englische Spezialität).

Zum Dämpfen (> Seite 528) und Garziehen (> Seite 532) ist Schellfisch gut geeignet. Sein mageres Fleisch ergibt in Folie gegart (> Seite 531) eine schmackhafte Speise. Schellfisch ist außerdem preiswert.

Schillerlocken

> Dornhai, Seite 372

Schleie

Schleien werden oft als »Nebenfische« in Karpfenteichen gezogen. Die mit einer schleimigen Oberhaut überzogenen Fische wachsen aber langsamer als Karpfen und erreichen die Portionsgröße von 200 bis 300 Gramm erst nach drei Jahren.

Am besten mundet Schleie im ganzen »blau« gekocht (> Seite 526), dazu holländische Sauce. Sie hat ein zartes und schmackhaftes, aber fettes Fleisch.

Scholle (Goldbutt)

Die Scholle ist der bekannteste Vertreter der Plattfische, sie wird vornehmlich in Nord- und Ostsee gefangen und im ganzen ohne Kopf und Randgräten oder als Filet gehandelt. Besonders zart sind kleinere Fische (manchmal auch als Maischollen bezeichnet).

Zum Backen und auf Müllerin Art gebraten ist die Scholle gut geeignet. Man kann sie auch auf thailändische Art dämpfen. Das Fleisch der Scholle schmeckt intensiv.

Seebarsch (Wolfsbarsch, Loup de mer)

Der Seebarsch hat festes weißes Fleisch und schmeckt sehr aromatisch. Er kommt vor allem im Mittelmeer und im Ostatlantik vor. Der gefleckte Seebarsch ist von gleicher Qualität.

Seebarsch eignet sich mit Schuppen zum Kochen, ohne Schuppen zum Pochieren. Er ist einer der feinsten, aber auch teuersten Fische.

Seeforelle

Die Seeforelle wird bis zu 80 Zentimeter groß und ist von unregelmäßigen Punkten bedeckt. Seeforellen mit mindestens 1,5 Kilogramm werden auch als Lachsforellen bezeichnet.

Seeforellen kann man »blau« kochen, braten und grillen. Kleine Exemplare sind schmackhafter.

Seelachs (Köhler)

Der Seelachs ist nicht mit dem teuren Lachs nicht verwandt. Leicht graue Fleischfärbung ist kein Zeichen mangelnder Qualität. Ein Verwandter des Seelachses mit feinerem Fleisch ist der schmackhafte Polack, der aber seltener im Angebot ist.

Seelachs eignet sich gut für gebackene Filets (> Seite 531) und Frikadellen. Er sollte so kurz wie möglich gegart werden. Er ist ein sehr preiswerter Filetfisch und recht schmackhaft.

Seesaibling

> Saibling, Seite 377

Seeteufel (Angler, Lotte de mer)

Der Seeteufel kommt aus dem Nordatlantik oder dem Mittelmeer und ist ein Lieblingsfisch der Gastronomie. In den Handel kommt meist nur das Schwanzstück mit einem starken Rückenknochen; der sehr große Kopf ist nicht verwendbar.

Der Seeteufel verliert beim Kochen viel Wasser (größere Portionen nehmen). Er hat ein feines weißes Fleisch und keine Gräten. Ein vorzügliches provenzalisches Gericht ist Fischsuppe nach Art von Sète (> Seite 683).

Seezunge

Besonders gute Qualität kommt aus dem Nordatlantik und der Nordsee. Seezungen können bis zu einem halben Meter groß werden. Der Bestand an Seezungen ging in den letzten Jahren stark zurück. Deshalb werden die angebotenen Fische immer kleiner und teurer.

Zum Pochieren, Braten und Grillen (> Seiten 527, 533) geeignet.

Das zarteste Fleisch haben bis zu 30 Zentimeter lange Exemplare.

Shrimps

> Garnelen, Seite 372

Steinaal

> Dornhai, Seite 372

Steinbutt

Der Steinbutt kommt in Nordatlantik, Nord- und Ostsee nur noch selten vor und ist deshalb sehr teuer. Der trapezförmige Plattfisch hat weißes, festes Fleisch. Das Fangen von Baby-Butt, der mit maximal einem Kilogramm Gewicht in den Handel kommt, wird als Raubbau kritisiert.

Steinbutt eignet sich für alle Zubereitungsarten; nur kalt sollte er nicht gegessen werden. Vorzüglich schmeckt Steinbutt im Sud (> Seite 645). Man kann ihn auch auf mexikanische Art marinieren (> Seite 692).

Steinbutt ist sehr schmackhaft. Er hat keine Schuppen, sondern Knochenhöker.

Thunfisch

Der Thunfisch ist selten als Frischfisch im Angebot, er wird vorwiegend in Konserven abgefüllt. Thunfisch hat festes Fleisch, das dem Kalbfleisch ähnelt. Der Thunfischfang ist zur Zeit stark umstritten, da in den bis zu 200 Kilometer langen Netzwänden viele andere Fische, auch Delphine, als »unbrauchbarer Beifang« zurückbleiben.

Thunfisch läßt sich wie Kalbfleisch zubereiten, er ist gut zum Räuchern geeignet.

Brust und Bauch haben das feinste Fleisch, der Rücken ist eher trocken.

Tintenfisch (Kalmar)

Der Tintenfisch kommt im Mittelmeer und im westlichen Atlantik vor; er hat acht Arme und zwei Fangarme und einen ovalen, abgeflachten Körper. Der Kalmar ist zylindrisch gestreckt. Handgroße Tiere haben ein besonders schmackhaftes Fleisch.

Tintenfisch eignet sich zum Braten, Fritieren, Grillieren und Schmoren sowie mariniert für kalte Vorspeisen. Man sollte ihn vorsichtig öffnen, damit der Tintensack nicht verletzt wird.

Wittling (Merlan)

Der Wittling wird auch Merlan genannt, er ist ein Verwandter des Schellfisches und stammt aus dem Atlantik, seltener aus dem Mittelmeer. Der Wittling kommt üblicherweise mit einer Länge von rund 30 Zentimetern im ganzen in den Handel. Er hat ein helles, festes Fleisch und ist überdies sehr schmackhaft.

Wittling eignet sich zum Braten und Backen; man kann ihn aber auch gut in Wein dünsten oder für Eintöpfe verwenden. Sein Fleisch ist leicht verdaulich. Die beste Fangzeit ist Oktober bis April.

Wolfsbarsch

> Seebarsch, Seite 378

Zander (Fogosch, CH: Egli)

Der Zander ist ein bis zu 70 Zentimeter langer, schmaler Raubfisch mit sehr zartem, saftigem Fleisch, er lebt in Flüssen und Seen. Besonders schmackhaft ist der Donau-Zander. Frische Fische schmecken im Herbst und Winter am besten. Zander verliert beim Tiefkühlen an Geschmack.

Zander eignet sich nicht nur zum Füllen, sondern ebensogut zum Braten und Dünsten. Vorzüglich schmeckt beispielsweise Zanderterrine. Ein delikates Gericht sind Zanderfilets in Graham-Kräutersauce.

FETTE UND ÖLE

Fett ist ein wichtiger Träger von Aromastoffen und ist daher für geschmackvolle Gerichte sehr wichtig. Andererseits ist zuviel Fett ungesund. Daher werden neben Butter und Margarine immer mehr Fett-Imitate angepriesen. Doch sie besitzen oft mehr Nachteile als Vorzüge.

Fett gibt Kraft, hieß es zur Zeit unserer Großeltern. Das stimmt auch, denn Fett enthält mehr als doppelt so viele Kalorien wie Eiweiß oder Stärke. Aber wer nicht körperlich hart arbeiten muß, braucht diese Extra-Kraft gar nicht.

Aber das heißt nicht, daß man auf Fett ganz verzichten kann. Denn in Fetten und Ölen sind zahlreiche Aromastoffe gelöst; schmackhaftes Fleisch etwa ist von feinen Fettadern durchzogen, und auch fettreicher Käse hat in aller Regel ein intensiveres Aroma als Magerkäse.

Außerdem sorgen Fette für die – bei vielen Speisen erwünschte – Bildung von Krusten, vor allem beim Braten, Schmoren und Fritieren. Sie machen Teige und Gebäck überdies geschmeidig und saftig. Schließlich transportieren Fette auch die lebenswichtigen Vitamine A, D und E.

Andererseits essen die Deutschen unzweifelhaft zuviel Fett, und zuviel Fett fördert die Entstehung zahlreicher Krankheiten. Aus gesundheitlicher Sicht sollte man daher mit Fett sparsam umgehen (> Fettreduzierte Fette, Seite 386).

BUTTER

Butter wird in drei Sorten angeboten, die sich im Geschmack und im Säuerungsgrad unterscheiden:

▶ Sauerrahmbutter ist die aromatischste Sorte, die vor allem in Norddeutschland bevorzugt wird. Die typischen Aromastoffe entstehen bei der Reifung durch Milchsäurebakterien, die dem Rahm vor der Verbutterung zugefügt werden.

▶ Mildgesäuerte Butter ist die schnellere Variante der Sauerrahmbutter. Hier darf dem Rahm während der Verbutterung neben Milchsäurebakterien zusätzlich ein Milchsäurekonzentrat zugefügt werden. Dadurch wird der Geschmack ebenfalls etwas säuerlich, aber nicht so abgerundet wie bei der gereiften Sauerrahmbutter. Der Zusatz von Milchsäure wird auf der Verpackung mit »E 270 Säuerungsmittel« gekennzeichnet. Er ist bei Landbutter verboten.

▶ Süßrahmbutter entsteht aus der unveränderten, süßen Sahne und schmeckt deshalb sahnig-mild. Sie ist die neutralste Butter für die Verwendung zum Kochen und Backen, flockt beim Erhitzen nicht aus und bindet gut.

Bei allen Varianten handelt es sich um naturbelassenes Fett, das allein durch mechanische Bearbeitung der Milch oder der Sahne gewonnen wird. Für ein Kilogramm Butter benötigt man den Rahm von bis zu 25 Litern Milch.

Nahezu wasserfreies Butterfett nennt man Butterschmalz. Zum Kochen eignet es sich gut, weil es sich höher erhitzen läßt als Butter. Außerdem ist es haltbarer.

Früher war für Butter eine Bezeichnung nach Handelsklassen vorgeschrieben. Heute heißt sie schlicht »Butter«, gleichgültig, ob sie aus dem In- oder Ausland kommt, oder »Landbutter«, wenn sie direkt auf dem Bauernhof erzeugt wurde. Da es keine feste Formvorschrift mehr gibt, muß man beim Einkauf darauf achten, ob rechteckige Päckchen auch wirklich Butter oder aber Margarine oder eines der neuen Mischfette enthalten. Mangelnde geschmackliche Qualität wird, vor allem bei ausländischer Ware, oft durch Zusatz von Salz überdeckt.

Die Molkereien können ihre Butter allerdings einer freiwilligen amtlichen Prüfung unterwerfen. Dabei werden Aussehen, Geruch, Geschmack und Streichfähigkeit geprüft. Butter besonders guter Qualität erhält die Bezeichnung »Deutsche Markenbutter« und darf als Gütezeichen einen stilisierten Adler in ovaler Umrandung tragen. Die zweite Qualitätsstufe heißt »Deutsche Molkereibutter«.

Im Handel gibt es zunehmend auch Butter aus anderen EU-Ländern, aus Irland, Dänemark, den Niederlanden. Sie hat dieselbe Zusammensetzung wie die deutschen Produkte und ist qualitativ gleichwertig. Wenn sie im Erzeugerland eine vergleichbare Prüfung durchlaufen hat, darf sie auch bei uns als Markenbutter (Ö: Teebutter) oder Molkereibutter (Ö: Tafelbutter) verkauft werden. Butter aus dem Ausland schmeckt häufig etwas anders; die Ursache sind Unterschiede in der Fettzusammensetzung, der Rinderrasse und der Fütterung. Die Preise liegen meist höher.

Butter ist empfindlich gegen Wärme, Licht und Fremdgerüche. Im Kühlschrank hält sie sich rund drei Wochen, eingefroren sechs bis acht Monate. Zum längerfristigen Einfrieren sollte man

Markenbutter nehmen. Die Molkereibutter, die zum Beispiel zu Weihnachten verbilligt abgegeben wird, ist nur für eine kurzfristige Lagerung gedacht. Kurzes Einfrieren, etwa vor der Weihnachtsbäckerei, übersteht sie problemlos. Butterschmalz dagegen hält sich in ungeöffneter Verpackung wochenlang, eingefroren zwei Jahre.

Über Geschmack kann man zwar nicht streiten, aber die Aromavielfalt von Butter wird von keinem anderen Streichfett erreicht. Buttermischungen, -cremes oder -saucen gelingen am besten mit diesem Milchfett. Besonders ausgeprägt sind Geschmack und Geruch, wenn man es leicht erhitzt. Das macht sich vor allem bei bestimmten Gebäcksorten, zum Beispiel Butterkuchen oder Heidesand, und beim Schwenken von Gemüse und Kartoffeln bemerkbar. Im Kuchenteig selbst, so ergaben sensorische Untersuchungen, schmeckt man den Unterschied nicht, wohl aber beim Einfetten der Backform.

Je mehr Wasser ein Fett enthält, um so geringer wird seine Eignung zum Braten oder Backen. Daher eignet sich Milchhalbfett, das zu 52 bis 57 Prozent aus Wasser besteht, ausschließlich für die kalte Küche. Es ist nur etwa halb so energiereich wie Butter, kommt aber geschmacklich nicht an sie heran. Es ist daher eine Notlösung für jene, die Fett sparen, aber die Brotscheiben weiterhin üppig bestreichen wollen.

Für starkes Erhitzen ist auch die normale Butter ungeeignet, denn das Wasser darin spritzt, und das Eiweiß verbrennt und wird braun. Butterschmalz dagegen ist auch bei hohen Temperaturen (Braten, Backen, Fritieren) stabil. Zum Backen ist weiches Butterschmalz (enthält rund vier Prozent Wasser) gut geeignet, weil es sich einfacher portionieren läßt; zum Fritieren braucht man die wasserfreie Variante von Butterschmalz. Die gewohnte Fettmenge ist um ein Fünftel zu reduzieren, da Butterschmalz im Gegensatz zu Butter kein Wasser enthält.

Butter benötigt man in der Küche – außer zum Braten – für zahlreiche Saucen, wie zum Beispiel Béchamelsauce (> Seite 567) und holländische Sauce (> Seite 568).

Butter enthält mindestens 82 Prozent sehr gut verdauliches Fett, Wasser, wenig Milchzucker, etwas Eiweiß und die fettlöslichen Vitamine A, D und E. Sommerbutter ist wegen des Futters auf der Weide besonders vitaminreich und dadurch auch gelber als im Winter. Zum Ausgleich darf im Winterhalbjahr dem vitaminärmeren Rahm deshalb Karotin als natürlicher Farbstoff zugesetzt oder Sommer- und Winterrahm gemischt werden. Diese Mischung ist gleichzeitig auch streichfähiger, denn im Sommer hat die Milch füt-

Der Streit ums Cholesterin: Butter oder Margarine?

»Neuer Streit entzweit die Forscher: Macht zuviel oder macht zuwenig Butter wütend?« fragte das Nachrichtenmagazin »Der Spiegel« in einem Beitrag zum Thema »Cholesterin: Mörderische Magerkost«. Gegenüber ihrem Hausarzt habe eine Frau angegeben, die Verletzung an ihrer Nase sei beim Schneuzen entstanden. Erst auf genaueres Befragen habe sie gestanden, daß es sich um eine Folge niederer Gewalteinwirkung seitens ihres Ehemannes handelte.

Dieses Ereignis hätte den Anstoß zu einer Untersuchung gegeben, die weltweit für Schlagzeilen sorgte: Männer mit niedrigem Cholesterinspiegel, so das Ergebnis, tendierten zu erhöhten Aggressionen gegen sich und andere – bis hin zum Mord.

Die Studie ist bloß eine Episode aus einem seit Jahrzehnten währenden Kampf zwischen den Befürwortern der Butter und jenen der Margarine. Hinter beiden steht eine milliardenschwere Lobby, und jede neue Untersuchung, die sich zur Werbung für das eigene Erzeugnis oder zur Verteufelung des gegnerischen Produkts eignet, wird sogleich in aufwendigen PR-Kampagnen ausgeschlachtet.

Der Expertenstreit ist ein Musterbeispiel für die unerquickliche Verquickung von wirtschaftlichen Interessen mit angeblicher Aufklärung über gesunde Ernährung. Man sollte die Empfehlungen und Warnungen beider Seiten daher nicht allzu ernst nehmen.

terungsbedingt eine andere Fettzusammensetzung, die die Butter weicher macht.

Der Cholesteringehalt in hundert Gramm Butter liegt bei etwa 280 Milligramm. Wird das Streichfett sparsam verwendet, hat diese Cholesterinmenge keine negativen Auswirkungen. Bei erhöhten Blutfettwerten ist im Einzelfall der Arzt zu befragen.

Margarine

Die Margarine wurde aus der Not geboren, als Napoleon III. für seine Soldaten einen Ersatz für die teure Butter suchte. Diese Kunstbutter, 1869 erfunden, bestand aus Rindertalg und Magermilch. Mit den heutigen Sorten hat sie nur noch den Namen gemein. Grundstoff für Margarine sind heute Pflanzenöle, vor allem von Soja, Erdnuß, Sonnenblumen, Baumwollsaat und Mais. Rindertalg und andere tierische Fette werden nur noch in geringen Mengen und für die preiswertesten Sorten verwendet. Letztere enthalten daher bis zu 100 mg Cholesterin (zum Vergleich: Butter 280 mg/100 g).

Margarine ist billiger als Butter und enthält mehr ungesättigte Fettsäuren, die sich günstig auf den Blutfettspiegel auswirken. Außerdem hat rein pflanzliche Margarine kein Cholesterin.

Mit Ausnahme der Halbfettmargarine bestehen alle Sorten aus mindestens 80 Prozent Fett und 20 Prozent Wasser. Die Unterschiede zur Butter liegen im Geschmack, in der Streichfähigkeit und in der Fettzusammensetzung, nicht in der Fettmenge.

▶ Haushalts- oder Standardmargarine ist die einfachste Sorte, die man höchstens zum Kochen und Backen verwenden sollte. Sie besteht aus pflanzlichen und/oder tierischen Fetten. Welcher Anteil höher ist, verrät die Zutatenliste: Steht tierisches Fett ganz vorne, ist es die Hauptzutat und umgekehrt. Haushaltsmargarine enthält überwiegend die – aus ernährungsmedizinischer Sicht ungünstigen – gesättigten Fettsäuren.

▶ Pflanzenmargarine besteht zu mindestens 97 Prozent aus pflanzlichen Fetten, ihr Anteil an der wertvollen Linolsäure kann aber zwischen 15 und 30 Prozent schwanken. Gründe dafür sind die Rohstoffe und die Herstellung: Margarine wird aus festen Fetten mit vorwiegend gesättigten Fettsäuren und Ölen mit vielen mehrfach ungesättigten Fettsäuren gemischt. Bei den meisten Sorten festigt man letztere durch ein spezielles Verfahren, die Fetthärtung, und macht sie streichfähig. Dabei verändert sich ein Teil der wertvollen Fettsäuren in die weniger günstigen gesättigten Verwandten.

Einige wenige teurere Margarinesorten bestehen aus ungehärteten Ölen (Zutatenliste beachten) mit einem geringen Zusatz von festen pflanzlichen Fetten. Sonnenblumenmargarine ist besonders empfehlenswert, weil sie aufgrund ihrer Zusammensetzung auch nach der Fetthärtung noch viele hochwertige Fettsäuren enthält. Im Geschmack sind die unterschiedlichen Sorten weitgehend gleich.

▶ »Diätmargarine« ist mit mindestens 50 Prozent Linolsäure besonders reich an mehrfach ungesättigten Fettsäuren und deshalb sehr streichfähig. Sie enthält keine oder wenig gehärtete Fette (> Seite 384), weniger Zusatzstoffe, kein Salz und wird häufig für eine cholesterinsenkende Diät empfohlen. Aber Achtung: Der Energie- und Fettgehalt ist ebenso hoch wie bei Butter und anderer Margarine – trotz des Wortes Diät im Namen. Nur die Zusammensetzung des Fettes ist anders.

▶ Halbfettmargarine besteht zu maximal 41 Prozent aus Fett, viel Wasser und einem Zusatz von Aromastoffen, Emulgatoren, Vitaminen u.a. Zum Braten und Kochen ist sie nicht geeignet. Die entsprechende Variante der Diätmargarine heißt Diät-Halbfettmargarine.

Beim Einkauf sollte man reine Pflanzenmargarine, besonders Sonnenblumenmargarine, bevorzugen. Hochwertige Margarine aus ungehärteten Fetten bekommt man oft nur im Reformhaus. Die Zutatenliste liefert Anhaltspunkte für die Beurteilung der Qualität (siehe oben).

Vor Ablauf des Mindesthaltbarkeitsdatums sollte Margarine verbraucht sein, denn sie wird ranzig und schimmelt leicht, besonders wenn man sie mit benutztem Besteck aus der Verpackung nimmt.

Zum Kochen eignet sich Margarine nur bei niedrigen Temperaturen, also zum Dünsten, Abschmelzen und für Eiergerichte. Haushaltsmargarine verträgt meist mehr Hitze und spritzt weniger. Pflanzen- und Diätmargarine eignen sich besser aufs Brot.

Margarine sollte – wie jedes Fett – sparsam verwendet werden. Nur dann helfen Sorten mit einem hohen Anteil an mehrfach ungesättigten Fettsäuren bei der Cholesterinsenkung. Sie bilden dann eine Art Gegengewicht zu den meisten tierischen Fetten, die reich an den ungünstigen gesättigten Fettsäuren sind.

Bei der Fetthärtung entstehen sogenannte Trans-Fettsäuren, die nicht lebensnotwendig sind und den Cholesterinspiegel erhöhen können. In kleinen Mengen kommen sie auch in Lebensmitteln und in der Butter vor und schaden nach Ansicht von Wissenschaftlern in den derzeit konsumierten Mengen nicht. Dennoch sollten gehärtete Fette nur sparsam gebraucht werden.

Pflanzenöle

In der Küche sind Pflanzenöle neben Butter die wichtigste Fettquelle: Ihre Vielfalt verleiht Salaten und warmen Speisen immer wieder neue Geschmacksnuancen. Außerdem sind sie – weil wasserfrei – für alle Garverfahren geeignet und spritzen nicht.

Die Bezeichnung Tafelöl, Salat-, Speise-, Pflanzenöl steht für Mischungen aus verschiedenen Ölen. Sie wechseln in der Zusammensetzung je nach den Weltmarktpreisen und unterscheiden sich, weil sie raffiniert wurden, in Geruch und Geschmack nicht.

Auch ihr Energiegehalt ist immer gleich. »Leichtes« Öl gibt es nicht.

Eine Übersicht über die wichtigsten Pflanzenöle gibt die Tabelle auf Seite 385.

Wichtige Qualitätskriterien sind die Gewinnung und die Nährstoffe, vor allem mehrfach ungesättigte Fettsäuren und Vitamin E. Beides erkennt man an der Kennzeichnung und der Sorte. Kulinarisch betrachtet sind die kaltgepreßten Öle besser als warmgepreßte, aus gesundheitlicher Sicht gibt es dagegen jedoch kaum Unterschiede.

Beim Kaltpressen werden die Rohstoffe gepreßt, gefiltert und abgefüllt. Durch den Druck entstehen Temperaturen um 40 Grad. Eine Kühlung der Pressen vermeidet noch stärkere Erwärmung. Bei diesem Verfahren bleiben Geruch- und Geschmacksstoffe ebenso wie alle wertvollen Inhaltsstoffe (mehrfach ungesättigte Fettsäuren, Vitamin E, Lezithin u.a.) erhalten. Kaltgepreßte Öle sind aber teurer, weil die Ausbeute und die Haltbarkeit geringer sind. Außerdem enthalten sie mehr Rückstände und Verunreinigungen als raffinierte Öle.

Beim Warmpressen ist der Druck höher; die Temperaturen steigen bis zu etwa 90 Grad Celsius. Zusätzlich wird das restliche Öl, das in den Rückständen verbleibt, durch ein Extraktionsmittel herausgelöst. Es folgt eine aufwendige Raffination, bei der neben dem Lösungsmittel Trüb- und Farbstoffe, freie Fettsäuren, die einen kratzigen Geschmack und schnellen Verderb hervorrufen, sowie Schadstoffe und Schimmelpilzgifte entfernt werden. Bei einigen Sorten, wie Sonnenblumen- und Baumwollsaatöl, filtert man zusätzlich Substanzen ab, die bei Temperaturen unter zehn Grad Celsius eine Trübung hervorrufen, damit das Öl immer klar bleibt.

Warmgepreßte Öle sind preiswerter, länger haltbar und beständiger gegen Hitze. Im Geschmack sind sie neutral und daher dort verwendbar, wo die Aromen des Öls nicht erwünscht sind.

Die wichtigsten Pflanzenöle

Name	Eigenschaften	Verwendung
Distelöl (Safloröl)	▶ Enthält reichlich mehrfach ungesättigte Fettsäuren – biologisch sehr hochwertig.	▶ Schmeckt streng, oft mit einem kratzenden Nachgeschmack; kann gut mit Weizenkeimöl gemischt werden.
Erdnußöl	▶ Farblos, leicht verdaulich und bekömmlich.	▶ Mild im Geschmack. Sehr hitzebeständig, daher gut zum Braten und Grillen.
Kürbiskernöl	▶ Dunkelgrünes, nahezu schwarzes Öl, das fast ausschließlich kalt hergestellt wird.	▶ Hat einen charakteristischen nußartigen Geschmack. Paßt gut zu Salaten und Marinaden.
Leinöl	▶ Verdirbt sehr schnell und schmeckt dann unangenehm scharf.	▶ Hat einen sehr ausgeprägten Geschmack, der nicht jedermanns Sache ist.
Maiskeimöl	▶ Enthält viel Vitamin E. Kaltgepreßt enthält es außerdem viel Lecithin.	▶ Schmeckt neutral und ist gut für Salate geeignet.
Olivenöl	▶ Beste Qualität ist »Natives Olivenöl extra« (huile d'olive vierge extra, olio di oliva vergine extra). »Natives Olivenöl« ist auch kaltgepreßt, dunkler und kräftiger. »Olivenöl« ist eine Mischung aus raffiniertem mit 5 bis 15 Prozent kaltgepreßtem Öl.	▶ Hat einen ausgeprägten, fruchtigen Geschmack und eignet sich ideal für die kalte Küche.
Sesamöl	▶ Sesamöl ist hell und intensiv aromatisch, aber sehr teuer.	▶ In kleinen Mengen vor allem für asiatische Gerichte geeignet.
Sojaöl	▶ Feines Speiseöl, mild im Geschmack.	▶ Läßt sich für kalte und warme Küche verwenden.
Sonnenblumenöl	▶ Wegen seines hohen Anteils an Linolsäure und an Vitamin E eines der wertvollsten Öl. Kaltgepreßt ist es nur kurz haltbar.	▶ Hat keinen ausgeprägten Eigengeschmack. Es kann für Salate, aber auch zum Braten, Dünsten und Schmoren verwendet werden.
Traubenkernöl	▶ Je nach Sorte gelb bis hellgrün, sehr teuer.	▶ Sehr aromatisch, für Salate und für Rohkost geeignet.
Walnußöl	▶ Farbloses Öl mit deutlich nußartigem Geschmack; teure Delikatesse.	▶ Paßt gut für die feine kalte Küche, zu Salaten, aber auch zu Krustentieren und Kurzgebratenem.
Weizenkeimöl	▶ Sehr reich an Vitamin E. Kaltgepreßt hat es eine goldgelbe Farbe. Leicht verderblich.	▶ Angenehmer, an Getreide erinnernder Geschmack. Paßt am besten für kalte Speisen und Salate.

Öl sollte kühl und dunkel aufbewahrt werden, weil es sich bei Wärme und unter Lichteinfluß schnell zersetzt. Dosen und dunkle Glasflaschen sind besser als helle, durchsichtige Behälter, die man am besten in Alufolie einwickelt und schnell verbraucht.

Kaltgepreßtes Öl sollte man immer in kleinen Abpackungen kaufen, denn man braucht nur wenig davon, es hält in der verschlossenen Flasche ohne Qualitätsverluste höchstens ein halbes Jahr.

Für die kalte Küche bieten die kaltgepreßten Öle mehr Abwechslung. Mehrere kleine Flaschen verschiedener Sorten sind deshalb empfehlenswert. Auch zum kurzzeitigen Dünsten, Braten, Schmoren und Backen lassen sie sich noch verwenden, nicht dagegen fürs Fritieren. Dafür sind raffinierte, hitzestabile Öle wie Oliven-, Erdnuß- oder spezielle Fritieröle besser. Allerdings dürfen auch sie nicht überhitzt werden. Qualmt das Fett und wird es dunkel, haben sich gesundheitsschädliche Stoffe gebildet. Den größten Schaden nehmen die Fritieröle, wenn man sie mehrfach hintereinander hoch erhitzt.

Zur Herstellung von Kräuteröl braucht man eine neutral schmeckende Ölsorte, damit das Kräuteraroma nicht überdeckt wird. In der verschlossenen Flasche läßt man die Kräuter drei bis vier Wochen ziehen, filtert sie dann ab und füllt in eine saubere Flasche um.

Öle sind die wichtigsten Lieferanten von mehrfach ungesättigten Fettsäuren. Diese Nahrungsbestandteile kann der Organismus nicht selbst aufbauen, braucht sie aber unter anderem zur Herstellung von Hormonen, die die Durchblutung, den Blutdruck und den Herzrhythmus beeinflussen. Der tägliche Bedarf liegt bei zehn Gramm und wird bei einer gemischten Kost auch dann gedeckt, wenn sie fettarm ist.

Besonders reich an mehrfach ungesättigten

Fettreduzierte Fette

Die Industrie bemüht sich, den Umstieg auf eine gesündere, fettarme Ernährung zu fördern, indem sie neue, fettreduzierte Produkte auf den Markt bringt. Dazu zählen Halbfettmargarine und Milchhalbfett. Außerdem werden Mischungen aus Milchfett und Pflanzenöl mit gesundheitlichen Vorteilen wie »cholesterinarm« und »günstige Fettzusammensetzung« angepriesen. Daß das teure Milchfett dabei durch preiswerte pflanzliche Rohstoffe ersetzt wird – die vielfach importiert werden müssen –, interessiert kaum jemanden. Der Verbraucher zahlt für die Mischfette in der Regel genauso viel, den Vorteil streichen die Hersteller ein.

MISCHFETTE IM ÜBERBLICK

- **Mischfettschmalz .... mind. 99 % Fett**
- **Mischfett .... mind. 80 % Fett**
- **Dreiviertelmischfett .... 60–62 % Fett**
- **Halbmischfett .... 40-42 % Fett**
- **Mischfett-Erzeugnisse .... Produkte mit 20–62% Fett, die keine Standardprodukte sind**

Die Ausweitung des Angebots ist eine Konsequenz der EU: Weil Mischfette in anderen EU-Ländern seit Jahren erlaubt sind, müssen sie wegen des Anerkennungsprinzips auch in Deutschland eingeführt werden dürfen. Es müssen zwar die Bestandteile, meist Pflanzenöl, Magermilch und teilweise Butter, auf der Verpackung stehen. Doch das Angebot ist unübersichtlich, und die Ähnlichkeit bei den Verpackungen führt zu Verwechslungen und ungewollten Käufen der »Imitate«, die aus technologischen Gründen meist mehr Zusatzstoffe enthalten als Margarine oder Butter.

Bisher konnten aber weder der angepriesene kulinarische Wert noch die vorgeblichen gesundheitlichen Vorteile den Konsumenten überzeugen, denn der Absatz der Imitate hält sich in Grenzen. Doch Aufmerksamkeit beim Einkauf ist nötig: Denn um die Verwirrung perfekt zu machen, gibt es nicht nur Mischfette in verschiedenen Fettgehaltsstufen, sondern auch Dreiviertelbutter aus reinem Milchfett und das entsprechende Pendant bei der Margarine. Der Kauf von Streichfetten ist somit zu einer Wissenschaft für sich geworden.

Fettsäuren sind Öle aus Sonnenblumen, Traubenkernen, Disteln, Walnuß, Soja, Weizenkeimen und Mais. Keimöle enthalten außerdem viel Vitamin E. Das Vitamin E schützt die Keimöle genauso wie die Fette im menschlichen Körper vor dem Ranzigwerden und scheint darüber hinaus hinsichtlich verschiedener Krebserkrankungen eine vorbeugende Wirkung auszuüben.

Die Auswahl der Ölsorte ist aus gesundheitlicher Sicht wichtiger als die Gewinnungsmethode. Weizenkeimöl beispielsweise enthält etwa zehnmal soviel Vitamin E wie Erdnußöl. Olivenöl enthält, auch wenn es nur kaltgepreßt ist, dennoch bedeutend weniger mehrfach ungesättigte Fettsäuren als raffiniertes Sonnenblumen-, Maiskeim- oder Sojaöl. Die herstellungsbedingten Unterschiede im Gehalt an Vitaminen und ungesättigten Fettsäuren dagegen liegen oft nur im Bereich der natürlichen Schwankungen der Rohstoffe.

Schmalz und Talg

Früher waren Schlachtfette eine wichtige, lange haltbare Fettquelle und Energiereserve. Da sie sehr reich an gesättigten Fettsäuren sind und Cholesterin enthalten, sollten sie heute aus gesundheitlichen Gründen nur noch in Ausnahmefällen und für Spezialrezepte verwendet werden.

▶ Der feste Rindertalg – durch Ausschmelzen der fetten Teile des Rindes gewonnen – wird auch heute noch für bestimmte Pastetenteige, für den englischen Plumpudding und einige andere Spezialitäten gebraucht. Die Farbe ist um so gelber, je mehr Karotin das Futter des Tieres enthielt. Rindernierenfett ist eine besonders hochwertige Sorte.

▶ Schmalz aus dem Fettgewebe des Schweins ist weicher und schmilzt schon ab 25 Grad Celsius. Es eignet sich zum Braten und Schmoren deftiger Gerichte, kann dort aber auch durch Öl ersetzt werden. Da es noch geringe Wassermengen enthält, spritzt es beim Fritieren häufig. Typisches Schmalzgebäck waren (und sind teilweise heute noch) Berliner und Spritzkuchen. Griebenschmalz (Ö: Grammelschmalz) enthält noch die Rückstände der ausgelassenen Fettgewebe. Reines Schmalz hält sich etwa drei Monate. Sind Zutaten wie Äpfel und Zwiebeln dabei, sinkt die Lagerfähigkeit auf wenige Wochen.

▶ Gänseschmalz verwendet man für Schmorgerichte, Rotkohl und auch als Brotaufstrich. Es wird aus dem Brust- und Eingeweidefett von Gänsen geschmolzen, ist blaßgelb und schmilzt bereits bei Zimmertemperatur. Häufig wird es zur Festigung mit Schweineschmalz vermischt. Es ist dann heller und erheblich preiswerter.

Feste pflanzliche Fette

Feste pflanzliche Fette, auch Plattenfette genannt, werden meist in Form von weißen Platten verkauft. Zum Kochen, Braten und Fritieren sind die harten Fette ideal, aus gesundheitlicher Sicht sind sie jedoch wegen des überwiegenden Anteils an gesättigten Fetten eher abzulehnen.

Als Rohstoffe dienen Kokosfett, Palmfett oder Palmkernfett, aber auch andere Ölsorten, die stark gehärtet werden. Sie sind unempfindlich gegen Luftsauerstoff und deshalb viele Monate haltbar, lassen sich hoch erhitzen, ohne sich zu zersetzen und ohne zu spritzen.

Für die meisten Zubereitungsarten lassen sich aber auch geeignete Öle finden, die die günstigen küchentechnischen Eigenschaften der harten Fette mit einer besseren Fettzusammensetzung verbinden.

Auch die speziellen wasserfreien Soft-Fette sind den klassischen Plattenfetten immer noch vorzuziehen. Öle mit vielen mehrfach ungesättigten Fettsäuren sind für hohe Temperaturen und eine längere Garzeit aber ungeeignet. Und außerdem: Fritiertes sollte in Anbetracht des allgemein zu hohen Fettverzehrs ohnehin nur selten auf den Tisch kommen.

ALLES, WAS SÜSS MACHT

Die Vorliebe für Süßes ist die einzige Geschmacksrichtung, die allen Menschen angeboren sein dürfte. Sie ist mit zahlreichen Emotionen verknüpft – und bereitet Ernährungsaposteln einiges Kopfzerbrechen. Aber auch sparsam gesüßte Speisen können ein Hochgenuß sein.

Die Bezeichnung »süß« ist aufs innigste mit Emotionen verknüpft. Davon zeugen Redewendungen wie »ein süßes Kind«, das vom Liebhaber ins Ohr gehauchte »Du bist so süß« oder der Titel »Das süße Mädel« einer Operette von Heinrich Reinhardt.

Früher, als Zucker noch teuer war und deshalb nur in Apotheken verkauft wurde, galt er als Medizin, als Gewürz und auch als Statussymbol. So schrieb Johannes Colerus im Jahr 1665: »Die Reichen brauchen lieber Zucker im Essen statt Honig, sintemal der Honig nicht so gesund und rein ist als der Zucker«.

Heute ist die Reihenfolge der Wertung genau umgekehrt: Ernährungsapostel predigen den Honig und verteufeln den Zucker. Dieser Wandel erklärt sich aus dem Umstand, daß Zucker im 19. Jahrhundert ein typisches Produkt der Stadt und der Industrialisierung geworden war. Große, kapitalintensive Zukkerfabriken entstanden, die süßen Kristalle wurden bald für jedermann erschwinglich.

Als Gegenbewegung etablierten sich vor rund hundert Jahren die Reformer; ihr Gedankengut ist heute noch lebendig und wird mit dem Schlagwort »Laßt die Nahrung so natürlich wie möglich« charakterisiert. So wurde der Zucker zum Symbol für Industrienahrung, die abzulehnen sei – eine Anschauung, die von den Grünen aufgegriffen wird. Sie führt letztlich zum Loblied auf den Honig, der natürlich – und vor allem nicht industriell verarbeitet – sei.

Aber beide schmecken süß. Süß ist von allen Geschmacksrichtungen die einzige, die uns angeboren sein dürfte. Schon Säuglinge reagieren darauf mit Wohlbehagen. Aber allzuviel ist auch bei Süßem ungesund – das gilt für alle Süßungsmittel, gleichgültig, ob es sich um Zucker, Honig oder einen alternativen Zuckerersatz handelt.

ZUCKER

Zucker ist der Sammelbegriff für eine ganze Gruppe von Substanzen, die in vielen pflanzlichen und in einigen tierischen Lebensmitteln von Natur aus vorkommen. Praktische Bedeutung in der Küche haben nur Rohr- und Rübenzucker (Fachaus-

druck Saccharose). In kleineren Mengen nutzt man Fruchtzucker als Zuckeraustauschstoff (>Seite 392), Milchzucker gelegentlich zur Förderung der Verdauung und Traubenzucker, vor allem in Form von Glukosesirup, zum Süßen industriell hergestellter Lebensmittel.

Saccharose wird weltweit zu etwa 60 Prozent aus dem Zuckerrohr und zu 40 Prozent aus der Zuckerrübe gewonnen. Chemisch sind Rohrzucker und Rübenzucker völlig identisch: Beide bestehen aus einem Teil Traubenzucker und einem Teil Fruchtzucker; im Geschmack unterscheiden sie sich nicht, wenn man davon absieht, daß manchmal Reste der jeweiligen Melasse in ihm enthalten sind. Es gibt auch keinen gesundheitlichen, sehr wohl jedoch einen preislichen Unterschied.

Reiner Zucker bildet farblose Kristalle, die durch die Brechung des Lichtes und nicht (wie manchmal behauptet wird) durch Bleichung weiß erscheinen. Im Handel gibt es verschiedene Verkaufsformen von Zucker:

▶ Weißzucker ist der übliche Haushaltszukker aus der Zuckerrübe. Die Qualitätsstufe 2 heißt Grundsorte; reiner und feiner ist die Qualitätsstufe 1, die Raffinade (Ö: Kristallzucker). Beide Sorten werden auch fein vermahlen als Puderzucker (Ö: Staubzucker) angeboten.

▶ Würfelzucker entsteht aus angefeuchteter gepreßter Raffinade. Ein Würfel entspricht in etwa einem Teelöffel Zucker.

▶ Kandis ist der Oberbegriff für grobe Zuckerkristalle unterschiedlicher Größe, die durch langsame Kristallisation entstehen. Versetzt man die Zuckerlösung mit Karamel (= schwach erhitzter Zucker), bekommt man den aromatischen braunen Kandis.

▶ Brauner Zucker oder Rohzucker ist dagegen durch geringe Melasserückstände aus der Produktion braun gefärbt und deshalb oft etwas klebrig.

▶ Gelierzucker wird mit einem Zusatz des Gelierstoffs Apfelpektin und Zitronensäure hergestellt und verkürzt die Kochzeit für Marmelade erheblich.

▶ Vollrohrzucker, auch Ur-Süße, Sucanat, Demerara genannt, besteht aus getrocknetem Zuckerrohrsaft. Er enthält mehr Vitamine und Mineralstoffe als weißer Zucker, schmeckt weniger süß und leicht nach Karamel. Auch aus getrocknetem Zuckerrübensaft wird neuerdings ein vergleichbarer Vollzucker hergestellt.

Zucker sollte je nach Verwendungszweck eingekauft werden. In vielen Fällen reicht die preiswertere, grobkörnigere Grundsorte aus. Raffinade löst sich in kalten Speisen schneller und ist auch zum Backen meist besser. Feines Gebäck verlangt manchmal sogar Puderzucker (Ö: Staubzucker).

Trocken aufbewahrt, hält sich Zucker fast unbegrenzt. Er ist deshalb auch eines der wenigen Lebensmittel, die kein Mindesthaltbarkeitsdatum tragen.

Süßen ist eine individuelle Gewohnheit. In Kochbüchern weichen die Zuckerangaben bei demselben Rezept oft um hundert Prozent voneinander ab. Man sollte daher ausprobieren und kosten. Beim Backen gibt es technologische Mindestgrenzen, denn Zucker ist für die richtige Beschaffenheit von Teig notwendig.

In der Küche dient Zucker aber nicht nur zum Süßen. Er rundet als Würzmittel viele Speisen ab, hebt in kleinen Mengen das Aroma und verbessert die Farbe anderer Lebensmittel. In größeren Mengen wirkt Zucker konservierend, zum Beispiel beim Kochen von Marmelade. In Getränken sorgt Zucker für ein ganz bestimmtes Mundgefühl und ist beim Backen ein wichtiger massegebender Bestandteil. Es gibt kein anderes Süßungsmittel, das die Gesamtheit dieser Aufgaben ebensogut erfüllt.

Zum Kochen von sehr fruchtiger, weniger süßer Marmelade empfehlen sich zuckersparende Geliermittel. Diese Marmelade verdirbt jedoch innerhalb weniger Wochen, also viel schneller als übliche zuckerreiche Marmelade (ein Kilogramm Obst auf ein Kilogramm Zucker), weil die konservierende Wirkung dieses Zuckers geringer ist. Sauberes Arbeiten und kleinere Gläser, die bald geleert sind, helfen dagegen. Verschimmelt zuckerarme Marmelade dennoch, muß man sie wegwerfen. Nur bei zuckerreicher Marmelade reicht großzügiges Entfernen des Schimmels, weil der Pilz darin kein Gift bilden kann.

Zucker ist schon als Urheber fast aller Erkrankungen beschuldigt worden. Das meiste daran läßt sich nicht nachweisen. Sicher ist lediglich, daß Zucker (wie praktisch alle verdaubaren Kohlenhydrate) zur Entstehung von Karies beiträgt. Schon kleine Mengen genügen, um im Mund (über Mitwirkung von Bakterien) Säure zu bilden, die den Zahnschmelz angreift. Wichtiger als die Menge ist deshalb die Häufigkeit des Verzehrs: Nur selten etwas Süßes zwischendurch – und wenn schon, dann regelmäßig gründlich die Zähne putzen.

In größeren Mengen konsumiert, trägt Zucker – wie alle Lebensmittel im Übermaß – zur Entstehung von Übergewicht bei.

Die Vorstellung vom »Vitaminräuber Zucker« dagegen stammt aus einer einseitigen Betrachtung: Zucker liefert zwar kein Vitamin B1, das für seinen Abbau notwendig ist, der Körper muß es von anderen Lebensmitteln (wie Vollkornprodukten) beziehen. Der im Vergleich zum Weißzucker etwas höhere Vitamin- und Mineralstoffgehalt in Honig, in braunem Zucker oder in Vollrohrzucker, der in der Werbung häufig herausgestellt wird, ist aber seinerseits bei weitem nicht hoch genug, um den Bedarf zu decken.

Derzeit verzehrt der Durchschnittsbürger rund hundert Gramm pro Tag, den größten Teil davon »versteckt«, also in verarbeiteten süßen Lebensmitteln. Ernährungswissenschaftler möchten die Menge dagegen auf höchstens zehn Prozent der täglichen Energiezufuhr begrenzt sehen, was etwa 60 bis 70 Gramm entspricht.

Honig

Honig ist ein Naturprodukt mit über hundert Aromastoffen, die Hersteller profitieren vom Trend zur Naturbelassenheit. Immer neue Sorten kommen auf den Markt:

▶ Blütenhonig stammt aus dem Blütennektar verschiedenster Pflanzen, schmeckt mild und hat eine helle Farbe.

▶ Honigtauhonig – aus anderen Pflanzenteilen, wie Nadeln, Blättern sowie aus Absonderungen von Insekten gewonnen – ist dunkler und herber im Geschmack. Honig von Robinien (Akazien), Klee, Linden, Tannen und Raps ist in Geruch, Geschmack und Farbe sortentypisch.

Nach der Gewinnung unterscheidet man

▶ Schleuderhonig (Ausschleudern der Waben ohne Erhitzung, häufigste Methode),

▶ Preßhonig (Auspressen der Waben ohne Erhitzung),

▶ Tropfhonig (Austropfen der entdeckelten Waben) und Scheibenhonig (wird noch in den verdeckelten Waben vermarktet).

Honig gibt es außerdem in drei Qualitätsstufen:

▶ Honig des Deutschen Imkerbundes, immer abgefüllt in einem geraden Einheitsglas mit grünem Etikett, weist mit Abstand die besten Qualitätswerte auf. Er muß noch strengeren Kriterien hinsichtlich schonender Gewinnung und Behandlung genügen und einen geringeren Wassergehalt aufweisen als die Honig-Verordnung vorschreibt und kommt ausschließlich aus dem Inland.

▶ Honig mit Aufschriften, wie »Auslese«, »Auswahl« oder »kalt abgefüllt«, darf bereits etwas geringere Qualität haben.

▶ Einfacher Speisehonig muß nur noch die Mindestanforderungen der Honigverordnung erfüllen. Zum Backen und Kochen reicht er aus.

Beim Einkauf sollte man den besonders streng geprüften Honig des Deutschen Imkerbundes bevorzugen. Ob man sich für einen Mischhonig oder für einen Sortenhonig entscheidet, ist Geschmackssache. Die vielfältige kleinräumige Landschaft, in der Bienen leben, läßt 100 Prozent reinen Sortenhonig kaum zu. Dennoch gibt es regionale Spezialitäten.

So findet sich der weiße milde Rapshonig häufig in Norddeutschland und in Bayern, Heidehonig in Niedersachsen und in der Oberpfalz, Waldhonig in Süddeutschland, Edelkastanienhonig im Pfälzer Wald, Tannenhonig im Schwarzwald und Lindenhonig als »Stadthonig« in großstadtnahen Imkereien. Nachprüfungen anhand der Pollenanalyse decken jedoch häufig Verfälschungen bei den Sortenangaben auf. Eine Bezugsquelle Ihres Vertrauens ist daher wichtig.

Honig sollte dunkel, bei ungefähr 18 Grad Celsius und keinesfalls im Kühlschrank lagern. Er zieht Feuchtigkeit an und ist geruchsempfindlich. Starkes Schütteln oder heftiges Umrühren zerstört bei kristallinem Honig die Kristallstruktur und macht ihn grau und schmierig. Bei flüssigem Honig fördert das Umrühren die Kristallisation. Sie ist jedoch kein Zeichen mangelnder Qualität, sondern ein natürlicher Vorgang, abhängig von der Sorte und um so stärker, je mehr Traubenzucker enthalten ist.

Helle Honigarten werden sehr schnell fest (Ausnahme: Akazienhonig), dunkle Honigtauhonige langsamer. Kristalliner Honig läßt sich im Wasserbad bei höchstens 40 Grad Celsius wieder verflüssigen.

Wegen seines ausgeprägten Aromas reicht wenig Honig zum Süßen und Abschmecken. Gut kombinieren läßt er sich mit Vanille, Zimt, Nelken, Nüssen, Mandeln und säuerlichen Obstarten. Blütenhonig löst sich in Speisen am besten auf, darf aber immer erst zum Schluß dazugegeben werden. Milder Akazienhonig ist besonders gut im Tee.

Beim Backen mit Honig wird der Teig wegen des 20prozentigen Wasseranteils weicher und klebriger, Baiser-Massen gelingen nicht. Rührteige und Biskuit gehen nicht so gut auf und fallen schneller zusammen, selbst dann, wenn man sie mehr als üblich aufschlägt und die Eier trennt. Mürbe-, Rühr- und Biskuitteig bräunen mit Honig schneller als sonst. Den Hefepilzen ist es dagegen egal, ob sie Haushaltszucker oder Honig als Futter im Hefeteig bekommen. Zum Backen reicht preiswerter Honig aus.

Fast 80 Prozent des Honigs bestehen aus Traubenzucker und Fruchtzucker (in dieser Mischung auch Invertzucker genannt) und aus nur wenig Saccharose und Malzzucker. Der hohe Zuckeranteil ist für den schnellen Energieschub, aber auch für die karieserzeugende Wirkung des Honigs verantwortlich.

Der Mineralstoff- und Vitamingehalt ist gering und für die Versorgung des Menschen ohne Bedeutung. Die Stiftung Warentest wurde auch bei Rückstandsuntersuchungen kaum fündig. Lediglich in einigen Proben wurden Spuren des giftigen Phenol nachgewiesen.

Honig soll Magen, Darm, Leber und Herz als Heilmittel nützen und vor Erkältungskrankheiten schützen. Die meisten dieser behaupteten Wirkungen sind wissenschaftlich nicht belegt.

Ahornsirup

Er wird in Nordamerika durch Anschneiden der Zuckerahornbäume gewonnen. Der Saft besteht zu etwa einem Drittel aus Wasser, zu zwei Dritteln aus Zucker (fast ausschließlich Saccharose).

Die Farbe des Sirups ist ein Qualitätskriterium. »Grad A« wird zu Beginn der Saison im Frühjahr gewonnen, ist bernsteinfarben und mild im Geschmack. »Grad C« ist etwas älterer Sirup, bereits stark nachgedunkelt und mit sehr süßem, kräftigem Geschmack.

Ahornsirup hält sich wegen des hohen Wassergehaltes nicht lange und muß, ist das Gefäß einmal geöffnet, in wenigen Wochen verbraucht werden.

Ahornsirup eignet sich vor allem zum Verfeinern von Süßspeisen und für einige Backwaren.

Mineralstoffe und Vitamine sind nur in geringer Menge enthalten und spielen daher keine Rolle für die Bedarfsdeckung. Wie Honig und Zucker ist Ahornsirup karieserzeugend und für die Ernährung von Diabetikern nicht geeignet.

Obstdicksäfte

Obstdicksäfte werden meist aus Äpfeln oder Birnen gewonnen. Stellt man sie im Haushalt durch Eindicken selbst her, dauert die Prozedur lange, die Vitamine leiden, und die Farbe wird dunkel. Produkte aus dem Handel sind dagegen meist schonend im Vakuum eingedickt und bleiben hell, fruchtig süß und relativ vitaminreich.

Obstdicksäfte eignen sich zum Süßen von Desserts, Obstkuchen und anderen Backwaren, die den fruchtig-süßsäuerlichen Geschmack vertragen.

Mineralstoffe und Vitamine spielen wegen der geringen Verzehrmengen keine Rolle für die Bedarfsdeckung. Wie Honig und Zucker sind auch Obstdicksäfte karieserzeugend und wie diese auch für die Ernährung von Diabetikern nicht geeignet.

Zuckeraustauschstoffe

Zuckeraustauschstoffe dienen Diabetikern als Zuckerersatz, denn sie können in kleineren Mengen im Stoffwechsel ohne das Hormon Insulin (das Zuckerkranken fehlt) verarbeitet werden. Sie werden mit einem Energiegehalt von 2,4 kcal pro Gramm angeboten und sind daher für eine Abmagerungskur wenig sinnvoll, auch wenn der Begriff »Diät-Zucker« unwillkürlich zum Zugreifen verleitet.

Die wichtigsten Zuckeraustauschstoffe sind Fruchtzucker (Fruktose) und die zuckerähnlichen Verbindungen (Fachausdruck Zuckeralkohole) Sorbit, Xylit, Mannit und, noch recht neu auf dem Markt, Isomalt und Maltit. Sie sind den Zuckern verwandt, der Körper baut sie problemlos ab.

Zuckeraustauschstoffe lassen sich in der Küche wie üblicher Zucker verwenden und sind koch- sowie backfest. Die jeweils benötigten Mengen sind gleich groß, denn ihre geringere Süßkraft wird meist mit kleinen Mengen Süßstoff im Produkt ausgeglichen.

Die meisten Zuckeraustauschstoffe (Ausnahme: Fruchtzucker) können von den Mundbakterien nicht zu Säuren vergoren werden. Sie dienen deshalb zunehmend als zahnschonende Ersatzstoffe z.B. in Süßigkeiten, wie ein Blick auf die Zutatenliste vieler »zuckerfreier« Produkte zeigt. Da größere Mengen jedoch zu Verdauungsstörungen führen, ist ein vollständiger Zuckerersatz nicht möglich. Die empfohlene maximale Einzeldosis für Erwachsene beträgt je nach Substanz zwischen zehn und 30 Gramm. Bei Kindern können bereits einige Bonbons hintereinander Durchfall auslösen. Bei mehr als zehn Prozent Zuckeraustauschstoff in Lebensmitteln muß deshalb der Hinweis »Kann bei übermäßigem Verzehr abführend wirken« aufgedruckt werden.

SÜSSSTOFFE

Süßstoffe sind (nahezu) energiefreie Süßungsmittel, die bis zu 30.000mal süßer als Zucker schmekken und daher nur in kleinsten Mengen benötigt werden. Rechtlich zugelassen sind die Süßstoffe Saccharin, Cyclamat, Aspartam und Acesulfam. Sie müssen in der Zutatenliste angegeben werden, allerdings nicht in der genauen Menge.

Seit einer Gesetzesänderung im Jahre 1990 sind sie nicht nur für diätetische Lebensmittel erlaubt, sondern finden sich in vielen üblichen Lebensmitteln. Eine Kombination verschiedener Süßstoffe ergibt oft eine höhere Süßkraft, eine verbesserte Stabilität oder einen zuckerähnlicheren Geschmack und wird deshalb zunehmend statt der Einzelsubstanzen eingesetzt.

Saccharin hat außerdem einen bitteren Nachgeschmack und wird deshalb meist in Kombination mit Cyclamat angeboten. Am zuckerähnlichsten schmecken Aspartam und Acesulfam.

Alle vier Süßstoffe sind auch als Streusüße und in flüssiger Form unter zahlreichen Markennamen im Handel. Ihre Süßkraft ist sehr unterschiedlich. Auf der Verpackung muß deshalb stehen, welche Zuckermenge pro Tablette ersetzt wird.

Für Diabetiker sind Süßstoffe eine Hilfe bei der Zubereitung von Süßspeisen, Marmelade und Kuchen. Zur Abrundung des Geschmacks können sie mit Zuckeraustauschstoffen vermischt werden. Aspartam ist jedoch im Gegensatz zu den drei übrigen Süßstoffen nicht koch- und backfest.

Bei einem Verzehr in geringen Mengen gelten alle vier Süßstoffe als ungefährlich. Der früher geäußerte Krebsverdacht ließ sich in neuerlichen Untersuchungen nicht bestätigen. Dennoch empfiehlt die Weltgesundheitsorganisation tägliche Höchstmengen für Süßstoffe. Umgerechnet auf die üblichen Süßstofftabletten, ergeben sich für eine Person mit 60 Kilogramm Körpergewicht folgende Werte: 35 Tabletten mit Saccharin oder 11 Tabletten mit Cyclamat oder 133 Tabletten Aspartam oder 900 Milligramm Acesulfam, entsprechend der Süßkraft von 180 Gramm Haushaltszucker.

Ob Süßstoffe für eine Gewichtsreduktion tauglich sind, ist umstritten. Für Kinder sind Süßstoffe nicht empfehlenswert.

Kranke mit der seltenen Stoffwechselstörung Phenylketonurie dürfen Aspartam nicht essen. Produkte mit diesem Süßstoff tragen die Aufschrift »Enthält Phenylalanin«.

ALKOHOLFREIE GETRÄNKE

Mineralwasser und verdünnte Fruchtsäfte sind ideale Durstlöscher. Sie schmecken vorzüglich und ergänzen die sonstige Kost mit Mineralstoffen und Vitaminen. Darüber hinaus bringt Mineralwasser auch bei der Zubereitung mancher Speisen Vorteile.

»Wasser ist manchmal scharf und manchmal kräftig, manchmal sauer und manchmal bitter, manchmal süß und manchmal dick oder dünn, manchmal sieht man, wie es Schaden anrichtet oder die Pest bringt, manchmal spendet es Gesundheit, manchmal ist es giftig. Es nimmt so viele Merkmale an wie die verschiedenen Organismen, durch die es fließt«, schrieb dereinst der italienische Maler und Gelehrte Leonardo da Vinci. Den antiken Naturphilosophen war das Wasser der Ursprung allen Lebens und darum heilig.

In einem japanischen Schöpfungsmythos erwacht ein riesiger Fisch aus seinem Schlummer am Meeresboden. Er schlägt so heftig um sich, daß er eine enorme Flutwelle auslöst, aus der sich die Erde in Gestalt der japanischen Inseln erhebt.

Unsere keltischen Vorfahren verehrten ebenfalls Quellen und Wassergötter. So gaben zahlreiche regionale keltische Wasser-Gottheiten heilkräftigen Quellen den Namen: Nemausus ist Quellgeist der nach ihm benannten Stadt Nimes, Besançon tradiert den Namen des Vesontio, Luxeuil-les-Bains den des Lugovius.

Auch die Symbolik christlicher Taufe, der Fußwaschung vorm Abendmahl und der Verwandlung des Wassers in Wein bei der Hochzeit zu Kana weist auf die mythische Bedeutung des Wassers hin.

Rituelle Bäder waren bis ins Mittelalter weit verbreitet. Geweihtes Wasser dient in vielen Religionen bis heute der spirituellen Reinigung.

Besondere Bedeutung maßen unsere Vorfahren den Quellen bei. »Wo eine Quelle entspringt, dort sollten wir Altäre bauen und Opfer bringen«, sagte der römische Philosoph Seneca. Vom französischen Lourdes, von der katholischen Kirche als Stätte von Wundern anerkannt, erhoffen sich zahllose Pilger Genesung von unheilbaren Leiden.

Thermalbäder, radioaktive Quellen und Heilwässer sorgen auf der ganzen Welt für eine reichhaltige Tradition der Kurorte. Früher wurden sie vornehmlich von Alten und Kranken besucht. Heute verheißen »Erlebnisbäder« Erholung und Entspannung für Gestreßte.

Aus dem Mineralwasser ist außerdem ein billiger Durstlöscher geworden, der darüber hinaus zum Symbol gesundheits-

bewußter Ernährung mutierte. Einige Marken mauserten sich zu Prestigeprodukten, die in speziellen Mineralwasserbars ausgeschenkt werden. Seit 1970 stieg der Verbrauch in Deutschland um das Siebenfache.

Mineralwasser

Den Naturwissenschaftler interessieren am Mineralwasser in erster Linie Zahl und Menge seiner Inhaltsstoffe. Diese bestimmen auch den Geschmack. Die Zusammensetzung hängt in hohem Ausmaß vom Gestein ab, aus dem die Quelle sprudelt. So macht sich schwefelhaltiges Wasser am Gaumen deutlich für die meisten Konsumenten eher unangenehm bemerkbar (es kommt nur für spezielle Trinkkuren und Heilbäder zum Einsatz). Eisen führt zu braunen Verfärbungen, ist aber unschädlich. Ein wichtiges Kriterium zur Beurteilung der Mineralwasser-Qualität ist auch der Gehalt an natürlicher Kohlensäure.

Warenkunde

Mineralwasser

Natürliches Mineralwasser muß, so lautet die gesetzliche Definition, aus einem unterirdischen, vor Verunreinigungen geschützten Wasservorkommen stammen, ursprünglich rein sein und aufgrund seines Gehaltes an Mineralstoffen ernährungsphysiologische Wirkungen haben. Als einziges Lebensmittel in Deutschland braucht man für den Vertrieb von Mineralwasser eine amtliche Anerkennung sowie eine Nutzungsgenehmigung. Vorgeschrieben sind eine genaue Analyse der Inhaltsstoffe; für die hygienische Beschaffenheit und Verunreinigungen gelten Grenzwerte.

Der natürliche Mineralstoffgehalt darf nur in zwei Ausnahmefällen verändert werden: Erlaubt sind die Entfernung von Eisenverbindungen, die bei Kontakt mit Luft braune Flocken in der Flasche bilden (Deklaration: »enteisent«), und die Beseitigung von Schwefelverbindungen, die Geruch und Geschmack des Wassers beeinträchtigen

(»entschwefelt«). Bei diesen technischen Vorgängen geht meist auch die natürliche Kohlensäure verloren. Daher setzt man sie nachträglich wieder zu; stammt sie aus derselben Quelle wie das Wasser, heißt sie »quelleigen«.

Jede Region hat deshalb ihre eigenen Sorten mit ganz spezifischer Zusammensetzung und individuellem Geschmack. Überregionale Marken, wie etwa das französische Perrier, gibt es dagegen nur wenige. Sogenannte Quell- und Tafelwasser haben am Markt kaum Bedeutung.

Quellwasser

Quellwasser kommt ebenfalls aus einem unterirdischen Wasservorkommen, enthält jedoch weniger gelöste Stoffe, muß nicht ursprünglich rein sein und braucht auch keine amtliche Anerkennung.

Tafelwasser

Tafelwasser ist eine Mischung aus Trinkwasser und natürlichem Mineralwasser, dem Sole, Meerwasser oder bestimmte Mineralstoffe beigefügt werden dürfen. Zu dieser Gruppe gehört Sodawasser – ihm wurde die sprudelnde Kohlensäure in Form von Natriumhydrogenkarbonat zugefügt.

Heilwasser

Heilwässer zählen zu den Arzneimitteln, weil sie aufgrund ihrer Zusammensetzung Krankheiten nicht nur verhüten, sondern auch lindern können. Ohne ärztliche Beratung sollen sie allerdings nicht auf Dauer konsumiert werden. Als Durstlöscher sind Heilwässer außerdem nicht zu empfehlen.

Pro und contra Leitungswasser

Die Qualität des Trinkwassers ist in den westlichen Bundesländern Deutschlands, in Österreich und in der Schweiz in der Regel ausreichend gut, so daß man es nicht durch Mineralwasser zu ersetzen braucht.

Sicherheitshalber kann man beim Wasserwerk nach den Nitratwerten fragen: Bei Werten über 10 Milligramm pro Liter sollte Nahrung für Säuglinge besser mit abgefülltem Trinkwasser oder mit speziellem Tafelwasser zubereitet werden (normales Mineralwasser ist in seiner Zusammensetzung für Babys ungeeignet und kann sogar schaden).

Problematisch ist dagegen die Lage in manchen Regionen der neuen Bundesländer, wo Leitungswasser über die Maßen mit Schadstoffen belastet ist. Neben Nitrat und Pestiziden werden auch erhöhte Rückstände des Schwermetalls Blei gemessen.

DER HÄRTEGRAD

Wichtig ist in der Praxis der sogenannte Härtegrad von Leitungswasser; gemeint ist damit die Menge der enthaltenen Kalzium- und Magnesiumsalze. Hartes Wasser führt mit der Zeit zu Kalkablagerungen beim Erhitzen (sogenannter Kesselstein). Bei der Zubereitung von Kaffee und Tee vermindert es den Geschmack; Fleisch wird nicht ganz zart, Hülsenfrüchte brauchen länger, um weich zu werden. Weiches Wasser schmeckt zwar fader, allerdings läßt es Teearoma gut zur Geltung kommen. Ansonsten ist mittelhartes Wasser für die meisten Zwecke am besten geeignet (es entspricht acht bis zwölf deutschen Härtegraden). Auskunft über den Härtegrad des Trinkwassers gibt das örtliche Wasserwerk.

WASSERLEITUNGEN

Wasserleitungen werden heute aus Metall oder Kunststoff hergestellt; Überlandleitungen bestehen oft aus Asbestzement, der angeblich gesundheitlich unbedenklich ist. In Hausinstallationen wurde früher Blei, dann Eisen, später verzinktes Eisen verwendet, und heute wird vorwiegend Kupfer genommen. Materialprobleme treten in allen Fällen auf: Metallische Leitungen werden durch aggressives, säurehaltiges Wasser angegriffen, und mangelhaft verlegte Kupferleitungen zeigen Lochfraß. Wenn das Wasser sauer und kalkarm

Einkauf

Auch manche Gourmets wissen nicht, daß die Verwendung von Mineralwasser bei der Zubereitung einiger Gerichte vorteilhaft ist: Eierpfannkuchen werden luftiger, Waffeln knuspriger und Quarkspeisen mit einem Schuß Mineralwasser cremiger. Für den Einkauf von Mineralwasser sind in erster Linie der persönliche Geschmack und ein Blick auf das Etikett maßgeblich: Dort sind die wichtigsten Mineralstoffe des Wassers aufgeführt, meistens die Gehalte an Natrium, Kalzium, Kalium, Magnesium, Chlorid, Sulfat und Hydrogencarbonat (Maß für die Sprudelfreudigkeit). Übersteigt ihre Menge einen bestimmten Grenzwert, kann mit dieser Angabe geworben werden, zum Beispiel »Magnesiumhaltig« ab 50 Milligramm Magnesium im Liter. Günstig sind im allgemeinen hohe Kalzium-, Kalium- und Magnesiumwerte, weil diese Mineralstoffe in der täglichen Ernährung oft nicht ausreichend enthalten sind.

Gesundheit

Gesunde können sich ihr Mineralwasser ganz nach Geschmack und persönlichen Vorlieben aussuchen. In einigen Fällen empfiehlt sich freilich eine ganz bestimmte Zusammensetzung:

▶ Menschen mit Bluthochdruck sollten möglichst Mineralwässer mit wenig Natrium und gleichzeitig wenig Chlorid trinken, weil diese Mineralstoffe den Blutdruck erhöhen können (Kennzeichnung »Geeignet für natriumarme Ernährung«, Natrium höchstens 20 mg/l).

▶ Wer abnehmen will, sollte Mineralwasser bevorzugen, die wenig Natrium und Chlorid, jedoch eine größere Menge an anderen Mineralstoffen enthalten. Denn Salz (also Natrium plus Chlorid) hält Wasser im Körper zurück, und die bei Diät-Kuren reduzierte Lebensmittelmenge enthält nicht selten zu wenig Mineralstofe.

▶ »Stille« Wässer haben keine grundsätzlich andere Zusammensetzung als kohlensäurehaltige. Sie sind allerdings eine empfehlenswerte Alternative für empfindliche Menschen, die Kohlensäure in größeren Mengen nicht vertragen.

▶ Leistungssportler können mit einem kohlensäurearmen Mineralwasser, das mindestens 1500 Milligramm Mineralstoffe je Liter enthält, ihren durch Schwitzen bedingten Verlust an Salzen am besten wieder decken.

▶ Säuglinge brauchen besonders reines Wasser. In manchen Gegenden ist Trinkwasser aus hauseigenen Brunnen mit Nitrat belastet; in diesen Fällen ist ein Ersatz durch Mineralwasser besonders wichtig. Zu empfehlen sind nur Produkte mit dem Zusatz: »Geeignet für die Zubereitung von Säuglingsnahrung«.

ist, dann kann sich das Kupfer in größeren Mengen lösen und in extremen Fällen sogar Leberschäden auslösen.

WASSERFILTER

Wasserfilter bieten keinen ausreichenden Schutz vor Rückständen – vielmehr ist häufig das Gegenteil der Fall: Wenn die Filter nicht regelmäßig ausgetauscht werden, können sich Krankheitskeime vermehren und erst recht Gesundheitsschäden auslösen. Die im Handel häufig angebotenen Tischgeräte zur Zubereitung von Tee- oder Kaffeewasser haben außerdem nur eine begrenzte Reinigungskapazität; die Aussagen der Werbung werden in der Praxis meist nur teilweise erfüllt.

DESTILLIERTES WASSER

Von destilliertem Wasser ist grundsätzlich abzuraten. Es ist zwar chemisch rein, stört aber das Gleichgewicht zwischen Flüssigkeit und Mineralsalzen im Körper. In größeren Mengen genossen, ist destilliertes Wasser sogar schädlich (auch wenn es in Diätkuren wie »Fit for Life« empfohlen wird).

Fruchtsaft und Fruchtnektar

Alkoholfreie Erfrischungsgetränke sind ein Paradebeispiel für Lebensmittel, bei denen man besonders genau auf die Kennzeichnung achten muß. Denn sie können viel, wenig oder gar keinen Fruchtsaft enthalten; ihre Namen sind aber oft zum Verwechseln ähnlich.

Fruchtsaft

Zu hundert Prozent reinen Saft erkennt man an der Bezeichnung »Fruchtsaft«. Meist wird er allerdings aus einem Konzentrat hergestellt, das mit Wasser wieder rückverdünnt wurde. In regenreichen Jahren, in denen der natürliche Zuckergehalt der Früchte geringer ist, dürfen bis zu 15 Prozent Zucker zugesetzt werden; diesen Umstand kann man aus der Kennzeichnung leider nicht ersehen. Ein höherer Zusatz von Zucker – bei sauren Säften häufig der Fall – muß dagegen vermerkt sein. Nur bei Apfelsaft ist eine solche Nachzuckerung grundsätzlich unzulässig.

Zunehmender Beliebtheit erfreuen sich naturtrübe Fruchtsäfte. Die Anforderungen an die Qualität sind dieselben wie bei klaren Säften. Die Wahl ist daher eine Frage der persönlichen Vorliebe. Man kann naturtrübe Säfte auch selbst herstellen.

Fruchtnektar

Fruchtnektar enthält – trotz des klingenden Namens – nur 25 bis 50 Prozent Fruchtsaft (je nach Obstart unterschiedlich). Er darf außerdem mit bis zu 20 Prozent Zucker oder Bienenhonig gesüßt sein. Der Zucker verleiht dem Nektar eine leicht sämige Beschaffenheit und kann ihn vollmundiger als reinen Saft erscheinen lassen. Aber dadurch kann der Energiegehalt höher als beim Fruchtsaft sein. Es gibt auch Fruchtnektare ohne Zusatz von Zucker (Zutatenverzeichnis beachten). In der Summe ist reiner Saft empfehlenswerter.

Fruchtsaftgetränk

Fruchtsaftgetränke brauchen laut Gesetz noch weniger Fruchtsaft: 30 Prozent reichen bei Kernobst, 10 Prozent bei anderen Früchten und läppische 6 Prozent bei Zitrusfrüchten. Damit überhaupt Geschmack ins Getränk kommt, sind als Zusätze natürliche Aromen, Wein- und Zitronensäure zugelassen. Für Gourmets und Gesundheitsbewußte sind Fruchtsaftgetränke kein Thema.

Limonade

Darunter versteht man Erfrischungsgetränke mit mindestens sieben Prozent Zucker, natürlichen Aromastoffen und Genußsäuren (zum Beispiel Wein- oder Zitronensäure). Zu dieser Gruppe gehören auch die Cola-Getränke mit einem Coffeingehalt zwischen 65 und 250 Milligramm pro Liter, desgleichen die chininhaltigen Getränke wie Bitter Lemon und Tonic Water. Beide Inhaltsstoffe müssen auf dem Etikett angegeben sein. Für Kinder sind diese Limonaden nicht geeignet.

Alkoholfreie Erfrischungsgetränke tragen ein Mindesthaltbarkeitsdatum. Bei kühler und dunkler Lagerung, am besten bei Temperaturen zwischen vier und fünfzehn Grad Celsius, kann man alle Getränke auf Fruchtsaftbasis bis zu einem Jahr aufbewahren. Die lange Haltbarkeit wird durch die Pasteurisierung möglich, bei der verderbniserregende Mikroorganismen abgetötet werden. Angebrochene Verpackungen müssen selbstverständlich in den Kühlschrank und möglichst bald ausgetrunken werden.

Die meisten Erfrischungsgetränke werden auch in Mehrwegverpackungen angeboten. Sie sollten aus ökologischen Gründen beim Einkauf bevorzugt werden.

Fruchtsäfte enthalten mehr Vitamine und Mineralstoffe als Nektare und Fruchtsaftgetränke. Allerdings wird den letzteren häufig Vitamin C zusätzlich beigefügt – was man den Angaben auf dem Etikett entnehmen kann. Zum Beispiel: »reich an Vitamin C« bei mindestens 300 Milligramm pro Liter und »Vitamin-C-haltig« bei mindestens 200 Milligramm pro Liter. Zum Vergleich: Der Tagesbedarf beträgt für einen Erwachsenen 75 Milligramm. Er wird durch eine ausgewogene Ernährung aber in aller Regel ohnehin gedeckt. Daher gibt es keinen gesundheitlichen Grund, Vitamin C-haltige Getränke zu bevorzugen. Auch Multivitaminsäfte sind aus medizinischer Sicht entbehrlich.

Andererseits enthalten die meisten Säfte von Natur aus viel Zucker und stehen diesbezüglich den Limonaden und Fruchtsaftgetränken nicht nach. Zum Durstlöschen in größeren Mengen sind sie allerdings zu energiereich. Am besten verdünnt man Fruchtsäfte daher mit Mineralwasser. Dadurch vermindert sich der sehr süße Geschmack. Mit Mineralwasser verdünnte Fruchtsäfte sind außerdem meist preiswerter als Fruchtsaftgetränke.

»Leichte« Erfrischungsgetränke

Viele Limonaden, Fruchtsaftgetränke und Fruchtnektare sind heute auch in einer »Leicht«-Version am Markt. Der Zucker ist darin durch künstliche Süßstoffe ersetzt, die keine oder nur sehr wenige Kalorien liefern. Erlaubt ist der Zusatz von Saccharin, Cyclamat, Aspartam und Acesulfam.

Leider gibt es derzeit keine gesetzliche Regelung über die Verwendung des Begriffes »leicht« bzw. »light«. Immerhin können Leicht-Getränke in Deutschland zusätzlich die Bezeichnung »kalorienarm« oder »kalorienvermindert« tragen, und diese Eigenschaften sind genau definiert: »Kalorienverminderte« Erfrischungsgetränke müssen mindestens 40 Prozent weniger Kalorien als die normalen Sorten enthalten, »kalorienarme« Getränke dagegen dürfen höchstens 20 Kilokalorien je 100 Milliliter haben (die Menge entspricht einem kleinen Glas). Zum Vergleich: Übliche Limonaden und Fruchtsaftgetränke bringen es auf etwa 50 Kilokalorien.

Die künstlichen Süßstoffe machen sich allerdings im Geschmack bemerkbar: Saccharin beispielsweise hat einen bitteren Nachgeschmack und wird deshalb allein fast nicht mehr verwendet. Besser ist diesbezüglich eine Kombination von Saccharin und Cyclamat.

Fast ohne Nachgeschmack sind Getränke mit Aspartam als Süßstoff; er ist jedoch in sauren Flüssigkeiten wie Fruchtnektaren nicht sehr stabil und wird deshalb oft zusammen mit Acesulfam eingesetzt.

Das »Mundgefühl« ist aber bei Ersatz von Zucker gegen Süßstoff immer etwas schlechter.

Leicht-Getränke enthalten weniger Energie, was bei reichlichem Konsum durchaus von Vorteil ist. Auch die Zähne werden durch zuckerfreie Durstlöscher kaum oder wesentlich weniger angegriffen als durch die zuckerhaltigen Originale.

Nach aktuellem Wissensstand sind die Süßstoffe in den zugesetzten Mengen nicht schädlich. Aber es kommt dabei auf die Trinkmenge an: Wer täglich zwei Liter Leicht-Getränke trinkt, überschreitet leicht die zulässigen Höchstmengen für künstliche Süßstoffe, erst recht dann, wenn diese auch noch zum Süßen von Tee, Kaffee und von Speisen verwendet werden.

Alle Leichtgetränke sind sehr süß; vor allem Kinder und Jugendliche gewöhnen sich daran und lehnen in der Folge ungesüßte oder weniger gesüßte Speisen und Getränke ab. »Zu süß« ist jedoch einer der wichtigsten Ernährungsfehler. Wer Mineralwasser oder verdünnte Fruchtsäfte trinkt, löscht seinen Durst mindestens genauso schnell, ebenfalls sehr energiearm und auf gesündere Weise.

Kaffee, Kakao und Tee

Kaffee, Tee und Kakao sind mehr als beliebte Heißgetränke. Sie tragen wesentlich zum gesellschaftlichen Leben und damit zu unserer Kultur bei. Geschätzt wird auch die anregende Wirkung von Kaffee und Tee. Zum Durstlöschen sind sie freilich nicht zu empfehlen.

Kaffee

Der Kaffee verdankt seine große Beliebtheit einem speziellen Wirkstoff. Im Oktober 1819 hatte Johann Wolfgang von Goethe dem Chemiker Friedlieb Runge ein Säckchen mit Kaffeebohnen zur Untersuchung geschickt. Wenig später gelang Runge der Nachweis des Koffeins – und damit eines natürlichen Wirkstoffes, der wie kaum ein anderer wegen seiner belebenden und anregenden Wirkung geschätzt wird.

Weit vor Bier und allen alkoholfreien Erfrischungsgetränken steht Kaffee in Deutschland seit vielen Jahren auf Platz 1 der Getränkehitliste. Dabei gehört Kaffee eigentlich gar nicht zu den Durstlöschern, sondern zu den Genußmitteln – bei durchschnittlich fast tausend Tassen pro Kopf und Jahr freilich ein häufiger Genuß, der nicht nur positive Seiten hat.

90 Prozent der Welternte stammen heute von nur zwei Kaffeearten: Coffea arabica und Coffea robusta. Der aromareichere Arabica-Kaffee kommt überwiegend aus Südamerika (Brasilien, Kolumbien, El Salvador) und wächst vornehmlich in Berglagen zwischen 600 und 2000 Meter. Die Kaffeekirschen werden schonender aufbereitet als die der Robusta-Sorten, die vor allem aus Afrika und Asien kommen, wo sie im Flachland angebaut werden können. Robustas sind preiswerter, weniger aromareich, enthalten aber fast doppelt so viel Koffein wie die Arabicas.

Erst das Rösten und Mischen verschiedener Sorten macht den Rohkaffee zum Genußmittel. In Ländern, die für sehr starken, schwarzen Kaffee bekannt sind (Italien, Griechenland, Türkei), röstet man die Bohnen dunkler. Bevorzugt werden dort die koffeinreicheren Robusta-Bohnen.

Handelsübliche Röstkaffeemischungen setzen sich meist aus vier bis acht Sorten verschiedener Herkünfte zusammen. Auf der Kaffeeverpackung ist meistens nicht ersichtlich, ob es sich um Arabica- oder Robusta-Arten handelt. Einige Hersteller geben »Hochlandkaffee« oder etwas ähnliches als Hinweis auf eine besonders gute Qualität an, aber nur wenige nennen die Herkunft, zum Beispiel Kaffee aus Kolumbien.

Da vor allem die Röstung und die Mischung für den Geschmack verantwortlich sind, schmeckt jeder Markenkaffee anders. Wer auf der Suche nach der ganz individuellen Sorte ist, kann sich seinen Kaffee aber auch mischen lassen. Das geht am besten in kleinen Kaffeeröstereien, die häufig Kaffeespezialgeschäften angeschlossen sind, und zunehmend in Kaffeefilialen der großen Röstereien (Tchibo, Eduscho).

Kaffee aus Amerika ist meistens milder und enthält weniger Säure als die kräftigeren Kaffees aus Indonesien oder Afrika.

Fettreif an der Oberfläche der Bohnen ist ein Zeichen von Schwitzen. Graubrauner Belag auf gemahlenen, vakuumverpackten Bohnen ist dagegen unschädlicher »Koffeinreif«, der an der Luft vergeht.

Kaffeeprodukte

Im Handel gibt es zunehmend Fertigkaffees, die nur mehr mit heißem Wasser übergossen werden müssen. So wird Cappuccino angeboten, der löslichen Bohnenkaffee, Zucker und pflanzlichen »Kaffeeweißer« (als Ersatz für normale Milch) enthält; als Zusätze verwenden einzelne Firmen Milchzucker und den Stabilisator E339 (Natriumorthophosphat).

Als Espresso-Fertigprodukt wird in der Regel löslicher Kaffee angeboten; häufig handelt es sich um Direktimporte aus Italien, die auf eine besondere Kaffeemischung und die typisch italienische Röstung hinweisen.

»Light«-Kaffee besteht zu 50 Prozent aus normalem Bohnenkaffee und zu 50 Prozent aus entkoffeiniertem Kaffee.

Zu erwähnen sind ferner aromatisierte Kaffeeprodukte, die außer Bohnenkaffee Aromen in verschiedenen Geschmacksrichtungen enthalten, wie Vanille, Haselnuß, Kokosnuß, Zimt oder Mandel.

Daneben gibt es verschiedene Varianten von Malzkaffee. Als Klassiker gilt »Caro Kaffee« (er besteht aus Malz, Gerste, Zichorie und Roggen). »Caro extra« schmeckt ähnlich, er enthält aber keinen Roggen.

Kaffee ist empfindlich gegen Aromaverluste und Ranzigwerden. Verschlossene Packungen halten sich mindestens ein halbes Jahr. Ist die Packung offen, kommt es schon nach ein, zwei Wochen zu spürbaren Qualitätsverlusten. Will man den Kaffee länger lagern, so gibt man ihn in den Kühlschrank; Schwitzwasser darf dabei allerdings nicht auftreten.

Für die Zubereitung sind Wasser, mindestens 85 bis 95 Grad Celsius heiß, und der Mahlgrad entscheidend. Sehr hartes Wasser braucht etwas mehr Kaffeemehl. Je feiner die Bohnen gemahlen werden, desto höher ist der Extraktgehalt. Sehr kurze Brühzeiten verlangen besonders feines Kaffeemehl. Ist die Mahlung jedoch zu fein, wird der Aufguß überextrahiert und schmeckt bitter.

Die Art der verwendeten Kaffeemaschine oder des Filterpapiers hat Einfluß auf die Qualität (> Seite 146). Negativ wirkt sich aus, wenn in großen Kaffeemaschinen nur eine kleine Menge gekocht wird. Warmhalten verzeiht Kaffee am wenigsten: Schon nach zehn Minuten schmeckt man Veränderungen. Wenn sich Warmhalten nicht vermeiden läßt, dann besser in einer Thermoskanne als auf der Heizplatte der Kaffeemaschine (> Seite 146).

Für normalen Kaffee rechnet man 40 bis 60 Gramm gemahlene Kaffeebohnen, für Mokka 80 bis 100 Gramm und für Espresso rund 150 Gramm pro Liter.

Für Kaffee gibt es eine große Zahl von Zubereitungsarten. Die wichtigsten sind:

- ▶ Cappuccino: Starker heißer Kaffee mit einer Haube aus aufgeschäumter Milch, die mit Kakaopulver bestreut ist.
- ▶ Café au lait: Milchkaffee, heißer Kaffee und heiße Milch werden zu etwa gleichen Teilen in eine Tasse gegossen.
- ▶ Melange: Milchkaffee, wird manchmal auch mit Schlagsahne serviert.
- ▶ Einspänner: Schwarzer Kaffee im Glas mit Schlagsahne.

Seit seiner Einführung in Europa wurde Kaffee einmal als Allheilmittel, dann wieder als Suchtmittel gewertet; die Einschätzungen pendelten im Lauf der Zeit von einem Extrem ins andere. Sachlich betrachtet ist der Türkentrank in mäßigen Mengen (bis zu vier Tassen täglich) für Gesunde nicht schädlich. Während der Schwangerschaft und der Stillzeit sollte man allerdings wenig Kaffee trinken. Nach neueren Untersuchungen ist er kein Auslöser für Krebserkrankungen. Den Cholesterinspiegel zum Steigen bringt Kaffee nur dann, wenn man ihn aufkocht, wie es in Skandinavien und der Türkei üblich ist. Beim Filtern ließ sich dieser Effekt, der nicht koffeinabhängig ist, nicht nachweisen.

Bei empfindlichen Menschen wirkt Kaffee blutdrucksteigernd und oft harntreibend. Im Gegensatz zu landläufiger Meinung ist er nicht in der Lage, Alkohol abzubauen – er verscheucht allenfalls die Müdigkeit, die zuviel Promille hervorrufen.

Verantwortlich für den Muntermacher-Effekt ist das Koffein. Je nach Stärke des Kaffees enthält eine Tasse zwischen 80 und 120 Milligramm Koffein. Zum Vergleich: Tee bringt es auf 20 bis 60 Milligramm, 0,3 Liter Colage-

Auf die Feinheit kommt es an

Je nach der Feinheit des Mehls sollte man den Kaffee unterschiedlich zubereiten:

- **▶ Grobes Kaffeemehl: Für das Aufgießen auf dem Satz in der Kanne (fünf bis zehn Minuten ziehen lassen, abgießen).**
- **▶ Mittelfeines Mehl: Für das Handfiltern (am besten Kaffeemehl befeuchten, vorquellen lassen, mehrmals mit Wasser überbrühen), für die Cafetière, für Kaffeemaschinen mit Goldfilter und für die Vakuum-Methode (zwei Glasgefäße aufeinander, siedendes Wasser in das untere, Kaffeemehl in das obere).**
- **▶ »Filterfein« gemahlene Bohnen: Für die üblichen Kaffeemaschinen.**
- **▶ Ganz feines Kaffeepulver: Für Espresso und türkischen Kaffee. Durch die kurze Auslaugzeit hat Espresso weniger Koffein als Filterkaffee, türkischer »gekochter« Kaffee dagegen deutlich mehr. Für türkischen Kaffee nimmt man 80 bis 100 Gramm sehr fein gemahlenes Kaffeepulver pro Liter, setzt ihn mit kaltem Wasser und Zucker auf. Dann läßt man ihn aufwallen und schreckt ihn mit einem Schuß kalten Wassers ab; der Vorgang kann ein-, zweimal wiederholt werden. Anschließend einige Minuten ziehen lassen und eventuell abgießen.**

tränk auf etwa 30 Milligramm. Koffein verbessert die geistige Ausdauerleistung; es wirkt aber nur etwa zwei bis drei Stunden. Wer dann gleich wieder für Nachschub sorgt, kann die als unschädlich geltende Dosis leicht überschreiten. Starke Kaffeetrinker können bei Abstinenz leichte Entzugserscheinungen wie Kopfschmerzen bekommen.

Milch im Kaffee verbessert die Bekömmlichkeit, denn sie puffert sowohl die Gerbsäuren im Kaffee als auch die Magensäure ab. Zucker verringert die Herbe des Kaffees.

Es gibt aber auch Spezialkaffees, denen das Koffein oder ein Teil der Gerbsäuren entzogen wurde:

- ▶ Entcoffeinierter Kaffee enthält nur noch 0,1 Prozent Koffein. Erst 15 Tassen davon entsprechen einer Tasse »normalen« Kaffees. Er ist besonders geeignet für Menschen mit hohem Blutdruck.
- ▶ Reizstoffarmer oder magenschonender Kaffee enthält weniger Reiz- und Bitterstoffe. Menschen mit Erkrankungen des Magen-Darm-Traktes vertragen diesen Kaffee häufig besser als den üblichen.

Dritte-Welt-Kaffee

Die Erzeugerpreise für Kaffee in den Entwicklungsländern sind extrem niedrig. Einige Organisationen importieren Kaffee deshalb direkt und können durch die weitgehende Ausschaltung des Zwischenhandels fairere Preise zahlen. Sie versuchen oft auch Einfluß auf die Art des Anbaus (teilweise organisch-biologisch) und den Einsatz von Dünge- und Pflanzenschutzmitteln zu nehmen. Auf den Kaffeeverpackungen sind zur besseren Information des Kunden vielfach die Sorte und das Erzeugungsland abgedruckt.

Ein Beispiel für derartige Bemühungen ist der »Transfair«-Kaffee, der in Dritte-Welt- und Bioläden, seit Mitte 1993 auch in vielen Supermärkten verfügbar ist. Importeur ist die GEPA, Gesellschaft zur Förderung der Partnerschaft mit der Dritten Welt. Sie bietet ihren Vertragspartnern höhere Preise als der Weltmarkt, langfristigere Abnahmeverträge und eine Vorfinanzierung der Ernte. Der Mehrpreis für Verbraucher liegt bei etwa 4 DM pro Kilogramm oder drei Pfennig pro Tasse.

Kakao

In der Sprache der Azteken hieß der Kakao »Xocoatl«, was »herbsäuerliches Wasser« bedeutet. Ursprünglich wurde er mit scharfen Gewürzen wie rotem Pfeffer zubereitet, hatte also nur wenig mit unserem süßen Milchgetränk gemeinsam.

Mit der Eroberung Mexikos durch Cortez gelangten die ersten Kakaobohnen nach Europa und erfreuten sich bald steigender Beliebtheit. In Spanien sah man den Kakao zunächst als Heilmittel an. Ihr großer Nährwert ließ die Trinkschokolade jedoch bald zum klerikalen, von Papst Pius V. genehmigten Fastengetränk aufsteigen. Kakao wurde von den Aristokraten als elitäre Delikatesse genossen.

Bei den Bürgern dagegen setzte sich der Kakao zunächst nicht so recht durch, galt er doch als Sinnbild für Müßiggang und Sinnenfreude (auch deshalb, weil man ihm eine potenzsteigernde Wirkung nachsagte).

Heute ist der Kakao in allen Schichten der Gesellschaft ein beliebtes Getränk. Anders als Kaffee und Alkohol ist er übrigens das einzige Genußmittel, das schon den Kindern »erlaubt« ist.

Beim Mahlen der fermentierten Kakaobohnen gewinnt man Pulver mit unterschiedlich hohem Fettgehalt, der Kakaobutter, einem wichtigen Grundstoff für die Schokoladenherstellung. Je nach Fettgehalt gibt es schwach entölten Kakao mit mindestens zwanzig Prozent Fett (handelsüblich nur als »Kakao« bezeichnet) und stark entölten Kakao mit mindestens 8 Prozent Kakaobutter zu kaufen.

Im Handel findet man zwei verschiedene Sorten von Kakao: Etwa zehn Prozent der Ernte entfallen auf den besonders aromareichen Criollo-Kakao, der oft für Premiumqualitäten von Kakao und feine Schokoladenwaren verwendet wird.

Konsumkakao gewinnt man dagegen aus den widerstandsfähigeren Forastero-Kakaobohnen, die bitterer und herber sind, oder aus

Kreuzungen beider Sorten. Der Geschmack des fertigen Kakaos läßt sich durch Mischen verändern. Auf der Verpackung sind die Sorten aber in der Regel nicht genannt.

Kakao ist empfindlich und muß trokken, kühl und geschützt vor Fremdgerüchen aufbewahrt werden. Wird das feine Pulver feucht, bildet es Klümpchen und verteilt sich schlechter in Flüssigkeiten. Außerdem schimmelt es dann leicht und riecht muffig.

Das stark zuckerhaltige Instant-Kakaopulver hält sich wegen des hohen Zuckergehaltes länger. Mit Instantpulvern wird das fertige Getränk entweder sehr süß und kakaobraun oder bei geringerer Menge weniger süß, aber fast ohne Kakaogeschmack.

Der fettreiche Kakao verteilt sich sehr fein in Flüssigkeiten und ist vor allem zum Trinken geeignet. Das fettarme, herbere Pulver bevorzugt man in der Küche für Kuchen, Pudding und Süßspeisen.

Im Gegensatz zu Kaffee und Tee enthält Kakao nur Spuren von Koffein und kann bedenkenlos für Kinder verwendet werden. Die leicht belebende Wirkung beruht auf dem Inhaltsstoff Theobromin. Er wirkt leicht harntreibend.

Viel verbreiteter als der dunkle Kakao ist das sogenannte kakaohaltige (Instant)-Getränkepulver. Durch eine spezielle Behandlung ist es in kalter Flüssigkeit gut löslich und besonders bei Kindern beliebt. Sein großer Nachteil: Es enthält meist nur 20 Prozent Kakaopulver, aber 80 Prozent verschiedene Zucker (Haushaltszucker, Traubenzucker). Allerdings gibt es auch Marken mit einem Kakaogehalt von 30 Prozent, die entsprechend weniger süß sind.

TEE

China und Japan sind auch heute noch der Inbegriff klassischer Teekultur. Von ihnen übernahmen die Niederländer und die Engländer das Teetrinken. Weltmeister sind heute jedoch die Ostfriesen, die pro Kopf fast vier Kilogramm Tee jährlich verbrauchen.

Tee wird als bereits fertiges Produkt bei uns eingeführt. Je nach Verarbeitungsverfahren unterscheidet man

- schwarzen Tee, der nach der Ernte fermentiert wird. Bei dieser leichten Gärung wird der Tee kupferrot, und es entstehen Aromastoffe.
- grünen Tee, der aus gedämpften, getrockneten Blättern besteht, die nicht fermentiert wurden. Der zartgelbe Aufguß schmeckt sehr herb und ist meist nur im Fachhandel erhältlich.
- Oolong-Tee, der nach sehr kurzer Fermentation eine dunkelgrüne Farbe aufweist. Er schmeckt ebenfalls herb, aber kräftiger als grüner Tee.

Die besten Teesorten mit sehr aromatischem Geschmack kommen aus dem Hochland, zum Beispiel aus den Bergwäldern Ceylons und den indischen Anbaugebieten Assam und Darjeeling. Die Sorte gibt jedoch nur einen ersten Anhaltspunkt auf den Charakter des Tees. Neben der Anbaulage (Hochland = highgrown, mittlere Höhe = midgrown, tiefere Lage = lowgrown) ist auch die Erntezeit entscheidend. So hat ein Darjeeling der ersten Ernte (first flush) im März ein zartes Aroma, einer aus der zweiten, der Sommerernte (second flush), einen kräftigeren Geschmack. Über diese Unterschiede kann meist nur der Teehändler Auskunft geben.

- Ceylon-Tee ist herb-aromatisch und von goldener Farbe. Am hochwertigsten ist Ceylon-Hochlandtee mit seiner leicht rötlichen Blattfärbung. Er verträgt auch härteres Wasser.
- Darjeeling-Tee braucht zur Entfaltung seines zarten, blumigen Aromas weiches Wasser. Er ist sehr hell im Aufguß. Etwas Akazienhonig rundet seinen Geschmack ab.
- Assam-Tee bietet besonders kräftige, würzige Sorten, die einen dunkel gefärbten Tee liefern und fast jedes Wasser vertragen.
- Englische Mischung besteht aus verschiedenen ceylonesischen und indischen Tees, sie ist auf hartes Wasser abgestimmt.
- Ostfriesische Mischung enthält vorwie-

gend Assam-Tees, daneben Tee aus Sumatra und Java. Sie gibt einen sehr würzigen, relativ dunklen Tee, der sich mit Kandis oder Sahne verfeinern läßt.

▶ Aromatisierte Tees werden mit verschiedenen Blütenblättern, Fruchtstückchen, Gewürzen oder Aromen parfümiert. Sie bestehen häufig aus minderwertigen Flachland-Tees mit relativ hohen Schadstoffbelastungen.

Der Teefreund ist in einem Spezialgeschäft am besten bedient. Dort kann man sich über Sorte, Anbaugebiet und Ernte informieren.

Wie bei Kaffee gibt es auch bei Tee Sorten aus dem organisch-biologischen Anbau und Importe der GEPA (> Seite 403) und anderer Initiativen für einen fairen Erzeugerpreis.

Auf die Größe des Teeblattes kommt es an

Neben der Herkunft und der Sorte unterscheidet sich der Tee auch in der Blattgröße. Wichtige Hinweise liefern die traditionellen Fachausdrücke für die Sortierung, die angeben, welche Blätter des Teestrauchs und wie viele Knospen (Tips) dafür gepflückt wurden.

Die feinsten Sortierungen mit gutem Aussehen und hochfeinem Aroma liefern Flowery Orange Pekoe, Golden Flowery Orange Pekoe und Tippy Golden Flowery Orange Pekoe. Broken Orange Pekoe ist zwar kräftiger in der Tasse, aber nicht ganz so blumig. Schwächere Aufgüsse und weniger aromatische Tees geben Broken Pekoe und Broken Pekoe Souchong.

Blatt-Tees gibt es nur noch selten, weil sie empfindlich und wenig ergiebig sind. Das Angebot gliedert sich in Broken Tees (grob gebrochene Blätter), Fannings (mittelfein) und Dust (feinst). Je mehr das Blatt zerkleinert ist, desto ergiebiger ist der Tee.

Über die Qualität der Rohware sagt die Zerkleinerung nichts aus. Der Begriff Dust bedeutet nicht, daß Teestaub verwendet wurde.

Für Teebeutel nimmt man Fannings und Dust. Echte Teetrinker nehmen aber keine Beutel, denn das Aroma entfaltet sich nicht so gut, und außerdem weiß man bei dem in Beuteln angebotenen Tee meist nicht, woher und von welcher Sorte er stammt.

Tee muß trocken, kühl und geruchsneutral am besten in luftdichten Dosen aufbewahrt werden. Die Lagerzeit beträgt maximal zwei Jahre, aromatisierte Tees halten sich nur wenige Monate.

Teewasser muß immer frisch gekocht sein, stark kalkhaltiges und gechlortes Wasser am besten ein paar Minuten lang. Die Faustregel für die Menge gilt: 1 Teelöffel (kleiner als Kaffeelöffel, ein bis zwei Gramm) pro Tasse und einen zusätzlich für die Kanne.

Wichtig ist auch das Ziehenlassen: Nach zwei bis drei Minuten ist der größte Teil des Koffeins ins Wasser übergegangen; dann wirkt der Tee in erster Linie anregend. Nach fünf Minuten wird der Tee herber, weil dann ein größerer Teil der Gerbstoffe gelöst ist. Sie wirken beruhigend auf den Magen-Darm-Trakt.

Die ideale Teekanne ist aus Porzellan, Ton oder Glas (nicht Metall) und darf nicht mit Spülmittel gereinigt werden. Ein Tee-Ei ist ungeeignet, da sich die Blätter darin nicht voll entfalten können. Gut brauchbar sind dagegen spezielle Filterbeutel.

Die anregende Wirkung des Tees geht in erster Linie auf das Koffein (auch Tein genannt) zurück, aber auch Geruchstoffe, Gerbsäuren und Pflanzensäuren sind daran beteiligt. Eine Tasse Tee enthält etwa halb so viel Koffein wie dieselbe Menge Kaffee. Es wird jedoch langsamer freigesetzt und wirkt deshalb nicht aufregend, sondern anregend.

Für die leicht stopfende Wirkung des Tees sind Gerbstoffe verantwortlich. Ein starker Aufguß kann deshalb eine Hilfe gegen Durchfall sein, ist für Kinder aber ungeeignet. Die Gerbsäuren können außerdem im Darm die Eisen-, Magnesium- und Kalziumaufnahme behindern. Wichtig ist Tee als Fluoridquelle: Mit drei bis fünf Tassen erreicht man die für die Kariesvorbeugung empfohlene Tagesmenge von einem Milligramm. Bei übermäßigem Teekonsum, das heißt regelmäßig mehr als zwei Liter täglich, kann die Fluoridzufuhr allerdings zu hoch werden.

Alkoholische Getränke

Die berauschende Wirkung des Alkohols hat zu einer unermeßlichen Vielfalt von Getränken geführt. In vielen Ländern sind sie ein fester Bestandteil des Kulturlebens. Bier, Wein und hochprozentige Genüsse gehören außerdem zu jedem Festmahl.

Es ist schier unglaublich, wie viele unterschiedliche Facetten vergorene Getränke in Duft und Geschmack aufweisen können – vom fein gehopften Pils bis zum süßen belgischen Trappistenbier, vom säurebetonten Schoppenwein zum jahrelang gereiften, opulenten Bordeaux, vom einfachen Birnenschnaps bis zum fruchtig-milden Edelbrand von der Himbeere. Unübersehbar scheint auch das Angebot an süßen und bitteren Likören sowie an Cocktails aus allen Teilen der Welt.

Diese Vielfalt kann Trinken zu einem echten Genuß machen. Mit einem guten Glas Wein anzustoßen, ist außerdem mehr als ein Akt purer Höflichkeit, er symbolisiert je nach Anlaß Dank, Glückwunsch – oder einfach die Geselligkeit einer Tischgemeinschaft.

Freilich wird Alkohol von vielen – zu vielen – Menschen im Übermaß getrunken, lösen alkoholisierte Lenker tödliche Unfälle aus, sterben immer mehr Menschen an Säuferleber.

Mißbrauch gehört zum Risiko jedes Genußmittels. Das Wissen darum sollte weder verdrängt werden noch die Freude an einem guten Gläschen vergällen. Freilich scheint die aktuelle Zeitströmung zu einer neuen Ära der Prohibition zu führen. So haben viele Menschen ein schlechtes Gewissen, wenn sie nach getaner Arbeit ein zweites Glas Bier bestellen.

Aber es ist auch ein Trend zu hochwertigen Produkten zu beobachten. Die Verbraucher trinken also in Summe kleinere Mengen, sie wählen dafür jedoch höhere Qualität.

Wieviel Alkohol und Energie enthalten sind:

Getränk (bezogen auf 100 Gramm)	Alkoholgehalt in %	Energiegehalt in kcal
Wein	10–12	75–80
Sekt	11–12	83
Altbier	5	43
Bockbier	7	62
Exportbier	5	47
Pils	5	43
Alkoholfreies Bier	max. 0.5	28
Branntwein	32	117
	38	210
Likör	30	166

Bier

Deutschland – das Land der Biertrinker – stellt mit nahezu 150 Litern pro Kopf und Jahr den weltweiten Rekord, knapp gefolgt von Österreich. Obendrein erfährt der Gerstensaft in letzter Zeit eine Renaissance. Zeugen dieser Entwicklung sind zahlreiche kleine Pubs und Gasthausbrauereien, die fast so etwas wie eine neue Bierkultur auslösen.

Bier wird nicht mehr einfach nur getrunken. Man legt Wert auf ein gepflegtes Zapfen. Jeder Biertrinker hat zwar seine Lieblingssorte, aber er probiert immer wieder auch andere Geschmacksrichtungen. Dabei gibt es eine große Auswahl: Weltweit werden mehr als zwei Dutzend unterschiedliche Biertypen gebraut, und von jeder gibt es unzählige Marken.

Für alle Biere, die in Deutschland erzeugt werden, gilt das berühmte Reinheitsgebot, wonach zum Bierbrauen nur die natürlichen Rohstoffe Hopfen, Malz, Hefe und Wasser verwendet werden dürfen.

Eigentlich erstaunlich, daß die einzelnen Biere trotzdem so unterschiedlich schmecken. Das Gerstenmalz beispielsweise kann mehr oder weniger süß sein, der Hopfen würzig oder kaum spürbar. Entscheidend sind also die Rohstoffe und ihr Mengenverhältnis im Bier. Geschmackliche Harmonie ist letzten Endes das Ziel jedes guten Braumeisters.

Wenn der Hersteller auf dem Etikett auf eine Nachgärung im Faß oder in der Flasche hinweist, so enthält der Gerstensaft lebende Hefe, wie etwa im Hefeweißbier. Auch Ales können in der Flasche nachgären und haben dann ein fruchtbetontes Aroma.

Ähnlich wie man beim Wein zwischen weißen und roten Kreszenzen unterscheidet, teilt man die Biere in unter- und obergärige ein:

Obergäriges Bier wird mit Hefen hergestellt, die nach der Gärung an die Oberfläche steigen. Beim untergärigen Bier dagegen setzen sie sich nach der Hauptgärung ab.

Wichtig ist auch der Extraktgehalt. Darunter versteht man die im Wasser gelösten, aus Darrmalz und Hopfen stammenden Stoffe (Dextrine, Malzzucker, Röststoffe, Eiweiß). Der Extraktgehalt der Stammwürze wird in Graden angegeben (1 Grad = 1

Gramm Extrakt in 100 Gramm Stammwürze, in Österreich und der Schweiz gelten davon abweichende Bestimmungen):

Einfachbier .... 2 bis 5.5 Grad Stammwürze
Schankbier .... 7 bis 8 Grad Stammwürze
Vollbier .... 11 bis 14 Grad Stammwürze
Starkbier .... mind. 16grädige Stammwürze

Man kann nicht exakt von der Stammwürze auf den Alkoholgehalt schließen, denn der letztere wird auch durch das Ausmaß der Vergärung bestimmt: Je schwächer vergoren ein Bier ist, desto mehr unvergorene Stammwürze bleibt zurück; sie verleiht dem Bier seinen Körper.

Maßgeblichen Einfluß auf das Bieraroma hat ferner die Malzsorte. Das Malz kann an Karamel erinnern, an Nüsse oder an Kaffee. Brauer verwenden bis zu sieben verschiedene Sorten Malz. Weißbiere und Weizenbiere enthalten, wie schon der Name sagt, eine bestimmte Menge an gemälztem Weizen.

Wie groß der Einfluß der Rohstoffe ist, beweisen ausländische Biere, die aus Reis oder Mais gebraut wurden. Völlig anders schmecken belgische Klosterbiere, die ihre typische Note von Kandiszucker erhalten.

Der bittere Geschmack des Bieres kommt

Die wichtigsten Biersorten

▶ **Alkoholfreies Bier**	Hat Restalkoholgehalt von weniger als 0,5 Prozent und nur rund 40 Prozent der Kalorien im Vergleich zu Vollbier.
▶ **Altbier**	Dunkles Bier, das vor allem in Düsseldorf und Niedersachsen gebraut wird.
▶ **Berliner Weiße**	Leicht hefetrübes Weizenbier, säuerlicher, spritziger Geschmack, wenig Alkohol, gut als Durstlöscher.
▶ **Bitter**	Bier mit hohem Anteil an Hopfen (englische Bezeichnung: Ale). Schmeckt oft etwas säuerlich, die Farbe erinnert an Kupfer.
▶ **Bockbier**	Starkes Bier, in der Regel aus Gerstenmalz gebraut. Enthält mehr als 6,25 Prozent Alkohol. Meist zu bestimmten Jahreszeiten erhältlich (zum Beispiel Maibock, Ö: Weihnachtsbock).
▶ **Diätpils**	Für Zuckerkranke geeignet – aber kein Bier zum Abspecken. Wird stark vergoren, so daß nur noch wenig Kohlenhydrate enthalten sind; danach wird der Alkoholgehalt herabgesetzt.
▶ **Hefebier**	Gärt in der Flasche nach und weist in der Regel einen Bodensatz auf.
▶ **Lagerbier**	Andere Bezeichnung für untergäriges Bier.
▶ **Leichtbier**	Enthält mindestens ein Drittel weniger Alkohol und Kalorien als Vollbier. Zunehmend beliebt; schmeckt allerdings nicht sehr intensiv nach Bier.
▶ **Märzenbier**	Mittelstarkes Bier mit malzigem Aroma; wird beim Oktoberfest gezapft.
▶ **Pils-Bier**	Goldene Farbe, leicht herber, spritziger Geschmack. Untergäriges Bier mit einer Stammwürze von rund 12 Prozent. In Deutschland die am weitesten verbreitete Sorte.
▶ **Stout**	Sehr dunkles Bier. Wird aus stark geröstetem Malz gebraut. Enthält bis zu 25 Grad Stammwürze.
▶ **Weißbier (Weizenbier)**	Bier aus Weizenmalz. Süddeutsche Weißbiere enthalten meist mehr Alkohol als die Berliner Weiße. Schmeckt herb und würzig.
▶ **Wiener Bier**	Lagerbier mit bernsteinroter Farbe, das ursprünglich in Wien gebraut wurde.
▶ **Zwicklbier**	Bezeichnung für ungefiltertes und daher trübes Bier. Früher waren alle Biere ungefiltert, erst zu Beginn dieses Jahrhunderts begannen die Brauereien, die Trübstoffe zu entfernen.

vom Hopfen, einer Kletterpflanze, die zur gleichen Familie wie der Hanf gehört. Die zapfenförmigen Blüten des Hopfens haben eine beruhigende Wirkung. Sie enthalten Harze und ätherische Öle, die dem fertigen Bier den typisch herben Geschmack geben.

Nicht zu vergessen ist schließlich das Wasser. Viele Brauereien weisen in der Werbung darauf hin, daß ihr Bier mit reinem Quellwasser erzeugt wurde. Städte mit guter Biertradition haben – oder hatten zumindest – Wasser aus guten Quellen. Heute werden dem Wasser durch technische Verfahren Salze zugesetzt oder entzogen, je nachdem, welcher Biertyp gebraut werden soll. Daß das kristallklare Quellwasser direkt in den Maischebottich fließt, ist also in der Praxis kaum noch der Fall.

Entscheidend für die Wahl eines Bieres ist meist die persönliche Vorliebe. Daher gehen die Meinungen stark auseinander, was ein gutes Bier ausmacht.

Der Alkoholgehalt ist jedenfalls kein Maßstab für die Qualität: Ein Bier, das vor allem den Durst löscht, enthält natürlich weniger Alkohol als ein Starkbier, das an kalten Wintertagen von innen her wärmen soll. Schwere, alkoholreiche Biere schmecken meist malzig und süß, weshalb sie gerne als Digestif getrunken werden.

Dosenbier hat in aller Regel die gleiche Qualität wie Flaschenbier. Das Aluminium der Dose ist allerdings sehr energieaufwendig in der Produktion und bedeutet zusätzlichen Abfall, weshalb ökologisch motivierte Konsumenten darauf verzichten sollten.

Für festliche Anlässe kann man auch sogenannte KEG-Container kaufen. Es gibt Partyfässer mit 10 und 15 Litern Inhalt, aus denen man erstklassiges Faßbier zapfen kann. Die Brauereien bieten dazu die geeignete Vorrichtung an. Das Bier sollte gut gekühlt sein und nicht unmittelbar nach dem Transport gezapft werden (eine Ruhezeit von einem Tag ist am besten). Ein »angeschlagenes« Faß sollte außerdem möglichst innerhalb eines Tages verbraucht werden.

Bier ist eine lange haltbares Getränk, das auch unsachgemäße Lagerung relativ gut verträgt. Wer auf Bierkultur Wert legt, sollte es bei etwa sechs bis acht Grad Celsius – also am besten im Kühlschrank – lagern.

Wenn Bier nach feuchter Pappe riecht, so ist es schlecht geworden. Ein solches Aroma ist ein Zeichen für Oxidation. Wurde eine Flasche zu lange der Sonne ausgesetzt, kann das Bier krautig schmecken.

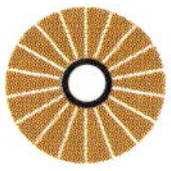

Bier wird, medizinisch gesehen, nach seinem Gehalt an Energie und Nährstoffen bewertet: Je nach Sorte hat ein Liter Bier 300 bis 600 Kilokalorien, also eine ganz stattliche Menge. Unter den Mineralstoffen sind besonders Phosphor und Kalium sowie die Spurenelemente Kupfer und Zink zu nennen. Sie spielen jedoch für die Bedarfsdeckung keine wesentliche Rolle. Geschmacklich haben die Hopfenbitterstoffe eine wesentliche Funktion. Ihnen wird außerdem eine beruhigende Wirkung zugeschrieben (> Wie Alkohol wirkt, Seite 414).

Wein

Der Laie macht sich kaum eine Vorstellung, wie mannigfach die Unterschiede zwischen Weinen ein- und derselben Rebsorte sein können, wie stark das Klima, die Reifung und die kellertechnische Verarbeitung die Qualität beeinflussen. Oft schmeckt ein Wein kurz nach dem Abfüllen hart und verschlossen. Erst nach Jahren blüht sein Aroma auf, und der Geschmack rundet sich ab.

Die besten und auch teuersten Weine kommen heute aus Frankreich und Italien. Berühmt sind spezielle Sorten aus Burgund, Bordeaux und dem Piemont. In den letzten Jahren erreichen aber auch kalifornische Weine Spitzenqualität, und Kreszenzen aus Australien und Südafrika sind im Kommen.

Jede Weinregion hat außerdem ihre eigenen, typischen Sorten. So ist der Rheingau für seinen Riesling bekannt, der Seewinkel im österreichischen Burgenland für seine Süßweine und die Toskana für den Chianti classico. Der letztere ist übrigens eine Mischung aus verschiedenen Rebsorten, eine sogenannte Cuvée. Auch die großen Bordeaux-Weine werden aus Sorten wie Cabernet Sauvignon, Cabernet Franc und Merlot verschnitten. Es ist die Kunst des Kellermeisters, mit der richtigen Mischung eine vollendete Harmonie zu erzielen.

Deutsche Weine

Die meisten Weinbaugebiete Deutschlands liegen, klimatisch gesehen, relativ weit im Norden und daher ungünstig. In guten Jahren liefern sie allerdings, vor allem wenn die Regenmenge stimmt, Weine mit feiner Säure und fruchtigem Bukett.

Außerdem gibt es in den Flußtälern von Rhein, Mosel und Neckar geschützte Hanglagen mit einem guten Mikroklima, die für hervorragende Tropfen prädisponiert sind.

Deutsche Weine stammen zu 85 Prozent aus weißen Trauben. Die Leitsorten sind der Riesling und der Müller-Thurgau, daneben gibt es weitere 40 Sorten, die teilweise nur regionale Bedeutung haben.

Das Gesetz unterscheidet »Qualitätsweine bestimmter Anbaugebiete«, »Tafelweine« und »Landweine«; sie werden nach ihrer Herkunft gekennzeichnet, wobei allerdings für Qualitätsweine andere Namen verwendet werden als für Tafelweine; während beispielsweise Tafelweine unter der Bezeichnung »Weinbaugebiet Rhein-Mosel« laufen, wird diese Region bei Qualitätsweinen in sieben bestimmte Anbaugebiete unterteilt, unter ihnen Rheinhessen, Mittelrhein und Ahr.

Als Gütezeichen ist das von der Deutschen Landwirtschafts-Gesellschaft verliehene Deutsche Weinsiegel zugelassen, in einzelnen Regionen gibt es darüber hinaus lokale Prämiierungssysteme.

Baden ist ein Weinbaugebiet mit uralter Tradition. Bekannt sind aus dieser Region ein fruchtiger Müller-Thurgau, der milde, süffige Gutedel, wuchtige Ruländer sowie zarte, harmonische Silvaner.

Am Ufer des Bodensees gedeiht ein hervorragender Spätburgunder Weißherbst.

Am Ufer des Mains in der Gegend von Aschaffenburg sowie an den Nebenflüssen werden relativ wenige, aber dafür qualitativ hochwertige, extraktreiche Frankenweine hergestellt. Hauptsorte ist der Müller-Thurgau, der in der fränkischen Version würzig und elegant schmeckt. Hervorragend gelingt auch der Silvaner, daneben gibt es tanninreiche Portugieser und Spätburgunder. Wichtigstes Erkennungsmerkmal ist der Bocksbeutel – seine flache Form ähnelt einer Feldflasche.

Die Moselweine stehen im Ruf, frische, leichte Getränke ohne Höhepunkte darzustellen. In guten Jahren werden hier aber durchaus auch füllige, aromatische Weine erzeugt. So findet der Riesling an den Steilhängen des Moselufers ideale Bedingungen. Er ist durch feine Frucht und Rasse gekennzeichnet. Die Zeiten der reichlich süßen Moselweine sind mittlerweile lang vorbei.

In den ebenen Lagen der Flußtäler wird zunehmend Müller-Thurgau ausgepflanzt, daneben gibt es säurebetonte Weißweine der Elbling-Rebe, die teilweise zur Herstellung von Sekt dienen.

Aus dem Rheingau kommen hervorragende Riesling-Weine, vor allem aus dem linken Rheinufer zwischen Worms und Bingen. Sie zeichnen sich durch eine frische Fruchtsäure aus und schmecken würzig-elegant. Hochwertig sind in manchen Jahrgängen auch Auslesen und Beerenauslesen, vor allem aus dem Bereich Johannisberg.

Rheinhessen ist das größte deutsche Weinbaugebiet mit trockenem und warmem Klima. Angebaut werden vorwiegend Müller-Thurgau und Silvaner. Die Weine sind durchweg mild und lieblich. Interessant ist auch eine Neuzüchtung namens Scheurebe, ferner gibt es seltenere Sorten, wie Ruländer, Huxelrebe, Kerner und Traminer, unter den Roten ist der würzige Spätburgunder zu nennen.

Aus der Nähe von Dienheim kommt die weit über die Landesgrenzen bekannte, aber in der Qualität oft mittelmäßige Liebfrauenmilch (besteht aus den Sorten Müller-Thurgau, Riesling und/oder Silvaner).

In der Rheinpfalz findet man ein abwechslungsreiches Sortiment verschiedener Rebsorten. Führend ist der Müller-Thurgau, der oft in einer milden, blumigen Variante erzeugt wird. Bekannt sind auch die Rieslinge aus Deidesheim, Forst und Wachenheim. Eine typische Pfälzer Sorte ist der Morio-Muskat, der sich durch eine feine Würze auszeichnet. Unter den Rotweinen ist der milde Portugieser zu nennen, der vorwiegend als Schoppenwein genossen wird.

In Württemberg wird viel Rotwein erzeugt. Bekannt sind vor allem der Lemberger, Trollinger und die Spezialsorte Schiller (der zwischen rötlich und gelb »schillert«). Das wichtigste Anbaugebiet ist das Ufer des Neckar zwischen Stuttgart und Heilbronn. Die sparsamen Schwaben verschließen ihre Flaschen nicht selten mit einem Schraubverschluß (um Kork zu sparen) – manche Weinfreunde finden, daß der Schraubverschluß unangemessen für die guten Tropfen dieser Region ist.

Österreichische Weine

Charakteristisch für Österreich ist der Grüne Veltliner. Er ist nicht nur ein leichter, spritziger Schoppenwein, den die Wiener am liebsten beim Heurigen trinken, sondern bringt in guten Jahren auch gehaltvolle, fruchtige Weißweine hervor. Auch sonst ist Österreich ein Land der Weißweine: In der Wachau gibt es ausgezeichnete Rieslinge. Die Südsteiermark ist für feinaromatische Sauvignon Blancs und Chardonnays bekannt. Im Burgenland findet man eher wuchtige, bukettreiche Weißweine, vor allem aber exzellente Prädikatsweine (insbesondere im Seewinkel).

Zu den österreichischen Spezialitäten gehören auch der Neuburger sowie Zierfandler und Rotgipfler (die in der Nähe von Baden bei Wien gedeihen).

Seit einigen Jahren werden im Burgenland zunehmend sehr gute Rotweine gekeltert, vor allem der Blaufränkische im Mittelburgenland und, in geringeren Mengen, auch Cabernet Sauvignon. Zu den leichten, süffigen Rotweinen zählen der St. Laurent und der Blaue Portugieser. Mild und fruchtig ist der Blaue Zweigelt, der in Niederösterreich, dem Burgenland und vereinzelt auch in der Steiermark erzeugt wird.

Die romantische Donaulandschaft zwischen Spitz und Krems ist für herausragende Weißweine bekannt. In der Wachau gibt es bukettreiche Rieslinge, den typischen Grünen Veltliner mit leichtem würzigem Ton (»Pfefferl«) sowie Müller-Thurgau und Neuburger.

Das Anbaugebiet Kamptal bezeichnet die hügelige Region um Krems und Langenlois. In dieser Gegend werden überwiegend Weißweine geerntet.

Das Weinviertel ist das größte und nördlichste Weinbaugebiet Österreichs, es bringt, bedingt durch die Lage, vorwiegend leichte, spritzige Weißweine hervor. Nur in sonnigen Jahren mit einem trockenen Herbst erreichen auch die Roten eine gewisse Fülle.

Carnuntum, Thermenregion und Wien sind westlich und südöstlich der Donau gelegene Weinbaugebiete, die durch fruchtbare Lößböden den Wein prägen. Die Thermenregion ist bekannt für vollmundige, harmonische Weine. In Wien wird vorzugsweise für den Heurigen produziert, als Spezialität gibt es »gemischten Satz« (Trauben verschiedener Rebsorten stehen vermischt im Weingarten und werden zusammen eingemaischt).

Das milde Klima und der Neusiedlersee bieten im Burgenland hervorragende Bedingungen für den Anbau von Rebstöcken. Eine Spezialität ist der Ruster Ausbruch aus edelfaulen, eingetrockneten Weinbeeren. Horitschon und Deutschkreutz, knapp an der ungarischen Grenze gelegen, sind eine Domäne des Rotweins. Süße Spitzenweine erzeugen die Winzer in Gols, Illmitz und Apetlon.

Steirische Weine haben in jüngster Zeit auch über die Grenzen des Landes hinaus Anerkennung gefunden. Vor allem die Winzer an der malerischen südsteirischen Wein-

DER ALKOHOL IM WANDEL DER ZEIT

Alkohol spielt seit der Wiege der Zivilisationen eine maßgebliche Rolle im täglichen Leben – früher übrigens eine wesentlich größere als heute: »Feldarbeiter erhalten einen Liter Bier, Absolventen von Tempelschulen und Haremsdamen drei Liter und leitende Beamte fünf Liter Bier«. So hieß es in einer Vorschrift, die aus der Zeit des alten Mesopotamien dokumentiert ist.

Selbst wenn diese Zahlen übertrieben sind, muß es doch schon im Altertum eine umfangreiche Produktion von alkoholischen Getränken gegeben haben. Leider werden wir wohl nie erfahren, wie sie geschmeckt haben. Fest steht lediglich, daß das Verhältnis zur Droge Alkohol früher entspannter war als heute. So verzeichnet die Bibel mehr als tausend Anspielungen auf Wein, Weinberge und Weinbauer; nur drei Dutzend davon verurteilen die Trunkenheit.

Auch sonst ist die Entwicklung von Weinbau und Bierbrauerei eng mit Klöstern und Abteien verknüpft. So ist der Schutzheilige der Brauer ein Benediktinerabt. Dokumentarisch belegt ist auch, daß bereits um das Jahr 10000 n. Chr. in Klosterküchen und Apotheken Süditaliens nach Möglichkeiten gesucht wurde, ein stärkeres Rauschmittel als den – seit langem bekannten – Wein zu erzeugen.

Im frühen 12. Jahrhundert begannen die Mediziner der ältesten abendländischen Hochschule in Salerno systematische Versuche, dem Geheimnis des »brennenden Wassers« auf die Spur zu kommen. Man lernte, die leicht flüchtigen Bestandteile des erhitzten Weines durch Kühlvorrichtungen zu verflüssigen, und entdeckte so das Verfahren der Destillation. Damit konnte das »Brennbare« des Weines von den wäßrigen Bestandteilen getrennt werden. Überliefert ist der Vorgang der Weindestillation von einem Magister Salernus, einem anonymen Gelehrten der genannten Hochschule. Er beschrieb als erster ausführlich die Methode, die den reinen Alkohol als Weingeist von dem nicht brennbaren Grundstoff Wein befreite. Wenig später gelang es Albertus Magnus, Bischof zu Regensburg, die technischen Apparate zur Gewinnung von Weingeist zu vervollkommnen.

Die ersten süßen geistigen Getränke dürfte der Katalane Arnoldus Villanovanus – er war im 13. Jahrhundert Leibarzt mehrerer Päpste – hergestellt haben. Er stellte Aromen aus Blüten, Kräutern und Früchten zusammen und fügte Zuckersirup hinzu. Wie diese mittelalterlichen Kreationen schmeckten, werden wir freilich nie erfahren – die Rezepte wurden stets als Geheimnis gehütet.

straße bemühen sich um qualitativ hochwertige Weißweine. Für trockene, fruchtige Gewürztraminer ist die Gegend rund um Klöch bekannt. Südlich von Graz wird ferner als Spezialität der Schilcher angebaut; er stammt aus der Blauen Wildbacherrebe, ähnelt in der Farbe dem Rosé und ist durch einen ungewöhnlich hohen Gehalt an Säure geprägt.

Schweizer Weine

In der Schweiz findet man eine große Vielfalt regional unterschiedlicher Weine, die im Ausland nur wenig bekannt sind. So gibt es als Federweißer, Chiaretto und Clairet bezeichnete Weißweine, die aus blauen Trauben erzeugt werden. Der Schiller ist eine Mischung aus blauen und weißen Trauben. Eine Spezialität des Wallis ist der Dole aus reifen Pinot noir und Gamay Trauben.

Entlang des Rhonetales, auf steinigen, leichten Böden, werden vorwiegend Weißweine erzeugt, in erster Linie der trockene, milde Fendant (entspricht dem Gutedel). Der sogenannte Johannisberg des Wallis wird aus der Silvaner-Rebe gewonnen und ist blumig-mild. Daneben gibt es den Malvoisie (Ruländer), der auch als Wein mit Restsüße erhältlich ist.

Die besten Rotweine aus Blauburgunder und Gamay kommen aus den Ortschaften Salgesch, Sitten und Saillon.

Rund um den Genfer See findet man vorzugsweise fruchtige, harmonische Weißweine aus der Chasselas-Rebe (sie heißen »Dorin«). Sie passen gut zu Fischen und Meerestieren.

Im Tessin werden gute, lagerfähige Rotweine erzeugt. Vor allem der mild-aromatische Merlot erreicht in guten Jahren eine beachtliche Fülle. Typisch für die Region ist auch der billige Konsumwein Nostrano.

In der Ostschweiz wird Wein nur in geringen Mengen hergestellt. Zwei Drittel macht der Blauburgunder aus, meist in einer hellen, leichten Variante gekeltert. In der Zürcher Gegend findet man den roséfarbenen Klevner, da und dort den früher weit verbreiteten herben und säurereichen Räuschling.

Französische Weine

Bordeaux

Die Region von Bordeaux ist mit 100.000 Hektar Rebfläche das größte Weinbaugebiet der Welt. Hervorragende Rotweine kommen aus Médoc (z. B. St.-Estephe, Pauillac, St.-Julien und Margaux), St.-Emilion und Pomerol. Gute Weißweine werden im nördlich gelegenen Graves produziert (zum Beispiel Château Haut-Brion).

Die besten Weine stammen aus bestimmten Anbauzonen mit eigenen Klassifikationen (Appellation genannt). Daneben gibt es einfachere Weine, die Bordeaux oder Bordeaux Supérier heißen; für sie gelten im wesentlichen nur Ertragsbeschränkungen (um sie von Massenweinen zu unterscheiden).

Herausragende Süßweine findet man in Sauternes. Vor allem der Château d'Yquem ist weltberühmt.

Burgund

In Burgund werden weiße und rote Spitzenweine produziert, die fast durchweg von jeweils einer Sorte stammen: Die Weißen sind aus Chardonnay-Trauben, die Roten aus Pinot noir (Blauer Burgunder)

Einfache Qualitäten sind Macon und Beaujolais (aus der roten Gamay-Traube) oder der weiße Aligoté. Billige, aber teilweise wohlschmeckende Weine werden als Vin de pays bezeichnet.

Côtes du Rhône

Aus dieser Region ist vor allem der Châteauneuf-du-Pape weithin bekannt, Liebhaber schätzen auch den wuchtigen Hermitage oder den ausdrucksstarken Gigondas. Oft sind Weine der Côtes du Rhône nur von durchschnittlicher Qualität, aber dafür entsprechend preiswert; das südliche Klima verleiht vor allem den Roten viel Frucht und Breite.

Elsass

Elsaß ist eine Region für Weißweine, vor allem die Rebsorten Riesling, Gewürztraminer, Pinot Gris und Muscat gedeihen dort in beachtlicher Qualität. Eine Besonderheit ist der Edelzwicker, eine Cuvée aus mehreren Weißweinen dieser Region. Die typischen Elsässer Weine sind fruchtbetont und bukettreich. Rote Sorten haben praktisch keine Bedeutung.

Loire

Hier werden Weine wie Sancerre, Pouilly und Muscadet gekeltert, vorwiegend charmante Weißweine. Im Anbaugebiet Sancerre dominiert die Rebsorte Sauvignon blanc, in Touraine sind es vorwiegend Rotweine der Sorten Cabernet Franc und Cabernet Sauvignon. Anjou ist für gute Rosé-Weine bekannt.

Italienische Weine

Emiglia Romagna

In der Emiglia Romagna wird vorwiegend der bekannte Lambrusco erzeugt; exportiert wird meist die liebliche Variante, in Italien selbst findet man dagegen immer wieder einen trockenen Lambrusco. Der Wein hat von Natur aus einen hohen Anteil an Kohlensäure.

Friaul und Venetien

Aus dieser Region kommen die allseits bekannten Valpolicella, Bardolino und Soave – leicht trinkbare Tischweine, an die man keine zu hohen Ansprüche stellen sollte. Valpolicella und Bardolino ist ähnlich wie der Chianti eine Mischung aus Wein

Wie Alkohol wirkt

Alkohol wird durch die Darmwand ins Blut aufgenommen, zur Leber transportiert und dort stufenweise zu Wasser und Kohlendioxid abgebaut. Dabei liefert er 7 Kilokalorien pro Gramm Alkohol; damit ist er ärmer an Energie als Fett (9 Kilokalorien), aber deutlich energiereicher als Eiweiß oder Zucker (4 Kilokalorien).

Alkohol wirkt in kleinen Mengen anregend, in größeren berauschend und in sehr hohen Dosen lähmend. Er wird zum Teil schon im Magen resorbiert und erscheint binnen weniger Minuten im Blut. Die höchste Alkoholkonzentration wird nach etwa 30 Minuten erreicht.

Alkohol verteilt sich auf die Organe entsprechend ihrem Wassergehalt. Bei einem Körpergewicht von 60 Kilo beträgt der Alkoholgehalt des Blutes nach einem Genuß von 60 Gramm Alkohol etwa 1 Promille. 60 Gramm Alkohol sind enthalten in etwa 1,6 Liter Bier oder 5/8 Liter Wein oder 7 Gläsern Schnaps. Bei schwerer Trunkenheit liegen die Blutalkoholwerte zwischen 2 und 3 Promille. Höhere Werte führen im allgemeinen zu völliger Bewußtlosigkeit.

Ein Teil des genossenen Alkohols wird mit der Atemluft und mit dem Harn ausgeschieden, der größere Teil aber im Organismus »verbrannt«, das heißt zu Kohlendioxid und Wasser abgebaut. Die Geschwindigkeit dieses Abbaus beträgt 7 bis 11 Gramm Alkohol pro Stunde. Sie bleibt immer gleich, egal, ob große oder kleine Mengen Alkohol aufgenommen werden.

Alkohol hat – vor allem in größeren Mengen – keine leistungsfördernde Wirkung, im Gegenteil: In psychologischen Testverfahren konnte in aller Regel eine Verschlechterung der Leistung festgestellt werden. Außerdem wird im Verkehr die Reaktionsfähigkeit beeinträchtigt und die »Schrecksekunde« verlängert.

Alkohol – und die in vielen Schnäpsen enthaltenen Fuselöle – führen vor allem zu einem Erschlaffen der Blutgefäße und schädigen die Leber. Bei starken Alkoholikern tritt häufig eine Degeneration der Keimdrüsen auf.

In moderaten Mengen ist Alkohol dagegen völlig harmlos; gemeint sind damit ein, zwei Gläser Bier oder Wein am Tag und dann und wann ein Stamperl Schnaps.

verschiedener Rebsorten, wobei die Mengenverhältnisse gesetzlich festgelegt sind.

Der Soave hat ein frisches Bukett und ist trocken und harmonisch am Gaumen; sein Alkoholgehalt liegt etwas über 10 Prozent, ein Soave Superiore muß mindestens 11,5 Prozent haben. In Italien wird der Soave gern zu Fischgerichten getrunken.

Mittelitalien

Die Provinzen Umbrien, Latium und Abruzzen liefern bekannte Weine, wie den weißen Orvieto (wird trocken und lieblich angeboten) und den Frascati, der schon von Johann Wolfgang von Goethe geschätzt wurde. Der leicht gelbe Wein wird zumeist trocken ausgebaut und eignet sich sehr gut als Tischwein. Ein guter dunkelroter Wein kommt aus den Abruzzen und heißt Montepulciano d'Abruzzo; er eignet sich zu langer Lagerung.

Piemont

Aus dem Piemont kommen zweifellos die besten italienischen Rotweine. Berühmt sind vor allem der Barolo und Barbaresco aus der Nebbiolo-Traube. Der Barolo ist ein klassiches Beispiel für einen Wein, der erst nach einer Flaschenreifung von 15 bis 20 Jahren seinen Höhepunkt erreicht. Bevor er in den Handel kommt, muß der Barolo mindestens drei Jahre in Fässern reifen, die Bezeichnung Riserva darf erst nach vier Jahren Faßlagerung vergeben werden. Hervorragende Lagen für den Barolo sind Rocche, Brunate, Vigna Rotonda, La Mandorla und Cannubbio.

In der Qualität reicht der Barbaresco nicht ganz an den Barolo heran; er reift etwas schneller und zeichnet sich durch samtige Kraft und Harmonie aus. Populär sind auch der aromatische Barbera d'Alba und der trockene, ausdrucksstarke Nebbiolo d'Alba.

Südliches Italien

Aus Apulien kommen Weine, die im Ausland weniger bekannt sind, etwa der trockene weiße Martina Franca, ein spritziger Rosé Castel del Monte. Dagegen kennt fast jedermann den Lacrima Christi, einen trockenen oder süßen Wein, der an den Berghängen des Vesuv angebaut wird.

Südtirol

Zwischen Etsch und Eisack wird der berühmte Kalterer See erzeugt, ein milder, nicht sonderlich gehaltvoller Rotwein, der im Gegensatz zum Barolo auch für Laien leicht »verständlich« ist. Gute Qualität bietet der Sankt Magdalena aus der Vernatsch-Rebe. An Weißweinen sind der strohgelbe, oft süß ausgebaute Moscato und der Giallo (Goldener Muskateller) sowie der Pinot Grigio (Ruländer) zu nennen. Als Dessertwein ist der Vin Santo zu empfehlen.

Toskana

Die Region zwischen Florenz und Siena ist die Heimat des Chianti; er kommt aus einem genau definierten Anbaugebiet und besteht aus den Traubensorten San Giovese, Canaiolo Nero, Trebbiano und Malvasia. Gute Qualitäten haben einen herben und dichten Geschmack, der mit zunehmender Lagerung sanfter wird. Weit verbreitet sind einfache Chianti, die als Tischweine geeignet sind.

Im Süden der Toskana wird der Brunello di Montalcino erzeugt, einer der großen Weine Italiens. Wie der Barolo sollte auch der Brunello lange in der Flasche reifen.

In der hügeligen Landschaft um Montepulciano wird der Rotwein »Vino Nobile di Montepulciano« gewonnen (verdankt seinen Namen den Jesuiten); in der Zusammensetzung ist der dem Chianti ähnlich, er schmeckt trocken und vollmundig.

Kleines Weinlexikon

Aligoté	Trockener, fruchtiger Weißwein, wird in Burgund, aber auch in Bulgarien, den GUS-Staaten und Algerien erzeugt.
Bacchus	Fruchtiger Weißwein mit ausgeprägtem Bukett und geringer Säure, ähnlich dem Müller-Thurgau. Jung trinken.
Barbera	Harmonischer, herb-kräftiger Rotwein. Die beste Qualität kommt aus dem Piemont. Nach mehrjähriger Lagerung trinken.
Barbaresco	> Nebbiolo
Barolo	> Nebbiolo
Blauer Burgunder (Pinot noir)	Extraktreicher Rotwein, vollmundig und samtig. Die beste Qualität kommt aus Burgund.
Blauer Portugieser	Milder, süffiger Schankwein mit hellroter Farbe, sollte jung getrunken werden.
Blauer Trollinger	Mild in der Säure, kein schwerer Wein, wird durch Flaschenlagerung in der Regel nicht besser.
Blauer Wildbacher	> Schilcher
Blauer Zweigelt	Fruchtiger, leicht trinkbarer österreichischer Rotwein, der mit zunehmender Lagerung milder wird.
Blaufränkisch	> Limberger
Bouvier	Milder, extraktreicher Weißwein, gut geeignet für Spätlesen und Beerenauslesen. Wird im Burgenland und in Slowenien angebaut.
Brunello di Montalcino	Einer der großen Rotweine aus dem Süden der Toskana. Sollte auch in der Flasche reifen.
Cabernet Franc	Gerbstoffreicher, trockener Rotwein, etwas milder als der Cabernet Sauvignon. Langlebig.
Cabernet Sauvignon	Fruchtig-aromatischer Rotwein mit viel Tannin, duftet oft leicht nach Johannisbeeren. Reift erst nach mehrjähriger Lagerung.
Chablis	Berühmter Weißwein aus dem Burgund. Paßt gut zu Austern und zu Fischgerichten.
Chardonnay	Fruchtiger, körperreicher Weißwein mit guter Lagerfähigkeit. Wird in vielen Ländern angebaut. Champagner wird oft aus Chardonnay erzeugt.
Chasselas	> Gutedel
Chianti	Fruchtig-herber, manchmal leicht prickelnder Rotwein aus der Toskana. Besteht aus mehreren Rebsorten; die beste Qualität hat Chianti Classico Riserva. Gut lagerfähig.
Clevner (Variante des Blauen Burgunder)	Aromareicher Wein mit viel Körper. Gut lagerfähig.
Dolcetto	Trockener, samtiger Rotwein, manchmal leicht bitter. Gute Qualität kommt aus Norditalien.
Ehrenfelser	Ähnelt dem Riesling, ergibt sehr gute Prädikatsweine.
Elbling	Erfrischender Weißwein mit betonter Säure, wird am besten jung getrunken.
Faber	Frischer, fruchtiger Weißwein, der nicht für lange Lagerung geeignet ist.
Frühburgunder	> Clevner
Furmint	Aromatischer Weißwein mit feinem Bukett, wird in Ungarn und Slowenien angebaut. Hauptbestandteil des Tokajers.

Gamay	Leichter, fruchtiger Rotwein, ähnlich dem Blauen Burgunder; wird in Kalifornien erzeugt.
Gewürztraminer	Kräftiges Bukett, teilweise hoher Alkoholgehalt und daher wuchtig. Sollte drei bis fünf Jahre in der Flasche reifen.
Goldburger	Fruchtiger Weißwein mit nicht sehr ausgeprägtem Bukett, wird in Österreich erzeugt.
Grauburgunder	> Ruländer
Grüner Veltliner	Frischer, spritziger Weißwein mit feiner Würze, in Österreich die Leitsorte unter den Weißen. Sollte eher jung getrunken werden.
Gutedel (Chasselas)	Meist trockener, fruchtiger Weißwein, sollte nicht lange lagern.
Heroldrebe	Kreuzung zwischen Portugieser und Limberger, rassig und tanninreich.
Huxelrebe	Weißwein mit viel Bukett und frischer Säure. Nicht lange lagern.
Kalterer See	Milder, nicht sehr gehaltvoller Rotwein aus Südtirol.
Kerner	Ähnelt dem Riesling, kräftig und säurebetont. Kann durchaus einige Jahre lagern.
Lambrusco	Trockener, manchmal leicht schäumender Rotwein aus der Emiglia Romagna
Limberger (Lemberger, Blaufränkisch)	Feinherber, fruchtiger, leicht säurebetonter Wein, in guten Jahren auch wuchtig, gut geeignet für längere Lagerung.
Malvasia	Aromatischer Weißwein, der trocken oder süß angeboten wird. Aus Malvasia wird Frascati und Dessertwein (Vin Santo) erzeugt. Ist auch im Chianti enthalten.
Merlot	Fruchtiger, vollmundiger Rotwein mit ausgeprägtem Bukett, sollte einige Jahre lagern. Bestandteil großer Bordeaux-Weine.
Morio-Muskat	Weißwein mit einem deutlichen Muskat-Ton, am Gaumen mäßige Säure, sollte jung genossen werden.
Müller-Thurgau	Milder Weißwein, weich im Geschmack, wenig Säure, oft macht sich ein leichter Muskatton bemerkbar. Am besten nach ein bis zwei Jahren Lagerung.
Muscadet	Trockener, leichter Weißwein, der in Frankreich (Loire, Burgund) erzeugt wird.
Muskateller	Fruchtiger Weißwein mit typischem Muskat-Bukett. Gut geeignet für Spätlese.
Muskat-Ottonel	Milder, säurearmer Weißwein mit feinem Muskat-Bukett. Sollte jung getrunken werden.
Nebbiolo	Trockener, körperreicher Rotwein, sollte mehrere Jahre lang gelagert werden. Barbaresco und Barolo sind aus Nebbiolo-Trauben.
Neuburger	Milder, feinwürziger Weißwein mit unaufdringlichem Bukett. Gut für Spätlesen. Sollte spätestens nach einigen Jahren Lagerung getrunken werden.
Orvieto	Trockener Weißwein mit zartem Bukett, wird in der Gegend von Orvieto und Umbrien erzeugt. Es gibt ihn auch süß.
Pinot blanc	> Weißburgunder
Pinot gris	> Ruländer
Plavac	Süffiger Rotwein aus dem Gebiet des früheren Jugoslawien.
Riesling	Weißwein mit elegantem Bukett, das zuweilen an Pfirsichduft erinnert, oft relativ arm an Alkohol, reich an natürlicher Fruchtsäure. Gut lagerfähig.
Rioja	Vollmundiger, fruchtiger Rotwein aus der gleichnamigen Region in Spanien, besteht wie der Chianti aus mehreren Rebsorten. Gute Qualität wird mehrere Jahre im Eichenfaß gelagert und hat dann den Zusatz »Reserva« oder »Gran Reserva«.

Ruländer (Grauburgunder, Pinot gris)	Kräftiger und extraktreicher Weißwein, oft als schwere Spätlese. In der Flasche höchstens vier Jahre lagern.
Sangiovese	Trockener, oft alkoholreicher Rotwein; ist im Chianti und Montepulciano enthalten. Sollte einige Jahre lang lagern.
St. Laurent	Trockener, vollmundiger Rotwein mit einem Bukett, das an Blauen Burgunder erinnert. Lagerfähig.
Sauvignon Blanc	Fruchtig-würziger Weißwein, gut lagerfähig. Die beste Qualität kommt aus Frankreich, Italien, Kalifornien und der Südsteiermark. Bestandteil der süßen Sauternes-Weine.
Scheurebe	Weißwein mit kräftigem Bukett, das an Johannisbeeren erinnert, ausgeprägte Säure. Als Auslese hat die Scheurebe oft hervorragende Qualität und ist dann meist lange lagerfähig.
Schilcher	Zwiebelfarbener, sehr säurebetonter Wein, der vor allem in der Steiermark erzeugt wird. Sollte jung getrunken werden.
Semillon	Fruchtiger Weißwein, der trocken oder süß angeboten wird. Sauternes- und Graves-Weine enthalten Semillon.
Silvaner	Angenehm schmeckender milder Weißwein. In Deutschland die meistangebaute Sorte, sehr gute Qualität in Franken und am Kaiserstuhl. Drei bis fünf Jahre haltbar.
Soave	Leicht trinkbarer weißer Tischwein aus Italien, frisches Bukett, besteht aus mehreren Rebsorten.
Spätburgunder	Samtiger, vollmundiger Rotwein, Bukett weist oft ein Beerenaroma, zuweilen auch einen feinen Bittermandelton auf, wird mit zunehmender Lagerung besser.
Tempranillo	Bukettreicher, langlebiger Rotwein aus Spanien. Bestandteil von Rioja.
Tokai	Leicht fruchtiger Weißwein aus Friaul. Hat nichts mit Tokajer zu tun.
Tokajer	> Furmint
Traminer	Vollmundiger, intensiv nach Trauben duftender Weißwein, wird oft süß angeboten. Lagerfähig.
Trebbiano	Meist ein leichter, säurebetonter Weißwein, wird vor allem in Italien erzeugt. Hauptbestandteil von Orvieto und Soave.
Trollinger	> Blauer Trollinger
Valpolicella	Leicht trinkbarer roter Tischwein aus Italien, besteht aus mehreren Rebsorten.
Veltliner	> Grüner Veltliner
Vernaccia	Trockener, frischer Weißwein. Gute Qualität kommt aus der Toskana.
Vino Nobile de Montepulciano	Trockener, vollmundiger Rotwein aus der Gegend um Montepulciano.
Weißburgunder	Elegantes, blumiges Bukett, kann ohne Probleme länger als drei Jahre aufbewahrt werden.
Weißherbst	Frischer, milder Rosé, sollte kühl getrunken werden.
Weißer Gutedel	Süffiger, milder Wein mit geringer Säure, sollte jung getrunken werden.
Welschriesling	Säurebetonter, leicht blumiger Weißwein, nicht mit Riesling zu verwechseln.
Zierfandler	Würziger Weißwein mit feiner Säure, wird in Ungarn und Niederösterreich erzeugt.
Zinfandel	Runder, dem Beaujolais ähnlicher Rotwein aus Kalifornien.
Zweigelt	> Blauer Zweigelt

Spanische Weine

Wenig bekannt ist, daß Spanien fast die Hälfte der Rebfläche der EU besitzt. Die Erträge sind allerdings im Durchschnitt deutlich niedriger als in Italien – was den Wein in aller Regel nur besser macht.

Herausragende Weine kommen aus den Regionen Rioja und Navarra. Vor allem der Rioja ist so etwas wie ein Synonym für spanischen Wein geworden: Er wird aus verschiedenen Rebsorten (darunter auch weißen Trauben) gewonnen und weist ein unnachahmliches Bukett auf, das mit zunehmendem Alter des Weins vielschichtig und fruchtig wird. Gute Rioja werden einige Jahre im Eichenfaß gelagert und heißen dann »Reserva« oder »Gran Reserva«.

Kräftige, bukettreiche Rotweine werden auch in Navarra erzeugt. Aus der blauen Garnache-Rebe wird ein fruchtiger, charaktervoller Rosé gekeltert.

Gute Qualitäten liefert auch Katalonien; von dort kommen auch Schaumweine, die nach der Champagner-Methode erzeugt werden und die »Cava« heißen.

Weltberühmt ist schließlich der Sherry (> Seite 424).

Einkauf

Wie bei kaum einem anderen Lebensmittel ist der Einkauf von Wein in erster Linie vom Geldbeutel abhängig: Große Weine sind nicht unter 150 DM pro Flasche zu haben, besonders gute Bouteillen erzielen bei Auktionen schon mal Preise über tausend Mark.

Das bedeutet aber keineswegs, daß die billigeren Weine schlecht sein müssen. Mit etwas Erfahrung und einer guter Beratung kann man auch um 20 Mark ein gutes Essen mit einem erlesenen Tropfen begleiten.

Vor dem Einkauf sollte man wissen, was gegessen wird, und erst dann den passenden Wein planen (> Seite 421). Wichtig sind bei der Auswahl die Sorte, die Weinbauregion, die sogenannte Ausbauweise (im Stahltank oder im kleinen Eichenfaß vergoren, trocken, halbtrocken oder süß) sowie der Jahrgang.

Man sollte sich bei der Auswahl nicht an der Gestaltung der Etikette orientieren: Große Weine haben oft ein unscheinbares Äußeres, billige Sorten werden nicht selten pompös aufgemacht und mit Namen versehen, die einem berühmten Château täuschend ähnlich sind. Auch kalifornische Winzer treiben ein munteres Verwirrspiel mit Bezeichnungen, zumal es oft von ein und demselben Weingut zwei Linien gibt, eine teure, hochwertige und eine zweite, die deutlich weniger kann (und kostet).

Wichtig sind allerdings die Bezeichnungen auf dem Etikett. Um sie richtig zu interpretieren, braucht man allerdings einiges Fachwissen. Wenn bespielsweise »Rioja Reserva« auf der Flasche steht, so muß der Wein mindestens drei Jahre im Eichenfaß gelagert sein.

Man sollte ferner prüfen, wie der Wein im Geschäft gelagert wird, in einem kühlen Keller oder nur im Regal, wo der Wein im Sommer bis zu dreißig Grad warm wird (was ihm keinesfalls guttut).

Lagerung

Liebhaber von Wein haben ihren eigenen Keller. Im Idealfall ist er auf etwa 14 Grad Celsius temperiert und auf eine Luftfeuchtigkeit von rund 70 Prozent eingestellt. Aber auch die Lagerung im Hauskeller ist annehmbar, vorausgesetzt, es ist dort nicht zu feucht, denn sonst verschimmeln die Etiketten.

Wer über keinen Keller verfügt, kann sich auch einen Wein-Klimaschrank zulegen. Im Angebot gibt es Klimaschränke für Weißweine und solche für Rotweine, alternativ dazu auch Modelle, die im Inneren ein Temperaturgefälle aufweisen, so daß man für jeden Wein die richtige Bedingung vorfindet (> Seite 138). Weißweine lassen sich natürlich auch im Kühlschrank lagern (> Seite 135). Aber Achtung: Weine sind empfindlich auf Gerüche aus der Umwelt, weil der Korken von Weinflaschen feine durchlässige Poren hat.

Oberstes Gebot ist, den Wein immer liegend aufzubewahren. Die Flüssigkeit muß mit dem Kork in Berührung sein, damit er nicht austrocknet. Der Wein soll auch liegenbleiben – häufiges Schütteln schadet.

Viele Weine gewinnen an Qualität, wenn man sie (richtig) lagert. Dabei ist aber nicht zu vergessen, daß der Höhepunkt auch überschritten werden kann. Im Einzelfall hilft nur Ausprobieren (mit mehreren Flaschen derselben Marke).

Vor allem für französische Weine ist es wichtig zu wissen, daß sie die Trinkreife oft erst nach zehn, fünfzehn Jahren erreichen; einen großen Bordeaux nach zwei Jahren zu trinken, wäre viel zu schade – in diesem Stadium ist er meist »verschlossen«.

Auch Weine wie der Barbaresco und der Barolo aus dem Piemont sollten nicht jung getrunken werden – manche entfalten ihr volles Aroma erst nach zehn Jahren.

Kalifornische Rotweine dagegen werden absichtlich so erzeugt, daß sie nach ein, zwei Jahren trinkreif sind. Ähnliches gilt für Weine aus dem spanischen Rioja. Sie werden zwar mit zunehmendem Alter noch runder und harmonischer, aber die Unterschiede sind nicht so deutlich wie etwa bei Bordeaux-Weinen.

Wein richtig trinken

Weinkenner legen großen Wert darauf, daß Wein in der richtigen Temperatur ausgeschenkt wird. Im Haushalt ist das nicht immer möglich. Im Zweifelsfalle sollte man Wein lieber zu kühl als zu warm servieren.

Wie der Wein entsteht

Die Ernte der Trauben (Weinlese) erfolgt meist im Stadium der Vollreife, zuweilen auch im Stadium der Überreife. Die Winzer müssen nur aufpassen, daß sie keine faulen Trauben erwischen; eine Ausnahme bildet die Edelfäule, die durch einen speziellen Pilz namens Botrytis hervorgerufen wird und dem Wein ein typisches Aroma verleiht.

Die Trauben werden mit einer Schere vorsichtig vom Stock geschnitten, möglichst schnell in Traubenmühlen eingemaischt und in sogenannten Keltern abgepreßt, wodurch aus dem Traubenbrei (der Maische) der Saft (Most) abgetrennt wird. Ein Teil des Mostes läuft ohne Druck ab, die Hauptmenge wird durch Pressen gewonnen (Preßmost), der Rest durch Auflockern der Treber (Trester) und wiederholtes Pressen. Bei Weißweinen werden die Trauben samt Stielen, Schalen und Kernen vorsichtig zerquetscht, um den Gehalt an Gerbstoffen aus den Trebern niedrig zu halten. Bei Rotweinen dagegen werden Saft und Trester zunächst gemeinsam einige Tage lang vergoren; der rote und blaue Farbstoff in der Schale löst sich während der Gärung im entstehenden Alkohol und gibt dem Wein eine typische Farbe, die von Rebsorte zu Rebsorte unterschiedlich ist.

Die Weingärung erfolgt entweder spontan durch Hefen, die sich an der Oberfläche der Beeren befinden, oder sie wird durch sogenannte Reinkulturen planmäßig gelenkt. Zunächst beginnt die Hauptgärung – unter stürmischem Brausen und Aufschäumen entsteht aus Süßmost zunächst der Federweiße (Ö: Sturm) und dann ein junger, »unruhiger« Wein. Am Ende der Hauptgärung ist der Zucker weitgehend zu Alkohol vergoren.

Der Wein wird nun in Fässern für einige Wochen bis zu mehreren Monaten einer Nachgärung unterworfen; dabei wird der Restzucker abgebaut, wertvolle Aromastoffe (das »Bukett«) entwickeln sich. Gehaltvolle Weine werden oft in kleinen Eichenfässern gelagert; dabei bilden sich spezielle Aromastoffe, die beim Riechen an Vanille erinnern. Solche Weine werden auch als Barrique-Weine bezeichnet. Die großen Kreszenzen aus Bordeaux, aber auch jeder Rioja Reserva ist ein Barrique-Wein.

Vor dem Abfüllen in die Flasche muß der Wein noch geklärt werden. Zum Entfernen von Trübungen sind Verfahren des »Abziehens« und der Filtration üblich; beim sogenannten Schönen werden mitunter auch chemische Stoffe zugefügt. Das Schwefeln von Wein dient der Haltbarmachung und ist ein allgemein übliches Verfahren.

Weißweine: leichte Sorten bei 8 bis 10 Grad, herausragende Weine etwas wärmer, Süßweine bei 12 Grad.

Rotweine: Leichte und mittelschwere Weine bei 14 bis 16 Grad, Große Rotweine bei etwas höherer Temperatur, aber nicht über 20 Grad.

Wichtig ist auch, daß gute Rotweine ihr Aroma erst an der Luft voll entfalten. Man sollte sie daher vor der Mahlzeit öffnen.

Wenn man auf Weinkultur Wert legt, spielt auch das richtige Glas eine Rolle. Am besten und schönsten sind mundgeblasene farblose Kelche. Für Weißweine passen Gläser mit einer kleineren Öffnung, Rotweine schenkt man besser in ein bauchiges Glas mit einem breiten Rand (> Seite 187). Es soll maximal zur Hälfte gefüllt werden. Weingläser sollten nicht im Geschirrspüler gewaschen werden, weil Reste vom Spülmittel am Glas haftenbleiben, die den Geschmack stören.

Welcher Wein zu welchem Essen?

Werden im Laufe eines Menüs verschiedene Weine ausgeschenkt, ist vor allem die Reihenfolge wichtig: Zuerst trinkt man leichte, jüngere Weine, die gehaltvollen kommen zum Schluß. Süße Weine sollten nicht vor trockenen ins Glas gegeben werden.

Vor dem Essen ist ein guter Aperitif angesagt. Er soll den Magen für die folgenden Speisen »öffnen«. Dazu eignen sich vorzüglich Sekt oder Champagner, ein trockener Sherry oder ein leichter Rosé. Süßweine sind als Aperitif eher nicht zu empfehlen, es sei denn, sie sind sehr trocken ausgebaut.

Kalte Vorspeisen

Leichte, trockene Weißweine, etwa die Sorten Riesling, Weißburgunder oder Edelzwicker.

Warme Vorspeisen

Zu ihnen passen gut leichte oder mittelschwere Weißweine, etwa ein Müller-Thurgau oder ein Sauvignon Blanc.

Gänse- oder Entenleber, Pasteten

Sie verlangen nach trockenen, nervigen Weißweinen, sehr gut paßt auch eine trockene Beerenauslese. Manche Gourmets bevorzugen zu Gänseleber einen Gewürztraminer. Zu Pasteten passen milde Rotweine, etwa ein Beaujolais oder ein Trollinger aus Württemberg.

Meeresfrüchte als Vorspeise

Am besten nimmt man leicht säurebetonte Weißweine, vielleicht einen Galestro aus der Toskana oder einen trockenen Ehrenfelser.

Suppen

Dazu sollte kein Wein serviert werden. Wird die Suppe allerdings beim Kochen mit Wein verbessert, dann kann man denselben Wein auch im Glas reichen.

Teigwaren

Sie werden sowohl mit herben Rotweinen als auch mit trockenen Weißweinen gut ergänzt. Für überbackene Nudelgerichte passen dagegen eher reife Rotweine, zum Beispiel Chianti oder Brunello.

Fisch

In den meisten Fällen paßt zu Fisch Weißwein weit besser als Rotwein. Wichtiger als die Fischart ist dabei die Zubereitung: Zu gekochten Gerichten nimmt man trockene, leicht fruchtige Weine (etwa Veltliner), zu gegrilltem oder gebackenem Fisch kräftige Weißweine, etwa einen Riesling, Chardonnay oder einen guten Chablis. Wird der Fisch mit einer fettreichen Sauce serviert, sollte man Weißburgunder, Pinot gris oder – wenn man etwas mehr ausgeben will – Puligny-Montrachet servieren. Zu geräuchertem Fisch passen trockene bis mittelschwere Weißweine der Sorten Silvaner oder Riesling.

Spargel

Am ehesten blumige Weißweine trinken, beispielsweise Pinot Blanc aus dem Elsaß.

Pilzgerichte

Dazu passen gehaltvolle, kräftige Rotweine, wie der Limberger (in Österreich: Blaufränkisch).

Geflügel

Hier ist die Auswahl dem jeweiligen Geschmack überlassen – es passen Weißweine, Rosé und leichte Rotweine. Für Hühnergerichte ist eher Weißwein zu empfehlen, Gänse oder Enten dagegen werden besser mit einem milden Rotwein serviert.

Innereien

Leichte, nicht zu gehaltvolle Weißweine servieren.

Fleisch

Für Fleischgerichte sollte man folgende Regeln einhalten: Zu weißem Fleisch Weißwein, zu dunklem Fleisch, vor allem Wild, besser Rotwein. Je stärker die zum Fleisch gereichte Sauce und je intensiver die Würze, um so mehr ist es schade um einen teuren Wein – er kommt unter diesen Umständen nicht zur Geltung. Für Rindfleisch sind am besten kräftige, gehaltvolle Rotweine zu reichen. Scharfe Spieße ergänzt man am besten mit Bier.

Wild

Hier sind bukettreiche Rotweine zu empfehlen (Burgunder, Barolo oder Barbaresco).

Käse

Wird Käse unmittelbar nach dem Hauptgericht serviert, das bereits durch Rotwein begleitet wurde, dann kann man denselben Wein ruhig weiter trinken. Nicht selten schenkt der Gastgeber zum Käse seinen besten Wein aus, aber das ist eigentlich schade, denn die wirklich großen Weine genießt man am besten ohne Speise, allenfalls mit einem Stück Brot oder Gebäck oder einem neutralen Käse.

Es muß übrigens nicht immer ein Roter zum Käse sein: Zu Hartkäse passen durchaus auch fruchtige Weißweine, zu Blauschimmelkäse sind neben extraktreichen Rotweinen auch Süßweine hervorragend geeignet. Zu Käse von Schaf und Ziege passen besser leichte Weine, zu Weichkäse mit Schimmel eher kräftige (> spezielle Tips, Seite 327).

Desserts

Dazu passen sowohl Sekt als auch Prädikatsweine (Auslesen oder Beerenauslesen), gegebenenfalls auch Likörwein. Wichtig ist, daß Gerichte mit Schokolade nicht von Wein begleitet sein sollten, denn der Kakaogeschmack »legt sich auf die Zunge« und behindert jedes Weinerlebnis.

Gesundheit

Ein Liter Wein enthält im Durchschnitt 60 bis 90 Gramm Alkohol, 15 bis 40 Gramm Extraktstoffe, Zucker sowie geringe Mengen an

Vitaminen und Mineralstoffen. Der Energiegehalt schwankt je nach Sorte um 750 bis 800 kcal pro Liter (> Wie Alkohol wirkt, Seite 414). In Maßen (etwa ein bis zwei Viertel pro Tag) und nicht regelmäßig getrunken, belastet er die Gesundheit kaum.

Schaumwein, Sekt und Champagner

Zum Schäumen kommen Weine durch Kohlensäure. Sie entsteht meist durch eine zweite Gärung in der Flasche. Erst wenn das Gas einen Überdruck von mindestens drei bar aufweist, darf das Produkt Schaumwein oder Sekt genannt werden. Die einzelnen Weinbau-Länder erzeugen Schaumweine nach unterschiedlichen Verfahren; bekannt sind der Krimsekt aus Rußland, Spumante aus Italien sowie zahlreiche regional unterschiedliche Perlweine, die zum Teil auch aus Obst hergestellt werden.

Von besonderer Qualität ist der Champagner. Er wird ausschließlich im Weinbaugebiet der Champagne aus der Pinot- und der Chardonnay-Rebe erzeugt. Französischen Schaumwein, der außerhalb der Champagne produziert wird, erkennt man an der Bezeichnung »Vin mousseux«.

Die Herstellung von Champagner ist sehr aufwendig, weshalb er deutlich teurer ist als Sekt. Die exklusivsten Sorten sind die sogenannten Jahrgangs-Champagner; sie stammen aus Wein eines Jahrgangs, müssen mindestens drei Jahre im Keller gelagert sein und erzielen mitunter Preise von über tausend DM.

Das Besondere am Champagner ist nicht nur der feine Duft, der von erlesenen Trauben kommt; vor allem die feinen Perlen zeichnen ihn aus. Billige Schaumweine dagegen haben große, grob wirkende Perlen.

In jüngster Zeit werden auch in Deutschland zunehmend Sekte in Flaschengärung nach der Champagnermethode hergestellt, bei denen teilweise sortenreine Trauben verwendet werden.

Sekt und Champagner sollten bei etwa zehn Grad Celsius im Dunkeln und liegend lagern. Die beste Trinktemperatur liegt zwischen sechs und neun Grad Celsius. Man serviert ihn am besten in Tulpengläsern oder Flöten. In Sektschalen dagegen verliert Schaumwein die Kohlensäure zu schnell. Ein guter Sekt sollte nicht aufgequirlt werden, unter Kennern ist das eine Sünde.

Obstweine

Apfel- und Birnenwein ist ein dem Wein ähnliches Getränk aus vergorenem Obst. Er schmeckt erfrischend fruchtig und regt den Appetit an. Apfelwein wird in Hessen, Baden und Thüringen häufig getrunken. Daneben gibt es süße oder herbe Weine aus verschiedenen Beeren, Schlehen oder Hagebutten.

Versetzte Weine

Diese Bezeichnung bezieht sich auf Weine, denen Kohlensäure, Alkohol, Zucker oder Most zugesetzt wird.

▶ Marsala ist eine billige Alternative für Portwein, ein sizilianischer Dessertwein, der ebenfalls mit Alkohol versetzt ist und meist sehr süß schmeckt. Mitunter wird Marsala mit Mandeln, Eigelb oder Kaffee versetzt.

▶ Der spanische Sherry wird aus süßen Trauben erzeugt, die nach der Lese auf großen Matten ausgebreitet werden, so daß sie an der Sonne nachreifen können. Den charakteristischen Geschmack erhält der Sherry durch eine spezielle Hefe; der so erhaltene Wein wird in speziellen Fässern gelagert. Danach werden verschiedene Jahrgänge miteinander »verschnitten«, damit das Endprodukt ein weitgehend gleichbleibendes Aroma bekommt. Sherry gibt es in trockenen und süßen Geschmacksrichtungen. In der Küche wird er zum Verfeinern von Saucen (> Seite 562) und Suppen (> Seite 546) verwendet.

▶ Portwein kommt aus dem Dourotal in Portugal und hat einen Alkoholgehalt von etwa 20 Prozent; man produziert ihn durch Zugabe von Weinsprit. Dadurch steigt die Haltbarkeit. Portweine gibt es in sehr süßer, halbsüßer und trockener Geschmacksrichtung. In Madeira werden alkoholreiche Weine nach einer ähnlichen Methode erzeugt.

▶ Reiswein ist eine Spirituose, die aus vergorenem Reis gebrannt wird. Der japanische Name dafür ist Sake.

▶ Samos wird aus überreifen Trauben der Muskateller-Rebe von der gleichnamigen griechischen Insel gekeltert; dem noch nicht voll vergorenen Most wird Branntwein zugesetzt.

▶ Dem süßen Tokajer aus Ungarn fügt man rosinenartige, geschrumpfte Beeren hinzu.

▶ Wermut ist Wein, dem Kräuterextrakte und Zucker zugesetzt wurden. Es gibt ihn in den Sorten Secco (extra dry), Bianco, Rosso und Amaro (schmeckt bitter). Noilly Prat ist ein trockener französischer Wermut, der in Eichenholzfässern gereift ist.

Brände, Geiste und Liköre

Liköre und Brände zeichnen sich durch eine Vielfalt sehr unterschiedlicher Aromen aus: Unvergleichlich etwa der Duft eines Brands von der Williamsbirne oder der Himbeere. Auch Früchte, die im rohen Zustand kaum riechen, wie etwa die Vogelbeere oder die Quitte, entfalten im kristallklaren Brand ein vielschichtiges, typisches Aroma.

Brände unterscheiden sich von Likören im wesentlichen durch die Herkunft des Zuckers und des Alkohols: Wenn man Himbeeren einmaischt und sie vergären läßt, so entsteht aus dem Fruchtzucker Alkohol. Dieser Alkohol kann abdestilliert werden und ergibt dann, wenn sonst nichts hinzugefügt wird, einen reinen Edelbrand von der Himbeere.

Beim Brennen (Destillieren) wird die vergorene, alkoholhaltige Flüssigkeit verdampft. Das Kondensat (= abdestillierte Flüssigkeit) hat dann einen höheren Alkoholgehalt.

Himbeeren können aber auch in Weingeist – also reinem Alkohol, der beispielsweise aus Kartoffeln oder Zuckermelasse abdestilliert wurde – eingelegt werden. Man erhält dann einen aromatischen Fruchtauszug, Himbeergeist genannt.

Oder man versetzt eine Mischung aus Weingeist und Wasser mit Zucker und aromatischen Fruchtauszügen: Das sind dann Liköre.

Ausschlaggebend für die Qualität sind die Rohware und die Destillation. Beides sieht man dem Endprodukt nicht an.

Wenn es darum geht, aus mehreren Produkten derselben Sorte das Beste auszuwählen, hilft am besten die »Blindverkostung«: Man läßt sich die verschiedenen Marken bei derselben Temperatur verdeckt in identische Gläser schenken und prüft dann der Reihe nach, welcher Schnaps am besten riecht und schmeckt.

Wenn man direkt beim Erzeuger kauft, sollte man sich erkundigen, ob etwa der Himbeerbrand wirklich aus vollreifen Früchten gebrannt wurde oder ob es sich bloß um Weingeist handelt, der mit Fruchtaroma versetzt wurde.

Die Lagerung von Spirituosen ist weit weniger aufwendig als beim Wein: Die Flaschen sollten – anders als Wein – stehend aufbewahrt werden, die Temperatur spielt keine entscheidende Rolle. Durchsichtige Flaschen sollten möglichst wenig dem direkten Sonnenlicht ausgesetzt sein.

Allgemein gilt, daß faßgelagerte Spirituosen (Cognac, Calvados, Whisky) länger haltbar sind als klare Fruchtbrände. Das gilt sowohl für verschlossene als auch für teilweise geleerte Flaschen.

Die wichtigsten Spirituosen

▶ **Absinth (Pastis)**	Wird aus Auszügen des Wermutkrauts gewonnen. Enthält ein Giftöl, weshalb dieser Schnaps nicht oder nur in kleinen Mengen getrunken werden sollte.
▶ **Aquavit**	Branntwein, dem ein Destillat aus Kräutern oder Gewürzen zugesetzt wurde. Riecht – je nach Herstellung – nach Wacholderbeeren, Dillkraut oder Kümmel.
▶ **Armagnac**	Weinbrand aus weißen Trauben aus dem Gebiet Gascogne in den Pyrenäen. Hat eine goldene Farbe und schmeckt feurig-herb.
▶ **Arrak**	Gebranntes Erzeugnis aus Pflanzenteilen der Palme. Wird teilweise mit Anis versetzt.
▶ **Calvados**	Spirituose aus Mostäpfeln aus der Region Calvados in der Normandie. Wird auch »Cognac aus Äpfeln« genannt. Mit Calvados kann man eine schmackhafte Sauce zubereiten (> Seite 565).
▶ **Campari**	Italienischer Aperitif aus Kräutern und Auszügen von Zitrusfrüchten. Hat eine intensiv rote Farbe und schmeckt herbsüß. Mit Campari kann man einen leckeren Auflauf zubereiten.
▶ **Cognac**	Weinbrand aus weißen Trauben der Charente (nördlich von Bordeaux gelegen). Wird in kleinen Holzfässern gelagert, die ihm eine dunkelgelbe Farbe verleihen – je älter, desto dunkler. Der Zusatz »VS« und »VSOP« weist auf längere Faßlagerung (mindestens 3 bzw. 4 1/2 Jahre) hin. Die beste Qualität erkennt man an der Bezeichnung »Grande Champagne«. Er ist bukettreich und schmeckt rassig.
▶ **Genever**	Kornbranntwein, der unter Zugabe von Wacholderbeeren destilliert wurde. Die beste Qualität kommt aus dem holländischen Ort Schiedam.
▶ **Gin**	Ähnlich dem Genever. Neben Wacholderbeeren werden Koriander, Kümmel und Anis zugesetzt. Mit Gin läßt sich eine delikate Sauce zubereiten (> Seite 574).
▶ **Grand Marnier**	Kräuter- und Gewürzlikör, der aus Cognac und Orangen nach einem speziellen Verfahren erzeugt wird. Schmeckt süß und leicht herb, an Orangen erinnernd.
▶ **Grappa**	> Trester
▶ **Noilly Prat**	> Trockener französischer Wermut, in Fässern gereift (> Seite 424).
▶ **Ouzo**	In Griechenland erzeugter Branntwein mit Anisgeschmack. Wird gerne mit Wasser vermischt als Aperitif getrunken.
▶ **Pastis**	> Absinth
▶ **Pernod**	Destillat aus dem nordvietnamesischen Anisbaum, wird in Marseille mit einem Gemisch aus heimischen Pflanzen und Kräutern sowie Weingeist erzeugt.
▶ **Rum**	Branntwein aus Zuckerrohr. Die beste Qualität kommt aus Jamaica.
▶ **Sake**	Japanische Bezeichnung für Branntwein aus Reis (auch Reiswein genannt. Wird lauwarm aus kleinen Porzellangefäßen getrunken. Gut geeignet zum Würzen von Speisen.
▶ **Tequila**	Brand aus Agaven. Die beste Qualität kommt aus Mexiko. Tequila kann klar sein oder von gelber Farbe. Farbloser Tequila wird oft mit etwas Salz und Zitrone, gelber mit einer Orangenspalte getrunken.
▶ **Trester (Grappa)**	Branntwein aus den Preßrückständen der Weinmaische, wird in Frankreich als Marc und in Italien als Grappa bezeichnet. Schmeckt intensiver als Weinbrand. Wird klar oder mit gelber Farbe angeboten.
▶ **Weinbrand**	Weindestillat, das mit destilliertem Wasser auf mindestens 38 Prozent Alkohol verdünnt wurde. Mindere Qualität haben Weinbrandverschnitte, denen Agraralkohol zugesetzt ist. Weinbrand wird häufig zur Zubereitung von Saucen verwendet .
▶ **Whisky**	Branntwein aus Gerste, Weizen, Mais oder Roggen. Wird in Eichenfässern gelagert. Die besten Whisky-Sorten sind zwölf und mehr Jahre alt. Je nach der Herkunft unterscheidet man Scotch Whisky aus Schottland, Irish Whisk(e)y, Canadian Whisk(e)y oder Bourbon aus den USA.
▶ **Wodka**	Spirituose aus Melasse-Sprit oder Korndestillat; wird in Rußland, Polen und Finnland erzeugt und ist praktisch reiner, mit Wasser verdünnter Alkohol.

Würzmittel und Gewürze

Ohne Würze schmeckt fast jede Speise fad. Aber gut zu würzen, ist eine Kunst. Die Geheimnisse liegen in der richtigen Menge und in der passenden Kombination. Einige Gewürze können Verdauung und Kreislauf überdies positiv beeinflussen.

Die Luft ist von einem schwülen Gemisch intensiver Düfte durchtränkt. Leuchtend gelber Safran kontrastiert mit grell roten Chilischoten. Kein Markt spricht Nase und Auge so vielfältig an wie ein orientalischer Gewürz-Bazar.

Unglaublich vielfältig ist auch die Geschichte des Handels mit Gewürzen: Um ihn zu kontrollieren, wurden erbitterte Kriege geführt, die Reichtum für den Sieger und Elend für die Unterlegenen bedeuteten. So war Mohammed, der Begründer des Islams, in seinem irdischen Beruf Gewürzhändler – damals eine wichtige Position, denn nach dem Untergang des Römischen Reiches kontrollierten die Araber fast den gesamten Handel mit Gewürzen nach Europa. Erst mit den Kreuzzügen gelangte er in die Hände der Fürsten von Genua und Venedig.

Auch die Gründung der großen Kolonialgesellschaften durch Briten, Holländer und Portugiesen war vor allem vom Bestreben motiviert, den Handel mit tropischen Gewürzen unter ein Monopol zu bringen. Durch brutale Unterdrückung der Einwohner in den Ländern der Dritten Welt häuften sich im Westeuropa des 17. Jahrhunderts gigantische Reichtümer an. Erst viel später gewannen Tee, Kakao und Kaffee eine maßgebliche wirtschaftliche Rolle.

Auch heute noch haben die meisten Gewürze und Würzkräuter, die fein säuberlich abgepackt in den Regalen stehen, eine weite Reise hinter sich. Dennoch sind die Preise heute nicht mehr »gepfeffert« wie in vergangenen Zeiten. Die Deutschen leisten sich den Luxus von 800 Gramm pro Kopf und Jahr – das ist europäischer Spitzenwert.

Die Hitparade wird angeführt von Pfeffer, gefolgt von Paprika, Muskatnuß, Kümmel und Koriander. Schon kleine Mengen reichen zum Würzen. Sie fördern die Verdauung, regen Herz und Kreislauf an. Aber die großen Fünf sind nur ein kleiner Ausschnitt aus der reichhaltigen Palette. Wichtig ist zu wissen, welches Gewürz zu welcher Speise paßt (> Gewürze im Überblick, Seite 430).

Neben den Gewürzen im engeren Sinn gibt es noch eine Vielfalt von Kräutern, die den Speisen den letzten Pfiff und eine individuelle Note geben, sie besser bekömmlich machen und die Salz sparen helfen.

Die meisten Kräuter haben allerdings ein intensives Aroma, deshalb sollte man vorsichtig würzen und nicht zu viele Sorten auf einmal verwenden.

Einige Kräuter haben zusätzlich auch heilende Wirkungen. Über Dosierung und Dauer der Anwendung kann man sich in Apotheken, Reformhäusern oder Fachbüchern informieren.

Einkauf

Gewürze verlieren sehr schnell ihr Aroma. Deshalb nur kleine Mengen einkaufen und in lichtundurchlässigen Gefäßen fest verschließen. Wenn möglich, ungemahlene Gewürze nehmen und erst zu Hause im Mörser oder in der Kaffeemühle selbst zerkleinern.

Die meisten Gewürze und Würzkräuter schmecken sehr intensiv und sollten daher behutsam verwendet werden, damit der Eigengeschmack der übrigen Zutaten nicht verlorengeht.

Bei den Kräutern sollte man frische Ware aus dem Freiland bevorzugen – sie hat das beste Aroma und die meisten Wirkstoffe. Wenn Frisches nicht verfügbar ist, helfen tiefgefrorene oder getrocknete Kräuter. Tiefgefrorene Kräuter müssen in der Schachtel »rascheln« – das gilt als Zeichen für eine ununterbrochende Kühlkette.

Eine besondere Variante der Konservierung ist die Gefriertrocknung. Auf diese Weise erhalten sich in Kräutern Aroma und Farbe am besten. Gefriergetrocknete Kräuter werden meist in Schraubgläsern angeboten und direkt ins Essen gegeben.

Lagerung

Gewürze sollten lichtgeschützt und gut verschlossen aufbewahrt werden. Je länger sie lagern, um so mehr »rauchen sie aus«.

Frische Kräuter halten, gut im Folienbeutel verpackt, im Kühlschrank nur einige Tage. Als Alternative ist das Tiefgefrieren oder Trocknen zu empfehlen. Kräuter, die sich mitkochen lassen, wie Thymian, Rosmarin oder Bohnenkraut, können gut getrocknet werden.

Trocknen und einfrieren

Trocknen lassen sich Kräuter entweder in Bündeln aufgehängt an der Luft, im Backofen bei höchstens hundert Grad oder im Mikrowellengerät. Erst wenn die Stiele wie Glas brechen, füllt man sie in luftdichte Gefäße um. Das Einsalzen von Kräutern zur Konservierung ist nicht empfehlenswert; es beeinträchtigt den Geschmack und steigert den Salzkonsum.

Für viele Kräuter ist das Tiefgefrieren schonender. Will man sie selbst einfrieren, so schneidet man die Kräuter mit einem scharfen Messer klein, damit wenig Saft austritt, oder läßt sie ganz und zerdrückt sie vor dem Auftauen noch in der Verpackung. Da viele Gewürze an Geschmack verlieren, wenn man fertig gewürzte Speisen einfriert, sollte man die Speisen am besten erst nach dem Auftauen fertig würzen.

Zubereitung

Trockene Kräuter läßt man vor dem Verbrauch in etwas Flüssigkeit zehn bis fünfzehn Minuten quellen, damit sich ihr Aroma entfaltet. Sie sind dann besonders intensiv im Geschmack, deshalb vorsichtig dosieren.

Manche Gewürze und Kräuter soll man, andere dagegen soll man nicht mitkochen; in manchen Fällen werden sie beim Erhitzen bitter (nähere Hinweise bei den einzelnen Waren).

Gesundheit

Gewürze und Kräuter haben eine ganze Reihe von unterschiedlichen Wirkungen auf den menschlichen Organismus:

▶ Steigerung der Mundspeichel- und Magensaftausschüttung.

Diese Gewürze wirken also appetitanregend. Zu dieser Gruppe gehören: Ingwer, Paprika, Pfeffer, Piment, Senf.

▶ Steigerung der Gallensaftausschüttung, was die Fettverdauung erleichtert: Anis, Kümmel.

▶ Veränderung der Darmmotorik.
Hemmend wirkt: Kümmel
Fördernd wirken: Knoblauch, Senf.

▶ Steigerung der Herztätigkeit und der peripheren Durchblutung. Diese Gewürze bewirken eine Gefäßerweiterung und gleichzeitig eine stärkere Wärmeabgabe – man beginnt zu schwitzen: Chili, Paprika, Pfefferminze, Senf.

▶ Krampf- und schleimlösend: Anis, Fenchel, Kümmel, Pfefferminze.

Essig

Knackige Salate werden immer beliebter. Im Schlepptau dieses Trends wächst das Angebot an verschiedenen Essigsorten. Aber auch für süß-saure Spezialitäten aus Früchten, Gemüsen und Kräuter ist einfacher Tafelessig oft nicht gut genug.

Essig ist im Prinzip sauer gewordener Wein. Die in der Luft lebenden Essigsäure-Bakterien können mit Hilfe von Sauerstoff alkoholische Getränke zu Essig vergären. Das passierte früher durch Zufall, heute jedoch genau gesteuert, um Fehlgärungen zu verhindern.

Nach der Gärung kommt der Essig – wie junger Wein – zum Reifen in Holzfässer, wird dann gefiltert, eventuell mit weiteren Zutaten verfeinert und auf einen Säuregrad von mindestens fünf bis sechs Prozent eingestellt.

Die beste Sorte ist reiner oder echter Weinessig. Er wird nur aus Rot- oder Weißwein hergestellt, hat je nach verwendetem Wein und der Reifung einen spezifischen Geschmack und gibt den Speisen eine unverwechselbare Note. Bekannt sind Sherry-Essig aus spanischen Jerezweinen und vor allem der oberitalienische Balsam-Essig (Aceto Balsamico), der rund um die Stadt Modena aus dem Most der Trebbiano-Trauben gewonnen wird und in Holzfässern bis zu zwölf Jahre lang reift. Im Handel sind sowohl reiner Balsam-Essig als auch preiswertere Verschnitte mit anderem Weinessig, die aber auch noch recht aromatisch schmecken.

Auch in einigen deutschen Weinbaugegenden gibt es mittlerweile Essig-Spezialisten, die aus den Spitzengewächsen der Gegend saure Feinschmeckerprodukte herstellen. Sie werden zu hohen Preisen in edler Verpackung in Delikatessengeschäften und manchmal auch in gehobenen Weinlokalen angeboten. Gelegentlich ist sogar eine Degustation vor dem Einkauf möglich.

Sogenannter Weinessig dagegen ist von vergleichbar minderer Qualität. Er darf mit billigem Branntweinessig verschnitten werden. Der Anteil muß auf dem Etikett vermerkt sein. Je höher der Gehalt an Branntweinessig, desto schärfer schmeckt das Produkt.

Einfacher Tafelessig besteht überhaupt nur aus Branntweinessig. Dafür wird Branntwein aus Kartoffeln, Getreide oder Zuckerrüben vergoren. Das Endprodukt ist meist scharf sauer und wenig aromatisch.

Daneben kann man auch verschiedene Spezialitäten einkaufen:

▶ Obstessig entsteht aus dem Saft von Äpfeln. Er ist mild, enthält eine Vielzahl von Mineralstoffen in kleinen Mengen und wird außer für Salate auch zum Mixen von Getränken und, verdünnt, sogar zur Ankurbelung der Verdauung verwendet.

▶ Malzessig ist eine Spezialität, die besonders in Skandinavien und England beliebt ist. Er wird aus vergorener Gerstenmalzmaische hergestellt, kein Wein-, sondern eher eine Art Bieressig.

▶ Essigessenz hat mit Gärungsessig nichts zu tun. Darunter versteht man eine stark konzentrierte Essigsäurelösung, die rein sauer schmeckt und vor dem Gebrauch mit Wasser verdünnt wird.

Essig muß kühl und dunkel lagern, sonst wird er trübe und verändert sich im Geschmack. Er ist mindestens zwei bis drei Jahre haltbar.

Kräuteressig kann man leicht selbst herstellen: In einem Liter Weinessig läßt man etwa 200 Gramm Kräuter zwei bis drei Wochen lang durchziehen. Danach wird abgefiltert und in saubere Flaschen umgefüllt. Geeignet dafür sind milde Weinessigsorten, die das Kräuteraroma gut annehmen; neben einer Vielzahl von Kräutern kann man auch Schalotten und Chilischoten in Essig einlegen. Paßt gut für Salate.

Auch für eigene Mixed Pickles nimmt man am besten milden Weinessig, der nur mit maximal derselben Wassermenge verdünnt werden darf, damit die konservierende Wirkung groß genug bleibt: Je saurer das Eingelegte, desto länger ist es haltbar. Aus Geschmacksgründen sind dagegen weniger Säure und schnellerer Verbrauch besser.

Die Gemüsemischungen können ganz nach eigenem Gusto zusammengestellt werden. Blumenkohl, Sellerie, Zwiebeln, Fenchel und Paprika sollten jedoch vor dem Einlegen blanchiert, Bohnen und Karotten vorgekocht werden.

Senf

Senf (auch Mostrich genannt) ist ein gelbbraune, würzig schmeckende Paste aus gemahlenen Senfkörnern, Essig und Salz sowie verschiedenen Gewürzen. Schon im 4. Jahrhundert n. Chr. würzten die Griechen viele Speisen mit Senf (darauf weist das spätgriechische Wort »sinapi« hin, aus dem sich die Bezeichnung Senf ableitet). Heute gibt es Senf in scharfen, pikanten und süßlichen Geschmacksrichtungen.

Senf bekommt man in Tuben, Gläsern oder in Portionsbeuteln. Bei der Auswahl kommt es vor allem darauf an, zu welchen Speisen er passen soll:

▶ Milder Senf, auch Tafelsenf genannt, eignet sich gut für Senfsaucen und als Beilage zu Würstchen.

Gewürze im Überblick

Name		Beschreibung	Eignung
Anis		Schmeckt süßlich, die Variante Sternanis noch kräftiger; sollte frisch vermahlen sein.	Gut für (Weihnachts-)Backwaren, fernöstliche Küche und Suppen sowie Desserts.
Basilikum		Frische, feingeschnittene Blätter sind am besten, nicht hacken.	Für Tomaten, Bohnen und andere Gemüse, fettes Fleisch, Geflügel.
Beifuß		Fördert die Verdauung fetter Speisen, kann ruhig mitkochen.	Für Fleisch, Geflügel, kräftige Gemüse wie Kohl, Möhren.
Bohnenkraut		Pfeffriges, beliebtes Wurstgewürz, kann mitkochen.	Für Bohnen, Tomate, Gurke, Geflügel, Leber.
Borretsch		Am besten frisch verwenden, die Blüten, auch kandiert, als Garnierung.	»Gurkenkraut« für Gurken, Salate, Kräutersaucen.
Cayenne-Pfeffer		Pulverisierte Chilischoten, schmecken extrem scharf.	Für Schwein, Lamm, Hülsenfrüchte, asiatische und südamerikanische Küche. Erst ans fertige Essen geben.
Curry		Indische Mischung mit mindestens 12 Gewürzen, darunter Cayennepfeffer, Kurkuma, Kardamom, Koriander, Nelken, Zimt.	Für Reis, Geflügel, Lamm; wird beim Kochen leicht bitter.
Dill		Frisch oder tiefgefroren ans fertige Essen geben, Dilldolden zum Einlegen von Gurken.	Für Fisch, Krustentiere, Gurken, helle Saucen, Quark.
Estragon		Nur die Blätter nehmen, ganze frische Zweige für Estragonessig.	Für Salate, Saucen helles Fleisch, Fisch.
Gewürznelken		Getrocknete Blütenkospen eines Ebenholzgewächses. Gute Nelken gehen in Wasser unten und lassen sich leicht eindrücken.	Backwaren, süß-saures Gemüse, Rotkohl, Schweinefleisch, Punsch.

Name	Beschreibung	Eignung
Ingwer 	Schmeckt frisch am besten, eigenartiges würzig-scharfes Aroma.	Für süß-saure Gerichte, Süßspeisen, Gebäck, Reisgerichte; kandierter Ingwer für Desserts und Konfekt.
Kapern 	Werden salzig oder sauer eingelegt – je kleiner, desto aromatischer.	Für Fleisch, Geflügel, helle Saucen, Tartar, Lachs, Eier.
Kardamom 	Am besten sind die gemahlenen Samen ohne Schale, schon kleine Mengen reichen meist aus.	Für (Weihnachts-)Backwaren, Wurstgewürz, Reis, Lamm, Innereien.
Kerbel 	Schmeckt süß-aromatisch, sollte nicht mitkochen (außer Stengel bei Kerbelsuppe).	Für Saucen (Frankfurter Sauce), Ei, Quark, Salate, feines Gemüse.
Knoblauch 	Wenig Saft reicht oft, Salatschüssel mit Zehe ausreiben, wird bei heißem Anbraten bitter.	Für Schweine-, Lamm-, Hackfleisch, Gemüse, Mayonnaise, Butter geeignet.
Koriander 	Wird für Beizen und Wurst verwendet, man kann ihn ohne weiteres mitkochen.	Für Weihnachtsbäckerei, fernöstliche Gerichte, Fisch, Hülsenfrüchte.
Kresse 	Schmeckt scharf-würzig, sollte man nur frisch verwenden, läßt sich leicht im Hausgarten ziehen.	Für Salate, Eier, Quark, Saucen, Butter.
Kümmel 	Schmeckt in größeren Mengen bitter. Für schwerverdauliche fette Speisen, Kohl, Eintopf und Brot.	Kreuzkümmel ist gut für fernöstliche Gerichte geeignet.
Liebstöckel 	Maggikraut, sparsam verwenden, kann mitkochen.	Für Suppen, Schmorbraten, Ragout, Saucen.
Lorbeer 	Grüne Blätter sind am besten, abgeknickte, braune Blätter schmecken weniger würzig.	Zum Mitkochen, in Beizen und Marinaden, für eingelegtes Gemüse, Sauerkraut, Braten, Ragout, Wild.
Majoran 	Duftet am besten vor der Blüte, sparsam verwenden, getrocknet kann Majoran mitkochen.	Für Fleisch, Gemüsegerichte, Kartoffeln, Leber, typisches Wurstgewürz.

Gewürze im Überblick

Name		Beschreibung	Eignung
Muskat		Am besten Muskatnuß frisch reiben (dunkle Nüsse sind naturbelassen, weiße gekalkt), Muskatblüte ist feiner im Geschmack.	Für Gemüse, helle Saucen, Kartoffelgerichte, Pasteten.
Nelken		> Gewürznelken, Seite 430	
Oregano		Wilder Majoran ist schärfer, kann mitkochen.	Für Teigwaren, Pizza, italienische Gemüsegerichte, Chili con carne.
Paprika		Es gibt ihn in drei Schärfegraden: Delikateßpaprika (mild), edelsüßer Paprika und Rosenpaprika (scharf).	Für Fleisch, Geflügel, Fisch, Gemüse, Käse, Kartoffeln; große Hitze macht ihn bitter.
Petersilie		Reich an Vitamin C, nicht mitkochen, glatte Petersilie ist würziger.	Universalküchenkraut, für Gemüse, Salate, Eier, Suppen, Fisch, Geflügel.
Pfeffer		Schwarzer Pfeffer aus unreifen Beeren (sehr scharf), weißer Pfeffer aus geschälten reifen Beeren (mild), grüner Pfeffer ist unreif geerntet und eingelegt (wenig scharf, aber aromatisch).	Universell verwendbar; ganze Körner zum Einlegen und für Sud, sonst immer frisch mahlen.
Pfefferminze		Gut zum Einfrieren und Trocknen.	Für Lammfleisch, Salate, Desserts, Tee.
Rosmarin		Würzig-bitteres Aroma, gut zum Trocknen. Beim Grillen auf die Glut streuen.	Für Lamm, Geflügel, Rindfleisch, Kartoffeln, südländisches Gemüse.
Safran		Färbt gelb und würzt schon in Spuren, vor der Verwendung immer in etwas Flüssigkeit auflösen.	Für orientalische Speisen, Reis, Geflügel, Saucen, Süßspeisen, Kuchen.
Salbei		Leicht bitter, behutsam dosieren, gut zum Trocknen.	Für Fleisch, Leber, Geflügel, Aal, Eier, Salat.

Name	Beschreibung	Eignung
Sambal 	Würzpaste aus roten Peperoni und Salz; Sambal oelek und brandal sehr scharf. S. badjak milder, S. manis mit Zucker.	Paßt am besten zu fernöstlichen Gerichten.
Schnittlauch 	In feine Röllchen schneiden, nicht hacken, nie mitkochen.	Für Quark, Salate, Eier, Gemüse, Kartoffeln.
Senf 	Gelbbraune Würzpaste aus gemahlenen Senfkörnern, Essig, Pfeffer, Salz und anderen Gewürzen; es gibt ihn in scharfen und süßen Varianten.	Gut zu Wurst und kaltem Fleisch, für Saucen, Salate und Gemüsegerichte.
Tabasco 	Scharfe Würzsauce aus zerkleinerten Chilischoten.	Tropfenweise für Suppen, Saucen, Fleisch und Fisch.
Thymian 	Zum Mitkochen, getrockneter Thymian ist dreifach würziger als frischer.	Für Eintöpfe, kräftige Fleisch-, Gemüsegerichte, gegrilltes Fleisch
Vanille 	In Flüssigkeiten ein Stück Schote mitkochen, sonst Mark verwenden, für Vanillezucker eingeritzte Schotenstücke in Zucker legen.	Für Süßspeisen, Backwaren, Früchte.
Wacholder 	Ganze Beeren mitkochen lassen oder zerdrücken, vorsichtig dosieren.	Für Sauerkraut, Suppen, Saucen, Wild, Sauerbraten, Beizen, Marinaden.
Worcestershire-Sauce 	Würzsauce aus Malzessig, Sojabohnen, Zucker, Salz, Chilies, Nelken, Sherry u.a.	Tropfenweise wie Tabasco verwenden.
Zimt 	Ceylonzimt schmeckt am besten, in Flüssigkeiten (zum Beispiel Glühwein) kann man Zimtstangen mitkochen.	Für Milchspeisen, Backwaren, Desserts, Reis, Geflügel, Wild.
Zitronenmelisse 	Zitronenähnliches Aroma, frisch oder gefroren erhältlich, getrocknet nur als Tee.	Für Salate, Saucen, Fisch, Fleisch, Desserts, Getränke.

▶ Süßer Senf wird in Bayern sehr gerne zu Weißwurst gegessen. Er paßt aber auch gut zu Leberkäse und Emmentaler.

▶ Estragon-Senf ist ein mittelscharfer Senf, dem das Küchenkraut Estragon zugesetzt wurde; er paßt gut zu Wurst, kann aber auch für Saucen verwendet werden.

▶ Scharfer Senf eignet sich als Beilage zu Braten und fettem Fleisch sowie zum Würzen von Saucen, die einen pikanten Geschmack bekommen sollen.

▶ Dijonsenf ist sehr scharf und paßt gut zu Fleisch und französischen Speisen. Die Senfkörner werden durch ein Sieb gepreßt und mit Most angesetzt.

Weitere Senfsorten erhält man durch Zusätze wie Meerrettich, Zwiebel, Paprika, Kräuter oder Wein.

Senf ist nahezu unbegrenzt haltbar, wenn er luftdicht verschlossen ist und kühl gelagert wird. In Gläsern abgefüllter Senf sollte außerdem an einem dunklen Ort aufbewahrt werden.

Salz

Seit jeher wurden dem Salz magische Kräfte zugeschrieben; die unbegrenzte Haltbarkeit seiner weißen Kristalle verlieh ihm den Anschein der Unsterblichkeit: Salz zu überreichen bedeutet die rituelle Betätigung von Gastfreundschaft und begleitet die Unterzeichnung von Verträgen. Das Bibelwort »Ihr seid das Salz der Erde« verweist ebenso wie altägyptische Symbolik auf die besondere Bedeutung des Salzes. Dazu kommen handfeste ökonomische Gründe: Aus dem Salzmonopol bezogen schon die Herrscher alter Kulturen einen Großteil ihrer Einkünfte. Eine Steuer auf Salz finden wir im antiken Griechenland, Ägypten und China; das Venedig des 6. Jahrhunderts lebte von Salz als wichtigstem Handelsartikel.

Im französischen Mittelalter war die Salzsteuer eine der wichtigsten Einkünfte für das Königshaus: Frankreich wurde in sechs Regionen aufgeteilt, deren Bewohner eine Abgabe in unterschiedlicher Höhe zu entrichten hatten. Die Gabelle, die Salzsteuer, bildete denn auch durch Jahrhunderte ein Politikum, und das nicht nur für die Franzosen. 1930 wanderte Mahatma Gandhi auf seinem Salzmarsch 300 Kilometer von Ahmedabad bis zum Meer, kehrte mit einer Handvoll Salz zurück und wurde verhaftet, weil er auf diese Weise das Salzmonopol durchbrochen hatte. Ein Volksaufstand war die Folge. Etwa hunderttausend Inder wurden in der Folge eingesperrt; 1946 wurde die Steuer aber abgeschafft.

Auch Asketen und Sektierer befassen sich mit dem Kochsalz; es ist ihnen »verbotene Frucht« und Ursache von körperlichen und geistigen Krankheiten (dies wird schon 1830 von einem Arzt behauptet). 1877 erschien eine Abhandlung mit dem Titel »Das moderne Kochsalzschwelgen«, ein anderer Autor meinte 1924, der »wahre Salzbedarf« betrage nur wenige hundertstel Gramm täglich und der aktuelle Salzmißbrauch trage zur Entartung der Rasse bei. Andere Autoren sind der Ansicht, der zivilisierte Mensch greife aus Sehnsucht zu Steinsalz, dessen Reiz ihm ein urweltliches Behagen, die Heimkehr und das Versinken in die Meeresfluten vorgaukle. Kochsalz wurde sogar als Gift mit Alkohol und Nikotin auf eine Stufe gestellt.

Ganz im Gegensatz zu Steinsalz erfreut sich dagegen das Meersalz in Reformerkreisen großer Beliebtheit. Offenbar weil es unmittelbar aus dem Meer gewonnen wird, gilt es als »natürlich«; das aus dem Boden, aus uralten Meeresablagerungen, gewonnene Steinsalz dagegen erscheint »unnatürlich«. Chemisch gesehen ist der Unterschied zwischen Kochsalz und Meersalz unbedeutend (letzteres hat durch einen geringen Gehalt an Magnesium einen leicht bitteren Geschmack).

Salz war früher (bevor das Kühlen und Eindosen erfunden wurde) das wichtigste Konservierungsmittel für Fleisch, Fisch und Gemüse. Denn ein Gramm bindet 100

Gramm Wasser und verhindert damit das Bakterienwachstum. Damals war deshalb der Salzverbrauch groß. Heute dient Salz überwiegend als Gewürz, dennoch wird aus gesundheitlicher und kulinarischer Sicht zu viel davon konsumiert.

Unter Salz wird umgangssprachlich das übliche Kochsalz (chemische Bezeichnung: Natriumchlorid) verstanden. Je nach Gewinnungsart unterscheidet man im Handel verschiedene Sorten:

▶ Meersalz entsteht bei der Verdunstung von Meer- oder Salzseewasser in flachen Becken der Salzgärten. Es wird fein vermahlen und grob kristallin, jodiert und unjodiert angeboten.

▶ Siede- oder Salinensalz entsteht durch das Eindringen von Wasser in unterirdische Steinsalzlager. Sie stammen von früheren Meeren, die im Laufe der Zeit von Erdschichten überlagert wurden. Die Salzlösung (Sole) wird heraufgepumpt und das Wasser verdampft.

▶ Gewürzsalze (z.B. Sellerie-, Kräutersalz) enthalten mindestens 40 Prozent Kochsalz und 15 Prozent Kräuter oder Gewürze. Besser sind Kräuter und Gewürze pur und, wenn überhaupt nötig, mit wenig Jodsalz dazu.

▶ Diätsalze bestehen statt aus Natriumchlorid aus Kalium-, Kalzium- oder Magnesiumsalzen. Sie sind sehr teuer und mit Kochsalz geschmacklich kaum vergleichbar. Für Gesunde sind sie überflüssig und auch für Menschen mit hohem Blutdruck nur selten notwendig.

Beim Einkauf sollte man jodiertes Salz wählen, vor allem in alpinen Gegenden, wo Jodmangel weit verbreitet ist. Auch gewöhnliches Meersalz ist sehr jodarm.

Manchmal wird jodiertes Speisesalz mit einem Zusatz von Fluorid angeboten, um der Karies vorzubeugen.

Ob man Meersalz dem Salinensalz vorzieht, ist nur eine Frage des Geschmacks – aus gesundheitlicher Sicht sind die geringen Beimengungen anderer Mineralsalze bedeutungslos für unseren Körper. Meersalz ist kein »besseres« Salz (zumal ja auch das Salz aus unterirdischen Lagerstätten ein Meersalz ist).

Salz zieht Wasser an und muß daher trocken lagern. Im Salzstreuer erhalten einige Reiskörner die Rieselfähigkeit, in abgepacktem Salz sorgen oft chemische Trennmittel dafür. Sie müssen auf der Verpackung angegeben werden.

Salzen ist Gewohnheitssache, und oft wird der Eigengeschmack der Speisen durch zuviel Salz überdeckt. Dämpfen, dünsten und bißfest garen hebt das Aroma und spart Salz. Gemüse sollte man erst salzen, wenn es fast gar ist.

Geringe Salzmengen sind für den Organismus notwendig, um den Wasserhaushalt zu regulieren, die Erregbarkeit der Muskeln zu steuern, die Knochen und die Verdauungssäfte aufzubauen. Für diese Aufgaben reichen unter normalen Lebensbedingungen fünf Gramm täglich aus, das entspricht einem Teelöffel Salz. Kinder und Jugendliche benötigen nur etwa zwei Gramm. Für Säuglinge ist Salz sogar schädlich, Babynahrung muß deshalb salzfrei sein.

Die durchschnittlich verzehrte Salzmenge liegt allerdings bei zehn bis zwölf Gramm pro Tag und damit weit über den Empfehlungen. Zwar kann der Körper durch verschiedene Regulationsmechanismen Mengen zwischen 1,5 und 30 Gramm täglich ohne akute Schäden überstehen, aber auf die Dauer ist zuviel Salz ungesund: Es führt zu einer übermäßigen Wasserbindung im Gewebe, belastet Herz und Kreislauf und kann die Entstehung von Bluthochdruck und Nierenschäden begünstigen.

Unverarbeitete Lebensmittel wie Gemüse, Obst, Fleisch und Getreide sind von Natur aus salzarm. Die größten Salzlieferanten sind Brot (40 Prozent), Fleischwaren (30 Prozent) und Käse (7 Prozent). Auch viele Fertigprodukte sind sehr salzig. Als Alternative gibt es salzarme Erzeugnisse, die mit »natriumreduziert« gekennzeichnet sind.

FERTIG-GERICHTE

Fertiggerichte vereinfachen die schnelle Küche und sparen Zeit bei der Zubereitung. In einem Aspekt sind die Menüs aus der Konserve oder aus dem Tiefkühlschrank alle gleich: Für kreative Köche und individuellen Geschmack bleibt wenig Gelegenheit zur Entfaltung.

So umfangreich das Speisenangebot heute ist, so vielfältig und teilweise sehr gegensätzlich ist auch die Einstellung zum Kochen und zum Essen: Auf der einen Seite hat der Trend zur Naturbelassenheit das Angebot an Gemüse, Obst und auch Getreideprodukten deutlich verbessert. Selbermachen ist wieder »in«, fast so wie in alten Zeiten, als es ganz selbstverständlich zum guten Ton gehörte, keine Fertigprodukte einzusetzen.

Andererseits lassen der Zeitmangel – und manchmal auch einfach Bequemlichkeit – viele Menschen doch gerne zu vorgefertigten Lebensmitteln greifen. »Convenience« (englische Bezeichung für Bequemlichkeit) heißt das Zauberwort – damit sind »Lebensmittel mit eingebautem Dienstmädchen« gemeint, die die Arbeit erleichtern und das Kochen beinahe schon überflüssig machen. Sie vereinfachen die schnelle Küche und bringen auch Nicht-Hobbyköchen fremde Gerichte auf den Tisch.

Der Trend hat freilich den Nachteil, daß Convenience-Produkte in der Regel recht einheitlich schmecken. Außerdem können Nährstoffmängel auftreten, wenn das Vorgefertigte und stark Bearbeitete auf dem Speisezettel dominiert. Fertiggerichte sind daher als Ergänzung, jedoch nicht als Ersatz für die herkömmliche Küche geeignet.

KONSERVEN

Anfang des 19. Jahrhunderts entdeckte der französische Koch und Konditor François Appert, daß Lebensmittel in fest verschlossenen Dosen sehr lange haltbar sind, wenn man sie nach dem Einfüllen stark erhitzt. Er konnte der erstaunten Öffentlichkeit während der Weltausstellung 1851 in London sogar eine Gemüsedose zeigen, die er 38 Jahre zuvor gefüllt, verlötet und erhitzt hatte und deren Inhalt nach wie vor genießbar war. Das neue Verfahren wurde daraufhin so populär, daß es als chic galt, Lebensmittel aus Konserven zu servieren.

Durch Hitze haltbar gemachte Lebensmittel gibt es in Metalldosen, in Gläsern und neuerdings in Aluminiumbeuteln oder -schalen,

die vor allem für sterilisiertes Gemüse und für Fertigmenüs Verwendung finden. Das Grundprinzip der Haltbarmachung beruht auf der Abtötung verderbniserregender Mikroorganismen durch Erhitzen. Konservierungsstoffe werden nicht zugesetzt, auch wenn das ähnlich klingende Wort Konserve diese Assoziation nahelegt. Auch Zucker oder Salz in der Dosenflüssigkeit sind für die Haltbarkeit nicht nötig, sondern dienen vor allem dem Geschmack und der Konsistenz. Zusatzstoffe findet man lediglich bei sterilisierten Fertigmenüs. Dort sind Emulgatoren, Verdickungsmittel und Aromen notwendig, zum Beispiel um die Beschaffenheit von Saucen zu erhalten oder Geschmacks- und Farbverluste auszugleichen, die durch das Erhitzen bedingt sind.

Zur Herstellung von Vollkonserven werden die gefüllten Behälter sterilisiert, das heißt über hundert Grad Celsius erhitzt. Wenn möglich, werden sie dabei bewegt, um auf diese Weise eine schnellere und gleichmäßige Erhitzung des Inhalts und eine Schonung der Inhaltsstoffe zu erreichen. Die Vollkonserven sind dann mehrere Jahre ohne Kühlung haltbar.

Erhitzt man die Lebensmittel nur auf 70 bis 80 Grad Celsius, das heißt pasteurisiert man sie, entstehen Halbkonserven (auch Präserven genannt). Sie halten sich nur einige Wochen und müssen stets gekühlt aufbewahrt werden. Auf der Verpackung wird in Verbindung mit dem Mindesthaltbarkeitsdatum deutlich darauf hingewiesen. Am weitesten verbreitet ist diese Methode bei Fisch, zum Beispiel bei Rollmöpsen.

Konservenware ist ohne Kühlung – und damit ohne Energieaufwand – lagerfähig und deshalb als Vorrat für Unvorhergesehenes und für die ganz schnelle Mahlzeit geeignet. Besser als komplette sterilisierte Gerichte, die nur noch erwärmt werden müssen, sind einzelne Mahlzeitenbestandteile, wie Gemüse, Hülsenfrüchte, Kompott. Sie können sehr gut mit frischen Lebensmitteln kombiniert werden und lassen darüber hinaus mehr Spielraum für Kreativität und Individualität.

Generell reicht der Geschmack von Konserven nicht an den von Frischware heran. Aber es gibt Unterschiede, denn die einzelnen Lebensmittel vertragen Hitzekonservierung unterschiedlich gut. So ist durch Hitze haltbar gemachtes Kompott aus Steinobst sehr aromatisch und schmeckt meist besser als eingefrorene Kirschen oder Pflaumen. Auch Hülsenfrüchte in Dosen sind nicht schlechter als getrocknete Ware, und man erspart sich auf diese Weise das Einweichen über Nacht.

Konservenananas und -clementinen dagegen sind meist nur süß und schmecken auch bei weitem nicht so intensiv wie frischgekaufte Früchte. Bohnen aus der Dose wiederum sind oft übermäßig salzig.

Gemüse-, Obst- und Fischkonserven sind häufig deutlich billiger als die entsprechende Frischware. Außerdem gibt es oft Sonderangebote, besonders zu Beginn der neuen Ernte. Beim Preisvergleich sollte man allerdings bedenken, daß zwar die Größe von Dosen und Gläsern international genormt ist, nicht jedoch die Füllmenge. Wichtig ist aber in erster Linie das sogenannte Abtropfgewicht, das ist das Gewicht des Lebensmittels nach Abzug der Aufgußflüssigkeit, beispielsweise die Kirschen aus dem Glas ohne Saft oder die Bohnen aus der Dose ohne Salzlösung.

Je nach Fabrikat ist der Salz- und Zuckergehalt in Obst- und Gemüsekonserven unterschiedlich hoch. Beim Gemüse gibt nur der Geschmackstest darüber Aufschluß. Bei Obst hilft in der Regel ein Blick auf das Etikett weiter: Es gibt die Abstufungen »Sehr leicht gezuckert« (9–14 Prozent Zucker), »Leicht gezuckert« (14–17 Prozent), »Gezuckert« (17–20 Prozent) und »Stark gezuckert« (über 20 Prozent). Zuckerfreie Konserven erkannt man an dem Zusatz »Dunstobst, ohne Zuckerzusatz«.

Dosen mit aufgeblähtem Deckel sollte man keinesfalls kaufen, denn darin können sich gefährliche Keime vermehrt haben, deren Gift schon in kleinen Mengen lebensbedrohend ist. Dosen mit Knickstellen oder Dellen sind dagegen – dank der heute üblichen Innenwandbeschichtung – meistens noch verwendbar. Sie sollten aber sicherheitshalber bald aufgebraucht werden.

Bei Gläsern lassen sich Veränderungen des Inhalts leichter erkennen. Sie sind meistens etwas teurer, lassen sich aber umweltfreundlicher entsorgen.

Konserven lagern am besten kühl, trocken, dunkel und luftig. Dann halten sie mindestens ein bis zwei Jahre, ohne zu verderben. Frost und Feuchtigkeit schaden den Dosen ebenso wie die Aufbewahrung über Zimmertemperatur. Denn trotz des luftdichten Verschlusses gibt es einen langsamen Abbau von Inhaltsstoffen. Die Ware sollte deshalb immer vor Ablauf des Mindesthaltbarkeitsdatums (»haltbar bis Ende ...«) verbraucht sein. Bei Lebensmitteln in Gläsern ist die dunkle Lagerung besonders wichtig, denn Vitamine zersetzen sich unter Lichteinfluß, und der Geschmack und die Farbe leiden ebenfalls.

Reste aus geöffneten Dosen sollte man in verschließbare Glas-, Porzellan- oder Kunststoffgefäße umfüllen, im Kühlschrank aufheben und innerhalb der nächsten Tage aufessen. Nicht vollständig geleerte Gläser sollten wieder fest verschlossen und ebenfalls kaltgestellt werden.

Sterilisierte Lebensmittel sind immer schon fertig gegart. Man kann sie deshalb nicht mehr bißfest zubereiten – ein Nachteil, der besonders bei Gemüse von Bedeutung ist, weil dieses bei zu langen Kochzeiten stark an Geschmack verliert. Man sollte die Speisen deshalb nicht länger kochen, sondern nur kurz erwärmen. Das Gemüsewasser kann man für andere Speisen mitverwenden.

Bei sterilisierten Fertiggerichten, die ohne weitere Zutaten gegessen werden, ist die Gemüsebeilage meist zu klein und der Fett- und Salzgehalt häufig sehr hoch. Besser ist es, wenn bei der Mahlzeit zusätzlich frische Nahrungsmittel verwendet werden. Sie verbessern nicht nur den Geschmack, die Farbe und das Aussehen, sondern auch den Gesundheitswert des Essens. So kann man gut ein Mischgemüse zubereiten, bei dem nur eine Komponente aus der Dose kommt, oder eine fertige Suppe, die mit frischen Kräutern gewürzt ist. Sterilisiertes Obst reichert man am besten mit einem Milchprodukt an. Zu einem kompletten Fertiggericht empfiehlt sich eine Schüssel bunte Blattsalate oder ein Obstsalat aus frischen Früchten als Dessert.

Sterilisierte Lebensmittel, vor allem Obst und Gemüse, sind besser als ihr Ruf. Durch Anbauverträge mit den Bauern und eine schnelle, schonende Verarbeitung kommt die Rohware in gutem Zustand in die Dose oder das Glas. Vitaminverluste durch das Erhitzen sind zwar unvermeidlich und höher als bei Tiefkühlkost, liegen aber bei der industriellen Verarbeitung niedriger als beim Erhitzen oder Einkochen im Haushalt.

Wer auf einen niedrigen Salzgehalt im Essen achten will oder muß, verzichtet am besten auf Gemüsekonserven und wählt frische oder tiefgefrorene Ware, denn sterilisiertes Gemüse enthält relativ viel Salz. Abspülen des Doseninhaltes ist keine Lösung, denn das Salz dringt auch in das Lebensmittel ein, und durch das Spülen gehen andere, vorteilhafte Wirkstoffe verloren.

Tiefkühlkost

Die Konservierung durch Kälte wurde bereits im letzten Viertel des vergangenen Jahrunderts erfunden. Als besonders vorteilhaft erwies sie sich für empfindliche Fische. Aber erst vor dreißig Jahren setzten sich Tiefkühlwaren in großem Umfang durch. Immerhin verfügen mehr als zwei Drittel aller Haushalte über ein Gefriergerät und kaufen fertige Tiefkühlkost oder frieren eine ganze Reihe von Lebensmitteln oder vorgekochte Speisen selbst ein.

Tiefgefrieren ist die schonendste Art, Lebensmittel für längere Zeit ohne irgendwelche Zusätze haltbar zu machen, und das einzige Verfahren, bei dem die Rohware weitgehend frisch bleibt. Gemüse läßt sich daher noch bißfest garen, Fleisch rosa braten und Kräuter, die sich nur schlecht trocknen lassen, behalten ihr Aroma.

Durch Verträge zwischen Erzeugern und der verarbeitenden Industrie wird besonders gefriergeeignete Rohware erzeugt, die in kürzester Zeit nach der Ernte in die Verpackung kommt. So werden Erbsen im günstigsten Fall schon 90 Minuten nach dem Pflücken gefroren. In Schnellgefrieranlagen mit Temperaturen zwischen minus 30 und minus 50 Grad Celsius werden die Lebensmittel schockgefroren, so daß Struktur und Nährstoffe gut erhalten bleiben. Analysen ergaben, daß Tiefkühlkost deshalb oft höhere Vitamingehalte aufweist als Frischware, die vielfach lange Transportwege hinter sich hat und gerade in der warmen Jahreszeit unter Umständen oft durch stundenlange Lagerung erheblich leidet.

Ähnlich wie bei Konserven bietet der Markt auch bei Tiefkühlkost verschiedene Convenience-Grade an, und auch hier gilt: Je weniger Verarbeitung, desto weniger Zusatzstoffe. Lebensmittel können roh und geputzt sein (zerkleinertes, geputztes Gemüse, Beerenobst, Fischfilets), bereits garfertig gewürzt (Rahmgemüse, Fischstäbchen, paniertes Fleisch) oder ganz fertig zum Erwärmen (fertige Fleisch- und Fischgerichte, Pizza, komplette Menüs mit mehreren, einzeln verpackten Komponenten); in manchen Fällen müssen die Lebensmittel überhaupt nur aufgetaut werden (Kuchen und Torten).

Wer Spaß am kreativen Kochen hat, aber auch ein wenig auf den Zeitaufwand dafür achten will und nicht alles frisch einkaufen kann, ist mit wenig verarbeiteter Tiefkühlkost am besten bedient. Geputztes Gemüse, Erdbeeren oder Himbeeren in Kilobeuteln bedeuten genauso wie Fischfilets und fertiger Blätterteig eine große Erleichterung beim Kochen. Diese Produkte sind schnell und saisonunabhängig verfügbar. Sie erlauben eine individuelle Zubereitung, ähnlich wie mit frischer Ware – wenngleich Tiefgekühltes im Geschmack natürlich nicht immer oder nicht ganz an das Frischprodukt heranreicht.

Auch im Preis sind wenig verarbeitete Lebensmittel, besonders diejenigen in Großpackungen, angemessen, vor allem wenn man die Zeitersparnis und das Fehlen von Abfall berücksichtigt.

Vom ökologischen Gesichtspunkt aus ist das Tiefgefrorene dem Frischen freilich unterlegen, denn Herstellung und Lagerung im Kälteschlaf sind energieaufwendig. Aber es ist immer noch empfehlenswerter, im Winter tiefgefrorene Beeren zu kaufen als zu Importen aus weit entfernt liegenden Anbaugebieten zu greifen.

Einkaufen sollte man Tiefkühlkost nur aus sauberen Truhen und Schränken, die nicht über die Stapelmarke hinaus gefüllt sind und keinen Reif-ansatz zeigen. Sonst ist die Lagertemperatur von mindestens 18 Grad minus nicht gewährleistet, die für die Qualitätserhaltung unbedingt notwendig und gesetzlich vorgeschrieben ist. Die erforderliche Kühltemperatur läßt sich am Thermometer in der Truhe ablesen.

Für den Heimtransport ist beispielsweise eine faltbare Kühltasche zu empfehlen, zur Not reichen auch mehrere Lagen Zeitungspapier. Länger als zwei Stunden sollte der Heimweg dann aber auf keinen Fall dauern.

Schüttfähige Lebensmittel wie Erbsen, Suppengemüse, Beerenobst und geschnittene Kräuter werden schwebend im Kältetunnel gefroren und dann verpackt. Beim Schütteln der Verpackung muß man die einzelnen Teile klappern hören. Zusammengefrorene Teilchen sind ein Zeichen für eine unterbrochene Kühlkette, bei der Lebensmittel bereits an der Oberfläche angetaut waren und danach wieder gefroren sind.

Ware mit Schnee in der Verpackung und mit Gefrierbrand sollte man besser nicht kaufen. Beides ist ein Zeichen von beschädigten Verpackungen und stark schwankenden Lagertemperaturen. Besonders häufig finden sich diese Fehler bei folienverschweißten Produkten wie Geflügel und Wild. Die betroffenen Stellen sehen grau, faserig und trocken aus und bleiben auch nach der Zubereitung meistens geschmacklos und zäh.

Industriell hergestellte Tiefkühlkost ist aufgrund des schnellen Gefrierens bei sehr tiefen Temperaturen besser lagerfähig als selbst Tiefgefrorenes. Aber auch bei großer Kälte werden Vitamine (vor allem Vitamin C) abgebaut, und Fette werden ranzig. Bei sehr langer Bevorratung geht außerdem zunehmend mehr Eiweiß in den Tropfsaft beim Auftauen über. Mikroorganismen, wie Bakterien, Schimmelpilze oder Salmonellen, können im Kälteschlaf zwar nicht mehr wachsen, sie sterben allerdings auch nur zu einem geringen Teil ab und vermehren sich wieder, sobald die Temperatur ansteigt.

Pro Monat Tiefkühllagerung geht etwa genauso viel Vitamin C verloren wie an einem Tag der üblichen Lagerung der entsprechenden Frischware. Die Haltbarkeit ist aber abhängig von der Temperatur im Gefriergerät oder im Gefrierfach des Kühlschranks: Bei minus 18 Grad Celsius im Gefriergerät und im 3- oder 4-Sterne-Fach beträgt sie je nach Fettgehalt mehrere Monate bis zu einem Jahr, im 2-Sterne-Fach bis zu drei Wochen und im 1-Stern-Fach lediglich bis zu einer Woche (> Kühlgeräte, Seite 126).

Das Mindesthaltbarkeitsdatum gibt Auskunft über die Lagerdauer. Überlagerte Ware verliert sehr schnell an Geschmack. Die angegebenen Lagerzeiten gelten nur bei einwandfreier Verpackung und gleichbleibender Temperatur. Zu beachten ist, daß es Temperaturschwankungen auch dann gibt, wenn man frische Lebensmittel zum Einfrieren auf bereits Gefrorenes legt oder zuviel auf einmal einfriert. Der Anstieg der Temperatur ist von außen nicht sichtbar, weil sich die Oberfläche auch bei minus 10 Grad Celsius immer noch hart anfühlt.

Lebensmittel werden durch die kältebedingte Gewebelockerung schneller gar. Meistens ist die Garzeit um etwa ein Drittel kürzer als bei frischen Produkten. Das sollte man besonders bei Gemüse und Obst berücksichtigen, damit es nicht zu weich wird und ausgelaugt schmeckt.

Tiefgekühlte Lebensmittel sind aber keinesfalls keimfrei. Im Gegenteil, nach dem Auftauen verderben sie sehr rasch und müssen daher so bald wie möglich verarbeitet werden.

Geschmack und Farbe bleiben am besten erhalten, wenn man das gefrorene Lebensmittel ohne Auftauen gart; das ist vor allem bei gefrorenem Gemüse oder bei fertigen Gerichten zu empfehlen. Für Fleisch und Fisch, die noch paniert werden sollen, reicht meist leichtes Antauen.

Ganz auftauen sollte man dagegen alles, was noch weiter verarbeitet wird, wie beispielsweise Quark, Hackfleisch und Geflügel sowie Fisch- und Fleischstücke, die dicker als etwa sechs Zentimeter sind. Fleisch sollte abgedeckt langsam im Kühlschrank oder auch auf kleiner Stufe im Mikrowellengerät aufgetaut werden.

Das Tiefgefrieren erhält die ernährungsphysiologische Qualität eines Lebensmittels von allen Konservierungsverfahren am besten. Zusatzstoffe sind für die Haltbarkeit nicht nötig. Wie bei allen Convenience-Produkten sind aber mehr Zusätze erforderlich, je höher der Grad der Verarbeitung ist. Auch bei tiefgefrorenen Fertiggerichten sichern Zusatzstoffe den Geschmack, die Farbe, die Bindung oder die Beschaffenheit. Sie sind auf der Zutatenliste der Tiefkühlpackung angegeben. Wer darauf verzichten will, verwendet ganz einfach tiefgefrorene Rohware. Auch damit ist eine schnelle Küche möglich.

Tiefgefrieren lockert das Gewebe der Lebensmittel auf. Dadurch werden viele Gemüsearten besser verträglich und selbst für Menschen mit empfindlichem Magen bekömmlich, wie Kohl, Paprika und Pilze. Fleisch wird im Kälteschlaf zarter, bei Wild kann daher auf das Beizen zum Mürbemachen verzichtet werden.

Getrocknetes

Trocknen ist das älteste Konservierungsverfahren und war früher die einzige Möglichkeit, empfindliche Lebensmittel wie Fleisch und Fisch für längere Zeit haltbar zu machen. Heute spielt es allerdings nur noch für wenige Lebensmittel eine Rolle, zum Beispiel für Tütensuppen, Dörrobst, Kräuter, Pilze und Gemüse, das vorwiegend in der Gemeinschaftsverpflegung verwendet wird.

Die Qualität getrockneter Lebensmittel ist um so besser, je langsamer sie bei niedrigen Temperaturen getrocknet wurden. Welches Verfahren in welcher Dauer zur Trocknung angewendet wurde, ist beim Einkauf nur selten festzustellen (zum Beispiel an der dunklen Verfärbung heller Lebensmittel), sollte aber beachtet werden, wenn man zu Hause selbst Obst, Pilze oder Kräuter trocknen will.

Pulverförmige Lebensmittel wie Tütensuppen oder Saucenpulver werden heute in den meisten Fällen mit Hilfe von Sprühtrocknung hergestellt. Dabei wird die Flüssigkeit durch feine Düsen zerstäubt und sehr schnell bei relativ niedrigen Temperaturen (50 bis 70 Grad Celsius) schonend getrocknet. Wird die Lösung dagegen auf heißen Walzen getrocknet, ist die thermische Belastung bedeutend höher.

Für hochwertige Lebensmittel gibt es die sogenannte Gefriertrocknung: Dabei wird gefrorenen Lebensmitteln im Vakuum das Wasser entzogen, ohne daß sie dabei flüssig werden. Die entstehenden Produkte sind hochporös und haben eine schwammartige Struktur, können aber anschließend auch fein zerkleinert werden. Das Verfahren ist die schonendste, aber auch teuerste Form der Trocknung. Farbe, Nährstoffe und Aroma bleiben bei diesem Verfahren gut erhalten. Gefriergetrocknet werden zum Beispiel löslicher Kaffee und Brühe, aber auch empfindliche Kräuter und Hefe.

Bei Trockenprodukten sollte man keine Billigware wählen. Die Gefahr, daß bei den Rohstoffen gespart oder bei sehr hohen Temperaturen wenig schonend getrocknet wurde, ist in diesem Fall nämlich groß.

▶ Bei Tütensuppen haben einige Hersteller eine preiswertere und eine teurere, hochwertigere Variante im Sortiment. Sie unterscheiden sich meistens in der Menge oder Art an wichtigen Zutaten (zum Beispiel Tomatenpulver statt Tomaten, Sahnezusatz statt Milcheiweiß, weniger Mehl, weniger Salz, mehr Kräuter). Die unterschiedliche Zusammensetzung erkennt man an der Zutatenliste, zum Beispiel: Steht der Spargelextrakt ganz vorne oder sehr weit hinten in der Liste?

▶ Gutes Trockenobst sollte eine samtige Oberfläche haben und elastisch sein. Es darf nicht porös und brüchig sein, sonst ist es zu trocken. Trockengemüse und -pilze werden meist stärker getrocknet. Die Verpackungen müssen deshalb vorsichtig behandelt werden, denn die Teilchen zerbröckeln leicht.

▶ Getrocknete Kräuter halten sich am besten in verschließbaren Dosen, die man preiswert mit Nachfülltütchen neu beschicken kann. Durchsichtige Verpackungen erlauben zwar einen Blick auf die Ware, sind aber für längere Aufbewahrung nicht geeignet, da sich durch die Lichteinwirkung die Farbe des Trockenprodukts allmählich verändern kann. Wenn es besonders auf das Aussehen der Speisen ankommt, frische Kräuter aber nicht verfügbar sind, sollte man gefriergetrocknete wählen (in diesem Fall die Kennzeichnung beachten). Sie sind zwar teurer, doch die Farbe bleibt besser erhalten.

Getrocknete Suppen oder Saucenpulver sind bei trockener Lagerung monatelang haltbar. Ihr Wassergehalt ist ebenso wie ihr Fettanteil sehr niedrig und macht sie unempfindlich gegen Ranzigwerden und Befall mit Mikroorganismen. Die luftdichte Verpackung sorgt außerdem für eine Schonung der Inhaltsstoffe.

Trockenobst und getrocknete Pilze sind dagegen anfällig gegen Verschimmeln, denn die Restfeuchte reicht den Schimmelpilzen selbst in einer luftdichten Verpackung zum Wachsen. Nur bei kühler, dunkler Lagerung lassen sich Aromaverluste und -veränderungen sowie Änderungen der Farbe verhindern. Geöffnete Verpackungen sollten rasch verbraucht werden.

Getrocknetes Obst und Gemüse muß vor der Zubereitung einige Stunden eingeweicht werden. In einem abgedeckten Gefäß im Kühlschrank erhält man die Qualität am besten, weil dadurch eine Verkeimung weitgehend verhindert wird. Das Einweichwasser sollte man zum Kochen mitverwenden, damit die ausgelaugten Nähr- und Aromastoffe nicht verlorengehen.

Getrocknete Kräuter wie Liebstöckel, Sellerielaub, Bohnenkraut, Rosmarin und getrocknetes Suppengrün werden mit den Speisen mitgekocht, damit sich das Aroma voll entfaltet. Gefriergetrocknete Kräuter wie Dill und Schnittlauch werden dagegen genau wie in frischem Zustand erst kurz vor dem Servieren ans Essen gegeben. So bleibt auch die Farbe am besten erhalten.

Trockenpilze sind vor allem zum Aromatisieren von Speisen geeignet. Besonders gut eignen sich dafür beispielsweise Steinpilze, Herbsttrompeten, Maronenröhrlinge und Morcheln. 100 Gramm entsprechen einem Kilogramm Frischware.

Getrocknete Suppen sind als kleine Mahlzeit durchaus geeignet. Sie können beispielsweise mit etwas Sahne, einem Schuß Alkohol, frischen Kräutern oder auch etwas frischem oder tiefgekühltem Gemüse aufgewertet werden.

Beim Trocknen werden alle Lebensmittel deutlich verändert. Helle Lebensmittel wie Äpfel und Birnen, aber auch Kartoffelprodukte werden durch den Sauerstoffeinfluß leicht braun. Die Hersteller versetzen sie deshalb mit Schwefelverbindungen oder Ascorbinsäure (Vitamin C). Man erkennt das an den Angaben auf der Verpackung. Menschen mit einer Allergie gegen Schwefel sollten bei Obst, Gemüse und Kartoffelprodukten ungeschwefelte Ware bevorzugen.

Von den Vitaminen wird während der Trocknung vor allem das Vitamin C zerstört, bei Obst und Gemüse etwa zur Hälfte. Die Vitaminverluste sind erheblich größer als bei Tiefkühlkost und auch größer als bei der Sterilisierung. Vitamin A und die B-Vitamine sind hingegen wieder relativ hitzebeständig. Pflaumen, Aprikosen und Pfirsiche, die viel Vitamin A enthalten, sind aus diesem Grund auch gut zum Trocknen geeignet. Eine Schwefelbehandlung zur Verhinderung des Braunwerdens zerstört allerdings die B-Vitamine.

Gekühltes

Noch recht neu in den Kühltruhen des Lebensmittelhandels sind gekühlte Speisen, die vor dem Verzehr nur erwärmt werden müssen. Bisher waren sie eine Domäne der Gemeinschaftsverpflegung.

Nach der Zubereitung der Lebensmittel werden die Speisen pasteurisiert, das heißt schonend erhitzt, und anschließend schnell abgekühlt. Sie bewahren auf diese Weise weitgehend den Frischecharakter und sind in Minutenschnelle verzehrfertig, verbinden also die Charakteristika von Sterilisiertem und Tiefkühlkost.

Derzeit werden in den Supermärkten gekühlte Teigwaren angeboten. Man unterscheidet

- Frischteigwaren, die nach dem Mischen, Kneten und Formen pasteurisiert und unter Sauerstoffausschluß verpackt werden, meist in einem Gemisch von Kohlendioxid und Stickstoff, und
- vorgekochte Teigwaren, die nach dem Formen gekocht, verpackt und je nach gewünschter Haltbarkeit nochmals pasteurisiert werden.

Gelegentlich bekommt man auch geschwefelten fertigen Kartoffelkloßteig sowie gekühlte Hot Dogs und belegte Baguettes zum Fertigbacken.

Da das Angebot an gekühlten Fertiggerichten derzeit noch gering und zudem regional recht unterschiedlich ist, muß man in jedem Einzelfall ausprobieren, ob die Speisen auch gut schmecken. Denn durch Pasteurisieren und Lagern gehen zweifellos Aromastoffe verloren. Auch eine individuelle Zubereitung ist nicht mehr möglich.

Gekühlte Speisen sollten im Kühlschrank bei Temperaturen zwischen zwei und sechs Grad Celsius aufbewahrt werden. Je nach Lebensmittel sind sie mehrere Tage bis zu einigen Wochen haltbar. Geöffnete Verpackungen müssen allerdings bald verbraucht werden.

Gekühlte Frischteigwaren sind bei kühler Lagerung zwei bis drei Wochen haltbar; wurden sie nach dem Verpackung nachpasteurisiert, so steigt die Haltbarkeit auf 40 bis 120 Tage.

Gekühlte Speisen sind für ganz Eilige zu empfehlen: Nach wenigen Minuten Erhitzung im Mikrowellengerät oder im Wasserbad sind sie bereits zum Verzehr fertig.

Bei gekühlten Frischteigwaren ist allerdings zu beachten, daß sie schneller gar werden als frisch zubereitete und außerdem beim Garen weniger stark aufgehen: Für eine fertige Portion von 200 Gramm braucht man beispielsweise zirka 125 Gramm Rohware, während sonst bereits rund 100 Gramm durchaus reichen.

Gekühlte Fertiggerichte enthalten weniger Vitamine als frisch zubereitete Speisen, weil sie zu Hause ein zweites Mal erwärmt werden müssen. Auch bei der Lagerung gehen Inhaltsstoffe verloren. Gekühlte Convenience-Ware sollte aus diesem Grund so bald wie möglich verbraucht werden.

Wichtig ist darüber hinaus auch, daß gekühlte Fertiggerichte nicht für längere Zeit bei Raumtemperatur herumstehen, denn dann können Mikroorganismen wachsen, die durch die Pasteurisierung nicht vollkommen abgetötet wurden und den Verderb beschleunigen.

Zu-
bereiten

Getreide und Kartoffeln zubereiten

Gemüse zubereiten

Fleisch zubereiten

Geflügel zubereiten

Fische zubereiten

Krusten- und Schalentiere zubereiten

Grundbrühen, Suppen und Suppeneinlagen zubereiten

Saucen, Marinaden und Dressings zubereiten

Grundteige und -massen zubereiten

Getreide und Kartoffeln zubereiten

Keine andere Warengruppe läßt sich so vielseitig zubereiten wie Getreide und Kartoffeln. Getreide umfaßt schließlich nicht nur Weizen, Gerste, Roggen, Dinkel und Hirse, sondern auch Reis und Mais; und jede einzelne Getreideart bietet an sich bereits zahlreiche Variationsmöglichkeiten. Dasselbe trifft natürlich auch auf die Kartoffel zu, die neben den vielseitigen Zubereitungsarten auch noch einen hohen Gesundheitswert vorweisen kann.

Man kann Getreide als ganze Körner quellen lassen, als Schrot oder als Mehl verarbeiten. Kartoffeln werden als Ganzes gegart, geschnitten zu Bratkartoffeln verarbeitet oder als Kartoffelsalat angerichtet. Als Garverfahren eignen sich Kochen, Dünsten, Dämpfen, Ausbacken und Braten. Welche Methode der Verarbeitung eingesetzt wird, hängt allerdings nicht unwesentlich von der jeweils verwendeten Sorte ab. Insbesondere bei Reis und Kartoffeln ergeben sich daraus verschiedene Verwendungsmöglichkeiten. Mehlig-kochende Kartoffeln sind beispielsweise weniger zum Braten in der Pfanne geeignet als festkochende, und Rundkornreis eignet sich besser für ein Risotto als Langkornreis.

Aus Getreide und Kartoffeln lassen sich Gerichte und Beilagen in den unterschiedlichsten Geschmacksrichtungen zubereiten – süß oder pikant oder mit Gewürzen verfeinert.

Getreide, Mais und Reis werden in der Regel als Beilage serviert. Man kann aber auch Hauptgerichte daraus machen, beispielsweise Risotti, Pfannengerichte mit Kartoffeln oder pikante Bratlinge.

Einen näheren Überblick über die Variationsmöglichkeiten geben die einleitenden Texte der folgenden Abschnitte.

Getreidekörner zubereiten

Der typische Geschmack jeder einzelnen Getreideart kommt bei der Verwendung ganzer Körner besser zur Geltung als im Mehl. Getreidekörner lassen sich sehr vielseitig verwenden: als Beilage anstelle von Reis oder Nudeln, als Einlage in Suppen, für Eintöpfe und Gemüsegerichte.

Vor der Zubereitung sollten Getreidekörner immer in Flüssigkeit quellen. Ausnahmen von dieser Regel sind lediglich Hirse und Buchweizen. Weizen, Roggen, Gerste, Hafer und Dinkel können nach dem Quellen roh gegessen werden, zum Beispiel in Salaten, oder sie werden zum Keimen angesetzt (> Seite 208).

Abwechslungsreicher lassen sich gequollene und gekochte Getreidekörner verwenden. Durch das Kochen werden außerdem die wertvollen Inhaltsstoffe besser aufgeschlossen. Wenn nötig, wird das Getreide verlesen, um fremde Samen, Verunreinigungen und eventuell Mutterkorn (> Seite 202) zu entfernen.

Man wäscht die Körner in einem Sieb zuerst mit warmem, dann mit kaltem Wasser, um Staubteilchen zu entfernen. Danach werden sie in der zweieinhalb- bis dreifachen Menge Wasser in einem abgedeckten Gefäß eingeweicht. Das Einweichen verkürzt die Kochzeit, spart Energie und schont die Vitamine. Die Getreidekörner werden dann gleich im Einweichwasser in einem gut schließenden Topf bei schwacher Hitze gekocht.

Zuviel Flüssigkeit sollte man beim Einweichen nicht verwenden, damit diese nahezu aufgesaugt werden kann. Sollte dennoch einmal Quellflüssigkeit übrigbleiben, kann man das nährstoffreiche Wasser zum Beispiel für Suppen, zum Kochen für Gemüse oder zum Aufgießen von Saucen verwenden.

Kochzeiten für Getreidekörner (Richtwerte):

Hirse	15 bis 20 min
Buchweizen	20 min
Gerste	30 bis 40 min
Weizen, Hafer, Dinkel und Grünkern	40 bis 50 min
Roggen	60 bis 90 min

Schneller geht's im Dampfdrucktopf: Darin sind Getreidekörner in etwa einem Drittel der üblichen Garzeit fertig.

Getreidekörner können als Hauptgericht oder als Beilage, gemischt mit Gemüse der Saison und kräftig abgeschmeckt mit Knoblauch, Lorbeer, Thymian, Majoran oder Liebstöckl, oder auch mit Käse überbacken serviert werden. Mit Eiern gebunden und mit ein paar Nüssen oder Sonnenblumenkernen angereichert, kann man Bratlinge daraus machen. Gut geeignet dafür sind die kleinen Hirsekörner. Andere Getreidearten kann man eventuell vorher schroten, wie Grieß kochen und erst dann, mit anderen Zutaten verrührt, in kleinen Portionen braten.

Auch Auflaufrezepte, die sonst mit Reis oder Nudeln zubereitet werden, gelingen mit Getreide. Gerste, Roggen und Grünkern eignen sich wegen ihres kräftigen Geschmacks am besten für pikante Gerichte, Hirse, Hafer, Weizen und Dinkel sind für süße Aufläufe zu empfehlen, zum Beispiel zusammen mit Obst.

Für Salate kombiniert man gekochte Getreidekörner am besten mit frischem Gemüse. Kräftige Marinaden mit Essig, Öl und reichlich frischen Kräutern oder Salatsaucen mit Joghurt und saurer Sahne passen dazu. Man kann Getreidekörner aber auch zur Abwechslung unter einen Fruchtsalat mischen.

Tips: Würziger wird das Getreide, wenn man es in Gemüsebrühe einweicht und dann darin kocht.

▶ Auch grob geschrotetes Getreide für Müsli weicht man am besten über Nacht ein, entweder in Wasser oder in Sauermilchprodukten (nicht in Milch). Es sollte die Flüssigkeit ganz aufsaugen.

▶ Am besten größere Mengen Getreidekörner auf einmal kochen und die Körner portionsweise einfrieren. Sie halten sich mindestens drei Monate lang.

Gerstensuppe

Arbeitsaufwand 10 Minuten
Garzeit 30 Minuten

Zutaten für 4 Portionen:
100 g Gerste, grob geschrotet (> Seite 207)
3 EL Gemüsebrühe (Instant)
400 g Gemüse, zum Beispiel Möhren, Brokkoli und Lauch
5 EL süße Sahne
5 EL saure Sahne
2 EL Zitronensaft
40 g gehackte Kräuter (Majoran, Petersilie oder Schnittlauch, eventuell Liebstöckel)

Den Gerstenschrot und die Gemüsebrühe in 1 1/4 Liter heißes Wasser geben und quellen lassen. Inzwischen das Gemüse putzen und zerkleinern.

Die Gerste aufkochen und das Gemüse dazu mischen. Zugedeckt bei geringer Hitzezufuhr etwa fünf Minuten lang kochen lassen. Das Gemüse sollte dabei nicht zu weich werden.

Die süße und die saure Sahne, den Zitronensaft und die Kräuter in die Suppe rühren.

Grünkern-Risotto mit Gemüse

Quellzeit 6–10 Stunden
Arbeitsaufwand 30 Minuten
Garzeit 40 Minuten

Zutaten für 4 Portionen:
300 g Grünkern
2 EL Instant-Gemüsebrühe
1 kg Gemüse (Weißkohl, Lauch, Möhren, eventuell Sellerie)
2 EL getrocknete Steinpilze
2 Zwiebeln (> Seite 257)
2 EL Öl
2 Tomaten (> Seite 254)
frischer Majoran (nach Belieben)
4 EL saure Sahne
2 EL gehackte Petersilie
3 EL Butter

Den Grünkern in einem Drahtsieb mit kaltem Wasser waschen. In 1/4 Liter Wasser über Nacht einweichen. Anschließend 25 Minuten lang kochen.

Die Gemüsebrühe einrühren, die Kochstelle abschalten und den Grünkern auf der noch warmen Kochstelle 15 Minuten lang nachquellen lassen.

In der Zwischenzeit das Gemüse putzen und waschen. Den Weißkohl und den Lauch in Streifen schneiden, die Möhren und den Sellerie raspeln. Die Steinpilze kurz in wenig warmem Wasser einweichen.

Die Zwiebeln grob hacken und im Öl glasig dünsten.

Das Gemüse mit den Steinpilzen samt Einweichwasser zugedeckt bei mittlerer Hitze zehn Minuten lang dünsten.

Die Tomaten waschen, in kleine Würfel schneiden und unter das Gemüse rühren. Einige Minuten lang ziehen lassen und dann den Majoran und die saure Sahne daruntermischen.

Die Petersilie und die Butter unter den Grünkern ziehen.

Den Grünkern und das Gemüse portionieren und anrichten.

Gemüse-Apfelsalat mit Dinkel

Arbeitsaufwand 15 Minuten
Garzeit 40 Minuten

Zutaten für 4 Portionen:
200 g Dinkel (> Seite 207)
2 l Wasser
4 EL Instant-Gemüsebrühe
4 EL Zitronensaft
2 EL Öl
Senf, Salz, Pfeffer, Zucker
1 große Möhre (> Seite 243)
1 Apfel (> Seite 283)
1 Stange Lauch (> Seite 246)
1 große Zwiebel (> Seite 257)
gehackte Petersilie

Den Dinkel in einen Topf geben und mit Wasser etwa zehn Stunden lang (zum Beispiel über Nacht) einweichen.
Die Gemüsebrühe dazugeben und 40 Minuten lang bei geringer Hitzezufuhr kochen lassen.

Aus dem Zitronensaft, dem Öl sowie Senf, Salz, Pfeffer und einer Prise Zucker eine Salatsauce zubereiten und mit den abgekühlten Körnern vermischen.

Die Möhren und den Apfel waschen, schälen, grob raspeln und unter die Körner rühren. Den Lauch waschen und in Scheibchen schneiden. Die Zwiebel schälen und grob zerhacken. Den Lauch und die Zwiebeln unter den Salat mischen und mit fein gehackter Petersilie bestreut servieren.

Hirse-Kräuter-Bratlinge

Arbeitsaufwand **15 Minuten**
Garzeit **40 Minuten**

Zutaten für 4 Portionen:
150 g Hirse (> Seite 208)
5 g Butter
1 Zwiebel (> Seite 257)
2 EL Instant-Gemüsebrühe
1/2 l Wasser
1 Lorbeerblatt
Salz, Pfeffer
1 Bund Schnittlauch, gehackt
1 Bund Petersilie, gehackt
etwas Majoran
1 Ei
1 EL Öl (Sonnenblumenöl) zum Braten

Die Zwiebeln kleinhacken und in der Butter glasig dünsten. Die Hirse waschen, zu den Zwiebeln geben und kurz weiter dünsten.

Das Wasser mit der Gemüsebrühe aufkochen und über die Zwiebeln und die Hirse gießen, kurz aufkochen lassen und etwa eine halbe Stunde lang bei geringer Hitze ausquellen lassen.

Nach dem Abkühlen mit den gehackten Kräutern, den Gewürzen und dem Ei vermischen.

Kleine Bratlinge formen und in heißem Öl auf beiden Seiten knusprig braten.

Roggen-Auflauf

Arbeitsaufwand **20 Minuten**
Garzeit **90 Minuten**

Zutaten für 4 Portionen:
200 g Roggen (> Seite 211)
1/2 l Wasser
1 EL Instant-Gemüsebrühe
4 Eigelb
400 g Speisequark, mager
100 g geriebener Gouda (> Seite 325)
gehackter Schnittlauch
gehackte Petersilie
Salz, Pfeffer
4 Eiweiß

Sauce:
2 Tomaten (> Seite 254)
1 große rote Paprikaschote (> Seite 245)
1 große Zwiebel (> Seite 257)
1 EL Butter
1 EL Instant-Gemüsebrühe
2 EL Crème fraîche
Salz, Pfeffer und Paprika

Den Roggen im Wasser über Nacht einweichen. Die Gemüsebrühe in das Einweichwasser geben und 60 Minuten lang garen.

Die Eigelbe schaumig rühren. Den Speisequark und die Hälfte des geriebenen Gouda mit den Eigelben verrühren.

Den Roggen abkühlen lassen, mit der Quarkmasse, Schnittlauch und Petersilie mischen und mit Salz und Pfeffer nach Belieben würzen.

Das Eiweiß steif schlagen und unter die Masse heben.

In eine feuerfeste Form geben und mit der zweiten Hälfte des geriebenen Gouda bestreuen. Im vorgeheizten Backofen eine halbe Stunde lang bei mittlerer Hitze backen.

In der Zwischenzeit die Tomaten und Paprikaschoten waschen. Die Tomaten in Würfeln schneiden, die Paprikaschoten halbieren, von den Kernen befreien und in Stücke schneiden. Die Zwiebel schneiden und zerkleinern.

Das Gemüse in der Butter drei Minuten lang dünsten, mit etwas Wasser und der Gemüsebrühe aufgießen und etwa 15 Minuten lang bei kleiner Hitze garen lassen.

Die Sauce im Mixer pürieren und durch ein feines Sieb streichen, nochmals erhitzen und Crème fraîche zufügen, mit Salz sowie den Gewürzen abschmecken.

Den Roggenauflauf auf Tellern anrichten und die heiße Sauce getrennt servieren.

Reis zubereiten

Reis ist für zahlreiche Gerichte eine sehr gut passende Beilage; man kann diesen mit neutralem Geschmack zubereiten, wodurch der Eigengeschmack des Hauptgerichtes voll zur Geltung kommt, man kann ihn auch mit Saucen mischen oder zart würzen, wie bei asiatischen Zubereitungsarten üblich. Aber auch als Hauptspeise läßt sich Reis in vielen Variationen zubereiten.

Reis ist in zahlreichen Ländern ein Grundnahrungsmittel. Er stammt aus Südostasien und ist heute in allen subtropischen Klimaregionen verbreitet.

Die zahlreichen verschiedenen Reissorten zerfallen im wesentlichen in die zwei Gruppen Langkorn- und Rundkornreis. Langkornreis eignet sich zum Kochen in reichlich Wasser, zum Garen in Brühe und für Kreolenreis, den man kurz kocht und danach im Backofen fertiggart.

Rundkornreis dagegen wird vorwiegend für Süßspeisen verwendet, weil er weich kocht, aber auch für eigenständige Gerichte wie Risotto.

Asiatische Reissorten werden im Gegensatz zu Langkornreis in wenig Wasser gegart; diese Zubereitungen sollte man in der Regel nur sparsam oder gar nicht salzen, da sie ohnedies zu meist scharf gewürzten Gerichten serviert werden.

Dünsten (Quellreis)

Vorzüge
Wenn Reis in wenig Flüssigkeit gegart wird, gehen wenig Inhaltsstoffe verloren. Quellreis kann mit Wasser oder Brühe zubereitet werden. Er ist als Beilage zu Fisch, Krusten- und Schalentieren, Geflügel- und Fleischgerichten geeignet.

Quellreis, auch gedünsteter Reis genannt, wird am Herd kurz aufgekocht und dann im vorgeheizten Backofen fertiggegart. Man kann Quellreis auch im verschlossenen Topf bei geringer Hitzezufuhr dünsten. Auf diese Art zubereiteter Reis sollte sofort nach dem Ausdämpfen serviert werden.

Tips: Der Reis wird zum Unterbrechen des Garprozesses und zum Ausdämpfen auf ein Blech gegeben, damit er nicht zu weich, dafür aber trocken wird.

▶ Die Brühe kann passend zum Gericht gewählt werden. Wird besonderer Wert auf weißen Reis gelegt, darf nur Wasser verwendet werden.

▶ Naturreis (> Seite 210) sollte am besten auf diese Weise zubereitet werden, damit das im Naturreis reichlich vorhandene Vitamin B1 erhalten bleibt und nicht mit dem Kochwasser weggegossen wird.

Quellreis

Arbeitsaufwand 10 Minuten
Garzeit 18–20 Minuten

Zutaten für 4 Beilageportionen:
200 g Langkornreis (> Seite 210)
4 dl Wasser oder Brühe
1 TL Salz
1 EL Butter

Den Reis waschen und abtropfen lassen.

Das Wasser oder die Brühe mit dem Salz in einem Topf zum Kochen bringen. Den Reis hineingeben und auf dem Herd aufkochen. Den Topf mit einem Deckel zudecken, die Hitzezufuhr drosseln und den Reis ausquellen lassen. Dann den Deckel wegnehmen, damit der Reis ausdämpfen kann.

Man kann den Topf auch zugedeckt in den Backofen stellen und quellen lassen. Den gegarten Reis auf ein Blech stürzen, flach streichen und einige Minuten ausdämpfen lassen.

Die Butter in Flöckchen zupfen und mit einer Fleischgabel locker unter den Reis heben. Den Reis anrichten und sofort servieren.

KOCHEN

Vorzüge
Gekochter Reis kann gut im voraus zubereitet und auf Vorrat gehalten werden. Er ist geschmacksneutral und wird sehr gerne zu Saucengerichten serviert.

Reis wird in leicht gesalzenem Wasser gekocht. Wichtig ist, daß genügend Flüssigkeit zugestellt wird. Als Faustregel gilt: ein Teil Reis und zehn Teile Wasser.

Tips: Gekochter Reis kann etwa zwei Tage in verschlossenem Geschirr im Kühlschrank aufbewahrt werden.

▶ Zum Erwärmen wird der gekochte Reis in ein flaches, ausgebuttertes Geschirr gegeben, leicht nachgesalzen, mit einigen Butterflocken belegt und mit bebuttertem Pergamentpapier abgedeckt. Im vorgeheizten Backofen oder unter der Haube in der Mikrowelle (> Seite 114) läßt sich gekochter Reis ohne Qualitätsverlust erwärmen.

GEKOCHTER REIS

Arbeitsaufwand 10 Minuten
Garzeit 18 Minuten

Zutaten für 4 Beilageportionen:
200 g Patnareis (> Seite 210)
2 l Wasser
20 g Salz

Den Reis unter fließendem Wasser waschen.

Das Wasser mit dem Salz zum Kochen bringen. Den Reis in das sprudelnde, kochende Wasser geben und unter Rühren etwa 18 Minuten lang kochen.

Den Reis auf ein Durchschlagsieb (> Seite 170) gießen, unter kaltem, fließendem Wasser abschrecken und abtropfen lassen.

KREOLENREIS

Vorzüge
Bei dieser Zubereitungsart wird der Reis sehr trocken und eignet sich daher optimal als Beilage zu Saucengerichten aus Fisch, Fleisch, Geflügel, Gemüse, Krusten- oder Schalentieren.

Bei der Zubereitung von Kreolenreis kommt der Reis nur relativ kurz mit Flüssigkeit in Berührung. Nur während der Aufkochphase von etwa zehn Minuten wird der Reis in Wasser gekocht. Den Rest der Garzeit wird er in einem nur mit etwas Butter ausgefetteten Geschirr im Backofen gegart. Außer der eigenen Restnässe wird dazu keine weitere Flüssigkeit verwendet.

Kreolenreis

Arbeitsaufwand **10 Minuten**
Garzeit **20–25 Minuten**

Zutaten für 4 Beilageportionen:
200 g Patnareis (> Seite 210)
2,5 l Wasser
30 g Salz
30 g Butter

Den Reis unter fließendem Wasser waschen und auf einem Sieb abtropfen lassen.
Das Wasser mit dem Salz zum Kochen bringen, den Reis hineingeben und acht Minuten lang sprudelnd weiterkochen lassen. Den Backofen auf etwa 180 Grad Celsius vorheizen.

Den Reis auf ein Sieb gießen und gut abtropfen lassen.

Einen dickwandigen Topf oder ein feuerfestes Geschirr mit der Hälfte der Butter ausstreichen und den Reis hineingeben. Mit bebuttertem Pergamentpapier abdecken und mit einem passenden Deckel zudecken. In den Backofen stellen und 12 bis 18 Minuten lang garen. Der Kreolenreis soll körnig und trocken sein. Die restliche Butter mit einer Gabel locker unterheben.

Tips: Für Kreolenreis wird Langkornreis wie Patnareis (> Seite 210) oder Karolinareis verwendet.

▶ Kreolenreis sollte erst kurz vor dem Servieren zubereitet werden. Durch zu langes Warmstellen kann der Reis zu weich und pappig werden.

Pilawreis

Vorzüge
Pilawreis kann vielfältig und abwechslungsreich als Beilage oder als Hauptgericht zubereitet werden. Er läßt sich sehr gut vorbereiten und braucht kurz vor dem Servieren nur noch aufgewärmt werden.

Pilawreis wird mit Zwiebel angedünstet und dann in einer Brühe gegart. Die Brühe kann passend zum Gericht gewählt werden. Je nach Verwendungszweck eignet sich Geflügel- , Gemüse- oder Lammbrühe.

In Indien wird Pilawreis immer mit Gemüse, Nüssen und Gewürzen zubereitet. Mit Pilzen, Schinken, Lamm- oder Geflügelfleisch angereichert, wird dieser Reis zum schmackhaften Hauptgericht.

Pilawreis

Arbeitsaufwand **12 Minuten**
Garzeit **18 Minuten**

Zutaten für 4 Beilageportionen:
200 g Langkornreis (Patnareis, > Seite 210)
2 EL feine Zwiebelwürfel (> Seite 257)
2 EL Butter
4 dl Brühe (> Seite 548)
Salz, geriebene Muskatnuß

Den Backofen auf 180 bis 200 Grad Celsius vorheizen. Den Reis waschen und abtropfen lassen.
Die Zwiebelwürfel in etwa eineinhalb Eßlöffel Butter farblos dünsten. Den Reis hinzufügen und mitschwitzen, bis er glasig wird und glänzt.

ZUBEREITEN

Die heiße Brühe hinzugießen, mit Salz und Muskatnuß abschmecken. Auf dem Herd aufkochen, zugedeckt im Backofen etwa 18 Minuten lang garen.

Die restliche Butter in kleinen Flocken mit einer Fleischgabel locker unter den Pilawreis heben. Den Pilawreis anrichten und sofort servieren.

Tips: Pilawreis kann mit Safran, Curry- oder Paprikapulver zur Geschmacksbereicherung zubereitet werden.

▶ Pilawreis kann schon morgens für das Abendessen zubereitet werden. Den Reis dann nur mit zweieinhalb Deziliter Brühe garen und danach sofort auf ein Blech geben, flach ausstreichen, mit bebuttertem Pergamentpapier abdecken und auskühlen lassen. Kurz vor dem Servieren mit der restlichen Brühe aufkochen, Butterflocken unterziehen, abschmecken und servieren.

Risotto

Vorzüge
Nach dem Risotto-Rezept zubereiteter Reis wird nicht nur besonders saftig, sondern durch verschiedene andere Zutaten wie Wein oder Käse auch besonders geschmacksintensiv.

Risotti sind Gerichte, die als warme Vorspeise oder Hauptgang, seltener als Beilage serviert werden. Es gibt unzählige Risotto-Rezepte. Für das klassische Grundrezept verwendet man Olivenöl, Butter oder feingewürfeltes Rindermark, Zwiebelwürfel, Rundkornreis sowie Wein, Wasser oder Brühe.

Diese Grundzubereitung läßt sich mit viel Phantasie abwandeln und zu immer neuen Gerichten verfeinern.

Tips: Zur Zubereitung von Risotto verwendet man Rundkornreis wie Arborio, Carnaroli oder Vialone (> Spezielle Reissorten, Seite 211).

▶ Die Reiskörner sollen am Ende der Zubereitung außen weich und innen »al dente« sein. Das Risotto wird besonders sämig, wenn man zum Schluß etwas süße Sahne zugibt.

▶ Risottoreis soll dann suppig sein. Wenn der Reis mit einem Löffel auf einen Teller geschöpft wird, muß er zerfließen.

▶ Geriebene Käse wie Parmesan, Pecorino, Provolone oder Sbrinz (> Kleine Käsekunde, Seite 324) können unter den Risotto gemischt oder separat dazu serviert werden.

Safran-Risotto

Arbeitsaufwand 30 Minuten
Garzeit 12–15 Minuten

Zutaten für 4 Portionen:
40 g gewässertes Rindermark
80 g Butter
1 feingewürfelte Zwiebel (> Seite 257)
400 g Rundkornreis (Arborio, Carnaroli, > Seite 211)
1/8 l Rotwein
1,2–1,5 l sehr heiße Brühe (> Seite 548)
1 Briefchen Safranpulver
1 Briefchen Safranfäden
Salz, frisch gemahlener weißer Pfeffer
50 g geriebener Parmesan (> Seite 325)

Das Rindermark in sehr kleine Würfel schneiden und mit der Hälfte der Butter zerlaufen lassen. Die Zwiebelwürfel hinzufügen und farblos dünsten. Den Reis hinzugeben und so lange mitdünsten, bis er glasig wird und glänzt.

Den Reis mehrmals mit dem Rotwein ablöschen und etwas

Flüssigkeit verdunsten lassen. Nach und nach die heiße Brühe hinzugießen und den Reis unter gelegentlichem Rühren 12 bis 15 Minuten lang garen lassen.

Das Safranpulver und die Safranfäden mit wenig Brühe anrühren, mit der restlichen Butter unter den Risotto mischen.

Den Parmesan mit einer Fleischgabel unter den Risotto ziehen, diesen mit Salz und Pfeffer abschmecken und anschließend sofort servieren.

Wilder Reis

Vorzüge
Der nussige Geschmack des wilden Reises paßt ausgezeichnet zu Wild-, Geflügel- und Krustentiergerichten.

Wilder Reis wird roh und als Parboiled Reis, zum Teil bereits in Mischung mit weißem Reis, verkauft. Bei rohem Wildreis ist die Zubereitungszeit fast dreimal so lang wie bei weißem Reis.

Die Körner von wildem Reis platzen beim Garen meistens auf – das ist kein Zeichen falscher Zubereitung. Erst dadurch entsteht der intensive, leicht nussige Geschmack.

Tip: Wilder Reis sollte vor der Zubereitung mindestens für zwei Stunden in warmes Wasser eingelegt werden. Beim Aufquellen nehmen die Körner Flüssigkeit auf, ohne die die Garzeit noch wesentlich länger wäre.

Wilder Reis

Arbeitsaufwand 35 Minuten
Garzeit 40–45 Minuten

Zutaten für 4 Beilageportionen:
150 g wilder Reis (> Seite 211)
1 mittelgroße Zwiebel (> Seite 257)
1 mittelgroße Karotte (> Seite 243)
2 Zweige Stangensellerie (> Seite 252)
3 EL Butter
6,5 dl kochendheiße Geflügelbrühe (> Seite 549)
Salz, frisch gemahlener schwarzer Pfeffer
geriebene Muskatnuß
2 EL gehackte Petersilie
3 EL gehackte Pekannußkerne (> Seite 304)

Den wilden Reis waschen, etwa zwei Stunden im warmen Wasser quellen und auf einem Durchschlag abtropfen lassen. Den Backofen auf etwa 190 Grad Celsius vorheizen.

Die Zwiebel, die Karotte und die Staudenselleriezweige schälen, waschen und in feine Würfel schneiden.

Die Hälfte der Butter aufschäumen lassen. Die Zwiebel- und die Gemüsewürfel darin farblos dünsten. Den Reis hinzufügen und mitschwitzen, bis er glänzt.

Die Geflügelbrühe hinzugießen. Mit Salz, Pfeffer und Muskatnuß abschmecken. Auf dem Herd aufkochen. Mit einem Deckel verschließen und im Backofen oder bei geringer Hitze auf dem Herd garziehen lassen.

Den Deckel entfernen. Mit einer Fleischgabel die Petersilie, die Pekanüsse und die restliche Butter locker unter den Reis heben. Den Reis abschmecken und servieren.

Tip: Wilden Reis sollte man am besten zugedeckt garziehen lassen. Am Schluß kann man eventuell einige Butterflocken, gehackte Kräuter oder Nüsse unter den Reis ziehen. Danach sofort servieren.

Asiatische Reiszubereitungen

Vorzüge
In Asien wird Reis mit wenig Wasser gegart. Dadurch bleibt der Eigengeschmack besser erhalten. Parfüm- oder Basmatireis haben einen herrlichen Duft und ein gewürzähnliches Aroma. Daher sind sie für die Zubereitung von exotischen Gerichten besonders gut geeignet.

Basmatireis und Parfümreis werden hauptsächlich als Beilage zu verschiedenen Gerichten serviert. Aus Klebreis bereitet man auch Süßspeisen zu. In Japan wird diese Reissorte vielfach zu Dekorationszwecken verwendet.

Für chinesische Reisgerichte wird Langkornreis, etwa Patnareis (> Seite 210), verwendet, in Japan dagegen wird eher Rundkornreis (> Seite 211) bevorzugt.

Kleb- und Basmatireis werden immer ins schon kochende Wasser gegeben, Parfümreis dagegen mit kaltem Wasser angesetzt.

Der Reis wird so gekocht, daß er noch körnig bleibt und die einzelnen Körner trotzdem aneinanderhaften, so daß sie mit Stäbchen gegessen werden können.

Tips: Der Reis sollte gut gewaschen werden, damit die auf der Oberfläche der Reiskörner haftende Stärke abgespült wird.

▶ Zum Nachgaren und Ruhen sollte man den gekochten Reis noch einige Minuten neben dem Herd stehenlassen.

Basmatireis

Arbeitsaufwand 10 Minuten
Garzeit 6–8 Minuten

Zutaten für 4 Beilageportionen:
250 g Basmatireis (> Seite 211)
5 dl Wasser
Salz

Den Reis in kaltem Wasser waschen. Das Wasser so oft wechseln, bis es klar bleibt.
Das Wasser sparsam salzen und zum Kochen bringen. Den Reis in das kräftig sprudelnde Wasser geben und den Topf zudecken. Die Hitzezufuhr drosseln und den Reis etwa 6 bis 8 Minuten lang kochen lassen.

Den gekochten Reis mit einer Gabel auflockern.

Tip: Sollte der Reis nach dem Kochen nicht das ganze Wasser aufgesaugt haben, auf einem Sieb abtropfen lassen.

Parfümreis

Arbeitsaufwand 13–15 Minuten
Garzeit 15 Minuten

Zutaten für 4 Beilageportionen:
250 g Parfümreis
5 dl Wasser
Salz

Den Reis mehrmals in kaltem, frischem Wasser waschen und auf einem Sieb abtropfen lassen.
Den Reis in einen genügend großen Topf geben.

Das Wasser salzen und auf den Reis gießen. Aufkochen und etwa 3 Minuten lang kochen lassen. Den Herd auf die kleinste Stufe herunterschalten, den Topf zudecken und den Reis noch etwa 10 Minuten lang garen, bis dieser das Wasser aufgesogen hat.

Den Topf vom Herd nehmen und zugedeckt etwa 10 Minuten lang ziehen lassen.

Vor dem Servieren den Reis mit einer Fleischgabel auflockern.

Klebreis

Arbeitsaufwand 10 Minuten
Garzeit 30 Minuten

Zutaten für 4 Beilageportionen:
250 g Klebreis

Den Reis gründlich waschen, die Körner dabei zwischen den Händen reiben, damit die an den Reiskörnern haftende Stärke entfernt wird. Das Wasser beim Waschen so oft wechseln, bis es klar bleibt.

Den Reis mit kaltem Wasser bedecken und über Nacht einweichen. (Wenn es schnell gehen muß, kann der Reis auch mit heißem Wasser bedeckt werden; dann reichen etwa drei Stunden.)

Den Reis zum Abtropfen auf ein Sieb geben.

Einen Siebaufsatz mit einem Tuch auslegen und den Reis hineingeben. Auf einen passenden Topf mit kochendem Wasser setzen und zugedeckt etwa 30 Minuten lang dämpfen. Vor dem Servieren den Klebreis mit einer Gabel auflockern.

Tip: Nur so viel Wasser in den Topf geben, daß der Reis während des Dämpfens nicht mit dem Wasser in Berührung kommt.

Reis nach chinesischer Art

Arbeitsaufwand 10 Minuten
Garzeit 8 Minuten

Zutaten für 4 Beilageportionen:
250 g Langkornreis (> Seite 210)
4 dl kaltes Wasser
Salz

Den Reis unter fließendem, kaltem Wasser abspülen, bis das Wasser klar bleibt. Auf einem Sieb abtropfen lassen.
Den Reis in einen hohen Topf geben, mit dem Wasser bedecken, sparsam salzen und aufkochen. Den Reis zugedeckt auf der kleinsten Stufe etwa 8 Minuten kochen.

Den Topf mit dem Reis vom Herd nehmen und zugedeckt etwa 10 Minuten lang nachgaren lassen.

Vor dem Servieren den Reis mit einer Fleischgabel auflockern.

Reis nach japanischer Art

Arbeitsaufwand 10 Minuten
Garzeit 12 Minuten

Zutaten für 4 Beilageportionen:
250 g japanischer Rundkornreis (> Seite 211)
4,5 dl Wasser
Salz

Den Reis sorgfältig waschen, um die Stärke auf der Oberfläche der Körner zu entfernen, damit der Reis beim Kochen nicht pappig wird. Auf einem Sieb sehr gut abtropfen lassen.

Den Reis mit dem Wasser in einen passendem Edelstahltopf (> Seite 177) geben. (Der Topf sollte nur bis zur Hälfte gefüllt sein.) Mit einem gut schließenden Deckel zudecken und bei starker Hitze aufkochen. Auf die kleinste Stufe zurückschalten und etwa 12 Minuten lang ziehen lassen. Den Topf vom Herd nehmen und zugedeckt noch 15 bis 20 Minuten lang ruhen lassen. Der Reis gart in dieser Zeit noch nach und bekommt zum Essen mit Stäbchen die richtige Konsistenz. Die Reiskörner werden auf diese Art beinahe trocken, kleben aber noch leicht aneinander.

Tips: Der Deckel darf während der gesamten Gar- und Ruhezeit nicht entfernt werden, damit kein Dampf entweicht.

▶ In Japan wird Reis nicht als Beilage gereicht, sondern am Schluß der Mahlzeit serviert. Er sollte nicht mit Saucen oder anderen Zutaten gemischt werden.

Mais zubereiten

Das wichtigste Maisgericht ist Polenta. Sie kann in sehr vielen Variationen gekocht werden und ist eine ideale Ergänzung zu südländischen Tomaten-Saucen oder kalten Saucen wie Pesto. Aus Polentaresten lassen sich sehr gut gefüllte oder ungefüllte Schnitten und Gratins zubereiten.

Die Polenta kann mit Wasser, Brühe, Milch oder Milchwasser in den unterschiedlichsten Formen – wie Schnitten, als Halbmonde oder Kugeln, in Ringe gefüllt und gestürzt – oder als Aufläufe und Puddings sowie als Krapfen und Kuchen zubereitet werden.

In der süßen Variante können der Polentamasse Rosinen, geriebene Mandeln oder Nüsse hinzugefügt werden. Als Belag für die Polentakuchen eignen sich die verschiedensten heimischen Früchte wie Äpfel, Aprikosen, Birnen, Pfirsiche, Pflaumen oder Zwetschgen.

Zum Belegen für die salzigen Kuchen werden Gemüse, Käse, Salami, Schinken, magerer Speck, Oliven und Güsse aus Eiern, Rahm oder Milch, geriebenem Käse und Kräutern verwendet.

Die Polenta kann als Brei oder auf einem Blech flach ausgestrichen und kalt in Stücke geschnitten, gebraten oder überbacken als Schnitten serviert werden.

Die heiße Polenta kann auch in eine mit kaltem Wasser ausgespülte Ringform gedrückt und anschließend gestürzt, mit den unterschiedlichsten Füllungen aus Pilzen, Gemüsen oder Fleisch angerichtet und serviert werden.

Tip: Während der Zubereitung muß die Polenta fast ständig gerührt werden, da diese sich sehr leicht am Topf ansetzt. Nach dem Aufkochen die Hitze reduzieren, dies verringert die Spritz- und Verbrennungsgefahr.

***

Polenta

***

Arbeitsaufwand 15 Minuten
Garzeit 50–60 Minuten

Zutaten für 4 Portionen:
1,3 l Wasser
Salz
300 g grobkörniger Maisgrieß (> Seite 209)
100 g Butter
2 durchgepreßte Knoblauchzehen
8 gehackte Basilikumblätter

Etwa 1 Liter Wasser in einen Topf geben, salzen und zum Kochen bringen. Den Maisgrieß unter Rühren langsam einrieseln lassen. Während des Kochens den Maisbrei immer in der gleichen Richtung weiterrühren. Die Hitze reduzieren. Nach und nach das restliche Wasser hinzufügen, bis ein gleichmäßiger Brei entsteht. Langsam weiterrühren. Nach etwa 45 Minuten, wenn die Polenta eine Kruste am Topfrand bildet, noch 10 bis 15 Minuten lang weiterkochen.

Die Butter mit dem Knoblauch und dem Basilikum mischen.

Die Hälfte der Polenta in eine Schüssel geben und einige Vertiefungen hineindrücken. Die Basilikum-Knoblauch-Butter darauf verteilen und mit der restlichen Polenta bedecken. Heiß servieren.

Kartoffeln zubereiten

Kartoffeln lassen sich vielseitig und schmackhaft zubereiten, als Beilage wie als Hauptgericht, pikant gewürzt oder süß. Kartoffeln haben außerdem einen hohen Gesundheitswert; zu Unrecht wurden sie lange Zeit als Dickmacher verteufelt (> Seite 264).

Die einzelnen Kartoffelsorten weisen eine unterschiedliche Eignung für die einzelnen Garverfahren auf (> Seite 267). Festkochende Kartoffeln nimmt man für roh zuzubereitende Gerichte, man kann sie aber auch kochen oder als Pellkartoffeln für Salat verwenden.

Vorwiegend festkochende Sorten sind gut für geschälte, gekochte Kartoffelzubereitungen. Mehligkochende Kartoffeln wiederum lassen sich nach dem Kochen leicht durch eine Presse drücken und binden gut. Man verwendet sie vorwiegend für Klöße und Kartoffelgerichte, die in Flüssigkeit gegart werden, sowie für Kartoffelpüree, Chips und Kartoffelmassen.

Braten in der Pfanne

Vorzüge
Das Braten macht die Kartoffeln schmackhaft. Bei richtiger Zubereitung werden sie schön goldbraun und knusprig. Diese Zubereitungsart eignet sich vor allem auch zur Weiterverwendung von Kartoffelresten.

Auf dem Herd können sowohl rohe als auch schon gekochte Kartoffeln (> Seite 469) zubereitet werden. Rohe Kartoffeln müssen vor dem Garen geschält und in Streifen oder Scheiben geschnitten werden.

Für das Braten im Backofen werden rohe oder in Salzwasser

überbrühte Kartoffeln verwendet. Durch das Überbrühen verkleistert die Stärke an der Oberfläche, die Kartoffeln bekommen eine Haut und zerfallen nicht so leicht. Die Kartoffeln dürfen nach dem Überbrühen auf keinen Fall in Wasser abgeschreckt werden, das würde die Hautbildung beeinträchtigen.

Tips: Brat- und Röstkartoffeln werden besonders schmackhaft, wenn sie vor- und nachgebraten werden. Zum Vorbraten sollte nur Pflanzenöl oder Butterschmalz verwendet werden: Butter eignet sich dazu nicht, weil die Kartoffeln dann dunkle Punkte bekommen könnten. Erst beim Nachbraten erhöht Butter den Wohlgeschmack.

▶ Sollte zum Vorbraten nur Butter zur Verfügung stehen, darf sie beim Einlegen der Kartoffeln auf keinen Fall braun sein.

Provenzalische Kartoffeln

Arbeitsaufwand 30 Minuten
Bratzeit 8 Minuten

Zutaten für 4 Portionen:
800 g festkochende Kartoffeln (> Seite 267)
Salz
frisch gemahlener weißer Pfeffer
3 EL Olivenöl
1 1/2 EL Butter
1 durchgepreßte Knoblauchzehe
1 EL gehackte Petersilie

Die Kartoffeln schälen, waschen und in etwa drei Millimeter dicke Scheiben schneiden. Gut abwaschen, damit sie beim Braten nicht aneinanderkleben. Die Kartoffelscheiben auf Tüchern sorgfältig trocknen, salzen und pfeffern.

Das Olivenöl in einer heißen Bratpfanne erhitzen, die Kartoffelscheiben unter mehrmaligem Schwenken sechs bis acht Minuten lang braten. Nach etwa der halben Bratzeit die Butter und den Knoblauch hinzufügen. Die Kartoffeln zum Abtropfen auf einen Durchschlag geben und mit der Petersilie bestreuen.

Tip: Als Beilage zu gebratenem Lamm-, Rind- oder Schweinefleisch servieren.

Würfelkartoffeln

Arbeitsaufwand 35 Minuten
Bratzeit 10 Minuten

Zutaten für 4 Portionen:
900 g vorwiegend festkochende, große Kartoffeln (> Seite 267)
Salz
1 1/2 EL Butterschmalz
1 EL Butter

Die Kartoffeln schälen, waschen und zu rechteckigen Blöcken schneiden. Die Kartoffelblöcke erst in etwa ein Zentimeter dicke Scheiben, in ebenso dicke Stäbe und dann in ein Zentimeter große Würfel schneiden.

Die Kartoffeln in einen Topf mit heißem Wasser geben und leicht salzen. Zugedeckt bei starker Hitze schnell aufkochen und etwa zwei Minuten lang weiterkochen. Die überbrühten Kartoffelwürfel zum Abtropfen und Auskühlen auf einen Durchschlag geben. Den Backofen auf etwa 200 Grad Celsius vorheizen.

Eine Bratpfanne auf dem Herd erhitzen und das Butterschmalz darin heiß werden lassen. Die Kartoffeln hineingeben, salzen, auf dem Herd anbraten und im Backofen 6 bis 8 Minuten lang fertig braten. Am Ende der Bratzeit die Butter hinzufügen. Die Kartoffeln sind gar, wenn man sie zwischen der Daumen- und der Zeigefingerspitze zerdrücken kann. Die Kartoffeln auf einem Durchschlag oder einem Sieb abtropfen lassen.

Tip: Auf diese Weise können Kartoffeln in den unterschiedlichsten Formen zubereitet werden. So können diese zu Halbmonden zugeschnitten oder mit einem scharfkantigen Löffel rund oder oval ausgebohrt werden.

Fritieren
(Ausbacken)

Vorzüge
Ausbacken macht die Kartoffeln knusprig, goldbraun und wohlschmeckend. Vorwiegend festkochende Kartoffeln (> Seite 267) sind für diese Garmethode besonders gut geeignet.

Zum Ausbacken werden geschälte Kartoffeln in Scheiben, feine Streifen oder in Stäbchen geschnitten. Wichtig ist, daß sie vor dem Fritieren immer gründlich gewaschen werden, damit die Stärke abgespült wird. Zum gründlichen Abtrocknen werden die Katroffelstücke am besten in einem saugfähigen Tuch geschüttelt.

Ausgebacken wird in einer vorgeheizten Friteuse (> Seite 154) oder in einem mit Öl gefüllten Topf mit passendem Drahteinsatz bei 160 bis 170 Grad Celsius.

Pommes frites sollten nicht warmgestellt und nicht wieder erhitzt werden. Kartoffelchips können dagegen offen warmgehalten oder auch im heißen Backofen wieder erwärmt werden.

Tips: Bei gebackenen Kartoffeln ist das Auswaschen der Stärke wichtig, damit ein ungleichmäßiges Bräunen verhindert wird.

▶ Kartoffeln, die ausgebacken werden, sollte man nach dem Waschen besonders sorgfältig trocknen, weil die Friteuse sonst leicht überschäumt.

Pommes frites

Arbeitsaufwand 35 Minuten
Vorbackzeit 8–10 Minuten
Ausbackzeit 2 Minuten

Zutaten für 4 Portionen:
1 kg vorwiegend festkochende Kartoffeln (> Seite 267)
Öl oder Ausbackfett für die Friteuse
Salz

Die Kartoffeln schälen, zuerst in 5 bis 6 Zentimeter lange Blöcke, dann in etwa 1 Zentimeter dicke Scheiben und anschließend in ein Zentimeter dicke Stäbchen schneiden. Die Kartoffelstäbchen gründlich abspülen, abtropfen lassen und in einem saugfähigen Tuch trockenschütteln.

Die Friteuse oder einen mit Fritieröl gefüllten Topf mit passendem Drahteinsatz auf 140 Grad Celsius vorheizen. Nur einen Teil der Kartoffelstäbchen in den Fritürekorb oder Drahteinsatz geben und unter Schütteln 8 bis 10 Minuten lang vorbacken. Das Fett gut abschütteln und die Pommes frites auf ein Blech mit

Pergamentpapier legen. So fortfahren, bis alle Pommes frites vorgebacken sind. Beim Vorbacken nehmen die Pommes frites nur wenig Farbe an, die Außenschichten verkleistern und bilden eine Haut. Der Dampf im Inneren gart das Kartoffelfleisch.

Zum Ausbacken die Friteuse oder den Topf mit Drahteinsatz auf 170 Grad Celsius aufheizen. Wieder nur einen Teil der Pommes frites in den Fritürekorb (Drahteinsatz) geben und 1 bis 2 Minuten lang backen, bis sie goldbraun und knusprig sind. Das Fett abschütteln, die Pommes frites salzen und auf einer saugfähigen Unterlage abtropfen lassen. Anrichten und servieren.

Tips: Die Pommes frites sind genügend vorgebacken, wenn man sie mit den Fingerspitzen leicht zusammendrücken kann.

▶ Die Kartoffelstäbchen können bei Bedarf auch einen Tag im voraus vorgebacken werden.

Garen im Backofen

Vorzüge
Bei Kartoffeln, die im heißen Backofen gegart werden, kommt der Kartoffelgeschmack gut zur Geltung. Die Außenschichten werden knusprig goldbraun und das Innere gar und saftig.

Vor dem Garen im Backofen werden die geschälten und in Scheiben geschnittenen Kartoffeln zunächst in der Pfanne auf eine sehr heiße Herdplatte gestellt. In den Ofen schiebt man sie erst dann, wenn sich die Kartoffeln vom Pfannenboden und -rand lösen. Das kann man feststellen, indem man die Pfanne am Stiel anfaßt und ruckartig nach einer Seite bewegt. Auf diese Weise sieht man sofort, ob sie sich von der Pfanne gelöst haben.

Im Backofen wird dann bei etwa 200 Grad Celsius fertiggegart. 30 bis 35 Minuten reichen in der Regel aus.

Tips: Für diese Zubereitung sind am besten länglich-ovale Kartoffeln von fünf bis sechs Zentimeter Durchmesser der vorwiegend festkochenden Sorten (> Seite 267) geeignet.

▶ Bei der Verwendung von Butter statt Butterschmalz klebt das Milcheiweiß die Kartoffeln am Gargeschirr fest.

▶ Die gegarten Kartoffeln auf ein Schneidbrett (> Seite 162) stürzen und aufschneiden.

Annakartoffeln

Arbeitsaufwand 35 Minuten
Ausbackzeit 30–35 Minuten

Zutaten für 4 Portionen:
800 g große, vorwiegend festkochende Kartoffeln (> Seite 267)
Salz
frisch gemahlener weißer Pfeffer
60 g Butterschmalz

Den Backofen auf etwa 200 Grad Celsius vorheizen.

Die Kartoffeln schälen und in etwa 2 Millimeter dicke Scheiben schneiden. Die Kartoffelscheiben sorgfältig trockentupfen, salzen und pfeffern.

Eine Eisenpfanne passender Größe mit stark gewölbtem Rand mit einem Teil des Butterschmalzes ausstreichen. Den Pfannenboden und -rand schuppenartig mit den Kartoffelscheiben belegen. Weitere Kartoffelscheiben in die Mitte geben und festdrücken. Das restliche Butterschmalz zerlaufen lassen und über die Kartoffeln träufeln.

Die ausgelegte Pfanne auf eine sehr heiße Herdplatte stellen und so lange erhitzen, bis sich die Kartoffeln von der Pfanne lösen. (Man erkennt das, wenn man die Pfanne ruckartig bewegt und die Kartoffeln diese Bewegung nicht mitmachen).

Die Pfanne mit den Kartoffeln in den Backofen schieben und etwa 30 Minuten lang garen. Die Kartoffeln mit einer Gabel prüfen – stechen sie sich weich an, sind sie gar.

Aus dem Backofen nehmen, einige Minuten lang stehenlassen und dann auf ein Brett stürzen. Vor dem Servieren wie eine Torte in Stücke schneiden.

Tip: Es gibt einige Abwandlungen dieser Kartoffelart. So können beim Garen geriebener Käse, Artischocken- oder Trüffelscheiben unter die Kartoffeln gemischt werden.

Kartoffeln in der Folie

Arbeitsaufwand **10 Minuten**
Garzeit **je nach Größe der Kartoffeln, mindestens 45 Minuten**

Zutaten für 4 Portionen:
4 große, vorwiegend festkochende Kartoffeln (> Seite 267)
Salz
frisch gemahlener weißer Pfeffer
1 1/2 EL Butter

Den Backofen auf etwa 210 Grad Celsius vorheizen.

Die Kartoffeln sorgfältig waschen und trockentupfen. Jede Kartoffel in ein passend großes Stück Alufolie einwickeln.

Auf ein Gitter legen und in die mittlere Schiene in den Backofen schieben. Die Kartoffeln etwa 45 Minuten lang garen.

Die gegarten Kartoffeln kreuzweise einschneiden und seitlich etwas eindrücken, damit etwas Kartoffelfleisch sichtbar wird. Salzen, pfeffern und auf jede Kartoffel ein Stückchen Butter legen.

Tips: Folienkartoffeln passen ausgezeichnet zu gegrilltem Fleisch oder Geflügel, sie werden aber auch zu großen Braten serviert, zum Beispiel zu Roastbeef oder Hochrippe.

▶ Anstelle der Butter kann zu den Kartoffeln auch saure Sahne oder Quark mit Kräutern serviert werden.

Garen mit Flüssigkeit im Backofen

Vorzüge
Mit Flüssigkeit im Backofen zubereitete Kartoffeln werden besonders gleichmäßig gegart. Der Eigengeschmack kommt dabei gut zur Geltung. Die Kartoffeln werden innen schön mehlig und bekommen eine wohlschmeckende, knusprige Außenschicht.

Vor dem Garen werden die Kartoffeln meistens in Scheiben geschnitten oder längs halbiert.

Für das Garen im Ofen wird eine feuerfeste Form (> Seite 176) oder ein flacher Topf mit etwas Butter ausgestrichen und mit gepreßtem Knoblauch, Zwiebel- oder Schalottenwürfeln belegt. Die gewürzten Kartoffelscheiben können dann in Brühe, Wein,

Jus (> Seite 563), Sahne oder einer Milch-Sahne-Mischung gegart werden. Sie nehmen dabei sowohl Farbe als auch Geschmack der Garflüssigkeit an.

Zum Garen darf man nur soviel Flüssigkeit verwenden, wie die Kartoffeln beim Garen aufsaugen können.

Tips: Vorwiegend festkochende Kartoffeln eignen sich für diese Zubereitungsart am besten.

▶ Das Kochgeschirr so wählen, daß die Kartoffeln den Boden bedecken.

Bäckerinkartoffeln

Arbeitsaufwand 35 Minuten
Garzeit 30–40 Minuten

Zutaten für 4 Portionen:
800 g ovale, vorwiegend festkochende Kartoffeln (> Seite 267)
2 mittelgroße Zwiebeln (> Seite 257)
1 1/2 EL Butter
Salz
frisch gemahlener weißer Pfeffer
1 durchgepreßte Knoblauchzehe
5 EL Weißwein
3,5 dl Brühe (> Seite 548)
1 Thymianzweig
1 kleines Lorbeerblatt

Den Backofen auf etwa 190 Grad Celsius vorheizen. Die Kartoffeln und die Zwiebeln schälen. Die Kartoffeln in etwa 5 Millimeter dicke und die Zwiebeln in sehr dünne Scheiben schneiden. Ein feuerfestes Geschirr mit der Hälfte der Butter ausstreichen. Die Kartoffel- und Zwiebelscheiben salzen, pfeffern und mit dem Knoblauch mischen. In das Geschirr geben, den Weißwein und die Brühe dazugießen und die restliche Butter in Flocken darüber verteilen. Den Thymian und das Lorbeerblatt hinzufügen. Die Kartoffeln auf dem Herd aufkochen, zugedeckt im Backofen etwa 35 Minuten lang garen.

Durch Anstechen mit einer Gabel testen, ob die Kartoffeln weich sind. Diese sollten die Flüssigkeit fast aufgesaugt haben.

Tip: Als Beilage zu gebratenem Lamm- und Schweinefleisch servieren.

Savoyer Kartoffelgratin

Arbeitsaufwand 35 Minuten
Garzeit 20–25 Minuten

Zutaten für 4 Portionen:
6 große, ovale, vorwiegend festkochende Kartoffeln (> Seite 267)
1 1/2 EL Butter
1 feingewürfelte Schalotte (Zwiebel, > Seite 257)
Salz
frisch gemahlener weißer Pfeffer
geriebene Muskatnuß
2–3 dl Brühe (> Seite 548)
2 EL geriebener Greyerzer (> Seite 325)

Den Backofen auf etwa 200 Grad Celsius vorheizen. Die Kartoffeln schälen, längs halbieren und so in 2 Millimeter dicke Scheiben schneiden, daß sie zusammenbleiben.

Eine rechteckige, feuerfeste Form mit etwa der Hälfte der Butter ausstreichen. Die Schalottenwürfel auf den Formenboden streuen. Die geschnittenen Kartoffelhälften dicht aneinander gereiht in die Form setzen und etwas flachdrücken. Mit Salz, Pfeffer und Muskatnuß würzen. Nur so viel Brühe angießen, daß die Kartoffeln zu 2/3 darin liegen. Mit dem Käse bestreuen und die restliche Butter in kleinen Flocken darüber verteilen.

In den Backofen schieben und etwa 20 Minuten lang garen. Die

Kartoffeln sind fertig, wenn sie sich weich anstechen lassen. Die Kartoffeln selber sollten aber noch saftig und ihre Oberfläche goldbraun sein.

Tip: Als Beilage zu gebratenem Rind-, Lamm- und Schweinefleisch besonders geeignet.

Schmelzkartoffeln

Arbeitsaufwand **20 Minuten**
Garzeit **30–35 Minuten**

Zutaten für 4 Portionen:
6 große, ovale, vorwiegend festkochende Kartoffeln (> Seite 267)
Salz
1 1/2 EL Butter
3–4 dl Brühe (> Seite 548)
frisch gemahlener weißer Pfeffer

Die Kartoffeln so schälen, daß sie oval werden und längs durchschneiden. In einen Topf geben, mit heißem Wasser bedecken, salzen und zugedeckt schnell aufkochen. Die Kartoffeln auf ein Durchschlagsieb (> Seite 170) schütten und abtropfen lassen. Den Backofen auf etwa 190 Grad Celsius vorheizen.

Ein feuerfestes Geschirr dick mit etwa der Hälfte der Butter ausstreichen. Die Kartoffelhälften mit den Schnittflächen nach unten, dicht aneinandergereiht, hineinlegen. So viel Brühe dazugießen, daß der gewölbte Kartoffelteil nicht davon bedeckt wird. Salzen, pfeffern und mit der restlichen Butter bestreichen. In den Backofen schieben und etwa 30 Minuten lang garen. Während des Garens die Kartoffeln öfters mit Fond bepinseln, damit sie goldgelb werden.

Die Kartoffeln sind gar, wenn sie sich weich anstechen lassen, dann sollte kaum noch Flüssigkeit vorhanden sein.

Tip: Nach dem Aufkochen dürfen die Kartoffeln auf keinen Fall mit Wasser abgespült werden. Durch das Blanchieren verkleistert die Stärke an der Oberfläche der Kartoffeln, es bildet sich eine Haut, und die Kartoffeln zerfallen nicht beim Garen.

Garen in Brühe

Vorzüge
Bouillonkartoffeln schmecken herzhaft. Gedämpfte, gedünstete oder in Marinaden eingelegte Gemüse ergänzen diese sehr gut.

Geschälte, vorwiegend festkochende Kartoffeln (> Seite 267) werden in Würfel geschnitten und zusammen mit ebenfalls würfelig geschnittenem Gemüse in der Brühe gegart.

Da so zubereitete Kartoffeln vorwiegend zu gekochtem Rindfleisch serviert werden, läßt sich zum Garen ein Teil der Brühe, die beim Fleischkochen anfällt, verwenden.

Tips: Bouillonkartoffeln können mit gehackten Kräutern geschmacklich und optisch aufgewertet oder durch Zugabe von Kümmel, Tomaten oder Schinken verfeinert werden.

▶ Reste lassen sich sehr gut zu Suppen verarbeiten (> Seite 590).

Bouillonkartoffeln

Arbeitsaufwand 35 Minuten
Garzeit 20 Minuten

Zutaten für 4 Portionen:
700 g geschälte, vorwiegend festkochende Kartoffeln (> Seite 267)
2 EL feine Zwiebelwürfel (> Seite 257)
2 EL feine Karottenwürfel (> Seite 243)
2 EL feine Selleriewürfel (> Seite 252)
1 EL feine Lauchwürfel (> Seite 246)
1 1/2 EL Butter
4–5 dl Fleischbrühe (> Seite 548)
Salz
frisch gemahlener weißer Pfeffer
geriebene Muskatnuß
1 EL gehackte Petersilie

Die Kartoffeln in etwa 1 1/2 Zentimeter große Würfel schneiden und mit kaltem Wasser abspülen.

Die Zwiebel- und die Gemüsewürfel in der Butter farblos dünsten. Die Kartoffeln hinzufügen und knapp mit der Brühe bedecken. Mit Salz, Pfeffer und Muskatnuß abschmecken. Aufkochen und zugedeckt bei geringer Hitze garen. Die Bouillonkartoffeln anrichten und mit der Petersilie bestreuen.

Tips: Nach Möglichkeit sollte immer die Brühe des Fleisches verwendet werden, zu dem die Kartoffeln serviert werden. Bei Lamm empfiehlt sich das allerdings nicht, weil der Geschmack sonst zu intensiv würde.

▶ Zu Bouillonkartoffeln kann Meerrettich-, Kräuter- oder Schnittlauchsauce gereicht werden.

Garen in der Schale
(Pellkartoffeln)

Vorzüge
Die Schale schützt die Kartoffeln beim Garen. Dadurch wird nicht nur das Auslaugen von Inhaltsstoffen weitgehend verhindert, sondern auch der Eigengeschmack verstärkt. Die so zubereiteten Kartoffeln sind überdies kalorienarm.

In der Schale gegarte Kartoffeln (Pellkartoffeln) werden entweder rund 20 Minuten lang gekocht oder im Dämpfer oder Schnellkochtopf (> Seite 183) 8 bis 12 Minuten lang gegart.

Zum Garen in der Schale werden vorwiegend festkochende mittelgroße Kartoffeln (> Seite 267) verwendet. Pellkartoffeln können vielseitig weiterverarbeitet werden. Zu den beliebtesten Kartoffelgerichten zählen Kartoffelsalat (> Seite 467), Röst- oder Bratkartoffeln (> Seite 467), Kartoffel-Eierpfanne (> Seite 468), Rösti (> Seite 468) oder überbackene Kartoffeln (> Seite 469).

Sehr kleine »Neue« oder Frühjahrskartoffeln (> Seite 265) können beim Weiterverarbeiten in Butter geschwenkt oder gebraten werden. Ansonsten werden die Kartoffeln vor der Zubereitung in Scheiben oder in Würfel geschnitten und für Rösti auf der Röstireibe in Streifen geraffelt.

Tips: Pellkartoffeln nach dem Kochen nicht mit Wasser abschrecken, sie lassen sich dann schlechter schälen.

▶ Für Rösti bestimmte Kartoffeln schon am Vortag kochen, und zwar nicht ganz weich, dann lassen sie sich leichter zubereiten.

▶ Die Kartoffeln lassen sich am leichtesten schälen, solange sie noch warm sind.

***

Kartoffelsalat

***

Arbeitsaufwand 30 Minuten
Garzeit 20 Minuten

Zutaten für 4 Portionen:
900 g festkochende Kartoffeln (> Seite 267)
1 feingewürfelte Zwiebel (> Seite 257)
2–3 EL Weißweinessig
2,5 dl Brühe (> Seite 548)
Salz
frisch gemahlener weißer Pfeffer
1 TL Senf
4 EL Rapsöl oder anderes Pflanzenöl
1 EL Schnittlauchröllchen

Die Kartoffeln waschen, mit heißem Wasser bedecken und etwa 20 Minuten lang kochen.
Die Kartoffeln abgießen, schälen und noch warm in dünne Scheiben schneiden.

Die Zwiebel mit dem Essig und der Brühe aufkochen. Heiß über die Kartoffelscheiben gießen, salzen, pfeffern, den Senf und das Rapsöl hinzufügen. Die Schüssel mit dem Kartoffelsalat so lange vorsichtig schwenken, bis die Kartoffeln die Flüssigkeit aufgesaugt haben. Die Kartoffelscheiben sollten nach Möglichkeit ganz bleiben. Den Kartoffelsalat etwa 30 Minuten lang ziehen lassen. Nochmals abschmecken, den Schnittlauch darüberstreuen und lauwarm servieren.

Tips: Kartoffelsalat wird am besten sofort nach der Zubereitung noch lauwarm serviert.

▶ Kartoffelsalatreste lassen sich nicht aufbewahren, weil sich darin Bakterien entwickeln.

▶ Kartoffelsalat kann mit Mayonnaise, gebratenem magerem Speck, Gurken- oder Radieschenscheiben, Tomatenecken und Crevetten angereichert werden.

▶ Zum Garnieren eignen sich hartgekochte Eier, Tomatenecken, Radieschenröschen, Gurkenscheiben und Salatblätter sowie gehackte Kräuter.

***

Bratkartoffeln

***

Arbeitsaufwand 25 Minuten
Bratzeit 6 Minuten

Zutaten für 4 Portionen:
700 g gekochte, geschälte Kartoffeln (> Seite 466)
1 1/2 EL Butter- oder Schweineschmalz
Salz
frisch gemahlener weißer Pfeffer
1 EL Butter
1 EL gehackte Petersilie

Die Pellkartoffeln in etwa 3 Millimeter dicke Scheiben schneiden.
Eine Eisen- oder Teflonpfanne (> Seite 180) mit gewölbtem Rand erhitzen. Das Butter- oder Schweineschmalz in die Pfanne geben und heiß werden lassen.

Die Kartoffelscheiben hineingeben, salzen, pfeffern und goldbraun braten. Das Schmalz abgießen und die Kartoffeln in der Butter nachbraten. Die Bratkartoffeln anrichten und mit der Petersilie bestreuen.

Tips: Röstkartoffeln werden in Würfel geschnitten und wie Bratkartoffeln zubereitet.

▶ Für Lyoner Kartoffeln werden feine Zwiebelstreifen in Butter goldgelb gebraten und unter die Bratkartoffeln geschwenkt.

Rösti

Arbeitsaufwand 25 Minuten
Bratzeit 12–15 Minuten

Zutaten für 4 Portionen:
750 g festkochende geschälte Pellkartoffeln vom Vortag (> Seite 466)
Salz
3–4 EL Butterschmalz

Die Pellkartoffeln auf einer Reibe in Streifen raffeln. Die Kartoffelstreifen sparsam salzen.
In einer beschichteten Pfanne oder in einer Eisenpfanne das Butterschmalz erhitzen. Die Kartoffelstreifen hinzugeben und wenden, damit sie mit dem Butterschmalz überzogen werden. Die Kartoffeln leicht an den Pfannenboden drücken und etwa 3 Minuten lang braten. Mit einem passenden flachen Deckel oder Teller abdecken. Die Hitze reduzieren und 5 bis 6 Minuten lang weiterbraten. Die Rösti mit Hilfe des Tellers oder Deckels wenden und nochmals 5 bis 6 Minuten lang zugedeckt braten.

Die gebratenen Rösti auf einer vorgewärmten Platte anrichten.

Tip: Wenn man die Rösti vor dem Wenden mit 2 bis 3 Eßlöffeln Milch beträufelt, werden sie besonders saftig.

Kartoffel-Eierpfanne

Arbeitsaufwand 30 Minuten
Bratzeit 8–10 Minuten

Zutaten für 4 Portionen:
700 g geschälte Pellkartoffeln (> Seite 466)
Salz
frisch gemahlener weißer Pfeffer
4 Scheiben gekochter Schinken
3 Eier
6 EL süße Sahne
1 EL Schnittlauchröllchen

Den Backofen auf 200 Grad Celsius vorheizen. Die Pellkartoffeln in etwa 6 Millimeter große Würfel schneiden. Eine Pfanne erhitzen, die Butter hineingeben, zerlaufen lassen und die Kartoffeln hinzufügen. Salzen, pfeffern und goldgelb braten.

Den Schinken in feine Würfel schneiden und zu den Kartoffeln geben. Die Eier mit der Sahne verquirlen, mit Salz und Pfeffer abschmecken und über die Kartoffeln gießen. Die Pfanne in den Backofen schieben und die Eier stocken lassen.

Tip: Die Eierpfanne kann auch auf dem Herd fertiggestellt werden; dort besteht aber die Gefahr, daß die Eierschicht am Boden der Pfanne zu dunkel und bitter wird. Im Backofen kommt die Hitze von allen Seiten, und die Eier stocken gleichmäßiger und schneller.

Überbackene Rahmkartoffeln

Arbeitsaufwand **30 Minuten**
Backzeit **10–12 Minuten**

Zutaten für 4 Portionen:
500 g frisch gekochte, geschälte Pellkartoffeln (> Seite 466)
2 dl süße Sahne
2 dl Milch
Salz
frisch gemahlener weißer Pfeffer
geriebene Muskatnuß
Butter für die Form
1 EL geriebener Parmesan (> Seite 325)
1 EL geriebenes Weißbrot
1 EL Butter

Den Backofen auf etwa 250 Grad Celsius vorheizen. Die Pellkartoffeln in 5 Millimeter große Würfel schneiden.
Die Sahne mit der Milch aufkochen. Die Kartoffelwürfel hinzufügen, mit Salz, Pfeffer und Muskatnuß abschmecken und einige Minuten lang kochen lassen.

Eine Gratinform oder ein hitzebeständiges Geschirr mit Butter ausstreichen und die Kartoffeln hineingeben. Den Käse und das Weißbrot mischen und über die Kartoffeln streuen. Die Butter in Flocken auf der Oberfläche verteilen. In den Backofen schieben und goldbraun überbacken.

Tips: Die Saucen dürfen nicht zu dick sein, damit das Endprodukt nicht pappig wird.

▶ Den Kartoffeln können Kräuter, Speck, Schinken, Pilze und Heringe hinzugefügt werden.

Zubereitungen von geschälten, gekochten Kartoffeln

Vorzüge
Kartoffeln vor dem Garen zu schälen ist vor allem deshalb praktisch, weil sie so am leichtesten weiterverarbeitet werden können. Auf diese Weise zubereitet, werden die Kartoffeln nicht glasig, sondern trocken, was für die Herstellung von Püree oder Kartoffelmassen eine optimale Voraussetzung ist.

Die Kartoffeln werden vor dem Kochen geschält, in gleich große Stücke geschnitten, mit heißem Wasser bedeckt und möglichst schnell zum Kochen gebracht. Eine Garzeit von 20 bis 25 Minuten reicht in der Regel aus. Der Garzustand läßt sich leicht durch Anstechen mit einer Fleischgabel überprüfen.

Für Salz- oder Dampfkartoffeln verwendet man vorwiegend festkochende Kartoffeln (> Seite 267). Für Kartoffelmassen und Kartoffelpüree werden mehligkochende Kartoffeln verwendet.

Wichtig ist, daß die Kartoffeln nach dem Kochen und Abgießen sorgfältig auf der heißen Herdplatte trockengedämpft werden.

Tips: Für Kartoffelmassen sollten die Kartoffeln im heißen Backofen trockengedämpft werden, da zu feuchte Kartoffeln leicht zerfallen oder gummiartig werden.

▶ Nach dem Ankochen sollte die Temperatur unbedingt zurückgenommen werden. Wenn geschälte Kartoffeln zu heiß gekocht werden, löst sich die Außenschicht ab.

Salzkartoffeln

Arbeitsaufwand 20 Minuten
Garzeit 20–25 Minuten

Zutaten für 4 Portionen:
800 g vorwiegend festkochende Kartoffeln
(> Seite 267)
Salz

Die Kartoffeln dünn schälen. Vorhandene Augen mit einem spitzen Messer ausstechen.
Die Kartoffeln waschen und in gleich große Stücke schneiden. In einen Topf geben, knapp mit heißem Wasser bedecken, salzen und zugedeckt schnell aufkochen. Die Hitzezufuhr zurückschalten und die Kartoffeln 20 bis 25 Minuten lang köcheln lassen.

Das Wasser abgießen, die Kartoffeln ohne Deckel auf die heiße Herdplatte stellen und 2 bis 3 Minuten lang ausdampfen lassen. Den Topf dabei schütteln, damit die Kartoffeln bewegt werden und nicht am Topfboden festkleben.
Tip: Werden die Kartoffeln im Siebaufsatz gedämpft, beträgt die Garzeit 25 bis 30 Minuten, im Schnellkochtopf (> Seite 183) 8 bis 10 Minuten. Bei beiden Garарten müssen die Kartoffeln und nicht das Wasser gesalzen werden, da der Dampf kein Salz aufnimmt.

Kartoffelschnee

Arbeitsaufwand 25 Minuten
Kochzeit 20–25 Minuten

Zutaten für 4 Portionen:
800 g vorwiegend festkochende Kartoffeln
(> Seite 267)
Salz

Die Kartoffeln schälen, waschen, mit heißem Wasser bedecken, salzen und zugedeckt kochen.
Die gegarten Kartoffeln abgießen, den Deckel entfernen und trockendämpfen. Die Kartoffeln durch eine Kartoffelpresse oder ein Drahtsieb direkt in ein vorgewärmtes Serviergeschirr pressen. So bleibt der Kartoffelschnee schön locker.

Kartoffelpüree

Arbeitsaufwand 35 Minuten
Kochzeit 20–25 Minuten

Zutaten für 4 Portionen:
900 g mehligkochende Kartoffeln
(> Seite 267)
Salz
geriebene Muskatnuß
3,5 dl heiße Milch
3 El heiße Sahne
2 1/2 EL Butter

Die Kartoffeln schälen und in gleich große Stücke schneiden. Die Kartoffelstücke mit heißem Wasser bedecken, sparsam salzen und zugedeckt schnell aufkochen. Die Hitze reduzieren und die Kartoffeln in 20 bis 25 Minuten fertiggaren. Abgießen, den Deckel entfernen und unter Schütteln des Topfes die Kartoffeln auf dem Herd sorgfältig trockendämpfen.

Die heißen Kartoffeln durch die Kartoffelpresse oder ein Drahtsieb drücken. Mit Muskatnuß würzen. Die heiße Milch und die heiße Sahne mit einem Holzlöffel unter die Kartoffeln rühren. Die Butter hinzufügen und das Püree kräftig schlagen.

Tips: Die Kartoffeln, die Milch und die Sahne müssen bei der Püreezubereitung sehr heiß sein, sonst wird das Kartoffelpüree zäh und gummiartig.

▶ Die Kartoffeln sollten sofort nach dem Garen und Trockendämpfen verarbeitet werden. Langes Stehen mindert die Qualität.

▶ Jede Kartoffelsorte nimmt unterschiedlich viel Flüssigkeit auf. Deshalb die Milch nur nach und nach unterrühren.

▶ Kartoffelpüree wird noch lockerer, wenn etwas geschlagene Sahne untergezogen wird.

Kartoffelauflauf

Arbeitsaufwand 35 Minuten
Backzeit 25–30 Minuten

Zutaten für 4 Portionen:
Butter und Semmelbrösel für die Förmchen
500 g gekochte, trockengedämpfte, mehligkochende Salzkartoffeln (> Seite 470)
geriebene Muskatnuß
2 EL Butter
6–8 EL heiße, süße Sahne
3 Eigelb
3 Eiweiß
Salz

Vier Auflaufförmchen (kleine, hitzefeste Gefäße) zu 1 1/2 dl Inhalt mit Butter ausstreichen und mit Semmelbröseln ausstreuen. Den Backofen auf etwa 160 Grad Celsius vorheizen. Die heißen Kartoffeln durch die Kartoffelpresse oder ein Drahtsieb drücken und mit Muskatnuß würzen. Die Butter hinzufügen und glattrühren. Nach und nach die heiße Sahne und die Eigelbe unterarbeiten.

Eiweiße mit etwas Salz zu einem steifen, geschmeidigen Schnee schlagen und löffelweise unter die Kartoffelmasse ziehen.

Die Kartoffelmasse in die Förmchen füllen und die Oberfläche glattstreichen. Die Aufläufe in ein feuerfestes Geschirr mit kochendem Wasser setzen. Im Backofen etwa 25 Minuten lang backen, bis die Oberfläche goldgelb ist.

Tip: Auf den Boden des feuerfesten Geschirrs Papier legen, damit die Förmchen nicht direkt auf dem Boden stehen: Wenn sie während des Backens zuviel Hitze von unten bekommen, fangen sie zu klappern an.

Kartoffelnocken mit Brotkrüstchen

Arbeitsaufwand 40 Minuten
Garzeit Nocken 4–5 Minuten

Zutaten für 4 Portionen:
500 g geschälte, mehligkochende Kartoffeln (> Seite 267)
Salz
2 Eigelb
1 Ei
100 g Butter
70 g Weizenmehl (Type 405)
geriebene Muskatnuß
2 Toastbrotscheiben

Die Kartoffeln in gleich große Stücke schneiden, mit heißem Wasser bedecken, salzen und zugedeckt 20 bis 25 Minuten lang garen. Die Kartoffeln abgießen, ohne Deckel im heißen Backofen unter gelegentlichem Rühren mit einem Holzlöffel sorgfältig trockendämpfen. Nacheinander rasch die Eigelbe und das Ei unterarbeiten. Die Kartoffeln durch die Kartoffelpresse oder ein Drahtsieb drücken. Die Hälfte der Butter und das Mehl unterarbeiten. Die Nockenmasse mit Salz und Muskatnuß abschmecken.

Salzwasser zum Kochen bringen, die Masse mit einem Eßlöffel nockenförmig abstechen und in siedendem Wasser garziehen lassen. Die Nocken sind gar, wenn sie an der Oberfläche schwimmen. Zum Abtropfen auf ein Gitter mit Tuch legen.

Die Toastbrotscheiben in kleine Würfel schneiden und in der restlichen Butter goldbraun rösten.

Die Kartoffelnocken anrichten und mit den Brotkrüstchen bestreuen.

Tips: Die Kartoffelnockenmasse muß sehr schnell und zügig zubereitet und verarbeitet werden. Steht sie zu lange, wird sie weich und zäh und läßt sich dann kaum noch zu Nocken abstechen.

▶ Die Eigelbe und das Ei unter die heißen Kartoffeln arbeiten, damit diese binden.

▶ Kartoffelnocken sind die ideale Beilage zu Wild, Gulasch, Ragouts und Gerichten, die in braunen Wein- oder Rahmsaucen serviert werden.

Schupfnudeln

Arbeitsaufwand 45 Minuten
Garzeit der Schupfnudeln 3–4 Minuten

Zutaten für 4 Portionen:
500 g geschälte, mehligkochende Kartoffeln (> Seite 267)
Salz, frisch gemahlener weißer Pfeffer
geriebene Muskatnuß
1 Ei
1 Eigelb
40 g Butter
100 g Weizenmehl (Type 405)
Mehl zum Ausrollen
etwas Butter zum Braten

Die Kartoffeln in gleich große Stücke schneiden, mit heißem Wasser bedecken, salzen und zugedeckt 20 bis 25 Minuten lang garen. Die Kartoffeln abgießen, ohne Deckel im heißen Backofen unter gelegentlichem Umrühren mit einem Holzlöffel ganz trockendämpfen. Die Kartoffeln durch die Kartoffelpresse oder ein Drahtsieb in eine Schüssel pressen und erkalten lassen.

Die Kartoffeln mit Salz, Pfeffer und Muskatnuß würzen. Das Ei, das Eigelb und die Butter unter die Kartoffeln arbeiten. Das Mehl darüber sieben und zu einer trockenen und geschmeidigen Masse zusammenarbeiten.

Eine Arbeitsfläche dünn mit Mehl bestäuben. Die Kartoffelmasse in einen Spritzsack oder eine Sterntülle (> Handliche Küchenhelfer, Seite 171) geben und fingerdicke Stangen aufspritzen. Die Kartoffelstangen in sechs bis sieben Zentimeter lange Stücke schneiden. Durch schnelles Hin- und Herbewegen mit der Hand zigarrenförmig abrollen.

Reichlich Wasser zum Kochen bringen und salzen. Die Schupfnudeln einlegen und garziehen lassen. Wenn die an der Oberfläche schwimmenden Schupfnudeln gar sind, diese mit einem Schaumlöffel (> Seite 171) herausnehmen und zum Abtropfen und Auskühlen auf ein Gitter mit Tuch legen. Kurz vor dem Servieren in der Butter erwärmen und goldbraun anbraten.

❊❊❊

Kartoffelkroketten

❊❊❊

Arbeitsaufwand 40 Minuten
Ausbackzeit 2 Minuten

Zutaten für 4 Portionen:
500 g geschälte, mehligkochende Kartoffeln (> Seite 267)
Salz
2 Eigelb oder
1 Ei
10 g Butter
geriebene Muskatnuß
Mehl zum Ausrollen und Panieren
1 Ei
2 EL Öl
1 Tasse Paniermehl
Fritieröl oder Fritierfett zum Ausbacken

Die Kartoffeln in gleich große Stücke schneiden, mit heißem Wasser bedecken, salzen und zugedeckt 20 bis 25 Minuten lang kochen.

Die Kartoffeln abgießen, ohne Deckel im heißen Backofen unter gelegentlichem Rühren mit einem Holzlöffel sorgfältig trockendämpfen. Die Eigelbe oder ein Ei unterarbeiten und die Kartoffeln durch eine Kartoffelpresse oder ein Drahtsieb in eine Schüssel drücken. Die Butter hinzufügen, mit Salz und Muskatnuß abschmecken und mit einem Holzlöffel glattrühren.

Eine Arbeitsfläche dünn mit Mehl bestäuben. Die Kartoffelmasse in einen Spritzsack ohne Tülle (> Handliche Küchenhelfer, Seite 171) geben und Stangen von etwa 1 1/2 Zentimeter Durchmesser aufspritzen. Die Kartoffelstangen in etwa 4 Zentimeter lange Stücke schneiden und im Mehl rollen.

Das zweite Ei mit dem Öl verquirlen und die Kroketten darin wenden. Herausnehmen, abtropfen lassen und im Paniermehl wälzen. Die Kroketten auf einer sauberen Arbeitsfläche nachrollen, damit kein loses Paniermehl mehr daran hängt.

Das Fritieröl oder -fett in der Friteuse (> Seite 154) oder einem Topf mit passendem Drahteinsatz auf etwa 170 Grad Celsius vorheizen und die Kroketten darin goldbraun ausbacken. Auf einer saugfähigen Unterlage abtropfen lassen.

Variationen: Aus der Krokettenmasse können Kartoffelplätzchen von 1 Zentimeter Dicke und 3 bis 4 Zentimeter Durchmesser geformt werden. Eine heiße Bratpfanne mit einer Speckschwarte ausreiben. Die Kartoffelplätzchen hineinlegen und unter Wenden im vorgeheizten Backofen goldbraun braten. Nicht in stehendem Fett oder stehender Butter braten, weil so die Außenschicht abblättert und die Kartoffelplätzchen zerfallen.

▶ Um Herzoginkartoffeln herzustellen, wird die Krokettenmasse in einen Spritzsack mit einer Sterntülle (> Seite 171) gegeben und rosettenartig auf ein mit Backtrennpapier ausgelegtes Backblech gespritzt. Die Kartoffelrosetten mit Eigelb bestreichen und im vorgeheizten Backofen bei etwa 200 Grad Celsius erwärmen und goldgelb überbacken.

Tips: Die Kartoffeln müssen ordentlich trockengedämpft werden: Ist die Krokettenmasse zu feucht, platzen die Kroketten beim Ausbacken auf.

▶ Die Krokettenmasse muß warm verarbeitet und ausgerollt werden: Ist die Masse zu kalt, bricht sie beim Formen. Weniger Geübte sollten, bevor sie die ganze Masse ausrollen und panieren, eine Probekrokette anfertigen und ausbacken. Platzt die Krokette auf,

sollte etwas Kartoffelstärke unter die Masse gearbeitet werden.
▶ Die Kroketten können anstatt mit Paniermehl auch mit Mandelblättchen paniert werden.

KRONPRINZESSINNEN-KARTOFFELN

Arbeitsaufwand **45 Minuten**
Ausbackzeit **3 Minuten**

Zutaten für 4 Portionen:
Brandmasse:
0,8 dl Wasser
Salz
10 g Butter
40 g Weizenmehl (Type 405)
1 Ei
400 g heiße, trockengedämpfte mehligkochende Salzkartoffeln (> Seite 470)
Salz
geriebene Muskatnuß
Fritieröl oder Fritierfett zum Ausbacken

Das Wasser mit dem Salz und der Butter zum Kochen bringen. Das Mehl sieben und auf einmal in die Flüssigkeit schütten. Vom Herd nehmen und mit einem Holzlöffel glattrühren. Unter ständigem Rühren auf dem Herd kochen, bis sich ein weißer Belag am Boden bildet. Die Brandmasse in eine Schüssel geben. Das Ei verquirlen und löffelweise unter die Brandmasse rühren.

Die heißen Kartoffeln mit einer Kartoffelpresse zur Brandmasse pressen und mit einem Holzlöffel unterarbeiten. Mit Salz und Muskatnuß abschmecken.

Backtrenn- oder Pergamentpapier entsprechend den Innenmassen der Friteuse zuschneiden und dünn mit Öl bestreichen. Aus der Kartoffelmasse mit einem Eßlöffel Nocken formen und auf das Papier setzen oder die Masse in einen Spritzsack (> Seite 171) geben und rosetten- oder sternförmig aufspritzen.

Die Friteuse auf etwa 165 Grad Celsius vorheizen, immer ein Papierblatt mit den Kartoffeln nach unten hineingeben und etwa 3 Minuten lang goldbraun backen. Mit dem Fritürelöffel herausnehmen und auf einer saugfähigen Unterlage abtropfen lassen.

Tips: Die Kartoffelmasse löst sich beim Backen nach ganz kurzer Zeit vom Papier, das dann entfernt werden kann.
▶ Diese Kartoffelmasse kann sehr gut im voraus zubereitet und bei Bedarf geformt, gespritzt und ausgebacken werden. Die fertige Masse mit einem geölten Pergamentpapier zudecken und im Kühlschrank aufbewahren.

KLÖSSE UND NOCKEN ZUBEREITEN

KLÖSSE AUS ROHEN KARTOFFELN

Vorzüge
Klöße aus rohen Kartoffeln zeichnen sich durch ihren besonders intensiven Kartoffelgeschmack aus. Da sich Kartoffelklöße sehr leicht und sehr gut mit Saucen verbinden, eignen sie sich gut als Beilage für Saucengerichte aus Wild-, Rind-, Kalb- und Schweinefleisch.

Die geschälten, rohen Kartoffeln mit einer Reibe oder einer Allzweckreibe (> Handliche Küchenhelfer, Seite 170) fein in eine

Schüssel reiben und mit Salz, Pfeffer und Muskatnuß abschmecken.

Die zu verarbeitende Masse wird in Portionen von etwa 80 Gramm geteilt und mit nassen Händen zu Klößen geformt.

Bevor alle Klöße gekocht werden, empfiehlt es sich immer, zuerst einen Probekloß garziehen zu lassen, um die Konsistenz zu überprüfen. Hält der Kloß nicht zusammen, muß noch etwas Kartoffelstärke, Hartweizengrieß oder Weizenmehl in die Masse eingearbeitet werden. Ist der Kloß zu fest, läßt sich die Masse weicher machen, indem löffelweise Milch untergemischt wird.

Tips: Rohe Kartoffeln sollten nur in kleinen Mengen und am besten direkt in kaltes Wasser gerieben werden, da sich die in den Kartoffeln befindlichen Enzyme in Verbindung mit Saucrstoff sonst braun färben.

▶ Das Braunwerden kann durch Übergießen mit heißer Milch oder heißem Grießbrei vermieden oder rückgängig gemacht werden.

▶ Reste von gekochten Kartoffelklößen lassen sich sehr gut verwerten. In Scheiben geschnitten und in Butter gebraten, serviert man sie als Beilage zu Saucengerichten. Einen ausgezeichneten Imbiß ergeben gebratene Kartoffelklöße mit etwas verquirltem Ei darüber.

Klösse aus rohen Kartoffeln (Vogtländer Klösse)

Arbeitsaufwand 30–40 Minuten
Garzeit 20 Minuten

Zutaten für 4 Portionen:
2 Scheiben Toastbrot
1 1/2 EL Butter
1 kg mehligkochende, geschälte rohe Kartoffeln (> Seite 267)
2 dl Milch
1 1/2 EL Butter
80 g Hartweizengrieß
Salz, frisch gemahlener weißer Pfeffer
geriebene Muskatnuß

Das Toastbrot in kleine Würfel schneiden, in der Butter goldgelb rösten und abkühlen lassen.

Die Kartoffeln auf einer Reibe oder einer Allzweckreibe (> Seite 170) fein raffeln. In ein weißes, sauberes Geschirrtuch geben und ausdrücken. Das Wasser auffangen und stehenlassen, bis sich die Stärke am Gefäßboden abgesetzt hat.

Die Milch mit der Butter aufkochen und den Grieß einlaufen lassen. Unter Rühren mit einem Holzlöffel etwa 4 Minuten lang kochen, bis sich ein weicher Kloß bildet. Den Grießbrei zu den geriebenen Kartoffeln geben. Das Wasser von der Kartoffelstärke abgießen und diese der Kloßmasse hinzufügen. Mit Salz, Pfeffer und Muskatnuß würzen und rasch zusammenarbeiten.

Wasser salzen und zum Kochen bringen.

Die Kloßmasse in 8 gleich schwere Häufchen aufteilen und in die Mitte einige Brotwürfel drücken. Die Kloßmasse mit nassen Händen zu Kugeln formen und im siedenden Wasser 20 Minuten lang garen.

Tip: Als Beilage zu Enten-, Gänse- oder Schweinebraten servieren.

KLÖSSE AUS GEKOCHTEN UND ROHEN KARTOFFELN

Vorzüge
Halb-und-halb-Klöße, wie diese auch genannt werden, eignen sich hervorragend zur Verwertung von Kartoffelresten. Übrige Salz- oder Pellkartoffeln (> Seite 466) können kalt oder warm weiterverarbeitet werden. Halb-und-halb-Kartoffelklöße eignen sich sehr gut als Beilage zu Sauer- und Schmorbraten, Enten-, Gänse-, Schweine- und Wildbraten sowie zu Gulasch und Ragouts.

Frisch gekochte, noch warme Kartoffeln lassen sich leicht durch eine Kartoffelpresse oder ein Drahtsieb drücken; werden kalte, geschälte Pellkartoffeln oder Salzkartoffeln verwendet, ist es besser, diese auf der Allzweckreibe oder einer Küchenmaschine mit Reibvorsatz (> Seite 157) zu reiben.
Wenn Salzkartoffeln verwendet werden, müssen diese vor der Verarbeitung unbedingt trockengedämpft werden, weil zu feuchte Kartoffeln eine ordentliche Bindung der Masse verhindern.

Die rohen Kartoffeln sollten erst gerieben werden, wenn die gekochten Kartoffeln ausgekühlt sind.

Die Kloßmasse läßt sich am besten formen, wenn die Hände vorher in Kartoffelstärke gedrückt werden.

Gargezogen werden die Klöße in gesalzenem Wasser.

Tips: Wenn die Kloßmasse zu weich ist, werden 1 bis 2 Eßlöffel Grieß, Mehl oder Kartoffelstärke untergearbeitet.

▶ Ist die Kloßmasse zu fest, kann man 2 gekochte, durchgepreßte Kartoffeln oder etwas heiße Milch untermischen.

***

KLÖSSE AUS GEKOCHTEN UND ROHEN KARTOFFELN

***

Arbeitsaufwand 40–45 Minuten
Garzeit 15–20 Minuten

Zutaten für 4–5 Portionen:
550 g mehligkochende Kartoffeln (> Seite 267)
500 g geschälte rohe Kartoffeln
1 Ei
25–30 g Kartoffelstärke
Salz, geriebene Muskatnuß
2 Scheiben Toastbrot
2 EL Butter

Die Kartoffeln waschen, mit heißem Wasser bedecken und zugedeckt etwa 20 Minuten lang kochen lassen. Das Wasser abgießen, die Kartoffeln ausdampfen lassen, schälen, durch die Presse drücken und auskühlen lassen.

Die rohen Kartoffeln reiben, ausdrücken, das Wasser auffangen und stehenlassen, bis sich die Kartoffelstärke am Boden abgesetzt hat. Das Wasser vorsichtig von der Stärke abgießen und diese zu den Kartoffeln geben.

Die gekochten und die rohen Kartoffeln mit dem Ei und der Kartoffelstärke mischen. Mit Salz und Muskatnuß abschmecken.

Die Hände in Kartoffelstärke tauchen und von der Masse 8 gleich große Klöße abdrehen. In leicht gesalzenes siedendes Wasser geben und etwa 20 Minuten lang ziehen lassen. Die Klöße sind gar, wenn sie an die Oberfläche steigen.

Das Toastbrot in sehr kleine Würfel schneiden und in der heißen Butter goldgelb rösten.

Die Kartoffelklöße aus dem Wasser nehmen und auf einem Tuch

abtropfen lassen. Anrichten und die Brotwürfel darüber verteilen.
Tips: Die gerösteten Brotwürfel können auch beim Abdrehen in die Mitte der Klöße gedrückt werden.
▶ Als Beilage zu Wild-, Enten-, Gänse- und Schweinebraten oder zu Gulasch, Wild-, Kalbs-, Rinder-, Schweine- und Pilzragouts servieren.

Klösse aus gekochten Kartoffeln

Vorzüge
Mit gekochten Kartoffeln zubereitet, werden die Klöße besonders locker und haben einen milden Geschmack. Die Kartoffeln können schon am Vortag gekocht, durchgepreßt oder gerieben werden. Zudem eignen sich Klöße von gekochten Kartoffeln sehr gut zur Verwertung von Kartoffelresten.

Werden geschälte Kartoffeln gekocht, sollten diese vor dem Pressen auf jeden Fall trockengedämpft werden. Wenn sie zu feucht sind, bindet die Masse nicht ordentlich und muß mit zusätzlichem Mehl und Grieß versetzt werden. Wird die Zusammensetzung des Rezepts dadurch zu sehr verfälscht, leidet die Qualität der Klöße.

Die Kloßmasse läßt sich am besten mit bemehlten Händen abdrehen.

Tips: Mit mehligkochenden Kartoffeln läßt sich das beste Ergebnis erzielen.
▶ Will man gekochte, bereits kalte Kartoffeln weiterverarbeiten, sollten sie besser gerieben oder duch die feinste Scheibe des Fleischwolfes (> Seite 170) getrieben werden.

Einen Probekloß kochen, um die Konsistenz und Qualität zu prüfen.
▶ Ist der Kloß zu weich, kann noch etwas Kartoffelstärke untergearbeitet werden.
▶ Ist der Kloß zu fest, werden geriebene Kartoffeln oder einige Eßlöffel dünnen Grießbreis beigemengt.

***

Klösse aus gekochten Kartoffeln

***

Arbeitsaufwand 40–45 Minuten
Garzeit 15–20 Minuten

Zutaten für 4 Portionen:
750 g mehligkochende Kartoffeln (> Seite 267)
1 altbackenes Brötchen
1–2 EL Butter
45–50 g Weizenmehl (Type 405)
35 g Hartweizengrieß
1 Ei
1 Eigelb
Salz, geriebene Muskatnuß
Kartoffelstärke zum Ausrollen und zum Abdrehen

Die Kartoffeln waschen, mit heißem Wasser bedecken, zugedeckt aufkochen und bei geringer Hitze garen. Abgießen, ausdampfen lassen und schälen. Die Kartoffeln noch heiß durch die Kartoffelpresse drücken, flach ausbreiten und erkalten lassen.

Das Brötchen in kleine Stücke schneiden und in der heißen Butter goldgelb rösten.

Das Mehl und den Grieß über die Kartoffeln streuen, das Ei und das Eigelb hinzufügen und zusammenarbeiten. Die Kloßmasse mit Salz und Muskatnuß abschmecken.

Gesalzenes Wasser zum Kochen bringen, einen kleinen Probekloß abdrehen, im Wasser garziehen lassen und testen, ob er die richtige Konsistenz hat.

Eine Arbeitsfläche mit Kartoffelstärke bestäuben und die Kloßmasse zu einer Rolle von 6 bis 7 Zentimeter Durchmesser formen. Diese in 8 gleich große Stücke teilen. Die Hände mit Kartoffelstärke bestreichen und die Masse zu Klößen formen. Beim Abdrehen in die Mitte von jedem Kloß einige Brötchenstücke drücken.

Die Klöße in das siedende Wasser einlegen und etwa 20 Minuten lang ziehen lassen. Wenn die Klöße an der Oberfläche schwimmen, sollten sie gar sein.

Tip: Die Klöße als Beilage zu Pilz- und Wildgerichten, Enten- Gänse- oder Schweinebraten und zu Gulasch oder braunen Ragouts servieren.

Semmelknödel

Vorzüge
Semmelknödel sind ein ideales Beispiel für eine gelungene Resteverwertung. Für die Masse lassen sich sowohl altbackenes Weißbrot, Semmeln oder Brötchen verwenden. Semmelknödel passen ausgezeichnet zu braunen Saucengerichten von Schlachtfleisch oder Wild und zu Pilzragouts.

Backwaren für Semmelknödel sollten mindestens vom Vortag sein. Die heiße Flüssigkeit – am besten Milch, dann schmecken die Knödel voller – weicht die Semmeln oder das Weißbrot auf, die Eier und das hinzugefügte Mehl binden. Wieviel Flüssigkeit die Semmeln oder das Brot aufnehmen, hängt von der Austrocknung derselben ab.

Die Knödelmasse läßt sich mit Kräutern wie Petersilie, Majoran oder Schnittlauch, angeschwitzten Schalotten- oder Zwiebelwürfeln und angebraten Speck- oder Schinkenwürfeln verfeinern und variieren.

Geformt werden die Klöße am leichtesten mit nassen oder bemehlten Händen.

Tips: Zur Herstellung von Serviettenknödeln wird die Masse zu einer Rolle geformt und am besten in Klarsichtfolie eingerollt. In Tücher oder Servietten sollte die Masse nicht eingerollt werden, da in diesen noch Waschmittelrückstände vorhanden sein können.

▶ Reste von Semmel- oder Serviettenknödeln können in Scheiben geschnitten und in Butter goldgelb gebraten werden. Die Knödelscheiben können zuvor noch durch verquirltes Ei gezogen werden.

***

Semmelknödel

***

Arbeitsaufwand 40–45 Minuten
Garzeit 15–20 Minuten

Zutaten für 4 Portionen:
200 g altbackene Semmeln
40 g Butter
2 dl Milch
1 kleine Zwiebel (> Seite 257)
1 Scheibe gekochter Schinken (etwa 40 g)
2 kleine Eier
40 g Weizenmehl (Type 405)
1 EL feingehackte Petersilie
Salz, geriebene Muskatnuß

Die Semmeln längs halbieren und in dünne Scheiben schneiden. Etwa die Hälfte der Butter erhitzen, bis sie hellbraun ist. Ein Drittel der Semmelscheiben darin goldgelb rösten und über die restlichen Semmelscheiben verteilen. Die Milch aufkochen und über die Semmeln gießen.

Die Zwiebel schälen. Die Zwiebel und den Schinken in kleine Würfel schneiden. Die restliche Butter aufschäumen lassen und die Zwiebel goldgelb darin anschwitzen. Die Schinkenwürfel hinzufügen und kurz anziehen lassen. Zusammen mit den Eiern, dem Mehl und der Petersilie zu den Semmeln geben. Mit Salz und Muskatnuß abschmecken und etwa 40 Minuten lang quellen lassen.

Zuerst einen kleinen Probeknödel kochen. Ist er zu weich, Semmelbrösel hinzufügen; ist er zu fest, noch etwas heiße Milch unterarbeiten.

Mit feuchten Händen etwa 80 Gramm schwere Knödel formen, in siedendes Wasser geben und etwa 20 Minuten lang garziehen lassen.

Tip: Als Beilage zu Schmor-, Schweine- oder Wildbraten, zu Gulasch, Fleisch-, Wild- oder Pilzragouts servieren.

Serviettenknödel

Arbeitsaufwand 40–45 Minuten
Quellzeit etwa 40 Minuten
Garzeit 25–30 Minuten

Zutaten für 4 Portionen:
200 g altbackenes Weißbrot
2 dl Milch
25 g Butter
3 Eier
1 Eigelb
Salz, geriebene Muskatnuß
1 El gehackte Petersilie
1 EL Schittlauchröllchen
Mehl zum Ausrollen

Das Weißbrot in etwa 1 Zentimeter große Würfel schneiden und in eine Schüssel geben.

Die Milch mit der Butter erhitzen, mit den Eiern und dem Eigelb verrühren und über die Brotwürfel gießen. Mit Salz und Muskatnuß abschmecken. Die Kräuter hinzugeben, die Masse gut mischen und etwa 40 Minuten lang quellen lassen.

Ein Tuch oder eine Serviette gründlich ausspülen, damit keine Waschmittelrückstände mehr vorhanden sind.

Eine Arbeitsfläche mit Mehl bestäuben und die Brotmasse zu einer Rolle von 5 bis 6 Zentimeter Durchmesser formen. Fest in das Tuch, die Serviette oder in Klarsichtfolie einrollen und an den Enden mit Schnur abbinden. (Wird Klarsichtfolie verwendet, diese mehrmals mit einer dicken Nadel anstechen.)

Die Serviettenknödelrolle in leicht kochendes, gesalzenes Wasser geben und etwa 25 Minuten lang ziehen lassen. Aus dem Wasser nehmen und kurz mit kaltem Wasser abschrecken. Auspacken, in etwa 1 1/2 Zentimeter dicke Scheiben schneiden und sofort servieren.

Griessklösse

Vorzüge
Grießklöße aus Weizen- oder Maisgrieß unterscheiden sich nicht in der Herstellung, aber im Geschmack voneinander. Sie können zu Saucengerichten von Fleisch und Wild, aber auch als vegetarisches Gericht mit Gemüsen, Pilzen oder Kompott serviert werden.

Üblicherweise wird zur Herstellung von Grießklößen Milch, Wasser oder Brühe mit Butter, Salz und Gewürzen aufgekocht, ehe der Grieß dazukommt.

Bei der Zubereitung von Polentaklößen (Klößen aus Mais-

grieß) wird dagegen nur die Butter aufgeschäumt, dann Grieß hinzugefügt und dann erst Flüssigkeit beigegeben.
Tip: Wichtig ist, daß bei der Zubereitung der Grieß ausgekocht wird, da dieser dadurch an Bindung verliert und beim Garen nicht mehr nachbindet.

GRIESSKLÖSSE

Arbeitsaufwand **30 Minuten**
Garzeit **12 Minuten**

Zutaten für 4 Portionen:
2 Scheiben Toastbrot
4 dl Milch
20 g Butter
Salz, geriebene Muskatnuß
100 g Weizengrieß
2 Eier
1 1/2 EL zerlassene Butter

Das Toastbrot in kleine Würfel schneiden und in einer trockenen Pfanne unter mehrmaligem Schwenken goldbraun rösten. Die Milch mit der Butter aufkochen, mit Salz und Muskatnuß abschmecken. Den Grieß unter Rühren mit einem Holzlöffel einlaufen lassen und so lange kochen, bis die Masse einen Kloß bildet. Normalerweise reichen etwa 6 bis 8 Minuten, genauere Angaben finden sich normalerweise auf der Verpackung von Grieß.

Die Eier verquirlen und löffelweise unterrühren. Die Weißbrotwürfel hinzugeben und unterarbeiten.

Mit feuchten Händen oder einem in Wasser getauchten Eßlöffel Klöße formen. Diese in siedendem Salzwasser 10 bis 12 Minuten lang garziehen lassen. Die Grießklöße aus dem Wasser nehmen, abtropfen lassen, anrichten und mit der Butter bestreichen.

POLENTAKLÖSSE

Arbeitsaufwand **35 Minuten**
Garzeit **15 Minuten**

Zutaten für 4 Portionen:
25 g Butter
100 g Maisgrieß (2-Minuten-Polenta)
4 dl Brühe (> Seite 548)
Salz, geriebene Muskatnuß
2 Eigelb
2 EL feine Zwiebelwürfel (> Seite 257)
2 EL feine Schinkenwürfel
1 1/2 EL Butter
1 EL Schnittlauchröllchen
2 Eiweiß

Die Butter aufschäumen lassen, den Maisgrieß einrieseln lassen und goldgelb rösten.
Die Brühe hinzugießen, mit Salz und Muskatnuß abschmecken. Unter Rühren mit einem Holzlöffel 6 bis 8 Minuten lang kochen, bis die Masse einen Kloß bildet.

Die Eigelbe unter die heiße Masse rühren. Die Zwiebel- und Schinkenwürfel in der Butter dünsten. Zusammen mit dem Schnittlauch unter die Polenta mischen. Das Eiweiß mit wenig Salz zu steifem Schnee schlagen und unter die Polenta ziehen.

Mit einem in Wasser getauchten Eßlöffel Klöße abstechen und in siedendem Salzwasser etwa 12 Minuten lang garziehen lassen.
Tips: Die Grieß- oder Polentaklöße können sowohl mit Milch, Milchwasser (halb Milch, halb Wasser) oder mit Brühe zubereitet werden.
▶ Die Klöße können als Beilage, als eigenständige Gerichte oder, mit Käse überbacken, als warme Vorspeise serviert werden.

Mehl- und Hefeklösse

Vorzüge
Mit Hefe zubereitet, werden die Klöße besonders locker und haben im Inneren eine wattig-wollige Konsistenz. Mehlklöße sind etwas kompakter. Beide Kloßarten verbinden sich beim Essen sehr gut mit Flüssigkeiten und können sowohl zu salzigen Gerichten, aber auch mit einer Kompottbeilage aus frischen oder gedörrten Früchten serviert werden.

Mehl bindet zwar auch ohne Zugabe von Bindemitteln, wie man es von der Zubereitung von Nudeln her weiß. Dort gilt der so erzielte »Biß« sogar als Qualitätsmerkmal. Bei Klößen darf auf die Zugabe etwa von Ei aber nicht verzichtet werden, weil sie sonst ungenießbar würden.

Hefeklöße erhalten ihre besonders lockere Konsistenz durch das bei der Gärung entstehende Gas (Kohlendioxyd). Um auch Mehlklöße etwas lockerer zu machen, können Brot oder Semmelwürfel unter die Masse gemischt werden. Ganz so flaumig wie Hefeklöße werden sie aber auch dadurch nicht.

Bei Hefeklößen ist es besonders wichtig, sich an die vorgegebene Rezeptur zu halten. Vor allem die Gärungszeiten müssen genau eingehalten werden. Im Zweifelsfall sollte die Gärung eher früher als später unterbrochen werden, da Übergären eher die Qualität beeinträchtigt als eine zu kurze Gärung. Da die Klöße beim Garen keine Kruste, sondern nur eine Haut bilden, können sie während des Garens noch nachgären.

Hefeklöße werden in gesalzenem, siedendem Wasser gekocht. Besonders locker geraten sie, wenn sie in einem mit einem Tuch bespannten Topf zugedeckt über Dampf gegart werden.

Tips: Bei den Hefeklößen sollte die Gärtemperatur 35 Grad Celsius nicht überschreiten.

▶ Hefeteig kann auch im Kühlschrank gären, das macht ihn besonders feinporig. Auf diese Weise läßt sich der Teig auch schon im voraus zubereiten. Der Hefeteig sollte mit einem feuchten Tuch abgedeckt werden, damit die Oberfläche nicht zu stark abtrocknet.

▶ Um festzustellen, ob die Klöße gar sind, steckt man einen dünnen Holzspieß durch die Mitte eines Kloßes. Bleibt beim Herausziehen noch Teig haften, sind die Klöße noch nicht gar. Ist der Holzspieß frei von Teigresten, sind die Klöße fertig.

Mehlklösse

Arbeitsaufwand 35–40 Minuten
Garzeit 20 Minuten

Zutaten für 4–5 Portionen:
2 Scheiben altbackenes Weißbrot
60 g Butter
250 g Weizenmehl (Type 405)
2 dl Milch
2 Eier
Salz, geriebene Muskatnuß
2–3 EL Butter
2 EL Semmelbrösel

Das Weißbrot in kleine Würfel schneiden. Die Hälfte der Butter in einer Bratpfanne hellbraun werden lassen und die Brotwürfel darin goldgelb rösten. Zum Auskühlen beiseite stellen.

Die restliche Butter schmelzen. Das Mehl in eine Schüssel sieben und mit der Butter mischen. Die Milch und die Eier unterrühren. Mit Salz und Muskatnuß abschmecken. Die Masse schlagen, bis sie glatt ist und Blasen wirft. Die Brotwürfel untermischen und zugedeckt etwa 60 Minuten lang ruhen lassen.

Salzwasser zum Kochen bringen. Die Kloßmasse mit einem in Wasser getauchten Eßlöffel zu eiförmigen Stücken abstechen, in das Wasser geben und etwa 20 Minuten lang ziehen lassen. Die an der Oberfläche schwimmenden gegarten Klöße mit einem Schaumlöffel (> Handliche Küchenhelfer, Seite 171) herausnehmen, abtropfen lassen und anrichten.

Die Butter hellbraun werden lassen, die Semmelbrösel hinzufügen, leicht rösten und über die Klöße verteilen.

Hefeklösse

Arbeitsaufwand 40–45 Minuten
Garzeit 25 Minuten

Zutaten für 4–5 Portionen:
375 g Weizenmehl (Type 405)
30 g Hefe
1,7 dl Milch
50 g Butter
1 Ei
1/2 TL Zucker
Salz, geriebene Muskatnuß
Mehl zum Bearbeiten der Klöße

Das Mehl in eine Schüssel sieben, in die Mitte eine Vertiefung drücken und die Hefe hineinbröckeln.

Die Milch erwärmen, die Butter zerlassen und mit dem Ei mischen.

Den Zucker und die Milch zum Mehl und der Hefe geben. Die Hefe in der Milch auflösen.

Die Butter-Eimischung, Salz und Muskatnuß hinzugeben und zu einem glatten Teig zusammenarbeiten. Den Hefeteig schlagen, bis er Blasen wirft. Mit einem Tuch abdecken und etwa 25 Minuten lang gehen lassen. Der Teig sollte während dieser Zeit sein Volumen etwa verdoppeln.

Den Teig zusammenschlagen und auf einer bemehlten Arbeitsfläche zu Walzen von etwa 5 Zentimeter Durchmesser ausrollen. Ein Holzbrett mit Mehl bestäuben. Von den Hefeteigrollen 30 bis 40 Gramm schwere Stücke abschneiden. Mit bemehlten Händen zu Kugeln formen und auf das Brett setzen. Mit einem Tuch bedecken und nochmals gehen lassen, bis sie ihr Volumen fast verdoppelt haben.

Gesalzenes Wasser zum Kochen bringen, die Hefeklöße einlegen und zugedeckt etwa 12 Minuten lang ziehen lassen. Die Klöße wenden und weitere 12 Minuten lang fertiggaren.

Die gegarten Klöße mit einem Schaumlöffel (> Seite 171) aus dem Wasser nehmen, auf einem Tuch abtropfen lassen und anrichten.

Tip: Die Hefeklöße können mit in Butter gerösteten kleinen Weißbrotwürfeln bestreut werden. Sollen sie mit Kompott serviert werden, kann man Semmelbrösel mit etwas Zucker in Butter rösten und über die Klöße verteilen.

Nocken aus Brandmasse

Vorzüge
Produkte aus Brandmasse sind sehr leicht, locker und luftig. Profiteroles (Windbeutel) können gebacken werden, Nocken oder Schwemmklößchen werden in Flüssigkeit gegart.

Die Brand- oder Brühmasse wird oft fälschlicherweise als Teig bezeichnet. Teige können geknetet und ausgerollt werden, Massen nicht.

Zur Herstellung der Brandmasse werden die Ingredienzen so lange gekocht und gerührt, bis die Masse einen Kloß und am Topfboden einen weißen Belag bildet. Diesen Vorgang nennt man abbrennen, daher auch der Name.

Tips: Zu kleinen Klößchen geformt, lassen sich Nocken aus Brandmasse auch als Einlage für klare Suppen verwenden.

▶ Mischt man unter die Brandmasse geriebenen Käse, so erhält man Käsenocken, die sowohl als Beilage wie auch als Suppeneinlage verwendet werden können.

Käsenocken

Arbeitsaufwand 30 Minuten
Garzeit 8 Minuten

Zutaten für 4 Portionen:
2,5 dl Milch
50 g Butter
Salz, geriebene Muskatnuß
125 g Weizenmehl (Type 405)
3 Eier
70 g geriebener Emmentaler (> Seite 324)
2 EL geriebener Emmentaler zum Bestreuen
1 1/2 EL Butter

Die Milch und die Butter in eine Kasserolle geben. Mit Salz und Muskatnuß abschmecken und zum Kochen bringen.
Das Mehl auf einen Bogen Pergamentpapier sieben. Wenn die Milch kocht und die Butter geschmolzen ist, die Kasserolle vom Herd nehmen. Das Mehl auf einmal hineinschütten und mit einem Holzlöffel glattrühren. Wieder zurück auf den Herd stellen und unter ständigem Rühren kochen, bis die Masse einen Kloß und am Boden einen Belag bildet.

Die Brandmasse in eine Schüssel geben und mit einem Holzlöffel ein Ei nach dem anderen sorgfältig unterarbeiten.

Den Käse untermischen und leicht gesalzenes Wasser zum Kochen bringen.

Mit einem Eßlöffel Nocken abstechen und in das siedende Wasser geben. Nicht kochen – nur ziehen lassen. Die Garzeit beträgt etwa 8 Minuten. Mit einem Schaumlöffel (> Seite 171) herausnehmen und abtropfen lassen.

Die Nocken anrichten und mit dem Käse bestreuen. Die Butter in einer Bratpfanne goldbraun werden lassen und über die Nocken träufeln.

Tips: Pariser Nocken werden wie Käsenocken zubereitet und nach dem Anrichten mit einer dünnen Béchamelsauce (> Seite 567) übergossen, mit geriebenem Käse (1 Eßlöffel) und geriebenem Weißbrot (2 Eßlöffel) bestreut, mit zerlassener Butter beträufelt und unter der heißen Grillschlange überbacken. Pariser Nocken können als Beilage, aber auch als fleischloser Hauptgang oder als warme Vorspeise serviert werden.

▶ Als Beilage zu gebratenen Steaks oder Schnitzeln, gebratenem Schweinekamm oder gebratener Lammkeule mit Tomatensauce servieren.

Römische Nocken

Vorzüge
Römische Nocken haben einen ausgeprägten Geschmack, insbesondere dann, wenn zur Herstellung Mais- statt Weizengrieß verwendet wird. Sie können sowohl als Beilage wie auch als fleischloses Hauptgericht oder als warme Vorspeise serviert werden.

Die etwa 2 Zentimeter hohe glattgestrichene Nockenmasse läßt sich in Rechtecke, Quadrate oder Rauten schneiden. Praktischer sind Ausstecher, mit denen runde, ovale oder halbmondartige Formen erzielt werden können.

Überbacken werden die Nocken in einem feuerfesten Geschirr im vorgeheizten Backofen bei etwa 220 Grad Celsius.

Tip: Römische Nocken können zu Kalbs- oder Geflügelschnitzeln in Marsala- oder Tomatensauce und zu Fleisch-, Fisch- oder Geflügelpiccata im Kräutermantel serviert werden.

***

Römische Nocken

***

Arbeitsaufwand 30 Minuten
Garzeit 6–8 Minuten

Zutaten für 4 Portionen:
5 dl Milch
40 g Butter
Salz, geriebene Muskatnuß
80 g Hartweizen- oder Maisgrieß
1 Ei
2 Eigelb
Öl zum Bestreichen
50 g geriebener Sbrinz (> Seite 326) oder Parmesan (> Seite 325)
1 1/2 EL Butter

Die Milch und die Butter in eine Kasserolle geben. Mit Salz sowie Muskatnuß abschmecken und zum Kochen bringen. Wenn die Milch kocht und die Butter geschmolzen ist, den Grieß einlaufen lassen und unter Rühren mit einem Holzlöffel 6 bis 8 Minuten lang (Angaben auf der Grießverpackung beachten) kochen lassen. Vom Herd nehmen und zuerst das Ei und dann die Eigelbe unterarbeiten. Unter ständigem Rühren kräftig durchkochen.

Ein flaches Gefäß oder ein Blech mit Öl bestreichen und die Grießmasse daraufgießen. Etwa 2 Zentimeter hoch glattstreichen, mit dem Käse bestreuen und erkalten lassen. Den Backofen auf etwa 220 Grad Celsius vorheizen.

Die Grießmasse in verschobene Rechtecke schneiden. Die Butter zerlassen und mit einem Teil davon ein feuerfestes Geschirr ausstreichen. Die Nocken hineinsetzen und mit der restlichen Butter beträufeln.

Im Backofen etwa 8 bis 10 Minuten lang überbacken.

Nudeln zubereiten

Nudeln sind ausgezeichnete Begleiter zu Saucengerichten, können aber auch als Vorspeise und als Hauptgericht serviert werden. Mit Tomaten oder Käse gemischt oder, ganz exquisit, mit feingehobelten Trüffeln bestreut, lassen sich aus Nudeln zahllose delikate Gerichte zubereiten.

Die Stärke und Dicke der Nudeln sind entscheidend für ihre Geschmacksintensität, den Biß und die Aufnahmefähigkeit von Saucen. So können Nudeln in Spaghettistärke, hohle oder gedrehte Nudeln besonders viel Sauce aufnehmen. Bandnudeln zeigen trotz ihres zarten Geschmackes beim Essen Bißfestigkeit.

Zur Zubereitung hausgemachter Nudeln kann Hartweizen-, Weizen- oder Instantmehl verwendet werden. Bei der Verwendung von Vollkornmehl kann den übrigen Zutaten – Eigelben oder Eiern, Salz und Öl – auch noch Wasser hinzugefügt werden.

Der Nudelteig wird am besten zu einem flachen Rechteck geformt, in Klarsichtfolie eingepackt und sollte dann vor der Weiterverarbeitung etwa 50 Minuten lang ruhen. Zum Ausrollen des Teiges kann ein einfaches Rollholz (Nudelholz) verwendet werden.

Gekocht werden Nudeln in gesalzenem Wasser, wobei 1 Liter Flüssigkeit für je 100 Gramm Nudeln benötigt wird. Um ein Überkochen und das Zusammenkleben der Teigwaren zu verhindern, sollte das Wasser mit etwas Öl versetzt werden.

Werden die Nudeln sofort serviert, wird etwas Butter untergemischt und mit Salz und Muskatnuß abgeschmeckt. Sollen die Nudeln erst zu einem späteren Zeitpunkt serviert werden, werden sie in reichlich kaltem Wasser abgeschreckt, nach dem Abtropfen mit einem feuchten Tuch bedeckt und kühl aufbewahrt.

Tip: Nudeln, die zum Trocknen ausgebreitet werden, dürfen nicht übereinanderliegen. Wenn sie nicht an allen Stellen richtig durchtrocknen, könnte sich Schimmel bilden.

Hausgemachte Nudeln

Arbeitsaufwand 30 Minuten
Ruhezeit 50–60 Minuten
Garzeit 40–60 Sekunden

Zutaten für 4 Portionen:
200 g Weizenmehl (Type 405)
2 Eier
1/2 TL Salz
1–2 EL Olivenöl
Mehl zum Ausrollen
Salz und Öl zum Kochen

Das Mehl auf eine Arbeitsfläche sieben und in die Mitte eine Mulde drücken. Die Eier, das Salz und das Öl hineingeben. Die Zutaten von innen nach außen zusammenmischen und kneten, bis ein glatter und geschmeidiger Teig entsteht.

Den Nudelteig zu einem flachen Rechteck formen, in Klarsichtfolie einwickeln und etwa 50 Minuten lang ruhen lassen.

Eine Arbeitsfläche oder ein Nudelbrett dünn mit Mehl bestäuben. Den Teig mit einem Rollholz (Nudelholz) dünn ausrollen und in Streifen in der gewünschten Breite und Länge schneiden.

In reichlich gesalzenes Wasser Öl geben und zum Kochen bringen. Die Nudeln hineingeben und 40 bis 60 Sekunden lang kochen, abgießen, in kaltem Wasser abschrecken und abtropfen lassen.

Tips: Zum späteren Erwärmen der Nudeln etwas Nudelkochwasser aufbewahren.

▶ Nudeln können auch mit Vollkornmehl zubereitet werden, dann sollten noch 1 bis 2 Eßlöffel kaltes Wasser hinzugefügt werden. Die Ruhezeit würde sich dann um etwa 30 Minuten verlängern, da Vollkornmehl durch den hohen Ballaststoffanteil wesentlich länger zum Ausquellen benötigt.

▶ Zur Zubereitung von gelben Nudeln kann das vorher beschriebene Grundrezept verwendet werden. Bevor die Zutaten miteinander gemischt werden, ein Briefchen Safranpulver oder soviel Gelbwurzpulver (Kurkuma) unterarbeiten, bis der Nudelteig die gewünschte Färbung erreicht hat. Die weitere Verarbeitung ist mit dem Rezept identisch.

Grüne Nudeln

Arbeitsaufwand 45 Minuten
Ruhezeit 50 Minuten
Garzeit 40–60 Sekunden

Zutaten für 4 Portionen:
200 g Weizenmehl (Type 405)
1 Ei
2 Eigelb
1 EL Spinatmatte (> Seite 486)
1/2 TL Salz
1 EL Olivenöl
Mehl zum Ausrollen
Salz und Öl zum Kochen

Das Mehl sieben und ringförmig aufhäufen. In die Mitte das Ei, die Eigelbe, die Spinatmatte, das Salz und das Olivenöl geben. Sorgfältig zusammenarbeiten und so lange kneten, bis der Teig glatt und geschmeidig ist. Zu einem flachen Rechteck formen, in Klarsichtfolie einwickeln und etwa 50 Minuten lang ruhen lassen.

Eine Arbeitsfläche mit wenig Mehl bestäuben, den Nudelteig dünn ausrollen und in schmale Streifen schneiden.

In reichlich kochendes Salzwasser etwas Öl und die Nudeln geben. In 40 bis 60 Sekunden »al dente » kochen und abgießen.

Spinatmatte

Arbeitsaufwand 25 Minuten

Zutaten für etwa 20–30 g Spinatmatte:
300 g frischer Blattspinat (> Seite 253)
3–4 EL Wasser

Den Blattspinat putzen und waschen. Einige wenige Spinatblätter mit einem Teil des Wassers in einer Küchenmaschine oder einem Mixer fein pürieren. Nach und nach die restlichen Spinatblätter und das restliche Wasser hinzufügen und fein zerkleinern.

Den pürierten Spinat in ein Passiertuch oder in ein sauberes weißes Baumwolltuch geben, den Saft ausdrücken und in einer Edelstahlschüssel auffangen.

Die Schüssel mit dem Spinatsaft in einen Topf mit heißem Wasser setzen. Den Spinatsaft auf etwa 70 bis 75 Grad Celsius erwärmen. Mit einem sehr feinen Teesieb die Spinatmatte abschöpfen und gut abtropfen lassen.

Tips: Mit der Spinatmatte können Suppen, Saucen, Farcen, Mousse und Desserts geschmacksneutral gefärbt werden.

▶ Bei der Gewinnung der Spinatmatte darf die Temperatur 75 Grad Celsius nicht übersteigen, sonst gerinnt das im Chlorophyll enthaltene Eiweiß zu stark, bildet Kügelchen, und die Spinatmatte färbt dann nicht mehr gleichmäßig.

❊❊❊

Schwarze Nudeln

❊❊❊

Arbeitsaufwand 30 Minuten
Ruhezeit 50 Minuten
Garzeit 40–60 Sekunden

Zutaten für 4 Portionen:
200 g Weizenmehl
1 Ei
1 Eigelb
1 EL Sepia-Tinte
1/2 TL Salz
1 EL Olivenöl
Weizenmehl zum Ausrollen
Salz und Öl zum Kochen
1 EL Butter

Das Weizenmehl sieben, ringförmig aufhäufen und die anderen Zutaten in die Mitte geben. Zu einem glatten, geschmeidigen Teig zusammenarbeiten und zu einem flachen Rechteck formen. In Klarsichtfolie einwickeln und etwa 50 Minuten lang ruhen lassen.

Den Nudelteig dünn ausrollen und in die gewünschte Form schneiden. Das Öl und die Nudeln in reichlich kochendes Salzwasser geben und 40 bis 60 Sekunden lang kochen. Auf ein Sieb geben und abtropfen lassen. Die Nudeln mit der Butter mischen, abschmecken und anrichten.

❊❊❊

Rote Nudeln

❊❊❊

Arbeitsaufwand 30 Minuten
Ruhezeit 50 Minuten
Garzeit 40–60 Sekunden

Zutaten für 4 Portionen:
200 g Weizenmehl (Type 405)
1 Ei
2 EL doppelt konzentriertes Tomatenmark
1/2 TL Salz
1 EL Olivenöl
Weizenmehl zum Ausrollen
Salz und Öl zum Kochen
1 EL Butter

Das Mehl sieben, mit dem Ei, dem Tomatenmark, dem Salz und dem Olivenöl zusammenarbeiten. Den Teig kneten, bis er glatt und geschmeidig ist. Zu einem flachen Rechteck formen, in Klarsichtfolie einschlagen und etwa 50 Minuten lang ruhen lassen.

Den Nudelteig dünn ausrollen und in Streifen schneiden. Reichlich Salzwasser mit dem Öl zum Kochen bringen, die Nudeln hineingeben und 40 bis 60 Sekunden lang kochen. Abgießen und abtropfen lassen. Mit der Butter mischen, abschmecken und heiß servieren.

Tips: Sollte der Teig zu feucht sein, noch Mehl unterarbeiten, bis er trocken ist.

▶ Anstatt des Tomatenmarks können auch 1 bis 2 Eßlöffel Paprikapulver und eventuell ein Eigelb oder 1 bis 2 Eßlöffel Wasser hinzugefügt werden.

Gemüse zubereiten

In der europäischen Küche werden die verschiedenen Gemüsearten wegen ihres hohen Wassergehaltes vorwiegend in feuchten Garverfahren zubereitet. Die schonendste Garmachungsart ist das Dünsten. Man kann Gemüse aber auch schwimmend in Fett ausbacken, braten oder durch Pfannenrühren zubereiten – ein in Asien gebräuchliches Verfahren, das sich auch in Europa zunehmender Beliebtheit erfreut.

Einige Gemüsearten wie Knollensellerie oder Rote Bete können in der Schale gekocht und erst anschließend geschält werden. Dabei werden Aroma- und Mineralstoffe geschont. Bei der Roten Bete verhindert die Schale zusätzlich noch das »Ausbluten«.

Wichtig ist vor allem, daß für jedes Gemüse die richtige Garmethode gewählt wird: Zarte Gemüse wie Blumenkohl, Brokkoli, Spargel und Zuckerschoten sollten nicht geschmort werden. Fast alle Gemüse können dagegen gekocht oder im Dampf gegart werden. Lediglich Blattkohlarten und Auberginen sind besser zum Dünsten oder zum Schmoren geeignet; die Auberginen eignen sich darüber hinaus auch zum Ausbacken und Braten.

Zur besseren Farberhaltung werden grüne Gemüsearten in leicht gesalzenem Wasser überbrüht und anschließend in eiskaltem Salzwasser abgeschreckt. Auch zarte Gemüsesorten sollten in reichlich Wasser gegart werden, damit diese gleichmäßig weich werden und die Struktur beim Kochen nicht zerstört wird.

Zum Dünsten, Glasieren und Schmoren von Gemüse sollte möglichst wenig Flüssigkeit verwendet werden. Es empfiehlt sich, das Gemüse zugedeckt schnell aufzukochen und bei geringer Hitzezufuhr fertigzugaren.

Blanchieren
(Überbrühen)

Vorzüge
Mit dem Überbrühen kann Gemüse in einen verarbeitungsfähigen Zustand gebracht werden; Kohl oder Lauch etwa werden so zum Füllen vorbereitet. Grünes Gemüse wird überbrüht, um die Farbe zu erhalten; durch das Überbrühen werden aber auch schädliche Inhaltsstoffe entfernt, die Blähwirkung von Kohl verringert, und die Haut von Tomaten läßt sich leichter abziehen.

Überbrüht wird Gemüse mit kochendem Salzwasser in möglichst kleinen Mengen, damit es schnell geht und nicht zu viele Inhaltsstoffe ausgelaugt werden. Das Überbrühen dauert einige Sekunden, bei Kohlarten, insbesondere bei den festeren Herbstsorten, bis zu 2 Minuten.

Stark verschmutzte Gemüse sollten schon aus hygienischen Gründen überbrüht werden, bei Gemüse mit strengen oder bitteren Geschmacksstoffen wie Wirsing (> Seite 255) oder Chicorée (> Seite 231) empfiehlt sich das auch aus geschmacklichen Gründen. Gemüse zum Einfrieren wird nach dem Putzen und Waschen überbrüht, um die Enzyme zu zerstören, die bei der Tiefkühllagerung Vitamine abbauen und andere Inhaltsstoffe verändern. Je nach Gemüseart sollte 2 bis 4 Minuten lang blanchiert werden.

Tips: Gemüse sollte nur dann überbrüht werden, wenn es unbedingt nötig ist, da durch das Blanchieren 15 bis 45 Prozent der Vitamine und Mineralstoffe verlorengehen. Bei nitratreichen Gemüsearten sollte das Brühwasser weggegossen werden, weil es Nitratrückstände enthält.

▶ Nach dem Blanchieren das Gemüse sofort in Eiswasser geben und herausnehmen, sobald es erkaltet ist.

Braten

Vorzüge
Braten ist eine sehr rasche Zubereitungsart. Da der im Gemüse vorhandene Zucker beim Braten karamelisiert, werden die Gerichte besonders schmackhaft. Röststoffe verleihen dem Gargut zusätzlich ein angenehmes Aroma. Da Hitze und Fett die Zellen rasch schließen, werden beim Braten keine Inhaltsstoffe ausgelaugt.

Gemüse wie Artischockenböden, Knollen- und Staudensellerie, Auberginen- und Zucchinischeiben, aber auch Pilze können naturell, in Mehl gewendet oder paniert in Butter oder Pflanzenfett gebraten werden.

Panierte Gemüse oder Pilze müssen in leicht gesalzenem Wasser vorgegart werden.

Tips: Zum Braten von Gemüsen sind beschichtete Pfannen (> Seite 182), Chromstahl- (> Seite 177) oder handgeschmiedete Eisenpfannen (> Seite 180) geeignet.

▶ Bei Gasöfen mit offener Flamme sollten die Bratpfannen ohne Fett erhitzt werden, um ein Verharzen des Fettes am Pfannenrand zu vermeiden.

Gebratene Artischockenböden

Arbeitsaufwand 40 Minuten
Bratzeit 4 Minuten

Zutaten für 4 Portionen:
4 große oder 6–8 mittelgroße Artischocken (> Seite 227)
Saft von einer Zitrone
Salz, frisch gemahlener weißer Pfeffer
2 EL Butterschmalz
1 EL gehackte Petersilie

Von den Artischocken die Stiele abbrechen, nicht abschneiden, da sonst die Fäden in den Artischockenböden verbleiben. Alle Blätter von den Artischockenböden entfernen. Die Staubgefäße mit einem scharfen Löffel oder Kartoffelausstecher herausschaben. Das Innere des Bodens sorgfältig auskratzen. Die harten Blattreste mit einem kleinen, scharfen Messer vom Boden abschneiden.

Die Artischockenböden sofort in Zitronenwasser legen, um ein Braunwerden durch Sauerstoff zu vermeiden.

Die Artischockenböden trockentupfen und in dünne Scheiben schneiden.

Die Bratpfanne erhitzen, das Butterschmalz in die Pfanne geben. Die Artischockenscheiben salzen und pfeffern, unter Schwenken 3 bis 4 Minuten lang braten. Zum Abtropfen auf ein Sieb geben. Anrichten und mit der Petersilie bestreuen.

Tip: Die gebratenen Artischockenböden können als Beilage zu Fisch, Fleisch und Geflügel serviert werden.

Dämpfen ohne Druck

Vorzüge
Da das Gemüse während des Garens nicht mit Flüssigkeit in Berührung kommt, werden nur wenig Mineralstoffe und Vitamine ausgeschwemmt. Zum Dämpfen ohne Druck eignen sich besonders zarte Gemüse mit einer relativ kurzen Gardauer wie Blumenkohl, Brokkoli, Erbsen, Fenchel, Karotten, geschnittener Sellerie und Rosenkohl.

Das Garmachen von Gemüse durch Wasserdampf ist eine besonders schonende Art der Zubereitung. Die zum Dämpfen benötigte Flüssigkeit beträgt etwa 15 Prozent des Gargutes. Gedämpft wird bei etwa 100 Grad Celsius.

Tips: Gedämpft wird in einem Topf mit passendem Siebaufsatz und gut schließendem Deckel.

▶ Grüne Gemüse verlieren beim Dämpfen ihre Farbe.

Dämpfen mit Druck

Vorzüge
Für Gemüse mit einer langen Garzeit, wie Rote Bete, Knollensellerie, Kohlrabi, gelbe und weiße Rüben, die im ganzen zubereitet werden, ist das Dämpfen unter Druck ideal, weil durch einen Schnellkochtopf die Garzeit um bis zu zwei Drittel reduziert wird.

Gedämpft wird in hermetisch verschließbaren Töpfen mit Siebeinsatz. Der Druck und die hohen Temperaturen bis 120 Grad Celsius reduzieren die Garzeit. Moderne Dampfdruck- oder Schnellkochtöpfe (> Seite 183) verfügen über eine Schonstufe, bei der die Gartemperatur maximal knapp 110 Grad Celsius erreicht. Dadurch werden weniger Vitamine zerstört, als das bei älteren Modellen der Fall ist.

Tips: Die vom Drucktopfhersteller angegebenen Garzeiten sollten auf jeden Fall eingehalten werden, um ein Übergaren, besonders bei zarten Gemüsen, zu vermeiden.

▶ Das zum Dämpfen vorbereitete Gemüse sollte ungefähr die gleiche Größe haben. Sonst besteht die Gefahr, daß die kleinen Stücke verkochen, während größere Stücke noch hart sind.

▶ Den Dampfdruck- oder Schnellkochtopf nicht unter kaltem Wasser abschrecken, da Gemüse, besonders Pellkartoffeln, sonst leicht platzen.

▶ Um Unfälle zu vermeiden, muß die in der Gebrauchsanweisung vorgeschriebe Einfüllhöhe unbedingt eingehalten werden.

Gedämpfter Blumenkohl

Arbeitsaufwand 15 Minuten
Garzeit 20 Minuten

Zutaten für 4 Portionen:
1 kg Blumenkohl (> Seite 229)
Salz
1,5 dl Wasser

Vom Blumenkohl die noch vorhandenen Blätter entfernen. Den Blumenkohl waschen und einige Minuten lang mit den Röschen nach unten in Salzwasser legen, damit eventuell vorhandene Kleintiere und Raupen aus dem Blumenkohl herauskriechen können.

Den Blumenkohl mit dem Strunk nach unten in den Siebaufsatz legen. Sparsam salzen. Das heiße Wasser in den Topf gießen, den Siebaufsatz aufsetzen und zudecken. Schnell aufkochen und die Temperatur zurückschalten. Den Blumenkohl etwa 20 Minuten lang dämpfen.

Tip: Im Schnellkochtopf (> Seite 183) beträgt die Garzeit etwa 4 bis 6 Minuten, unzerteilt dauert es etwa doppelt so lang.

Dünsten

Vorzüge
Der Eigengeschmack des Gemüses wird beim Dünsten durch die geringe Flüssigkeitszugabe besonders positiv beeinflußt.

Zarte, kleinere Gemüse, wie Bohnen, Erbsen, Karotten, Okra oder Gurken werden am Herd bei geringer Hitze gar gedünstet. Chicorée, Fenchel oder Kohl werden zuerst ohne Flüssigkeit auf dem Herd angeschwitzt und danach im Backofen bei Temperaturen von 180 bis 200 Grad Celsius oder mit wenig Flüssigkeit im fest geschlossenen Topf am Herd fertiggedünstet.

Nach dem Garen sollte bei beiden Garmethoden kaum noch Dünstfond vorhanden sein. So bleiben der typische Geschmack und die Inhaltsstoffe der Gemüse weitgehend erhalten.

Tips: Zum Dünsten einen flachen, gut schließenden Topf oder ein feuerfestes Geschirr mit Deckel verwenden.

▶ Wird grünes Gemüse zugedeckt gedünstet, verliert es seine Farbe – den Deckel daher besser erst nach etwa fünf Minuten Garzeit aufsetzen. Grünes Gemüse kann vor dem Dünsten zur Farberhaltung kurz überbrüht (> Seite 489) und in kaltem Wasser abgeschreckt werden.

▶ Butter und Margarine können beim Dünsten von Chicorée und Fenchel durch kleingeschnittenen Kalbstalg ersetzt werden.

Gedünsteter Chicorée

Arbeitsaufwand 30 Minuten
Garzeit 35 Minuten

Zutaten für 4 Portionen:
1 EL Butter
1 mittelgroße Karotte (> Seite 243)
1 mittelgroße Zwiebel (> Seite 257)
6 zerdrückte weiße Pfefferkörner
8 zerdrückte Wacholderbeeren
4 große Chicorée (> Seite 231)
1 EL Zitronensaft
1 TL Salz
1/2 TL Zucker
1 dl Wasser oder Brühe

Den Backofen auf 180 bis 200 Grad Celsius vorheizen. Einen breiten, flachen Topf oder ein feuerfestes Geschirr mit der Butter ausstreichen. Die Karotte und die Zwiebel schälen und in etwa 5 Millimeter dicke Scheiben schneiden, auf den Boden des Topfes legen und die Pfefferkörner und Wacholderbeeren darüberstreuen.

Vom Chicorée die äußeren Blätter entfernen. Den Strunk (enthält Bitterstoffe) mit einem spitzen Messer kegelförmig herausschneiden.

Den Chicorée waschen und das Wasser ausschütteln. In den Topf legen und mit dem Zitronensaft beträufeln. Mit dem Salz und dem Zucker bestreuen. Das Wasser oder die Brühe über den Chicorée gießen und mit bebuttertem Pergamentpapier belegen. Zudecken und auf dem Herd aufkochen, im vorgeheizten Backofen 30 bis 35 Minuten lang dünsten.

Den gedünsteten Chicorée quer halbieren und die noch vorhandenen Strunkreste wegschneiden. Die einzelnen Chicoréehälften in der Mitte der Schnittflächen mit einem Messerrücken leicht eindrücken. An dieser Stelle zusammenfalten und anrichten.

FRITIEREN (AUSBACKEN)

Vorzüge
Fritieren verleiht allen Gemüsesorten eine knusprige Hülle und macht sie besonders schmackhaft. Gemüse zum Ausbacken läßt sich hervorragend vorbereiten, so daß die Zubereitung praktisch in letzter Minute erfolgen kann.

Gemüse können roh oder vorgegart ausgebacken werden. Zum Roh-Ausbacken eignen sich Auberginen, Zucchini, Tomaten und Kartoffeln.

Artischockenböden, Blumenkohl, Brokkoli, Spargel, Kohlrabi, Knollen- und Staudensellerie, Schwarzwurzeln und Gemüsefenchel sollten vor dem Ausbacken vorgegart werden.

Kalorienbewußte sollten bedenken, daß gebackenes Gemüse viel Fett enthält. Es ist außerdem schwerer verdaulich als gedünstetes oder gekochtes Gemüse.

Tips: Gemüse vor dem Ausbacken sorgfältig trockentupfen. Bei feuchtem Gemüse kann sich während des Ausbackens die Backhülle lösen. Kommt zuviel Feuchtigkeit in die Friteuse (> Seite 154), kann dies zum Überschäumen des Fettes führen.

▶ Ausgebackenes Gemüse sollte sofort serviert und nicht zugedeckt werden, da durch die Dampfentwicklung die knusprige Backhülle weich wird.

▶ Nicht zuviel Gemüse auf einmal in das Fettbad geben, damit eine zu starke Abkühlung vermieden wird. Sonst saugt das Fritiergut viel Fett auf und wird schwer verdaulich.

▶ Fett oder Öl müssen gewissenhaft an den von den Gemeinden dafür vorgesehenen Stellen entsorgt werden, damit sie nicht ins Grundwasser gelangen und die Trinkwasserversorgung gefährden.

GEBACKENE AUBERGINEN

Arbeitsaufwand 15 Minuten
Ausbackzeit 2 Minuten

Zutaten für 4 Portionen:
1 große Aubergine (> Seite 228)
Salz
Curry- und Paprikapulver
3–4 EL Weizenmehl
Öl oder Fett zum Ausbacken

Die Friteuse (> Seite 154) oder einen mit Fritieröl gefüllten Topf mit passendem Drahteinsatz auf 160 Grad Celsius vorheizen. Die Aubergine waschen, in 5 Millimeter dicke Scheiben schneiden und mit Salz bestreuen. Nach 10 bis 15 Minuten die ausgetretene Flüssigkeit mit Küchenpapier abtupfen und die Auberginenscheiben leicht ausdrücken. Mit der Flüssigkeit werden der Aubergine Bitterstoffe, aber auch Mineralstoffe entzogen.

Die Auberginenscheiben mit Curry- und Paprikapulver würzen und im Mehl wenden. Im heißen Öl oder Fett 1 bis 2 Minuten lang ausbacken.

Die Auberginenscheiben auf einer saugfähigen Unterlage abtropfen lassen und sofort servieren.

Glasieren

Vorzüge
Durch das Glasieren bekommt Gemüse einen besonders schönen Glanz und ein ausgeprägtes Aroma. Alle festen Gemüse, wie Artischockenböden, Karotten, Rübchen, Schalotten, Sellerie, Kohlrabi, Perlzwiebeln, Schwarzwurzeln und Maronen, sind für diese Zubereitungsart geeignet.

Zum Glasieren wird kleines oder kleingeschnittenes Gemüse in Wasser gekocht, das mit Zucker und Butter versetzt wurde. Am Ende der Garzeit wird nochmals Butter zugegeben und das Gemüse unter Schwenken fertiggegart. Dadurch erhält es einen glänzenden und wohlschmeckenden Überzug.

Die Flüssigkeit sollte nie zu stark einkochen, da sich sonst die Butter vom Zucker trennt und das Gemüse unansehnlich wird.

Beim Glasieren von Maronen, Perlzwiebeln und Rübchen wird der Zucker zunächst leicht gebräunt. Dann erst werden Butter, Wasser und das Gemüse hinzugegeben.

Tips: Zum Glasieren sind Sauteusen (Schwenkkasserollen, > Seite 179) besonders gut geeignet, da sich in ihren gewölbten Seitenwänden das Gemüse leicht schwenken läßt.

▶ Die Gemüsestücke sollten von gleicher Größe sein, damit sie gleichmäßig garen.

❊❊❊

Glasierte Karotten

❊❊❊

Arbeitsaufwand **15–20 Minuten**
Garzeit **15 Minuten**

Zutaten für 4 Portionen:
800 g junge Karotten (> Seite 243)
40 g Butter
15 g Zucker
Salz
1 Prise geriebene Muskatnuß
1 EL gehacktes Karottenkraut oder Petersilie

Die Karotten schälen, waschen und in die gewünschte Größe und Form schneiden. Knapp mit Wasser bedecken, die Hälfte der Butter, den Zucker und das Salz hinzugeben. Mit Muskatnuß würzen und zugedeckt 12 bis 15 Minuten lang garen. Den Deckel entfernen, die restliche Butter hinzufügen und unter Schwenken fertiggaren.

Anrichten und mit Karottenkraut oder Petersilie bestreuen.

Kochen

Vorzüge
Beim Kochen bleibt grünes Gemüse auch wirklich grün. Außerdem läßt sich mit dieser Zubereitungsart selbst bei sehr zarten Gemüsesorten die Struktur erhalten. Durch die relativ langen Garzeiten gehen allerdings viele Vitamine und Mineralstoffe verloren, insbesondere dann, wenn das Gemüse geschnitten und das Kochwasser weggeschüttet wird.

Erbsen, Spinat und Zuckerschoten müssen in reichlich Wasser gekocht werden, damit sie ihre Farbe behalten. Zartes Gemüse wie Blumenkohl oder Brokkoli müssen ebenfalls mit viel Flüssigkeit angesetzt werden, um die zarte Struktur der Röschen nicht zu zerstören, die Stiele und den Strunk aber trotzdem weich zu bekommen. Große Gemüse wie Artischocken oder Spargel brauchen viel Wasser, damit alle Teile gleichmäßig gar werden.

Gemüse wird auf höchster Stufe angekocht und auf kleinster Stufe fertiggegart. Der Deckel darf – außer bei grünem Gemüse – während des Garprozesses auf keinen Fall entfernt werden.

Abgesehen von Auberginen und einigen Kohlarten können alle Gemüsesorten gekocht werden.

Tips: Große Gemüsemengen sollten lieber in mehreren Etappen gekocht werden, um die Gardauer kurz und die Auslaugverluste so gering wie möglich zu halten.

▶ Gemüse sollten nur knapp weichgegart und nicht verkocht werden, um größere Verluste der Inhaltsstoffe zu vermeiden.

▶ Grünes Gemüse wird am besten ohne Deckel gekocht. So bleiben Farbe und Beschaffenheit optimal erhalten.

Gekochter Spargel

Arbeitsaufwand **30 Minuten**
Garzeit **20 Minuten**

Zutaten für 4 Portionen:
2 kg weißer Spargel (> Seite 252)
20 g Salz
10 g Zucker

Den Spargel sorgfältig von den Köpfen zu den Enden hin schälen. Die holzigen Endstücke etwa 3 Zentimeter weit abschneiden.

Den Spargel waschen und in 4 gleich große Portionen teilen. Die einzelnen Spargelportionen locker mit einer Schnur umbinden.

2 Liter Wasser mit dem Salz und dem Zucker zum Kochen bringen. Den Spargel einlegen, zudecken und aufkochen. Bei geringer Hitze 18 bis 20 Minuten lang ziehen lassen. Den gekochten Spargel gut abtropfen lassen und anrichten.

Man kann Spargel auch stehend kochen, wobei die Spargelspitzen aus dem Wasser ragen sollten. Denn der Stamm braucht eine längere Kochzeit als die Spitzen, die in diesem Fall durch den heißen Dampf schonend gar werden. Bei kleinen Portionen benötigt man dazu allerdings einen sehr schmalen, hohen Topf, damit der Spargel nicht umfällt.

Tip: Als Beilage eignen sich gekochte Kartoffeln, Bröselbutter oder holländische Sauce (> Seite 568).

Pfannenrühren

Vorzüge
Pfannenrühren geht nicht nur sehr schnell, sondern ist auch eine sehr schonende Zubereitungsart. Durch die kurzen Garzeiten entstehen kaum nennenswerte Verluste an Vitaminen und Mineralstoffen. Das Gemüse wird knackig und besonders geschmackvoll.

Beim Pfannenrühren ist geschnittenes Gemüse in 3 bis 5 Minuten fertig zubereitet. Gegart wird in Öl, eventuell können Sojasauce, Reiswein, trockener Sherry oder Brühe verwendet werden. Zuviel davon ist allerdings nicht ratsam, da sonst die Gefahr besteht, daß das bloße Pfannenrühren in Kochen übergeht.

Tips: Ein Wok (> Seite 179) hat gegenüber einer Pfanne den Vorteil, daß gegartes Gemüse an den Seitenwänden hochgeschoben werden kann, nicht mehr weiter gart und warm bleibt. (Beim Pfannenrühren auf offener Gasflamme gilt das allerdings nicht, da der Wok dort nur an den Seiten heiß wird.)

▶ Von den Gemüsen erst die festeren Sorten mit etwas längerer Garzeit in den Wok geben, dann das zartere Gemüse folgen lassen.
▶ Es sollten immer nur kleinere Portionen – und die nur unter ständigem Rühren – gegart werden.
▶ Soll das Gemüse gebunden werden, schiebt man es an den Wänden hoch. Dann gibt man die Flüssigkeit in die Wokmitte, fügt unter Rühren die angerührte Speisestärke hinzu und kocht so lange weiter, bis die Flüssigkeit gebunden und klar ist. Anschließend mit dem Gemüse mischen.

Pfannengerührtes Gemüse

Arbeitsaufwand 45 Minuten
Garzeit 3–4 Minuten

Zutaten für 4 Portionen:
10 g getrocknete, schwarze, chinesische Pilze
1 große Lauchstange (> Seite 246)
1 mittelgroße Zwiebel (> Seite 257)
4 mittelgroße Karotten (> Seite 243)
je 1 gelbe und rote Paprikaschote (> Seite 245)
8 Blätter Chinakohl (> Seite 232)
1 1/2 EL Öl
1 EL Sojasauce
1 TL Sambal oelek
1 Prise chinesisches 5-Gewürzpulver
Salz
Szetschuanpfeffer

Die Pilze mit warmem Wasser begießen und etwa 30 Minuten lang zum Quellen stehenlassen. Das Wasser abgießen und die Pilze gründlich waschen. Die harten Stellen an den Füßen abschneiden und die Pilze trockentupfen.

Den Lauch putzen. Die Zwiebel und die Karotten schälen. Die Paprikaschoten vierteln, die Kerne und die weißen Scheidewände entfernen.

Die Karotten, den Lauch, die Paprikaschoten und die Chinakohlblätter waschen und sorgfältig trockentupfen. Gemüse in feine Streifen schneiden.

Den Wok oder eine weite Pfanne erhitzen, das Öl hineingeben und heiß werden lassen. Die Pilze, die Karotten-, die Zwiebel- und die Paprikastreifen in den Wok geben und unter Rühren etwa 2 Minuten lang garen. Dann die Lauch- und Chinakohlstreifen hinzugeben. Mit der Sojasauce, dem Sambal oelek, dem 5-Gewürzpulver, Salz und Szetschuanpfeffer abschmecken und noch 1 bis 2 Minuten lang garen. Anrichten und servieren.

Tip: Wird das Gemüse als Hauptgang oder als Füllung für Frühlingsrollen verwendet, kann es mit Brühe gemischt werden, die man mit Speisestärke bindet.

Schmoren (Braisieren)

Vorzüge
Schmoren verstärkt den Eigengeschmack des Gemüses. Besonders geeignet ist diese Garmethode für gefüllte Gemüse, etwa Auberginen, Gurken, Kohlrabi, Rot- und Weißkohl, Wirsing, Paprikaschoten, Gemüsezwiebeln und Zucchini.

Schmoren ist ein kombiniertes Garverfahren. Gemüse wird erst leicht angebraten und im geschlossenen Topf mit wenig Flüssigkeit gegart. Durch das kurze Anbraten vor der Wasserzugabe wird das Gemüse aromatischer.

Zur Geschmacksverstärkung können Schinken- und Speckschwarten, Knoblauch, Kräuter und Gewürze hinzugefügt werden.

Geschmort wird bei Temperaturen zwischen 180 und 220 Grad Celsius.

Tips: Zum Schmoren sollten nur Edelstahltöpfe oder spezielle Schmortöpfe aus Gußeisen benutzt werden, da diese die Wärme gleichmäßiger leiten und verteilen. Die Gefahr des Anbrennens wird dadurch vermindert.

▶ Am einfachsten ist das Schmoren im Backofen, weil die Temperatur von allen Seiten gleichmäßig auf das Gemüse einwirkt.

***

Gefüllte Paprikaschoten

***

Arbeitsaufwand 40 Minuten
Garzeit 30 Minuten

Zutaten für 4 Portionen:
je 1 kleiner gelber und grüner Zucchino (> Seite 256)
2 mittelgroße, vollreife Tomaten (> Seite 254)
4 EL feingewürfelte Zwiebeln (> Seite 257)
1 EL Butter
150 g Risotto-Reis (Arborio oder Vialone, > Seite 211)
4 dl Brühe (> Seite 548)
1 durchgepreßte Knoblauchzehe
Salz, frisch gemahlener weißer Pfeffer
4 gelbe Paprikaschoten (> Seite 245)
2 rote Paprikaschoten (> Seite 245)
2 mittelgroße geschälte Zwiebeln (> Seite 257)
1 EL Butter
1/2 TL Zucker
2 EL Zitronensaft
1 EL Delikateß-Paprikapulver
2 dl süße Sahne

Den Backofen auf 180 Grad Celsius vorheizen. Die Zucchini waschen und in etwa 1 Zentimeter große Würfel schneiden. Die Tomaten in kochendem Wasser überbrühen, enthäuten, sechsteln, entkernen und in Stücke schneiden.

Die Zwiebeln in der Butter farblos anschwitzen. Den Reis hinzufügen und dünsten, bis dieser glasig wird und glänzt. Die Zucchiniwürfel hinzugeben und weiterdünsten. Etwa 2 dl Brühe und den Knoblauch hinzugeben. Mit Salz und Pfeffer abschmecken.

Den Reis auf dem Herd aufkochen. Zugedeckt im fest verschlossenen Topf bei geringer Hitze oder im Backofen etwa 15 Minuten lang garen. Auf ein flaches Geschirr geben und die Tomatenstücke untermischen.

Von den gelben Paprikaschoten den Deckel abschneiden. Die roten Paprikaschoten vierteln. Beide Paprikaschoten entkernen und waschen.

Die gelben Paprikaschoten mit dem Reis füllen und den Deckel aufsetzen. Die roten Paprikaschoten in Stücke und die Zwiebeln in dicke Scheiben von etwa einem 1/2 Zentimeter schneiden.

Einen Topf mit der Butter ausstreichen, mit den Zwiebelscheiben und den roten Paprikastücken auslegen. Auf dem Herd scharf anschmoren lassen. Den Zucker darüberstreuen und leicht karamelisieren. Mit dem Zitronensaft ablöschen und das Paprikapulver darüberstreuen. Die restliche Brühe hinzugießen und leicht salzen. Die gefüllten Paprikaschoten mit dem Deckel nach oben hineinstellen. Zugedeckt im vorgeheizten Ofen 25 bis 30 Minuten lang garen.

Die gefüllten, gegarten Paprikaschoten herausnehmen und warm halten.

Die Sahne in den Topf zu den Zwiebeln und den roten Paprikaschoten gießen. Durch Kochen um etwa die Hälfte reduzieren und danach im Mixer pürieren. Die Sauce passieren und mit Salz abschmecken. Zusammen mit den Paprikaschoten servieren.

Fleisch zubereiten

Fleisch ist ein sehr wichtiges, aber auch ein teures Nahrungsmittel. Es enthält Vitamine, hochwertiges Eiweiß und Mineralstoffe.

Wichtig ist vor allem, daß für die unterschiedlichen Fleischteile die richtigen Garmethoden gewählt werden. Nicht jeder Fleischteil ist zum Kochen oder Braten gleich gut geeignet.

Zum Kochen und zum Schmoren verwendet man nach Möglichkeit bindegewebsreiches Fleisch aus Schulter, Hals, Brust, Dünnung, Fehl- und Spannrippe sowie einzelne dafür besonders gut geeignete Teile aus der Keule. Auch Innereien wie Kalbsbries, Herz, Lunge und Zunge eignen sich. Beim Kochen und Schmoren hat das bindegewebsreiche Fleisch die Möglichkeit, Feuchtigkeit anzulagern. Das zähe Bindegewebe und die vorhandenen Sehnen werden dadurch in verzehrbare Gelatine umgewandelt.

Zum Braten findet relativ bindegewebsarmes Fleisch Verwendung: Filets, Fleisch vom Rücken sowie Teile aus der Keule und Schulter.

Bei der Fleischzubereitung ist sehr wichtig, daß die korrekten Garzeiten und Gartemperaturen eingehalten werden. Wird das Fleisch zu heiß gebraten, verbrennt es an der Oberfläche; bei zu niedrigen Temperaturen schließen sich die Zellen nicht, Fleischsaft tritt aus, und das Braten geht in Kochen oder Schmoren über.

Beim Kochen muß man darauf achten, daß die Temperatur unter dem Siedepunkt (95 bis 98 Grad Celsius) liegt. Kocht das Fleisch zu heftig, werden durch den Hitzestau, der dabei im Fleischkern entsteht, Fleischsäfte und mit ihnen wichtige Inhaltsstoffe aus dem Fleisch herausgepreßt, die dann in die Brühe übergehen.

Beim Schmoren sollte das Fleisch nur bis etwa zur Hälfte in Flüssigkeit liegen, damit der Bratprozeß an der Oberfläche teilweise weitergeführt werden kann. Dadurch wird die Farbe und der Geschmack des Schmorgerichtes sehr ausgeprägt. Das Fleisch wird deshalb auch häufig gewendet und mit der Garflüssigkeit beschöpft.

Blanchieren (Überbrühen)

Vorzüge
Fleisch und Knochen werden überbrüht, um Unreinheiten, Eiweiß- und Fettreste zu entfernen. Durch das Ausschwemmen von Blut macht Blanchieren helles Fleisch noch heller. Während der kurzen Überbrühzeit gehen kaum Inhaltsstoffe verloren.

Überbrühen ist eine Vorbereitung auf das Kochen. Fleisch oder Knochen werden dazu in Wasser gelegt, zugedeckt und bei starker Hitze schnell zum Kochen gebracht. Wichtig ist, daß das Gargut immer mit Wasser bedeckt wird, damit das austretende Eiweiß, das während der Erhitzung gerinnt, Schmutzteilchen und Fettstoffe binden kann.

Nach dem Aufkochen wird der Deckel entfernt und das Gargut noch 3 bis 4 Minuten lang sprudelnd weitergekocht.

Vor dem Weiterverarbeiten werden Fleisch oder Knochen erst mit heißem und abschließend mit kaltem Wasser abgespült.

Tip: Die Topfgröße sollte der Fleisch- und Knochenmenge sowie dem Herdplattendurchmesser entsprechen. Flache, breite Töpfe kochen schneller als hohe schmale Töpfe.

Braten

Vorzüge
Beim Braten entstehen Röststoffe, die Fleisch knusprig bräunen und besonders schmackhaft werden lassen. Geeignet ist diese Zubereitungsart vor allem für Kalb-, Rind- und Lammfleisch sowie für Wild. Mit den Teilstücken aus Keule, Schulter, Hals, Rücken, Filet und Haxe (Hachse) lassen sich besonders gute Bratergebnisse erzielen.

Gebraten wird bei hohen Temperaturen in einer Bratpfanne auf dem Herd (> Kurzzeitbraten, Seite 501), im vorgeheizten Backofen (> Seite 502), im Heiß- und Umluftofen (> Seite 502) oder am Drehspieß (> Seite 504). Für alle Bratmethoden gilt: Nach einer kurzen Anbratzeit (220 bis 250 Grad Celsius) wird die Weiterbrat-Temperatur auf 150 bis 200 Grad Celsius gesenkt.

Fleisch wird in unterschiedlichen Garstufen gebraten. Dunkles Fleisch wie Lamm oder Rind wird meistens rosa gebraten und hat dann eine Kerntemperatur von 55 bis 65 Grad Celsius. Schweine- und Kalbfleisch wird durchgebraten. Die Kerntemperatur beträgt 70 bis 78 Grad Celsius.

Die richtige Garstufe kann durch Fingerdruck oder Nadelprobe festgestellt werden: Eine dicke Nadel durch die Mitte des Fleisches stechen und etwa zehn Sekunden darin lassen. Die Nadel herausziehen und an der Unterlippe testen. Ist die Mitte der Nadel lauwarm, so ist das Fleisch rosa, ist die Nadelmitte heiß, ist das Fleisch durchgebraten.

Einfacher geht das Prüfen mit einem Bratenthermometer (> Seite 110) Da diese Temperaturmesser sehr unterschiedlich arbeiten, bedarf es einiger Erfahrungswerte oder einer selbst angelegten Gartabelle.

Tips: Das Bratgeschirr muß immer vorgeheizt werden – und zwar bevor das Bratfett und das gewürzte Fleisch eingelegt werden.

▶ Beim Anbraten soll das Fleisch sofort gewendet werden, damit sich auf allen Seiten die Zellen schließen und das Fleisch von einem Fettfilm überzogen wird, der die Hitze besser leitet.

▶ Durch häufiges Begießen wird die Schwarte schön braun und knusprig. Kalbs- oder Schweinshaxen oder -brüste werden während des Bratens öfter mit Wasser abgelöscht. So kann das reichlich vorhandene zähe Bindegewebe Feuchtigkeit anlagern und wird dadurch in verzehrbare Gelatine umgewandelt.

▶ Besonders fettes oder mit der Schwarte gebratenes Schweinefleisch wird nicht mit Fett, sondern mit Wasser angesetzt. Wenn das Wasser verdampft ist, brät das Fleisch im eigenen Fett weiter.

▶ Zartes Fleisch wie Schweine-, Kalbs- und Rinderfilet kann vor dem Braten mit dünnen Speckscheiben belegt werden, um ein zu starkes Verkrusten der Außenschichten zu vermeiden.

▶ Vor dem Aufschneiden sollte der Fleischbraten einige Minuten zum Ruhen auf ein Abtropfgitter gelegt werden, damit sich der Fleischsaft sammelt und beim Aufschneiden nicht ausläuft.

▶ Große Fleischstücke wie Lammrücken oder -keule, Roastbeef oder Filet können nach der Ruhephase ohne Qualitätsverlust auf einem Gitter liegend im Ofen bei 60 bis 70 Grad Celsius über zwei bis drei Stunden warm gehalten werden.

Kurzzeitbraten

Kleine Fleischstücke, wie Steaks, Koteletts und Schnitzel, Filets, Medaillons, Nüßchen, Geschnetzeltes, Frikadellen, Hamburger-Steaks und die meisten Innereien, werden auf dem Herd gebraten. Eisenpfannen eignen sich dafür am besten (> Seite 180); beschichtete Pfannen (> Seite 182) können dort verwendet werden, wo keine hohen Brattemperaturen benötigt werden, wie etwa bei paniertem Fleisch.

Tips: Das Fleisch während des Bratens öfters wenden. Bleibt das Fleisch zu lange auf einer Seite liegen, kühlt die von der Bratpfanne abgewandte Seite zu stark ab.

▶ Helles Fleisch und Innereien können vor dem Braten in Mehl gewendet werden. Das verkleistert die Zellen und verhindert, daß allzu viel Fleischsaft austritt.

▶ Das Fleisch darf beim Braten auf keinen Fall Saft ziehen. Das Braten würde dann in Schmoren oder Kochen übergehen. Das Fleisch kann dadurch zäh werden, die Bratkruste aufweichen und das typische Brataroma verlorengehen.

▶ Beim Braten schließen sich die äußeren Zellen, und es entsteht eine Bratkruste. Fleisch oder Innereien können nach dem Braten weder Salz noch Gewürze aufnehmen.

▶ Kurzbratfleisch kann vor dem Servieren in Butter nachgebraten werden.

***

Kalbsrückensteak mit Portweinsauce

***

Arbeitsaufwand 35 Minuten
Bratzeit 6–8 Minuten

Zutaten für 4 Portionen:
4 Kalbsrückensteaks à 150 g (> Kalbfleisch, Seite 348)
Salz, frisch gemahlener weißer Pfeffer
1–2 EL Mehl
1 1/2 EL Butterschmalz
150 g frische braune Champignons (> Seite 277)
Saft 1/2 Zitrone (> Seite 309)
1–2 EL Butter
1 1/2 EL feine Schalottenwürfel (> Zwiebeln, Seite 257)
8 cl roter Portwein
3 dl Kalbsjus (> Seite 563)
2 dl süße Sahne

Die Bratpfanne auf dem Herd vorheizen. Die Kalbsrückensteaks salzen, pfeffern und im Mehl wenden. Das Butterschmalz in der Pfanne erhitzen.

Die Kalbsrückensteaks vorsichtig in die Pfanne legen. Etwa eine Minute warten und wenden.

In sechs bis acht Minuten unter Wenden und Begießen mit dem Bratfett fertigbraten. Zum Ruhen auf ein Abtropfgitter legen. Das Bratfett aus der Bratpfanne entfernen.

Die Champignons putzen, in Zitronenwasser waschen und in feine Scheiben schneiden.

Die Hälfte der Butter in der Bratpfanne aufschäumen lassen und die Schalottenwürfel darin goldgelb dünsten.

Die Champignonscheiben hinzugeben und scharf anziehen lassen. Mehrmals mit dem Portwein ablöschen und reduzieren.

Den Jus hinzugießen und dickfließend einkochen.

Die Sahne sollte man am besten getrennt um die Hälfte einkochen und durch ein feines Sieb in die Sauce passieren. Die Sauce mit Salz und Pfeffer abschmecken und warm halten.

Die Kalbsrückensteaks in der restlichen Butter nachbraten, anrichten und mit der Sauce umgießen.

Braten im Ofen

Große Stücke wie Roastbeef, Hochrippe, Lamm- oder Kalbsrücken, Lammkeule oder Schweinebraten werden im vorgeheizten Backofen gebraten. Dort wirkt die Hitze von allen Seiten gleichmäßig auf das Fleisch ein. Das Abkühlen einer Fleischseite wie beim Braten auf dem Herd gibt es nicht.

Das Bratgeschirr sollte ohne Fett erhitzt und erst dann das Bratfett und das Fleisch eingelegt werden. Angebraten wird bei etwa 220 bis 250 Grad Celsius, danach wird das Gargut bei Temperaturen von 180 bis 200 Grad Celsius unter häufigem Wenden und Begießen fertiggebraten.

Tips: Das Fleisch sollte mindestens 30 Minuten vor dem Braten aus dem Kühlschrank genommen werden. Das garantiert ein gleichmäßiges Garergebnis.

▶ Wenn das Bratgeschirr zu groß ist, wird das Fett überhitzt und verbrennt. Ist das Bratgeschirr zu klein, kühlt dieses beim Einlegen des Fleisches zu stark ab, und das Fleisch verliert Saft. Das Braten beginnt erst wieder, wenn der Fleischsaft verdampft ist. Fleisch, das rosa gebraten werden soll, bekommt sonst graue Ränder. Außerdem kann das Fleisch durch den Dampf zäh werden.

▶ Gibt man zum Braten Knochen und später Röstgemüse hinzu, kann man, nachdem der fertige Braten herausgenommen wurde, im gleichen Geschirr die Sauce zubereiten.

Braten im Heiss- oder Umluftofen

Im Heiß- oder Umluftofen (> Seite 109) sorgt ein Gebläse für ständige Luftumwälzung, dadurch wirkt die Hitze gleichmäßiger und intensiver auf das Fleisch ein. Daher kann in solchen Öfen mit einer Temperatur gegart werden, die etwa 20 Grad Celsius unter den üblichen Brattemperaturen liegt. (200 bis 230 Grad Celsius). Die Bratdauer reduziert sich darüber hinaus um 10 bis 15 Minuten.

Ein weiterer Vorteil dieser Bratmethode liegt darin, daß die Fleischstücke auch ohne Wenden und Beschöpfen gleichmäßig garen und überall saftig bleiben.

***

Rosa gebratenenes Rinderfilet

***

Arbeitsaufwand 20 Minuten
Bratzeit 25–30 Minuten

Zutaten für 4 Portionen:
700 g abgehangenes Rinderfilet (Mittelstück) (> Rindfleisch, Seite 345)
Salz, frisch gemahlener weißer Pfeffer
1 EL Butterschmalz
1 mittelgroße Karotte (> Seite 243)
1 mittelgroße Zwiebel (> Seite 257)
4–5 dl Jus (> Seite 563) oder Brühe (> Seite 548)
1 zerdrückte kleine Knoblauchzehe

Den Backofen auf 250 Grad Celsius vorheizen. Vom Rinderfilet die dünne Sehne entfernen. Ein passendes schmales, rechteckiges Bratgeschirr im Ofen erhitzen.

Das Rinderfilet mit Salz und Pfeffer einreiben. Das Butterschmalz in das Geschirr geben und heiß werden lassen.

Das Rinderfilet hineinlegen und sofort drehen, damit es rundherum mit heißem Butterschmalz überzogen ist.

Das Rinderfilet bei 250 Grad Celsius 5 bis 8 Minuten braten. Dann den Backofen auf etwa 180 bis 200 Grad Celsius zurückschalten, unter öfterem Wenden und Beschöpfen weiterbraten.

Die Karotte und die Zwiebel schälen und in würfelzuckergroße Stücke schneiden. Etwa 10 Minuten vor Beendigung der Bratzeit das Gemüse zum Rinderfilet geben und mitbraten.

Das Rinderfilet mit einer Nadel oder einem Bratenthermometer (> Automatisches Garen, Seite 110) auf seine Garstufe überprüfen. Bei einer Kerntemperatur von etwa 60 Grad Celsius ist das Filet rosa (medium) gebraten.

Das Rinderfilet zum Ruhen und Abkühlen für 10 bis 12 Minuten auf ein Abtropfgitter setzen. Das Filet läßt sich bis zum Servieren bei 60 Grad Celsius im Backofen warm halten.

Das Fett aus dem Bratgeschirr gießen. Den Jus oder die Brühe und den Knoblauch hineingeben und um etwa die Hälfte des Volumens reduzieren (einkochen). Den Jus mit Salz und Pfeffer abschmecken und passieren.

Das Rinderfilet in etwa 8 Millimeter dicke Scheiben schneiden, anrichten und den Jus separat dazu servieren.

***

Glasierte Kalbshaxe

***

Arbeitsaufwand 25 Minuten
Bratzeit 90 Minuten

Zutaten für 3–4 Portionen:
1 Kalbshaxe à 1,5–1,7 kg (> Kalbfleisch, Seite 348)
Salz, frisch gemahlener weißer Pfeffer
1 EL Butterschmalz
300 g kleingehackte Kalbsknochen
1 mittelgroße Karotte (> Seite 243)
2 mittelgroße Zwiebel (> Seite 257)
1 kleine Tomate (> Seite 254)
4–5 dl Brühe (> Seite 548)
1 zerdrückte Knoblauchzehe
1 kleiner Thymianzweig

Den Backofen auf etwa 200 Grad Celsius vorheizen und das Bratgeschirr im Ofen erhitzen.
Die Kalbshaxe mit Salz und Pfeffer einreiben. Das Butterschmalz, die Haxe und die Knochen in die heiße Pfanne geben. Die Haxe sofort wenden.

Etwas Wasser angießen und weitergaren, bis das Wasser verdunstet ist.

Die Karotte und die Zwiebeln schälen, in etwa 2 Zentimeter

große Würfel schneiden und zur Haxe geben. Unter Wenden und Beschöpfen weiterbraten, bis die Haxe fertiggegart ist.

Ab und zu ein wenig Wasser in das Bratgeschirr gießen, damit sich der festgesetzte Bratensatz lösen und die Haxe damit glasiert werden kann. Die Tomate waschen, kleinschneiden und zur Haxe geben.

Die Haxe ist fertig, wenn das Fleisch sich mit einer Fleischgabel leicht bis zum Knochen durchstechen läßt und der austretende Fleischsaft klar ist. Herausnehmen und warm halten.

Das Bratfett aus dem Geschirr entfernen. Die Brühe hinzugießen, den Knoblauch und den Thymian hinzugeben und auf ein Volumen von 2 Deziliter Sauce einkochen. Die Sauce mit Salz und Pfeffer abschmecken und passieren.

Die Haxe kann in der Küche oder am Tisch aufgeschnitten werden. Die Sauce separat dazu reichen.

Braten am Drehspiess

Nicht nur Einzelportionen wie Fleischspieße, sondern auch Keulen, Rücken und sogar ganze Tiere können an großen Drehspießanlagen gebraten werden. Braten am Spieß kann man auch im Backofen (> Grillmöglichkeiten im Backofen, Seite 110). Durch die ständige Umdrehung bräunt und gart das Fleisch sehr gleichmäßig.

Tip: Den Drehspieß möglichst genau durch die Mitte der Längsachse des Fleisches schieben. Nur so kann der Spieß gleichmäßig drehen.

Dünsten

Vorzüge
Dünsten ist ein besonders schonendes Garverfahren, bei dem kaum Röststoffe entstehen, da die Gartemperatur nur etwa 100 Grad Celsius beträgt. Vor allem helles Fleisch, wie Kalbsmedaillons, -koteletts, -schnitzel und -steaks, oder Innereien, wie Bries, Leber und Hirn, werden auf diese Weise zubereitet.

Dünsten ist Garen mit wenig Butter oder Margarine und wenig Flüssigkeit. Das gewürzte Fleisch wird in einer befetteten Kasserolle so lange erwärmt, bis das rosafarbene Fleisch weiß wird. Erst dann kommt etwas Flüssigkeit hinzu – oftmals reicht allein der austretende Fleischsaft. Gedünstet wird immer mit Temperaturen unter 100 Grad Celsius.

Tips: Zum Dünsten eignet sich am besten eine Kasserolle mit verstärktem Boden, da diese die Hitze sehr gleichmäßig weiterleitet.

▶ Die Kasserollengröße muß so gewählt werden, daß die eingelegten Fleischstücke nebeneinander Platz haben. Liegen sie übereinander, dünsten sie ungleichmäßig; ist zuviel Platz frei, werden die nicht mit Fleisch bedeckten Stellen zu stark erwärmt. Die Butter oder Margarine wird zu heiß, und das Fleisch bekommt nicht nur an den Rändern zuviel Farbe.

***

Gedünstete Kalbsmedaillons

***

Arbeitsaufwand 20 Minuten
Dünstzeit 8 Minuten

Zutaten für 4 Portionen
8 Kalbsmedaillons (Kalbsfilet) à 75 g (> Seite 348)
Salz, frisch gemahlener weißer Pfeffer
1/2 EL Butter oder Margarine
3 dl Kalbsjus (> Seite 563)
2 EL gehackte Kräuter (Kerbel, Petersilie)

Die Kalbsmedaillons mit einem Fleischbeil leicht klopfen. Salzen und pfeffern.
In einer Kasserolle passender Größe die Butter erwärmen und die Medaillons hineinlegen. Unter Wenden andünsten, bis sie weiß werden.
Wenn aus dem Fleisch keine Flüssigkeit austritt, 2 bis 3 Eßlöffel von dem Jus hinzugeben und zugedeckt bei kleiner Hitze unter Wenden 6 bis 8 Minuten lang dünsten.
Die gedünsteten Medaillons aus der Kasserolle nehmen und warm halten.
Den restlichen Jus in die Kasserolle gießen und um mindestens die Hälfte des Volumens einkochen. Mit Salz und Pfeffer abschmecken und passieren. Die Kräuter hinzufügen und zu den Kalbsmedaillons servieren.
Tip: Als Beilage eignet sich gekochter Spargel sehr gut.

Garen in Folie

Vorzüge
Das Garen in Bratfolie bewahrt den Eigengeschmack des Fleisches sehr gut. Darüber hinaus ist diese Garmethode besonders schonend; zudem bleibt das Gargut kalorienarm. Für diese Garmethode eignen sich alle Fleischstücke, die auch zum Braten (> Seite 500) verwendet werden.

Das Fleisch wird in einer Bratfolie (das ist eine schlauchförmige, hitzebeständige Kunststoffolie) fest verschlossen, indem man ein entsprechend großes Stück von der Rolle schneidet, das Bratgut hineingibt und die Folie an den Enden mit Drahtklipsen verschließt. Damit die Hülle beim Garen nicht platzt, kann sie ein paarmal eingestochen werden.

In Bratfolie kann ohne Zusatz von Fett oder Flüssigkeit gegart werden. Da kaum Mineralstoffe ausgelaugt werden, kommt man mit sehr wenig Salz aus – Gewürze oder Kräuter reichen zum Würzen meist aus.

Dieser Garprozeß gleicht dem konventionellen Braten, da die Folie die Hitze ungehindert durchläßt. Dadurch entstehen Röst- und Farbstoffe.

Tips: Bratfolie darf auf keinen Fall mit den Wänden des heißen Backofens in Berührung kommen, auch nicht nach dem Aufblähen, da die Folie dadurch verletzt werden könnte.
▶ Bratfolien nie auf einen heißen Rost, sondern immer auf einen kalten Rost legen. Folien nicht für Infrarot- oder Holzkohlengrills verwenden.
▶ In Bratfolien kann das Gargut auch eingefroren werden.
▶ Wenn sich während des Bratens Flüssigkeit in der geschlosse-

nen Folie bildet, sollte man eine feuerfeste Form unter eine Seite des Bratens schieben, damit nur ein kleiner Teil im Fond liegt.

▶ In Folie kann man nicht nur braten, sondern auch dünsten, wenn sehr wenig Flüssigkeit oder sehr wasserhaltiges Gemüse mit in die Folie eingeschlossen wird.

Kalbskarree

Arbeitsaufwand 20 Minuten
Garzeit 60–70 Minuten

Zutaten für 4 Portionen:
1 EL Butter
2 EL scharfer Senf
1 TL gehackter Thymian
1,2 kg Kalbskarree (> Kalbfleisch, Seite 348)
Salz, frisch gemahlener weißer Pfeffer
1 mittelgroße Karotte (> Seite 243)
2 mittelgroße Zwiebeln (> Seite 257)
1 Knoblauchzehe
Bratfolie
4 cl Gin
4 zerdrückte Wacholderbeeren
3 dl Kalbsjus (> Seite 563)
2 dl süße Sahne

Den Backofen auf etwa 220 Grad Celsius vorheizen. Die Butter weich werden lassen, mit der Hälfte des Senfs und dem Thymian mischen.

Das Kalbskarree salzen, pfeffern und die Oberfläche mit der Senf-Butter-Mischung bestreichen. Die Karotte, die Zwiebeln und den Knoblauch schälen. Die Karotte und die Zwiebeln in etwa 2 Zentimeter große Würfel schneiden. Den Knoblauch etwas zerdrücken.

Vom Bratschlauch ein Stück abschneiden, das etwa 40 Zentimeter länger als das Kalbskarree ist.

An dem einen Ende die Folie sorgfältig verschließen. Das Kalbskarree, die Karotten- und die Zwiebelwürfel sowie den Knoblauch hineinschieben.

Den Schlauch etwas schräg halten, den Gin und die Wacholderbeeren hinzufügen. Das zweite Folienende verschließen und auf den kalten Backofenrost legen. Auf die zweite Schiene von unten schieben und etwa 30 Minuten lang garen. Dann die Temperatur auf etwa 200 Grad Celsius herunterschalten und fertiggaren.

Das gegarte Kalbskarree aus dem Bratschlauch nehmen, etwa 10 Minuten auf einem Abtropfgitter ruhen lassen und warm stellen.

Die Gemüsewürfel und den vorhandenen Fond in einen Topf geben, den Jus hinzugeben und um mindestens die Hälfte des Volumens einkochen. Die Sahne hinzufügen und die Sauce kochen, bis sie sämig ist. Den restlichen Senf unterrühren und mit Salz und Pfeffer abschmecken.

Das Kalbskarree anrichten und die Sauce separat dazu servieren.

Grillen

Vorzüge
Durch die entstehenden Röststoffe werden gegrillte Fleischstücke besonders aromareich und schmackhaft. Außerdem ist Grillen ein fettarmes und schonendes Garverfahren. Es entstehen nur geringe Verluste an Gewicht und an Inhaltsstoffen. Durch die hohen Temperaturen verkrusten die Außenschichten sehr schnell, das Fleisch bleibt dadurch besonders saftig.

Zum Grillen wird vorwiegend abgehangenes Fleisch mit zarter Faserstruktur verwendet. Vor allem Schnitzel, Steaks, Koteletts, T-Bone-Steaks, Filets, Nüßchen von Kalb, Lamm, Rind und Schwein sowie Innereien und Grillwürste werden gerne am Grill zubereitet. Da Grillen ein sehr trockenes Garverfahren ist, eignet es sich für bindegewebsreiche Fleischstücke weniger gut.

Tips: Der Grill muß grundsätzlich vorgeheizt werden. Wird Fleisch auf einen zu kalten Grill gelegt, klebt es fest und zerreißt beim Wenden. Bei einem Holzkohlengrill sollte die Holzkohle gut durchgeglüht sein (in diesem Zustand ist sie grau gefärbt).

▶ Das Fleisch sollte mit einer Grillzange oder einer Fleischgabel vorsichtig gewendet werden. Niemals das Fleisch anstechen, damit unnötiger Saftverlust vermieden wird.

▶ Dünne Fleischstücke wie Schnitzel werden nur einmal, dickere Fleischstücke mehrmals gewendet, und zwar im rechten Winkel zu den abgezeichneten Grillstreifen, so daß ein rautenförmiges Grillmuster entsteht.

▶ Fleischstücke mit längerer Grilldauer sollten bei jedem Wenden mit Öl bestrichen werden. Bei einem Holzkohlengrill sollte man darauf achten, daß kein Öl in die Glut tropft, weil sich sonst krebserregende Stoffe bilden können.

▶ Das Fleisch kann vor dem Grillen zum Marinieren in Gewürz-, Kräuter- oder Knoblauchöl gelegt werden. In säurehaltigen Marinaden, etwa mit Wein, laugt das Fleisch bei längerer Einlegedauer aus.

▶ Gesalzen wird erst kurz vor dem Grillen, damit das Fleisch kein Wasser zieht.

▶ Fettere Fleischstücke wie Nackenkoteletts grillt man am besten in gelochten Aluschalen; dabei besteht auch keine Gefahr, daß Fett in die Holzkohle tropft.

▶ Gepökelte Fleisch- und Wurstwaren wie Kasseler oder Würstchen dürfen nicht gegrillt werden, weil bei den hohen Temperaturen des Grills krebserregende Nitrosamine entstehen können. Spezielle Grillwürste sind immer ohne Pökelsalz hergestellt.

***

Gegrilltes T-Bone-Steak

***

Arbeitsaufwand 15 Minuten
Marinierzeit 1–2 Stunden
Grillzeit 14 Minuten

Zutaten für 4 Portionen:
1 T-Bone-Steak (> Rindfleisch, Seite 345) à 1–1,2 kg
6 EL Öl
1 EL getrockneter gehackter Thymian
1 durchgepreßte Knoblauchzehe
Salz, frisch gemahlener schwarzer Pfeffer

Das T-Bone-Steak leicht klopfen oder bereits vom Fleischer klopfen lassen.
Das Grillöl mit dem Thymian und dem Knoblauch mischen. Das T-Bone-Steak in eine flache Schale legen und mit dem Grillöl begießen, wenden, mit Klarsichtfolie bedecken und zum Marinieren mindestens 1 bis 2 Stunden kalt stellen.

Das T-Bone-Steak aus dem Kühlschrank nehmen und den Grill vorheizen.

Vom T-Bone-Steak das überschüssige Öl abstreifen. Das Steak salzen, pfeffern und auf den heißen Grill legen.

Nach etwa 3 Minuten wenden und auf die vom Grill abgewandte Seite legen. Mit dem abgestreiften Öl bestreichen. Beim nächsten Wenden das Steak so auf den Grill legen, daß die schon vorhandene Grillzeichnung im rechten Winkel zu den Grillstäben zu liegen kommt. Beim nächsten Wenden diesen Vorgang wiederholen und fertiggrillen.

Vor dem Servieren das Steak einige Minuten auf einem Abtropfgitter ruhen lassen, damit beim Anschneiden der Fleischsaft nicht zu stark ausläuft.

Tip: Als Beilage sind geröstete Maiskolben, Folienkartoffeln (> Seite 463), Saucen und Salate der Saison zu empfehlen.

Kochen

Vorzüge
Kochen ist die einfachste Art, Fleisch in einen genußfertigen Zustand zu bringen. Vom gelegentlichen Abschöpfen des Schaumes und dem Nachgießen von Wasser abgesehen, gart das Stück ohne Aufsicht. Geeignet ist diese Zubereitungsart für preiswerte Teile aus dem Vorderviertel, aber auch für hochwertigere Teilstücke wie zum Beispiel Tafelspitz (> Seite 346).

Vor dem Kochen sollte Fleisch überbrüht (> Blanchieren, Seite 449) oder zumindest gründlich gewaschen werden. Wichtig ist, die Hitze gleich nach dem Aufkochen zu reduzieren. Zu heißes Kochen macht die Brühe trüb und führt im Inneren des Fleisches zu einem Hitzestau, der die Fleischsäfte und alle darin enthaltenen Geschmacksstoffe nach außen drückt. Am besten ist es, Fleisch bei Temperaturen von 85 bis 95 Grad Celsius gar zu ziehen.

Tips: Die altüberlieferte Weisheit, daß Fleisch, mit kaltem Wasser angesetzt, eine gute Brühe, mit heißem Wasser angesetzt, jedoch gutes Fleisch ergibt, ist längst widerlegt. Im Gegenteil: Nur bei kalt angesetztem Fleisch entfaltet sich das Fleischaroma gut.

▶ Das Wasser sollte mindestens eine Handbreit über dem Fleisch stehen, da dieses beim Kochen seine Form verändert und kürzer, aber dafür dicker wird.

▶ An der Oberfläche entstandener Schaum sollte von Zeit zu Zeit mit einer Kelle entfernt werden. Er enthält austretendes Eiweiß und Fett und könnte zum Trübwerden der Brühe führen.
▶ Gemüse, Kräuter und Gewürze dürfen erst etwa 45 Minuten vor Ende der Garzeit des Fleisches hinzugefügt werden. Würden die Zutaten von Beginn an mitkochen, würden sie zerkochen.
▶ Fertig gegartes Fleisch sollte vor dem Aufschneiden mindestens 30 Minuten in der Brühe liegen. So können sich die Fleischsäfte »beruhigen«, so daß sie beim Aufschneiden nicht zu sehr auslaufen.
▶ Zu mageres Fleisch sollte nicht gekocht werden.
▶ Außer bindegewebsreichem Fleisch können auch Innereien (> Seite 351) gekocht werden.

Gekochtes Leiterfleisch

Arbeitsaufwand 35 Minuten
Garzeit 2–3 Stunden

Zutaten für 4 Portionen:
1–1,2 kg Leiterfleisch oder Querrippe (> Rindfleisch, Seite 345)
1 große Karotte (> Seite 243)
1 mittelgroße Zwiebel (> Seite 257)
1/2 Sellerieknolle (> Seite 252)
1 Lauchstange (> Seite 246)
einige Petersilienstiele
2 zerdrückte Knoblauchzehen
8 zerdrückte weiße Pfefferkörner
Salz
2 EL gehackte Petersilie
1 TL grobes Salz

Leiterfleisch ist Rindfleisch, das in regelmäßigen Abständen von Rippen durchzogen ist. Alternativ dazu kann man auch Teilstücke von der Querrippe des Rindes nehmen (> Rindfleisch, Seite 345).

Das Fleisch waschen, in einen passenden Topf legen, mit kaltem Wasser bedecken und zugedeckt schnell zum Kochen bringen. Abschäumen und die Hitze soweit drosseln, daß das Fleisch gar ziehen kann.

Während der Garzeit immer wieder den Schaum von der Oberfläche entfernen. Verdunstete Flüssigkeit durch Zugabe von kaltem Wasser ersetzen.

Die Karotte, die Zwiebel und den Sellerie schälen. Den Lauch putzen und längs halbieren. Das Gemüse waschen und etwa 45 Minuten vor Beendigung der Garzeit zusammen mit den Petersilienstielen, dem Knoblauch, den Pfefferkörnern und Salz zum Fleisch geben. So verkocht das Gemüse nicht und kann zum gekochten Fleisch serviert werden.

Tip: Als Beilage kann man Meerrettich- oder Kräutersauce (> Seite 645) und gekochtes Gemüse servieren.

Schmoren

Vorzüge
Schmoren ist praktisch. Nach dem Vorbereiten der Zutaten, dem Anbraten und Begießen garen die Ingredienzen ohne besondere Aufsicht. Schmorgerichte sind saftig und können ohne Qualitätsverlust leicht aufgewärmt werden. Mit dieser Garmethode lassen sich auch billigere Fleischstücke schmackhaft zubreiten, bindegewebsarme Teile wie Filet oder Roastbeef werden beim Schmoren dagegen fasrig und trocken.

Zum Schmoren wird das Fleisch erst kurz in etwas Fett angebraten, danach halbhoch mit Wasser bedeckt und auf dem Herd oder im vorgeheizten Backofen bei Temperaturen von 180 bis 200 Grad Celsius gegart.

Durch das Anbraten bekommt das Fleisch das typische Brataroma und die Farbgebung. Da das Fleisch nur bis zur Hälfte im Wasser liegt, wird der Bratprozeß im oberen Teil des Stückes während des Schmorens fortgesetzt. Um eine gleichmäßige Garung zu erreichen, muß das Schmorgut daher öfters gewendet werden.

Geschmort werden ganze Fleischstücke, aber auch Einzelportionen wie Rouladen, Röllchen, Gulasch und Ragout. Zum Schmoren geeignet ist bindegewebsreiches Fleisch aus Keule, Schulter, Hals und Haxe. Herzen und Ochsenschwänze können ebenfalls geschmort werden.

Tips: Durch Glasieren erhält das Fleisch zusätzliches Aroma und Farbe. Dazu läßt man den beim Anbraten austretenden Fleischsaft einkochen, bis er am Topfboden als brauner Belag ansetzt. Danach löscht man mit Flüssigkeit ab, kocht den Bratensatz ein und läßt das Glasieren wieder in Braten übergehen. Dieser Vorgang sollte so oft (mindestens dreimal) wiederholt werden, bis das Fleisch glänzend überzogen ist.

▶ Ein gut schließender Deckel, häufiges Wenden und Begießen verhindern, daß die Randschichten austrocknen.

▶ In den Schmortopf können Gemüse, Tomatenmark, Gewürze und Kräuter zur Erzielung von besonderen Farb- und Geschmacksnuancen zugegeben werden.

▶ Marinaden verleihen dem Gargut zusätzliches Aroma, machen das Fleisch mürber und dienen außerdem zur Kurzkonservierung. Verwendet werden vorwiegend Wein- und Essigmarinaden (> Seite 572). Mariniertes Fleisch muß vor der Zubereitung gut abtropfen und trockengerieben werden.

▶ Tiefgefrorenes Fleisch braucht man nicht zu marinieren. Denn durch das Gefrieren wird die Zellstruktur gelockert.

Sauerbraten

Arbeitsaufwand 30 Minuten
Marinierzeit 2–3 Tage
Schmorzeit 2–2 1/2 Stunden

Zutaten für 4 Portionen:
Marinade:
3 dl Weißwein- oder Rotweinessig
1 dl Rot- oder Weißwein
2–3 dl Wasser
1 grobgewürfelte, mittelgroße Karotte (> Seite 243)
2 grobgewürfelte, mittelgroße Zwiebeln (> Seite 257)
8 zerdrückte weiße Pfefferkörner
2 Gewürznelken
1 sehr kleines Lorbeerblatt
2 zerdrückte Knoblauchzehen
1 Thymianzweig

Braten:
1 kg Rinderschulter (> Rindfleisch, Seite 345)
Salz, frisch gemahlener weißer Pfeffer
1 EL Butterschmalz
2–3 EL Tomatenmark
1 TL Zucker
30 g geriebener Honigkuchen (mit Honig zubereiteter Lebkuchen)

Den Essig mit dem Wein und dem Wasser in einer Schüssel mischen. Die Karotten- und die Zwiebelwürfel, die Pfefferkörner, die Gewürznelken, das Lorbeerblatt, die Knoblauchzehen, den Thymianzweig und das Fleisch in die Marinade legen.

Die Schüssel mit Klarsichtfolie verschließen und für 2 bis 3 Tage in den Kühlschrank stellen. Während des Marinierens das Fleisch zweimal am Tage wenden.

Das Fleisch aus der Marinade nehmen, gut abtropfen lassen und sorgfältig trockentupfen. Die Marinade durch ein Sieb gießen, das Gemüse, die Gewürze und die Kräuter abtropfen lassen.

Den Ofen auf 200 Grad Celsius vorheizen.

Das Fleisch salzen und pfeffern. Den Schmortopf auf dem Herd erhitzen. Das Butterschmalz darin heiß werden lassen und das Fleisch rundherum goldbraun anbraten.

Das abgetropfte Gemüse hinzugeben und goldbraun rösten. Das Tomatenmark und den Zucker hinzufügen und mitrösten.

Das Fleisch mit etwas Marinade ablöschen; den am Boden haftenden Bratensatz kann man gegebenenfalls mit einem Metallspachtel loskratzen. Nun das Braten und Rösten fortsetzen lassen. Diesen Vorgang mehrmals wiederholen, bis das Fleisch mit einer Art Glanz überzogen ist.

Den Topf mit der restlichen Marinade und Wasser auffüllen, so daß das Fleisch bis zur Hälfte in Flüssigkeit liegt.

Den Honigkuchen zur Bindung und Geschmacksgebung hinzufügen.

Den Schmortopf mit einem passenden Deckel verschließen. Das Fleisch im Ofen unter häufigem Wenden 2 bis 2 1/2 Stunden lang schmoren.

Wenn zuviel Flüssigkeit verdunstet, etwas Wasser nachgießen.

Nach etwa 2 Stunden das Fleisch durch Anstechen mit einer Fleischgabel auf seinen Gargrad prüfen. Läßt es sich weich anstechen, das Fleisch aus dem Topf nehmen und warm halten.

Die Sauce auf die benötigte Menge und gewünschte Konsistenz einkochen. Mit Salz und Pfeffer abschmecken und durch ein feines Sieb passieren.

Das Fleisch in etwa 8 Millimeter dicke Scheiben schneiden, anrichten, mit der Sauce übergießen und servieren.

Tip: Als Beilage eignen sich glasierte Karotten (> Seite 494) oder Schwarzwurzeln sowie Kartoffelpüree (> Seite 470).

Geflügel zubereiten

Geflügel unterteilt man in dunkles und helles Geflügel. Zum dunklen Geflügel zählen Ente, Gans, Perlhuhn und Taube. Sie werden vorwiegend gebraten. Gepökeltes Gänsefleisch und Entengalantinen werden allerdings besser gekocht.

Stubenküken, Hähnchen, Poularde und Truthahn gehören zum hellen Geflügel. Sie können am vielfältigsten zubereitet werden und sind für alle herkömmlichen Garmethoden geeignet.

Geflügel bekommt seinen vollen Geschmack nur, wenn es wirklich durchgegart wurde. Die Kerntemperatur sollte etwa 80 Grad Celsius betragen. Bei dieser Temperatur werden auch Krankheitserreger wie Salmonellen (> Seite 354) abgetötet.

Ausnahmen von dieser Regel sind Perlhühner, Wachteln und – je nach Zubereitung – auch Tauben: Das Fleisch von Perlhühnern und Wachteln sollte rosa gebraten werden, da es sonst sehr schnell trocken wird.

Neben dem Braten kann Geflügel in Fett ausgebacken, gegrillt, gekocht, geschmort und poêliert (> Seite 524) werden.

Beim Braten gibt es allerdings große Unterschiede zwischen Wasser- und Landgeflügel. Enten und Gänse werden vorwiegend mit Wasser angesetzt, damit das unter der Haut angelagerte Fett austreten kann. Der Bratprozeß beginnt erst, wenn das Wasser verdunstet ist und das Fett die zum Braten benötigte Temperatur erreicht hat.

Helles Geflügel wie Hähnchen, Poularde oder Truthahn wird hingegen sofort mit heißem Fett zum Braten angesetzt. Bei beiden Bratmethoden sollte das Geflügel des öfteren gewendet und

beschöpft werden, damit die Haut und das Fleisch nicht austrocknen und ein gleichmäßiges Garen von Keulen und Brüsten gewährleistet ist.

Blanchieren (Überbrühen)

Vorzüge
Blanchieren ist eine Vorbereitung zum Kochen. Durch das kurze Überbrühen werden Unreinheiten und Fett vom Geflügel entfernt. Außerdem beugt das Blanchieren einem Trübwerden der Brühe beim Kochen vor.

Geflügel wird im Gegensatz zu anderem Fleisch beim Blanchieren gleich mit heißem Wasser bedeckt und bei starker Hitze zugedeckt schnell zum Kochen gebracht. Da die Garzeiten bei jungem Geflügel sehr kurz sind, würde das Aufsetzen der Tiere in kaltem Wasser allzu große Auslaugverluste bedeuten.

Nach dem Überbrühen wird das Geflügel zuerst mit warmem Wasser ab- und dann unter kaltem Wasser klargespült.

Braten

Vorzüge
Das Braten macht die Haut knusprig und das Fleisch zart. Das Fett löst sich unter der Haut auf – dadurch bekommt das Geflügelfleisch einen besonders vollen Geschmack.

Für den Backofen gibt es zwei unterschiedliche Garmethoden: Fettere Geflügel wie Ente und Gans werden zum Braten mit ein wenig Wasser angesetzt. Das eigentliche Braten beginnt erst, wenn das Wasser verdampft und ein Teil des Fetts unter der Haut ausgeschmolzen ist. Am Anfang liegt die Brattemperatur etwas niedriger, damit das Fett genügend Zeit zum Austreten hat.

Das übrige Geflügel wird in heißem Fett gebraten, weil es sehr mager ist.

Beim Braten von ganzem Geflügel ist es wichtig, daß das Geflügel mindestens zwei Drittel der Bratzeit unter Wenden, auf den Keulen liegend, gebraten wird. Erst im letzen Drittel der Bratzeit legt man das Geflügel auf den Rücken, damit die Brüste auch noch Farbe bekommen. So bleibt das zarte Brustfleisch saftig, und das festere Keulenfleisch wird gleichmäßig durchgegart.

Während der gesamten Bratzeit sollte Geflügel und Wassergeflügel öfters gewendet und mit Bratfett beschöpft werden.

Geflügelteile können gefüllt, in gebuttertem Pergamentpapier oder in ein Schweinsnetz eingehüllt im Backofen, in Bratfolie oder im Römertopf gebraten werden. Das Schweinsnetz ist das Gekröse vom Schwein, es hält die Gedärme zusammen und kann mitgegessen werden. Man bekommt es beim Fleischer auf Vorbestellung. Geflügelbrüste von Hähnchen, Poularden, Wachteln und Enten lassen sich auch in der Pfanne auf dem Herd zubereiten.

Tips: Geflügel mindestens 30 Minuten vor dem Braten aus dem Kühlschrank nehmen. Das erspart dem Fleischgewebe einen allzu großen Temperaturschock und sorgt für ein gleichmäßigeres Bratergebnis. Während des Temperierens darauf achten, daß der austretende, eventuell salmonellenverseuchte Fleischsaft nicht mit anderen Lebensmitteln oder Geschirr in Berührung kommt.

▶ Nach dem Braten nicht sofort portionieren, sondern auf einem Abtropfgitter ruhen lassen. So können sich die Fleischsäfte »beruhigen« und laufen beim Aufschneiden nicht aus.

Gebratenes Perlhuhn

Arbeitsaufwand 35 Minuten
Bratzeit 24 Minuten

Zutaten für 4 Portionen:
1 junges Perlhuhn (> Seite 354) à 1 kg
Salz, frisch gemahlener weißer Pfeffer
1 1/2 EL Butterschmalz
1/2 EL Butter
2 EL grobe Zwiebelwürfel (> Seite 257)
4 dl Geflügel- oder Perlhuhnjus (> Seite 563)
einige Rosmarinnadeln
1 kleine durchgepreßte Knoblauchzehe

Den Backofen auf etwa 250 Grad Celsius vorheizen.

Das Perlhuhn innen und außen sorgfältig säubern. Alle Stoppeln, Federreste und eventuell vorhandenen Innereien sowie Luft- und Speiseröhre entfernen.

Das Perlhuhn mit Schnur und einer Nadel binden (»bridieren«); dabei mit der Nadel durch die Unterschenkel (zwischen den Gelenken) und dann durch Flügel und Rücken fahren, die Fadenenden fest anziehen und verknoten. (Man kann Geflügel auch ohne Nadel zusammenbinden). Das Bridieren hat den Vorteil, daß das Geflügel sich besser wenden und portionieren läßt und beim Braten nicht die Keulen von sich streckt.

Einen Bräter oder einen Bratentopf in passender Größe im Backofen erhitzen. Dann erst das Butterschmalz in das Bratgeschirr geben und heiß werden lassen. Das Perlhuhn salzen und pfeffern, auf einer seiner Keulenseiten in den Bräter legen, in den Backofen schieben und nach einigen Minuten wenden.

Das Perlhuhn auf den Keulenseiten liegend unter Wenden und Beschöpfen etwa 16 Minuten lang braten. Dann auf den Rücken legen und etwa 8 Minuten lang weiterbraten; die Brüste müssen noch saftig und rosa sein.

Das Perlhuhn zum Ruhen für etwa 15 Minuten auf ein Abtropfgitter setzen.

Das Bratfett aus dem Topf gießen. Die Butter hineingeben und die Zwiebeln darin goldgelb dünsten. Den Jus, die Rosmarinnadeln sowie den Knoblauch hinzufügen und um die Hälfte des Volumens einkochen.

Das Perlhuhn in Keulen und Brüste zerlegen und im Wärmeschrank oder im Backofen bei 60 bis 65 Grad Celsius warm halten.

Die angefallenen Knochen kleinhacken und zum Auskochen in die Sauce geben. Den Perlhuhnjus passieren und mit Salz und Pfeffer abschmecken.

Jede Perlhuhnbrust schräg in vier Scheiben schneiden, jede Keule in zwei Stücke teilen. Anrichten und mit der Sauce servieren.

Tip: Als Beilage eignen sich Zuckererbsen (> Seite 234) und gebratene Kartoffeln (> Seite 466).

Junge Ente mit Äpfeln

Arbeitsaufwand 60 Minuten
Bratzeit 75 Minuten

Zutaten für 4 Portionen:
1 junge Ente (> Seite 353) à 2 kg
Salz, frisch gemahlener weißer Pfeffer
1 mittelgroßer Apfel (> Seite 283)
2 kleine Beifußzweige
1 mittelgroße Karotte (> Seite 243)
2 mittelgroße Zwiebeln (> Seite 257)
5 dl Geflügel- oder Entenjus (> Seite 563)
1 TL Mais- oder Kartoffelstärke

Äpfel:
2 mittelgroße Äpfel (> Seite 283)
2 dl Apfelwein
1–2 EL Zucker
4 TL Preiselbeeren (> Seite 306)

Den Backofen auf etwa 220 Grad Celsius vorheizen. Die Ente innen und außen säubern. Stoppeln, Federreste, eventuell noch vorhandene Innereien, Luft- und Speiseröhre entfernen. Die Ente waschen, innen und außen trockenreiben.

Die Flügel in der Mitte des oberen Flügelteiles abschlagen und kleinhacken. Die Fettpolster an den Flügeln und Keulen mit einer spitzen Nadel anstechen, damit beim Braten das Fett schneller austreten kann.

Die Ente mit Schnur und einer Bridiernadel binden (bridieren, > Seite 514). Innen und außen mit Salz und Pfeffer einreiben.

Den Apfel waschen, vierteln, das Kerngehäuse herausschneiden und zusammen mit einem Beifußzweig in den Bauchraum der Ente geben.

Den Boden einer Bratpfanne, in der Größe zur Ente passend, etwa 2 Zentimeter hoch mit Wasser bedecken. In den heißen Ofen schieben, bis das Wasser leicht zu sieden beginnt.

Die Karotte und die Zwiebeln schälen und in grobe Würfel schneiden.

Die Ente mit einer Keulenseite nach unten in die Pfanne legen und in den Backofen schieben. Nach einigen Minuten wenden. Die Ente, auf den Keulenseiten liegend, etwa 50 Minuten lang unter Wenden und Beschöpfen braten. Dann auf den Rücken setzen, die Knochen, die Karotten- und Zwiebelwürfel hinzufügen und noch etwa 25 Minuten lang weiterbraten und beschöpfen.

Die fertige Ente aus der Pfanne nehmen und auf einem Abtropfgitter etwa 20 Minuten lang ruhen lassen.

Das Bratfett aus der Pfanne gießen, den Jus hineingeben und um etwa die Hälfte einkochen.

Die Keulen und Brüste der Ente vom Knochengerüst lösen und bei etwa 65 Grad Celsius warm stellen. Die Knochen kleinhacken und mit dem restlichen Beifuß zum Auskochen in die Sauce geben.

Die Sauce passieren, mit Salz und Pfeffer abschmecken. Die Stärke mit kaltem Wasser anrühren und in die Sauce geben. Diese unter Rühren so lange kochen, bis sie gebunden und klar ist. Die Sauce warm halten.

Die Äpfel waschen, quer halbieren und mit einem Kartoffelausstecher oder einem kleinen Messer das Kerngehäuse ausstechen. Die Äpfel in einen Topf legen, den Apfelwein und den Zucker hinzufügen. Auf dem Herd aufkochen und zugedeckt 4 bis 5 Minuten lang ziehen lassen. In die Mitte der Äpfel die Preiselbeeren füllen.

Die Entenbrüste und -keulen portionieren und zusammen mit den Äpfeln und der Sauce anrichten.

Tip: Junge Gänse werden wie Enten gebraten. Da sie aber wesentlich schwerer sind, verlängert sich auch ihre Bratzeit. Um eine Gans von etwa 3 1/2 Kilogramm zu braten, rechnet man 120 bis 130 Minuten.

Poularde am Drehspiess gebraten

Arbeitsaufwand 15 Minuten
Bratzeit 50 Minuten

Zutaten für 4 Portionen:
1 Poularde (> Seite 353) à 1,5 kg
Salz, frisch gemahlener weißer Pfeffer
1 TL Paprikapulver
1 EL Butter

Den Backofen auf etwa 230 Grad Celsius vorheizen.

Die Poularde innen und außen säubern, waschen und sorgfältig trockentupfen. Die Flügel so einschlagen, daß die Flügelspitzen unter dem oberen Flügelteil zu liegen kommen.

An den Bauchseiten die Haut einschneiden und das Gelenk des Unterschenkels durchschieben.

Die Poularde innen und außen mit Salz und Pfeffer einreiben.

Das Paprikapulver mit der Butter mischen und die Poularde damit bestreichen.

Den Spieß von der Hals- zur Bauchöffnung durchschieben. Die

Poularde mit den Klammern in der Mitte fixieren. Den Spieß in der Halterung des Backofens befestigen und die Drehvorrichtung einschalten. Die Poularde etwa 50 Minuten lang braten.

Für etwa 15 Minuten ruhen lassen, dann erst in Keulen und Brüste zerlegen und portionieren.

Tips: Es gibt spezielle Öfen mit Drehspieß, die nicht vorgeheizt werden müssen.

▶ Das Braten am Drehspieß ist sehr schonend. Man erzielt bei dieser Garmethode eine besonders gleichmäßige und schöne Bräunung.

Gefüllte Hähnchenbrüste in Pergamentpapier

Arbeitsaufwand 45 Minuten
Bratzeit 15 Minuten

Zutaten für 4 Portionen:

Füllung:

100 g Hähnchenbrust (> Seite 353)
1,5 dl süße Sahne
Salz, frisch gemahlener weißer Pfeffer
2 EL gehackte Kräuter (Petersilie, Schnittlauch)

Hähnchen:

4 Hähnchenbrüste (ohne Haut und Knochen) à 100 g (> Seite 353)
Pergamentpapier, Küchenschnur
1 1/2 EL Butter
1 1/2 EL Butterschmalz
1 EL feine Schalottenwürfel (> Zwiebeln, Seite 257)
1 dl Wermut (> Noilly Prat, Seite 425)
3 dl Geflügeljus (> Seite 563)
2 dl süße Sahne
2 EL feine Schnittlauchröllchen

Die 100 g Hähnchenbrust in Stücke schneiden und kalt stellen. Die Sahne im Tiefkühlfach anfrosten.

Die Hähnchenbruststücke salzen, pfeffern und in der Küchenmaschine oder mit dem Mixer (> Seite 160) fein zerkleinern. Die Sahne löffelweise unterarbeiten. Die Füllung (Farce) durch ein feines Rahmen- oder Trommelsieb (> Seite 171) streichen und die Kräuter untermischen.

Den Backofen auf etwa 230 Grad Celsius vorheizen.

Die Filets von den Hähnchenbrüsten entfernen. Die Brüste waagerecht einschneiden und aufklappen. Die Filets und die Brüste leicht klopfen, salzen und pfeffern. Die Füllung als Streifen gleichmäßig auf den Brüsten verteilen und die Brustfilets oben darauflegen. Die Füllung in das Brustfleisch einhüllen.

Vier Pergamentpapierstücke zuschneiden (15 mal 20 Zentimeter) und mit einem Eßlöffel Butter bestreichen.

Auf jedes Pergamentpapierstück eine gefüllte Brust legen und wie ein Paket einpacken. Mit Küchenschnur locker umbinden.

Einen Bräter oder einen Bratentopf im Backofen erhitzen und das Butterschmalz darin heiß werden lassen. Die Päckchen einlegen und sofort im heißen Butterschmalz wenden, damit das Pergamentpapier mit einem Fettfilm überzogen wird. Unter mehrmaligem Wenden 12 bis 15 Minuten lang braten.

Die Hähnchenbrüste aus dem Papier nehmen und auf einem Abtropfgitter etwa 10 Minuten lang ruhen lassen. Im abgeschalteten Backofen warm halten.

Die Schalotten in der restlichen Butter goldgelb dünsten. Mit dem Wermut ablöschen, den Geflügeljus hinzufügen und die Flüssigkeit mindestens um die Hälfte ihres Volumens einkochen. Die Sahne hinzugießen und die Sauce kochen, bis sie sämig wird. Mit Salz und Pfeffer abschmecken, passieren und den Schnittlauch hinzufügen.

Die Hähnchenbrüste schräg in Scheiben schneiden und mit der Sauce anrichten.

Tips: Anstelle von Pergamentpapier können die Hähnchenbrüste auch in gewässertes, trockengetupftes Schweinsnetz eingehüllt werden.

▶ Die Hähnchenbrüste nehmen beim Braten die Farbe des Papiers an. Ist das Papier goldbraun, haben die Brüste die gleiche Farbe. Ist das Papier schwarz, sind es auch die Brüste.

▶ Als Beilage paßt gedünsteter Lauch.

FRITIEREN (AUSBACKEN)

Vorzüge
Kleine Geflügelteile, -schnitzel und -röllchen eignen sich zum Ausbacken besonders gut. Durch das Umhüllen mit einem Mantel aus Mehl, Ei und Semmelbröseln oder, wie in Asien üblich, durch Ausbackteig (aus Eiweiß und Speisestärke) ziehen wird die äußere Hülle beim Ausbacken besonders knusprig und schmackhaft.

Vor dem Ausbacken wird Geflügel nur gewürzt oder für einige Zeit in eine Marinade (> Seite 572) eingelegt. Die ideale Ausbacktemperatur beträgt etwa 160 Grad Celsius, bei sehr großen Geflügelteilen sollte die Temperatur auf 150 Grad Celsius gesenkt und bei sehr kleinen Geflügelstücken auf 180 Grad Celsius erhöht werden.

Tips: Nicht festsitzende Semmelbrösel sollten vor dem Einlegen abgeschüttelt werden, weil sie sonst während des Ausbackens verbrennen und das Fritieröl vorzeitig unbrauchbar machen.

▶ Vor dem Panieren können Kräuter, geriebene Mandeln oder Nüsse, geriebener Parmesan, kleine Trüffel- oder Pökelzungenwürfel unter die Semmelbrösel gemischt werden.

▶ Bei Geflügelteilen wie Brüste und Keulen, die noch Knochen enthalten, sollte an diesen Stellen das Fleisch bis zum Knochen eingeschnitten werden, um ein gleichmäßiges Garen zu ermöglichen.

***

WIENER BACKHENDL

***

Arbeitsaufwand 50 Minuten
Ausbackzeit 12 Minuten

Zutaten für 4 Portionen:
2 Hähnchen à 600 g (> Seite 353)
Salz, Delikateßpaprikapulver
englisches Senfpulver
3 EL Zitronensaft
2 EL gehackte Petersilie
Fritieröl, Fritierfett (Butterschmalz) zum Ausbacken
1 Ei
2 EL Öl
2–3 EL Weizenmehl
6–8 EL Semmelbrösel
1 Zitrone (> Seite 309)
einige Petersilienzweige

Bei den Hähnchen die Flügel in der Mitte der Oberarme abschlagen. Die Keulen und Brüste vom Rumpf abtrennen. Bei den Keulen die Becken- und Oberschenkelknochen entfernen, bei den Brüsten nur die Flügelknochen belassen.

An den Keulen das Fleisch am Unterschenkel und bei den Brüsten das Fleisch bis auf den Flügelknochen durchschneiden, damit das Fleisch an diesen Stellen zur gleichen Zeit wie das übrige Fleisch gar wird.

Die Keulen und Brüste mit Salz, Paprika und Senfpulver würzen, mit dem Zitronensaft beträufeln und der Petersilie bestreuen. Die Hähnchenteile etwa 10 Minuten lang marinieren lassen und trockentupfen.

Die Friteuse (> Seite 154) oder einen mit Fritieröl gefüllten Topf mit passendem Drahteinsatz auf etwa 150 Grad Celsius vorheizen.

Das Ei mit dem Öl verschlagen. Die Hähnchenteile erst im Mehl wenden, dann durch das Ei ziehen und fest in die Semmelbrösel drücken. Die Panierung von allen Seiten fest andrücken und nicht haftende Brösel abschütteln.

Die Brüste und die Keulen schwimmend im heißem Öl oder Fett etwa 12 Minuten lang knusprig und goldbraun ausbacken. Auf einer saugfähigen Unterlage abtropfen lassen.

Die Zitrone in 8 Ecken schneiden. Die Petersilie waschen und ganz trockentupfen. Die Stiele entfernen und die Blätter kurz ausbacken, bis sie kroß sind, abtropfen lassen und salzen.

Brüste und Keulen mit der Petersilie und je 2 Zitronenecken anrichten.

Tip: Als Beilage ist grüner Salat oder Kartoffelsalat zu empfehlen.

Gebackene marinierte Entenbrüste

Arbeitsaufwand 35 Minuten
Backzeit 5 Minuten

Zutaten für 4 Portionen:
2 Entenbrüste à 200 g (> Seite 353)
3 EL japanische Sojasauce
2 EL Sake (> Seite 425) oder trockener Sherry (> Seite 423)
1/2 EL geriebene Ingwerwurzel
1 durchgepreßte Knoblauchzehe
Salz, frisch gemahlener schwarzer Pfeffer
Öl oder Fritierfett zum Ausbacken
2 Eiweiß
4 EL Maisstärke
1/2 TL Salz
1 EL sehr feine Schalottenwürfel (> Zwiebeln, Seite 257)
1 EL feingeschnittener Schnittlauch
1 EL sehr feine Ingwerwürfel
8 Limettenecken (> Seite 300)

Die Entenbrüste in gleich große Stücke schneiden. Die Sojasauce mit dem Sake oder dem Sherry, der geriebenen Ingwerwurzel und dem Knoblauch mischen. Die Entenbruststücke in der Marinade wenden und zum Marinieren für etwa 30 Minuten kalt stellen.

Die Entenbruststücke aus der Marinade nehmen und auf Küchenkrepp abtropfen lassen. Eventuell salzen und pfeffern.

Die Friteuse oder einen mit Öl gefüllten Topf mit passendem Drahteinsatz auf 170 Grad Celsius vorheizen.

Das Eiweiß schaumig schlagen. 2 Eßlöffel Maisstärke, das Salz, die Schalotten, den Schnittlauch und die Ingwerwürfel untermischen.

Die Entenbruststücke in der restlichen Maisstärke wälzen und durch das Eiweiß ziehen. Im heißen Öl etwa 5 Minuten lang goldgelb ausbacken. Auf einer saugfähigen Unterlage abtropfen lassen. Anrichten und mit den Limettenecken garnieren.

Garen in der Salzkruste

Vorzüge
Garen in der Salzkruste ist ein schonendes Garen im eigenen Fett. Das Geflügel ist eingeschlossen, die Hitze wird nur indirekt und gleichmäßig verteilt auf das Geflügel abgestrahlt. Das Fleisch bleibt dadurch saftiger, durch den hermetischen Abschluß können keine Geschmacksstoffe verlorengehen. Zum Garen in der Salzkruste eignen sich junge Enten (> Seite 353), Hähnchen (> Seite 353), Perlhühner (> Seite 354), Poularden (> Seite 353) und junge Puten (> Babyputen, Seite 354).

Die Salzkruste wird aus grobem Salz, Kartoffelstärke, Eiweiß und Wasser bereitet. Um das Geflügel einzuschließen, wird der Boden eines feuerfesten Geschirrs (> Seite 176) oder eines Bräters etwa 2 Zentimeter hoch mit der Salzmasse bedeckt, das präparierte Geflügel daraufgesetzt und mit der restlichen Salzmasse eingekleidet.

Gegart wir im vorgeheizten Backofen bei etwa 220 Grad Celsius.

Tips: Da die Salzkruste steinhart wird, braucht man zum Öffnen ein Fleischbeil, einen Hammer oder ein kräftiges Austernmesser.

▶ Diese Garmethode ist auch für Fische und Fleisch geeignet. Besonders gerne wird das Braten in der Salzkruste bei Hochrippen (> Seite 346) angewendet. Da bei Hochrippen die Fleischauflage nicht überall gleichmäßig stark ist, wird die Salzkruste auf der flacheren Seite dicker aufgetragen, damit ein gleichmäßiges Garen möglich ist. Im Gegensatz zum Geflügel und zum Fisch wird das Fleisch vorher angebraten.

Junge Ente in der Salzkruste

Arbeitsaufwand 45 Minuten
Garzeit 180 Minuten

Zutaten für 4 Portionen:
1 Frühmastente à 1,5–2 kg (> Seite 353)
Salz, frisch gemahlener weißer Pfeffer
2 Beifußzweige
2 zerdrückte Knoblauchzehen
3 kg grobes Salz
150 g Kartoffelstärke
3 Eiweiß
Wasser

Die Ente innen und außen reinigen und das Fett an den Bauchseiten entfernen. Die Ente waschen und sorgfältig trockentupfen. Die Flügel einschlagen, in jede Bauchseite einen etwa 1 Zentimeter langen Schnitt anbringen und die Unterschenkelgelenke hindurchziehen.

Den Backofen auf etwa 220 Grad Celsius vorheizen.

Bei der Ente die Fettpolster an den Flügeln und an den Keulen mit einer spitzen Gabel anstechen, damit beim Garen das Fett leichter austreten kann.

Die Ente innen und außen würzen. Den Beifuß und den Knoblauch in den Bauchraum legen.

Das Salz mit der Kartoffelstärke und dem Eiweiß mischen. Nur soviel Wasser hinzufügen, daß eine kompakte, formbare Masse entsteht.

Den Boden eines ovalen feuerfesten Geschirrs oder eines Bräters etwa 2 Zentimeter hoch mit der Salzmasse bedecken. Die Ente daraufsetzen und mit der restlichen Salzmasse einkleiden. In den vorgeheizten Backofen schieben und etwa 180 Minuten lang garen.

Aus dem Backofen nehmen und noch etwa 20 Minuten lang stehenlassen. Die Salzschicht vorsichtig mit einem Eispickel, Hammer oder Küchenbeil aufbrechen, ohne die Ente zu verletzen.

Die Ente in Keulen und Brüste zerlegen. Die Keulenknochen entfernen. Die Brüste und Keulen portionieren.

Tip: Als Beilage sind gedünsteter Chicorée (> Seite 492) und Kartoffelpüree (> Seite 470) zu empfehlen.

Grillen

Vorzüge
Grillen ist ein sehr schonendes Garverfahren, das das Aroma des Fleisches gut erhält. Im Vergleich zum Braten erfordert Grillen weniger Arbeitsaufwand. Nicht nur Einzelteile, sondern ganze Hähnchen, Poularden, Stubenküken und Tauben können gegrillt werden.

Geflügel muß vor dem Grillen zerteilt werden. Am besten geht das, indem man ein kräftiges scharfes Messer von der Bauch- zur Halsöffnung durchschiebt und den Rücken längs der Wirbelsäule durchtrennt. Die Rückgratknochen werden abgeschlagen.

Das Brustbein leicht einschlagen, den Geflügelkörper flachdrücken und das Brustbein herausziehen. Die Flügelspitzen werden so eingeschlagen, daß sie unter dem oberen Flügelteil liegen.

Tips: Wichtig ist, daß die Rippenknochen nicht entfernt werden, denn diese und die Haut sind ein natürlicher Schutz, welcher das Fleisch vor dem Austrocknen bewahrt.

▶ Geflügel kann vor dem Grillen in Kräuter- oder Gewürzöl eingelegt werden.

Gegrilltes Stubenküken mit würziger Kruste

Arbeitsaufwand 35 Minuten
Grillierzeit 15 Minuten

Zutaten für 4 Portionen:
4 Stubenküken à 400 g (> Seite 354)
Salz, frisch gemahlener schwarzer Pfeffer
4 EL Öl
1 EL englisches Senfpulver
1 1/2 EL Weißwein
Cayennepfeffer
3–4 EL geriebenes Weißbrot
3 EL zerlassene Butter

Die Stubenküken vom Rücken her spalten und den Rückgratknochen abschlagen. Die Stubenküken flachdrücken und das Brustbein herausziehen. Die Flügel einschlagen. In den Bauchlappen etwa 1 Zentimeter lange Einschnitte vornehmen und die Unterschenkelgelenke durchstecken.

Den Grill (> Seite 110) oder die Bratpfanne (> Seite 176) vorheizen.

Die Stubenküken salzen, pfeffern und mit dem Öl bestreichen. Auf den Grill legen und unter mehrfachem Wenden in etwa 12 Minuten goldbraun grillen.

Das Senfpulver mit dem Weißwein glattrühren und mit Cayennepfeffer würzen. Die Hautseite der Stubenküken damit bestreichen. Mit dem Weißbrot bestreuen und fest andrücken. Mit der Butter beträufeln, wieder auf den Grill legen und in etwa 3 Minuten unter Wenden die Kruste goldbraun grillieren.

Tip: Nachdem die gegrillten Stubenküken mit Senf eingestrichen, mit Weißbrot bestreut und mit Butter beträufelt wurden, können sie auch unter der heißen Grillschlange fertiggegart werden.

KOCHEN

Vorzüge
Zum Kochen eignet sich junges Geflügel wie Hähnchen und Poularde, aber auch älteres Geflügel wie Suppenhuhn. Beim Kochen von jungem Geflügel erhält man zartes, saftiges und schmackhaftes Fleisch, vom älterem Geflügel eine kräftige und gehaltvolle Brühe. Das gekochte Fleisch von Suppenhühnern und alten Tauben kann für Saucengerichte, Pastetenfüllungen sowie als Einlage bei Suppen und Eintöpfen verwendet werden.

Geflügel erst überbrühen (> blanchieren, Seite 513). Dann in kochendes Wasser geben, aufkochen, den entstehenden Schaum abschöpfen und die Temperatur drosseln. Gar ziehen oder leise köcheln ist besser als sprudelnd kochen. Junges Geflügel braucht nur kurze Garzeiten, daher können Gemüse und Gewürze von Anfang an hinzugegeben werden. Bei älterem Geflügel mit relativ langen Garzeiten kommen Gemüse und Gewürze erst etwa 45 Minuten vor Beendigung der Garzeit ins Kochwasser.

Die Kochzeit hängt sehr von Größe und Alter der Tiere ab. Geflügel ist gar, wenn sich das Unterschenkelfleisch mit Daumen und Zeigefinger bis auf den Knochen leicht durchdrücken oder mit einer Fleischgabel leicht durchstechen läßt. Solange beim Einstechen rosa Saft austritt, ist das Geflügel noch nicht gar.

Tips: Wird Geflügel im heißen Zustand aufgeschnitten, läuft ein großer Teil des Fleischsaftes aus, und das Fleisch wird trocken. Gekochtes Geflügel sollte daher vor dem Zerteilen 20 bis 30 Minuten lang unter feuchten Tüchern oder rund 10 Minuten lang in kaltem, leicht gesalzenem Wasser abkühlen.

▶ Älteres Geflügel kann auch im Schnellkochtopf (> Seite 183) gegart werden.

HÜHNERSUPPENTOPF

Arbeitsaufwand 45 Minuten
Garzeit 1 1/2–2 1/2 Stunden

Zutaten für 4 Portionen:
1 Suppenhuhn (> Seite 353) à 2 kg
3 mittelgroße Karotten (> Seite 243)
1 kleiner Knollensellerie (> Seite 252)
1 große Stange Lauch (> Seite 246)
120 g Zuckerschoten (> Erbsen, Seite 234)
2 zerdrückte Knoblauchzehen
200 g Nudeln (> Seite 222)
Salz, frisch gemahlener weißer Pfeffer
geriebene Muskatnuß
2 EL gehackte Petersilie

Das Suppenhuhn überbrühen (> blanchieren, Seite 513), zuerst unter heißem Wasser und anschließend unter kaltem Wasser abspülen.

Das Huhn in einen Topf geben, mit Wasser bedecken, schnell aufkochen, abschäumen und die Hitzezufuhr drosseln. Nur leicht köcheln lassen. Die Garzeit kann zwischen 1 1/2 und 2 1/2 Stunden liegen, das hängt vom Alter des Suppenhuhnes ab.

Das Suppenhuhn ist gar, wenn sich das Unterschenkelfleisch mit den Spitzen von Daumen und Zeigefinger bis auf den Knochen leicht durchdrücken oder mit einer Fleischgabel leicht durchstechen läßt.

Die Karotten und den Sellerie schälen, den Lauch putzen und bei den Zuckerschoten die Fäden abziehen.

Den Sellerie vierteln. Die Karotten, den Sellerie und den Knoblauch etwa 45 Minuten vor Beendigung der Garzeit und den Lauch etwa 30 Minuten später zum Huhn geben.

Die Nudeln in reichlich leicht gesalzenem Wasser »al dente« kochen (> Seite 223). In kaltem Wasser abschrecken und abtropfen lassen.

Sobald das Huhn und das Gemüse gar sind, aus der Brühe nehmen. Das Huhn in eine Schüssel legen, mit feuchten Tüchern bedecken und abkühlen lassen. Die Brühe passieren und das Gemüse in Stücke schneiden.

Die Brühe mit Salz, Pfeffer und Muskatnuß abschmecken. Die Zuckerschoten hineingeben und etwa 5 Minuten lang kochen.

Das Suppenhuhn in Keulen und Brüste zerlegen, die Häute und die Knochen entfernen. Das Hühnerfleisch in Stücke schneiden.

Das Gemüse, das Hühnerfleisch und die Nudeln in die Brühe geben und erwärmen. Mit der Petersilie bestreuen und servieren.

Tip: Aus den anfallenden Häuten und Knochen kann eine Nachbrühe gekocht werden, die zur Zubereitung von Saucen und Suppen verwendet werden kann.

PFANNENRÜHREN

Vorzüge
Geflügel mit seinem zarten Fleisch und seiner kurzen Gardauer ist zum Pfannenrühren prädestiniert. Enten-, Hähnchen-, Poularden- und Putenteile können auf diese Weise leicht und schnell zubereitet werden. Alle benötigten Zutaten lassen sich gut vorbereiten, so daß die eigentliche Zubereitung erst wenige Minuten vor dem Servieren beginnen muß.

Zum Pfannenrühren werden Geflügelkeulen oder -brüste in feine Scheiben, gleich große Streifen oder Würfel geschnitten. Das Geflügel kann mit und ohne Marinade zubereitet werden. Zum Marinieren eignen sich Sojasauce, Sake (> Reiswein, Seite 425), geriebene Ingwerwurzel, Szetschuanpfeffer, Knoblauch und Koriandersamen oder -blätter.

Gegart wird das Geflügel in einem Wok (> Seite 179) oder einer weiten Pfanne mit gewölbtem Rand.

***

PUTENSTREIFEN MIT SZETSCHUANPFEFFER

***

Arbeitsaufwand 45 Minuten
Garzeit 5 Minuten

Zutaten für 4 Portionen:
4 Putenschnitzel à 120 g (> Seite 354)
Salz
Szetschuanpfeffer
4 EL Sojasauce
1 durchgepreßte Knoblauchzehe
1 TL Maisstärke
2 mittelgroße Karotten (> Seite 243)
1 Stange Lauch (> Seite 246)
1 gelbe Paprikaschote (> Seite 245)
2 kleine rote Pfefferschoten
5 EL Öl

Die Putenschnitzel in 5 Millimeter dicke Streifen schneiden. Salzen, mit reichlich frisch gemahlenem Szetschuanpfeffer bestreuen. Mit der Sojasauce, dem Knoblauch und der Maisstärke mischen. Zugedeckt etwa 30 Minuten lang marinieren lassen.

Die Karotten schälen und den Lauch putzen. Die Paprikaschote und die Pfefferschoten längs halbieren, die Samenkerne und Scheidewände entfernen.

Das Gemüse und die Schoten waschen. Die Karotten, den Lauch sowie die Paprikaschote in feine Streifen und die Pfefferschoten in feine Würfel schneiden.

Die Putenstreifen aus der Marinade nehmen und abtropfen lassen.

Die Hälfte des Öls erhitzen und die Putenstreifen darin goldbraun und knusprig braten. Herausnehmen und warm halten.

Die Karotten-, die Lauch- und die Paprikaschotenstreifen sowie die Pfefferschotenwürfel im restlichen heißen Öl kurz anziehen lassen.

Die Putenstreifen und noch vorhandene Marinade zu den Gemüsen geben, gut mischen und abschmecken. Sofort servieren.

Tip: Als Beilage eignet sich Basmatireis (> Seite 456).

Poêlieren

Vorzüge

Poêlieren ist eine Zubereitungsform, die mit geringen Gartemperaturen auskommt. Durch die geringe Hitze entsteht keine starke Spannung im Geflügelkörper, was die Gefahr des Platzens stark verringert. Da Füllungen beim Übergaren zu treiben anfangen, ist das Poêlieren die beste und schonendste Garmethode für gefülltes Geflügel.

Poêlieren ist eine Garmethode, die zwischen Dünsten und Schmoren steht. Dabei nimmt das Geflügel kaum Farbe an. Um trotzdem eine goldgelbe Färbung zu erzielen, gibt es zwei Methoden. Entweder läßt man das Geflügel zwei Drittel der Garzeit zugedeckt im vorgeheizten Backofen bei Temperaturen zwischen 160 und 180 Grad Celsius im eigenen Fond dünsten – und entfernt dann den Deckel. Oder man läßt das Geflügel zunächst ohne Deckel in der Butter schmoren, bis es goldgelb wird, und deckt die Pfanne dann zu.

Tip: Wenn das Geflügel trotz abgenommenen Deckels am Ende der Garzeit immer noch blaß bleibt, kann die Temperatur im Backofen leicht erhöht werden.

***

Poêlierte Poularde

***

Arbeitsaufwand 40 Minuten
Poêlierzeit 55 Minuten

Zutaten für 4 Portionen:
1 Poularde à 1,5 kg (> Seite 353)
1 große, dünne Scheibe frischer, fetter Speck
Salz, frisch gemahlener weißer Pfeffer
1 Rosmarinzweig
2 EL Butter
1 mittelgroße Karotte (> Seite 243)
2 mittelgroße Zwiebeln (> Seite 257)
250 g Geflügelklein (Hälse, Flügel, Knochen)
4 dl Geflügeljus (> Seite 563)
1/2 EL gehackte Rosmarinnadeln

Die Poularde innen und außen säubern, waschen und gut trockentupfen.

Die Poularde mit einer Schnur binden (> bridieren, Seite 514). Die Speckscheibe in der Mitte mehrmals einschneiden und auf die Brust der Poularde legen. Leicht mit Schnur umbinden, dabei die natürliche Form der Poularde nicht verändern.

Die Poularde innen und außen salzen und pfeffern. Den Rosmarinzweig in den Bauchraum schieben.

Den Backofen auf 180 Grad Celsius vorheizen.

Ein Bratgeschirr oder einen Schmortopf mit der Hälfte der Butter ausstreichen. Die restliche Butter schmelzen.

Die Poularde auf eine ihrer Keulenseiten in das Geschirr legen. Die Karotte und die Zwiebeln schälen und in würfelzuckergroße Stücke schneiden. Das Geflügelklein hacken. Die Gemüsestücke und das Geflügelklein um die Poularde legen und diese mit der geschmolzenen Butter bestreichen. Das Geschirr zudecken und etwa 25 Minuten lang bei 180 Grad Celsius unter Wenden und Begießen dünsten. Die Temperatur auf 160 Grad Celsius zurückschalten und weitere 15 Minuten lang poêlieren. Den Deckel entfernen, die Poularde auf den Rücken legen und den Speck entfernen.

Während der restlichen Garzeit die Poularde unter Beschöpfen leicht Farbe nehmen lassen. Eventuell die Temperatur wieder auf 180 Grad Celsius erhöhen.

Die poêlierte Poularde auf ein Gitter legen und warm halten.

Den Fond im Gargeschirr soweit reduzieren, bis er sich am Boden festsetzt. Das Fett abgießen und den Geflügeljus in das Geschirr geben und um die Hälfte des Volumens einkochen, passieren und abschmecken.

Die Poularde portionieren und mit dem Jus servieren.

Tip: Zu diesem Gericht passen Salzkartoffeln (> Seite 470) und gekochter Spargel (> Seite 495).

Fische zubereiten

Die zarte Struktur des Fischfleisches setzt schonende Garmethoden voraus. Besonders Fische mit sehr lockerem und zartem Fleisch wie Kabeljau oder Schellfisch eignen sich am besten zum Dämpfen, Dünsten und Garziehen.

Bei den Plattfischen wie Seezunge, Stein- und Glattbutt ist das Fleisch fester – daher können diese Fische variabler zubereitet werden. So können die Filets dieser Fische gedämpft, gedünstet, gebraten, gegrillt und ausgebacken werden. Ganze Plattfische wie Glattbutt oder kleine Steinbutte und in Portionsscheiben geschnittene Plattfische kann man im Sud gar ziehen lassen.

Ganze Fische werden in den kalten Sud gelegt, um ein langsames Garziehen zu ermöglichen und ein Abkochen der Außenflächen zu verhindern. Einzelne Fischportionen dagegen werden im heißen Sud gegart, damit die Auslaugverluste möglichst gering sind. Dies gilt auch für Rundfische.

Ganze Felchen oder Merlane können zum Braten, Ausbacken und zum Grillieren, jedoch weniger gut zum Garziehen verwendet werden. Bedingt geeignet sind diese Fisch zum Dämpfen und Dünsten.

Eine beliebte Garmethode ist das »Blaukochen«. Hierfür werden Fische mit einem stark ausgeprägten Schleimmantel, wie Aal, Forellen, Karpfen und Schleien, verwendet. Wichtig ist, daß der Schleimmantel auf der Fischhaut nicht verletzt wird. Durch die Einwirkung der Hitze färbt sich dieser beim Garziehen blau. Das »Blaufärben« kann man durch Übergießen mit Essig oder Wein vor dem Garen unterstützen. Zuviel Säure beeinträchtigt aber das zarte Aroma der Fische.

Braten

Vorzüge
Das Braten ist eine relativ einfache Zubereitungsart. Die goldbraun gefärbte Mehl- oder Panierhülle verleiht auch fad schmeckenden Fischen einen kräftigen Geschmack. Alle Plattfische, wie Schollen, Rot- und Seezungen, sowie Forellen, Lachse, Zander, Hecht oder Karpfen können gebraten werden. Filets von sehr weichen Fischen wie etwa Kabeljau sind weniger zum Braten geeignet.

Gebraten wird in einer Bratpfanne mit hitzebeständigen Fetten wie Butterschmalz oder gehärtetem Pflanzenfett. Für panierte Fische benötigt man mehr Fett als für Fische, die vor dem Braten nur in Mehl gewälzt wurden. Die Anbrat-Temperatur liegt bei 180 bis 220 Grad Celsius, fertiggebraten wird bei 130 bis 150 Grad Celsius.

Die Fische sollten während des Bratens mehrmals in der Pfanne gewendet werden. Nur so kann eine gleichmäßige Hitzeeinwirkung erzielt werden.

Um den Geschmack der Fische zu verstärken, werden sie kurz vor dem Servieren in Butter oder Margarine nachgebraten.

Tips: Zum Braten eignen sich am besten handgeschmiedete Eisenpfannen (> Seite 180) oder beschichtete Pfannen (> Seite 182). Bei Chromstahlpfannen (> Seite 177) bleiben Fischfilets und Fischmedaillons leicht kleben – das Fischfleisch zerreißt dann beim Wenden.

▶ Sind zu viele Fische in der Pfanne, geht das Braten leicht in Kochen über. Sind zu wenige Fische in der Pfanne, verbrennt das Fett, und die Ränder der Fische werden dunkel oder sogar schwarz.

▶ Beim Braten ganzer Fische legt man eine dickere rohe Kartoffelscheibe unter das flache Schwanzteil, damit dieses nicht zu trocken wird.

Gebratene Scholle mit Kapern

Arbeitsaufwand 15 Minuten
Bratzeit 8 Minuten

Zutaten für 4 Portionen:
4 frische Schollen à 300–400 g (> Seite 377)
Salz, frisch gemahlener weißer Pfeffer
2 EL Zitronensaft
2–3 EL Weizenmehl
3–4 EL Öl
2–3 EL Butter
2 EL Kapern
12 Zitronenscheiben
1 1/2 EL gehackte Petersilie

Die Schollen waschen und gut trockentupfen. Die dunkle Hautseite mit einem spitzen, scharfen Messer rautenförmig einschneiden oder vom Kopf zum Schwanz hin abziehen.

Die Schollen salzen, pfeffern und mit dem Zitronensaft beträufeln. Einige Minuten marinieren lassen, abtupfen, im Mehl wenden und gut abklopfen.

Die Bratpfanne vorheizen und das Öl heiß werden lassen. Die Schollen einlegen und unter öfterem Wenden 6 bis 8 Minuten lang braten. Unter die flachen Schwanzteile je eine rohe Kartoffelscheibe legen, damit sie nicht trocken werden. Die Schollen sind gar, wenn das Fleisch an der Kopfseite entlang der Mittelgräte leicht einreißt.

Die Schollen auf ein Abtropfgitter legen und warm halten. Das Öl aus der Bratpfanne gießen, die Butter darin erhitzen, die Schollen darin nachbraten und anrichten.

Die Kapern in der heißen Butter erwärmen und über die Schollen gießen. Mit den Zitronenscheiben belegen, diese mit der Petersilie bestreuen und sofort servieren.

Dämpfen

Vorzüge
Beim Dämpfen entstehen nur sehr geringe Auslaugverluste, da die Fische nicht direkt mit dem Wasser in Verbindung kommen und die Garzeit, vor allem bei Filets, besonders kurz ist. Es können aber auch ganze oder portionierte Fische gedämpft werden.

Dämpfen ist Garen mit Hilfe von Wasserdampf. Dazu wird ein Topf mit gut schließendem Deckel und einem Siebeinsatz benötigt. Die Fische selbst kommen mit dem Wasser nicht direkt in Berührung.

Gedämpft wird bei Temperaturen knapp unter dem Siedepunkt. Die Flüssigkeit wird daher nur kurz zum Kochen gebracht, danach muß die Temperatur zurückgenommen werden.

Damit die Fische nicht ankleben, empfiehlt es sich, den Siebaufsatz mit Butter, Margarine oder Öl zu bestreichen.

Tips: Zum Dämpfen verwendete Töpfe dürfen nicht zu flach sein, damit das sprudelnde Wasser nicht mit dem Fisch in Berührung kommen kann.

▶ In das Wasser können Gemüse, Gewürze oder Kräuter gegeben werden. Die gelösten ätherischen Öle steigen mit dem Dampf auf und aromatisieren die Fische.

▶ Das Wasser statt der Fische zu salzen, ist nicht sinnvoll, da Salz nicht dampflöslich ist.

▶ Der Deckel sollte während des Dämpfens nicht entfernt werden.

***

Gedämpfte Schellfischscheiben

***

Arbeitsaufwand 15 Minuten
Garzeit 6–8 Minuten

Zutaten für 4 Portionen:
4 Scheiben Schellfisch à 180–200 g (> Seite 377)
Butter für den Siebaufsatz
Salz
1 Karotte (> Seite 243)
1 kleine Zwiebel (> Seite 257)
1/2 Lauchstange (> Seite 246)
1/2 kleines Lorbeerblatt
6 zerdrückte weiße Pfefferkörner
2 Dillzweige

Die Schellfischscheiben waschen, eventuell vorhandene Blutreste an der Mittelgräte entfernen. Die Bauchlappen mit einem Zahnstocher zusammenstecken oder mit Schnur zusammenbinden.

Den Siebaufsatz mit Butter bestreichen. Die Schellfischscheiben salzen und in den Siebaufsatz legen.

Die Karotte und die Zwiebel schälen. Den Lauch putzen. Das Gemüse waschen und in Scheiben schneiden. Die Gemüsescheiben, das Lorbeerblatt, die Pfefferkörner und die Dillzweige in das kochende Wasser geben. Den Siebaufsatz auf den Topf setzen, mit einem gut schließenden Deckel zudecken und in 6 bis 8 Minuten gar dämpfen. Läßt sich die Mittelgräte bei den Schellfischscheiben leicht herausziehen, sind sie gar.

Tips: Wird auch das Wasser gewürzt, das man zum Dämpfen verwendet, kann das hinzugefügte Gemüse zum Fisch serviert werden. Gibt man noch Fischgräten in das Wasser, kann aus dem Sud eine Fischsauce zubereitet werden.

▶ Als Beilagen sind Senfbutter und Dillkartoffeln zu empfehlen.

Dünsten

Vorzüge
Dünsten ist Garen mit wenig Flüssigkeit in ausgefettetem Geschirr. Da bei Temperaturen unter 100 Grad Celsius gegart wird, gehen nur wenige Geschmacks- und Inhaltsstoffe verloren. Der Eigengeschmack der Fische bleibt so erhalten. Durch die Verwendung von Wein oder die Zugabe von Kräutern, Gewürzen und Pilzen lassen sich ganze Fische, Filets oder portionierte Fische zusätzlich verfeinern.

Dünsten ist ein Mischverfahren, bei dem die oberen Teile des Fisches, die nicht von der Flüssigkeit umspült werden, gedämpft, die unteren Teile dagegen gekocht werden.

Die Flüssigkeit wird nur kurz zum Sieden gebracht, danach werden die Fische bei geringer Hitze gar gedünstet. Wenn man die Fische – nach kurzem Aufkochen auf dem Herd – im vorgeheizten Backofen bei 180 bis 200 Grad Celsius weiter dünstet, erreicht man, daß die Wärme gleichmäßiger auf den Fisch einwirkt. Dadurch wird er rundum gleich gar und saftig.

Tips: Zum Dünsten eignet sich am besten sehr flaches Geschirr (> Seite 176) aus Chromstahl, Kupfer oder feuerfestem Material, aus dem sich die gedünsteten Fische problemlos herausheben lassen.

▶ Aus dem Dünstfond kann in Verbindung mit Sahne, Gewürzen und Kräutern die Sauce zubereitet werden.

Lachsmedaillons in Weisswein

Arbeitsaufwand 25 Minuten
Dünstzeit 8 Minuten

Zutaten für 4 Portionen:
600 g Lachsfilet ohne Haut und Gräten (> Seite 375)
80 g weiße, frische Champignons (> Seite 277)
1 EL Butter
2 EL feine Zwiebelwürfel (> Seite 257)
Salz, frisch gemahlener weißer Pfeffer
2 dl Fischfond (> Seite 550)
1,5 dl Weißwein
Butter fürs Pergamentpapier
2,5 dl süße Sahne
8 kleine Dillzweige

Den Backofen auf 180 Grad Celsius vorheizen, um eine Gartemperatur von etwa 95 Grad Celsius zu erreichen.
Das Lachsfilet in 8 Medaillons à 75 Gramm schneiden, waschen und trockentupfen. Die Champignons putzen, waschen und in feine Scheiben schneiden.

Einen flachen Topf oder eine Gratinform mit der Butter ausstreichen. Die Zwiebelwürfel und die Champignonscheiben darüberstreuen. Die Lachsmedaillons salzen, pfeffern und auf die Pilzscheiben legen. Den Fischfond und den Weißwein hinzugießen. Ein Stück Pergamentpapier passend zuschneiden und mit Butter bestreichen. Die Lachsmedaillons damit bedecken, um ein Austrocknen der Oberfläche zu vermeiden. Auf dem Herd fast zum Kochen bringen und im vorgeheizten Backofen fertigdünsten.

Die Lachsmedaillons warm halten. Den Dünstfond dickfließend einkochen. Die Sahne in den Dünstfond passieren. Die Sauce kochen, bis sie sämig wird. Mit Salz und Pfeffer abschmecken, mit den Lachsmedaillons anrichten und diese mit den Dillzweigen garnieren.

Tip: Zu diesem Gericht paßt gekochter Reis (> Seite 452) und Gemüse der Saison. Es können auch gekochte Kartoffeln (> Seite 469) oder Blätterteighalbmonde serviert werden.

Fritieren (Ausbacken)

Vorzüge
Fritieren verhilft Fischen zu einer goldbraunen, knusprigen Außenhülle, das Fleisch selbst bleibt zart und saftig. Obwohl das Gargut gänzlich in Fett getaucht wird, nimmt es wegen der sehr kurzen Garzeiten weniger Fett auf als etwa beim Braten von paniertem Fisch in der Pfanne. Die beim Zubereiten unvermeidlichen Gewichtsverluste sind geringer als beim Kurzbraten.

Fritieren ist Ausbacken in heißem Fett. Für große Fische oder Fischstücke reicht eine Fetttemperatur von 160 Grad Celsius, kleinere Teile benötigen Temperaturen bis 180 Grad Celsius.

Schon kleine Temperaturunterschiede können das Ergebnis nachhaltig beeinflussen. Ist das Fett zu heiß, wird der Fisch zu schnell braun und innen nicht gar. Ist das Fett zu kalt, saugt der Fisch zuviel Fett auf und bleibt außen blaß.

Vor dem Ausbacken werden Fische mit einer Hülle aus Mehl, Paniermehl oder Ausbackteig versehen. Zum Ausbacken eignet sich am besten Fritierfett oder Fritieröl (> Seite 386). Butter oder Margarine sind ungeeignet, da sich Geruch und Geschmack bei Temperaturen über 150 Grad Celsius verändern.

Tips: Zum Ausbacken eignen sich Elektro-Friteusen (> Seite 154). Mit einiger Erfahrung und einem speziellen Thermometer gelingt das Fritieren aber auch im Topf.

▶ Gebackene Fische auf keinen Fall zudecken, der dadurch entstehende Dampf würde die knusprige Hülle aufweichen.

▶ Zum Ausbacken muß der Fisch trocken sein, bei feuchtem Fisch kann das Fett während des Ausbackens überschäumen.

Gebackenes Seelachsfilet

Arbeitsaufwand 35 Minuten
Ausbackzeit 8 Minuten

Zutaten für 4 Portionen:
600 g Seelachsfilet (> Seite 378)
Salz, frisch gemahlener weißer Pfeffer
1 1/2 EL Zitronensaft
1 Ei
1 EL Speiseöl
2 EL Mehl zum Wenden
6 EL Paniermehl
1 Zitrone (> Seite 309)
1 Zweig glattblättrige Petersilie
Öl zum Ausbacken

Das Seelachsfilet in 4 gleich große Portionen schneiden, waschen und sorgfältig trockentupfen. Die Friteuse oder einen mit Öl gefüllten Topf auf 160 Grad Celsius vorheizen. Die Filets salzen, pfeffern und mit dem Zitronensaft beträufeln. Etwa 3 Minuten marinieren lassen und anschließend trockentupfen.

Das Ei mit dem Öl verrühren. Die Fischfilets im Mehl wenden und überschüssiges Mehl abschütteln. Durch das Ei ziehen und abstreifen. Im Paniermehl wenden, an den Seiten und an den Rändern fest andrücken. Nicht festhaftendes Paniermehl abschütteln.

Die panierten Fischfilets im heißen Fettbad bei etwa 160 Grad Celsius 6 bis 8 Minuten lang goldbraun ausbacken. Auf einer saugfähigen Unterlage abtropfen lassen.

Die Zitrone in Ecken schneiden. Die Seelachsfilets mit den Zitronenecken anrichten und mit der Petersilie garnieren.

Tip: Als Beilage sind Salate der Saison und Petersilienkartoffeln zu empfehlen.

Garen in Folie

Vorzüge
Die Fische garen in der verschlossenen Alu-Folie im eigenen Saft. So gehen nur wenig Inhalts- und Mineralstoffe verloren. Salz muß deshalb sehr sparsam verwendet werden, oft reicht die Zugabe von Gewürzen oder Kräutern vollkommen aus. Beim Garen in Alu-Folie entstehen kaum Röststoffe, aus diesem Grund ist diese Garmethode eine besonders schonende Art der Zubereitung, und der Fisch wird leicht bekömmlich.

Alu-Folie wird vorwiegend zum Garen von Einzelportionen, Filets, Medaillons oder Portionsfischen eingesetzt. Die Folie selbst verträgt Temperaturen über 250 Grad Celsius.

Vor dem Verschließen in Alu-Folie werden die Fischteile gewaschen, trockengetupft und sparsam gewürzt.

Gegart wird 6 bis 8 Minuten lang im vorgeheizten Backofen (250 Grad Celsius). Der Fisch ist gar, wenn sich die Folie stark aufgeblasen hat.

Tips: Die Fische sollten so eingepackt werden, daß die matte Seite der Alu-Folie außen bleibt. Die hochglänzende Beschichtung würde die Wärme zu stark reflektieren.

▶ Zusammen mit dem Fisch können auch Gemüse, Kräuter und Pilze eingepackt werden.

***

Goldbarschfilet mit Gemüse in der Folie

***

Arbeitsaufwand 35 Minuten
Garzeit 6–8 Minuten

Zutaten für 4 Portionen:
600 g Goldbarschfilet (> Seite 376)
1 Lauchstange (> Seite 246)
4 Stangen Staudensellerie (> Seite 252)
2 Karotten (> Seite 243)
Salz, frisch gemahlener weißer Pfeffer
geriebene Muskatnuß
1/2 EL Butter zum Bestreichen der Folie
1 1/2 EL gehackte Kräuter (Dill, Estragon, Petersilie)

Den Backofen auf etwa 250 Grad Celsius vorheizen. Das Goldbarschfilet in vier gleich große Stücke schneiden, waschen und trockentupfen.

Die Lauchstange und den Staudensellerie putzen, die Karotten schälen. Das Gemüse waschen und in feine, etwa 4 Zentimeter lange Streifen schneiden.

4 Stück Alu-Folie, die etwa dreimal so groß wie die Fischstücke sind, abschneiden. Mit der glänzenden Seite nach oben auf eine Arbeitsfläche legen und mit der Butter bestreichen.

Die Goldbarschstücke salzen und pfeffern, die Gemüsestreifen mit Salz, Pfeffer und Muskatnuß würzen.

Auf der vorderen Seite jeder Alu-Folie ein Stück Goldbarsch und einen Teil der Gemüsestreifen legen. Mit den Kräutern bestreuen. Die freie Alu-Folie überschlagen und an den Rändern fest zusammenfalten.

Die eingepackten Fische auf ein Backblech legen, in den vorgeheizten Backofen schieben und in 6 bis 8 Minuten lang garen.

Die Folien-Pakete mit einer spitzen Gabel oder Nadel anstechen. Die Filets in der Folie servieren.

Garziehen

Vorzüge
Fische in gewürzter Flüssigkeit bei geringen Temperaturen gar zu ziehen, ist eine besonders schonende Art der Zubereitung. Die niederen Temperaturen erhalten das Fleisch zart und saftig. Der gewürzte Sud, in dem die ganzen oder portionierten Fische gar ziehen, verleiht den Gerichten ein geschmackvolles Aroma. Für Süßwasserfische, von denen die meisten keinen so ausgeprägten Eigengeschmack haben, bietet sich diese Zubereitungsart deshalb besonders an.

Fischportionen und kleine Fische wie Forellen und Schleie werden in kochende, gewürzte Flüssigkeit gelegt und bei gedrosselter Hitze unter dem Siedepunkt zwischen 75 und 90 Grad Celsius in 6 bis 10 Minuten gar gezogen.

Große Fische wie Lachs, Glattbutt, Steinbutt, Hecht oder Zander, die man im ganzen gart, werden mit kalter Flüssigkeit aufgesetzt und bis zum Siedepunkt gebracht. Dann läßt man sie bei geringer Hitzezufuhr langsam gar ziehen. Die langsame und gleichmäßige Erwärmung verhindert, daß die Außenschichten der Fische abkochen.

Die Garzeit für im ganzen zubereiteten Fisch beträgt 15 bis 20 Minuten pro Kilogramm. Der optimale Garpunkt ist erreicht, wenn sich bei den ganzen Fischen die Flossen und bei den portionierten Rundfischen die Mittelgräte leicht herausziehen läßt. Beim Fischfilet erkennt man den richtigen Garpunkt an der gleichmäßigen milchigen Färbung.

Gegarten Fischen, die zu kalten Gerichten weiterverarbeitet werden sollen, wird im lauwarmen Zustand die Haut abgezogen. Zum vollständigen Auskühlen werden die Fische wieder in den Sud zurückgelegt.
Tip: Große Rundfische werden am besten im Fischkessel (Poissonnière, > Seite 179), große Plattfische in rhombusförmigen Töpfen (Turbotieren) gegart. Für diese Kochgeschirre gibt es Einsätze mit Löchern, die an den Schmalseiten zwei Griffe zum Einhängen und Herausheben haben. So liegt der Fisch nicht mehr im Sud, kann abtropfen und auch filetiert werden.

Grillen

Vorzüge
Das Grillen ist eine fettarme Zubereitungsform, die den Fischen einen ausgeprägten Geschmack verleiht. Grillen zählt zu den schonendsten Garmachungsarten. Durch die starke Hitzeeinwirkung werden die Zellen sehr schnell geschlossen – dadurch gehen nur wenig Inhaltsstoffe durch austretende Säfte verloren. Zum Grillen eignen sich am besten ganze Fische oder Fischportionen und -filets von Fischen mit relativ festem Fleisch.

Vor dem Grillen werden die Fische, Filets oder Medaillons gewaschen, gut trockengetupft, gesalzen, gewürzt und mit Zitronensaft beträufelt. Danach werden sie nochmals abgetupft und mit Öl bestrichen.

Gegrillt wird bei Temperaturen von 300 bis 350 Grad Celsius in der Grillpfanne oder auf dem Elektro-, Gas- oder Holzkohlengrill.
Tips: Auf dem Grill sollte der Fisch immer im rechten Winkel zu den schon abgezeichneten Grillstreifen gewendet werden. Dadurch entsteht ein attraktives Grillmuster.
▶ Beim Holzkohlengrill sollte man die Grillfläche mit Aluminiumfolie abdecken, um das Heruntertropfen des Fettes und die dadurch entstehende Rußbildung zu verhindern.
▶ Große Fische, die mehrmals gewendet werden, sollten zwischendurch immer wieder mit Öl bestrichen werden.
▶ Grillgut erst auflegen, wenn die Grillstäbe wirklich heiß sind. Bei zu kalten Grillgittern bleiben Fische leicht kleben und zerreißen beim Wenden.
▶ Ganze Fische können in speziellen Grillkörben am einfachsten gewendet werden.

***

Gegrillter Fisch (> Seite 688)

***

Krusten- und Schalentiere zubereiten

Krusten- und Schalentiere werden am besten in Flüssigkeit gegart. Dabei entstehen die geringsten Gewichtsverluste. Sie können aber auch ausgebacken, gebraten und gegrillt werden.

Die Bezeichnung »Kruste« bezieht sich auf das Außenskelett der Krustentiere, das dem Körper Halt und Schutz gewährt und auch beim Garen als natürlicher Schutz erhalten bleiben sollte.

Gekocht werden Krustentiere in reichlich gesalzenem, eventuell mit Kümmel gewürztem Wasser. Sie benötigen unterschiedliche Garzeiten, die in erster Linie vom Gewicht und von der Größe abhängen. Bei Garnelen bis zu 50 Gramm reicht kurzes Aufkochen und Beiseitestellen zum Garziehen aus. Bei Hummer und Langusten dagegen rechnet man nach dem Aufkochen eine Garzeit von 20 Minuten für etwa 500 Gramm Gewicht.

Vor dem Grillen und Braten müssen die Krustentiere ebenfalls in kochendem Wasser getötet werden. Dann läßt man sie auf einem Gitter abtropfen, spaltet sie der Länge nach, würzt und bestreicht sie mit Öl. Dann erst werden sie auf den Grill gelegt.

Schalentiere wie Austern und Muscheln können in Flüssigkeit gegart, gebacken, gebraten und grilliert werden.

Austern werden vorwiegend roh verzehrt. Selbst wenn man sie warm servieren will, werden sie in der Regel nur abgesteift (> Seite 535). Auch Bouchot-, Mies- oder Pfahlmuscheln werden vor weiterführenden Garverfahren gekocht, damit sie ihre Schalen öffnen und das Fleisch entnommen werden kann. Jakobs- oder Pilgermuscheln werden im abgesteiften oder im rohen Zustand weiterverarbeitet.

ABSTEIFEN

Vorzüge
Beim Absteifen bleibt das Schalentierfleisch sehr saftig, die Oberfläche wird hell und wölbt sich leicht. So kann es für weiterführende Garverfahren wie das Ausbacken und das Überbacken oder das Servieren in Saucen verwendet werden. Abgesteift werden vorwiegend Austern. Von Fall zu Fall wird diese Methode auch bei Jakobs- oder Pilgermuscheln angewendet.

Beim Absteifen werden Austern in wenig Flüssigkeit erwärmt, am besten in dem in den Schalen vorhandenen Wasser. Von Garen im herkömmlichen Sinn kann man dabei nur bedingt sprechen, da die Gartemperatur 50 Grad Celsius nicht überschreiten sollte.

Beim vorsichtigen Erwärmen verändert sich die Austernoberfläche, sie wölbt sich auf, wird steif und färbt sich heller, fast weiß. Dann ist das Garziel erreicht. Wenn man die Austern allerdings stärker und länger erhitzt oder sogar kocht, werden sie trocken und zäh.

Jakobsmuscheln werden gewürzt und in eine mit Butter ausgestrichene Kasserolle gelegt, knapp mit Brühe oder Wein bedeckt und vorsichtig erwärmt, bis sich ihre Oberfläche verändert. Dann am besten im Fond auskühlen lassen und abtupfen. Die Muscheln können danach weiterverarbeitet, etwa paniert, gebraten oder ausgebacken werden.

Tips: Die Temperatur von 50 Grad Celsius darf nicht überschritten werden. Nach Beendigung des Absteifens muß die Kasserolle sofort vom Herd genommen und zum Abkühlen auf ein Gitter gesetzt werden, um ein Nachgaren zu verhindern.

▶ Vor dem Panieren, Ausbacken, Braten und Grillen sollte man die Austern oder Muscheln sorgfältig trockentupfen.

***

Austern in Champagnersauce

***

Arbeitsaufwand 40 Minuten
Kochzeit (Sauce) 20 Minuten
Garzeit (Austern) 2 Minuten

Zutaten für 4 Portionen:
24 Limfjord-Austern (> Seite 371)
2 EL feingewürfelte Schalotten (> Zwiebeln, Seite 257)
1 EL Butter
3 dl Champagner oder Sekt
2,5 dl süße Sahne
2 Eigelb
Cayennepfeffer
4 Kerbelzweige
12 Blätterteighalbmonde

Die Austern unter fließendem Wasser abbürsten. Mit einem Austernmesser oder einem kurzen, festen Küchenmesser öffnen. Dabei die Austern mit der gewölbten Schalenseite nach unten festhalten (zum Schutz vor Verletzungen nimmt man zuvor ein dickes Tuch in die Hand). Mit dem Austernmesser den Schließmuskel im Schalenscharnier durchtrennen und das Austernfleisch von der flachen, oberen Schale lösen. Man kann Austern auch öffnen, indem man in den schmalen Spalt, den man neben dem Schließmuskel findet, das Messer hineinsticht und durch eine Drehung des Messers die Schale langsam öffnet (man muß die Auster so in die Hand nehmen, daß der Spalt vom Daumen »wegschaut«, und aufpassen, daß man mit dem Messer nicht abrutscht).

Das Austernwasser auffangen und passieren. Am Austernfleisch vorhandene Schalensplitter sorgfältig mit einem in Salzwasser getauchten Pinsel entfernen.

Von den Austern den Bart abtrennen. Das Austernfleisch aus den Schalen lösen und in das Austernwasser legen.

Die Schalottenwürfel in der Butter farblos dünsten. Den Champagner oder Sekt hinzufügen und stark reduzieren. Etwa 2 Deziliter Sahne hinzugießen und die Sauce kochen, bis sie sämig wird.

Das Eigelb mit der restlichen Sahne verrühren. Erst mit wenig heißer Sauce mischen, dann unter ständigem Rühren in die restliche Sauce geben. Die Sauce unter ständigem Rühren erhitzen, bis das Eigelb bindet. Die Sauce passieren und warm halten.

Die Austern im Austernwasser absteifen, bis sich die Außenflächen wölben und heller färben. Die Austern aus dem Austernwasser nehmen, abtupfen und in der Sauce warm halten.

Das Austernwasser einkochen und in die Sauce passieren, dabei berücksichtigen, daß das Wasser sehr salzhaltig ist. Mit Cayennepfeffer abschmecken.

Die Austern mit der Sauce anrichten und mit den Kerbelzweigen garnieren. Die Blätterteighalbmonde dazu servieren.

Tips: Damit Austern kein Wasser verlieren, müssen sie immer flach liegend transportiert werden. Sollte das in den Schalen befindliche Wasser nicht zum Absteifen reichen, kann auch etwas Sekt dazugemischt werden.

▶ Die Austern können auch im gewölbtem Schalenteil angerichtet und serviert werden. Die Schalen dazu außen und innen sorgfältig säubern und in Salzwasser aufkochen. Im Backofen oder im Wärmeschrank bei 60 Grad Celsius warm halten.

AUSBACKEN (FRITIEREN)

Vorzüge
Zum Ausbacken eignen sich fast alle Krusten- und Schalentiere. Das heiße Fritieröl läßt die Umhüllung zu einer knusprigen Kruste erstarren. Das Fleisch im Inneren bleibt saftig und zart. Ausbacken erfordert zudem nur extrem kurze Garzeiten.

Krusten- oder Schalentiere können roh oder abgesteift (> Seite 535) paniert oder durch Ausbackteig gezogen werden. Werden sie ausgebacken, muß man sie vorher waschen und trockentupfen.

Fritiert werden Krusten- und Schalentiere in einer Friteuse (> Seite 154), einem Topf mit passendem Drahteinsatz oder in der Pfanne. Die richtige Ausbacktemperatur liegt bei 160 Grad Celsius.

Tips: Krusten- und Schalentiere nach dem Waschen sorgfältig trockentupfen, sonst löst sich beim Ausbacken die Umhüllung.

▶ Zum Panieren können neben Paniermehl, geriebenen Mandeln und Nüssen auch Kokosflocken verwendet werden.

▶ Es darf nicht zuviel Fritiergut auf einmal ausgebacken werden, weil das Fett sonst zu sehr abkühlen und die Kruste weich würde.

▶ Ausgebackenes Gargut immer offen, nie zugedeckt servieren, da sonst die Backkruste weich wird.

KOKOSGARNELEN

Arbeitsaufwand 40 Minuten
Ausbackzeit 2–3 Minuten

Zutaten für 4 Portionen:
12 Garnelenschwänze à 50 g (> Seite 372)
Salz, frisch gemahlener weißer Pfeffer
2 EL Limettensaft
1 Ei
2 EL Öl
3 EL Mehl
100 g Kokosflocken
1 Papaya (> Seite 303)
300 g Gemüsepapaya oder grüne Papaya (> Seite 303)
4 Frühlingszwiebeln (> Seite 257)
Fritieröl oder Fritierfett

2 EL Öl
4 Msp. Sambal oelek
Salz, Szetschuanpfeffer
Schalenstreifen von 1 Orange (> Seite 286)
6-8 EL Orangensaft
einige Korianderblätter

Von den Garnelenschwänzen die Krusten und Därme entfernen. Das Garnelenfleisch waschen, trockentupfen, salzen, pfeffern und mit dem Limettensaft beträufeln.

Das Ei mit dem Öl verrühren. Die Garnelen abtupfen, im Mehl wenden, durch das Ei ziehen und mit den Kokosflocken panieren.

Die Papayas beider Sorten schälen und entkernen. Einen Teil der schwarzen Kerne beiseite stellen. Die Frühlingszwiebeln schälen und halbieren, einige grüne Zwiebelröhren aufbewahren.

Das Papayafleisch in Streifen, die Zwiebeln in Scheiben und die Zwiebelröhren in Röllchen schneiden.

Die Friteuse (> Seite 154) oder Fritierfett in einem Topf mit passendem Drahteinsatz auf 160 Grad Celsius erhitzen.

Das Öl im Wok (> Seite 179) oder in einer weiten Pfanne erhitzen. Die Papayastreifen und die Zwiebelscheiben 2 bis 3 Minuten lang im Öl dünsten. Mit dem Sambal oelek, Salz und Szetschuanpfeffer würzen. Die Orangenschalenstreifen und den Orangensaft hinzugeben. Einmal aufkochen. Die Papayakerne und die Zwiebelröllchen untermischen. Das Gemüse warm halten.

Die Garnelen im heißen Fritierfett zwei bis drei Minuten lang ausbacken und auf Küchenkrepp abtropfen lassen.

Die ausgebackenen Garnelen mit dem Papayagemüse anrichten und mit den Korianderblättern garnieren.

Braten

Vorzüge
Krusten- oder Schalentiere zu braten erhöht den Eigengeschmack. Bei nur kurzen Garzeiten werden die Tiere außen goldbraun und bleiben innen äußerst saftig. Wenn sie in der Kruste gebraten werden, gehen nur sehr wenige Inhalts- und Geschmacksstoffe verloren.

Krusten- und Schalentiere werden in geklärter Butter bei mittlerer Temperatur gebraten. 2 bis 4 Minuten reichen als Garzeit in der Regel aus. Austern, Jakobsmuscheln, Scampi oder Garnelenschwänze lassen sich auf diese Weise rasch, schonend und geschacksintensiv zubereiten.

Tips: Vor dem Braten müssen die Tiere sehr sorgfältig trockengetupft werden. Kommt zuviel Feuchtigkeit in die Bratpfanne, ist ein einwandfreies Braten nicht gewährleistet.

▶ Wenn die Pfanne zu sehr erhitzt wird, wird das Bratgut zu dunkel, trocken und strohig. Ist die Pfanne zu kalt, tritt zuviel Saft aus, da sich die Zellen nicht schnell genug schließen. Das Braten geht dann mehr in ein Dünsten über, die Krusten- und Schalentiere werden zäh und trocken. Das typische Brataroma fehlt.

▶ Jakobsmuscheln können vor dem Braten in Mehl gewendet werden. Das verkleistert die äußeren Zellen und verhindert das Austreten des Saftes.

▶ Austern können in magere Speckscheiben gewickelt werden, dies verhindert das Austrocknen der Außenflächen.

Gebratene Jakobsmuscheln mit Safransauce

Arbeitsaufwand 35 Minuten
Kochzeit (Sauce) 20 Minuten
Bratzeit (Muscheln) 3 Minuten

Zutaten für 4 Portionen:
Sauce:
1 EL feingewürfelte Schalotten (> Zwiebeln, Seite 257)
1/2 EL Butter
5 dl helle Kalbsbrühe (> Seite 548)
etwas Safranpulver
2 dl süße Sahne
Salz, frisch gemahlener weißer Pfeffer
einige Safranfäden

Jakobsmuscheln:
600 g Jakobsmuscheln ohne Rogen (> Corail, Seite 373)
Salz, frisch gemahlener weißer Pfeffer
2 EL Zitronensaft
2-3 EL Weizenmehl
2 EL Butter

Die Schalottenwürfel in der Butter farblos anschwitzen. Die Brühe und das Safranpulver hinzufügen und reduzieren, bis die Brühe sirupartige Konsistenz aufweist. Die Sahne hinzugießen und kochen, bis die Sauce sämig wird. Mit Salz und Pfeffer abschmecken, passieren, die Safranfäden hinzufügen und die Sauce warm halten.

Von den Jakobsmuscheln die Schließmuskelreste abschneiden, die Muscheln quer halbieren, waschen und sorgfältig trockentupfen.

Die Muschelscheiben salzen, pfeffern und mit dem Zitronensaft beträufeln. Einige Minuten marinieren lassen, abtupfen und im Mehl wenden. In der heißen Butter 2 bis 3 Minuten lang goldbraun braten. Zusammen mit der Sauce anrichten.

DÄMPFEN

Vorzüge
Dämpfen ist ein sehr schonendes Garverfahren mit geringen Auslaugverlusten, da das Gargut nicht mit Flüssigkeit in Verbindung kommt. Salz läßt sich bei dieser fettarmen Zubereitung, die für warme und nach dem Dämpfen kalt zubereitete Gerichte gleichwohl geeignet ist, deshalb sparen.

Zum Dämpfen braucht man einen Topf mit passendem Siebeinsatz und gut schließendem Deckel. Es darf nur soviel Wasser eingefüllt werden, daß der Siebaufsatz trocken bleibt.

Den Siebaufsatz sollte immer mit etwas Fett bestrichen werden, damit die Tiere nicht klebenbleiben. Bei Krusten- oder Schalentieren, die für kalte Gerichte verwendet werden, nimmt man dazu Öl und keine Butter, weil erkaltete Butter talgig wird.

Austern, Jakobs- und Pilgermuscheln, Garnelen- oder Scampischwänze eignen sich für diese Zubereitungsart besonders gut. Hummer, Languste oder Krebs, die zahlreiche Hohlräume unter ihrer Kruste haben, würden beim Dämpfen austrocknen. Austern und Muscheln, die mit ihrer Schale gegart werden, sollten ebenfalls nicht über Dampf zubereitet werden.

Tips: Der Deckel muß wirklich gut schließen, damit beim Dämpfen kein Dampf entweicht.

▶ Nach dem Dämpfen wird der Topf sofort vom Herd genommen. Der Deckel darf nicht gleich entfernt werden, damit die Außenflächen des Gargutes nicht abtrocknen.

***

SALAT VON JAKOBSMUSCHELN

***

Arbeitsaufwand 30 Minuten
Garzeit 2 Minuten

Zutaten für 4 Portionen:
Salat:
1 mittelgroße Karotte (> Seite 243)
80 g frische Champignons (> Seite 277)
40 g Kresse
8 Kirschtomaten (> Seite 254)
6 Jakobsmuscheln à 60 g (> Seite 373)
Salz, frisch gemahlener weißer Pfeffer
1 EL Öl

Salatsauce:
4 EL Essig
Salz, frisch gemahlener weißer Pfeffer
4–5 EL Traubenkernöl
4 Kerbelzweige

Die Karotte schälen, waschen und in etwa 4 Zentimeter lange, dünne Streifen schneiden. Die Champignons putzen, mit einem feuchten Tuch sorgfältig abreiben und in feine Scheiben schneiden.

Die Kresse und die Kirschtomaten waschen. Die Kresse trocknen und die Tomaten in Scheiben schneiden. Die Jakobsmuscheln waschen, den Schließmuskel entfernen, das Muschelfleisch quer halbieren und abtupfen. Den Siebaufsatz mit dem Öl bestreichen. Die Muscheln sparsam würzen und in den Aufsatz legen.

Wasser im Topf zum Kochen bringen, den Siebaufsatz aufsetzen, zudecken und die Muscheln etwa 2 Minuten lang garen. Sofort beiseite stellen und etwas abkühlen lassen.

Aus Essig, Salz, Pfeffer und dem Öl die Salatsauce zubereiten.

Die Karottenstreifen und die Champignonscheiben mit einem Teil der Salatsauce mischen. Den Salat mit der Kresse, den Jakobsmuscheln und den Tomatenscheiben anrichten. Mit der restlichen Sauce beträufeln und mit dem Kerbel garnieren.

Tip: Als Beilage eignet sich sehr gut Toastbrot.

Grillen

Vorzüge
Grillen ist eine sehr schonende, aromareiche Garmethode, die bei relativ hohen Temperaturen von etwa 300 Grad Celsius durchgeführt wird. Zum Grillen sind Austern, Jakobsmuscheln, Hummer, Langusten, Garnelen und Scampi sehr gut geeignet. Bei den Krustentieren müssen die Krusten vor dem Grillen nicht entfernt werden, denn sie sind ein natürlicher Schutz und verhindern das Austrocknen des Fleisches.

Kleinere Krusten- oder Schalentiere können roh gegrillt werden. Hummer und Langusten können vorher in kochendem Salzwasser etwa 8 Minuten lang vorgegart werden.

Krustentiere werden vor dem Grillen der Länge nach gespalten, Magen und Darm müssen entfernt werden. Zum Abtropfen mit den Schnittflächen nach unten auf ein Gitter mit Tuch legen.

Tips: Austern können vor dem Grillen in eine dünne Magerspeckscheibe gewickelt werden, diese schützt die Außenflächen vor zu starkem Verkrusten und Austrocknen.

▶ Austern, Muscheln, Garnelen und Scampi können vor dem Grillen auch paniert werden.

▶ Hummer und Langusten können natürlich auch roh gegrillt werden, müssen aber dann vor dem Spalten in kochendem Wasser getötet werden. Bei vorgekochten Hummern und Langusten bleibt das Fleisch saftiger.

Gegrillter Hummer

Arbeitsaufwand **35 Minuten**
Kochzeit **8 Minuten**
Grillzeit **8 Minuten**

Zutaten für 4 Portionen:
2 lebende Hummer à 500–600 g (> Seite 373)
Salz, frisch gemahlener weißer Pfeffer
2–3 EL Öl
2 Zitronen (> Seite 309)
4 Kerbelzweige

Die Hummer in kaltem Wasser abspülen. Reichlich leicht gesalzenes Wasser zum Kochen bringen. Die Hummer einlegen, zugedeckt schnell aufkochen und etwa 8 Minuten leise simmern (leicht sieden) lassen. Den Topf vom Herd nehmen, den Deckel entfernen und die Hummer noch 3 bis 4 Minuten lang im Sud belassen.

Den Grill vorheizen.

Die Hummer aus dem Sud nehmen und auf einem Gitter einige Minuten lang abtropfen lassen.

Die Hummer auf ein Brett legen und mit dem Schlagmesser oder einem kräftigen Messer längs spalten. Die Scheren mitsamt den Armen sowie die Mägen und Därme entfernen. Die Hummerkörper mit den Schnittflächen nach unten auf ein mit einem Tuch belegtes Gitter legen, bis das eingedrungene Wasser abgetropft ist.

Das Hummerfleisch salzen, pfeffern und mit dem Öl bestreichen. Die Hummerkörper und -scheren auf den Grill legen und 6 bis 8 Minuten lang grillen. Die Hummer und -scheren immer wieder mit Öl bestreichen und so wenden, daß auf den Schnittflächen der Hummerkörper ein schönes Grillmuster entsteht. Die Hummerscheren erst nach dem Grillen aufschlagen.

Die Zitronen quer halbieren und mit den gegrillten Hummern anrichten.

Tip: Als Beilage eignen sich Trüffelbutter, Toast oder frisches französisches Stangenbrot.

Gegrillte Languste mit Estragonbutter

Arbeitsaufwand 30 Minuten
Grillzeit 6 Minuten

Zutaten für 4 Portionen:
4 kleine lebende Langusten à 300 g
(> Seite 375)
Salz, frisch gemahlener weißer Pfeffer
1 kg grobes Salz
50 g weiche Butter
2 EL gehackter Estragon
2 Limetten (> Seite 300)
einige Estragonblätter zum Garnieren

Die Langusten unter kaltem Wasser abspülen. Reichlich leicht gesalzenes Wasser zum Kochen bringen. Die Langusten zum Abtöten in das kochende Wasser geben, zudecken und 2 bis 3 Minuten lang stark kochen. Den Topf vom Herd nehmen und für einige Minuten stehenlassen. Die Langusten herausnehmen und zum Abtropfen auf ein Gitter legen.

Das Salz auf ein Backblech geben und glattstreichen, in den Backofen in die oberste Schiene schieben und auf 200 Grad Celsius vorheizen.

Die Langusten längs spalten, die Mägen und Därme entfernen. Die Schnittflächen salzen und pfeffern.

Die Butter mit dem Estragon mischen und das Langustenfleisch damit bestreichen.

Die Langusten mit den Krusten nach unten auf das Backblech mit dem Salz legen und unter der Grillschlange etwa 6 Minuten lang grillen. Während dieser Zeit die Schnittflächen immer wieder mit der Estragonbutter bestreichen.

Die Limetten waschen und in Ecken schneiden.

Die Langusten mit den Limettenecken anrichten und mit den Estragonblättern garnieren. Wenn noch Estragonbutter vorhanden ist, die Langusten nochmals damit bestreichen.

Kochen

Vorzüge
Gekocht werden können alle Krusten- und Schalentiere. Das Kochen ist eine Zubereitungsart, die auch für weiterführende Garmethoden angewandt werden kann. Beim Kochen von Krusten- und Schalentieren treten nur geringe Gewichtsverluste auf. Das Fleisch bleibt saftig, weil die Tiere nur kurz gekocht werden.

Um den Eigengeschmack der Krustentiere nicht zu beeinflussen, verwendet man am häufigsten Wasser zum Kochen. Dafür wird ein Liter Wasser mit 20 Gramm Salz und einem Viertel Teelöffel Kümmel gewürzt. Krustentiere in Wein oder Brühe zu kochen, ergibt durchaus angenehme Geschmacksvariationen. Außerdem kann die Garflüssigkeit mit Gemüse oder Kräutern bereichert werden.

Krustentiere kommen grundsätzlich in kochendes Wasser. Nach dem Einlegen der Tiere wird die Flüssigkeit wieder bis zum Siedepunkt erhitzt. Kleinere Krustentiere werden sofort nach dem Aufkochen vom Herd genommen, größere bei gedrosselter Hitze weitergegart.

Die Garzeiten richten sich ganz nach dem Gewicht der Krustentiere.

Gartabelle

Krebse à 80 g	aufkochen	5 Minuten ziehen lassen
Scampi à 100 g	aufkochen	5–6 Minuten ziehen lassen
Garnelenschwänze à 60 g	aufkochen	sofort vom Herd nehmen und noch 4–5 Minuten ziehen lassen
Hummer à 500 g	aufkochen	4–5 Minuten leicht sieden und 15 Minuten ziehen lassen
Languste à 600 g	aufkochen	5 Minuten leicht sieden und etwa 20 Minuten ziehen lassen

Tips: Krusten- und Schalentiere nach dem Garen grundsätzlich im Kochsud abkühlen lassen. Dann kann das Fleisch wegen der im Inneren vorhandenen Hitze nicht austrocknen.

▶ Für die Zubereitung von Krusten- und Schalentieren nach Möglichkeit keinen Fischfond verwenden, dieser beeinträchtigt den ausgeprägten Eigengeschmack.

▶ Schmecken oder riechen Krusten- oder Schalentiere nach Fisch, so ist dies ein sicheres Zeichen dafür, daß sie nicht mehr frisch sind.

▶ Krustentiere, die auf dem Transportweg verendet sind, dürfen nicht zubereitet und verzehrt werden. Dies gilt auch für Muscheln, deren Schalen vor dem Kochen schon geöffnet sind und sich bei Berührung nicht sofort wieder schließen oder deren Schalen sich während des Kochens nicht öffnen.

Gekochte Krebse im Dillsud

Arbeitsaufwand 35 Minuten
Garzeit 5 Minuten

Zutaten für 4 Portionen:
1,6 kg lebende Krebse (> Seite 372)
1 mittelgroße Zwiebel (> Seite 257)
4 dl trockener Weißwein
4 dl Wasser
10 g Salz
eine Messerspitze Kümmel
einige Dill- und Petersilienstiele
1 Thymianzweig
50 g Butter
Salz, frisch gemahlener weißer Pfeffer
2 EL feingeschnittener Dill

Die Krebse in kaltem Wasser abspülen. Die Zwiebel schälen, halbieren und in feine Scheiben schneiden.
Die Zwiebelscheiben, den Wein, das Wasser mit dem Salz, dem Kümmel und den Kräutern kurz aufkochen, etwa 10 Minuten lang ziehen lassen und passieren.

Den Sud wieder zum Kochen bringen, die Krebse hineingeben, zudecken, aufkochen und etwa 5 Minuten lang ziehen lassen. Vom Herd nehmen, den Deckel entfernen und die Krebse noch etwa 8 Minuten im Sud belassen.

Die Krebse aus dem Sud nehmen und warm stellen. Den Krebssud um mindestens die Hälfte einkochen und, wenn nötig, mit Salz und Pfeffer abschmecken. Die Butter in kleinen Flocken mit dem Schneebesen unterrühren, den Dill hinzufügen und über die warmen Krebse gießen, sofort servieren.

Gekochte Muscheln

Arbeitsaufwand 40 Minuten
Garzeit 6 Minuten

Zutaten für 4 Portionen:
2,5 kg Mies- oder Pfahlmuscheln (> Seite 376)
2 kleine Zwiebeln (> Seite 257)
2 EL Olivenöl
4 dl Weißwein
frisch gemahlener weißer Pfeffer

Von den Muscheln den Bart und alle Unreinheiten auf der Schalenoberfläche entfernen. Unter fließendem Wasser sorgfältig abbürsten und waschen. Geöffnete Muscheln, die sich beim Berühren nicht schließen, aussortieren und wegwerfen.

Die Zwiebeln schälen, längs halbieren und in feine Scheiben schneiden.

Die Zwiebelscheiben im Öl farblos dünsten. Den Weißwein und die Muscheln hinzufügen und mit Pfeffer würzen. Zugedeckt aufkochen, kräftig durchrütteln und etwa sechs Minuten lang garen. Vom Herd nehmen und zwei bis drei Minuten lang stehen lassen.

Die Muscheln anrichten, den Fond darüber passieren und servieren.

Pfannenrühren

Vorzüge
Infolge der kurzen Garzeit bleibt das Fleisch besonders saftig, der Eigengeschmack der Tiere wird erhöht und intensiviert. Inhaltsstoffe gehen kaum verloren. Zwar ist die Vorbereitung durch das feine Schneiden der Zutaten etwas aufwendiger, dafür können die Gerichte aber wirklich in letzter Minuten zubereitet werden. Das für Speisen schädliche Warmhalten entfällt. Schneller, schonender und schmackhafter kann man Krusten- und Schalentiere kaum zubereiten.

Beim Pfannenrühren wird Öl im Wok (> Seite 179) oder einer weiten Bratpfanne erhitzt und das Krusten- oder Schalentierfleisch in wenigen Minuten unter Rühren gegart. Aus Garnelen, Scampi oder Jakobsmuscheln lassen sich auf diese Weise besonders schmackhafte Gerichte bereiten.

Bei den Krustentieren müssen die Krusten nicht unbedingt entfernt werden. Wenn mit der Kruste geröstet wird, bleibt das Fleisch zart und saftiger. Den Darm sollte man vor der Zubereitung auf jeden Fall herausziehen.

Tips: Der echte chinesische Wok ist unten rund und sollte eigentlich nur auf einer offenen Gasflamme verwendet werden. Die hier angebotenen Woks sind auch für Elektroherde geeignet.

▶ Ist kein Wok vorhanden, kann man sich mit einer weiten Pfanne mit gewölbtem Rand behelfen.

***

Garnelen-Gemüsepfanne

***

Arbeitsaufwand 40 Minuten
Zubereitungszeit 8 Minuten

Zutaten für 4 Portionen:
1 große Karotte (> Seite 243)
4 Frühlingszwiebeln (> Seite 257)
100 g Zuckererbsen in der Hülse (Schote) (> Seite 234)
100 g frische Shii-Take-Pilze (> Seite 277)
100 g Sojasprossen
20 Garnelen à 50 g (> Seite 372)
Salz, frisch gemahlener Szetschuanpfeffer
2 EL Öl
4 EL trockener Sherry (> Seite 423)
3 EL Sojasauce
1/2 TL frisch geriebene Ingwerwurzel
1 durchgepreßte Knoblauchzehe
1 EL feingehackte rote Chilischoten
1 TL abgeriebene Limettenschale
1 EL Limettensaft
1 TL Maisstärke
2 dl Brühe (> Seite 548)

Die Karotte und die Frühlingszwiebeln schälen. Die Zuckerschoten und die Pilze putzen. Das Gemüse, die Pilze und die Sprossen waschen und gut abtropfen lassen.

Die Karotten in feine Streifen, die Zwiebeln sowie die Pilze in Scheiben und die Zuckerschoten in Stücke schneiden.

Von den Garnelen die Krusten und die Därme entfernen.

Das Gemüse, die Pilze, die Garnelen und die Sojasprossen salzen und pfeffern.

Das Öl in einem Wok erhitzen, nach und nach die Karotten, die Zuckerschoten, die Zwiebeln und die Garnelen hineingeben, etwa 3 Minuten lang in der Pfanne rühren. Die Sojasprossen und die Pilze hinzugeben und weitere 2 bis 3 Minuten lang in der Pfanne rühren.

Den Sherry mit der Sojasauce, dem Ingwer, dem Knoblauch, den Chilischotenwürfeln, den Limettenschalen und dem -saft, sowie der Maisstärke und der Brühe mischen. Diese Mischung in den Wok zu den anderen Zutaten gießen, unter vorsichtigem Umrühren aufkochen und abschmecken. Auf vorgewärmten Tellern anrichten und sofort servieren.

Garverfahren für Weinbergschnecken

Das Verarbeiten von Weinbergschnecken im Gehäuse ist eine sehr aufwendige Arbeit. Allerdings lohnt sich die Mühe, weil man so Schnecken erhält, die dem eigenen Geschmack entsprechen.

Gedeckelte Schnecken etwa 10 Minuten in Wasser kochen, bis sich der natürliche Kalkverschluß löst und die Schnecken etwas aus dem Gehäuse heraustreten. Die Weinbergschnecken unter kaltem Wasser abkühlen. Die Schnecken mit einer gebogenen Nadel aus dem Gehäuse herausziehen. Die am Ende der Schnecke sitzende Kloake entfernen.

Die verzehrbaren Muskeln waschen, mit grobem Salz bestreuen und kräftig reiben. Den Schleim mit kaltem Wasser abspülen. Diesen Vorgang so oft wiederholen, bis das Wasser klar bleibt.

Die so bearbeiteten Schnecken mit einer Mischung aus 2/3 Kalbsbrühe (> Seite 548) und 1/3 Weißwein knapp bedecken und zum Kochen bringen. Den Schaum abschöpfen und zugedeckt 3 Stunden lang sieden lassen. Nach etwa der Hälfte der Garzeit Knoblauch, Gewürz- und Pfefferkörner, Nelken, Kümmel, Lorbeerblatt sowie Karotten, Lauch, Thymian und Petersilie hinzugeben. Die gegarten Schnecken im passierten Fond aufbewahren.

Tips: Die Kloake muß sorgfältig vom Schneckenmuskel abgetrennt werden, sie beeinträchtigt den Geschmack.

▶ Die gegarten Schnecken können kochend heiß in sterile Einmachgläser abgefüllt und verschlossen aufbewahrt werden. So kann man sie am besten lagern, ohne daß sie äußeren Einflüssen ausgesetzt sind.

Weinbergschnecken in würziger Butter

Arbeitsaufwand 30 Minuten
Garzeit 6 Minuten

Zutaten für 4 Portionen:

Schnecken:
48 gekochte Weinbergschnecken
1 EL feingewürfelte Schalotten (> Zwiebeln, Seite 257)
40 g Butter
je 1/2 TL feingehackter Majoran und Thymian
3 cl Pernod (> Seite 425)
5 EL stark gelierender Kalbsfond (> Seite 547)
1 EL Zitronensaft
48 Schneckenhäuschen

Schneckenbutter:
150 g Butter
1 1/2 EL feingewürfelte Schalotten (> Zwiebeln, Seite 257)
2 EL feingehackte Walnußkerne
1/2 TL Sardellenpaste
1 durchgepreßte Knoblauchzehe
1 1/2 EL gehackte Petersilie
1 EL Pernod (> Seite 425)
Zitronensaft
Salz, Cayennepfeffer

Die Schnecken auf einem Durchschlagsieb (> Handliche Küchenhelfer, Seite 170) abtropfen lassen und den Fond auffangen. Die Schalotten in der Butter farblos dünsten. Die Schnecken hinzufügen und mit dem Majoran, dem Thymian und Pfeffer bestreuen und 3 Minuten lang dünsten. Mit dem Pernod ablöschen, den Schneckensud, den Fond und den Zitronensaft hinzugeben und dickfließend einkochen. Die Schnecken mit wenig Fond in die Schneckenhäuser geben. Den verbliebenen Fond für die Butter beiseite stellen.

Die Butter cremig rühren, den Schneckenfond, die Schalotten, die Walnüsse, die Sardellenpaste, den Knoblauch, die Petersilie und den Pernod unterarbeiten. Mit dem Zitronensaft, Salz und Cayennepfeffer abschmecken.

Den Backofen auf 180 Grad Celsius vorheizen.

Die gefüllten Schneckenhäuschen mit der Butter zustreichen und in Schneckenpfannen setzen, im Backofen für etwa 6 Minuten erhitzen. Sofort und sehr heiß servieren.

Tips: Statt der selbst zubereiteten Weinbergschnecken lassen sich auch vorbereitete aus der Konserve verwenden.

▶ Die klassische Beilage für dieses Gericht ist frisches französisches Stangenbrot.

Grundbrühen, Suppen und -einlagen zubereiten

Grundbrühen und Fonds sind ein wichtiger Bestandteil einer kreativen und hochwertigen Küche. Ohne diese wäre die Zubereitung einer gehaltvollen Kraftbrühe, Suppe oder Sauce kaum möglich, darum muß bei ihrer Herstellung mit besonderer Sorgfalt gearbeitet werden.

Teure Zutaten sind dazu allerdings absolut nicht notwendig. Brühen und Fonds werden von Knochen, Sehnen und Fischgräten zubereitet.

Dabei kann es sich um Geflügel-, Kalbs-, Lamm-, Rinder-, Schweine- oder Wildknochen handeln. Diese Brühen oder Fonds sollten dann auch bei der Zubereitung der entsprechenden Kraftbrühe, Suppe oder Sauce verwendet werden. Geschmacksneutrale Brühen oder Fonds von Kalb- und Rinderknochen können auch für die Zubereitung von artfremden Kraftbrühen oder Suppen genommen werden.

Zur Zubereitung von Suppen verwendet man vorwiegend helle Brühen oder Fonds. Für Kraftbrühen können sowohl helle wie auch braune Fonds oder Brühen verarbeitet werden. Das hängt von der jeweiligen Zubereitung ab.

Für Fischbrühen oder -fonds eignen sich am besten die Gräten von Plattfischen wie Seezunge, Glatt- und Steinbutt oder von Weißfischen. Diese Gräten ergeben eine gehaltvolle Brühe oder Fond ohne aufdringlichen Eigengeschmack, was zum Beispiel bei Hecht oder Zander nicht der Fall ist. Die Brühen und Fonds dieser Fische können immer nur für diesen Fisch verwendet werden, aus dessen Gräten der Fond zubereitet wurde, da ihr Aroma sehr artbezogen ist.

Suppen von Krusten- oder Schalentieren sollten auf keinen Fall mit Fischfonds zubereitet werden. Hier empfiehlt sich eher eine geschmacksneutrale Kalbs- oder Rinderbrühe, da der Fischgeschmack sich negativ auf das arteigene Aroma der Krusten- und Schalentiere auswirken und dieses übertönen würde. Eine reizvolle Verbindung ergibt sich hingegen aus der Kombination Krustentiere und Geflügelbrühen.

Grundbrühen (Fonds)

Vorzüge
Grundbrühen (Fonds) unterstützen das Aroma der verschiedenen Saucen, Suppen und Kraftbrühen und runden diese geschmacklich ab. Gehaltvolle, sorgfältig zubereitete Brühen oder Fonds helfen Salz sparen, da diese meistens sehr vollmundig im Geschmack sind.

Für helle Fonds und Brühen werden die Knochen zuerst überbrüht (blanchiert), das heißt mit kaltem Wasser bedeckt und sehr schnell zum Kochen gebracht. Man spült die Knochen dann mit heißem Wasser ab, um noch vorhandene Fettreste zu entfernen, und läßt sie unter kaltem Wasser klarlaufen, bis alle Schmutz- und geronnenen Eiweißteile entfernt sind.

Geflügelknochen werden wegen ihrer zarten Struktur zum Überbrühen mit heißem Wasser bedeckt und sehr schnell zum Kochen gebracht. Für Fischfonds werden die Gräten zuerst zerkleinert, dann gründlich gewaschen und gewässert, aber nicht überbrüht. Für Wildfonds sollten die Knochen vorher angebraten werden; dadurch bekommen sie eine schönere Farbe und ein volleres Aroma.

Die überbrühten Knochen werden mit kaltem Wasser bedeckt und zum Kochen gebracht. Gemüse sollte erst etwa 45 Minuten vor Ende der Garzeit beigegeben werden, damit die Auslaugverluste nicht zu groß werden.

Tips: Brühen und Fonds können auch auf Vorrat zubereitet werden, was angesichts der langen Kochzeiten besonders praktisch ist. Kochend heiß in sterile, hermetisch verschließbare Gläser abgefüllt und nach dem Auskühlen kalt gestellt, können sie etwa 4 Wochen lang aufbewahrt werden.

▶ Eine vorschriftsmäßig zubereitete Brühe oder ein Fond sollte nach dem Erkalten leicht gelieren: Dies kann man auch als Qualitätsmerkmal ansehen. Brühen, die wie Wasser aussehen, sind von minderer Qualität.

Rinderbrühe

(Rinderfond)

Arbeitsaufwand 30 Minuten
Kochzeit 5–6 Stunden

Zutaten für etwa 2 Liter Brühe:
1,3 kg zerkleinerte Rinderknochen und Sehnen oder
500 g mageres Rindfleisch (> Seite 345) und
800 g zerkleinerte Rinderknochen
2 mittelgroße Karotten (> Seite 243)
1 mittelgroße Zwiebel (> Seite 257)
1/4 Sellerieknolle (> Seite 252)
2–3 Knoblauchzehen
1 Lauchstange (> Seite 246)
1 Thymianzweig
1 Petersilienzweig
12 zerdrückte Pfefferkörner

Die Knochen und die Sehnen in einen Topf geben und knapp mit kaltem Wasser bedecken, zugedeckt schnell zum Kochen bringen. Einige Minuten sprudelnd kochen und das Wasser abgießen. Zuerst mit heißem Wasser das Fett abspülen, dann unter kaltem Wasser klarlaufen lassen.

Die Knochen und die Sehnen (oder die Knochen und das Fleisch) in einen sauberen Topf geben und mit reichlich Wasser bedecken. Aufkochen, den an die Wasseroberfläche steigenden Schaum und das Fett mit einem Schaumlöffel (> Seite 171) abschöpfen. Die Hitze reduzieren und die Brühe nur leicht sieden lassen. Zu starke Verdunstungsverluste der Flüssigkeit durch kaltes Wasser ersetzen.

Die Karotten, die Zwiebel, den Sellerie und die Knoblauchzehen schälen. Den Lauch längs halbieren und die Außenblätter entfernen. Das Gemüse waschen.

Das Gemüse, den Knoblauch, den Thymian, die Petersilie und die Pfefferkörner eine Stunde vor Beendigung der Kochzeit in die Brühe geben.

Die Brühe durch ein Passiertuch oder eine große Kaffeefiltertüte passieren. Das Fett von der Oberfläche abschöpfen, damit die Hitze besser entweichen kann. Die Brühe erkalten lassen und die noch vorhandenen Fettreste entfernen.

Tips: Sollte in der Brühe Rindfleisch mitgekocht werden, was diese wesentlich schmackhafter macht, muß das Fleisch von Zeit zu Zeit mit einer Bratengabel (> Seite 170) angestochen werden, um zu prüfen, ob es schon gar ist. Die Kochzeit des Rindfleisches beträgt zwischen 2 1/2 bis 3 Stunden. Das gegarte Fleisch herausnehmen, in kaltem Wasser abschrecken oder unter einem feuchten Tuch etwas abkühlen lassen.

▶ Die Zubereitung von Kalbs-, Lamm- und Schweinebrühen ist identisch mit jener der Rinderbrühe, aber die Kochzeit beträgt nur 3 bis 4 Stunden.

Geflügelbrühe

(Geflügelfond)

Arbeitsaufwand 30 Minuten
Kochzeit 2–3 Stunden

Zutaten für etwa 2 Liter Brühe:
2 Keulen von Suppenhühnern (> Seite 353)
600 g Geflügelknochen (Flügel und Hälse)
500 g Kalbsknochen (am besten von den Gelenken)
1 große Karotte (> Seite 243)
1/4 Sellerieknolle (> Seite 252)
1 mittelgroße Lauchstange (> Seite 246)
1 zerdrückte Knoblauchzehe
je 1 Thymian- und Petersilienzweig
1/2 Lorbeerblatt
6 zerdrückte weiße Pfefferkörner

Die Hühnerkeulen, die Geflügel- und Kalbsknochen in einen Topf geben und mit heißem Wasser bedecken. Zugedeckt schnell zum Kochen bringen, etwa 2 Minuten lang sprudelnd kochen und das Wasser abgießen. Zuerst mit heißem Wasser das Fett abspülen. Unter fließendem kaltem Wasser klarlaufen lassen.

Die Keulen und die Knochen in einen sauberen Topf geben und mit reichlich Wasser bedecken. Zum Kochen bringen und den Schaum von der Oberfläche entfernen.

Die Energiezufuhr drosseln und die Brühe nur sieden lassen. Ab und zu abschäumen, verdunstete Flüssigkeitsmenge durch kaltes Wasser ersetzen. Die Keulen und Knochen müssen ständig mit Flüssigkeit bedeckt sein.

Die Karotte und den Sellerie schälen und den Lauch putzen. Das Gemüse waschen und zusammen mit dem Knoblauch, dem Thymian, der Petersilie, dem Lorbeerblatt und den Pfefferkörnern nach etwa 2 Stunden Kochzeit in die Brühe geben.

Die Keulen durch Anstechen mit einer Gabel prüfen, ob sie gar sind. Ist das Hühnerfleisch weich, die Keulen aus der Brühe nehmen und in kaltem Wasser abschrecken.

Die Geflügelbrühe durch ein Passiertuch oder eine Kaffeefiltertüte passieren.

Tip: Brühen sollten nach Möglichkeit nicht gesalzen werden; müßte man diese für ein Gericht sehr stark einkochen, könnte das Salz zu sehr in den Vordergrund treten. Mit kräftigem Salzen der Brühen schränkt man die Verwendung derselben sehr stark ein.

***

Wildbrühe

(Wildfond)

***

Arbeitsaufwand 45 Minuten
Kochzeit 2–3 Stunden

Zutaten für etwa 2 Liter Fond:
1,5 kg Wildknochen und -sehnen
3 mittelgroße Zwiebeln (> Seite 257)
2 mittelgroße Karotten (> Seite 243)
2 EL Bratöl
1 Selleriestange (> Seite 252)
8 zerdrückte Wacholderbeeren
10 zerdrückte schwarze Pfefferkörner
1 sehr kleiner Rosmarinzweig
2 zerdrückte Knoblauchzehen
1 kleines Lorbeerblatt

Die Wildknochen sehr klein hacken (eventuell im Geschäft machen lassen).
Die Zwiebeln und die Karotten schälen und in etwa würfelzuckergroße Stücke schneiden.

Das Öl in einer Bratpfanne erhitzen. Die Knochen und Sehnen hinzufügen und goldbraun rösten. Die Zwiebel- und Karottenwürfel hinzugeben und mitrösten, bis sie goldbraun sind. Mehrmals mit wenig Wasser ablöschen und wieder reduzieren lassen, bis die Knochen glänzen. Die Knochen in ein Durchschlagsieb oder ein feines Sieb legen und das Fett abtropfen lassen. Anschließend in einen passenden Topf geben und mit kaltem Wasser bedecken. Aufkochen und den Schaum von der Oberfläche abschöpfen. Die Hitze zurückschalten und den Wildfond leicht sieden lassen.

Den Stangensellerie putzen, waschen und in Stücke schneiden. Zusammen mit den Wacholderbeeren, den Pfefferkörnern, dem Rosmarin, dem Knoblauch und dem Lorbeerblatt in den Fond geben und noch etwa eine Stunde lang sieden lassen.

Den Wildfond durch ein Passiertuch oder eine Kaffeefiltertüte passieren.

***

Fischbrühe

(Fischfond)

***

Arbeitsaufwand 30 Minuten
Garzeit 40 Minuten

Zutaten für etwa 2 Liter Fischfond:
1,5 kg Fischgräten von Plattfischen (Seezunge, Stein- oder Glattbutt, > Seite 364)
1 Lauchstange (> Seite 246)
150 g weiße Champignons oder -stiele (> Seite 277)
2 Schalotten (> Zwiebeln, Seite 257)
1 EL Öl
3 dl trockener Weißwein
2,5 l Rinderbrühe (> Seite 548)
2 Selleriestangen (> Seite 252)
2 Thymianzweige
1 kleines Lorbeerblatt
2 zerdrückte Knoblauchzehen
12 zerdrückte weiße Pfefferkörner

Die Fischgräten mit einer Fischschere (das ist eine kräftige Schere mit einem spitzzulaufenden schmalen und gezähnten Scherenblatt und einem breiten, an der Spitze abgerundeten und ungezähnten Scherenblatt) in Stücke schneiden und in kaltem Wasser wässern, bis diese weiß sind.

Die Lauchstange und die Champignons putzen und waschen. Die Schalotten schälen.

Den Lauch, die Champignons und die Schalotten in Scheiben schneiden.

Die Fischgräten auf einem Durchschlagsieb (> Seite 170) gut abtropfen lassen.

Die Lauch-, Champignon- und Schalottenscheiben im Öl farblos dünsten. Die Fischgräten hinzufügen und kurz anziehen lassen. Den Weißwein und die Rinderbrühe hinzugießen, aufkochen, abschäumen und die Hitze reduzieren.

Den Stangensellerie putzen und in Stücke schneiden. Zusammen mit dem Thymian, dem Lorbeerblatt, dem Knoblauch und den Pfefferkörnern in den Fischfond geben.

Den Fond etwa 40 Minuten lang ziehen, aber auf keinen Fall kochen lassen, sonst kann dieser leimig schmecken. Den Fond durch ein Passiertuch oder eine Kaffeefiltertüte passieren.

Tips: Die Rinderbrühe macht den Fischfond und die Gerichte, die daraus zubereitet werden, gehaltvoller. Da die Fischgräten nicht so ergiebig sind wie die Knochen von Schlachtfleisch und die Zubereitungszeit des Fischfonds auch wesentlich kürzer ist, sollte man zum Aufgießen anstatt Wasser Brühe verwenden.

Kraftbrühen (Klare Suppen)

Vorzüge
Kraftbrühen sind gehaltvolle, klare Suppen, die am Anfang einer Speisenfolge serviert werden. Sie regen den Appetit an, belasten aber den Magen nicht, da sie wenig Fett enthalten. Kraftbrühen lassen sich deshalb gut in ein Menü integrieren, da danach sowohl Gerichte mit gebundenen wie ungebundenen Saucen folgen können.

Für Rinder-, Geflügel-, Kalb- und Lammkraftbrühen verwendet man zum Klären mageres Rindfleisch, das möglichst frisch sein sollte. Abgehangenes Fleisch ist nicht geeignet, da es der Kraftbrühe den frischen Geschmack nimmt.

Zum Klären von Wildkraftbrühen nimmt man mageres Wildfleisch, und für Fischkraftbrühen Fleisch von preiswerten Fischen (wie Dorsch, Kabeljau, Merlan oder Schellfisch).

Um den arteigenen Geschmack zu verstärken, kann man zu Geflügel-, Lamm- und Wildkraftbrühen die jeweiligen angerösteten Knochen nach dem Aufkochen und Abschäumen hinzufügen. Dies wirkt sich positiv auf Farbe und Geschmack aus.

Bei der Zubereitung von Kraftbrühen muß mit äußerster Sorgfalt gearbeitet werden. Alles verwendete Geschirr muß absolut fettfrei und das Gemüse sauber gewaschen sein.

Tips: Als Einlage für Kraftbrühen eignen sich Butter-, Fleisch, Geflügel-, Grieß-, Mark- und Schwemmklößchen (> Zubereitung von Klößen, Seite 558) sowie gegartes, in Rauten, Streifen oder Würfel geschnittenes Gemüse, gekochter Reis (> Seite 452) oder auch Nudeln (> Seiten 222).

▶ Kraftbrühen müssen so klar sein, daß man den Boden der Tasse sehr gut sehen kann.

▶ Im Sommer können sie auch kalt serviert werden. Eine Kraftbrühe von guter Qualität geliert in kaltem Zustand.

Kraftbrühe

Arbeitsaufwand **35 Minuten**
Garzeit **90 Minuten**

Zutaten für etwa 1 Liter Kraftbrühe:
250 g grobgeschrotetes mageres Rindfleisch (> Seite 345)
150 g geputzte, gewaschene Gemüsewürfel (Karotte, Knollensellerie und weißes vom Lauch)
je 1 kleiner Petersilien- und Thymianzweig
8 zerdrückte weiße Pfefferkörner
1 zerdrückte Knoblauchzehe
1/2 EL doppelt konzentriertes Tomatenmark
1 Eiweiß
1,6 l kalte, fettfreie Rinderbrühe (> Seite 548)
Salz, frisch gemahlener weißer Pfeffer
frisch geriebene Muskatnuß

Das Rindfleisch, die Gemüsewürfel, die Kräuter, die Pfefferkörner, den Knoblauch, das Tomatenmark und das Eiweiß in einen Topf geben. Etwa 5 Eßlöffel kaltes Wasser hinzufügen und die Zutaten mit der Hand so lange bearbeiten, bis eine in sich verbundene Masse entsteht.

Die Rinderbrühe hinzugießen und unter Rühren (damit sich das Eiweiß nicht am Boden festsetzt) zum Kochen bringen. Kräftig aufkochen, damit das vorhandene Eiweiß bindet. Die Energiezufuhr reduzieren und den Schaum mit einem Schaumlöffel (> Seite 171) von der Oberfläche abschöpfen.

Die Kraftbrühe etwa 90 Minuten unter dem Siedepunkt ziehen lassen. Verdunstet zuviel Flüssigkeit, etwas kaltes Wasser nachgießen.

Die Kraftbrühe vom Herd nehmen und einige Minuten stehen lassen. Mit Salz, Pfeffer und Muskatnuß abschmecken und durch ein feines Passiertuch oder eine Kaffeefiltertüte passieren.

Auf der Oberfläche sichtbare Fettaugen mit einem Löschblatt entfernen. Die Kraftbrühe vor dem Servieren nochmals aufkochen.

Tip: Kraftbrühen können mit verschiedenen Einlagen serviert werden, das können gekochte Gemüse, gekochte Nudel- oder Reisreste, ein verlorenes Ei oder ganz einfach nur einige gehackte Kräuter sein.

Wildkraftbrühe

Arbeitsaufwand **40 Minuten**
Garzeit **1 1/2–2 Stunden**

Zutaten für etwa 1 Liter Wildkraftbrühe:
1/2 EL Öl
300 g kleingehackte Wildknochen und -sehnen
10 g getrocknete Steinpilze (> Seite 277)
300 g fettarmes Wildfleisch (Schulter oder Hals, > Seite 357)
150 g geputzte, gewaschene Gemüsewürfel (Karotte, Knollensellerie und weißes vom Lauch)
8 zerdrückte Wacholderbeeren
1 TL Rosmarinnadeln
1 kleiner Thymianzweig
1 zerdrückte Knoblauchzehe
1 EL doppelt konzentriertes Tomatenmark
1 Eiweiß
1,6 l fettfreier, kalter Wildfond (> Seite 550)
Salz, frisch gemahlener schwarzer Pfeffer

Eine Pfanne erhitzen, das Öl und die Knochen und Sehnen hineingeben und goldbraun anrösten. Zum Abtropfen und Erkalten auf ein Durchschlagsieb geben.

Die Steinpilze zum Quellen in kaltes Wasser legen, sorgfältig waschen und abtropfen lassen.

Das Wildfleisch in schmale Streifen schneiden und durch die grobe Scheibe des Fleischwolfs (> Seite 170) treiben.

Die Pilze, das Klärfleisch, die Gemüsewürfel, die Wacholderbeeren, die Rosmarinnadeln, den Thymian, den Knoblauch, das Tomatenmark, das Eiweiß und etwa 5 Eßlöffel kaltes Wasser in einen Topf geben. Mit der Hand zu einer kompakten Masse zusammenarbeiten. Den Wildfond hinzufügen und unter Rühren zum Kochen bringen. Die Wildkraftbrühe kräftig durchkochen und den Schaum mit einem Schaumlöffel (> Handliche Küchenhelfer, Seite 171) abschöpfen. Die Hitzezufuhr drosseln und die Kraftbrühe nur noch sieden lassen. Auf den kompakten Kläransatz, der an der Oberfläche sichtbar ist, die Wildknochen legen. Ab jetzt darf die Kraftbrühe weder kochen noch umgerührt werden, sonst würde sie trüb werden. Bei einer geklärten Brühe muß aber der Topfboden sichtbar sein. Die Wildkraftbrühe 1 1/2 bis 2 Stunden lang ziehen lassen. Verdunstete Flüssigkeit von Zeit zu Zeit durch kaltes Wasser ersetzen.

Die Kraftbrühe vom Herd nehmen und einige Minuten lang stehenlassen. Mit Salz und Pfeffer abschmecken, mit äußerster Sorgfalt durch ein Passiertuch passieren, damit die Kraftbrühe nicht trüb wird. Vor dem Servieren nochmals aufkochen.

Tips: Die Knochen müssen sehr gut abtropfen, damit kaum noch Fett an diesen haftet. Der Kläransatz muß kräftig zusammengearbeitet werden, damit er nach dem Aufkochen als kompakte Schicht an der Oberfläche schwimmt und die Knochen daraufgelegt werden können. Schon kurz vor dem Aufkochen nicht mehr in der Wildkraftbrühe rühren, da sonst der Klärvorgang beeinträchtigt wird.

▶ Wie die Wildkraftbrühe können auch Geflügel- und Lammkraftbrühen zubereitet werden.

▶ Als Einlage eignet sich gebratenes oder gekochtes Wildfleisch, in Würfel oder Streifen geschnitten, sowie Klößchen aus Wild- oder Geflügelfleisch (> Seite 558).

Fischkraftbrühe

Arbeitsaufwand **35 Minuten**
Garzeit **40 Minuten**

Zutaten für etwa 1 Liter Fischkraftbrühe:
300 g Fischfilet (Dorsch oder Kabeljau, > Seite 374)
100 g weiße Champignons (> Seite 277)
150 g geputzte, gewaschene Gemüsewürfel (Staudensellerie, weißes vom Lauch, Petersilienwurzel)
1 kleiner Thymianzweig
1 zerdrückte Knoblauchzehe
8 zerdrückte weiße Pfefferkörner
1 Eiweiß
2 dl Weißwein
1,2 l Fischfond (> Seite 550)
Salz, frisch gemahlener weißer Pfeffer
eine Spur geriebene Muskatnuß

Das Fischfilet in Streifen schneiden und grobschroten. Die Champignons putzen, waschen und in Scheiben schneiden. Das Fischfleisch mit den Champignons, dem Gemüse, dem Thymian, dem Knoblauch, den Pfefferkörnern, dem Eiweiß und 4 Eßlöffeln Weißwein in einen Topf geben und kräftig zusammenarbeiten.

Den restlichen Weißwein und den Fischfond hinzugießen. Unter Rühren zum Kochen bringen. Kurz vor dem Aufkochen nicht mehr rühren, damit das Eiweiß die Möglichkeit hat, sich zusammenzuziehen. Einmal kräftig durchkochen, den Schaum mit einer Schaumkelle entfernen und die Hitze auf ein Minimum reduzieren. In der Fischkraftbrühe darf nicht mehr gerührt werden. Sie darf auch nicht mehr kochen, sondern nur noch ziehen.

Nach etwa 40 Minuten die Fischkraftbrühe vom Herd nehmen, etwas ruhen lassen und mit Salz, Pfeffer und Muskatnuß abschmecken.

Durch ein feines Passiertuch oder eine große Kaffeefiltertüte passieren. Vor dem Servieren nochmals aufkochen.
Tips: Wenn die Fischkraftbrühe einen leichten Rauchgeschmack bekommen soll, kann man nach dem Klärvorgang eine oder zwei Häute von geräucherten Forellen in die Kraftbrühe geben.
▶ Als Einlage kann man Klößchen aus Lachs-, Hecht-, Zander-, Krusten- oder Schalentierfleisch, Gemüsewürfel oder -streifen, gehackten Estragon oder Dill in die Kraftbrühe geben.

FLEISCHTEE – BEEFTEA

Arbeitsaufwand 35 Minuten
Garzeit etwa 3 Stunden

Zutaten für etwa 1 Liter Fleischtee
2 kg sehr frisches, fettarmes Rindfleisch (von Hals, Schulter oder Haxe, > Seite 345)
5 dl kaltes Wasser
etwa 1 TL Salz

Das Rindfleisch in Streifen schneiden und durch die grobe Scheibe des Fleischwolfes treiben.
Das grobgeschrotete Rindfleisch mit dem Wasser und dem Salz zusammenarbeiten und in Einmachgläser füllen. Die Gläser mit Ringen und Klammern hermetisch verschließen. In einen Einmachtopf mit kaltem Wasser stellen und langsam zum Kochen bringen. Etwa 3 Stunden lang immer knapp unter dem Siedepunkt halten, vom Herd nehmen und etwas abkühlen lassen. Die Gläser aus dem Topf nehmen und erst öffnen, wenn sie etwas abgekühlt sind und sich der Druck in den Gläsern abgebaut hat.

Ein Passiertuch durch kaltes Wasser ziehen, gut ausdrücken und in ein Durchschlagsieb (> Seite 170) legen. Dieses auf eine Schüssel setzen. Den Fleischtee vorsichtig in das Durchschlagsieb geben und abtropfen lassen. Das Abschmecken erübrigt sich meistens, da der Fleischtee sehr gehaltvoll und vollmundig schmeckt.
Tip: Ganz wichtig ist, daß sehr frisches, fettarmes, möglichst bindegewebsreiches Rindfleisch (> Seite 345) verwendet wird. Abgehangenes Fleisch ist nicht geeignet, weil die fortgeschrittene Zersetzung des Fleisches den Fleischtee geschmacklich negativ beeinflussen, diesen sogar ungenießbar machen könnte.

RAHM- ODER CREMESUPPEN

Vorzüge
Rahm- oder Cremesuppen haben einen hohen Sättigungswert. Zur Zubereitung können Reste von Brühen oder von rohen oder gekochten Gemüsen verwendet werden.

Die Zutaten einer Rahmsuppe – Butter, kleingeschnittenes weißes Gemüse und Mehl – können je nach Geschmacksrichtung mit Geflügel-, Kalbs- oder Fischbrühe aufgefüllt werden. Neben der Wahl der Brühe läßt sich der Geschmack aber auch durch die Auswahl der Gemüse beziehungsweise deren Fonds variieren.

Artischocken, Avocados, Blumenkohl, frische Erbsen, Spargel, Karotten und Sellerie eignen sich dazu besonders gut.
Tip: Zur Zubereitung von Rahmsuppen eignen sich auch pürierte Mandeln und Nüsse sowie exotische Zutaten, wie Currypulver, Kurkuma, Mango Chutney oder Kokosmilch.

Kalbfleischrahmsuppe

Arbeitsaufwand 25 Minuten
Kochzeit 20 Minuten

Zutaten für 1 Liter Suppe:
1/4 Stange weißer Lauch (> Seite 246)
1 kleines Stück Knollensellerie (etwa 50 g) (> Seite 252)
40 g Butter
30 g Weizenmehl (Type 405)
1,3 l warme Kalbsbrühe (> Seite 547)
1,5 dl Sahne
Salz, frisch gemahlener weißer Pfeffer
150 g gekochtes Kalbfleisch (> Seite 348)

Den Lauch längs halbieren und die Außenblätter entfernen, den Sellerie schälen. Das Gemüse waschen und kleinschneiden.

Die Butter aufschäumen lassen, die Gemüsestücke hinzufügen und farblos dünsten. Das Mehl darüberstreuen und farblos mitschwitzen. Den Topf vom Herd nehmen und die Kalbsbrühe hineingießen. Mit einem Schneebesen glattrühren und unter Rühren auf dem Herd aufkochen. Den Schaum von der Suppe entfernen und bei reduzierter Temperatur etwa 20 Minuten lang kochen lassen.

Die Sahne zur Suppe geben, aufkochen, mit Salz und Pfeffer abschmecken und durch ein feines Drahtsieb passieren.

Das Kalbfleisch in kleine Würfel schneiden und in die Suppe geben. Die Suppe aufkochen, anrichten und servieren.
Tip: Wie die Kalbfleischsuppe können Fisch-, Geflügel-, Champignon-, Blumenkohl-, Spargel- oder auch andere Suppen zubereitet werden. Es sollten dann die entsprechende Brühe oder der entsprechende Fond und die passende Einlage verwendet werden.

Legierte Suppen (Samtsuppen)

Vorzüge
Samtsuppen werden mit Eigelb und Sahne legiert und bekommen dadurch ihre feine, samtweiche Konsistenz. Obwohl vergleichsweise wenig Sahne verwendet wird, sind Samtsuppen sehr gehaltvoll.

Bei der Herstellung der Legierung ist es wichtig, darauf zu achten, daß am Eigelb kein Eiweiß mehr haftet, da dieses beim Erhitzen schneller gerinnt als das Eigelb.

Nach Beigabe der Legierung darf die Suppe auf keinen Fall mehr kochen, da sonst das Eigelb ausflockt, die Suppe gerinnt und ihren samtigen Charakter verliert.

Sollte die Suppe einmal zu heiß werden und gerinnen, kann man etwas kalte Sahne hinzufügen, die Suppe im Mixer aufmixen und nochmals durch ein feines Sieb passieren.
Tip: Zum Kochen der Samtsuppe kann Reismehl verwendet werden, das den samtigen Charakter der Suppe noch unterstreicht.

Geflügelsamtsuppe

Arbeitsaufwand 35 Minuten
Kochzeit 20 Minuten

Zutaten für 1 Liter Suppe:
1 Hähnchenkeule à 200 g (> Seite 353)
1/4 Stange weißer Lauch (> Seite 246)
1 kleines Stück Knollensellerie (etwa 50 g) (> Seite 252)
30 g Butter
25 g Reis- oder Weizenmehl
1,3 l warme Geflügelbrühe (> Seite 549)
1 Eigelb
1 dl Sahne
Salz, frisch gemahlener weißer Pfeffer

Die Hähnchenkeule in einen Topf geben, mit warmem Wasser bedecken und zugedeckt bei starker Hitze schnell zum Kochen bringen. In kaltem Wasser abschrecken und abspülen.

Den Lauch putzen und den Sellerie schälen. Das Gemüse waschen und in kleine Würfel schneiden.

Die Butter erhitzen, bis die Molke verdampft ist, die Butter darf dabei keine Farbe annehmen. Das Gemüse hinzufügen und farblos darin dünsten. Mit dem Mehl bestäuben und kurz anschwitzen, ohne daß dies Farbe annimmt.

Vom Herd nehmen und die Bouillon hinzugießen. Mit einem Schneebesen glattrühren, auf den Herd zurückstellen und unter Rühren zum Kochen bringen. Die Hähnchenkeule einlegen, die Energiezufuhr drosseln und die Suppe etwa 20 Minuten lang köcheln lassen. Nach etwa 15 Minuten Kochzeit die gegarte Hähnchenkeule aus der Suppe nehmen und in kaltem Wasser abschrecken.

Das Eigelb mit der Sahne mischen. Mit einem Suppenlöffel etwas heiße Suppe zu der Legierung geben und gut verrühren. Den Topf mit der Suppe vom Herd nehmen und die Legierung unter die Suppe mischen. Unter Rühren mit einem Schneebesen kurz vors Kochen bringen, mit Salz und Pfeffer abschmecken und passieren. Die Suppe in den Mixer geben und mixen, damit sich die Legierung mit der Suppe gut verbindet.

Von der Hähnchenkeule die Haut und die Knochen entfernen. Das Hähnchenfleisch in kleine Würfel oder in feine Streifen schneiden und in die Suppe geben. Die Suppe nochmals vorsichtig erwärmen und sofort servieren.

Tips: Geflügel, Fleisch oder Fisch müssen nicht mitgekocht werden, aber sie verstärken den Eigengeschmack.

▶ Außer Reis- und Weizenmehl können auch andere Mehlsorten verwendet werden. Reismehl eignet sich wegen der kurzen Kochzeit am besten dafür. Das Anschwitzen des Mehles ist sehr wichtig, da dadurch der typische Mehlgeschmack verlorengeht.

▶ Samtsuppen können auch mit Gemüse und Pilzen zubereitet werden. Das verwendete Gemüse oder die Pilze putzen, waschen, kleinschneiden und zusammen mit dem weißen Gemüse anschwitzen. Wird Gemüse verwendet, kann der Mehlanteil um 5 bis 10 Gramm pro Liter Samtsuppe verringert werden, da auch das Gemüse zum Teil bindet.

▶ Als Suppeneinlage eignen sich gekochter Reis, gekochtes Gemüse, Fleisch-, Fisch-, Geflügel- oder Krustentierklößchen.

Püreesuppen

Vorzüge
Püreesuppen eignen sich zur Verwertung von Gemüse-, Hülsenfrüchte- oder Kartoffelresten.

Zum Binden der Suppe sollten das verwendete Gemüse, die Kartoffeln oder die Hülsenfrüchte ausreichen. Am besten eignen sich dafür Hülsenfrüchte und mehligkochende Kartoffeln, da sie den höchsten Stärkeanteil haben.

Bei einigen Gemüsen, die selbst wenig binden, wie Blumenkohl oder Lauch, kann auf Mehl nicht verzichtet werden. In diesem Fall werden 15 bis 20 Gramm Mehl mit angeschwitzt oder 20 bis 25 Gramm gekochter Reis pro Liter Suppe hinzugefügt. Auch Kartoffelpüreereste (> Seite 470) können zum Binden von Püreesuppen verwendet werden.

Tip: Sollte sich durch zu langes Stehen die Brühe vom Gemüsepüree trennen, läßt sich das im Mixer wieder beheben.

***

Kürbispüreesuppe

***

Arbeitsaufwand 30 Minuten
Kochzeit 20 Minuten

Zutaten für 1 Liter Suppe:
600 g Kürbis (> Seite 241)
1 Stange Lauch (> Seite 246)
1 1/2 EL Butter
1 feingehackte Zwiebel (> Seite 257)
7 dl Rinder- oder Gemüsebrühe (> Seite 548)
1,5 dl süße Sahne
Salz, geriebene Muskatnuß
gemahlener Zimt
2 EL Kürbiskerne

Vom Kürbis die Schale und die Kerne entfernen und das Kürbisfleisch in kleine Stücke schneiden.

Den Lauch längs halbieren, die Außenblätter entfernen und den Lauch waschen. 2/3 des Lauches in etwa 3 Zentimeter lange Streifen und den restlichen Lauch kleinschneiden.

Die Butter in einem Topf aufschäumen lassen, die Zwiebeln und die Lauchstücke darin farblos dünsten. Das Kürbisfleisch hinzufügen und mitschwitzen. Mit Brühe auffüllen, aufkochen, die Hitze reduzieren und die Suppe etwa 15 Minuten lang kochen. Sahne hinzufügen, aufkochen, mit Salz, Muskatnuß und Zimt abschmecken.

Die Suppe im Mixer fein pürieren und zurück in den Topf geben. Die Lauchstreifen in die Suppe geben, aufkochen und garziehen lassen.

Die Suppe anrichten, mit den Kürbiskernen bestreuen und heiß servieren.

Gemüsesuppen

Vorzüge
Gemüsesuppen sind nicht nur aromatisch, sondern auch besonders bekömmlich. Wenn Fleisch oder Geflügel mitgekocht werden, sind Gemüsesuppen zudem sehr gehaltvoll, können auch als Eintöpfe serviert werden und ersetzen eine kleine Mahlzeit.

Bei den Gemüsesuppen wird das kleingeschnittene Gemüse direkt in der Suppe gegart – dadurch werden sie so besonders aromatisch. Am besten eignen sich zur Herstellung von Gemüsesuppen folgende frische Gemüse: Karotten, Kohlrabi, Lauch, Knollen- und Stangensellerie, weiße und gelbe Rüben, Weißkraut und

Wirsing, Zwiebeln und Kartoffeln. Mitgekocht werden kann das Fleisch von Geflügel, Lamm, Rind und Schwein.

Tip: Zu Gemüsesuppen kann man geröstete Weißbrotwürfel, dünne, geröstete Weißbrotscheiben, Butter-, Kräuter- oder Knoblauchtoast reichen.

***

Lauchsuppe

***

Arbeitsaufwand 40 Minuten
Kochzeit 10–12 Minuten

Zutaten für 1 Liter Suppe:
1 große Stange Lauch (> Seite 246)
2 mittelgroße Zwiebeln (> Seite 257)
150 g vorwiegend festkochende Kartoffeln (> Seite 267)
1 1/2 EL Butter
8 dl Rinderbrühe (> Seite 548)
Salz, frisch gemahlener weißer Pfeffer
geriebene Muskatnuß
1,5 dl Sahne
1 EL Schnittlauchröllchen
1 EL gehackte Petersilie

Die Lauchstange längs halbieren und sorgfältig waschen. Die Zwiebeln und die Kartoffeln schälen. Die Kartoffeln waschen.

Den Lauch und die Kartoffeln in feine, etwa 3 Zentimeter lange Streifen und die Zwiebeln in sehr feine Würfel schneiden.

Die Butter aufschäumen lassen. Die Zwiebelwürfel, den Lauch- und die Kartoffelstreifen hinzugeben und farblos dünsten. Mit der Brühe bedecken, mit Salz, Pfeffer und Muskatnuß abschmecken. Aufkochen und bei geringer Hitze gar ziehen lassen.

Die Sahne um etwa die Hälfte einkochen und in die Gemüsesuppe passieren. Die Suppe nochmals aufkochen und abschmecken. Den Schnittlauch und die Petersilie hinzufügen und heiß servieren.

Tip: Dazu kann Knoblauchbrot (> Seite 762) gereicht werden.

Suppeneinlagen

Klößchen aus Fleisch, Geflügel, Fisch oder Krustentieren

Vorzüge
Die Klößchen nehmen unter den Suppeneinlagen eine Sonderstellung ein. Sie sind glatt, sehr zart und schmackhaft und, wenn sie vorschriftsmäßig geformt werden, eine optische Attraktion. Für die Zubereitung von Klößchen können Fleischreste verwendet werden.

Normalerweise werden für Klößchen Sahne und Fleisch im Verhältnis 1:1 verwendet. Bei sehr frischem Kalb- und Geflügel-, aber auch bei Krustentierfleisch kann der Sahneanteil eventuell auf das 1 1/2fache erhöht werden.

Ob die Zusammensetzung stimmt, läßt sich feststellen, indem erst ein Teil der Sahne untergearbeitet wird und anschließend ein Probekloß gar gezogen wird. Ist der Kloß zu fest, wird noch Sahne untergearbeitet, ist er zu weich oder fällt er auseinander, muß nochmals frisches Fleisch fein püriert werden und die vorhandene Farce untergearbeitet werden.

Sehr wichtig ist, daß sowohl die Sahne als auch das verwendete Fleisch sehr kalt sind. Wenn die Zutaten bei der Bearbeitung zu warm werden, kann es passieren, daß die Klößchenfarce nicht mehr bindet.

Tip: Die Klößchen können mit Safranpulver oder Kurkuma gelb, mit Spinatmatte (> Seite 486) grün und mit Hummercorail (> Seite 373) rot gefärbt werden.

***

Geflügelklößchen

***

Arbeitsaufwand 25 Minuten
Garzeit 1–2 Minuten

Zutaten für 1 Liter Suppe als Einlage:
1,3 dl Sahne
100 g sehnen- und fettfreie Hähnchenbrust (> Seite 353)
Salz, frisch gemahlener weißer Pfeffer

Die Sahne in ein flaches Geschirr geben und zum Anfrosten in das Tiefkühlfach stellen.

Die Hähnchenbrust in kleine Stücke schneiden und kalt stellen.

Die Hähnchenbruststücke salzen, pfeffern und in der Küchenmaschine fein pürieren. Löffelweise die Sahne in der Küchenmaschine unter das Fleisch arbeiten. Nachdem etwa 2/3 Rahm untergearbeitet wurden, einen kleinen Kloß abstechen und in gesalzenem, fast kochendem Wasser gar ziehen lassen. Ist der Kloß zu fest, die restliche Sahne noch unterarbeiten.

Die Farce durch ein feines Rahmen- oder Trommelsieb (> Seite 171) streichen. Sie wird dadurch noch feiner und glatter.

Einen Teil der Farce in die linke Handfläche nehmen. Mit einem Teelöffel etwas Farce wegnehmen und den Löffel über den Handballen abziehen, damit die Farce im Löffel glatt wird. Den Löffel so drehen, daß die Farce nach oben kommt. Mit dem linken Zeigefinger die Farce aus dem Löffel streichen, nun die Farce mit dem Löffel vom Zeigefinger in das kochendheiße Wasser streifen und gar ziehen lassen. Die Klößchen sind nach 1 bis 2 Minuten durchgezogen und schwimmen dann an der Oberfläche.

Tip: Das Wasser muß unbedingt gesalzen sein. Nicht gesalzenes Wasser würde das Salz aus den Klößchen ziehen; sie würden fad schmecken.

Markklößchen

Vorzüge
Markklößchen zählen zu den aromatischen und exquisiten Suppeneinlagen. Sie werten eine gehaltvolle Kraftbrühe auf und machen eine Grünkernsuppe zur Delikatesse.

Die Markklößchenmasse kann auch als Markkruste für rosa gebratenes Lamm- oder Rindfleisch verwendet werden. Dann sollte der Knoblauchanteil erhöht werden.

Markklösschen

Arbeitsaufwand 30 Minuten
Ruhezeit 20–25 Minuten
Garzeit 5–6 Minuten

Zutaten für 1 Liter Suppe als Einlage:
80 g Rindermark
120 g frisches Weißbrot ohne Backkruste
1 großes Ei (70–80 g mit Schale gewogen)
eine Messerspitze Knoblauch
Salz, frisch gemahlener weißer Pfeffer
geriebene Muskatnuß
1 El feingehackte Kräuter (Petersilie, Kerbel)
Mehl zum Ausrollen

Das Rindermark über Nacht in kaltes Wasser legen und so lange wässern, bis es hell wird.
Das Rindermark und das Weißbrot in kleine Stücke schneiden, das Ei darüberschlagen und 6 bis 8 Minuten lang quellen lassen. Den Knoblauch hinzufügen, salzen, mit Pfeffer und Muskatnuß würzen. Diese Mischung in der Küchenmaschine oder im Mixer fein pürieren und durch ein Rahmen- oder Trommelsieb (> Seite 171) streichen.

Die Markklößchenmasse mit einem Holzlöffel glattrühren und für etwa 20 Minuten kalt stellen.

Eine Arbeitsfläche dünn mit Mehl bestäuben. Die Klößchenmasse mit mehlbestäubten Händen zu Rollen von etwa 1 Zentimeter Durchmesser formen und in ebenso lange Stücke schneiden. Die Markklößchenstücke in ein mit Mehl bestäubtes Rahmensieb geben und durch kreisende Bewegungen zu Kugeln formen. Die Markklößchen nochmals einige Minuten lang kalt stellen, bis diese sich fest anfühlen.

Leicht gesalzenes Wasser zum Kochen bringen, die Markklößchen hineingeben und in etwa 5 Minuten gar ziehen lassen. Wenn die Klößchen an der Oberfläche schwimmen, sind sie gar. Aus dem Wasser nehmen, abtropfen lassen und in der Suppe servieren.

Tip: Von der Markklößchenmasse sollte unbedingt eine Probe gemacht werden: Ist die Masse zu weich, etwas feines Paniermehl unterarbeiten; ist sie zu fest, etwas durch ein Sieb gestrichenes Rindermark oder ein wenig Butter unterarbeiten.

Eierstich

Vorzüge
Eierstich ist eine preiswerte und attraktive Suppeneinlage, die ohne großen Arbeitsaufwand zubereitet werden kann. Eierstich kann in Kraftbrühen, klaren Gemüse-, Rahm- und Samtsuppen serviert werden.

Für Eierstich werden ganze Eier mit Milch oder Sahne verrührt, gewürzt und in einer Auflaufform im Backofen bei 150 Grad ziehen gelassen.

Man kann Eierstich auch zubereiten, indem man sich vom Fleischer Kunstdärme mit etwa 3 Zentimeter Durchmesser besorgt. Darin kann der Eierstich schwimmend in Wasser auf dem Herd gegart werden. Wichtig ist, daß die Wassertemperatur 75–80 Grad Celsius nicht überschreitet. Wird Eierstich zu heiß gegart, bekommt er Löcher und wird unansehnlich. Im verschlossenem Darm kann Eierstich übrigens im Kühlschrank bis zu einer Woche aufbewahrt werden.

***

Eierstich

***

Arbeitsaufwand 10 Minuten
Garzeit 40–45 Minuten

Zutaten für 1 Liter Suppe als Einlage:
1 dl Milch
2 El Sahne
1 Ei (à 65–70 g mit Schale gewogen)
1 Eigelb oder Eiweiß
Salz, geriebene Muskatnuß
Butter für die Form

Den Backofen auf etwa 150 Grad Celsius vorheizen. Den Boden eines feuerfesten Geschirrs mit Papier auslegen, warmes Wasser einfüllen und in den Backofen schieben.

Die Milch und die Sahne aufkochen. Das Ei und das Eigelb verquirlen und die heiße Milch unterrühren. Mit Salz und Muskatnuß abschmecken und durch ein feines Spitzsieb passieren.

Eine feuerfeste Auflaufform dünn mit Butter ausstreichen, die Eierstichmasse hineinfüllen und in das Wasserbad setzen. Das Wasser darf nur bis knapp einen Zentimeter unter den Formenrand reichen. 40 bis 45 Minuten lang gar ziehen lassen. Aus dem Ofen nehmen und im Wasserbad auskühlen lassen. Den Eierstich mit einem spitzen Messer vom Formenrand lösen, stürzen und in Stücke schneiden.

Tip: Das Auslegen des Geschirrs mit Papier verhindert, daß der Eierstich zuviel Unterhitze bekommt und die Form beim Garen nicht auf dem Geschirrboden klappert.

Flädle (Frittaten)

Vorzüge
Flädle sind in feine Streifen geschnittene, etwas fester gehaltene Eierpfannkuchen. Die aus Schwaben stammende Spezialität wird gerne in Kraftbrühen serviert. Die Flädle lassen sich sehr gut im voraus zubereiten, schneiden und auch trocknen.

Die Flädle können nach dem Backen gefüllt und spiralförmig aufgerollt werden. Hierfür kann eine grüngefärbte Fleischfarce mit Kräutern verwendet werden. Die gefüllten Flädle werden fest in Klarsichtfolie eingerollt, an den Seiten abgebunden und schwimmend im Wasser gargezogen.

***

Flädle

***

Arbeitsaufwand 10 Minuten
Ruhezeit 30 Minuten
Backzeit 2–3 Minuten

Zutaten für 1 Liter Suppe als Einlage:
30 g Weizenmehl (Type 405)
1,2 dl Milch
1 großes Ei
Salz, Muskatnuß
1 EL gehackte Kräuter (Kerbel, Petersilie)
1/2 EL Butter

Das Mehl in eine Schüssel geben und die Milch hinzugießen, mit einem Schneebesen glattrühren. Das Ei hinzugeben und kräftig verrühren. Den Flädleteig mit Salz und Muskatnuß abschmecken. Durch ein feines Sieb passieren, die Kräuter untermischen und für etwa 30 Minuten ruhen lassen.

Eine Crêpepfanne oder eine große, flache Pfanne erhitzen, mit wenig Butter ausstreichen und nur soviel Teig einfüllen, daß der Boden knapp bedeckt ist. Leicht Farbe nehmen lassen, wenden und fertigbacken. Die gebackenen Flädle aufeinanderlegen, abkühlen lassen und in feine 3 bis 4 Zentimeter lange Streifen schneiden.

Saucen, Marinaden und Dressings zubereiten

Die warmen Grundsaucen teilen sich in braune, weiße und aufgeschlagene Saucen. Allen gemeinsam ist, daß sie sehr variationsreich mit Weinen, Spirituosen, Gewürzen, Kräutern, Pilzen, Sahne, geriebenem Käse und eingekochten Fonds abgewandelt werden können.

Grundsaucen müssen wie die Grundbrühen sorgfältig zubereitet werden. Für ihre Zubereitung benötigt man keine teuren Grundprodukte, nur etwas Geduld und Fingerspitzengefühl. Je besser die Grundsauce, desto besser ist auch das Endprodukt.

Im Handel werden Fonds (> Seite 547) und gebundene Saucen (> Seite 563) in Gläsern, klare und gebundene Bratensaucen (> Seite 563) in Würfeln angeboten.

Eine der wichtigsten kalten Grundsaucen ist die Mayonnaise. Sie kann in vielen Variationen abgewandelt werden und ist Bestandteil vieler Salate und Cocktails.

Um die Mayonnaise leichter zu machen, wird sie in der modernen Küche mit Joghurt oder Quark gestreckt.

Neben der Mayonnaise können auch von geschlagener Sahne, saurer Sahne, Joghurt, Speisequark, Fruchtgelees, Marmeladen und Konfitüren kalte Saucen zubereitet werden; sie alle sind aber lange nicht so vielseitig einsetzbar wie die Mayonnaise.

Salatsaucen werden auch als Dressings oder Marinaden bezeichnet. Marinaden werden eigentlich zum Einlegen verwendet, also für Salate, die aus festen Bestandteile bestehen. Das Wort Dressing entstammt dem amerikanischen Wortschatz und wird

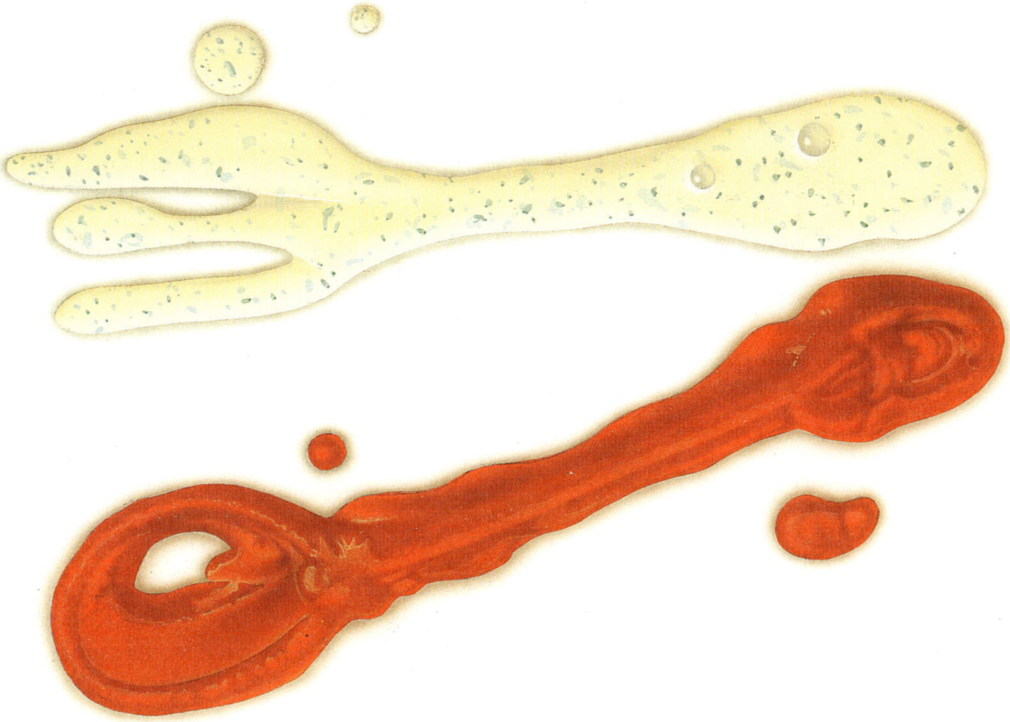

von dem Begriff »to dress« abgeleitet, was soviel bedeutet wie anmachen oder zubereiten.

Viele Salatsaucen bestehen aus einem Teil Essig, Gewürzen und zwei Teilen Salatöl. Der Ölanteil kann verringert werden, wenn die Salatsaucen mit etwas Wein, Brühe oder Joghurt gestreckt werden.

Das Öl kann auch durch Milchprodukte wie Joghurt, süße oder saure Sahne oder Quark ersetzt werden.

Warme Grundsaucen

Kalbsjus

Vorzüge
Der Kalbsjus ist eine sehr wichtige Grundlage der guten Küche. Aus diesem können nicht nur klare und gebundene Saucen, sondern auch Rahmsaucen zubereitet werden. Kalbsjus ist variabel einsetzbar und kann auch zur Zubereitung anderer Fleisch-, Geflügel- und Wildgerichte oder -saucen verwendet werden.

Für die braune Grundsauce oder den Jus müssen zwar nicht nur Kalbsknochen verwendet werden, diese sind aber im Geschmack am neutralsten. Zur Zubereitung des Jus eignen sich Lamm-, Wild- und Schweineknochen sowie die Knochen aller Geflügel- und Wildgeflügelarten.

Wichtig ist, daß die Knochen während des Zubereitens mehrmals mit wenig Flüssigkeit abgelöscht werden. Die Flüssigkeit läßt man dann wieder verdunsten, der Röstbelag wird vom Topfboden abgeschabt und wieder abgelöscht. Wenn dieser Vorgang mehrmals wiederholt wird, bekommen die Knochen dadurch einen braunen, glänzenden Überzug.

Kalbsjus

Arbeitsaufwand 40 Minuten
Kochzeit 5–6 Stunden

Zutaten für 2 Liter Kalbsjus:
2 kg Kalbsknochen oder -sehnen
3 El Bratöl oder -fett
3 große Zwiebeln (> Seite 257)
2 große Karotten (> Seite 243)
2 El doppelt konzentriertes Tomatenmark
1 TL Zucker
6–7 l Wasser oder Brühe (> Seite 548)
1/2 Stange Lauch (> Seite 246)
1/4 Knollensellerie (> Seite 252)
5 zerdrückte Knoblauchzehen
15 zerdrückte schwarze Pfefferkörner
2 Thymianzweige
3 Petersilienzweige

Den Backofen auf etwa 250 Grad Celsius vorheizen. Die Kalbsknochen in würfelzuckergroße Stücke hacken (am besten vom Fleischer machen lassen). Eine rechteckige Bratpfanne im Backofen erhitzen. Das Öl oder das Fett, die Knochen und die Sehnen hineingeben und unter gelegentlichem Rühren goldbraun rösten.

Die Zwiebeln und die Karotten schälen und in Stücke schneiden. Die Gemüsewürfel zu den Knochen geben und mitrösten, bis auch diese goldbraun sind.

Das Tomatenmark und den Zucker hinzugeben und einige Minuten lang mitrösten lassen. Die Knochen mit wenig Wasser ablöschen und dieses wieder verdunsten lassen. Mit einem Metallspachtel den braunen Belag am Pfannenboden losschaben, mit wenig Wasser ablöschen, wieder verdunsten und rösten lassen. Diesen Vorgang etwa 4- bis 5mal wiederholen, bis die Knochen einen goldbraun glänzenden Überzug bekommen.

Die Knochen zum Abtropfen in ein Durchschlagsieb (> Seite 170) geben.

Die Knochen dann in einen passenden Topf legen und mit dem Wasser oder der Brühe bedecken und aufkochen. Die Hitzezufuhr drosseln und den Jus nur leicht kochen lassen. Den Schaum und das Fett, welches an der Oberfläche schwimmt, öfters mit einem Schaumlöffel (> Seite 171) entfernen.

Den Lauch und den Sellerie putzen, waschen und in Stücke schneiden. Zusammen mit dem Knoblauch, den Pfefferkörnern, dem Thymian und der Petersilie nach 4 bis 5 Stunden in den Jus geben.

Nach einer weiteren Stunde den Jus durch ein Tuch passieren und erkalten lassen.

Tips: Die Knochen können nochmals mit Wasser bedeckt ausgekocht werden. Die erhaltene Brühe kann dann zum Auffüllen eines neuen Jus verwendet werden.

▶ Geflügel-, Lamm-, Schweine- und Wildjus werden nach dem gleichen Verfahren zubereitet. Den Wildjus mit Wacholderbeeren, den Geflügeljus mit Salbei und den Lammjus mit Rosmarin würzen. Die Kochzeit des Geflügeljus beträgt nur etwa 4 Stunden.

Braune Rahmsauce

Vorzüge

Braune Rahmsaucen sind eine Ableitung der Jus und werden in Verbindung mit Sahne zubereitet. Die Sahne macht die Saucen weich und sehr köstlich. Rahmsaucen werden vorwiegend zu hellem Fleisch vom Kalb (> Seite 348) und vom Schwein (> Seite 342), zu Geflügel (> Seite 353) sowie zu Wild (> Seite 357) und Wildgeflügel (> Seite 356) serviert.

Rahmsaucen können mit Portwein (> Seite 424), Madeira (> Seite 424) oder Sherry (> Seite 423) sowie mit Calvados (> Seite 425), Cognac (> Seite 425), Weinbrand (> Seite 425), Gin (> Seite 425) oder Wermut (Noilly Prat, > Seite 425) zubereitet werden. Frische und getrocknete Pilze harmonieren sehr gut mit Rahmsauce, wobei getrocknete Pilze die Sauce aromatischer machen.

Für Wildgerichte verwendet man neben Pilzen auch Wacholderbeeren, Johannisbeergelee und Gin (> Seite 425) zum Verfeinern der Rahmsauce.

Nudeln (> Seite 222) und ausgebackene Kartoffelmassen (> Seite 459) sind die ideale Ergänzung. Bei Wildrahmsaucen kann ein Teil der süßen Sahne durch saure Sahne (> Seite 315) ersetzt werden. Die saure Sahne darf allerdings nicht kochen, weil die Sauce sonst zu dünn würde.

***

Braune Rahmsauce

***

Arbeitsaufwand 15 Minuten
Kochzeit 20–25 Minuten

Zutaten für 4 Portionen:

1 mittelgroße Zwiebel (> Seite 257)
1/2 EL Butter
3 EL Weinbrand
4 dl gelierender Kalbsjus (> Seite 563)
3 dl süße Sahne
Salz, frisch gemahlener weißer Pfeffer

Die Zwiebel schälen, längs halbieren und in sehr feine Würfel schneiden.
Die Butter aufschäumen lassen und die Zwiebelwürfel darin goldgelb anschwitzen. Mit der Hälfte des Weinbrands ablöschen, den Kalbsjus hinzugießen und dickflüssig einkochen.

Die Sahne getrennt um die Hälfte einkochen lassen und in den Jus passieren. Die Sauce kochen, bis sie sämig wird, mit Salz und Pfeffer abschmecken. Den restlichen Weinbrand hinzugeben und die Sauce mit einer kleinen Kelle durch ein feines Sieb drücken.

Tips: Für Rahmsaucen können fast alle getrockneten und frischen Pilze verwendet werden. Besonders feine Pilzrahmsaucen lassen sich aus Champignons, Morcheln und Steinpilzen zubereiten.

▶ Sollte die Rahmsauce einmal nicht die gewünschte Konsistenz haben, kann sie zusätzlich mit einer Mehlbutter, hergestellt aus 1 EL weicher Butter und 1 1/2 EL Weizenmehl, gebunden werden.

WEISSE RAHMSAUCE

(VELOUTÉ)

Vorzüge
Weiße Rahmsaucen werden zum Binden oder als Grundsauce verwendet. Diese ergänzen sich sehr gut mit gekochtem Fleisch, Geflügel, Fisch, Krusten- und Schalentieren und runden diese Speisen harmonisch ab. Mit Weißwein oder einem trockenen Sherry, Zitronen- oder Limettensaft und reduziertem Champignonfond läßt sich die Sauce in vielen Geschmacksrichtungen variieren.

Bei der Zubereitung wird die Butter soweit erhitzt, bis die Molke verdampft ist; sie darf dabei aber nicht bräunen. Zu starke Erhitzung würde den Geschmack und die Farbe der weißen Rahmsauce beeinträchtigen.

Das Mehl muß mit der Butter mitschwitzen. Dabei wird Stärke in Dextrin umgewandelt, der typische Mehlgeschmack geht so verloren.

Weiße Rahmsaucen können nicht nur mit Sahne, sondern auch mit einer Legierung, bestehend aus Eigelb und Sahne, verfeinert werden. Im Gegensatz zu den legierten Suppen, die nicht kochen dürfen, können legierte Saucen gekocht werden. Die stärkere Mehlbindung verhindert das Gerinnen des Eigelbes. Auf etwa 1/4 Liter weiße Sauce rechnet man 1 Eigelb und 6–8 Eßlöffel süße Sahne.

Tips: Für weiße Rahmsaucen können helle Geflügel-, Lamm-, Kalb-, Schweine-, Fisch- und Gemüsefonds oder -brühen verwendet werden.

▶ Wird die Sauce nach der Zubereitung nicht sofort verwendet, kann man einige Butterflocken mit einer Fleischgabel auf der Saucenoberfläche verteilen; auf diese Weise wird die Hautbildung eingeschränkt.

***

WEISSE RAHMSAUCE

***

Arbeitsaufwand 8 Minuten
Kochzeit 25 Minuten

Zutaten für 4 Portionen:
15 g Butter
20 g Weizenmehl (Type 405)
4 dl lauwarme Fisch- (> Seite 550), Geflügel- (> Seite 549) oder Kalbsbrühe (> Seite 548)
3 EL Weißwein
1 dl süße Sahne
Salz, frisch gemahlener weißer Pfeffer
einige Spritzer Zitronensaft

Die Butter aufschäumen lassen, das Mehl darüberstäuben und 2–3 Minuten lang farblos anschwitzen. Den Topf mit der Mehlschwitze vom Herd nehmen, die Brühe und den Wein hinzugießen und mit einem Schneebesen oder mit dem Handrührgerät glattrühren. Unter ständigem Rühren zum Kochen bringen. Die Hitze reduzieren, so daß die Rahmsauce nur noch leicht kocht. Unter häufigem Umrühren, damit die Sauce am Topfboden nicht anhängt, etwa 25 Minuten lang kochen. Nach etwa 20 Minuten Kochzeit die Sahne hinzufügen und weiterkochen.

Die Rahmsauce mit Salz, Pfeffer und Zitronensaft abschmecken und passieren.

Tip: Die weiße Rahmsauce ist eine Grundsauce, die nach Belieben und Geschmack abgewandelt werden kann. Dafür sind neben Spirituosen auch Kräuter und Gewürze geeignet. Die

Rahmsauce kann zum Beispiel mit Safran- (> Seite 432) oder Kurkumapulver, mit Spinatmatte (> Seite 486) oder mit Hummercorail (> Seite 373) gefärbt werden.

Béchamelsauce

Vorzüge
Die Béchamelsauce ist eine richtige Allroundsauce und vielfältig verwendbar. Sie kann für Fleisch-, Fisch-, Geflügel-, Gemüse-, Pilz- und Käsegerichte zum Binden und zum Überbacken verwendet werden.

Die Béchamelsauce besteht aus Butter, Mehl, Milch und Gewürzen. Sie wird entweder nur mit Sahne oder mit einer Legierung (Eigelb und Sahne) zubereitet. Zum Überbacken wird sie mit einer Legierung und geriebenem Hartkäse gemischt oder legiert und mit geriebenem Hartkäse bestreut.

Vollendet wird die Béchamelsauce erst kurz vor der Weiterverarbeitung mit Sahne, einer Legierung oder reduzierten Brühen oder Fonds sowie mit Meerrettich oder geriebenem Käse.

Tips: Zum Überbacken sollte die Béchamelsauce legiert werden; sie bekommt durch das Eigelb einen besseren Stand und haftet beim Überbacken besser auf den Speisen.

▶ Mit Milch gekochte Saucen brennen viel leichter an als mit Brühen zubereitete Saucen. Béchamelsauce sollte daher während der gesamten Kochzeit ständig gerührt werden.

Béchamelsauce

Arbeitsaufwand 8 Minuten
Kochzeit etwa 25 Minuten

Zutaten für 4 Portionen:
20 g Butter
25 g Weizenmehl (Type 405)
6 dl lauwarme Milch
Salz, geriebene Muskatnuß
1/2 EL Butter

Die Butter erhitzen, bis sie klar ist. Sie darf dabei keine Farbe annehmen. Das Mehl darüberstäuben und mitschwitzen. Den Topf mit der Mehlschwitze vom Herd nehmen, die Milch hineingießen und mit einem Schneebesen oder dem Handrührgerät glattrühren. Unter ständigem Rühren zum Kochen bringen und die Hitze reduzieren. Die Sauce unter Rühren etwa 25 Minuten lang kochen.

Mit Salz und Muskatnuß abschmecken sowie passieren. Die Butter in kleinen Flocken auf die Oberfläche der Béchamelsauce legen und mit einer Bratengabel (> Seite 170) gleichmäßig verteilen, damit die Sauce keine zu starke Haut bildet.

Tips: Von der Béchamelsauce lassen sich zahlreiche Variationen ableiten:

▶ Mornaysauce: Béchamelsauce mit Legierung und geriebenem Käse,

▶ Meerrettichsauce: Béchamelsauce, geriebener Meerrettich und Sahne,

▶ Nantuasauce: Béchamelsauce, Sahne, Krebsbutter.

Holländische Sauce

Vorzüge
Die holländische Sauce ist eine klassische, aufgeschlagene Grundsauce und die ideale Saucenbegleitung zu gekochten Artischocken, gekochtem Spargel (> Seite 495) oder gekochtem Blumenkohl. Gekochte Edelfische wie Lachs (> Seite 375), Steinbutt (> Seite 379), Heilbutt (> Seite 373), aber auch Kabeljau (> Seite 374) und Schellfisch (> Seite 377) erfahren durch die holländische Sauce eine geschmackliche Aufwertung.

Bei der holländischen Sauce wird die Butter geklärt, das heißt so lange erhitzt, bis die Molke verdampft ist und sich die Rückstände am Boden absetzen. Dabei darf die Butter weder Farbe noch einen nussigen Geschmack annehmen. Die Butter wird durch ein Tuch passiert und warm gehalten.

Das Eigelb wird am besten in einem heißen Wasserbad (bei etwa 75 Grad Celsius) aufgeschlagen, bis es cremig und dick wird. Wichtig ist, daß das Eigelb so weit aufgeschlagen wird, daß der rohe Eigeschmack nicht mehr vorhanden ist. Es darf während des Aufschlagens aber nicht zu heiß werden. Das Wasserbad sollte auf keinen Fall kochen, sonst gerinnt das Eigelb. Die geklärte Butter darf nur tropfenweise unter das Eigelb gerührt werden und sollte die gleiche Temperatur haben.

Tips: Die holländische Sauce kann auch mit zerlassener, ungeklärter Butter zubereitet werden, die geklärte Butter schränkt jedoch das Sauerwerden, besonders im Sommer, stark ein.

▶ Sollte die holländische Sauce bei der Zubereitung zu dick werden und keine Butter mehr aufnehmen können, werden der Masse einige Tropfen warmes Wasser oder Zitronensaft beigegeben.

***

Holländische Sauce

***

Arbeitsaufwand 25 Minuten
Zubereitungszeit 20 Minuten

Zutaten für 4–5 Portionen:
250 g Butter
1/2 EL feine Schalottenwürfel (Zwiebeln, > Seite 257)
6 zerdrückte weiße Pfefferkörner
2–3 EL Weißweinessig
5 EL Wasser
3 Eigelb
Salz, Cayennepfeffer
einige Spritzer Zitronensaft

Die Butter in eine Kasserolle geben und so lange erhitzen, bis die Molke verdunstet ist und die Molkereste sich am Kasserollenboden absetzen.

Die Butter durch ein Passiertuch passieren und warm halten.

Die Schalottenwürfel mit den Pfefferkörnern, dem Essig und dem Wasser 5 bis 6 Minuten lang kochen und passieren.

Die passierte Masse und das Eigelb in einen Schneekessel oder eine Edelstahlschüssel geben und verrühren.

Den Schneekessel oder die Schüssel in ein Wasserbad (von etwa 75 Grad Celsius) setzen und das Eigelb mit einem Schneebesen so lange aufschlagen, bis es cremig, dick und gar ist. Das Gefäß aus dem Wasserbad nehmen und die warme Butter (gleiche Temperatur wie das Eigelb) tropfenweise unterrühren. Die holländische Sauce mit Salz, Cayennepfeffer und Zitronensaft abschmecken und bei etwa 35 bis 40 Grad Celsius warm halten.

Tips: Die Holländische Sauce läßt sich auf vielerlei Arten abwandeln:

▶ Für eine Schaum- oder Mousseline-Sauce wird geschlagene

Sahne unter die holländische Sauce gezogen. Man kann die Sahne auch eiförmig auf der Sauce anrichten.

▶ Für die Maltaiser-Sauce werden 1,5 dl Blutorangensaft mit 1/2 Eßlöffel abgeriebener Orangenschale dickfließend eingekocht und unter die holländische Sauce gemischt.

▶ Für die Béarner Sauce wird die Reduktion noch zusätzlich mit Weißwein und Estragonstielen zubereitet. Am Schluß gehackte Kräuter (Estragon, Kerbel und Petersilie) untermischen.

Kalte Saucen

Eine der wichtigsten kalten Saucen ist die Mayonnaise. Aus ihr lassen sich viele Saucen ableiten, die zu kalten und warmen Fleisch-, Geflügel-, Gemüse- Fisch- und Krustentiergerichten passen. Da Mayonnaise viel Fett enthält, kann man sie sehr einfach mit Joghurt oder Quark strecken.

Da Mayonnaise aus rohen Eiern zubereitet wird, ist auf die Gefahr von Salmonelleninfektionen zu achten (> Seite 332). Als Alternative bietet sich fertige Mayonnaise an, die im Handel erhältlich ist. Sie hat freilich den Nachteil, daß sie in der Regel einerseits zu wenig kompakt und andererseits bereits gewürzt ist und daher weniger Phantasie bei der Zubereitung offenläßt.

Kalte Saucen können auch von geschlagener Sahne, saurer Sahne, Joghurt, Speisequark, Fruchtgelee, Marmeladen und Konfitüren zubereitet werden.

Saucen aus Fruchtgelees und Konfitüren serviert man zu kalten Gerichten aus Fleisch, Geflügel und Wild oder zu Pasteten, Galantinen und Terrinen.

Saucen aus Milchprodukten harmonieren gut mit Kräutern, feingehackten Zwiebeln oder Schalotten und den verschiedensten Senfsorten. Diese Saucen sollten möglichst frisch zubereitet werden, damit sie keinen Fremdgeschmack annehmen.

Mayonnaise

Vorzüge
Die Mayonnaise kann in vielen Variationen abgewandelt werden und ist ein wichtiger Bestandteil vieler Salate und Cocktails. Mayonnaise-Saucen werden zu kalten und warmen Fleisch-, Geflügel-, Gemüse-, Fisch-, Krusten- und Schalentiergerichten serviert.

Früher wurde Mayonnaise mit »Coulis«, bestehend aus Öl, Weizenmehl, Milch oder Wasser und Salz, gestreckt. Heute wird sie, um sie leichter zu machen, meist mit Joghurt oder Quark vermischt.

Weil die Mayonnaise eine Grundsauce ist, darf sie bei der Herstellung nur äußerst sparsam gewürzt werden, abgeschmeckt wird sie erst bei der endgültigen Zubereitung. Da die Mayonnaise bei der Endverarbeitung oft mit flüssigkeitshaltigen Zutaten gemischt wird, sollte sie außerdem dick und fest sein.

Tips: Die Mayonnaise gerinnt
– wenn Eigelb und Öl nicht die gleiche Temperatur haben,
– wenn das Öl zu schnell untergerührt wird,
– wenn das Aufnahmevermögen des Eigelb an Öl überschritten wurde,
– wenn die Mayonnaise zu kalt gelagert wird.
▶ Geronnene Mayonnaise kann wieder korrigiert werden, wenn man
– unter ständigem Rühren unter einen kleinen Teil der Mayonnaise tropfenweise warmes Wasser rührt,
– ein Eigelb cremig rührt und die geronnene Mayonnaise tropfenweise unterarbeitet.

Mayonnaise

Arbeitsaufwand 15 Minuten

Zutaten für etwa 2,5 dl Mayonnaise:
1 Eigelb
je 1 Prise Salz und Zucker
2 dl feinstes Salat- oder Speiseöl
Weißweinessig

Das Eigelb mit dem Salz und dem Zucker in eine kleine Schüssel geben. Die Schüssel auf ein feuchtes Tuch stellen, damit sie mehr Halt hat. Mit einem Schneebesen oder einem Handrührgerät das Eigelb cremig und tropfenweise das Öl unterrühren. Erst neues Öl hinzufügen, wenn das Eigelb das vorherige Öl vollkommen aufgenommen hat.

Sollte die Grenze der Aufnahmefähigkeit des Eigelbes erreicht sein, einige Tropfen Essig oder lauwarmes Wasser unterrühren und das restliche Öl noch unterarbeiten. Die Mayonnaise mit wenig Essig abschmecken und nochmals kräftig durchrühren. Die Mayonnaise soll dick, kompakt und sehr gut ausgerührt sein.

Tips: Die Mayonnaise zum Aufbewahren in ein verschließbares Glas geben oder, wenn sie in der Schüssel bleiben soll, mit einem geölten Pergamentpapier abdecken.
▶ Abwandlungen der Mayonnaise
– Chantilly-Sauce:
Mayonnaise mit Salz, Cayennepfeffer und Zitronensaft abschmecken, geschlagene Sahne unterziehen.
– Cocktailsauce:
Mayonnaise mit Tomatenketchup, Salz, Cayennepfeffer, Orangen- und Zitronensaft sowie Weinbrand abschmecken. Geschlagene Sahne, gehackten Dill, Estragon oder Basilikum hinzufügen.
– Remouladensauce:
Mayonnaise mit gehackten Gewürzgurken, Kapern, Sardellenfilets und Kräutern mischen, mit Salz, Pfeffer, Essig und wenig Senf abschmecken.
▶ Man kann Mayonnaise auch mit der Küchenmaschine zubereiten: Eier und Gewürze hineingeben, verrühren und bei laufendem Motor langsam Öl durch die Öffnung hineingießen.

Saucen aus Fruchtgelees, Marmeladen oder Konfitüren

Vorzüge
Saucen aus Fruchtzubereitungen sind durch ihre pikant-süße Note eine aparte Begleitung zu kaltem gebratenem Geflügel- oder Wildfleisch.

Wichtig ist, daß das Fruchtgelee, die Marmelade oder die Konfitüre durch ein feines Sieb gestrichen und nicht erwärmt werden. Erwärmte Fruchtgelees, Marmeladen oder Konfitüren werden nach dem Erkalten genauso fest wie sie im ursprünglichen Zustand waren und verlieren damit ihren saucenartigen Charakter.

***

Kalte Johannisbeersauce

***

Arbeitsaufwand 20 Minuten

Zutaten für 4–5 Portionen:
150 g rotes Johannisbeergelee
1 Msp. englisches Senfpulver
3 EL roter Portwein (> Seite 424)
Cayennepfeffer
Limettensaft
Schalenstreifen von einer Limette (> Seite 300)
1 EL Pinienkerne
1 Ingwerpflaume in Sirup eingelegt
1/2 EL Ingwersirup

Das Johannisbeergelee durch ein feines Sieb streichen. Das Senfpulver mit dem Portwein glattrühren, mit einem Holzlöffel unter das Gelee mischen. Mit dem Cayennepfeffer und dem Limettensaft abschmecken.

Die Limettenstreifen in Wasser weich kochen, in kaltem Wasser abschrecken und abtropfen lassen. Die Pinienkerne grob hacken und die Ingwerpflaume in feine Streifen schneiden.

Die Limettenschalen- und die Ingwerstreifen, die Pinienkerne und den Ingwersirup unter die Sauce mischen.

Tips: Aus folgenden Fruchtgelees, Marmeladen und Konfitüren lassen sich Saucen zubereiten:
– Apfelgelee mit englischem Senfpulver, Zitronensaft und weißem Portwein;
– Bitterorangenkonfitüre mit Orangenlikör, Campari Bitter, Orangen- und Zitronensaft, geriebenem Meerrettich und Cayennepfeffer;
– Hagebuttenmarmelade mit Madeira, englischem Senfpulver, Zitronensaft und Cayennepfeffer.

Sahnemeerrettich

Vorzüge
Sahnemeerrettich ist eine beliebte Beilage zu blau gekochten Karpfen (> Seite 374), Forellen (> Seite 376) oder Schleien (> Seite 377), zu Räucherfischen, aber auch zu geräuchertem oder gekochtem Fleisch sowie zu Pökel- und Räucherzungen.

Sahnemeerrettich sollte immer frisch zubereitet werden, zu langes Stehen bekommt ihm nicht, weil die Sahne dann Molke absetzt und der Sahnemeerrettich flüssig wird.

Wichtig ist außerdem, daß der Meerrettich auf keinen Fall mit dem Schneebesen untergemischt wird: Dadurch könnte die aufgeschlagene Sahne gerinnen.

***

Sahnemeerrettich

***

Arbeitsaufwand 10 Minuten
Zubereitungszeit 10 Minuten

Zutaten für 4 Portionen:
1 dl süße Sahne
1 1/2 EL frisch geriebener Meerrettich (> Seite 242) oder Meerrettich aus dem Glas
Salz, frisch gemahlener weißer Pfeffer
einige Spritzer Zitronensaft

Die Sahne steif schlagen. Den geriebenen Meerrettich leicht ausdrücken, fein zerkrümeln und über die Sahne streuen. Salzen, pfeffern und etwas Zitronensaft hinzufügen. Mit einem Gummispachtel vorsichtig mischen und nochmals abschmecken.
Tips: Sahnemeerrettich kann mit abgetropften Preiselbeeren gemischt werden.
▶ Sahnemeerrettich kann auch gefroren serviert werden.

Salatsaucen, Marinaden und Dressings

Vorzüge
Salatsaucen, Marinaden und Dressings machen Salate aus Gemüse, Fleisch, Fisch oder Krusten- und Schalentieren sowie Blattsalate erst zu einer wohlschmeckenden Kreation.

Die Zubereitung für Salatsaucen, Marinaden oder Dressings ist fast identisch.

In der säurehaltigen Zutat werden Salz und Gewürze aufgelöst, dann erst wird das Öl tropfenweise mit einem Schneebesen untergerührt. Bei manchen Rezepten wird die Schüssel vorher noch mit einer halben Knoblauchzehe ausgerieben, oder es werden zum Schluß feine Schalotten- oder Zwiebelwürfel sowie gehackte Kräuter und durchgepreßter Knoblauch hinzugefügt.
Tip: Nur feste Salatbestandteile können im voraus mariniert werden. Blattsalate dürfen erst im letzten Moment in der Salatsauce, der Marinade oder dem Dressing locker gewendet werden.

***

Essig-Öl-Sauce

***

Arbeitsaufwand 10 Minuten

Zutaten für 4 Portionen:
4 EL Weiß- oder Rotweinessig
je 1 Prise Salz und Zucker
frisch gemahlener weißer Pfeffer
6–8 EL Salatöl

Den Essig in eine Schüssel geben und auf ein feuchtes Tuch stellen, damit diese einen besseren Halt hat. Das Salz, den Zucker und Pfeffer hinzufügen und mit einem Schneebesen rühren, bis sich das Salz und der Zucker aufgelöst haben. Tropfenweise das Öl unterrühren, damit es sich mit der Flüssigkeit verbindet.
Tip: Wenn der Ölanteil verringert werden soll, 1 oder 2 Eßlöffel Wein oder Brühe vor dem Öl hinzugeben.

***

Salatsauce mit Joghurt

***

Arbeitsaufwand 10 Minuten

Zutaten für 4 Portionen:
1 Becher Magerjoghurt
Salz, frisch gemahlener weißer Pfeffer
2 EL Orangensaft
1 EL Zitronensaft
4 El Sonnenblumenöl

Den Joghurt mit Salz, Pfeffer und den Zitrussäften mischen. Das Öl langsam unterrühren.

***

Salatsauce mit Creme fraiche

***

Arbeitsaufwand 10 Minuten

Zutaten für 4 Portionen:
1,5 dl Crème fraîche
2–3 EL Tomatenketchup
Salz, frisch gemahlener weißer Pfeffer
1 Prise Delikateß-Paprikapulver
2 EL Limettensaft
1/2 TL abgeriebene Schale einer ungespritzten Limette (> Seite 300)
1/2 EL gehacktes Basilikum

Die Crème fraîche mit dem Tomatenketchup mischen. Mit Salz, Pfeffer, dem Paprikapulver und dem Limettensaft abschmecken. Die Limettenschale und das Basilikum hinzufügen.

Tip: Anstelle von Basilikum kann man Estragon verwenden.

***

Salatsauce mit Gorgonzola

***

Arbeitsaufwand 15 Minuten

Zutaten für 4 Portionen:
80 g Gorgonzola (> Seite 325)
5–6 EL saure Sahne
2 EL roter Schalottenessig
wenig Salz, frisch gemahlener weißer Pfeffer
4 EL Olivenöl
2 EL feine rote und gelbe Paprikaschotenwürfel
1 EL Schnittlauchröllchen

Den Gorgonzola durch ein feines Sieb streichen und mit der sauren Sahne glattrühren. Den Essig untermischen, mit Salz und Pfeffer abschmecken und das Olivenöl unterrühren. Die Paprikaschoten und den Schnittlauch hinzugeben.

Tip: Die Gorgonzola-Salatsauce schmeckt ausgezeichnet zu einem Staudenselleriesalat oder einem Feldsalat mit Walnüssen.

***

Quark-Joghurt-Marinade

***

Arbeitsaufwand 10 Minuten

Zutaten für 4 Portionen:
80 g Magerquark
1 dl Magerjoghurt
2 EL Tomatenketchup
Salz, frisch gemahlener Pfeffer
1–2 EL Zitronensaft
1 EL geschlagene Sahne
1 gehäutete Tomate
1 TL gehackter Estragon

Den Quark, den Joghurt und das Ketchup mischen und glattrühren. Mit Salz, Pfeffer und Zitronensaft abschmecken sowie die Sahne unterheben.

Die Tomate vierteln, entkernen und in kleine Würfel schneiden. Zusammen mit dem Estragon unter die Marinade mischen.

Tip: Für Chicorée und kombinierte Salate aus Gemüse, Geflügel oder Meeresfrüchten sowie für Salatherzen verwenden.

***

Joghurt-Kräuter-Marinade

***

Arbeitsaufwand 10 Minuten

Zutaten für 4 Portionen:
2 dl Joghurt
1–2 EL Weißweinessig
Salz, frisch gemahlener weißer Pfeffer
4 EL Distelöl
3 EL gehackte Kräuter
(Dill, Kerbel, Petersilie, Schnittlauch)

Den Joghurt glattrühren, mit dem Essig, Salz und Pfeffer abschmecken. Das Distelöl unterrühren und die Kräuter hinzufügen.

Tip: Für alle Blattsalate geeignet.

***

Wacholderbeer-Gin-Marinade

***

Arbeitsaufwand 15 Minuten

Zutaten für 4 Portionen:
3 Wacholderbeeren
1 kleine Schalotte (> Zwiebeln, Seite 257)
1 1/2 EL Dijonsenf
2 EL Sherryessig
3 EL Weißweinessig
1 EL Gin (> Seite 425)
Salz, frisch gemahlener schwarzer Pfeffer
1 kleine durchgepreßte Knoblauchzehe
4–6 EL Traubenkernöl

Die Wacholderbeeren erst zerdrücken und dann fein hacken. Die Schalotte schälen, längs halbieren und in feine Würfel schneiden.

Den Senf mit den Wacholderbeeren, den beiden Essigsorten und dem Gin in den Mixer geben. Mit Salz und Pfeffer abschmecken. Den Knoblauch hinzufügen und einige Minuten lang mixen. Das Öl tropfenweise einlaufen lassen und unterarbeiten. Die Marinade durch ein Sieb passieren und die Schalottenwürfel hinzugeben.

Tip: Für Salate aus Chinakohl und Blattsalaten in Verbindung mit Räucherfischen oder geräucherter Pökelzunge geeignet.

***

Thai-Marinade

***

Arbeitsaufwand 15 Minuten

Zutaten für 4 Portionen:
3 ungespritzte Limetten (> Seite 300)
2 durchgepreßte Knoblauchzehen
2 EL japanische Sojasauce
1–2 EL Fischsauce (> Seite 550)
frisch gemahlener Szetschuanpfeffer
1/2 TL Sesamöl
3 EL Erdnußöl
1/2 TL gehackte Korianderblätter

Eine Limette waschen und die Schale fein abreiben. Die Limetten auspressen.
Den Limettensaft und die -schale, den Knoblauch, die Soja- und die Fischsauce mischen und mit Szetschuanpfeffer würzen.

Das Sesam- und das Erdnußöl unterrühren und den Koriander hinzufügen.

Tip: Die Thai-Marinade kann für Blatt- und Tomatensalate oder für kombinierte Salate mit gekochtem oder grilliertem Fisch und Meeresfrüchten verwendet werden.

***

French Dressing

***

Arbeitsaufwand 10 Minuten

Zutaten für 4 Portionen:
1/2 Knoblauchzehe
1 1/2 EL Dijonsenf
4–5 EL Weißweinessig
Salz, frisch gemahlener weißer Pfeffer
6–8 EL kaltgepreßtes Olivenöl

Eine Schüssel mit der Knoblauchzehe ausreiben, den Senf hineingeben und mit dem Essig, Salz und Pfeffer mischen. Das Olivenöl tropfenweise unterrühren.

Tip: Kann für alle Blattsalate verwendet werden.

***

Thousand-Islands-Dressing

***

Arbeitsaufwand 15 Minuten

Zutaten für 4 Portionen:
1 kleine grüne Pfefferschote
4 EL Mayonnaise (> Seite 569)
4 EL Chilisauce
3 EL saure Sahne
2 EL Orangensaft
1–2 EL Zitronensaft
Salz, Cayennepfeffer

Die Pfefferschote längs halbieren und die Kerne entfernen. Die Schote waschen und in sehr kleine Würfel schneiden.
Die Mayonnaise, die Chilisauce und die saure Sahne mischen und glattrühren. Mit dem Orangen- und Zitronensaft und mit Salz und Cayennepfeffer abschmecken. Die Pfefferschotenwürfel untermischen.

Tip: Das Thousand-Islands-Dressing kann für Geflügel- und Krustentiersalate kombiniert mit Früchten sowie für Chicorée-, Chinakohl- und Blattsalate verwendet werden.

***

Mexikanisches Dressing

***

Arbeitsaufwand 15 Minuten

Zutaten für 4 Portionen:
4 EL Sangrita
3 EL Rotweinessig
3 EL Tomatenketchup
1 durchgepreßte Knoblauchzehe
je 1 Prise Salz und Zucker
frisch gemahlener schwarzer Pfeffer
5 EL Öl (Erdnußöl)
1 kleine rote Chilischote
2 EL feine grüne Paprikaschotenwürfel (> Seite 245)

Die Sangrita mit dem Essig, dem Tomatenketchup, dem Knoblauch, dem Salz und dem Zucker verrühren. Mit Pfeffer würzen und das Öl unterrühren.

Die Chilischote längs halbieren, entkernen, waschen und fein würfeln.

Die Chili- und Paprikaschotenwürfel unter das Dressing mischen.

Tip: Dieses Dressing ist für pikante Salate aus gekochtem Fleisch, Geflügel, Gemüse, Nudeln und Reis geeignet.

Grundteige und -massen zubereiten

Wie fürs Kochen gibt es auch fürs Backen Grundrezepte. In diesem Kapitel sollen nur die wichtigsten Grundteige und -massen behandelt werden.

Da von der Industrie Fertigteige und Backmischungen in großer Auswahl angeboten werden, darf man davon ausgehen, daß von diesen beim Backen auch reger Gebrauch gemacht wird. So unterziehen sich heute nur noch wenige der Mühe und der langen Zubereitungszeit, beispielsweise einen Blätterteig selbst herzustellen, wo er doch frisch oder tiefgekühlt im Supermarkt oder auf Bestellung beim Bäcker um die Ecke erhältlich ist. Nebenbei gesagt: So exakt, wie die Maschinen den Blätterteig touren, können es auch nur erfahrene Profis.

Beim Backen spricht man von Teigen und Massen; leider werden die Massen oft auch als Teige bezeichnet. Teige lassen sich kneten, ausrollen oder von Hand formen. Mit Massen geht das nicht; sie werden entweder in Formen gebacken oder auf Backbleche aufgespritzt. Selbstverständlich können auch Teige in Formen gebacken werden.

Die wichtigsten Grundteige sind der geriebene Teig sowie der Mürbe- und der Hefeteig. Diese drei Grundteige eignen sich sowohl für süßes wie auch für salziges Gebäck. Aus dem Mürbeteig können neben Torten auch Tarteletten und Plätzchen, aus dem Hefeteig Obst- und Streuselkuchen sowie große und kleine Gebäckteile gebacken werden. Der geriebene Teig wird für Pasteten, Quiches, Gemüse- und Fleischkuchen und in der Schweiz auch für Wähen verwendet.

Zu den bekanntesten Massen gehören die Biskuit- und die

Rührkuchenmasse. Aus der Biskuitmasse können beispielsweise Tortenböden oder auch Rouladen hergestellt werden, aus der Rührkuchenmasse kann man Königskuchen oder englische Früchtecakes backen.

Geriebener Teig

Vorzüge
Aus dem geriebenen Teig entsteht die knusprige Hülle für Pasteten; durch diesen Teigmantel hebt sich die Pastete deutlich von den Terrinen ab. Der geriebene Teig ist die ideale Ergänzung zu der schmackhaften Füllung und wertet die Pasteten sowohl in der Präsentation wie im Geschmack auf.

Geriebener Teig kann entweder mit Butter oder mit Schmalz zubereitet werden. Letztlich hängt es vom Verwendungszweck und der Einstellung zu diesen Produkten ab, wofür man sich entscheidet. Für Ungeübte ist allerdings die Zubereitung und Weiterverarbeitung eines geriebenen Teiges mit Schweineschmalz wesentlich leichter. Dieser Teig wird bei der Bearbeitung nicht so schnell brandig und ist beim Ausrollen und Auslegen elastischer.

Egal, ob Butter oder Schmalz, in jedem Fall sollten die Zutaten gut gekühlt sein und der Teig nicht zu lange geknetet werden. Durch warme Butter oder warmes Schmalz und zu langes Bearbeiten kann der Teig brandig werden. Das heißt, er verliert an Bindung. Dann hilft nur noch das schnelle Unterarbeiten von einem Eiweiß.

Tip: Ist der Teig zu fest und trocken geraten, kann man noch etwas Wasser hinzufügen. Wieviel Wasser der Teig braucht, hängt jeweils von der Aufnahmefähigkeit des Mehles ab und kann daher nicht exakt angegeben werden.

Geriebener Teig – Pastetenteig

Arbeitsaufwand 25 Minuten
Ruhezeit 60 Minuten

Zutaten für etwa 600 g Teig:
200 g Butter oder Schweineschmalz
400 g Weizenmehl (Type 405)
1 TL Salz
1 Eiweiß oder Eigelb
5–6 EL eiskaltes Wasser

Die Butter oder das Schmalz in sehr kleine Stücke schneiden und kalt stellen.

Das Mehl auf eine Arbeitsfläche sieben, das Salz und die Butter- oder Schmalzstücke darüber verteilen. Die Zutaten wie für Streusel schnell zusammenreiben. Mit den Streuseln einen Ring bilden, in die Mitte das Eiweiß oder das Eigelb und gut die Hälfte vom Wasser geben. Schnell zusammenkneten. Ist der Teig zu fest, noch Wasser hinzufügen, kurz und kräftig durchkneten. Den Teig zu einem faltenlosen, flachen Rechteck formen, in Klarsichtfolie einschlagen und im Kühlschrank etwa 60 Minuten lang ruhen lassen.

Tip: Wird der Teig mit Eiweiß zubereitet, kann das Eigelb gleich zum Bestreichen verwendet werden.

Mürbeteig

Vorzüge
Aus Mürbeteig lassen sich besonders knusprige Teigböden für erfrischende Obst- oder Beerentorten, aber auch vielgestaltige Plätzchen herstellen.

Beim Mürbeteig spricht man auch vom 1:2:3 Teig, das heißt: 1 Teil Zucker, 2 Teile Butter oder Margarine und 3 Teile Mehl.

Die Zubereitung ist ähnlich wie beim geriebenen Teig (> Seite 578), nur wird beim Mürbeteig noch Zucker mitverwendet.

Tips: Ei muß nicht unbedingt verwendet werden, doch läßt sich der Teig dadurch besser zubereiten und verarbeiten.

▶ Alle Zutaten sollten kalt sein, damit der Mürbeteig nicht brandig wird.

Mürbeteig

Arbeitsaufwand 25 Minuten
Ruhezeit 60 Minuten

Zutaten für etwa 650 g Teig:
200 g Butter oder Margarine
350 g Weizenmehl (Type 405)
100 g Zucker
1 Prise Salz
1 Messerspitze abgeriebene Zitronenschale
1 Ei

Die Butter oder die Margarine in kleine Flocken teilen oder in kleine Würfel schneiden und kalt stellen.

Das Mehl auf eine Arbeitsfläche sieben. Mit dem Zucker, dem Salz und der Zitronenschale mischen. Die Butter- oder die Margarineflocken oder -würfel darüber verteilen, das Ei hinzugeben und schnell zusammenkneten. Den Mürbeteig zu einer faltenlosen Kugel formen, leicht flachdrücken, in Klarsichtfolie einschlagen und kalt stellen.

Tips: Der Teig sollte immer einige Minuten vor dem Ausrollen aus dem Kühlschrank genommen werden, damit er geschmeidig wird.

▶ Wird Margarine verwendet, ist die Zubereitung und Verarbeitung einfacher, Mürbeteig mit Butter schmeckt jedoch besser.

HEFETEIG

Vorzüge
Hefeteig schmeckt frisch gebacken am besten und ist sehr variabel zu verarbeiten. Beliebt ist der Hefeteig für Zöpfe, Kränze, Gugelhupf, Brioche und Brot.

Hefeteig bildet den Boden für viele auf Backbleche gebackene Kuchen, ob mit oder ohne Früchte, ob mit Streusel gebacken oder nach dem Backen gefüllt. Er kann auch ohne Vorteig und anstatt mit frischer Hefe mit Trockenhefe zubereitet werden.

Hefeteig muß nicht unbedingt an einem warmen Ort »gehen«, er »geht« auch, wenn man ihn in den Kühlschrank stellt. Der Teig wird dann feinporiger.

Tip: Wichtig ist, daß das Salz nicht mit dem Vorteig in Berührung kommt; es hemmt die Entwicklung der Hefe, Zucker hingegen ist Nahrung für sie.

HEFETEIG

Arbeitsaufwand 30–40 Minuten
Gehzeit 50–60 Minuten

Zutaten für etwa 900 g Teig:
500 g Weizenmehl (Type 405)
30 g Hefe oder 1 Päckchen Trockenhefe
40 g Zucker
2 1/2–3 dl Milch
70 g Butter
2 Eier
1/2 TL Salz
1/2 TL abgeriebene Zitronenschale

Das Mehl in eine Schüssel sieben und eine Vertiefung hineindrücken. Die Hefe hineinbröckeln und etwas Zucker darüberstreuen. Die Milch erwärmen, etwa die Hälfte davon zur Hefe geben und diese darin auflösen. Etwas Mehl mit unter den Vorteig arbeiten und dessen Oberfläche dünn mit Mehl bestäuben. Die Schüssel mit einem Tuch abdecken, an einen warmen Ort (25 bis 30 Grad Celsius) stellen und etwa 25 Minuten gehen lassen. An der Oberfläche des Vorteiges müssen sich deutliche Risse bilden.

Die Butter schmelzen, mit dem restlichen Zucker und den Eiern verrühren. Die restliche Milch, die Butter-Zucker-Eiermischung, das Salz und die Zitronenschale hinzufügen und unterarbeiten. Den Teig kräftig schlagen, bis er Blasen wirft. Zudecken und nochmals für etwa 25 Minuten gehen lassen, das Teigvolumen soll sich in etwa verdoppeln.

Vor dem Verarbeiten nochmals zusammenschlagen. In manchen Rezepten wird ein zweimaliges Gehen vorgeschrieben.

Tip: Die Milchmenge kann – wie bei vielen Teigen – nicht exakt angeben werden. Der Hefeteig soll locker, glatt, geschmeidig sein und darf nicht kleben.

Rührkuchenmasse

Vorzüge
Aus der Rührkuchenmasse können Napfkuchen, Schokoladenkuchen, Sandkuchen und Früchtecakes gebacken werden. Auch zum Backen von Obsttortenböden ist die Rührkuchenmasse geeignet. Mischt man die Rührkuchenmasse mit Trockenfrüchten, so erhält man besonders saftige Früchtekuchen, die sich noch dazu lang aufbewahren lassen.

Bei der Herstellung von Rührkuchenmasse ist es wichtig, daß Butter und Zucker lange genug gerührt werden. Die Masse soll weiß und cremig werden und ihr Volumen vergrößern. Dann die Eier einzeln und das Mehl löffelweise unterrühren.

Zum Aromatisieren können geriebene Zitrusschalen oder Spirituosen wie Rum, Arrak oder Weinbrand untergemischt werden.

Tips: Die Form, in der der Rührteig gebacken wird, mit Backtrennpapier auslegen.

▶ Werden Trockenfrüchte unter die Masse gemischt, werden diese vorher in Mehl gewälzt, damit sie beim Backen nicht nach unten sinken.

***

Rührkuchen

***

Arbeitsaufwand 35–40 Minuten
Backzeit 60–70 Minuten

Zutaten für 1 Kastenform von etwa 1,5 Liter Inhalt:
4 Eier
250 g Butter
200 g Zucker
1/4 TL Salz
1 TL abgeriebene Zitronenschale
250 g Weizenmehl (Type 405)

Die Eier etwa eine Stunde vor dem Backen aus dem Kühlschrank nehmen, damit sie nicht so kalt sind.
Die Butter in kleine Stücke schneiden und bei Küchentemperatur weich werden lassen.

Den Backofen auf 180–200 Grad Celsius vorheizen.

Die Butter mit dem Zucker, dem Salz und der Zitronenschale in eine Rührschüssel geben und cremig rühren. Die Eier einzeln zu der Butter-Zuckermasse geben und sorgfältig unterarbeiten. Erst wieder ein neues Ei hinzufügen, wenn das vorhergehende sich vollkommen mit der Masse vermischt hat. Das Mehl sieben und löffelweise unterrühren.

Eine Kastenform mit Backtrennpapier auslegen und die Rührkuchenmasse einfüllen. Die Form auf ein Gitter in die zweitunterste Schiene schieben und 60 bis 70 Minuten backen.

Mit einem Holzspieß eine Garprobe (Stäbchenprobe) machen; den Spieß in den Kuchen stecken und herausziehen; haftet noch Masse an ihm, ist der Kuchen noch nicht fertig, bleibt der Spieß trocken, kann der Kuchen aus dem Ofen genommen werden. Den Kuchen noch 3 bis 4 Minuten in der Form belassen und dann erst aus der Form nehmen. Zum Auskühlen auf ein Gitter legen.

Tip: Sollte die Butter-Zuckermasse beim Unterarbeiten der Eier gerinnen, etwas Mehl hinzufügen, glattrühren und dann erst das nächste Ei unterarbeiten.

Biskuitmasse

Vorzüge
Biskuitmasse ist sehr locker, luftig und vielseitig verwendbar. Sie kann in Springformen, auf Backtrennpapier aufgestrichen oder auf Backblechen gebacken werden.

Der Boden einer Springform sollte immer mit Backtrennpapier bespannt werden, bevor er in den Ring gelegt und die Form geschlossen wird.

Der Rand der Springform wird nicht mit Butter bestrichen, damit die Masse haftenbleibt und beim Backen kein Zwischenraum entsteht.

Tips: Für schwarzen Biskuit wird der Masse noch Kakaopulver zugesetzt.

▶ Wenn die Biskuitmasse nicht mit Mehl, sondern mit Weizenpuder hergestellt wird, gelingt die Masse besonders fein.

***

Biskuitmasse

***

Arbeitsaufwand 45 Minuten
Backzeit 30–40 Minuten

Zutaten für 1 Springform von 24 cm Durchmesser:
5 Eigelb
120 g Zucker
1 Prise Salz
1 Vanilleschote
5 Eiweiß
100 g Weizenmehl (Type 405)
50 g Weizenpuder

Den Backofen auf etwa 190 Grad Celsius vorheizen. Die Eigelbe mit der halben Zuckermenge und dem Salz in eine Rührschüssel geben. Die Vanilleschote längs aufschlitzen, mit einem Messer das Mark herauskratzen und zu den anderen Zutaten geben. Mit dem Handrührgerät zu einer weißen Creme rühren, die Masse sollte ihr Volumen deutlich vergrößern.

Die Eiweiße in einen Schneekessel geben und mit einem Schneebesen schlagen, bis sie weiß werden (man kann den Eischnee auch in einer eigenen Schüssel mit dem Handrührgerät oder dem Schneebesen der Küchenmaschine schlagen). Den restlichen Zucker einrieseln lassen und weiterschlagen, bis ein samtener, fester Schnee entsteht. Die Eigelb-Zuckermasse über den Eischnee verteilen und langsam unterziehen. Das Weizenmehl und den Weizenpuder darübersieben und mit einem Gummispachtel vorsichtig unterheben, damit die Masse nicht zusammenfällt.

Den Boden einer Springform mit Backtrennpapier bespannen, in den Ring einlegen und verschließen. Die Biskuitmasse einfüllen, glattstreichen und die Form auf einem Gitter in die unterste Schiene des Backofens schieben. Etwa 30 bis 40 Minuten lang backen. Mit einem Holzspieß die Stäbchenprobe machen; bleibt am Holz keine Masse haften, ist der Boden fertig. Aus dem Ofen nehmen und einige Minuten lang stehenlassen. Mit einem schmalen Messer die Masse vom Formenrand lösen und den Ring entfernen. Den Biskuitboden auf ein Tortengitter stürzen und auskühlen lassen.

Pfiffige Rezepte

Einfache Essen

Menüs für Ernährungsbewusste

Recycling-Menüs

Festmenüs

Gerichte von anderswo

Vegetarische Menüs

Gerichte zum Aufwärmen

Gästemenüs zum Vorbereiten

Buffets

EINFACHE MENÜS

Die Rezepte dieses Kapitels sind in erster Linie für den Alltag gedacht. Die Zutaten sind deshalb eher preisgünstig und meistens in ein und demselben Laden erhältlich. Die Menüs entsprechen einer vernünftigen, gesunden Ernährung. Sie enthalten die wichtigsten Nährstoffe und Vitamine sowie Ballaststoffe, die unser Körper benötigt, und sind als Hauptmahlzeiten gedacht. Sie lassen sich mit einem richtig zusammengestellten Frühstück und einer ebenfalls gut komponierten zweiten Mahlzeit ergänzen. Man kann diese Menüs auch saisonal variieren. Entsprechende Hinweise sind aus den angefügten Tips und Variationen ersichtlich. Die Zubereitung dieser Gerichte ist von Grund auf beschrieben. Je nach zur Verfügung stehender Zeit kann man da und dort Halb- oder Fertigprodukte einbauen oder den Schnellkochtopf benützen, worauf in den Tips hingewiesen wird. Auch wenn es sich in diesem Kapitel um einfache Menüs und Gerichte handelt, sind sie persönlich und liebevoll konzipiert. Man kann sie ohne weiteres auch guten Freunden oder einem Überraschungsgast vorsetzen. Manchmal sind es gerade sehr verwöhnte, anspruchsvolle Leute, die ab und zu eine etwas einfachere Hausmannskost schätzen, wenn sie gekonnt zubereitet wurde.

Bei diesen Menüs läßt sich vieles im voraus zubereiten, was besonders für Berufstätige von Vorteil ist. Auch ist es gemütlicher, wenn die Hausfrau oder der Hausmann nicht während des Essens in der Küche stehen müssen. Eine Mahlzeit ist oft die einzige Möglichkeit einer Begegnung aller Familienmitglieder im Alltag. Da sollten auch Hausfrau oder Hausmann am Tisch dabeisein können.

IDEAL ZUM VORBEREITEN

***

GURKENSALAT MIT SAUERRAHM

***

BÄUERLICHER EINTOPF

***

APRIKOSENKOMPOTT

***

Für die Berechnung des Energie- und Fettgehaltes wurde ein Mittelwert für den Tagesbedarf an Energie von 2200 kcal und für den Tagesbedarf an Fett von 80 Gramm angenommen. Die Kalkulation wurde von Dipl.-Diätass. Gertrud Fitzner (Gesellschaft für zeitgemäße Ernährung, Wien) mit der Software Menü-Calc ausgeführt.

Schwierigkeit	★☆☆☆☆
Zeitaufwand	★★☆☆☆
Tauglichkeit zum Vorbereiten	★★★★☆
Preis	★★☆☆☆
Energie (in Prozent des Tagesbedarfes)	**41**
Fett (in Prozent des Tagesbedarfes)	**38**

***

GURKENSALAT MIT SAUERRAHM

***

Arbeitsaufwand etwa 25 Minuten

Zutaten für 4 Portionen
2 große, geschälte Gurken (> Seite 236)
4–6 große, grüne Salatblätter
1 EL feingeschnittener, frischer Dill
1/2 EL Salz
1/2 TL Weinessig

Sauce:
3 hartgekochte Eier
1 TL scharfer Senf (Dijonsenf)
5 EL saure Sahne
2 TL weißer Weinessig
2 Prisen Zucker
weißer Pfeffer
1 EL feingeschnittener, frischer Dill

Die Gurken mit dem Kartoffelschäler in lange Streifen schneiden. Mit Salz und 1/2 Teelöffel Essig in eine Schüssel geben und so lange wenden, bis die Gurken feucht sind. Etwa 30 Minuten lang stehen lassen. Dann die Gurken in einem Sieb abtropfen lassen und mit Küchenpapier trockentupfen.

Die Eier halbieren, das Eigelb herauslösen. Das Weiße würfeln und unter die Gurken mischen. Die Eigelbe durch ein feines Sieb in eine kleine Schüssel drücken. Den Senf, die saure Sahne, den Weißweinessig, den Zucker und den weißen Pfeffer darunterschlagen. Wenn die Sauce glatt ist, über die Gurken gießen und vorsichtig, aber gründlich vermischen. Dann mit Pfeffer abschmecken.

Die Salatblätter waschen, abtropfen und in einer großen, flachen Schüssel oder auf Salattellern anordnen und den Gurkensalat darauflegen. Mit dem Dill bestreuen und kalt servieren.

Etwa 10 Minuten vor dem Servieren aus dem Kühlschrank nehmen.

***

Bäuerlicher Eintopf

***

Arbeitsaufwand etwa 30 Minuten
Schmorzeit etwa 95 Minuten

Zutaten für 4 Portionen:
800 g mageres Schweinefleisch (Hals) (> Seite 342)
2 EL Butterschmalz
1 große, gehackte Zwiebel (> Seite 257)
3 Lauchstangen (> Seite 246)
5 Karotten (> Seite 243)
1 kg Kohl (> Seite 255)
400 g grüne Bohnen (> Seite 229)
Salz, Pfeffer
Muskatnuß, Majoran, Thymian
2 dl Fleischbrühe (> Seite 548)
600 g Kartoffeln (> Seite 264)

Das Fleisch in 2 cm große Würfel schneiden. Im Butterschmalz in einer Bratkasserolle unter Wenden goldbraun braten. Die Zwiebeln zugeben und kurz mitdünsten. Den Lauch und die Karotten in Scheibchen und den Kohl in Streifen schneiden. Von den Bohnen den Faden abziehen, halbieren. Das Fleisch mit Salz, Pfeffer, der Muskatnuß, dem Majoran und dem Thymian gut würzen. Das Fleisch lagenweise mit dem Gemüse in die Kasserolle geben. Mit der Brühe begießen und zugedeckt 1 Stunde schmoren lassen. Danach die kleingewürfelten Kartoffeln zugeben, nachwürzen und 35 Minuten lang zugedeckt weiterschmoren lassen.

Tips: Die Gemüse können je nach Saison gewählt werden.
▶ Aufgewärmt schmeckt dieses Gericht noch besser.

***

Aprikosenkompott

***

Arbeitsaufwand 5 Minuten
Einlege- und Kochzeit 5–10 Minuten

Zutaten für 4 Portionen:
250 g fleischige Dörraprikosen
50 g Zucker
1–2 EL Kirschwasser
1/2 TL Mandelessenz

Die Dörraprikosen gut mit Wasser bedeckt über Nacht einlegen. Anderntags den Zucker zugeben und im Einlegewasser so lange kochen, bis die Früchte weich und voll aufgegangen sind. Mit dem Kirschwasser und der Mandelessenz parfümieren.

Tip: Statt Mandelessenz kann dem feinen Kompott auch eine gute Prise Vanillezucker beigegeben werden.

FÜR LIEBHABER VON INNEREIEN

***

KRAFTBRÜHE MIT MARKKLÖSSCHEN (> SEITE 560)

***

LEBERSPÄTZLE
GEDÜNSTETER BLATTSPINAT

***

SÜSSMOSTCREME

***

Schwierigkeit	★★☆☆☆
Zeitaufwand	★★★☆☆
Tauglichkeit zum Vorbereiten	★★☆☆☆
Preis	★★☆☆☆
Energie (in Prozent des Tagesbedarfes)	**53**
Fett (in Prozent des Tagesbedarfes)	**61**

***

LEBERSPÄTZLE

***

Arbeitsaufwand 45–50 Minuten

Zutaten für 4 Portionen:
400 g Rindsleber (> Seite 351)
4 Zwiebeln (> Seite 257)
50 g Butter
1 EL feingehackte Petersilie
1 Prise Salbeipulver
500 g Mehl
5 Eier
Salz, Pfeffer

Die rohe Leber beim Fleischer fein hacken lassen. 2 feingehackte Zwiebeln in 1 Eßlöffel Butter so dünsten, daß sie keine Farbe annehmen. Die Petersilie und die Salbei beifügen und kurz mitdämpfen. Das Mehl in eine Schüssel sieben, mit den zuvor verquirlten Eiern, Salz, wenig Pfeffer und 4 dl Wasser zu einem Teig rühren. Die Leber und die Zwiebeln mit den Kräutern unter die Masse ziehen. Schlagen, bis der Teig Blasen wirft. Er sollte nicht zu fest werden. Etwa 1 Stunde kühl ruhen lassen. Den Teig nach und nach durch ein Sieb oder ein Spätzlesieb in kochendes Wasser geben. Portionweise kochen und die Spätzle, sobald sie an die Oberfläche kommen, mit der Schaumkelle auf ein Sieb geben. Vor dem Anrichten nochmals einen Moment zum Aufwärmen in kochendes Salzwasser geben, gut abtropfen lassen und mit 2 in Streifen geschnittenen und in der restlichen Butter gerösteten Zwiebeln überschmelzen.

Tip: Mit viel grünem Salat oder Gemüse servieren.

***

Gedünsteter Blattspinat

***

Arbeitsaufwand etwa 15 Minuten
Kochzeit 10 Minuten

Zutaten für 4 Portionen:
1 kg Spinatblätter (> Seite 253)
20 g Butter oder Olivenöl
Salz, Pfeffer

Die Spinatblätter waschen. Bei großen Blättern den Stiel entfernen. Den Spinat abtropfen und ohne Wasser in einen hohen Topf geben. Aufkochen, bis die Blätter lahm werden. Abgießen und ausdrücken. In der heißen Butter oder im Öl dünsten, bis alle Flüssigkeit verdampft ist. Mit Salz und Pfeffer abschmecken.

Tip: Man kann auch tiefgekühlten Spinat verwenden. Er sollte vor dem Dünsten auftauen und gut ausgepreßt werden.

***

Süssmostcreme

***

Arbeitsaufwand etwa 15 Minuten

Zutaten für 4–6 Portionen:
5 Eigelb
Saft und feingeriebene Schale von 1 Zitrone
100 g Zucker
5 dl Süßmost (Apfelsaft)
1 TL Maisstärke
2 dl süße Sahne

Die Eier, den Zitronensaft und die Zitronenschale, den Zucker, den Süßmost und die Maisstärke unter ständigem Rühren erhitzen (die Creme darf allerdings nicht kochen, sonst gerinnen die Eier!). Einige Minuten lang bei ganz schwacher Hitze weiterschwingen. Nach dem Erkalten die steifgeschlagene Sahne darunterziehen. Nach Belieben mit Konfekt servieren.

Tips: Die Sahne läßt sich durch Quark ersetzen. Allerdings wird die Creme mit Sahne feiner.

▶ Ängstliche können die Creme im Wasserbad schlagen. Dies dauert etwas länger, aber man riskiert dabei nichts.

PIKANTES AUS DER LEVANTE

***

KARTOFFELSUPPE

***

TÜRKISCHE BOHNEN MIT LAMMFLEISCH
PILAWREIS (> SEITE 453)

***

HIMBEEREN MIT KÄSECREME

***

Schwierigkeit	★★☆☆☆
Zeitaufwand	★★☆☆☆
Tauglichkeit zum Vorbereiten	★★☆☆☆
Preis	★★⯪☆☆
Energie (in Prozent des Tagesbedarfes)	**51**
Fett (in Prozent des Tagesbedarfes)	**74**

***

KARTOFFELSUPPE

***

Arbeitsaufwand etwa 15 Minuten
Kochzeit 15–20 Minuten

Zutaten für 4 Portionen:
1 kleine Karotte (> Seite 243)
1 kleine Zwiebel (> Seite 257)
1 Stangensellerie (> Seite 252)
2 EL Butter
300 g geschälte mehlige Kartoffeln (> Seite 267)
7 dl Brühe (> Seite 548)
4 Scheiben Toastbrot (nach Belieben)
6 EL süße Sahne
Salz, Pfeffer
2 EL gehackter Kerbel

Die Karotte, die Zwiebel und den Staudensellerie putzen, waschen und kleinschneiden. Das Gemüse in 1 Eßlöffel Butter farblos dünsten.

Die Kartoffeln grob würfeln, zu dem Gemüse geben und mit der Brühe auffüllen. Die Kartoffelsuppe etwa 15–20 Minuten lang kochen lassen.

Die Brotscheiben in kleine Würfel schneiden und in der restlichen Butter goldgelb rösten.

Die Sahne zur Suppe geben, pürieren und mit Salz und Pfeffer abschmecken.

Die Suppe nochmals erwärmen, aber nicht mehr kochen. Den Kerbel hinzufügen und die Suppe in heißen Suppentassen anrichten.

Die Brotwürfelchen zur Suppe servieren.

Tips: Der Kerbel läßt sich durch Majoran ersetzen.

▶ Aus Zeitgründen und wenn man diese Suppe etwas zu nahrhaft findet, kann man die Brotwürfel weglassen und die Sahne durch Milch ersetzen.

Türkische Bohnen mit Lammfleisch

Arbeitsaufwand etwa 20 Minuten

Zutaten für 4 Portionen:
250 g gehacktes Lammfleisch (Schulter entbeint) (> Seite 351)
1 kg grüne Bohnen (> Seite 229)
2 EL Butterschmalz
1 Zwiebel (> Seite 257)
2 geschälte Tomaten (> Seite 254)
1 dl Brühe (> Seite 548)
Salz, Pfeffer
1 Prise Oregano
1 Messerspitze Zimt
1 EL edelsüßer Paprika
1 Messerspitze scharfer Paprika
2 EL gehackte Petersilie

Das Lammfleisch vom Fleischer hacken lassen. Von den grünen Bohnen den Faden abziehen. Das Fleisch unter Wenden leicht im Butterschmalz anbraten. Die gehackte Zwiebel zugeben, 2–3 Minuten lang anziehen lassen. Die kleingeschnittenen Tomaten beifügen und 1–2 Minuten lang mitdünsten. Die Bohnen, die Brühe, Salz, Pfeffer, den Oregano, den Zimt und den Paprika zugeben. Zugedeckt 40 Minuten lang auf kleinem Feuer schmoren lassen. Die genaue Kochzeit hängt von der Qualität der Bohnen ab, eventuell muß sie etwas verlängert werden. Das Gericht vor dem Anrichten nach Belieben nachwürzen. Die Bohnen abgießen, den Saft auf großem Feuer auf die Hälfte einkochen und darübergießen. Mit der Petersilie bestreuen.

Tips: Man kann Rind- oder Schweinefleisch oder beides gemischt verwenden.

▶ Im Winter ist es vorteilhaft, geschälte Tomaten aus der Dose zu nehmen.

Himbeeren mit Käsecreme

Arbeitsaufwand etwa 10 Minuten

Zutaten für 4 Portionen:
2 frische Eigelb
100 g Zucker
2 frische Eiweiß
1 dl süße Sahne
300 g Frischkäse oder Quark (> Seite 319)
2 TL Vanillezucker
500 g Himbeeren (evtl. tiefgekühlt)

Die Eigelbe mit dem Zucker zu einer sämigen, weißlichen Creme schlagen. Das Eiweiß zu Schnee schlagen. Die Sahne ebenfalls steif schlagen. Die Eicreme, den Frischkäse oder den Quark und den Vanillezucker mischen. Zuerst die steifgeschlagene Sahne, dann den Eischnee zusammen mit der Hälfte der Himbeeren darunterziehen. In vorgekühlte Gläser füllen und mit den restlichen Himbeeren garnieren.

Tip: Eiweiß und Sahne etwa 30 Minuten vor dem Essen schlagen, unter die Zutaten mischen und angerichtet kühlstellen.

ORIGINELLES AUS DEM SÜDEN

***

Blattsalat mit Knoblauchcroûtons

***

Maispizza

***

Zitronen-Joghurt-Eis

***

Schwierigkeit	★★☆☆☆
Zeitaufwand	★★★☆☆
Tauglichkeit zum Vorbereiten	★★☆☆☆
Preis	★★☆☆☆
Energie (in Prozent des Tagesbedarfes)	**47**
Fett (in Prozent des Tagesbedarfes)	**54**

***

Blattsalat mit Knoblauchcroûtons

***

Arbeitsaufwand etwa 15 Minuten

Zutaten für 4 Portionen:
200g Blattsalat nach Saison, z. B. Frisée (> Seite 235), Löwenzahn (> Seite 241), Feldsalat (> Seite 234)
200 g Weißbrot ohne Kruste
2 EL Butterschmalz
2 Knoblauchzehen

Sauce:
1 1/2 EL Weißweinessig
1 EL scharfer Senf
Salz, Pfeffer
4 EL Raps- oder Olivenöl
1 Knoblauchzehe

Das Brot in kleine 1/2–1 cm große Würfel schneiden. Im Butterschmalz unter Wenden goldgelb braten. Den Knoblauch pressen und über die Croûtons verteilen.

Salat, Croûtons und Sauce separat zubereiten und vor dem Servieren alles nur noch mischen.

Tip: Je nach Gericht kann man auch aus dem Brot Scheiben schneiden, diese beidseitig rösten und dann mit durchgepreßtem Knoblauch bestreichen.

***

✣✣✣

Maispizza

✣✣✣

Arbeitsaufwand etwa 25 Minuten
Backzeit etwa 20 Minuten

Zutaten für 4 Portionen: (Kuchenblech von 28 cm Durchmesser)
1 Liter Wasser
5 dl Milch
Salz
400 g mittelfeiner Maisgrieß
Olivenöl für das Blech

Füllung:
3 mittelgroße grüne Paprikaschoten (> Seite 245)
1 kleine Zwiebel (> Seite 257)
10 grüne Oliven (> Seite 244)
4 Sardellenfilets
6 geschälte Tomaten (> Seite 254)
3 EL Olivenöl
Salz, Pfeffer aus der Mühle
1 TL gehackter Oregano
200 g Mozzarella (> Seite 325)

Das Wasser mit der Milch und etwas Salz aufkochen. Den Maisgrieß unter Rühren beifügen. Unter häufigem Rühren zu einer festen Polenta kochen (Kochzeit auf Packung beachten). Das Kuchenblech mit Öl bestreichen. Die Polenta hineingießen und glattstreichen. Etwas auskühlen lassen.

Die Paprikaschoten halbieren, entkernen und in feine Streifen schneiden. Die Zwiebel, die Oliven und die Sardellenfilets grob hacken. Die geschälten Tomaten nach dem Abtropfen quer halbieren.

Etwa 2 Eßlöffel Olivenöl erhitzen. Die Paprikaschotenstreifen und die Zwiebeln 5 Minuten lang unter Wenden darin anziehen, bis sie fast gar sind. Mit Salz, Pfeffer und dem Oregano würzen. Auf den Maiskuchen verteilen. Den Mozzarella in dünne Scheiben schneiden und die Pizza damit belegen. Die Oliven und die Sardellenfilets darübergeben, mit viel Pfeffer bestreuen und mit den Tomaten garnieren. Die Tomaten leicht salzen und nochmals mit Pfeffer bestreuen. Das restliche Olivenöl darüberträufeln.

Die Pizza bei 220 Grad Celsius backen, bis der Mozzarellakäse zerläuft und die Tomaten leicht Farbe annehmen.

Tips: Je nach Saison können auch gelbe und rote Paprikaschoten verwendet werden.

▶ Der Mozzarella läßt sich auch durch Käsereste ersetzen.

✣✣✣

Zitronen-Joghurt-Eis

✣✣✣

Arbeitsaufwand 20 Minuten
Gefrierzeit 30–40 Minuten

Zutaten für 4 Portionen:
4 dl Joghurt
100 g Zucker
4 cl Gin oder Wodka
1 EL abgeriebene Schale einer ungespritzten Zitrone (> Seite 309)
Saft von 2 Zitronen (> Seite 309)
2 EL sehr feingeschnittene Zitronenmelisse
Zitronenmelisse zum Garnieren

Die Eismaschine (> Seite 153) vorkühlen. Den Joghurt mit dem Zucker, dem Gin oder dem Wodka, der Zitronenschale und dem Zitronensaft mischen.

Die Joghurteismasse in die Maschine geben und geschmeidig gefrieren, anrichten, mit Zitronenmelisse garnieren und servieren.

FEINE KOST FÜR EILIGE KÖCHE

***

OCHSENSCHWANZSUPPE MIT SHERRY

***

KÄSESCHNITTEN MIT GRÜNEM PFEFFER

***

ERDBEEREN MIT KIWIS

***

Schwierigkeit	★☆☆☆☆
Zeitaufwand	★☆☆☆☆
Tauglichkeit zum Vorbereiten	★★★☆☆
Preis	★★☆☆☆
Energie (in Prozent des Tagesbedarfes)	**26**
Fett (in Prozent des Tagesbedarfes)	**35**

***

OCHSENSCHWANZSUPPE MIT SHERRY

***

Arbeitsaufwand etwa 2 Minuten
Kochzeit 1–2 Minuten

Zutaten für 4 Portionen:
4 kleine Dosen klare Ochsenschwanzsuppe
4 TL trockener Sherry (> Seite 423)
4 TL Schnittlauchröllchen (nach Belieben)

Die Suppe in einen Topf geben und nach Anleitung auf der Dose mit Wasser verdünnen. Aufkochen, in Suppentassen verteilen. Je 1 Teelöffel Sherry hinzufügen und nach Belieben mit Schnittlauch bestreuen.

***

Käseschnitten mit grünem Pfeffer

***

Arbeitsaufwand etwa 15 Minuten

Zutaten für 4 Portionen:
8 Scheiben Toastbrot
1 EL Butter
2 1/2 dl Weißwein
1 EL grüner Pfeffer
300 g geriebener Greyerzer (> Seite 325)
2 Eier
1 Knoblauchzehe
Salz, Pfeffer, Muskatnuß

Das Toastbrot auf einer Seite mit der Butter bestreichen. Mit der bestrichenen Seite nach unten in eine Gratinplatte legen. Mit 2 Eßlöffeln Weißwein beträufeln. Den Backofen auf 190 Grad Celsius vorheizen. Den grünen Pfeffer aus der Dose nehmen, kalt abspülen und abtropfen lassen. Den Käse, die Eier, den restlichen Weißwein, den grünen Pfeffer und den durchgepreßten Knoblauch gut mischen. Mit Salz, Pfeffer und Muskatnuß würzen. Die Käsefüllung auf die Brotscheiben verteilen. In den Backofen schieben und bei 190 Grad Celsius etwa 7 Minuten lang backen, so daß der Käse gerade zerflossen ist. Die Käseschnitten dürfen nur hellgelb werden.

Tips: Das Brot zuerst mit einer dünnen Schinkenscheibe belegen.
▶ Der Käsemasse anstelle von grünem Pfeffer etwas frischgehackten Estragon hinzufügen.
▶ Die Käsemasse mit einer Tomatenscheibe belegen.

***

Erdbeeren mit Kiwis

***

Arbeitsaufwand etwa 10 Minuten

Zutaten für 4 Portionen:
400 g Erdbeeren (> Seite 292)
2 EL Zucker
6 EL süße Sahne (eventuell Crème double, > Seite 315)
1 EL Kirschwasser oder Grand Marnier nach Belieben
1/2 TL Vanille-Extrakt
2 Kiwis (> Seite 299)

Die Erdbeeren waschen und entstielen. In eine Schüssel geben und mit 1 Eßlöffel Zucker bestreuen. Die Sahne, das Kirschwasser oder den Grand Marnier, 1 Eßlöffel Zucker und den Vanilleextrakt mischen. Die Kiwis schälen und in Scheiben schneiden. Vier Kiwischeiben beiseite legen.

Die Erdbeeren und die Kiwis in eine Schale geben. Mit der Sahne begießen und mit je 1 Kiwischeibe garnieren. Kühl servieren.

Tip: Dieses Dessert läßt sich mit je einer Kugel Vanilleeis bereichern.

AUSGEFALLENES FÜR ÜBERRASCHUNGSGÄSTE

***

TOMATENSALAT MIT BASILIKUM

***

KALBSLEBER MIT ÄPFELN AUF TOAST

***

HEIDELBEERCREME MIT NÜSSEN

***

Schwierigkeit	★★☆☆☆
Zeitaufwand	★☆☆☆☆
Tauglichkeit zum Vorbereiten	★★★★☆
Preis	★★★☆☆
Energie (in Prozent des Tagesbedarfes)	**31**
Fett (in Prozent des Tagesbedarfes)	**44**

***

TOMATENSALAT MIT BASILIKUM

***

Arbeitsaufwand etwa 10 Minuten

Zutaten für 4 Portionen:
4 gleichmäßig große Tomaten (> Seite 254)
1/2 Bund großblättriger Basilikum
Salz, Pfeffer aus der Mühle
2 EL Olivenöl

Die Tomaten waschen, den Stielansatz entfernen und in ca. 5 mm dicke Scheiben schneiden.
Auf einer flachen Platte die Tomatenscheiben und die Basilikumblätter kreisförmig anordnen. Mit wenig Salz und reichlich frisch gemahlenem Pfeffer bestreuen und mit dem Olivenöl beträufeln.
Tip: Nach Belieben kann man Mozzarellascheiben zwischen die Tomatenscheiben legen. Mit Bauernbrot oder Pellkartoffeln (> Seite 466) entsteht auf diese Art auch eine leichte und schnelle kleine Zwischenmahlzeit.

***

***

Kalbsleber mit Äpfeln auf Toast

***

Arbeitsaufwand etwa 20 Minuten

Zutaten für 4 Portionen:
4 Scheiben Toastbrot
500 g Kalbsleber (> Seite 351) am Stück
2 Zwiebeln (> Seite 257)
3 EL Butterschmalz
2 Äpfel (> Seite 283)
1 EL Butter
Salz, Pfeffer, wenig Thymian

Die Brotscheiben toasten.
Die Leber in dünne Streifchen und die halbierten Zwiebeln in Scheiben schneiden. In 1 Eßlöffel Butterschmalz goldgelb dünsten. Die Äpfel schälen und grob raffeln. In der Butter leicht anbraten. Die Leber im restlichen Butterschmalz rasch anbraten und warm stellen. Die Zwiebeln 1-2 Minuten lang dünsten. Die Äpfel darunterziehen. Kräftig mit Salz, Pfeffer und dem Thymian würzen. Auf den Toasts servieren.
Tip: Dieses Gericht läßt sich auch mit Schweins-, Rinds-, Kaninchen- oder Geflügelleber zubereiten.

***

Heidelbeercreme mit Nüssen

***

Arbeitsaufwand etwa 10 Minuten

Zutaten für 4 Portionen:
4 dl Sauermilch
300 g Heidelbeeren (> Seite 295)
50 g geriebene Haselnüsse (> Seite 294)
Saft von 1 Zitrone
100 g Zucker
4 Zweiglein Pfefferminze

Alle Zutaten mit Ausnahme der Pfefferminze im Mixer pürieren. In vorgekühlten Gläsern anrichten und mit frischer Pfefferminze garnieren. Kühl servieren.

FÜR GOURMETS MIT WENIG ZEIT

***

RÄUCHERLACHS MIT SAURER SAHNE
TOAST

***

HÄHNCHENBRÜSTE MIT SAFRANSAUCE
GEKOCHTER REIS (> SEITE 452)
GEDÜNSTETE KAROTTEN (> SEITE 492)

***

ZUCKERMELONE

***

Schwierigkeit	★★☆☆☆
Zeitaufwand	★☆☆☆☆
Tauglichkeit zum Vorbereiten	★★☆☆☆
Preis	★★★☆☆
Energie (in Prozent des Tagesbedarfes)	**37**
Fett (in Prozent des Tagesbedarfes)	**50**

***

RÄUCHERLACHS MIT SAURER SAHNE

***

Arbeitsaufwand 12 Minuten

Zutaten für 4 Portionen als Vorspeise:
250 g dünngeschnittener Räucherlachs
6 EL saure Sahne
2 EL Schnittlauchröllchen
Salz, Pfeffer
1 Zitrone (Seite 309)
einige Salatblätter
8 Oliven (> Seite 244)

Den Räucherlachs auf 4 Tellern anrichten. Die saure Sahne und den Schnittlauch mischen. Mit Salz und Pfeffer abschmecken und separat anrichten.

Die Zitrone in Ecken schneiden. Den Lachs mit den Salatblättern, den Zitronenecken und den Oliven garnieren.

Toast dazu servieren.

***

***

Hähnchenbrüste mit Safransauce

***

Arbeitsaufwand etwa 15 Minuten
Bratzeit 4 Minuten

Zutaten für 4 Portionen:
8 kleine Hähnchenbrüste à 80 g (> Seite 353)
Salz, Pfeffer
1 EL Butterschmalz
1 TL frische Butter
2 EL gehackte Zwiebeln (> Seite 257)
2 EL Apfelessig
4 dl Geflügelbrühe (> Seite 549)
2 dl süße Sahne
1/2 EL Safranpulver

Die Hähnchenbrüste salzen, pfeffern und im heißen Butterschmalz etwa 4 Minuten lang goldbraun braten. Aus der Pfanne nehmen und warm halten.

Die frische Butter und die Zwiebeln in die Pfanne geben und goldgelb dünsten. Mit dem Essig ablöschen, mit der Brühe auffüllen und stark einkochen. Die Sahne hinzufügen und kochen, bis die Sauce sämig ist.

Den Safran hinzufügen, die Sauce mit Salz und Pfeffer abschmecken und nicht mehr kochen lassen!

Die Hähnchenbrüste anrichten, mit der Sauce bedecken und sofort servieren.

***

Zuckermelone

***

Arbeitsaufwand 8 Minuten

Zutaten für 4 Portionen:
1 kleine Zuckermelone (> Seite 302)

Die Melone vierteln und entkernen. Das Melonenfleisch bis zu drei Viertel von der Schale lösen.
Die Melonenviertel auf Tellern anrichten.

AROMATISCHES OHNE VIEL KALORIEN

***

Fleischbrühe mit Ei

***

Putenschnitzel mit Orangensauce

Gekochter Reis (> Seite 452)

Gedämpfter Brokkoli

***

Kiwis

***

Schwierigkeit	★☆☆☆☆
Zeitaufwand	★☆☆☆☆
Tauglichkeit zum Vorbereiten	★★★☆☆
Preis	★★☆☆☆
Energie (in Prozent des Tagesbedarfes)	**27**
Fett (in Prozent des Tagesbedarfes)	**21**

***

Fleischbrühe mit Ei

***

Arbeitsaufwand 10 Minuten

Zutaten für 4 Portionen:
0,6–0,8 l Fleischbrühe (Rest von Leiterfleischsuppe oder Instant-Fleischbrühe)
4 frische Eier
1 EL gehackte Kresse, Petersilie oder Schnittlauch

Je 1 Ei in Suppentassen aufschlagen. Die Brühe erhitzen, wenn nötig, passieren und über das Ei gießen. Mit der Kresse, der Petersilie oder dem Schnittlauch bestreuen.

Tip: Das Ei kann auch durch gekochtes Fleisch ersetzt werden.

***

Putenschnitzel mit Orangensauce

Arbeitsaufwand etwa 15 Minuten
Bratzeit etwa 10 Minuten

Zutaten für 4 Portionen:
4 Putenschnitzel (wenn möglich aus der Brust, > Seite 354)
Salz, Pfeffer
1 EL Butterschmalz
1/8 l Orangensaft
3 EL trockener Sherry oder Weißwein
1 EL Maisstärke
2 EL japanische Sojasauce
1–2 TL bittere Orangenkonfitüre
1 Prise Cayennepfeffer

Die Putenschnitzel salzen, pfeffern und beidseitig rasch im Butterschmalz anbraten. Die Hälfte des Orangensaftes hinzufügen. Etwa 3–4 Minuten lang bei kleiner Hitze zugedeckt garen lassen.

Das Fleisch herausnehmen und warm stellen.

Den restlichen Orangensaft, den Sherry oder den Weißwein mit der Maisstärke verrühren. Zum Bratenfond geben und einkochen lassen, bis eine leicht sämige Sauce entsteht. Mit der Sojasauce, Salz, Pfeffer, der Orangenkonfitüre und dem Cayennepfeffer abschmecken.

Tips: Man kann auch Hähnchenbrüste, Lammkoteletts oder Kalbsschnitzel auf diese Art zubereiten.

▶ Der Sherry oder der Weißwein können durch Instant-Fleischbrühe ersetzt werden.

Gedämpfter Brokkoli

Arbeitsaufwand 15 Minuten
Garzeit 10 Minuten

Zutaten für 4 Portionen:
1 kg Brokkoli (> Seite 230)
Salz
1,5 dl Wasser

Vom Brokkoli die noch vorhandenen Blätter entfernen. Den Brokkoli waschen und einige Minuten mit den Röschen nach unten in Salzwasser legen, damit eventuell vorhandene Raupen den Brokkoli verlassen.

Den Brokkoli in einen Siebaufsatz legen. Sparsam salzen. Das heiße Wasser in den Topf gießen, den Siebaufsatz aufsetzen und zudecken. Schnell aufkochen und die Temperatur zurückschalten. Den Brokkoli 20–25 Minuten lang dämpfen.

Tip: Im Schnellkochtopf beträgt die Garzeit nur 5–6 Minuten.

Kiwis

Arbeitsaufwand 5 Minuten

Zutaten für 4 Portionen:
4 große Kiwis (> Seite 299)

Die Kiwis quer halbieren. An den beiden runden Enden glatt abschneiden, damit die Hälften stehen.
Zum Auslöffeln mit kleinen Löffeln servieren.

Menüs für Ernährungs-bewusste

Wer sich für Ernährungsphysiologie interessiert, wird die dabei gewonnenen Erkenntnisse auch für seine Familie oder für sich in die Praxis umsetzen wollen. Das Angebot an sogenannten Bio-Erzeugnissen wird immer größer, obwohl in dieser Beziehung Verschiedenes auf dem Markt ist, was diese Bezeichnung nicht verdient. Wer alles genau prüft, findet aber bestimmt gute Produkte, die es sich zu kaufen und etwas teurer zu bezahlen lohnt.

Der Trend geht nicht nur bei Gemüsen und Früchten in diese Richtung, sondern auch bei Fleisch und Eiern. Man bekommt Natura-Beef, Fleisch von »glücklichen« Schweinen und Hühnern (> Seite 336), frischere Eier, die zum Teil mit dem Legedatum versehen werden (> Seite 331).

Für die Zubereitung einer gesunden und ausgewogenen Ernährung ist es sicher übertrieben, wenn man mit der Kalorientabelle und dem Lehrbuch in der Küche steht. Sicherlich sind einige Kenntnisse und gesunder Menschenverstand dem sektiererischen Kochen vorzuziehen. Essen sollte auch bei gesunder Küche Spaß machen.

In diesem Sinne wurden die folgenden Menüvorschläge ausgearbeitet. Sie sind so komponiert, daß die Vorspeisen meistens Rohkost, Salate oder andere vitamin- und mineralsalzreiche Gerichte enthalten. Für die Hauptgerichte wurde weniger Fleisch verwendet; dafür gibt es größere Portionen an Gemüse und Milchprodukten, und auch Getreide wird abwechslungsreich eingesetzt.

Die Zubereitung dieser Rezepte verlangt etwas Zeitaufwand. Man kann die Vorspeise durch Suppe, Rohkost, Salat oder Saft und das Dessert einfach durch Obst oder, je nach Hauptgericht, durch Früchtequark ersetzen.

EINFACHES FÜR MÜSLIFANS

***

TOMATENSAFT (FERTIG GEKAUFT)

***

GRÜNKERNSUPPE

***

JOGHURT-BIRCHERMÜSLI

***

Für die Berechnung des Energie- und Fettgehaltes wurde ein Mittelwert für den Tagesbedarf an Energie von 2200 kcal und für den Tagesbedarf an Fett von 80 Gramm angenommen.

Schwierigkeit	★☆☆☆☆
Zeitaufwand	★☆☆☆☆
Tauglichkeit zum Vorbereiten	★★★☆☆
Preis	★☆☆☆☆
Energie (in Prozent des Tagesbedarfes)	**34**
Fett (in Prozent des Tagesbedarfes)	**70**

***

GRÜNKERNSUPPE

***

Arbeitsaufwand etwa 20 Minuten
Kochzeit etwa 15 Minuten

Zutaten für 4 Portionen:
60 g Lauch (> Seite 246)
60 g Sellerie (> Seite 252)
3 EL Butter
70 g Grünkernmehl
2 l Brühe (> Seite 548)
Salz, Muskatnuß
0,4 l süße Sahne
30 g weiche, frische Butter

Den Lauch und den Sellerie in kleine Stücke schneiden und in der erhitzten Butter farblos anziehen lassen. Mit dem Grünkernmehl bestäuben und mitschwitzen lassen. Vom Herd nehmen, mit der heißen, aber nicht kochenden Brühe auffüllen und glattrühren. Zum Kochen bringen, abschäumen und bei geringer Hitze fertig garen. Mit Salz und Muskatnuß würzen und die Sahne hinzufügen. Die Suppe passieren, abschmecken und mit der Butter verfeinern.

Tip: Man kann auch Milch anstelle von Sahne verwenden.

BEILAGE:
Vollkornbrot und Käse

***

Joghurt-Birchermüsli

Arbeitsaufwand etwa 15 Minuten

Zutaten für 4 Portionen:
400 g Früchte je nach Saison,
z.B. Orangen (> Seite 286), Bananen
(> Seite 288), Äpfel (> Seite 283)
2 TL brauner Zucker oder Süßstoff
(> Seite 393)
3 Becher Joghurt (> Seite 317)
Saft von 1 Orange
einige Tropfen Zitronensaft
(nach Belieben)
8 EL Fünfkornflocken (> Seite 220)

Die Orangen und die Bananen schälen und kleinschneiden. Die Äpfel waschen und ungeschält grob raffeln. Mit dem Rohrzucker oder dem Süßstoff, dem Joghurt und dem Orangensaft mischen. Je nach Belieben einige Tropfen Zitronensaft beifügen. Zuletzt mit den Flocken vermischen.

Tip: Das Müsli kann nach Belieben variiert oder bereichert werden. Je nach Saison können anstelle der genannten Früchte Beeren, Steinobst oder Trauben verwendet werden. Als zusätzliche Bereicherung können auch Rosinen oder gehackte Nüsse beigefügt, oder das Müsli kann mit einem Sahnetupfer garniert werden.

NUDELN EINMAL ANDERS

***

ROHKOST AUS WURZELGEMÜSE

***

VOLLKORNNUDELN MIT GEMÜSE UND ZIEGENKÄSE

***

HEIDELBEERKOMPOTT

***

Schwierigkeit	★☆☆☆☆
Zeitaufwand	★★☆☆☆
Tauglichkeit zum Vorbereiten	★★★☆☆
Preis	★☆☆☆☆
Energie (in Prozent des Tagesbedarfes)	**35**
Fett (in Prozent des Tagesbedarfes)	**37**

***

ROHKOST AUS WURZELGEMÜSE

***

Arbeitsaufwand 20 Minuten

Zutaten für 4 Portionen als Vorspeise:
je 200 g Karotten (> Seite 243), Kohlrabi (> Seite 239) und Sellerie (> Seite 252)
1 EL Zitronensaft

Sauce:
2 EL saure Sahne
1 TL Senf
Salz, Pfeffer, Paprika
1 Prise Cayennepfeffer
1 Prise Zucker
1 TL Zitronensaft
2 EL Weißweinessig
1 kleine, gehackte Zwiebel (> Seite 257)

Das Gemüse schälen und in Stäbchen schneiden. Den Sellerie mit dem Zitronensaft beträufeln. Das Gemüse in Gläser stellen. Für die Sauce alle Zutaten miteinander vermischen. Separat dazu servieren.

Tips: Die saure Sahne läßt sich durch Joghurt ersetzen.

▶ Diese Sauce paßt auch sehr gut zu Chicorée, Endivien, Fenchel oder Blattsalat.

***

Vollkornnudeln mit Gemüse und Ziegenkäse

Arbeitsaufwand etwa 30 Minuten
Kochzeit etwa 15 Minuten

Zutaten für 4 Portionen:
400 g Vollkornnudeln
Salz
1 vollreife Tomate (ca. 150 g, > Seite 254)
200 g kleine Zucchini (> Seite 256)
100 g Karotten (> Seite 243)
1 Zwiebel (> Seite 257)
1 Knoblauchzehe
2 Zweige frischer Thymian
2–3 Salbeiblätter
2 EL Petersilie
100 g Ziegenkäse (> Seite 318)
1 EL Butter
0,2 l süße Sahne
frisch gemahlener schwarzer Pfeffer
Cayennepfeffer

Die Tomaten mit kochendem Wasser überbrühen, häuten, halbieren, entkernen und in Würfel schneiden. Die Zucchini waschen und ungeschält in Streifen schneiden. Die Karotten schälen und ebenfalls in Streifen schneiden. Die Zwiebel, den Knoblauch, den Thymian, die Salbeiblätter und die Petersilie fein hacken. Den Käse in Scheiben schneiden.

Die Vollkornnudeln in reichlich kochendem Salzwasser al dente garen (Kochzeit auf Packung beachten).

Die Butter in einer Pfanne erhitzen. Die Zwiebeln, die Karotten und den Knoblauch darin anziehen lassen, etwas später die Zucchini beifügen. Die Kräuter, die Tomatenwürfel und die Sahne zugeben. Das Gemüse unter Rühren bißfest garen. Die Käsescheiben daruntermischen und erhitzen, aber nicht mehr kochen lassen. Mit Salz, Pfeffer und einer kräftigen Prise Cayennepfeffer abschmecken.

Die Nudeln abgießen, abtropfen lassen und mit der Gemüsesauce mischen. Sofort servieren.

Heidelbeerkompott

Arbeitsaufwand 15 Minuten
Kochzeit 15–20 Minuten

Zutaten für 4 Portionen:
500 g Heidelbeeren (> Seite 295)
1 dl Rotwein oder Apfelsaft
2 EL Honig (> Seite 390)
1 Zimtstange
2 Gewürznelken

Die Heidelbeeren in eine Schüssel mit kaltem Wasser geben. Die vorhandenen Blätter und die Unreinheiten entfernen. Die Heidelbeeren auf einem Sieb abtropfen lassen.

Den Rotwein oder den Apfelsaft mit 1 dl Wasser, dem Honig, der Zimtstange und den Gewürznelken aufkochen. Einige Minuten ziehen lassen. Die Zimtstange und die Gewürznelken entfernen.

Die Heidelbeeren zugeben, aufkochen, den Topf zum Abkühlen beiseite stellen.

NICHT ALLTÄGLICHES AUS KÖRNERN

***

KAROTTENSAFT (FERTIG GEKAUFT)

***

GERSTENPLÄTZCHEN
GEDÜNSTETER CHICORÉE

(> SEITE 492)

***

GEDÄMPFTE ÄPFEL MIT QUARKFÜLLUNG

***

Schwierigkeit	★★☆☆☆
Zeitaufwand	★★☆☆☆
Tauglichkeit zum Vorbereiten	★★★☆☆
Preis	★★☆☆☆
Energie (in Prozent des Tagesbedarfes)	**29**
Fett (in Prozent des Tagesbedarfes)	**44**

***

GERSTENPLÄTZCHEN

***

Arbeitsaufwand etwa 20 Minuten
Bratzeit etwa 10 Minuten

Zutaten für 4 Portionen:
150 g geschälte Karotten (> Seite 243)
150 g geschälter Sellerie (> Seite 252)
50 g geputzter Lauch (> Seite 246)
30 g Butter
Salz, Pfeffer, Muskatnuß
0,2 l Brühe (> Seite 548)
150 g Gerstenflocken (> Seite 207)
3 Eier
2 EL gehackte Kräuter (Petersilie, Schnittlauch, Kerbel)
50 g Butterschmalz

Die Gemüse fein würfeln, in der Butter anziehen lassen. Mit Salz und Pfeffer würzen. In der Gemüsebrühe 10 Minuten lang weichkochen. Die Gerstenflocken zugeben. Nach dem Abkühlen die Eier zugeben. Stehenlassen, bis die Flocken alle Feuchtigkeit aufgenommen haben. Die Kräuter beimischen und nach Bedarf nachwürzen.

Das Butterschmalz in einer Bratpfanne erhitzen. Die Masse löffelweise hineingeben und mit einer Bratschaufel flachdrücken. Beidseitig goldgelb braten.

Gedämpfte Äpfel mit Quarkfüllung

Arbeitsaufwand etwa 25 Minuten
Kochzeit 10–15 Minuten

Zutaten für 6 Portionen:
6 rote Äpfel (> Seite 283)
1 EL Zitronensaft
2 dl Apfelsaft

Füllung:
150 g Quark (> Seite 319)
2 EL Honig (> Seite 390)
1 Zitrone (Saft und Schale) (> Seite 309)
80 g geriebene Haselnüsse (> Seite 294)
80 g Sultaninen (> Seite 307)

Die Äpfel gut waschen, schälen, mit dem Zitronensaft bestreichen und vorläufig beiseite stellen. 2 Äpfel halbieren, die Kerngehäuse entfernen und in Schnitze schneiden. Zusammen mit den Schalen und dem Apfelsaft zum Kochen bringen und so lange ziehen lassen, bis die Äpfel verkocht sind.

Inzwischen von 4 Äpfeln die Kerngehäuse herausstechen.

Nebeneinander auf die verkochten Äpfel stellen und zugedeckt bei schwacher Hitze weichdämpfen. Herausnehmen und abkühlen lassen.

Alle Zutaten für die Füllung miteinander verrühren. Die verkochten Äpfel passieren, den Saft wieder in die Pfanne geben und zu sirupartiger Konsistenz einkochen. Die gedämpften Äpfel mit dem ausgekühlten Sirup überziehen und mit der Quarkmasse füllen.

Auf 4 Teller etwas Sirup gießen. Die gefüllten Äpfel daraufstellen. Die restliche Quarkmasse nach Belieben separat servieren oder nockenförmig abstechen und um die Äpfel setzen. Den restlichen Sirup in einer Saucière servieren.

LEICHTES MIT DELIKATEM AROMA

***

ZITRUSSALAT MIT ZWIEBELN

***

DINKEL-CRÊPES MIT PILZFÜLLUNG

***

ÄPFEL IN APFELWEIN MIT KEFIRGELEE

***

Schwierigkeit	★★★☆☆
Zeitaufwand	★★★☆☆
Tauglichkeit zum Vorbereiten	★★★☆☆
Preis	★★☆☆☆
Energie (in Prozent des Tagesbedarfes)	**30**
Fett (in Prozent des Tagesbedarfes)	**41**

***

ZITRUSSALAT MIT ZWIEBELN

***

Arbeitsaufwand etwa 20 Minuten

Zutaten für 4 Portionen:
4 gelbe Grapefruits (> Seite 293)
1 Zwiebel (> Seite 257)
Salz, Pfeffer
1 TL scharfer Senf (Dijonsenf)

Von den Grapefruits mit einem scharfen Messer die Schale und die weiße Haut entfernen. Die Filets aus den Trennhäuten herauslösen und den Saft auffangen. Die Zwiebel in Ringe schneiden.

Den Senf und den aufgefangenen Grapefruitsaft verrühren. Mit Salz und Pfeffer würzen. Alles gut mischen.

Tip: Nach Belieben dünne, mit Butter bestrichene Roggenbrotscheiben dazu reichen.

Variationen: Avocadowürfel unter den Salat mischen.

▶ Sellerie-Streifen zugeben und mit Walnußkernen garnieren.

▶ Kleingeschnittene Oliven oder kleine Paprikaschotenwürfelchen hinzufügen.

***

***

Dinkel-Crêpes mit Pilzfüllung

***

Arbeitsaufwand etwa 35 Minuten
Kochzeit etwa 10 Minuten

Zutaten für 4 Portionen:
8 kleine Dinkel-Crêpes (> Crêpe-Teig, Seite 697, statt Weißmehl wird Dinkelmehl verwendet.)

Füllung:
250 g Champignons (> Seite 277)
2 EL Zitronensaft
1 EL Butter
0,2 l süße Sahne
Salz, Pfeffer
1 EL gehackte Petersilie

Die Champignons in Zitronenwasser gut waschen und abtropfen lassen. In Scheiben schneiden, mit einigen Tropfen Zitronensaft beträufeln und in der zerlassenen Butter dünsten. Den Fond, der sich bildet, einkochen. Die Sahne um etwa die Hälfte reduzieren und zu den trockengedämpften Champignons geben. So lange weiterkochen, bis die Sauce sämig wird. Mit Salz und Pfeffer abschmecken und die Petersilie untermischen. In die heißen Crêpes füllen und sofort servieren.

Tip: Auch Steinpilze (> Seite 277), Pfifferlinge (> Seite 277) oder Austernpilze (> Seite 277) eignen sich gut für diese Füllung.

***

Äpfel in Apfelwein mit Kefirgelee

***

Arbeitsaufwand etwa 30 Minuten
Kühlzeit 1–2 Stunden

Zutaten für 4 Portionen:
1/4 l Apfelwein
1/2 Zimtstange
Orangenschale von 1 1/2 unbehandelten Orangen (> Seite 286)
3 EL Honig (> Seite 390)
Zitronensaft von 1/2 Zitrone
4 Äpfel à 200 g (> Seite 283)

Gelee:
3 Blätter Gelatine
1/4 l Apfelwein
wenig Zitronensaft
1/2 Zimtstange
4 EL Honig (> Seite 390)
0,15 l Kefir (> Seite 317)
4 Pfefferminzblätter

Den Apfelwein mit dem Zimt, der Orangenschale, dem Honig und dem Zitronensaft zum Kochen bringen. In der Zwischenzeit die Äpfel schälen und mit einem Kartoffelausstecher (> Seite 170) kleine Kugeln ausstechen. Die Apfelkugeln im Sud aufkochen, garziehen und erkalten lassen.

Für das Gelee die Gelatine in kaltem Wasser einweichen. Den Apfelwein mit dem Zitronensaft, der Zimtstange und 2 Eßlöffel Honig zugeben. Zwei ausgedrückte Gelatineblätter darin auflösen, und das Ganze abkühlen lassen. Die Zimtstange entfernen.

Die Apfelkugeln in Gläser geben, nach und nach mit dem kalten Gelee auffüllen. Im Kühlschrank 2–3 Stunden lang stehenlassen. Den Kefir mit dem restlichen Honig erwärmen. Die restliche ausgedrückte Gelatine darin auflösen, kaltrühren, auf das erstarrte Gelee gießen und im Kühlschrank fest werden lassen. Kühl servieren, mit je 1 Pfefferminzblatt garnieren.

Tip: Das restliche Apfelfleisch kann zu Apfelmus verarbeitet werden.

NICHT NUR FÜR VEGETARIER

⁂

SAUERKRAUTSALAT

⁂

VOLLKORNRAVIOLI MIT PAPRIKASCHOTEN

⁂

JOGHURTCREME MIT ORANGEN

⁂

Schwierigkeit	★★★☆☆
Zeitaufwand	★★★☆☆
Tauglichkeit zum Vorbereiten	★★☆☆☆
Preis	★★☆☆☆
Energie (in Prozent des Tagesbedarfes)	**30**
Fett (in Prozent des Tagesbedarfes)	**34**

⁂

SAUERKRAUTSALAT

⁂

Arbeitsaufwand 25 Minuten
Kochzeit 5 Minuten

Zutaten für 4 Portionen:
400 g rohes Sauerkraut (> Seite 251)
2 EL feingehackte Zwiebeln (> Seite 257)
2 EL Rapsöl
Salz, Pfeffer
1 Prise Zucker
(evtl. 2–3 EL Apfelessig, je nach Säuregehalt des Sauerkrautes)
2 mittelgroße, rote Äpfel (> Seite 283)
2 EL Zitronensaft
1 kleine rote Zwiebel (> Seite 257)

Das Sauerkraut abtropfen lassen, in eine Schüssel geben und mit der Gabel auflockern. Die gehackten Zwiebeln in 1 Eßlöffel Rapsöl glasig dünsten und zum Sauerkraut geben. Das Sauerkraut mit Salz, Pfeffer und einer Prise Zucker würzen. Eventuell mit etwas Essig abschmecken.

Die Äpfel waschen. Einen Apfel in kleine Würfel, den anderen Apfel in dünne Schnitze schneiden. Die Apfelwürfel unter das Sauerkraut mischen. Die Apfelschnitze mit dem Zitronensaft beträufeln. Die rote Zwiebel schälen und in dünne Ringe schneiden. Den Sauerkrautsalat mit den Zwiebelringen und den Apfelschnitzen garnieren.

⁂

***

Vollkornravioli mit Paprikaschoten

***

Arbeitsaufwand etwa 80 Minuten
Kochzeit etwa 10 Minuten
Ruhezeit des Teiges 60 Minuten

Zutaten für 4 Portionen:
Teig:
300 g Weizenvollmehl (> Seite 212)
2 Eier
2 Eigelb
2 EL Olivenöl
3 EL lauwarmes Wasser
1 TL Salz

Füllung:
150 g Spinatblätter (> Seite 253)
100 g gekochter Schinken (> Seite 363)
150 g Frischkäse (> Seite 319)
50 g geriebener Parmesan (> Seite 325)
Salz, Pfeffer, Muskatnuß

Garnitur:
1 rote Paprikaschote (> Seite 245)
1 gelbe Paprikaschote (> Seite 245)
1 EL Olivenöl
1 mittelgroße, feingehackte Zwiebel
(> Seite 257)
1 durchgepreßte Knoblauchzehe
Salz, Pfeffer
flachblättrige Petersilie

Das Vollkornmehl mit den Eiern, den Eigelben, dem Olivenöl, dem Wasser und dem Salz zu einem glatten Teig zusammenarbeiten. Den Teig zu einer Kugel formen, in Klarsichtfolie einwickeln. Den Teig ruhen lassen, bis das Mehl ausgequollen ist (mindestens 1 Stunde lang).

Den Spinat in einen hohen Topf geben und erhitzen, bis er zusammenfällt, auspressen und grob hacken. Den Schinken fein würfeln. Den Frischkäse durch ein Sieb streichen und mit dem Parmesan zusammenarbeiten. Den Spinat mit dem Schinken und dem Käse mischen. Mit Salz, Pfeffer und Muskatnuß abschmecken.

Die Paprikaschoten vierteln, entkernen, waschen und in feine Streifen schneiden. Im heißen Olivenöl scharf anziehen lassen, die Zwiebeln und den Knoblauch hinzufügen. Mit Salz und Pfeffer würzen, knapp garen und warm halten.

Den Nudelteig sehr dünn ausrollen. Etwa 32 Scheiben ausstechen, davon die Hälfte mit 8 cm Durchmesser und den Rest mit 9 1/2 cm Durchmesser.

Die Füllung auf den kleinen Scheiben verteilen. Die Ränder mit Wasser oder Eiweiß bestreichen, die kleinen mit den größeren Rondellen bedecken und fest andrücken. Die Nudeln in kochendem Salzwasser 3–4 Minuten lang garen, abtropfen lassen und anrichten. Mit den Paprikaschoten und der Petersilie garnieren. Heiß servieren.

Tip: Man kann die Paprikaschoten weglassen und die Nudeln nur mit Parmesan bestreuen und mit frischer, hellgelb erwärmter Butter begießen.

Beilage:

Läßt man die Paprikaschoten weg, kann man Blattsalat zu den Nudeln servieren.

***

Joghurtcreme mit Orangen

Arbeitsaufwand etwa 20 Minuten
Kühlzeit 1–2 Stunden

Zutaten für 4 Portionen:
3 Orangen (> Seite 286)

Creme:
1 unbehandelte Orange zum Abreiben der Schale für den Saft
1–1 1/2 EL Agar-Agar
1/2 EL Honig (> Seite 390)
2 Magerjoghurt

Garnitur:
Pfefferminzblätter

Die Orangen so schälen, daß auch die weiße Haut entfernt wird. Aus den Trennhäuten die Filets herausschneiden. 8 schöne Filets als Garnitur reservieren und die restlichen Filets in Gläser verteilen.

Die abgeriebene Orangenschale mit dem gepreßten Saft und dem Saft der Filets 2–3 Minuten lang kochen lassen und durch ein Sieb in einen Topf passieren.

Das Agar-Agar mit etwas Orangensaft anrühren, mit dem restlichen Orangensaft mischen und 4–5 Minuten lang kochen lassen. In eine Schüssel geben und den Honig hinzufügen. Anschließend die Joghurts unterrühren.

In die Gläser mit den Orangenfilets verteilen und etwa für 1–2 Stunden kalt stellen. Anschließend jedes Glas mit den restlichen Orangenfilets sowie den Pfefferminzblättern garnieren.

VOLLWERTIGES MIT DELIKATER NOTE

***

Salat aus gekochtem Gemüse

***

Linseneintopf mit Putenbrust

***

Früchte in Apfelsülze mit Orangenrahm

***

Schwierigkeit	★★★☆☆
Zeitaufwand	★★★☆☆
Tauglichkeit zum Vorbereiten	★★★☆☆
Preis	★★☆☆☆
Energie (in Prozent des Tagesbedarfes)	**32**
Fett (in Prozent des Tagesbedarfes)	**29**

***

Salat aus gekochtem Gemüse

***

Arbeitsaufwand etwa 20 Minuten
Kochzeit 6 Minuten

Zutaten für 4 Portionen:
1 kleiner Blumenkohl (ca. 400 g)
400 g Brokkoli (> Seite 230)
30 g Alfalfasprossen
1 TL scharfer Senf (Dijonsenf)
1 EL Weißweinessig
100 g saure Sahne (> Seite 315)
Salz, Pfeffer
1 mittelgroße Karotte (> Seite 243)

Den Blumenkohl in kleine Röschen teilen. Von den Brokkoli die Röschen abschneiden. Die Brokkolistengel in kleine Scheiben schneiden. Das Gemüse gut waschen und auf einen Siebeinsatz geben. Einen passenden Topf halbhoch mit Wasser füllen, aufkochen, den Siebeinsatz daraufstellen. Die Gemüse zugedeckt 6 Minuten lang garen. Die Alfalfasprossen kurz mit kochendem Wasser überbrühen, dann abgießen.

Für die Sauce den Senf mit dem Essig gut verrühren. Die saure Sahne hinzufügen und mit Salz und Pfeffer abschmecken.

Die Röschen anrichten und noch warm mit der Sauce begießen. Die Karotte raffeln und mit den Alfalfasprossen darüber verteilen.

Tips: Alfalfa ist ein frischer, grüner und schnell zubereiteter Keimling und besonders wertvoll im Winter. Er enthält etwa 40

Prozent Protein, praktisch alle lebenswichtigen Vitamine und viele wertvolle Mineralien. Als Beispiel: Eine Tasse mit in drei Tagen gereifter Alfalfa enthält so viel Vitamin C wie sechs Gläser Orangensaft. Der Gehalt an Vitamin B (Riboflavin) wird innerhalb von vier Tagen Keimung fast verzehnfacht. Neben dem gesundheitlichen Wert hat Alfalfa auch einen sehr angenehmen Geschmack.

▶ Man kann Alfalfasprossen und andere Keimlinge zu Hause in drei bis vier Tagen in einem Keimapparat ziehen. Der Keimapparat ist ein biologischer Hausgarten, der täglich frische Weizen-, Kresse-, Soja-, Mungobohnen-, Senf- oder Alfalfakeimlinge liefert! Ein solcher Hausgarten ist bescheiden: Er beansprucht wenig Platz und benötigt nur Wasser. (Man läßt jeden zweiten Tag einen halben Liter durch den Apparat fließen.)

***

Linseneintopf mit Putenbrust

***

Arbeitsaufwand etwa 30 Minuten
Garzeit etwa 45 Minuten

Zutaten für 4 Portionen:
200 g Linsen (> Seite 262)
1 Karotte (> Seite 243)
1 Lauchstange (> Seite 246)
1 große gehackte Zwiebel (> Seite 257)
1 EL Butterschmalz
2 geschälte Tomaten (> Seite 254)
1 durchgepreßte Knoblauchzehe
je 1 Zweig Bohnenkraut und Thymian
1/2 dl Fleischbrühe (> Seite 548)
500 g Putenbrust (> Seite 354)
300 g Kartoffeln (> Seite 264)
4 EL Rotwein
1 EL Rotweinessig
Salz, Pfeffer

Die Linsen für etwa 2 Stunden in abgekochtes und ausgekühltes Wasser einlegen. Die Karotte schälen, den Lauch putzen und waschen. Die Zwiebel im Butterschmalz in einer Bratkasserolle unter Wenden 2–3 Minuten lang dünsten. Die Karotte und den Lauch in feine Streifen schneiden. Die Tomaten entkernen und in Stücke schneiden. Die Gemüsestreifen, die Tomaten, den Knoblauch, das Bohnenkraut und den Thymian zugeben und 1–2 Minuten lang mitdünsten. Mit der Brühe ablöschen.

Die Putenbrust in Würfel schneiden. Die Linsen und das Putenfleisch zum Gemüse geben. Etwa 30 Minuten lang garen lassen. Die Kartoffeln schälen und klein würfeln. Etwa 1 Tasse gekochte Linsen herausnehmen und im Mixer oder mit dem Stabmixer pürieren. Die Kartoffeln zugeben und 15 Minuten lang weiterschmoren. Den Rotwein, den Essig und das Linsenpüree hinzufügen. Mit Salz und Pfeffer abschmecken.

Beilage:
Bauernbrot

***

***

Früchte in Apfelsülze mit Orangenrahm

***

Arbeitsaufwand etwa 50 Minuten
Kochzeit etwa 15 Minuten

Zutaten für 4 Portionen

Apfelsud:
1,5 dl frischgepreßter Apfelsaft
1/3 Zimtstange
Schale von 1 Orange (unbehandelt)
(> Seite 286)
1 1/2 EL Zuckerrohrgranulat oder brauner Zucker
2 EL Zitronensaft
1 kleiner, rotbackiger Apfel für Schnitze
(> Seite 283)

Sülze:
3 dl frischgepreßter Apfelsaft
Saft von 1 Zitrone
1 1/2–2 EL Zuckerrohrgranulat
oder brauner Zucker
1 TL Agar-Agar oder Gelatine

Einlage:
1 Orange (vom Apfelsud)
1 kleine Mango (> Seite 301)
je 8 blaue und weiße Traubenbeeren
(> Seite 308)

Orangenrahm:
1 Orange zum Abreiben und für Saft
(unbehandelt)
1 EL Zuckerrohrgranulat oder brauner Zucker
2–3 EL Orangenlikör (nach Belieben)
0,15 l süße Sahne

Den Apfelsaft mit der Zimtstange, der Orangenschale, dem Zuckerrohrgranulat und dem Zitronensaft zum Kochen bringen. Den gewaschenen Apfel in dünne Schnitze schneiden. Diese im Apfelsud aufkochen lassen und zum Auskühlen beiseite stellen.

Für die Sülze den Apfelsaft, den Zitronensaft, das Zuckerrohrgranulat und das Agar-Agar verrühren. Unter Rühren aufkochen, abschäumen und 1–2 Minuten lang kochen lassen. Kochendheiß durch einen Kaffeefilter laufen und auskühlen lassen.

Die Orange und die Mango schälen. Die Orange filetieren. Das Fleisch der Mango mit einem spitzen Messer vom Stein lösen und quer in dünne Scheiben schneiden. Die gewaschenen Traubenbeeren halbieren und entkernen. Die Früchte in Gläser einlegen (einige Mangoschnitze für die Garnitur zurückbehalten), nach und nach mit der Sülze auffüllen und kalt stellen.

Die Orange für den Orangenrahm abreiben und auspressen. Die Schale und den Saft mit 1 Eßlöffel Zuckerrohrgranulat sirupartig einkochen. Den Orangenlikör und die Sahne hinzufügen. Aufkochen und kaltrühren.

Die erstarrte Fruchtsülze mit Orangenrahm umgießen und mit den zurückbehaltenen Mangoschnitzen garnieren.

Tips: Vor dem Servieren jedes Glas mit einer Rahmrosette versehen und nach Belieben mit Kiwischeiben, Mangoschnitzen und Pfefferminzblättern garnieren.

▶ Wenn Kinder mitessen, den Orangenlikör durch stark eingekochten Orangensaft ersetzen.

Recycling-Menüs

Aus Resten entstehen manchmal die allerbesten Menüs, und vieles wird durch Aufwärmen oft noch besser. Am kreativsten kocht man meistens mit »Resten vom Feste« und mit dem, was man aus dem Kühlschrank dazu verwenden könnte. Manchmal lohnt es sich sogar, bereits im voraus etwas mehr Reis, Kartoffeln, Polenta oder Suppenfleisch zu kochen, um diese Gerichte danach als Basis für Neues verwenden zu können.

Menüs und Rezepte aus Resten vorzuschlagen, ist nicht sehr einfach. Wie soll man wissen, was jeweils übrigbleibt? Deshalb sind die Mengen in diesen Rezepten nicht ganz verbindlich. Vielleicht reichen die Reste nicht für 4 Personen. Dann läßt sich im Handumdrehen daraus vielleicht eine kleine Vorspeise oder eine kleine Zwischenmahlzeit zubereiten. Damit unsere Vorschläge möglichst viele Anregungen bieten, wurden sowohl Vorspeise und Hauptgericht als auch das Dessert aus eventuell übriggebliebenen Zutaten zusammengestellt. Sie lassen sich aber beliebig ersetzen.

Es gibt klassische Reste, die oft in der Küche anfallen. Brot, zum Beispiel, läßt sich mit vielen anderen Zutaten kombinieren. Gibt es an Festtagen Truthahn, Gans oder einen Kapaun, bleibt ziemlich sicher Fleisch zurück, welches, klein geschnitten, neue Leckerbissen ergibt. Auch Leiterfleisch und Braten inspirieren zu feinen Zubereitungen. Aus Kartoffeln entstehen Variationen von attraktiven Beilagen, Nudeln lassen sich zu hervorragenden Gratins verarbeiten, und Reis sowie Risotto kann man mit vielerlei Zutaten mischen und als Füllungen für Gemüsefrüchte oder Zwiebeln verwenden.

Mit Resten kochen bringt Abwechslung in den Küchenkalender und hilft außerdem auch noch sparen.

GUTES AUS FLEISCHRESTEN

***

Gefüllte Eier mit Räucherlachs

Reste: Räucherlachs

***

Sauerkraut-Gratin

Reste: Sauerkraut, gekochtes Fleisch

***

Schokoladentorte

***

Für die Berechnung des Energie- und Fettgehaltes wurde ein Mittelwert für den Tagesbedarf an Energie von 2200 kcal und für den Tagesbedarf an Fett von 80 Gramm angenommen.

Schwierigkeit	★☆☆☆☆
Zeitaufwand	★★★☆☆
Tauglichkeit zum Vorbereiten	★★☆☆☆
Preis	★★☆☆☆
Energie (in Prozent des Tagesbedarfes)	**64**
Fett (in Prozent des Tagesbedarfes)	**110**

***

Gefüllte Eier mit Räucherlachs

***

Arbeitsaufwand 20 Minuten

Zutaten für 4 Portionen:
100 g Räucherlachs
1 TL geriebener Meerrettich (> Seite 242)
1 EL gehackte Kresse
Salz, Pfeffer
1 dl geschlagene, süße Sahne
30 g Kresse
4 gekochte Eier

Den Räucherlachs in der Küchenmaschine fein pürieren und durch ein feines Sieb streichen. Den Meerrettich und die gehackte Kresse untermischen. Mit Salz und Pfeffer abschmecken. Die geschlagene Sahne vorsichtig unterheben und kalt stellen.

Die Kresse waschen und abtropfen lassen. Die Eier schälen, längs halbieren und das Räucherlachsmousse vorsichtig aufspritzen.

Die Eier mit der Kresse anrichten.

***

Sauerkraut-Gratin

Arbeitsaufwand 20 Minuten
Backzeit 15–20 Minuten

Zutaten für 4 Portionen:
500 g Sauerkraut (> Seite 251)
1 EL Butterschmalz
Salz, Pfeffer, Paprika
2 Knoblauchzehen
1 Lorbeerblatt
2 EL Weißwein
200 g gekochtes Geflügel-, Kalbs- oder Schweinefleisch (> Seite 508)
500 g Kartoffelpüree (> Seite 470)
50 g geriebener Emmentaler-Käse (> Seite 324)
1 EL gehackte Petersilie
10 g Butter für die Form
20 g Butterflocken

Das Sauerkraut im Butterschmalz andünsten, mit Salz, Pfeffer und Paprika abschmecken, den Knoblauch darüberpressen und das Lorbeerblatt beigeben. Mit dem Weißwein mischen und etwas einkochen lassen.

Das Fleisch in kleine, feine Scheiben schneiden. Eine feuerfeste Form ausbuttern und mit dem Sauerkraut gleichmäßig belegen. Die Hälfte des Kartoffelpürees daraufgeben. Das Fleisch darauf verteilen und mit dem restlichen Kartoffelpüree bedecken. Die Oberfläche mit Reibkäse, der Petersilie und den Butterflocken bestreuen. Im Ofen bei 200 Grad Celsius etwa 15–20 Minuten lang überbacken.

Tip: Anstelle von Kartoffelpüree gekochte Kartoffeln raffeln, wie beschrieben verwenden und mit etwas süßer Sahne beträufeln.

Schokoladentorte

Arbeitsaufwand 25 Minuten
Backzeit 50–60 Minuten

Für eine Springform von 26 cm Durchmesser:
6 Eigelb
200 g Zucker
150 g ungeschälte, geriebene Mandeln
100 g geriebenes Vollkornbrot (vom Vortag)
80 g Butter
200 g dunkle, gute Schokolade
6 Eiweiß
1 Prise Salz
Butter und Paniermehl für die Form

Die Eigelbe und den Zucker zu einer sämigen Creme schlagen. Die Mandeln, das geriebene Brot und die geschmolzene lauwarme Butter darunterziehen. Die Schokolade mit 2 Eßlöffeln Wasser im Wasserbad schmelzen lassen. Unter den Teig geben. Die Eiweiße mit dem Salz steifschlagen. Den Teig vorsichtig zum Eiweiß geben, locker mischen und in eine bebutterte und mit Paniermehl ausgelegte Springform gießen. Etwa 50–60 Minuten lang bei 180 Grad Celsius backen.

EINFACH, ABER LECKER

***

FLÄDLESUPPE

Reste: Pfannkuchen

***

PIKANTER FLEISCHSALAT

Reste: Fleischsuppe, Suppenfleisch

***

APFELMUS-QUARK

Reste: gekochte Äpfel oder Apfelmus

***

Schwierigkeit	★☆☆☆☆
Zeitaufwand	★★☆☆☆
Tauglichkeit zum Vorbereiten	★★☆☆☆
Preis	★★☆☆☆
Energie (in Prozent des Tagesbedarfes)	**28**
Fett (in Prozent des Tagesbedarfes)	**43**

***

FLÄDLESUPPE

***

Arbeitsaufwand etwa 10 Minuten

Zutaten für 4 Portionen:
0,8 l fertige Fleischbrühe (> Seite 548)
2 dünne Pfannkuchen (> Seite 561)
evtl. 1 EL gehackte Petersilie
oder Schnittlauch

Die Pfannkuchen in sehr dünne Streifen schneiden und in die erwärmte Suppenschüssel oder in Tassen geben. Unmittelbar vor dem Servieren die kochende Brühe sorgfältig darüber anrichten. Mit der Petersilie oder dem Schnittlauch bestreuen.
Tip: Anstelle von Petersilie oder Schnittlauch kann man Kresse oder feingeschnittenen Bärlauch zugeben.

***

***

Pikanter Fleischsalat

***

Arbeitsaufwand etwa 25 Minuten

Zutaten für 4 Portionen:
600 g kaltes, gekochtes Fleisch
(Rind oder Kalb oder auch Zunge)
2 hartgekochte Eier
2 Salzgurken
1 grüne, gelbe oder rote Paprikaschote
(> Seite 245)
2 mittelgroße Zwiebeln (> Seite 257)
1 TL scharfer Senf (Dijonsenf)
2 EL Kräuteressig
4 EL Öl
Thymian, Rosmarin, Basilikum
Salz, Pfeffer
1 Stück geriebener Meerrettich (> Seite 242)

Das Fleisch in feine Scheiben schneiden, ebenso die hartgekochten Eier und die Salzgurken. Die Paprikaschote in schmale Streifchen, die geschälten Zwiebeln in hauchdünne Ringe schneiden. Den Senf, den Essig, das Öl und die Kräuter zu einer Sauce verrühren, mit Salz und Pfeffer abschmecken. Alle Zutaten und auch den geriebenen Meerrettich dazugeben und gut mischen. Mit den Eischeiben garnieren.

Tip: Besonders pikant wird der Salat, wenn er einige Stunden vor dem Essen zubereitet wird.

Beilagen:
Roggenbrot mit Butter

***

Apfelmus-Quark

***

Arbeitsaufwand etwa 10 Minuten

Zutaten für 4 Portionen:
150 g Speisequark (> Seite 319)
1/4 TL Zimt
3 EL Zucker
300 g Apfelmusreste
2 EL Haselnüsse (> Seite 294)

Den Speisequark mit dem Zimt und 1 Eßlöffel Zucker gut verrühren. Unter das Apfelmus ziehen. Kühl stellen.
Die Haselnüsse in Scheibchen schneiden, in einer Bratpfanne ohne Fettzugabe mit dem restlichen Zucker rösten und über die Creme verteilen.

FÜR KREATIVE KÖCHE

***

Brokkolisuppe

Reste: gekochter Brokkoli

***

Bunter gebratener Reis

Reste: Reis, Garnelen, Schinken,

Gemüse, Maiskörner usw.

***

Apfeltörtchen

Reste: Blätterteig

***

Schwierigkeit	★★☆☆☆
Zeitaufwand	★★☆☆☆
Tauglichkeit zum Vorbereiten	★★★☆☆
Preis	★☆☆☆☆
Energie (in Prozent des Tagesbedarfes)	**29**
Fett (in Prozent des Tagesbedarfes)	**44**

***

Brokkolisuppe

***

Arbeitsaufwand etwa 15 Minuten
Kochzeit etwa 10 Minuten

Zutaten für 4 Portionen:
1 große, gehackte Zwiebel (> Seite 257)
2 EL Butter
3/4 l Fleischbrühe (> Seite 548)
500 g Brokkolireste
Salz, Pfeffer
4 EL saure Sahne
1 EL gehackter Schnittlauch

Die Zwiebeln in der Butter 2–3 Minuten lang dünsten und die Brühe zugeben. Etwa 5 Minuten lang kochen. Den Brokkoli zugeben. Durch die Passiermaschine treiben oder mit einem Stabmixer zerkleinern und anschließend durch ein Drahtsieb passieren. Das Püree aufkochen, mit Salz und Pfeffer würzen. Die saure Sahne hinzugeben und bis knapp vor den Siedepunkt bringen. In Suppentassen anrichten und mit dem Schnittlauch bestreuen.

Tips: Kleine rote Pefferschotenwürfelchen mit den Zwiebeln dünsten.

▶ Feingehackte Schinken- oder Fleischwurstreste hinzufügen.

***

BUNTER GEBRATENER REIS

***

Arbeitsaufwand etwa 20 Minuten

Zutaten für 4 Portionen:
Reisreste, wenn möglich vom Vortag
1–2 EL Öl
4 Eier
feingeschnittenes Zwiebelgrün oder zarter Lauch (> Seite 246)
Salz, Pfeffer
Reste von Gemüse, Fisch, Meeresfrüchten oder Fleisch

Den Reis im heißen Öl pfannenrühren, bis er heiß ist. Pro Person 1 verquirltes Ei, das Zwiebelgrün oder den Lauch zugeben. Nur kurz rühren, das Ei darf nicht ganz trocken werden. Mit Salz und Pfeffer abschmecken.

Pro Person rechnet man etwa 150–200 g Reisreste. Sollte nicht genügend Reis vorhanden sein, die benötigte Menge dazukochen. Die vorhandenen Fleisch- oder Gemüsereste kleinschneiden, untermischen und mit dem Reis kurz braten.

Tip: Es können weitere gekochte oder gebratene Reste verwendet werden, wie z.B. Geflügel, Gemüse, Pilze, Sprossen, Maiskörner, Nüsse und Kräuter.

***

APFELTÖRTCHEN

***

Arbeitsaufwand 15 Minuten
Backzeit 25–30 Minuten

Für 4 Tortelettenförmchen von 10 cm Durchmesser:
2 Äpfel (> Seite 283)
1 EL Zitronensaft
200 g Blätterteigreste
1 Eigelb
6–8 EL Milch
2 EL Zimt-Zucker
Puderzucker zum Bestäuben

Die Äpfel schälen, halbieren, entkernen, fein einschneiden. Mit dem Zitronensaft beträufeln.
Den Blätterteig dünn ausrollen und die Förmchen damit auslegen. Den Teig mehrmals mit einer Gabel einstechen.

Das Eigelb mit der Milch und dem Zimt-Zucker verrühren und über die Äpfel gießen. Mit dem Puderzucker bestäuben und im vorgeheizten Ofen bei 190 Grad Celsius etwa 25–30 Minuten lang backen.

DAS BESTE AUS TROCKENEM BROT

✲✲✲

SCHWARZWURZEL-CREMESUPPE

Reste: Schwarzwurzeln

✲✲✲

TOSKANISCHER BROTSALAT

Reste: Brot, kaltes, gebratenes Fleisch

✲✲✲

BIRNENJALOUSIEN

Reste: Hefeteig, Kuchenteig oder Blätterteig

✲✲✲

Schwierigkeit	★☆☆☆☆
Zeitaufwand	★★☆☆☆
Tauglichkeit zum Vorbereiten	★★☆☆☆
Preis	★★★☆☆
Energie (in Prozent des Tagesbedarfes)	**54**
Fett (in Prozent des Tagesbedarfes)	**81**

✲✲✲

SCHWARZWURZEL-CREMESUPPE

✲✲✲

Arbeitsaufwand etwa 15 Minuten
Kochzeit etwa 10 Minuten

Zutaten für 4 Portionen:
2 EL feingeschnittener Lauch (nur das Weiße) (> Seite 246)
1 EL feingeschnittener Knollensellerie (> Seite 252)
1 1/2 EL Butter
1 1/2 EL Mehl
0,8 l Brühe (> Seite 548)
400 g gekochte Schwarzwurzeln (> Seite 251)
2 dl süße Sahne
Salz, geriebene Muskatnuß
1 Prise Zucker

Den Lauch und den Sellerie in der Butter farblos dünsten.Das Mehl darüberstreuen und mitdünsten. Die Brühe zugießen und glattrühren.

Die Schwarzwurzeln in Stücke schneiden und 2/3 davon zur Suppe geben. Die Suppe unter gelegentlichem Rühren etwa 5 Minuten lang kochen lassen. Die Sahne hinzufügen, mit Salz, Muskatnuß und dem Zucker abschmecken. Die Suppe im Mixer pürieren (oder durch die Passiermaschine, > Seite 170, treiben) und durch ein Sieb passieren.

Die restlichen Schwarzwurzeln in 1 cm lange Stücke schneiden.

In die Suppe geben und nur noch ganz kurz erwärmen.

Tip: Diese Cremesuppe ist ein Beispiel für die Verwendung von Resten verschiedener gekochter Gemüsesorten, z.B. Spargel, Kohlrabi, Karotten, Rosenkohl usw.

***

Toskanischer Brotsalat

***

Arbeitsaufwand etwa 30 Minuten

Zutaten für 4 Portionen:
600 g altbackenes Brot (wenn möglich Bauernbrot)
Salz
2 EL Rotweinessig
6 EL bestes, kaltgepreßtes Olivenöl
2 Knoblauchzehen
2 große rote Zwiebeln (> Seite 257)
16 Basilikumblätter
etwas schwarzer Pfeffer aus der Mühle
4 große, reife, aber feste Tomaten (> Seite 254)

Das Brot in grobe Scheiben schneiden, in eine Schüssel geben und mit kaltem Wasser begießen. Das Brot ziehen lassen, bis es weich ist.

Das Brot dann auspressen, von Hand zerzupfen und in eine Schüssel geben. Etwas Salz mit dem Essig verrühren. Das Olivenöl nach und nach unterschlagen. Den Knoblauch schälen, durch die Presse drücken und dazugeben. Die Zwiebeln schälen und in Ringe schneiden. Das Basilikum waschen und trockentupfen. Kleine Basilikumblätter ganz lassen, größere von Hand grob zerzupfen. Die Zwiebeln und das Basilikum mit dem Brot mischen. Die Mischung mit der Sauce begießen, gut durchrühren und den Salat mit viel schwarzem Pfeffer aus der Mühle bestreuen. Die Tomaten waschen, gut abtropfen, in je 6–8 Schnitze schneiden, leicht salzen und den Salat damit garnieren.

Tip: Die benötigte Salatsaucenmenge kann unterschiedlich sein, je nach Brotsorte, eventuell wird etwas mehr benötigt.

***

Birnenjalousien

***

Arbeitsaufwand etwa 25 Minuten
Backzeit etwa 15–20 Minuten

Zutaten für 4 Stück:
400 g Birnen (weiche Sorte, > Seite 289)
Saft von 1/2 Zitrone
250 g Hefeteig, Blätterteig oder geriebener Teig (> Seite 578)
1 Eigelb
50 g Zucker
80 g Speisequark
50 g geriebene Mandeln
1 EL Zucker zum Bestreuen

Die Birnen schälen, halbieren, die Kerngehäuse entfernen und die Birnen in Schnitze schneiden. Sofort mit dem Zitronensaft beträufeln. Den Teig etwa 3 mm dick ausrollen und in Stücke von 10 x 15 cm schneiden.

Ein Backblech kalt abspülen und die Teigplätzchen darauf legen. In einer Schüssel das Eigelb mit dem Zucker schaumig schlagen. Den Speisequark und die gemahlenen Mandeln daruntermischen. Diese Masse auf die Teigplätzchen streichen, so daß immer 1 1/2 cm Rand bleibt. Dicht mit den Birnenschnitzen belegen. Mit dem Zucker bestreuen. Im vorgeheizten Backofen bei 200 Grad Celsius etwa 15–20 Minuten lang backen. Lauwarm servieren.

Tips: Harte Birnen müssen kurz vorgekocht werden.

▶ Man kann auch Birnen aus der Dose verwenden.

***

DEFTIGES MIT TRADITION

***

Gemüsesuppe mit Reis

Reste: Gemüse, Reis, Hartkäse

***

Zwiebel-Käserösti mit Spiegelei

Reste: gekochte Kartoffeln,

Käse, Schinken oder Magerspeck

***

Götterspeise

Reste: Biskuitreste, Kompott oder verschiedenes Obst

***

Schwierigkeit	★☆☆☆☆
Zeitaufwand	★★☆☆☆
Tauglichkeit zum Vorbereiten	★★★☆☆
Preis	★☆☆☆☆
Energie (in Prozent des Tagesbedarfes)	**52**
Fett (in Prozent des Tagesbedarfes)	**66**

***

Gemüsesuppe mit Reis

***

Arbeitsaufwand etwa 15 Minuten
Kochzeit etwa 10 Minuten

Zutaten für 4 Portionen:
etwa 400 g gekochte Gemüsereste (z.B. Karotten, Sellerie, Wirsing, Zucchini oder andere Sorten, je nach Saison)
3/4 l Brühe (> Seite 548)
1 große, gehackte Zwiebel (> Seite 257)
1 EL Butterschmalz
50 g Magerspeck (nach Belieben)
100 g gekochter Reis (> Seite 452)
1 kleine Dose rote oder weiße Bohnen (> Seite 260)
1 Knoblauchzehe
1 EL gehacktes Basilikum oder Petersilie
Salz, Pfeffer

Die Gemüse in der Gemüsebrühe erhitzen, dann pürieren. Die Zwiebeln im Butterschmalz mit dem gehackten Speck oder dem Schinken anziehen lassen. Mit dem Reis und den Bohnen zur Suppe geben. Mit dem durchgepreßten Knoblauch, dem Basilikum oder der Petersilie und mit Salz und Pfeffer abschmecken.

Tip: Der Reis kann durch gekochte und mit dem Gemüse passierte Kartoffeln ersetzt werden.

***

***

Zwiebel-Käserösti mit Spiegelei

***

Arbeitsaufwand etwa 15 Minuten
Kochzeit etwa 20 Minuten

Zutaten für 4 Portionen:
500 g gekochte Kartoffeln
Salz, Pfeffer
1 große Zwiebel (> Seite 257)
100 g Hartkäse, z.B. Greyerzer oder Emmentaler (> Seite 324)
2 EL Butterschmalz
50 g Schinken oder Magerspeck (nach Belieben)
4 frische Eier
30 g frische Butter

Die Kartoffeln, wenn nötig, schälen, in dünne Scheiben schneiden und leicht salzen.
Die Zwiebel in Streifen schneiden und den Käse reiben.

Das Butterschmalz erhitzen. Die Zwiebeln, den Schinken oder den Speck hacken, zugeben und kurz mitdünsten. Die Kartoffeln mit dem Käse und den Zwiebeln mischen und hinzufügen. Mit der Bratschaufel zusammendrücken. Etwas anbraten lassen, zudecken und bei kleiner Hitze langsam weiterbraten, bis eine Kruste entsteht. 4 Spiegeleier in der frischen Butter zubereiten. Die Rösti mit je einem Spiegelei krönen.

Beilagen:
Grüner Salat

***

Götterspeise

***

Arbeitsaufwand etwa 15 Minuten
Kochzeit 5–10 Minuten

Zutaten für 4 Portionen:
300 g Biskuitreste (> Seite 581)
400 g Aprikosen (> Seite 287)
150 g Brombeeren (> Seite 290)
150 g Himbeeren (> Seite 295)
2 EL Zucker
150 g Speisequark
1 1/2 EL süße Sahne
1/2 Beutel Vanillezucker

Das Biskuit in Scheiben schneiden, die Hälfte auf den Boden einer Glasschale geben.
Die Früchte mit 2 Eßlöffeln Zucker und ganz wenig Wasser kurz aufkochen. Aus der Pfanne nehmen und den Saft heiß über das Biskuit gießen. 2/3 des Kompotts und das restliche Biskuit darauflegen.

Den Quark mit der Sahne, dem restlichen Zucker und dem Vanillezucker schaumig schlagen. 1/3 davon über die Früchte geben.

Dann mit einer Schicht Kompott und einer Schicht Quarkcreme auffüllen.
Tip: Nach Belieben mit Beeren oder Früchten garnieren.

ALTBEWÄHRTES AUS DER RESTEKÜCHE

***

Zucchinisalat mit Basilikum

Reste: Zucchini

***

Schinkenomelette mit grünen Erbsen

Reste: Schinken

***

Delikate Apfelschnitten

Reste: Brioche- oder Hefezopf, Äpfel oder Birnen

***

Schwierigkeit	★★☆☆☆
Zeitaufwand	★★☆☆☆
Tauglichkeit zum Vorbereiten	★★★☆☆
Preis	★☆☆☆☆
Energie (in Prozent des Tagesbedarfes)	**37**
Fett (in Prozent des Tagesbedarfes)	**72**

***

Zucchinisalat mit Basilikum

***

Arbeitsaufwand 15 Minuten

Zutaten für 4 Portionen:
2 kleine, grüne Zucchini (> Seite 256)
1 1/2 EL Schalottenessig
2 durchgepreßte Knoblauchzehen
Salz, Pfeffer
4 EL Olivenöl
10 feingeschnittene Basilikumblätter

Die Zucchini in etwa 5 cm lange, feine Streifen schneiden. Aus dem Essig, dem Knoblauch, Salz, Pfeffer und dem Olivenöl die Salatsauce zubereiten.

Die Zucchinistreifen damit marinieren. Die Basilikumblätter darüberstreuen. Den Salat häufchenweise auf Tellern anrichten und servieren.

***

***

Schinkenomelette mit grünen Erbsen

***

Arbeitsaufwand 15 Minuten
Kochzeit etwa 5 Minuten

Zutaten für 4 Portionen:
200 g grüne Erbsen
(eventuell tiefgekühlt, > Seite 234)
60 g Butter
150–200 g Schinkenreste
8 Eier
2 EL Milch, süße Sahne oder Wasser
Salz, weißer Pfeffer aus der Mühle

Die Erbsen mit 2–4 Eßlöffeln Wasser, 10 g Butter und dem kleingeschnittenen Schinken in einer kleinen Pfanne 7–9 Minuten lang dünsten.

Die Eier mit einer Gabel leicht verquirlen. Die Milch, die Sahne oder das Wasser und die Erbsen beifügen. Mit Salz und Pfeffer abschmecken.

Je 30 g Butter in zwei großen, beschichteten Bratpfannen schmelzen lassen und je die Hälfte der Eier mit dem Schinken und den Erbsen hineingießen. Die leicht gestockten Eier sofort mit einem Spatel gegen die Mitte schieben. Bevor die Eimasse ganz gestockt ist, die Pfannen vom Herd wegziehen. Die Omeletten zusammenfalten und auf vorgewärmte, nicht zu heiße Teller gleiten lassen.

Tips: Das Omelette darf nicht trocken werden, sondern muß noch feucht sein. Wichtig für das Gelingen ist die Verwendung einer absolut sauberen, wenn möglich beschichteten Bratpfanne. Das Ei darf nur leicht geschlagen werden. Nach Belieben kann man zum Schluß, vor dem Zusammenfalten, das Omelette mit wenig Butterflocken belegen.

▶ Am besten gelingen die Omeletten, wenn man die Zutaten teilt und in zwei Bratpfannen zubereitet.

▶ Die Erbsen lassen sich durch anderes, eventuell bereits gekochtes Gemüse, z.B. zerkleinerte Brokkolireste, grüne Bohnen, Paprikaschotenstreifen usw., ersetzen.

***

Delikate Apfelschnitten

***

Arbeitsaufwand 20 Minuten

Zutaten für 4 Portionen:
4 saure Äpfel (> Seite 283)
4 EL Butter
4 EL Zucker
1 TL Zimt
2 EL Milch
8 Scheiben Brioche- oder Zopfreste

Die Äpfel schälen und in Scheiben schneiden. In 2 Eßlöffeln Butter glasig dünsten. Mit Zucker und Zimt bestreuen und Farbe annehmen lassen. Dann aus der Pfanne nehmen und die mit Milch beträufelten Brioche oder Zopfscheiben hineingeben. Die restliche Butter beifügen und die Schnitten beidseitig goldgelb backen. Noch warm auf Teller verteilen und mit den Äpfeln belegen.

Tip: Dieses Rezept läßt sich auch mit Birnen zubereiten.

AUS RESTEN VOM FESTE

***

BROTSUPPE NACH TESSINER ART

Reste: Brot, Rotwein

***

NUDELN MIT RÄUCHERLACHS

Reste: Räucherlachs

***

FRUCHTSALAT MIT SAHNE

Reste: diverse Früchte

***

Schwierigkeit	★☆☆☆☆
Zeitaufwand	★★☆☆☆
Tauglichkeit zum Vorbereiten	★★★☆☆
Preis	★★☆☆☆
Energie (in Prozent des Tagesbedarfes)	**38**
Fett (in Prozent des Tagesbedarfes)	**55**

***

BROTSUPPE NACH TESSINER ART

***

Arbeitsaufwand etwa 15 Minuten
Kochzeit etwa 20 Minuten

Zutaten für 4 Portionen:
200 g Vollkornbrot
2 Zwiebeln (> Seite 257)
2 EL Butter
1 l Brühe (> Seite 548)
Salz, Pfeffer, Muskatnuß
4 EL Rotwein
1 kleines Stück frische Butter
50 g geriebener Greyerzer (> Seite 325)

Das Brot in feine Scheiben schneiden. Die Zwiebeln hacken. Zusammen mit dem Brot in der Butter 1–2 Minuten lang dünsten. Die Brühe zugießen und mit Salz, Pfeffer und Muskatnuß würzen. Etwa 20 Minuten lang kochen, dann die Suppe durch ein Sieb streichen. Wieder in die Pfanne geben. Den Rotwein und die Butterstücke beifügen. Langsam unter Rühren erwärmen. Mit dem geriebenen Käse servieren.

Nudeln mit Räucherlachs

Arbeitsaufwand 20 Minuten

Zutaten für 4 Portionen:
150 g Räucherlachsreste
2 1/2 dl süße Sahne
1 durchgepreßte Knoblauchzehe
600 g gekochte Nudeln (> Seite 484)
2 EL gehackte Kräuter (Petersilie, Basilikum)
Salz, Pfeffer

Die Räucherlachsreste in feine Streifen schneiden. Die Sahne mit dem Knoblauch aufkochen.

Die Nudeln in der Sahne schwenken, die Rauchlachsstreifen und die Kräuter untermischen. Mit Salz und Pfeffer abschmecken und sofort servieren.

Fruchtsalat mit Sahne

Arbeitsaufwand 25–30 Minuten

Zutaten für 4 Portionen:
4 EL Zucker
Saft von 1/2 Zitrone
3 Orangen (> Seite 286)
2 Äpfel (> Seite 283) oder Birnen (> Seite 289)
2 Bananen (> Seite 288)
1 dl süße Sahne

Den Zucker und den Zitronensaft in einer Schüssel verrühren. Die Orangen mit einem Messer schälen und die Filets zwischen den Trennhäuten herausschneiden. Den Saft aus den Trennhäuten zu dem Zitronensaft pressen.

Die Äpfel sowie die Birnen und die Bananen schälen. Die Äpfel und die Birnen sechsteln und das Kerngehäuse entfernen. Die Früchte in Scheiben schneiden, mit dem Saft mischen und kalt stellen.

Die Sahne steif schlagen und den Fruchtsalat damit garnieren.

FESTMENÜS

Oft möchte man Geburtstage, Taufen, Verlobungen und andere Familienfeste zu Hause feiern. Auch Ostern und Weihnachten gehören zu diesen Gelegenheiten, bei denen man sich dort am besten fühlt. An solchen Tagen will man natürlich seine Gäste auch kulinarisch verwöhnen.

Um dabei elegant über die Runden zu kommen, muß man zuallererst die Rezepte genau durchlesen, danach eine Einkaufsliste erstellen. Gerade der Einkauf muß sehr sorgfältig ausgeführt werden, da nicht nur die gekonnte Zubereitung, sondern auch die Qualität und Reife der Zutaten maßgeblich zum Gelingen beitragen. Sollte ein Produkt aus saisonalen oder anderen Gründen nicht erhältlich sein, stehen in den angeführten Tips meistens Alternativen.

Unsere Menüs umfassen ein bis zwei Vorspeisen, ein Hauptgericht und ein Dessert. Ist dies zu umfangreich, kann man ruhig eine der beiden Vorspeisen weglassen. Natürlich können aus den verschiedenen Vorschlägen einzelne Rezepte ausgesucht und nach eigener Wahl zusammengestellt werden. Bei Speisefolgen mit mehreren Gängen sollte man allerdings unbedingt kleinere Portionen kochen, damit das Menü bekömmlich bleibt.

Manche der folgenden Gerichte können nur zum Teil im voraus zubereitet werden. Damit sie aber auch beim ersten Mal gleich gelingen, sollten die Rezepte genau befolgt werden. Die aufgeführten Vorspeisen sind für 4 Personen berechnet, damit man sie auch als kleines Abendessen oder Hauptgericht verwenden kann. Als kleine Vorspeise reichen die Zutaten für 6 bis 8 Personen aus.

Zu einem guten Essen gehört außerdem ein passender Wein. Deshalb enthalten die Menüs auch unverbindliche Weinvorschläge.

Jan

FÜR LIEBHABER VON WILD

***

RÄUCHERLACHSMOUSSE MIT MEERRETTICHSAUCE

***

ZUCCHINIKRUSTADEN

***

REHRÜCKENFILETS MIT MAISKROKETTEN

***

JOHANNISBEER-JOGHURT-CHARLOTTE

***

Für die Berechnung des Energie- und Fettgehaltes wurde ein Mittelwert für den Tagesbedarf an Energie von 2200 kcal und für den Tagesbedarf an Fett von 80 Gramm angenommen.

Schwierigkeit	★★★★☆
Zeitaufwand	★★★★☆
Tauglichkeit zum Vorbereiten	★★★★☆
Preis	★★★★☆
Energie (in Prozent des Tagesbedarfes)	**91**
Fett (in Prozent des Tagesbedarfes)	**153**

***

RÄUCHERLACHSMOUSSE MIT MEERRETTICHSAUCE

***

Arbeitsaufwand 35 Minuten
Garzeit 20 Minuten

Zutaten für 4 Portionen:
220 g mild gesalzener Räucherlachs
0,2 l süße Sahne
1 EL gehackte Kresse
Butter für die Förmchen
1/4 l Milch
40 g Weißbrot, ohne Kruste
1 EL feingehackte Zwiebeln (> Seite 257)
3 EL süße Sahne
1 1/2 EL geriebener Meerrettich (> Seite 242)
Salz, Pfeffer
etwas Zucker
1–2 EL Zitronensaft
4 Dillsträußchen

Den Räucherlachs in kleine Würfel schneiden und gut durchkühlen. Die Sahne (0,2 l) steif schlagen. Den Räucherlachs in der Küchenmaschine pürieren und durch ein feines Sieb streichen. Die Schüssel mit dem pürierten Räucherlachs in eine mit Eis gefüllte Schale stellen und die Sahne löffelweise unterarbeiten. Die Kresse hinzufügen. Nach Belieben mit wenig Pfeffer abschmecken.

Die Förmchen ausbuttern und die Mousse einfüllen. Im vorgeheizten Ofen bei 140 Grad Celsius im Wasserbad etwa 15–20 Minuten lang garziehen lassen.

Die Milch aufkochen und das Weißbrot in feine Würfel schneiden. Das Weißbrot, die Zwiebeln und die Sahne (3 EL) zur Milch geben und etwa 10 Minuten lang kochen. Im Mixer pürieren. Den Meerrettich hinzugeben, mit Salz, Pfeffer, dem Zucker und dem Zitronensaft abschmecken. Die Mousse stürzen, mit der Sauce anrichten und mit dem Dill garnieren.

***

Zucchinikrustaden

***

Arbeitsaufwand **40 Minuten**
Backzeit **15 Minuten**

Zutaten für 4 Portionen:
250 g Blätterteig
1 Eigelb
1 EL süße Sahne
4 mittelgroße Zucchini (> Seite 256)
2 EL Butterschmalz
Salz, weißer, frisch gemahlener Pfeffer
2 durchgepreßte Knoblauchzehen
je 12 rote und gelbe geschälte Kirschtomaten (> Seite 254)
2 EL gehackte Kräuter (Basilikum, flachblättrige Petersilie)

Den Blätterteig etwa 1/2 cm dick ausrollen und vier Rechtecke in der Größe von 8 x 12 cm ausschneiden. Auf ein mit kaltem Wasser abgespültes Blech setzen. Das Eigelb mit der Sahne mischen und den Blätterteig damit bestreichen. Im vorgeheizten Ofen bei 200 Grad Celsius etwa 15 Minuten lang backen.

Die Zucchini waschen. Zuerst in etwa 4 cm große Stücke, dann in Stengel schneiden. Die Zucchinistengel unter Wenden im heißen Butterschmalz garen. Mit Salz und Pfeffer würzen und den Knoblauch hinzufügen. Die Hitze so regulieren, daß kein Saft ausläuft. Die Tomaten hinzufügen. Mit den Kräutern bestreuen.

Von den gebackenen Blätterteig-Rechtecken den Deckel abschneiden. Die untere Hälfte auf einen Teller legen und mit der Zucchini/Tomaten-Mischung belegen. Den Deckel aufsetzen und servieren.

***

Rehrückenfilets mit Maiskroketten

***

Arbeitsaufwand **60 Minuten**
Bratzeit **8–10 Minuten**

Zutaten für 4 Portionen:
Kroketten:
3 dl Wasser
Salz, geriebene Muskatnuß
80 g mittelfeiner Maisgrieß
2 Eier
2 EL Mehl
5 EL gehobelte Mandeln
Öl für die Fritüre

Filets:
600 g Rehrückenfilet (> Seite 357)
Salz, Pfeffer
1 1/2 EL Butterschmalz
4 Feigen (> Seite 293)
1 1/2 EL Butter
1 dl roter Portwein
1 EL gehackte Schalotten (> Zwiebeln, Seite 257)
2,5 dl Wildfond (> Seite 550)

Das Wasser mit Salz und Muskatnuß würzen und aufkochen. Den Maisgrieß einrieseln lassen und unter Rühren kochen. (Kochzeitangaben auf der Verpackung beachten). Vom Herd nehmen, ein Ei unterrühren und nochmals aufkochen.

Aus der Maismasse 12 Kroketten formen. Das zweite Ei verquirlen. Die Kroketten erst im Mehl, dann im Ei und in den Mandeln wenden.

Das Rehrückenfilet salzen, pfeffern, im heißen Butterschmalz 8–10 Minuten lang rosa braten und auf einem Gitter 8 Minuten lang ruhen lassen. Im Ofen bei 65 Grad Celsius warm halten. Die

Feigen schälen, salzen, pfeffern und in 1 Eßlöffel Butter anbraten. Im Portwein 2–3 Minuten lang ziehen lassen.

Die Schalotte in der restlichen Butter goldgelb dünsten. Mit dem Portweinfeigensud und dem Jus auffüllen und um etwa die Hälfte einkochen. Die Sauce mit Salz und Pfeffer abschmecken. Die Maiskroketten in der Fritüre (> Seite 154) oder Pfanne bei 180 Grad Celsius etwa 5 Minuten lang backen. Das Rehfilet in Scheiben schneiden, zusammen mit den Feigen, der Sauce und den Maiskroketten anrichten.

Johannisbeer-Joghurt-Charlotte

Arbeitsaufwand 60 Minuten
Backzeit 4–5 Minuten

Zutaten für eine Glasschüssel von etwa 1 Liter Inhalt:

Roulade:
4 Eigelb
50 g Zucker
Salz
3 Eiweiß
60 g Mehl
100 g Johannisbeergelee

Füllung:
7 Blatt Gelatine
450 g Johannisbeeren (eventuell tiefgekühlt, > Seite 296)
3 Eigelb
80 g Zucker
150 g Joghurt (> Seite 317)
2 EL Zitronensaft
0,1 l süße Sahne

Garnitur:
60 g Zucker
4 EL Wasser
1 EL Zitronensaft
100 g Johannisbeergelee
1/2 dl süße Sahne
Pfefferminzblätter

Die Eigelbe mit einem Eßlöffel Zucker und wenig Salz cremig rühren. Die Eiweiße schlagen, bis sie weiß werden. Nach und nach den restlichen Zucker einrieseln lassen und weiterschlagen, bis sie steif sind. Die Eigelbe unter den Eischnee ziehen, das Mehl darübersieben und vorsichtig unterheben. Ein Backblech mit Backtrennpapier auslegen. Die Biskuitmasse gleichmäßig dick darauf ausstreichen. Im vorgeheizten Ofen bei etwa 240 Grad Celsius 4–5 Minuten lang backen.

Den gebackenen Biskuit mit der Oberfläche nach unten auf einen Tisch legen, die Papierseite mit einem feuchten Tuch und dem Backblech belegen und leicht pressen. Das Papier abziehen und den Biskuit quer halbieren. Das Johannisbeergelee durch ein Sieb streichen und die Oberfläche der beiden Biskuits damit bestreichen. Fest aufrollen, in Klarsichtfolie einwickeln und auskühlen lassen. Die Folie entfernen. Die Biskuitrouladen in etwa 4 mm dicke Scheiben schneiden und dicht aneinandergereiht eine Kuppelform oder eine Glasschüssel damit auslegen.

Die Blattgelatine zum Quellen in kaltes Wasser legen. Die Johannisbeeren waschen und entstielen. Etwa 300 g davon im Mixer pürieren und durch ein feines Sieb streichen. Die Eigelbe mit dem Zucker cremig rühren. Den Joghurt, das Johannisbeerpüree und den Zitronensaft hinzufügen. Die Sahne steif schlagen. Die Gelatine aus dem kalten Wasser nehmen, ausdrücken, im warmen Wasserbad auflösen und unter die Joghurt-Johannisbeercreme rühren. Wenn die Masse anfäng fest zu werden, die geschlagene Sahne und die restlichen Johannisbeeren unterziehen. In die mit den Rouladen ausgelegte Form füllen, mehrmals kräftig auf ein feuchtes Tuch stoßen. Den Boden mit den restlichen Rouladenscheiben belegen. Im Kühlschrank in 2–3 Stunden fest werden lassen.

Die Charlotte auf eine Platte stürzen. Den Zucker mit dem Wasser, dem Zitronensaft und dem Johannisbeergelee kochen, bis die Flüssigkeit so dick wird, daß sie einen darin eingetauchten Holzlöffel überzieht. Die Charlotte sofort damit einstreichen. Mit Sahnerosetten und Pfefferminzblättern garnieren.

Tip: Die Charlotte kann auch mit Erdbeeren, Himbeeren oder Brombeeren zubereitet werden.

WEINEMPFEHLUNG:

Zu Rauchlachsmousse und Zucchinikrustaden:
Sancerre, Rosé de Provence, Grauer Burgunder
Zum Rehrücken: Guter Burgunder, Barolo, reifer Bordeaux

Zeitplan

Am Vortag:

Die Charlotte zubereiten, aber noch nicht stürzen. Kalt stellen.

300 **4–5 Stunden vor dem Essen:**

Den Mais kochen und die Kroketten formen und panieren, dann kalt stellen.

Die Zutaten für die Räucherlachsmousse und die Meerrettichsauce vorbereiten. Alles sofort in den Kühlschrank stellen.

Den Blätterteig ausrollen. Rechtecke schneiden, auf ein Blech legen und kalt stellen.

Die Zucchini putzen und schneiden. Die Kirschtomaten kurz mit kochendem Wasser überbrühen und schälen. Alle weiteren Zutaten für die Krustaden bereitstellen.

Die Zucchini knapp vorbraten.

Die Sauce für das Dessert zubereiten.

30 **1/2 Stunde vor dem Essen:**

Den Ofen vorheizen, Wasserbad hineinstellen. Die Räucherlachsmousse in bebutterte Förmchen füllen. Im Wasserbad 15–20 Minuten lang garen (erst einschieben, wenn alle Gäste da sind, und Küchenwecker einstellen).

Die Meerrettichsauce zubereiten und warm halten.

Die Blätterteigstücke mit Eirahm bestreichen und auf ein kalt abgespültes Blech legen.

Die Räucherlachsmousse aus dem Ofen nehmen. Die Temperatur auf 200 Grad Celsius einstellen.

15 **Nach dem Servieren der Räucherlachsmousse:**

Den Blätterteig einschieben (Küchenuhr einstellen). Die Gemüse erwärmen und die Krustaden anrichten. Die Fritüre erhitzen.

10 **Nach dem Servieren der Krustaden:**

Das Rehrückenfilet salzen und 8–10 Minuten lang rosa braten und warm halten.

Inzwischen die Maiskroketten schwimmend ausbacken.

15 **Nach dem Servieren des Hauptgerichtes:**

Die Charlotte stürzen und mit der Johannisbeersauce bestreichen.

GEHALTVOLLES FÜR FEINSCHMECKER

***

GEFLÜGEL-AVOCADOSALAT

***

FENCHEL-GRATIN

***

LACHSSCHEIBEN IM BLÄTTERTEIG

***

BIRNENKÖPFCHEN

***

Schwierigkeit	★★☆☆☆
Zeitaufwand	★★★☆☆
Tauglichkeit zum Vorbereiten	★★☆☆☆
Preis	★★☆☆☆
Energie (in Prozent des Tagesbedarfes)	**91**
Fett (in Prozent des Tagesbedarfes)	**176**

***

GEFLÜGEL-AVOCADOSALAT

***

Arbeitsaufwand 35 Minuten
Bratzeit 6–8 Minuten

Zutaten für 4 Portionen:
2 Hähnchenbrüste à 130 g (> Seite 353)
Salz, Pfeffer
1/2 EL Butterschmalz
2 mittelgroße, gehäutete Tomaten (> Seite 254)
Salat der Saison (> Seite 237)
4 EL Honigessig oder Weinessig mit etwas Honig
1 Prise Zucker
4 EL Salatöl
1/2 EL gehackter Estragon
2 mittelgroße Avocados (> Seite 287)

Die Hähnchenbrüste salzen, pfeffern und im Butterschmalz bei kleiner Hitze hellbraun braten. Zum Abkühlen auf ein Gitter legen.

Die Tomaten vierteln, entkernen und in kleine Würfel schneiden. Den Salat putzen, waschen und abtropfen lassen.

Aus dem Essig, Salz, Pfeffer, dem Zucker und dem Öl die Vinaigrette zubereiten. Die Tomatenwürfel und den Estragon beigeben.

Die Avocados schälen und in Schnitze vom Kern herunterschneiden. Die Hähnchenbrüste schräg in dünne Scheiben schneiden. Die Avocadoschnitze und die Hähnchenbrustscheiben anrichten. Mit der Tomatenvinaigrette beträufeln und dem Salat garnieren.

Tip: Damit die Avocadoschnitze sich nicht verfärben, kann man sie nach dem Schneiden mit etwas Zitronensaft bestreichen.

Fenchel-Gratin

Arbeitsaufwand 30 Minuten
Garzeit 35 Minuten

Zutaten für 4 Portionen:
4 mittelgroße Fenchelknollen (> Seite 235)
Salz
1 Karotte (> Seite 243)
1/2 kleine Sellerieknolle (> Seite 252)
1 kleiner Lauchstengel (> Seite 246)
Butter für die Form
1/2 Knoblauchzehe
1 Rosmarinzweig
4 dl Tomatensaft
Salz, Pfeffer, Zucker
2 kleine, gehäutete Tomaten (> Seite 254)
20 schwarze Oliven (> Seite 244)
2 EL geriebener Greyerzerkäse (> Seite 325)

Den Bratofen auf etwa 220 Grad Celsius vorheizen.
Die Stiele der Fenchel abschneiden, das Fenchelkraut hacken und beiseite stellen. Die äußeren Fenchelblätter schälen. Die Fenchel halbieren und jeweils den Strunk herausschneiden. Die Fenchel 3 Minuten lang in Salzwasser vorkochen, kalt abschrecken und in Scheiben schneiden. Die Karotte und den Sellerie schälen. Den Lauch putzen. Das Gemüse waschen und in kleine Würfel schneiden. Eine Auflaufform mit dem Knoblauch ausreiben und ausbuttern. Die Gemüsewürfel, den Rosmarin und die Fenchelscheiben einlegen. Den Tomatensaft mit Salz, Pfeffer und dem Zucker würzen. Über die Fenchel gießen und die Form mit einem Deckel oder mit Aluminiumfolie verschließen. Etwa 30–35 Minuten lang garen.

Die Tomaten entkernen und würfeln. Die Oliven in Stücke schneiden. Etwa 5 Minuten vor Beendigung der Garzeit die Tomaten, die Oliven und den Käse über den Gratin streuen. Leicht überbacken und mit dem Fenchelkraut bestreuen.

Lachsscheiben im Blätterteig

Arbeitsaufwand 30 Minuten
Backzeit 10 Minuten

Zutaten für 4 Portionen:
400 g Blätterteig
4 Scheiben Lachs à 150 g (> Seite 375)

Füllung:
150 g Lauch (vom hellen Teil) (> Seite 246)
1 1/2 EL Butter
Salz, Pfeffer
150 g Lachs (> Seite 375)
1 Ei
0,15 l süße Sahne
1 Prise Muskatnuß

Sauce:
3 Schalotten (> Zwiebeln, Seite 257)
70 g frische Champignons (> Seite 277)
1/4 l Weißwein
1/4 l süße Sahne
30 g Butter
1 1/2 EL Kaviar oder Keta-Kaviar (Salmrogen nach Belieben)
etwas Kerbel zum Garnieren

Für die Füllung den Lauch in feine, 4 cm lange Streifen schneiden und in der Butter 2–3 Minuten lang anziehen lassen. Mit wenig Salz und Pfeffer würzen und auskühlen lassen. Etwa 100 g Lachs kleinschneiden, mit 1/2 Eiweiß vermischen und kühl stellen.

Den kleingeschnittenen Lachs in der Küchenmaschine mit wenig Salz und der Sahne zu einer glatten Masse pürieren. Mit Pfeffer und der Muskatnuß würzen. Den Backofen auf etwa 240 Grad Celsius vorheizen.

Den Teig sehr dünn ausrollen (ca. 1 mm) und in 4 gleiche Rechtecke von ca. 12x15 cm schneiden. Die Mitte der Teigstücke mit etwas Eiweiß bepinseln. Die Lachsscheiben daraufgeben, mit dem Lauch belegen und die Fischfarce darüber verteilen. Den Teig von einer Seite her über den Lachs legen, mit etwas Eiweiß bestreichen und die gegenüberliegende Seite darüberklappen. Die restlichen Seiten darüber zusammenschlagen und die entstandenen Pakete wenden, so daß die Verschlußstelle unten liegt. Mit dem Eigelb bestreichen und im Kühlschrank 10 Minuten lang ruhen lassen. Bei

240 Grad Celsius etwa 5 Minuten lang anbacken, dann für 5–8 Minuten bei 200 Grad Celsius fertigbacken.

Für die Sauce die gehackten Schalotten und die Champignons mit dem Weißwein zum Kochen bringen und die Flüssigkeit auf 3 Eßlöffel reduzieren. Durch ein Sieb gießen, wieder in den Topf zurückgeben und sirupartig einkochen. Etwa 0,15 l Sahne zugeben und erneut köcheln lassen, bis die Sauce sämig ist. Die Butter in Stücke schneiden und darunterschwingen. Die restliche Sahne schlagen und darunterziehen. Nach Belieben den Kaviar in die Sauce geben. Mit Salz und Pfeffer abschmecken.

Die gebackenen Lachstranchen quer aufschneiden, auf vorgewärmte Teller anrichten und mit der Sauce umgießen. Mit dem Kerbel garnieren.

Tip: Anstelle von Lauch kann man auch blanchierte Wirsingblätter verwenden und für die Füllung einen preisgünstigeren Fisch, z.B. Flunder, verwenden.

Birnenköpfchen

Arbeitsaufwand 35 Minuten
Kühlzeit 2 Stunden

Zutaten für 4 Portionen:
300 g reife Birnen (> Seite 289)
2 EL Birnenbrand
1 EL Honig (> Seite 390)
0,1 l Apfelsaft
Saft von 1/2 Zitrone
Butter und Puderzucker für die Förmchen
3 Blätter Gelatine
2 Eigelb
60 g Zucker
0,15 l Milch
6 EL süße Sahne
100 g Zucker
0,1 l Wasser
etwas Zitronenmelisse (> Seite 433)

Die Birnen schälen, vierteln, entkernen und in Scheiben schneiden. Mit dem Birnenbrand, dem Honig, dem Apfel- und dem Zitronensaft weich kochen. Im Mixer fein pürieren. Die Förmchen ausbuttern und auszuckern.

Die Gelatine zum Aufquellen in kaltes Wasser legen. Die Eigelbe mit dem Zucker cremig rühren. Die Milch aufkochen und langsam unter die Eigelb-Zuckercreme mischen. Zurück in die Pfanne gießen. Unter Rühren mit einem Holzlöffel so weit erhitzen, bis die Eigelbe binden, auf keinen Fall kochen! Die Gelatine ausdrücken und in der heißen Creme auflösen. Die Creme kaltrühren. Das Birnenpüree untermischen. Die Sahne steif schlagen und unter die Creme ziehen. In die Förmchen füllen und etwa 2 Stunden kalt stellen.

Den Zucker hellbraun karamelisieren. Das Wasser hinzufügen und kochen, bis sich der Karamel aufgelöst hat. Die Birnenköpfchen stürzen und anrichten. Mit der Karamelsauce umgießen und mit der Zitronenmelisse garnieren.

Weinempfehlung:

Zum Salat:
Riesling Kabinett
Zum Fenchelgratin und Fisch:
Sekt, Ihringer Weißburgunder,
Meersburger Müller-Thurgau, piemontesischer Weißwein,
kräftiger weißer Burgunder

Zeitplan

300 **4–5 Stunden vor dem Essen:**

Die Birnenköpfchen zubereiten und an der Kühle stocken lassen. Die Karamelsauce kochen.

Fenchel putzen, vorkochen und schneiden. Gemüse für das Fenchelgratin vorbereiten.

Das Gemüse in die Form einlegen, alle weiteren Zutaten schneiden und bereitstellen.

Mit Folie abdecken und in den Kühlschrank stellen.

Die Füllung für den Lachs zubereiten und kalt stellen.

Den Blätterteig ausrollen und zurechtschneiden. Mit dem Lachs und der Füllung belegen und verschließen. Bis zum Backen im Kühlschrank aufbewahren.

Den Fond für die Sauce zum Fisch zubereiten und reduzieren (die Butter, die steifgeschlagene Sahne und den Kaviar noch nicht hinzugeben).

60 **1 Stunde vor dem Essen:**

Die Vinaigrette für den Salat zubereiten. Die Hähnchenbrüste braten und nach dem Auskühlen dünn schneiden. Die Avocados schneiden und mit Zitronensaft bestreichen.

Den Salat auf Tellern anrichten und mit Tomatenwürfel und Estragon garnieren.

Die Sahne für das Fischgericht schlagen.

Unmittelbar vor dem Servieren den Salat mit der Vinaigrette beträufeln.

Den Fenchelgratin in den Ofen schieben.

10 **Nach dem Servieren der Vorspeise:**

Die Tomaten, Oliven und den Käse über das Gratin verteilen und kurz bei Oberhitze überbacken.

15 **Nach dem Servieren des Gratins:**

Die Lachsscheiben im Blätterteig mit Eigelb bestreichen und in den Ofen schieben (Küchenwecker einstellen!).

Inzwischen die vorbereitete Sauce aufkochen. Die Sahne hinzufügen, sämig kochen und mit der Butter aufschlagen. Die steifgeschlagene Sahne darunterziehen. Den Kaviar hinzufügen.

Den Fisch quer aufschneiden, anrichten und mit der Sauce umgießen. Mit Kerbel garnieren.

5 **Nach dem Servieren des Hauptgerichtes:**

Die Formen der Birnenköpfchen kurz in warmes Wasser tauchen, auf Teller stürzen, die Birnenköpfchen mit der Karamelsauce umgießen und nach Belieben mit Zitronenmelisse garnieren.

ZUM VERWÖHNEN VON GUTEN FREUNDEN

***

GEMÜSESALAT MIT EI UND KRÄUTERSAUCE

***

KÜRBISPÜREESUPPE (> SEITE 557)

***

STEINBUTT IM SUD

SALZKARTOFFELN (> SEITE 470)

***

ERDBEEREN MIT MASCARPONECREME

***

Schwierigkeit	★☆☆☆☆
Zeitaufwand	★★★☆☆
Tauglichkeit zum Vorbereiten	★★★☆☆
Preis	★★★★☆
Energie (in Prozent des Tagesbedarfes)	**58**
Fett (in Prozent des Tagesbedarfes)	**86**

***

***

Gemüsesalat mit Ei und Kräutersauce

***

Arbeitsaufwand 35 Minuten
Kochzeit Gemüse 3–8 Minuten

Zutaten für 4 Portionen (als Vorspeise):
2 mittelgroße Karotten (> Seite 243)
1/4 Sellerieknolle (> Seite 252)
1 sehr kleiner Blumenkohl (> Seite 229)
1 kleiner Brokkoli (> Seite 230)
200 g Bohnen oder Zuckerschoten (> Erbsen, Seite 234)
Salz, Pfeffer
1 TL Essig
1 1/2 TL Salatöl
4 frische Eier

Garnitur:
Frisée- und Eichblattsalat (> Seite 232)

Sauce:
3 EL Mayonnaise (> Seite 570)
2 EL saure Sahne
je 1 TL Kerbel, Estragon und Petersilie
etwa 1/2 TL Essig

Die Karotten und den Sellerie schälen. Den Blumenkohl und den Brokkoli putzen und in kleine Röschen zerteilen. Bei den grünen Bohnen oder Zuckerschoten die Fäden abziehen und waschen. Den Frisée- und den Eichblattsalat waschen und gut abtropfen. Den Kerbel, den Estragon und die Petersilie waschen, trockentupfen und fein hacken.

Die ganzen Karotten in Salzwasser kochen und schräg in dünne Scheiben schneiden. Den Sellerie in Scheiben schneiden, mit einem Ausstecher Formen ausstechen und in Salzwasser knapp garen. Die Blumenkohl- und Brokkoliröschen in Salzwasser knapp garen. Die Zuckerschoten oder die Bohnen getrennt in Salzwasser garen. Die Eier etwa 6 Minuten lang kochen, kalt abschrecken und schälen.

Für die Sauce die Mayonnaise mit der sauren Sahne und den Kräutern im Mixer pürieren. Mit Salz, Pfeffer und dem Essig abschmecken.

Die gekochten, lauwarmen Gemüse mit Salz, Pfeffer und dem Essig würzen und mit dem Öl beträufeln. Gut mischen und auf 4 Tellern anrichten. Mit Frisée- und Eichblattsalat garnieren, das geschälte Ei drauflegen und mit der Kräutersauce überziehen.

***

Steinbutt im Sud

***

Arbeitsaufwand 20 Minuten
Kochzeit Sud 30 Minuten

Zutaten für 4 Portionen:
1,2 kg Steinbutt (> Seite 379)
1 Lauchstange (> Seite 246)
2 Karotten (> Seite 243)
4 Schalotten (> Zwiebeln, Seite 257)
1 Knoblauchzehe
2 Zweige Dill
2 Lorbeerblätter
4–5 Petersilienstiele
8 Korianderkörner
8 weiße Pfefferkörner
4 Champignons (> Seite 277)
1/4 l Weißwein
Salz, Pfeffer
1 1/2 EL trockener weißer Wermut (Noilly Prat, > Seite 425)
1 TL Pernod (> Seite 425)
4 kleine Dillzweige für die Garnitur

Den Steinbutt vom Fischhändler ausnehmen und in 4 Scheiben schneiden lassen. Die Gräten und die Haut müssen daranbleiben. Den Lauch in 1/2 cm dicke Ringe und die Karotten in Scheiben schneiden. Aus 8 Karottenscheiben Rosetten ausstechen. Den Lauch und die Karotten mit dem grobgeschnittenen Schalotten, der ganzen Knoblauchzehe, dem Dill, den Lorbeerblättern und den Petersilienstielen in einen Topf geben. Die Koriander- und Pfefferkörner mit einem sauberen Pfannenboden leicht zerdrücken. Die Champignonsscheiben, den Weißwein und 1/4 l Wasser hinzufügen. Etwa 30 Minuten lang zugedeckt kochen. Den Sud durch ein Sieb gießen. 12 Lauchringe, die Karottenröschen und die Champignons beiseite legen. Den Sud auf die Hälfte einkochen, passieren und in einen flachen Topf geben.

Den Sud ohne Gemüse in einen weiten Topf geben. Die Fischstücke, etwas Salz und den Wermut beifügen. Bei kleiner Hitze langsam erwärmen. Die Flüssigkeit darf nicht kochen, sie soll nur heiß werden. Die Pfanne von der Herdplatte wegziehen und den Fisch etwa 5–6 Minuten lang zugedeckt ziehen lassen, bis das Fleisch weiß wird.

Die Fischstücke sorgfältig aus der Pfanne heben und in vorgewärmten Suppentellern anrichten. Den Sud, wenn nötig, nochmals abschmecken und mit dem Pernod parfümieren. Die Lauchringe, die Karottenröschen und die Champignons einen Moment darin erwärmen. Dann über die Fischstücke gießen und mit den Dillzweigen garnieren.

Tips: Man kann den Fisch natürlich auch vor dem Servieren häuten. Es sieht aber attraktiver aus, wenn wenigstens ein Stück schwarze Haut am Fisch belassen wird. Sie kann ohne Mühe vom Fischfleisch abgezogen werden.

▶ Für Gäste, die Angst vor Fischgräten haben, kann man auch dicke Filettranchen verwenden. Allerdings wird der Sud auf die im Rezept beschriebene Art aromatischer.

Erdbeeren mit Mascarponecreme

Arbeitsaufwand etwa 20 Minuten

Zutaten für 4 Portionen:
100 g Mascarpone
60 g Puderzucker
1,5 dl Sahne
250 g Erdbeeren (> Seite 292)
6–8 Löffelbiskuits
5–6 EL Orangenbrandy
einige Pfefferminzblätter

Den Mascarpone mit dem Zucker mischen. Die steifgeschlagene Sahne unter die Mascarponemasse heben.

Die Erdbeeren waschen, putzen und vierteln. Die Löffelbiskuits schräg in zwei Teile schneiden und im Orange Brandy tränken.

Die Hälfte der Mascarponemasse in eine flache, ovale oder runde Glasschale geben. Mit etwa 2/3 der vorbereiteten Erdbeeren und den getränkten Löffelbiskuits belegen. Mit dem restlichen Mascarpone bedecken.

Mit den verbliebenen Erdbeeren und der Pfefferminze garnieren.

Tip: Falls kein Mascarpone erhältlich ist, kann er durch Quark ersetzt werden. Allerdings wird die Creme mit Mascarpone feiner und aromatischer.

Weinempfehlung:
Zum Gemüsesalat:
Trockener Muskateller
Zum Steinbutt:
Trockener Riesling oder Müller-Thurgau, italienischer Chardonnay (kein Barrique-Wein)

Zeitplan

480 **6–8 Stunden vor dem Essen:**

Das Gemüse für den Salat putzen und vorbereiten. Die Salate waschen.

Die Eier kochen und schälen.

Die Sahne zubereiten und zugedeckt in den Kühlschrank stellen.

Den Sud für den Fisch vorkochen, erkalten lassen und passieren.

Die Mascarponecreme zubereiten. Die Erdbeeren putzen, vierteln. Die Löffelbiskuits schneiden und tränken. Das Dessert zubereiten und kalt stellen.

60 **1 Stunde vor dem Essen:**

Die Gemüse für den Salat garen und in leicht gesalzenem Wasser aufbewahren. Die Salatsauce zubereiten und in den Kühlschrank stellen.

Die Kartoffeln schälen, schneiden und in kaltes Wasser legen.

Etwa 20–25 Minuten vor dem Servieren des Hauptganges im Dampf garen.

20 **Unmittelbar vor dem Essen:**

Die Suppe, wenn nötig, langsam erwärmen.

Die Gemüse für den Salat erwärmen, abtropfen lassen und anrichten.

Die Eier kochen, abschrecken und schälen.

Den Salat anrichten. Die Sauce aus dem Kühlschrank nehmen.

15 **Nach dem Servieren der Vorspeise:**

Die Suppe anrichten.

Den Fischsud bei kleiner Hitze erwärmen und reduzieren.

15 **Nach dem Servieren der Suppe:**

Die Fischscheiben in den reduzierten Sud legen, garen und in Suppenteller geben.

Die Kartoffeln anrichten.

Die Desserts aus dem Kühlschrank nehmen.

5 **Nach dem Servieren des Hauptgerichtes:**

Die Desserts mit Erdbeeren und Pfefferminze garnieren.

DELIKATES MIT SÜSS-SAURER NOTE

***

Garnelen mit Papayasalat

***

Gemüsesuppe mit Kräuterklösschen

***

Glasierte Perlhuhnbrüste mit Aprikosen-Brandysauce

***

Polentaschnitten

***

Rum-Zimtcreme

***

Schwierigkeit	★★★★☆
Zeitaufwand	★★★★☆
Tauglichkeit zum Vorbereiten	★★★☆☆
Preis	★★★☆☆
Energie (in Prozent des Tagesbedarfes)	**54**
Fett (in Prozent des Tagesbedarfes)	**64**

***

***

Garnelen mit Papayasalat

***

Arbeitsaufwand 30 Minuten
Backzeit 4 Minuten

Zutaten für 4 Portionen:
200 g rohe Garnelenschwänze ohne Kruste (> Seite 372)
100 g gekochter, kalter Klebreis (> Seite 457)
Salz
Kurkuma
1/2 EL japanische Sojasauce
2 Eiweiß
5 EL Sesamsamen
Öl zum Ausbacken

600 g Gemüsepapaya (> Seite 303)
2 rote Peperoncini (kleine rote Paprikaschoten)
3 Knoblauchzehen
2 EL Öl (Erdnußöl)
8 EL Limettensft
3 EL japanische Sojasauce
3 TL Zucker
Salz, Szetschuanpfeffer

Von den Garnelenschwänzen den Darm entfernen. Mit dem Reis mischen, mit Salz, Kurkuma und Sojasauce würzen. Durch die 3-mm-Scheibe des Fleischwolfs drehen.

Die Eiweiße leicht aufschlagen, zur Masse geben und zusammenarbeiten. Die Masse zu Bällchen formen und in den Sesamsamen wälzen. Die Papaya schälen, längs halbieren und die Kerne entfernen. Das Fleisch in feine Streifen schneiden. Die Peperoncini halbieren, entkernen, sehr fein würfeln und unter die Papaya mischen.

Die Knoblauchzehe schälen, in feine Scheiben schneiden, in den 2 EL Öl rösten und zu den Papayas geben. Den Limettensaft mit der Sojasauce und dem Zucker verrühren. Mit Salz und Pfeffer würzen und den Papayasalat damit marinieren. Die Gurke waschen und in dünne Scheiben schneiden. Die Crevettenbällchen im heißen Öl etwa 4 Minuten lang ausbacken. Auf Küchenpapier abtropfen lassen. Die Gurkenscheiben und den Papayasalat zusammen mit den Crevettenbällchen anrichten.

***

Gemüsesuppe mit Kräuterklösschen

***

Arbeitsaufwand 35 Minuten
Kochzeit 15 Minuten

Zutaten für 4 Portionen:
Suppe:
100 g grüne Bohnen (> Seite 229)
oder Zuckerschoten (> Erbsen, Seite 234)
1 kleiner Blumenkohl (> Seite 229)
1 Bund Frühlingskarotten (> Seite 243)
1 Kohlrabi (> Seite 239)
8 Spargelstangen (> Seite 252)
1 l Geflügelbrühe (> Seite 549)
Salz, Pfeffer
geriebene Muskatnuß

Klößchen:
100 g Geflügel- (> Seite 353) oder Kalbfleisch (> Seite 348)
Salz, Pfeffer
1,2 dl angefrorene Sahne
4 EL gehackte Kräuter (Kerbel, Petersilie)

Die Bohnen oder die Zuckerschoten fädeln und in 3 cm lange Stücke schneiden. Den Blumenkohl in Röschen teilen. Die Karotten, den Kohlrabi und den Spargel schälen. Die Kohlrabi in Scheiben, die Karotten und die Spargel in Stücke schneiden. Die Gemüse waschen und abtropfen lassen. Die Bouillon aufkochen. Mit Salz, Pfeffer und Muskatnuß würzen. Die Gemüse zufügen und 12 Minuten lang garziehen lassen.

Das Fleisch klein schneiden, salzen, pfeffern und in der Küchenmaschine oder im Cutter pürieren. Den Rahm löffelweise unter das pürierte Fleisch arbeiten. Die Hälfte der Kräuter unter das pürierte Fleisch, die sogenannte Farce, mischen. Mit einem Löffel Klößchen abstechen und in der Gemüsesuppe garziehen lassen (2 Minuten). Die Suppe in Tellern anrichten und mit den restlichen Kräutern bestreuen.

Glasierte Perlhuhnbrüste mit Aprikosen-Brandysauce

Arbeitsaufwand ca. 35 Minuten
Kochzeit 12 Minuten

Zutaten für 4 Portionen:
4 Perlhuhnbrüste à 130 g (> Seite 354)
Salz, Pfeffer
1 EL Butterschmalz
1 1/2 EL Bienenhonig
1 1/2 TL englisches Senfpulver

Sauce:
1 EL feingehackte Zwiebeln (> Seite 257)
12 gewürfelte Dörraprikosen
6 EL Aprikosen-Brandy
2 EL Zitronensaft
4 dl Geflügelbrühe (> Seite 549)
weißer Pfeffer

Die Perlhuhnbrüste salzen und pfeffern. Im vorgeheizten Ofen bei 220 Grad Celsius unter Wenden (in den ersten Minuten) 6–7 Minuten lang in der Butter braten.

Den Honig mit dem Senfpulver mischen und während der letzten 2 bis 3 Minuten der Bratzeit die Perlhuhnbrüste damit einstreichen, bis sie glasiert sind. Die Perlhuhnbrüste warm halten. Etwa 2/3 des Bratfettes aus der Pfanne gießen. Im restlichen Fett die Zwiebeln goldgelb dünsten. Etwa 2/3 der Aprikosenwürfel hinzufügen, mit dem Brandy und dem Zitronensaft ablöschen. Mit der Brühe auffüllen. Etwa 10 Minuten lang kochen. Die restliche Honigglasur hinzufügen und mit Salz und Pfeffer abschmecken. Die Sauce im Mixer pürieren, passieren und die restlichen Aprikosenwürfel dazugeben. Die Sauce nochmals aufkochen und zusammen mit den Perlhuhnbrüsten anrichten.

Tip: Man kann auch Hähnchenbrüste auf diese Art zubereiten.

Polentaschnitten

Arbeitsaufwand 15 Minuten
Garzeit 6 Minuten

Zutaten für 4 Beilagenportionen:
6 dl Brühe (> Seite 548)
20 g Butter
1/2 TL Salz
frisch gemahlener weißer Pfeffer
geriebene Muskatnuß
150 g feiner Maisgrieß (2-Minuten-Polenta)
2 EL Butter

Die Brühe mit der Butter und dem Salz zum Kochen bringen. Mit Pfeffer und Muskatnuß würzen. Unter Rühren in eine Richtung den Maisgrieß langsam einrieseln lassen. Etwa sechs Minuten lang (Angaben auf der Maisgrieß-Verpackung beachten) bei geringer Hitze quellen lassen.

Ein Blech oder ein flaches Geschirr mit kaltem Wasser benetzen und den Maisbrei darauf verteilen. Etwa eineinhalb Zentimeter dick glatt ausstreichen und erkalten lassen.

Den kalten Maisbrei in Rechtecke schneiden, in der heißen Butter goldbraun braten und mit den Perlhuhnbrüsten servieren.

Tip: Die Polentaschnitten können auch in eine ausgebutterte Auflaufform eingeschichtet, mit Käse bestreut und, mit Kräuter- oder Knoblauchbutter beträufelt, im vorgeheizten Backofen bei 230 Grad Celsius oder unter der Grillschlange goldbraun überbacken werden.

***

Rum-Zimtcreme

***

Arbeitsaufwand ca. 15 Minuten
Kochzeit ca. 6 Minuten

Zutaten für 4 Portionen:
Creme:
3 Gelatineblätter
2 dl Milch
2 Zimtstengel (> Seite 433)
90 g Zucker
4 Eigelb
5 EL Rum
1,7 dl Sahne
Butter und Puderzucker für die Förmchen

Sauce:
6 EL Zucker
8 EL Rum

Garnitur:
20 Physalis
4 kleine Feigen (> Seite 293)
4 Mangos (> Seite 301)

Die Gelatine in kaltes Wasser legen. Die Milch mit dem Zimt aufkochen. Die Hälfte des Zuckers hellbraun karamelisieren. Die heiße Milch zugießen und kochen, bis sich der Zucker auflöst. Das Eigelb mit dem restlichen Zucker cremig rühren. Die Milch untermischen. Zurück in die Pfanne gießen. Unter Rühren mit einem Holzlöffel die Creme so weit erhitzen, bis sie sämig wird. Passieren, die Gelatine ausdrücken, in der heißen Creme auflösen, den Rum hinzufügen und kaltrühren. Die Sahne steif schlagen und unter die stockende Creme ziehen.

Die Förmchen mit der Butter ausstreichen und mit dem Puderzucker bestreuen. Die Creme in die Förmchen füllen und für 1–2 Stunden kalt stellen. Den Zucker für die Sauce karamelisieren. Etwa 1 dl Wasser und den Rum dazugeben. Kochen, bis die Sauce dickflüssig wird.

Von den Physalis die Blütenblätter entfernen. Die Früchte und die Feigen waschen. Die Feigen achteln. Die Mangos schälen und in Schnitze zerlegen.

Die Creme stürzen, mit den Früchten und der Sauce anrichten.

Tip: Die exotischen Früchte lassen sich durch saisonales Obst ersetzen, z.B. durch Nektarinen, Pfirsiche, Beeren, Kirschen oder Aprikosen.

Weinempfehlung:

Zu den Garnelen:
Sauvignon blanc oder Scheurebe
Zum Perlhuhn:
Rosé oder Limberger

***

Zeitplan

Am Vortag:

Rum-Zimtcreme zubereiten und in Förmchen füllen. Mit Klarsichtfolie abdecken und in den Kühlschrank stellen.
Sauce zubereiten.
Die Reis-Garnelenbällchen für die Kokosgarnelen zubereiten und ausgelegt kühl stellen.

240 **3–4 Stunden vor dem Essen:**

Gemüsesuppe und Klößchenmasse zubereiten.
Diese sofort kühl stellen.
Die Sauce und die Glasur für die Perlhuhnbrüste zubereiten.

60 **1 Stunde vor dem Essen:**

Papayasalat zubereiten.
Die Früchte für die Dessertgarnitur richten.

10 **Unmittelbar vor dem Essen:**

Kokosgarnelen ausbacken und anrichten.

10 **Nach dem Servieren der Vorspeise:**

Gemüsesuppe aufwärmen und Klößchen pochieren.

50 **Nach dem Servieren der Suppe:**

Perlhuhnbrüste braten und glasieren.

10 **Nach dem Servieren des Hauptgerichts:**

Rum-Zimtcreme stürzen und garnieren.

FESTLICHES ZUM PRÄSENTIEREN

***

AUSTERN IN CHAMPAGNERSAUCE

(> SEITE 536)

***

ENTENCONSOMMÉ

***

ENTENBRÜSTE UND -KEULEN MIT THYMIANSAUCE

WEISSER RISOTTO MIT TRÜFFELN

***

BISKUITOMELETTE MIT HIMBEERRAHM

***

Schwierigkeit	★★★★☆
Zeitaufwand	★★★★☆
Tauglichkeit zum Vorbereiten	★★★★☆
Preis	★★★★★
Energie (in Prozent des Tagesbedarfes)	**95**
Fett (in Prozent des Tagesbedarfes)	**178**

***

→

Entenconsommé

Arbeitsaufwand etwa 15 Minuten
Kochzeit etwa 1 Stunde (im Schnellkochtopf nur 20 Minuten)

Zutaten für 6 Portionen:
1 Ente (> Seite 353)
1 Karotte (> Seite 243)
150 g Lauch (Porree, > Seite 246)
1 kleines Stück Sellerieknolle (> Seite 252)
4–5 Wacholderbeeren
1–2 Salbeiblätter
oder wenig Thymian
Salz, Pfeffer

Die Ente häuten und entbeinen. Die Brüstchen und die Schenkel beiseite legen und für das Hauptgericht verwenden. Die Karkasse (Knochengerippe) mit dem daran hängenden Fleisch halbieren oder vierteln, in eine Pfanne geben, mit Wasser bedecken und mit den Wacholderbeeren und dem Salbei oder dem Thymian 1 Stunde lang kochen. Die Brühe absieben und wieder in die Pfanne geben. Bis zu 2/3 einkochen. Die geschälte Karotte, den Lauch und den Sellerie in sehr feine Streifchen schneiden. Separat in wenig Entenbrühe knapp weich kochen. Die Entenbrühe nach dem Reduzieren erkalten lassen. Die Fettschicht abheben, die Brühe aufkochen und nach Belieben durch einen Papierfilter gießen, damit sie schön klar wird. Die Gemüsestreifen und eventuell noch etwas Entenfleisch hinzufügen, mit Salz und Pfeffer würzen und heiß in kleinen, vorgewärmten Täßchen servieren.
Tip: Wichtig ist, daß man die Brühe nach dem ersten Aufkochen mehrmals abschäumt.

Entenbrüste und -keulen mit Thymiansauce

Arbeitsaufwand 35 Minuten
Bratzeit der Brüste 8–10 Minuten
Keulen 18–20 Minuten

Zutaten für 4 Portionen:
2 Entenbrüste à 250 g (> Seite 353)
2 Entenkeulen à 150 g (> Seite 353)
Salz, Pfeffer
1 EL Butterschmalz

Sauce:
2 EL feingehackte Zwiebeln (> Seite 257)
1 EL Butter
1/2 TL Zucker
1/2 EL Tomatenmark
1 dl gehaltvoller Rotwein
4 dl Geflügelfond (> Seite 549)
1 durchgepreßte Knoblauchzehe
1 TL gehackter Thymian
Salz, Pfeffer
Thymianzweige

Die Fettseite der Entenbrüste gitterartig einschneiden und bei den Keulen die restlichen Stoppeln entfernen. Mit Salz und Pfeffer würzen. Die Entenkeulen im heißen Butterschmalz unter Wenden anbraten und im Ofen bei 230 Grad Celsius 18–20 Minuten lang weiterbraten. Nach 10 Minuten die Entenbrüste dazugeben und mit den Keulen etwa 8–10 Minuten lang fertigbraten. Auf einem Gitter warm halten. Die Zwiebeln in der Butter andünsten. Den Zucker und das Tomatenmark hinzufügen, leicht anrösten lassen und mit einem Teil des Rotweins ablöschen. Diesen Vorgang zwei- bis dreimal wiederholen. Den Fond und die Knoblauchzehe sowie den Thymian hinzufügen. Die Sauce auf die Hälfte reduzieren und mit Salz und Pfeffer abschmecken.

Die Entenbrüste in Scheiben schneiden und die Keulen halbieren. Auf Tellern anrichten, mit der Sauce umgießen und mit Thymianzweigen garnieren.

***

Weisser Risotto mit Trüffeln

***

Arbeitsaufwand etwa 12 Minuten
Garzeit 16–18 Minuten

Zutaten für 4 Portionen:
1 EL Olivenöl
3 EL Butter
1 mittelgroße, gehackte Zwiebel
(> Seite 257)
250 g italienischer Reis (Vialone, Arborio oder Carnaroli, Seite 211)
3 EL trockener Weißwein
1 l Fleischbrühe (> Seite 548)
Salz, Pfefffer
1 kleine schwarze Trüffel
3 EL frisch geriebener Parmesan

Das Öl mit 2 Eßlöffel Butter erhitzen. Die Zwiebeln hinzufügen und unter Wenden kurz anziehen lassen, ohne daß die Zwiebeln Farbe annehmen. Den Reis beigeben, etwa 1 Minute lang weiterdünsten, dann mit dem Weißwein ablöschen und diesen verdampfen lassen. Nach und nach die Brühe hinzufügen. Mit Salz und Pfeffer abschmecken. Die Trüffel in sehr feine Würfel schneiden und unter den Reis ziehen. Sobald der Reis gar, aber noch „al dente“ ist, die restliche Butter und den Käse untermischen, den Reis zudecken und 3–4 Minuten lang ruhen lassen.

***

Biskuitomelette mit Himbeerrahm

***

Arbeitsaufwand 40 Minuten
Backzeit etwa 10 Minuten

Zutaten für 4 Portionen:
2 Eigelb
45 g Zucker
1 Msp. Salz
1/4 TL abgeriebene Zitronenschale
20 g Butter
2 Eiweiß
20 g Speisestärke
25 g Mehl

Füllung:
250 g Himbeeren (evtl. tiefgekühlt)
2 1/2 dl Sahne
4 EL Puderzucker
1 EL Zitronensaft
Puderzucker zum Bestäuben
einige Pfefferminzblätter

Die Eigelbe mit 20 g Zucker, dem Salz und der Zitronenschale cremig rühren. Die Butter schmelzen. Die Eiweiße zu Schnee schlagen und den restlichen Zucker dabei einrieseln lassen. Die Eigelbmasse unter den Eischnee heben. Die Stärke und das Mehl darübersieben und unterziehen. Die lauwarme Butter hinzufügen und vorsichtig untermischen.

Ein Backblech mit Backpapier auslegen und mit einer Lochtülle von der Biskuitmasse Rondellen von 12 cm Durchmesser aufspritzen. Im vorgeheizten Ofen bei 190 Grad Celsius etwa 8 Minuten lang backen. Die gebackenen Omeletten mit der Oberfläche nach unten auf einen Tisch stürzen. Die Papierseite mit einem angefeuchteten Tuch belegen, auskühlen lassen und das Papier abziehen. Die Himbeeren durch ein Sieb streichen. Die Sahne mit dem Zucker steif schlagen, das Himbeermark untermischen und mit dem Zitronensaft abschmecken. Die Omeletten mit dem Himbeerrahm füllen, umklappen, mit Puderzucker bestreuen. Mit Pfefferminzblättern garnieren.

Weinempfehlung:
Zu den Austern:
Champagner oder trockener Sekt
Zu den Entenbrüsten:
Reifer Barbaresco oder Bordeaux

Zeitplan

Am Vortag:
Entenconsommé zubereiten.

120 **2 Stunden vor dem Essen:**
Die Eigelbmasse für die Biskuitomelette vorbereiten. Das Eiweiß schlagen.
Den Himbeerrahm zubereiten.
Alles separat kühl stellen.

60 **1 Stunde vor dem Essen:**
Sauce für die Ente zubereiten.
Entenbrüste einschneiden.
Die Keule ebenfalls vorbereiten.
Den Risotto halbgar kochen. Die Trüffel würfeln. Den Käse reiben.
Die Austern öffnen und alle Zutaten dafür bereitstellen.
Champagnersauce soweit wie möglich vorkochen.

25 **Unmittelbar vor dem Essen:**
Austern und Sauce zubereiten.

10 **Nach dem Servieren der Vorspeise:**
Entenconsommé erwärmen. Ofen vorheizen für Fleisch.

30 **Vor dem Hauptgericht:**
Entenbrüste und-keulen braten. Risotto fertigkochen.

20 **Vor dem Dessert:**
Eigelbmasse, Eiweiß und Mehl mischen. Rondellen auf Blech spritzen und in den noch warmen Ofen (190 Grad Celsius) geben und backen. Mit dem Himbeerrahm füllen, zusammenklappen und garnieren.

EINFACH, ABER HERZHAFT

***

Avocado mit gebratenen Kaninchenfilets und Apfelvinaigrette

***

Kartoffelsuppe mit Lauch und Lachsstreifen

***

Gegrilltes Küken Grüne feine Bohnen

***

Frische Feigen mit Limettensabayon

***

Schwierigkeit	★★★☆☆
Zeitaufwand	★★★☆☆
Tauglichkeit zum Vorbereiten	★★★☆☆
Preis	★★★☆☆
Energie (in Prozent des Tagesbedarfes)	**76**
Fett (in Prozent des Tagesbedarfes)	**159**

***

→

Avocado mit gebratenen Kaninchenfilets und Apfelvinaigrette

Arbeitsaufwand etwa 30 Minuten
Bratzeit etwa 10 Minuten

Zutaten für 4 Portionen:

Vinaigrette:
3 EL Apfelessig
Salz, Pfeffer, Zucker
1 mittelgroße, feingehackte Zwiebel (> Seite 257)
1 durchgepreßte Knoblauchzehe
5 EL Distelöl
2 EL gehackte Kräuter (Kerbel, Schnittlauch, Petersilie)
1 säuerlicher Apfel (> Seite 283)

Filets:
4 Kaninchenrückenfilets (> Seite 357)
Salz, Pfeffer
20 g Butterschmalz
2 Avocados (> Seite 287)

Den Apfelessig mit Salz, Pfeffer, Zwiebeln und dem Knoblauch mischen und das Distelöl tropfenweise unterrühren.

Die gehackten Kräuter, den gewaschenen, feingewürfelten Apfel und die Zwiebeln zur Vinaigrette geben.

Die Kaninchenfilets salzen und pfeffern. Im heißen Butterschmalz rundherum goldbraun braten. Zum Abkühlen auf ein Abtropfgitter setzen.

Die Avocados schälen und mit einem schmalen Messer in dünne Schnitze und die Kaninchenfilets in dünne Scheiben schneiden.

Die Avocadoschnitze und die Kaninchenscheiben fächerförmig anrichten und mit der Apfelvinaigrette begießen.

Tips: Avocados verfärben sich schnell. Deshalb sofort mit Zitronensaft bestreichen.

▶ Anstelle von Kaninchenfilet kann man den Salat auch mit rasch gedünsteten Fischwürfeln bereichern.

Kartoffelsuppe mit Lauch und Lachsstreifen

Arbeitsaufwand etwa 20 Minuten
Kochzeit etwa 40 Minuten

Zutaten für 4 Portionen:
1 kleine Karotte (> Seite 243)
1 mittelgroßer Lauchstengel
1 kleiner Stengel Stangensellerie
250 g geschälte, mehlige Kartoffeln (> Seite 267)
2 EL Butter
0,7 l Geflügelbrühe (> Seite 549)
1 durchgepreßte Knoblauchzehe
0,2 l saure Sahne
Salz, Pfeffer
2 dünne rohe Lachsscheiben (> Seite 375)
1 TL gehackter Dill
4 Dillsträußchen

Die Karotte schälen, den Lauch und den Stangensellerie putzen. Die Karotte und den Stangensellerie in Würfel schneiden. Vom Lauch 2/3 in Ringe schneiden, das restliche Drittel kleinschneiden. Die Kartoffeln grob zerkleinern.

Die Karotte, den Sellerie und den kleingeschnittenen Lauch in der Butter farblos dünsten. Die Kartoffeln zu dem Gemüse geben. Mit der Brühe auffüllen, den Knoblauch hinzufügen und etwa 15–20 Minuten lang bei kleiner Hitze kochen lassen. Die saure Sahne in die Suppe geben, mit Salz und Pfeffer abschmecken, im Mixer pürieren oder durch die Gemüsepresse (Flotte Lotte) treiben.

Die Suppe erhitzen, die Lauchringe hinzufügen und garziehen lassen.

Den Lachs in feine Streifen schneiden, mit dem Dill zur Suppe geben und mit den Dillsträußchen belegen.

Tip: Als Variation den Lachs und den Lauch durch dünn geschnittene Steinpilze ersetzen oder, wenn es ganz besonders festlich sein soll und Saison ist, die Suppe am Tisch mit feingeraspelten, weißen Trüffeln bestreuen.

Gegrilltes Küken

Arbeitsaufwand etwa 20 Minuten
Grillzeit 30–40 Minuten

Zutaten für 4 Portionen:
4 Küken zu ca. 400 g (> Seite 354)
Saft von 2 Zitronen (> Seite 309)
4 EL gehackte Petersilie
6 Knoblauchzehen
1,5 dl Olivenöl
Salz, schwarzer Pfeffer
1 Lorbeerblatt
3 Rosmarinzweige

Die Küken dem Rückenknochen entlang aufschneiden und den Rückenknochen entfernen. Die Küken öffnen, mit der Hautseite nach unten auf ein Brett legen und mit einem Fleischklopfer flach schlagen. Den Zitronensaft mit der Petersilie, dem durchgepreßten Knoblauch und dem Olivenöl mischen. Die Küken mit Salz und Pfeffer einreiben, in ein flaches Gefäß legen und mit der Marinade begießen. Das Lorbeerblatt und die Rosmarinzweige dazulegen. Mit Folie abdecken. Für etwa 1 Stunde kühl stellen.

Die Küken aus der Marinade nehmen und die Schenkel mit einem Spieß am Körper fixieren. Den Grillrost mit Aluminiumfolie bespannen. Die Küken mit der Hautseite nach oben darauflegen. Im Ofen unter der Grillschlange 30–40 Minuten lang knusprig braten oder im Freien über der Holzkohlenglut grillen.

Tips: Die Küken können auch im Backofen unter der Grillschlange gegrillt werden.

▶ Man kann die Küken bereits am Vortag marinieren, muß sie aber unbedingt im Kühlschrank aufbewahren.

▶ Als Beilage passen z.B. grüne feine Bohnen, die gefädelt und gewaschen werden müssen. Dann kann man sie auf einen Siebeinsatz legen und im Dampf garen. Beim Anrichten können sie noch kurz in etwas Butter gewendet und gesalzen werden.

Frische Feigen mit Limettensabayon

Arbeitsaufwand etwa 25 Minuten
Kochzeit etwa 10 Minuten

Zutaten für 4 Portionen:
8 frische Feigen (> Seite 293)
1 EL frische Butter

Sabayon:
2 Eigelb
1 Ei
80 g Zucker
1 EL abgeriebene Zitronenschale
1/8 l frischgepreßter Limettensaft
0,1 l frischgepreßter Orangensaft
Pfefferminze für die Garnitur

Die Feigen waschen und halbieren.
Das Eigelb mit dem Ei, dem Zucker, der Zitronenschale, dem Limettensaft und dem Orangensaft verrühren.

Im heißen, nicht kochenden Wasserbad so lange aufschlagen (ca. 6–8 Minuten), bis der Sabayon schaumig und gebunden ist. Den Sabayon aus dem Wasserbad nehmen und weiterschlagen, bis er ausgekühlt ist.

Die halben Feigen auf der Schnittseite kurz in Butter anziehen lassen.

Den Sabayon auf 4 Teller verteilen und die halben Feigen darauf anrichten. Mit der Pfefferminze garnieren.

Tips: Anstelle von Feigen können auch Beerenfrüchte, wie Erdbeeren, Himbeeren, Johannisbeeren und Brombeeren, verwendet werden. (Diese müssen nicht in Butter gedünstet werden.)

▶ Der Sabayon kann auch mit Wein, Portwein oder Marsala sowie mit Säften von anderen Zitrusfrüchten zubereitet werden.

▶ Am attraktivsten sind die dunklen Feigen mit dem roten Fruchtfleisch. Kurz in Butter gedünstet, werden sie aromatischer. Man kann sie aber auch nur kreuzweise so einschneiden, daß die Frucht noch zusammenhält und vor dem Servieren so auf den Sabayon legen.

▶ Sabayon mit Beeren richtet man am besten in großen Weingläsern an. Die Hälfte der Beeren kann mit dem Sabayon, solange er noch lauwarm ist, gemischt werden. Die restlichen Beeren dienen zur Garnitur.

WEINEMPFEHLUNG:

Zu den Avocados:
Soave
Zum Küken:
Silvaner

***

Zeitplan

Am Vortag:
Kartoffelsuppe zubereiten. Lauch und Lachs noch nicht hinzufügen.

180 **2–3 Stunden vor dem Essen:**
Alle Zutaten für die Küken vorbereiten. Die Küken marinieren.
Kaninchenfilets braten und Zutaten bereitstellen für Salat. Avocados noch nicht schälen.
Bohnen fädeln.
Lauch und Lachs für Suppe schneiden.

60 **1 Stunde vor dem Essen:**
Das Dessert zubereiten (ausgenommen Feigen).
Avocados schälen, schneiden, mit Zitronensaft einreiben.
Salat auf Tellern anrichten. Kaninchen braten.
Bohnen im Dampf garen.

10 **Unmittelbar vor dem Essen:**
Kaninchenfilet aufschneiden und auf den Salat legen.
Die Küken in den Ofen schieben.

15 **Nach dem Servieren des Salats:**
Suppe erhitzen, Lauch und Lachs hinzufügen.

5 **Vor dem Servieren der Hauptspeise:**
Bohnen nochmals kurz im Dampf erwärmen.

10 **Vor dem Servieren des Desserts:**
Feigen halbieren und kurz in Butter andünsten.

FÜR BESONDERS ANSPRUCHSVOLLE

***

STEINBUTT-TATAR

***

GEFÜLLTE ZUCCHINIBLÜTEN

***

RINDERRIPPE MIT TRÜFFELSAUCE

***

ERDBEERSORBET MIT FRISCHER ANANAS

***

Schwierigkeit	★★★☆☆
Zeitaufwand	★★★☆☆
Tauglichkeit zum Vorbereiten	★★★☆☆
Preis	★★★★☆
Energie (in Prozent des Tagesbedarfes)	**84**
Fett (in Prozent des Tagesbedarfes)	**146**

***

STEINBUTT-TATAR

***

Arbeitsaufwand 30 Minuten
Garzeit 5 Minuten

Zutaten für 4 Portionen:
200 g frisches Steinbuttfilet (> Seite 379)
Salz, Pfeffer
1 Eiweiß
1/2 EL feingewürfelte Zwiebeln
1 EL Schnittlauchröllchen
1 rote Zwiebel (> Seite 257)
1 Limette (> Seite 300)
12 Radieschen (> Seite 247)
Schnittsalat
French Dressing (> Seite 575)

Das Steinbuttfilet in ganz feine Würfel schneiden. Salzen, pfeffern, mit dem Eiweiß, den feingewürfelten Zwiebeln und dem Schnittlauch mischen. 4 runde Medaillons aus dem Tatar formen.

Die Zwiebel schälen und in feine Ringe, die Limette in Ecken schneiden. Die Radieschen und den Salat putzen, waschen und abtropfen lassen.

Das Tatar anrichten, mit den Zwiebelringen, den Radieschen, dem Salat und den Limettenecken garnieren. Mit Klarsichtfolie bedecken und bis zum Servieren in den Kühlschrank stellen.

Mit sehr wenig French Dressing beträufeln und mit Toast servieren.

Gefüllte Zucchiniblüten

Arbeitsaufwand 45 Minuten
Garzeit 8 Minuten

Zutaten für 4 Portionen:
2 g getrocknete Shii-Take (> Seite 277)
200 g gekühltes Kalbfleisch (> Seite 348)
Salz, Pfeffer
2 dl angefrorene Sahne
12 Zucchiniblüten
1 EL Butter
1 EL feingehackte Schalotte (> Zwiebeln, Seite 257)
5 EL weißer Wermut
3 dl Kalbsfond (evtl. aus dem Glas)
1/2 Briefchen Safranpulver oder -fäden
2 Eigelb
1 dl Sahne

Die Pilze mit heißem Wasser übergießen und quellen lassen. Putzen, im passierten Einweichwasser 20 Minuten lang kochen, auskühlen lassen und trockentupfen.

Das Kalbfleisch salzen, pfeffern und im Cutter fein pürieren. Die Sahne löffelweise unterarbeiten. Die Farce durch ein feines Sieb streichen und die Pilze untermischen.

Die Zucchiniblüten vorsichtig öffnen und den Blütenstempel entfernen. Die Farce mit einer Lochtülle in die Blüten spritzen und in einen bebutterten Siebeinsatz legen.

Die Schalotten in der Butter farblos dünsten, mit dem Wermut ablöschen und dem Kalbsfond auffüllen. Auf etwa 1 dl einkochen und den Safran hinzufügen. Die Eigelbe mit der Sahne verrühren und die Sauce damit binden. Mit Salz und Pfeffer abschmecken und warm halten. Den Siebaufsatz mit den Zucchiniblüten auf eine passende Pfanne mit kochendem Wasser setzen. Zugedeckt 6–8 Minuten lang garen. Die Zucchiniblüten zusammen mit der Sauce anrichten.

Rinderrippe mit Trüffelsauce

Arbeitsaufwand etwa 50 Minuten
Kochzeit (Fond) etwa 4 Stunden
Garzeit Fleisch 12–15 Minuten

Zutaten für 4 Portionen:
2 Stück Rinderrippe à ca. 500 g

Fond:
1,2 kg Kalbsknochen (z.B. von der Brust, > Seite 349)
2 EL Butterschmalz
1 TL Tomatenmark
100 g Karotten (> Seite 243)
80 g Knollensellerie (> Seite 252)
1 Zwiebel (> Seite 257)
1 ungeschälte Knoblauchzehe
1 Tomate (> Seite 254)
Salz, Pfeffer
3 EL gemischte Kräuter (Thymian, Salbei, Rosmarin)

Marinade:
1 Zweiglein Rosmarinnadeln
1 Zweiglein Thymianblätter
1 TL Senf
1 dl Öl

Sauce:
4 dl Rotwein
6 Schalotten (> Zwiebeln, Seite 257)
1 Trüffel
2 dl Kalbsfond (> Seite 548)
Salz, zerstoßene Pfefferkörner
1 EL Butterschmalz
30 g frische Butter

Die Knochen in 2 Eßlöffeln Butterschmalz stark anbraten. Das Tomatenmark zugeben. Das geputzte, kleingeschnittene Gemüse hinzufügen und mitbraten. Die Tomaten einige Sekunden in heißes Wasser tauchen, schälen, kleinschneiden und mit der Knoblauchzehe beigeben. Sobald das Gemüse Farbe angenommen hat, überschüssige Butter abgießen und 4 Liter Wasser und die Kräuter dazugeben. Bei kleiner Hitze 3–4 Stunden lang auf 1/4 der Flüssigkeit einkochen lassen. Dabei ab und zu den Schaum entfernen. Durch ein Haarsieb gießen, wieder in die Pfanne geben und nochmals etwas einkochen lassen. Mit Salz und Pfeffer würzen.

Für die Marinade die Rosmarinnadeln und Thymianblätter hacken. Mit den übrigen Zutaten vermischen und die Fleischstücke damit beidseitig bepinseln. Im Kühlschrank 1 Stunde lang einwirken lassen.

Für die Sauce den Rotwein in eine Pfanne geben. Die Schalotten schälen. Zwei Schalotten hacken, die restlichen 4 ganz zum Wein geben. Die Trüffel in dünne Scheiben schneiden. Die dabei entstandenen Abschnitte hacken und ebenfalls in die Pfanne geben, die Scheiben beiseitestellen. Alles aufkochen und bei starker Hitze auf die Hälfte einkochen. Durch ein Sieb gießen und in die Pfanne zurückgeben. Den Kalbsfond beifügen, die Sauce aufkochen und mit Salz und Pfeffer abschmecken. Beiseitestellen und warm halten. Das restliche Butterschmalz in einer großen Bratpfanne erhitzen. Die Fleischstücke hineingeben und bei starker Hitze auf einer Seite anbraten. Die Temperatur reduzieren und das Fleisch nach ca. 5–6 Minuten (für „saignant", nach ca. 7 Minuten für „à point") wenden. Bei etwas stärkerer Hitze die 2. Seite anbraten, Hitze reduzieren und insgesamt 5–6 bzw. 7 Minuten lang fertigbraten. Mit Salz und Pfeffer bestreuen.

Inzwischen die Sauce nochmals erhitzen. Die frische Butter in Flocken darunterschwingen.

Das Fleisch aus der Pfanne nehmen und zugedeckt einige Minuten lang stehenlassen. Dann vom Knochen lösen und anschließend in 1/2 cm dicke Scheiben schneiden. Etwas Sauce auf vier vorgewärmte Teller gießen. Die Fleischstücke darauf verteilen. Mit Trüffelscheiben und den ganzen Schalotten garnieren. Die restliche Sauce separat servieren.

Tip: Der restliche Kalbsfond kann in kleinen Mengen eingefroren werden. Man kann ihn aber auch so lange weiter einkochen, bis sich eine braune, dickflüssige Sauce gebildet hat, die, in kleinen Mengen beigegeben, zur Verbesserung von Saucen dient. Zu diesem Zweck kann man sie in Eiswürfelbehälter gießen, einfrieren, herauslösen, in Plastikbeutel geben und wieder in die Gefriertruhe legen.

BEILAGEN:

Anna-Kartoffeln (> Seite 462) oder Savoyer Kartoffelgratin (> Seite 464); Saisongemüse (> Seite 237)

ERDBEERSORBET MIT FRISCHER ANANAS

Arbeitsaufwand 35 Minuten
Marinierzeit 30 Minuten

Zutaten für 4 Portionen:
300 g Erdbeeren (> Seite 292)
80 g Zucker
1 EL Zitronensaft
3 EL Orangenlikör
1 1/2 EL geriebene Orangenschale
5 dl frisch gepreßter Orangensaft
5 EL Zucker
4 EL Orangenlikör
4 Scheiben frische Ananas
Pfefferminze zum Garnieren

Die Erdbeeren waschen, putzen und kleinschneiden. Die Erdbeerstücke mit dem Zucker bestreuen. Mit dem Zitronensaft und den 3 EL Likör übergießen. Abdecken und im Kühlschrank 30 Minuten lang marinieren lassen.

Die Erdbeeren pürieren, durch ein feines Sieb streichen und in der Sorbetière cremig gefrieren.

Die Orangenschale mit dem Orangensaft und dem Zucker dickflüssig einkochen. Die 4 EL Likör hinzufügen und die Sauce abkühlen lassen.

Von den Ananasscheiben die Schale abschneiden und in der Mitte den harten Kern ausstechen. Die Ananasscheiben mit dem Erdbeersorbet anrichten. Mit der Sauce umgießen und der Pfefferminze garnieren.

Tip: Ist keine Sorbetière vorhanden, im Tiefkühlschrank gefrieren lassen. Ab und zu umrühren, damit sich keine Kristalle bilden. Sollte dies trotzdem geschehen, das Sorbet vor dem Servieren im Mixer aufschlagen und mit dem Spritzsack in Gläser einfüllen.

WEINEMPFEHLUNG:

Zum Steinbutt-Tatar:
Riesling oder trockener Weißburgunder
Zur Rinderrippe:
Barolo oder reifer Bordeaux

Zeitplan

Am Vortag:
Fond für Rinderrippe kochen.
Erdbeersorbet zubereiten.

120 **2 Stunden vor dem Essen:**
Pilzmasse zubereiten und Zucchiniblüten füllen.
Sauce dazu kochen, aber Eigelb noch nicht hinzufügen.
Rinderrippe marinieren.

60 **1 Stunde vor dem Essen:**
Ananas für das Dessert schälen und schneiden.
Kartoffeln vorbereiten. Zur richtigen Zeit in den Ofen schieben.

30 **1/2 Stunde vor dem Essen:**
Steinbutt-Tatar zubereiten und formen.
Garnieren und kalt stellen.

10 **Unmittelbar vor dem Essen:**
Brot toasten.
Wasser zum Dämpfen der Zucchiniblüten aufsetzen.

10 **Nach dem Servieren des Tatar:**
Zucchiniblüten dämpfen und Sauce fertig zubereiten.

20 **Vor dem Servieren der Vorspeisen:**
Fleisch braten. Sauce fertigmachen.
Fleisch tranchieren, anrichten, garnieren und Anna-Kartoffeln dazu reichen.

10 **Nach dem Hauptgericht:**
Sorbet auf Ananasscheiben anrichten.

Gerichte von anderswo

Wohlschmeckende Spezialitäten finden sich praktisch in aller Herren Länder. Aus Platzgründen und weil dieses Buch kein Lexikon sein kann, haben wir uns allerdings auf die Küche einiger Länder beschränken müssen. Wir haben dafür beliebte Urlaubsziele gewählt mit farbenfrohen und würzigen Menüs, die vielleicht an schöne Reisen erinnern oder dazu anspornen, diese Länder auch einmal kulinarisch kennenzulernen. Auch können Einladungen, die unter einem Ferienmotto stehen, sehr reizvoll sein und sogar gemeinsame Erinnerungen wecken.

Beachtet wurde bei diesen Menüs ganz speziell, daß die Gastgeberin oder der Gastgeber soviel wie möglich am Tisch dabeisein kann.

Außerdem wurde bei den hier ausgewählten Menüs darauf geachtet, daß es sich um Spezialitäten handelt, die auch bei uns machbar sind. Gerade bei den asiatischen Menüs wird man auf die eine oder andere exotisch klingende Zutat, wie beispielsweise Wasabi oder Aji-Mirin, stoßen. Diese bei uns wenig bekannten Produkte sind meistens in Spezialgeschäften mit asiatischen Produkten erhältlich. Die meisten hier angeführten Gerichte können natürlich auch – in etwas größeren Mengen – einzeln serviert werden.

Für die Zubereitung dieser Speisen muß man zuerst einmal die Rezepte genau durchlesen und danach eine Einkaufsliste erstellen. Am Tag der Einladung oder, je nach Menü, bereits am Vortag, erleichtert die sogenannte »Mise-en-place«, das heißt das Bereitstellen der benötigten Zutaten, die Arbeit. Anregungen dazu findet man im beigefügten Zeitplan. Daraus ersieht man genau, welche Vorbereitungen wann und wie getroffen werden können.

EINMAL RUSSISCH SCHLEMMEN

***

Blinis mit Lachs, Kaviar und saurer Sahne

***

Borschtsch
Piroschki

***

Filet Stroganow
Pilawreis

(> Seite 453)

***

Zitronensorbet (fertig gekauft) mit Wodka

***

Für die Berechnung des Energie- und Fettgehaltes wurde ein Mittelwert für den Tagesbedarf an Energie von 2200 kcal und für den Tagesbedarf an Fett von 80 Gramm angenommen.

Schwierigkeit	★★☆☆☆
Zeitaufwand	★★★★☆
Tauglichkeit zum Vorbereiten	★★★☆☆
Preis	★★★★☆
Energie (in Prozent des Tagesbedarfes)	**80**
Fett (in Prozent des Tagesbedarfes)	**160**

Dieses Menü soll ein kleiner Querschnitt durch die klassische russische Küche sein. Es besteht aus leicht machbaren Gerichten, die sich gut präsentieren lassen. Wem dieses Essen etwas zu üppig scheint, der kann die Blinis oder den Borschtsch weglassen oder alle Spezialitäten bei passenden Gelegenheiten einzeln servieren.

Wie immer beginnt man mit der sogenannten »Mise-en-place«, das heißt mit dem Bereitstellen aller Zutaten.

***

Blinis mit Lachs, Kaviar und saurer Sahne

***

Arbeitsaufwand etwa 30 Minuten
Ruhezeit des Teiges etwa 12 Stunden
Backzeit 2–3 Minuten

Zutaten für 4 Portionen:

Teig:
25 g Hefe
1/2 TL Zucker
1 EL lauwarme Milch
100 g Buchweizenmehl (> Seite 206)
2 1/2 dl Milch
2 Eigelb
2 Eiweiß
1 dl saure Sahne
Salz
4 EL Butterschmalz

Garnitur:
1 kleine Dose echten Kaviar, z.B. Osietra oder Beluga
1 Glas Keta-Kaviar (Salmrogen), nach Belieben
100 g Räucherlachs, in feinen Scheiben
2 dl saure Sahne

Die Hefe zerbröckeln und mit dem Zucker und 1 Eßlöffel lauwarmer Milch gut verrühren.

Das Mehl in eine vorgewärmte Schüssel sieben, 1 1/2 dl Milch erwärmen. Lauwarm mit der aufgelösten Hefe zugeben und kräftig zu einem glatten, lockeren Teig schlagen. Den Teig 12 Stunden kühl ruhen lassen. Die Eigelbe mit der Sahne gut verrühren. Die restliche Milch erhitzen, über den vorbereiteten Teig gießen und schlagen, bis Blasen entstehen. Die Sahne-Ei-Mischung darunterarbeiten. Etwa 1–2 Stunden bei Küchentemperatur ruhen lassen. Etwa 2 Eßlöffel flüssig gemachte Butter unter den Teig mischen. Unmittelbar vor der Weiterverwendung die Eiweiße mit dem Salz steif schlagen. Unter den Teig ziehen.

Zum Backen kleine Bratpfännchen mit flüssig gemachter Butter ausstreichen, etwa 2 Eßlöffel Teig hineingeben und bei mittlerer Hitze Pfannkuchen backen. Sobald die Unterseite gebacken ist, wenden und nach Bedarf noch etwas Butter dazugeben.

Die bereits gebackenen Blinis im schwach geheizten Backofen (etwa 50°C) warm halten. Eine Platte mit einer Serviette belegen, die Blinis daraufgeben, mit dem restlichen Teil der Serviette zudecken und gemeinsam mit Kaviar, dünn geschnittenem Lachs und saurer Sahne servieren.

***

Borschtsch

***

Arbeitsaufwand etwa 45 Minuten

Zutaten für 4 Portionen:
500 g grüner oder weißer Kohl (> Seite 236)
1 EL Butter
6 dl Brühe (> Seite 548)
500 g vorgekochte Rote Bete (> Seite 249)
1 kleine Kartoffel (> Seite 264)
1 dl steifgeschlagene Sahne
Salz, Pfeffer, Cayennepfeffer
2 EL Wodka
1 TL Dillspitzen oder Dillzweige

Die Kohlblätter vom Strunk lösen. Die Rippen entfernen und die Blätter in Streifen schneiden. In der Butter dünsten, bis die Streifen lahm werden. Mit 1 dl Brühe begießen und 5–10 Minuten lang garen. Die Rote Bete schälen und klein schneiden. Die Kartoffeln schälen, in Würfel schneiden und in der restlichen Brühe weich kochen. Die Rote Bete zusammen mit den Kartoffeln und der Brühe im Mixer pürieren und mit den Kohlstreifen mischen. Den Kohlsud ebenfalls zugeben. Die Hälfte der Sahne darunterziehen. Mit Salz, Pfeffer, dem Wodka und Cayennepfeffer abschmecken. In kleine Tassen einfüllen. Mit der restlichen Sahne garnieren und mit den Dillspitzen bestreuen oder mit einem Dillzweiglein garnieren.

Piroschki

Arbeitsaufwand etwa 40 Minuten
Ruhezeit des Teiges etwa 1–2 Stunden
Backzeit 15–20 Minuten

Teig für ca. 20 Piroschki:
120 g Mehl
150 g Butter
150 g saure Sahne
1 Prise Salz
1 Eiweiß

Zum Bestreichen:
1 EL Milch
1 EL Eiweiß

Das Mehl und die Butterflocken in eine Schüssel geben und zwischen den Fingern fein zerreiben. Eine Vertiefung formen, Salz und die saure Sahne hineingeben, mit dem Holzkellenstiel mischen, dann den Teig in die Hände nehmen und mit gespreizten Fingern kreisförmig bewegen, bis ein geschmeidiger Teig entsteht. Zu einer Kugel formen, in ein Tuch wickeln und 1–2 Stunden im Kühlschrank ruhen lassen. Den Teig in 3 Portionen teilen. Jede Portion etwa 2 Millimeter dick zu einem Rechteck ausrollen, dabei sehr wenig Mehl verwenden. Die gewünschte Füllung in Häufchen und in Abständen von etwa 4 Zentimeter darauflegen. Jedes Häufchen ringsum mit dem Eiweiß bestreichen und den Teig darauf zurückschlagen. Mit einem Glas Halbkreise von 4 cm Durchmesser ausstechen.

Die Ränder mit dem Daumen und mit dem Zeigefinger gut zusammendrücken. Das Eiweiß und Milch gut mischen und die Piroschki damit bestreichen. Im Backofen bei 200 Grad Celsius etwa 15–20 Minuten lang backen. Sie sollen nur hellbraun werden.

Füllung:

Je nach Anzahl der Gäste und entsprechend der Zeit, die dafür aufgewendet werden kann, macht man eine oder mehrere der folgenden Füllungen, die jeweils für 1 Teigportion berechnet sind:

Mit Fisch

Zutaten:
1 große, gehackte Zwiebel (> Seite 257)
1/2 TL Zucker
1 EL Butter
250 g gekochte Fischfilets
50 g gekochter Reis (> Seite 452)
1 hartgekochtes, gehacktes Ei
1 EL feingehackte Petersilie
1/2 TL Dill
Salz, Pfeffer

Die Zwiebeln mit dem Zucker in der Butter hellgelb dünsten. Die Fischfilets mit einer Gabel zerzupfen. Alle Zutaten mischen und mit dem Dill, Salz und Pfeffer abschmecken.

Mit Fleisch

Zutaten:
300 g gehacktes Rindfleisch (> Seite 345)
2 EL Butter
3 gehackte Zwiebeln (> Seite 257)
1/2 TL Zucker
2 EL gehackte Petersilie
50 g gekochter Reis (> Seite 452)
Salz, Pfeffer
1 hartgekochtes Ei

Das Rindfleisch in 1 Eßlöffel Butter kurz anbraten. Die Zwiebeln mit dem Zucker in der restlichen Butter hellgelb dünsten. Alle Zutaten gut mischen und mit Salz und Pfeffer würzen.

Mit Pilzen

Zutaten:
300 g gehackte Champignons (> Seite 277)
oder andere Pilze
Saft von 1 Zitrone
2 EL Butter
1 große, gehackte Zwiebel (> Seite 257)
1/2 TL Zucker
1 EL gehackte Petersilie
50 g gekochter Reis (> Seite 452)
Salz, Pfeffer

Die Pilze mit dem Zitronensaft mischen und in 1 Eßlöffel Butter weich dämpfen. Die Zwiebeln mit dem Zucker hellgelb dünsten. Alle Zutaten mischen und mit Salz und Pfeffer würzen.

Tip: Es lohnt sich, etwas mehr Piroschki als benötigt zuzubereiten, sie tiefzukühlen und später eventuell zu einem Aperitif zu backen.

Filet Stroganow

Arbeitsaufwand 35–40 Minuten

Zutaten für 4 Portionen:
600 g Rindsfilet (> Seite 345) in ca. 1 cm dicke Tranchen geschnitten
2 EL Butterschmalz Salz, Pfeffer

Sauce:
2 große Zwiebeln (> Seite 257)
1 EL Butterschmalz
150 g Champignons (> Seite 277)
Saft von einer halben Zitrone
1 TL Mehl
1 TL Tomatenmark
2 dl Milch
2 dl frische Sahne oder saure Sahne
Salz, Pfeffer, Oregano
1 große Salzgurke
1 große, geschälte Paprikaschote (> Seite 245)
1 Prise Cayennepfeffer

Für die Sauce die Zwiebeln fein hacken und im heißen Butterschmalz leicht dünsten. Sie dürfen keine Farbe annehmen. Sobald sie weich sind, die in Scheiben geschnittenen Champignons sowie den Zitronensaft dazugeben. Etwa 2–3 Minuten lang dünsten lassen. Das Mehl dazugeben und gut mischen. Vom Feuer nehmen. Das Tomatenmark daruntermischen und erkalten lassen. Dann die Milch dazugießen und unter Rühren zum Kochen bringen. Das Feuer klein stellen. Die Sahne, Salz, Pfeffer und etwas Oregano sowie die feinstreifig geschnittene Salzgurke und die Paprikaschote dazugeben. Etwas einkochen lassen.

Inzwischen die Filettranchen in Streifen schneiden, salzen und pfeffern. Das Butterschmalz heiß werden lassen und das Fleisch kurz anbraten. Vom Feuer nehmen. Etwa 2 Minuten lang stehen lassen und dann mit dem Bratfond unter die Sauce mischen. Mit dem Cayennepfeffer abschmecken. Sofort mit Pilawreis servieren.

Zeitplan

Einige Stunden vor dem Essen oder bereits am Vortag:
Den Borschtsch vorkochen. Vor dem Essen nur noch wärmen.
Die Piroschki zubereiten, aber nocht nicht backen.
In den Kühlschrank legen oder tiefkühlen.
Den Bliniteig zubereiten; für 12 Stunden kühl ruhen lassen.
Die Sauce für das Stroganow zubereiten und kühl stellen.

60 **Etwa 1 Stunde vor dem Essen:**
Die Piroschki mit Eiweiß und Milch bestreichen. Ofen vorheizen, Piroschki backen.
Reis und Zwiebeln anschwitzen. Vor dem Servieren der Suppe zum Erwärmen in den Ofen schieben.

30 **1/2 Stunde vor dem Essen:**
Die Eiweiße steif schlagen, mit dem Bliniteig mischen. Blinis backen und im Ofen bei etwa 50 Grad Celsius ungedeckt warm halten. Anschließend sofort servieren.

10 **Nach dem Servieren der Blinis:**
Den Reis im Ofen quellen lassen.
Das Fleisch ganz kurz »à point« oder saignant braten. Die Sauce separat erwärmen, den Fleischfond dazugeben, abschmecken, mit dem Fleisch mischen. Nicht mehr kochen.

5 **Für das Dessert:**
Kugeln vom Zitronensorbet abstechen, in ein Kelchglas geben und am Tisch mit Wodka begießen.

DEKORATIVES AUS JAPAN

***

SUSHI

***

SASHIMI

***

TEMPURA MIT GEMÜSE

***

SUKIYAKI

***

REIS NACH JAPANISCHER ART

(> SEITE 457)

***

MANGOSCHEIBEN

***

Schwierigkeit	★★☆☆☆
Zeitaufwand	★★★☆☆
Tauglichkeit zum Vorbereiten	★★☆☆☆
Preis	★★★☆☆
Energie (in Prozent des Tagesbedarfes)	**53**
Fett (in Prozent des Tagesbedarfes)	**45**

Festliche Essen sind in Japan Zeremonien mit alter Tradition. Eine große Rolle spielt die Präsentation: das geeignete Geschirr ist sehr wichtig; aber auch kunstvoller Blumen- und Blätterschmuck gehört zu einer festlichen japanischen Tafel. Alles sollte Stil haben – die komplizierten Riten und Techniken der Dekoration lassen sich jedoch nicht so einfach und schnell erlernen.

Zu Hause muß man allerdings kein Examen bestehen. Am besten, man hält sich an die Rezepte und beschränkt sich auf eine einfache Dekoration.

Das für dieses Buch ausgewählte Menü ist eine Mischung aus

einem klassischen Kayseki-Essen und einigen Spezialitäten, die für uns machbar sind und die alle auch in etwas größeren Mengen einzeln serviert werden können.

Die Gerichte werden der Reihe nach serviert. Je nach Geschmack können grüner Tee, Saké oder eventuell Bier dazu angeboten werden.

Wer will, kann den Sukiyaki ersetzen durch eine einfache, in einer Lackschale servierten Misosuppe, das ist eine Fischbrühe aus Bonitoflocken, abgeschmeckt mit Miso (Würze aus Sojabohnen).

Merken muß man sich vor allem, daß der Reis – im Unterschied zur chinesischen Küche – erst gegen Ende der Mahlzeit auf den Tisch kommt und nicht »beschmutzt«, also nicht mit Sauce oder Zutaten belegt werden darf. Er dient zum Stillen des Hungers, sofern noch welcher vorhanden ist.

Sushi

Arbeitsaufwand etwa 45 Minuten
Kochzeit etwa 30 Minuten

Zutaten für ca. 12 Stück:
300 g japanischer oder italienischer Rundkornreis (> Seite 211)
Salz
2 EL Sake oder trockener Sherry
3 EL Apfelessig
1 EL Zucker
1 TL japanische Sojasauce
1 Ei
300 g Lachs, roh (> Seite 375)
1 EL Meerrettich, frisch gerieben
Gaze zum Formen der Sushi

Den Reis 30 Minuten vor dem Kochen waschen und abtropfen lassen. 4 dl Wasser, den Reis und Salz in eine Pfanne geben und bei starker Hitze zum Kochen bringen. Ab und zu rühren. Den Reis bei schwacher Hitze 20 Minuten lang ausquellen lassen. Mit einem Holzlöffel einmal umrühren, ein Küchentuch unter den Deckel legen und die Pfanne 10 Minuten lang neben dem Herd stehen lassen.

Etwa 1/2 Teelöffel Salz, den Sake oder den Sherry, den Essig, den Zucker und die Sojasauce in eine kleine Pfanne geben und bei mäßiger Hitze verrühren. Den Reis nun in ein großes, flaches Gefäß geben. Mit der Würzmischung begießen. Mit einem Holzlöffel alles mischen. Den Reis mit Hilfe eines Fächers oder eines anderen passenden Gegenstandes (z.B. kleines Serviertablett) möglichst rasch abkühlen. Je schneller dies geschieht, desto schöner glänzt der Reis.

Das Ei 9 Minuten kochen. Unter kaltem Wasser abschrecken und auskühlen lassen.

Den Lachs in ca. 4 x 4 cm große, dünne Scheiben schneiden.

Das Gaze-Stück in Wasser anfeuchten.

Das Ei schälen, halbieren, das Eigelb herausnehmen und durch ein Teesieb auf einen kleinen Teller pressen.

Die ausgedrückte Gaze auf die Innenfläche der Hand legen und eine Fischscheibe darauflegen. Ganz wenig geriebenen Meerrettich darüberstreuen. Mit den Fingern einen kleinen Ball aus Reis formen und auf den Lachs legen. Die Gaze an allen 4 Ecken zusammenfassen und zu einer Kugel drehen. Das Tuch entfernen. In die Oberfläche des Lachses eine kleine Vertiefung drücken und etwas Eigelb daraufstreuen, so daß das Sushi wie eine Blume aussieht.

Tip: Bei den »Sushi« handelt es sich um eine japanische Spezialität, über die ganze Bücher geschrieben wurden. Geschmacksträger ist immer Fisch in irgendeiner Form, ferner werden sie meistens mit Reis, oft auch mit Gemüse kombiniert. Sojasauce mit etwas Wasabi (japanischem Meerrettich aus der Dose) mischen und zu den Sushi servieren.

***

Sashimi

***

Arbeitsaufwand etwa 35 Minuten

Zutaten für 4 Portionen:
160 g frisches Thunfischfilet (> Seite 375)
160 g frisches Kalbeljaurückenfilet (> Seite 374)
Meersalz oder Salz
1 Päckchen getrockneter Seetang
1/2 weißer Rettich (> Seite 248)
1/4 Salatgurke (> Seite 236)
1 Karotte (> Seite 243)
4–5 EL Reis- oder Apfelessig
1/2 Zitrone in Scheiben geschnitten
2 EL feingeschnittene Ingwerwurzel
1 TL Wasabi (japanischer Meerrettich aus der Dose)
8 EL japanische Sojasauce

Das frische Thunfisch- und Kabeljaufilet mit Meersalz bestreuen und kalt stellen. Den Seetang zum Aufquellen in kaltes Wasser legen.
Den Rettich schälen und die Gurke waschen. Den Rettich und die Hälfte der Gurke in feine Streifen, die restliche Gurke längs halbieren und in feine Scheiben schneiden. Die Rettich- und die Gurkenstreifen in kaltes Salzwasser legen, damit sie fest und knackig werden. Die Karotte in dünne Scheiben schneiden und dekorativ ausstechen.

Den Essig mit 3 dl Wasser mischen. Die Fische im Essigwasser abspülen und in sehr dünne Scheiben schneiden. Während des Schneidens die Messerklinge immer in das Essigwasser tauchen, dann klebt der Fisch nicht am Messer.

Die Rettich- und die Gurkenstreifen aus dem Salzwasser nehmen und gut abschütteln. Zusammen mit den Fischscheiben anrichten. Mit dem Seetang, den Gurken- und den Zitronenscheiben sowie dem Ingwer garnieren. Den Wasabi in Tupfen gut sichtbar auf dem Fisch plazieren.

Die Sojasauce in kleinen Schälchen extra dazu servieren, sie wird am Tisch mit dem Wasabi gemischt. Die Fischscheiben und die Gemüsestreifen am Tisch beim Essen durch die Sauce ziehen.

Tips: Man kann mehrere Saucen zu Sashimi servieren, z.B. 4 EL Mirin (süßer Wein) und 2 EL Sojasauce mischen und erhitzen, 1/2 Tasse Bonitoflocken dazugeben, kurz mitkochen und passieren.
▶ Nach Belieben 2 Teelöffel Sesamsamen zur Sauce geben.
▶ Anstelle von Fisch kann man auch Meeresfrüchte (vor dem Schneiden kurz mit kochendem Wasser überbrühen) oder Rindfleisch (Filet oder Huft) für Sashimi verwenden.
▶ Fisch oder Fleisch (eventuell vom Fleischer) sehr dünn schneiden lassen oder vor dem Schneiden leicht anfrieren.

***

***

Tempura mit Gemüse

***

Arbeitsaufwand etwa 45 Minuten
Backzeit etwa 3 Minuten pro Portion

Zutaten für 4 Portionen:
1 Fenchelknolle (> Seite 235)
2 kleine Zwiebeln (> Seite 257)
4 Shii-Take-Pilze (> Seite 277)
8 Brokkoliröschen (> Seite 230)
1 kleine Aubergine (> Seite 228)
1 kleiner Zucchini (> Seite 256)
3–4 EL Mehl
1 l Erdnußöl für die Friture

Teig:
1 großes Eigelb
2 1/2 dl Wasser
120 g Weißmehl
60 g Speisestärke
1/4 TL Backpulver

Sauce:
1 1/2 dl konzentrierte Geflügelbrühe (> Seite 549)
1/2 dl japanische Sojasauce
1/2 dl halbtrockener Sherry oder Aji-Mirin (halbsüßer Sake)
1 TL Wasabi (japanischer Meerrettich aus der Dose) oder
1 EL gewöhnlicher, geriebener Meerrettich (> Seite 242) oder
1 EL feingeriebene Ingwerwurzel

Den Fenchel putzen, in einzelne Blätter zerlegen und die zähe Außenhaut mit einem Schäler vorsichtig entfernen. Den Fenchel in mundgerechte Stücke schneiden. Die Zwiebeln schälen, in dünne Scheiben schneiden, die Pilze putzen und quer halbieren. Die Brokkoliröschen, die Aubergine und den Zucchini waschen. Die Brokkoliröschen auf Küchenpapier abtropfen lassen, Aubergine und Zucchini in 3 mm dicke Scheiben schneiden.

Für die Sauce die Brühe mit der Sojasauce und dem Sherry oder dem Aji-Mirin aufkochen und erkalten lassen. Mit dem Wasabi, dem Meerrettich oder der Ingwerwurzel abschmecken. Das Öl in einer Bratpfanne, einer Friteuse oder in einem Topf erhitzen. Den Teig erst unmittelbar vor dem Ausbacken zubereiten, sonst wird er hart. Das Eigelb mit dem eiskalten Wasser verrühren. Das Mehl mit der Speisestärke und dem Backpulver mischen. Mit dem Eiwasser sehr rasch zu einem dickflüssigen Teig zusammenarbeiten. Die Gemüse im Mehl wenden, in den Teig tauchen und in 2–3 Minuten knusprig fritieren, der Teig soll nur hellgelb werden.

Die ausgebackenen Gemüse auf Küchenpapier trockentupfen. Anrichten, sofort servieren und die Sauce separat dazu reichen.

***

Sukiyaki

***

Arbeitsaufwand etwa 35 Minuten

Zutaten für 4 Portionen:
400 g zartes Rindfleisch (Filet, Entrecôte, > Seite 345)
200 g Shirataki-Nudeln
200 g Tofu (feste Sorte, > Seite 263)
8 Shii-Take-Pilze (> Seite 277)
2 Lauchstangen (> Seite 246)
100 g Spinatblätter (> Seite 253)
4 Eier
3–4 Stück Rindsnierenfett (ca. 2 cm groß)

Warishita stock (Brühe):
2 EL Zucker
3 EL Sake oder trockener Sherry
3 EL Mirin (süßer japanischer Kochwein)
1 dl japanische Sojasauce
1 dl Wasser

Das Fleisch in dünne Scheiben (ca. 1/2–1 cm dick) schneiden. Die Shiritaki-Nudeln für 2 Minuten in kochendes Wasser geben, dann abgießen. Den Tofu in etwa 1 1/2 cm große Würfel schneiden. Von den Pilzen die Stiele entfernen und die Hüte in Scheiben schneiden. Den Lauch putzen, waschen und die Stangen leicht schräg in 2 cm breite Scheiben schneiden. Die Spinatblätter, wenn sie groß sind, halbieren.

Das Fleisch, den Tofu und die Gemüse dekorativ auf einer Platte anrichten. Die Eier in vier kleine Schalen aufschlagen.

Für die Brühe alle Zutaten mischen. Am Tisch die Rindsnieren in einem Wok (> Seite 179) oder in einem flachen, feuerfesten – wenn möglich – schwarzen gußeisernen Topf auf einem Rechaud erhitzen, bis das Fett austritt. Die Rindfleischscheiben dazugeben und rasch leicht anbraten. Die Brühe, den Tofu, die Gemüse und die Nudeln dazugeben. Ziehen lassen, bis das Gemüse knapp gar ist.

Die Zutaten aus der Brühe nehmen und in 4 Schalen anrichten. Jeder Gast taucht das Fleisch, die Gemüse und den Tofu in das verquirlte Ei.

***

Mangoscheiben

***

Arbeitsaufwand 10 Minuten

Zutaten für 4 Portionen:
4 Mangos (> Seite 301)

Frische Mangos halbieren und entsteinen. Die Mangohälften schälen, in Scheiben schneiben und auf Tellern anrichten.

Zeitplan

120 **Folgendes läßt sich 1–2 Stunden im voraus zubereiten:**

Sushi:
Mit Klarsichtfolie im Kühlschrank aufbewahren.

Sashimi:
Bereits mit kleinen Garnituren auf Tellern anrichten, mit Klarsichtfolie bespannen und in den Kühlschrank stellen.

Tempura:
Alle Gemüse vorbereiten. Die Sauce kochen und erkalten lassen. Den Teig erst vor dem Fritieren anrühren.

Sukiyaki:
Topf, Rechaud sowie alle Zutaten auf einem großen Tablett bereitstellen und zu gegebener Zeit an den Tisch bringen.

10 **Unmittelbar nach dem Servieren von Sushi und Sashimi:**

Die Gemüse durch den Teig ziehen und schwimmend ausbacken.

5 **Dessert**

In Japan ißt man praktisch keine Desserts. Man serviert Bohnenpaste zum grünen Tee, die fertig gekauft werden kann, oder beendet das Essen mit exotischen Früchten, die in Scheiben geschnitten werden, wie beispielsweise Mangos.

RUSTIKALES AUS SPANIEN

***

Ensalada catalana

Salat nach katalanischer Art

***

Paella »Mar y montaña«

Paella mit Fisch und Fleisch

***

Galtes de porc

Schweinsbacken mit Backpflaumen

***

Berenjenas fritas

Fritierte Auberginen

***

Crema catalana

Gebrannte Creme

***

Schwierigkeit	★★☆☆☆
Zeitaufwand	★★★☆☆
Tauglichkeit zum Vorbereiten	★★☆☆☆
Preis	★★★☆☆
Energie (in Prozent des Tagesbedarfes)	**97**
Fett (in Prozent des Tagesbedarfes)	**163**

Festliche Essen in Spanien sind meistens sehr umfangreich. Wer Gäste zu sich einlädt, will sie im Überschwang verwöhnen und zeigen, was er hat.

Das Festessen beginnt meist mit zahlreichen Tapas – verschiedenen kleinen Häppchen, die zum Sherry gereicht werden. Dann folgen meistens etwa 5–6 Gänge: Zuerst ein Salat, danach eine

Paella oder Canelones, gefolgt von Fisch, dann ein Hauptgericht mit Fleisch. Als Krönung folgt dann noch gebratenes Geflügel. Zuletzt gibt es sicher ein Dessert, z.B. die vielgeliebte Crema Catalana oder Früchtekompott und Cava (spanischer Sekt).

In diesem Buch wird ein vereinfachtes katalanisches Menü präsentiert, wobei in unseren Breitengraden die Paella oder die Schweinsbacken mit einem Salat als Vorspeise durchaus genügen dürften.

***

Ensalada catalana

Salat nach katalanischer Art

***

Arbeitsaufwand etwa 15 Minuten

Zutaten für 4 Portionen:
3 Tomaten (> Seite 254)
8–10 junge Lattich- oder Kopfsalatblätter
1 große Paprikaschote (> Seite 245)
1 Zweig Stangensellerie (> Seite 252)
4 kleine Stangenzwiebeln (> Seite 257) oder
12 Oliven (> Seite 244)
2 hartgekochte Eier
4 Scheiben spanischer Rohschinken
16 Streifen Stockfisch, entgrätet, aber roh
8 Artischockenherzen aus der Dose
Weinessig
Olivenöl
Salz, Pfeffer

Die Tomaten in Scheiben, die Paprikaschoten in Streifen und den Sellerie in Stücke schneiden, die Salatblätter zupfen. Alles mit den Oliven und den Eihälften auf den Tellern anordnen. Mit dem Schinken, dem Stockfisch und den Artischockenherzen garnieren. Den Essig, das Öl, Salz und Pfeffer separat dazu servieren.
Tip: Bei einem umfangreichen Menü den Schinken und den Stockfisch eventuell weglassen.

***

Paella »Mar y montaña«

Paella mit Fisch und Fleisch

***

Arbeitsaufwand etwa 40 Minuten

Zutaten für 4–6 Portionen:
250 g Seeteufel (> Seite 378)
200 g Tintenfisch (> Seite 379)
3 reife Tomaten (eventuell aus der Dose)
1 kleines Hähnchen, in 4 oder 8 Stücke geteilt (> Seite 353)
4 kleine Bratwürstchen
1 dl Olivenöl
150 g kleingewürfeltes Schweine- oder Lammfleisch (> Seite 342)
1 Zwiebel (> Seite 257)
2 Knoblauchzehen
1/2 in Streifen geschnittene rote Paprikaschote (> Seite 245)
300 g Reis (spanische Sorte oder Vialone, > Seite 211)
4 Riesengarnelen (> Seite 372)
4 Scampischwänze (> Seite 377)
6 dl Fleischbrühe (> Seite 548)
100 g grüne Erbsen (> Seite 234)
100 g grüne Bohnen (> Seite 229)
Salz, Pfeffer
1 Prise Safranfäden
300 g Miesmuscheln (> Seite 376)
2 Zitronen (> Seite 309)

Den Fisch in Stücke schneiden (Gräten entfernen). Die Tintenfische in Ringe schneiden, bei Verwendung von frischen Tomaten diese schälen.

Das Hähnchen und die halbierten Würstchen in Olivenöl allseitig braun anbraten, herausnehmen und warm stellen. Das geschnetzelte Schweine- oder Lammfleisch in die Pfanne geben, rasch anbraten. Die gehackte Zwiebel und die feingehackten Knoblauchzehen dazugeben, wenden und warm stellen. Dann die Tintenfischringe in die Pfanne geben und braten, bis sie eine rötliche Farbe annehmen. Den Fisch und die Tomaten dazugeben und ebenfalls kurz mitdünsten. Den Reis und die Paprikaschotenstreifen zugeben. Wenden und mit der Brühe ablöschen. Die Hähnchenteile in die Pfanne geben. Nach 10 Minuten die Erbsen und die Bohnen dazugeben. Den Reis würzen. Den Safran und, wenn nötig, noch etwas Brühe sowie die Riesengarnelen und die Scampi dazugeben. Etwa 5 Minuten lang weitergaren.

Inzwischen in einer separaten Pfanne die Muscheln mit wenig

Wasser kurz aufkochen, bis sich die Schalen öffnen. Die Garnelen und die Scampi aus dem Reis etwas an die Oberfläche ziehen und die Paella mit den Muscheln garnieren. Man kann die Muscheln auch aus der Schale nehmen und unter den Reis mischen. In der Paella-Pfanne auf den Tisch bringen und halbierte Zitronen dazu servieren.

Tips: Am besten schmeckt die Paella, wenn sie auf Holzkohlenfeuer zubereitet wird.

▶ Auch bei der Paella sollte man darauf achten, daß der Reis nicht verkocht.

***

Galtes de porc

Schweinsbacken mit Backpflaumen

***

Arbeitsaufwand 20 Minuten
Bratzeit 60–90 Minuten

Zutaten für 4 Portionen:
12 Backpflaumen
2 dl Rotwein
1/2 kleine, scharfe getrocknete rote Paprikaschote oder kleine, frische, rote Pfefferschote
2 ñoras (runde, milde, getrocknete rote Pfefferschoten), nach Belieben
1/2 dl Olivenöl
4 Schweinsbacken (vom Kopf, ohne Kiefer)
300 g Saucenknochen
2 Markbeine
2 Zwiebeln (> Seite 257)
50 g Jamón serrano (spanischer Rohschinken)
Salz, Pfeffer aus der Mühle
1 Zimtstange
2 Gewürznelken
2 Lorbeerblätter
1 EL milder Paprika
1 EL feingehackter Oregano
5 dl Rotwein (Rioja)
1 1/2–2 dl Brühe (> Seite 548)
3 EL Cognac (spanischer) oder Brandy

Die Backpflaumen am Vorabend in Wein, die getrockneten Pfefferschoten und die ñoras in Wasser einlegen. Das Olivenöl erhitzen, das Fleisch hineingeben und allseitig gut anbraten. Die gehackten Zwiebeln und ebenfalls den gehackten Rohschinken dazugeben. Zudecken und 10 Minuten lang auf kleinem Feuer schmoren lassen. Dann das Fleisch salzen. Die gehackten milden und die scharfen Pfefferschoten, die halbierte Zimtstange, die Nelken, das Lorbeerblatt, den Paprika, den Oregano und viel Pfeffer dazugeben. Wenden, dann mit dem Rotwein der Pflaumen ablöschen. Die Kasserolle abdecken und das Fleisch im Ofen bei 180 Grad Celsius 1–1 1/2 Stunden lang schmoren lassen. Die Pflaumen und die Markbeine dazugeben. Zugedeckt 1/2 Stunde weiterschmoren lassen. Das Fleisch und die Pflaumen aus der Kasserolle nehmen. Den Bratenfond aufkochen und, wenn nötig, mit wenig Brühe etwas strecken. Das Mark aus den Knochen auslösen, mit einer Gabel zerdrücken und mit der Sauce verrühren. Die Sauce soll konzentriert und dunkel sein. Zuletzt mit dem Cognac oder dem Brandy abschmecken. Die Sauce einkochen und über das aufgeschnittene Fleisch verteilen.

Tip: Die scharfen, getrockneten Pfefferschoten können auch durch frischen Pfeffer oder auch durch wenig Cayennepfeffer ersetzt werden.

***

Berenjenas fritas

Fritierte Auberginen

Arbeitsaufwand etwa 10 Minuten

Zutaten für 4 Portionen:
2 mittelgroße Auberginen (> Seite 228)
Salz
3–4 EL Olivenöl

Die Auberginen ungeschält in etwa 1 cm dicke Scheiben schneiden. Mit Salz bestreuen und etwa 30 Minuten lang liegen lassen. Danach mit Küchenpapier abtupfen und beidseitig in heißem Öl leicht anbraten.

Crema catalana

Gebrannte Creme

Arbeitsaufwand 20 Minuten
Kochzeit 5–10 Minuten

Zutaten für 8 Portionen:
2 EL Speisestärke
1 Liter Milch
8 Eigelb
200 g Zucker
1 Stück Zimtrinde
2 TL Vanillezucker
Zucker zum Karamelisieren

Die Speisestärke in 2 dl Milch gut auflösen. Die restliche Milch aufkochen. Inzwischen die Eigelbe mit dem Zucker zu einer sämigen, weißlichen Creme schlagen. Die heiße Milch unter Rühren zugießen. Die Creme in die kalt ausgespülte Pfanne zurückgeben. Die aufgelöste Speisestärke, die Zimtrinde und den Vanillezucker dazugeben. Die Creme auf kleinem Feuer mit einem Holzlöffel ununterbrochen rühren, bis sie gebunden ist. Darauf achten, daß der Siedepunkt nicht ganz erreicht wird. Die Creme sollte nicht kochen, sonst gerinnen die Eigelbe. Die gebundene Creme in flache, kalt ausgespülte Portionenformen verteilen. Erkalten lassen und bis zum Verbrauch im Kühlschrank aufbewahren.

Vor dem Servieren mit dem Zucker bestreuen und mit dem glühenden Eisen karamelisieren.

Das Brennen der Creme: Das Eisen muß glühend sein und soll senkrecht von oben aufgesetzt werden. Dabei darf die erhitzte Eisenfläche den Zucker nur knapp berühren. Taucht man das Eisen zu tief in die Creme, wird es klebrig oder schwarz. In Spanien sind spezielle runde Eisen mit Griff erhältlich. Man kann, wie es aus praktischen Gründen im Gastgewerbe oft gemacht wird, die Creme mit einem Bunsenbrenner oder unter der Grillschlange des Ofens karamelisieren.

Tip: Die Creme nach dem Karamelisieren rasch servieren, sonst löst sich der braune Zucker durch die Feuchtigkeit auf. Beliebt ist vor allem die Karamelschicht.

Beilagen:

Biscochos (eine Art Löffelbiskuits) und, was besonders gut schmeckt, ein kleines Gläschen süßen Dessertwein, z.B. Moscatel, Malvasia oder Garnacho

Zeitplan

Am Vortag:

Die Schweinsbacken schmoren, in der Sauce liegen lassen und nach dem Erkalten kühl stellen.

Die Crema Catalana zubereiten, in Förmchen füllen, aber noch nicht karamelisieren.

180 **3 Stunden vor dem Essen:**

Die Creme karamelisieren.

Alle Zutaten für die Paella, wie beschrieben, bereitstellen und vorbereiten, z.B. Hähnchen, Würstchen, Tintenfische und Fleisch braten.

Zwiebeln, Knoblauch, Fisch, Tomaten und Paprikaschoten dünsten. Muscheln aufkochen, aber im Sud belassen.

60 **1 Stunde vor dem Essen:**

Den Salat vorbereiten und auf die Teller verteilen oder auf Platte anrichten.

Die Auberginen schneiden und salzen.

30 **1/2 Stunde vor dem Essen:**

Die Paella zubereiten. Mit den Muscheln garnieren, mit Aluminiumfolie gut abdecken und warm stellen. Die Zitronen halbieren.

Die Auberginen braten.

10 **Unmittelbar vor dem Essen:**

Salat servieren. Essig, Öl und Salz separat dazu reichen.

Paella: Folie entfernen und Zitronen dazu servieren.

Schweinsbacken: Langsam erwärmen (bereits beim Servieren des Salates). Das Fleisch in Scheiben schneiden und mit der Sauce begießen. Mit den Auberginenscheiben garnieren.

Dessert: In den Tonschalen servieren.

PROVENZALISCHES ZUM GUSTIEREN

***

SALADE FRISÉE À LA PROVENÇALE

ENDIVIENSALAT AN SENFSAUCE

***

BOURRIDE À LA SÈTOISE

FISCHSUPPE NACH ART VON SÈTE

***

AÏOLI

KNOBLAUCHSAUCE

***

DAUBE DE BOEUF À L'ARLÉSIENNE

RINDSEINTOPF NACH ART DER CAMARGUE

***

SALADE AUX ORANGES

ORANGENSALAT

***

Schwierigkeit	★☆☆☆☆
Zeitaufwand	★★☆☆☆
Tauglichkeit zum Vorbereiten	★★☆☆☆
Preis	★★★☆☆
Energie (in Prozent des Tagesbedarfes)	**72**
Fett (in Prozent des Tagesbedarfes)	**110**

Es ist nicht einfach, ein für Frankreich typisches Menü auszuwählen. Wir haben uns für Gerichte aus der Provence entschieden, einer Gegend, die viele gern besuchen und deren Küche dank der vielen Kräuter und der guten, marktfrischen Produkte besonders aromatisch ist. Die Zubereitung dieser rustikalen Spezialitäten ist nicht besonders schwierig; zudem kann man sie sehr gut vorbereiten.

Als Getränke empfehlen sich zur Bourride ein Vin blanc de Cassis oder Rosé de Provence, zur Daube Rotwein (Bandol, Roussillon, Côtes-de-Provence) und zum Dessert ein Gläschen »Muscat«.

Salade frisée à la provençale

Endiviensalat an Senfsauce

Arbeitsaufwand 10 Minuten
Marinierzeit 1 Stunde

Zutaten für 4 Portionen:
1 großer, krauser Endiviensalat (> Seite 233)
1 EL Weinessig
4 EL kaltgepreßtes Olivenöl
1–2 TL scharfer Senf (Dijonsenf)
2 Knoblauchzehen
Salz, schwarzer Pfeffer aus der Mühle

Die äußeren grünen und etwas harten Blätter des Salates entfernen. Die Blätter in etwa 4 cm lange Stücke schneiden. Den Salat in ein Sieb geben und gründlich kalt abspülen, danach gut ausschwingen. Den Essig, das Öl, den Senf, wenig Salz und viel Pfeffer gut verrühren. Den feingeschnittenen Knoblauch dazugeben und die Sauce 1 Stunde lang ziehen lassen. Die Sauce durch ein Sieb gießen, über den Salat verteilen und gut vermischen.

Bourride à la sètoise

Fischsuppe nach Art von Sète

Arbeitsaufwand etwa 40 Minuten

Zutaten für 4–6 Portionen:
4–6 Scheiben Seeteufel (> Seite 378), Schwanzstück, ca. 1 kg
1 kleine Karotte (> Seite 243)
1 EL Fenchelkraut (> Seite 235)
1/2 Lauchstange (Porree) (> Seite 246)
400 g Kartoffeln (> Seite 264)
2 kleine Tomaten (> Seite 254)
5 EL Olivenöl
2 Knoblauchzehen
4 Scheiben Modelbrot
1 kleine, feingehackte Zwiebel (> Seite 257)
Salz, Pfeffer
1 Prise Thymian
1 dl Weißwein
1 Lorbeerblatt
1 Prise Safran
1 EL herber Wermut (Noilly Prat)
1 TL Cognac
1 Portion Aïoli (> Seite 684)

Die Fischtranchen vom Knorpel, der Haut befreien und halbieren oder vierteln. Die Karotten, den Fenchel und den Lauch in sehr feine Streifen, die Kartoffeln in 3 mm dicke Scheiben schneiden. Die Tomaten kurz in kochendes Wasser tauchen, schälen, entkernen und kleinschneiden.

In einer Bratpfanne 3 Eßlöffel Olivenöl erhitzen, die durchgepreßten Knoblauchzehen dazugeben und die quer halbierten Brotscheiben goldgelb rösten.

Das restliche Olivenöl in einer zweiten Pfanne erhitzen, die Zwiebeln, die Karotte, den Fenchel, den Lauch, die Tomaten und das Lorbeerblatt zugeben. Etwa 2–3 Minuten lang anziehen lassen. Die Fischstücke separat in 1 Eßlöffel Öl dünsten. Mit Salz, Pfeffer, dem Thymian, dem Wein, dem Lorbeerblatt und dem Safran würzen, herausnehmen und warm stellen. Die Kartoffeln zur Sauce geben, leicht salzen und zugedeckt auf mittlerer Hitze garen. Etwa 5 Minuten vor Ende der Kochzeit die Fischscheiben dazugeben, den Wermut und den Cognac dazugießen. Den Aïoli unter stetem Rühren unter den Fischsud mischen. Nicht mehr kochen! Mit den Croûtons servieren.

Aïoli

Knoblauchsauce

Arbeitsaufwand 10–15 Minuten

Zutaten für 4–6 Portionen:
6 Knoblauchzehen
2 Eigelb
1 1/2 dl kaltgepreßtes Olivenöl
1 TL Weißwein
Saft von 1 Zitrone, nach Bedarf
Salz, Pfeffer

Den Knoblauch schälen, durchpressen, in eine Schüssel geben. Die Eigelbe dazumischen und nach und nach das Öl dazugeben. Es soll eine Art Mayonnaise entstehen. Sobald die Sauce ganz dickflüssig ist, den Weißwein und nach Bedarf den Zitronensaft darunterrühren. Mit Salz und Pfeffer abschmecken.

Tip: Damit diese Sauce gelingt, müssen die Eier und das Öl Küchentemperatur haben. Sollte sie mißlingen, nimmt man den Aïoli am besten aus dem Mörser, gibt ein Eigelb hinein und fängt mit etwas Öl von vorne an, danach kann man die bereits zubereitete geronnene Sauce darunterrühren. Ist die Sauce zu dick, gibt man 1–2 Eßlöffel heißes Wasser zu. Oft wird auch ein Teil des Zitronensaftes durch 1 Teelöffel Pastis (> Seite 425) ersetzt. Man kann den Aïoli auch ohne Eigelb zubereiten. Dann eine frischgekochte Kartoffel mit dem Knoblauch verreiben.

Daube de boeuf à l'arlésienne

Rindseintopf nach Art der Camargue

Arbeitsaufwand 20 Minuten
Schmorzeit 2 Stunden

Zutaten für 4 Portionen:
800 g Rindfleisch zum Braten (> Seite 345)
1 große Zwiebel (> Seite 257)
4 EL Olivenöl
4 EL Weinessig
4 Knoblauchzehen
1 großes Lorbeerblatt
6 EL gehackte Petersilie
2 Gewürznelken
Streifen einer Orangenschale (nach Belieben)
Salz, Pfeffer
500 g Saucenknochen
1 Messerspitze Fleischextrakt (nach Belieben)
8 halbe Walnußkerne
1/4 l guter Rotwein (z.B. aus dem Roussillon)

Das Fleisch in 4 cm große Würfel schneiden. Die Zwiebeln sehr fein hacken. Das Olivenöl, den Essig, die Zwiebeln und den durchgepreßten Knoblauch mit dem Schneebesen zu einer Paste verrühren. Das Lorbeerblatt im Mörser zerkleinern oder von Hand in kleine Stücke teilen. Mit der Petersilie und den Nelken unter die Marinade mischen. Die Fleischwürfel zugeben und mit viel Pfeffer bestreuen. Wenden, bis das Fleisch mit der Marinade überzogen ist. Die heiß gewaschene Orange so schälen, daß ein langer Streifen entsteht. Zum Fleisch geben und 24 Stunden kühl ruhen lassen. Das Fleisch abgetropft in einer erhitzten Kasserolle leicht anbraten. Die restliche Marinade, die Orangenschale und den Saft der Orange hinzufügen. Zugedeckt auf kleinem Feuer 2 Stunden schmoren lassen. Dabei nach Bedarf ab und zu etwas Wein dazugeben. Sobald das Fleisch gar ist, herausnehmen und die Sauce passieren. Den restlichen Wein hinzugeben. Einkochen, bis die Sauce sämig wird. Mit dem Fleischextrakt abschmecken und die Walnüsse dazugeben.

BEILAGEN:
Kreolenreis (> Seite 453)

***

SALADE AUX ORANGES

ORANGENSALAT

***

Arbeitsaufwand 20 Minuten

Zutaten für 4–6 Portionen:
1 kg Orangen (am besten Blutorangen, > Seite 286)
80 g Zucker
1 TL abgeriebene Orangenschale
Saft von 2 Orangen
0,1 dl Muskatwein

Die Orangen schälen, dabei die weißen Häutchen sehr sorgfältig entfernen. In Scheiben oder Filets schneiden und in eine Glasschüssel geben. Mit dem Zucker, der Orangenschale, dem Orangensaft und dem Muscat mischen. Mindestens 1–2 Stunden im Kühlschrank ziehen lassen.

Tip: Mandelbögen (»tuiles aux amandes«) passen gut dazu.

Zeitplan

2 Tage im voraus:
Das Fleisch marinieren und 24 Stunden kühl ruhen lassen.

Am Vortag:
Die Daube zubereiten und nach dem Erkalten kühl stellen. Aufgewärmt schmeckt sie noch besser.

180 **2–3 Stunden vor dem Essen:**
Den Orangensalat zubereiten.
Den Reis vorkochen.
Den Salat putzen und die Sauce anrühren.
Für die Bourride alle Zutaten putzen, schneiden und anziehen lassen. Mit den Kartoffeln garen.
Den Fisch entgräten und schneiden, wieder kühl stellen.
Den Aïoli zubereiten.
Die Brotscheiben rösten.

20 **Unmittelbar vor dem Essen:**
Salat: Mit der Sauce tüchtig mischen.
Bourride: Den Fisch im Öl leicht dünsten und warm stellen. Das Gericht wie beschrieben fertigkochen. Den Aïoli unterrühren und alles gut abschmecken. Mit den Croûtons in Suppenteller anrichten.
Daube: Den Eintopf rechtzeitig zum Erwärmen aufsetzen. Den Reis ebenfalls mit etwas Brühe oder Wasser unter gelegentlichem Rühren heiß machen.

LECKERES AUS GRIECHENLAND

***

Kleine Vorspeisen: Tamaras

Fischrogencreme

Griechischer Salat

Gurkensalat mit Knoblauchjoghurt

***

Gegrillter Fisch

***

Moussaka

Auberginengratin

***

Zitronenmousse mit griechischem Orangensalat

***

Schwierigkeit	★★☆☆☆
Zeitaufwand	★★☆☆☆
Tauglichkeit zum Vorbereiten	★★☆☆☆
Preis	★★★☆☆
Energie (in Prozent des Tagesbedarfes)	**83**
Fett (in Prozent des Tagesbedarfes)	**154**

Griechische Küche ist an sich einfach. Was einem nach einem Aufenthalt in Griechenland in Erinnerung bleibt, sind die herrlichen Fische und Meeresfrüchte der Küstenregionen und Inseln. Beliebt sind auch die verschiedenen Vorspeisen oder der Fetakäse, der nicht nur in den Salat gehört, sondern auch in Saucen vorkommt. Darüber hinaus sind in der griechischen Küche alle südlichen Gemüsearten vertreten, vor allem Auberginen und Paprikaschoten.

Vor dem Essen kann man den Gästen ein Gläschen »Ouzo« servieren. Zum Essen paßt griechischer Wein oder Weißwein, rosé oder roter Landwein aus unseren Breitengraden (> Seite 411).

***

Tamaras

Fischrogencreme

***

Arbeitsaufwand etwa 10 Minuten

Zutaten für 4 Portionen:
100 g Tamaras Salata (in Salz eingelegter Rogen von Meeräsche, im Spezialgeschäft erhältlich)
100 g Weißbrot ohne Rinde
1 kleine gehackte Zwiebel (> Seite 257)
3 EL Olivenöl
Saft von 1 Zitrone

Das Brot in Wasser einlegen. Die Tamaraseier in einem Mörser gut zerdrücken. Das Brot auspressen. Alle Zutaten im Mixer zu einer Creme schlagen. Salzbeigabe erübrigt sich, weil der Tamaras durch das Einlegen bereits gesalzen ist.

Tips: Nach Belieben auf kleinen Toasts oder mit Weißbrot servieren.
▶ Es gibt im Feinkostgeschäft bereits fertig zubereiteten Tamaras.

***

Griechischer Salat

***

Arbeitsaufwand etwa 15 Minuten

Zutaten für 4 Portionen:
150 g Schafskäse
1 TL Kräuter (Rosmarin, Thymian, Basilikum)
1 Knoblauchzehe
4 EL Olivenöl
1/2 TL Senf
Saft von 1/2 Zitrone
1 EL Weinessig
Salz, schwarzer Pfeffer
3 Tomaten (> Seite 254)
je 1 rote und grüne Paprikaschote (> Seite 245)
1 Zwiebel (> Seite 257)
100 g schwarze Oliven (> Seite 244)

Den Käse eine halbe Stunde in kaltes Wasser legen. Gut abtropfen lassen und anschließend in 5 mm dicke, kleine Rechtecke schneiden.

In eine Schüssel legen, mit den Kräutern und dem durchgepreßten Knoblauch bestreuen und mit dem Olivenöl begießen. Eine Stunde lang im Kühlschrank ziehen lassen. Das Olivenöl abgießen, mit dem Senf, dem Zitronensaft, dem Essig, Salz und Pfeffer zu einer pikanten Salatsauce verrühren.

Die Tomaten in Schnitze und die Paprikaschoten in Streifen schneiden. Zusammen mit dünnen Zwiebelringen in eine Salatschüssel geben. Den Käse und die Oliven darüber verteilen. Mit der Sauce begießen.

***

Gurkensalat mit Knoblauchjoghurt

Arbeitsaufwand etwa 15 Minuten

Zutaten für 4 Portionen:
1 große Gurke (> Seite 236)
Salz, Pfeffer
0,3 l Joghurt (> Seite 317)
3–4 Knoblauchzehen
2 EL geschälte geriebene Mandeln

Die Gurke schälen. Mit dem Kartoffelschäler längs dünne Streifen abschälen, bis die Kerne zum Vorschein kommen. Mit Salz bestreuen.

Den Joghurt mit dem durchgepreßten Knoblauch und den Mandeln mischen. Mit Salz und Pfeffer abschmecken. Die Gurken ausdrücken und im letzten Moment mit der Sauce mischen.

Gegrillter Fisch

Arbeitsaufwand etwa 10 Minuten
Grillzeit etwa 30 Minuten

Zutaten für 4 Portionen:
1 Brasse (ausgenommen, aber ungeschuppt)
Salz, Pfeffer
1 kleiner Zweig Oregano
0,1 l Olivenöl (wenn möglich griechisches)
Saft von 1 Zitrone

Den Fisch innen und außen mit Salz einreiben. Den Oreganozweig in die Bauchhöhle geben. Das Öl mit dem Zitronensaft, Salz und Pfeffer mischen und den Fisch damit bestreichen.

Den Fisch über der Holzkohlenglut (> Seite 533) beidseitig bei nicht allzu großer Hitze grillen, am besten in einem speziellen Drahthalter. Den Fisch während des Grillens immer wieder mit dem Zitronenöl bestreichen. Ab und zu wenden. Der Fisch kann auch zu Hause auf einem Kontaktgrill oder unter der Grillschlange des Ofens gegart werden. Beim Grillen auf dem Kontaktgrill diesen am besten mit starker Aluminiumfolie bespannen. Auch im Ofen sollte man das Backblech mit Backpapier belegen.

Moussaka

Auberginengratin

Arbeitsaufwand etwa 40 Minuten
Backzeit 25–30 Minuten
Kochzeit der Sauce etwa 15 Minuten

Zutaten für 4 Portionen:
2 große Auberginen (> Seite 228)
Salz, Pfeffer
0,1 l Olivenöl
40 g geriebener Käse
20 g Butterflocken
200 g gehacktes Schweinefleisch (> Seite 342)
200 g gehacktes Rindfleisch (> Seite 345)
2 gehackte Schalotten (> Zwiebeln, Seite 257)
2 EL Tomatenmark
1 EL gehackter Oregano
2 EL gehackte Petersilie
1 Messerspitze Zimt
1 Prise Zucker
Salz, Pfeffer
3 dl Béchamelsauce (> Seite 567)

Die Auberginen schälen und in etwa 1 cm dicke Scheiben schneiden. Mit Salz und Pfeffer bestreuen und etwa 10 Minuten lang ziehen lassen. Den ausgetretenen braunen Saft abtupfen und die Scheiben mit einem Tuch trocknen. 0,1 l Öl erhitzen und die Auberginen beidseitig portionweise hellgelb backen. Beim Herausnehmen die Scheiben zwischen zwei Bratschaufeln pressen, damit der Überschuß an Öl herausgepreßt werden kann.

Für die Sauce die Butter in einer kleinen Chromstahlpfanne (> Seite 177) zerfließen lassen. Das Mehl dazugeben. Unter Rühren leicht dünsten, die Masse sollte keine Farbe annehmen. Vom Feuer nehmen, etwas abkühlen lassen und nach und nach die kalte Milch mit dem Schneebesen dazurühren. Weiter rühren, bis die Sauce glatt und gebunden ist. Wieder aufs Feuer stellen und bei schwacher Hitze noch etwa 10–15 Minuten lang köcheln lassen. Die Hälfte des Käses darunterziehen und gut abschmecken.

Das Fleisch in 1 1/2 EL Öl anbraten, die Schalotten zugeben und etwas mitdünsten. Das Tomatenmark, den Oregano, die Petersilie, den Zimt, den Zucker, Pfeffer und Salz zugeben.

Den Boden einer Gratinform mit den Auberginenscheiben belegen. Die Hälfte des Fleisches einfüllen und mit einer zweiten Lage Auberginen abdecken. Dann das restliche Fleisch darübergeben sowie die Hälfte der Sauce. Mit den letzten Auberginenscheiben zudecken und mit der restlichen Sauce überziehen. Mit dem restlichen Käse und den Butterflocken bestreuen und im Backofen bei 200 Grad Celsius etwa 15 Minuten lang überbacken. Vor dem Servieren eventuell von den Auberginen ausgetretenes Öl abgießen und den Gratin heiß mit Pilawreis (> Seite 453) oder Weißbrot auf den Tisch bringen.

Tip: Anstelle von Béchamelsauce wird oft ein Guß aus Ei und Milch verwendet.

Zitronenmousse mit griechischem Orangensalat

Arbeitsaufwand etwa 40 Minuten
Kühlzeit etwa 1–2 Stunden

Zutaten für 4 Portionen:
3 Eier
100 g Zucker
1 1/2 EL Speisestärke
1/4 l Weißwein
2 ungespritzte Zitronen (> Seite 309)
20 g Butter
2 EL Sultaninen (> Seite 307)
1/8 l süßer Dessertwein
5 große ungespritzte Orangen (> Seite 286)
4 EL Zucker

Die Eier trennen und die Eigelbe mit dem Zucker im Wasserbad sämig schlagen.

Die Speisestärke und den Weißwein darunterrühren. Die Zitronen warm waschen, trocknen und eine davon fein abreiben. Beide Zitronen auspressen, die geriebene Schale und den Saft zur Eigelbmischung geben. Die Creme unter ständigem Rühren bei kleiner Hitze eindicken lassen. Sie darf dabei nicht zu heiß werden, sonst gerinnt das Eigelb

Die Pfanne aus dem Wasserbad nehmen. Die Butter dazugeben und gut verrühren. Die Eiweiße steif schlagen und unter die inzwischen erkaltete Creme ziehen.

Die Mousse 2–3 Stunden kalt stellen.

Für den Orangensalat die Sultaninen waschen und mit dem Dessertwein begießen. Eine Orange waschen und die Schale abreiben. 4 Orangen so schälen, daß auch die innere weiße Haut entfernt wird. In feine Scheiben schneiden und in eine Schüssel legen.

Die Sultaninen, den Wein, den Zucker und den Saft der letzten

Orange darüber verteilen. Etwa 1–2 Stunden im Kühlschrank ziehen lassen.

Die Mousse auf Tellern kegelförmig anrichten und den Orangensalat ringsum verteilen.

Tip: Die Mousse kann nach der Zubereitung in kleine Förmchen abgefüllt und vor dem Anrichten gestürzt werden.

Zeitplan

300 **4–5 Stunden vor dem Essen:**

Die Moussaka ofenfertig zubereiten.
Die Zutaten für den Salat richten.
Das Dessert zubereiten und kühl stellen.

15 **Unmittelbar vor dem Essen:**

Den Fisch und die Grillmarinade vorbereiten sowie die Grillapparatur bereitstellen.
Die Moussaka rechtzeitig in den Ofen einschieben.
5 Den Salat anrichten.
Bereits beim ersten Gang den Fisch auf den Grill legen, aber dauernd überwachen.

10 **Nach dem Fisch:**

Den Moussaka, die Zitronenmousse und den Orangensalat anrichten.

PIKANTES AUS MEXIKO

***

CEVICHE

MARINIERTER FISCH

***

EMPANADAS

***

CHILI CON CARNE

(> SEITE 714)

***

BANANEN MIT RUM-SCHOKOLADENCREME

***

Schwierigkeit	★☆☆☆☆
Zeitaufwand	★★★☆☆
Tauglichkeit zum Vorbereiten	★★☆☆☆
Preis	★★★☆☆
Energie (in Prozent des Tagesbedarfes)	**54**
Fett (in Prozent des Tagesbedarfes)	**92**

In Mexiko spielt Fleisch, und hier vor allem Grillfleisch, eine wichtige Rolle. Nachdem gegrilltes Fleisch aber auch in unseren Küchen durchaus üblich ist und praktisch jedermann grillen kann, haben wir uns bei diesem Menü für einen würzigen Eintopf entschieden, der sich wieder aufwärmen läßt. Auf die berühmten kleinen Pfannkuchen, die auf vielerlei Arten belegt werden, haben wir ebenfalls verzichtet. Sie sind bei uns fast überall als Konserven erhältlich. Wer sie besonders liebt, kann sie anstelle des »Ceviche« oder der »Empanadas« servieren. Ein besonderer Vorteil unseres Menüs ist, daß sich alle Gerichte im voraus zubereiten lassen.

Zu diesem Menü serviert man am besten mexikanischen oder kalifornischen Weiß- oder Rotwein (> Seite 416).

Ceviche

Marinierter Fisch

Arbeitsaufwand **etwa 15 Minuten**
Marinierzeit **etwa 6 Stunden**

Zutaten für 4–6 Portionen:
1 kleine rote Chilischote
400 g Steinbuttfilets (> Seite 379) oder andere Fischsorten mit festem Fleisch
1 große Zwiebel (> Seite 257)
2 kleine Knoblauchzehen
Salz, Pfeffer
Saft von 8 Limetten (> Seite 300)
2 EL gehackte Petersilie
einige Salatblätter

Die Chilischote halbieren, entkernen und hacken. Die Fischfilets in etwa 1 1/2 cm große Würfel schneiden. In eine flache Schüssel legen. Die Zwiebel und den Knoblauch sehr fein hacken. Über die Fischfilets verteilen. Mit Salz, Pfeffer und den Pfefferschoten bestreuen und den ausgepreßten Limettensaft darübergeben. Mit einer Klarsichtfolie abdecken und im Kühlschrank 6 Stunden lang marinieren. Etwa 30 Minuten vor dem Servieren aus der Kälte nehmen. Mit der Petersilie bestreuen und nach Belieben mit einigen Salatblättern garnieren.

Tips: Nur sehr frischen Fisch verwenden.

▶ Man kann auch folgende Fischarten verwenden: Wolfsbarsch, Seezunge, Seeteufel, Forelle. In Mexiko bereitet man dieses Gericht mit Meeraal zu, was unserem Geschmack weniger entspricht.

▶ Man kann diese Vorspeise mit kleinen halbierten Kirschtomaten, Maiskörnern, feingeschnittenen Zwiebeln (am besten milde, violette Sorte) oder Eischeiben zusätzlich garnieren.

Empanadas

Arbeitsaufwand **etwa 35 Minuten**
Backzeit **15–20 Minuten**

Zutaten für etwa 12–15 Krapfen:
500 g geriebener Teig oder Blätterteig (> Seite 577)
1 Eiweiß und 1 Eigelb zum Bestreichen
1 TL Öl

Füllung:
1 EL Olivenöl
2 EL gehacktes Rindfleisch (> Seite 345)
1 Zwiebel (> Seite 257)
1/2 rote Paprikaschote (> Seite 245)
1 Büschel gehackte Petersilie
Rosmarin, Majoran
1 geschälte Tomate (> Seite 254)
1 EL Mehl
4 EL Sherry oder Weißwein
1 EL Senf
100 g entsteinte grüne Oliven (> Seite 244)
Salz, Pfeffer
1 kleines Stück Chilischote
oder etwas Tabasco

Das Öl erhitzen, das Fleisch darin anbraten, dann die gehackte Zwiebel, die in kleine Würfel geschnitte Paprikaschote, die Kräuter dazugeben und 5 Minuten lang mitdünsten. Die Tomaten kleinschneiden und hinzufügen. Einkochen lassen, bis alle Flüssigkeit verdunstet ist. Mit dem Mehl bestäuben und mit dem Sherry oder dem Wein ablöschen. Den Senf und die kleingeschnittenen Oliven daruntermischen und mit Salz, Pfeffer und der kleingeschnittenen und entkernten Chilischote oder mit Tabasco würzen.

Den Teig 3 mm dick ausrollen. Rondellen von etwa 10 cm Durchmesser ausstechen. Je einen Eßlöffel Füllung auf die Teigplätzchen geben, die Ränder mit dem Eiweiß bestreichen und zu Krapfen zusammenklappen. Gut andrücken, damit später beim Backen keine Füllung austritt. Die Krapfen auf ein kalt abgespültes Blech legen. Das Eigelb mit wenig Öl verquirlen, die Empanadas damit zweimal bestreichen, mit einer Gabel mehrmals einstechen und im mittelheißen Ofen etwa 15–20 Minuten lang goldgelb backen.

Beilagen:
Grüner Salat

***

Bananen mit Rum-Schokoladencreme

***

Arbeitsaufwand etwa 20 Minuten

Zutaten für 4 Portionen:
4 Bananen (> Seite 288)
8 EL grobgehackte Mandeln
3 EL Zucker
1 TL Mehl
1 Ei
2 EL Butter
100 g dunkle Schokolade
2 EL Rum
1/8 l Sahne
1 EL Instantkaffee

Die Bananen schälen und der Länge nach halbieren. Die Mandeln mit dem Zucker mischen. Die Bananenhälften mit dem Mehl bestäuben und durch das verquirlte Ei ziehen. Im Mandel-Zucker-Gemisch wenden. Gut andrücken.

Die Butter erhitzen und darin die Bananenhälften auf beiden Seiten goldgelb braten.

Die Schokolade in Stücke brechen und im Wasserbad unter Rühren schmelzen lassen. Den Instantkaffee, den Rum und die Sahne beifügen.

Die Bananen anrichten, nach Belieben mit der steifgeschlagenen Sahne garnieren und mit dem Instantkaffee bestreuen. Die warme Sauce separat servieren.

Zeitplan

Am Vortag:
Chili con carne zubereiten. Den Kümmel, den Tabasco und das Mehl erst vor dem Wiederaufwärmen dazugeben.

360
Etwa 6 Stunden vor dem Essen:
Den Fisch marinieren und kühl stellen.
Die Empanadas ofenfertig zubereiten (eventuell schon am Vortag, wobei man sie tiefkühlen sollte).
Das Dessert soweit wie möglich vorbereiten.

20
Unmittelbar vor dem Essen:
Die Empanadas rechtzeitig in den Ofen schieben.
Das Chili con carne langsam erwärmen und fertigmachen.
Den Ceviche auf Tellern anrichten.
Das Dessert anrichten.

Vegetarische Menüs

Wer ab und zu auch gerne einmal Gerichte ohne Fleisch und Fisch ißt, für den sind die Menüs dieses Kapitels gerade richtig.

Die Rezepte wurden nicht für strenge Vegetarier geschrieben, sondern basieren auf der ovo-lacto-vegetabilen Kostform, das heißt, diese Menüs enthalten auch Eier und Milchprodukte.

Immer mehr Leute, vor allem Jugendliche, essen aus sehr unterschiedlichen Gründen kein Fleisch. Auch für sie können unsere Menüs nützlich sein.

Wer sich – aus welchen Gründen auch immer – für eine vegetarische Ernährung entscheidet, ist meist auch generell an Ernährungsphysiologie interessiert. Bei den für dieses Kapitel ausgewählten Gerichten wurde deshalb auch besonders darauf geachtet, daß die Menüs sinnvoll zusammengesetzt sind und all jene Nährstoffe enthalten, die unser Organismus täglich braucht. Wer mehr darüber wissen möchte, kann in diesem Buch nachschlagen (> Seite 192).

Viele, die vegetarische Gerichte bisher mit ein wenig Skepsis betrachtet haben oder einfach selten Gelegenheit hatten, sie auszuprobieren, werden angesichts der attraktiven Gerichte auf den folgenden Seiten feststellen können, daß man auch vegetarisch durchaus recht abwechslungsreich essen kann.

Die meisten der hier ausgewählten Gerichte sind recht einfach zuzubereiten und nehmen relativ wenig Zeit zur Vorbereitung in Anspruch.

Als Getränke empfehlen sich leichte, weiße Landweine oder Roséwein; zur spanischen Omelette paßt am besten ein weißer oder roter Rioja und zu den Sellerie-Piccata mit Spaghetti ein Chianti.

FÜR ZARTE GESCHMACKSNERVEN

***

Gemüse in Gelee

***

Pfannkuchenrollen mit Fontinakäse

***

Frische Ananas

***

Für die Berechnung des Energie- und Fettgehaltes wurde ein Mittelwert für den Tagesbedarf an Energie von 2200 kcal und für den Tagesbedarf an Fett von 80 Gramm angenommen.

Schwierigkeit	★★☆☆☆
Zeitaufwand	★★☆☆☆
Tauglichkeit zum Vorbereiten	★★☆☆☆
Preis	★★☆☆☆
Energie (in Prozent des Tagesbedarfes)	**41**
Fett (in Prozent des Tagesbedarfes)	**80**

***

Gemüse in Gelee

***

Arbeitsaufwand 35 Minuten
Garzeit 25 Minuten

Zutaten für 8 Portionen als Vorspeise:
3 Blatt Gelatine
0,15 l Brühe (> Seite 548)
1/2 EL Weißweinessig
Salz, Pfeffer
20 dünne grüne Spargel (> Seite 252)
1 Prise Zucker
2 Lauchstangen (> Seite 246)
2 Karotten (> Seite 243)
60 g Sellerieknollen (> Seite 252)
60 g feine Erbsen (> Seite 234)
1 Joghurt
1/2 TL Weißweinessig
3 EL feingehackte Kräuter (Kerbel, Petersilie, Schnittlauch)
Salatblätter zum Garnieren

Die Gelatine in kaltes Wasser einlegen, ausdrücken und in der heißen Brühe auflösen. Mit dem Essig (1/2 EL), Salz und Pfeffer abschmecken. Das Gelee passieren. Den Spargel und den Lauch putzen, längs halbieren und waschen. Die Karotten und den Sellerie schälen. Eine Karotte in 2 mm dicke Scheiben schneiden, die zweite Karotte und den Sellerie würfeln. Den Spargel in Salzwasser mit dem Zucker 10 Minuten lang kochen. Den Lauch, die Karottenscheiben, die Erbsen, die Karotten- und die Selleriewürfel in gesalzenem Wasser kochen und abschrecken. Die Gemüse und den Spargel abtropfen lassen. Die Form mit dem Lauch und den Karottenscheiben auslegen. Die Gemüse mit Gelee mischen und die Hälfte einfüllen. Die Spargelspitzen abschneiden, die Stangen in die Form legen. Mit dem restlichen Gemüse bedecken. Etwa 2 Stunden lang kalt stellen. Den Joghurt mit dem Essig (1/2 TL), Salz, Pfeffer und den Kräutern abschmecken. Das Gelee in Scheiben schneiden. Mit der Sauce anrichten und mit den Spargelspitzen und den Salatblättern garnieren.

Tips: Als Hauptgericht reicht die Menge für 4 Personen.

▶ Die Sülze läßt sich im Kühlschrank 1 Tag aufbewahren.

PFANNKUCHENROLLEN MIT FONTINAKÄSE

Arbeitsaufwand etwa 45 Minuten
Einweichzeit des Käses etwa 12 Stunden
Garzeit etwa 15 Minuten

Zutaten für 4 Portionen:
Käsefüllung:
200 g Fontina oder Gouda-Käse (> Seite 325)
0,3 l Milch
2 Eigelb

400 g Blattspinat (> Seite 253)
600 g braune Champignons (> Seite 277)
1/2 EL Butter
4 dl Sahne
Salz, Pfeffer

Crêpe-Teig:
80 g Weißmehl
1/4 l Milch
je 1 Prise Salz und Zucker
3 große Eier
3 EL gehackte Kräuter (Kerbel, Petersilie, Schnittlauch)
1 EL Butterschmalz

Den Fontina oder Gouda in kleine Würfel schneiden. Mit 1/4 l Milch bedecken und einige Stunden stehen lassen, am besten über Nacht. Für den Teig das Mehl mit der Milch glattrühren. Das Salz, den Zucker und die Eier hinzufügen, kräftig durchrühren und passieren. Die Kräuter hinzufügen und 30 Minuten lang ruhen lassen. Den Spinat putzen, waschen und in feine Streifen schneiden. In der Butter andünsten. Die Sahne aufkochen, zu den Champignons passieren und kochen, bis die Sahne sämig wird. Den Spinat hinzufügen, nochmals erhitzen, mit Salz und Pfeffer abschmecken.

Von dem Teig mit wenig Butter 8 Crêpes backen.

Den eingeweichten Fontina oder Gouda mit der Milch im Wasserbad schmelzen lassen. Kurz vor dem Servieren die Eigelbe mit der restlichen Milch mischen und unter den Käse rühren. Die Crêpes mit der Champignon-Spinatfüllung belegen und fest zusammenrollen. In etwa 2 cm lange Stücke schneiden und mit der Käsesauce anrichten.

Tip: Anstelle von Fontina oder Gouda lassen sich verschiedene Käsesorten verwenden, ausgenommen Emmentaler, welcher gerne Fäden zieht.

FRISCHE ANANAS

Arbeitsaufwand etwa 15 Minuten
Marinierzeit 15 Minuten

Zutaten für 4 Portionen:
1 mittelgroße Ananas (> Seite 282)
2–3 EL Zucker
2 EL Kirschwasser (nach Belieben)

Die Ananas schälen, in etwa 1 1/2 cm dicke Scheiben schneiden. Auf eine Platte auslegen und mit einem Apfelausstecher das harte Mark der Frucht ausstechen. Die Ringe mit dem Zucker bestreuen und nach Belieben mit dem Kirschwasser beträufeln. Etwa 15–30 Minuten lang ruhen lassen.

ÜBERRASCHUNG MIT TOFU

***

VERLORENES EI MIT SPROSSEN UND SALAT

***

TOFUBURGER

***

GEGRILLTE BANANEN MIT ZIMT

***

Schwierigkeit	★☆☆☆☆
Zeitaufwand	★★☆☆☆
Tauglichkeit zum Vorbereiten	★★☆☆☆
Preis	★★☆☆☆
Energie (in Prozent des Tagesbedarfes)	**23**
Fett (in Prozent des Tagesbedarfes)	**41**

***

VERLORENES EI MIT SPROSSEN UND SALAT

***

Arbeitsaufwand etwa 20 Minuten

Zutaten für 4 Portionen:
4 frische Eier
1 EL Weißweinessig
25 g Linsensprossen
25 g Alfalfasprossen
50 g Gartenkresse (> Seite 240)
einige Salatblätter

Sauce:
5 EL saure Sahne
2 TL scharfer Senf (Dijonsenf)
2 EL Distelöl
3 EL Zitronensaft
Salz, Pfeffer
4 EL Schnittlauchröllchen
8 Radieschen (> Seite 247)

Einen Liter Wasser mit dem Essig zum Sieden bringen. Die Eier einzeln aufschlagen und in das Wasser gleiten lassen. Etwa 4 Minuten lang ziehen lassen, herausnehmen und in kaltem, leicht gesalzenem Wasser abschrecken. Die Sprossen heiß und kalt abwaschen oder blanchieren. Die Kresse und die Salatblätter putzen, waschen und abtropfen lassen. Die saure Sahne mit dem Senf und dem Distelöl verrühren. Mit dem Zitronensaft, Salz und Pfeffer abschmecken. Die Schnittlauchröllchen hinzufügen. Die Salate und die Sprossen damit beträufeln. Die verlorenen Eier trockentupfen und die Fäden abschneiden. Auf die Salate legen und mit der restlichen Sauce bedecken. Mit den Radieschen garnieren.

***

Tofuburger

***

Arbeitsaufwand etwa 35 Minuten
Marinierzeit 1 Stunde
Bratzeit 8–10 Minuten

Zutaten für 4 Portionen:
250 g festen Tofu (> Seite 263)
2 EL japanische Sojasauce
100 g Champignons (> Seite 277)
1/2 roter Paprikaschote (> Seite 245)
1/2 EL Butter
4 gehackte Salbeiblätter
Salz, Pfeffer, Muskatnuß
1 TL Paprika
20 g Vollkornmehl
30 g feine Haferflocken
3 EL Butter

Sauce:
1 EL gehackte Zwiebeln (> Seite 257)
1 durchgepreßte Knoblauchzehe
1 EL Butter
300 g geschälte Tomaten (> Seite 254)
1 EL japanische Sojasauce
Pfeffer

Den Tofu in kleine Würfel schneiden. Die Sojasauce darüberträufeln und etwa 1 Stunde marinieren. Danach den Tofu mit einer Gabel zerdrücken. Die Champignons und die Paprikaschote fein hacken. In der Butter anziehen lassen, bis die Gemüse keine Flüssigkeit mehr abgeben. Unter den Tofu mischen und mit Salbei, Salz, Pfeffer, Muskatnuß und Paprika abschmecken. Das Vollkornmehl und die Haferflocken daruntermischen, so daß eine kompakte Masse entsteht. Kleine »Burger« formen und im Butterschmalz bei mittlerer Hitze 8–10 Minuten lang unter Wenden braten.

Für die Sauce die Zwiebeln mit dem Knoblauch in der Butter anziehen lassen. Die Tomaten kleinschneiden, hinzufügen und zu einem Mus kochen. Mit der Sojasauce und Pfeffer abschmecken. Nach Belieben durch ein Sieb streichen. Die Sauce auf Teller verteilen und die Tofuburger darauf anrichten.

Beilage:
Vollkornnudeln

***

Gegrillte Bananen mit Zimt

***

Arbeitsaufwand etwa 10 Minuten
Grillzeit etwa 20 Minuten

Zutaten für 4 Portionen:
4 große Bananen (> Seite 288)
1/8 l Orangensaft
60 g Butter
Zucker (Menge richtet sich danach, wie süß die Bananen sind)
2 TL Zimtpulver

Vier Rechtecke aus Aluminiumfolie mit der Butter bestreichen. Die Bananen schälen, längs halbieren und auf die Folie legen, den Saft über die Bananen gießen. Die restliche Butter in Flocken schneiden und über die Bananen verteilen. Mit dem Zucker und dem Zimt bestreuen.

Die Folie verschließen und etwa 20 Minuten lang grillen.

ORIGINELLES MIT PIKANTEM GESCHMACK

***

APFEL-SELLERIESALAT

***

MAKKARONI MIT BLAUSCHIMMELKÄSE

***

MUSKATELLERPARFAIT

***

Schwierigkeit	★★☆☆☆
Zeitaufwand	★★☆☆☆
Tauglichkeit zum Vorbereiten	★★☆☆☆
Preis	★★☆☆☆
Energie (in Prozent des Tagesbedarfes)	**68**
Fett (in Prozent des Tagesbedarfes)	**117**

***

APFEL-SELLERIESALAT

***

Arbeitsaufwand 20 Minuten
Kochzeit 5 Minuten

Zutaten für 4 Portionen:
1 mittelgroße Sellerieknolle (> Seite 252)
2 Äpfel (> Seite 283)
wenig Zitronensaft
50 g Walnußkerne

Sauce:
1 Eigelb
1 TL Senf
Salz, Pfeffer, Paprika
1 Prise Cayennepfeffer
1 Prise Zucker
1 TL Zitronensaft
0,1 l Sonnenblumenöl
2 EL Weißweinessig
1 kleine gehackte Zwiebel (> Seite 257)
1/2 TL Worcestershiresauce
1 EL feingehackte Petersilie
2 EL Sahne

Für die Sauce das Eigelb, den Senf, die Gewürze und den Zitronensaft in eine Schüssel geben. Mit einem Schneebesen das Öl langsam unter kräftigem Rühren hinzugeben. Nicht zuviel Öl auf einmal, da sonst die Sauce gerinnen könnte. Nach und nach den Essig löffelweise zugeben. Die Zwiebeln, die Worcestershiresauce und die Petersilie unter die Sauce mengen. Die Sahne beimengen und mit Salz, Pfeffer und dem Zucker abschmecken.

Den Sellerie und die Äpfel schälen. Die Äpfel in kleine Würfelchen, den Sellerie in dünne Streifen schneiden oder raffeln. Beides sofort leicht mit dem Zitronensaft beträufeln. Den Sellerie in Salzwasser einmal aufkochen und dann auskühlen lassen. Mit dem Dressing gut mischen und mit den Nußkernen garnieren.

***

Makkaroni mit Blauschimmelkäse

***

Arbeitsaufwand 30 Minuten

Zutaten für 4 Portionen:
200 g Blauschimmelkäse, z.B. Gorgonzola oder Roquefort (> Seite 325)
Salz, Pfeffer
1 EL Öl
300 g Makkaroni (mit Schrägschnitt)
60 g Butter
2 dl Sahne
2 TL Kräutermischung (Basilikum, Petersilie)
40 g geriebener Parmesan (> Seite 325)

Den Käse in kleine Würfel schneiden. 4 Liter Salzwasser zum Kochen bringen. Das Öl und die Makkaroni hineingeben. Diese mit einer Holzkelle gut voneinander lösen. Wieder zum Kochen bringen, die Hitze etwas verringern. Die Makkaroni 10–15 Minuten lang kochen, bis sie «al dente» sind.

40 g Butter und die Sahne in eine Pfanne geben. Langsam erwärmen. Die Makkaroni abgießen. Mit der restlichen Butter in eine vorgewärmte Schüssel geben und gut mischen. Die Käsestücke und die Kräutermischung mit dem Käse in die heiße Sahne geben und die Pfanne sofort von der Heizplatte wegziehen. Gut durchmengen, bis die Käsesauce sich gleichmäßig mit den Teigwaren vermischt hat. Dazu den Parmesan reichen.

Tip: Darauf achten, daß die Teller vorgewärmt sind. Die Makkaroni werden rasch kalt.

***

Muskatellerparfait

***

Arbeitsaufwand 50 Minuten
Gefrierzeit 3–4 Stunden

Zutaten für 4 Portionen:
1/4 l Muskatellerwein
1 Orangenschale
1/4 TL geriebene Muskatnuß
2 Eigelb
60 g Zucker
2 EL Zitronensaft
0,15 l Sahne

Sauce:
600 g Rhabarber
0,3 l roter Portwein
0,2 l Wasser
60 g Zucker
2 Orangenschalen
4 EL Orangenlikör (Grand Marnier)
Pfefferminze für die Garnitur

Den Wein mit der Orangenschale und der Muskatnuß um die Hälfte einkochen. Die Eigelbe mit dem Zucker und dem Zitronensaft cremig rühren. Die Orangenschale entfernen und den Wein unter die Eigelbe mischen. Im heißen Wasserbad aufschlagen, bis die Masse cremig wird. Aus dem Wasserbad nehmen und weiterschlagen, bis die Masse abgekühlt ist. Die Sahne steif schlagen und unter die Masse mischen. In der Tiefkühltruhe gefrieren lassen.

Vom Rhabarber, nur wenn es nötig ist, die Schalen abziehen und die Stangen in etwa 3 cm lange Stücke schneiden. Den Portwein mit dem Wasser, dem Zucker, der Orangenschale und dem Likör kochen, bis sich der Zucker aufgelöst hat. Den Rhabarber hinzufügen, einmal aufkochen und 2 Minuten lang ziehen lassen. Zum Auskühlen beiseite stellen.

Etwa 5–10 Minuten vor dem Servieren aus der Kälte nehmen. Die Parfaits stürzen und mit dem Rhabarberkompott umgießen. Mit der Pfefferminze garnieren.

AROMATISCHES FÜR LINIENBEWUSSTE

***

Kopfsalat mit Orangen-Joghurtsauce

***

Gefüllte Paprikaschoten

(> Seite 497)

***

Heidelbeerkompott mit Zimtrosetten

***

Schwierigkeit	★☆☆☆☆
Zeitaufwand	★★☆☆☆
Tauglichkeit zum Vorbereiten	★★☆☆☆
Preis	★★☆☆☆
Energie (in Prozent des Tagesbedarfes)	**32**
Fett (in Prozent des Tagesbedarfes)	**37**

***

Kopfsalat mit Orangen-Joghurtsauce

***

Arbeitsaufwand 15 Minuten

Zutaten für 4 Portionen:
1 großer Salatkopf (Eissalat oder Kopfsalat, > Seiten 233, 240)
2 Orangen (> Seite 286)
1 Zitrone (> Seite 309)
3 EL gehackter Schnittlauch
1 Becher Joghurt (etwa 180 g)
Salz, Pfeffer

Die äußere Schale der Orange und der Zitrone möglichst dünn abschälen und in feine Streifen schneiden. Die Schale mit wenig Wasser 2–3 Minuten lang kochen, abgießen und erkalten lassen. Die Orangen und die Zitrone sorgfältig schälen, dabei auch die innere Haut entfernen; mit einem scharfen, spitzen Messer zwischen den Trennhäuten einschneiden und die geschälten Schnitze herauslösen. Den Saft dabei auffangen. Den Joghurt mit dem Saft und einem Eßlöffel Schnittlauch verrühren. Mit Salz und Pfeffer abschmecken.

Den Salat von den äußeren Blättern befreien, vierteln und in schwach gesalzenes Wasser legen. Die gut abgetropften Salatherzen in eine Schüssel geben, mit den Orangen- und den Zitronenschalen, den geschälten Schnitzen und dem restlichen Schnittlauch garnieren.

Die Joghurtsauce separat reichen.

Tip: Eissalat (> Seite 233) läßt sich am besten vierteln und schmeckt auch besonders gut.

Heidelbeerkompott mit Zimtrosetten

Arbeitsaufwand 30 Minuten
Kochzeit 15–20 Minuten

Zutaten für 4 Portionen:
500 g Heidelbeeren (> Seite 295)
0,1 l Rotwein
40 g Zucker
1 Zimtstange
2 Gewürznelken
3 dl Milch
1 EL Zucker
2 Eiweiß
1 TL Zimt
45 g Puderzucker
Pfefferminze zum Garnieren

Die Heidelbeeren in eine Schüssel mit kaltem Wasser geben. Die vorhandenen Blätter und die Unreinheiten entfernen. Die Heidelbeeren auf einem Sieb abtropfen lassen.

Den Rotwein mit 1 dl Wasser, dem Zucker, der Zimtstange und den Gewürznelken aufkochen. Einige Minuten lang ziehen lassen. Die Zimtstange und die Gewürznelken entfernen. Die Heidelbeeren dazugeben, aufkochen und zum Abkühlen beiseite stellen. Die Milch mit dem Zucker aufkochen und die Haut an der Oberfläche entfernen. Die Eiweiße schlagen, bis sie weiß werden, und nach und nach den Zimt und den Puderzucker hinzufügen. Weiterschlagen, bis der Schnee fest ist. Auf Backtrennpapier mit einer Sterntülle Röschen aufspritzen. In die kochende Milch geben, zudecken, beiseite stellen und garziehen lassen. Das Heidelbeerkompott mit den Zimtrosetten anrichten und mit Pfefferminze garnieren.

RUSTIKALES MIT PERSÖNLICHER NOTE

***

FRISÉESALAT MIT PINIENKERNEN

***

AUBERGINENTORTE

***

SAHNEÄPFEL

***

Schwierigkeit	★☆☆☆☆
Zeitaufwand	★★☆☆☆
Tauglichkeit zum Vorbereiten	★★☆☆☆
Preis	★★☆☆☆
Energie (in Prozent des Tagesbedarfes)	**47**
Fett (in Prozent des Tagesbedarfes)	**102**

***

FRISÉESALAT MIT PINIENKERNEN

***

Arbeitsaufwand etwa 15 Minuten

Zutaten für 4 Portionen:
2 EL roter Weinessig
Salz
5 EL Walnußöl
1 kleine Knoblauchzehe
weißer Pfeffer aus der Mühle
2 EL Pinienkerne
1 Kopf Friséesalat (> Seite 235)
1 EL gehackter Kerbel

Den Essig mit wenig Salz verrühren, dann das Öl, den durchgepreßten Knoblauch und Pfeffer darunterrühren.
Die Salatblätter trennen, putzen und in etwa 5 cm lange Stücke schneiden, waschen und gut schleudern. Mit den Kräutern und der Sauce mischen. Die Pinienkerne in einer trockenen Bratpfanne rösten und darüberstreuen.

***

Auberginentorte

Arbeitsaufwand etwa 25 Minuten
Backzeit 20–25 Minuten

Zutaten für 4 Portionen:
500 g Auberginen (> Seite 228)
400 g Tomaten (> Seite 254)
150 g Schalotten (> Zwiebeln, Seite 257)
100 g frische Champignons (> Seite 277)
2 Knoblauchzehen
500 g Blätterteig
Salz, Pfeffer
2 EL gehacktes Basilikum
1 EL gehackte Petersilie
2 Eigelb
2 Eier
1/8 l Sahne
Muskatnuß

Die Auberginen schälen, in sehr kleine Würfel schneiden und mit Salz bestreuen. Etwa 10 Minuten lang ziehen lassen. Die Tomaten kurz in kochendes Wasser tauchen, die Haut abziehen, halbieren, auspressen und ebenfalls würfeln. Die Schalotten, die Champignons und den Knoblauch fein hacken. Eine Springform von 26 cm Durchmesser kalt ausspülen. Etwa 2/3 des Blätterteiges 3 mm dick auswallen. Das Blech damit auslegen. Mit einer Gabel mehrmals einstechen. Die Auberginenwürfel mit kaltem Wasser abspülen. Auf Küchenpapier geben und abtrocknen. In der Butter hellbraun braten. Mit einer Bratschaufel das überschüssige Fett ausdrücken. Die Auberginenwürfel aus der Pfanne nehmen. Die Schalotten und den Knoblauch in den Bratenfond geben, 2–3 Minuten lang dünsten. Die Tomatenwürfel und die Champignons hinzufügen und kurz mitdünsten. Alle Gemüse mischen. Mit Salz und Pfeffer pikant würzen. Erkalten lassen.

Die Gemüsefüllung auf den Teigboden verteilen. Mit dem Basilikum und der Petersilie bestreuen. Aus dem restlichen Teig einen Deckel ausrollen. In der Mitte ein Dampfloch markieren, aber noch nicht öffnen. Die Teigränder des Bodens leicht über die Füllung zurücklegen. Mit dem Eigelb bestreichen und den Teigdeckel gut andrücken. Nach Belieben mit Teigresten verzieren. Mit dem Eigelb bestreichen. Etwa 20–25 Minuten lang bei 220 Grad Celsius backen. Unterdessen die Eier und die Sahne verquirlen. Mit wenig Salz, Pfeffer und Muskatnuß würzen. Das Gebäck kurz aus dem Ofen nehmen, das Dampfloch öffnen, den Eiguß hineingießen und 10 Minuten lang weiterbacken. Heiß oder lauwarm servieren.

Sahneäpfel

Arbeitsaufwand etwa 10 Minuten
Backzeit 30–35 Minuten

Zutaten für 4 Portionen:
4 große, feste Äpfel (> Seite 283)
1 TL Butter
3 EL Zucker
2 dl süße Sahne

Die Äpfel schälen, halbieren und das Kerngehäuse ausstechen. Mit der Schnittfläche nach oben in eine bebutterte Auflaufform legen und dicht mit 4 Eßlöffeln Zucker bestreuen. Die Äpfel mit der Sahne begießen, und zwar so, daß ein Teil davon über die Äpfel in die Form läuft. Sofort in den auf 220 Grad Celsius vorgeheizten Backofen schieben, nach 5 Minuten mit dem restlichen Zucker bestreuen und überbacken, bis die Äpfel goldgelb karamelisiert sind (etwa 30–35 Minuten, je nach Apfelsorte). Sie sollten nicht zerfallen und dürfen nicht zu braun werden.

UNKOMPLIZIERTES FÜR KALTE TAGE

***

Karottensalat mit Walnüssen

***

Kartoffelsuppe mit Kräutern

***

Maisflammeri mit Himbeersauce

***

Schwierigkeit	★☆☆☆☆
Zeitaufwand	★★☆☆☆
Tauglichkeit zum Vorbereiten	★★☆☆☆
Preis	★☆☆☆☆
Energie (in Prozent des Tagesbedarfes)	**46**
Fett (in Prozent des Tagesbedarfes)	**80**

***

Karottensalat mit Walnüssen

***

Arbeitsaufwand 15 Minuten

Zutaten für 4 Portionen:
600 g Karotten (> Seite 243)
1 EL Zitronensaft
2 dl Sahne
1 EL Sonnenblumenöl
Salz, Pfeffer
1 Prise Zucker
100 g Walnußkerne

Die Karotten schälen, in feine Streifen schneiden oder raffeln. Sofort mit dem Zitronensaft vermischen.
Die Sahne, das Öl, wenig Salz, Pfeffer und den Zucker verrühren. Die Hälfte der Walnüsse hacken. Unmittelbar vor dem Servieren die Karotten, die Sauce darüber geben und mit den gehackten Walnußkernen garnieren.
Tips: Die Karotten sollten erst knapp vor dem Essen geraffelt werden.
▶ Eventuell etwas Hüttenkäse (> Seite 319) dazu servieren.

***

KARTOFFELSUPPE MIT KRÄUTERN

Arbeitsaufwand etwa 30 Minuten
Kochzeit etwa 20 Minuten

Zutaten für 4 Portionen:
1 kleine Karotte (> Seite 243)
1 kleine Zwiebel (> Seite 257)
1 Stengel Stangensellerie (> Seite 252)
300 g geschälte Kartoffeln (> Seite 264)
3 EL Butter
1 durchgepreßte Knoblauchzehe
0,7 l Brühe (> Seite 548)
200 g altbackenes Brot
0,2 l saure Sahne
Salz, Pfeffer
2 EL gehackter Majoran

Die Karotte und die Zwiebel schälen, den Stangensellerie rüsten, waschen und kleinschneiden. Die Kartoffeln grob würfeln. Das Gemüse in 1 Eßlöffel Butter farblos dünsten. Die Kartoffeln und den Knoblauch hinzufügen, mit der Brühe auffüllen und etwa 20 Minuten lang leicht köcheln lassen. Das Brot in kleine Würfel schneiden und in der Butter goldgelb backen. Die Sahne zur Suppe geben, mit Salz und Pfeffer abschmecken und pürieren. Die Suppe nochmals erwärmen, aber nicht mehr kochen. Den Majoran hinzugeben.

Die Suppe anrichten und mit den Brotcroûtons bestreuen.

MAISFLAMMERI MIT HIMBEERSAUCE

Arbeitsaufwand 20 Minuten
Kochzeit 8–10 Minuten
Kühlzeit 1–2 Stunden

Zutaten für 4 Portionen:
3 Blätter Gelatine
1/4 l Milch
1/2 Vanilleschote
1 Prise Salz
abgeriebene Schale von 1/2 Zitrone
1 Eigelb
4 EL Zucker
4 Eiweiß
40 g Maisgrieß (> Seite 209)

Sauce:
300 g Himbeeren (eventuell tiefgekühlte, > Seite 295)
50 g Puderzucker
1 EL Himbeergeist (nach Belieben)
0,1 l Sahne
einige ganze Himbeeren
einige Pfefferminzblätter

Die Gelatineblätter einzeln in kaltes Wasser einlegen. Die Milch mit der aufgeschlitzten Vanilleschote, der Prise Salz und der abgeriebenen Zitronenschale zum Kochen bringen.

In der Zwischenzeit das Eigelb mit 2 Esslöffeln Zucker cremig rühren. Die Eiweiße zu Schnee schlagen, dabei 2 Eßlöffel Zucker nach und nach zugeben.

Den Maisgrieß in die kochende Milch einlaufen lassen und unter ständigem Rühren, bei schwacher Hitze 8–10 Minuten lang kochen. Die Gelatine ausdrücken und zusammen mit dem Eigelb zum Maisbrei geben. Gut durchrühren.

Den Eischnee unter die Maisgrießmasse ziehen und in kalt ausgespülte Förmchen füllen. Für etwa 1–2 Stunden kalt stellen.

Die Himbeeren durch ein Sieb streichen und mit dem Puderzucker und dem Himbeergeist vermischen. Die Sahne steif schlagen. Die Förmchen mit dem Maisgrießflammeri kurz in heißes Wasser tauchen, stürzen und auf Teller setzen. Mit der Himbeersauce umgießen, mit einer Rahmrosette, den Himbeeren und den Pfefferminzblättern garnieren.

Tips: Man kann dieses Flammeri auch als Schnelldessert mit Instant-Mais zubereiten.

▶ Die Sauce kann je nach Saison mit anderen Beeren oder Früchten zubereitet werden.

HERB-BITTERE VARIATION

***

PAVESE-BRENNESSELRAHMSUPPE

***

SELLERIE-PICCATA MIT SPAGHETTI

***

ORANGEN-KIWIGRATIN

***

Schwierigkeit	★☆☆☆☆
Zeitaufwand	★☆☆☆☆
Tauglichkeit zum Vorbereiten	★★☆☆☆
Preis	★★☆☆☆
Energie (in Prozent des Tagesbedarfes)	**56**
Fett (in Prozent des Tagesbedarfes)	**83**

***

PAVESE-BRENNESSELRAHMSUPPE

***

Arbeitsaufwand etwa 20 Minuten
Kochzeit etwa 2–3 Minuten

Zutaten für 4 Portionen:
50 g Brennessel (abgezupfte Blätter)
1gehackte Schalotte (> Zwiebeln, Seite 257)
1 1/2 TL Butter
5 dl kräftige Brühe (> Seite 548)
2 dl Sahne
2 Eigelb
1/2 TL Speisestärke
Salz, Pfeffer
einige Tropfen Zitronensaft

Die Brennesselblätter waschen. Die Schalotten mit einem Eßlöffel Butter langsam dünsten. Die Brennesseln hinzufügen und weiterdünsten, bis sie zusammenfallen. Mit der Brühe auffüllen und 2 Minuten lang kochen lassen. Die Suppe im Mixer fein pürieren. Die Eigelbe mit der Sahne und der Speisestärke gut vermischen. Die heiße Suppe hinzufügen und bei kleiner Hitze unter ständigem Rühren bis knapp vor das Kochen bringen. Von der Herdplatte wegziehen und 1 Minute lang weiterrühren. Die restliche Butter unter die Suppe schwingen und nach Bedarf mit Salz und Pfeffer abschmecken. Den Zitronensaft hinzufügen und die Suppe in vorgewärmten Tassen anrichten.

Tip: Beim Abzupfen der Brennesselblätter Handschuhe anziehen!

Sellerie-Piccata

Arbeitsaufwand **etwa 40 Minuten**
Garzeit **etwa 20 Minuten**

Zutaten für 4 Portionen:
12 Knollenselleriescheiben (ca. 1 cm dick)
Saft von 1/2 Zitrone
Salz, Pfeffer
3 Eier
3 EL geriebener Sbrinz oder Parmesan (> Seite 325)
2 EL Olivenöl
1 TL abgeriebene Zitronenschale
2 EL gehackte Kräuter (Petersilie, Rosmarin, Basilikum)
Mehl zum Wenden
2 EL Butterschmalz
5 mittelgroße Tomaten (> Seite 254)
3 EL feingehackte Zwiebeln (> Seite 257)
1–2 durchgepreßte Knoblauchzehen
2 EL Olivenöl
Salz, Pfeffer, Zucker
1 EL gehackte Kräuter
Rosmarin zum Garnieren
500 g Spaghetti

Die Knollenselleriescheiben mit dem Zitronensaft in leicht kochendes Salzwasser geben. Etwa 12 Minuten lang kochen. Herausnehmen, trockentupfen und auskühlen lassen.

Die Eier mit dem Käse, dem Öl, der Zitronenschale und den Kräutern verrühren. Einige Zeit quellen lassen.

Die Tomaten entkernen und in Stücke schneiden. Die Zwiebeln und den Knoblauch im Olivenöl goldgelb dünsten. Die Tomaten hinzufügen, mit Salz, Pfeffer und Zucker abschmecken und vorsichtig erwärmen.

Die Selleriescheiben salzen, pfeffern und im Mehl wenden. Durch die Eimasse ziehen und im Butterschmalz goldgelb braten. Die Spaghetti al dente kochen.

Die Selleriescheiben mit den Tomaten auf den Spaghetti anrichten. Mit den Kräutern bestreuen und mit dem Rosmarin garnieren.

Orangen-Kiwigratin

Arbeitsaufwand **25 Minuten**
Backzeit **10–15 Minuten**

Zutaten für 4 Portionen:
4 Orangen (> Seite 286)
2 Kiwis (> Seite 299)
1 TL Butter für die Form
1 TL Zitronensaft
2 EL Zucker
1 TL Speisestärke
4 EL Bitterorangenkonfitüre
2 EL Orangenlikör
2 Eier
0,2 l Sahne
1 EL Puderzucker

Die Orangen sorgfältig und gründlich schälen, so daß auch die weißen Häutchen ganz entfernt werden. Die geschälten Schnitze aus den Trennwänden herausschneiden. Dabei den Saft auffangen. Die Kiwis schälen und in ca. 3 mm dicke Scheiben schneiden. Den Saft ebenfalls auffangen. Eine flache Gratinplatte oder kleine Portionenförmchen (Eierpfännchen) mit der Butter bestreichen. Den aufgefangenen Fruchtsaft mit dem Zitronensaft, dem Zucker und der Speisestärke gut mischen. In einer kleinen Pfanne zu dickem Sirup kochen. Mit der Orangenkonfitüre und dem Orangenlikör mischen.

Die Orangenschnitze und die Kiwischeiben dekorativ in die Form schichten. Die Eier mit der Sahne im Wasserbad sämig schlagen. Mit dem vorbereiteten Fruchtsaft mischen. Über die Früchte verteilen. 10–15 Minuten lang bei 180 Grad Celsius im Ofen backen. Die Oberhitze einschalten, den Gratin mit dem Puderzucker bestreuen und gratinieren.

Tip: Für diesen Gratin nicht zu tiefe Formen verwenden, damit der Guß gleichmäßig fest werden kann. Damit er nicht zu trocken wird, am besten nach ungefähr 10 Minuten Backzeit mit einem spitzen Messer prüfen, ob er schon fest ist.

Gerichte zum Aufwärmen

Es gibt Gerichte, welche aufgewärmt sogar besser schmecken als frisch zubereitet. In der Regel handelt es sich dabei um Schmorgerichte oder Eintöpfe, zum Beispiel Braten, Ragouts oder bunte Gemüsegerichte, die man mit preiswerteren Fleischstücken zubereiten kann. Alle diese Spezialitäten kommen heute wieder vermehrt zu Ehren, weil sie schmackhaft und rustikal sind und ihre Zubereitung einfach ist. Die einfachsten Grundregeln ergeben allerbeste Resultate, die man auch anspruchsvollen Gästen auftischen kann. Wichtig ist, daß man, insbesondere für Schmorgerichte, die richtigen Töpfe wählt. Wie schon zu Großmutters Zeiten sind Gußeisenbräter (> Seite 178) für diese Spezialitäten ideal. Damit lassen sich die Gerichte gleichmäßig und schonend garen.

Für die Vorbereitungen muß man sich etwas Zeit nehmen. Das Garen oder Schmoren geschieht aber dann ganz alleine, ohne daß man dabeistehen muß. Und wenn man vor dem Anrichten den Topf öffnet, schlägt einem der Duft eines wunderbaren Gerichtes entgegen, das sich ohne Probleme portionenweise tiefkühlen läßt und durch diese Konservierungsmethode keineswegs beeinträchtigt wird. Aufbereiten lassen sich diese Gerichte auf dem Herd bei kleiner Hitze oder natürlich auch als Tellergerichte im Mikrowellenofen.

Die Rezepte in diesem Kapitel sind für zirka 4 bis 6 Personen berechnet. Das ist ein Minimum, um ein gutes Resultat zu erreichen, besonders bei Braten oder Schmorgerichten. Die Umrechnung auf größere Mengen ist sehr einfach. Es genügt, wenn man die Zutaten entsprechend multipliziert.

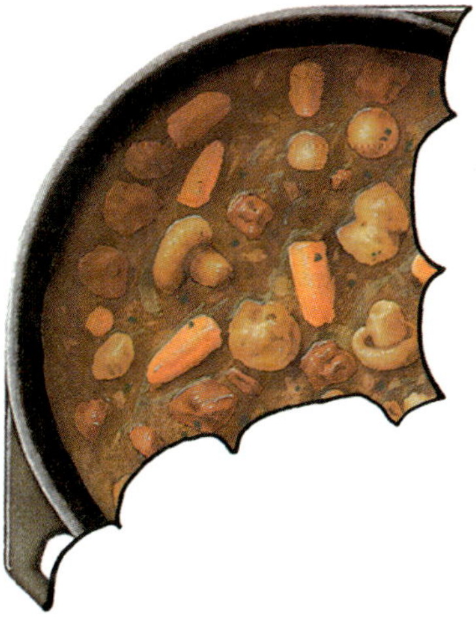
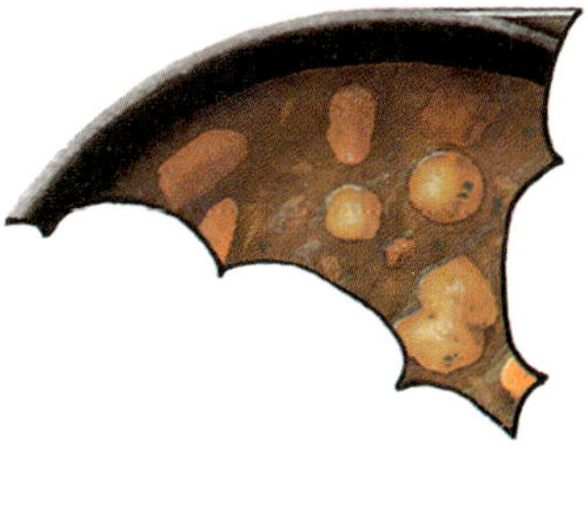

Szekeler Gulasch

Für die Berechnung des Energie- und Fettgehaltes wurde ein Mittelwert für den Tagesbedarf an Energie von 2200 kcal und für den Tagesbedarf an Fett von 80 Gramm angenommen.

Schwierigkeit	★☆☆☆☆
Zeitaufwand	★★☆☆☆
Tauglichkeit zum Vorbereiten	★★☆☆☆
Preis	★★☆☆☆
Energie (in Prozent des Tagesbedarfes)	**43**
Fett (in Prozent des Tagesbedarfes)	**82**

Arbeitsaufwand etwa 30 Minuten
Garzeit etwa 1 1/2 Stunden

Zutaten für 4 Portionen:
5 Zwiebeln (800 g) (> Seite 257)
800 g Schweinefleisch (> Seite 342)
3 EL Butterschmalz
Salz, Pfeffer
1/2 TL scharfer Paprika
2 EL edelsüßer Paprika
1 kg Sauerkraut (> Seite 251)
2 dl Weißwein
1/2 EL Kümmel
1 TL Dillspitzen
1 Knoblauchzehe
0,3 l saurer Halbrahm

Die Zwiebeln hacken. Das Fleisch in Würfel schneiden. Das Butterschmalz in einer Bratkasserolle erhitzen und das Fleisch darin anbraten. Die Zwiebeln dazugeben und 5 Minuten lang mit dem Fleisch dünsten. Mit Salz und Pfeffer und mit dem Paprika bestreuen, gut umrühren und das gelockerte Sauerkraut beifügen. Anziehen lassen und mit dem Weißwein ablöschen. Den Kümmel, 1/2 Teelöffel Dill und den durchgepreßten Knoblauch zugeben. Etwa 1 1/2 Stunden auf kleinem Feuer zugedeckt schmoren lassen. Dabei von Zeit zu Zeit etwas auflockern. Danach die saure Sahne leicht salzen und in einem separaten Pfännchen heiß werden lassen. Das Gulasch in einer vorgewärmten tiefen Platte anrichten. Mit der sauren Sahne begießen. Den restlichen Dill darüber verteilen. Beim Schöpfen mischt sich die saure Sahne mit dem Gericht.

Tip: Man kann auch die Hälfte der sauren Sahne vor dem Ende der Kochzeit unter das Gulasch mischen.

Tip zum Aufwärmen: Nur die sofort servierte Menge mit der sauren Sahne mischen. Ohne Sahne tiefkühlen oder im Kühlschrank aufbewahren. Erst nach dem Aufwärmen die saure Sahne hinzufügen.

Beilage:
Salzkartoffeln (> Seite 470)

Lammeintopf mit weissen Bohnen

Schwierigkeit	★☆☆☆☆
Zeitaufwand	★★☆☆☆
Tauglichkeit zum Vorbereiten	★★☆☆☆
Preis	★★☆☆☆
Energie (in Prozent des Tagesbedarfes)	**32**
Fett (in Prozent des Tagesbedarfes)	**54**

Arbeitsaufwand etwa 15 Minuten
Einweichzeit der Bohnen 12 Stunden
Garzeit etwa 2 Stunden

Zutaten für 6 Portionen:
400 g getrocknete weiße Bohnen (> Seite 260)
1 l Mineralwasser (mit Kohlensäure)
2 mittelgroße Zwiebeln (> Seite 257)
1 Selleriestange (> Seite 252)
3 Knoblauchzehen
500 g geschälte Tomaten (> Seite 254)
150 g gewürfelter Speck
2 EL Butterschmalz
600 g in Würfel geschnittenes Lammfleisch (Schulter, > Seite 351)
1 Lauchstengel (> Seite 246)
Salz, Pfeffer aus der Mühle
2 Zweiglein frischer Thymian

Die Bohnen über Nacht in Mineralwasser einlegen. Die Bohnen abgießen, in einen Topf geben und kaltes Wasser dazugießen, bis sie etwa 3 cm hoch bedeckt sind. Aufkochen, abschäumen, eine geschälte Zwiebel, 1 Selleriezweig, 1 Knoblauchzehe und die kleingeschnittenen Tomaten hinzugeben, zudecken und bei schwacher Hitze 1 Stunde lang kochen.

In einer großen Bratkasserolle das Butterschmalz erhitzen. Das Fleisch und die Speckwürfel hineingeben und auf allen Seiten anbraten.

1 Zwiebel hacken, den restlichen Sellerie würfeln, den Lauch längs halbieren. Die Gemüse beifügen und kurz mitdünsten. 2 Knoblauchzehen dazupressen. Mit Salz und Pfeffer bestreuen. Die Thymianzweige darauflegen. Die vorgekochten Bohnen mit einer Schaumkelle aus der Pfanne heben und ohne Zwiebel, Sellerie und dem Knoblauch über das Fleisch verteilen. Mit Wasser bedecken. Den Deckel aufsetzen und bei schwacher Hitze etwa 1 Stunde schmoren lassen, bis das Fleisch und die Bohnen weich sind. Nachwürzen. Die Flüssigkeit sollte am Schluß ziemlich konzentriert sein.

Tip zum Aufwärmen: Wenn nötig, beim Erwärmen etwas Fleischbrühe hinzufügen, weil die weißen Bohnen beim Erkalten immer noch Saft aufsaugen.

Beilage:
Salzkartoffeln (> Seite 470)

Chili con carne

Schwierigkeit	★☆☆☆☆
Zeitaufwand	★☆☆☆☆
Tauglichkeit zum Vorbereiten	★★☆☆☆
Preis	★★★☆☆
Energie (in Prozent des Tagesbedarfes)	**17**
Fett (in Prozent des Tagesbedarfes)	**18**

Arbeitsaufwand etwa 30 Minuten
Einweichzeit der Bohnen 12 Stunden
Garzeit etwa 2 1/2 Stunden

Zutaten für 6 Portionen:
700 g Rindfleisch (> Seite 345)
2 EL Butterschmalz oder Öl
3 große Zwiebeln (> Seite 257)
2 Knoblauchzehen
Salz, schwarzer Pfeffer
3 TL Chilipulver
2 kleine grüne Paprikaschoten (> Seite 245)
500 g geschälte Tomaten (> Seite 254)
oder aus der Dose abgetropft
4 dl Fleischbrühe (> Seite 548)
500 g eingeweichte, vorgekochte weiße
oder rote Bohnen (> Seite 260)
1/2 EL Kümmelpulver
1/2 TL Tabasco
1 EL Mehl

Das Fleisch in kleine Würfel schneiden. Im heißen Butterschmalz oder dem Öl gut anbraten. Dann die gehackten Zwiebeln und den durchgepreßten Knoblauch dazugeben. Leicht anziehen lassen, mit Salz, Pfeffer und dem Chilipulver würzen. Die in feine Streifen geschnittenen Paprikaschoten und die geschälten Tomaten hinzufügen. Gut rühren und mit der Brühe ablöschen. Auf kleinem Feuer 1 1/2–2 Stunden lang kochen (im Schnellkochtopf nur 30–35 Minuten, > Seite 183). Nach dieser Zeit die vorgekochten Bohnen dazugeben. Etwa 15 Minuten vor dem Anrichten noch den Kümmel, den Tabasco und das Mehl einrühren. Wenn nötig, noch etwas Brühe nachgießen.

Tips: Wenn das Gericht ganz echt sein soll wie in Mexiko, serviert man zu diesem Eintopf noch Polenta (> Seite 459).

▶ Bei Verwendung von Dosentomaten und Bohnen: die Flüssigkeit um 0,1 l reduzieren.

▶ Die genaue Garzeit richtet sich nach der Qualität des Fleisches.

Tip zum Aufwärmen: Wenn nötig, beim Erwärmen etwas Fleischbrühe hinzufügen, weil die weißen Bohnen beim Erkalten immer noch Saft aufsaugen.

Eintopf aus Schweinefleisch und Gemüse

Schwierigkeit	★☆☆☆☆
Zeitaufwand	★★☆☆☆
Tauglichkeit zum Vorbereiten	★★☆☆☆
Preis	★★☆☆☆
Energie (in Prozent des Tagesbedarfes)	**24**
Fett (in Prozent des Tagesbedarfes)	**43**

Arbeitsaufwand etwa 45 Minuten
Garzeit etwa 95 Minuten

Zutaten für 4–6 Portionen:
800 g mageres Schweinefleisch (> Seite 342)
2 EL Butterschmalz
1 große, gehackte Zwiebel (> Seite 257)
3 Lauchstengel (> Seite 246)
5 Karotten (> Seite 243)
1 kg Kohl (> Seite 255)
400 g grüne Bohnen (> Seite 229)
Salz, Pfeffer, Muskatnuß, Majoran, Thymian
0,2 l Fleischbrühe (> Seite 548)
600 g Kartoffeln (> Seite 264)

Das Fleisch in 2 cm große Würfel schneiden. In einer Bratkasserolle in Butterschmalz unter Wenden goldbraun braten. Die Zwiebeln zugeben und kurz mitdünsten.

Den Lauch und die Karotten in Rädchen und den Kohl in Streifen schneiden. Bei den Bohnen den Faden abziehen und halbieren. Das Fleisch mit Salz, Pfeffer, Muskatnuß, dem Majoran und dem Thymian gut würzen. Das Fleisch lagenweise mit dem Gemüse in die Kasserolle geben. Mit der Brühe begießen und zugedeckt 1 Stunde lang schmoren lassen. Nach dieser Zeit die kleingewürfelten Kartoffeln dazugeben, nachwürzen und nochmals 35 Minuten lang zugedeckt weiterschmoren.

Perlhuhn mit Madeirasauce

Schwierigkeit	★★☆☆☆
Zeitaufwand	★★☆☆☆
Tauglichkeit zum Vorbereiten	★★★☆☆
Preis	★★★☆☆
Energie (in Prozent des Tagesbedarfes)	**49**
Fett (in Prozent des Tagesbedarfes)	**53**

Arbeitsaufwand etwa 45 Minuten
Garzeit etwa 30 Minuten

Zutaten für 3 Portionen:
1 Perlhuhn (ca. 1,250 kg) (> Seite 354)
200 g frische Champignons (> Seite 277)
12 Perlzwiebeln (> Seite 257)
1/2 Stück Kalbsfuß
2 EL Butterschmalz
1 gehackte Zwiebel (> Seite 257)
2 geschälte Tomaten (> Seite 254)
1 Zweig Selleriekraut (> Seite 252)
1 Lorbeerblatt
2 Knoblauchzehen
Salz, Pfeffer
1 dl Weißwein
2 dl Hühnerbrühe (> Seite 549)
0,1 l Madeira
1 Messerspitze Fleischextrakt
2 EL gehackte Petersilie

Das Perlhuhn in 6 Stücke teilen. Die Champignons scheibeln. Die Perlzwiebeln schälen. Die Perlhuhnstücke mit dem Kalbsfuß in einer Bratkasserolle in 1 Eßlöffel Butterschmalz anbraten. Die Zwiebeln beifügen und kurz mitdünsten.

Die Tomaten in Stücke schneiden, ausdrücken und mit dem Selleriekraut, dem Lorbeerblatt und den durchgepreßten Knoblauchzehen beigeben. Salz, Pfeffer und den Weißwein hinzufügen. Nach 5 Minuten die Brühe zugießen. Zugedeckt 25 Minuten lang bei kleiner Hitze schmoren lassen.

Kurz vor Ende der Garzeit die Perlzwiebeln und die Champignons im restlichen Butterschmalz anziehen lassen, bis die Flüssigkeit verdampft ist. Mit Salz und Pfeffer abschmecken. Das Fleisch warm stellen.

Die Sauce passieren, mit dem Madeira und dem Fleischextrakt etwas einkochen lassen. Das Fleisch in der Sauce kurz erwärmen. Die Zwiebeln und die Champignons hinzugeben. Mit der gehackten Petersilie bestreuen.

Tip zum Aufwärmen: Die Perlzwiebeln und die Champignons wie beschrieben vorbereiten und in gleichen Portionen wie das Gericht separat einfrieren. Auch die entsprechende Saucenmenge unmittelbar vor dem Servieren mit dem Madeira etwas einkochen lassen. Das Gericht bei kleiner Hitze langsam wieder erwärmen, da das Perlhuhnfleisch etwas delikat ist und nicht verkochen darf.

Beilage:
Kreolenreis (> Seite 453)

Ragout nach Bologneser Art

Schwierigkeit	★☆☆☆☆
Zeitaufwand	★☆☆☆☆
Tauglichkeit zum Vorbereiten	★★☆☆☆
Preis	★☆☆☆☆
Energie (in Prozent des Tagesbedarfes)	**27**
Fett (in Prozent des Tagesbedarfes)	**45**

Arbeitsaufwand etwa 30 Minuten
Garzeit 1 1/2–2 Stunden

Zutaten für 4 Portionen:
1 Karotte (> Seite 243)
1 Stangensellerie (> Seite 252)
1 kleine Zwiebel (> Seite 257)
50 g Magerspeck oder Schinken
1 EL Olivenöl
200 g Rindfleisch (> Seite 345)
und 100 g Schweinefleisch (> Seite 342)
(beim Fleischer nur einmal hacken lassen)
1 Knoblauchzehe
2 EL Tomatenpüree
1 1/2 dl Rotwein
1 Gewürznelke
1 Lorbeerblatt
Salz, Pfeffer, Muskatnuß, Majoran
0,2 l Brühe (> Seite 548)
1 EL gehackte Petersilie

Das Gemüse, den Speck oder den Schinken hacken und in Olivenöl kurz anbraten. Das Fleisch und den durchgepreßten Knoblauch zugeben. Unter Wenden braten. Das Tomatenpüree, den Wein und die Gewürze dazugeben. Alles auf sehr kleinem Feuer in einer Bratkasserolle mindestens 1 1/2 Stunde lang köcheln lassen. Die Brühe nach und nach dazugießen. Vor dem Anrichten mit der Petersilie bestreuen.

Tip: Nach Belieben können getrocknete Steinpilze oder ein wenig Sahne beigegeben werden.

Tip zum Aufwärmen: Das Aufwärmen bietet keine Schwierigkeiten, eventuell etwas Fleischbrühe oder Wein hinzufügen. Gerade diese Sauce schmeckt nach jedem Aufwärmen immer besser.

Beilage:
Über Teigwaren (> Seite 222) anrichten

***

Paprikahähnchen

***

Schwierigkeit	★☆☆☆☆
Zeitaufwand	★☆☆☆☆
Tauglichkeit zum Vorbereiten	★★☆☆☆
Preis	★★☆☆☆
Energie (in Prozent des Tagesbedarfes)	**38**
Fett (in Prozent des Tagesbedarfes)	**59**

Arbeitsaufwand etwa 30 Minuten
Garzeit etwa 40 Minuten

Zutaten für 4 Portionen:
je 1 grüne, rote und gelbe Paprikaschote (> Seite 245)
1 großes Hähnchen (> Seite 353)
3 EL Butterschmalz
1 große Zwiebel (> Seite 257)
2 Knoblauchzehen
1/2 dl Brühe (> Seite 548)
Salz, Pfeffer
2 EL edelsüßer Paprika
1/8 l Sahne

Die Paprikaschoten entkernen und in kleine Würfel schneiden. Das Hähnchen in 8 Stücke teilen und im Butterschmalz in einer Bratkasserolle anbraten.

Die Zwiebel hacken. Zusammen mit den durchgepreßten Knoblauchzehen, dem Paprika und den Paprikaschoten einige Minuten lang mitdünsten. Die Brühe zugießen. Salz und Pfeffer dazugeben. Zugedeckt 30–40 Minuten lang schmoren lassen.

Vor dem Anrichten die Sahne hinzufügen. Nun noch erwärmen und nochmals abschmecken.

Tip zum Aufwärmen: Ohne Sahne tiefkühlen. Die sofort benötigte Menge abspalten und, wie beschrieben, die Sahne hinzufügen und abschmecken.

Beilagen:
Gekochter Reis (> Seite 452)

***

Italienischer Rinderbraten mit Essigsauce

***

Schwierigkeit	★☆☆☆☆
Zeitaufwand	★☆☆☆☆
Tauglichkeit zum Vorbereiten	★★☆☆☆
Preis	★★☆☆☆
Energie (in Prozent des Tagesbedarfes)	**30**
Fett (in Prozent des Tagesbedarfes)	**49**

Arbeitsaufwand etwa 25 Minuten
Garzeit 3–3 1/2 Stunden

Zutaten für 6 Portionen:
3 EL Olivenöl
1,2 kg Rindsschulter (> Seite 345)
Salz, Pfeffer
1 Zwiebel (> Seite 257)
4 EL guter Weinessig
0,2 l Brühe (> Seite 548)
2 1/2 dl Sahne

In einer Bratkasserolle das Öl erhitzen. Das Fleischstück mit Salz und Pfeffer bestreuen. Die Zwiebel in 4 Stücke schneiden, hineingeben und auf allen Seiten gut anbraten. Öfters wenden, daß die Zwiebelstückchen nicht zu dunkel werden. Den Essig dazugießen und vollständig einkochen lassen. Die Brühe und die Sahne dazugeben und etwas einkochen lassen. Den Deckel aufsetzen und Wasser daraufgießen. Die Hitze reduzieren und etwa 3 Stunden lang schmoren lassen.

Das Fleisch in Stücke schneiden und mit der Sauce anrichten.

Tip zum Aufwärmen: Vor dem Einfrieren das restliche Fleisch ebenfalls in Scheiben schneiden und langsam aufwärmen. Wenn nötig die Sauce dabei mit etwas Sahne und/oder Fleischbrühe verlängern.

Beilage:
Kartoffelpüree (> Seite 470)

Gästemenüs zum Vorbereiten

Einladungen zum Essen sollten am besten so ablaufen, daß die Gastgeber möglichst wenig Zeit während des Essens in der Küche verbringen müssen. So können sie am Gespräch teilnehmen, und die Gäste bekommen kein schlechtes Gewissen wegen des Aufwandes, den sie verursachen. Dies ist besonders wichtig, wenn man ihnen ein umfangreiches und sehr anspruchvolles Menü auftischen will.

Zu einem reibungslosen Ablauf eines solchen Essens soll dieses Kapitel verhelfen. Die Gerichte sind so ausgewählt, daß bereits am Vortag und einige Stunden vor dem Essen der Großteil der Speisen zubereitet werden kann. Kurz vor dem Essen sind meist nur noch einige wenige Handreichungen notwendig, während des Essens muß man lediglich zum Servieren der einzelnen Gänge noch einmal in die Küche.

Damit die Einladung auch wirklich wie gewünscht abläuft, sollten die Rezepte bereits vor dem Einkauf genau durchgelesen werden. Schließlich kommt es beim Gelingen eines Menüs nicht nur auf die Zubereitung, sondern auch auf die Qualität der Zutaten an.

Jedes Menü enthält einen passenden Zeitplan, aus dem ersichtlich ist, wann was vorbereitet werden kann. Um vor bösen Überraschungen möglichst gefeit zu sein, sollte man sich insbesondere dann, wenn man zum ersten Mal ein Menü oder ein bestimmtes Gericht daraus ausprobiert, daran halten.

Will man vier Gänge reichen, kann man das erste und zweite Gericht in halben Portionen servieren. Die Vorspeisen lassen sich auch durch einen Salat oder eine Suppe ersetzen. Auch kann man aus den Vorschlägen persönliche Menüs zusammenstellen.

ATTRAKTIV UND AROMATISCH

***

FELDSALAT MIT EI

ODER

MUSCHELSUPPE

***

SCHWEINSFILET MIT ZITRONENLAUCH

WÜRFELKARTOFFELN (> SEITE 460)

***

NUSSEIS MIT HEISSER BEERENSAUCE

***

Für die Berechnung des Energie- und Fettgehaltes wurde ein Mittelwert für den Tagesbedarf an Energie von 2200 kcal und für den Tagesbedarf an Fett von 80 Gramm angenommen.

Schwierigkeit	★☆☆☆☆
Zeitaufwand	★★☆☆☆
Tauglichkeit zum Vorbereiten	★★★★★
Preis	★★☆☆☆
Energie (in Prozent des Tagesbedarfes)	**73**
Fett (in Prozent des Tagesbedarfes)	**89**

***

FELDSALAT MIT EI

***

Arbeitsaufwand etwa 15 Minuten
Kochzeit 10 Minuten

Zutaten für 4 Portionen
200 g Feldsalat (> Seite 234)
2 Eier
Sauce:
Salz
2 EL milder Weinessig
3 EL Olivenöl (beste Qualität)

Den Salat putzen, waschen und ausschwingen. Auf Teller verteilen. Die Eier hart kochen, abschrecken und schälen. In Viertel schneiden oder mit dem Eierschneider hacken (einmal längs, dann quer schneiden). Die Sauce zubereiten. Erst unmittelbar vor dem Essen den Salat mit der Sauce begießen und mit den Eivierteln oder dem gehackten Ei garnieren.

Tip: Man kann auch eine Salatsauce aus Walnußöl, wenig Senf, einer Spur Knoblauch und Sherryessig zubereiten.

***

Muschelsuppe

***

Arbeitsaufwand etwa 25 Minuten
Wässern der Muscheln 2–3 Stunden
Kochzeit etwa 35 Minuten

Zutaten für 4 Portionen:
1 kg Vongole (Teppichmuscheln, Miesmuscheln oder eine Mischung von verschiedenen Muscheln, > Seite 376)
2 EL gehackte Schalotten (Zwiebeln, > Seite 257)
1 EL Butter
0,1 l Weißwein
1/2 l Hühnerbrühe (> Seite 549)
1 kleine Zwiebel (> Seite 257)
100 g Lauch (weißer Teil) (> Seite 246)
1 EL feingehackter Magerspeck
1 kleine Kartoffel (> Seite 264)
1/2 l Milch
Salz, Pfeffer, Muskatnuß
1 EL trockener Wermut
3 EL steifgeschlagene Sahne
2 EL gehackter Schnittlauch

Die Muscheln einige Stunden in kaltes Wasser legen, dann unter fließendem kaltem Wasser abbürsten und bei den Miesmuscheln den „Bart“ auszupfen.

Die Schalotten in der Butter andünsten. Die Muscheln dazugeben und mit dem Weißwein ablöschen. Kurz aufkochen, bis sich die Schalen der Muscheln öffnen. Ungefähr 1/3 der Muscheln herausnehmen und aufheben. Die Brühe zu den restlichen Muscheln geben und 30 Minuten weiterkochen.

Die Zwiebel und den Lauch kleinschneiden und mit dem Speck kurz anziehen lassen. Die Kartoffel schälen, würfeln und in 0,1 l Brühe (aus dem Muscheltopf) garkochen. Die Zwiebeln, den Lauch, den Speck und die Kartoffeln im Mixer pürieren. Die heiße Milch hinzufügen und unter Rühren bis knapp vors Kochen bringen.

Die Muscheln abgießen und den Sud zur Suppe geben. Die ausgekochten Muscheln wegwerfen.

Die zurückbehaltenen Muscheln von der Schale befreien und in Suppentassen oder -teller verteilen. Die Suppe mit Salz, Pfeffer Muskatnuß und dem Wermut abschmecken. Sollte sie zu dick sein, mit etwas Hühnerbrühe verdünnen. Die Suppe auf die Muscheln verteilen, mit einem Sahnetupfer garnieren und mit dem Schnittlauch bestreuen.

Tip: Die Milch mit dem Kartoffelpüree nur erhitzen, nicht mehr kochen, sonst kann die Suppe grießig werden. Sollte dies trotzdem geschehen, kann man das Ganze im Mixer wieder glattschlagen.

Tip zur Vorbereitung: Die Muschelsuppe am Vortag kochen. Die Muscheln für die Einlage in diesem Fall mit etwas Sud zugedeckt aufbewahren. Auch diese Muscheln, wie im Rezept beschrieben, beim Aufwärmen der Suppe nicht mitkochen, sondern separat in die Suppentassen legen.

***

Schweinsfilet mit Zitronenlauch

***

Arbeitsaufwand etwa 35 Minuten
Marinierzeit 6–12 Stunden
Bratzeit etwa 25 Minuten

Zutaten für 4 Portionen:
600 g Schweinsfilet (> Seite 342)
4 Lauchstangen (> Seite 246)
2 EL Butter
2 EL gehackter Thymian
3 Zitronen
Salz, Pfeffer

Das Schweinsfilet vom Metzger parieren lassen, das heißt das Fleisch von Haut und Sehnen befreien und zurechtschneiden lassen. Die Lauchstangen waschen und in 1 cm dicke Scheiben schneiden. Die Butter bei Küchentemperatur weich werden lassen. Mit 1 Eßlöffel gehacktem Thymian mischen.

Das Schweinsfilet in ein flaches Gefäß legen. Mit 2 Eßlöffeln Thymianbutter bestreichen. Die Zitrone in Scheiben schneiden und das Filet damit belegen. Mit einer Folie abdecken. Im Kühlschrank mindestens 6 Stunden marinieren lassen.

Die Zitronenscheiben entfernen. Eine Gratinform im Ofen bei 250 Grad Celsius vorheizen. Das Filet mit Salz und Pfeffer würzen und hineinlegen. Die Zitronenscheiben daneben anordnen. Etwa 10 Minuten lang anbraten lassen, den Lauch dazulegen und das Ganze mit der restlichen Butter belegen. Die beiden übrigen Zitronen auspressen und den Saft darüber verteilen. Das Filet wenden und 10-15 Minuten lang weiterbraten. Den restlichen Thymian darüberstreuen und noch für 5 Minuten im Ofen belassen.

Die Form mit dem Schweinsfilet aus dem Ofen nehmen und für 3-4 Minuten vor dem Schneiden ruhen lassen. Das Fleisch leicht schräg in etwa 1 cm dicke Scheiben schneiden und auf dem Lauch servieren.

Tip zur Vorbereitung: Das Schweinsfilet marinieren und etwas vor dem Essen anbraten. Den Lauch ofenfertig in der Form anrichten. Den Ofen rechtzeitig vorheizen. Zusammen mit dem Fleisch beim Servieren der Suppe in den Ofen schieben. Auf die Uhr achten! Nach der angegebenen Bratzeit den Ofen abstellen und das Fleisch wie beschrieben ruhen lassen.

Nusseis mit heisser Beerensauce

Arbeitsaufwand etwa 10 Minuten

Zutaten für 4 Portionen:
400 g Himbeeren (evtl. tiefgekühlt)
1 EL Zitronensaft
4 EL Zucker
2 EL Himbeergelee
2 EL Himbeergeist
500 g Nußrahmeis (fertig gekauft)

Die Himbeeren mit dem Zitronensaft, dem Zucker und dem Himbeergelee mischen. Auf kleinem Feuer erwärmen. Den Himbeergeist hinzufügen und die Beerensauce in eine vorgewärmte Saucière geben. Brennend auftragen und über das schon auf den Tellern angerichtete Nußrahmeis verteilen.

Tips: Die Sauce brennt nur, wenn sie heiß ist.

▶ Wenn Kinder mitessen, auf den Himbeergeist verzichten und dafür geschlagene Sahne dazureichen.

▶ Statt Himbeeren kann man auch Brombeeren oder Heidelbeeren oder Sauerkirschen verwenden.

▶ Feingeschnittene Aprikosen auf diese Art zubereiten und über Mandel- oder Pistazieneis geben.

Tip zur Vorbereitung: Wird Nußrahmeis mit Beerensauce gewählt, kann man die Beerensauce im voraus zubereiten.

Zeitplan

Am Vortag:
Muschelsuppe zubereiten und mit den aufgehobenen Muscheln im Kühlschrank aufbewahren.

120 **2 Stunden vor dem Essen:**
Zutaten für Schweinsfilet vorbereiten.
Beerensauce zubereiten.
Kartoffeln schälen und schneiden.
Salatsauce anrühren.
Salat putzen, waschen und ausschwingen.
Eier kochen und nach Belieben würfeln.

20 **Unmittelbar vor dem Essen:**
Salat anrichten und garnieren.
Schweinsfilet rechtzeitig in den Ofen schieben. Kartoffeln braten.
Suppe vorsichtig erwärmen und anrichten.

10 **Vor dem Servieren der Desserts:**
Das Eis anrichten und die Beerensauce erhitzen. Am Tisch flambieren.

FÜR ANSPRUCHSVOLLE GÄSTE

***

SALAT-TELLER MIT WACHTELEI

ODER

WILDHASENTERRINE

***

SEEFORELLE MIT CHAMPAGNERSAUCE

***

APFELPUDDING

***

Schwierigkeit	★★☆☆☆
Zeitaufwand	★★☆☆☆
Tauglichkeit zum Vorbereiten	★★★★★
Preis	★★★☆☆
Energie (in Prozent des Tagesbedarfes)	**112**
Fett (in Prozent des Tagesbedarfes)	**189**

***

SALAT-TELLER MIT WACHTELEI

***

Arbeitsaufwand etwa 15 Minuten

Zutaten für 4 Portionen:
200 g Salatblätter (Feldsalat, Frisée, Löwenzahn, Schnittsalat usw., > Seite 234)
Sauce:
Salz, Pfeffer
1 EL Sherryessig
1/2 TL scharfer Dijonsenf
1/2 durchgepreßte Knoblauchzehe
20 g Walnußöl
20 g Butter
4 Wachteleier
Salz, Pfeffer

Die Salatblätter putzen, waschen und ausschwingen.
Den Essig mit etwas Salz und Pfeffer verrühren. Den Senf und den Knoblauch daruntermischen. Das Öl langsam unter Rühren hinzugeben.

Unmittelbar vor dem Servieren den Salat mit der Sauce mischen und auf Teller verteilen.

Die Butter erhitzen und 4 Wachtel-Spiegeleier backen und würzen. Auf die Salatteller verteilen und sofort servieren.

Tip: Baguette und Butter dazu reichen.

***

Wildhasenterrine

***

Arbeitsaufwand etwa 35 Minuten
Kochzeit 20 Minuten

Zutaten für 4 Portionen (für eine kleine Form von ca. 1/2 l Inhalt):
1–1,2 kg Wildhasenrücken (> Seite 357)
Salz, Pfeffer
4 Zweiglein Thymian
8–10 Wacholderbeeren
0,2 l Sahne (Doppelrahm)
2–4 EL eingedickter Wildfond (> Seite 550)
50 g frische, weiche Butter
2 Prisen Cayennepfeffer
etwas Wacholderpulver
Salz, Pfeffer
2 EL Cognac
0,1l steifgeschlagene Sahne

Wildfond:
Knochen und Abschnitte des Wildfleisches
2 EL Butterschmalz
100 g Sellerie
100 g Karotten (> Seite 243)
1 Zwiebel (> Seite 257)
2 Tomaten oder 1 TL Tomatenmark
2 ungeschälte Knoblauchzehen
2 Zweiglein Thymian
0,2 l Rotwein

Zuerst das Fleisch vom Knochen lösen.
Für den Wildfond die Knochen grob zerhacken und im Butterschmalz stark anbraten. Das Gemüse in kleine Würfel schneiden und mit den Tomaten oder mit dem Tomatenpüree kurz mitbraten. Den Knoblauch und den Thymian zugeben und mit dem Rotwein ablöschen. 20 Minuten lang unter Druck im Schnellkochtopf kochen, dann passieren. Den Fond wieder in die Pfanne geben und bis auf etwa 2–4 Eßlöffel Flüssigkeit einkochen lassen.

Das Wildhasenfleisch in Scheiben schneiden, auf einen Siebeinsatz legen und leicht salzen und pfeffern. Eine Kasserolle zur Hälfte mit Wasser füllen. Den Thymian und die zerdrückten Wacholderbeeren hinzufügen. Aufkochen lassen, das Sieb aufsetzen, abdecken und etwa 10 Minuten lang dämpfen. Erkalten lassen. Das Fleisch durch die feinste Scheibe des Fleischwolfes drehen oder im Cutter zusammen mit der Sahne pürieren. Die weiche Butter und den eingedickten Wildfond untermischen. Mit Cayennepfeffer, dem Wacholder, Pfeffer, Salz und dem Cognac abschmecken. Die steifgeschlagene Sahne unterziehen. Die Masse in eine Terrine füllen und mindestens für 4 Stunden kühl stellen.

***

Seeforelle mit Champagnersauce

***

Arbeitsaufwand etwa 30 Minuten

Zutaten für 4 Portionen:
1 großer Saibling, kochfertig (ca. 1,6 kg, > Seite 377)
3 EL Zitronensaft
Salz, weißer Pfeffer
6 Schalotten (Zwiebeln, > Seite 257)
2 Karotten (> Seite 243)
1 große Lauchstange (> Seite 252)
100 g Champignons (> Seite 277)
2 EL Butterschmalz
1 Piccolo-Flasche trockener Champagner oder Sekt (0,2 l)
0,2 l Sahne
30 g frische, kalte Butter

Den ausgenommenen Fisch auf beiden Seiten der Länge nach im Zickzack mit einem Küchenmesser einschneiden. Außen und innen mit dem Zitronensaft beträufeln und mit wenig Salz und Pfeffer bestreuen.

Die Schalotten hacken, die Karotten in Stücke und die Lauchstange in Ringe schneiden. Die Champignons grob hacken. Alle Gemüse im Butterschmalz anziehen lassen. In eine feuerfeste Form geben und den Fisch darauflegen.

15 Minuten im vorgeheizten Backofen bei 200 Grad Celsius braten. Mit der Hälfte des Champagners ablöschen. Den Fisch wieder in den Ofen schieben. Nach 10–15 Minuten aus der Form nehmen und warm stellen. Die Sauce durch ein Sieb gießen. Den restlichen Champagner beigeben und auf die Hälfte einkochen lassen. Die Sahne dazugeben und nochmals ein wenig einkochen lassen.

Die frische Butter in Flocken schneiden und unter die Sauce ziehen. Mit Salz und Pfeffer nachwürzen. Den Fisch am Tisch häuten und zerlegen. Die Sauce separat dazu servieren.

BEILAGE:

Salzkartoffeln (> Seite 470) oder gekochter Reis (> Seite 452)

***

APFELPUDDING

***

Arbeitsaufwand etwa 20 Minuten
Garzeit etwa 40–45 Minuten

Zutaten für 4 Portionen:

1 kg Äpfel (Reinetten, > Seite 283)
200 g Zucker
1 TL Zimt
1/4 l Milch
1/2 Zimtstange
5 Eier
1/2 EL Butter für die Form
2 EL Rosinen

Brombeersauce:

250 g Brombeeren (evtl. tiefgekühlt)
1 1/2 EL Zucker
1–2 EL Zitronensaft

Die Äpfel schälen, halbieren, die Kerngehäuse entfernen und die Äpfel in Schnitze schneiden. Die Apfelstücke mit dem Zucker und dem Zimt im Backofen bei 200 Grad Celsius 12 Minuten lang schmoren.

In der Zwischenzeit die Milch mit der Zimtstange aufkochen. Die Eier in eine Schüssel geben und verquirlen. Die heiße Milch dazu passieren und verrühren. Die ausgebutterte Puddingform mit den geschmorten Apfelschnitzen auslegen, mit den Rosinen bestreuen und mit der Ei-Milchmasse übergießen. Im Wasserbad bei 220 Grad Celsius 40–45 Minuten lang im Ofen garziehen lassen.

Für die Brombeersauce die Brombeeren mit dem Zucker und dem Zitronensaft im Mixer pürieren. Durch ein Sieb streichen.

Dieser Pudding kann warm in der Form oder kalt gestürzt serviert werden. Die Sauce separat dazureichen.

Zeitplan

1–2 Tage vorher:
Wildterrine zubereiten (ohne Sauce).

180

2–3 Stunden vor dem Essen:
Alle Zutaten für den Apfelpudding vorbereiten.
Gemüse putzen und dünsten für Fischgericht
Fisch vorbereiten und wieder in den Kühlschrank legen.

60

1 Stunde vor dem Essen:
Salatsauce anrühren. Salate waschen und ausschwingen.
Apfelpudding kochen. Sauce zubereiten.

25

Unmittelbar vor dem Essen:
Salzkartoffeln oder Reis aufsetzen.
Salat anrichten, Wachtelei braten.
Fisch rechtzeitig in den noch von der Puddingzubereitung heißen Ofen schieben, überwachen und begießen.
Terrine anrichten.
Sauce zu Fisch fertigkochen.

IDEAL FÜR VERWÖHNTE

***

ROTBARBENFILETS AUF GRAPEFRUITBUTTER

***

GRATIN DAUPHINOIS KALBSSTEAK MIT KRÄUTERCHAMPIGNONS

***

EIERCOGNAC-RAHMEIS MIT TEEPFLAUMEN

***

Schwierigkeit	★★☆☆☆
Zeitaufwand	★★☆☆☆
Tauglichkeit zum Vorbereiten	★★★★★
Preis	★★★☆☆
Energie (in Prozent des Tagesbedarfes)	**76**
Fett (in Prozent des Tagesbedarfes)	**131**

***

ROTBARBENFILETS AUF GRAPEFRUITBUTTER

***

Arbeitsaufwand etwa 25 Minuten
Grillzeit 3–4 Minuten

Zutaten für 4 Portionen:
1 EL abgeriebene Grapefruitschale
0,2 l frischgepreßter Grapefruitsaft
1/4 l Fischfond oder Hühnerbrühe (> Seite 549)
1/2 EL Zucker
2 EL Gin oder Wodka
6 kleine oder 4 größere Rougetfilets,
Salz, Pfeffer aus der Mühle, Cayennepfeffer
1 TL Olivenöl
Saft von 1/2 Limette (> Seite 300)
1/2 TL japanische Sojasauce
50 g frische Butter
12 grüne, gekochte Spargelspitzen (> Seite 252) oder Zuckerschoten (Erbsen, > Seite 234)
4 Zweiglein Zitronenmelisse

Die Grapefruits waschen, trocknen und die Schale abreiben, dann den Saft auspressen. Den Grapefruitsaft mit dem Fischfond oder der Hühnerbrühe und dem Zucker dickflüssig einkochen. Den Gin oder den Wodka zufügen und nochmals kurz kochen.

Die Rougetfilets mit Salz und Pfeffer bestreuen und mit dem Olivenöl, dem Limettensaft und der Sojasauce beträufeln. Die Sojasauce und die flüssig gemachte Butter mischen. Die Filets damit bestreichen. Die restlichen in kleine Stücke geschnittene frische Butter kalt stellen.

Die Filets 3–4 Minuten lang unter der Grillschlange des Backofens oder etwa 1/2–1 Minuten in der Grillpfanne (mit der Hautseite nach unten) grillen. Die Haut soll leicht knusprig werden. Inzwischen die kalte Butter in kleine Würfel schneiden und mit dem Schneebesen in die Sauce einarbeiten. Mit wenig Salz und Pfeffer abschmecken.

Etwas Grapefruitbutter auf 4 Teller verteilen. Die Rougetfilets darauf anrichten. Mit den Spargelspitzen und der Zitronenmelisse garnieren.

Tips: Die Rougets kann man im Feinkostgeschäft geschuppt und filetiert erhalten. Darauf achten, daß die Haut auf den Filets belassen wird. Sie wirkt nach dem Grillen attraktiver.

▶ Außerhalb der Spargelsaison kann man das Gericht mit knapp gegarten Zuckerschoten, Brokkoli oder Lauchstreifen garnieren.

❊❊❊

Gratin Dauphinois

❊❊❊

Arbeitsaufwand **etwa 15 Minuten**
Garzeit **etwa 1 1/2 Stunden**

Zutaten für 4 Portionen:
300 g Kartoffeln (weiße, zartschmelzende Sorte, > Seite 264)
1/2 Knoblauchzehe
30 g Butter
0,15 l Milch (bzw. soviel, daß die Kartoffeln bedeckt sind)
Salz, Pfeffer
0,15 l Sahne

Die Kartoffeln schälen und unter fließendem Wasser rasch waschen (nicht ins Wasser legen!). Die Kartoffeln in sehr dünne Scheiben raffeln.

Die Gratinform mit der angeschnittenen Knoblauchzehe ausreiben und großzügig ausbuttern. Die Kartoffeln hineingeben und mit der Milch bedecken. Mit Salz und Pfeffer bestreuen. Auf dem Herd oder im Ofen (Tonform) zum Kochen bringen. Dann 1/8 l Sahne zufügen, gut durchrühren und die Kartoffeln mit der restlichen, in Flocken geschnittenen Butter bestreuen. Anschließend das Gratin 1 1/2 Stunden lang bei 160 Grad Celsius backen.

Während dieser Zeit nach und nach die restliche Sahne zufügen und den Gratin von Zeit zu Zeit leicht aufrühren, damit sich keine harte Kruste bildet. Die Oberfläche des Gratins darf braune Flecken bekommen, soll aber nicht hart werden. Am besten ist es, wenn man das Gratin anfangs mit einer Aluminiumfolie bedeckt. Auch darf das Gratin nicht austrocknen. Die Sahne soll zu einer sämigen Creme eindicken.

In der Form servieren.

Tip: Das Geheimnis der Zubereitung dieses Gratins liegt in der richtigen Konsistenz der Rahmsauce. Die Kartoffelscheiben dürfen auf keinen Fall austrocknen und die Milch-Rahmmischung sollte nicht grießig werden. Aus diesem Grund werden die Gratins langsam, bei relativ niedriger Temperatur gegart. Auch darf das Gratin nicht höher als 3–4 cm sein.

❊❊❊

Kalbssteak mit Kräuterchampignons

Arbeitsaufwand etwa 25 Minuten
Bratzeit etwa 5–10 Minuten

Zutaten für 4 Portionen:
200 g frische Champignons oder andere Pilze (> Seite 277)
1 EL Zitronensaft
2 EL Butterschmalz
4 Kalbssteak zu je 150 g (> Seite 348)
3 EL gehackte Kräuter (Basilikum, Petersilie, Thymian)
Salz, Pfeffer
1 Knoblauchzehe
20 g frische Butter

Die Champignons in Zitronenwasser einlegen, bis sich alle Erde gelöst hat. In ein Sieb geben, abspülen und gut abtropfen lassen. Die Champignons in dünne Scheiben schneiden. Große Exemplare zuvor halbieren. Die Champignons auf Küchenpapier trocknen. In 1 Eßlöffel erhitztem Butterschmalz auf hoher Stufe unter Wenden anziehen lassen, damit kein Saft austreten kann.

Inzwischen in einer zweiten Pfanne das restliche Butterschmalz erwärmen. Das Fleisch salzen, pfeffern und rasch beidseitig anbraten. Nach etwa 5 Minuten aus der Pfanne nehmen und warm stellen.

Die Kräuter zu den Champignons geben, salzen, pfeffern und mit dem durchgepreßten Knoblauch und der frischen Butter mischen. Den Bratenfond des Fleisches mit 1 Eßlöffel Wasser lösen, aufkochen und durch ein feines Sieb zu den Champignons geben. Eventuell auch den aus dem Fleisch ausgelaufenen Fleischsaft zufügen.

Die Champignons auf dem Fleisch anrichten.

Tips: Man kann die Champignons vordünsten und vor dem Servieren mit den Kräutern, dem Knoblauch und der frischen Butter wieder erwärmen.

▶ Auch das Fleisch läßt sich sehr kurz beidseitig anbraten und danach, ohne Schaden zu nehmen, im Backofen bei 150 Grad Celsius in 10 Minuten erwärmen.

Eiercognac-Rahmeis mit Teepflaumen

Arbeitsaufwand etwa 35 Minuten
Marinierzeit etwa 3–4 Stunden
Gefrierzeit etwa 4–5 Stunden

Zutaten für 4 Portionen:
12 Dörrpflaumen, ohne Stein
0,3 l mittelstarker Schwarztee (z. B. Orange Pekoe, > Seite 404)
130 g Zucker
4 Eigelbe
1/2 Vanilleschote
4 EL Cognac oder Weinbrand
0,5 l Sahne
0,15 l Milch
1/2 TL Speisestärke
1 TL gehackte Pistazien

Die Pflaumen gut waschen, abtropfen, in eine Schüssel legen und mit dem noch warmen Tee begießen. Für 3–4 Stunden stehenlassen. 100 g Zucker und die Eigelbe im Wasserbad mit dem Handmixer so lange schlagen, bis sich der Zucker aufgelöst hat und eine weißliche, sämige Masse entsteht. Die Vanilleschote längs aufschlitzen, das Mark herauskratzen und zur Eiercreme geben. Den Cognac oder den Weinbrand nach und nach unterrühren.

Die Sahne steif schlagen und locker unter die Masse ziehen. Die

Creme in eine Aluschale gießen und in der Tiefkühltruhe mindestens 6 Stunden lang gefrieren lassen.

Die Pflaumen im Einlegewasser 5 Minuten lang bei kleiner Hitze kochen. Absieben und den Saft nochmals in die Pfanne geben. Mit 2 Eßlöffeln Zucker und der Speisestärke mischen und bis zur Hälfte einkochen lassen. Es soll ein Sirup entstehen.

Das Pflaumenkompott etwas erwärmen (es soll lauwarm sein). Das Eis stürzen und in Scheiben schneiden oder kugelförmig abstechen. Je 3 Pflaumen dazu anrichten und mit dem Sirup umgießen. Mit den gehackten Pistazien bestreuen.

Tips: Es handelt sich hier um ein raffiniertes Dessert, das sich vollständig vorbereiten läßt.

▶ Falls Kinder mitessen, auf den Cognac verzichten.

▶ Als Variante kann das Eis auch mit exotischem Fruchtsalat, z.B. aus Kiwi, Mango, Ananas, Bananen, Kumquats usw., serviert werden.

▶ Dieses Gefrorene paßt auch ausgezeichnet zu kleinen, frischgebackenen Apfelküchlein oder karamelisierten Birnenschnitzen.

Zeitplan

Am Vortag:

Das Eiercognac-Rahmeis zubereiten und einfrieren. Die Teepflaumen vorkochen.

180 **2–3 Stunden vor dem Essen:**

Den Gratin vorbereiten und rechtzeitig in den Ofen schieben.

Für die Grapefruitbutter die Butter schneiden und kalt stellen.

Die Sauce vorbereiten, die Butter aber noch nicht hinzugeben.

60 **1 Stunde vor dem Essen:**

Die Kalbssteaks anbraten. Vor dem Servieren im Ofen erwärmen (siehe Tip im Rezept).

Die Champignons mit Kräutern, Knoblauch und frischer Butter erwärmen.

10 **Unmittelbar vor dem Essen:**

Vor dem Servieren die Sauce aufkochen, mit der Butter aufmontieren und abschmecken.

TRADITIONELLES ZUM PRÄSENTIEREN

***

GARNELENCOCKTAIL
MIT FENCHEL

ODER

ZUCCHINIGRATIN

***

SALTIMBOCCA VON KALBSBRIES
WEISSER RISOTTO

***

MERINGUIERTER
ZITRONENKUCHEN

***

Schwierigkeit	★★☆☆☆
Zeitaufwand	★★☆☆☆
Tauglichkeit zum Vorbereiten	★★★★★
Preis	★★☆☆☆
Energie (in Prozent des Tagesbedarfes)	**92**
Fett (in Prozent des Tagesbedarfes)	**128**

***

GARNELENCOCKTAIL MIT FENCHEL

***

Arbeitsaufwand etwa 10 Minuten

Zutaten für 4 Portionen als Vorspeise:
200 g gekochte, ausgelöste kleine Garnelen (> Seite 372)
100 g kleingewürfelte Fenchelknolle (> Seite 235)

Sauce:
90 g Mayonnaise (> Seite 570)
75 g Rahmquark
1/2 EL Ketchup
1 Prise Cayennepfeffer
Salz, weißer Pfeffer
1 EL Cognac oder Weinbrand
4 Zweige Fenchelkraut oder Dill

Für die Sauce alle Zutaten mischen. Den Fenchel und die Garnelen darunterziehen. In schöne Gläser einfüllen und mit einem Dillzweig oder dem Fenchelkraut garnieren. Etwa 10 Minuten vor dem Servieren aus dem Kühlschrank nehmen.

Tip: Gekochte und meistens auch schon ausgelöste Garnelen sind im Feinkostgeschäft erhältlich.

❊❊❊

Zucchinigratin

❊❊❊

Arbeitsaufwand etwa 25 Minuten
Backzeit 30 Minuten

Zutaten für 4 Portionen:
1 kg kleine Zucchini (> Seite 256)
Salz, Pfeffer
2 EL Milch
30 g in Stücke geschnittene Butter
4 EL frisch geriebenes Brot vom Vortag (ohne Kruste)
1 EL gehacktes Basilikum
1 Knoblauchzehe
Butter für die Form
20 g Butterflocken

Die Zucchini schälen und in Scheiben schneiden. Die Zucchinischeiben in Salzwasser ungedeckt 5–6 Minuten lang garen. Gut abtropfen und durch die „Flotte Lotte" drehen. Das Püree in ein feines Sieb geben und durchstreichen. In einem Topf bei Mittelhitze etwas verdampfen lassen. Die Milch hinzufügen, kurz aufkochen und leicht abkühlen. Mit der Butter, Salz und Pfeffer abschmecken.

Das geriebene Brot mit dem Basilikum, dem durchgepreßten Knoblauch und wenig Salz und Pfeffer mischen.

Das Püree in eine bebutterte, flache Form geben. Mit der Brotmischung bestreuen, die Butterflocken darüber verteilen und 30 Minuten lang im Ofen überbacken.

Direkt aus dem Ofen in der Form auf den Tisch bringen.

Tip: Beim Durchstreichen des Pürees sollten die Kerne der Zucchini zurückbleiben. Dies ist besonders wichtig, wenn große Zucchini verwendet werden.

❊❊❊

Saltimbocca von Kalbsbries

❊❊❊

Arbeitsaufwand etwa 20 Minuten
Wässern des Bries 4–5 Stunden
Bratzeit 2–3 Minuten

Zutaten für 4 Portionen:
600 g Kalbsbries (> Seite 351)
2 EL Butter
4 Scheiben Rohschinken
24 kleine Basilikumblätter
2 dl Marsala
2 TL Zucker
Salz, Pfeffer, Cayennepfeffer

Sud:
1 Liter Wasser
1/2 Karotte (> Seite 243)
1 Stück Sellerie (> Seite 252)
1/2 Zwiebel (> Seite 257)
1 Lorbeerblatt
1 Nelke
4 Pfefferkörner
Salz

Das Bries 4–5 Stunden wässern. Soweit wie möglich die Haut abziehen und alle Unreinheiten entfernen.
Das Gemüse für den Sud putzen. In 1 Liter Salzwasser geben und 10 Minuten lang kochen. Das Bries hineingeben und 4–5 Minuten ziehen lassen. Im Sud auskühlen lassen. Die noch vorhandenen Häute entfernen. Das Bries in etwa 1/2 cm dicke Scheiben schneiden.

Die Briesscheiben beidseitig in der Butter rasch anbraten. Mit dem Rohschinken und einem Basilikumblatt belegen und auf dieser Seite noch einmal anziehen lassen. Aus der Pfanne nehmen. Den Bratensatz mit dem Marsala ablöschen und den Zucker einstreuen. Kräftig aufkochen, mit Salz, Pfeffer und Cayennepfeffer abschmecken und warm halten.

Die Briesscheiben auf Tellern anrichten und die Marsalasauce darüberträufeln.

❊❊❊

WEISSER RISOTTO

Arbeitsaufwand etwa 10 Minuten
Garzeit 15–18 Minuten

Zutaten für 4 Personen:
300 g Reis (Carnaroli oder Vialone, > Seite 211))
2 EL Butter
1 große, gehackte Zwiebel
1 große Knoblauchzehe
1 Lorbeerblatt
1 Nelke
2 dl Weißwein
8 dl Geflügelbrühe (> Seite 549)
100 g frischgeriebener Sbrinz (> Seite 326)
20 g frische Butter
Salz, Pfeffer

Den Reis unter Rühren 2–3 Minuten lang in Butter anziehen lassen. Die Zwiebeln, den durchgepreßten Knoblauch, das Lorbeerblatt und die Nelke hinzufügen. Kurz andünsten, dann mit dem Wein ablöschen. Sobald er etwas eingekocht ist, die Geflügelbrühe nach und nach hinzugeben. Etwa 15–18 Minuten lang unter Rühren bei Mittelhitze kochen.

Den Reis von der Herdplatte wegziehen. Mit der Hälfte des Käses und der kleingeschnittenen Butter mischen. Mit Salz und Pfeffer abschmecken. Den restlichen Käse dazu servieren.

Tip: Man kann den Reis kurz vorkochen. Wie beschrieben dünsten, Zwiebeln, Gewürze und den Wein hinzufügen. Etwas einkochen, zugedeckt ruhen lassen und danach mit etwas Brühe fertigkochen, während das Fleisch gebraten wird.

▶ Dieser Risotto läßt sich auch ohne Saltimbocca servieren. In diesem Fall nach Belieben das Lorbeerblatt durch 2–3 Salbeiblätter ersetzen.

MERINGUIERTER ZITRONENKUCHEN

Arbeitsaufwand etwa 35 Minuten
Ruhezeit des Teiges 1 Stunde
Backzeit etwa 32 Minuten

Zutaten für 4 Personen:
Teig:
200 g Weißmehl
100 g Butterflocken
1 Prise Salz
1 Ei
50 g Zucker
1 TL abgeriebene Zitronenschale

Füllung:
3 Eigelb
65 g weiche Butter
100 g Zucker
1 TL abgeriebene Zitronenschale
Saft von 2 1/2 Zitronen
Butter für die Form
weiße Bohnen zum Belegen des Teiges

Meringage:
3 Eiweiß
180 g Zucker

Das Mehl sieben. Rasch mit den Butterflocken und dem Salz zwischen den Fingern zu Krümeln reiben. Das Ei mit dem Zucker und der Zitronenschale schaumig schlagen. Mit den Mehlkrümeln rasch zu einem Teig verarbeiten. 1 Stunde kühl ruhen lassen.

Für die Füllung die Eigelbe mit der Butter und dem Zucker schaumig rühren. Die Zitronenschale und den Zitronensaft zufügen. Diese Mischung im Wasserbad schlagen, bis eine sämige Creme entsteht. Erkalten lassen.

Das Kuchenblech mit der Butter bestreichen. Den Teig etwa 3 mm dick ausrollen. Das Blech damit auslegen. Den Teigboden mit einer Gabel mehrmals einstechen, mit Backpapier belegen und mit den weißen Bohnen beschweren. Etwa 30 Minuten bei 200 Grad Celsius blind backen.

Für die Meringage die Eiweiße mit dem Zucker steif schlagen. Die Bohnen und das Backpapier vom Kuchenboden entfernen. Die Creme einfüllen. Die Meringuemasse in einen Dressiersack mit gezackter Tülle geben und Streifen auf den Kuchen spritzen. Bei Oberhitze 1–2 Minuten lang überbacken. Das Eiweiß darf nur leicht Farbe bekommen.

Zeitplan

Am Vortag:
Kuchenteig zubereiten und blind backen

300 **4–5 Stunden vor dem Essen:**
Bries wässern.
Füllung für Kuchen zubereiten.
Sauce für Garnelencocktail anrühren. In den Kühlschrank stellen. Fenchel putzen und würfeln.
Zucchinigratin ofenfertig vorbereiten. Noch nicht mit Brotmischung bestreuen!

60 **1 Stunde vor dem Essen:**
Zitronenkuchen füllen und backen.
Zutaten für Saltimbocca vorbereiten, mit Folie abdecken und in den Kühlschrank stellen.
Reis vorkochen (s.Tip im Rezept)

15 **Unmittelbar vor dem Essen:**
Cocktail und Fenchelwürfel mischen.
Anrichten und garnieren.
Gratin rechtzeitig in den Ofen schieben.

15 **Nach dem Servieren des Cocktails:**
Risotto fertigkochen. Saltimbocca rasch braten und warm halten. Fond mit Marsala ablöschen.

EXOTISCHES FÜR GENIESSER

***

Salat mit Garnelen, Jakobsmuscheln und exotischen Früchten

***

Kalbskoteletts in der Folie

***

Frischkäse mit Kräutern

***

Flambierte Bananen

***

Schwierigkeit	★☆☆☆☆
Zeitaufwand	★☆☆☆☆
Tauglichkeit zum Vorbereiten	★★★★★
Preis	★★★☆☆
Energie (in Prozent des Tagesbedarfes)	**64**
Fett (in Prozent des Tagesbedarfes)	**98**

***

Salat mit Garnelen, Jakobsmuscheln und exotischen Früchten

***

Arbeitsaufwand etwa 20 Minuten
Bratzeit etwa 3–5 Minuten

Zutaten für 4 Personen:
4 Riesengarnelen (> Seite 372)
8 Jakobsmuscheln ohne Rogen (> Seite 373)
1 EL Erdnußöl zum Braten

Sauce:
2 EL japanische Sojasauce
1/2 EL Chilisauce
Saft von 1 Zitrone
1 TL Sesamöl
1 reife Mango (> Seite 301)
1 reife Avocado (> Seite 287)
8 Kirschtomaten (> Seite 254)
einige geputzte Salatblätter

Die Riesengarnelen längs halbieren, die Krusten und den Darm entfernen.
Für die Salatsauce die Soja-, mit der Chilisauce, der Hälfte des Zitronensaftes und dem Sesamöl verrühren.

Die Mango und die Avocado schälen und das Fruchtfleisch in dünne Schnitze schneiden. Die Mango- und die Avocadoschnitze fächerförmig auf den Tellern anrichten, mit etwas Zitronensaft bestreichen, mit den Kirschtomaten und den Salatblättern garnieren. Die Garnelen und die Muscheln trockentupfen und im heißen Öl beidseitig kurz anziehen lassen. Abtropfen lassen und auf die Teller legen. Mit der Sauce beträufeln.

***

Kalbskoteletts in der Folie

***

Arbeitsaufwand etwa 30 Minuten
Bratzeit etwa 20 Minuten

Zutaten für 4 Portionen:
30 g getrocknete Steinpilze (> Seite 277)
3 EL Butterschmalz
4 Kalbskoteletts (> Seite 348)
Salz, Pfeffer
1 TL Olivenöl
1 EL gehackte Zwiebeln (> Seite 257)
1 Lorbeerblatt
4 EL trockener Weißwein
8 Scheiben luftgetrockneter Rohschinken

Die Steinpilze 20 Minuten lang in lauwarmes Wasser einlegen. In 2 Eßlöffeln Butterschmalz die Koteletts rasch auf jeder Seite anbraten, mit Salz und Pfeffer würzen, herausnehmen und auf einen Teller legen. Etwas auskühlen lassen.

Vier ausreichend große Stücke Aluminiumfolie vorbereiten. Mit dem Öl bepinseln und die Folien nebeneinanderlegen. Die gehackte Zwiebel und das Lorbeerblatt im restlichen Butterschmalz anziehen lassen. Die eingelegten Pilze gut ausdrücken, von Sand befreien und grob hacken. Zur Zwiebel geben. Ebenfalls kurz anziehen lassen und mit dem Weißwein ablöschen. Den Wein verdampfen lassen. Wenig Salz dazugeben und bei kleiner Hitze weiterkochen. Dabei von Zeit zu Zeit, wenn nötig, etwas Einlegewasser der Pilze dazugießen. Darauf achten, daß kein Sand, der sich möglicherweise auf dem Boden abgesetzt hat, mitfließt. Am Ende der kurzen Kochzeit muß die Mischung fast trocken sein.

Die Aluminiumfolie zusammenfalten, wieder öffnen und auf die eine Hälfte je 1 Scheibe Rohschinken legen. Auf jede Schinkenscheibe 1/8 der Pilzmischung verteilen (gut einteilen!). Je 1 Kotelett darauflegen. Die restliche Pilzmischung darüber verteilen und zuletzt je 1 Schinkenscheibe darauflegen. Die Aluminiumfolie zusammenfalten und die Ränder nach innen sorgfältig zusammendrehen, so daß die Koteletts vollständig eingeschlossen sind. Die Folienpakete auf ein Blech legen und für 15–20 Minuten in den vorgeheizten Backofen schieben.

***

Frischkäse mit Kräutern

***

Arbeitsaufwand etwa 10 Minuten

Zutaten für 4 Portionen:
200 g Frischkäse oder frischer Ziegenkäse (Formaggini)
1 EL gehackte Schalotten (> Zwiebeln, Seite 257)
3 EL Sahne
3 EL gemischte Kräuter (Basilikum, Petersilie, Kerbel)
Salz, viel schwarzer Pfeffer aus der Mühle
1 Prise Cayennepfeffer
Kräuter für die Garnitur

Den Käse mit einer Gabel gut zerdrücken. Die Schalotten mit der Sahne und den Kräutern daruntermischen. Mit Salz, Pfeffer und Cayennepfeffer abschmecken. In Portionen teilen und anrichten. Mit einem Kräuterzweiglein garnieren.

Tips: Man kann den Käse auf einem Salatblatt anrichten und nach Belieben mit Kirschtomaten und Kresse garnieren.

▶ Die Kräuter lassen sich durch kleingeschnittene Oliven ersetzen.

BEILAGE:
Roggenbrot

***

FLAMBIERTE BANANEN

***

Arbeitsaufwand etwa 10–15 Minuten

Zutaten für 4 Portionen:
10 g Butter
4 große Bananen (> Seite 288)
1 EL Zucker
2 EL Crème de Banane (Bananenlikör)
2 EL Kirschwasser
4 EL Johannisbeergelee
4 Kugeln Vanillerahmeis
1/8 l Sahne
4 EL Schokoladenspäne, nach Belieben

Die Butter in einer Flambierpfanne oder Bratpfanne erhitzen. Die Bananen der Länge nach halbieren, hineinlegen, mit dem Zucker bestreuen und mit Crème de Banane beträufeln. Leicht anbraten und mit dem Kirschwasser flambieren. Den Johannisbeergelee darübergeben und schmelzen lassen. Mit je 1 Kugel Vanillerahmeis auf die Teller geben und mit den Rahmrosetten und nach Belieben mit den Schokoladenspänen garnieren.

Zeitplan

240 **Einige Stunden vor dem Essen:**
Salatsauce zubereiten.
Garnelen und Jakobsmuscheln vorbereiten.
Mit Klarsichtfolie abdecken und wieder in den Kühlschrank geben.
Steinpilze einlegen und Zutaten vorbereiten.
Kalbskotelett rasch anbraten. Auskühlen lassen. Koteletts mit vorbereiteten Zutaten in Aluminiumfolie packen. Kühl stellen.
Frischkäse mit Kräutern und den anderen Zutaten mischen, in Portionen teilen, zudecken und in den Kühlschrank legen.
Alle Zutaten für das Dessert, außer den Bananen, abmessen und bereitstellen.

40 **Unmittelbar vor dem Essen:**
Mango und Avocado fächerartig schneiden, anrichten und mit Zitronensaft bestreichen. Die Garnitur dazulegen. Die Garnelen und Muscheln rasch braten. Abtropfen lassen, noch warm auf die Teller verteilen und mit der Sauce beträufeln.
Die Koteletts rechtzeitig in den Ofen schieben.
Den Käse hübsch anrichten.
Die Bananen halbieren und flambieren.

Buffets

Bei einer größeren Anzahl an Gästen, die man zu Hause empfangen möchte, drängt sich oft ein Buffet auf. Man hat zu wenig Tischfläche und auch kein Bedienungspersonal, um ein konventionelles Menü servieren zu können. Natürlich kann man es von einem Partyservice ins Haus liefern lassen. Aber ein hausgemachtes Buffet ist auf jeden Fall origineller und unterscheidet sich vom üblichen Schema, dem man fast überall begegnet. Wer gerne kocht und die Vorarbeiten nicht scheut, kann damit viel Erfolg ernten. Je nach Umfang der Einladung, kann man mehr oder weniger Gerichte auswählen. Die Rezepte sind so verfaßt, daß man sie auch einzeln in ein Menü einfügen kann. Bei Verwendung für ein Buffet kann man größere Mengen davon zubereiten, wobei die Gästezahl eine Rolle spielt. Im allgemeinen ist zu sagen, daß man pro Gast mindestens 1/4 Portion von jeder Speise rechnen muß, damit alle von allem nehmen können. Schließlich sind beim Zugreifen auch meist die Augen größer als der Magen. Beim Aufstellen von Einzelportionen, die man klein halten kann, besteht diese Gefahr nicht. Aber dies läßt sich schon aus Platzgründen nicht immer machen.

Auf den folgenden Seiten finden sich Buffetvorschläge für verschiedene Gelegenheiten. Im Sommer sind kalte Buffets eher gefragt, im Winter kann man kalt und warm mischen. Für Vegetarier findet sich ebenso etwas wie für Liebhaber gemütlicher Sonntagvormittage, die bei einem »Brunch« zugleich Frühstück und leichtes Mittagessen genießen. Schließlich haben wir auch an die Jungen gedacht, die Einladungen in dieser Form ebenfalls lieben, weil sie sich ungezwungen selbst bedienen können.

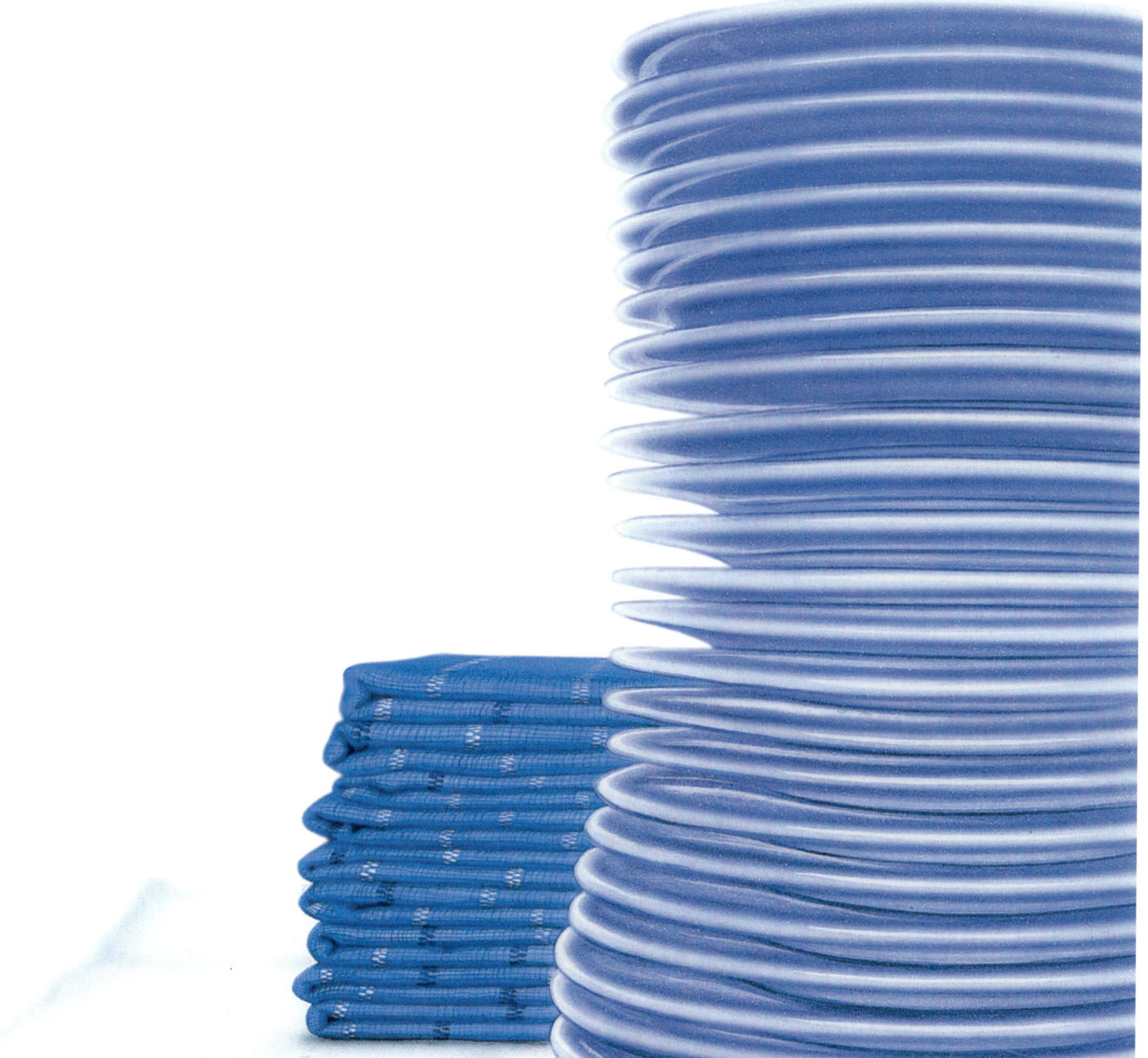

WARMES BUFFET

***

Truthahncurry nach
indischer Art
Lammkeule mit Rosmarin
Tomates provençales
Schweinsfilet im Teig
Roastbeef mit Sardellen
und Oliven
Spinatgratin mit Champignons
Kartoffeln in der Folie (> seite 463)
Birnenkuchen nach Winzer Art

***

Dazu: Verschiedene Weichkäse (> seite 319),
Weissbrot, Vollkornbrot (> seite 215)

***

Truthahncurry nach indischer Art

Arbeitsaufwand etwa 40 Minuten
Garzeit 40–45 Minuten

Zutaten für 4 Portionen:
1 große Zwiebel (> Seite 257)
1 roter Apfel (> Seite 283)
800 g Truthahnfleisch (vom Schenkel) (> Seite 354)
Salz, Pfeffer
2 EL Bratbutter
2 EL Currypulver, evtl. indische Mischung oder Garam Masala
1/2 EL Paprikapulver
1 dl Ananassaft (aus der Dose)
2 dl Geflügelbrühe (> Seite 549)
0,2 l Sahne
1 TL Bienenhonig
1/2 EL gehackte Pfefferminze

Garnitur:
4 Ananasscheiben (aus Dose)
1 roter Apfel (> Seite 283)
2 Bananen (> Seite 288)
2 EL Butter

Die Zwiebel schälen und fein hacken. Den Apfel waschen, vierteln, entkernen und fein scheibeln. Das Trutenfleisch in Würfel schneiden, salzen und pfeffern. In 2 Eßlöffeln Bratbutter goldgelb anbraten. Die Zwiebelstückchen und die Apfelscheiben hinzufügen und etwa 2–3 Minuten lang mitdünsten. Mit 2 Eßlöffeln Currypulver und 1/2 Eßlöffel Paprikapulver bestreuen. Gut mischen und 1 Minute lang mitdünsten. Etwa 0,5 l Ananassaft und 0,2 l Geflügelbrühe zufügen. Etwa 40–45 Minuten lang zugedeckt garziehen lassen. Kurz vor Ende der Garzeit den Curry, die Sahne beimischen und mitkochen lassen, bis die Sauce sämig ist.

Den Bienenhonig und die gehackte Pfefferminze hinzufügen. Mit Salz und Pfeffer abschmecken. Den Curry warm stellen. Die Ananasscheiben abtropfen lassen und halbieren. Den Apfel waschen, das Kerngehäuse ausstechen, den Apfel in 4 Scheiben schneiden. 1 Banane schälen, in 4 Stücke schneiden. Alles in der Butter leicht anbraten.

Den Trutencurry auf einer Platte anrichten und mit den Apfelscheiben, den Ananasscheiben und den Bananenstücken garnieren.

Tip: Als Beilage dazu eignet sich sehr gut Basmatireis (> Seite 456).

Lammkeule mit Rosmarin

Arbeitsaufwand etwa 20 Minuten
Bratzeit 45–50 Minuten

Zutaten für 3–4 Portionen:
1,2 kg frische Lammkeule (> Seite 351)
2–3 EL Rosmarinnadeln
Salz, schwarzer Pfeffer aus der Mühle
2 EL Butterschmalz
2 Karotten (> Seite 243)
1 Zweig Selleriekraut
2 ungeschälte Knoblauchzehen
2 Tomaten (> Seite 254)
2 Lorbeerblatt
1/4 l Weißwein
50 g Butter

Die Keule vom Metzger pfannenfertig vorbereiten lassen.
Die Keule in Abständen von etwa 2–3 cm mit der Spicknadel einstechen. Mit den Rosmarinnadeln spicken und mit Salz und Pfeffer bestreuen. Die Keule und den Beinknochen mit dem heißgemachten Butterschmalz begießen. Im Ofen bei 180 Grad Celsius langsam allseitig anbraten. Die Karotten längs halbieren und mit dem Selleriekraut, der Knoblauchzehe, den halbierten Tomaten und dem Lorbeerblatt zufügen.

Das Fleisch mit Aluminiumfolie abdecken und 45–50 Minuten bei 200 Grad Celsius braten. Nach und nach den Wein dazugeben. Nach Ende der Bratzeit den Ofen ausschalten und die Keule bei offener Tür 8 Minuten lang ruhen lassen. Auf diese Art bleibt das Fleisch noch rosa. Den Bratensaft abgießen. Den Bratensatz mit 3–4 Eßlöffeln Wasser lösen, stark aufkochen und zum Saft geben. Die Butter in Flocken schneiden und unter starkem Schwingen darunterziehen. Erwärmen, abschmecken und in eine Saucière anrichten.

Die Karotten mitservieren. Das Lorbeerblatt und den Knoblauch entfernen. Zum Tranchieren die obere und untere Nuß vom Knochen lösen, quer auf das Tranchierbrett legen und leicht schräg in Scheiben schneiden.

Tips: Man kann die Keule anbraten und danach ungedeckt bei 80 Grad Celsius etwa 1 1/2–2 Stunden lang langsam braten.

▶ Die Keule läßt sich auch mit Knoblauchstiften und Rosmarinnadeln spicken.

▶ Als Beilage paßt Gemüse- oder Kartoffelgratin (> Seite 464) sehr gut dazu.

Tomates provençales

Arbeitsaufwand etwa 10 Minuten
Koch- und Backzeit 35–40 Minuten

Zutaten für 4 Portionen:
3 EL Olivenöl
8 schöne, reife Tomaten (> Seite 254)
Salz, Pfeffer aus der Mühle
3 Knoblauchzehen
2 EL gehackte Kräuter (Basilikum, Petersilie, wenig Thymian)
1 TL Puderzucker

Das Öl erhitzen. Die quer halbierten Tomaten mit der Schnittfläche nach unten hineingeben. Etwa 5–10 Minuten lang zugedeckt auf kleinem Feuer dünsten. Die Tomaten aus dem Saft nehmen, umdrehen und in eine mit Öl bestrichene Form legen. Mit Salz, Pfeffer, dem durchgepreßten Knoblauch, den Kräutern und dem Puderzucker bestreuen. Den Saft aus der Bratpfanne zwischen die Tomaten gießen. Etwa 30–40 Minuten lang bei 160 Grad Celsius im Ofen schmoren lassen. Die Tomaten werden sehr klein und karamelisieren. Ab und zu kontrollieren, damit sie nicht anbrennen und, wenn nötig, ein wenig Wasser zufügen.

Schweinsfilet im Teig

Arbeitsaufwand etwa 15 Minuten
Backzeit etwa 25 Minuten

Zutaten für 6 Portionen:
900 g Schweinsfilet, ohne Fett (> Seite 342)
Salz, Pfeffer, Muskatnuß
2 EL gemischte Kräuter (Majoran, Thymian, Basilikum, Rosmarin)
2 EL extra pikanter Senf
100 g dünn geschnittener Magerspeck
500 g Blätterteig
1 Ei
einige Tropfen Öl

Das Schweinsfilet mit Salz, Pfeffer, den Gewürzen und dem Senf einreiben. Mit dem Magerspeck umwickeln. Den Blätterteig etwa 4 mm dick ausrollen, das Filet auf die eine Teighälfte legen, den Teigrand mit dem Eiweiß bestreichen und das Fleisch in den Teig einrollen. Überall gut andrücken und die beiden Enden mit dem Eiweiß gut verschließen. Mit dem Verschluß nach unten auf ein mit Backtrennpapier belegtes Blech legen. Mit der Gabel regelmäßig einstechen und den Teig mit dem verquirlten Eigelb bestreichen, dem man einige Tropfen Öl beimischt. Bei guter Hitze und spaltbreit offener Ofentür etwa 20 Minuten lang backen. Nachher den Ofen abstellen und das Filet

5 Minuten lang darin stehenlassen. Lauwarm oder kalt servieren.
Tips: Das Filet im Teig kann bereits am Vortag vorbereitet werden. Man kann es sogar schon in den Teig einpacken und im Kühlschrank aufbewahren. Etwa 1 Stunde vor Ankunft der Gäste oder noch später braucht man es nur noch in den Ofen zu schieben.
▶ Dazu passen sehr gut gedämpfte grüne Bohnen oder Zuckerschoten (> Seite 657).

Roastbeef mit Sardellen und Oliven

Arbeitsaufwand etwa 10 Minuten
Bratzeit 30–35 Minuten

Zutaten für 4 Portionen:
1 EL französischer Senf
3 EL Öl
Salz, Pfeffer
1 TL Paprika
2 EL feingehackte Oliven (> Seite 244)
1 kleine Dose feingehackte Sardellen
1 EL feingehackte Petersilie
800 g gut gelagertes Roastbeef (> Seite 345)

Den Senf mit dem Öl, Salz, Pfeffer, dem Paprika, den Oliven, den Sardellen und der Petersilie gut verrühren. Das Roastbeef über Nacht in dieser Marinade einlegen. Am anderen Tag das Fleisch auf ein passendes Stück Aluminiumfolie legen, den Rest der Marinade dazugeben. Das Fleisch gut einpacken und in den Backofen schieben. Etwa 20 Minuten lang bei 220 Grad Celsius braten. Die Folie öffnen, den Saft abgießen, das Fleisch in 10 Minuten knusprig werden lassen. Inzwischen den Bratensaft etwas einkochen. Für etwa 5 Minuten im abgeschalteten Ofen ruhen lassen. Das Fleischstück heiß auf den Tisch bringen und aufschneiden.

Spinatgratin mit Champignons

Arbeitsaufwand etwa 20 Minuten
dazu evtl. Auftauzeit
Backzeit etwa 30 Minuten

Zutaten für 6 Portionen:
1 kg frischer (oder 600 g tiefgekühlter) Blattspinat (> Seite 253)
4 Schalotten (> Zwiebeln, Seite 257)
2 1/2 EL Butter
200 g frische Champignons (> Seite 277)
Salz, Pfeffer, Muskatnuß
1 1/2 EL Mehl
1/4 l Sahne
1 Knoblauchzehe
50 g geriebener Greyerzerkäse (> Seite 325)
Butter für die Form

Den Spinat ohne Wasser erhitzen, bis er zusammenfällt. Sehr gut ausdrücken. Die Schalotten hacken und in 1 Eßlöffel Butter dünsten. Den Spinat und die feingeschnittenen Champignons hinzugeben. Mehrmals wenden, bis alle Flüssigkeit verdampft ist. Mit Salz, Pfeffer und dem durchgepreßten Knoblauch würzen. Das Mehl in 1 1/2 Eßlöffeln Butter anschwitzen und unter Rühren in der Sahne auflösen. Sobald die Sauce gebunden ist, vom Feuer nehmen. Mit Salz, Pfeffer und der Muskatnuß gut abschmecken. Eine Gratinform ausbuttern, den Spinat und die Champignons hineingeben und die Sahnesauce darübergießen. Mit dem Käse bestreuen und bei 220 Grad Celsius rund 30 Minuten lang überbacken.
Tips: Der Spinat muß gut ausgedrückt und anschließend so lange gedünstet werden, bis keine Flüssigkeit mehr vorhanden ist.
▶ Dieser Gratin eignet sich als Beilage, als fleischloses Gericht

oder ganz einfach als Vorspeise. Er kann vorbereitet werden, so daß man ihn nur noch in den Ofen zu schieben braucht.

Birnenkuchen nach Winzer Art

Arbeitsaufwand etwa 30 Minuten
Kochzeit 15–20 Minuten
Backzeit 35–40 Minuten

Zutaten für ein rundes Blech von ca. 289 mm Durchmesser:
400 g geriebener Teig (> Seite 578)
3 Äpfel (> Seite 283)
6 Birnen (> Seite 289)
120 g Zucker
Saft von 1/2 Zitrone
1 l Rotwein
1 Messerspitze Zimt
1 Messerspitze Nelkenpulver
3 EL Birnenlikör
3 EL Johannisbeergelee
Butter für die Form

Die Äpfel und die Birnen schälen und in kleine Schnitze schneiden. Mit dem Zucker, dem Zitronensaft, dem Rotwein, dem Zimt und dem Nelkenpulver weich kochen. Die Früchte durch ein Sieb gießen und den Saft auffangen. Erkalten lassen. Die 4 weiteren Birnen schälen, das Kernhaus entfernen und halbieren. Im aufgefangenen Weinsirup etwa 15 Minuten lang auf kleinem Feuer weich kochen. Dabei darauf achten, daß die Birnen fest bleiben.

Inzwischen den Kuchenteig 3 mm dick ausrollen, die bebutterte Form damit auslegen und mit einer Gabel mehrmals einstechen. Mit einer Backtrennfolie belegen und mit weißen Bohnen beschweren und den Kuchenboden 10 Minuten lang blind backen. Aus dem Ofen nehmen. Die Bohnen und das Papier entfernen und das gut abgetropfte Birnen-Apfel-Kompott auf dem Kuchenboden verteilen, mit dem Birnenlikör beträufeln und 10–15 Minuten lang backen. Dann die halben Birnen sternförmig auf den Kuchen legen und nochmals 10 Minuten lang überbacken. Die Birnen noch heiß mit dem aufgelösten Johannisbeergelee überziehen. Kalt, aber am gleichen Tag auf den Tisch bringen.

FESTLICHES BUFFET

***

Fisch in Gelee

Lachspastete mit Meerrettichsauce

Salat Waldorf

Garnelencocktail

Avocado in Kräutervinaigrette

Rehterrine mit Whisky-Orangensauce

Mousse au chocolat

Charlotte royale mit Johannisbeerquark

Kaltes Geflügel

Rohschinken mit Melone

Fruchtsalat mit Sahne (> Seite 633)

***

Dazu: Verschiedene Salate,

frische Früchte (> Seite 298),

ein ganzer Brie, Brioche, Baguette,

Roggenbrot, Butter

***

→

Fisch in Gelee

Arbeitsaufwand etwa 15 Minuten
Kochzeit etwa 40 Minuten, zusätzlich 12–15 Minuten

Zutaten für 6 Portionen:
1 große Seeforelle (> Seite 378), Zander (> Seite 379) oder Lachs (ca. 1,2 kg, > Seite 375)
Saft von 1 Zitrone
3/4 Liter Sülze (aus dem Beutel) mit etwas Sherry verfeinert

Fischsud:
0,5 l Wasser
0,5 l Weißwein
1 große Zwiebel (> Seite 257)
1 TL Salz
etwas Estragon und Salbei
5 weiße Pfefferkörner
1/2 Lorbeerblatt
2–3 Petersilienstengel
1 Karotte (> Seite 243)
1/2 Lauchstengel
1 kleines Stück Sellerie

Garnitur:
2 Zitronen (> Seite 309)
2 Nelkenköpfchen
1 Gurke (> Seite 236)

Alle Sudzutaten außer dem Wein kalt aufsetzen, zum Sieden bringen. Abschäumen und auf kleinem Feuer etwa 40 Minuten lang kochen. Absieben, wieder in die Kasserolle geben und den Wein zugießen.

Den Fisch beim Kauf küchenfertig zubereiten lassen. Innen und außen mit dem Zitronensaft beträufeln und leicht salzen. Dann den Fisch in den etwas erkalteten, passierten Sud geben, langsam erwärmen und jeweils 12–15 Minuten pro 500 g Gewicht im ganz leicht köchelnden Wasser ziehen lassen. Garprobe: Das Fleisch muß über dem Rückenhauptgrat noch fest, aber milchig weiß sein. Diese Probe läßt sich mit einem spitzen Küchenmesser vornehmen. Da der Geleefisch im Sud ausgekühlt wird, ist die Pochierzeit knapp zu bemessen.

Die Haut des erkalteten Fisches zwischen Kopf und Schwanzansatz sorgfältig abziehen. (Beim Kopf- und Schwanzansatz mit scharfem Messer zwei saubere Schnitte anbringen.) Eine flache Platte etwa 3–4 cm dick mit Sülze ausgießen. Erstarren lassen und den vorbereiteten Fisch sorgfältig mit Hilfe von zwei Spachteln auf die Platte legen. Mit flüssiger Sulze bepinseln, die Augen mit 2 Nelkenköpfchen nachmarkieren. Den Fisch nach Belieben mit Gurken belegen. Eine Schlangengurke in sehr feine Scheibchen schneiden, diese mit wenig Salz oder Streuwürze bestreuen und so lange liegen lassen, bis sie geschmeidig werden. Die gut abgetropften Gurkenscheiben schuppenartig auf den Fisch legen und sorgfältig mit Sülze bepinseln. Mit halbierten Zitronen garnieren und Sahnemeerrettich (> Seite 571) dazu servieren.

Lachspastete mit Meerrettichsauce

Arbeitsaufwand etwa 40 Minuten
Backzeit etwa 45 Minuten

Zutaten für 4 Portionen:
1 frischer Lachs (etwa 1,2 kg, > Seite 375)
300 g Garnelen (> Seite 372)
1 kleiner Kopfsalat (> Seite 240)
300 g Fischfleisch ohne Gräten
1/8 l Sahne
2 Eier
Salz, Pfeffer
2 TL frisch gehackter Dill
500 g Blätterteig

Sauce:
100 g Quark
4 EL Mayonnaise (> Seite 570)
1 EL Ketchup
1 EL frisch geriebener Meerrettich
Salz, Pfeffer, etwas Cayennepfeffer

Den Lachs beim Fischhändler filetieren lassen. Die Gräten und den Kopf mitnehmen. Das Fischfleisch kalt stellen.

Die Gräten und den Fischkopf mit 1/2 l Wasser 30 Minuten lang kochen. Den Sud durch ein Sieb gießen und auf 2 Eßlöffel Flüssigkeit einkochen. Erkalten lassen und kühl stellen.

Die Garnelen kochen und schälen. Alle Zutaten außer dem Salat kühl stellen.

Die Salatblätter für eine Minute in kochendes Wasser legen und gut abtropfen lassen.

Das kalte Fischfleisch, die Sahne, das Eiweiß und den erkalteten Fischsud in den Mixer geben und pürieren. Die Masse mit Salz, Pfeffer und dem Dill abschmecken.

Die Garnelen in Würfel schneiden und unter die Fischmasse mischen.

Ein Stück Aluminiumfolie auf dem Tisch ausbreiten und die Hälfte der Salatblätter darauf legen.

Die Lachsfilets mit Salz und Pfeffer bestreuen. Ein Lachsfilet auf die Salatblätter legen. Die vorbereitete Füllung darauf verteilen, dabei die Füllung vorn halbrund für den Kopf formen. Das zweite Filet darauf legen, mit den restlichen Salatblättern belegen und einwickeln.

Den Blätterteig etwa 4 mm dick ausrollen und in 2 Stücke teilen. Die gefüllten Fischfilets auf eine Hälfte legen. Mit dem Teigrädchen eine Fischform ausschneiden. Dabei einen Rand von 2–3 cm lassen.

Die zweite Teigplatte ebenso in Fischform ausschneiden. Den unteren Teigrand mit Wasser bestreichen, auf den Fisch legen und die Ränder fest aufeinanderdrücken, damit beim Backen die Füllung nicht heraustreten kann.

Mit dem restlichen Teig auf dem Fisch Flossen anbringen und eine kleine Rosette als Auge aufsetzen. Nach Belieben auch den Mund formen. Die Schuppen können mit einem kleinen Teigausstecher oder einer Spritzsacktülle geformt werden. Dabei die Teigoberfläche einritzen.

Den Fisch mit dem Eigelb bestreichen und bei 240 Grad Celsius 5 Minuten lang backen, danach die Hitze auf 180 Grad Celsius reduzieren und 30–35 Minuten lang fertigbacken. Der Teig soll hellbraun werden.

Alle Zutaten für die Sauce gut miteinander verrühren. Die Fischpastete heiß auf einer langen Platte oder auf einem Holzbrett servieren und am Tisch mit dem Brotmesser oder einem elektrischen Messer in etwa 3 cm breite Scheiben schneiden.

Die Meerrettichsauce separat dazu servieren.

Salat Waldorf

Arbeitsaufwand etwa 30 Minuten
Kühlzeit etwa 1 Tag

Zutaten für 6 Portionen:
250 g Mayonnaise
Saft von 2 Orangen
Cayennepfeffer, Streuwürze
1 große Sellerieknolle (> Seite 252)
2 nicht zu süße Äpfel (z.B. Granny Smith, > Seite 283)
2 Bananen (> Seite 288)
4 Orangen (> Seite 286)
250 g gekochtes Geflügelfleisch (> Seite 522)
100 g grobgehackte Baumnüsse
geriebene Schale von 2 Orangen
3 EL Madeira

Die Mayonnaise mit dem Orangensaft mischen und abschmecken. Den Sellerie wie für Selleriesalat raffeln und sofort unter die Mayonnaise ziehen. Die Äpfel schälen, in Würfelchen schneiden und hinzugeben. Die Bananen ebenfalls kleinschneiden und dazugeben. Dann 4 Orangen schälen, in kleine Stücke schneiden und zusammen mit dem zerkleinerten Fleisch (von den Knochen gelöst), den Nüssen, der Orangenschale und dem Madeira der Mayonnaise beigeben. Alles gut mischen und würzen. Der Salat soll pikant sein. Am Vormittag zubereiten und für 1 Stunde kühl stellen. Mit den Orangen und den Nüssen garnieren.

Tips: Dieser Salat muß am Tag der Zubereitung gegessen werden.
▶ Leichter wird die Sauce, wenn man etwa 50 g Mayonnaise durch Quark, Frischkäse oder saure Sahne ersetzt.

❊❊❊

Garnelencocktail

❊❊❊

Arbeitsaufwand etwa 15 Minuten

Zutaten für 6 Gläser:
6 EL Mayonnaise (> Seite 570)
2 EL Ketchup
1 EL Cognac
etwas Dill, Streuwürze, Pfeffer, Cayennepfeffer
0,1 l Sahne
300 g gekochte kleine Garnelen (tiefgekühlt oder aus der Dose)
1 Kopfsalat (> Seite 240)
6 große Garnelen (> Seite 372)

Mit der Mayonnaise, dem Ketchup, dem Cognac und den Gewürzen eine pikante Sauce zubereiten. Die steifgeschlagene Sahne darunterziehen und mit den Garnelen mischen.

Gläser oder kleine Portionenschalen mit den Salatblättern auslegen und die Mischung einfüllen. Mit einer großen gekochten Garnele, die in der Schale belassen wird, garnieren.

Tips: Auf einem kalten Buffet machen sich individuelle Portionen sehr gut zwischen den großen Platten.
▶ Als Variante kann man geschälte und halbierte Avocados mit diesem Cocktail füllen.

❊❊❊

Avocado in Kräutervinaigrette

❊❊❊

Arbeitsaufwand etwa 10 Minuten

Zutaten für 6 Portionen:
3 Avocados (> Seite 287)
3 EL Zitronensaft
12 kleine Pfefferminzblätter

Vinaigrette:
2 EL gemischte Kräuter (Kerbel, Schnittlauch, Petersilie)
1/2 Knoblauchzehe
1 Messerspitze Dijonsenf
1 kleine Prise Zucker
Salz, weißer Pfeffer aus der Mühle
2 EL Olivenöl
1 TL Sherryessig

Die Avocados schälen, halbieren und entkernen. Gleichmäßige Schnitze schneiden und diese sofort mit dem Zitronensaft bestreichen.

Die Schnitze auf einer Platte anordnen.

Alle Zutaten für die Vinaigrette mischen.

Die Sauce unmittelbar vor dem Servieren über die Avocados verteilen.

Mit den Pfefferminzblättern garnieren.

❊❊❊

Rehterrine mit Whisky-Orangensauce

Arbeitsaufwand etwa 30 Minuten
Garzeit etwa 90 Minuten

Zutaten für 8 Portionen:
1 Zwiebel (> Seite 257)
2 EL Butterschmalz
500 g Rehfleisch, ohne Knochen
(> Seite 357)
300 g Schweinefleisch (> Seite 342)
100 g Magerspeck
1/8 l Sahne
1 Ei
Salz, Pfeffer
etwas Thymian
1/2 TL Wacholderpulver
1/8 l Cognac
100 g Walnußkerne
150 g geräucherter Magerspeck in Scheiben geschnitten
1 Lorbeerblatt

Sauce:
1 EL grüner Pfeffer (Madagaskar aus Dose)
5 EL bittere Orangenkonfitüre
Salz, Pfeffer
1 EL Whisky
1–2 EL Orangensaft

Die Zwiebel hacken und im Butterschmalz leicht andünsten. Etwa 200 g Rehfleisch in fingerdicke Streifen schneiden. Den Rest mit dem Schweinefleisch und dem Magerspeck hacken. Mit der Sahne, dem verquirlten Ei, Salz, Pfeffer, dem Thymian und dem Wacholderpulver mischen. Den Cognac, die Zwiebelstückchen und die Nüsse zugeben und alles zu einer glatten Masse verarbeiten.

Eine Terrinenform mit der Hälfte des Specks auskleiden und abwechselnd das Hackfleisch und die Rehfleischstreifen einfüllen. Die Oberfläche glattstreichen, das Lorbeerblatt darauf legen und das Ganze mit dem Speck bedecken.

Die Terrine mit dem Deckel schließen und in Aluminiumfolie einpacken. Das Gefäß in ein Wasserbad stellen und 90 Minuten lang im Backofen bei 140 Grad Celsius garen. Die Folie und den Deckel entfernen, ein Brett auf die Fleischmasse legen und mit einem mit Wasser gefüllten Krug beschweren. Etwa 2 Stunden auskühlen lassen.

In den Kühlschrank stellen. Vor dem Servieren die Speckscheiben und das überschüssige Fett entfernen.

Für die Sauce die Pfefferkörner in ein Sieb legen und kalt abspülen. Die Zutaten für die Sauce gut mischen. Wenn nötig mit etwas Orangensaft verdünnen.

Tip: Diese Terrine läßt sich auch mit anderen Fleischsorten zubereiten, z.B. das Rehfleisch durch Putenfleisch oder Ente ersetzen. Die ganz belassenen Streifen aus Brustfleisch nehmen.

Mousse au chocolat

Arbeitsaufwand 15–20 Minuten
Kühlzeit etwa 2 Stunden

Zutaten für 4 Portionen:
0,2 l Sahne
1 Eiweiß
1 EL Zucker
100 g dunkle Schokolade
1 Eigelb
Sahne zum Mitservieren

Die Sahne steif schlagen. Das Eiweiß zu steifem Schnee schlagen. Den Zucker hinzufügen und zu einer feinen Windmasse schwingen.

Die Schokolade in Stücke brechen und in eine Schüssel geben. Mit etwa 0,3 l heißem Wasser übergießen und 1 1/2 Minuten stehen lassen. Das Wasser sorgfältig weggießen.

Das verquirlte Eigelb gut unter die nun geschmolzene Schokolade rühren. Dann die Sahne und die Meringage sorgfältig unterziehen. Etwa 2 Stunden kühl stellen, bis die Mousse fest geworden ist.

Mit 2 Eßlöffeln ovale Häufchen formen. Pro Person 2 Stück anrichten und mit flüssiger, kühler Sahne servieren.

Variante: Schokoladenmousse mit Orangen: 1 Eßlöffel Orangensaft und 1 Teelöffel abgeriebene Orangenschale (von unbehandelter Orange) unter die Masse ziehen.

Charlotte royale mit Johannisbeerquark

Arbeitsaufwand etwa 30 Minuten
Backzeit 5–8 Minuten
Kühlzeit etwa 3–4 Stunden

Zutaten für 6–8 Portionen:
Biskuit:
125 g Zucker
8 Eigelb
6 Eiweiß
50 g Speisestärke
75 g Mehl
Butter für das Backpapier
200 g Johannisbeergelee

Füllung:
200 g Zucker
4 Eigelb
abgeriebene Schale von 1 Zitrone
2 1/2 dl Milch
1 Prise Salz
7 Blatt Gelatine
500 g Rahmquark
1/4 l Sahne
200 g frische Johannisbeeren (> Seite 296)

Für den Teig 75 g Zucker und die Eigelbe mit 1/4 l Wasser schaumig schlagen. Die Eiweiße zu festem Schnee schlagen und den restlichen Zucker sowie die Speisestärke einrieseln lassen. Unter die Eicreme ziehen und das gesiebte Mehl vorsichtig darunterheben. Ein Backpapier mit weicher Butter bestreichen, auf ein Backblech legen und die Teigmasse etwa 8 mm dick darauf verteilen. Im vorgeheizten Ofen bei 200 Grad Celsius etwa 5–8 Minuten lang backen. Herausnehmen und auf ein ausgebreitetes Küchentuch stürzen. Das Pergamentpapier sorgfältig lösen und das Biskuit mit dem Backblech zudecken. Nach 10 Minuten das Blech entfernen. Das Biskuit mit dem Gelee bestreichen und satt aufrollen. Bis zur Weiterverarbeitung kühl stellen.

Die Gelatine in kaltes Wasser einlegen.

Für die Füllung die Eigelbe mit dem Zucker und der abgeriebenen Zitronenschale zu einer weißlichen Creme rühren. Die Milch mit dem Salz aufkochen und unter kräftigem Schwingen dazu geben. In die Pfanne zurückgießen und bei mittlerer Hitze unter ständigem Rühren bis knapp vors Kochen bringen. Wenn die Creme einen hineingetauchten Holzlöffel beim Herausnehmen überzieht, die Pfanne vom Herd wegziehen (die Creme darf jedoch nie kochen, sonst gerinnen die Eier!). Die Creme in ein genügend großes Gefäß gießen und etwas abkühlen lassen. Die Gelatine auspressen und unter die warme Creme rühren, bis sie sich aufgelöst hat. Die beinahe ausgekühlte Creme mit dem Rahmquark vermischen. Wenn sie fest zu werden beginnt, die Sahne steif schlagen und darunterziehen. Die Johannisbeeren abspülen, gut abtropfen lassen, entstielen und unter die Masse mischen. Die Roulade in 6–8 mm dicke Scheiben schneiden. Den Boden und die Wände einer runden Schüssel damit belegen. Die Masse einfüllen und die Charlotte im Kühlschrank am besten über Nacht, mindestens aber 3–4 Stunden lang, stehen lassen.

Die Schüssel kurz in heißes Wasser tauchen und auf eine flache Platte stürzen.

Tips: Diese Charlotte läßt sich auch mit Himbeeren oder Brombeeren zubereiten.

▶ Um Zeit zu gewinnen, kann man auch fertig gekaufte Roulade verwenden.

⁂

Kaltes Geflügel

⁂

Arbeitsaufwand etwa 15 Minuten
Bratzeit je nach Größe des Geflügels 40–50 Minuten

Zutaten für 4 Portionen:
Salz, Pfeffer, wenig Paprika und Muskatnuß
1 Hähnchen (> Seite 353), Perlhuhn (> Seite 354) oder Ente (> Seite 353), etwa 1,2 kg, pfannenfertig
2 Rosmarinzweige
1 Zwiebel, gespickt mit 1 Lorbeerblatt und 1 Nelke
1 Karotte (> Seite 243)
2 EL Butterschmalz
0,2 l Hühnerbrühe (> Seite 549)

Salz, Pfeffer, wenig Paprika und Muskatnuß mischen. Das Geflügel innen mit Salz ausstreuen und außen mit der Gewürzmischung einreiben. 1 Rosmarinzweig in die Bauchhöhle stecken, den anderen Zweig halbieren und je die Hälfte unter die Flügel schieben.

Das Geflügel in einen Bräter legen. Die besteckte Zwiebel und die halbierte Karotte dazugeben. Das Butterschmalz erwärmen. Den Ofen auf 220 Grad Celsius erhitzen, das Geflügel mit dem Schmalz begießen, in den Ofen schieben und etwa 15 Minuten lang anbraten lassen, dann die Brühe beigeben und bei 200 Grad Celsius für etwa 45 Minuten weiterbraten, mehrmals wenden und mit dem Fond begießen. Darauf achten, daß das Geflügel ganz durchgebraten ist. Aus dem Ofen nehmen, abkühlen lassen, danach bis zum Verzehr zugedeckt im Kühlschrank belassen. Der durch die Kälte gelierte Fond kann zum aufgeschnittenen Geflügel kalt serviert werden.

⁂

Rohschinken mit Melone

⁂

Arbeitsaufwand 10 Minuten

Zutaten für 4 Portionen:
1 kleine Cantaloup-Melone (> Seite 302)
12 Scheiben roher Schinken (> Seite 363)
4 Schnittsalatblätter

Die Melone achteln und entkernen. Das Melonenfleisch von der Schale lösen und so in Stücke schneiden, daß es auf der Schale liegenbleibt. Die Melonenachtel mit je 3 Scheiben Schinken anrichten. Mit einem Salatblatt garnieren.

BRUNCH

***

Quiche Lorraine à ma façon
Schinkenkipfel
Rustikale Geflügelterrine
Matjesheringe in saurer Sahne
Apfelstrudel mit Vanillesauce

***

Dazu: Birchermüsli (> Seite 605)

Verschiedene knusprige Brotsorten (> Seite 214)

Vollkornzopf mit Sesam

3-Minuten-Eier

Heisse Würstchen mit 2 Senfsorten

Butter, verschiedene Käsesorten (> Seite 324)

Joghurts (> Seite 317)

Verschiedene Marmeladen, Honig

Geräucherter Fisch

Kaltes Fleisch (> Seite 500)

Frisches Obst (> Seite 298)

Kaffee, Tee, Milch

Sekt oder Champagner

***

Quiche Lorraine à ma façon

Arbeitsaufwand etwa 40 Minuten
Backzeit 35–40 Minuten

Zutaten für ein Blech von 28 cm Durchmesser:
Teig:
300 g Mehl
2 Eier
1 Prise Salz
150 g Butter
Butter für die Form
20 g Butterflocken

Füllung:
200 g Magerspeck
2 EL Butter
1 große Zwiebel (> Seite 257)
4 Eier
0,4 l Sahne
Salz, Pfeffer

Für den Teig das Mehl in eine Schüssel sieben, eine Vertiefung anbringen. Die Eier, Salz und die bei Küchentemperatur weich gewordene, kleingeschnittene Butter zugeben. Rasch zu einem Teig verarbeiten, zu einer Kugel formen und 1 Stunde kühl ruhen lassen.

Für die Füllung den Speck in sehr feine Scheibchen schneiden. Die Butter erhitzen. Den Speck darin leicht anrösten. Aus der Pfanne nehmen, die Zwiebel hacken und im Bratenfond des Speckes glasig dünsten. Die Eier und die Sahne leicht verquirlen. Mit Salz und Pfeffer würzen (nicht zu stark, der Speck ist schon gesalzen!).

Den Teig 3 mm dick ausrollen. Das mit Butter bestrichene Blech damit auslegen.

Den Teigboden mit einer Gabel mehrmals einstechen. Den Speck in die Form verteilen. Einige Speckscheiben für die Garnitur zurückbehalten. Den Kuchen 15 Minuten lang bei 230 Grad Celsius vorbacken. Aus dem Ofen nehmen. Die Zwiebeln auf den Speck verteilen. Den Guß darübergießen. Die Temperatur auf 220 Grad Celsius reduzieren und etwa 25 Minuten lang weiterbacken. Etwa 5 Minuten vor Ende der Backzeit einige Speckscheiben auf die Oberfläche des Kuchens legen und mit den Butterflocken bestreuen. Warm servieren.

Tip: Oft bilden sich während des Backens auf dem Guß Luftblasen. Deshalb beaufsichtigen und wenn nötig diese Gebilde aufstechen.

Schinkenkipfel

Arbeitsaufwand etwa 25 Minuten
Backzeit etwa 15 Minuten

Zutaten für 12–14 Kipfel:
150 g gekochter Schinken (> Seite 363)
1 TL Senf
1 EL gehackter Schnittlauch
50 g Rahmquark
Salz, Pfeffer
500 g Blätterteig
1 Eigelb

Den Schinken hacken und mit dem Senf, dem Schnittlauch und dem weichgerührten Quark mischen. Mit Salz und Pfeffer würzen.

Den Teig 3 mm dick ausrollen und Dreiecke von 10 cm Boden- und 12–13 cm Seitenlänge schneiden. Auf der Breitseite unten mit einem Streifen Füllung belegen, die Ränder mit Wasser bepinseln, die Füllung einrollen und zu Gipfel formen. Mit dem Eigelb bestreichen und im heißen Ofen etwa 15 Minuten lang bei 200 Grad Celsius backen. Die Türe während der letzten 5 Minuten spaltbreit offen lassen.

***

Rustikale Geflügelterrine

***

Arbeitsaufwand etwa 50 Minuten
Marinierzeit etwa 1 Stunde
Garzeit etwa 2 Stunden
Kühlzeit etwa 2 Stunden

Zutaten für 6–8 Portionen:
350 g Geflügelfleisch ohne Knochen und Haut (Poulet, Truthahn, Ente oder Gans, Reste von Suppenhuhn oder Geflügelteile)
2 EL Grand Marnier (Orangenlikör) oder Cognac
Salz, Pfeffer, Muskatnuß
etwas Thymian
je 1 EL gehackter Salbei und Rosmarin
1 Messerspitze Korianderpulver
1/2 TL abgeriebene Orangenschale
1 Zwiebel (> Seite 257)
1 EL gehackte Petersilie
1 EL Butter
250 g gehacktes Schweinefleisch (> Seite 342)
100 g gehackter Magerspeck
2 Eier
100 g Geflügelleber
50 g geschälte Pistazien (> Seite 305)
100 g dünn geschnittene Magerspeckscheiben
1 Lorbeerblatt

Die Geflügelleber in kleine Stücke schneiden, mit dem Grand Marnier oder dem Cognac begießen. Mit Pfeffer, der Salbei, dem Thymian und der Orangenschale bestreuen und für 1 Stunde kühl stellen. Die feingehackte Zwiebel und die Petersilie in der Butter kurz durchdämpfen.

Das grobgeschnittene Geflügelfleisch mit dem Hackfleisch und dem gehackten Speck durch die grobe Scheibe des Fleischwolfes drehen. Die Masse mit den Eiern und dem Zwiebel-Petersilien-Gemisch gut verarbeiten. Mit Salz, Pfeffer, Muskatnuß, dem Rosmarin und dem Koriander pikant würzen. Die Leberstücke aus der Marinade nehmen, den Saft mit den Pistazien unter das Fleisch mengen.

Eine Terrineform mit dem Magerspeckscheiben auslegen. Die Hälfte der Fleischmasse hineingeben, gut andrücken. Die Leberstückchen darauf verteilen und mit der restlichen Masse zudecken. Nochmals gut andrücken. Ein Lorbeerblatt auf die Oberfläche legen, mit den Speckscheiben abdecken und die Form mit dem Deckel schließen. Die ganze Terrine in Aluminiumfolie einpacken, ein Luftloch anbringen, das Gefäß in ein Wasserbad stellen und etwa 2 Stunden lang auf kleinem Feuer garen. Die Folie wegnehmen, den Deckel abheben, ein Brettchen oder ein Tellerchen auf die Fleischmasse legen und mit einem gefüllten Krug beschweren. Etwa 2 Stunden auskühlen lassen, dann in den Kühlschrank stellen. Vor dem Servieren die Specktranchen und das überschüssige Fett entfernen und mit Toast und Butter servieren.

Tip: Wenn man diese Terrine einige Tage im Kühlschrank aufbewahren will, muß man sie nach dem Entfernen des Fettes übersülzen (Sülzpulver nach Vorschrift zubereiten und nach Belieben mit wenig Weißwein oder Sherry verfeinern).

***

Matjesheringe in saurer Sahne

***

Arbeitsaufwand etwa 10 Minuten
Marinierzeit etwa 2–3 Stunde

Zutaten für 6 Portionen:
6 Matjesfilets
10 Wacholderbeeren
1 EL Dillspitzen
Pfeffer
1 Zwiebel (> Seite 257)
1 Zitrone (> Seite 309)
0,2 l Sahne

Die Matjesheringe 2–3 Stunden lang wässern, gut abtropfen lassen und in eine Terrine mit Deckel legen. Die Wacholderbeeren, den Dill und Pfeffer aus der Mühle darüberstreuen.

Die Zwiebel und die Zitrone in hauchdünne Scheiben schneiden und auf die Filets verteilen. Mit der Sahne übergießen und zugedeckt für 2–3 Tage kühl stellen, am besten im unteren Teil des Kühlschrankes.

Apfelstrudel mit Vanillesauce

Arbeitsaufwand 70 Minuten
Ruhezeit 30 Minuten
Backzeit 30 Minuten

Zutaten für 10 Apfelstrudelstücke:
150 g Weizenmehl (Type 405)
1 Eigelb
1 Prise Salz
6–8 EL warmes Wasser
Öl zum Bestreichen
80 g Rosinen
100 g Butter
125 g Paniermehl
1 kg aromatische Äpfel (> Seite 283)
2 TL Zimtpulver
Zucker nach Belieben (je nachdem, wie süß die Äpfel sind)
70 g Butter zum Bestreichen
Mehl zum Bestäuben und Ausziehen

Sauce:
1/2 Vanilleschote
3,5 dl Milch
3 Eigelb
60 g Zucker
1 Prise Salz

Das Mehl sieben und in die Mitte eine Mulde drücken. Das Eigelb, das Öl, Salz und das Wasser hineingeben, zusammenarbeiten, kräftig kneten und schlagen, bis der Teig glatt und elastisch ist.

Eine Schüssel und die Teigoberfläche mit Öl bestreichen. Den Teig hineinlegen, mit Klarsichtfolie oder einem Tuch zudecken und bei Küchentemperatur etwa 30 Minuten ruhen lassen.

Die Rosinen waschen und abtropfen lassen. Die Butter erhitzen, das Paniermehl hinzufügen und goldgelb rösten. Beiseite stellen und auskühlen lassen.

Die Äpfel schälen, sechsteln und das Kerngehäuse herausschneiden. Die Apfelsechstel in feine Scheiben schneiden, mit den Rosinen, dem Zimt und dem Zucker bestreuen. Die Butter schmelzen lassen.

Den Backofen auf etwa 220 Grad Celsius vorheizen.

Ein großes Tuch dünn mit Mehl bestäuben. Den Strudelteig darauf legen und zuerst rechteckig ausrollen. Dann über die bemehlten Handrücken gelegt hauchdünn ausziehen. Die dickeren Ränder abschneiden.

Etwa zwei Drittel des Teiges mit einem Teil der Butter bestreichen und mit dem Paniermehl bestreuen. Die Apfelfüllung darauf verteilen. Mit Hilfe des Tuches in den Teig einrollen. Die Teigoberfläche mit der restlichen Butter bestreichen. Den Apfelstrudel auf ein Blech legen, in die mittlere Schiene des Backofens schieben und 25 bis 30 Minuten backen. Nach dem Backen einige Minuten lang ruhen lassen und dann portionieren.

Für die Sauce die Vanilleschote längs aufschneiden und zusammen mit der Milch aufkochen.

Die Eigelbe mit dem Zucker und dem Salz mit einem Schneebesen cremig rühren. Die kochendheiße Milch unter die Ei-Zucker-Masse mischen. Zurück in den Topf gießen und unter ständigem Rühren mit einem Holzlöffel zur Rose abziehen. Das heißt die Creme soweit erhitzen (etwa 72 Grad Celsius), bis diese bindet und den herausgezogenen Holzlöffel satt bedeckt. Bläst man kräftig auf die den Holzlöffel bedeckende Creme, bildet sich eine Rose.

Die Creme passieren und unter gelegentlichem Rühren abkühlen lassen.

Tip: Der Strudel kann auch mit Quark oder Aprikosen (> Seite 287) gefüllt werden.

VEGETARISCHES BUFFET

***

Melonencocktail mit Ingwer

Kartoffel-Lauchsuppe

Tomaten-Quarkkuchen

Taboulé

Apfel-Selleriesalat
an pikanter Sauce

Auberginenfächer mit
Knoblauchsauce

Knoblauchbrot

Pikanter Eiersalat

Bunter gemischter Salat

(> Seite 766)

***

Dazu: Käseplatte mit Trauben (> Seiten 324, 308)

Frisches Obst (> Seite 298)

Nüsse (> Seite 281)

Datteln (> Seite 292)

Verschiedene Brote (> Seite 214)

Gemischte Beeren

***

Melonencocktail mit Ingwer

Arbeitsaufwand etwa 35 Minuten

Zutaten für 4 Portionen:
1 reife Zuckermelone (> Seite 302)
1 Brüsseler Endivie (> Seite 231) oder
1 kleine Fenchelknolle (> Seite 235)
1 Stück frische Ingwerwurzel
3 EL Mayonnaise (> Seite 570)
4 EL saure Sahne
2 TL Ketchup
1 TL Cognac
2 EL steifgeschlagene Sahne
Salz
1 Prise Cayennepfeffer

Die Melone halbieren und entkernen. Das Melonenfleisch in Form von kleinen Kugeln ausstechen. Den Saft dabei auffangen. Die Brüsseler Endivie säubern, die Blätter lösen, 4 davon für die Garnitur behalten und den Rest in 1 cm breite Streifen schneiden. Bei Verwendung einer Fenchelknolle den Rest ebenfalls quer in 1/2 cm breite Streifen schneiden.

Die Melonenkugeln mit dem Salat mischen. Die Ingwerwurzel schälen, in sehr kleine Würfel schneiden und hinzufügen. Alles gut mischen. Die Mayonnaise mit der Sahne, dem Ketchup und dem Cognac mischen. Die steifgeschlagene Sahne unterziehen und die Sauce mit wenig Salz und Cayennepfeffer pikant abschmecken. Einen Eßlöffel Melonensaft (der sich beim Ausstechen der Kugeln gebildet hat) unter die Sauce mischen. Die Hälfte der Sauce mit dem Melonensalat mischen, in schöne Gläser füllen. Mit der restlichen Sauce begießen. Mit 2–3 Melonenkugeln garnieren. Kühl servieren.

Tips: Die Melonen durch gemischte Orangen- oder Grapefruitfilets ersetzen. Große Filets können halbiert werden.

▶ Die Brüsseler Endivie oder den Fenchel durch frisch abgekochte, in Stücke geschnittene grüne Spargelstangen ersetzen.

Kartoffel-Lauchsuppe

Arbeitsaufwand etwa 20 Minuten
Kochzeit etwa 45 Minuten (im Schnellkochtopf nur 15 Minuten)
Kühlzeit etwa 1–2 Stunden

Zutaten für 6–8 Portionen:
300 g Gemüselauch oder vom unteren weißen Teil des Suppenlauches (> Seite 246)
1 EL frische Butter
400 g geschälte Kartoffeln (> Seite 264)
1 EL Sahne
Salz, weißer Pfeffer
2 Büschel Schnittlauch
geröstete Brotwürfelchen

Den Lauch in kleine Ringe schneiden und mit wenig Butter ganz kurz andünsten. Die in Scheiben geschnittenen rohen Kartoffeln dazugeben und mit etwa 2 Liter Wasser ablöschen und mit Salz und Pfeffer abschmecken.

Kochen lassen, bis die Gemüse weich sind, dann auf das Feuer setzen, evtl. etwas mit Wasser verdünnen, gut würzen und mit der restlichen Butter und der Sahne verfeinern. Für etwa 1–2 Stunden kalt stellen. Die Tassen bereitstellen, etwas Schnittlauch und die Brotwürfelchen hineingeben und die eiskalte Suppe darüber anrichten.

❊❊❊

Tomaten-Quarkkuchen

❊❊❊

Arbeitsaufwand etwa 35 Minuten
Kühlzeit des Teiges etwa 30 Minuten
Backzeit 30 Minuten Vorbacken, 30 Minuten Fertigbacken

Zutaten für ein rechteckiges Kuchenblech (Ofengröße):
300 g geriebener Teig (> Seite 578)
Butter für das Blech
300 g weiße Bohnen zum Beschweren
500 g reife Tomaten (> Seite 254)
Salz, Pfeffer
150 g Rahmquark
3 EL Sahne
2 EL frischgehacktes Basilikum
200 g Fontinakäse (> Seite 325)
1 EL Butter
2–3 Basilikumblätter für die Garnitur

Den Teig 3 mm dick ausrollen. Das Blech mit der Butter bestreichen und mit dem Teig auslegen. Mit einer Gabel mehrmals einstechen. Mit Backfolie abdecken und mit den weißen Bohnen beschweren. Für etwa 30 Minuten kühl stellen. Etwa 25 Minuten lang bei 180 Grad Celsius vorbacken.

Die Tomaten in etwa 5 mm dicke Scheiben schneiden, auf Küchenpapier legen, mit wenig Salz bestreuen und Saft ziehen lassen. Danach mit Küchenpapier trockentupfen. Die Eier verquirlen. Mit dem Rahmquark, der Sahne und dem Basilikum gut mischen. Den Käse auf der groben Seite der Röstiraffel reiben und zugeben. Mit Salz und Pfeffer abschmecken.

Die Tomatenscheiben auf den Kuchenboden legen. Mit der Quarkmischung bedecken, dann die restlichen Tomatenscheiben in Kreisform darauf anordnen. Die Oberfläche mit der flüssig gemachten Butter bestreichen und den Kuchen bei Oberhitze nochmals etwa 30 Minuten bei 180 Grad Celsius backen.

Mit 2–3 Basilikumblättern garnieren und warm servieren.

Tips: Den vorgebackenen Teigboden erst unmittelbar vor dem Fertigbacken füllen, damit er nicht aufweicht.

▶ Dieser Kuchen sollte warm oder lauwarm serviert werden.

❊❊❊

Taboulé

❊❊❊

Arbeitsaufwand etwa 30 Minuten
Koch- und Quellzeit etwa 70 Minuten

Zutaten für 4 Portionen:
250 g Couscous-Spezialweizengrieß
Salz, Pfeffer aus der Mühle
3 große, reife Tomaten (> Seite 254)
1 Sträußchen frische Pfefferminzblätter
1 Sträußchen flachblättrige Petersilie
50 g schwarze Oliven (> Seite 244)
1 kleine, scharfe rote Pfefferschote (nach Belieben)
3 Frühlingszwiebeln mit Grün oder Schalotten (> Zwiebeln, Seite 257)
Saft von 1 1/2–2 Zitronen
1/8 l kaltgepreßtes Olivenöl

Den Couscous-Grieß in eine Schüssel geben. Etwa 1/4 Teelöffel Salz in 1/4 l lauwarmem Wasser auflösen. Über den Grieß verteilen und gut umrühren.

Die Körner zwischen den Händen reiben, bis keine Klümpchen mehr vorhanden sind. Etwa 10 Minuten lang aufquellen lassen. Den feuchten Couscous-Grieß in ein feines Sieb geben und über dem Dampf zugedeckt eine Stunde aufquellen lassen.

Die Tomaten kurz in heißes Wasser tauchen, schälen, halbieren, entkernen und sehr klein würfeln. Die Pfefferminzblätter und die Petersilie nicht hacken, sondern mit der Schere sehr fein schneiden. Mit dem Couscous-Grieß gut mischen.

Die Oliven halbieren und entsteinen. Nach Belieben die Pfefferschote öffnen und entkernen. Beides in winzig kleine Würfel schneiden. Mit den feingeschnittenen Zwiebeln oder Schalotten unter den Grieß mischen. Den Zitronensaft und das Olivenöl über

das Gericht verteilen, alles gut durchmischen und mit Salz und Pfeffer abschmecken. Vor dem Servieren eine Stunde ziehen lassen.
Tip: Couscous-Grieß wird unter dieser Bezeichnung in Packungen angeboten. Er ist nichts anderes als feines Weizenschrot. Das Gericht mit einigen blassen Pfefferminzblättern garnieren.
Variation: Goldhirse in Gemüsebrühe kochen, abgießen und erkalten lassen und auf die gleiche Art zubereiten.

***

Apfel-Selleriesalat an pikanter Sauce

***

Arbeitsaufwand etwa 20 Minuten
Kochzeit etwa 5 Minuten

Zutaten für 4 Portionen:
1 mittlere Sellerieknolle (> Seite 252)
2 Äpfel (> Seite 283)
wenig Zitronensaft
50 g Walnußkerne (> Seite 308)

Sauce:
1 Eigelb
1 TL Senf
Salz, weißer Pfeffer
Paprika
1 Prise Cayennepfeffer
1 Prise Zucker
1 TL Zitronensaft
1 dl Sonnenblumenöl
2 EL Weißweinessig
1 kleine gehackte Zwiebel
1 EL feingehackte Petersilie
1 EL feingeriebener Kräuterkäse
2 EL Sahne

Für die Sauce das Eigelb, den Senf, die Gewürze und den Zitronensaft in eine Schüssel geben. Mit einem Schneebesen das Öl langsam unter kräftigem Rühren hinzugeben. Nach und nach den Essig löffelweise einrühren. Die Zwiebeln, die Petersilie und den Kräuterkäse unter die Sauce mengen. Die Sahne beigeben und mit Salz, Pfeffer und dem Zucker abschmecken.

Den Sellerie und die Äpfel schälen. Die Äpfel in kleine Würfelchen, den Sellerie in dünne Streifen schneiden oder raffeln. Beides sofort leicht mit dem Zitronensaft beträufeln. Den Sellerie in Salzwasser einmal aufkochen und dann auskühlen lassen. Mit der Sauce gut mischen und mit den Nußkernen garnieren.

***

Auberginenfächer mit Knoblauchsauce

***

Arbeitsaufwand etwa 15 Minuten
Grillzeit 8–10 Minuten

Zutaten für 4 Portionen (als Beilage):
2 mittelgroße Auberginen (> Seite 228)
Salz, schwarzer Pfeffer aus der Mühle
1–2 EL Olivenöl
2 Knoblauchzehen
2 EL Basilikum oder gehackte Petersilie

Sauce:
3–5 Knoblauchzehen
2 EL geschälte, geriebene Mandeln
1 Becher Joghurt nature
Salz, Pfeffer

Die Auberginen mitsamt dem Stiel halbieren. Jede Hälfte mehrfach längs einschneiden, so daß die Scheiben noch zusammenhalten und sich ein Fächer bildet. Den Fächer etwas auseinanderziehen, auf eine Folie legen und mit Salz bestreuen. Etwa 15 Minuten lang ziehen lassen. Dann den ausgetretenen braunen Saft mit Küchenpapier abtupfen. Einen Grill mit Aluminiumfolie belegen. Die Auberginenfächer darauflegen, mit viel Pfeffer bestreuen und mit Öl beträufeln. Beidseitig je nach Größe 8–10 Minuten lang grillieren. Etwa 5 Minuten vor Ende der Grillzeit mit feingehacktem oder durchgepreßtem Knoblauch und dem Basilikum oder der Petersilie bestreuen. Wenn nötig, noch etwas Öl darüber verteilen.

Für die Sauce den durchgepreßten Knoblauch und die Mandeln unter den Joghurt mischen und nach Belieben mit Salz und

Pfeffer abschmecken. Separat zu den Auberginen servieren.
Tip: Man kann den Knoblauch durch Würfelchen aus roten, scharfen Pfefferschoten ersetzen.

***

Knoblauchbrot

***

Arbeitsaufwand **etwa 15 Minuten**
Backzeit **etwa 10 Minuten**

Zutaten für 4 Portionen:
200 g Pariserbrot (Baguette)
60 g Butter
2–3 Knoblauchzehen

Die zimmerwarme Butter mit den durchgepreßten Knoblauchzehen gut verkneten. Das Brot der Länge nach aufschneiden und die eine Hälfte großzügig mit der Buttermischung bestreichen. Das Brot wieder zusammensetzen, in Aluminiumfolie einwickeln und auf dem Grill oder im heißen Backofen (ca. 220 Grad Celsius) 5–10 Minuten lang backen. Die Folie entfernen und das Brot noch warm schräg in 4–5 cm breite Stücke schneiden.
Tip: Wer es gerne pikanter mag, kann gesalzene Butter verwenden.

***

Pikanter Eiersalat

***

Arbeitsaufwand **etwa 30 Minuten**

Zutaten für 4 Portionen:
8 hartgekochte Eier

Sauce:
1 Knoblauchzehe
1 mittelgroße Schalotte (40 g) (> Zwiebeln, Seite 257)
1 TL scharfer Senf (Dijonsenf)
3 EL Weißweinessig
Salz, Pfeffer
1 kleine, rote, scharfe Pfefferschote
4 EL frischgehackte Kräuter (Schnittlauch, Petersilie, Kerbel, Basilikum)

Die Knoblauchzehe auspressen und die Schalotte fein hacken. Den Senf mit dem Essig und etwas Salz gut verrühren. Das Öl langsam unter Rühren untermischen. Die Pfefferschote entkernen und in sehr kleine Würfel schneiden.

Die Sauce mit der Hälfte der Kräuter und etwas Pfefferschoten mischen. Die Eier mit dem Eierschneider in Scheiben schneiden. Die Eier wieder zur ursprünglichen Form zusammenlegen und anrichten.

Die Sauce mit Pfeffer und nach Belieben mit etwas mehr Pfefferschoten nachwürzen und über die Eier verteilen. Mit den restlichen Kräutern bestreuen.
Tips: Nach Belieben eine kleine Salatgarnitur auf die Teller geben.
▶ Die Pfefferschoten müssen je nach Wunsch dazugegeben werden, weil sie sehr pikant sind.

***

Gemischte Beeren

***

Arbeitsaufwand **etwa 5 Minuten**

Zutaten für 4 Portionen:
400 g Beeren (Erdbeeren, Himbeeren, Brombeeren, Johannisbeeren, Stachelbeeren usw.)
2 EL Zucker
Saft von 1 Orange

Die Beeren entstielen, wenn nötig. Den Zucker im Orangensaft auflösen. Die Beeren damit begießen.
Tips: Sorten je nach Saison mischen.
▶ Im Winter tiefgekühlte Beeren verwenden.

BUFFET FÜR DIE JUGENDPARTY

***

Engadiner Gerstensuppe

Rollkuchen

Karamelcreme

Apfelkuchen nach Grossmutter-Art

Bunter gemischter Salat

Gemüsekuchen

***

Dazu: Heisse Würstchen, Bauernbrot, Brezeln, Butter

***

→

❊❊❊

Engadiner Gerstensuppe

❊❊❊

Arbeitsaufwand etwa 30 Minuten
Kochzeit etwa 1 1/2–2 Stunden (im Schnellkochtopf nur 30–40 Minuten)

Zutaten für 6 Portionen:
1 Lauchstange (> Seite 246)
1/2 Kalbsfüßchen
200 g Gerste
1 EL Butter
4 Karotten (> Seite 243)
1/2 Sellerieknolle (> Seite 252)
600 geräuchertes Schweinefleisch (> Seite 342)
500 g nicht zu fettes Suppenfleisch
1 kleiner Weißkohl (> Seite 255)
Salz, Pfeffer
nach Belieben Schweinswürstchen, Wiener (Frankfurter) oder andere Würste (> Seite 361)

Den Lauch in feine Ringe schneiden und zusammen mit dem Kalbsfüßchen, der Gerste und der Butter andämpfen. Mit etwa 2 Liter Wasser ablöschen. Die in Scheiben geschnittenen Karotten, den geraffelten Sellerie und das Fleisch hinzufügen und eine Stunde köcheln lassen. Dann den feingeschnittenen Kohl hineingeben und die Suppe weiterkochen, bis sie sämig wird. Am Schluß würzen und nach Belieben die Würste je nach Größe in der Suppe oder separat in heißem Wasser 20–30 Minuten garziehen lassen.

Tip: Die Würste können in Stücke geschnitten beim Anrichten in die Suppe gegeben werden.

❊❊❊

Rollkuchen

❊❊❊

Arbeitsaufwand etwa 50 Minuten
Gehzeit des Teiges etwa 2 1/2 Stunden
Backzeit etwa 40 Minuten

Zutaten für 6–8 Portionen (Springform von 22 cm Durchmesser)
Teig:
20 g Hefe
65 g Zucker
1/4 TL Salz
3 EL Milch
300 g Mehl
3 Eier
55 g Butter
40 g Aprikosenkonfitüre
80 g Sultaninen (> Seite 307)
150 g gemahlene Haselnüsse
3 EL Zucker
2 EL Sahne
1/2 TL Mandelessenz
90 g gemischte Cakesfrüchte
Butter für die Form
1 Eigelb

Glasur:
50 g Puderzucker
2 EL Zitronensaft

Für den Teig die Hefe in einer Schüssel zerbröckeln. Etwa 5 g Zucker und 2 Eßlöffel lauwarmes Wasser dazugeben. Etwa 10 Minuten lang gehen lassen. Salz und den restlichen Zucker in der lauwarmen Milch auflösen. Das Mehl in eine Schüssel sieben, die aufgelöste Hefe hinzugeben und mit wenig Mehl bedecken. Die verquirlten Eier und die zimmerwarme Butter zum Mehl geben. Alles zusammen mit der Milch zu einem festen, geschmeidigen Teig kneten, bis er sich von der Schüssel löst. In eine bemehlte, vorgewärmte Schüssel legen und mit einem Tuch bedecken. Etwa 1 1/2 Stunden lang an einem etwa 35 Grad Celsius warmen Ort (Backofen, Heizkörper) aufgehen lassen. Wenn der Teig das doppelte Volumen hat, nochmals rasch durchkneten.

Die Aprikosenkonfitüre pürieren und leicht erwärmen. Die Sultaninen waschen und mit den Haselnüsen, dem Zucker, der Sahne, der Mandelessenz und den Cakesfrüchten gut mischen.

Die Form mit der Butter ausstreichen. Etwa 1/3 des Teiges 2–3 mm dick ausrollen, die Form damit belegen und seitlich einen Rand hochziehen. Den restlichen Teig viereckig ausrollen. Mit der Konfitüre bestreichen und die Füllung darauf verteilen. Streifen von 4,5 cm Breite schneiden und einrollen. 6 oder 7 Rollen herstellen, diese nebeneinander mit etwa 1–2 cm Abstand auf den Teigboden stellen. Den Kuchen nochmals etwa 45 Minuten lang an der Wärme gehen lassen, dann für 20 Minuten in den Kühlschrank stellen. Den Backofen auf 190 Grad Celsius vorheizen, den Kuchen mit dem verquirlten Eigelb bestreichen und etwa 40 Minuten lang backen. Wenn nötig mit Aluminiumfolie abdecken, damit er nicht zu dunkel wird.

Nach dem Erkalten den Puderzucker und den Zitronensaft mit 1 Eßlöffel Wasser aufkochen. Den Rollkuchen mit der warmen Glasur bestreichen.

***

Karamelcreme

***

Arbeitsaufwand 30 Minuten
Garzeit 35 Minuten

Zutaten für 4 Portionen:
75 g Zucker
2 cl Wasser
2,5 dl Milch
1/2 Vanilleschote
2 große Eier
2 Eigelb
60 g Zucker
1 Prise Salz

Eine Kasserolle auf dem Herd erhitzen. Nach und nach den Zucker einstreuen und karamelisieren lassen. Erst neuen Zucker hinzufügen und mit einem Holzlöffel rühren, wenn der erste Zucker geschmolzen und karamelisiert ist. Ist der gesamte Zucker aufgebraucht und hellbraun karamelisiert, das Wasser dazugießen und unter Rühren aufkochen.

Den flüssigen Karamel in kleine Formen oder Töpfchen mit einem glatten, ebenen Boden gießen und erstarren lassen.

Den Backofen auf etwa 160 bis 170 Grad Celsius vorheizen. Ein mit Papier ausgelegtes und etwa zwei Zentimeter hoch mit Wasser gefülltes, feuerfestes Geschirr hineinstellen.

Die Vanilleschote längs aufschlitzen und in der Milch aufkochen.

Die Eier, die Eigelbe, den Zucker und das Salz mit einem Schneebesen gut verrühren, aber auf keinen Fall schaumig schlagen. Die heiße Milch unterrühren und durch ein feines Sieb passieren. Die Ei-Milch-Masse in die Formen füllen und diese in das Wasserbad setzen. Das Wasser darf nur bis etwa einen Zentimeter unter den Formenrand reichen. Die Karamelcreme in 30 bis 35 Minuten garen. Aus dem Bratofen nehmen und im Wasserbad erkalten lassen. Mehrere Stunden oder am besten über Nacht in den Kühlschrank stellen, damit sich der Karamelspiegel auflöst.

Die Creme mit einem spitzen, schmalen Messer vom Formenrand losschneiden und auf Teller stürzen.

***

***

Apfelkuchen nach Grossmutter-Art

***

Arbeitsaufwand etwa 15 Minuten
Backzeit 45–60 Minuten

Zutaten für 4–6 Portionen:
400 g Kuchenteig
3 Äpfel (> Seite 283)
Saft von 1/2 Zitrone
2 dl saure Sahne
100 g Sahnequark
1 Päckchen Vanillezucker
2 EL Zucker
1 Eigelb
1 Eiweiß
1/2 EL Speisestärke (Maizena)

Die Form gut ausbuttern und mit 4 mm dick ausgerolltem Teig belegen. Die Äpfel schälen, halbieren, mit Zitronensaft einreiben. Das Kerngehäuse ausstechen. Die Apfelhälften in Schnitze schneiden, aber nicht ganz durchschneiden, so daß sie nicht auseinanderfallen. Mit der Schnittfläche nach unten auf dem Teigboden anordnen. Den Sauerrahm, den Quark, das Eigelb, den Vanillezucker, den Zucker, die Speisestärke gut verrühren. Das steifgeschlagene Eiweiß darunterziehen und den Guß zwischen die Apfelhälften gießen.

Im gut vorgeheizten Ofen 45–50 Minuten lang backen. Nach dieser Zeit prüfen, ob die Äpfel weich sind. Die Backzeit richtet sich nach der Apfelsorte.

***

Bunter gemischter Salat

***

Arbeitsaufwand etwa 30 Minuten

Zutaten für 4 Portionen:
100 g Friséesalat (> Seite 233)
100 g roter Chicorée oder Radicchio (> Seite 247)
50 g Eichblattsalat (> Seite 232)
50 g Kresse (> Seite 240)
1 kleine Fenchelknolle (> Seite 235) oder
1 zarte Stange Sellerie (> Seite 252)
4 Frühlingszwiebeln (> Seite 257)
200 g rote Bohnen (aus der Dose) oder vorgekochte weiße Bohnen (> Seite 260)
8 Kirsch-Tomaten (> Seite 254)

Sauce:
Saft von 1 1/2 Zitrone
oder 1 1/2 EL Weinessig
Salz, Pfeffer
1 Messerspitze scharfer Senf
5 EL Salatöl (z.B. Sonnenblumen- oder Olivenöl)

Die Blattsalate waschen, putzen und trockenschleudern. Wo nötig, Strunk und grobe Rippen entfernen. Den Fenchel oder den Sellerie in feine Scheiben schneiden. Die Frühlingszwiebeln in dünne Ringe schneiden. Die Bohnen abtropfen lassen. Die Kirsch-Tomaten quer halbieren.

Für die Sauce den Zitronensaft oder den Essig mit Salz, Pfeffer und Senf verrühren. Das Öl nach und nach unter Rühren daruntermischen.

Den Salat unmittelbar vor dem Servieren mit der Sauce mischen.

Tip: Dieser Salat kann je nach Saison variiert werden, z.B. mit Kopfsalat, Feldsalat, Rucola, Chicorée (Endivien). Nach Belieben mit Eivierteln garnieren.

***

Gemüsekuchen

Arbeitsaufwand etwa 25 Minuten
Backzeit etwa 40 Minuten

Zutaten für 4 Portionen:
200 g Karotten (> Seite 243)
200 g Blumenkohlröschen (> Seite 229)
2 große Champignons (> Seite 277)
1/2 kleine rote Paprikaschote (> Seite 245)
100 g grüne Bohnen (> Seite 229)
1 kleiner Zucchino (> Seite 256)
Salz
1 EL Zitronensaft
200 g Blätterteig
2 kleine Eier
1/8 l Sahne
Pfeffer, Muskatnuß

Die Karotten schälen und die Champignons putzen. Die Paprikaschote waschen, vierteln, Stielansatz und weiße Rippen entfernen und in Streifen schneiden. Die Bohnen putzen und in ca. 3 cm lange Stücke schneiden. Die Karotten und den ungeschälten Zucchino in dünne Rädchen schneiden. Alle Gemüse, mit Ausnahme der Champignons, im Salzwasser 3–4 Minuten lang blanchieren. Sie sollen noch knackig sein. Die Champignons scheibeln, mit dem Zitronensaft, wenig Salz und Wasser kurz dünsten.

Den Blätterteig ausrollen und ein bebuttertes Kuchenblech von 24 cm Durchmesser damit belegen. Mit einer Gabel mehrmals einstechen.

Für den Guß die Eier, die Sahne, Salz, Pfeffer und Muskatnuß miteinander verquirlen.

Die Karotten dachziegelartig dem Rand entlang auf den Teig legen. In der 2. Reihe die Zucchinirädchen auf die gleiche Art einschichten. Dann die übrigen Gemüse (Blumenkohlröschen, Paprikaschotenstreifen, grüne Bohnen und in der Mitte Champignons).

In den auf 200 Grad Celsius vorgeheizten Backofen schieben und 10 Minuten lang anbacken. Zuerst die Hälfte des Gußes und nach 15 Minuten den Rest über den Kuchen verteilen. Nach insgesamt 40 Minuten Backzeit den Kuchen herausnehmen. Auf eine Platte gleiten lassen und sofort heiß servieren.

Tip: Es lassen sich auch andere Gemüsesorten dafür verwenden, z.B. Zuckerschoten, Lauch, Spinat, Tomaten, Brokkoli, Rosenkohl, Kohlrabi etc., je nachdem, was der Garten oder der Markt gerade anbieten.

Stefan M. Gergely

ist Chemiker, Journalist und Gastronom in Wien und Autor mehrerer Sach- und Schulbücher (»Nahrung, Ernährung, Gesundheit«, »Diät – aber wie?«, »Mikroelektronik«, »Strahlengefahr«, »Wie der Computer den Menschen und das Lernen verändert«). Als freier Journalist arbeitete er für die Wochenzeitung »Die Zeit«, das österreichische Nachrichtenmagazin »profil«, den ORF und für »Gault Millau«. Gergely ist Konsulent der Lebensmittelversuchsanstalt Wien und Mitglied der Kommission für das Lebensmittelbuch beim österreichischen Gesundheitsministerium.

Kurt Langbein

studierte Soziologie in Wien. Von 1979 bis 1989 war er beim Österreichischen Rundfunk als Dokumentarfilmer und Magazin-Journalist tätig, von 1989 bis 1992 leitete er das Inlandsressort beim österreichischen Nachrichtenmagazin »profil«. Seither arbeitet er als freier Autor und Journalist u. a. für die Hamburger Wochenzeitung »Die Woche«, für das österreichische Nachrichtenmagazin »profil«, für Sat. 1 und RTL. Mitautor der Bücher »Gesunde Geschäfte« (1981), »Bittere Pillen« (Erstausgabe 1983, Neuauflage 1993), »Gift-Grün – Chemie in der Landwirtschaft!« (1986), »Kursbuch Gesundheit« (1990) und »Kursbuch Kinder« (1993).

Christian Skalnik

studierte Publizistik in Wien. Von 1987 bis 1992 war er als Redakteur im Inlandsressort beim österreichischen Nachrichtenmagazin »profil« tätig. Seit 1992 freier Autor und Journalist u. a. für die Hamburger Wochenzeitung »Die Woche«, für das österreichische Nachrichtenmagazin »profil«, für Sat. 1 und RTL. Mitherausgeber des »Kursbuch Kinder« (1993).

Friedrich-Wilhelm Ehlert

war jahrzehntelang als Koch in renommierten Häusern der internationalen Spitzenhotellerie tätig. Über ein Jahrzehnt brachte er sein Fachwissen als Dozent für Küchenmeister der Industrie und Handelskammer Mittlerer-Oberrhein und als Mitglied des dortigen Küchenmeister-Prüfungsausschusses ein. Sein Erstlingswerk »Das große Buch der Pasteten« wurde 1980 von der »Gastronomischen Akademie Deutschland« mit der »Goldenen Feder« ausgezeichnet. Der Mitautor von 16 weiteren Büchern lebt seit 1988 in der Schweiz.

Marianne Kaltenbach

ist seit mehr als 25 Jahren mit kulinarischen Themen beschäftigt und als gastronomische Journalistin und Autorin einer Reihe von Kochbüchern bekannt. Für mehrere ihrer Werke – etwa »Aus Schweizer Küchen«, »Kreativ kochen« oder »Aus Italiens Küchen« – erhielt sie Medaillen der »Gastronomischen Akademie Deutschlands«. Ihr Buch »Meine Fischküche« wurde mit der selten verliehenen »Goldenen Feder« ausgezeichnet. 1993 erhielt sie den »Grand Prix de Littérature Gastronomique« für ihr gesamtes Werk von der »Académie Gastronomique Suisse«. Marianne Kaltenbach führte bis vor kurzem das bekannte Restaurant »Zum Raben« in Luzern und eine berühmte Kochschule.

Monika Radke

hat Ernährungswissenschaften in Stuttgart und Bonn studiert. Ihre Kenntnisse brachte sie zunächst als Referentin für Ernährung bei der Landwirtschaftskammer Weser-Ems in Niedersachsen ein. 1986 übersiedelte sie nach Wien, wo sie als Mitarbeiterin der Gesellschaft für zeitgemäße Ernährung und als Referentin beim Bundesministerium für Land- und Forstwirtschaft tätig war. Autorin des Buches »Essen und Trinken – (k)ein Problem« und des Informationsdienstes »Ernährung aktuell« sowie freie Mitarbeiterin der Zeitschrift »Anima«. Seit 1991 arbeitet sie als Ernährungsberaterin einer Krankenkasse in Trier.

Inge Smolek

hat Biologie und Haushaltswissenschaften in Wien studiert. Seit 1983 arbeitet sie als freie Journalistin für den Österreichischen Rundfunk und das österreichische Nachrichtenmagazin »profil«. Mitautorin des Ratgebers »Kursbuch Kinder« (1993).